Veröffentlichungen
der Vereinigung der Deutschen Staatsrechtslehrer

Band 68

# Erosion von Verfassungsvoraussetzungen

Ute Sacksofsky, Christoph Möllers

## Religiöse Freiheit als Gefahr?

Ulrike Davy, Peter Axer

## Soziale Gleichheit - Voraussetzung oder Aufgabe der Verfassung?

Winfried Kluth, Susanne Baer

## Demografischer Wandel und Generationengerechtigkeit

Bernd Holznagel, Hans-Detlef Horn

## Erosion demokratischer Öffentlichkeit?

Berichte und Diskussionen
auf der Tagung der Vereinigung der Deutschen Staatsrechtslehrer
in Erlangen vom 1. bis 4. Oktober 2008

W DE G RECHT

De Gruyter Recht · Berlin

Redaktion: Prof. Dr. Christoph Engel (Bonn)

♾ Gedruckt auf säurefreiem Papier,
das die US-ANSI-Norm über Haltbarkeit erfüllt.

ISBN 978-3-89949-535-5

*Bibliografische Information der Deutschen Nationalbibliothek*

Die Deutsche Nationalbibliothek verzeichnet diese Publikation in der Deutschen Nationalbibliografie; detaillierte bibliografische Angaben sind im Internet über http://dnb.d-nb.de abrufbar.



Printed in Germany
Diskettenkonvertierung: Dörlemann Satz, Lemförde
Druck: Hubert & Co. GmbH & Co. KG, Göttingen
Einbandgestaltung: Christopher Schneider, Laufen

# Inhalt

Vierter Beratungsgegenstand

*Erosion demokratischer Öffentlichkeit?*

# Jahrestagung 2008

Die 68. Jahrestagung der Vereinigung der Deutschen Staatsrechtslehrer e.V. fand vom 1. bis 4. Oktober 2008 an der Friedrich-Alexander-Universität Erlangen-Nürnberg statt, zum zweiten Mal in der Tagungsgeschichte der Vereinigung (nach 1959). Über 300 Mitglieder und 130 Gäste und Begleitpersonen konnten sich in großer Dankbarkeit über eine federführend von *Max-Emanuel Geis* als kooptiertem Vorstandsmitglied und seinem Team trefflich organisierte Tagung herzlich freuen, die auch in den Angeboten des nichtwissenschaftlichen Begleitprogramms die historische, kulturelle und wirtschaftliche Einbettung der Stadt Erlangen und ihrer Umgebung eindrucksvoll verdeutlichte.

Die wissenschaftlichen Begleitveranstaltungen am Mittwoch, dem 1. Oktober 2008 als Eröffnungstag waren zunächst durch Beratungen des Gesprächskreises „Europäisches Verfassungsrecht" zur Sicherheit in der Europäischen Union mit Referaten von *Markus Kotzur, Markus Möstl* und *Christoph Grabenwarter* und des Gesprächskreises „Verwaltung" zur Zukunft des Beamtentums mit Referaten von *Gabriele Kucsko-Stadlmayer* und *Hans Peter Bull* bestimmt. Zu Beginn der anschließenden Mitgliederversammlung gedachten die Teilnehmer der im vorausgegangenen Jahr verstorbenen Mitglieder *Manfred Abelein, Erich Küchenhoff* und *Klaus Vogel*, denen die Vereinigung stets ein ehrendes Andenken bewahren wird. Die Vereinigung konnte im selben Zeitraum 15 neue Mitglieder begrüßen und ist ungeachtet einer abgeschwächten Wachstumsdynamik mit derzeit 670 Mitgliedern erneut so groß wie nie zuvor.

Das wissenschaftliche Programm der Jahrestagung widmete sich dem Generalthema „Erosion von Verfassungsvoraussetzungen" anhand vier verschiedener Themenfelder, deren Probleme zentrale Funktionsvoraussetzungen des demokratischen Verfassungsstaates tangieren könnten. Die im Begriff „Erosion" angelegte Spannung zwischen empirischer Beschreibung von dauerhaften, allmählichen und nur über längere Zeit merklichen Veränderungen und akzentuierter, kulturkritisch wertender Verfallsdiagnose öffnete den acht Berichterstattern ein breites Spektrum von Problemzugängen: Deren Kontraste vermittelten den Teilnehmern der Tagung reiche Anregungen und führten zu lebhaften Plenumsdiskussionen (unter Moderation von *Christoph Engel* bzw. *Michael Holoubek*), wie ihre nachstehende Dokumentation verdeutlicht.

Die Tagungsberatungen wurden eröffnet durch die Begrüßung des Sprechers des Fachbereichs Rechtswissenschaft der Rechts- und Wirtschaftswissenschaftlichen Fakultät, Herrn Kollegen Prof. Dr. *Heinrich De Wall*, und abgerundet durch abendliche Empfänge mit ihren Möglichkeiten zur vielfältigen Gesprächsfortsetzung: am Mittwoch im Erlanger Redoutensaal durch den Oberbürgermeister der Stadt Erlangen, Herrn Dr. *Siegfried Balleis*, und den Rektor der Friedrich-Alexander-Universität Erlangen-Nürnberg, Herrn Prof. Dr. *Karlheinz Grüske*, am Donnerstag auf der Nürnberger Kaiserburg durch die Bayerische Staatsregierung, vertreten durch Frau Staatsministerin Dr. *Renate Merk*. Ein geselliger Freitagabend in der Palmeria (u.a. mit launigen Selbstreflexionen über die Vereinigung und ihre Mitglieder von *Gunnar Folke Schuppert*) und ein Ausflug am Samstag in die herbstliche Landschaft der Fränkischen Schweiz (u.a. mit einem Orgelkonzert von *Max-Emanuel Geis* in der Basilika Gößweinstein) beschlossen eine Jahrestagung, die durch eine von vielen Teilnehmerinnen und Teilnehmern als offen, diskursfreundlich und unverkrampft empfundene Atmosphäre die Freude aller Beteiligten an Staatsrechtslehre als Wissenschaft zum Ausdruck bringen konnte.

*Helmuth Schulze-Fielitz*

Erster Beratungsgegenstand:

# Religiöse Freiheit als Gefahr?

## 1. Bericht von Professor Dr. *Ute Sacksofsky*, Frankfurt/Main

Inhalt

## I. Einführung

Religiöse Freiheit als Gefahr – die Themenstellung steht im Kontrast zu dem über Jahrzehnte vorherrschenden positiven Bild von Religion in der juristischen Diskussion. Gefährlich für den freiheitlichen Staat schien nicht die Religion selbst, sondern ihre Abwesenheit. Der vielzitierte Satz von Ernst-Wolfgang Böckenförde, „Der freiheitliche Staat lebt von Voraussetzungen, die er selbst nicht garantieren kann", steht exemplarisch für dieses positive Bild von Religion.[1] Insgesamt hatten sich Kirchen und Staat in der zweiten Hälfte des 20. Jahrhunderts gut miteinander arrangiert. Die Rechtsprechung des Bundesverfassungsgerichts galt als kirchenfreundlich.[2] Chancenreiche Vorstöße zur Reform der Religionsverfassung gab es nicht, nicht einmal bei den Diskussionen um eine Verfassungsreform anlässlich der Deutschen Einheit spielte die Religionsverfassung eine nennenswerte Rolle.[3]

Seit den neunziger Jahren hat sich dieses Bild verändert. Mit der Säkularisierungsthese, die seit Max Webers Zeiten zu den „sichersten Beständen der Wissenschaftskultur" zählte,[4] hätte man annehmen können, dass die „Entzauberung der Welt"[5] mit zunehmender Modernisierung weiter voranschreitet. Doch die Säkularisierungsthese wird immer stärker in Frage gestellt.[6] Man spricht von der „Wiederkehr der Göt-

---

[1] *E.-W. Böckenförde* Die Entstehung des Staates als Vorgang der Säkularisation, in: *ders.* Recht, Staat, Freiheit, 1991, 112ff.

[2] Bezeichnend etwa die Aussagen von Staatskirchenrechtlern: „Die Kirchen sind nicht zuletzt durch die Rechtsprechung des Bundesverfassungsgerichts rechtlich gut situiert." (*A. Hollerbach* Das Staatskirchenrecht in der Rechtsprechung des Bundesverfassungsgerichts, AöR 106 (1981), 218 (278)) und: „Erstaunlich und bemerkenswert für das Verhältnis von Staat und Kirche ist das hohe Maß an Kontinuität und Konsens. (...) Es gilt dies aber auch für die Rechtsprechung insbesondere des Bundesverfassungsgerichts." (*A. v. Campenhausen* Offene Fragen im Verhältnis von Staat und Kirche am Ende des 20. Jahrhunderts, in: H. Marré/D. Schümmelfeder/B. Kämper (Hrsg.), Essener Gespräche zum Thema Staat und Kirche 34 (2000), 105 (105f.)).

[3] Der Bericht der Gemeinsamen Verfassungskommission von Bundestag und Bundesrat vom 5. November 1993, BT-Drucks. 12/6000, 106ff. spricht von den „wenigen Befürwortern der Anträge mit grundsätzlicher Neuordnungstendenz" und stellt dem gegenüber, dass die „ganz überwiegende Mehrheit" diese nicht für angezeigt halte, „da sich das staatskirchenrechtliche System des Grundgesetzes bewährt habe".

[4] *K. Gabriel* Religion als Stütze oder Gefährdung einer freien Gesellschaft, in: H. Dreier/E. Hilgendorf (Hrsg.), Kulturelle Identität als Grund und Grenze des Rechts, 2008, 55ff.

[5] *M. Weber* Wissenschaft als Beruf (1919), abgedruckt in: Gesammelte Aufsätze zur Wissenschaftslehre, 1988, 582 (594).

[6] Grundlegend: *J. Casanova* Public Religions in the Modern World, 1994. Aus neuerer Zeit: *H. Joas/K. Wiegandt* (Hrsg.) Säkularisierung und die Weltreligionen, 2007.

ter"[7], oder proklamiert die Rückkehr des Religiösen zur neuen „Meistererzählung der Sozialwissenschaften"[8]. In Fortführung des früheren positiven Bildes von Religion hätte dies eigentlich Anlass zu Hoffnung geben müssen. Gegen die zunehmende Individualisierung und Ökonomisierung der Gesellschaft hätte Religion der Weg sein können, Gemeinschaftssinn zu vermitteln und Eigennutz zu bremsen. Doch stattdessen hat sich die Perspektive verschoben.[9] Mit der Zunahme religiöser Vielfalt kommen die Gefahren durch Religion in den Blick.[10] Die Religionsverfassung – oder jedenfalls ihre religionsfreundliche Auslegung – gerät zunehmend unter Rechtfertigungsdruck.[11]

Als Hauptgefahrenquelle wird der Islam wahrgenommen:[12] Terroranschläge islamistischer Gruppen, die Missachtung grundlegender Menschenrechte muslimischer Frauen und Mädchen bei Zwangsehen oder Genitalverstümmelung, aber auch harmloser anmutende Konfliktfelder wie das Schächten, der Bau von Moscheen oder das Tragen eines Kopftuches beherrschen die Debatte um religiöse Freiheit. Für die wissenschaftliche Betrachtung ist es wichtig, nicht vorschnell das Schlagwort

---

[7] So der Titel des Buches von *F. Graf* Die Wiederkehr der Götter, 2007.

[8] *D. Pollack* Die Wiederkehr des Religiösen, Herder Korrespondenz spezial: Renaissance der Religion, 2006, 6ff., sich selbst davon aber kritisch distanzierend.

[9] Die Veränderungen des Blicks auf das Verhältnis von Staat und Religion kommen in den Themenstellungen der Staatsrechtslehrertagungen sowohl zeitlich wie auch in den Formulierungen zum Ausdruck: 1952: Die Gegenwartslage des Staatskirchenrechts (Berichte von W. Weber und H. Peters), 1967: Die Kirchen unter dem Grundgesetz (Berichte von M. Heckel und A. Hollerbach), 1999: Staat und Religion (Berichte von W. Fiedler, G. Robbers, M. Brenner). Hier zeigen sich auch die Konjunkturschwankungen des Themas: zwei Mal innerhalb von 15 Jahren wird das Thema in den fünfziger und sechziger Jahren behandelt, dann ist über 30 Jahre Ruhe, dann wieder wird das Thema zwei Mal in weniger als einem Jahrzehnt erörtert.

[10] Kritisch zu dieser Verschiebung des Blicks C. Walter, der seinen Begleitaufsatz zur diesjährigen Tagung der Vereinigung mit dem Zusatz „Eine Gegenrede" versieht: *C. Walter* Religiöse Freiheit als Gefahr? Eine Gegenrede, DVBl. 2008, 1073.

[11] So auch die Einschätzung von: *F. Schoch* Die Grundrechtsdogmatik vor den Herausforderungen einer multikonfessionellen Gesellschaft, FS Hollerbach, 2001, 149 (149); *H. M. Heinig* Ordnung der Freiheit – das Staatskirchenrecht vor neuen Herausforderungen, ZevKR 53 (2008), 235 (237f.); *C. Waldhoff* Die Zukunft des Staatskirchenrechts, in: H. Marré/D. Schümmelfeder/B. Kämper (Hrsg.), Essener Gespräche zum Thema Staat und Kirche 42 (2008), 55 (68). Zu verschiedenen Ansätzen, die Reichweite der Religionsfreiheit zu beschränken s. unten bei Fn. 46, 47, 61.

[12] Siehe etwa: *H. Bielefeldt* Das Islambild in Deutschland. Zum öffentlichen Umgang mit der Angst vor dem Islam, Deutsches Institut für Menschenrechte, 2. Aufl. April 2008, http://files.institut-fuer-menschenrechte.de/437/Das_Islambild_in_Deutschland_es.pdf (letzter Zugriff 20. 09. 2008).

vom „Kampf der Kulturen“[13] zu übernehmen und das Verfassungsrecht in den Dienst der Abwehr der „fremden Kultur des Islam“ zu stellen, sondern Vorsicht gegenüber pauschalen Zuschreibungen walten zu lassen; beispielsweise beruhen Zwangsehen und Genitalverstümmelung nicht auf religiösen Gründen, sondern stellen Probleme bestimmter sozialer Milieus dar.[14] Die großen Weltreligionen bestehen aus einer Vielzahl unterschiedlicher Strömungen; dies gilt auch für den Islam. Die Feinderklärung des Islam scheint denn auch eher der Suche nach einem neuen Feindbild nach dem Ende des Kalten Krieges geschuldet,[15] als dass sie einer kritischen Analyse standhielte.

Die Frage nach dem Umgang mit den Gefahren von Religion lässt sich nicht beantworten, ohne grundsätzlich zu klären, welchen Raum Religion im freiheitlichen Staat einnehmen soll. Die Antwort auf diese Frage wird vermutlich unterschiedlich ausfallen, je nachdem, wer sie beantwortet und welche Religion er bei der Antwort vor Augen hat. Abhängig vom jeweiligen Standpunkt dürften verschiedene Religionen sich in sehr unterschiedlichem Maße als gemeinwohlverträglich darstellen. Zu untersuchen ist aber, inwieweit der freiheitliche Staat die Gemeinwohlverträglichkeit einer Religion beurteilen und berücksichtigen darf, oder ob er das Verhältnis zur Religion ohne Ansehen der einzelnen Glaubensrichtung bestimmen muss.

Der Vortrag wird sich diesem Problem in zwei Schritten widmen. Zunächst geht es um das Verständnis der Religionsverfassung unter Bedingungen religiöser Vielfalt, sodann werden die Konsequenzen des dabei entwickelten Verständnisses im Hinblick auf den Umgang mit religionsbedingten Gefahren überprüft.

## II. Religionsverfassung unter Bedingungen religiöser Vielfalt

Die europäische Geschichte war jahrhundertelang durch die Auseinandersetzung zwischen weltlicher und geistlicher Macht geprägt. Bis ins 20. Jahrhundert hinein kämpften Kirche und Staat um Einfluss-

[13] *S. P. Huntington* Kampf der Kulturen, 2007. Im Original hat der Titel eine etwas andere Nuance: „The Clash of Civilizations and the Remaking of World Order“ (1996).

[14] Vgl. hierzu insbesondere folgende Aufsätze in *B. Sauer/S. Strasser* (Hrsg.) Zwangsfreiheiten, 2008: *S. Saharso* Gibt es einen multikulturellen Feminismus, 11ff.; *S. Strasser* Ist doch die Kultur an allem schuld, 63ff.; *C. Milborn* Weibliche Genitalverstümmelungen in Europa, 114ff.; *G. Ongan* Zuschreiben oder ernsthaftes Bekämpfen, Zwangsverheiratung, 157ff.

[15] *H. Bielefeldt* Islamischer Fundamentalismus als Herausforderung, in: ‚liberal‘. Vierteljahreshefte für Politik und Kultur, 1991, 35ff.

sphären.[16] Es entspricht dieser Geschichte, wenn die Perspektive auf die Religionsverfassung herkömmlich institutionell geprägt war;[17] der Begriff „Staatskirchenrecht" kennzeichnete damals treffend[18] den Gegenstand.[19] Die Kirchen waren zentrale Akteure des Gemeinwesens und prägten das Leben des ganz überwiegenden Teils der Bevölkerung. Noch in den sechziger Jahren des 20. Jahrhunderts waren über 95% der Bevölkerung Mitglied in einer der beiden großen Kirchen.[20] Die Staatsrechtslehre der fünfziger und sechziger Jahre leistete ihren Beitrag zur Aufwertung der Rolle der Kirchen, indem sie beispielsweise mit der Koordinationslehre die Vorstellung der Gleichrangigkeit von Staat und Kirche wiederbelebte.[21] In die Naturrechtsrenaissance nach dem

---

[16] Für kürzere geschichtliche Einführungen instruktiv: *B. Jean d'Heur/S. Korioth* Grundzüge des Staatskirchenrechts, 2000, Rn. 5ff.; *A. v. Campenhausen/H. de Wall* Staatskirchenrecht, 4. Aufl. 2006, 1ff.; *J. Winter* Staatskirchenrecht der Bundesrepublik Deutschland, 2001, 13ff.; *M. Heckel* Zur Entwicklung des deutschen Staatskirchenrechts von der Reformation bis zur Schwelle der Weimarer Verfassung, ZevKR 12 (1966/67), 1ff.; *D. Pirson* Die geschichtlichen Wurzeln des deutschen Staatskirchenrechts, in: J. Listl/D. Pirson (Hrsg.), Handbuch des Staatskirchenrechts I, 2. Aufl. 1994, 3 ff.; umfassend: *E. R. Huber/W. Huber* Staat und Kirche im 19. und 20. Jahrhundert, Bände I–V, 1973–1995; *R. Zippelius* Staat und Kirche. Eine Geschichte von der Antike bis zur Gegenwart, 1997.

[17] S. etwa *A. v. Campenhausen* Religionsfreiheit, HStR VI, 2. Aufl. 2001, § 136 Rn. 2; *A. Hollerbach* Grundlagen des Staatskirchenrechts, HStR VI, 2. Aufl. 2001, § 138 Rn. 2.

[18] Zu Recht weisen *Jean d'Heur/Korioth* Grundzüge (Fn. 16), Rn. 1 darauf hin, dass der Begriff Kirchenstaatsrecht passender wäre, um die Souveränität des Staates in der Gestaltung deutlicher statt eine Gleichordnung von Staat und Kirche zum Ausdruck zu bringen.

[19] Heute ist demgegenüber der Begriff Religionsverfassungsrecht angebracht: dazu aus jüngster Zeit insbesondere *H. M. Heinig/C. Walter* (Hrsg.) Staatskirchenrecht oder Religionsverfassungsrecht, 2007.

[20] Statistisches Bundesamt: Fachserie A/Bevölkerung und Kultur/Volks- und Berufszählung vom 06. Juni 1961, Heft 5, Bevölkerung nach der Religionszugehörigkeit, 1966, 21.

[21] Auch in der Rechtsprechung wurde diese teilweise akzeptiert: BGHZ 34, 372 (373f.). Einen Überblick über die verschiedenen Ausprägungen der Koordinationslehre bietet *M. Kleine* Institutionalisierte Verfassungswidrigkeiten im Verhältnis von Staat und Kirchen unter dem Grundgesetz, 1993, 59ff. Zur zeitgenössischen Auseinandersetzung siehe etwa: *H. Quaritsch* Verfassungs- und staatstheoretische Probleme der staatskirchenrechtlichen Lehre der Gegenwart, Der Staat 1 (1962), 175ff.; *ders.* Neues und Altes über das Verhältnis von Kirchen und Staat, Der Staat 5 (1966), 451ff.; *U. Scheuner* Kirche und Staat in der neueren Entwicklung, ZevKR 7 (1959/1960), 225ff.; *R. Smend* Staat und Kirche nach dem Bonner Grundgesetz, ZevKR 1 (1951), 3ff.; *K. Hesse* Schematische Parität der Religionsgemeinschaften nach dem Bonner Grundgesetz?, ZevKR 3 (1953/54), 188 (191); *H. Peters* Die Gegenwartslage des Staatskirchenrechts, VVDStRL 11 (1954), 177 (181ff.); *P. Mikat* Das kirchenpolitische System, in: H. Quaritsch/H. Weber (Hrsg.), Staat und Kirchen in der Bundesrepublik, 1967, 199 (insb.

Ende des NS-Regimes passte die „neue Nähe"[22] von Staat und Kirche gut.[23]

Mit vier Schlagworten lässt sich die Veränderung kennzeichnen: Individualisierung, Pluralisierung, Globalisierung und – für Deutschland noch[24] – Säkularisierung.[25] In Zahlen ausgedrückt: Den beiden großen christlichen Kirchen gehören nur noch etwa 60 % der Bevölkerung an,[26] gleichzeitig bestimmen diese beiden Kirchen das Leben ihrer Gläubigen wie auch das öffentliche Leben in deutlich geringerem Maße als früher.[27] Etwa ein Drittel der Bevölkerung ist konfessionsfrei, unter den 6 %, die anderen Religionen angehören, stellen die Muslime mit über 3 Millionen Gläubigen die größte Gruppe.[28]

Die Religionsverfassung wurde vor dem Hintergrund einer sehr dominanten Stellung der christlichen Kirchen geschaffen.[29] In diesem Sinne kann man die Vorstellungswelt der Väter und Mütter des Grundgesetzes als Verfassungsvoraussetzung[30] bezeichnen, fraglich sind die Folgen ihrer Erosion.

---

218); *R. Zippelius* Kirche und Staat und die Einheit der Staatsgewalt, ZevKR 9 (1962/63), 42 ff.

[22] *Smend* Staat und Kirche (Fn. 21), 9 f.

[23] *Jean d'Heur/Korioth* Grundzüge (Fn. 16), Rn. 44.

[24] *J. Casanova* Die religiöse Lage in Europa, in: H. Joas/K. Wiegandt (Hrsg.), Säkularisierung und die Weltreligionen, 2007, 322 ff.

[25] *V. Krech* Religionssoziologie, 1999, 61 ff. mwN; vgl. auch *D. Pollack* Religiöser Wandel in modernen Gesellschaften: Religionssoziologische Erklärungen, in: R. Faber/F. Hager (Hrsg.), Rückkehr der Religion oder säkulare Kultur?, 2008, 166 ff. Überblick über religionssoziologische Ansätze zum Verhältnis von Religion und Gesellschaft: *K. Gabriel/H.-R. Reuter* (Hrsg.) Religion und Gesellschaft, 2004.

[26] Statistisches Bundesamt, Statistisches Jahrbuch 2007, 66.

[27] Anschauliche Beschreibung bei *H. Maier* Staat und Kirche in der Bundesrepublik Deutschland, in: Listl/Pirson (Fn. 16), 97: „Das Religiöse füllte nicht mehr das ganze Dasein aus, sondern stand in Konkurrenz zu anderen Lebensmächten (Arbeit, Sport, Kunst, Politik)".

[28] Religionswissenschaftlicher Medien- und Informationsdienst (2005): http://www.remid.de/info_zahlen_grafik.html (letzter Zugriff 30. 09. 2008)

[29] Im Text der Verfassung findet die besondere Rolle der christlichen Kirchen hingegen nicht explizit ihren Niederschlag. Als indirekte Bezugnahme könnte man aber den Schutz des Sonntags in Art. 139 WRV ansehen sowie die Zuerkennung des Status der Körperschaft des öffentlichen Rechts an diejenigen Religionsgesellschaften, die bisher solche waren (Art. 137 Abs. 5 Satz 1 WRV).

[30] Den Begriff der Verfassungsvoraussetzung prägend: *H. Krüger* Verfassungsvoraussetzungen und Verfassungserwartungen, FS Scheuner, 1973, 285 ff.

### *1. Freiheitsrechtlicher Gehalt der Religionsfreiheit*

Rechtsnormen können Verhaltensanforderungen stellen, die religiösen Geboten widersprechen. Unter Bedingungen religiöser Vielfalt steigt das Bedürfnis nach Ausnahmeregelungen. Die Konflikte, die in Deutschland in Literatur und Rechtsprechung ganz im Vordergrund stehen, entstammen zumeist aus Konflikten mit dem Islam: Schächten,[31] Kopftuch,[32] Befreiung vom koedukativen Sportunter-

[31] Die restriktive Handhabung der Verwaltungsgerichte (BVerwGE 99, 1; VGH Kassel, NVwZ 2000, 951; BVerwGE 112, 227) wurde durch das Bundesverfassungsgericht korrigiert: BVerfGE 104, 337. Dennoch versagen Verwaltungsgerichte auch weiterhin vereinzelt Schächtgenehmigungen: VG Stuttgart, VBlBW 2003, 331; VG Frankfurt a.M., KirchE 43, 75. Demgegenüber hat der Verwaltungsgerichtshof Kassel in Fortsetzung und Neuaufnahme des Urteils des Bundesverfassungsgerichts die Erteilung der Genehmigung trotz der Aufnahme des Tierschutzgebotes in Art. 20a GG für rechtmäßig erachtet: VGH Kassel, ESVGH 55, 129; bestätigt durch BVerwGE 127, 183. Aus der Literatur: *T. Cirsovius* Überdimensionaler Grundrechtsschutz zugunsten des islamischen Fundamentalismus, NuR 2008, 237ff.; *A. Dietz* Das Schächten im Spannungsfeld zwischen Religionsfreiheit und Tierschutz, DÖV 2007, 489ff.; *C. Traulsen* Zum verfassungsrechtlichen Rahmen für einfach-gesetzliche Regelungen über das Schächten, NuR 2007, 800ff.; *H. G. Kluge* Das Schächten als Testfall des Staatszieles Umweltschutz, NVwZ 2006, 650ff.; *N. Arndt/M. Droege* Das Schächturteil des BVerfG – Ein „dritter Weg" im Umgang mit der Religionsausübungsfreiheit, ZevKR 48 (2003), 188ff.; *G. Sydow* Ausnahmegenehmigung für das Schächten, Jura 2002, 615ff.; *J. Oebbecke* Islamisches Schlachten und Tierschutz, NVwZ 2002, 302f.

[32] Bis zur Entscheidung des Bundesverfassungsgerichts im Jahre 2003 (BVerfGE 108, 282) hatten die Verwaltungsgerichte aufgrund allgemeiner beamtenrechtlicher Vorschriften entschieden. Das Kopftuchtragen sahen als Dienstpflichtverletzung an: VG Stuttgart, NVwZ 2000, 959, bestätigt durch VGH Mannheim, NJW 2001, 2899 und BVerwGE 116, 359; aA: VG Lüneburg, NJW 2001, 69; bestätigt durch OVG Lüneburg, NVwZ-RR 2002, 658. Zur Rechtslage nach der Entscheidung des Bundesverfassungsgerichts s. unten Abschnitt III 2. b.) mit Fn. 129, 131–134. Aus der umfangreichen Literatur: *C. Walter/A. von Ungern-Sternberg* Landesrechtliche Kopftuchverbote für Lehrerinnen auf dem Prüfstand des Antidiskriminierungsrechts, DVBl. 2008, 880ff.; *dies.* Verfassungswidrigkeit des nordrhein-westfälischen Kopftuchverbots, DÖV 2008, 488ff.; *H. Wißmann* Religiöse Symbole im öffentlichen Dienst, ZevKR 52 (2007), 51ff.; *J. Bader* Gleichbehandlung von Kopftuch und Nonnenhabit?, NVwZ 2006, 1333ff.; *ders.* Cuius regio, eius religio – Wessen Land, dessen Religion, NJW 2004, 3092ff.; *ders.* Darf eine muslimische Lehrerin in der Schule ein Kopftuch tragen?, VBlBW 1998, 361ff.; *E. G. Mahrenholz* Kultur und Religion, FS Wernstedt, 2005, 41ff.; *S. Baer/M. Wrase* Staatliche Neutralität und Toleranz in der christlich-abendländischen Wertewelt, DÖV 2005, 243ff.; *dies.* Staatliche Neutralität und Toleranz: Das Kopftuch-Urteil des BVerfG, JuS 2003, 1162ff.; *J. Krüper* Die grundrechtlichen Grenzen staatlicher Neutralität, JöR 53 (2005), 79ff.; *E.-W. Böckenförde* Zum Verbot für Lehrkräfte in der Schule, ein islamisches Kopftuch zu tragen, JZ 2004, 1181ff.; *ders.* Kopftuchstreit auf dem richtigen Weg?, NJW 2001, 723ff.; *R. Pofalla* Kopftuch ja – Kruzifix nein?, NJW 2004, 1218ff.; *C. Langenfeld* Die Diskussion um das Kopftuch verkürzt das Problem der

richt[33] und von Klassenfahrten[34]. Doch sind die Problemfälle darauf nicht beschränkt: Home-Schooling[35] wird überwiegend von Christen beansprucht, auch Christen wollen ihre Kinder nicht an Klassenfahrten teilnehmen lassen[36], Zeugen Jehovas verweigern Wehr- und Zivildienst[37] und lehnen Bluttransfusionen auch bei unmittelbarer Lebensge-

---

Integration, RdJB 2004, 4ff.; *C. Gusy* Kopftuch – Laizismus – Neutralität, KritV 2004, 153ff.; *U. Sacksofsky* Die Kopftuch-Entscheidung – von der religiösen zur föderalen Vielfalt, NJW 2003, 3297ff.; *G. Neureither* Ein neutrales Gesetz in einem neutralen Staat, ZRP 2003, 465ff.; *K. Engelken* Religiös motiviertes Kopftuch einer Lehrerin, DVBl. 2003, 1539ff.; *G. Britz* Das verfassungsrechtliche Dilemma doppelter Fremdheit: Islamische Bekleidungsvorschriften für Frauen und Grundgesetz, KJ 2003, 95ff.; *S. Huster* Warum die Lehrerin (k)ein Kopftuch tragen darf, FS Tsatsos, 2003, 215ff.; *H. M. Heinig/M. Morlok* Von Schafen und Kopftüchern, JZ 2003, 777ff.; *M. Bertrams* Lehrerin mit Kopftuch? – Islamismus und Menschenbild des Grundgesetzes, DVBl. 2003, 1225ff.; *S. Muckel* Gleicher Zugang zu jedem öffentlichem Amte – auch für muslimische Lehrerinnen mit Kopftuch?, FS Link, 2003, 331ff.; *A. Debus* Machen Kleider wirklich Leute? – Warum der Kopftuch-Streit so spannend ist, NVwZ 2001, 1355ff.; *dies.* Der Kopftuchstreit in Baden-Württemberg, KJ 1999, 430ff.; *H. Goerlich* Distanz und Neutralität im Lehrberuf – zum Kopftuch und anderen religiösen Symbolen, NJW 1999, 2929ff.; *K.-H. Kästner* Religiös akzentuierte Kleidung des Lehrpersonals staatlicher Schulen, FS Heckel, 1999, S. 359ff.

33 Einen Anspruch auf Befreiung bejahend: OVG Lüneburg, NVwZ 1992, 79; OVG Bremen, KirchE 30, 139; BVerwGE 94, 82. In der neueren Rechtsprechung ist eine gewisse Tendenz zur Zurückweisung religiös begründeter Ansprüche auf Befreiung vom Sportunterricht erkennbar: VG Hamburg, NVwZ-RR 2006, 121; VG Düsseldorf, NWVBl. 2006, 68.

34 Einen Anspruch auf Befreiung verneinend: VG Aachen, NJW 2002, 3191. Das OVG Münster gewährte demgegenüber einen Anspruch auf Befreiung unter Hinweis darauf, dass die Furcht einer muslimischen Schülerin, sich auf Klassenfahrten nicht so verhalten zu können, wie es ihr Glaube von ihr verlangt, Krankheitswert besitzen könne: OVG Münster, NJW 2003, 1754. Aus der Literatur: *S. Rixen* Krankheit oder Glaubensfreiheit?, NJW 2003, 1712ff.

35 VGH München, NVwZ 1992, 343; VGH Mannheim, NVwZ-RR 2003, 561 (bestätigt durch BVerfG (K), NVwZ 2003, 1113); VG Braunschweig, KirchE 44, 411; OVG Hamburg, NVwZ-RR 2005, 183; BVerfG (K), ZevKR 52 (2007), 100; OVG Bremen, NordÖR 2007, 426; VGH München, NVwZ-RR 2007, 763. Aus der Literatur: *C. Tangermann* „Home-Schooling" aus Glaubens- und Gewissensgründen, ZevKR 51 (2006), 393ff.; *J. P. Thurn/F. Reimer* Homeschooling als Option?, NVwZ 2008, 718ff.

36 Ablehnend: VG Minden, KirchE 43, 298. Auch mit dem Antrag auf Befreiung vom Schwimmunterricht waren christliche Eltern nicht erfolgreich: VGH München, KirchE 30, 189 (bestätigt von BVerwGE, NVwZ 1994, 234). Die Klägerin in diesem Verfahren hatte geltend gemacht, dass die Teilnahme am Sportunterricht im Badeanzug nicht ihrer biblischen Vorstellung von Schamhaftigkeit und Sittsamkeit entspreche.

37 BVerfGE 19, 135; 23, 127; 78, 391; BVerwG, NVwZ 1985, 114; BVerwG, JZ 1985, 348; BVerwG, NVwZ 1987, 697; BVerwG, KirchE 27, 277; BVerwG, NVwZ 1994, 174; BVerwG, NVwZ 1995, 496.

fahr ab.[38] Aus den USA sind Konflikte etwa im Hinblick auf das Peyote-Rauchen indianischer Religionen[39] oder Tieropfer der Santeria-Sekte[40] bekannt.[41] In England wird um die Helmpflicht von Sikhs gestritten.[42]

### a) *Schutzbereich*

Nach der ständigen Rechtsprechung des Bundesverfassungsgerichts wird Art. 4 Abs. 1 und 2 GG als einheitliches Grundrecht verstanden und extensiv[43] ausgelegt.[44] Danach gehört zur Glaubensfreiheit nicht nur die Freiheit, einen Glauben zu haben, sondern auch die Freiheit, „sein gesamtes Verhalten an den Lehren seines Glaubens auszurichten und seiner inneren Glaubensüberzeugung gemäß zu handeln".[45] Immer häufiger wird in der Literatur Kritik an diesem weiten Schutzbereichs-

---

[38] BayObLG, NJW 1976, 2017; OLG Stuttgart, FamRZ 1995, 1290; OLG München, NJW-RR 2002, 811.

[39] Employment Division v. Smith, 494 U.S. 872 (1990).

[40] Church of the Lukumi Babalu Aye, Inc. v. City of Hialeah, 508 U.S. 520 (1993).

[41] Einen aktuellen Überblick sowie intensive Diskussion der Einzelfälle bietet: *K. Greenawalt* Religion and the Constitution. Free Exercise and Fairness, Bd. I, 2006.

[42] Während für Sikhs im Bereich des Straßenverkehrsgesetzes mit dem Motor-Cycle Helmets (Religious Exemption) Act (1976) eine Ausnahme von der Helmpflicht zugelassen wurde, setzt der Employment Act 1989 für eine Ausnahme von der Helmpflicht auf Baustellen darüber hinaus eine rassistische Diskriminierung voraus. Eine solche Diskriminierung lehnte das „Industrial Tribunal" im Fall S.S. Dhanjal v. British Steel General Steels vom 16. 12. 1993 ab und hielt eine Kündigung für rechtmäßig, die wegen der Weigerung eines orthodoxen Sikhs einen Helm zu tragen ausgesprochen wurde. Die Employment Equality (Religion or Belief) Regulations 2003 erneuerten und konkretisierten die Ausnahmeregelung von 1989. Eine Ausnahme für Reiter enthalten die Horses (Protective Headgear for Young Riders) Regulations 1992, reg. 3(1) and 3(2). Auch das britische Militär gewährt den Sikhs das Tragen des Turbans anstatt von Helmen und anderen Kopfbedeckungen (Equal Opportunity Policy Document, 1997, http://www.army.mod.uk/cgibin/netoutcome.exe?redeye_url=/army/recruit/equal/main.htm; vgl. hierzu ausführlich: European Parliament, Personal Protective Equipment at work, Working document for the STOA Panel, PE-Nr. PE 168.188/Fin.St./rev, 1999, 14ff. http://www.europarl.europa.eu/stoa/publications/studies/19992001_en.pdf (letzter Zugriff 30. 09. 2008).

[43] Ausdrücklich eine extensive Auslegung verlangend: BVerfGE 24, 236 (246).

[44] St. Rspr. seit BVerfGE 24, 236 (245f.); 32, 98 (106); 33, 23 (28); 41, 29 (49); 93, 1 (15); 108, 282 (297).

[45] BVerfGE 32, 98 (106); 108, 282 (297). Erläuternd fügt das Gericht hinzu: „Dies betrifft nicht nur imperative Glaubenssätze, sondern auch solche religiösen Überzeugungen, die ein Verhalten als das zur Bewältigung einer Lebenslage richtige bestimmen" (BVerfGE 108, 282 (297) mit Verweis auf ähnliche Formulierungen in älteren Entscheidungen).

verständnis des Bundesverfassungsgerichts geübt.[46] Es wird eine stärkere Differenzierung der einzelnen Gehalte des Art. 4 GG gefordert, wie sie durch die Unterscheidung der Glaubens-, Bekenntnis- und Kultusfreiheit im Text nahegelegt wird. Insbesondere soll nur die Kultus- und Bekenntnisfreiheit im engeren Sinne von Art. 4 GG geschützt sein, sonstiges religiös motiviertes Verhalten soll anderen Grundrechten unterfallen.[47]

Versuche einer differenzierteren Schutzbereichsbestimmung enthalten wegen ihres engen Bezuges zu Wortlaut und Systematik auf den ersten Blick einen hohen Grad an Plausibilität und bieten Gelegenheit, juristischen Scharfsinn zu entwickeln.[48] Doch die damit verbundene angestrebte Einschränkung des Schutzbereichs ist abzulehnen. Sie wird dem Schutzversprechen der Religionsfreiheit nicht gerecht. Die Religionsfreiheit gehört unverzichtbar zum Kanon der Menschenrechtskataloge[49], weil Religion so zentral für die moralische Identität des Menschen ist.[50] Die Religionsfreiheit soll den Einzelnen in möglichst großem Umfang davor schützen, von der staatlichen Rechtsordnung dazu gezwungen zu werden, gegen die eigenen religiösen Überzeugungen verstoßen zu müssen.[51] Religion als Sinnsystem für die Führung eines guten Lebens[52] beschränkt sich nicht auf Kultushandlungen, sondern

---

[46] *Schoch* Grundrechtsdogmatik (Fn. 11), 159; *J. Hellermann* Multikulturalität und Grundrechte – am Beispiel der Religionsfreiheit, in: C. Grabenwarter/S. Hammer/A. Pelzl /E. Schulev-Steindl/E. Wiederin (Hrsg.), Allgemeinheit der Grundrechte und Vielfalt der Gesellschaft, 129 (137f.); *S. Muckel* Religiöse Freiheit und staatliche Letztentscheidung, 1997, 125ff.; *D. Ehlers* Religiöse Freiheit und staatliche Letztentscheidung, ZevKR 44 (1999), 533 (535ff.); *S. Huster* Die ethische Neutralität des Staates, 2002, 376ff.

[47] *Schoch* Grundrechtsdogmatik (Fn. 11), 159; *Hellermann* Multikulturalität und Grundrechte (Fn. 46), 137f.; *K. Misera-Lang* Dogmatische Grundlagen der Einschränkbarkeit vorbehaltloser Grundrechte, 1999, 270; *K.-H. Kästner* Hypertrophie des Grundrechts auf Religionsfreiheit?, JZ 1998, 974 (981).

[48] *M. Morlok* in: H. Dreier (Hrsg.) GG I, 2. Aufl. 2004, Art. 4 Rn. 54 spricht von „Klügelei".

[49] Vgl. *Morlok* (Fn. 48), Art. 4 Rn. 21; *U. Mager* in: I. v. Münch/P. Kunig (Hrsg.) GG I, 5. Aufl. 2000, Art. 4 Rn. 1; *J. Kokott* in: M. Sachs (Hrsg.) GG, 4. Aufl. 2007, Art. 4 Rn. 3; *U. K. Preuß* in: AK-GG I, 2001, Art. 4 Rn. 1.

[50] Vgl. *Morlok* (Fn. 48), Art. 4 Rn. 41.

[51] Parallel die Argumentation zur Gewissensfreiheit bei *E.-W. Böckenförde* Das Grundrecht der Gewissensfreiheit, VVDStRL 28 (1970), 33 (55).

[52] Mit dieser Formulierung ist keine vollständige Definition von Religion beabsichtigt. Das Bundesverfassungsgericht hat bisher auf eine umfassende Definition von Religion verzichtet. Das Bundesverwaltungsgericht (BVerwGE 90, 112 (115)) definiert Religion wie folgt: „Unter Religion oder Weltanschauung ist eine mit der Person des Menschen verbundene Gewissheit über bestimmte Aussagen zum Weltganzen sowie

verlangt vom Gläubigen, sein Leben an den Regeln der Religion auszurichten. Verweist man religiös motivierte Verhaltensweisen in den Schutzbereich anderer Grundrechte, wird das Besondere des religiös bestimmten Verhaltens aus der freiheitsrechtlichen Prüfung ausgeblendet – es sei denn, man holt es bei der Prüfung des anderen Grundrechts wieder herein; das Bundesverfassungsgericht hat dies in der Schächt-Entscheidung vorgemacht.[53] Ob dies aber ein Gewinn an dogmatischer Klarheit ist, ist zweifelhaft.[54]

Ein weiterer Kritikpunkt im Rahmen der Schutzbereichsbestimmung setzt an einem weiten Religionsverständnis an, das dem Selbstverständnis des Grundrechtsträgers maßgebliche Bedeutung für die Bestimmung des geschützten religiösen Verhaltens beimisst.[55] Doch führt daran kein Weg vorbei. Die Glaubensfreiheit gibt die Entscheidung über den Glauben in die Hände des Einzelnen; eine andere Möglichkeit gibt es nicht, ohne den eigentlichen Gehalt der Glaubensfreiheit aufzulösen.[56] Dabei ist vor allem zu beachten, dass gerade die großen Religionen, von denen wir gewöhnt sind, vereinfachend als „das Christentum" oder „der Islam" zu sprechen, verschiedene Strömungen in sich tragen. Jede dieser Strömungen genießt den vollen Schutz der Glaubensfreiheit. Deutsche Gerichte sind nicht – auch nicht im Wege von Sachverständigenanhörungen – dazu berufen, über Glaubensregeln verbindlich zu entscheiden.[57] Als übergriffig erscheinen daher die in der Kopftuchdebatte immer wieder zu findenden Bemühungen von Nicht-Muslimen,

---

zur Herkunft und zum Ziel des menschlichen Lebens zu verstehen; dabei legt die Religion eine den Menschen überschreitende und umgreifende („transzendente") Wirklichkeit zugrunde, während sich die Weltanschauung auf innerweltliche („immanente") Bezüge beschränkt".

[53] BVerfGE 104, 337 (346). So führt das Gericht aus, dass der Schutz der Berufsfreiheit des Beschwerdeführers „durch den speziellen Freiheitsgehalt des Grundrechts der Religionsfreiheit aus Art. 4 Abs. 1 und 2 GG verstärkt wird".

[54] Siehe die Kritik bei *Arndt/Droege* (Fn. 31), 196f.

[55] *Muckel* Religiöse Freiheit (Fn. 46), 61ff.; *R. Abel* Die aktuelle Entwicklung der Rechtsprechung zu neueren Glaubensgemeinschaften, NJW 1997, 426 (427). Grundsätzlich skeptisch gegen die Relevanz des Selbstverständnisses: *J. Isensee* Wer definiert die Freiheitsrechte?, 1980, insbesondere 29ff.

[56] Grundlegend zur Rolle des Selbstverständnisses: *M. Morlok* Selbstverständnis als Rechtskriterium, 1993; *A. Isak* Das Selbstverständnis der Kirchen und Religionsgemeinschaften, 1994; die Bedeutung des Selbstverständnisses betonend auch: *E. Schmidt-Jortzig* Bedingungen der Religionsfreiheit im toleranzverpflichteten Staat, GS Eckert, 2008, 823 (824).

[57] Problematisch daher: BVerwGE 99, 1 (7); VGH Kassel, NVwZ 2000, 951, die im Gegenteil die „jeweilige subjektive – wenn auch als zwingend empfundene – religiöse Überzeugung der Mitglieder einer Religionsgemeinschaft" nicht für ausreichend erachten.

Kopftuchträgerinnen zu erklären, der Koran gebiete keine Verschleierung.[58] Andererseits besteht, gerade wenn religiöses Verhalten gegenüber anders motiviertem Verhalten privilegiert ist, die Gefahr des Missbrauchs. Als Korrektiv können die Gerichte nur verlangen, die behauptete Religion und ihren Inhalt plausibel zu machen.[59]

### b) *Beschränkbarkeit*

Die Entscheidung, welches Ausmaß an Freiheit dem Bürger tatsächlich zukommt, fällt auf Ebene der Schranken. Art. 4 GG enthält selbst keinen Gesetzesvorbehalt und kann nach der Rechtsprechung des Bundesverfassungsgerichts nur über kollidierendes Verfassungsrecht beschränkt werden.[60] In der Literatur wird demgegenüber verstärkt dafür plädiert, Art. 140 GG i.V.m. Art. 136 Abs. 1 WRV als Gesetzesvorbehalt heranzuziehen.[61] Gegen eine solche Heranziehung des Art. 136 Abs. 1

[58] Vgl. Redebeitrag der Initiative „Mein Kopftuch“, in: F. Haug/K. Reimer (Hrsg.), Politik ums Kopftuch, 2005, 15. Problematisch etwa die Ausführungen von *O. Lepsius* Die Religionsfreiheit als Minderheitenrecht in Deutschland, Frankreich und USA, Leviathan 2006, 321 (331), insoweit sie nach einer institutionellen Bestätigung einer Kopftuchregel suchen.

[59] *H. M. Heinig* Öffentlich-rechtliche Religionsgesellschaften, 2003, 61: „Die äußerlichen Erscheinungen, also religiöse Organisation, Artikulation und Handlung müssen mit dem geltend gemachten Selbstverständnis korrelieren.“ Ähnlich: *Morlok* (Fn. 48), Art. 4 Rn. 55.

[60] BVerfGE 33, 23 (30f.); 32, 98 (107f.); 41, 29 (50f.); 44, 59 (67); 52, 223 (246f.); 93, 1 (21). Dieser Rechtsprechung stimmt ein beachtlicher Teil der Literatur zu: *H. Maurer* Die Schranken der Religionsfreiheit, ZevKR 49 (2004), 311 (330); *Morlok* (Fn. 48), Art. 4 Rn. 112; *S. Korioth* in: T. Maunz/G. Dürig (Hrsg.) GG VI, Art. 140/Art. 136 WRV Rn. 54 (2003); *M. Brenner* Staat und Religion, VVDStRL 59 (2000), 264 (290f.); *C. Walter* Religions- und Gewissensfreiheit, in: R. Grote/T. Marauhn (Hrsg.), EMRK/GG, 2006, Kap. 17 Rn. 117; *H. Hofmann* in: B. Schmidt-Bleibtreu/F. Klein/H. Hofmann/A. Hopfauf (Hrsg.) GG, 11. Aufl. 2008, Art. 4 Rn. 9; *Heinig* Religionsgesellschaften (Fn. 59), 132ff.; *Isak* Das Selbstverständnis der Kirchen (Fn. 56), 255ff.; *Misera-Lang* Dogmatische Grundlagen (Fn. 47), 46ff.; *Winter* Staatskirchenrecht (Fn. 16), 73ff.; *K. D. Bayer* Das Grundrecht der Religions- und Gewissensfreiheit, 1997, 66ff.; *N. Janz/S. Rademacher* Islam und Religionsfreiheit, NVwZ 1999, 706 (709); *S. Schmieder* Der Schutz religiös-weltanschaulicher Vereinigungen – die Abschaffung des Religionsprivilegs, VBlBW 2002, 146 (147f.); *K. Fischer/T. Groß* Die Schrankendogmatik der Religionsfreiheit, DÖV 2003, 932 (937).

[61] So *v. Campenhausen* Religionsfreiheit (Fn. 17), Rn. 82; *C. Starck* in: H. v. Mangoldt/F. Klein/C. Starck (Hrsg.) GG I, 5. Aufl. 2005, Art. 4 Rn. 87ff.; *M. Heckel* Religionsfreiheit und Staatskirchenrecht in der Rechtsprechung des Bundesverfassungsgerichts, FS 50 Jahre BVerfG, Bd. II, 2001, 379 (408 Fn. 102); *Muckel* Religiöse Freiheit (Fn. 46), 224ff.; *W. Bock* Die Religionsfreiheit zwischen Skylla und Charybdis, AöR 123 (1998), 444 (469ff.); *Kästner* Hypertrophie (Fn. 47), 981f.; *Schoch* Grundrechtsdogmatik (Fn. 11), 163ff.; *M. Sachs* Verfassungsrecht II, 2. Aufl. 2003, B 4 Rn. 18; *Schmidt-*

WRV spricht freilich der Wortlaut der Vorschrift, die als Diskriminierungsverbot formuliert ist, sowie der Umstand, dass der systematisch eher als Gesetzesvorbehalt zu interpretierende Art. 135 Satz 3 WRV, der die „allgemeinen Staatsgesetze" für von der Glaubensfreiheit unberührt erklärt, nicht ins Grundgesetz inkorporiert wurde.[62]

Dennoch wäre der Sache nach ein Gesetzesvorbehalt angebracht. Gerade wenn der Schutzbereich weit gefasst wird, sind Konflikte mit Gemeinschaftsgütern und Rechten anderer nicht nur im Ausnahmefall vorstellbar; dies würde durch einen Gesetzesvorbehalt klar zum Ausdruck gebracht werden. Ob dies freilich in der Praxis zu vom gegenwärtigen Zustand sehr unterschiedlichen Ergebnissen führen würde, ist zu bezweifeln, denn auch der Gesetzesvorbehalt würde immer noch eine strikte Verhältnismäßigkeitsprüfung verlangen. Die dogmatisch kategoriale Unterscheidung zwischen Grundrechten mit und ohne Gesetzesvorbehalt hat sich in der Praxis nahezu verflüchtigt.[63] Eine Vielzahl von Gütern und Interessen sind als kollidierendes Verfassungsrecht anerkannt worden,[64] es bedarf bei beiden Typen von Grundrechten einer

---

*Jortzig* Bedingungen der Religionsfreiheit (Fn. 56), 828ff.; *Mager* (Fn. 49), Art. 4 Rn. 48; *C. Hillgruber* Der deutsche Kulturstaat und der muslimische Kulturimport, JZ 1999, 538 (543); *T. Anger* Islam in der Schule, 2003, 141. In diesem Sinne auch: BVerwGE 112, 227, 231.

62 Als Alternative wird vorgeschlagen, Art. 136 Abs. 1 WRV als kollidierendes Verfassungsrecht zu verstehen. Da diese Vorschriften ein grundsätzliches Verbot enthielten, glaubensgeleitetes Verhalten besser als nicht glaubensgeleitetes Handeln zu behandeln, sei es im Ergebnis ausgeschlossen, Ausnahmen vom allgemeinen Gesetz aus religiösen Gründen zuzulassen (so *H. D. Jarass* in: H. D. Jarass/B. Pieroth (Hrsg.) GG, 9. Aufl. 2007, Art. 4 Rn. 28). Auf den ersten Blick hat diese Argumentation etwas Bestechendes, im Ergebnis kann sie jedoch aus zwei Gründen nicht überzeugen. Zum einen beruht die Schlagkraft des Arguments auf der Annahme einer Symmetrie von Diskriminierungsverboten. Eine solche Symmetrie ist aber bei besonderen Gleichheitsrechten trotz einer symmetrisch klingenden Formulierung keinesfalls selbstverständlich (ausführlich erörtert im Hinblick auf das Merkmal Geschlecht: *U. Sacksofsky* Das Grundrecht auf Gleichberechtigung, 2. Aufl. 1996, 305ff.). Zum anderen führt diese Argumentation nicht zwingend zur Einschränkbarkeit der Glaubensfreiheit durch allgemeine Gesetze; denn dem Verbot wäre auch genügt, wenn die (wegen Art. 4 GG erforderlichen) Ausnahmen vom allgemeinen Gesetz auf nicht-religiöse Sachverhalte erstreckt würden; s. dazu auch unten bei Fn. 144.

63 Ähnlich *F. Hase* Freiheit ohne Grenzen?, FS Isensee, 2007, 549 (550f.).

64 Dazu zählen etwa: Schulwesen und staatlicher Erziehungsauftrag: BVerfGE 93, 1 (21); 52, 223 (246); Funktionsfähigkeit der militärischen Verteidigung: BVerfGE 28, 243 (261); 69, 1 (21); Staatssymbole: BVerfGE 81, 278 (293); finanzielle Sicherheit des Staates: BVerfGE 84, 239 (268); Berufsbeamtentum: BVerfGE 55, 274 (300ff.); Jugendschutz: BVerfGE 83, 130 (144); friedliches Zusammenleben: BVerfGE 47, 327 (382); Volksgesundheit: BVerfGE 85, 248 (260); 87, 363 (385); Krankenversorgung:

Regelung durch den Gesetzgeber[65] und eines gewissen Ausgleichs der widersprechenden Positionen. Vor allem die Kopftuch-Entscheidung hat mit der Vorstellung aufgeräumt, verfassungsunmittelbare Schranken seien zwingend und bleibend vorgegeben. Denn in dieser Entscheidung verlangte das Gericht nicht nur – formell – überhaupt ein Gesetz, sondern sprach explizit aus, dass dieses Gesetz in den verschiedenen Ländern zu unterschiedlichen Ergebnissen führen könne.[66]

### 2. *Gleichheitsrechtlicher Gehalt der Religionsfreiheit*

Fraglich ist, ob die Gewährleistung von Religionsfreiheit zwingend den säkularisierten, religiös-weltanschaulich neutralen Staat voraussetzt. Der Charakter des säkularisierten Staates lässt sich dadurch beschreiben, dass in ihm die Religion beziehungsweise eine bestimmte Religion nicht mehr verbindliche Grundlage der staatlichen Ordnung ist. Der Staat als solcher hat und vertritt keine Religion.[67] Dies hat zur notwendigen Folge, dass alle Religionen gleich zu behandeln sind.

Hiergegen wird eingewandt, dass Freiheit nicht notwendigerweise gleiche Freiheit sein müsse.[68] Nach diesem Verständnis gewährt auch der religiös gebundene Staat Religionsfreiheit, wenn er anderen Religionen gegenüber Toleranz übt und ihnen einen gewissen Freiheitsraum zugesteht.[69]

---

BVerfGE 68, 193 (220); Sicherstellung der Energieversorgung: BVerfGE 66, 248 (258); Einheitlichkeit des Wahlsystems: BVerfGE 59, 119 (124).

[65] BVerfGE 59, 231 (261ff.); 90, 112 (122f.); 107, 104 (120); vgl. auch *E.-W. Böckenförde* Zur Lage der Grundrechtsdogmatik nach 40 Jahren Grundgesetz, 1989, 21; *H. Dreier* in: ders. (Hrsg.) GG I, 2. Aufl. 2004, Vorb. Rn. 141; *G. Lübbe-Wolff* Eingriffsabwehrrechte, 1988, 94ff.

[66] BVerfGE 108, 282 (303).

[67] *E.-W. Böckenförde* Der säkularisierte Staat, 2007, 12.

[68] *Huster* Die ethische Neutralität (Fn. 46), 89.

[69] In der internationalen menschenrechtlichen Diskussion wird man derzeit ein solches eingeschränktes Verständnis der Religionsfreiheit wohl akzeptieren müssen, da dies offensichtlich der Praxis und damit dem Verständnis einer Vielzahl der an den Menschenrechtserklärungen beteiligten Staaten zugrundeliegt. Siehe dazu: General Comment des UN-Menschenrechtsausschusses Nr. 22 vom 30. Juli 1993: Das Recht auf Gedanken-, Gewissens- und Religionsfreiheit (Art. 18 IPBPR); *J. A. Frowein* Gedanken-, Gewissens- und Bekenntnisfreiheit, 1990, 178; *O. Kimminich* Religionsfreiheit als Menschenrecht, 1990, 151. Dies gilt auch für die EMRK, daher ist der EGMR zu Recht in seiner Rechtsprechung zur Religionsfreiheit zurückhaltend: EGMR (Leyla Sahin/Türkei), NVwZ 2006, 1389 (1392); EGMR (Gorzelik u.a./Polen), Slg. 2004-I Nr. 67; EGMR (Murphy/Irland), Slg. 2003-IX Nr. 73; vgl. *J. A. Frowein* Religionsfreiheit und internationaler Menschenrechtsschutz, in: R. Grote/T. Marauhn (Hrsg.), Religionsfreiheit zwischen individueller Selbstbestimmung, Minderheitenschutz und Staatskirchenrecht, 2001, 73 (78f.); *Walter* Religions- und Gewissensfreiheit (Fn. 60), 392ff.

Toleranz bedeutet lediglich Duldung.[70] Sie ist Parteinahme, denn religiös toleriert werden muss nur der, der dem falschen Glauben anhängt. Toleranz ist weniger als Gleichheit.[71] Es gibt viele Staaten, auch in Europa, die gleichzeitig Staatskirchen haben und Religionsfreiheit garantieren.[72]

Doch ist fraglich, ob diese staatskirchenrechtlichen Regime auf Dauer Bestand haben werden; eine Konvergenz der Systeme lässt sich bereits feststellen.[73] Im Freiheitsrecht der Religionsfreiheit ist der Kern einer Entwicklung zum religiös-weltanschaulich neutralen Staat angelegt.[74] Vollständige Religionsfreiheit kann es erst dann geben, wenn die Entscheidung über den wahren Glauben nicht mehr vom Staat, sondern vom Einzelnen getroffen wird, der Staat sich mithin enthält, den Glauben der Bürgerinnen und Bürger zu bewerten und keinen Einfluss darauf nimmt, welcher Religion sie anhängen. Es ist daher kein Zufall, dass sich der religiös-weltanschaulich neutrale Staat in einem Prozess der Säkularisierung[75] entwickelt hat.[76]

---

[70] *S. Huster* Toleranz als politisches Problem in der pluralistischen Gesellschaft, Archiv für Rechts- und Sozialphilosophie 2005, 20 (21f.). Zu einer umfassenden historischen Aufarbeitung: *R. Forst* Toleranz im Konflikt, 2003. Zum Toleranzbegriff im Recht vgl. auch: *A. Debus* Das Verfassungsprinzip der Toleranz unter Berücksichtigung der Rechtsprechung des Bundesverfassungsgerichts, 1999; *C. Enders* Toleranz als Rechtsprinzip? – Überlegungen zu den verfassungsrechtlichen Maßgaben anhand höchstrichterlicher Entscheidungen, in: C. Enders/M. Kahlo (Hrsg.), Toleranz als Ordnungsprinzip?, 2007, 243ff.; *U. Eisenhardt* Der Begriff der Toleranz im öffentlichen Recht, JZ 1968, 214ff.; *D. Grimm* Wie viel Toleranz verträgt das Grundgesetz?, in: *ders.* Die Verfassung der Politik, 2001, 118ff.; *K.-H. Ladeur/I. Augsberg* Toleranz-Religion-Recht, 2007; *G. Püttner* Toleranz als Verfassungsprinzip, 1977; *M. Ronellenfitsch* Aktive Toleranz in der streitbaren Demokratie, FS Heckel (Fn. 32), 427ff.; *B. Rudolf* Religionsfreiheit zwischen Diskriminierungsverbot und Toleranzgebot, in: M. Mahlmann/H. Rottleuthner (Hrsg.), Ein neuer Kampf der Religionen?, 2006, 209 (218ff.); im Hinblick auf die Grenzen der Toleranz in einer pluralen Gesellschaft: *U. Volkmann* Grund und Grenzen der Toleranz, Der Staat 39 (2000), 325ff.

[71] Vgl. auch BVerfGE 12, 1 (3f.); 32, 98 (106).

[72] Staatskirchen gibt es beispielsweise in England (Church of England), in Dänemark (evangelisch-lutherische „Folkskirche"), in Griechenland (Griechisch-Orthodoxe Kirche). Die schwedische Staatskirche wurde 1999 abgeschafft. Die christliche Prägung stark betonend und Folgerungen für die europäische Ebene ziehend: *J. H. H. Weiler* Ein christliches Europa, 2004.

[73] *G. Robbers* Staat und Religion, VVDStRL 59 (2000), 231 (257); *C. Starck* Staat und Religion, JZ 2000, 1 (4f.).

[74] Weitergehend *Morlok* (Fn. 48), Art. 4 Rn. 46, 145ff.

[75] Zur Unterscheidung von Säkularisation und Säkularisierung: *M. Droege* Staatsleistungen an Religionsgemeinschaften im säkularen Kultur- und Sozialstaat, 2004, 156ff.

[76] Grundlegend: *Böckenförde* Die Entwicklung des Staates (Fn. 1), 112; in gewissem Umfang kritisch dazu: *H. Dreier* Kanonistik und Konfessionalisierung – Marksteine auf dem Weg zum Staat, JZ 2002, 1 (6ff.).

Im Ergebnis bleibt dieser Streit für die Rechtslage in Deutschland folgenlos; das Grundgesetz hat mit den expliziten Diskriminierungsverboten der Art. 3 Abs. 3 Satz 1, Art. 33 Abs. 3 und Art. 140 GG i.V.m. Art. 136 Abs. 1 und 2 WRV sowie dem Verbot der Staatskirche in Art. 137 Abs. 1 WRV das Neutralitätsprinzip unzweifelhaft normativ verankert. Zu klären ist freilich, was Gleichbehandlung der Religionen im Hinblick auf das Neutralitätsprinzip genau bedeutet.

In der Geschichte setzte sich die gleichheitsrechtliche Seite der Religionsfreiheit erst allmählich durch. Es dauerte lange bis Religionsfreiheit nicht auf die Anhänger bestimmter Religionen beschränkt, noch länger bis auf die Privilegien zugunsten bestimmter Religionen ganz verzichtet wurde. So war die Religionsfreiheit im Augsburger Religionsfrieden von 1555, der vielfach als erster Anfang der Religionsfreiheit genannt wird,[77] in zweifacher Weise beschränkt. Zum einen brachte der Augsburger Religionsfriede – in der Formulierung von Gerhard Anschütz – nicht Glaubensfreiheit, sondern „Glaubenszweiheit“,[78] zum anderen wurde das Wahlrecht nicht den Einzelnen, sondern nur den weltlichen Fürsten und den freien Städten zuerkannt: cuius regio, eius religio. Der Westfälische Friede 1648 dehnte die Anerkennung auf drei Konfessionen aus: Katholiken, Lutheraner und Reformierte, und erkannte den im jeweiligen Gebiet abweichenden Konfessionen erste Duldungsrechte zu, wenn sie im sogenannten Normaljahr 1624 bestanden hatten.[79] Auch die Aufklärung brachte nicht die volle Gleichheit, obwohl jetzt die Religionsfreiheit als Menschenrecht formuliert und die gleichheitsrechtliche Seite, sei es in Form von Diskriminierungsverboten, sei es ausdrücklich als Gleichheitsanspruch formuliert, mit aufgenommen wurde. John Locke wollte in seinem berühmten Brief über die Toleranz weder Katholiken noch Atheisten dulden,[80] die Virginia Bill of Rights von 1776

[77] *v. Campenhausen* Religionsfreiheit (Fn. 17), Rn. 13; *Morlok* (Fn. 48), Art. 4 Rn. 3; *Jean d'Heur/Korioth* Grundzüge (Fn. 16), Rn. 15; *Winter* Staatskirchenrecht (Fn. 16), 17; *Heckel* Zur Entwicklung des deutschen Staatskirchenrechts (Fn. 16), 13.

[78] *G. Anschütz* Die Religionsfreiheit, in: G. Anschütz/R. Thoma (Hrsg.) HDStR II, 1932, 675 (676).

[79] Die dieser Regelung nicht unterfallenden Konfessionen wurden, wenn überhaupt, nur unter erheblichen Beschränkungen geduldet. Vgl. hierzu *v. Campenhausen/de Wall* Staatskirchenrecht (Fn. 16), 14; *M. Borowski* Die Glaubens- und Gewissensfreiheit des Grundgesetzes, 2006, 21.

[80] Freilich aus ganz unterschiedlichen Gründen: Bei den Katholiken war Lockes zentrales Argument die Unterwerfung unter einen anderen Fürst. *J. Locke* A Letter Concerning Toleration, 1963 (Hrsg. M. Montuori), 91: „That church can have no right to be tolerated by the magistrate which is constituted upon such a bottom that all those who enter into it do thereby ipso facto deliver themselves up to the protection and service of another prince. For by this means the magistrate would give way to the settling of a

sprach zwar allen Menschen das gleiche Recht auf Religionsfreiheit zu, verpflichtete sie aber gleichzeitig zur Befolgung explizit als christlich ausgewiesener Tugenden.[81] Das 1. Amendment der U.S. Verfassung verspricht zwar Religionsfreiheit und verbietet das „Establishment of Religion", was aber über Jahrhunderte nicht daran hinderte, christlichen Glauben zu privilegieren,[82] bis heute Dollar-Scheine mit dem Aufdruck „In God we trust" zu versehen und die Sitzung des U.S. Supreme Court mit den Worten eröffnen zu lassen „God save this honorable Court".

Die freiheitlichen Verfassungen in Deutschland haben ausnahmslos die Religionsfreiheit zusammen mit einer Gleichheit der Religionen normiert. Zwar war die Emanzipation der Juden in den Beratungen zur Paulskirchen-Verfassung noch ein umstrittenes Thema, man entschied sich aber für die Gleichheit.[83] Auch in Weimar[84] und später in der Bundesrepublik Deutschland wurde der religiös-weltanschaulich neutrale Staat – jedenfalls in den abstrakten Formulierungen – als Kerngehalt der Religionsverfassung angesehen. Von einer vollständigen Umsetzung der

foreign jurisdiction in his own country and suffer his own people to be listed, as it were, for soldiers against his own government". Den Atheisten sprach *J. Locke*, A Letter Concerning Toleration, 1963 (Hrsg. M. Montuori), 93, die Gesellschaftsfähigkeit ab: „those are not at all to be tolerated who deny the being of a God. Promises, covenants, and oaths, which are the bonds of human society, can have no hold upon an atheist".

[81] Art. 16: That religion, or the duty which we owe to our CREATOR, and the manner of discharging it, can be directed only by reason and conviction, not by force or violence; and therefore all men are equally entitled to the free exercise of religion, according to the dictates of conscience; and that it is the mutual duty of all to practice Christian forbearance, love, and charity, towards each other.

[82] Siehe: *K. Greenawalt* Religion and the Constitution. Establishment and Fairness, Bd. II, 2008; *C. L. Eisgruber/L. G. Sager* Religious freedom and the constitution, 2007; *N. Feldman* The Intellectual Origins of the Establishment Clause, New York University Law Review, 2002, 346ff.; *L. W. Levy* The Establishment Clause: Religion and the First Amendment, 1994; *A. P. Stokes/L. Pfeffer* Church and State in the United States, 1964; *M. McConnell* The origins and Historical Understanding of Free Exercise of Religion, Harvard Law Review, 1990, 1409ff.

[83] *J. G. Droysen* (Hrsg.) Die Verhandlungen des Verfassungs-Ausschusses der deutschen Nationalversammlung 1. Teil, 1849, 8ff.; *T. Mommsen* Die Grundrechte des deutschen Volkes, 1849, 36f.; *H. Fürstenau* Das Grundrecht der Religionsfreiheit, 1891, 191ff.; *E. Ziehen* Das Grundrecht der Religionsfreiheit in der Frankfurter Reichsverfassung vom 28. März 1849, 1926, 29ff.

[84] *Anschütz* Die Religionsfreiheit (Fn. 78), 682; *ders.* Die Verfassung des deutschen Reichs vom 11. August 1919, 14. Aufl. 1933, 622f.; *G. J. Ebbers* in: H. C. Nipperdey (Hrsg.), Die Grundrechte und Grundpflichten der Reichverfassung II, 1930, 363f.; *H. Nawiasky* Die Grundgedanken der Reichverfassung, 1920, 142f.; *J. V. Bredt* Der Geist der Deutschen Reichsverfassung, 1924, 276ff.; *O. Bühler* Die Reichsverfassung vom 11. August 1919, 2. Aufl. 1927, 117; *A. v. Freytagh-Loringhoven* Die Weimarer Verfassung in Lehre und Wirklichkeit, 1924, 334f.

Neutralität war die Rechtsprechung des Bundesverfassungsgerichts in den ersten Jahrzehnten indes noch entfernt.[85] Es gab Betroffenen nur im Einzelfall das Recht, ohne Kreuz im Gerichtssaal verhandeln zu dürfen[86], billigte die christliche Gemeinschaftsschule[87] und erlaubte ein von der staatlichen Schulverwaltung angeregtes Schulgebet[88].

Inzwischen ist auch das Bundesverfassungsgericht bei der „strikten Gleichbehandlung"[89] der verschiedenen Glaubensrichtungen angelangt. Dies ist auch zwingend.[90] Behandelt der Staat eine bestimmte Religion als höherwertig gegenüber einer anderen, degradiert er die Angehörigen anderer Religionen zu Bürgern zweiter Klasse. Indem ihnen Anerkennung versagt wird, wird ihnen die volle Mitgliedschaft im Gemeinwesen vorenthalten.[91] Wie die moderne Diskussion um „citizenship" aber zeigt,[92] ist die Teilhabe aller als Freie und Gleiche Grundlage des freiheitlichen Staates.

---

[85] So sprach das Gericht 1965 nur davon, dass der Staat den verschiedenen Religionen und Weltanschauungen „grundsätzlich" neutral gegenüberstehe, BVerfGE 19, 1 (8). In der Lumpensammler-Entscheidung beschränkte das Bundesverfassungsgericht den Schutz des Art. 4 GG auf Religionsgemeinschaften, „soweit sie sich im Rahmen gewisser übereinstimmender sittlicher Grundanschauungen der heutigen Kulturvölker hält", BVerfGE 24, 236 (245f.).

[86] BVerfGE 35, 366 (373ff.).

[87] BVerfGE 41, 29 (44ff.).

[88] BVerfGE 52, 223 (236).

[89] BVerfGE 108, 282 (298).

[90] Dass vielfach im Staatskirchenrecht der Grundsatz der Parität als besondere Form des Gleichbehandlungssatzes verwendet wird, hat wohl primär historische Gründe und hängt mit der Gleichbehandlung der großen christlichen Konfessionen seit dem Augsburger Religionsfrieden zusammen; ausführlich dazu *M. Heckel* Parität, Zeitschrift der Savigny-Stiftung für Rechtsgeschichte 80, Kanonistische Abteilung 49, 1963, 261ff. Inhaltlich problematisch wird es dann, wenn zur Rechtfertigung einer ungleichen Behandlung schon jeder sachliche Grund ausreichen soll. Nicht überzeugen kann etwa *M. Heckel* Gleichheit oder Privilegien?, 1993, 2, wenn er als Grundnorm der religionsrechtlichen Parität den allgemeinen Gleichheitssatz nennt. Das Bundesverfassungsgericht unterscheidet ihn in seiner frühen Rechtsprechung von dem Gebot weltanschaulich-religiöser Neutralität, BVerfGE 19, 1 (8); 24, 236 (246); 33, 23 (28).

[91] Dieses Verständnis entspricht der zweiten Form der Gleichbehandlung, die Ronald Dworkin meint, wenn er unterscheidet: 1. das Recht auf gleiche Behandlung, d.h. das Recht auf eine gleiche Verteilung einer Chance oder Ressource oder Last, und 2. das Recht, als ein Gleicher behandelt zu werden, d.h. auf dieselbe Weise mit Achtung und Rücksicht behandelt zu werden wie jeder andere. (*R. Dworkin* Taking Rights Seriously, 1977, 227).

[92] Die Debatte knüpft an den grundlegenden Aufsatz von *T. H. Marshall* Staatsbürgerrechte und soziale Klassen, in: *ders.* Bürgerrechte und soziale Klassen, 1992 (engl. Original 1952), 33 an, der drei Dimensionen von citizenship (politische, zivile, soziale) unterschied. Aus der heutigen Diskussion siehe etwa: *E. Appelt* Geschlecht – Staatsbür-

Um dieses Recht auf gleiche Anerkennung geht es auch in der Kruzifix-Entscheidung. Diese Entscheidung hat erhebliche Empörung ausgelöst.[93] Kritisiert wurde der Vorrang, den das Gericht der negativen vor der positiven Religionsfreiheit zuerkannt habe.[94] Damit wird der Konflikt aber nicht richtig erfasst. Ginge es allein um die negative Religionsfreiheit, könnte man nicht-christlichen Kindern vielleicht doch zumuten, wegzusehen oder zu tolerieren. Es geht aber eben auch nicht um die positive Religionsfreiheit der Mehrheit. Denn es sind nicht die christlichen Kinder, die ihre Religion ausüben, sondern es ist der Staat, der die Anbringung von Kreuzen in Klassenzimmern anordnet. Damit ist die Botschaft eindeutig: der „richtige" bayerische Bürger ist Christ. In Frage steht daher nicht eine Abwägung zwischen positiver Religionsfreiheit der Mehrheit und negativer Religionsfreiheit der Minderheit, sondern es geht um den Kern des Neutralitätsprinzips.[95] Die Identifikation

---

gerschaft – Nation, 1999; *S. Benhabib* The Rights of Others, 2004; *dies.* Kulturelle Vielfalt und demokratische Gleichheit, 2002; *R. Lister* Citizenship in Contemporary Europe, 2008; *S. M. Okin* Justice, Gender and the Family, 1989; *A. Philipps* Democracy and Difference, 1993; *Y. Soysal* Limits of Citizenship, 1994; *B. Turner* Grundzüge einer Theorie der Staatsbürgerschaft, in: J. Mackert/H. P. Müller (Hrsg.), Citizenship, 2000, 229ff.; *S. Walby* Is citizenship gendered?, Sociology 1994, 379ff.; *N. Yuval-Davis* Gender and Nation, 1997; *R. Brubaker* Staats-Bürger. Frankreich und Deutschland im historischen Vergleich, 1994.

93 *A. v. Campenhausen* Zur Kruzifix-Entscheidung des Bundesverfassungsgerichts, AöR 121 (1996), 448ff.; *M. Heckel* Das Kreuz im öffentlichen Raum, DVBl. 1996, 453ff.; *J. Isensee* Bildersturm durch Grundrechtsinterpretation, ZRP 1996, 10ff.; *C. Link* Stat Crux?, NJW 1995, 3353ff.; *J. Müller-Volbehr* Positive und negative Religionsfreiheit, JZ 1995, 996ff.; *M.-E. Geis* Geheime Offenbarung oder Offenbarungseid?, RdJB 1995, 373ff.; *D. Pirson* Urteilsanmerkung, BayVBl. 1995, 755ff.

94 *Müller-Volbehr* Religionsfreiheit (Fn. 93), 999; *Link* Stat Crux? (Fn. 93), 3356. In diese Richtung geht auch das abweichende Votum der Richter *Seidl, Söllner* und *Haas,* BVerfGE 93, 1 (25, 33).

95 Zu Unrecht billigte der BayVerfGH (BayVerfGH, NJW 1997, 3157) die Ende 1995 eingeführte Widerspruchsregelung. Danach soll der Schulleiter bei einem „aus ernsthaften und einsehbaren Gründen des Glaubens oder Weltanschauung" vorgetragenen Widerspruch der Erziehungsberechtigten einen „gerechten Ausgleich" der unterschiedlichen Interessen herbeiführen, der den Willen der Mehrheit „soweit wie möglich zu berücksichtigen" hat. Doch die grundsätzliche Anordnung, ein bestimmtes religiöses Symbol in jedem Klassenzimmer aufzuhängen, ist der Akt, durch den sich der Staat mit einer bestimmten Religion identifiziert. Diese wird durch die Neuregelung nicht behoben. Kritik an der Widerspruchsregelung sowie der Entscheidung des BayVerfGH üben auch: *G. Czermak* Das bayerische Kruzifix-Gesetz und die Entscheidung des BayVerfGH vom 01-08-1997, DÖV 1998, 107ff.; *L. Renck* Der Bayerische Verfassungsgerichtshof und das Schulkreuz-Gesetz, NJW 1999, 994ff.; *A. Nolte* Das Kreuz mit dem Kreuz, JöR 48 (2000), 87 (113ff.).

des Staates mit einer Religion und die daraus resultierende Ausgrenzung[96] nicht-christlicher Kinder sind von Verfassungs wegen verboten.

### 3. *Konsequenzen für die kollektiven Gehalte*

Religion wird typischerweise gemeinschaftlich ausgeübt. Die Glaubensfreiheit umfasst daher auch das Recht, sich zu Religionsgemeinschaften zusammenzuschließen.[97] Gleichbehandlung der Religionen bedeutet dann auch Gleichbehandlung der Religionsgemeinschaften. Denn die Besserstellung einer Religionsgemeinschaft wirkt zurück auf die individuelle Religionsfreiheit.

Gegen eine solche stark grundrechtlich geprägte Sichtweise wird eingewandt, dass sie dem institutionell geprägten Staatskirchenrecht nicht gerecht wird.[98] Richtig daran ist, dass die Herkunft der Vorschriften über das Staatskirchenrecht sich nicht anders als mit Blick auf die Geschichte erklären lässt.[99] In Deutschland ist dies eben die Geschichte der

---

[96] Das Verbot der Ausgrenzung Andersgläubiger wird auch vom Bundesverfassungsgericht in der neueren Rechtsprechung immer wieder hervorgehoben: BVerfGE 93, 1 (17); 105, 279 (294f.); 108, 282 (299).

[97] Allgemeine Meinung: siehe schon *Anschütz* Die Religionsfreiheit (Fn. 78), 681ff.; *Morlok* (Fn. 48), Art. 4 Rn. 73f.; *H. D. Jarass* (Fn. 62), Art. 4 Rn. 10; *A. v. Campenhausen* in: H. v. Mangoldt/F. Klein/C. Starck (Hrsg.) GG III, 5. Aufl. 2005, Art. 137 WRV Rn. 18; *Starck* (Fn. 61), Art. 4 Rn. 49; *Kokott* (Fn. 49), Art. 4 Rn. 74; *P. Badura* Der Schutz von Religion und Weltanschauung durch das Grundgesetz, 1989, 21; *Borowski* Die Glaubens- und Gewissensfreiheit (Fn. 79), 304.

[98] Die institutionelle Sicht betonend etwa: *v. Campenhausen* (Fn. 17), Rn. 2; *C. Hillgruber* Über den Sinn und Zweck des staatskirchenrechtlichen Körperschaftsstatus, in: C. Grabenwarter/N. Lüdecke (Hrsg.), Standpunkte im Kirchen- und Staatskirchenrecht, 2002, 79 (97f.); *P. Kirchhof* Die Kirchen als Körperschaften des öffentlichen Rechts, in: Listl/Pirson (Fn. 16), 682ff.; *B. Grzeszick* Der Rechtsschutz in Kirchensachen als Teil des kirchlichen Selbstbestimmungsrechts, AöR 129 (2004), 168ff.; *R. Tillmanns* Kirchensteuer kein Mittel zur Entfaltung grundrechtlicher Religionsfreiheit, FS Rüfner, 2003, 919ff.; für eine grundrechtliche Sichtweise eintretend: *C. Walter* Religionsverfassungsrecht, 2006, 546ff.; *Heinig* Religionsgesellschaften (Fn. 59), 265ff. (etwas zurückhaltender, den Begriff „Vergrundrechtlichung" ausdrücklich zurücknehmend: *ders.* Ordnung der Freiheit (Fn. 11), 250); *S. Magen* Körperschaftsstatus und Religionsfreiheit, 2004, 197ff., 296ff.; *H. Weber* Der öffentlich-rechtliche Körperschaftsstatus der Religionsgemeinschaften nach Art. 137 Abs. 5 WRV, in: H. M. Heinig/C. Walter (Hrsg.), Staatskirchenrecht oder Religionsverfassungsrecht, 2007, 229 (245); *C. D. Classen* Religionsfreiheit und Staatskirchenrecht in der Grundrechtsordnung, 2003, 7ff.

[99] *S. Korioth* Vom institutionellen Staatskirchenrecht zum grundrechtlichen Religionsverfassungsrecht?, FS Badura, 2004, 729 (733ff.); *v. Campenhausen/de Wall* Staatskirchenrecht (Fn. 16), 77; *Waldhoff* Die Zukunft des Staatskirchenrechts (Fn. 11), 59.

christlichen Religion, insbesondere der beiden Großkirchen. Es ist die Geschichte der Verwobenheit von Kirche und Staat, wie sie institutionell noch das 19. Jahrhundert kennzeichnete und bis ins 20. Jahrhundert hineinreichte. Der Status der Kirchen als mit eigener Hoheitsmacht ausgestatteter Instanz beruht auf dieser Geschichte. Sie ist der Grund, weshalb wir die Kirchen anders als andere zivilgesellschaftliche Institutionen behandeln. Die inkorporierten Weimarer Kirchenartikel selbst enthalten aber kein ausdrückliches Privileg für christliche Kirchen, sondern sind auf Gleichheit hin ausgerichtet. Dies ist der staatskirchenrechtliche Kompromiss bei der Schaffung der Weimarer Reichsverfassung und des Grundgesetzes.[100] Danach haben alle Religionsgemeinschaften die Möglichkeit, Körperschaft des öffentlichen Rechts zu werden. Und in der Tat ist die Liste der Religionsgemeinschaften lang, die tatsächlich als Körperschaft des öffentlichen Rechts anerkannt sind.[101]

Dies führt zu einer Widersprüchlichkeit, wie Kompromisse sie häufig in sich tragen:[102] Einerseits sollen alle Religionen gleich behandelt werden, andererseits orientiert sich das institutionelle Design an der tradierten Stellung der christlichen Großkirchen. Diese Diskrepanz ist de constitutione lata nicht auflösbar. Unter dem Blickwinkel der Gleichbehandlung von Religionsgemeinschaften ist es konsequent, die Voraussetzungen zur Erreichung des Status der Körperschaft des öffentlichen Rechts gering zu halten, um möglichst vielen Religionsgemeinschaften die Möglichkeit zu geben, diesen Status zu erreichen. Insoweit ist die Zeugen Jehovas-Entscheidung des Bundesverfassungsgerichts zu begrüßen, die lediglich Rechtstreue, nicht aber Loyalität verlangt.[103] An-

---

[100] Vgl. *Heckel* Gleichheit (Fn. 90), 39; *Heinig* Religionsgesellschaften (Fn. 59), 181.

[101] Das Bundesverfassungsgericht zählt über zwanzig solcher, teilweise auch kleiner Gemeinschaften auf, darunter die Mormonen, Baptisten und die Gemeinschaft der Siebenten-Tags-Adventisten oder die Wallonisch-Niederländische Gemeinde Hanau, BVerfGE 102, 370 (372).

[102] Ein Problem ist dabei, dass anderen Religionsgemeinschaften hierarchische Strukturen aufgezwungen werden, die ihnen möglicherweise fremd sind, wenn sie diesen Status erreichen wollen. Dies wird insbesondere im Hinblick auf den Islam diskutiert, siehe z.B. *R. Poscher* Totalität – Homogenität – Zentralität – Konsistenz, Der Staat 39 (2000), 49 (57ff.).

[103] BVerfGE 102, 370 (395f.). Im Ergebnis zustimmend, wenn auch teilweise mit Kritik an der Begründung des Gerichts: *S. Muckel* Körperschaftsrechte für die Zeugen Jehovas, Jura 2001, 456 (462); *H. Wilms* Glaubensgemeinschaften als Körperschaften des öffentlichen Rechts, NJW 2003, 1083 (1090); *A. v. Campenhausen* Körperschaftsstatus der Kirchen und Religionsgemeinschaften, ZevKR 46 (2001), 165 (177); ablehnend: *H. Sendler* Auf jede Stimme kommt es an!, NJW 2002, 2611 (2613); *C. Hillgruber* Der Körperschaftsstatus von Religionsgemeinschaften, NVwZ 2001, 1347 (1353).

dererseits ist es außerordentlich problematisch, dass Vereinigungen an der durch das Grundgesetz konstituierten öffentlichen Gewalt Teil haben sollen,[104] die die Verfassung nicht unterstützen und die sich ihr nicht verpflichtet fühlen. Letztlich lässt sich diese innere Spannung nur durch die Abschaffung des Status der Körperschaft des öffentlichen Rechts auflösen. Insoweit wäre eine Verfassungsänderung vonnöten.

Dieser Vorschlag verfolgt nicht das Ziel, den Kirchen zu schaden. Daher muss sorgfältig darüber nachgedacht werden, wie ein neuer Status ausgestaltet sein sollte, inwieweit etwa vereinsrechtliche Regelungen für Religionsgemeinschaften passen oder angepasst werden müssten.[105] Das Selbstbestimmungsrecht der Religionsgemeinschaften muss gewahrt werden. Besonderes Augenmerk wäre auf den mit dem Verlust der Statuseigenschaft einhergehenden Wegfall der Kirchensteuer zu richten. Die Regelmäßigkeit und Verlässlichkeit von steuerbasierten Einnahmen ist eine wesentliche Voraussetzung für die Fähigkeit der Kirchen, soziale Aufgaben zu übernehmen; soziale Dienste, die nicht ausschließlich nach dem ökonomischen Prinzip funktionieren, braucht das Gemeinwesen dringend. Eine Alternative wäre, angeregt durch das italienische oder spanische Kirchensteuersystem, eine Art Sozialsteuer,[106] bei der der Steuerpflichtige entscheiden kann, ob die Steuer Religionsgemeinschaften oder dem Staat zukommen soll. Dies könnte auch den Kirchen nützen, denn es bestünde kein Anreiz mehr, aus finanziellen Gründen aus der Kirche auszutreten.

### 4. *Fazit*

Eine stärker gleichheitsrechtliche Deutung der Religionsverfassung, die dazu führt, dass verfassungsrechtlich abgesicherte Institutionen des Staatskirchenrechts zweifelhaft werden, sieht sich methodischen Einwänden ausgesetzt. Kann im Wege der Verfassungsauslegung die entstehungs-

---

[104] Dies aber ist der Kern der Anerkennung als Körperschaft des öffentlichen Rechts. Entkleidet man den Körperschaftsstatus dieses Moments, bleibt von der Rechtsform nur noch die bloße Hülle, die dann kategorial falsch dem öffentlichen Recht zugeordnet wird. In früheren Schriften wurde der besondere Charakter des Öffentlichen denn auch deutlich betont, wenn damit natürlich auch keine Eingliederung in den Staat gemeint war, s. etwa: *Anschütz* Verfassung des deutschen Reichs (Fn. 84), 644f.; *W. Weber* Die Gegenwartslage des Staatskirchenrechts, VVDStRL 11 (1954), 153 (175f.); *Peters* Die Gegenwartslage des Staatskirchenrechts (Fn. 21), 187; *Smend* Staat und Kirche (Fn. 21), 13.

[105] Eine verfassungskonforme Auslegung des Vereinsrechts verlangt das Bundesverfassungsgericht in BVerfGE 83, 341 (356ff.).

[106] Dazu: *Droege* Staatsleistungen an Religionsgemeinschaften (Fn. 75), 44ff.; *R. Althaus* Aktuelle Probleme der Kirchenfinanzierung in der Bundesrepublik Deutschland, in: Grabenwarter/Lüdecke (Fn. 98), 9, Fn. 58 jeweils mwN.

geschichtlich prägende institutionelle[107] durch eine gleichheitsbezogene Sichtweise ersetzt werden, die in ihren Gleichheitsanforderungen über das hinausgeht, was sich der Verfassungsgeber wohl vorgestellt hat? Wäre Auslegung lediglich Reproduktion eines einmal vorgegebenen Sinnes, wäre eine solche Entwicklung ausgeschlossen. Doch die Hermeneutik lässt eine solche einfache Sicht von Auslegung nicht länger zu.[108] Auch inhaltlich wäre eine solche Versteinerung der Verfassung problematisch.[109] Die Verfassung als Grundlegung der politischen Ordnung kann nicht frühere Verhältnisse zementieren und sich von gesellschaftlichen Entwicklungen unberührt zeigen; schon Georg Jellinek hat den Verfassungswandel als zentrales Konzept beschrieben.[110] Damit soll kein Freibrief für freie Verfassungsschöpfung aufgestellt werden. Um Verfassungsschöpfung geht es vorliegend aber auch nicht. Das Grundgesetz formuliert allgemein: „Niemand darf wegen seines Glaubens benachteiligt oder bevorzugt werden". Eine solche universalistische Sprache ist typisch für Gleichheitsnormen, auch wenn diejenigen, die die Normen schufen, die Ausschlüsse bestimmter Gruppen noch für selbstverständlich erachteten. Eines der signifikantesten Beispiele ist die amerikanische Unabhängigkeitserklärung, die mit „all men are created equal" nicht alle Menschen, sondern nur weiße Männer meinte. Universell formulierte Normen haben aber nicht unwesentlich zu Emanzipationsbewegungen, etwa der Frauenbewegung oder der Bürgerrechtsbewegung in den USA beigetragen.[111] Es entspricht der Logik allgemein formulierter Gleichheitssätze, dass marginalisierte Gruppen sich auf diese Norm beziehen

---

107 In seinem anregenden Aufsatz und dem Vergleich Deutschland-USA-Frankreich betont *Lepsius* Religionsfreiheit als Minderheitenrecht (Fn. 58), 321 ff. für Deutschland zu Recht die geschichtlich institutionell geprägte Sicht auf die Religionsfreiheit. Die von ihm nahegelegte Behauptung, dass das deutsche Religionsverfassungsrecht gar nicht auf ein Verständnis von Religionsfreiheit als Minderheitenrecht eingestellt sei, sondern überhaupt nur durch institutionelle Vermittlung funktionsfähig sei (328 ff.), scheint insoweit überzogen, als sie das gleichheitsrechtliche Potential der Religionsverfassung nicht aufnimmt.

108 *F. Müller/R. Christensen* Juristische Methodik I, 8. Aufl. 2002, Rn. 9 ff. und 248 ff.; *J. Esser* Vorverständnis und Methodenwahl in der Rechtsfindung, 1972, 43; grundlegend: *H.-G. Gadamer* Wahrheit und Methode, 6. Aufl. 1990.

109 So z.B. *K. Hesse* Grundzüge des Verfassungsrechts der Bundesrepublik Deutschland, 20. Aufl. 1995, Rn. 39 f. und 46; *H. Ehmke* Prinzipien der Verfassungsinterpretation, VVDStRL 20 (1963), 61; *P. Badura* Verfassungsänderung, Verfassungswandel, Verfassungsgewohnheitsrecht, HStR VII, 1992, § 160 Rn. 13.

110 *G. Jellinek* Verfassungsänderung und Verfassungswandel, 1906.

111 Diesen Aspekt hebt Ute Gerhard in ihrer Beschreibung der Geschichte der Frauenbewegung hervor: *U. Gerhard* Gleichheit ohne Angleichung, 1990; *dies.* Unerhört. Die Geschichte der deutschen Frauenbewegung, 1995.

und berufen können, um ein größeres Maß an Gleichheit zu erreichen. Diese Dynamik gilt auch für die Gleichheit in religiösen Fragen.

## III. Folgerungen für den Umgang mit Gefahren

Eine stark gleichheitsrechtlich orientierte Sichtweise der Religionsverfassung muss ihre Fähigkeit zur Antwort auf die Gefahren religiöser Freiheit belegen. Potenziert diese Sichtweise die Gefahren nicht nur, statt sie zu entschärfen?

Drei Typen von Gefahren sollen im Folgenden untersucht werden: 1. Religiöser Fundamentalismus, 2. die Gefahren, die aus religiöser Vielfalt resultieren und 3. die Unterdrückung durch Religion.

### *1. Religiöser Fundamentalismus*

Religiöser Fundamentalismus[112] wird häufig mit dem Islam in Verbindung gebracht. Dies ist verkürzt. Fundamentalismus gibt es nicht nur in

[112] Der religiöse Fundamentalismus lässt sich als „Fluchtbewegung aus der Moderne", als die „andere Dialektik der Aufklärung" beschreiben (*T. Meyer* Fundamentalismus. Die andere Dialektik der Aufklärung, in: ders. (Hrsg.), Fundamentalismus in der modernen Welt, 1989). Die Aufklärung hat mit der Befreiung des Menschen aus der „Unmündigkeit" zugleich erhebliche Unsicherheiten produziert. Nicht länger kann sich der Einzelne auf vorgegebene Ordnungen und Ausrichtung verlassen, sondern ist aufgerufen, sein Leben in eigener Verantwortung zu führen. Diese Unsicherheiten können zu einer Sehnsucht nach Rückkehr zu geschlossenen religiösen Ordnungen führen, als „Ausgang aus den Zumutungen des Selberdenkens, der Eigenverantwortung, der Begründungspflicht, der Unsicherheit und der Offenheit aller Geltungsansprüche (...) in die vermeintliche Sicherheit und Geschlossenheit selbsterkorener absoluter Fundamente (...)" (*T. Meyer* Fundamentalismus – die Kehrseite der Moderne, in: A. Klein/ F. Nullmeier (Hrsg.), Masse – Macht – Emotionen, 1999, 66 (74); ausführlich dazu auch *T. Meyer* Fundamentalismus. Aufstand gegen die Moderne, 1989). Dabei kritisieren einige Autoren diese Interpretation des Fundamentalismus als zu eindimensional und betonen demgegenüber zugleich die „moderne Ausprägung dieses Antimodernismus" (*G. Küenzelen* Die Wiederkehr der Religion, 2003, 54; in diesem Sinne vgl. auch u.a. *F. Büttner* Islamischer Fundamentalismus: Politisierter Traditionalismus oder revolutionärer Messianismus?, in: H. Bielefeldt/W. Heitmeyer (Hrsg.), Politisierte Religion, 1998, 188 (196); *M. Riesebrodt* Was ist religiöser Fundamentalismus, in: C. Six/M. Riesebrodt/S. Haas (Hrsg.), Religiöser Fundamentalismus, 2005, 15 (19); ausführlicher zu dieser Debatte *M. J. Prutsch* Fundamentalismus. Das Projekt der Moderne und die Politisierung des Religiösen, 2007, 62ff.). Insofern beinhaltet der religiöse Fundamentalismus nicht nur ein Beharren auf traditionellen Strukturen, sondern stellt den Versuch dar, den Bruch von Traditionen, den die Moderne mit sich bringt, durch um so radikaleres Beharren auf und damit Neu-Konstruktion von Tradition zu kitten. Funda-

der islamistischen Variante, sondern alle Weltreligionen weisen fundamentalistische Zweige auf.[113] Der Begriff „Fundamentalismus" entstammt christlichen Kontexten[114] und tritt zuerst im Kampf gegen die Darwinsche Evolutionstheorie zu Beginn des 20. Jahrhunderts in den USA in Erscheinung: Die protestantische Protestbewegung beharrte auf einem wörtlichen Verständnis der christlichen Schöpfungslehre und gab die Schriftenreihe „The Fundamentals" heraus.[115]

Religiöser Fundamentalismus stellt eine Herausforderung für den freiheitlichen Staat dar. Gleichheit verlangt, „gute" und „schlechte" Religionen gleich zu behandeln. Dem religiös-weltanschaulich neutralen Staat ist es untersagt, Religionen nach ihrem Inhalt zu bewerten. Dies gilt grundsätzlich auch für fundamentalistische Strömungen. Der freiheitliche Staat verlangt von Religionsgemeinschaften nur, dass sie sich an die Rechtsordnung halten. Sie müssen nicht inhaltlich von deren Richtigkeit überzeugt sein.[116] Religionsgemeinschaften im freiheitlichen Staat dürfen auch Verfassungsgrundsätze offen ablehnen und in ihrem

---

mentalismus ist daher Ausdruck eines unauflösbaren Paradoxons, was die Vehemenz oder gar Militanz fundamentalistischer Bewegungen erklären könnte: der Bruch mit der Tradition lässt sich nicht rückgängig machen. Neben der Anknüpfung an die Moderne gilt der Fundamentalismus als Krisenreaktion, der politische und ökonomische Interessenkonflikte in religiös-kulturelle Identitätskonflikte transformiert (*H. Schäfer* Fundamentalismus und Moderne, Vortrag Loccum am 07. 05. 2006; zu Fundamentalismus als „kulturelle Selbstorientierung" vgl. bereits *H. Lübbe* Religion nach der Aufklärung, 1986, 76). Als identitätsstiftendes Moment bietet er ein Gegengewicht zu Ausgrenzungserfahrung (unter Bezug auf die Umfrage des Bielefelder Instituts für interdisziplinäre Konflikt- und Gewaltforschung (IKG), „Verlockender Fundamentalismus" (1997) *T. Meyer* Identitätspolitik, 2002, 85ff.; *H. Bielefeldt/W. Heitmeyer* Politisierte Religion in der Moderne, in: dies. (Hrsg.), Politisierte Religion, 1998, 11 (21); *H. G. Jaschke* Fundamentalismus in Deutschland, 1998, 120ff.

[113] Besonders sichtbar ist der Fundamentalismus in den monotheistischen Religionen Judentum, Christentum und Islam; s. dazu etwa *K. Armstrong* Im Kampf für Gott, 2004 (engl. 2000) über den Fundamentalismus. Aber auch im Hinduismus finden sich fundamentalistische Zweige. Im Buddhismus sind diese am geringsten ausgeprägt, aber auch zu finden.

[114] Inzwischen wird der Begriff des Fundamentalismus mit unterschiedlichen Inhalten und in vielfältigen Kontexten, insbesondere in der Politik, gebraucht: für einen Überblick siehe *K. Kienzler* Der Religiöse Fundamentalismus, 1996, 9 ff.; insbes. zur Partei „Die Grünen" *T. Meyer* Aufstand gegen die Moderne (Fn. 112), 119ff.

[115] *A. Schmidt* Das Phänomen des Fundamentalismus in Geschichte und Gegenwart, in: K. Kienzler (Hrsg.), Der neue Fundamentalismus. Rettung oder Gefahr für Gesellschaft und Religion?, 1993, 9.

[116] Besonders deutlich *Böckenförde* Der säkularisierte Staat (Fn. 67), 28ff.: „Fundamentalismus kann auch in der Form von Wertordnungsfundamentalismus auftreten" (29f.).

Bereich nicht praktizieren. Deshalb darf die katholische Kirche weiterhin Frauen die Priesterweihe verweigern. Religionsgemeinschaften müssen nicht einmal, wie politische Parteien[117], demokratisch aufgebaut sein.[118]

Bekämpfen darf der Staat Religionsgemeinschaften erst dann, wenn sie die Grenze zur Gewalt bzw. Propagierung von Gewalt überschritten haben.[119] Religiöse Gruppen sind insoweit nicht anders zu behandeln als politische Gruppen. Vereine, die Terror und Gewalt einsetzen, darf der Staat verbieten[120] und Terroristen strafrechtlich verfolgen, unabhängig davon, ob sich Gruppen durch politische oder religiöse Anschauungen definieren. Wann die Grenze zur aktiven Bekämpfung der Verfassungsordnung genau überschritten und welche Art von Sicherheitsgesetzen sinn- und wirkungsvoll ist, wirft also keine religionsspezifischen Fragen auf.

---

[117] Nach Art. 21 Satz 2 GG.

[118] Es gibt im Gegenteil viele Religionen, die streng hierarchisch und autoritär aufgebaut sind.

[119] Vgl. BVerwG, NVwZ 2003, 986 (987).

[120] Bis 2001 war das Vereinsrecht auf religiöse Gruppen nicht anwendbar. Die Diskussion um die Streichung dieses Religionsprivilegs hat den Streit um die Grundlagen eines Vereinsverbots für religiöse Gruppen intensiviert. Streitig ist insbesondere, ob die Schranke des Art. 9 Abs. 2 GG auch auf Religionsgemeinschaften Anwendung findet: im Ergebnis bejahend: BVerwGE 105, 117 (121); BVerwG, JZ 2007, 144 (144f.); *v. Campenhausen* Religionsfreiheit (Fn. 17), Rn. 83; *R. Herzog* in: T. Maunz/G. Dürig (Hrsg.) GG I, Art. 4 Rn. 97 (1988); *J. Jurina* Die Religionsgemeinschaften mit privatrechtlichem Rechtsstatus, in: Listl/Pirson (Fn. 16), 711 f.; *J. Listl* Verbots- und Auflösungsmöglichkeit von Religions- und Weltanschauungsgemeinschaften bei verfassungsfeindlicher politischer Betätigung, DÖV 1973, 181 (185); (über den Umweg des Art. 137 III GG): *Mager* (Fn. 49), Art. 4 Rn. 65; *Kokott* (Fn. 49) Art. 4 Rn. 142; *M. Planker* Das Vereinsverbot – einsatzbereites Instrument gegen verfassungsfeindliche Glaubensgemeinschaften?, DÖV 1997, 101 (106); aA *B. Pieroth/T. Kingreen* Das Verbot von Religions- und Weltanschauungsgemeinschaften, NVwZ 2001, 841 (845); *K. Groh* Selbstschutz der Verfassung gegen Religionsgemeinschaften, 2004, 455; *D. Ehlers* in: M. Sachs (Hrsg.) GG, 4. Aufl. 2007, Art. 140 GG/Art. 137 WRV Rn. 20; *Schmieder* Schutz religiös-weltanschaulicher Vereinigungen (Fn. 60), 148, 150; *L. Michael* Verbote von Religionsgemeinschaften, JZ 2002, 482 (487f., 490); *S. Veelken* Das Verbot von Weltanschauungs- und Religionsgemeinschaften, 1999, 208. Mit *R. Poscher* Vereinsverbote gegen Religionsgemeinschaften?, KritV 2002, 298 (303 ff.) ist unabhängig von dem Streit zunächst danach zu fragen, ob Vereinigungen, bei denen der Kampf gegen die freiheitlich-demokratische Grundordnung im Zentrum steht, überhaupt Religionsgemeinschaften oder nicht (politische) Vereine darstellen.

### 2. *Religiöse Vielfalt*

Das Konfliktpotential, das religiöse Vielfalt mit sich bringt, lässt sich mindern, ausschließen lässt es sich nicht. Der Weg zurück zum religiös geprägten Staat, in dem alle Einwohner demselben Glauben anhängen, ist verschlossen. Es waren auch keine „guten alten Zeiten", nach denen sich zu sehnen angebracht wäre. Denn die Einheitlichkeit des Glaubens bestand jeweils nur als normative Forderung, war nie tatsächlich gegeben, sondern musste immer mit Gewalt und Unterdrückung durchgesetzt werden.[121] Religiöse Vielfalt ist als faktische Gegebenheit hinzunehmen.[122]

#### a) *Laizismus*

Um die Spannungen zu reduzieren, die aus unterschiedlicher Religionszugehörigkeit resultieren, wäre der Weg in den Laizismus denkbar.[123] Religion würde aus dem öffentlichen Raum verdrängt, zur Privatsache deklariert in der Hoffnung, dass durch die geringere Sichtbarkeit religiöser Unterschiede auch das Konfliktpotential reduziert würde.[124] Aus gleichheitsrechtlicher Sicht wäre hiergegen nichts einzuwenden; die Angleichung nach „unten" widerspricht der Gleichheit wegen ihres modalen Charakters nicht. Verfassungsrechtlich gewendet würde dies eine Neu-Interpretation des Neutralitätsprinzips verlangen, das bisher im Sinne einer offenen, übergreifenden Neutralität verstanden wurde.[125] Das Bundesverfassungsgericht hat in der Kopftuch-Entscheidung eine solche Möglichkeit für den Bereich der Schule eröffnet; einige Länder haben diesen Weg beschritten. Die Verdrängung der Religion aus dem öffentlichen Raum widerspricht aber dem freiheitsrechtlichen Gehalt der Religionsfreiheit.[126] Wäre für religiöse Äußerungen im öffentlichen

---

[121] Eindrücklich zu den Widersprüchen, die ein Zwang in Glaubensfragen mit sich bringt: *Locke* A Letter Concerning Toleration (Fn. 80).

[122] Zur schwierigen Rolle des Rechts angesichts dieser Tatsache vgl. *H. Dreier* Religion und Verfassungsstaat im Kampf der Kulturen, in: Dreier/Hilgendorf (Fn. 4), 22ff.

[123] Für ein solches laizistisches Konzept steht im westeuropäischen Kontext vor allem das französische Modell. Zu den Problemen mit dem Konzept der Laizität in Frankreich siehe etwa: *Robbers* Staat und Religion (Fn. 73), 239ff.; *Walter* Religionsverfassungsrecht (Fn. 98), 162ff.

[124] Freilich ist sehr fraglich, ob dieser Weg wirklich erfolgversprechend wäre, oder ob dadurch das Konfliktpotential nicht noch erhöht würde.

[125] Zu den unterschiedlichen Neutralitätsverständnissen: *Böckenförde* (Fn. 67), 15f.; *K. Schlaich* Neutralität als verfassungsrechtliches Prinzip, 1972, 7ff., 226ff.; *Huster* Ethische Neutralität (Fn. 46), 29ff.

[126] Diese Meinung wird von vielen geteilt, siehe etwa: *Heinig* Ordnung der Freiheit (Fn. 11), 249f.: „negative Freiheitsbilanz des Laizismus". *P. Badura* Staatskirchenrecht

Raum kein Platz mehr, würde dies eine erhebliche Freiheitsbeschränkung für Gläubige bedeuten. Es wäre auch ein Verlust an Demokratie, wenn es Religionsgemeinschaften nicht möglich wäre, sich im öffentlichen Raum zu betätigen. Neutralität als Zwang zur Privatisierung von Religion würde eine Diskriminierung religiöser Lebensformen darstellen.[127]

### *b) Privilegierung des Christentums*

Es stellt sich die Frage, ob im Umgang mit religiöser Vielfalt der Mehrheit eine besondere Stellung zukommt. Eine Privilegierung des Christentums als Religion widerspricht offensichtlich der Gleichbehandlung der Religionen und ist deshalb verfassungsrechtlich unzulässig.[128] Auch soweit Landesverfassungen christliche Bezüge aufweisen, sind sie von Bundesverfassungsrecht überlagert.[129] In den Kopftuchgesetzen einiger Länder wird dennoch versucht, das Christentum wenigstens auf der symbolischen Ebene zu privilegieren,[130] indem angeordnet wird, dass – so die Formulierung in Baden-Württemberg – die Darstel-

---

als Gegenstand des Verfassungsrechts, in: Listl/Pirson (Fn. 16), 222f. erblickt in der „Ignorierung der Religion durch den Staat die Preisgabe der individualistischen Prinzipien des Liberalismus zugunsten der Allmacht des Staates". Ebenfalls skeptisch und insbesondere den öffentlichen Charakter der Religionsfreiheit betonend: *H. Steiger* Religion und Religionsfreiheit im neutralen Staat, FS Kriele, 1997, 105 (119f.).

[127] *G. Luf* Die religiöse Freiheit und der Rechtscharakter der Menschenrechte, in: J. Schwartländer (Hrsg.), Freiheit der Religion, 1993, 72 (90f.); *H. Bielefeldt* Muslime im säkularen Rechtsstaat – vom Recht der Muslime zur Mitgestaltung der Gesellschaft, in: T. Hartmann/M. Krannich (Hrsg.), Muslime im säkularen Rechtsstaat, 2000, 67 (71); *v. Campenhausen* Religionsfreiheit (Fn. 17), Rn. 5; *Morlok* (Fn. 48), Art. 4 Rn. 123; *Mager* (Fn. 49), Art. 4 Rn. 3; *Preuß* (Fn. 49), Art. 4 Rn. 8; *K. Schlaich* Radikale Trennung und Pluralismus – Zwei Modelle der weltanschaulichen Neutralität des Staates, in: P. Mikat (Hrsg.), Kirche und Staat in der neueren Entwicklung, 1980, 431ff.

[128] Allgemeine Meinung: BVerfGE 93, 1 (16f.); 108, 282 (299f.); BVerwGE 116, 359 (362); 121, 140 (150); HessStGH, NVwZ 2008, 199 (203f.); *Korioth* (Fn. 60), Art. 140 Rn. 32 (2003); *Jarass* (Fn. 62), Art. 4 Rn. 43; *Kokott* (Fn. 49), Art. 4 Rn. 71; *U. Hemmrich* in: I. v. Münch/P. Kunig (Hrsg.) GG III, 5. Aufl. 2003, Art. 140 Rn. 5; *R. Bergmann* in: D. Hömig (Hrsg.) GG, 8. Aufl. 2007, Art. 140 Rn. 9.

[129] Nach Art. 31 GG bricht Bundesrecht entgegenstehendes Landesrecht. Soweit daher die Glaubensfreiheit nach Art. 4 GG die Privilegierung des Christentums verbietet, ist entgegenstehendes Landesverfassungsrecht nicht anwendbar. Zu dem Streit um die Rechtsfolgen von Art. 31: *R. Bernhardt/U. Sacksofsky* in: BK-GG, Art. 31 Rn. 54ff. (1998).

[130] Dies geschieht in Baden-Württemberg (§ 38 II 3 SchulgesetzBW), Bayern (§ 59 II 3 des Gesetzes über das Erziehungs- und Unterrichtswesen), Hessen (§ 86 III 3 HessSchulgesetz; § 68 II 3 HessBeamtengesetz), Nordrhein-Westfalen (§ 57 IV 3 SchulgesetzNRW) und im Saarland (§ 1 IIa Schulordnungsgesetz).

lung „christlicher und abendländischer Bildungs- und Kulturwerte oder Traditionen“ nicht dem Gebot religiöser Neutralität widerspreche.[131] Das Bundesverwaltungsgericht und einige Landesverfassungsgerichte haben diese Regelung für verfassungsgemäß erachtet:[132] Der im Gesetz verwendete Begriff des „Christlichen“ bezeichne „eine von Glaubensinhalten losgelöste, aus der Tradition der christlich-abendländischen Kultur hervorgegangene Wertewelt“.[133] Diese Ausführungen gehen fehl, denn sie passen nicht auf den zu entscheidenden Fall.[134] Die Gesetze verbieten bestimmte Bekundungen, Kleidungsstücke oder Symbole. Es ging also nur um Kreuz, Mönchskutte und Nonnenhabit. Dies sind aber Symbole, die gerade nicht „von Glaubensinhalten losgelöste“ Kultur darstellen.[135] Auch aus der Perspektive der christlichen Kirchen kann die Profanisierung des Kreuzes nicht der richtige Weg sein.

### c) *Ausnahmen vom allgemeinen Gesetz*

Ausnahmen vom allgemeinen Gesetz für religiöse Gruppen können zu einer Zersplitterung der Rechtsordnung und einer übermäßigen Einschränkung politischen Gestaltungsspielraums führen. Dies ist problematisch. Doch wirft eine ausnahmslose Durchsetzung der allgemeinen Gesetze neue Gleichheitsprobleme auf, indem sie zu einer Benachteili-

---

[131] Die entsprechende Formulierung in Hessen lautet: „Bei der Entscheidung über das Vorliegen der Voraussetzungen nach Satz 1 und 2 ist der christlich und humanistisch geprägten abendländischen Tradition des Landes Hessen angemessen Rechnung zu tragen“.

[132] BVerwGE 121, 140; BayVerfGH, NVwZ 2008, 420; HessStGH, NVwZ 2008, 199; aA abw. M. von drei Richtern des HessStGH (Giani, v. Plottnitz, NVwZ 2008, 199 (208); Lange, NVwZ 2008, 199 (208f.)). Das Verwaltungsgericht Stuttgart (VG Stuttgart, NJW 2006, 1444) erblickte in einem auf die baden-württembergische Regelung gestützten Kopftuchverbot einen Verstoß gegen das Gleichheitsgebot, solange nicht auch Kippa oder Nonnenhabit verboten würden. Dieser Argumentation ist der Verwaltungsgerichtshof Mannheim entgegengetreten (VGH Mannheim, IÖD 2008, 131): Selbst bei einem gleichheitswidrigen Defizit bei der Durchsetzung der Verbotsnorm habe eine Lehrkraft, die gegen das danach begründete Verhaltensgebot verstieße, keinen Anspruch darauf, in der Schule eine religiös motivierte Kopfbedeckung zu tragen.

[133] BVerwGE 121, 140 (151); BayVerfGH, NVwZ 2008, 420 (421); HessStGH, NVwZ 2008, 199 (203).

[134] Zur Rolle der Kultur im Recht, auf die hier nicht weiter eingegangen wird: *Dreier/Hilgendorf* (Fn. 4), darin insbesondere die Aufsätze: *H. Dreier* Religion und Verfassungsstaat im Kampf der Kulturen, 11ff.; *U. Volkmann* Kulturelles Selbstverständnis als Tabuzone für das Recht, 245ff.; darüber hinaus: *U. Volkmann* Kultur im Verfassungsstaat, DVBl. 2005, 1061ff.; mit einer starken Überbetonung des kulturellen Selbstverständnisses: *A. Uhle* Freiheitlicher Verfassungsstaat und kulturelle Identität, 2004; *W. Loschelder* Konflikt und Konsens im Verfassungsstaat, FS Isensee, 2007, 149ff.

[135] Für das Kreuz deutlich: BVerfGE 93, 1 (19f.).

gung von Angehörigen religiöser Minderheiten führt. Die amerikanische Philosophin Iris Young hat die strukturelle Unterdrückung durch die Dominanz der Mehrheitsperspektive anschaulich beschrieben;[136] diese resultiert nicht aus tyrannischen Intentionen, sondern aus nicht hinterfragten Normen, Gewohnheiten und Annahmen.[137] Die Interessen der religiösen Mehrheit sind in der Gesetzgebung typischerweise hinreichend berücksichtigt.[138] Für die Freistellung vom Arbeitsplatz an Weihnachten muss der Einzelne nicht kämpfen, und der Gottesdienst am Sonntag kann ohne Schwierigkeiten besucht werden.[139] Grundrechtsschutz ist Minderheitenschutz - auch bei der Religionsfreiheit. Daher ist ein weiter freiheitsrechtlicher Schutz für Minderheitenreligionen auch unter dem Gesichtspunkt der Gleichheit relevant.[140] Die Glaubensfreiheit ist insoweit funktional äquivalent zur Rechtsfigur der mittelbaren Benachteiligung.

In die Prüfung der Ausnahmen müssen alle betroffenen Positionen einbezogen werden. Dies ist bei der teilweise großzügigen Befreiung von

---

[136] I. M. Young beschreibt die „fünf Gesichter der Unterdrückung" (so der Titel ihres 2. Kapitels) folgendermaßen: Ausbeutung, Marginalisierung, Machtlosigkeit, kultureller Imperialismus und Gewalt. (*I. M. Young* Justice and the Politics of Difference, 1990, 39ff.).

[137] *Young* Politics of Difference (Fn. 136), 41. Diese Einsichten für kulturelle Rechte in Grundrechtsdogmatik als Schranken-Schranke übersetzend: *G. Britz* Kulturelle Rechte und Verfassung, 2000, 252ff.

[138] Anders stellt sich die Situation z.B. für hier lebende muslimische Gläubige dar: *F. Hufen* Fundamentalismus als Herausforderung des Verfassungsrechts und der Rechtsphilosophie, Staatswissenschaften und Staatspraxis 1992, 455ff.; *M. Kloepfer* Der Islam als Verfassungsfrage, DÖV 2006, 45ff.; *Anger* (Fn. 61); *S. Muckel* (Hrsg.) Der Islam im öffentlichen Recht des säkularen Verfassungsstaats, 2008. Die Probleme der sozialhilferechtlichen Berücksichtigung islamischer Bestattungsriten analysiert *G. Britz* Der Einfluß christlicher Tradition auf die Rechtsauslegung als verfassungsrechtliches Gleichheitsproblem?, JZ 2000, 1127ff.

[139] Zur christlichen Prägung des BGB: *J. Rückert* Christliche Imprägnierung des BGB, in: Dreier/Hilgendorf (Fn. 4), 263ff.; zum StGB: *T. Gutmann* Christliche Imprägnierung des Strafgesetzbuches, in: Dreier/Hilgendorf (Fn. 4), 295ff. Zu religiösen Voraussetzungen, insbesondere des Menschenbildes in der Verfassung: *T. Stein* Himmlische Quellen und irdisches Recht, 2007.

[140] Dies bedeutet nicht, dass jedem Berufen auf religiöse Gründe Erfolg beschieden wäre. In die „normale" Prüfung der Rechtfertigung eines Eingriffs geht sowohl die Intensität des Eingriffs in die Glaubensfreiheit ein als auch das Gewicht des gesetzgeberischen Zieles. Staatliche Ziele, die Selbstgefährdung reduzieren, haben weniger Gewicht, als Regelungen, die dem Schutz vor Gefährdung anderer dienen. Auf der anderen Seite reicht der Schutz der Glaubensfreiheit am weitesten, wenn es um echte Kollisionen zwischen rechtlicher und religiöser Verpflichtung geht, während lediglich im weiteren Sinne religiös motivierte Verhaltensweisen in der Abwägung geringeres Gewicht zukommt.

Schülerinnen vom koedukativen Schwimm- und Sportunterricht durch die Verwaltungsgerichte nicht immer geschehen.[141] Im Bereich Schule können nicht nur Erziehungsauftrag des Staates und Elternrecht einander gegenübergestellt werden, sondern es handelt sich um ein dreipoliges Verhältnis. Die Gleichberechtigung von Mädchen verlangt, dass auch sie in vollem Umfang an dem teilhaben dürfen und müssen, was unsere Gesellschaft für notwendige Erziehung hält. Wenn der Normgeber wirklich meint, dass koedukativer Sportunterricht in der Pubertät eine gute Idee ist, muss dies für alle Jugendlichen gelten. Zu Recht wurde in den siebziger Jahren die Teilnahme am Sexualkundeunterricht auch gegen den entschiedenen Widerstand christlicher Eltern durchgesetzt.[142] Es gibt keinen Grund, dies gegenüber muslimischen Eltern für den Sportunterricht anders zu handhaben.

Geradezu paradox wird der Gleichberechtigungssatz hingegen in der Kopftuchdebatte eingesetzt. Im Namen der Gleichberechtigung werden Frauen daran gehindert, qualifizierte Berufe auszuüben. Das Kopftuchverbot in Schulen oder gar dem gesamten Beamtendienst ist ein Beispiel für problematische Zuschreibungen an Angehörige von Minderheitenreligionen. Nähme man ernst, dass manche Muslimas eine religiöse Verpflichtung für sich sehen, ein Kopftuch zu tragen, wäre es nicht möglich, im Kopftuch irgendein Gefährdungspotential zu sehen. Denn auf das bloße Befolgen eigener religiöser Verpflichtungen kann keine Besorgnis der Verletzung von Neutralität gründen; dass ein orthodoxer Jude mit Kippa in Deutschland nicht als Lehrer eingestellt würde, scheint kaum vorstellbar.[143] Nur durch die Zuschreibung eines sozusagen überschießenden fundamentalistischen Moments lässt sich eine Gefahr durch Kopftuch tragende Lehrerinnen überhaupt erst konstruieren.

Ausnahmen für religiöse Gruppen können neue Gleichheitsprobleme aufwerfen, denn auch andere könnten aus nicht-religiösen Gründen die Ausnahme begehren. Ausnahmen sollten daher möglichst vermieden

---

[141] Rechtsprechungsnachweise siehe Fn. 33. Kritisch auch: *B. Schlink* Zwischen Säkularisation und Multikuturalität, FS Rollecke, 1997, 301 (313); *Britz* Das verfassungsrechtliche Dilemma (Fn. 32), 102; *Kokott* (Fn. 49), Art. 4 Rn. 63; *dies.* Aussprache zu „Staat und Religion", VVDStRL 59 (2000), 356; *U. Vosgerau* Freiheit des Glaubens und Systematik des Grundgesetzes, 2007, 139; *B. M. Groh* Zur Frage, inwieweit eine Schülerin islamischen Glaubens von der Teilnahme am koedukativen Sportunterricht befreit werden kann, RdJB 1992, 414 (416).

[142] OVG Berlin, JR 1973, 551; BVerfGE 47, 46; BVerwGE 57, 360. Aus neuerer Zeit: BVerwGE, KirchE 44, 252; BVerwG, Az 6 B 64.07 vom 08. 05. 2008 (Vorinstanzen: VG Münster, NWVBl. 2006, 471; OVG Münster, NWVBl. 2008, 70).

[143] So aber ausdrücklich, freilich jeweils nur hypothetisch, einige Gerichtsentscheidungen: VG Düsseldorf, Az 2 K 1752/07 vom 14. 08. 2007; VG Aachen, DöD 2008, 111 (113); VG Gelsenkirchen, Az 1 K 1466/07 vom 27. 02. 2008.

werden.[144] Adressat dieser Forderung ist in den allermeisten Fällen allerdings der Gesetzgeber, nicht der Richter. Der Gesetzgeber hat es in der Hand, die Gesetze so zu gestalten, dass Ausnahmen aus religiösen Gründen entbehrlich sind. Möglicherweise würde sich dabei auch herausstellen, dass manche Regelung unterbleiben kann. Dies wäre ein Freiheitsgewinn für alle.

### 3. *Unterdrückung durch Religion*

Auch im Verhältnis zwischen Religionsgemeinschaften und ihren Mitgliedern können Gefahren auftreten. Dominanzstrukturen können dazu führen, dass Einzelne unterdrückt werden. Es wäre daher falsch zu glauben, mehr Selbstbestimmung für Religionsgemeinschaften bedeute notwendigerweise mehr Freiheit für die Mitglieder dieser Gemeinschaft. Im freiheitlichen Staat müssen zivilgesellschaftlich begründete Herrschaftsstrukturen in gewissem Umfang hingenommen werden. Doch gilt dies nur dann, wenn die Mitgliedschaft in der Religionsgemeinschaft freiwillig ist. Wer sich freiwillig in Herrschaftsstrukturen einfügt, übt seine Freiheit aus. Dies hat der Staat grundsätzlich zu respektieren.

Freiwilligkeit kann aber nur bei Erwachsenen angenommen werden. Kinder und Jugendliche befinden sich in einem Entwicklungsprozess, in dem sie erst in Stand gesetzt werden, verantwortliche Entscheidungen zu treffen. Daher ist der Staat bei Kindern und Jugendlichen zur Ausübung seines Wächteramtes aufgerufen; er muss ihre Rechte auch gegenüber den Eltern schützen. Dieses Wächteramt verlangt beispielsweise die Durchsetzung der allgemeinen Schulpflicht. Zu Recht ist die deutsche Rechtsordnung insoweit strikt; eine Entscheidung wie die des U.S. Supreme Court, der die Schulpflicht für amishe Kinder früher als für andere enden ließ,[145] ist hoch problematisch. Insbesondere das Argument, die Religionsgemeinschaft laufe Gefahr, ihre Identität zu verlieren, wenn die Jugendlichen der modernen Welt ausgesetzt würden, kann diese Ausnahme nicht rechtfertigen. Es geht nicht an, Religionsgemeinschaften sozusagen künstlich am Leben zu erhalten, indem man ihnen von der modernen Welt unbeeinflusste Jugendliche garantiert.

Das Selbstbestimmungsrecht der Religionsgemeinschaften findet auch dort seine Grenze, wo fundamentale Rechte der Mitglieder beschnitten werden. Bei Minderjährigen ist der Staat schon aufgrund sei-

---

[144] Oder mit Verhaltensalternativen versehen werden: vgl. *Böckenförde* Grundrecht der Gewissensfreiheit (Fn. 51), 61 f.

[145] Wisconsin v. Yoder, 406 U.S. 205 (1972).

nes Wächteramtes verpflichtet einzuschreiten. Doch auch bei Erwachsenen ist er nicht vollkommen von Handlungspflichten befreit. Zwar besitzen Erwachsene grundsätzlich die Befugnis über ihre Grundrechte zu disponieren, doch in Gruppen, die durch extreme Über-/Unterordnungsverhältnisse geprägt sind, gibt es Anlass, die Freiheit der Selbstbestimmung zu hinterfragen. Die staatliche Schutzpflicht kann sich – dies aber nur in seltenen Ausnahmefällen – zu einer Pflicht zur Intervention verdichten.[146] Jedenfalls muss der Staat niedrigschwellige Hilfsangebote für die Angehörigen dieser Gruppen bereithalten.

Problematisch ist auch der Rückzug staatlichen Rechts zugunsten religiöser Gruppen. Die Provinz Ontario überließ wesentliche Teile des Familienrechts der Handhabung durch religiöse Gemeinschaften.[147] Dies hätte dazu führen können, dass auch Teile der Scharia in Kanada durch islamische Schiedsgerichte angewendet werden; eine ähnliche Entwicklung findet in England statt.[148] Manche Multikulturalisten und Kommunitaristen sehen hierin einen Gewinn.[149] Ihr Faible für Gemein-

[146] Der Umgang mit der Polygamistensekte in den USA im April 2008 ist ein Beispiel für eine misslungene staatliche Intervention. Über 400 Kinder ihren Müttern zu entziehen, sie teilweise Hunderte von Kilometern entfernt unterzubringen, in kürzester Zeit dem Bundesstaat Texas das Sorgerecht für 416 Kinder zu übertragen sowie die Väter ins Gefängnis zu werfen, hilft wenig weiter. Bei staatlicher Intervention ist jedenfalls der Verhältnismäßigkeitsgrundsatz zu berücksichtigen.

[147] In den Provinzen Quebec und Ontario entwickelte sich eine Diskussion zur Etablierung islamischer Schiedsinstanzen in Familienangelegenheiten im Jahr 2003; die Debatte führte in Quebec dazu, dass das Parlament die rechtliche Grundlage für eine solche Schiedsinstanz ablehnte und Ontario die Grundlage änderte, die nunmehr explizit beinhaltet, dass sich die Bundesregelung zum Familienrecht (Familiy Law Act) im Konfliktfall gegenüber dem Arbitration Act durchsetzt und, dass im Familienrecht eine Abschluss-, Inhalts- und Ergebniskontrolle durch die staatlichen Gerichte durchgeführt wird. Andere religiöse Schiedsgerichte sind in vielen kanadischen Provinzen bereits seit vielen Jahren etabliert; vgl. dazu *M. Rohe* Muslimische Identität und Recht in Kanada, RabelsZ 2008, 459ff.; *J. Aslam* Judicial Oversight of Islamic Family Law Arbitration in Ontario, Journal of International Law and Politics NYU-Law 2006, 84ff.

[148] In GB beginnen sich auf Grundlage des 1996 erlassenen Arbitration Act seit August 2007 muslimische Schiedsgerichte in London, Birmingham, Bradford und Manchester zu etablieren; zwei neue sind in Glasgow und Edinburgh geplant. Bisher wurden ca. 10 Fälle im Familien- und Erbrecht entschieden; dazu gehörten auch Fälle von häuslicher Gewalt. Ein seit über 100 Jahren entwickeltes religiöses Schiedgerichtssystem in GB sind die „Jewish Beth Din Courts" (Sunday Times, 14. 09. 2008 – http://www.timesonline.co.uk/tol/news/uk/crime/article4749183.ec e.).

[149] *P. Horwitz* The Sources and limits of freedom of religion in a liberal Democracy, Toronto Fa. Law Rev. 1996, 48; *T. Modood* The recognition of religious groups, in: W. Kymlicka/W. Norman (Hrsg.), Citizenship in diverse society, 2000, 173 (188); *Aslam* (Fn. 146), 859ff. Zustimmend im Hinblick auf Sprache: *C. Taylor* Multikulturalismus und die Politik der Anerkennung, 1993; dabei existieren auch kritische Stimmen unter

schaft lässt sie eine differenzierte Rechtsausübung für verschiedene religiöse Gruppen begrüßen. Ich halte diese Entwicklung für falsch. Im Kern geht es um den in verschiedenen Facetten auftretenden Streit zwischen universaler Geltung der Menschenrechte und kultureller Differenz.[150] Traditionelle Gemeinschaften sind häufig stark patriarchalisch geprägte Ordnungen, so dass die beanspruchten Kulturvorbehalte oft zu Lasten von Frauen gehen.[151] Das Familienrecht, in dem Geschlechterverhältnisse eine zentrale Rolle spielen, ist daher ein besonders heikler Bereich.

Schließlich darf religiöse Freiheit nicht dazu führen, dass Freiheitsrechte in bestimmten Gegenden faktisch außer Kraft gesetzt werden. Dazu kann es insbesondere kommen, wenn religiöse Gruppen Stadtviertel dominieren und ihre religiösen Regeln allen, die sich in dieser Gegend aufhalten, oktroyieren. Beispielsweise darf es in Deutschland keine Gegenden geben, in denen Frauen sich nicht ohne Kopftuch aufhalten können, ohne ihre körperliche Unversehrtheit zu riskieren. Es ist Aufgabe des Staates dafür zu sorgen, dass die Freiheitsrechte überall in Deutschland wahrgenommen werden können.

## IV. Fazit

Freiheit ohne Gefahr gibt es nicht. Dies ist die Ambivalenz der Freiheit, dass sie zu gefährlichem wie zu ungefährlichem, zu konstruktivem wie zu destruktivem Tun genutzt werden kann. Doch der freiheitliche Staat ist dieses „Wagnis um der Freiheit willen eingegangen“[152]. Voll-

---

den Multikulturalisten: vgl. etwa *W. Kymlicka* Testing the bounds of liberal Multiculturalism? The Sharia Debate in Ontario, Ethique publique 2007, 27ff.

[150] Aus der Diskussion siehe etwa: *H. Bielefeldt* Menschenrechte in der Einwanderungsgesellschaft. Plädoyer für einen aufgeklärten Multikulturalismus, 2007; *W. Kymlicka* Multicultural Odysseys, 2007; *B. Sauer/S. Strasser* (Hrsg.) Zwangsfreiheiten, 2008; *S. Benhabib* The Claims of Culture, 2002; *M. Walzer* Kritik und Gemeinsinn, 1990; *Taylor* Multikulturalismus (Fn. 149), 13; *M. Brumlik/H. Brunkhorst* (Hrsg.) Gemeinschaft und soziale Gerechtigkeit, 1993; *O. Höffe* Die Menschenrechte im interkulturellen Diskurs, in: W. Odersky (Hrsg.), Die Menschenrechte, 1994, 119ff.; *B. Tibi* Im Schatten Allahs, 1994; *N. Wenzel* Das Spannungsverhältnis zwischen Gruppenschutz und Individualschutz im Völkerrecht, 2008.

[151] *S. Benhabib* Kulturelle Vielfalt und demokratische Gleichheit. Politische Partizipation im Zeitalter der Globalisierung, 1999; *S. Moller Okin* Feminism and Multiculturalism: Some Tensions, Ethics 1998, 661ff.; *dies.* Konflikte zwischen Grundrechten. Frauenrechte und die Probleme religiöser und kultureller Unterschiede, in: S. Gosepath/G. Lohmann (Hrsg.), Philosophie der Menschenrechte, 1998, 310ff.

[152] *Böckenförde* Die Entstehung des Staates (Fn. 1), 112.

ständige Sicherheit gibt es nicht, und wenn es sie gäbe, wäre sie das Ende der Freiheit. Das gilt auch für die Religionsfreiheit. Es wäre daher falsch, den freiheitsrechtlichen Gehalt der Religionsverfassung aus Angst vor imaginierten oder realen Gefahren zu beschränken. Religion darf nicht aus dem öffentlichen Raum verdrängt werden. Wie auch Jürgen Habermas in seinen neueren Schriften betont,[153] ist Religion eine wichtige Ressource für den demokratischen Diskurs.[154]

Das gleichheitsrechtliche Potential der Religionsverfassung sollte weiter entfaltet werden. Der Weg von der Verfolgung von Religionen und Glaubensrichtungen, die von den etablierten christlichen Konfessionen abwichen, über ihre Tolerierung hin zu ihrer Gleichbehandlung war lang, und wir sind noch nicht an seinem Ende angelangt. Wir sollten diesen Prozess weiter vorantreiben, nicht, ihn zu bremsen versuchen.

Ausgrenzungen, Diskriminierungserfahrungen sowie Gefühle des Ausgeliefertseins und der Ohnmacht sind ein Nährboden für Fundamentalismus und Terrorismus. Durch die Ermöglichung von Partizipation kann dem entgegengewirkt werden. Inklusion statt Exklusion muss die Zielrichtung sein. Insoweit kann eine verstärkte gleichheitsrechtliche Deutung der Religionsverfassung einen Beitrag leisten. Freilich wäre es naiv zu glauben, dass sich damit alle Probleme bewältigen ließen: Das Recht hat nur eine begrenzte Steuerungs- und Leistungsfähigkeit. Zudem ist Religion nur ein Faktor, der Differenz in der Gesellschaft konstituiert. Andere relevante Faktoren sind etwa soziale, ethnische und kulturelle Unterschiede, die mit religiöser Differenz möglicherweise, aber nicht zwingend zusammenhängen. Auch ein noch so gutes Religionsverfassungsrecht kann nicht alle Probleme der Integration lösen. Es in inklusiver statt in exklusiver Weise zu nutzen, wäre aber ein weiterer Schritt hin zur Einlösung des Versprechens des freiheitlichen Staates, „Heimstatt“[155] aller Bürgerinnen und Bürger zu sein.

---

[153] *J. Habermas* Vorpolitische Grundlagen des demokratischen Rechtsstaates, in: J. Habermas/J. Ratzinger, Dialektik der Säkularisierung, 2005, 31: „Im Gegensatz zur ethischen Enthaltsamkeit eines nachmetaphysischen Denkens, dem sich jeder generell verbindliche Begriff vom guten und exemplarischen Leben entzieht, sind in heiligen Schriften und religiösen Überlieferungen Intuitionen von Verfehlung und Erlösung, vom rettenden Ausgang aus einem als heillos erfahrenen Leben artikuliert, über Jahrtausende hinweg subtil ausbuchstabiert und hermeneutisch wachgehalten worden“. Vgl. auch *ders.* Glauben und Wissen, 2001.

[154] Aus theologischer Sicht: *H. Bedford-Strohm* Geschenkte Freiheit. Von welchen Voraussetzungen lebt der demokratische Staat, Zeitschrift für Evangelische Ethik 49 (2005), 248ff.; *ders.* Nurturing reason: The public role of religion in the liberal state, in: Ned Geref Theologiese Tydskrif 48 (2007), 25ff.

[155] BVerfGE 19, 206 (216); 108, 282 (299).

*Leitsätze der 1. Berichterstatterin über:*

# Religiöse Freiheit als Gefahr?

## *I. Einführung*

*(1) Über Jahrzehnte herrschte ein positives Bild von Religion in der juristischen Diskussion vor. Gefährlich schien nicht die Religion selbst, sondern ihre Abwesenheit. Seit den neunziger Jahren hat sich dies verändert. Die Religionsverfassung – oder jedenfalls ihre religionsfreundliche Auslegung – gerät zunehmend unter Rechtfertigungsdruck.*

*(2) Als Hauptgefahrenquelle wird der Islam wahrgenommen. Gegenüber pauschalen Zuschreibungen ist jedoch Vorsicht geboten.*

*(3) Die Frage nach dem Umgang mit den Gefahren von Religion lässt sich nicht beantworten, ohne grundsätzlich zu klären, welchen Raum Religion im freiheitlichen Staat einnehmen soll. Zu untersuchen ist insbesondere, ob der Staat das Verhältnis zur Religion ohne Ansehen der einzelnen Glaubensrichtung bestimmen muss oder inwieweit er die Gemeinwohlverträglichkeit einer Religion beurteilen und berücksichtigen darf.*

## *II. Religionsverfassung unter Bedingungen religiöser Vielfalt*

*(4) Die Religionsverfassung wurde vor dem Hintergrund einer sehr dominanten Stellung der christlichen Kirchen geschaffen. In diesem Sinne kann man die Vorstellungswelt der Väter und Mütter des Grundgesetzes als Verfassungsvoraussetzung bezeichnen, fraglich sind die Folgen ihrer Erosion.*

### *1. Freiheitsrechtlicher Gehalt der Religionsfreiheit*

#### *a) Schutzbereich*

*(5) Nach der ständigen Rechtsprechung des Bundesverfassungsgerichts wird Art. 4 Abs. 1 und 2 GG als einheitliches Grundrecht verstanden und extensiv ausgelegt. Daran ist festzuhalten. Insbesondere ist eine Beschränkung auf Kultus- und Bekenntnisfreiheit im engeren Sinne abzulehnen, weil sie dem Schutzversprechen der Religionsfreiheit nicht gerecht wird.*

*(6) Das Selbstverständnis des Grundrechtsträgers hat maßgebliche Bedeutung für die Bestimmung des geschützten religiösen Verhaltens. Dabei ist zu beachten, dass gerade die großen Religionen verschiedene Strömungen in sich tragen. Jede dieser Strömungen genießt den vollen Schutz der Glaubensfreiheit.*

#### *b) Beschränkbarkeit*

*(7) Art. 140 GG i.V.m. Art. 136 Abs. 1 WRV können de constitutione lata nicht als Gesetzesvorbehalt für Art. 4 Abs. 1 GG herangezogen werden. Der Sache nach wäre es indes sinnvoll, einen Gesetzesvorbehalt einzuführen. Ob dies freilich in der Praxis zu vom gegenwärtigen Zustand sehr verschiedenen Ergebnissen führen würde, erscheint zweifelhaft.*

### *2. Gleichheitsrechtlicher Gehalt der Religionsfreiheit*

*(8) Nur im säkularisierten, religiös-weltanschaulich neutralen Staat kann Religionsfreiheit umfassend gewährleistet werden. Der religiös gebundene Staat kann andere Religionen zwar tolerieren. Vollständige Religionsfreiheit verlangt aber, dass sich der Staat enthält, den Glauben der Bürgerinnen und Bürger zu bewerten und keinen Einfluss darauf nimmt, welcher Religion sie anhängen.*

*(9) Gleichheit in religiösen Fragen setzte sich in der Geschichte der Menschenrechte wie auch in der Bundesrepublik Deutschland erst allmählich durch.*

*(10) Die „strikte Gleichbehandlung" der verschiedenen Glaubensrichtungen ist zentral für die volle Mitgliedschaft aller Menschen im Gemeinwesen. Behandelt der Staat eine bestimmte Religion als höherwertig gegenüber einer anderen, degradiert er die Angehörigen anderer Religionen zu Bürgern zweiter Klasse und grenzt sie aus. Um dieses Recht auf gleiche Anerkennung geht es in der Kruzifix-Entscheidung.*

### *3. Konsequenzen für die kollektiven Gehalte*

*(11) Unter Bedingungen religiöser Vielfalt wird die innere Widersprüchlichkeit des Kompromisses bei der Verfassungsgebung sichtbar: Einerseits sollen alle Religionen gleich behandelt werden, andererseits orientiert sich das institutionelle Design an der tradierten Stellung der christlichen Großkirchen.*

*(12) Die Prüfung der Voraussetzungen für die Anerkennung als Körperschaft des öffentlichen Rechts steht vor einem de constitutione lata unauflösbaren Dilemma: Während es aus Gleichheitsgründen richtig ist, geringe*

*Anforderungen an die Erreichung des Status zu stellen, ist es gleichzeitig problematisch, Vereinigungen an der durch das Grundgesetz konstituierten öffentlichen Gewalt teilhaben zu lassen, die sich der Verfassung nicht verpflichtet fühlen.*

*(13) Einziger gleichheitskonformer Ausweg aus dem Dilemma ist die Abschaffung des Status der Körperschaft des öffentlichen Rechts. Freilich ist sorgfältig zu prüfen, wie ein neuer Status für Religionsgemeinschaften, insbesondere auch in finanzieller Hinsicht, ausgestaltet werden soll.*

### *4. Fazit*

*(14) Eine stärker gleichheitsgeprägte Deutung der Religionsverfassung lässt sich ohne methodische Brüche entwickeln.*

*(15) Es entspricht der Logik universal formulierter Gleichheitssätze, dass Ausschlüsse von Gruppen nicht länger Bestand haben, die die Verfassungsgeber noch für selbstverständlich hielten. Diese Dynamik gilt auch für die Gleichheit in religiösen Fragen.*

## *III. Folgerungen für den Umgang mit Gefahren*

### *1. Religiöser Fundamentalismus*

*(16) Dem religiös-weltanschaulich neutralen Staat ist es untersagt, Religionen nach ihrem Inhalt zu bewerten. Dies gilt grundsätzlich auch für fundamentalistische Strömungen.*

*(17) Bekämpfen darf der Staat Religionsgemeinschaften erst dann, wenn sie die Grenze zur Gewalt bzw. Propagierung von Gewalt überschritten haben. Religiöse Gruppen sind insoweit nicht anders als politische Gruppen zu behandeln. Wann und in welcher Weise der Staat gegen Terroristen vorgehen darf, wirft keine religionsspezifischen Fragen auf.*

### *2. Religiöse Vielfalt*

*(18) Das Konfliktpotential, das religiöse Vielfalt mit sich bringt, lässt sich mindern, ausschließen lässt es sich nicht. Der Weg zurück zum religiös geprägten Staat, in dem alle Einwohner demselben Glauben anhängen, ist verschlossen.*

#### *a) Laizismus*

*(19) Der Weg in den Laizismus scheidet aus, weil er dem freiheitsrechtlichen Gehalt der Religionsfreiheit widerspricht.*

### *b) Privilegierung des Christentums*

*(20) Eine Privilegierung des Christentums als Religion ist verfassungsrechtlich unzulässig. Soweit Landesverfassungen christliche Bezüge aufweisen, sind sie von Bundesverfassungsrecht überlagert.*

*(21) Eine Privilegierung christlicher „Traditionen" und „Werte", wie sie in den Kopftuchgesetzen einiger Länder zu finden ist, lässt sich nicht unter Berufung auf eine von Glaubensinhalten losgelöste Kultur rechtfertigen.*

### *c) Ausnahmen vom allgemeinen Gesetz*

*(22) Ausnahmen vom allgemeinen Gesetz können zu einer Zersplitterung der Rechtsordnung und einer übermäßigen Einschränkung politischen Gestaltungsspielraums führen.*

*(23) Doch wirft eine ausnahmslose Durchsetzung der allgemeinen Gesetze neue Gleichheitsprobleme auf, indem sie zu einer Benachteiligung von Angehörigen religiöser Minderheiten führt. Die Glaubensfreiheit ist insoweit funktional äquivalent zur Rechtsfigur der mittelbaren Benachteiligung.*

*(24) In die Prüfung der Ausnahmen müssen alle betroffenen Positionen einbezogen werden. Insbesondere ist der Grundsatz der Gleichberechtigung von Männern und Frauen zu beachten.*

*(25) Ausnahmen für religiöse Gruppen können neue Gleichheitsprobleme aufwerfen. Der Gesetzgeber sollte die Gesetze so gestalten, dass Ausnahmen aus religiösen Gründen entbehrlich sind.*

## *3. Unterdrückung durch Religion*

*(26) Im Verhältnis zwischen Religionsgemeinschaften und ihren Mitgliedern besteht die Gefahr der Unterdrückung. Im freiheitlichen Staat müssen Dominanzstrukturen in gewissen Grenzen hingenommen werden, wenn die Mitgliedschaft in der Religionsgemeinschaft freiwillig ist.*

*(27) Die Rechte von Kindern und Jugendlichen hat der Staat aufgrund seines Wächteramtes auch gegenüber den Eltern zu schützen.*

*(28) Das Selbstbestimmungsrecht der Religionsgemeinschaften findet auch dort seine Grenze, wo fundamentale Rechte der Mitglieder beschnitten werden.*

*(29) Problematisch ist der Rückzug staatlichen Rechts zugunsten religiöser Gruppen, insbesondere im Familienrecht.*

*(30) Religiöse Freiheit darf nicht dazu führen, dass Freiheitsrechte in bestimmten Gegenden faktisch außer Kraft gesetzt werden.*

## *IV. Fazit*

*(31) Es wäre falsch, den freiheitsrechtlichen Gehalt der Religionsverfassung aus Angst vor imaginierten oder realen Gefahren zu beschränken. Religion darf nicht aus dem öffentlichen Raum verdrängt werden, sondern ist eine wichtige Ressource für den demokratischen Diskurs.*

*(32) Das gleichheitsrechtliche Potential der Religionsverfassung sollte weiter entfaltet werden. Inklusion statt Exklusion muss die Zielrichtung sein.*

Erster Beratungsgegenstand:

# Religiöse Freiheit als Gefahr?

2. Bericht von Professor Dr. *Christoph Möllers*, Göttingen*

Inhalt




* Für Rat, Diskussion und Anregungen danke ich Michael Heinig, Ansgar Hense, Oliver Lepsius und Christian Waldhoff, für die Anforderung von Ergänzungen Christoph Schönberger, für praktische Hilfe schließlich Johannes Bethghe und Marie Miermeister.

## I. Einführung: Methodische Risiken eines unvermeidlichen Themas

Begründet religiöse Freiheit eine Gefahr für unsere Verfassungsordnung? Ist sie gar, wie der Zusammenhang zwischen Tagungsgegenstand und Vortragsthema suggeriert, als ein Beitrag zur Erosion von Verfassungsvoraussetzungen zu verstehen? Solche Fragen lassen sich nicht ohne methodische Risiken beantworten. Die Funktionsbedingungen einer Ordnung definieren sich nach anderen Regeln als diese Ordnung selbst. Außen- und Innensicht folgen unterschiedlichen Gesetzen. Dies macht jeden Beitrag zur Aufklärung von Voraussetzungen und Gefährdungen der Verfassung zu einer methodischen Gratwanderung.

Freilich können wir uns dieser Aufklärung nicht einfach entziehen. Denn Vorstellungen von den Geltungsbedingungen der Verfassung bleiben unweigerlich Teil unseres Umgangs mit ihr.[1] Die Aufgabe der Rechtswissenschaft besteht daher nicht darin, solche Hintergrundannahmen zu vermeiden oder zu verdecken. Sie muss sie vielmehr ausdrücklich machen, auf ihre Stimmigkeit überprüfen, korrigieren und in methodische Schranken weisen.[2]

Im Religionsrecht erscheint dies besonders notwendig: Wie Klaus Schlaich bemerkte, hat es „eine besondere Anfälligkeit für globale Prinzipien und Schlagworte"[3]. Staatstheorie schlägt hier nicht selten in Weltanschauung um, wissenschaftliche *Er*kenntnis in ein *Be*kenntnis.[4] Das

---

[1] Mit Kelsen kann man dies mit sehr guten Gründen auch anders sehen und die Frage der Geltungsbedingungen aus der Diskussion des positiven Rechts verbannen: *H. Kelsen* Reine Rechtslehre, 1. Aufl. 1934 (ed. Jestaedt, 2008), 77f. Freilich stellt sich die Frage, ob sich diese Zurückdrängung auf die Meta-Ebene der Grundnorm nicht doch wiederum auf der Interpretationsebene ventiliert – gerade mit Blick auf die textlich wenig determinierte Auslegung von Grundrechten scheint dies der Fall zu sein.

[2] In diesem Sinne wohl auch *M. Morlok* Was ist und zu welchem Ende studiert man Verfassungstheorie?, 1988, 128ff.

[3] *K. Schlaich* Neutralität als verfassungsrechtliches Prinzip, 1972, 129. Zur Begriffswahl des Rechtsgebietes: *A. Hense* Staatskirchenrecht oder Religionsverfassungsrecht: Mehr als ein Streit um Begriffe?, in: Haratsch/Jans/Rademacher/Schmahl/Weiß (Hrsg.), Religion und Weltanschauung im säkularen Staat, 2001, 9.

[4] Nicht selten ist es ein Bekenntnis von „Fachbrüdern". Von einer „geschlossenen Gesellschaft" spricht *M. Stolleis* Eine neue Bilanz des Staatskirchenrechts, ZevKR 41 (1996), 435 (437). Vgl. auch den lohnenden, aber skeptischen Überblick bei *H. Zwirner* Besprechung ZevKR 23 (1978), 429. Ähnlich, wenn auch affirmativ die Beobachtung bei *J. Isensee* Die Zukunftsfähigkeit des deutschen Staatskirchenrechts, FS Listl, 1999, 67 (68). Zum Begriff Fachbrüderschaft: *F. Wagener* Der öffentliche Dienst im Staat der Gegenwart, VVDStRL 37 (1978), 215 (216). Heute würde man positiver von „epistemic communities" sprechen, ohne dass das Problem einer von eigenen Interessen geleiteten Fachdiskussion gelöst wäre. Es wird für das Religionsrecht deutlich ausgesprochen

staatliche Religionsrecht wirkt daher wie das eigentlich „politische" Recht unserer Tage,[5] das Gebiet, in dem die Rechtsordnung die Identität unserer Gesellschaft offenbart, nah an aktuellen Auseinandersetzungen,[6] weit entfernt von allgemeinen juristischen Lehren.[7]

Mein Vortrag wird dieser theoretischen Aufladung mit Skepsis begegnen – geleitet von der Überzeugung, dass die Rechtswissenschaft weltanschauliche Konflikte nicht abzubilden, sondern mit eigenen Differenzierungen kleinzuarbeiten hat.[8]

Dies soll in einer Bewegung vom allgemeinen Gegenstand der Tagung, den Verfassungsvoraussetzungen, zum spezielleren Thema dieses Vortrags, den Gefahren der Freiheitsausübung in Religionsangelegenheiten, in drei Schritten geschehen: einer Kritik staatstheoretischer Voraussetzungslehren (II.), einer positiven Formulierung bescheidener verfassungstheoretischer Grundlagen zur Lösung des Problems (III.) und schließlich einer Analyse des Rechts von Religionsfreiheit und Gefahrbegriff (IV.).

---

bei *H. Quaritsch* Diskussionsbeitrag, VVDStRL 26 (1968), 111ff. Bei aller Kritik sind aber zwei Ebenen zu unterscheiden, die bei Quaritsch zusammenfallen: das methodische Gebot einer religiös unparteiischen Verfassungsinterpretation und die sachliche Frage, ob nicht auch eine solche unparteiische Interpretation des Grundgesetzes der Religion einen besonderen öffentlichen Raum zuweist, auch insoweit skeptisch *H. Quaritsch* Kirchen und Staat, Der Staat 1 (1962), 289.

[5] Zur Charakterisierung als politisches Recht abgewogen: *J. Isensee* Verfassungsrecht als „politisches" Recht, in: Isensee/ Kirchhof (Hrsg.), HStR VII, 1. Aufl. 1992, § 162. Zum begrenzten juristischen Nutzen: *J. Kokott* Der Begriff „politisch" im Normzusammenhang nationalen und internationalen Rechts, ZaöRV 51 (1991), 603 (629ff.); *M. Heintzen* Auswärtige Beziehungen privater Verbände, 1987, 209ff.

[6] Zu Beispielen und dem problematischen Umgang mit Verfassungswandel in diesem Zusammenhang, unten, IV., 1., a).

[7] Das Anliegen, zu allgemeinen Lehren zurückzufinden auch bei *C. Classen* Religionsfreiheit und Staatskirchenrecht in der Grundrechtsordnung, 2003, 1ff. Allgemein zum Problem von Spezialdogmatiken ohne Anbindung an allgemeine Lehren: *E. Schmidt-Aßmann* Allgemeines Verwaltungsrecht als Ordnungsidee, 2. Aufl. 2004, 7ff.

[8] *N. Luhmann* Legitimation durch Verfahren, 1975, 121ff. Der Versuch einer Anwendung für das Grundgesetz bei *C. Möllers* Gewaltengliederung, 2005, 41ff., 94ff. Ein ähnliches Argument demokratietheoretischer Provenienz findet sich bei *C. R. Sunstein* One Case at a Time, 1999, 24ff.

## II. Staatstheorie: Verfassungsvoraussetzungen als Grundlage der Religionsfreiheit?

### *1. Verfassungsvoraussetzung: Zur Kritik einer Konzeption*

Mit der Kategorie der Verfassungsvoraussetzung kennzeichnete ihr Erfinder, Herbert Krüger, die Bedingungen des Funktionierens einer Verfassung.[9] Insbesondere wurde der „Staat“ selbst als Verfassungsvoraussetzung bezeichnet,[10] eine Annahme, die gerade für das Religionsrecht von Bedeutung ist.[11] Freilich provoziert die Kategorie Verfassungsvoraussetzung zwei grundsätzliche Anfragen:[12] Wie können wir solche faktischen Voraussetzungszusammenhänge mit der angemessenen Eindeutigkeit nachweisen? Und was sollte, wenn es sie denn gibt, aus ihnen normativ folgen?[13]

Der Begriff der Voraussetzung bezeichnet etwas anderes als „Sachverhalt“: Jede Norm bezieht sich auf einen solchen Sachverhalt, von dessen faktischer Entwicklung ihre Anwendung abhängt.[14] Auch kann die Funktionsfähigkeit von Institutionen Inhalt einer Norm werden wie der Schutz der Funktionsfähigkeit des Deutschen Bundestages im Wahl-

---

[9] *H. Krüger* Verfassungsvoraussetzungen und Verfassungserwartungen, FS Scheuner, 1973, 285 (291 ff.). Beispielsweise in dieser Linie: *D. Murswiek* Die staatliche Verantwortung für die Risiken der Technik, 1985, 106; *K. Vogel/C. Waldhoff* in: Dolzer/Vogel/Graßhof (Hrsg.), Bonner Kommentar zum Grundgesetz, Stand: August 2008, Vorb. z. Art. 104a-115, Rn. 285.

[10] *Krüger* Verfassungsvoraussetzungen (Fn. 9), 293 ff. Entsprechend etwa *E.-W. Böckenförde* Entstehung und Wandel des Rechtsstaatsbegriffs (1969), in: Recht, Staat, Freiheit, 1991, 143 (168 f.); *J. Isensee* Grundrechtsvoraussetzungen und Verfassungserwartungen, in: Isensee/Kirchhof (Hrsg.), HStR V, 1992, § 115, Rn. 105 f.; *ders.*, Staat und Verfassung, in: Isensee/Kirchhof (Hrsg.), HStR I, 1. Aufl. 1987, § 13 Rn. 1, 17; *P. Kirchhof* Die Identität der Verfassung in ihren unabänderlichen Inhalten, in: Isensee/Kirchhof (Hrsg.), HStR I, 1. Aufl. 1987, § 19 Rn. 49 ff.; *Murswiek* Verantwortung (Fn. 9), 103 f.

[11] Unten, II., 2.

[12] Zur Kritik bereits: *C. Möllers* Staat als Argument, 2000, 256 ff.

[13] Konkrete Relevanz bekommt die Frage nach der normativen Bedeutung von Voraussetzungen in BVerfGE 102, 370 (397), wo das Gericht die negative Einstellung der Zeugen Jehovas gegenüber der Teilnahme an Wahlen nicht als zulässiges Argument gegen die Verleihung des Körperschaftsstatus bewertet, weil sich diese nicht gegen den „normativen Gehalt“, sondern lediglich gegen die „tatsächlichen Voraussetzungen“ des Demokratieprinzips wende.

[14] *F. Müller* Strukturierende Rechtslehre, 2. Aufl. 1994, v.a. 147 ff., 184 ff., 230 ff., 431 ff.; *ders./ R. Christensen* Juristische Methodik, Grundlagen Öffentliches Recht Band 1, 2004, 163 ff.

recht.[15] Doch betrifft die Kategorie der Verfassungsvoraussetzung[16] eben *nicht* die Funktionsfähigkeit einzelner Normen oder Institutionen, sondern die Verfassung im Ganzen. Die Kategorie kennt keinen Bezug auf konkrete Regeln und kein differenziertes Reaktionsrepertoire.[17] Beides sind aber typische Eigenschaften juristischer Rationalität. Sie kennt stattdessen nur das Entweder-Oder von Geltung oder Ausfall der gesamten Ordnung[18] und erweist sich so als typisches Kind deutscher Verfassungserfahrungen, nämlich des Wechsels der Verfassungsordnungen vor dem Hintergrund eines gleichbleibenden staatlichen Rechtssubjekts.[19] Der Begriff Verfassungsvoraussetzung ist deswegen im Rechtsvergleich gänzlich unbekannt.[20]

Können wir ihn für das Verständnis der Religionsfreiheit verwerten? Auch wenn auf den ersten Blick Skepsis geboten scheint, ist diese Frage erst nach einem genaueren Blick auf zwei religionsspezifische Anwendungen zu beantworten: die Voraussetzung des säkularen neutralen Staates (2.) und diejenige einer christlich geprägten kulturellen Identität (3.).

---

[15] BVerfGE 1, 208 (247f.); 4, 31 (40); 6, 84 (92, 93f.); 51, 222 (236); 82, 322 (338); 95, 335 (366). Dazu nur *M. Morlok* in: Dreier (Hrsg.), GG II, 2. Aufl. 2006, Art. 38, Rn. 107. Kritisch *R. Streinz* in: v. Mangoldt/Klein/Starck (Hrsg.), GG Kommentar II, 2. Aufl. 2005, Art. 21, Rn. 57, 134ff.

[16] Voraussetzung ist eben ein Synonym für „Bedingung" oder „Notwendigkeit", Grimms Wörterbuch, Zwölfter Band, II., 1851, Sp. 846.

[17] Nicht zufällig bleibt das Interesse an den empirisch erkennbaren Bedingungen des Funktionierens einer Verfassungsordnung in den Diskussionen der Verfassungsvoraussetzung verschwindend gering. Vgl. als mögliche Ansatzpunkte *A. L. Stinchcombe* When Formality works, 2001, 76ff.; *J. G. March/M. Schulz/X. Zhou* The Dynamics of Rules, 2000, 83ff.

[18] Man könnte auch formulieren: Die Theorie scheitert an ihrem Anspruch der Realitätsbeschreibung, weil sie sofort wieder in juristische Geltungskategorien verfällt. Zu diesem Problem: *W. Lübbe* Legitimität kraft Legalität, 1991, 25ff.

[19] Dies paart sich mit dem im Vergleich ungewöhnlichen, für Deutschland typischen vermeintlich realistischen Ausgriff der Verfassungsbegrifflichkeit, die mit Kategorien wie Verfassungswirklichkeit oder materieller Verfassung die Diskussion bis in die Gegenwart prägt: *R. Smend* Verfassung und Verfassungsrecht, 1927; *F. Lasalle* Ueber Verfassungswesen, 1862. Zu einer am angelsächsischen Pragmatismus inspirierten Kritik an diesen Kategorien: *W. Hennis* Verfassung und Verfassungswirklichkeit: ein deutsches Problem, 1968, 11ff. Dagegen bei sonst unterschiedlichem Staatsverständnis: *E.-W. Böckenförde* Rezension, Der Staat 10 (1971), 533; *K. Hesse* Buchbesprechung, AöR 96 (1971), 137.

[20] Für diesen Hinweis danke ich Georg Nolte.

### 2. *Säkularität und Neutralität des Staats als Verfassungsvoraussetzung?*

Ernst Wolfgang Böckenfördes berühmtes Diktum vom Staat, der seine Voraussetzungen nicht garantieren könne,[21] stellt moderne Verfassungen, also auch die Ordnung des Grundgesetzes, in eine direkte Entwicklungslinie zur modernen frühneuzeitlichen Staatsentstehung.[22] Es interpretiert unsere Ordnung als Produkt der Säkularisierung, der Distanzierung und wechselseitigen Befreiung von Politik und Religion im Ausgang der religiösen Bürgerkriege[23]. Einer solchen Deutung entspricht auch Georg Jellineks These von der Religionsfreiheit als erstem modernen Grundrecht:[24] Die gleiche Freiheit der Religionsausübung hält den Staat in neutraler Äquidistanz zu verschiedensten Bekenntnissen.[25] Re-

[21] *E.-W. Böckenförde* Die Entstehung des Staats als Vorgang der Säkularisierung, FS Forsthoff, 1964, 75 (93), neu aufgelegt in *E.-W. Böckenförde* Der säkularisierte Staat, 2007, 43ff. Eine sehr differenzierte Ergänzung: *ders.* Stellung und Bedeutung der Religion in der „Civil Society", in: Staat, Nation, Europa, 1999, 256 (266ff.). Grundlegend zu einer systematischen Kritik an dem erstaunlich unbestrittenen Diktum: *H. M. Heinig* Öffentlich-rechtliche Religionsgesellschaften, 2003, 39ff.

[22] Zur Historisierung dieses Modernitätsbegriffs: *S. Skalweit* Der „moderne Staat". Ein historischer Begriff und seine Problematik, 1975. Zur Vielfältigkeit der historischen Entwicklung, die die Bedeutung des Staatskirchentums auch noch deutlich nach den konfessionellen Bürgerkriegen hervorhebt: *W. Reinhard* Geschichte der Staatsgewalt, 1999, 259ff.

[23] Nachweise bei *Möllers* Staat als Argument (Fn. 12), 214ff.

[24] *G. Jellinek* Die Erklärung der Menschen- und Bürgerrechte, 1895, dazu: *M. Stolleis* Georg Jellineks Beitrag zur Entwicklung der Menschen- und Bürgerrechte, in: S. Paulson/M. Schulte (Hrsg.), Georg Jellinek – Beiträge zu Leben und Werk, 2000, 103; *P. Badura* Diskussionsbeitrag, VVDStRL 59 (2000), 319f. Kritisch *M. Kriele* Einführung in die Allgemeine Staatslehre, 6. Aufl. 2003, 110ff.; *ders.*, Zur Geschichte der Grund- und Menschenrechte, FS Scupin, 1973, 187 (196ff.); *H. Hofmann* Zur Herkunft der Menschenrechtserklärungen, JuS 1988, 841 (845); abwägend *G. Zimmermann* Religionsgeschichtliche Grundlagen des modernen Konstitutionalismus, Der Staat 30 (1991), 393. Hinter der Jellinekschen Konstruktion steht augenscheinlich auch ein Stück deutscher (und protestantischer) Selbstrechtfertigung, namentlich gegenüber der französischen Demokratie, die in Form der Theorie Rousseaus in Jellineks Überlegungen kritisiert wird, zum Hintergrund: *F. W. Graf* Puritanische Sektenfreiheit versus lutherische Volkskirche. Zum Einfluß Georg Jellineks auf religionsdiagnostische Deutungsmuster Max Webers und Ernst Troeltschs, Zeitschrift für neuere Theologiegeschichte 9 (2002), 42. Bereits vor Jellinek sah allerdings ein Franzose die Religionsfreiheit als „première des nos libertés": Tocqueville. Dazu *O. Hidalgo* Unbehagliche Moderne, 2006, 349 in Anm. 82.

[25] Solche Neutralität ließe sich freilich auch mit der Kategorie staatlicher Toleranz erreichen, die aber einem demokratischen Rechtsstaat, in dem sich Bürger Rechte geben, unangemessen erscheint. Versuche der Wiederbelebung des Toleranzgedankens können den Verdacht der Refeudalisierung der Rechtsordnung daher schwer loswerden, vgl. etwa *K.-H. Ladeur*/*I. Augsberg* Toleranz – Religion – Recht, 2007, 28ff. Kritisch wie

ligiöse *Neutralität* ist dem Idealtyp des Staates damit historisch notwendig einbeschrieben.

Der Grundsatz staatlicher *Neutralität* hat denn auch für das Grundgesetz in Wissenschaft[26] und Rechtsprechung[27] Anerkennung gefunden. Im Rechtsvergleich ist auch dies keine Selbstverständlichkeit.[28] Von der Geschichte der Staatsentstehung über die Theorie der Verfassungsvoraussetzung zur Dogmatik des Grundgesetzes scheint es nur ein kleiner Schritt zu sein – so verdächtig klein, dass kritische Nachfragen gestattet sein mögen, die sich an unseren Überlegungen zum Begriff der Verfassungsvoraussetzung orientieren können:

Zunächst wäre zu rechtfertigen, warum aus der Entstehungsgeschichte einer Ordnung Schlüsse auf ihre normative Verfasstheit zu ziehen sind.[29] Selbst wenn das Konzept der Säkularisierung[30] als Beschreibung eines historischen Vorgangs tragen könnte,[31] wäre nicht klar, welche Bewer-

---

hier: *G. Roellecke* Religion – Recht – Kultur und die Eigenwilligkeit der Systeme, 2007, 16; *M. Heimbach-Steins* Religionsfreiheit – mehr als Toleranz, Ethica 17 (2009), i.E.

[26] Theoretisch eigenständig begründet bei *S. Huster* Die ethische Neutralität des Staates, 2002. Das Buch von *Schlaich* Neutralität (Fn. 3), das in diesem Zusammenhang oftmals zitiert wird, erweist sich als in seinen wesentlichen Teilen kritisch. Der Begriff wird auf andere Normbestände zurückgeführt und entsprechend klein gehalten.

[27] Seit BVerfGE 19, 206 (216) aus einer Gesamtschau von Art. 4 Abs. 1, 3 Abs. 3, 33 Abs. 3 GG sowie Art. 136 Abs. 1, 137 Abs. 1 WRV i.V.m. Art. 140 GG. Dem folgend BVerfGE 24, 236 (247f.); 33, 23 (28); 66, 1 (19f.); 93, 1 (16f.); 102, 370 (383); 105, 279 (294); 108, 282 (301, 302). Die Formulierung vom Staat als „Heimstatt aller Staatsbürger" in BVerfGE 19, 206 (216) behält ihren Reiz, kann aber doch über die Differenziertheit der zu entscheidenden Konflikte nicht hinweghelfen. In BVerfGE 18, 385 (386) ist von Neutralität noch nicht die Rede.

[28] Im amerikanischen Verfassungsrecht ist die Kritik an Neutralität weit verbreitet, vor allem aber gibt es kein verfassungsrechtliches Neutralitätsprinzip. In europäischen Rechtsordnungen wird man dies namentlich außerhalb des Religionsrechts vergebens suchen, vgl. zur Übersicht: *C. R. Sunstein* The Partial Constitution, 1993, 68ff., Zweifel an der Reichweite des Arguments dort aber bei *Huster* Neutralität des Staates (Fn. 26), 99 in Anm. 224.

[29] In der Formulierung Blumenbergs ist dies die Frage nach Legitimität der Neuzeit, die eine ausdrückliche Kritik am Konzept der Säkularisierung enthält, welche sich nicht zuletzt an Carl Schmitt abarbeitet: *H. Blumenberg* Legitimität der Neuzeit, 2. Aufl. 1988, 99ff., um den Begriff der Säkularisierung dreht sich auch *H. Blumenberg/ C. Schmitt* Briefwechsel, 2007.

[30] Kritisch mit Blick auf die Vieldeutigkeit des Konzepts aus juristischer Sicht *M. Droege* Staatsleistungen an Religionsgemeinschaften im säkularen Kultur- und Sozialstaat, 2004, 123ff.

[31] Eine Überschätzung und problematische Aktualisierung der Frühneuzeit in der juristischen Debatte bemerkt auch *M. Heckel* Das Bekenntnis – ein Vexierbild des Staatskirchenrechts?, FS Hollerbach, 2001, 657 (667f.).

tung aus dieser Beschreibung folgen sollte. Warum muss sich eine demokratische Ordnung einer historischen Verlaufshypothese fügen?

Dies gilt umso mehr, da pauschale Säkularisierungskonzepte[32] heute in den Geschichts- und Sozialwissenschaften mehr und mehr umstritten sind.[33] Unzweifelhaft hat sich die Bedeutung von Religion für die öffentliche Ordnung stark gewandelt. Wir können uns heute eine politische Ordnung ohne Religionsbezug vorstellen.[34] Aber das bedeutet eben nicht, dass wir von einem staatlichen Idealtyp ausgehen sollten, in dem die öffentliche Gewalt verweltlicht und Religion ausschließlich als private Freiheit in Erscheinung tritt. Nicht allein die deutsche Situation,[35] auch die Verfassungsgeschichten Skandinaviens,[36] Englands,[37] Spaniens[38]

---

[32] Zur Vieldeutigkeit des juristischen Säkularisierungsbegriffs: *M. Heckel* Kontinuität und Wandlung des deutschen Staatskirchenrechts unter den Herausforderungen der Moderne, ZevKR 44 (1999), 340 (371f.).

[33] Aus der ständig wachsenden kritischen Literatur zum Säkularisierungsbegriff grundlegend vergleichend: *J. Casanova* Public Religion in the Modern World, 1994, weiter: *P. L. Berger* (Hrsg.), The Desecuralization of the World, 1999; *P. Norris/ R. Inglehart* Secular and Sacred, 2004; *D. Pollack* Säkularisierung – ein moderner Mythos?, 2003; *H. Joas* Säkularisierung und die Weltreligionen, 2. Aufl. 2007; *M. Burleigh* Earthly Powers 2007; *M. Lilla* The Stillborn God, 2007; *H. Lehmann*, Säkularisierung – der europäische Sonderweg in Sachen Religion?, in: Säkularisierung – der europäische Sonderweg in Sachen Religion?, 2004, 14. Zur politischen Verwendbarkeit des Säkularisierungsbegriffs: *H. Lübbe* Säkularisierung: Geschichte eines ideenpolitischen Begriffs, 3. Aufl. 2003.

[34] Diese Vorstellbarkeit einer religionslosen Welt ist der argumentative Ausgangspunkt zur Reformulierung des Begriffs in der ausgreifenden Untersuchung von *C. Taylor* The Secular Age, 2007, 3f.

[35] Differenziert zur Säkularisierung, die immer mit der Konfessionalisierung zusammen gesehen werden muss: *M. Heckel* Vom Religionskonflikt zur Ausgleichsordnung, 2007, 28ff.; *M. Stolleis* „Konfessionalisierung" oder „Säkularisierung" bei der Entstehung des frühmodernen Staates, Ius Commune XX (1993), 1. Dies gilt übrigens auch für die stark konfessionell geprägte Entstehung der Wissenschaft vom öffentlichen Recht: *M. Stolleis* Glaubensspaltung und öffentliches Recht, in: Staat und Staatsräson in der frühen Neuzeit, 1990, 268 (274ff.). Vgl. auch *H. Dreier* Kanonistik und Konfessionalisierung, JZ 2002, 1 (6ff.). Zur Verweltlichung der Staatstheorie im deutschen Fall: *M. Stolleis* Säkularisation und Staatsräson in Deutschland um 1600, in: Dilcher/Staff (Hrsg.), Christentum und modernes Recht, 1984, 96. Skeptisch zur ganzen Konstruktion auch *H. Hofmann* Recht, Politik und Religion, JZ 2003, 382 mit der Feststellung: „Der absolutistische Modellstaat Ludwig XIV. ist nicht der Staat des Toleranz-Edikts von Nantes (1598), sondern der Staat der Aufhebung dieses Edikts (1685)."

[36] Dazu etwa *J. Stenbæk* Staat und Kirche in Dänemark, ZevKR 45 (2000), 221.

[37] Dazu *A. v. Ungern-Sternberg* Religionsfreiheit in Europa, 2008, 15f. (151ff.), mwN.

[38] *M. J. Roca* Über die gegenwärtigen Beziehungen zwischen Staat und Kirche in Spanien, Essener Gespräche 40 (2007), 127; dazu auch *S. Mückl* Europäisierung des Staatskirchenrechts, 2005.

oder Griechenlands[39] lassen sich in Europa schwerlich als gerader Weg fortschreitend säkularisierter Staatlichkeit erklären. Gleiches gilt für die Vereinigten Staaten[40] und Indien,[41] in denen der säkulare Charakter der Ordnung bis heute sehr umstritten ist. Israel hat sich ausdrücklich für ein anderes Modell entschieden.[42] Es erscheint unangemessen, wenn nicht anmaßend, all diese Fälle einfach als Ausnahmen abzutun.[43]

Wenn Rechtsvergleich sich auch als Kultur- und Kontextvergleich verstehen muss,[44] dann ist die Säkularisierungsthese jedenfalls in ihrer zugespitzten Form als staatstheoretischer Idealtyp kaum haltbar. Dies ist auch für das internationale Recht von Bedeutung, in dem die Unterscheidung zwischen säkularen und nicht-säkularen Staaten für den Schutz der Religionsfreiheit *keine* greifbare Rolle spielt.[45] Eine solche Überlegung zeigt im übrigen exemplarisch den Wert des Vergleichs für die Staatstheorie. Der Vergleich kann uns lehren, dass grundsätzlich daherkommende Paradigmen unserer Tradition stärker verhaftet sind, als die Allgemeinheit der Kategorien suggeriert.[46] Wie allgemein die Allgemeine Staatslehre ist, bleibt immer wieder zu überprüfen.

Für das Grundgesetz bleibt zu rechtfertigen, inwieweit eine demokratisch legitimierte staatliche Ordnung überhaupt neutral sein *darf.* Legitimation entsteht in der Ordnung des Grundgesetzes wie aller demokra-

---

[39] *Th. Antoniou* Das Verhältnis zwischen Staat und Kirche in Griechenland, Essener Gespräche 40 (2007), 157.

[40] Aus der schwer überschaubaren neueren Literatur, die immer auch die aktuelle Auseinandersetzung abbildet: *N. Feldman* Divided by God, 2005, 19ff., *M. Nussbaum* Liberty of Conscience, 2008, 306ff.

[41] *E. Rieger* Staat und Religion in Indien, Jus ecc. 2004, 76.

[42] *B. E. Genut* Competing Visions of the Jewish State: Promoting and Protecting Freedom of Religion in Israel, Fordham International Law J. 19 (1996), 2120; *A. Rosen-Zvi* Freedom of Religion: The Israeli Experience, ZaöRV 46 (1986), 212. Vgl. auch die Beiträge in: *W. Brugger/M. Karayanni* (Hrsg.), Religion in the Public Sphere: A Comparative Analysis of German, Israeli, American and International Law, 2007.

[43] *Heckel* Ausgleichsordnung (Fn. 35), redet im Untertitel vom „Sonderweg des deutschen Staatskirchenrechts", aber der Vergleich bringt eigentlich nur Sonderwege zutage.

[44] *R. Wahl* Verfassungsvergleichung als Kulturvergleichung, FS Quaritsch, 2000, 163.

[45] Überzeugend: *C. Walter* Religionsfreiheit in säkularen im Vergleich zu nichtsäkularen Staaten: Bausteine für ein integratives internationales Religionsrecht, in: BDGesVR 43 (2007), 253 (255ff.).

[46] Ein Problem der ganzen Allgemeinen Staatslehre, dazu *C. Schönberger* Der „Staat" der Allgemeinen Staatslehre: Anmerkungen zu einer eigenwilligen Disziplin im Vergleich mit Frankreich, in: O. Beaud/E. V. Heyen (Hrsg.), Eine deutsch-französische Rechtswissenschaft?/Une science juridique franco-allemande?, 111; *C. Möllers* Der vermisste Leviathan, 2008, 116.

tischen Rechtsstaaten auch durch die Parteilichkeit[47] demokratischer Politik,[48] die sich auch auf Religionsangelegenheiten beziehen kann. Ist ein Gemeinwesen, das den Sonntag schützt[49] und vor Sekten warnt,[50] als religiös *neutral* zu bezeichnen?[51] Eine wissenschaftliche Mehrheit würde diese Frage wohl bejahen und einen Begriff von Neutralität verwenden, der sich jenseits der bloßen Wirkung einer staatlichen Entscheidung bestimmt.[52] Aber einen systematischen Entwurf, der sich nicht auf historische Herleitungen beschränkt und der die Besonderheit gerade religiöser gegenüber ästhetischer oder ökonomischer Neutralität begründet, sucht man im Religionsverfassungsrecht vergebens.[53] So bleibt es dabei: Demokratische Entscheidungen werden immer und unvermeidlich bestimmten religiösen Inhalten näher stehen als anderen[54] – so wie umgekehrt nicht alle Religionen unserer Ordnung gleich entsprechen.[55]

---

[47] Zum Voluntarismus des Demokratieprinzips: *E.-W. Böckenförde* Demokratie als Verfassungsprinzip, in: Isensee/Kirchhof (Hrsg.), HStRI, 1. Aufl. 1987, § 22 Rn. 40.

[48] Vielleicht hat die Idee der staatlichen Neutralität doch mehr mit dem deutschen demokratiekritischen Rechtsstaatsdenken des 19. Jahrhunderts als mit der Geschichte frühneuzeitlicher Herrschaft zu tun, so in der Tendenz wohl auch *Schlaich* Neutralität (Fn. 3), 42f., 219, 242f.

[49] Die immensen begrifflichen Mühen, derer es bedarf, das Phänomen des Sonntagsschutzes als mit staatlicher Neutralität vereinbar zu erklären, zeigen sich deutlich bei *Huster* Neutralität des Staates (Fn. 26), 191 in Anm. 245. Zur religionsrechtlichen Seite dieser Entscheidung: *W. Rüfner* Die institutionelle Garantie der Sonn- und Feiertage, FS Heckel, 1999, 447. Grundlegend *P. Häberle* Der Sonntag als Verfassungsprinzip, 2. Aufl. 2006.

[50] BVerfGE 105, 279.

[51] Vgl. die differenzierte Definition bei *Heckel* Ausgleichsordnung (Fn. 35), 48f., einerseits staatliche Enthaltung, andererseits Respektierung und Berücksichtigung. Ob dies mehr ist, als in jedem Grundsatz gleicher Freiheit enthalten ist, wird hier jedoch bezweifelt.

[52] Gute knappe Aufzählung verschiedender Modelle bei *E. V. Towfigh* Die rechtliche Verfassung von Religionsgemeinschaften, 2006, 30ff. Für viele: *G. Czernak* Zur Rede von der religiös-weltanschaulichen Neutralität des Staates, NVwZ 2003, 949; *P. Badura* Der Schutz von Religion und Weltanschauung durch das Grundgesetz, 1989, 80ff.; *J. Müller-Volbehr* Das Grundrecht der Religionsfreiheit und seine Schranken, DÖV 1995, 301 (3002f.); *H. Goerlich* Art. 141 GG und staatliche Neutralität in „neuem Licht"? – eine Anmerkung, in: NVwZ 2000, 898f.; *C. Starck* in: v. Mangoldt/Klein/Starck, Art. 4, Rn. 22, 31; *J. Kokott* in: Sachs, GG Kommentar, 4. Aufl. 2007, Art. 4, Rn. 4ff.

[53] Die Vermutung wäre, dass es keinen kategorialen Unterschied zwischen verschiedenen Neutralitätsbegriffen gibt, sondern nur Abweichungen im Sachbereich. Von ästhetischer Neutralität ist wohl deshalb selten die Rede, weil Kunst zumeist als individuelle Leistung verstanden wird, die keine normativen Ansprüche erhebt.

[54] *C. Waldhoff* Die Zukunft des Staatskirchenrechts, Essener Gespräche 42 (2008), 55 (78f.).

[55] *M. Heckel* Gleichheit oder Privilegien?, 1993, 47ff.

Die Grenzen der notwendigen Parteilichkeit demokratischer Entscheidungen definiert das Verfassungsrecht, namentlich durch die Grundrechte und das Rechtsstaatsprinzip.[56] Im subtilen Neben- und Gegeneinander von demokratischer Gesetzgebung und den Einzelgarantien, die Unparteilichkeit sichern,[57] liefert das Neutralitätsprinzip kaum neue Inhalte.[58] In der Rechtsprechung hat es sich denn auch gegenüber den einschlägigen Grundrechten nie dogmatisch verselbständigt.[59] Als Reflexfigur der gleichen Freiheit, die die Grundrechte garantieren, ist es in deutlich niedrigeren Sphären zu verorten, als die „Staatstheorie" der Verfassungsvoraussetzung behauptet.[60] Als Objektivierung der Religionsfreiheit steht es in Gefahr, die auf dem Spiel ste-

---

[56] *E. Schmidt-Aßmann* Der Rechtsstaat, in: Isensee/Kirchhof (Hrsg.), HStR I, 1. Aufl. 1987, § 24, Rn. 25.

[57] *M. Fehling* Verwaltung zwischen Unparteilichkeit und Gestaltungsaufgabe, 2001, 251ff., *M. Kaufmann* Untersuchungsgrundsatz und Verwaltungsgerichtsbarkeit, 2002, 203ff.; *A. Voßkuhle* Rechtsschutz gegen den Richter, 1993, 92ff.

[58] Die Unterscheidung zwischen Begründungs- und Anwendungsneutralität dient bei Huster zur theoretischen Grundlegung des Neutralitätsprinzips, das mit dieser Begründung rechtsordnungsübergreifend gelten müsste. Die These, dass sich das Gebot der Begründungsneutralität daraus ergebe, dass allen an einer demokratischen Entscheidung Beteiligten die Möglichkeit eingeräumt werden müsse, sich an der Erörterung der Entscheidung zu beteiligen, so *Huster* Neutralität des Staates (Fn. 26), 98ff., ist freilich kein notwendiges Element einer auf Mehrheitsentscheidung beruhenden demokratischen Ordnung. In dieser ist es völlig ausreichend, ohne Angabe von Gründen, also idiosynkratisch, zu entscheiden und so politische Mitentscheidung mit Diskursverweigerung zu kombinieren. Das Grundgesetz normiert keine deliberative Demokratie und damit auch keine Pflicht, nachvollziehbare Gründe für politische Entscheidungen zu geben. Zur Kritik deliberativer Demokratiekonzeptionen: *J. W. Bessette* The Mild Voice of Reason, 1994, 40ff., differenzierend: *C. Lafont* Is the ideal of a deliberative democracy coherent?, in: S. Besson/J. L. Marti (Hrsg.), Deliberative Democracy and its discontents, 2006, 3.

[59] Das zeigt sich besonders deutlich in der Rechtsprechung des Zweiten Senates, die den Grundsatz in manchen Entscheidungen zwar losgelöst von Grundrechten nennt, aber doch keinen entscheidungserheblichen Gehalt gibt: BVerfGE 99, 100 (126f.); 102, 370 (383, 394); sowie BVerfGE 93, 1 (29) – abw. Meinung.

[60] Kritisch wie hier: *Waldhoff* Zukunft (Fn. 54), 76f.; *U. Vosgerau* Freiheit des Glaubens und Systematik des Grundgesetzes, 2007, 111f.; *C. Classen* Religionsrecht, 2006, 47, 52f.; *B. Grszeszick* Verfassungstheoretische Grundlagen des Verhältnisses von Staat und Religion, in: Heinig/Walter (Hrsg.), Staatskirchenrecht oder Religionsverfassungsrecht?, 2007, 131 (144). Anders die Kritik bei *Ladeur/Augsberg* Toleranz – Religion – Recht, 2007, 91ff., bei denen die Kritik am Neutralitätsprinzip nicht demokratisch, sondern über einen Kulturalismus gerechtfertigt wird, der hier unter II., 2. zu kritisieren sein wird.

henden individuellen und politischen Geltungsansprüche im Namen eines abstrakten Prinzips unangemessen aufzulösen.[61]

### 3. *Komplementäres Gegenmodell: Kulturelle Identität als Verfassungsvoraussetzung?*

Die These vom säkularen und neutralen Staat als Verfassungsvoraussetzung bleibt drittens einer anderen Grundannahme verpflichtet: der Annahme, dass Verfassungsordnungen weiterhin auf eine religiös inspirierte Grundlage angewiesen sind.[62] Solche Grundlagen sollen durch die Säkularisierung zwar in den Hintergrund treten, aber trotzdem – gewissermaßen in „Kultur" verwandelt – fortwirken. Auch dies kommt im Böckenfördeschen Diktum zum Ausdruck, wenn vom „Wagnis" die Rede ist, das „der moderne Staat eingeht".[63] Die Idee der Säkularisierung findet in der Annahme einer christlich inspirierten kulturellen Identität,[64] auf der die Verfassungsordnung beruhe, weniger einen Gegensatz als ein Komplement.[65] Die verfassungsbildenden religiösen Kräfte sollen sich verwandelt haben, ohne deswegen vollständig verloren oder rechtlich bedeutungslos geworden zu sein. Dies rechtfertigt selektive staatliche Voraussetzungspflege, wenn nicht gar die allgemeine Befugnis zur Privilegierung bestimmter Religionen.[66]

---

[61] Man stelle sich etwa eine vom Gesetzgeber dazu ermächtigte Schule vor, in der alle Beteiligten, Schüler, Eltern und Lehrer, ein religiöses Symbol anbringen wollen. Ein objektives Neutralitätsprinzip würde dies ohne jedes entsprechende Selbstbestimmungsanliegen ausschließen. Dieses Argument lässt sich bis zu einem gewissen Grad gegen objektive Grundrechtswirkungen generell ins Feld führen, dazu knapp *C. Möllers* Die drei Gewalten, 2008, 114f.

[62] Eine konzise Kritik des Kulturvorbehalts findet sich bei *M. Droege* Prekäre Leitfunktion christlicher Tradition in Zeiten kultureller Differenz?, KritV 2001, 466.

[63] *Böckenförde* Entstehung (Fn. 21), 93.

[64] Am konsequentesten ausgeführt bei *A. Uhle* Staat – Kirche – Kultur, 2004. Die vielen Ungenauigkeiten und Pauschalitäten in diesem Text sind hier nicht aufzuarbeiten; dass alle Widersprüche innerhalb der christlichen Tradition dort einfach verschwinden, sei nur bemerkt. Als exemplarisches Problem sei der Umgang mit Hegel ebd., 118 genannt, der hier übrigens „mit den Worten von Josef Isensee" paraphrasiert wird. Unzweifelhaft ist für Hegel das Christentum eine der Quellen eines modernen Freiheitskonzepts, aber die entscheidende Frage bleibt, was daraus folgt. Von einer Verweltlichung des christlichen Geistes im demokratischen Staat spricht auch *K. Marx* Zur Judenfrage (1844), MEW Bd. 1, 1956, 360, aber augenscheinlich zieht Marx daraus nicht die Konsequenz, christliche Kultur zu privilegieren.

[65] So wohl grundlegend *Heinig* Religionsgesellschaften (Fn. 21), 41f.

[66] Diese Linie mit Blick auf eine der Verfassung immanente christlich-abendländische Kultur etwa bei *A. Uhle* Freiheitlicher Verfassungsstaat und kulturelle Identität, 2004, 25ff.; 353 ff.; *P. Kirchhof* Die Freiheit der Religionen und ihr unterschiedlicher Beitrag

Nun ist die Vermutung, dass Religion für die Funktionalität einer politischen Ordnung eine positive Bedeutung haben kann, nicht neu und im Ergebnis schwerlich zu bestreiten: Sie findet sich in der modernen politischen Theorie von Hobbes,[67] über Tocqueville[68] bis Habermas,[69] der hier übrigens Böckenförde verblüffend ähnlich klingt. Gleichfalls auf der Hand liegt ein spezifischer Zusammenhang zwischen Teilen der vielfältigen und widerspruchsreichen christlichen Überlieferung und der Entwicklung des demokratischen Rechtsstaats. Dies lässt sich an vielem festmachen: von der Unterscheidung zwischen weltlicher und geistlicher Gewalt[70] über die Formalisierungsleistung des kanonischen Rechts[71] bis zur Idee demokratischer Gleichheit[72] und Brüderlichkeit.[73]

---

zum Gemeinwesen, Essener Gespräche 39 (2005), 105 (116ff.); *ders.* Der Beitrag der Kirchen zur Verfassungskultur der Freiheit, FS Heckel, 1999, 775 (786ff.); *C. Hillgruber* Der deutsche Kulturstaat und der muslimische Kulturimport, JZ 1999, 538 (540ff.); *ders.* Staat und Religion, JZ 1999, 1155 (1178); *U. Di Fabio* Christentum und Rechtskultur als Grundlage des Staatskirchenrechts, Essener Gespräche 42 (2008), 129 (142ff.); *J. Isensee* Verfassungsstaatliche Erwartungen an die Kirche, Essener Gespräche 25 (1991), 104 (106ff.); *ders.* Zukunftsfähigkeit (Fn. 4), 87ff.; *K.-A. Schwarz* Das christlich-abendländische Fundament des Grundgesetzes als Topos der Verfassungsinterpretation, FS Starck, 2007, 419.

67 *T. Hobbes* Leviathan (1651), Part III, Chap XXXII (ed. Macpherson), 1981, 409ff. Zur Funktion der Religion in seinem Werk: *B. Ludwig* Die Wiederentdeckung des Epikureischen Naturrechts. Zu Thomas Hobbes' Philosophischer Entwicklung von De Cive zum Leviathan im Pariser Exil 1640–1651, 1998, 455ff.

68 *A. de Tocqueville* De la Démocratie en Amerique (1835), tome II, 2.

69 Ausdrücklich in Bezug auf Böckenförde: *J. Habermas* Vorpolitische Grundlagen des demokratischen Rechtsstaates?, in: Zwischen Naturalismus und Religion, 2005, 106 (110ff.); *J. Habermas* Glauben und Wissen, 2001, 12ff. (Entwicklung des Konzepts der Postsäkularität).

70 Daraus folgt auch, dass der Begriff der Religion selbst ein christliches Konzept ist, das grundsätzlich problematisch zu definieren ist. Dazu *F. X. Kaufmann* Religion und Modernität 1989, 53ff.; *H. Knobloch* Religionssoziologie, 1999, 8ff.; *V. Krech* Religionssoziologie, 1999, 75ff. Mit Blick auf rechtliche Anwendungen ähnlich *R. Poscher* Totalität-Homogenität-Zentralität-Konsistenz, Der Staat 39 (2000), 48 (54).

71 *H. J. Berman* Law and Revolution I, 1983, 199ff.

72 Dazu etwa *I. U. Dalferth* Naturrecht in protestantischer Perspektive, 2008, 65ff.; im deutsch-amerikanischen Vergleich: *A. Dörffler-Dierken* Luthertum und Demokratie, 1998. Eine eigene begriffliche Herleitung bei *E. Jüngel* Hat der christliche Glaube eine besondere Affinität zur Demokratie? (1985), in: Wertlose Wahrheit, 2. Aufl. 2003, 365. Zum Katholizismus der große Überblick bei *A. Hense* Katholizismus und Rechtsordnung in: H. Dreier/E. Hilgendorf (Hrsg.), Kulturelle Identität als Grund und Grenze des Rechts, ARSP Beiheft 113 (2008), 69 (72ff.).

73 *H. Brunkhorst* Solidarität, 2002, 40ff.

Doch bleiben die beiden Grundfragen zu beantworten, die sich bei der Analyse der Verfassungsvoraussetzung stellten:[74] Lässt sich ein solcher Voraussetzungszusammenhang eindeutig etablieren und wenn ja, hat er notwendig normative Konsequenzen? Lässt sich religiöse Freiheit dann in manchen Fällen als rechtlich zu schützende Bedingung, in anderen als rechtlich abzuwehrende Gefahr für die Verfassung verstehen?

Dies erscheint zweifelhaft: Schon hinsichtlich der faktischen Seite bleibt die Diagnose viel diffuser als die Rede von christlich-abendländischer Identität behauptet.[75] Die Annahme eines christlichen Wertekanons,[76] der mit dem einer freiheitlichen Verfassungsordnung konvergierte, unterstellt eine Einheitlichkeit, die beiden Diskursen unbekannt ist.[77] Die Tatsache, dass freiheitliche Ordnungen sich zunächst in manchen christlichen Kontexten durchgesetzt haben, sollte nicht darüber hinwegtäuschen, dass sie sich eben auch *gegen* diese durchsetzen mussten.[78] Damit bleiben normatives Verfassungsversprechen und die Vielfalt christlicher Tradition faktisch zu unterscheiden.[79] Von einer abendländischen kulturellen Identität zu sprechen,[80] und auch das ist im

---

[74] Oben, II., 1.

[75] Zur Kritik des Begriffs kultureller Identität als Unterstellung einer nicht möglichen historischen Einheitlichkeit: *H. Bhabha* The Location of Culture, 1994.

[76] Die Widersprüchlichkeit der christlichen Überlieferung zeigt sich vielleicht für die vorliegende Fragestellung nirgendwo deutlicher, als in der unterschiedlichen Behandlung der Kategorie „Wert“ selbst durch christliche Theologien. Protestantische Theologen bleiben durchgehend skeptisch, vorzüglich: *Dalferth* Naturrecht (Fn. 72), 53ff.; *E. Jüngel* Wertlose Wahrheit, in: Wertlose Wahrheit, 2. Aufl. 2003, 90 (100ff.). Aber auch der katholischen Staatstheorie ist eine Kritik des Wertbegriffs nicht völlig fremd: *E.-W. Böckenförde* Zur Kritik der Wertbegründung des Rechts, in: Recht, Staat, Freiheit, 1991, 67.

[77] Die notorische Unterschätzung der Heterogenität vergangener Gesellschaften ist eines der problematischen Elemente in den staatstheoretischen Grundannahmen in dieser Diskussion. Dies lässt sich bereits an der widerspruchsreichen Vielfalt der mittelalterlichen Philosophie zeigen: *K. Flasch* Das philosophische Denken im Mittelalter, 1988. Ebenso deutlich wird es mit Blick auf die zerklüfteten religiösen Diskurse im Deutschen Kaiserreich, unten Fn. 83.

[78] Dies ist besonders deutlich mit Blick auf Grundrechte und Demokratie, beides Konstitutionsprinzipien, zu denen die christlichen Kirchen erst nach dem Zweiten Weltkrieg einen positiven Zugang gefunden haben: *H. Dreier* in: Dreier (Hrsg.), Grundgesetz, 2. Aufl. 2004, Art. 1, Rn. 7.

[79] Das Bundesverfassungsgericht zieht diese Grenze in BVerfGE 19, 206 (223), wenn es einerseits eine „allgemeine Kulturfunktion“ der Kirchen anerkennt, aus dieser eben gerade keine allgemeine Steuerpflicht auch für Nichtmitglieder rechtfertigen will.

[80] Besonders zu klären wäre, inwieweit das amerikanische Christentum Traditionen entwickelt hat, die einem kontinentaleuropäischen Verfassungsverständnis durchaus fremd sein dürften. Dies gilt beispielsweise für eine ausgeprägte Konzeption persönlicher Schuld, die zur Bejahung der Todesstrafe führt. Es gilt wohl auch für ein ausge-

Rechtsvergleich ein durchgehend sehr umstrittener Sprachgebrauch,[81] verbietet eigentlich schon die Rolle europäischer Staaten in der Geschichte des 20. Jahrhunderts, deren Totalitarismen aus eben diesem Abendland kamen.[82] Aus der widerspruchsreichen deutschen[83] und europäischen Geschichte lassen sich nicht einfach bestimmte Elemente herauslösen, zu kultureller Identität idealisieren[84] und zur notwendigen Bedingung der Verfassungsordnung stilisieren.[85] Mit Walter Benjamin gesprochen: „Es ist niemals ein Dokument der Kultur, ohne zugleich ein solches der Barbarei zu sein."[86]

Dies spricht *normativ* nicht dagegen, bestimmte religiöse Traditionsbestände positiv zu bewerten, und bestimmte Überlieferungen verfassungsrechtlich zu schützen, wie es das Grundgesetz tut. Aber dies sind Entscheidungen des positiven Rechts, die bestimmte Traditionsbestände herausgreifen, andere nicht,[87] und die auch anders getroffen werden können.

---

prägtes Misstrauen gegenüber der Staatsgewalt, das privaten Waffengebrauch rechtfertigt, also gerade nicht vom Gewaltmonopol des Staates ausgeht. Zum Zusammenhang mit protestantischen Traditionen: *Feldman* Divided by God (Fn. 40), 186ff., 230. Dass deswegen die amerikanische Tradition nicht zum „christlichen Abendland" gehörte, wäre ein konsequenter, aber erstaunlicher Schluss.

[81] Gerade Rechtsordnungen, die sich ihrer kolonialen Traditionen bewusst sind, dürften hier in der Regel vorsichtiger argumentieren.

[82] Trotz vieler Einwände im einzelnen unüberholt: *H. Arendt* The Origins of Totalitarianism, 1951. Zur Kritik *P. Baehr* Identifying the Unprecedented: Hannah Arendt, Totalitarianism, and the Critique of Sociology, American Sociological Review, 67 (2002), 804.

[83] Bemerkenswert erscheint, wie konsequent ein aus der „geistigen Herkunft Deutschlands" (so *J. Isensee* Nachwort Blasphemie im Koordinatensystem des säkularen Staates, in: Isensee (Hrsg.), Religionsbeschimpfung 2007, 105 (132)) hergeleitetes Staatsziel den Kulturkampf ausblendet, der doch mit der Staatsgründung in engem Zusammenhang steht. Dazu nur *R. Morsey* Der Kulturkampf – Bismarcks Präventivkrieg gegen das Zentrum und die katholische Kirche, Essener Gespräche 34 (2000), 5; *M. Heckel* Kulturkampfaspekte, in: Gesammelte Schriften III, 1997, 471. Zum Diskussionsstand: *S. Ruppert* Kirchenrecht und Kulturkampf, 2003, 16ff.

[84] Zumal der deutsche Gebrauch des Begriffs Kultur traditionell anti-westlich ist – als Gegenbegriff zu Zivilisation: *N. Elias* Über den Begriff der Zivilisation Bd. 1, 1976, Kap. 1; *W. Lepenies* Kultur und Politik, 2006, 19ff. Siehe auch die anti-westliche Karikatur zu Hugo Preuß auf dem Cover von *P. Caldwell* Popular Sovereignty and the Crisis of German Constitutional Law, 1997, zum Thema deutsche Verfassungskultur.

[85] Zumal, wenn man einerseits Kultur als ein ganzheitliches Phänomen definiert, *Uhle* Identität (Fn. 66), 517, um dann nur eine bestimmte Auswahl als „Kultur" zuzulassen.

[86] *W. Benjamin* Über den Begriff der Geschichte, in: Ges. Schriften I/2, 1974, 696. Dieses Zitat findet sich auch auf Benjamins Grabstein in Port Bou.

[87] *A. Blankenagel* Tradition und Verfassung, 1987, 30ff.

Die Unterstellung abendländischer Identität als Verfassungsvoraussetzung[88] verwischt die schwierige Unterscheidung zwischen Religion, Politik und Kultur. Sie entzieht gesellschaftliche Probleme wie die Einbeziehung neuer Religionen demokratischer Gestaltung.[89] Die Anrufung kultureller Identität vermag nur eine statische Beziehung zwischen Eigenem und Fremdem zu postulieren, die übrigens eher ängstlich als selbstbewusst erscheint. Sie wirkt als Selbstentmächtigung, als Verzicht auf die Potentiale individueller und demokratischer Freiheit.[90] Diese Kritik gilt im Übrigen ebenso für die Konstruktion einer einheitlichen Identität wie für die Propagierung eines Multi-Kulturalismus.[91]

Schließlich stellt sich die Frage nach dem Zusammenhang zwischen Kultur, Religion und Verfassungsrecht auch *aus der Sicht der Religion.* Für die Religion, etwa für die Vielfalt christlicher Überlieferungen, begründet es eine beträchtliche Freiheitszumutung,[92] als Teil einer Verfassungskultur homogenisiert und vereinnahmt zu werden.[93] Die Identifikation von christlichem Abendland und Grundgesetz droht, aus dem Christentum eine mausgraue Zivilreligion[94] zu machen.[95] Wenn es der

---

88 Zum Folgenden auch *C. Möllers* Pluralität der Kulturen als Herausforderung an das Verfassungsrecht?, in: H. Dreier/E. Hilgendorf (Hrsg.), Kulturelle Identität als Grund und Grenze des Rechts, ARSP-Beiheft 113 (2008), 223. Kritisch zum Kulturbegriff auch: *S. Huster* Kultur im Verfassungsstaat, VVDStRL 65 (2006), 51 (75ff.). Die eleganteste verfassungstheoretische Analyse findet sich, soweit ersichtlich, bei *R. C. Post* Law and Cultural Conflict, Chicago-Kent Law Review 78 (2003), 485 (490ff.).

89 In diese Richtung auch die Kritik bei *C. Langenfeld* Integration und kulturelle Identität zugewanderter Minderheiten, 2001, 319 ff.; *G. Britz* Kulturelle Rechte und Verfassung, 2000, 93ff.; *M. Brenner* Staat und Religion, VVDStRL 59 (2000), 264 (280f.).

90 So die überzeugende Kritik bei *A. Sen* Identity and Violence, 2006, 18ff. (149ff.).

91 *Möllers* Pluralität der Kulturen (Fn. 88), 237ff.

92 Kritisch bereits *M. Heckel* Die Kirchen unter dem Grundgesetz, VVDStRL 26 (1968), 5 (25). Der vom Gericht später aufgegebene „Kulturvorbehalt", BVerfGE 12, 1 (4), ähnlich wohl *C. Starck* in: v. Mangoldt/Klein/Starck (Hrsg.), GG I, 5. Aufl. 2005, Art. 4 Rn. 55, dürfte daher nicht einmal christlicher Religionsausübung gerecht werden. So auch *Heckel* Ausgleichsordnung (Fn. 35), 66ff.

93 Vorzüglich dazu die Kritik bei *Heinig* Religionsgesellschaften (Fn. 21), 40.

94 *J.-J. Rousseau* Du Contrat Social (1769) IV/8, (Œuvres complètes, III, 1964, 460ff.). Zur deutschen Diskussion nach dem Krieg eingehend: *W. Vögele* Zivilreligion in der Bundesrepublik Deutschland, 1994.

95 Dies ist deutlich bei der Entschärfung des Kreuzsymbols, das zu einem bloß kulturellen wird: *M. Jestaedt* Das Kreuz unter dem Grundgesetz, JRP 1995, 237 (246) zu BVerfGE 93, 1. Kritisch dagegen *Classen* Religionsfreiheit (Fn. 7), 79f. Umgekehrt ist es auch problematisch, wenn das Gericht selbst die theologische Deutung übernimmt, dagegen zu Recht kritisch *J. Isensee* Bildersturm durch Grundrechtsinterpretation, ZRP 1996, 10 (13f.). Im Ergebnis hat der Beschwerdeführer geltend zu machen, warum ihn

Religion vornehmlich darum gehen sollte, die Gesellschaft zusammenzuhalten,[96] würde sie als Religion nicht mehr ernst genommen: „Religion ist gefährlich – oder eben nicht Religion."[97]

## III. Verfassungstheorie: Freiheit - Gefahr - Religion - Recht

Das Viereck Freiheit – Gefahr – Religion – Recht muss sich demnach anders vermessen lassen, als staatstheoretische Voraussetzungslehren unterstellen. Meine Argumentation bewegt sich von einer Konzeption von Freiheitsgefährdung (1.), über spezifische Eigenschaften von Religion (2.), insbesondere dem Phänomen des Fundamentalismus (3.), zur Suche nach der Aufgabe des Rechts (4.).

### *1. Freiheit und Freiheitsgefährdung: Verfassungstheoretischer Ausgangspunkt*

Im demokratischen Rechtsstaat stellt die Ausübung von Freiheit als solche keine Gefahr dar.[98] Freiheit fungiert als doppelte Legitimationsgrundlage, als grundrechtliche und als demokratische.[99] Jenseits dieser beiden kennt das Grundgesetz keine Rechtfertigung von Herrschaft.

---

ein bestimmtes Symbol in einer bestimmten Situation in der Religionsfreiheit beschränkt, dazu auch unten, IV., 1., b).

[96] Vgl. als verallgemeinerbare Kritik an einem verengten Religionsverständnis: *M. Reder* Wie weit können Glaube und Vernunft unterschieden werden?, in: Ein Bewusstsein von dem, was fehlt, 2008, 51 (52ff.); *E. Jüngel* Religion, Zivilreligion und christlicher Glaube, Essener Gespräche 39 (2005), 53 (54ff.). Vgl. auch als Kritik eines Theologen an einer Christanisierung des Verfassungsrechts: *F. W. Graf* Protestantismus und Rechtsordnung, in: H. Dreier/E. Hilgendorf (Hrsg.), Kulturelle Identität als Grund und Grenze des Rechts, ARSP-Beiheft 113 (2008), 129 (160f.).

[97] *Jüngel* Wertlose Wahrheit (Fn. 76), 104.

[98] So im Ergebnis wie hier, freilich mit unglücklicher Metaphorik: *C. Walter* Religöse Freiheit als Gefahr, DVBl. 2008, 1073.

[99] Zu dieser doppelten Freiheitskonstruktion: *J. Isensee* Grundrechte und Demokratie, Die polare Legitimation im grundrechtlichen Gemeinwesen, Der Staat 20 (1981), 161; *C. Starck* Grundrechtliche und demokratische Freiheitsidee, in: Isensee/Kirchhof (Hrsg.), HStR II, 1. Aufl. 1987, § 29; *C. Möllers* Gewaltengliederung (Fn. 8), 40ff. Anders aber *H. Dreier* Die drei Staatsgewalten im Zeichen von Europäisierung und Privatisierung, DÖV 2002, 537 (537 in Anm. 5). So – und nicht als Unterscheidung zwischen Abwehr- und Leistungsrechten – wird die Unterscheidung zwischen negativer und positiver Freiheit von ihrem Erfinder verstanden: *I. Berlin* Two Concepts of Liberty (1958), in: Liberty, 2002, 166 (169, 178ff.).

Ein verfassungsrechtlicher Begriff der Gefahr ist unter diesen Bedingungen nur als Gefährdung *von* Freiheit zu verstehen,[100] wie es im Kantischen Rechtsbegriff vorgedacht wurde.[101] Es ist eine der wichtigen Funktionen des Gesetzesvorbehaltes,[102] Gemeinwohl als immer wieder neu in offenen Verfahren zu bestimmende Kategorie zu verstehen und in den Dienst der Freiheit zu stellen.[103] Die Suche nach vorverfassungsrechtlichen Gütern verflüchtigt sich dagegen regelmäßig in die Kontingenzformel Gemeinwohl[104] oder in eine bis heute wohl nicht zufällig ergebnislos gebliebene Suche nach materiellen Staatsaufgaben.[105]

Ein solches demokratisch zu definierendes Gut ist die öffentliche Sicherheit, das Rechtsgut, das wir mit dem Begriff der Gefahr als erstes in Verbindung bringen.[106] Es ist Mittel zum Zweck der Freiheitswahrnehmung, die in einer völlig unsicheren Welt nicht möglich wäre,[107] nicht umgekehrt.

---

100 Zum überlieferten Gefahrbegriff K. Vogel/W. Martens, Gefahrenabwehr, 9. Aufl. 1986, 220ff.

101 *I. Kant* Metaphysik der Sitten, Erster Teil Metaphysische Anfangsgründe der Rechtslehre (1797), ed. Ludwig, 1986, § B, dazu *Wolfgang Kersting* Wohlgeordnete Freiheit, 2. Aufl. 1993, 93ff.

102 *O. Lepsius* Die erkenntnistheoretische Funktion des Parlamentarismus, in: M. Bertschi u.a. (Hrsg.), Demokratie und Freiheit, 1999, 123 (152ff.).

103 *P. Häberle* Die Gemeinwohlproblematik in rechtswissenschaftlicher Sicht, Rechtstheorie 14 (1983), 257. Sehr deutlich jetzt für das nur scheinbar individueller Freiheit entgegengesetzte Sozialstaatsprinzip: *H. M. Heinig* Der Sozialstaat im Dienst der Freiheit, 2008, 171ff. (zur Kritik einer verselbstständigten Sicherheitskonzeption, ebda., 111ff.).

104 Dazu *H. Hofmann* Verfassungsrechtliche Annäherungen an den Begriff des Gemeinwohls, in: Münkler/Fischer (Hrsg.), Gemeinwohl und Gemeinsinn im Recht, 2002, 123. Zum Sinn von Kontingenzformeln bei *N. Luhmann* Die Gesellschaft der Gesellschaft, 1997, 469f.

105 *Möllers* Staat als Argument (Fn. 12), 285; *P. Häberle* Verfassungsstaatliche Staatsaufgabenlehre, AöR 111 (1986), 595.

106 *C. Gusy* Gewährleistung von Freiheit und Sicherheit im Lichte unterschiedlicher Staats- und Verfassungsverständnisse, VVDStRL 63 (2004), 151 (155ff.).

107 Die Annahme eines staatlichen Sicherheitszwecks kann sich insoweit auch nicht auf Hobbes berufen, bei dem die Sicherheit eben gerade nicht fundamental ist, sondern Konsequenz einer freien Entscheidung, in den Gesellschaftsvertrag einzutreten. Zur konstitutiven Bedeutung der Freiheit in Hobbes' Theorie: *Q. Skinner* Freiheit und Pflicht. Thomas Hobbes' Politische Philosophie, 2008, 81ff. Eine andere Hobbes-Lektüre, die ersichtlich ohne vertiefte Auseinandersetzung mit den verwendeten Primärtexten auskommt, bleibt verbreitet, repräsentativ: *J. Isensee* Das Grundrecht auf Sicherheit, 1983, 3ff.

## 2. *Fundamentalismus als religionsspezifisches Phänomen*

Was bedeutet das für den spezifischen Umgang mit Religion?[108] Religionen beziehen sich auch auf Sphären, die dem Zugriff des Rechts entzogen sind: auf Innerlichkeit[109] und Transzendenz.[110] Diese sind, um für die Rechtsordnung relevant zu werden, auf eine für Dritte nachvollziehbare Erläuterung angewiesen.[111] Doch selbst wenn diese erfolgt, können Religionen einen Überschuss über die eigene Erklärbarkeit behaupten, der sie zu einem für das Recht ungreifbaren und damit potentiell bedrohlichen Phänomen macht.[112] Dies gilt umso mehr, wenn Religionen umfassend *normative* Vorgaben entwickeln, die in Konkurrenz zum staatlichen Recht treten und den Anspruch erheben, allgemein-bindende Entscheidungen zu treffen[113] oder zumindest von solchen ausgenommen zu werden. Religion wird dann zum entscheidenden Anknüpfungspunkt einer kollektiven quasi-politischen Identität.[114]

Damit stellt die Möglichkeit des religiösen Fundamentalismus, in dessen Richtung sich gegenwärtig global viele Religionen bewegen,[115] eine

---

108 Nicht zu diesen Eigenschaften gehört die Allzuständigkeit der Religion, die gerne gegen die Bereichscheidungslehre ins Feld geführt wird, die andere grundrechtlich geschützte Sphären wie die Kunst oder die Meinung aber gleichfalls für sich beanspruchen können, anders *Classen* Religionsrecht (Fn. 60), 107f.

109 Zu den besonderen Problemen: *E.-W. Böckenförde* Das Grundrecht der Gewissensfreiheit, VVDStRL 28 (1970), 33 (50ff.); *M. Herdegen* Gewissensfreiheit und Normativität des positiven Rechts, 1989, 148ff. Zum grundsätzlichen Problem nicht kommunizierbarer Anknüpfungspunkte an die Rechtsordnung: *G. Jakobs* Strafrecht, Allgemeiner Teil, 2. Aufl. 1991, 255ff.

110 Zum Begriff der Transzendenz als möglichem, wenn auch nicht notwendigen Element von Religion: *Krech* Religionssoziologie, (Fn. 70), 16ff.

111 Grundlegend wohl *N. Luhmann* Die Gewissensfreiheit und das Gewissen, AöR 90 (1965), 257.

112 Nicht selten erweist sich die Furcht vor Religion bei näherer Hinsicht als Furcht vor Subjektivität. Zur Geschichte dieser Furcht seit Hobbes: *R. Koselleck* Kritik und Krise (1959), 1973, 29ff., im Anschluss an *C. Schmitt* Der Leviathan in der Staatslehre des Thomas Hobbes, 1938. Insoweit transportiert diese Furcht immer auch eine Furcht vor Freiheit.

113 Dies zeigt sich etwa am Beispiel des christlichen Naturrechts, dazu *F. X. Kaufmann* Wissenssoziologische Überlegungen zu Renaissance und Niedergang des katholischen Naturrechtsdenkens im 19. und 20. Jahrhundert, in: E.-W. Böckenförde/F. Böckle (Hrsg.), Naturrecht in der Kritik, 1973, 126; *Dalferth* Naturrecht (Fn. 72), 53ff.

114 Kritisch mit Blick auf Huntington, mit dem Versuch einer theologisch inspirierten Rechtfertigung eines Universalismus: *F. W. Graf* Religiöse Letzthorizonte, Rechtstheorie 29 (1998), 311. Der Beitrag *S. Huntington* The Clash of Civilizations?, Foreign Affairs 72 (1993), 22 stellt wohl den Beginn des ganzen hier diskutierten normativen Neo-Kulturalismus dar.

115 *F. W. Graf* Die Wiederkehr der Götter, 2004, 50ff.

Besonderheit dar, die Religion von anderen grundrechtlich geschützten Praktiken abhebt. Nun bleibt der Begriff Fundamentalismus seinerseits problematisch.[116] Er scheint dort angemessen, wo Religionen die Unterscheidung zwischen Religion und Politik grundsätzlich in Frage stellen.[117] Solche Ununterscheidbarkeiten – ist ein Kopftuch Politik oder Religion, ein Kreuz Kultur oder Religion? – sind für die Raster demokratischer Verfassungsordnungen schwer zu bewältigen – und diese Schwierigkeit wird nur erhöht, wenn Religionen durch politische Entscheidungen mit einer Kultur der verfassungsrechtlichen Ordnung identifiziert werden.[118]

### 3. *Die öffentliche Rolle von Religion im Grundgesetz*

Das Grundgesetz macht dieses Problem ausdrücklich, indem es der Religion auch eine öffentliche Rolle ermöglicht, etwa als ordentliches Lehrfach in der Schule oder durch die Verleihung eines öffentlich-rechtlichen Körperschaftsstatus.[119]

Wie diese öffentliche Rolle zu interpretieren ist, gehört allerdings zu den umstrittensten Problemen des deutschen Verfassungsrechts,[120] ja

---

116 Zu Definitionen des problematischen Begriffs die Beiträge in: H. Bielefeldt/W. Heitmeyer (Hrsg.), Politisierte Religion: Ursachen und Erscheinungsformen des modernen Fundamentalismus, 1998. Dazu auch kritisch *K. Groh* Selbstschutz der Verfassung gegen Religionsgemeinschaften 2004, 73ff. Ein juristischer Bestimmungsversuch bei *F. Hufen* Fundamentalismus als Herausforderung des Verfassungsrechts und der Rechtsphilosophie, StWStP 1 (1992), 455 (455ff.). *O. Depenheuer* Wahrheit oder Frieden, Essener Gespräche 33 (1999), 5.

117 Vgl. die beispielhafte Äußerung eines Sudanesischen Regierungsvertreters: „... Islam should not be seen as a religion but as a complete set of precepts for public and private life. Persons committing apostasy therefore were a danger to a fabric of society and could be compared to traitors in countries with a different legislation.", UN Doc. A/46/40 (1991), 125/501, zitiert nach *P. M. Taylor* Freedom of religion, 2005, 51.

118 Oben, II., 3.

119 Seit BVerfGE 18, 385 (387) nutzt das Gericht die Unterscheidung zwischen öffentlicher und staatlicher Gewalt zur Charakterisierung der religiösen Körperschaften des öffentlichen Rechts. Siehe auch die deutliche Formulierung in BVerfGE 42, 312 (323). Zum Schutz des öffentlichen Bekenntnisses: BVerfGE 32, 98 (106); 33, 23 (28); 41, 29 (49); 52, 223 (240f.). Vgl. zur aktuellen Diskussion um die Unterscheidung zwischen staatlichem und öffentlichem Handeln: *A. Voßkuhle* Beteiligung Privater an der Wahrnehmung öffentlicher Aufgaben und staatlicher Verwantwortung, VVDStRL 62 (2003), 266 (273ff.).

120 Grundlegend: *P. Häberle* „Staatskirchenrecht" als Religionsrecht der verfaßten Gesellschaft, DÖV 1976, 73. Zur Genealogie *Hense* Staatskirchenrecht oder Religionsverfassungsrecht (Fn. 3), 9 ff., für die Relevanz die kontroversen Beiträge in: H. M. Heinig/C. Walter (Hrsg.), Staatskirchenrecht oder Religionsverfassungsrecht?, 2007.

bereits zu den umstrittensten Fragen in den Beratungen des Parlamentarischen Rates[121] und der Weimarer Nationalversammlung.[122]

Mit der öffentlichen Funktion eines Grundrechts verbinden sich stets Erwartungen an seine Nützlichkeit. Wir kennen dies von der Pressefreiheit,[123] die demokratische Öffentlichkeit,[124] oder von der Eigentumsgarantie, die Wohlstand sichern soll.[125] Freilich gehört es zur Struktur solcher freiheitsbezogener Erwartungen, dass sie zwar enttäuscht werden können, doch nicht erzwungen werden dürfen. Dies gilt umso mehr, da selten Konsens hinsichtlich der Frage herrscht, wie genau ein nützlicher Zustand aussieht, was eine funktionierende und gerechte Marktordnung oder was eine kritische Öffentlichkeit auszeichnet. Der Streit um die Verleihungsvoraussetzungen des öffentlichen Körperschaftsstatus von Religionsgesellschaften ist in diesem Kontext zu sehen:[126] Wenn die Rechtsordnung die Verleihung dieses Status an bestimmte ordnungsstabilisierende Eigenschaften einer Religion knüpft, dann gleicht sie diese denjenigen öffentlicher Rundfunkanstalten an, die die demokratische Öffentlichkeit sichern *müssen*.[127] Jenseits der Frage, ob dies dem Selbst-

---

[121] Zusammenfassend *V. Otto* Das Staatsverständnis des Parlamentarischen Rates, 1971, 75ff.; *M. F. Feldkamp* Der Parlamentarische Rat 1948–1949, 1998, 114ff.

[122] *C. Mertesdorf* Weltanschauungsgemeinschaften: eine verfassungsrechtliche Betrachtung mit Darstellung einzelner Gemeinschaften, 2008, 56ff.; *B. Jean d'Heur* Der Begriff der „Staatskirche" in seiner historischen Entwicklung, Der Staat 30 (1991), 442 (455ff.).

[123] Zur öffentlichen Aufgabe der Presse, die es aber nicht rechtfertigt, diese öffentlich zu korporieren oder unter Genehmigungsvorbehalt zu stellen: *M. Bullinger* in: Löffler (Hrsg.), Presserecht, 5. Aufl. 2006, § 3 Rn. 18ff.

[124] Zu diesem Problem *B. Holznagel* in diesem Band.

[125] Zur Unterscheidung zwischen Eigentumsgarantie einerseits und Marktfunktionalität andererseits: *O. Lepsius* Besitz und Sachherrschaft im öffentlichen Recht, 2002, 380ff.

[126] Aus der umfänglichen Diskussion ist wegen der Klarheit der Argumentation besonders hervorzuheben: *S. Magen* Körperschaftsstatus und Religionsfreiheit, 2004, 197ff. Desweiteren zur Grundfrage, inwieweit die Verleihung Ausdruck grundrechtlicher Freiheit ist – oder nur staatsorganisatorisch verstanden werden muss, die Beiträge in: Heinig/Walter (Hrsg.), Staatskirchenrecht oder Religionsverfassungsrecht?. Klare Darstellung der Argumente gegen eine grundrechtliche Lektüre bei *A. Uhle* Ein „rätselhafter Ehrentitel"?, FS Isensee 2007, 1033. Ähnlich *C. Hillgruber* Der Körperschaftstatus von Religionsgemeinschaften, NVwZ 2001, 1347.

[127] So als die eigentliche Ratio der Konstruktion der Rundfunkfreiheit, die zum Aufbau einer öffentlichen Rundfunkordnung verpflichtet: BVerfGE 57, 295 (319f.); 73, 118 (152ff.); 74, 297 (324); 77, 65 (74); 114, 371 (386f.); 119, 181 (214ff.) Übersicht zu den Urteilen bei *S. Reese* Funktionsauftrag des öffentlich-rechtlichen Rundfunks, 2006, 62ff. Wie hier kritisch im Religionskontext: *B. Schlink* Zwischen Säkularisation und Multikulturalität, FS Roellecke, 1997, 301 (314f.).

bestimmungsanspruch der Religionsgesellschaften gerecht würde,[128] funktioniert eine solche Lösung für den gesamten Bereich der Religion schon deswegen nicht, weil die Religionsfreiheit des Art. 4 GG unbestritten unabhängig von solchen objektiven Erwägungen gilt.[129]

Eine angemessene Konzeption der öffentlichen Rolle von Religion sollten wir daher nicht mit *gesellschaftlicher Nützlichkeit*, sondern mit *öffentlicher Sichtbarkeit* verbinden. Religion soll sich an öffentlichen Orten präsentieren können, um eigene Sinnangebote vorzustellen. Das mag gesellschaftlichen Nutzen haben, es mag eine Gesellschaft mit notwendigen Deutungsangeboten versorgen, es kann aber auch zu Konflikten führen. Konflikte aber sind im demokratischen Rechtsstaat ebenso notwendig, um Ansprüche in der Öffentlichkeit, in Gerichten und in Parlamenten geltend zu machen.[130] Religiöse Konflikte mögen besonderes Befremden erregen, aber als Ausdruck der Freiheitswahrnehmung, werden sie vom Grundgesetz geschützt. Wenn in der Religionsausübung - wie das Bundesverfassungsgericht seit langem betont[131] - ein der Menschenwürde nahestehendes Anliegen verwirklicht wird,[132] dann rechtfertigt dieses Anliegen auch ein beträchtliches Maß an öffentlicher Auseinandersetzung.

Während die oben kritisierten staatstheoretischen Fundierungen dieses Konfliktpotential entweder durch Distanzierung zu neutralisieren[133] oder durch Identifizierung einseitig aufzuheben[134] suchen, hat das Grundgesetz also mit der Entscheidung für eine öffentliche Rolle von Religion einen anderen Weg gewählt. Diesen mag man für riskant halten, man kann aber umgekehrt in der öffentlichen Rolle von Religion

---

[128] Zur notwendigen Einordnung des Art. 137 Abs. 3 WRV in die allgemeine Grundrechtsdogmatik: *Classen* Religionsfreiheit (Fn. 7), 111ff., mwN.

[129] So ist es wenig überraschend, dass die Figur der Grundrechtserwartung sich als dogmatisch wenig ergiebig erwiesen hat. Anders wohl *J. Isensee* Verfassungsstaatliche Erwartungen an die Kirche, Essener Gespräche 25 (1991), 104.

[130] So auch *S. Huster* Der Grundsatz der religiös-weltanschaulichen Neutralität des Staates - Gehalt und Grenzen, 2004, 9 f.; *Droege* Leitfunktion (Fn. 62), 470f.

[131] Wohl zunächst in BVerfGE 32, 98 (108).

[132] Hier könnte sich natürlich auch die viel diskutierte Frage stellen, inwieweit Menschenwürde ihrerseits nicht anders als mit Bezug auf religiöse Hintergründe zu verstehen ist. Die Antworten der christlichen Theologien darauf sind freilich vielfältig und uneindeutig, vgl. die Beiträge in: Bahr/Heinig (Hrsg.), Menschenwürde in der säkularen Verfassungsordnung, 2006; als theologische Auseinandersetzung mit Art. 1 GG: *W. Vögele* Menschenwürde zwischen Recht und Theologie, 2000.

[133] Oben, II., 2.

[134] Oben, II., 3.

auch eine gefahrenabwehrende Funktion erkennen.[135] Öffentlichkeit schützt offene Gesellschaften.

Eine ähnliche Konzeption der Religionsfreiheit findet sich auch in der Jurisprudenz des Europäischen Gerichtshofs für Menschenrechte, der in ständiger Rechtsprechung[136] die Religionsfreiheit des Art. 9 EMRK als Grundrecht zum Schutz eines gesellschaftlichen Pluralismus deutet.[137] Die öffentliche Auseinandersetzung mit und zwischen Religionen erweist sich nicht als Krisenphänomen, sondern als Ausdruck eines ernsthaften, deswegen nicht notwendig ungefährlichen, aber vom Grundgesetz gewollten Umgangs mit Religion.[138]

Freilich ist damit eine öffentliche Aufgabe von Religion nur rechtlich ermöglicht, aber noch nicht benannt. Können wir sie positiv formulieren? Eine definitive Formulierung ist der Rechtsordnung selbst aus den genannten Gründen verwehrt. Sie würde zu einer Bewertung und Privilegierung bestimmter Religionen führen. Aus verfassungstheoretischer Sicht könnte man sich allerdings an eine nähere Bestimmung wagen. Eine mögliche könnte lauten: Der vielen Religionen eigene transzendente Gehalt verweist auf eine Normativität von außerhalb, die für uns Bedeutung hat: „Mein Reich ist nicht von dieser Welt."[139] Ein solcher Horizont des Außerweltlichen mit innerweltlicher Bedeutung könnte eine Bedingung dafür darstellen, die Idee der Normativität selbst plausibel zu machen, auf die gerade freiheitliche Ordnungen angewiesen sind.[140] Denn freiheitliche Ordnungen produzieren nicht nur Normativität in Form von Recht, sie gründen auch auf einer normativen Konzeption, etwa derjenigen der gleichen Freiheit aller Mitglieder. Religion wäre hier auch ein Mittel, uns zu erklären, dass die Welt sich nach Maßstäben beurteilt, die über den faktischen Weltverlauf hinausgehen –

---

[135] *P. Bahr* Vom Sinn öffentlicher Religion, in: Heinig/Walter (Hrsg.), Staatskirchenrecht oder Religionsverfassungsrecht? (Fn. 60), 73 (84ff.). Die Formulierung „Religionsrecht als Gefahrenabwehrrecht" bei *M. Morlok* in: Dreier (Hrsg.), GG I, 2. Aufl. 2004, Art. 4, Rn. 48.

[136] Seit EGMR, Kokkinakis/Griechenland, A 260-A, Tz. 31; Dahlab/Schweiz, RJD 2001-V, 442f.

[137] Dazu *Ungern-Sternberg* Religionsfreiheit (Fn. 37), 68ff.; *C. Walter* in: Grote/Marauhn (Hrsg.), EMRK/GG: Konkordanz-Kommentar zum europäischen und deutschen Grundrechtsschutz, 2006, Kap. 17, Rn. 11. Überblick bei *C. Grabenwarter* Europäische Menschenrechtskonvention, 3. Aufl. 2008, 242ff.

[138] Auch der Begriff der Integration verdeckt diesen Zusammenhang, zu Recht kritisch: *U. Haltern* Integration als Mythos, JöR 45 (1997), 31.

[139] Joh. 18, 36.

[140] Dies ist ein durchgängiges Motiv bei Tocqueville, vgl. *A. de Tocqueville* Lettre à L. de Kergolay v. 18. 10. 1847, in: Œuvres Complètes, Tome XIII, 1977, 207 (209f.).

und die durch Nichtbeachtung ihre Bedeutung nicht verlieren: „So sind auch alle anderen Gebote uns unmöglich."[141] In diesem Verständnis hätte Religion gerade keinen Beitrag zu den Inhalten des Rechts zu leisten, sondern allenfalls zu den Bedingungen seiner Möglichkeit.[142]

### 4. *Zur Aufgabe des Rechts*

Wie aber ist die Aufgabe der Rechtsordnung in diesem Zusammenhang zu bestimmen? Freiheitliche Rechtsordnungen können auf Rechtsbrüche, die im Namen einer Religion begangen werden, nicht mit der Unterscheidung zwischen kulturverstärkender und kulturschwächender, also „gefährlicher", Religionsausübung reagieren.[143] Damit würde die Rechtsordnung ihre eigene konfliktvermeidende Differenzierungsleistung in Frage stellen.[144] Sie würde Konflikte nicht individualisieren, sondern kollektivieren und politisieren.[145] Sie würde auch die im Grundrechtsschutz angelegte Konzeption *gleicher* Freiheit unterlaufen, die Rechte von Privilegien unterscheidet.[146]

Gerade umgekehrt muss die Rechtsordnung zusehen, dass sie einen Konflikt nicht nur deswegen sanktioniert, weil er religiös motiviert ist. Zwar hat sie auch der Religion freiheitsermöglichende Grenzen zu ziehen. Doch ist es nicht ihre Aufgabe, Religionsausübung nur zu beschränken, weil diese eine besonders sensibilisierende Wirkung hat. Eine Rechtswissenschaft, die weder Weltkunde des Abendlandes noch Laizismustechnologie sein darf, hat diesen Konflikten mit einem breiten Angebot an Differenzierungen zu begegnen. Deswegen muss sie zwischen Konflikten, die in der Demokratie notwendig sind, und Konflikten, die die Ordnung tatsächlich gefährden, unterscheiden. Dies ist im folgenden Teil konkret zu entfalten, einen ersten Ansatzpunkt können wir immerhin jetzt schon benennen:

---

[141] *M. Luther* Von der Freiheit eines Christenmenschen (1520), (ed. Kähler), 1992, 110 (129).

[142] Vgl. in diesem Kontext auch die bemerkenswerten Überlegungen bei *E.-W. Böckenförde* Überlegungen zu einer Theorie des modernen säkularen Rechts, in: Kirche und Christlicher Glaube in den Herausforderungen der Zeit, 2. Aufl. 2006, 393.

[143] So aber *Uhle* Kulturelle Identität (Fn. 66), 517.

[144] Zu diesem Problem mit Blick auf den Begriff der Kultur: *Möllers* Pluralität der Kulturen (Fn. 88), 230ff.

[145] In unserem Zusammenhang ebenso: *F. Hufen* Das Zusammenleben von Kulturen und Religionen unter der Verfassung, FS Rudolf 2001, 247 (250f.). Grundsätzlich oben bei Fn. 91.

[146] Seit *E. J. Sieyès* Essai sur les privilèges, 1788.

Wenn wir Fundamentalismus als fehlende Unterscheidbarkeit zwischen Politik und Religion verstehen,[147] dann können wir Kriterien für einen angemessenen Umgang mit diesem aus den Regeln des Grundgesetzes für „gefährliche" Politik herleiten. Insbesondere zwei Elemente des Art. 21 Abs. 2 GG erscheinen lehrreich: Zum einen die Definition weiter, aber auch klar sanktionierter materieller Grenzen wie durch die Freiheitlich-Demokratische Grundordnung. Zum anderen die Anknüpfung von Sanktionen an politische *Handlungen* gegen die Ordnung, nicht bloß an widersprechende *Überzeugungen*.[148]

## IV. Verfassungsrecht: Religionsfreiheit und Gefahrenbegriff

Wie lassen sich diese Überlegungen auf die Dogmatik der Religionsfreiheit im Angesicht anderer Freiheitsgefährdungen hinunterbrechen?

### *1. Schutzbereich – Eingriff – Gesetz*

Mit seiner Formulierung, die Religionsfreiheit verleihe das Recht, „sein gesamtes Verhalten an den Lehren seines Glaubens auszurichten und seiner inneren Glaubensüberzeugung gemäß zu handeln"[149] hatte das Bundesverfassungsgericht eine ältere Rechtsprechung auf den Punkt gebracht,[150] die für ein ausgreifendes Verständnis[151] der Religionsfreiheit stand – und deswegen treffend als „allgemeine Handlungsfreiheit in Religionsangelegenheiten"[152] bezeichnet wurde.

---

[147] Oben, III. 2.

[148] Unten, IV., 2., a).

[149] BVerfGE 32, 98 (106f.). Vgl. auch BVerfGE 33, 23 (28); 42, 312 (323); 83, 341 (353f.); 93, 1 (15).

[150] BVerfGE 24, 236 (246).

[151] Nur am Rande sei bemerkt, dass die Kategorien „weit" und „eng" in diesem Zusammenhang methodisch wenig ergiebig sein dürften. Sie liefern keine normativen Kriterien, sondern nur eine räumliche Metapher für die von einem Tatbestand erfassten Sachverhalte, die sich aber nicht so darstellen lassen. Spätestens wenn ein Sachverhalt nur von einem Tatbestand, ein anderer nur von einem anderem erfasst ist, versagt das Bild. Ausdrücklich für eine „extensive" Auslegung argumentiert dagegen BVerfGE 24, 236 (246).

[152] In diesem Sinne etwa *Morlok* in: Dreier (Fn. 135), Art. 4 Rn. 61.

### a) *Kein Grundrechtswandel durch „Verfassungswandel“*

Das Auftreten neuer Religionen[153] und die zunehmende Präsenz religiöser Fundamentalismen haben diese Lesart seit längerem zweifelhaft erscheinen lassen:[154] in Teilen der Wissenschaft und unausgesprochen auch in der Rechtsprechung.[155] Als Rechtfertigung für eine Verengung der Gewährleistung diente nicht selten die Diagnose eines Verfassungswandels.[156] Doch ist diese Begründung, auch jenseits aller methodischen Zweifel an dieser Kategorie,[157] kaum haltbar:[158] Wie soll allein das Auf-

---

[153] *S. Muckel* Religiöse Freiheit und staatliche Letztentscheidung, 1997; *Badura* Schutz von Religion und Weltanschauung (Fn. 52). Deutlich wird die Brüchigkeit der Entwicklung bei Badura, der einerseits die alte Rechtsprechung beibehalten, andererseits neue religiöse Bewegungen, die politisch oder wirtschaftlich orientiert sind, von Art. 4 GG ausschließen will. Dies mit dem Hinweis, eine wettbewerbswidrige Caritas-Sammlung wie in BVerfGE 24, 236 sei für die betreffende katholische Religion „wesensnotwendig“, ebda. 42f., 59ff. Das wird man theologisch kaum so sehen müssen.

[154] Wie relativ die Erfahrung des „Neuen“ ist, zeigen freilich die Fallgestaltungen bei *U. Scheuner* Die Religionsfreiheit im Grundgesetz (1967), in: Staatskirchenrechtliche Abhandlungen, 1973, 33 (33f.).

[155] Deutlich in BVerfGE 104, 337 (347ff.).

[156] *J. Hellermann* Multikulturalität und Grundrechte – am Beispiel der Religionsfreiheit, in C. Grabenwarter u.a. (Hrsg.), Allgemeinheit der Grundrechte und Vielfalt der Gesellschaft, 1994, 129 (142); *F. Schoch* Die Grundrechtsdogmatik vor den Herausforderungen einer multikonfessionellen Gesellschaft, FS Hollerbach, 2001, 149 (154ff.); *Classen* Religionsfreiheit (Fn. 7), 3 f.; Paradigmatisch die Formulierung bei *Muckel* Letztentscheidung (Fn. 153), 23, wenn er von „Hürden für die dem Gemeinwohl verpflichtete Staatstätigkeit“ spricht, ohne zu sehen, dass die gesellschaftlich unbequeme Ausübung von Freiheitsrechten keine Hürde für das Gemeinwohl, sondern dessen Gehalt ist; ähnlich *ders.* Religionsfreiheit für Muslime in Deutschland, FS Listl, 1999, 239 (243). Die herrschende Perspektive bleibt bemerkenswert stark an überlieferten Gruppeninteressen orientiert. Erstaunlich selten wird dagegen die umgekehrte Perspektive eingenommen: angesichts gesellschaftlichen Wandels nach Mechanismen zu suchen, die es Menschen auch in neuen Umgebungen ermöglichen, ihrer Religion nachzugehen, so aber *D. Grimm* Multikulturalität und Grundrechte, in: Wahl/Wieland (Hrsg.), Das Recht der Menschen in der Welt, 2002, 135 (135).

[157] Zur Kritik überzeugend knapp *A. Voßkuhle* Gibt es und wozu nutzt eine Lehre vom Verfassungswandel?, Der Staat 43 (2004), 450. Die herrschende Diskussion leidet an einer gewissen Rechtsprechungsfixierung: *C. Walter* Hüter oder Wandler der Verfassung? Zur Rolle des Bundesverfassungsgerichts im Prozeß des Verfassungswandels, AöR 125 (2000), 517.

[158] Differenziert skeptisch gegen die Annahme eines Verfassungswandels dagegen: *M. Heckel* Religionsfreiheit und Staatskirchenrecht in der Rechtsprechung des Bundesverfassungsgerichts, FS 50 Jahre BVerfG, 2001, 379 (387ff.); *ders.* Thesen zum Staat-Kirche-Verhältnis im Kulturverfassungsrecht, FS Rüfner 2003, 188 (188ff.). Ein problematisches Beispiel für eine derartige Argumentation bereits bei *W. Weber* Die Gegenwartslage des Staatskirchenrechts, VVDStRL 11 (1954), 153 (157ff.), der die gewandelte

tauchen neuer Formen der Grundrechtswahrnehmung als Anlass dienen, die Reichweite eines Grundrechtes einzuschränken?[159] „Bekannt und bewährt" ist kein Prinzip der Grundrechtsdogmatik.[160] Ebenso wenig relevant ist die pauschale Diagnose gesellschaftlicher Bedrohlichkeit: Gesellschaftlich nützlich muss die Wahrnehmung von Individualgrundrechten nicht sein.[161] Schließlich geht auch der Hinweis fehl, Grundrechte schützten auch Mehrheiten, die sich herrschender Formen von Religiosität bedienten.[162] Mehrheit und Minderheit sind gleichfalls keine grundrechtsdogmatischen Kategorien. Der Grundrechtsschutz bestimmt sich unabhängig von der Anzahl derjenigen, die sich auf ihn berufen. Die Grundrechtsdogmatik wägt; gezählt wird in demokratischen Verfahren. Für eine Beschränkung des Schutzbereichs gibt die schlichte Abbildung gesellschaftlicher Entwicklungen demnach keinen Anlass.[163]

### *b) Konturierte Gewährleistung*

Auch die bekannte Debatte um staatliche Letztentscheidung und religiöses Selbstverständnis liefert keine Kriterien.[164] Sie dokumentiert

---

Bedeutung der Staatskirchenartikel soziologisch erklärt, ohne auf das neue positivrechtliche grundrechtliche Kontextregime des Grundgesetzes einzugehen.

159 Gegen eine Beschränkung der Religionsfreiheit auf überlieferte Religionen ausdrücklich: *B. Jeand'heur/ S. Korioth* Grundzüge des Staatskirchenrechts, 2000, Rn. 95f.; *H.-M. Heinig/M. Morlok* Von Schafen und Kopftüchern. Das Grundrecht auf Religionsfreiheit in Deutschland vor den Herausforderungen religiöser Pluralisierung, JZ 2003, 777.

160 Vgl. zur entsprechenden Grundrechtswidrigkeit im Gewerberecht nur *M. Schmidt-Preuß* Kollidierende Privatinteressen im Verwaltungsrecht. Das subjektive öffentliche Recht im multipolaren Verwaltungsrechtsverhältnis, 2. Aufl. 2005, 408f.; *U. Schönleitner* in: Landmann/Rohmer (Hrsg.), Gewerbeordnung und ergänzende Vorschriften, 51. Ergänzungslieferung 2007, § 70, Rn. 21f. Anders wohl mit Blick auf unser Thema: *K.-H. Ladeur/ I. Augsberg* Der Mythos vom neutralen Staat, JZ 2007, 12 (16f.).

161 Anders wohl: *Isensee* Verfassungsstaatliche Erwartungen (Fn. 66), 144; eingehender *ders.* Das Dilemma der Freiheit im Grundrechtsstaat, FS Heckel, 1999, 739 (742ff.). Siehe ähnlich wie hier *Classen* Religionsfreiheit (Fn. 7), 29, mwN.

162 Äußerst ungenau dagegen: BVerfGE 93, 1 (30f.) – abw. Meinung Seidl, Söllner, Haas.

163 Ähnlich *Grimm* Multikulturalität (Fn. 156), 140f.

164 Einerseits: *M. Morlok* Selbstverständnis als Rechtskriterium, 1993, 301f., Weniger differenziert: *A. Isak* Das Selbstverständnis der Kirchen und Religionsgemeinschaften, 1994, 140ff. Vermittelnd *W. Höfling* Offene Grundrechtsinterpretation, 1987, 90f. Darstellung bei *M. Stock* „Selbstverständnisse im Verfassungsstaat" – Altes und Neues, ARSP 84 (1998), 546. *Heinig* Religionsgesellschaften (Fn. 21), 69ff. Andererseits *Muckel* Letztentscheidung (Fn. 153), 38 ff.; *J. Isensee* Wer definiert die Freiheitsrechte?, 1980, 35ff. Zurückhaltend hinsichtlich des Beschreibungswertes wohl auch *Classen* Religionsrecht (Fn. 60), 45f.

einmal mehr die Affinität des Rechtsgebiets zum Grundsätzlichen. Im Ergebnis aber muss jede grundrechtliche Freiheitsverbürgung an der Willkür, also dem Selbstverständnis des einzelnen Grundrechtssubjekts anknüpfen, um doch die Bestimmung der Reichweite des Schutzes dem staatlichen Rechtsanwender zu überlassen.[165] Zwischen dem individuellen Selbstverständnis als grundrechtlichem Kriterium und der staatlichen Anwendung dieses Kriteriums besteht so wenig eine Alternative wie zwischen Tatbestand und Rechtsfolge.[166]

Bessere Anhaltspunkte mag das gewachsene Interesse an einer genaueren Bestimmung der Schutz- oder Gewährleistungsgehalte bringen, die die aktuelle grundrechtsdogmatische Diskusssion kennzeichnet.[167] Sie ist in den Zusammenhang der oben gemachten Überlegungen zu stellen.

Dabei ist zum Ersten zu unterstreichen, dass Grundrechte immer nur bestimmte Akte schützen: Auch nicht alles, was eine Religionsgesellschaft tut, fällt unter die Religionsfreiheit. Diese schlichte Einsicht entschärft manche Zweifelsfälle, die sich mit dem Problem aufhalten, ob eine Gruppe im Ganzen als religiös zu verstehen ist oder nicht.[168]

Zum Zweiten verlangt die nicht immer einfache Erkennbarkeit von Religion und ihr möglicher normativer Anspruch mehr Begründungsaufwand seitens des Grundrechtsträgers als bei anderen Grundrechten. Kriterien ergeben sich daraus, dass die Religionsfreiheit – anders als die Gewissensfreiheit – die Freiheit zu einem Handeln nicht in einem individuellen, sondern in einem gemeinschaftlichen Kontext garantiert. Nur die Praxis einer religiösen Gemeinschaft liefert Kriterien für die Reichweite der Religionsfreiheit.[169]

---

165 Deutlich die Formulierung in BVerfGE 83, 341 (353).

166 Deutlich: *Heckel* Religionsfreiheit und Staatskirchenrecht (Fn. 158), 402 in Anm. 85.

167 In diesem Sinne namentlich *W. Hoffmann-Riem* Grundrechtsanwendung unter Rationalitätsanspruch, Der Staat 43 (2004), 203; *ders.* Enge oder weite Gewährleistung der Grundrechte? FS Bryde, 2004; Davor schon *E.-W. Böckenförde* Schutzbereich, Eingriff, Verfassungsimmanente Schranken, Der Staat 42 (2003), 165 (181 ff.). Dagegen kritisch: *W. Kahl* Vom weiten Schutzbereich zum engen Gewährleistungsgehalt, Der Staat 43 (2004), 167. Vermittelnd: *C. Möllers* Wandel der Grundrechtsjudikatur, NJW 2005, 1973; *U. Volkmann* Veränderungen der Grundrechtsdogmatik, 2005, 261.

168 Ähnlich *S. Mückl* in: Dolzer/Vogel/Graßhof (Hrsg.), Bonner Kommentar zum Grundgesetz, 2008, Art. 4 Rn. 70; *Classen* Religionsfreiheit (Fn. 7), 22 ff.

169 So auch *Classen* Religionsfreiheit (Fn. 7), 23; *Morlok* in: Dreier (Fn. 135), Art. 4, Rn. 30; *S. Mückl* Religionsfreiheit und Sonderstatusverhältnis – Kopftuchverbot für Lehrerinnen?, Der Staat 40 (2001), 96 (115). Damit werden individuelle Abweichungen vom gemeinschaftlichen Glauben nicht mehr von Art. 4 GG geschützt, anders wohl BVerfGE 33, 23 (25); *Isak* Selbstverständnis (Fn. 164), 260.

Das schwierigste und praktisch bedeutendste Element der Schutzbereichsbestimmung betrifft schließlich den Zusammenhang zwischen einer religiösen Praxis und dem potentiell zu schützenden Akt. Wird alles geschützt, was religiös *motiviert*,[170] oder nur das, was religiös *geboten* ist?[171] Beide Vorschläge haben Argumente für sich. Beide betreffen den hier interessierenden Zusammenhang zwischen Freiheit und Freiheitsgefährdung: Auf der einen Seite besteht die Befürchtung, Handlungen könnten sich hinter religiösen Formen verstecken, ohne ernst gemeint zu sein, und so von der Religionsfreiheit unverdient profitieren. Auf der anderen Seite zeigt der religiöse Fundamentalismus die bedrohliche Seite religiöser Ernsthaftigkeit, die nicht notwendig grundrechtlich prämiert werden sollte.[172]

Wege aus diesem Dilemma sehen für die Religionsfreiheit wiederum anders aus als für die Gewissensfreiheit. Denn mit dem Begriff des Gewissens verweist das Grundgesetz ausdrücklich auf eine innere Zwangslage.[173] Dies ist bei der Religionsfreiheit anders, weil normativer Zwang kein notwendiges Element von Religion darstellt.[174] Daher gibt es keinen Grund, aus dem Religionen, die schwächere normative Vorgaben machen, weniger Schutz verdienten als solche mit strengen Geboten. Trotzdem ist der notwendige Zusammenhang zwischen einer Handlung und ihrem grundrechtlichen Schutz mit dem Erfordernis der religiösen Motivation zu schwach formuliert. Motivationen bleiben der Rechtsordnung letztlich unzugänglich.[175] Es bedarf einer objektiv nachvollziehbaren Erklärung des religiösen Kontexts, die nachweist, dass die betroffene Religion den geschützten Akt anders, und zwar positiver bewertet als sein Unterlassen.[176] Gelingt dies, können auch innere Handlungen geschützt werden. Eine Privilegierung bestimmter Formen, etwa von Kultushandlungen, ist dann nicht mehr angezeigt.[177]

---

170 So wohl *Morlok* in: Dreier (Fn. 135) Art. 4 Rn. 61; *M. Borowski* Die Glaubens- und Gewissensfreiheit des Grundgesetzes, 2006, 380.

171 So wohl *Classen* Religionsrecht (Fn. 59), 66; *Mückl* Religionsverhältnis, (Fn. 169), 96 (117); *ders.* in: Dolzer/Vogel/Graßhof (Fn. 168), Art. 4 Rn. 89; Pieroth/*Schlink* Staatsrecht II, 23. Aufl. 2007, Rn. 515.

172 Ähnlich *Heinig* Religionsgesellschaften (Fn. 21), 60ff.

173 Dazu *Herdegen* Gewissensfreiheit (Fn. 109), 267ff.

174 *Krech* Religionssoziologie (Fn. 70), 26ff.

175 Das folgt bereits aus dem Kantischen Rechtsbegriff, der sich auf intersubjektive Vorgänge beschränkt Kant (Fn. 101).

176 Vgl. als Fall von Interesse: BVerwGE 121, 314, der wohl schon an der Schutzbereichsschwelle hätte scheitern müssen.

177 Anders etwa *Hillgruber* Der deutsche Kulturstaat (Fn. 66), 542; *Huster* Neutralität des Staates (Fn. 26), 380f.; *Kästner* Hypertrophie des Grundrechts auf Religionsfrei-

### c) *Hohe Eingriffsschwelle*

Die Erklärungsleistung, die demjenigen abzuverlangen ist, der sich auf die Religionsfreiheit beruft, hat auch Rückwirkungen auf die Definition des Eingriffs.[178] In einer Ordnung, die Religion eine öffentliche Rolle einräumt, wird nicht jede Begegnung mit Religion einen Eingriff in die Religionsfreiheit begründen. Die Religionsfreiheit schützt davor, zu religiösen Handlungen verpflichtet oder auch nur auf staatliche Veranlassung genötigt zu werden. Sie schützt jedoch nicht vor der unfreiwilligen Konfrontation mit anderen Religionen.[179] Dies gilt für öffentliche, auch für polemische Kritik. Die oben gezogene Parallele zwischen Religion und Politik bestätigt diese Bewertung.[180] Die Auseinandersetzung um Religion ist gerade wegen ihres möglichen normativen Anspruchs robust zu führen. Empfindlichkeiten sind nicht zu prämieren.[181] Wo die Eingriffsschwelle hoch ist, sind auch mögliche Schutzpflichten nur mit größter Zurückhaltung zu aktivieren.

Liegt ein Eingriff dennoch vor, so darf der Gesetzgeber dessen religiöse Relevanz jedoch nicht hinwegdefinieren.[182] Ob ein Symbol poli-

---

heit?, JZ 1998, 980; *Mückl* Religionsfreiheit (Fn. 169), 108ff.; *Schoch* Grundrechtsdogmatik (Fn. 156), 157.

178 *Hoffmann-Riem* Grundrechtsanwendung unter Rationalitätsanspruch (Fn. 167), 220ff.

179 So auch die Formulierung in BVerfGE 90, 1 (18). Entsprechend zurückhaltend: *Classen* Religionsrecht (Fn. 60), 76f., 213. Präzise *M. Jestaedt* Grundrechtsschutz vor staatlich aufgedrängter Ansicht, FS Listl, 1999, 259 (274ff.). Zur positiven Religionsfreiheit als eigentlichem Grund der negativen Religionsfreiheit: *D. Zacharias* Schutz vor religiösen Symbolen durch Art. 4 GG?, FS Rüfner, 2003, 988 (989ff.); *Heckel* Religionsfreiheit und Staatskirchenrecht (Fn. 166), 398f.

180 Oben, III., 2.

181 Dazu *D. Grimm* Nach dem Karikaturenstreit: Brauchen wir eine neue Balance zwischen Pressefreiheit und Religionsschutz?, Jb der Juristischen Studiengesellschaft Karlsruhe 2007 (2008), 21; *A. v. Ungern-Sternberg* Öffentliche Auseinandersetzung um Religion zwischen Freiheit und Sicherheit: Vom Blasphemieverbot zur Bekämpfung der Hassrede, in: F. Arndt u.a. (Hrsg.), Freiheit – Sicherheit – Öffentlichkeit, 2008, 61. Anders mit einer ausgreifenden Schutzpflichtenkonstruktion, aber gleichfalls vorsichtig im Ergebnis *J. Isensee* Blasphemie (Fn. 83), 115ff., 132f.; *A. v. Arnauld-Perrière* Grundrechtsfreiheit zur Gotteslästerung? in: Isensee (Hrsg.), Religonsbeschimpfung, 2007, 63 (67ff.). Zur strafrechtlichen Seite: *A. Steinbach* Die Beschimpfung von Religionsgesellschaften gem. § 166 StGB – eine Würdigung des Karikaturenstreits nach deutschem Strafrecht, JR 2006, 495.

182 Dies ist angesichts der neuen landesgesetzlichen Regelungen zu religiösen Symbolen, die zum Teil christliche Symbole privilegieren, sehr umstritten. In der Rechtsprechung findet sich nunmehr die Formel vom „Christlichen", das „von Glaubensinhalten losgelöst" sei, so BVerwGE 121, 140 (151); BayVerfGH, NVwZ 2008, 420 (421); HessStGH, NVwZ 2008, 199 (203). Diese Formel beruft sich auf BVerfGE 41, 29 (51f.);

tisch, religiös oder kulturell verstanden werden kann,[183] ist vom Staat nicht ohne Rücksicht auf diejenigen zu bestimmen, an die dieses Symbol adressiert wird.[184] Dem Gesetzgeber steht es nicht frei, die Religiösität von Symbolen zu verneinen, um sie in einem Fall als „Kultur" zu privilegieren, in einem anderen als politische „Gefahr" abzuwehren,[185] wenn dies zur religiösen Praxis von Grundrechtsberechtigten in Widerspruch steht.[186]

### d) *Rolle des Gesetzgebers – Anwendungsvorrang des Verwaltungsrechts*

Dieses Verständnis der Religionsfreiheit hat schließlich Rückwirkungen auf das Organisationsrecht. Eine konturierte Deutung der Religionsfreiheit nimmt dem Gesetzgeber nicht die Möglichkeit, der Religion weitere Räume zu geben, als dies vom Grundgesetz geboten wäre.[187] Es ist im Gegenteil eine der problematischen Eigentümlichkeiten eines wei-

---

41, 65 (84f.). Dies erscheint aber zweifelhaft. Sie wird dort zum Ersten so nicht verwendet: Dort steht „mit Glaubensinhalten nicht unbedingt identisch". Zum Zweiten sollte sie in den alten Entscheidungen im Ergebnis die Wirkung religiöser Symbolik begrenzen, nicht aber bestimmte Religionen privilegieren. Zweifelhaft erscheint auch die Vereinbarkeit mit BVerfGE 108, 282 (305), denn dort wird der „Empfängerhorizont" des Symbols sogleich in den Kontext mit der Religionsfreiheit des Symbolträgers gestellt, so auch *C. Traulsen* Distanzierende Neutralität an Baden-Württembergs Schulen?, RdJB 2006, 116 (130); *C. Walter/A. v. Ungern-Sternberg* Verfassungswidrigkeit des nordrhein-westfälischen Kopftuchverbots für Lehrerinnen, DÖV 2008, 488 (491).

[183] So prominent im Kopftuch-Fall in der amtlichen Definition der Bedeutung des Kopftuchs duch die zuständige Landesministerin von Baden-Württemberg. Eine solche Definition gerät aber an verfassungsrechtliche Grenzen, dazu unten, IV., 2., d).

[184] Zur Symbolizität des Religionsrechts treffend: *S. Magen* Staatskirchenrecht als symbolisches Recht?, in: Lehmann (Hrsg.), Koexistenz und Konflikt von Religionen im vereinten Europa, 2004, 30.

[185] Zutreffend *Classen* Religionsrecht (Fn. 60), 215. Anders etwa *Muckel* Religionsfreiheit für Muslime (Fn. 156), 247.

[186] Den Einzelfallvorbehalt unter dem Gesichtspunkt der Erforderlichkeit für zwingend halten *Walter/Ungern-Sternberg* Verfassungswidrigkeit (Fn. 182), 491f., unter Hinweis auf *E.-W. Böckenförde* Anmerkung, JZ 2004, 1181 (1182f.); *J. Bader* Gleichbehandlung für Kopftuch und Nonnenhabit, NVwZ 2006, 1333 (1335), sehr differenziert *Huster* Neutralität des Staates (Fn. 26), 398ff. Eingehend skeptisch aber etwa *Classen* Religionsrecht (Fn. 59), 212 unter Hinweis auf die Anforderungen der Behördenorganisation, dazu auch sogleich, d).

[187] Dies geht auch, ohne den Vorbehalt des Art. 136 Abs. 1 WRV auf Art. 4 GG anzuwenden. Dafür etwa *A. v. Campenhausen* Religionsfreiheit, in: Isensee/Kirchhof (Hrsg.), HStR VI, 1. Aufl. 1989, § 136 Rn. 82; *D. Ehlers* in: Sachs (Hrsg.), GG-Kommentar, 4. Aufl. 2007, Art. 140 Rn. 4; *Mager* in: v. Münch/Kunig (Hrsg.), GG-Kommentar Bd. I, 5. Aufl. 2000, Art. 4 Rn. 48; *K.-H. Kästner* Hypertrophie (Fn. 177), 982; *W. Bock* Die Religionsfreiheit zwischen Scylla und Charybdis, AöR 129 (1999), 444 (469 ff.).

ten Verständnisses der Religionsfreiheit,[188] dass dieses für den Gesetzgeber immer nur eine negative, die Religion einschränkende Rolle vorsieht. Ein positives Verständnis demokratischer Gesetzgebung findet sich im deutschen Religionsverfassungsrecht seltener[189] als in anderen Rechtsordnungen.[190]

Hiermit verbindet sich eine weitere organisationsrechtliche Konsequenz: Das den Betroffenen obliegende Erfordernis, einen Eingriff in die Religionsfreiheit plausibel zu machen, gebietet es seitens der Rechtsordnung, auf Einzelfallkonstellationen einzugehen. In Übereinstimmung mit den oben gemachten Überlegungen zur konfliktindividualisierenden Aufgabe des Rechts,[191] wird Religionsrecht als Verwaltungsrecht, nicht als Verfassungsrecht viele seiner Aufgaben am Besten erfüllen.[192]

Hierzu passt der in der neueren Diskussion wieder stärker hervorgehobene Anwendungsvorrang des Gesetzesrechts[193] und die Relativierung der Grundrechtswirkungen im Verwaltungsrecht. Gesetzliche Tatbestände müssen nicht so ausgelegt werden, dass sie auf die Praktiken aller Religionen gleich gut anwendbar sind.[194] Auch in religiösen Zusammenhängen wird es vielmehr darum gehen, Probleme des Baurechts,[195] des Immissionsschutzrechts[196], des Tierschutzrechts[197] oder

---

[188] Anders mit Blick auf Art. 137 Abs. 3 WRV bereits *M. Heckel* Die Kirche unter dem Grundgesetz, VVDStRL 26 (1968), 1 (42 ff.).

[189] Vgl. *O. Lepsius* Die Religionsfreiheit als Minderheitenrecht in Deutschland, Frankreich und den USA, Leviathan 2006, 321 (323 ff.).

[190] Für die Vereinigten Staaten, vgl. nur den Religious Freedom Restoration Act 1993, 42 U.S.C. 2000bb.

[191] Oben, III., 4.

[192] *Heckel* Ausgleichsordnung (Fn. 35), 51. In diese Richtung mit dem Konzept „situativer Normdurchbrechung“: *W. Kluth* Das Grundrecht der Gewissensfreiheit und die allgemeine Geltung der Gesetze, FS Listl, 1999, 215 (234 ff.). Die Absorption des Verwaltungsrechts durch das Verfassungsrecht wird kritisch bemerkt bei *J. Oebbecke* Das „islamische Kopftuch“ als Symbol, FS Rüfner 2003, 593 (593).

[193] Grundlegend: *J. Pietzcker* „Grundrechtsbetroffenheit“ in der verwaltungsrechtlichen Dogmatik, FS Bachof, 1984, 131; *R. Wahl* Die doppelte Abhängigkeit des subjektiven öffentlichen Rechts, DVBl. 1996, 641. Analyse der Rechtsprechung bei *H. Dreier* Grundrechtsdurchgriff contra Gesetzesbindung?, Die Verwaltung, 36 (2003), 105. Aus anderer Perspektive: *P. Lerche* Vorbereitung grundrechtlichen Ausgleichs durch gesetzgeberisches Verfahren, in: P. Lerche/W. Schmitt Glaeser/E. Schmidt-Aßmann (Hrsg.), Verfahren als staats- und verwaltungsrechtliche Kategorie, 1984, 97 (118 ff.).

[194] Bei ansonsten zahlreichen Übereinstimmungen in diesem Punkte anders: *U. Sacksofsky* in diesem Band.

[195] BVerwG, NJW 1992, 2170; KirchE 30, 93.

[196] *A. Hense* Glockenläuten und Uhrenschlag, 1998, 196 ff., 259 ff.

[197] BVerwGE 112, 227 (229 ff.).

des Straßen- und Wegerechts[198] aus ihrem gesetzessystematischen Zusammenhang heraus zu klären – und erst in zweiter Linie aus der Religionsfreiheit. Gerade die manchmal irritierende Unübersichtlichkeit der verwaltungsrechtlichen Rechtsprechung kann so auch als ein positives Zeichen gedeutet werden. Die faktengesättigte Entscheidung von Einzelfällen erfüllt die Aufgabe des Rechts besser als ihre verfassungstheoretische Generalisierung. Es ist vielleicht einer der wichtigsten und problematischsten Unterschiede zwischen älterer und neuerer Verfassungsrechtsprechung, zwischen der Entscheidung zum Kreuz im Gericht[199] und der zum Kreuz in der Schule,[200] dass die älteren Urteile sich besser als Entscheidung einer spezifischen Fallkonstellation, nicht als Stellungnahme zu einem verfassungstheoretischen Grundsatzproblem verstehen lassen.[201]

### 2. *Gefährdungstypen im Verhältnis zur Religionsfreiheit*

Dies führt zum Begriff der Gefahr. Er findet sich in der Rechtsprechung zum Religionsverfassungsrecht nicht erst seit neuerer Zeit bemerkenswert häufig.[202] Freilich ist sein Gebrauch oftmals eher metaphorischer Art. Er hat nicht die Strenge des polizeirechtlichen Gefahrenbegriffs.[203] Mit Blick auf die Religionsfreiheit bedachte Theodor Heuss ihn im Ausschuss für Grundsatzfragen mit einer berühmten

---

198 Zum Gewerberecht: BVerwG, NVwZ 1999, 766; OVG Bremen, NVwZ-RR 1997, 408.

199 BVerfGE 35, 366 (375f.). Ähnlich fallspezifisch argumentiert BVerfGE 52, 223 (241ff.).

200 BVerfGE 93, 1 (15ff.). Hier könnte ein entsprechender Einwand lauten, dass die individuelle Beschwer des Beschwerdeführers in der Begründung gegenüber allgemeineren Erwägungen zur Bedeutung des Kruzifixes zu sehr in den Hintergrund gerät. Dazu auch *Vosgerau* Freiheit des Glaubens (Fn. 60), 113ff.

201 Vgl. die Nachweise oben bei Fn. 8. Die beiden genannten Fälle nimmt auch *A. Brodocz* Judikativer Minimalismus, KJ 2008, 178 (184f.) als Beispiele für die Individualisierung von Konflikten durch Gerichtsurteile, verkennt dabei aber die ganz unterschiedlichen Begründungen, von denen diejenige in BVerfGE 93, 1 gerade nicht als minimalistisch gedeutet werden kann. Zum Problem einer zu wenig fallspezifischen Rezeption von Entscheidungen des Bundesverfassungsgerichts *O. Lepsius* Zur Bindungswirkung von Bundesverfassungsgerichtsentscheidungen, in: Scholz, u.a. (Hrsg.), Realitätsprägung durch Verfassungsrecht, 2008, 103 (111ff.).

202 Namentlich in der eher untechnischen Unterscheidung zwischen abstrakter und konkreter Gefahr in BVerfGE 108, 282 (303ff.). Vgl. aber auch BVerfGE 41, 88 (113); 102, 370 (388).

203 Dazu nur *F. Schoch* Polizei- und Ordnungsrecht, in: Schmidt-Aßmann/Schoch (Hrsg.), Besonderes Verwaltungsrecht, 14. Aufl. 2008, 2/84f.

Frage: „Darf eine Prozession verboten oder vertagt werden, wenn in einem Ortsteil Seuchengefahr ist?“[204] Sie wurde vom Parlamentarischen Rat letztlich nicht beantwortet.[205]

Kriterien für eine Lösung dieser Probleme sollten sich aus den soeben angestellten Überlegungen ergeben. Zum Ersten sind nicht alle Streitfälle vom Schutzbereich der Religionsfreiheit erfasst. Zum Zweiten ist auch eine verengte Gewährleistung nicht schrankenlos garantiert.[206] Im Ergebnis dürfte unbestritten sein, dass die Heusssche Frage positiv zu beantworten ist: In bestimmten, aber eben nur in bestimmten Fällen darf der Staat die Prozession verbieten.[207] Dies bedeutet zum Dritten, dass bei der Rechtfertigung sowohl auf eine sorgfältige Herleitung verfassungsrechtlicher Güter als auch auf Falladäquanz zu achten ist. Abstrakte Typisierungen von Religionen als „gefährlich“ dürften dem in der Regel nicht genügen. Sie sind nicht nur verfassungstheoretisch zweifelhaft, sondern verfassungswidrig. Im Folgenden sollen vor diesem Hintergrund vier Fallgruppen unterschieden werden, in denen gefahrenbezogene Beschränkungen religiöser Freiheit denkbar sind.

### *a) Gefährdungen durch Gegner der Ordnung im Ganzen*

Die nachweisbare aktive Bekämpfung der Ordnung im Ganzen, also der in Art. 21 Abs. 2 GG definierten Güter, steht von vornherein nicht unter einem spezifischen Grundrechtsschutz.[208] Vorbereitungen zur aktiven Beendigung einer Ordnung können nicht den Schutz dieser Ordnung beanspruchen. Art. 4 GG greift hier so wenig wie Art. 9 GG. Für Vereinsverbote,[209] nachrichtendienstliche Überwachun-

---

[204] *Th. Heuss* Vierundzwanzigste Sitzung des Ausschusses für Grundsatzfragen, 23. November 1948, Der Parlamentarische Rat: 1948–1949, Bd. 5, 2, 1993, 627.

[205] Zutreffend: *Mückl* in: Dolzer/Vogel/Graßhof (Fn. 168), Art. 4 Rn. 4. Anders *Borowski* Glaubens- und Gewissensfreiheit (Fn. 170), 536ff., der den Diskussionen eine Eindeutigkeit unterstellt, die sie nicht haben.

[206] Zu überzeugenden Einschränkungen vorbehaltlos gewährleisteter Grundrechte überzeugend: *S. Lenz* Vorbehaltlose Grundrechte, 2006, 203ff., vgl. auch *K. Misera-Lang* Dogmatische Grundlagen der Einschränkbarkeit vorbehaltsloser Grundrechte, 1999, 229ff.

[207] Dies dürfte auch bei Anhängern einer engen Schutzbereichsbestimmung unbestritten sein: vgl. *Lenz* Vorbehaltlose Grundrechte (Fn. 206), 283ff.

[208] So im Ergebnis auch BVerfG, NJW 2002, 47 (48), BVerwG, NVwZ 2003, 986 (987ff.). Zutreffend *R. Poscher* Vereinsverbote gegen Religionsgemeinschaften, KritV 2002, 298 (303ff.). Anders *K. Groh* Selbstschutz der Verfassung (Fn. 116), 198ff.; *dies.* Das Religionsprivileg des Vereinsgesetzes, KritV 2002, 39 (46ff.).

[209] Zum Problem: *L. Michael* Verbote von Religionsgemeinschaften, JZ 2002, 482; *Poscher* Vereinsverbote (Fn. 208), 298; *T. Kingreen/B. Pieroth* Das Verbot von Weltanschauungs- und Religionsgemeinschaften, NVwZ 2001, 841; *M. Planker* Das Vereins-

gen[210] oder andere Maßnahmen gilt keine Privilegierung religiösen Verhaltens. Der Verbotstatbestand des Vereinsgesetzes erweckt *insoweit* keine Bedenken. Die Irrelevanz der Religionsfreiheit bedeutet nicht, dass die beteiligten Personen als Gegner der Ordnung rechtlos gestellt würden.[211] Sanktionen haben die einschlägigen Grundrechte wie das Recht auf Freiheit der Person zu beachten.

Diese Beschränkung des Schutzbereiches gilt freilich – ähnlich wie im Parteienverbotsrecht[212] – nur für aktive Handlungen, die über die Verbreitung bestimmter etwa theokratischer Lehren hinausgehen. Die Unterscheidung zwischen Sagen und Tun[213] ist hier wie im Feld politischer Freiheiten zu beachten. Sie wird in der praktischen Abgrenzung zumeist über die Strafbarkeit bestimmter Handlungen geschehen, auch wenn das Strafrecht gerade auf dem Gebiet der Terrorismusbekämpfung diese Unterscheidung langsam auszuhöhlen droht.[214]

### *b) Gefährdungen anderer Sicherheitsbelange*

Das Bild ändert sich auf einer niedrigeren Gefahrenschwelle, in der allgemeine Maßnahmen der Strafverfolgung, der Gefahrenabwehr oder auch der nachrichtendienstlichen Überwachung in religionsspezifische Handlungen eingreifen. Das Bundesverfassungsgericht hat in der Entscheidung zum Großen Lauschangriff die Religionsfreiheit ausdrücklich mit dem von der Menschenwürde geprägten Kernbereichsschutz in Ver-

---

verbot – einsatzbereites Instrument gegen verfassungsfeindliche Glaubensgemeinschaften?, DÖV 1997, 101; *H. Radtke* Das Verbot von Religionsgemeinschaften nach der Abschaffung des vereinsrechtlichen „Religionsprivilegs“, ZevKR 50 (2005), 95. Eine andere Frage ist, ob die Streichung des Religionsprivilegs allein die Anwendbarkeit des Gesetzes auf Religionsgemeinschaften rechtfertigt.

210 Zu den Anforderungen an die Tatsachenbasis zuletzt: BVerwG v. 21. 5. 2008, 6 C 13.07.2008. Aus der sonstigen Rechtsprechung: VG Berlin, NVwZ 2002, 1018; NVwZ-RR 2005, 39; OVG NRW v. 12. 2. 2008, 5 A 130/05.

211 In diese Richtung leider *G. Jakobs* Bürgerstrafrecht und Feindstrafrecht, Onlinezeitschrift für Höchstrichterliche Rechtsprechung im Strafrecht 3/2004. Zur eigenartigen Entwicklung des Begriffs Feindstrafrecht von einer treffenden kritischen Beschreibung gesetzlicher Regelungen zu einem normativen Modell: *K. Ambos* Feindstrafrecht, ZStR 124 (2006), 1.

212 BVerfGE 2, 12 (12f.); 5, 85 (141); *M. Morlok* in: Dreier (Hrsg.), GG II, 2. Aufl. 2006, Art. 21 Rn. 144, 148ff.; *H. Klein* in: Maunz/Dürig, GG Kommentar, 4. Aufl. 1974, Art. 21 Rn. 525ff.

213 Zur Bedeutung der Unterscheidung: *J. Butler* Excitable Speech. A Politics of the Performative, 1997, 43ff.

214 Immerhin lässt sie sich noch in § 129a StGB hineinlesen, der eben Vorbereitung einer Handlung unter Strafe stellt, dazu bereits *G. Jakobs* Kriminalisierung im Vorfeld einer Rechtsgutverletzung, ZStW 97 (1985), 751.

bindung gebracht.[215] Aber auch ohne diese Konstruktion[216] unterliegt beispielsweise die Überwachung religiöser Kommunikation besonders strengen Rechtfertigungsanforderungen.

So dürfte der einfache Vorbehalt der Strafgesetze in der Vereinsverbotsregelung den Anforderungen des Art. 4 GG nicht in jedem Fall genügen. Das Zeugnisverweigerungsrecht für Geistliche in der StPO[217] und seine Entsprechungen im Polizeirecht können nicht einfach unter den Vorbehalt allgemeiner Rechtsgutgefährdungen gestellt werden.[218] Auch die Weigerung, sich unverschleiert für einen Pass oder Personalausweis photographieren zu lassen,[219] steht nicht unter einem allgemeinen Sicherheitsvorbehalt. An dieser Stelle wird die Religionsfreiheit zu einem Indikator für die gesamte Grundrechtsdogmatik: Erliegt diese der Versuchung unbegrenzter Abwägbarkeit mit diffusen Sicherheitsinteressen oder nutzt sie die Abwägung – wie sie gemeint ist[220] – als Form der sachverhaltsspezifischen Anreicherung der Fallentscheidung? Folgt sie dem letztgenannten Weg, dann werden wir uns im Ergebnis damit abfinden müssen, dass der Schutz der Religionsfreiheit ganz konkrete polizeirechtliche Gefahren erzeugen kann.[221]

---

[215] BVerfGE 109, 279 (322).

[216] Zur überzeugenden Kritik an Kombinationskonstruktionen bei grundrechtlichen Schutzbereichen: *I. Augsberg/S. Augsberg* Kombinationsgrundrechte, AöR 132 (2007), 539.

[217] Die Diskussion dreht sich um die Reichweite des gesetzlichen Tatbestandes, aktuelle Überblicke bei: *H. de Wall* Der Schutz des Seelsorgegeheimnis (nicht nur) im Strafverfahren, NJW 2007, 1856; *H. Radtke* Der Schutz des Beicht- und Seelsorgeheimnisses, ZevKR 52 (2007), 617, auch zu BGHSt 51, 140, bestätigt durch BVerfG, NJW 2007, 275. Sehr klar zur Dogmatik *J.Baumann* Et respice finem, JuS 1991, 466.

[218] Das Seelsorgegeheimnis gilt im Übrigen nicht nur für öffentlich korporierte Religionsgemeinschaften, wie die strafprozessuale Literatur manchmal behauptet, so – bemerkenswert grundrechtsblind: *L. Meyer-Goßner/J. Ciernak* Strafprozessordnung, 51. Aufl. 2008, § 53 Rn. 12, m.w.N.

[219] VG Berlin, NVwZ 1990, 100; VG Wiesbaden, NVwZ 1985, 137.

[220] Zur Bedeutung der Abwägung in der konkreten Fallentscheidung, auch von ihm selbst unübertroffen: *R. Alexy* Verfassungsrecht und einfaches Recht – Verfassungsgerichtsbarkeit und Fachgerichtsbarkeit, VVDStRL 61 (2002), 7 (18ff.).

[221] Dies mag dogmatisch auf Dauer vielleicht nur noch über eine Wiederentdeckung eines grundrechtlichen Wesensgehalts jenseits der Abwägung zu bewerkstelligen sein, dazu *J. v. Bernstorff* Die Wesensgehalte der Grundrechte und das Verhältnis von Freiheit und Sicherheit unter dem Grundgesetz, in: F. Arndt u.a. (Hrsg.), Freiheit – Sicherheit – Öffentlichkeit, 2008, 40.

### c) *Gefährdungen der demokratischen Gemeinschaftsbildung*

Wenn religiöse Auseinandersetzungen eine besondere Intensität entwickeln können, dann entstehen, drittens, Gefahren nicht nur für die Einhaltung von Normen, sondern auch für ihre verfassungsrechtlichen Entstehungsbedingungen. Aus diesem Grund ist die Schule der zentrale Ort religionsrechtlicher Auseinandersetzung – nicht nur in Deutschland.[222] Um welches Schutzgut aber geht es? Vielleicht nicht um die kaum konturierte und leicht obrigkeitsstaatlich klingende Figur des Schulfriedens,[223] als vielmehr die Ermöglichung der Teilnahme am demokratischen Rechtsstaat, also um eine Schulbildung, die sowohl die Inhalte der Ordnung als auch die von ihr geforderten Fähigkeiten vermittelt.[224] Hier hat das oben in seiner staatstheoretischen Formulierung kritisierte Voraussetzungsargument einen angemessenen Platz, weil es auf eine konkrete Norm bezogen bleibt.

Eine solche Bestimmung des Rechtsguts hat Konsequenzen für den Grundrechtsschutz: Eine besteht in einer eindeutigen Rechtfertigung der Allgemeinen Schulpflicht.[225] In den Worten des Bundesverfassungsgerichts „richtet sich die Allgemeine Schulpflicht auf die Herausbildung verantwortlicher Staatsbürger, die gleichberechtigt an demokratischen Prozessen teilhaben."[226] Sie ermöglicht die „Fähigkeit zum Dialog als Grundvoraussetzung demokratischer Willensbildungsprozesse."[227] Ausnahmen von der allgemeinen Schulpflicht sind daher verfassungsrechtlich im Prinzip nicht geboten.[228] Die Schule, als Schule des Pluralismus, ist ein Ort produktiver Differenz, kein Ort der Homogenität.[229]

---

[222] Für die USA etwa *Feldman* Divided by God (Fn. 40), 57ff.

[223] Vgl. etwa § 59b Abs. 4 S. 5 BremSchulG und dazu BVerwGE v. 26. 6. 2008, 2 C 22.07. Vgl. auch *H. Wißmann* Kulturelle Differenz und Prozeduren der Integration als Gegenstand der Grundrechtsdogmatik, RdJB 2008, 153.

[224] *Böckenförde* Demokratie als Verfassungsprinzip (Fn. 47), Rn. 67.

[225] Zur staatlichen Sanktionierung der Schulpflicht durch Sorgerechtsentzug zuletzt: BGH v. 11. 9. 2007, XII ZB 41/07.

[226] BVerfG, B. v. 31. 5. 2006, 2 BvR 1693/04, Tz. 16; BVerfGK 1, 141 (143).

[227] BVerfG, B. v. 31. 5. 2006, 2 BvR 1693/04, Tz. 18.

[228] Aus der – vielleicht aus guten Gründen, siehe oben, IV., 1., d) – uneinheitlichen Rechtsprechung: BVerwGE 42, 128 (129ff.); 94, 82 (89ff.), für eine Befreiung, BVerwG, DVBl. 1994, 168 gegen eine Befreiung. Weiterhin zu unterschiedlichen Konstellationen: die differierenden Entscheidungen OVG NRW, RdJB 1992, 409 und OVG Bremen, ebda., 412, m. Anm. *Groh.* VG Aachen, NJW 2002, 3191; VG Düsseldorf, NWVBl. 2006, 68;

[229] *C. Langenfeld* Staatlicher Bildungsauftrag und religiöse Selbstbestimmung, in: Grote/Marauhn (Hrsg.), Religionsfreiheit, 2001, 311 (344ff.); *C. Rathke* Öffentliches Schulwesen und religiöse Vielfalt, 2005, 134f., so wohl auch *Heckel* Ausgleichsordnung (Fn. 35), 110ff. Ausdrücklich anders *Roellecke* Religion – Recht – Kultur (Fn. 25), 28,

Auch wenn Schulen umhegte Räume sein müssen, haben sie auf die Auseinandersetzung mit Andersdenkenden und Andersgläubigen vorzubereiten.[230]

### *d) Gefährdung der Selbstdarstellung des demokratischen Rechtsstaats?*

Schließlich bleibt zu bedenken, inwieweit eine öffentliche Rolle der Religion auch eine angemessene Selbstdarstellung des demokratischen Rechtsstaats gefährden kann. Dies ist der Kern vieler erbitterter Debatten, die der Begriff der Neutralität beschreibt, aber wohl nicht lösen kann.[231]

Das Grundgesetz lässt dem Gesetzgeber bei der Entscheidung über Einschluss oder Ausschluss religiöser Symbole in die Staatsorganisation große Spielräume. Gebunden ist der Gesetzgeber insoweit nur an den Gleichheitssatz, den er, wie gezeigt, nicht durch die Umbenennung religiöser in kulturelle Angelegenheiten umgehen darf. Die Religionsfreiheit garantiert keine Einbeziehung religiöser Ausdrucksformen in den Staatsdienst. Art. 33 GG gewährt einen diskriminierungsfreien Zugang, aber keine religionsgerechte Ausgestaltung der Dienstpflichten.[232] Umgekehrt wird eine solche Einbeziehung auch nicht ausgeschlossen. Anders als bei politischen Parteien erscheinen religiöse Symbole nicht als grundsätzliche Bedrohung einer rechtsstaatlichen Aufgabenwahrnehmung. Von Staatsdienern getragene religiöse Symbole[233] können auch als Ausdruck eines staatlichen Selbstverständnisses verstanden werden, das Religion hoch schätzt und die Religiosität des staatlichen Personals in seiner Vielfalt ausdrücklich zulässt. Hier – wie bei der Deutung des öffentlichen Körperschaftsstatus[234] – stehen individuelle Freiheit und demokratische Staatsräson nicht zwingend zueinander in Widerspruch.

---

die Schule sei kein Ort des Kulturkampfs: Ob man aus religiösen Differenzen einen Kulturkampf macht, liegt freilich in unserer Hand.

[230] Zu diesem Problem die Beiträge in W. Bock (Hrsg.), Islamischer Religionsunterricht?, 2006; *N. Coumont* Islam und Schule, in: S. Muckel (Hrsg.), Der Islam im öffentlichen Recht des säkularen Verfassungsstaates, 440; *M. Dietrich* Islamischer Religionsunterricht, 2006.

[231] Oben, II., 2.

[232] *Vosgerau* Freiheit des Glaubens (Fn. 60), 97f., m.w.N. Zur europarechtlichen Beurteilung der Diskriminierung: *C. Walter/A. v. Ungern-Sternberg* Landesrechtliche Kopftuchverbote für Lehrerinnen auf dem Prüfstand des Antidiskriminierungsrechts, DÖV 2008, 880.

[233] Für den Ausschluss einer verschleierten Schöffin: LG Bielefeld v. 16. 3. 2006 – 3221/6 EH 68. Dazu mit Recht kritisch: *K. Groh* Angewandte Verfassungsrechtsprechung? – Die Schöffin mit Kopftuch, NVwZ 2006, 1023; *dies.* Übungsklausur-Öffentliches Recht: Eine Muslima als Schöffin?, JuS 2007, 538.

[234] Oben, II., 3.

Vielmehr mag auch letztere für die Zulassung religiöser Symbole sprechen, soweit eine demokratische Mehrheit dies will. Ein objektivierter Begriff der Neutralität würde dieses Neben- und Gegeneinander von Geltungsansprüchen verfehlen.

### 3. *Ein übernationales Religionsgefahrenabwehrrecht?*

Gefahren für freiheitliche Ordnungen durch religiösen Fundamentalismus sind ein internationales Phänomen,[235] dem auch mit internationalem Recht zu begegnen ist.[236] Europäische Gerichte[237] und internationale Spruchkörper[238] haben zudem konvergierende Definitionen der Religionsfreiheit entwickelt.[239] Doch lässt sich aus beiden Phänomenen, aus der Internationalisierung der Gefahrenabwehr und der Religionsfreiheit, nicht einfach der Bedarf für ein übernationales Gemeinverfassungsrecht von Religion und Gefahrenabwehr herleiten. Das Religionsrecht funktioniert in westlichen Rechtsordnungen regelmäßig – vielleicht mit der bemerkenswerten Ausnahme des US-amerikanischen Rechts[240] – auch als demokratisch legitimiertes Organisationsrecht.[241] Dieses Organisationsrecht speichert auch sehr spezifische Vorstellungen davon, worin gesamtgesellschaftliche Gefährdungen durch Religion zu

---

[235] Zu einer nüchternen Analyse, die die Bedeutung der Religion relativiert: *O. Roy* Der falsche Krieg, 2008, 7ff. Aus verfassungstheoretischer Sicht *U. K. Preuß* Krieg, Verbrechen, Blasphemie, 2002, 93ff.

[236] Weiterführend die Beiträge in C. Walter/S. Vöneky/V. Röben/F. Schorkopf (Hrsg.), Terrorism as Challenge for National and International Law, 2004.

[237] Oben, bei Fn. 136f.

[238] Dazu *J.A. Frowein* Religionsfreiheit und internationaler Menschenrechtsschutz, in: Grote/Marauhn (Hrsg.), Religionsfreiheit – Völker- und verfassungsrechtliche Perspektiven, 2001, 73.

[239] Das bedeutet, anders als *Hillgruber* Der deutsche Kulturstaat (Fn. 66), 540f. behauptet, aber nicht, dass staatlicher Grundrechtsschutz reziprok gewährleistet werden sollte, kritisch: *Hufen* Zusammenleben (Fn. 145), 261. Diese Annahme verrät ein bemerkenswertes Missverständnis der westlichen Verfassungstradition, die nicht als Errungenschaft als solche, als Entscheidung, wie eine Gemeinschaft leben will, verstanden, sondern nur als Privilegierung auf Gegenseitigkeit verkannt wird. Im Ergebnis wird die eigene Ordnung dann von fremden Entscheidungen abhängig.

[240] *W. Heun* Die Trennung von Kirche und Staat in den Vereinigten Staaten von Amerika, FS Heckel 1999, 341; *Lepsius* Religionsfreiheit als Minderheitenrecht (Fn. 189), 33ff.; *G. Krings* Von strikter Trennung zu wohlwollender Neutralität, ZevKR 45 (2000), 505, sowie die Hinweise in Fn. 40.

[241] Das französische Recht ist umgekehrt traditionell grundrechtsavers und definiert subjektive Rechte vornehmlich durch den Gesetzgeber: *W. Heun* Die Religionsfreiheit in Frankreich, ZevKR 49 (2004), 273; *v. Ungern-Sternberg* Religionsfreiheit (Fn. 37), 89ff.; *C. Walter* Religionsverfassungsrecht, 2006, 169ff.

sehen sind und worin nicht. Daher sind sich Grundrechtskonzeptionen in verschiedenen Rechtsordnungen nicht so ähnlich wie ein isolierter Blick auf Verfassungstexte und Urteilsbegründungen zur Religionsfreiheit suggeriert.[242] So können auch Länder mit einer Staatskirche die Religionsfreiheit schützen.[243] Das internationale Recht sollte hier die Sicherung von Mindeststandards übernehmen, aber nicht die Aufgabe einer Homogenisierung der Gesamtsysteme. Für internationale Gefahrenabwehrmaßnahmen müssen nicht dieselben Grundrechtsstandards gelten wie für nationale.[244]

## V. Ausblick

Jenseits von Neutralisierung und Identifikation liegt die Stärke des deutschen Religionsrechts in einem offensiven, Öffentlichkeit vertrauenden Umgang mit Religion. Das Grundgesetz kann Gefährdungen durch Religion, die jedem Freiheitsgebrauch inhärent sind, nicht ausschließen. Es vertraut aber darauf, dass diese auch durch Öffentlichkeit abgewehrt werden können. Religionsrecht mag so auch als Gefahrenabwehrrecht dienen. Deswegen ist allerdings Gefahrenabwehrrecht noch nicht das angemessene Religionsrecht. Das öffentliche Aufeinandertreffen religiöser Geltungsansprüche verleiht dem Recht in Religionsangelegenheiten etwas Unabgeschlossenes und Asymmetrisches. Die Verfassungsrechtswissenschaft sollte nicht versuchen, dies zu begradigen, oder unangemessene Idealisierungen in Prinzipienform festzuschreiben. Vielmehr hat sie – wie auf anderen Gebieten auch – die Beweglichkeit, Entwicklungsoffenheit und prinzipielle Unfertigkeit des demokratischen Rechtsstaats als positives Element in seine Entwürfe zu integrieren.

---

[242] Dasselbe ist, mit Smend zu sprechen, nicht dasselbe: *R. Smend* Staat und Kirche nach dem Bonner Grundgesetz (1951), in: Staatsrechtliche Abhandlungen, 3. Aufl. 1994, 411 (411). Siehe zu den Varianten auch *W. Brugger* Varianten der Unterscheidung von Staat und Kirche, AöR 132 (2007), 4 (9ff.); *G. Robbers* Das Verhältnis von Staat und Kirche in Europa, ZevKR 42 (1997), 122; *V. Wick* Die Trennung von Staat und Kirche, 2007.

[243] Siehe oben bei Fn. 45.

[244] Zur unterschiedlichen Maßstäblichkeit grundsätzlich: *G. Nolte* Das Verfassungsrecht vor den Herausforderungen der Globalisierung, VVDStRL 67 (2008), 129 (149ff.).

Leitsätze des 2. Berichterstatters über:

# Religiöse Freiheit als Gefahr?

## *I. Einführung: Methodische Risiken eines unvermeidlichen Themas*

*(1) Die Funktionsbedingungen einer Ordnung definieren sich nach anderen Regeln als diese Ordnung selbst. Das macht jeden Beitrag zur Untersuchung von Verfassungsvoraussetzungen und Verfassungsgefährdungen zu einer methodischen Gratwanderung. Eine solche ist jedoch unvermeidlich, weil Vorstellungen von den Geltungsbedingungen der Verfassung unweigerlich Teil unseres Umgangs mit ihr sind. Die Aufgabe der Rechtswissenschaft besteht nicht darin, solche Hintergrundannahmen zu vermeiden, als sie vielmehr ausdrücklich zu machen, um sie auf Stimmigkeit überprüfen, korrigieren und in methodische Schranken weisen zu können.*

*(2) Das staatliche Religionsrecht erscheint als das eigentlich „politische" Recht unserer Tage: nah an aktuellen gesellschaftlichen Auseinandersetzungen, weiter entfernt von allgemeinen juristischen Lehren. Es provoziert zu Bekenntnissen über die Identität unserer politischen Ordnung. Jedoch ist es nicht die Aufgabe der Rechtsordnung, weltanschauliche Konflikte abzubilden. Sie hat diese stattdessen mit eigenen Unterscheidungen kleinzuarbeiten, zu individualisieren.*

## *II. Staatstheorie: Verfassungsvoraussetzungen als Grundlage der Religionsfreiheit?*

### *1. Verfassungsvoraussetzung: Zur Kritik einer Konzeption*

*(3) Als Verfassungsvoraussetzung definiert man Bedingungen des Bestands der gesamten Verfassung. Zwei Fragen wirft die Kategorie auf: Wie können wir solche faktischen Voraussetzungszusammenhänge mit der angemessenen Eindeutigkeit nachweisen? Und was sollte, wenn es sie gibt, aus ihnen normativ folgen?*

### 2. *Säkularität und Neutralität des Staats als Verfassungsvoraussetzung?*

*(4) Pauschale Säkularisierungskonzepte sind heute in den Geschichts- und Sozialwissenschaften sehr umstritten. Zwar hat sich die Bedeutung von Religion für die öffentliche Ordnung stark gewandelt. Doch gibt es keinen Idealtyp des „modernen Staates", in dem die öffentliche Gewalt neutral und verweltlicht, Religion dagegen ausschließlich als private Freiheit in Erscheinung tritt. Als Verfassungsvoraussetzung taugt ein solches Modell daher nicht. Vielmehr sind Allzuständigkeit und Parteilichkeit Elemente jeder demokratischen Ordnung. Ein verfassungsrechtliches Neutralitätsprinzip dürfte ohne die staatstheoretische Fundierung des Voraussetzungsarguments nicht mehr ergeben als die Summe seiner grundrechtlichen Teile.*

### 3. *Komplementäres Gegenmodell: Kulturelle Identität als Verfassungsvoraussetzung?*

*(5) Auch die Identifikation der grundgesetzlichen Ordnung mit einer christlich-abendländischen Kultur vermag keinen Voraussetzungszusammenhang zu stiften. Die Unterstellung einer kulturellen Identität, die dem Grundgesetz „vorausliege", verkennt die Vielfalt und Widersprüchlichkeit der vorhandenen Traditionen ebenso wie ihre dunklen Seiten. Sie vereinnahmt zudem Religion in freiheitsbedrohender Art und Weise. Spezifische religiöse Traditionen können Bestand einer freiheitlichen Ordnung werden und sind es im Grundgesetz auch geworden. Dies folgt aber nicht aus der Existenz einer Kultur, sondern aus der politischen Entscheidung, bestimmte Überlieferungen rechtlich zu positivieren – andere aber nicht.*

## III. *Verfassungstheorie: Freiheit – Gefahr – Religion – Recht*

### 1. *Freiheit und Freiheitsgefährdung: Verfassungstheoretischer Ausgangspunkt*

*(6) Individuelle und demokratische Freiheit definieren im demokratischen Rechtsstaat den Bestand des gefährdeten Gemeinwohls abschließend. Gefährdung* durch *Freiheitsausübung ist unter diesen Bedingungen durchaus möglich; sie erweist sich aber immer auch als Gefährdung von Freiheit.*

## 2. *Fundamentalismus als religionsspezifisches Phänomen*

*(7) Religionen können sich durch den Bezug auf Transzendenz und Innerlichkeit der Form des Rechts entziehen. Sie können zudem umfassende normative Vorgaben entwickeln, die in Konkurrenz zum staatlichen Recht treten. Religionen werden dann zum Anknüpfungspunkt einer starken quasi-politischen Identität. Der problematische Begriff des Fundamentalismus erscheint dort angemessen, wo Religionen die Unterscheidung zwischen Religion und Politik grundsätzlich in Frage stellen.*

## 3. *Die öffentliche Rolle von Religion im Grundgesetz*

*(8) Das Grundgesetz macht dieses Problem ausdrücklich, indem es der Religion auch eine öffentliche Rolle ermöglicht, deren Bedeutung in der Wissenschaft jedoch stark umstritten ist. Das Nebeneinander von öffentlicher Rolle einerseits und individueller Religionsfreiheit andererseits legt es nahe, dass es dem Grundgesetz hier weniger um öffentlichen Nutzen als um die öffentliche Sichtbarkeit von Religion geht, die nützlich sein kann, aber nicht muss. Die öffentliche Auseinandersetzung mit und zwischen Religionen erweist sich so nicht als Krisenphänomen, sondern als Ausdruck eines ernsthaften, von der Verfassung gewollten Umgangs mit Religion. Öffentlichkeit kann Risiken haben, sie kann aber auch als Instrument der Gefahrenabwehr durch Publizität funktionieren. Religion mag – in welcher Form auch immer – daran erinnern, dass die Welt nach Maßstäben zu beurteilen ist, die über Faktizität hinausgehen.*

## 4. *Zur Aufgabe des Rechts*

*(9) Die Rechtsordnung darf einen Konflikt nicht nur deswegen mit bestimmten Rechtsfolgen versehen, weil er religiös motiviert ist. Sie hat vielmehr zwischen in der Freiheit notwendigen und für die Freiheit bedrohlichen Konflikten zu differenzieren. Wenn Fundamentalismus als Ununterscheidbarkeit von Politik und Religion zu verstehen ist, können Kriterien für den Umgang mit fundamentalistischer Religion aus den Regeln für „gefährliche" Politik hergeleitet werden. Insbesondere zwei Orientierungspunkte des Art. 21 Abs. 2 GG sind hilfreich: die Definition weiter, aber klar sanktionierter materieller Grenzen und die Anknüpfung an Handlungen, nicht an bloße Überzeugungen.*

## *IV. Verfassungsrecht: Religionsfreiheit und Gefahrenbegriff*

### *1. Schutzbereich – Eingriff – Gesetz*

#### *a) Kein Grundrechtswandel durch „Verfassungswandel"*

*(10) Das Aufkommen neuer Formen von Religion kann keinen Anlass geben, die Religionsfreiheit im Namen eines „Verfassungswandels" umzudefinieren. Die Religionsfreiheit schützt nicht nur bekannte, bewährte oder von Mehrheiten praktizierte Religionen.*

#### *b) Konturierte Gewährleistung*

*(11) Keine Kriterien für die Bestimmung der Religionsfreiheit liefert die Debatte um staatliche Letztentscheidung und religiöses Selbstverständnis. Im Ergebnis muss jede Freiheitsverbürgung an das Selbstverständnis des Grundrechtssubjekts anknüpfen, doch die Bestimmung der Schutzreichweite dem staatlichen Rechtsanwender überlassen bleiben. Zwischen Selbstverständnis und staatlicher Definitionsmacht besteht so wenig eine Alternative wie zwischen Tatbestand und Rechtsfolge.*

*(12) Der notwendige Zusammenhang zwischen einer Handlung und ihrem grundrechtlichen Schutz ist mit dem Erfordernis der religiösen Motivation zu schwach formuliert. Motivationen sind der Rechtsordnung unzugänglich. Die nicht immer einfache Erkennbarkeit von Religion und ihre möglichen normativen Ansprüche verlangen eine objektiv nachvollziehbare Erklärung des religiösen Kontexts einer Handlung. Diese muss nachweisen, dass die betroffene Religion den geschützten Akt anders, und zwar positiver, bewertet als sein Unterlassen. Gelingt dies, ist eine Privilegierung bestimmter religiöser Formen, etwa von Kultushandlungen, nicht angezeigt.*

#### *c) Hohe Eingriffsschwelle*

*(13) Die Erklärungsleistung, die denen abzuverlangen ist, die sich auf die Religionsfreiheit berufen, hat Rückwirkungen auf die Definition des Eingriffs. In einer Ordnung, die Religion eine öffentliche Rolle einräumt, kann nicht jede unfreiwillige Begegnung mit Religion einen Eingriff in die Religionsfreiheit begründen. Dies gebietet auch eine deutliche Zurückhaltung mit grundrechtlichen Schutzpflichten. Liegt dennoch ein Eingriff vor, so darf der Gesetzgeber dessen religiöse Relevanz nicht schlicht hinwegdefinieren. Ob ein Symbol politisch, religiös oder kulturell zu verstehen ist, kann dann nicht ohne Rücksicht auf diejenigen bestimmt werden, an die dieses Symbol adressiert wird.*

*d) Rolle des Gesetzgebers – Anwendungsvorrang des Verwaltungsrechts*

*(14) Eine konturierte Deutung der Religionsfreiheit nimmt dem Gesetzgeber nicht die Möglichkeit, der Religion weitere Räume zu geben, als die Verfassung gebietet. Seine konfliktindividualisierende Funktion wird Religionsrecht in vielen Fällen als Verwaltungsrecht, nicht als Verfassungsrecht am Besten erfüllen. Hierzu passen der in der neueren Diskussion wieder stärker hervorgehobene Anwendungsvorrang des Gesetzesrechts und die Relativierung der Grundrechtswirkungen im Verwaltungsrecht. Gesetzliche Tatbestände müssen nicht so ausgelegt werden, dass sie auf die Praktiken aller Religionen gleich gut anwendbar sind.*

*2. Gefährdungstypen im Verhältnis zur Religionsfreiheit*

*a) Gefährdungen durch Gegner der Ordnung im Ganzen*

*(15) Vereinigungen, die die Abschaffung der Ordnung, wie sie Art. 79 Abs. 3 GG definiert, aktiv betreiben, können sich dazu nicht auf die Religionsfreiheit berufen. Die Streichung des Religionsprivilegs im Vereinsgesetz stößt insoweit jedenfalls auf keine materiell-rechtlichen Bedenken.*

*b) Gefährdungen anderer Sicherheitsbelange*

*(16) Das Bild ändert sich auf einer niedrigeren Gefahrenschwelle, in der allgemeine Maßnahmen der Strafverfolgung und der Gefahrenabwehr in religionsspezifische Handlungen eingreifen. An dieser Stelle wird die Religionsfreiheit zu einem Indikator für die ganze Grundrechtsdogmatik: Erliegt diese der Versuchung unbegrenzter Abwägbarkeit mit diffusen Sicherheitsinteressen oder nutzt sie die Abwägung als Form der sachverhaltsspezifischen Anreicherung der Fallentscheidung?*

*c) Gefährdungen der demokratischen Gemeinschaftsbildung*

*(17) Wenn religiöse Konflikte eine besondere Intensität entwickeln, entstehen Gefahren nicht nur für die Einhaltung, sondern auch für die Entstehungsbedingungen von Normen. Daher ist die Schule der zentrale Gegenstand religionsrechtlicher Debatten. Bezogen auf das Demokratieprinzip hat hier das Voraussetzungsargument einen angemessenen, weil normbezogenen Platz. Die Allgemeine Schulpflicht ermöglicht in den Worten des Bundesverfassungsgerichts die „Fähigkeit zum Dialog als Grundvoraussetzung demokratischer Willensbildungsprozesse“. Sie ist damit auch als Eingriff in die Religionsfreiheit gerechtfertigt.*

*d) Gefährdung der Selbstdarstellung des demokratischen Staates*

*(18) Das Grundgesetz lässt dem Gesetzgeber hinsichtlich Einschluss oder Ausschluss religiöser Symbole in die Staatsorganisation große Spielräume. Religiöse Symbole können auch als Ausdruck eines staatlichen Selbstverständnisses verstanden werden, in dem Religion für wichtig gehalten wird. Hier – wie bei der Deutung des öffentlichen Körperschaftsstatus – stehen sich individuelle Freiheit und demokratische Staatsräson nicht zwingend diametral gegenüber. Vielmehr mag auch letztere für die Zulassung religiöser Symbole sprechen, soweit eine demokratische Mehrheit dies will.*

*3. Ein übernationales Religionsgefahrenabwehrrecht?*

*(19) Gefahren für freiheitliche Ordnungen durch religiösen Fundamentalismus sind ein internationales Phänomen, dem auch mit internationalem Recht zu begegnen ist. Europäische und internationale Gerichte entwickeln konvergierende Definitionen der Religionsfreiheit. Doch lässt sich aus beiden Phänomenen nicht einfach der Bedarf für ein übernationales Religionsgefahrenabwehrrecht herleiten. Das Religionsrecht funktioniert in vielen Rechtsordnungen auch als demokratisch legitimiertes Organisationsrecht. Das internationale Recht übernimmt die Sicherung von Mindeststandards, nicht die Homogenisierung der Gesamtsysteme. Für internationale Gefahrenabwehrmaßnahmen können andere Grundrechtsstandards gelten als für nationale.*

*V. Ausblick*

*(20) Jenseits von Neutralisierung und Identifikation liegt die Stärke des deutschen Religionsrechts in einem offensiven, Öffentlichkeit vertrauenden Umgang mit Religion. Das Grundgesetz kann Gefährdungen durch Religion, die jedem Freiheitsgebrauch inhärent sind, nicht ausschließen; es vertraut aber darauf, dass diese auch durch Öffentlichkeit abgewehrt werden können. Religionsrecht kann so als Gefahrenabwehrrecht dienen. Deswegen ist allerdings Gefahrenabwehrrecht noch nicht das allein angemessene Religionsrecht. Das öffentliche Aufeinandertreffen religiöser Geltungsansprüche verleiht dem Recht in Religionsangelegenheiten etwas Unabgeschlossenes und Asymmetrisches. Die Verfassungsrechtswissenschaft sollte nicht versuchen, dies zu begradigen oder unangemessene Idealisierungen in Prinzipienform festzuschreiben. Vielmehr hat sie – wie auf anderen Gebieten auch – die Beweglichkeit, Entwicklungsoffenheit und prinzipielle Unfertigkeit des demokratischen Rechtsstaats als positives Element in ihre Entwürfe zu integrieren.*

## Religiöse Freiheit als Gefahr?

**Engel:** Ohne den Nationalsozialismus hätten wir eine andere Verfassung. Dem wird jeder zustimmen. Aber die meisten werden dabei an die vielen Sicherungen denken, die das Grundgesetz eingebaut hat, damit die Demokratie nicht entartet. Bei unserem Thema geht es um eine ganz andere Hinterlassenschaft. Auf grausame Weise hat der Nationalsozialismus dem Grundgesetz das Leben einfach gemacht. Er hat den einzigen ernstlichen Anlass zu religiöser Toleranz beseitigt. Nun holt uns der Jahrhunderte alte Kampf der Religionen untereinander wieder ein, und die Spannung zwischen Staat und Religion. Die beiden Referate des heutigen Morgens leuchten die Konfliktzone aus. Sie tasten ab, wie gut das Grundgesetz auf die Bewältigung vorbereitet ist. Und sie legen Grund für unser gemeinsames Nachdenken über das Generalthema der Tagung, das Konzept der Verfassungsvoraussetzungen. Dafür bedanken wir uns herzlich, und freuen uns auf eine angeregte Diskussion.

**Bryde:** Ich möchte mit einer Vorbemerkung zur Praxis beginnen. Frau Sacksofsky hat gleich zu Beginn gesagt, dass wir hier vor allem über den Islam reden. Ich glaube, Herr Möllers ist in seinem ganzen Referat ausgekommen ohne das Wort zu erwähnen. Herr Engel hat auch gesagt, warum es nicht nur um den Islam geht, denn wenn wir noch eine größere jüdische Gemeinde hätten, wären die Probleme mit Speise- oder Kleidungsgeboten da sehr ähnlich. Was mir immer auffällt – das ist die Vorbemerkung – wenn man Staatsexamensarbeiten oder Klausuren sieht, die sich mit diesem Thema beschäftigen, wo also Eltern verlangen, dass ihre Tochter vom koedukativen Sportunterricht abgemeldet wird oder dergleichen, sind es immer islamische Eltern. In unserer Praxis sind sie das nicht. Ich bin, seit ich im Verfassungsgericht bin, in einer Kammer, die u.a. auch für Art. 4 GG zuständig ist. Zu 90% sind es christliche Eltern, die Befreiung von Schulpflicht, Sexualkundeunterricht oder Ähnliches verlangen – islamische Eltern tauchen da eigentlich nicht auf.

Aber nun zum Thema Verfassungswandel. Ob Verfassungswandel nun erlaubt oder verboten ist, ich weiß nur, dass er stattfindet. Frau Sacksofsky hat das sehr schön beschrieben: Die Religionsfreiheit wurde in der Frühzeit der Bundesrepublik auf einen sehr hohen Sockel gehoben mit dem Höhepunkt in der Lumpensammlerentscheidung. Die Möglichkeit, Gesetzesvorbehalte aus Art. 140, 136 WRV herauszuholen, wurde weginterpretiert, und jetzt haben wir eine Entwicklung – in der Literatur vor allem, auch in Gerichtsentscheidungen – die diesen Schutz zurückzufahren scheint oder zurückfährt. Das kann man sehr kritisch sehen, man kann sagen: Der Religionsfreiheit wurde ein ungeheuer hoher Stellenwert gewährt, als das eigentlich nicht nötig war, weil wir nur eine Mehrheitsreligion hatten, deren Ausübung durch den Staat ohnehin nicht gefährdet wurde, und in dem Augenblick, wo es eine diskriminierungsgefährdete Minderheit gibt, die auf den Schutz des Grundrechts als Minderheit angewiesen wäre, da haben wir eine Entwicklung, die diesen Schutz zurückfährt. Ich will es aber nicht nur kritisch sehen, weil es ein echtes Problem darstellt. Selbstverständlich haben wir in einer Gesellschaft, in der es im Wesentlichen nur eine Religion gibt und in der die Bräuche, Sitten, Traditionen dieser Religion in das allgemeine Recht integriert sind, weniger Probleme als in einer Situation, in der es viele auch der Mehrheit fremd erscheinende Religionen gibt, und in der deswegen Konflikte zunehmen. Deswegen glaube ich, es ist legitim, z.B. über einen zu weit gespannten Schutzbereich von Religion nachzudenken und zu fragen, ob Lumpensammeln denn nun wirklich Religionsausübung ist. Oder ob kommerzielles Schlachten – das Schächturteil ist angesprochen worden – nun unter Art. 12 GG oder unter Art. 4 GG fällt. Kommerzielles Schlachten ist zunächst einmal eine gewerbsmäßige Betätigung, die aber eine Beziehung zu Art. 4 GG hat, weil geschlachtet wird, um echte religiöse, zentrale religiöse Bedürfnisse von Gläubigen zu erfüllen. Deswegen muss Art. 4 GG berücksichtigt werden, aber kommerzielles Schlachten ist noch nicht unbedingt Religionsausübung. Auch beim Nachdenken über einen Gesetzesvorbehalt wäre ich offener, als es wohl Frau Sacksofsky war. Das geht aber alles nur – und dann bin ich wieder voll bei – glaube ich – beiden Referenten – auf dem Boden der Gleichheit. Das geht ganz sicher nicht mit Abendlandsvorbehalten bei der Ausübung der Religionsfreiheit.

**Waechter:** Ich habe eine Frage an Frau Sacksofsky. Sie haben ja strikt für die Neutralität des Rechts gegenüber der religiösen Identität plädiert. Wenn man Ihnen darin folgt, ergeben sich aber neue Probleme und wahrscheinlich neue Diskriminierungen. Definiert man religiöse Restbestände (kommunale Weihnachtsbäume etc.) als Kultur, dann wertet man religiös motivierte Verhaltensweisen als bloße Kultur ab. Das ist in Bezug auf die Schulkreuz-Entscheidung diskutiert worden. Oder man muss doch wieder Phänomene der eigenen religiösen Tradition privilegieren. Daraus leitet sich für mich die Frage ab, in welchem Verhältnis bei Ihnen Religion, Kultur und Recht stehen. Wenn ich Sie recht verstanden habe, dann ist Recht für Sie das Produkt eines fortwährenden Neutralisierungsprozesses. In der globalisierten Gesellschaft werden Sie aber ständig mit neuen kulturellen, sprich irgendwie auch religiös fundierten Sachverhalten konfrontiert werden. Es gibt ja nicht nur die Buchreligionen, sondern auch andere. Was bleibt dann eigentlich noch von der Rechtsordnung? Braucht sie nicht irgendeine kulturelle Identität? Ist sie nicht immer geschichtlich konkret verortet?

Zweitens sehe ich einen relativ gravierenden Widerspruch zwischen dem ersten Teil, wo Sie Neutralität propagiert haben, und dem zweiten Teil, wo Sie sogar gegebenenfalls ein staatliches Interventionsrecht propagiert haben. Wenn der Staat aber seine Neutralitätspflicht wirklich ernst nimmt, würde damit die Voraussetzung entfallen, dass er überhaupt den Willen hätte zu intervenieren.

An Herrn Möllers habe ich nur die Frage: Wenn man – womit ich sympathisiere – Religion nicht als Verfassungsvoraussetzung auffasst, lässt sich dann die Kompromisslösung des Grundgesetzes (keine religiöse Identifikation, kein Laizismus) vor dem Gleichheitsgebot irgendwie rechtfertigen?

**Häberle:** Liebe Kolleginnen und Kollegen. Ich verspreche, mitten im Satz abzubrechen, wenn die Ampel auf Rot gehen sollte.

Wir haben zwei sehr pointenreiche, einander vortrefflich ergänzende Referate erlebt. Die Erstreferentin hat gute Dogmatik, der Zweitreferent zur Dogmatik auch noch einen Theoriehimmel geschaffen. Ich konzentriere mich erstens auf den Begriff „Verfassungsvoraussetzungen“. Diesen Begriff können wir nicht entbehren. Zum Teil indes eine Differenzierung: Wir müssen gliedern zwischen den Bereichen der Kultur, der Religion als Teil der Kultur, sodann zwischen der Wirtschaft, die wir leider nicht ausklammern können, und schließlich dem Bereich des Sozialen. Mir ist die Erkenntnis aber besonders wichtig, dass der Verfassungsstaat durchaus aktiv die Verfassungsvoraussetzungen mitgestaltet – dies entgegen einer immer wieder zitierten Ebracher Phrase, die nicht dadurch richtig wird, dass sie „Flügel“ bekommt, durch viele Redner und viele Autoren. Solche Voraussetzungen, in denen, an denen und durch die der Staat gestaltet, sind die Erziehungsziele, sind die zahlreichen Symbolartikel, sind Nationalflaggen, sind Nationalhymnen, sind Verfassungstage, ist die ganze Schule. Der Zweitreferent hat schön von der Schule des Pluralismus gesprochen, ein Begriff, der mir überaus gefallen hat.

Zweitens darf ich anmerken: Wir brauchen für unser heutiges Thema, das in Teilaspekten in früheren Tagungen der letzten fünfzig Jahre schon dreimal behandelt worden ist – in Marburg, Frankfurt, Heidelberg, Stichworte „Staatskirchenrecht“, „Die Kirchen unter dem Grundgesetz“, „Staat und Religion“ – eine vergleichende Religionslehre bzw. Religionswissenschaft, die wir integrieren müssen. Ich bin glücklich, dass beide Referenten wenigstens punktuell eine vergleichende Religionswissenschaft befragt haben, negativ: in Sachen Fundamentalismus. Herr Möllers hat noch die für die Sache Religion besonders wichtigen Propria der Transzendenz und Innerlichkeit hervorgehoben. Zu den Defiziten der Referate zählt das europäische Religionsverfassungsrecht im engeren und im weiteren Sinne der EU bzw. der EMRK, vor allem der Streit um die Gottesklausel. Ich bitte demütig, doch noch ein Wort zu sagen. Ich ende vor dem Rot Ihrer Ampel, Herr Vorsitzender.

**Engel:** Jetzt haben sich drei Diskussionsredner gemeldet, die sich auf unterschiedliche Art an der Formulierung des Titels reiben.

**Isensee:** Fundamentalismus wird heute durchwegs als religiöser Fundamentalismus verstanden. Doch es gibt auch den liberalen Fundamentalismus, der sich im Namen von Freiheit und Gleichheit über alles hinwegsetzt, was nicht in sein enges Weltbild passt und was seine säkulare Heilsgewissheit stören könnte; vornehmlich stößt er sich an der Religion. Der liberale Fundamentalismus regt sich seit der Aufklärung in der westlichen Welt. Mit polizeistaatlicher Militanz versuchte er, im preußischen Kulturkampf der katholischen Kirche sein Konzept aufzuzwingen. Ich frage mich, ob die Tradition des liberalen Fundamentalismus nicht auch das Verfassungsverständnis und das Religionsverständnis Frau Sacksofskys imprägniert. Sie akzeptiert das Grundgesetz nicht, wie es ist, sondern wie sie es kraft ihres Leitbildes von einer richtigen Verfassung haben möchte. Sie legt das Grundgesetz auf das Prokustesbett ihrer Vorstellungen von Freiheit und Gleichheit, streckt, was zu kurz geraten, schneidet ab, was überständig erscheint. Was sich durch Verfassungsauslegung, Verfassungswandel und Verfassungsverbiegung nicht schaffen lässt, wird der förmlichen Verfassungsänderung anheimgegeben. So verschwinden aus dem Verfassungsgesetz der Status der kirchlichen Körperschaft, die Kirchensteuer, der Religionsunterricht. Dem liberalen Fundamentalismus bedeutet das Kreuz im Schulzimmer die Ausgrenzung aller nichtchristlichen Schüler. Das hieße also, daß Großbritannien und die Schweiz, die das Kreuz in der Fahne führen, alle Nichtchristen (zumindest symbolisch) ausbürgerten, ebenso Bremen mit dem St.-Petrus-Schlüssel im Wappen oder Rheinland-Pfalz und das Saarland mit dem St.-Georgs-Kreuz im Wappen. Im übrigen hat Herr Häberle zum Thema der christlichen Symbole schon Wesentliches gesagt. Frau Sacksofskys Rasenmäherjurisprudenz verschont allerdings die Verfassungsgarantie des Sonntags, also eine genuin christliche Institution. Im Kontext der radikalen Christophobie ist das eigentlich inkonsequent. Was bleibt vom Referat, ist die Anreicherung der bekannten Figur der verfassungswidrigen Verfassungsnorm durch die neue Figur der sacksofskywidrigen Verfassungsnorm.

Ganz anders der Ansatz Herrn Möllers'. Er geht davon aus, dass das Grundgesetz das Werk eines politischen Kompromisses ist, in dem die Kräfte der Gesellschaft, auch die kirchlichen, ihre unterschiedlichen Belange eingebracht und sich auf einen Modus des politischen Zusammenlebens verständigt haben. Bestandteile des Ausgleichs, in dem die heterogenen Mächte ihren Frieden geschlossen haben, sind unter anderem die Garantien des Körperschaftsstatus, der Staatsleistungen oder des Religionsunterrichts. Ein solcher Kompromiss ist nicht von vornherein frei von Widersprüchen wie ein Konstrukt vom Reißbrett der Theorie. Das Grundgesetz knüpft an die Vorgegebenheiten der Geschichte und Gegenwart an: die Bedeutung der Religion, die Wirksamkeit der Kirchen, die christliche Imprägnierung der Kultur. Die Verfassung macht sich säkulare Derivate des Christentums zu eigen, ohne mit der Religionsfreiheit und den Gleichheitsgarantien in Widerspruch zu geraten.

**Meyer:** Herr Isensee, habe ich Sie richtig verstanden, dass Sie Bismarck als Vertreter des liberalen Fundamentalismus bezeichnet haben?

**Weiß, W.:** Meine Frage beschäftigt sich mit der immer wieder anzutreffenden These der weltanschaulichen Neutralität. Daraus wird gefolgert, dass eine Privilegierung etwa des Christentums als Religion verfassungsrechtlich unzulässig sei. Die Frage ist für mich, ob man damit nicht zugleich auch eine doch möglich sein müssende Identifizierung mit der eigenen Geschichte und damit eigenen Werten über Bord wirft. Was das Bundesverfassungsgericht zum Kruzifix entschieden hat, ist ja – wenn ich mich recht erinnere – in Italien bei einem obersten Gericht ganz anders gesehen worden, mit Hinweis auf das eigene Herkommen. Von daher ist für mich die Frage, ob wir mit dieser Figur der religiösen Neutralität wirklich weiterkommen. Oder müssen wir nicht doch zugeben, dass auch unsere Vorstellungen (Stichwort: Grundrechte als Werteordnung) wertgebunden sind, vielleicht sogar religiös in gewisser Weise; Herr Möllers hatte darauf etwas implizit hingewiesen. Nehmen wir das Beispiel der Gleichbehandlung von Mann und Frau. Daraus haben Sie, Frau Sacksofsky, gefolgert, dass es keine religiös begründeten Ausnahmen geben dürfe zum koedukativen Unterricht. Bei einer solchen Aussage scheint mir die Frage der Gleichberechtigung doch ganz klar wertorientiert. Wir sagen, unsere Gleichberechtigung bedeutet, dass Mann und Frau oder die Jungen und Mädchen zusammen gleich unterrichtet werden dürfen. Man würde diese Vorstellung doch vielleicht in einer anderen Kultur ganz anders sehen. Bei diesem Beispiel, denke ich, wird deutlich, dass auch wir unsere Vorstellung dessen, was wir unter Gleichbehandlung verstehen, oder was die Gleichbehandlung gebietet, doch auch als kulturell verankert, kulturell und damit auch religiös geprägt und in geschichtlichem Entstehen geworden, ansehen müssen. Vielen Dank.

**Schönberger:** Beide Referate haben aus meiner Sicht stärker rechtspolitisch oder verfassungstheoretisch argumentiert als auf das geltende Recht bezogen. Vor diesem Hintergrund will ich zwei Anmerkungen bzw. Anfragen formulieren, die ebenfalls eher verfassungstheoretischer Art sind.

Die erste betrifft die Frage: Gibt es eigentlich aus der Sicht der Referenten eine spezifische Gefahr gerade religiöser Freiheit? In beiden Referaten herrschte nach meinem Eindruck die Tendenz vor zu sagen, es gebe eine derartige besondere Gefahr eigentlich nicht, sondern es handele sich um die allgemeine Gefahr, die jede Art von Freiheitsbetätigung mit sich bringen kann. Religiöse Freiheitsbetätigung wäre dann kein Phänomen, das eigengeartete rechtliche Antworten nahelegt. Auch die entsprechenden Lösungsansätze der Referate – etwa die klassische rechtsphilosophische Unterscheidung von Überzeugung und Handeln – nutzen einen Formenschatz, der nicht in besonderer Weise gerade auf religiöse Freiheit bezogen ist. Es könnte aber doch sein, dass gerade die Intensität religiöser Vergemeinschaftung das Recht besonders herausfordert. Daher also die erste Frage: Liegt im Phänomen religiöser Freiheit eine spezifische Gefahr, die sie von den Gefahren anderer Freiheitsbetätigungen unterscheidet?

Mein zweiter Punkt betrifft die Frage der öffentlichen Rolle von Religion. Beide Referenten waren sich in einer positiven Einschätzung der öffentlichen Rolle von Religion einig, bei Unterschieden in anderen Fragen. Etwas undeutlich geblieben ist mir die Frage, wie sich dieses positive Verständnis denn nun eigentlich rechtlich realisieren soll. Bei Frau Sacksofsky schien mir klar, dass ihr rechtspolitisches Plädoyer für das Vereinsrecht der Religionen spricht, also die Beseitigung aller staatskirchenrechtlichen Restbestände und die Überführung der Religionsfreiheit – korporativ gedacht – in die Vereinsfreiheit. Modell hierfür sind die Vereinigten Staaten. Bei Herrn Möllers ist mir undeutlich geblieben, wie er die korporative Dimension der Religionsfreiheit in seiner Konzeption verfassungstheoretisch verarbeiten will. Jedenfalls müsste – und das würde ich vor allem zum Referat von Frau Sacksofsky kritisch anmerken – noch deutlicher werden, wie Freiheit hier gerade als kollektives Recht verstanden werden soll. Diese kollektive Dimension ist für die Religionsfreiheit immer ganz zentral gewesen. Man muss hier also über die verschiedenen rechtlichen Formen religiöser Freiheit – die auch historisch sehr variantenreich waren – doch etwas genauer nachdenken. Mit dem einfachen Argument, Freiheit und Gleichheit forderten eben das Vereinsrecht, wird man dieser Differenziertheit der Situation nicht gerecht. Freiheit und Gleichheit müssen hier vielmehr überhaupt erst näher entfaltet werden – im Hinblick auf die vielfältigen Formen rechtlicher Vergemeinschaftung. Das klassische europäische Staatskirchenrecht hat sehr unterschiedliche korporative Formen entwickelt, die gerade die Öffentlichkeitsdimension der Religion rechtlich verfasst haben. Da kann die Antwort nicht schlicht sein: Machen wir doch alles im Vereinsrecht.

**Engel:** Wir haben jetzt sehr viele Meldungen zu Fragen der Neutralität, Freiheit, Gleichheit der Religion, und wie sie sich zueinander verhalten.

**Waldhoff:** Beide Referate gingen von einem völlig unterschiedlichen Begriff und Verständnis der weltanschaulich-religiösen Neutralität des Staates aus. Ute Sacksofsky geht von einem der Rechtsordnung vorgelagerten – man könnte in diesem thematischen Zusammenhang sagen – quasi „naturrechtlichen" Konzept von Neutralität aus, das absolut gesetzt wird und als Übernormmaßstab für die gesamte Rechtsordnung funktionalisiert wird, der dann die notwendige „Nichtneutralität" jeder Rechtssetzung relativiert – das sogar teilweise für Normen auf der Verfassungsebene. So wird zumindest die Gefahr geschaffen, dass man selbst Verfassungsentscheidungen mit diesem methodischen Rüstzeug umdeuten kann, indem man – so im Referat etwa das Elternrecht, das in Art. 6 Abs. 2 GG klar verankert ist – relativiert, indem man die Kultushoheit der Länder, den Verfassungsraum der Länder in diesem Bereich nicht hinreichend beachtet. Immerhin wurde der Körperschaftsstatus nur als rechtspolitisches Postulat zur Abschaffung gestellt.

Christoph Möllers demgegenüber kann auf den Rekurs auf Verfassungsvoraussetzungen und auf Topoi wie „Kultur" oder „abendländischer Ordnung" verzichten, weil er von vorneherein die Rechtsordnung als nicht neutrale Ordnung versteht. Rechtsnormen erweisen sich als Ergebnisse von politischen Entscheidungen, sie sind damit notwendig kulturell, teilweise auch religiös geprägt. Etwas überspitzt formuliert könnte man sagen, dieses methodische Rüstzeug ermöglicht es, die alte staatskirchenrechtliche Kulturadäquanzformel zur Bewertung der Gefahren von Religion in einen Verfassungskonformitätstest umzuwandeln. Dies bezieht sich nicht auf den Inhalt der religiösen Lehren – diese darf und kann der weltanschaulich-religiöse Staat natürlich nicht bewerten – wohl aber auf die Folgen des Handelns von Religionsgemeinschaften. Vom Kulturadäquanztest zum Rechtstest überzugehen ist kein Etikettenschwindel, denn wir ersetzen einen weltanschaulichen durch einen juristischen Diskurs. Die Normen des Grundgesetzes, die dies ermöglichen, sind die verfassungsimmanenten Schranken: Art. 4 Abs. 1 GG im Grundrecht der Glaubens- und Religionsfreiheit, im institutionellen Staatskirchenrecht der Vorbehalt des „für alle geltenden Gesetzes" in Art. 137 Abs. 3 Weimarer Reichsverfassung.

**Heinig:** Wir haben in beiden Referaten ähnliche Absagen an Modelle der Hierarchisierung der Religionen gehört. Diese Absage scheint mir vor dem Hintergrund des deutschen Religionsverfassungsrechts angemessen, garantiert dieses doch die gleiche Berechtigung aller Religionen in offener Vielfalt. Wir haben aber auch sehr unterschiedliche Verhältnisbestimmungen von Freiheit, Gleichheit und Demokratie vorgeführt bekommen und ich meine, dass die Ausführungen von Frau Sacksofsky vor dem Hintergrund der Ausführungen von Herrn Möllers einiger Anfragen bedürfen. Das betrifft zunächst einmal die These 4, die davon ausgeht, dass das deutsche Staatskirchenrecht nur vor dem Hintergrund einer homogenen religiösen Ausgangslage zu verstehen ist. Wenn man sich jedenfalls die Verhandlungen in der Weimarer Nationalversammlung anschaut, muss man feststellen, dass religiöse Pluralität damals zumindest als theoretisches Problem im Blick war. Deshalb spricht das Staatskirchenrecht auch nicht von Kirchen, sondern von Religionsgemeinschaften. Das Weimarer Recht ist bereits vollumfänglich auf gleiche Teilhabe aller Religionen und Weltanschauungen angelegt. Folglich zwingen uns Änderungen in den religionssoziologischen Bedingungen nicht zu einer Reinterpretation des überkommenen Rechtsbestandes.

Dies führt mich zur zweiten Anmerkung: Die etablierten Weimarer Normen und ihre Adaption im Grundgesetz haben dazu geführt, ein positiv-freiheitliches Gesamtsystem zu entwickeln, das starke Elemente eines Angebots des öffentlichen Wirkens enthält. Herr Möllers hat das ausführlich dargelegt. Dieses Angebot des öffentlichen Wirkens ist mit einer Freiheitsdimension versehen, Öffentlichkeit als Teil religiöser Freiheit. Es zeichnet sich aber auch durch eine legitime religionspolitische Dimension aus. Diese Ebene blendet Frau Sacksofsky in ihrem Neutralitätsverständnis vollständig aus. Wenn man den Ausführungen von Frau Sacksofsky folgt, ist jede Form von Religionspolitik verboten. Das Staatskirchenrecht – wie es sich in der Verfassung widerspiegelt – nimmt aber ausdrücklich solche Elemente auf, indem Öffentlichkeit als Instrument zur Einwirkung auf Religion unter Absehung von staatsreligiösen Implikationen verwendet wird.

Zu diesem Angebot des Öffentlichen gehört, dritte Anmerkung, der öffentlich-rechtliche Körperschaftsstatus, und die Ausführungen dazu in dem Referat von Frau Sacksofsky sind zumindest problematisch. Die Verfassung postuliert eine gleiche Berechtigung im Zugang zum Körperschaftsstatus, Art. 137 Abs. 5 Satz 2 WRV. Bleibt die Frage, ob trotz dieses Gleichheitsanspruches differenziert werden darf, um die Verfassungsordnung zu schützen. Damit bewegen wir uns in den Bahnen der ganz normalen Gleichheitsdogmatik. Es ist nicht ersichtlich, warum nicht entlang säkularer Kriterien verfassungsrechtlich Differenzierungen erlaubt sein sollen, um aktiv-kämpferische Verfassungsfeinde vom Zugang zum Körperschaftsstatus auszuschließen. Die hieraus resultierende Ungleichbehandlung rechtfertigt in keiner Weise, die bewährte Rechtsfigur der öffentlich-rechtlichen Körperschaft insgesamt in Frage zu stellen. In der Praxis liegt das eigentliche Gleichheitsproblem übrigens eher im Begriff der Religionsgemeinschaft. Der aber schützt gerade Religionsfreiheit und Neutralität des Staates und gewinnt von daher seine Legitimität. Vielen Dank.

**Stern:** Herr Möllers, mit dem ich beginnen möchte, hat die Verfassungserwartungen, die Verfassungsvoraussetzungen und ihre verfassungstheoretischen Hintergründe in den Mittelpunkt seines Referats gestellt. Natürlich ist es klar, dass bei unserem heutigen Thema, dies – wenn man Jakob Burkhardt nach seinen weltgeschichtlichen Betrachtungen zitiert – mit Staat, Religion, Kultur als die drei großen Potenzen erforderlich ist, um den Verfassungsstaat richtig zu verstehen. Sie haben, Herr Möllers, ich glaube in Leitsatz 15, dann auf Art. 79 Abs. 3 GG abgestellt; das ist ein entscheidender Punkt: freiheitliche demokratische Grundordnung, Rechtsstaat, Menschenwürde. Dies führt zwangsläufig dazu, dass die Religionsfreiheit nur so im Verfassungsstaat verankert werden konnte, wie sie tatsächlich – anknüpfend an frühere Verfassungen – bei uns verankert ist. Dieser Art. 79 Abs. 3 GG wird aber dann auch eine wichtige Grenze sein für die Ausübung der Religionsfreiheit.

Frau Sacksofsky, wenn ich Ihr Referat richtig verstanden habe, zieht sich wie ein roter Faden der Gleichheitssatz und der Gleichbehandlungsgrundsatz durch Ihre ganzen Ausführungen. Ich meine aber, dass bei der Religionsfreiheit die Freiheitskomponente die stärkere ist. Begonnen hat es ja mit der Religionsfreiheit damit, dass im Vordergrund zunächst historisch die negative Religionsfreiheit steht: Man darf nicht zu einer Religion gezwungen werden. Erst dann ist die positive Religionsfreiheit, dass man ungestörte Religionsausübung, Glaubensfreiheit,

Bekenntnisfreiheit hat, in den Vordergrund getreten, und diese positive Religionsfreiheit hat gerade hinsichtlich Verfassungserwartungen und Verfassungsvoraussetzungen einen ganz wichtigen historischen Hintergrund; der schien mir etwas ausgeblendet zu sein. Gleiches gilt für den Bezug zu Art. 140 GG und den schwierigen Kompromiss, den man bei der Rezeption der Weimarer Vorschriften hier übernommen hat.

Das führt dann dazu, dass wir die Frage stellen müssen: Wie können wir den Gefahren durch eine überbordende Religionsfreiheit begegnen? Da könnte man zunächst an den allgemeinen Gesetzesvorbehalt denken. Das hat das Bundesverfassungsgericht abgelehnt, wahrscheinlich zu Recht abgelehnt, so dass wir andere Überlegungen anstellen müssen. Unter diesen anderen Überlegungen sind verfassungsrechtliche Gemeinschaftsgüter, andere Grundrechte im Vordergrund stehend, und da meine ich, dass der Art. 79 Abs. 3 GG in Ihren Ausführungen als Grenze zu kurz gekommen ist. Danke.

**Germann:** Das Fragezeichen am Ende des Themas macht das Thema ambivalent, wir haben ein Thema mit These und Gegenthese. Die Ambivalenz löst man am besten auf, indem man sich gleich im Titel für eine „Gegenrede" entscheidet wie Christian Walter in seinem Begleitaufsatz [DVBl. 2008, S. 1073]. Wir haben jetzt weitere Gegenreden zu dieser These von der „Freiheit der Religion als Gefahr" gehört und noch niemanden gehört, der die These vertritt. Wenn es jemanden gibt, der diese These vertreten möchte, dann möge er doch aufstehen und hier sich präsentieren, damit wir jemanden haben, dem wir unsere Florette ins argumentative Herz stoßen können.

Vor dem Hintergrund der Gegenthese – dass man nämlich nicht davon sprechen kann, dass die religiöse Freiheit an sich als eine Gefahr zu behandeln ist – ist es schwierig, das geltende Recht für ungeeignet zu halten, um Probleme religiöser Freiheit zu lösen. Dazu muss man schon ein etwas spekulatives Bild von Defiziten zeichnen, wie Sie, Frau Sacksofsky, es getan haben. Ihre These 32 ist, das „gleichheitsrechtliche Potential" müsse „weiter entfaltet" werden. Wo sind die gleichheitsrechtlichen Defizite des geltenden Rechts genau? Sie plädieren dafür, „Inklusion statt Exklusion" müsse die Zielrichtung sein. Wo im geltenden Recht ist „Exklusion" „die Zielrichtung"? Ich seh's nicht. Sie sprechen in der These 11 davon, dass sich „das institutionelle Design an der tradierten Stellung der christlichen Großkirchen" orientiere. Wo eigentlich genau? Ich sehe davon nichts. Und gerade der von Ihnen in Frage gestellte öffentlich-rechtliche Körperschaftsstatus ist ein ganz schlechtes Beispiel für solche Defizite, denn gerade da – das ist eben von etlichen Vorrednern zu Recht ausgeführt worden – ist schon in der Konstruktion des Zugangs zum Körperschaftsstatus die Lösung der Probleme angelegt, die Sie uns vor Augen halten wollten.

**Hillgruber:** Vieles von dem, was ich Kritisches zum Referat von Frau Sacksofsky sagen wollte, ist bereits gesagt worden, und das will ich nicht wiederholen. Aber ich darf anknüpfen an das, was Herr Isensee, was Herr Waechter und was Herr Waldhoff gesagt haben. In der Tat, die Referate könnten nicht unterschiedlicher sein und zwar von ihrem Ausgangspunkt aus. Das Referat von Frau Sacksofsky ist völlig ahistorisch, es setzt an mit einer – darauf hat Herr Möllers mit Recht hingewiesen – höchst fragwürdigen, historisch fragwürdigen Säkularisierungsthese und will dann quasi mit vermeintlicher geschichtsphilosophischer Sicherheit das Ganze zum Ende führen, zu dem es hinkommen muss, nämlich eben zu radikaler, vollständiger Freiheit und vollständiger Gleichheit. Ich wollte auf einen Umstand aufmerksam machen, der mir dabei bemerkenswert erscheint, nämlich dass Ihr Freiheitsrigorismus der Ausgangspunkt Ihres Gleichheitsrigorismus ist. Ihr Ausgangspunkt ist eine – wie ich finde – wenig überzeugend begründete, eher vorausgesetzte These, was den Schutzbereich angeht. Jede Beschränkung, jeder Versuch, den Schutzbereich abzuschichten, wird von Ihnen zurückgewiesen mit der These: Das würde dem Schutzversprechen der Religionsfreiheit nicht gerecht! Das wäre doch gerade die Frage, das ist eine klassische petitio principii, die hier gar nicht weiterführt. Aber auf der Basis dieses umfassenden, wahrscheinlich auch ahistorischen Freiheitsverständnisses, nämlich der Freiheit, gemäß der religiösen Überzeugung zu tun und zu lassen, was man will, wird dann Ihr Gleichheitsrigorismus erst verständlich, denn weil diese Gleichheit auf diese Freiheit bezogen ist, muss jede Konfrontation mit religiösen Symbolen, die unerwünscht ist – jedenfalls dann, wenn sie staatlich veranlasst oder auch nur staatlich geduldet wird – als Eingriff in die Religionsfreiheit gedeutet werden. Wenn man, wie gesagt, diese Ausgangsbasis, diese – wie Ladeur es wohl formulieren würde – diese Vorstellung von der Neutralität als Mythos entlarvt, dann – glaube ich – hat man sehr viel eher die Möglichkeit, das wurde ja in dem sehr differenzierten Referat von Herrn Möllers deutlich – verfassungsrechtlich die Unterschiede, die es geben mag, als historisch kontingent auszuweisen und auch zu akzeptieren. Das gilt auch für die religiösen Symbole. Ich verweise hier auf die These 18 von Herrn Möllers. Ich will abschließend nur noch darauf hinweisen, dass die Befassung mit der Sache bei Frau Sacksofsky nicht nur ahistorisch war, sondern auch ein Blick in die jetzt doch so beliebte Verfassungsrechtsvergleichung – und sei es auch nur im europäischen Raum – deutlich machen würde, dass diese strikte Entgegensetzung – entweder Identifikation oder Religionsfreiheit – so pauschal nicht richtig ist. Herr Möllers hat das auch deutlich gemacht. Es gibt in Europa eine Reihe von religionsverfassungsrechtlichen Systemen, die Staatsreligion kennen und gleichzeitig volle Religionsfreiheit. Dies hat auch der EGMR im Prinzip für miteinander vereinbar erklärt. Ich glaube, das sollte man zur Kenntnis nehmen.

**Engel:** Jetzt haben wir zum Abschluss der Generalia noch einen Beitrag, der vor allem methodische Fragen zum Gegenstand hat.

**Pitschas:** Frau Sacksofsky, entschuldigen Sie, dass ich mich mit einigen Bemerkungen kritischer Art zunächst an Sie adressiere. Die erste Frage ist in der Tat die, warum sieht man religiöse Freiheit eigentlich als Gefahr? Das ist Ihre These 2: Der Islam würde als Hauptgefahrenquelle wahrgenommen werden. Religionssoziologisch ist aber doch die Frage: Welchen Islam meinen Sie damit eigentlich? Vorausgehen muss also eine Klärung dessen, ob man Religion als Kultur, als soziales Milieu, als Glauben oder in welcher Hinsicht betrachtet. Mir liegt daran, dass wir nicht vorschnell eine Glaubensrichtung sozusagen in die Ecke stellen. Wenn man bei methodischen Bemerkungen fortfährt, dann ist die Frage nach der Religionsverfassung meiner Ansicht nach eine sehr kritische Frage, weil sie letztlich darauf hinführt, ob wir in Ihren Ausführungen den verfügbaren dogmatischen Rahmen ausgeschritten haben. Wenn es denn überhaupt Teilverfassungen gibt, dann müsste man doch entsprechend Ihrer These 6 zum Selbstverständnis des Grundrechtsträgers die Gewissensfreiheit hinzunehmen, um von Verfassung wegen die Ausübung der Religion in das Selbstbekenntnis zu stellen. Mir fällt ferner auf, dass Sie gar nicht auf die europäischen Ansätze in den Richtlinien 2000 und 2004 und dem neuen Richtlinien-Entwurf zur Antidiskriminierungspolitik der Europäischen Gemeinschaft eingegangen sind. Dort spielt die Religionsfreiheit eine sehr große Rolle mit einem Ansatz, der in dem jetzigen Kommissionsentwurf deutlich wird, nämlich zu sagen, wir wollen sogar aktive Tendenzen – etwa im Bereich der Tendenzbetriebe – und dort eine religionsbezogene Förderungspflicht verankern.

Ich möchte abschließend noch 2 Verstrebungen anmahnen, die Herr Möllers in seinem Theoriegeflecht weggelassen hat. Die erste Frage hierzu ist, Herr Möllers, müssten wir nicht aus Art. 18 GG die wehrhafte Verfassung dazu nehmen? Und die zweite Frage ist: Wenn Sie schon Religionsrecht als Gefahrenabwehrrecht betrachten, dann müsste man vielleicht doch auch noch einmal den kulturellen Identitätshintergrund dessen überprüfen. Der Gottesstaat Iran hat eine andere verfassungsrechtliche Grundlegung als etwa die Bundesrepublik Deutschland:

Religionsrecht ist dort materielles Staatsrecht. International verfassungsrechtlich würde ich also nicht Ihrer These ohne weiteres folgen, sondern die Funktionendivergenz von Religionsrecht betonen wollen. Vielleicht habe ich Sie aber auch falsch verstanden.

**Engel:** Wir sind damit bei einem großen zweiten Block von Diskussionsbeiträgen, die teils dogmatische Fragen stellen, teils konkrete Konflikte ansprechen, oft beides zugleich. Ich beginne mit zwei Beiträgen zu der Frage, wie Glaubensfreiheit zu verstehen ist und wie das dahinter stehende Phänomen des Glaubens juristisch zu erfassen ist.

**Jarass:** Lassen Sie mich ein Wort zur Bedeutung der über Art. 140 GG geltenden Regelung des Art. 136 Abs. 1 WRV sagen. Da gibt es bekannterweise Streit um die Frage, ob diese Vorschrift einen Gesetzesvorbehalt für die Glaubensfreiheit des Art. 4 GG enthält oder ob das nicht der Fall ist. Insoweit würde ich gern Ihre Aufmerksamkeit darauf lenken, dass es noch eine weitere Möglichkeit gibt, mit dem Konflikt umzugehen. Ausgangspunkt des Konflikts ist der Umstand, dass die Glaubensfreiheit – und ich meine zu Recht – in Deutschland in ihrem Schutzbereich sehr weit gefasst wird, dass sie sich also nicht auf die Kultus- und Bekenntnisfreiheit beschränkt, sondern dass sie auch allgemeines glaubensgeleitetes Verhalten erfasst. Dieser Umstand führt dann dazu, dass das gleiche Verhalten, wenn es glaubensgeleitet ist, einen intensiveren Schutz genießen kann, als wenn es um nicht glaubensgeleitetes Verhalten geht. Auf der anderen Seite gibt es die Regelung des Art. 136 Abs. 1 WRV, die nicht nur eine Benachteiligung wegen glaubensgeleiteten Verhaltens ausschließt, sondern auch eine Privilegierung. Die beiden Vorgaben stehen zwangsläufig in einem Spannungsverhältnis. Denn wenn auf der einen Seite das glaubensgeleitete Verhalten besonders geschützt wird, dann scheint damit automatisch eine gewisse Privilegierung verbunden. Es ergibt sich also der Befund, dass im Grundgesetz zwei Verfassungsnormen enthalten sind, die in unterschiedliche Richtungen tendieren. Die allgemeine Lösung bei solchen Konflikten zwischen verschiedenen Verfassungsnormen ist die Lösung über die Figur des kollidierenden Verfassungsrechts. Daher sollte man die Vorschrift des Art. 136 Abs. 1 WRV im Verhältnis zur Glaubensfreiheit des Art. 4 GG als kollidierendes Verfassungsrecht begreifen. Im Konfliktfall ist zunächst eine gesetzliche Regelung notwendig, sofern in die Glaubensfreiheit eingegriffen werden soll. Weiter ist eine Abwägung geboten. In deren Rahmen könnte man dann auch berücksichtigen, dass die beiden Regelungen zwar grundsätzlich gleichrangig sind, dass aber die Entscheidung des Verfassungsgebers, die Glaubensfreiheit des Art. 4 GG als ein Grundrecht ohne Gesetzesvorbehalt bereits im ersten Teil des Grundgesetzes zu verankern, dieser Vorschrift eine besonders prominente Stellung verleiht. All das ließe sich – so meine ich – dogmatisch gut bewältigen, wenn man in Art. 136 Abs. 1 WRV keinen Gesetzesvorbehalt für die Glaubensfreiheit sieht, sondern eine Vorschrift des kollidierenden Verfassungsrechts, die bei der Anwendung des Art. 4 Abs. 1 GG zu berücksichtigen ist. Vielen Dank.

**Schmidt-Jortzig:** Liebe Frau Sacksofsky, an Sie möchte ich mich wenden, aber zunächst, damit Sie auch deutlich Unterstützung bekommen, sagen, dass ich mich mit Ihren meisten Thesen aus Teil 2 durchaus einverstanden erklären kann. Nur bei Ihren dogmatischen Ausgangspositionen zeigt sich mir einiger Nachfragebedarf. Sie haben Religion als Sinnsystem zur Führung eines guten Lebens beschrieben, bei These 6 war das. Das scheint mir ein wenig kurz gegriffen und eher die Definition von Ethik als entscheidendem Verhaltensmaßstab zu sein. Religion setzt auf transzendente Bezüge, die Verinnerlichung derselben hat Herr Möllers hervorgehoben, und von dorther hole ich in Vertrauen und Glauben, d.h. ohne stets eigene kritische Gegenprüfung, was gut daran sei, die Normen für die Gestaltung des eigenen Lebens. So sehr ich immer dafür streite, dass wir Recht und Ethik auseinander halten, gerade in Zeiten von Wohlfühldiktionen und Kuscheldiskurs, so sehr würde ich im Übrigen auch darauf dringen wollen, dass wir Ethik und Religion unterscheiden. Das mag sich dann individuell-subjektiv in jeder Person wieder miteinander vermengen, aber wissenschaftlich sollten wir die verschiedenen Normquellen schon auseinander halten.

Zweitens: Sie haben bei Ihrer These 8 von der „vollständigen" Religionsfreiheit gesprochen, die verlange, dass sich der Staat enthält, den Glauben seiner Bürgerinnen und Bürger zu bewerten, und haben dann nachher gesagt, dies sei eben äußerst nützlich für den demokratischen Diskurs. Auch das scheint mir ein wenig zu kurz gegriffen oder einseitig gesehen. Die Religionsfreiheit ist ja keine Strukturentscheidung oder Staatszielbestimmung oder institutionelle Garantie, sondern ein Grundrecht. Ich glaube, wichtig ist deshalb zu sehen, dass unsere Verfassung einfach die Spiritualität des Menschen als einen ganz maßgeblichen Teil seines Wesens erkennt und deswegen diese Entfaltungsmöglichkeit garantiert. Von daher kommt ja auch die Mutterfreiheitstheorie von Georg Jellinek für diese Gewährleistung. Die Religionsfreiheit ist also vor allem eine subjektive Position, ein Grundrecht, und keine objektive Garantie. Das, was man daraus dann objektiv hervorholen kann, mag interessant sein, birgt aber immer auch alle Gefahren des Hineininterpretierens eigener Vorstellungen, damit man nachher in dem berühmten

Zirkelschluss wie selbstverständlich eben die Dinge herausholt, die man selber zuvor hineingepackt hat.

**Engel:** Wir haben nun vorhersehbarerweise gleich mehrere, die die These zum Körperschaftsstatus aufgreifen wollen.

**Walter:** Ich möchte zunächst eine Vorbemerkung machen, die einen Eindruck von der Diskussion wiedergibt. Offenbar spielt – obwohl die Formulierung des Beratungsgegenstands uns eher auf die Spur der Freiheit und ihrer Grenzen setzt – die Gleichheit eine zentrale Rolle in der Gesamtproblematik. Jedenfalls ist dies in vielen Diskussionsbeiträgen angeklungen und ein zentrales Thema im Referat von Frau Sacksofsky gewesen. Der Betonung des Gleichheitsgedankens bringe ich viel Sympathie entgegen. Ich glaube aber, dass er beim Körperschaftsstatus doch überzogen worden ist. Dazu möchte ich zwei Punkte ansprechen, die sich auf die Thesen 13 und 14 beziehen:

Der erste Punkt: Sie sagen in der These 13, dass die einzige gleichheitskonforme Lösung in der Abschaffung des Körperschaftsstatus, also einer Verfassungsänderung bestehe. In These 14 aber stellen Sie fest, dass eine gleichheitsgeprägte Deutung der Religionsverfassung ohne methodische Brüche entwickelt werden könne. Hierzu wäre meine Rückfrage: Wenn sich die nach These 13 Ihrer Auffassung nach aus Gleichheitsgründen erforderliche Verfassungsänderung politisch nicht realisieren lässt, bedeutet das unter dieser Voraussetzung nicht notwendig doch einen methodischen Bruch? Oder umgekehrt: Müsste die Methodik der Verfassungsinterpretation nicht in der Lage sein, alle Verfassungsbestimmungen ohne Verfassungsänderung methodisch einwandfrei zu interpretieren?

Der zweite Punkt: Wenn ich mich auf die These 13 einlasse, dann stellt sich die Frage, wo die Begründung dafür herkommt, dass die Abschaffung des Körperschaftsstatus die einzige gleichheitskonforme Lösung ist. Sieht man sich die verschiedenen Rechtsformen im Privatrecht an, dann ist es keineswegs so – auch in verschiedenen anderen Staaten –, dass immer nur eine einzige Rechtsform zur Verfügung stünde. Es gibt also sehr wohl auch im Privatrecht gestufte Rechtsformen, die untereinander nicht gleich sind, sondern nur als ein Angebot der Rechtsordnung verstanden werden können. Wenn Sie eine solche Stufung innerhalb des Privatrechts akzeptieren, dann stellt sich die Frage, warum allein mit dem Übergang vom Privatrecht ins Öffentliche Recht eine Grenze überschritten wird, die eine andere Lösung verlangt. Der Vergleich mit dem Privatrecht zeigt also, dass allein die Existenz gestufter Rechtsformen den behaupteten Gleichheitsverstoß nicht begründen kann. Also kann das Problem wohl doch nur die Vorstellung von einer besonderen Nähe und positiven Haltung zum Staat sein, die Sie ja auch am Ende von These 12 ansprechen. Genau hier hat das Bundesverfassungsgericht aber in der Zeugen Jehovas-Entscheidung einen Weg gefunden, der das Problem gleichheits- und freiheitskonform löst, so dass ich – um den Punkt zusammenzufassen – sagen möchte: Ich bin nicht überzeugt vom Ergebnis der These 13, dass die Abschaffung des Körperschaftsstatus der einzige gleichheitskonforme Weg ist.

Ein Satz zu Christoph Möllers. Mich hat die Dekonstruktion der Neutralität auf der Ebene der Verfassungsvoraussetzungen sehr angesprochen. Eine Rückfrage wäre: Bleibt von der Neutralität gar nichts übrig? Oder gibt es nicht doch eine Restvoraussetzung, an der wir festhalten müssen? Unfertig und als Idee in den Raum gesprochen: Wäre die wechselseitige Autonomie von öffentlicher Gewalt und Religion nicht eine solche Voraussetzung, ohne die ein freiheitlicher Verfassungsstaat nicht funktionieren kann?

**de Wall:** Frau Sacksofsky, ich möchte Ihnen ausdrücklich zustimmen zu der These, dass Inklusion von Religionsgemeinschaften statt Exklusion gefragt ist und anders als Michael Germann bin ich auch der Meinung, dass es tatsächlich Zeichen von Exklusion gibt; jedenfalls werden Bestrebungen der Muslime, inkludiert zu werden, derzeit enttäuscht. Die Thesen 12 und 13 scheinen mir dann doch eine etwas merkwürdige Taktik bei der Inklusion vorzugeben, nämlich Inklusion durch Exklusion einer zur Verfügung stehenden Rechtsform, die diejenigen, die inkludiert werden möchten, gerade erlangen wollen. Das erscheint mir nicht ganz konsequent. Jetzt aber zu meinem eigentlichen Einwand, dem grundsätzlicheren. Sie behaupten ja in These 12 ein Dilemma, dessen Existenz doch hinterfragbar ist. Inwiefern wird durch den Körperschaftsstatus Teilhabe an öffentlicher Gewalt, die durch das Grundgesetz konstituiert ist, vermittelt? Der Körperschaftsstatus wird doch üblicherweise sehr viel bescheidener verstanden als Möglichkeit, in einzelnen Bereichen von Rechtsformen Gebrauch zu machen, die sonst typischerweise nur vom Staat benutzt werden, und nicht mehr. Diese Möglichkeit, von bestimmten Rechtsformen Gebrauch zu machen, dient zum einen der Förderung und zum anderen dem Selbstverständnis der Religionsgemeinschaften. Warum führt es in ein Dilemma, andere Religionsgemeinschaften daran zu beteiligen, und wieso ist es Voraussetzung, dass die Religionsgemeinschaften sich der Verfassung des Staates verpflichtet fühlen? Sie dürfen die Verfassung nicht bekämpfen, das ergibt sich schon aus den Schranken der Grundrechte, die wir ohne weiteres heranziehen können. Aber dass hier ein Dilemma vorliegt, das scheint mir nicht der Fall zu sein. Im Übrigen kann ich mich an das anschließen, was Herr Walter gesagt hat.

**Classen:** Meine erste Bemerkung betrifft den Körperschaftsstatus, und da kann ich anknüpfen an das, was Herr de Wall gesagt hat. Mit diesem Status wird den Religionsgemeinschaften die Möglichkeit eröffnet, in einer bestimmten Rechtsform tätig zu werden. Über das, was materiell die öffentliche Gewalt ausmacht, nämlich die Fähigkeit, auch gegenüber Unbeteiligten, also Personen, die nicht der Gemeinschaft beigetreten sind usw., Hoheitsgewalt auszuüben, Zwangsmaßnahmen zu ergreifen, verfügen die Religionsgemeinschaften damit aber nicht. Allen deren Hoheitsakten kann man sich mit sofortiger Wirkung durch Austritt entziehen. Von daher geht es beim Körperschaftsstatus nur um die äußere Rechtsform, aber nicht um das, was inhaltlich unter öffentlicher Gewalt im Sinne des Grundgesetzes zu verstehen ist. Mit dieser Überlegung kann man, glaube ich, alle insoweit aufgeworfenen Probleme lösen.

Dann Bemerkungen zu Christoph Möllers. Zunächst zu These 4. Mich hat etwas der Hinweis auf die Allzuständigkeit des Staates gestört. Sie haben ja, Herr Möllers, in These 7 die Transzendenz von Religion angesprochen. Für die Regelung des Jenseits, für das Seelenheil der Menschen ist der Staat prinzipiell nicht zuständig. Im übrigen kann der Staat bestimmte Entscheidungen treffen, die dann im Ergebnis die eine Religionsgemeinschaft stärker begünstigen als die andere, zum Sonntagsschutz oder zum Schächten oder zu was auch immer. Aber selbst dann muss er bei der Begründung dieser Entscheidung an andere Gesichtspunkte anknüpfen als die Religionsgemeinschaft bei ihren Festlegungen. Und wenn der Staat Heimstatt aller Bürger sein soll, dann muss insoweit natürlich auch die Gleichheit eine zentrale Rolle spielen; die Tradition ist insoweit kein Ersatzargument. Insofern möchte ich auch dezidiert Ute Sacksofsky mit ihrem gleichheitsrechtlichen Impetus unterstützen, denn jede Ungleichbehandlung heißt ja, dass der einen Religion mehr und der anderen weniger Freiheit zugebilligt wird. Von daher besteht hier eine ganz unmittelbare Verknüpfung von Freiheit und Gleichheit.

In diesem Zusammenhang eine letzte Frage an Herrn Möllers zur These 18, wo ja die demokratische Gestaltungsmöglichkeit in Bezug auf die Zulassung religiöser Symbole angesprochen wird. Weder dort noch sonst irgendwo wird die Gleichheit besonders angesprochen. Daher meine Frage, spielt die Gleichheit aus Ihrer Sicht tatsächlich keine Rolle, oder ist es einfach der Zeit geschuldet, dass das nicht zum Ausdruck gebracht wurde? Vielleicht könnten Sie insoweit Ihre Überlegungen noch etwas ergänzen.

**Engel:** Ein unvermeidlicher weiterer Gegenstand – ich will nicht gleich Streitgegenstand sagen – ist das Kopftuch.

**Detterbeck:** Ich fasse mich kurz und komme gleich zum Unwesentlichen, wie Herr Isensee vor vielen Jahren einmal so trefflich formulierte. Es geht mir um den Punkt Kopftuchverbot, den Frau Sacksofsky mehrfach thematisierte. Hierbei sind nach meinem Dafürhalten zwei, drei Aspekte etwas unterbelichtet geblieben. Zum einen geht es beim Kopftuchverbot nur um den Bereich des öffentlichen Dienstes und nicht um das Leben außerhalb des öffentlichen Dienstes. Der öffentliche Dienst aber ist kein Medium der freien Selbstentfaltung der Dienstnehmer, sondern der Dienstnehmer repräsentiert in erster Linie den Staat. Er hat seinen Dienst – wenn nicht mit Freude – so doch zumindest mit ganzer Hingabe zu verrichten, und ein tragendes Strukturprinzip des öffentlichen Dienstes, auch wenn das etwas altvordern klingt, meine Damen und Herren, ist unbestreitbar die Neutralität des Dienstnehmers. Und nichts anderes als diese Neutralitätspflicht des Dienstnehmers, die nicht nur die Beamten, sondern auch die Angestellten und sonstigen Dienstnehmer trifft, hat der Gesetzgeber ausgestaltet und konkretisiert. Zum anderen kenne ich kein einziges Gesetz in Deutschland, das speziell das Tragen von Kopftüchern verbietet. Derartige Gesetze gibt es in Deutschland nicht. Die einschlägigen Gesetze verbieten das Tragen und Verwenden von Symbolen, Kennzeichen und Kleidungsstücken, die objektiv geeignet sind, das Vertrauen in die Neutralität der Amtsführung der Dienstnehmer zu beeinträchtigen. Welche Symbole, Kleidungsstücke und Merkmale dies sind, entscheiden die Verwaltungsbehörden, die insoweit allerdings keinen Beurteilungsspielraum haben, und letztinstanzlich zunächst einmal die Fachgerichte und dann gegebenenfalls die Verfassungsgerichte. Und wenn nun das islamische Kopftuch ein Symbol ist, dessen Verwendung das Vertrauen in die Neutralität der Amtsführung gefährdet, dann ist das Tragen des Kopftuches nicht verboten, weil es ein islamisches Kennzeichen ist, sondern weil diesem Kopftuch u.a. auch eine politische Funktion zukommen kann. Wenn das Tragen eines kleinen Kreuzes erlaubt ist, das nur bei größter Anstrengung etwa im Dekolleté einer Lehrerin erkennbar ist, dann nicht deswegen, weil es ein christliches Symbol ist, sondern weil dieses Symbol nicht geeignet ist, das Vertrauen in die Neutralität der Amtsführung zu gefährden. Insoweit werden sämtliche Religionen in Deutschland nach meiner festen Überzeugung gleich behandelt. Und wenn der Gesetzgeber auf Werte der christlich und humanistisch geprägten abendländischen Tradition abstellt, dann tut er dies in Anknüpfung an die beiden Leitentscheidungen des Bundesverfassungsgerichts im 41. Bande, in denen das Bundesverfassungsgericht zum Ausdruck gebracht hat: Hier geht es nur um grundlegende Werte des Grundgesetzes wie Menschenwürde, Gleichberechtigung, Toleranz oder das Demokratieprinzip.

**Bock:** Zunächst zur Abgrenzung zwischen religionsbezogener Meinungsäußerung und religionsbezogener Aufforderung zum Handeln, sodann zum Kopftuch. Das von Herrn Möllers mit gutem Grund angesprochene Problem der grundrechtlich geschützten religiösen – im Extremfall: theokratischen – Überzeugungen und der Gefahrenabwehr im Bereich politischen Handelns birgt besondere Schwierigkeiten. Das zeigt sich, wenn man islamische, als fundamentalistisch bezeichnete und teils zum Terrorismus neigende Strömungen näher betrachtet: Glücklicherweise steht uns mit dem Film Hamburger Lektionen eine Reihe von Predigten mit eben dieser Ausrichtung in einer Hamburger Moschee aus dem Jahr 2000 zur Verfügung. Die Frage, ab wann wir einen Aufruf zum Handeln vor uns haben, einen Aufruf, auf den wohl bemerkt auch die Terroristen vom 11. 09. 2001 reagiert haben mögen, diese Frage ist schwer zu beantworten. Dazu bedarf es der Kenntnis islamischer Theologie. Dann aber ergibt sich eine klare Antwort: Der Prediger hätte, abgesehen von der Möglichkeit strafrechtlicher Verfolgung, damals sofort ausgewiesen werden können und müssen. Rechtlich wäre das möglich gewesen. Die staatlichen Organe wussten in jeder Hinsicht zu wenig und konnten deshalb ihren Aufgaben nicht nachkommen.

Nun zum Kopftuch: Die insofern von Frau Sacksofsky angesprochene Problematik bedarf – das habe ich zum Teil vermisst – genauerer dogmatischer Kleinarbeitung. Für die Schule stellt sich die Frage, ob Kopftuch tragende Lehrpersonen durch ihre Autorität die Konflikte in muslimischen Familien in die eine oder andere Richtung beeinflussen. Wie offen darf oder muss die Schule dafür sein? Diese Frage stellt sich zugleich mit der Frage nach der Grundrechtsberechtigung der Lehrpersonen. Dieser Streit wirkt sich auch auf die unterschiedlichen Landesgesetze aus. Das Kopftuch von Schöffinnen oder Richterinnen steht in einem ganz anderen Konfliktfeld. Hier geht es auch um Fragen der Befangenheit und um weitere Probleme, die ich hier nicht im Einzelnen erörtern kann.

Anschließend noch zwei kurze Anmerkungen zum Vortrag von Frau Sacksofsky: Eine Kultursteuer führte schlicht zu einer Verstaatlichung bisher freiwillig wahrgenommener Aufgaben und damit zu einem Minus an Freiheit. Zum Vorschlag betreffend den Körperschaftsstatus: Sollte man den in den Vereinigten Staaten anzutreffenden Formen der Bildung und der Praxis von Religionsgemeinschaften gegenüber den in Deutschland bewährten Formen den Vorzug geben – und darauf scheint mir Ihr

Vorschlag hinauszulaufen –, dann bedarf es für diese verfassungspolitische Grundentscheidung weiterer Argumente als der schlichten Berufung auf den Gleichheitsgedanken. Die Ingangsetzung eines derart grundlegenden, verfassungsrechtlichen wie verfassungspolitischen Wandels ist so nicht zu legitimieren.

**Engel:** Wir haben dann zwei Meldungen zum Thema Schule.

**Wißmann:** Beide Referenten haben mit unterschiedlichen Akzenten, aber doch im wesentlichen in einer bewährten Traditionslinie, den weiten Schutzbereich der Religionsfreiheit in seiner Sperrigkeit betont und verteidigt und damit – wenn ich es zustimmend pointieren darf – im Grundsatz die Gleichbehandlung des Ungleichen eingefordert.

Frau Sacksofsky hat das jedoch nochmals zugespitzt unter dem Aspekt einer strikten Gleichbehandlung, und dazu möchte ich zwei rückfragende Bemerkungen machen. Erstens: Ihr Lob der Kruzifix-Entscheidung war mit dem Bindewort inzwischen versehen. Sie haben so einen Bruch zu den Entscheidungen christliche Gemeinschaftsschule/Schulgebet zumindest angedeutet. Und das ist ja von genau entgegen gesetzter Warte schon genauso gesehen worden, dass sich hier ein Graben auftun würde. Ich will diese Sichtweise in Frage stellen. Besteht dieser Graben wirklich? Geht es hier nicht vielmehr um zwei ganz verschiedene Fragen, die man deutlich unterscheiden muss, nämlich zum einen das symbolisch-abgeschlossene Staatshandeln und zum anderen die Möglichkeit gelebter Religiösität im öffentlichen Raum? Konkret gewendet: Wenn der Staat Schule praktisch ausschließlich veranstaltet, dann gehört zu diesem Bildungsprozess auch die Freiheit zur Religion, nicht nur als innerliche Haltung, sondern auch als personaler, offener Prozess und damit als positive Bezugsgröße einer pluralistischen Schule, wie Herr Möllers es genannt hat. Und dann – wenn man das so verknüpft – macht auch die von Ihnen ebenfalls gelobte Kopftuchentscheidung einen neuen Sinn, die nämlich die Lehrerin als Person in diesem Prozess pluralistischen Unterrichtens wahrnimmt und ernst nimmt. Es wäre sozusagen eine neue, im Kern widerspruchsfreie Linie von Schulgebet und Gemeinschaftsschule über Kruzifix zum Kopftuch freizulegen. Dabei entsteht dann für die schulische Realität ein in der Tat sehr anspruchsvolles Konzept. Es ist fragil, es ist nicht vollzugsfähig, sondern muss immer wieder mit Leben gefüllt werden. Das wäre eine Aufgabe qualitätsvoller Personalsteuerung und Inhaltssteuerung.

Zweite, knappe Bemerkung: Zum Körperschaftsstatus ist schon Entscheidendes gesagt worden. Es geht nicht um Teilhabe an öffentlicher Gewalt, es geht um die Entsprechung zur inneren Struktur einer Religionsgemeinschaft, also ein Formangebot des Staates. Das eigentliche Problem, das Sie nicht behandelt haben, das auch bisher nicht weiter erwähnt worden ist, ist dabei doch das gerade an den Körperschaftsstatus geknüpfte Privilegienbündel. Diese Verknüpfung aufzulösen wäre vielleicht der richtigere Ansatz. Dankeschön.

**Hufen:** Ich bin beiden Referenten sehr dankbar, dass sie das Thema Schulpflicht angesprochen haben und gerade die uneingeschränkte Schulpflicht auch gegenüber religiösen Argumenten im Bereich der Sexualkunde, der Klassenfahrten, des Sportunterrichts usw. sehr deutlich betont haben. Das ist in Zeiten einer Infragestellung der Schulpflicht aus dem Blickwinkel des Elternrechts oder der religiösen Erziehung und des sogenannten „home schooling" wichtig, das ja im europäischen Ausland und in Amerika schon einige Erfolge erzielt hat. Die Volksschule – ich benutze diesen vermeintlich veralteten Begriff hier ganz bewusst – als Schule für das ganze Volk hat heute die Bedeutung der sozialen Gleichheit, der Integration, auch der Gleichberechtigung der Geschlechter, und das ist ein sehr wichtiges Erziehungsziel, das sich im übrigen in allen Schulgesetzen finde. Deshalb also ein deutliches Ja dazu. Man kann das sogar noch staatspolitisch erweitern. Unter den Bedingungen der kulturellen Migrationsgesellschaft und auch im Hinblick auf das Ziel der sozialen Gleichheit – das vielleicht als kleine Brücke zum Thema des heutigen Nachmittags – ist die für alle gemeinsame Schule eben eine Institution, in der der Staat Voraussetzungen schafft und beeinflussen muss, von denen er lebt, um dieses Zitat einmal mal umzudrehen, das ja mehrfach angesprochen worden ist. Und gerade in diesem Zusammenhang finde ich es dann doch bedenklich, dass Frau Sacksofsky die Brücke zur Gleichberechtigung der Schülerinnen nicht geschlagen hat, sondern nur auf die Gleichberechtigung und die Religionsfreiheit der Lehrerin eingegangen ist. Dabei scheint mir hier die eigentliche verfassungsimmanente Schranke der Religionsfreiheit der Lehrerin zu liegen. Sie kann das Erziehungsziel Gleichberechtigung als Trägerin dieses Symbols nicht glaubhaft verkörpern. Ein muslimisches Mädchen in der Schule, dem die Brüder aufsitzen, wenn sie sich nicht verschleiert, das der Vater von der Klassenfahrt fernhält, hat einen Anspruch darauf, in der Schule nicht wieder mit einer Lehrerin mit Vorbildfunktion konfrontiert zu werden, die ihr wieder sagt, du bist religiös nicht in Ordnung, wenn du kein Kopftuch trägst. Das ist der eigentliche Grund des Kopftuchverbots, die Gleichberechtigung der Mädchen und die Integrationsfunktion der Schule. Vielen Dank.

**Möllers:** Ich danke erstmal sehr für die Zustimmung, und da wir in einer wissenschaftlichen Vereinigung sind, danke ich natürlich noch herzlicher für die Kritik. Lassen Sie mich vielleicht damit beginnen, noch etwas zum Neutralitätsprinzip zu sagen, weil ich glaube, dass hier zum Teil auch in den zustimmenden Äußerungen ein kleines Missverständnis aufgetreten sein könnte. Meine Kritik am Neutralitätsprinzip kann ich letztlich eigentlich am Komplex Schule, am Fall des Kruzifixes, relativ klar formulieren: Wenn eine demokratische Gemeinschaft sich dazu entscheidet, ein religiöses Symbol in ihrer Schule aufzuhängen, dann scheint mir das erstmal eine legitime demokratische Entscheidung zu sein. Wenn es unter Schulpflicht stehende Beteiligte gibt, die plausibel machen können, dass ihre eigenen religiösen Geltungsansprüche dadurch in Frage gestellt werden, dann ist dieser Fall grundrechtsdogmatisch zu lösen. Für ein Neutralitätsprinzip jenseits der demokratischen Entscheidung einerseits und dem grundrechtlichen Anspruch andererseits scheint mir kein Platz zu sein. Ich habe mich also gegen die Objektivierung der gleichen Freiheit gewandt, die dann zu einem Konstitutionalisierungsprinzip wird, das die Möglichkeiten, solche konkurrierenden Geltungsansprüche individuell zu lösen, beschränkt, das Ganze fundamentalisiert, und sozusagen prinzipiell lösen will, wo viele verschiedene Lösungsmöglichkeiten denkbar sind. Es geht stattdessen darum zu verhindern, dass wir hier das Subjektive objektivieren, dass wir festhalten: Wir haben nicht mehr als die religiöse Freiheit von Einzelnen und die Selbstbestimmung einer Gemeinschaft, die sich sowohl als laizistisch, als auch als agnostisch, als auch als religiös verstehen kann. Mehr nicht.

Das ist meine Kritik am objektiven Neutralitätsprinzip und das bedeutet zugleich, dass ich natürlich, genauso wie Frau Sacksofsky, bei deren Vortrag mir eigentlich eher die Übereinstimmungen mit meinem Vortrag aufgefallen sind, für ein Prinzip gleicher Freiheit plädiere. Es gibt gar keinen anderen Freiheitsbegriff. Freiheit ist immer die abstrakte Formulierung eines Rechtes, eines einklagbaren Rechtes, das generell abstrakt formuliert zur Freiheit wird. Wäre es nicht generell abstrakt formuliert, stünde es also nicht allen prinzipiell gleich offen, wäre es ein Privileg. Das ist etwas ganz anderes, eine ganz andere Kategorisierung. Also, im Begriff der Freiheit selbst, und das ist immer noch kantianisch am besten zu Ende zu denken, ist der Begriff der gleichen Freiheit schon angelegt. Mehr, denke ich, brauchen wir nicht.

Darum brauchen wir, um auf Herrn Walters Frage einzugehen, in der Tat auch keinen Autonomieschutz für Religion im Ganzen. Ich bin mir auch nicht sicher, ob es so etwas wie Autonomie zwischen Religion und Politik überhaupt gibt. Das sind alles noch die alten Theorien der sozialen Ausdifferenzierung von Max Weber bis Niklas Luhmann, über die wir in sehr vielen Bereichen, auch in der Kritik der Säkularisierung im Moment hinweg kommen. Mir scheint, wir müssen dabei bleiben zu fragen: Kann das Recht kollidierende Geltungsansprüche lösen oder kann es das nicht? Und wir müssen Antworten darauf nicht soziologisch oder in irgendeiner anderen Weise prinzipiell überhöhen. Damit ist aber auch deutlich gesagt, dass es in dem Augenblick, in dem Minderheitenreligionen – um das mal so ganz pauschal zu sagen – ihre Geltungsansprüche plausibel machen können, sie natürlich das Recht haben, diese Geltungsansprüche auch durchzusetzen zu können, und deswegen ist auch klar, dass aus dem Prinzip gleicher Freiheit auch folgen muss, dass der Gesetzgeber nicht die Freiheit hat – und das habe ich relativ ausdrücklich formuliert –, bestimmte religiöse Geltungsansprüche einfach hinwegzudefinieren oder andere als „Kultur" zu privilegieren. Darum würde ich Herrn Classen im Ergebnis zustimmen und deswegen scheint mir auch die Gesetzgebung im Schulbereich, die wir im Moment in Hessen oder in Bayern erleben, verfassungsrechtlich sehr bedenklich zu sein.

Im Übrigen, um diesen kleinen Hinweis noch zu geben, ist die aktuelle Auslegung der Rechtsprechung des Bundesverfassungsgerichts im 41. Band zur christlichen Gemeinschaftsschule durch die Gerichte doch sehr eigentümlich. Die alte Rechtsprechung hatte ja eine ganz andere Stoßrichtung. Ich möchte dem, was Herr Detterbeck implizit gesagt hat, widersprechen. Sie diente erst einmal dazu, unter den Bedingungen eines relativ definierten verfassungsrechtlichen Textbefundes, den Minderheitenrechten der Beteiligten einen möglichst weiten Raum zu liefern. Diese Deutung wird gerade jetzt umgedreht und so werden die Entscheidungen im 41. Band zum Teil von der Verwaltungsrechtsprechung und den Landesverfassungsgerichten wörtlich unrichtig zitiert, um dann zu sagen, wir haben ja einen Kulturvorbehalt zugunsten christlicher Religionen, der so vom Bundesverfassungsgericht nie gemeint war.

Damit habe ich vielleicht auch andere Fragen beantwortet, mit Blick auf Herrn Waechter zum Beispiel, und das führt mich zum zweiten Punkt, zum Kulturvorbehalt. Ich fand es sehr interessant, dass der Vorbehalt christlicher Identität, der doch eine gewisse Renaissance in der Literatur erlebt hat, seit Mitte/Ende der 90er Jahre bis heute, eigentlich von niemandem in der Diskussion mit Ausnahme von Herrn Weiß noch vertreten wurde – auch von Diskussionsbeiträgern nicht, die das schriftlich getan haben. Ich nehme das mal als implizite Zustimmung dazu, dass dies anscheinend eine Konzeption ist, die man konsistent schwerlich vertreten kann. Der Vorbehalt christlicher abendländischer Identität ist offensichtlich in seinen eigenen Begründungsnöten nicht mehr wirklich haltbar.

Dazu noch ein letztes Wort – um doch noch mal etwas konkreter auf die Frage von Herrn Weiß einzugehen. Sie haben auf die „eigenen Werte" verwiesen und gefragt, warum wir nicht im Verfassungsrecht auf diese Werte rekurrieren dürfen. Meine Gegenfrage wäre mit Blick auf den Kulturvorbehalt: Was sind eigentlich die eigenen Werte? Sind es die Werte von Adolf Süsterhenn? Oder sind es die Werte von Carlo Schmid? Ich glaube, schon wenn Sie in den Parlamentarischen Rat hineingucken, werden Sie die Identität des „Eigenen" hier überhaupt nicht mehr in einer Form definieren können, die fallentscheidend zu operationalisieren wäre.

Der Begriff der Verfassungsvoraussetzung wurde mir teilweise entgegengehalten, sozusagen gegen meine Kritik verteidigt, und gesagt: Wir brauchen diesen Begriff noch. Ich greife mal Herr Häberles Beitrag heraus: Sie haben natürlich in der Ihnen eigenen unnachahmlichen Art den Begriff sofort dynamisiert. Sie haben aus dem Begriff etwas Bewegliches gemacht, einen Prozess, ein Verfahren, und ich würde Ihnen da in vielem im Ergebnis zustimmen, würde aber denken, dass wir dann den Begriff auch nicht mehr brauchen. Gerade ein Begriff, der wie „Voraussetzung" die Dichotomie, das Bedingungshafte, in seiner Semantik doch relativ solide verankert sieht, kann dann nicht mehr für ein in Bewegung gesetztes Verfassungsverständnis verwendet werden. Ich würde daher weiterhin dabei bleiben, für eine Abschaffung des Begriffs zu plädieren, zugleich aber, um Herrn Brydes Frage aufzugreifen, mit dem Begriff des Verfassungswandels gleichfalls skeptisch umgehen wollen, weil der Begriff des Verfassungswandels eigentlich nie wirklich geklärt hat, wo das Subjekt und das Objekt des Wandels ist. Was wandelt sich? Was wird gewandelt? Sind es soziale Bedingungen, die Recht wandeln? Ist es Recht, das aufgehoben bleibt in sozialen Bedingungen und seine Kontrafaktizität eigentlich nur gewährleisten kann, wenn es sich auch unter unterschiedlichen sozialen Bedingungen nicht wandelt? Hier scheint mir eine Unschärfe zu liegen, die nicht wirklich behoben werden kann, und die den Begriff strukturell sehr, sehr schwer brauchbar macht. Ich glaube, wir müssen zwischen Text und Anwendung unterscheiden, und so wie die Literaturwissenschaftler ja nicht von einem Hamlet-Wandel reden, sondern nur von unterschiedlichen Auslegungen dieses Textes, sollten wir vielleicht auch etwas genauer fragen, worüber wir eigentlich reden, wenn wir über Verfassungswandel sprechen.

Lassen Sie mich – und meine Zeit ist schon fast um, das ist ja wirklich sehr kurz, muss ich dem Vorstand sagen – noch zu spezifischen Fragen der Religionsfreiheit kommen. Herr Schönberger hatte mich gefragt, was ist das Spezifikum der Religionsfreiheit und der Gefahren, die von

Religion ausgehen? Beides kann man vielleicht in einem behandeln. Und natürlich wäre die erste Antwort: Man kann keine ordentliche Antwort geben, gegen die nicht ein guter Religionssoziologe ein Gegenbeispiel findet. Wir haben also die Vielfalt religiöser Erfahrungen, die es offensichtlich nicht wirklich möglich machen, das zu fixieren. In einem zweiten Schritt würde ich sagen, womit wir es zu tun haben, ist offensichtlich ein gesellschaftliches Phänomen der Vergemeinschaftung mit normativem Anspruch. Und das ist vielleicht etwas, was die Religionsfreiheit z.B. von Kunst oder Eigentum oder anderen Bereichen unterscheidet. Wir haben ein Vergemeinschaftungsphänomen, das nicht immer, aber doch in den für uns relevanten religiösen Erfahrungen normativ auftritt, und damit beginnt dann das Problem, und da scheint mir dann die Analogie zur Politik als der Frage, wie gehen wir eigentlich mit Politik, mit politischer Meinungsbildung usw. um, diejenige zu sein, die uns vielleicht auch juristisch am besten weiter helfen kann. Das erfasst viele Formen von Religion natürlich nicht, aber erfasst vielleicht die Probleme, die wir haben, am besten.

Ist Religion also gefährlich, zum Schluss? Ja, ich denke, natürlich soll Religion gefährlich sein. Die Frage kam noch mal von Herrn Germann auf, und ich denke, wir müssen uns noch mal deutlich machen, dass wir religiöse Geltungsansprüche ernst nehmen müssen, und wenn wir religiöse Geltungsansprüche ernst nehmen müssen, dürfen wir diese nicht vergemeinschaften. Wir müssen uns immer wieder an ihnen stören, sie müssen uns irritieren, sie müssen Konflikte erzeugen, und dann kann es auch sein, dass sie eine positive, sozusagen öffentliche Rolle für ein demokratisches Gemeinwesen stiften; aber es kann auch sein, dass das scheitert, und auch wenn es scheitert, müssen wir die Religionsfreiheit schützen.

**Sacksofsky:** Sie werden es mir verzeihen, dass ich nicht auf jeden einzelnen Kritikpunkt eingehen kann – es waren doch eine ganze Reihe und mir sind nur 8–9 Minuten gestattet worden: Ich werde daher einige Gesichtspunkte bündeln. Ich bitte all diejenigen, auf deren Frage oder Einwand ich im Schlusswort nicht eingehen kann, mich hinterher noch einmal anzusprechen; im privaten Gespräch bin ich gerne bereit, intensiv weiter zu diskutieren. So richtig viel Zustimmung habe ich nicht bekommen. Daher will ich mich auf die grundlegenden Einwände konzentrieren und damit versuchen, noch ein bisschen für meine Position zu werben. Mehr kann ich nicht tun. Denn in mancher Hinsicht trennen uns fundamental unterschiedliche Positionen, die es uns nicht erlauben werden, zu Übereinstimmung zu kommen. Es gab aber auch ein paar Missverständnisse; diese werde ich versuchen aufzuklären.

Als ersten Punkt möchte ich das Thema Neutralitätsverständnis, Kultur und Recht aufnehmen. Dazu kamen eine ganze Reihe von Fragen: Herr Waechter, Herr Weiß, Herr Isensee, Herr Hillgruber, Herr Waldhoff. Zunächst eine Klarstellung: Ich gehe nicht von einem objektiven Neutralitätsbegriff aus und wundere mich etwas, dass man dies meinen Ausführungen entnommen hat. Ich glaube nicht, dass Recht in einem fixen Sinne objektiv oder neutral sein kann. Deshalb habe ich so viel über Gleichheit und über die verschiedenen Perspektiven der Gleichheit gesprochen. Ein vorgegebenes Neutralitätsverständnis gibt es nicht. Was es aber gibt, ist das Verbot der Privilegierung einer bestimmten Religion. Um dieses abzuleiten, brauche ich kein objektives Neutralitätsverständnis, sondern dies ist Inhalt der Gleichheit. Dies ist auch nicht, Herr Hillgruber, Herr Isensee, ahistorisch. Der Umstand, dass das Christentum über Jahrhunderte Staatsreligion in Deutschland war und noch heute unser Land prägt, beantwortet nicht die Frage, ob wir heute diese Religion rechtlich noch privilegieren dürfen. Diese Frage beantwortet sich allein aus dem Grundgesetz. Dass Herr Isensee mir dabei die Sacksofsky'sche Interpretation der verfassungswidrigen Verfassungsnormen unterstellt, verblüfft mich. Verfassungswidrige Verfassungsnormen habe ich weder behauptet, noch habe ich diese Rechtsfigur jemals unterstützt und würde dies – jedenfalls bei originärem Verfassungsrecht – auch nicht tun. Einige mögen sich erinnern: Die erste Norm, die vor dem Bundesverfassungsgericht als verfassungswidrige Verfassungsnorm angegriffen wurde, war der Sache nach der Gleichberechtigungssatz nach Art. 3 Abs. 2 GG Das Bundesverfassungsgericht ist diesen Vorstellungen in den fünfziger Jahren glücklicherweise nicht gefolgt.

Inwieweit darf unsere Geschichte und unsere Kultur denn dann eine Rolle spielen? Selbstverständlich prägt die christliche Tradition unsere Kultur und damit auch das Recht. Nur darf diese Prägung nicht durch die Privilegierung einer wie immer definierten christlichen Kultur im Rechtssinne erfolgen, sondern christliche Traditionen gehen nur dann in das Recht ein, wenn sie in demokratischen Verfahren Inhalt von Rechtsnormen geworden sind und die Grundrechte beachten. Viele der Institutionen, der Strukturen unserer Gesellschaft beruhen auf der Geschichte. In der Demokratie werden Gesetze von der Mehrheit gemacht, die dabei ihre Traditionen selbstverständlich mit einfließen lassen kann, so lange sie sich im Rahmen der Verfassung hält. Meine Vorstellung ist also nicht ahistorisch in dem Sinne, dass das Christentum nie in irgendeiner Weise in das Recht einfließen könnte. Ebenso erkenne ich durchaus an, dass viele unserer Grundrechte und grundlegenden Verfassungsprinzipien christliche Ursprünge haben, aber das heißt doch nicht, dass deshalb das Christentum weiter zu privilegieren wäre. Um kurz auf Christian Waldhoff zu antworten: Wenn das in Landesverfassungen anders geregelt ist, dann brauche ich wiederum keinen Rekurs auf die Figur der verfassungswidrigen Verfassungsnormen, sondern verweise relativ schlicht auf Art. 31 GG, wonach die Bundesverfassung entgegenstehendes Landesrecht bricht.

Sodann zu meinem Verständnis von Freiheit und Gleichheit. Insoweit wurde mir ja fast alles vorgeworfen: zuviel Freiheit, zuwenig Freiheit, zuviel Gleichheit, ich glaube, nur zuwenig Gleichheit, dieser Vorwurf kam nicht. Dass Freiheit und Gleichheit untrennbar zusammengehören, ist Ausgangspunkt meines Referates gewesen, die eigentliche Aufgabe ist, zu klären, wie Freiheit und Gleichheit einander im Hinblick auf konkrete Problemstellungen zuzuordnen sind. Für einige Bereiche habe ich das im Referat geklärt, einen ganz wichtigen Bereich musste ich jedoch weglassen: die Konsequenzen für die öffentliche Förderung von Religion. Über diesen Fragenkomplex hätte ich gerne länger nachgedacht und gesprochen, aber mein Thema lautete „Religion als Gefahr?“, so dass ich mich auf die Gefahrenabwehrseite konzentrierte und aus Zeitgründen nicht alle wichtigen Fragen im Verhältnis von Staat und Religion behandeln konnte.

Damit leite ich über zu dem konkreten Punkt, der die meiste Kritik hervorgerufen hat. Herr Heinig, Herr de Wall, Herr Walter, Herr Classen, Herr Bock, Herr Wißmann, Sie alle haben den Körperschaftsstatus angesprochen. Da habe ich mich offensichtlich nicht sehr glücklich ausgedrückt, denn das, was ich als Dilemma beschrieben habe, scheint nicht verstanden worden zu sein. Das Dilemma rührt daher, dass ich das Öffentliche im Begriff der Körperschaft des öffentlichen Rechts ernst nehme. Dies ist in der Diskussion bezweifelt worden; man dürfe eine Körperschaft des öffentlichen Rechts nicht als Teil der öffentlichen Gewalt begreifen. Wenn das so wäre, dann wäre mein Dilemma in der Tat behoben. Mir scheint es aber zweifelhaft, ob man das Öffentliche aus dem Körperschaftsstatus heraus definieren und so tun kann, als sei die Körperschaft des Öffentlichen Rechts eine Rechtsform, die sich von einer „Körperschaft des zivilen Rechts“ oder einem Verein nicht unterscheidet. Denn das Privilegienbündel, das mit dem Körperschaftsstatus einhergeht, rechtfertigt sich ja gerade aus der Beziehung zum Öffentlichen. Vielleicht besteht die Diskrepanz nur auf der symbolischen Ebene, aber nach meinem Eindruck geht es um mehr als nur Symbolik. Noch ein weiterer Gesichtspunkt spricht gegen den Körperschaftsstatus. Diese Rechtsform ist auch für Religionsgemeinschaften selbst nicht unproblematisch. Sieht man sich das Verfahren der Anerkennung genau an, betrachtet man, welche Fragen der Staat in diesem Verfahren an die Religionsgemeinschaften richtet und wie genau die Religionsgemeinschaften unter die Lupe genommen werden, dann ist das außerordentlich problematisch für die Religionsfreiheit. Die Zeugen Jehovas können davon ein Lied singen; dies wird in der Diskussion nur häufig vergessen, weil die großen Kirchen dieses Anerkennungsverfahren nicht durchlaufen müssen. Die Ausgestaltung dieses Anerkennungsverfahrens hängt am Status als Körperschaft des öffentlichen Rechts. Damit ist durch die Hintertür genau das eingeführt worden, was in den Verfassungsberatungen zurückgewiesen worden ist: eine Anerkennungsvoraussetzung für Religionsgemeinschaften. Wenn man das Dilemma so konstruiert, wie ich es getan habe, dann ist die Forderung nach Abschaffung des Körperschaftsstatus die logische, rechtspolitische Konsequenz. Wenn man hingegen kein Dilemma sieht, weil man den Körperschaftsstatus seines Bezugs zur Hoheitlichkeit entkleidet, oder mit dem Dilemma weiter leben will, muss man den Status auch nicht abschaffen.

Zuletzt zum Kopftuch und zum Bereich Schule: Herr Detterbeck, Herr Bock, Herr Wißmann, Herr Hufen haben diesen Bereich angesprochen. Herr Hufen, Sie haben argumentiert, das Kopftuch müsse aus Sorge um die muslimischen Mädchen verboten werden. Ich habe schon an vielen Diskussionen um das Kopftuch teilgenommen, doch dieses Argument haben die Befürworter von Kopftuchverboten bisher nicht vorgebracht; insoweit sind Sie der erste – dabei ist es eines der besten Argumente, eines, das mich am ehesten gewinnen könnte. Aber trägt dieses Argument wirklich auch nur eines der Kopftuchsverbotsgesetze? Es weist eine gewisse Parallelität zu der Argumentation auf, bei den Gesetzen zu Verboten religiöser Kleidung gehe es nicht um Kopftücher. Herr Detterbeck, wir haben uns darüber schon in einem anderen Zusammenhang gestritten. Es erinnert mich an das Verfahren vor dem Hessischen Staatsgerichtshof, in dem der Innenminister immer wiederholte, das Gesetz sage doch gar nichts über Kopftücher. Da stehe doch nur Neutralität. Das scheint mir angesichts der politischen Debatten, in denen diese Gesetze gemacht worden sind, nicht adäquat. Diese Gesetze verfolgten den zentralen Zweck, Kopftücher für Lehrerinnen zu verbieten, das sollte man nicht verbrämen. Auf die Beantwortung weiterer Fragen möchte ich nach einem Blick auf Herrn Engel und eingedenk dessen, dass Sie sicher in Ruhe Mittag essen wollen, verzichten. Ich bedanke mich für die Anregungen, die ich durch die Kritik gewonnen habe, und hoffe, dass es auch ein paar unter Ihnen gibt, die mir zustimmen. Vielen Dank!

**Engel:** Ich glaube, der Applaus macht überdeutlich, dass die Menge an Zustimmung nicht klein ist. Wir bedanken uns für einen ausgesprochen angeregten Vormittag.

## Zweiter Beratungsgegenstand:

# Soziale Gleichheit: Voraussetzung oder Aufgabe der Verfassung?

1. Bericht von Professorin Dr. *Ulrike Davy*, Bielefeld

Die Menschen werden kleiner sein,
wenn wir gegangen sind.
Theodor Kramer, 1943

Inhalt



---

Ich danke Patrick Blömeke, Martin Diewald, Bettina Heintz, Hartmut Krauß, Lutz Leisering, John Veit-Wilson, Ulrich Wenner, Ewald Wiederin und Hans F. Zacher für wichtige Hinweise und willkommene Ermunterung. Benjamin Davy danke ich für viel mehr als das (תודה). Daniela Krause hat mir mit viel Geduld die Welt der SOEP-Daten erschlossen. Mein Dank für mühevolle redaktionelle Hilfe geht an Hacer Bolat, Bernadette Goesmann, Annika Halbmeier, Tina Hapke, Christiane Hastaedt und Charlotte Strauch.

## I. Einleitung

Die Umsetzung der Agenda 2010 – sie steht für tiefe Einschnitte in die soziale Sicherheit – ist von einem nachhaltigen Diskurs über soziale Gerechtigkeit begleitet. Der Diskurs beschäftigt die Medien, die Politik und die Wissenschaft, allen voran die Soziologie, die darüber nachdenkt, wie die Neuausrichtung der Sozialstaatlichkeit zu deuten ist.[1] Jedenfalls in den Medien und in der Politik ist soziale Ungleichheit ein wiederkehrender Bezugspunkt.[2] Die Rede ist von Spaltungslinien in der Gesellschaft und sozialen Verwerfungen. Politisch brisant ist der Diskurs, weil parallel dazu eine politische Partei entstanden ist, die über beträchtliches Stimmenpotential verfügt. Die Linkspartei sieht ihre Hauptaufgabe darin, Gleichheit mit Freiheit zu verbinden.[3]

Die angesprochenen Phänomene bleiben so vage, dass ich mit einer allgemeinen Frage beginne: Was ist soziale Gleichheit, weshalb ist sie bedeutsam und wo könnten rechtliche Überlegungen ansetzen?

## II. Warum Gleichheit?

Die klarsten Antworten auf die Frage nach der Bedeutung von Gleichheit gibt die politische Philosophie. *Egalitarians* begründen die Relevanz der Gleichheitsidee mit einem Hinweis auf den Konsens der Menschen in der *original position* oder der Schiffbrüchigen auf einer unbewohnten Insel: In dieser Situation würde Gleichheit grundsätzlich zum Maßstab für die Verteilung von Ressourcen gemacht werden.[4]

---

[1] Vgl. die Beiträge in: St. Leibfried/U. Wagschal (Hrsg.) Der deutsche Sozialstaat. Bilanzen – Reformen – Perspektiven, 2000; *D. Döring* Die Zukunft der Alterssicherung, 2002; *D. Döring* Sozialstaat, 2004; aus internationaler Perspektive: P. Pierson (Hrsg.) The New Politics of the Welfare State, 2001; *G. Esping-Andersen/D. Gallie/J. Myles* Why we need a New Welfare State, 2002.

[2] Vgl. z.B. *H. Prantl* Das letzte Gefecht der Volksparteien, 28. 6. 2008, www.sueddeutsche.de; Kleine Anfrage der Fraktion DIE LINKE v. 9. 8. 2006, BT-Drs. 16/2388; Antrag der Fraktion Bündnis 90/Die Grünen v. 14. 11. 2007, BT-Drs. 16/7136; Antrag der Fraktion DIE LINKE v. 12. 12. 2007, BT-Drs. 16/7471.

[3] Programmatische Eckpunkte v. 24. und 25. 3. 2007, unter: www.die-linke.de/partei/dokumente.

[4] Die Rawlsianische Gerechtigkeitstheorie ist konzipiert für eine demokratische Gesellschaft (*democratic society*). In einer demokratischen Gesellschaft betrachten Bürger sich als frei und gleich (*J. Rawls* Justice as Fairness. A Restatement, 2001, § 2.3: „as free and equal persons"; vgl. auch *J. Rawls* A Theory of Justice, 1971, § 77). An diesem Ausgangspunkt hat Gleichheit keinen Bezug zu Ressourcen. Gleichheit bezieht sich vielmehr auf die Gleichheit von Menschen als Menschen (*as persons*): Den Verhandlungen

*Libertarians* dagegen beziehen Gleichheit auf ein bestimmtes – eben gleiches – Bündel an Freiheitsrechten.[5] Die ungleiche Verteilung von Ressourcen interessiert nicht: Ungleichheiten seien nichts weiter als das Ergebnis freier Einzelentscheidungen.[6]

Freilich behaupten selbst *egalitarians* nicht, dass Ungleichheiten stets ungerecht seien. Ungleichheiten sind bloß rechtfertigungsbedürftig: Unproblematisch scheint Ungleichheit dann, wenn die Unterschiede auf unterschiedliche Neigungen oder unterschiedlichen Einsatz zurückzuführen sind.[7] Dasselbe gilt, wenn Menschen ihre Talente vergeuden,[8] unterschiedlich risikobereit oder unterschiedlich vom „Glück" gesegnet sind.[9] Denn persönliche Verdienste sollten belohnt werden, Anreizsysteme seien notwendig. Schwierigkeiten bereiten Unterschiede in der Ressourcenverteilung, die auf unterschiedliche Begabungen zurückzuführen sind, auf die Geburt in eine soziale Schicht oder an einem be-

---

in der *original position* liegt die Annahme zugrunde, daß Menschen über ein gleiches Maß an jenen moralischen Fähigkeiten (*moral powers*) verfügen, die sie zur Zusammenarbeit in einer demokratischen Gesellschaft benötigen. Freie und gleiche Menschen nun würden sich – so nimmt *Rawls* an – in den Verhandlungen in der *original position* mit Blick auf „primary goods" (Freiheiten, Chancen, Einkommen und Vermögen, Grundlagen für die Selbstachtung) auf ein Verteilungsprinzip verständigen, das prinzipielle Gleichverteilung ins Auge faßt (*Rawls* Theory, § 11, 62). Ausgangspunkt der Dworkinschen Gerechtigkeitstheorie ist ein Schiffbruch (*R. Dworkin* What is Equality? Part 2: Equality of Resources, Philosophy and Public Affairs 10/4 [1981] 283): Mehrere Schiffbrüchige gelangen auf eine unbewohnte, aber reichlich mit Ressourcen ausgestattete Insel. Das Ergebnis ihrer Verhandlungen ist nach Dworkin's Meinung: „These immigrants accept the principle that no one is antecedently entitled to any of these resources, but that they shall instead be divided equally among them" (ebd. 285).

[5] So zu Recht der Hinweis bei *A. Sen* Inequality Reexamined, 1992 (reprint 1995) 13. Die libertäre Position wird v.a. repräsentiert durch *R. Nozick* Anarchy, State, and Utopia, 1974 (reprint 1992).

[6] *R. Nozick* (Fn. 5) 149 f: „In a free society, diverse persons control different resources, and new holdings arise out of the voluntary exchanges and actions of persons". Diese Verteilung sei auch gerecht, solange sie das Ergebnis bestimmter Regeln über den Erwerb sei. Dann nämlich seien die Individuen dazu berechtigt, die Dinge zu besitzen, die sie besitzen (*entitlement theory*, ebd. 150ff.). Welche Regeln genau „justice in acquisition" und „justice in transfer" verbürgen, legt *Nozick* allerdings nicht offen (ebd. 153: „I shall not attempt that task here").

[7] *J. Rawls* Restatement (Fn. 4) § 21.1; *R. Dworkin* (Fn. 4) 292 f, 304; *A. Sen* Inequality (Fn. 5) 85.

[8] *J. Rawls* Restatement (Fn. 4) § 18.3 a.E.; *A. Sen* Inequality (Fn. 5) 148; *N. Daniels* Equality of What: Welfare, Resources, or Capabilities? Philosophy and Phenomenological Research, 50, Suppl. (1990) 273 (285).

[9] *R. Dworkin* (Fn. 4) 293ff.; *A. Sen* Justice: Means versus Freedom, Philosophy and Public Affairs 19/2 (1990) 111 (116).

stimmten Ort der Welt.[10] Diese Ungleichheiten gelten als ungerecht und ausgleichspflichtig.[11]

Der Soziologie verdanken wir eine Schärfung des Begriffs der sozialen Ungleichheit. Soziale Ungleichheit bezeichnet eine gesellschaftlich bestimmte Lage, in der Menschen unterschiedliche Verfügungsgewalt über Ressourcen und Lebenschancen haben.[12] Soziale Ungleichheit hat nicht von vornherein den Beigeschmack von Ungerechtigkeit. Die Ungleichheitsforschung will Ungleichheit in erster Linie beschreiben.[13] Für die allgemeine Soziologie ist soziale Ungleichheit im Wesentlichen ein Merkmal (auch) der Moderne.[14] *Simmel* erklärt sie mit einem Wesens-

---

[10] *J. Rawls* Restatement (Fn. 4) § 16.1, § 21.1; *R. Dworkin* (Fn. 4) 306 ff; *A. Sen* Inequality (Fn. 5) 79 ff; *Th. Nagel* Equality and Partiality, 1991, 10ff.; *Th. Pogge* World Poverty and Human Rights, 2002.

[11] Für *Rawls* müssen Ungleichheiten zugleich den Schlechtestgestellten nützen (Theory [Fn. 4]) § 11, § 13; Restatement [Fn. 4] § 13), für *Dworkin* dürfen die individuell verfügbaren Ressourcen eine Mindestschwelle nicht unterschreiten (Equality [Fn. 4] 312ff.). Kritisch gegenüber Ansätzen, die „equality of fortune" in den Mittelpunkt rücken, *E. S. Anderson* What is the Point of Equality? Ethics 109/2 (1999) 287.

[12] *St. Hradil* Soziale Ungleichheit in Deutschland, 8. Aufl. 2001 (Nachdruck 2005) 29: „In der soziologischen Terminologie wird immer dann von ‚sozialer Ungleichheit' gesprochen, wenn als ‚wertvoll' geltende ‚Güter' *nicht absolut gleich verteilt* sind" (Hervorhebungen im Original). Menschen, die über solche wertvollen Güter verfügen, erscheinen danach im Verhältnis zu anderen, die über solche Güter nicht verfügen, als besser- oder höhergestellt. Ähnlich *R. Kreckel* Politische Soziologie der sozialen Ungleichheit, 3. Aufl. 2004, 17: „Soziale Ungleichheit im weiteren Sinne liegt überall dort vor, wo die Möglichkeiten des Zuganges zu allgemein verfügbaren und erstrebenswerten sozialen Gütern und/oder zu sozialen Positionen, die mit ungleichen Macht- und/oder Interaktionsmöglichkeiten ausgestattet sind, dauerhafte Einschränkungen erfahren und dadurch die Lebenschancen der betroffenen Individuen, Gruppen oder Gesellschaften beeinträchtigt bzw. begünstigt werden." *Ch. Tilly* hat mit Nachdruck darauf aufmerksam gemacht, daß Ungleichheit Ergebnis eines dynamischen Prozesses ist; Ungleichheit wird hergestellt und aufrecht erhalten. Näher *Ch. Tilly* Durable Inequality, 1998 (*exploitation, opportunity hoarding, emulation, adaptation*) sowie *Ch. Tilly* Democracy, 2007, 111 („organized differences in advantages by gender, race, nationality, ethnicity, religion, community, and similar classification systems").

[13] So *St. Hradil* (Fn. 12) 29, der ausdrücklich festhält, daß der soziologische Begriff der „sozialen Ungleichheit" es offen lasse, inwieweit es sich bei den bezeichneten Erscheinungen um problematische, da illegitime Ungleichheiten handele. Zum Forschungsstand s. ferner *H. Esser* Soziologie. Spezielle Grundlagen, Bd. 2: Die Konstruktion der Gesellschaft, 2000, 113ff.; *N. Burzan* Soziale Ungleichheit. Eine Einführung in die zentralen Theorien, 3. Aufl. 2007; *Th. Schwinn* Soziale Ungleichheit, 2007.

[14] Für *G. Simmel* Über sociale Differenzierung, in: *G. Simmel* Aufsätze 1887 bis 1890. Über sociale Differenzierung. Die Probleme der Geschichtsphilosophie (1892), hrsg. v.H.-J. Dahme, 1989, 109 ist soziale Ungleichheit im wesentlichen eine Folge der Herausbildung der verantwortlichen Einzelpersönlichkeit, für *Parsons* (Equality and Inequality in Modern Society, or Social Stratification Revisited, in: *T. Parsons* Social Sys-

zug der Menschen.[15] *Esser* hält sie für eine Universalie.[16] *Luhmann* ordnet die Thematisierung von Ungleichheit der Entwicklung des Wohlfahrtsstaates zu.[17]

---

tems and the Evolution of Action Theory, 1977, 321 [326ff.]) eine Folge der gesellschaftlichen Organisation, für *Luhmann* und *Esser* eine Begleiterscheinung der funktionalen Differenzierung. Eingehend *H. Esser* Soziologie II (Fn. 13) 52, 123, 175, 233ff., 244. *Luhmann* selbst hat das Verhältnis von funktionaler Differenzierung und sozialer Ungleichheit zunächst offen gehalten. In einer Arbeit aus den 1980er Jahren zum Übergang von einer stratifikatorischen Gesellschaft zu einer funktional differenzierten Gesellschaft hält *Luhmann* lediglich fest, daß soziale Ungleichheit nicht nur ein Merkmal einer stratifikatorischen Gesellschaft sei, sondern auch ein Merkmal einer funktional differenzierten Gesellschaft, und der Klassenbegriff daher nicht obsolet werde; die ausdifferenzierte Klassengesellschaft erlaube aber größere Freiheiten bei der Rollenwahl. Näher *N. Luhmann* Zum Begriff der sozialen Klasse, in: N. Luhmann (Hrsg.) Soziale Differenzierung. Zur Geschichte einer Idee, 1985, 119ff. Später beschreibt *Luhmann* soziale Ungleichheit über die Mechanismen von Inklusion bzw. Exklusion in Teilsysteme. Da die Teilsysteme je für sich Inklusion bzw. Exklusion regeln, können für Menschen Mehrfachabhängigkeiten entstehen, die Exklusionseffekte und Ungleichheitseffekte verstärken. Dazu *N. Luhmann* Inklusion und Exklusion, in: *N. Luhmann* Soziologische Aufklärung 6. Die Soziologie und der Mensch, 1995, 237ff.; *N. Luhmann* Die Gesellschaft der Gesellschaft, Bd. 2, 1997, 618ff.; *N. Luhmann* Die Politik der Gesellschaft, hrsg. v. A. Kieserling, 2000, 427. Weiterführend dann *Stichweh* in: *R. Stichweh* Inklusion und Exklusion. Studien zur Gesellschaftstheorie, 2005. Zum Verhältnis von Differenzierungstheorie und sozialer Ungleichheit vgl. insb. die Beiträge von *Th. Schwinn, L. Leisering* und *R. Stichweh* in: Th. Schwinn (Hrsg.) Differenzierung und soziale Ungleichheit, 2004, 9, 238, 353.

15 „Tausendfache Erfahrung" zeige, daß „Gleichmachung" den Wunsch der Menschen, andere zu überflügeln, nicht beseitigen könne. So *G. Simmel* Über sociale Differenzierung, in: *G. Simmel* Aufsätze 1887 bis 1890. Über sociale Differenzierung. Die Probleme der Geschichtsphilosophie (1892), hrsg. v.H.-J. Dahme, 1989, 109 (233). Skeptisch gegenüber Gleichheitssemantiken auch *G. Simmel* Rosen. Eine soziale Hypothese, in: *G. Simmel* Individualismus der modernen Zeit und andere soziologische Abhandlungen, hrsg. v. O. Rammstedt, 2008, 355.

16 *H. Esser* Soziologie II (Fn. 13) 214: „Es gibt keine bekannte Gesellschaft, die nicht … mehr oder weniger deutliche Unterschiede in der vertikalen Rangordnung der Akteure kennen würde, die bestimmte Eigenschaften haben und bestimmte Arten von Ressourcen kontrollieren". *Esser* spricht sozialer Ungleichheit freilich eine „Doppelnatur" zu: Ungleichheit beruhe zum einen auf Unterdrückung und Ausbeutung, sei aber zum anderen eine wichtige Bedingung für den materiellen Wohlstand der Menschen (ebd. 221).

17 Vgl. etwa *N. Luhmann* Politik (Fn. 14) 139: „Demokratie und Parteienkonsens führen dazu, daß immer mehr ‚Notlagen' und immer mehr sinnvolle Wünsche entdeckt und formuliert werden, die dann in Forderungen an das politische System umgemünzt werden". Oder, drastischer, ebd. 215: „In zunehmendem Umfange stellt der Wohlfahrtsstaat sich Probleme, die als zu lösende Probleme, also als lösbare Probleme vorgestellt werden … Alles in allem gleicht der Wohlfahrtsstaat dem Versuch, die Kühe aufzublasen, um mehr Milch zu bekommen". Daraus resultierten wirtschaftliche Folgen, insb. Probleme bei der Finanzierung, die das Teilsystem Wohlfahrtsstaat selbst nicht kontrol-

Der Blick in die Nachbarwissenschaften erlaubt eine erste These: Soziale Gleichheit ist weder Voraussetzung noch Aufgabe einer Verfassung.[18] Das gilt für die Verfassungsordnung des Grundgesetzes, für das Gemeinschaftsrecht und das Völkerrecht. Keine der Ordnungen beruht auf einem egalitären Verteilungsprinzip. Moderne Verfassungen haben gerade die Funktion einer Klammer für Differenzierungen und, darin eingeschlossen, soziale Ungleichheiten.[19]

---

lieren könne. Kritisch zur Eigendynamik des Wohlfahrtsstaates auch *H. F. Zacher* Das soziale Staatsziel, HStR II, 3. Aufl. 2004, § 28 Rn. 84: „Nach einer permanenten Erfahrung der Sozialpolitik läßt jede Lösung eines sozialen Problems eine Vielzahl neuer Probleme sichtbar werden". Vgl. weiter *H. F. Zacher* Der Wandel der Arbeit und der sozialen Sicherheit im internationalen Vergleich, ZIAS 13/1 (1999) 1; *H. F. Zacher* Die Bundesrepublik Deutschland als Sozialstaat: eine Geschichte des sozialen Einschlusses im Zeichen von Nationalisierung und Internationalisierung, ZIAS 16/3 (2002) 193; *H. F. Zacher* Der soziale Bundesstaat, FS Schmitt Glaeser, 2003, 199.

[18] Der Begriff „Verfassungsvoraussetzungen" faßt alle Bedingungen zusammen, die grundsätzlich außerhalb der Verfassung selbst liegen und das Funktionieren der Verfassung sicherstellen. Sie entstammen v.a. dem Bereich der Ökonomie, der Politik und der Kultur. Zum Begriff näher *H. Krüger* Verfassungsvoraussetzungen und Verfassungserwartungen, FS Scheuner, 1973, 285; *J. Isensee* Staat und Verfassung, HStR II, 3. Aufl. 2004, § 15 Rn. 169; *E.-W. Böckenförde* Demokratie als Verfassungsprinzip, HStR II, 3. Aufl. 2004, § 24 Rn. 58ff. Da Verfassungsvoraussetzungen – z.B. politische Bildung als Voraussetzung für die Demokratie – auch beeinflußt und hergestellt werden können, überlappt sich der Begriff der Verfassungsvoraussetzungen zum Teil mit dem Begriff der Staatsaufgaben, soweit damit – mit *R. Herzog* Allgemeine Staatslehre, 1971, 106 – schlicht die „Bereiche moderner staatlicher Betätigung" gemeint sind.

[19] Dies ist auch in der Rechtswissenschaft weithin unbestritten. Ungleichheiten in der Verteilung von Ressourcen und Lebenschancen gelten nicht schon *per se* als Verfassungsproblem. Vgl. etwa *E.-W. Böckenförde* (Fn. 18) Rn. 63, der nur „die Abwesenheit extremer wirtschaftlich-sozialer Gegensätze" zu den Verfassungsvoraussetzungen zählt. Ähnlich *H. Krüger* (Fn. 18) 287; *Ch. Starck* in: H. v. Mangoldt/F. Klein/Ch. Starck (Hrsg.) GG I, 1999, Art. 3 Abs. 1 Rn. 6; *A. Nußberger* Voraussetzung oder Aufgabe des Staates? DVBl. 2008, 1081. Verschiedentlich wird aber angenommen, daß die Funktionsfähigkeit einer Verfassung in bestimmten Hinsichten „Gleichartigkeit" bzw. – scheinbar synonym – „Gemeinsamkeit" voraussetze. Für *E.-W. Böckenförde* ebd. Rn. 59 etwa hängt die Lebens- und Funktionsfähigkeit der Demokratie als Staats- und Regierungsform auch von bestimmten sozio-kulturellen Voraussetzungen ab. Sie betreffen die „Ordnungsstruktur und Verfaßtheit der Gesellschaft als solcher" und die „geistig-bildungsmäßigen Gegebenheiten bei den Bürgern". Dazu gehöre u.a. eine „relative Homogenität", und dies wiederum sei eine „vor-rechtliche Gemeinsamkeit" (Vorauflage: „Gleichartigkeit") als „metarechtliche Grundlage demokratischer Gleichheit", die sich „von dem ihr Fremden deutlich" abgrenze (ebd. Rn. 63). Die vor-rechtliche Gleichartigkeit bzw. Gemeinsamkeit gründe sich auf ethnisch-kulturelle Eigenart und Tradition, auf gemeinsame politische Geschichte, gemeinsame Religion oder gemeinsames nationales Bekenntnis (ebd. Rn. 64). Andernfalls sei mit einem Übermaß an Dissoziationen und Antagonismen zu rechnen sowie mit Freund-Feind-Gruppierungen im Staatsin-

Der Blick in die Nachbarwissenschaften gibt mir aber auch die Richtung für meine Untersuchung vor: Ich will wie die Soziologie an der Ungleichheit (nicht der Gleichheit) ansetzen, und ich will wie die politische Philosophie nach problematischen Fällen sozialer Ungleichheit suchen: Ich will erstens fragen, ob sozialpolitische Maßnahmen, die Ungleichheit verschärfen, grundrechtlich zu beanstanden sind. Ist dies nicht der Fall, ist die Verhinderung von sozialer Ungleichheit jedenfalls grundrechtlich nicht gefordert. Ich will zweitens fragen, ob das Gemeinschaftsrecht soziale Ungleichheit in Deutschland beeinflusst. Und ich will drittens fragen, ob die Verantwortung Deutschlands für Ungleichheit – wenn es sie gibt – auf das eigene Territorium begrenzt bleibt. Die dritte Frage bezieht sich auf völkerrechtliche Verantwortlichkeiten, die die innerstaatlichen ergänzen. So werden wir Ungleichheit auf verschiedenen Ebenen betrachten und an verschiedenen Maßstäben messen. Dabei wird sich zeigen, dass die Verbindung zwischen sozialer Ungleichheit und Recht nur lose ist. Die Frage nach der Verfassungsvoraussetzung stelle ich zurück.

---

nern, die ein gemeinsames Zusammenwirken verhinderten (ebd. Rn. 64). Kurz: Die Verfassung sei stabil nur bei substantieller Gleichheit der Bevölkerung. Die Anforderungen, die *Habermas* für den „Verfassungspatriotismus" formuliert, zielen demgegenüber weniger auf einen inhaltlich bestimmten Wertekonsens als vielmehr auf einen Konsens über „das Verfahren legitimer Rechtsetzung und Machtausübung". So *J. Habermas* Anerkennungskämpfe im demokratischen Rechtsstaat, in: *Ch. Taylor* Multikulturalismus und die Politik der Anerkennung, 1993, 147 (178f.). Eine „motivationale Verankerung" der Verfassungswerte als einen „gemeinsamen Interpretationshorizont" hält jedoch auch *Habermas* für unabdingbar. Es ist nicht zu bestreiten, daß Antagonismen und religiös oder ethnisch definierte Freund-Feind-Gruppierungen in blutige Konflikte münden können. Die Verkoppelung von Beständigkeit der Verfassung einerseits und Gleichartigkeit der Menschen andererseits ist gleichwohl fragwürdig. Zum einen ist Systemzusammenhalt nachweisbar auch ohne Loyalität der Betroffenen möglich, ja, Integration kann sogar gegen den Willen der Betroffenen erfolgen. Integration funktioniert nämlich auch über Märkte oder Organisationen, insb. durch die Ausübung von Herrschaftsgewalt. Vgl. näher *H. Esser* Soziologie II (Fn. 13) 265ff. Für das System – die Verfassung – folgt daraus nicht notwendig eine Gefahr. Illoyale Gesellschaftsmitglieder sind häufig apathisch und fragmentiert (*Esser* ebd. 139, 231, 254, 276, 293ff.). Zum anderen ist der Zusammenhang zwischen Loyalität und religiöser oder ethnischer Vielfalt nicht zwingend „negativ". Loyalität von Einwanderern etwa kann ohne weiteres auch aus erfolgreichen Erwerbskarrieren folgen, also aus der Besetzung wichtiger Positionen in der Gesellschaft des Einwanderungslandes, z.B. im Sport, in der Kultur, der Wissenschaft oder der Wirtschaft. Anders gewendet: Loyalität ist nicht an die Überzeugung einer gemeinsamen Herkunft gebunden. Für die Systemtheorie wiederum schließt schon der Prozeß der Differenzierung die Herstellung von Einheit ein. Zur Systemdifferenzierung näher *N. Luhmann* Gesellschaft (Fn. 14) 595ff. Danach ist die Integration des Systems keineswegs an Einheitsperspektiven oder Solidaritätserwartungen gebunden; Integration steht schlicht für „die Reduktion der Freiheitsgrade von Teilsystemen, die dies den Außengrenzen des Gesellschaftssystems und der damit abgegrenzten Umwelt des Systems verdanken" (ebd. 602, 603).

## III. Grundgesetz und soziale Ungleichheit

### *1. Beispiele*

Der Wohlfahrtsstaat gilt als zentraler Mechanismus der nationalstaatlichen Integration bzw. der Inklusion von Menschen in das politische System:[20] Der Wohlfahrtsstaat war darauf angelegt, soziale Teilhabe zu sichern, wo andere Garanten nicht vorhanden waren. Insoweit war der Wohlfahrtsstaat nie neutral gegenüber sozialer Ungleichheit. Im Gegenteil, der Wohlfahrtsstaat war der Mechanismus zur Verringerung sozialer Ungleichheit.[21] Umgesetzt wurde dies vor allem durch das Sozialrecht.[22] Sind diese Annahmen korrekt, müssten wir an der rechtlichen

---

[20] *M. Stolleis* Geschichte des Sozialrechts in Deutschland, 2003; *E. Eichenhofer* Geschichte des Sozialstaats in Europa. Von der „sozialen Frage" bis zur Globalisierung, 2007; *F.-X. Kaufmann* Varianten des Wohlfahrtsstaats. Der deutsche Sozialstaat im internationalen Vergleich, 2003; *H. F. Zacher* Bundesrepublik (Fn. 17); *A. Hänlein/ F. Tennstedt* in: B. B. v. Maydell/F. Ruland/U. Becker (Hrsg.) Sozialrechtshandbuch SRH, 2. Aufl. 2008, § 2; *F.-X. Kaufmann* Sozialstaatlichkeit unter den Bedingungen moderner Wirtschaft, in: *F.-X. Kaufmann* Sozialpolitik und Sozialstaat: Soziologische Analysen, 2002, 261. Die Systemtheorie beschreibt den Wohlfahrtsstaat als einen von zwei Modi der Inklusion von Menschen in das politische System. Näher *N. Luhmann* Politik (Fn. 14) 407ff.; *R. Stichweh* Zur Theorie der politischen Inklusion, in: *R. Stichweh* (Fn. 14) 67ff. Beide Inklusionsmodi sind danach prinzipiell auf Vollinklusion angelegt. Der eine Inklusionsmodus läuft über das Wahlrecht, der andere über die Instrumente des Wohlfahrtsstaates.

[21] *Zacher* spricht wiederholt von der Herstellung von „mehr sozialer Gleichheit" oder „mehr Gleichheit". Vgl. z.B. *H. F. Zacher* Staatsziel (Fn. 17) Rn. 34, 86; *H. F. Zacher* Sozialstaat und Prosperität, FS Reiner Schmidt, 2006, 305.

[22] *E. Eichenhofer* Sozialrecht 6. Aufl. 2007, Rn. 1: Recht zum „Schutz des Schwächeren"; *H. F. Zacher* Was ist Sozialrecht?, in: *H. F. Zacher* Abhandlungen zum Sozialrecht, hrsg. v. B. B. v. Maydell/E. Eichenhofer, 1993, 249 (251): „Recht mit gesteigerter Intensität des sozialpolitischen Gehalts"; *G. Igl/F. Welti* Sozialrecht. Ein Studienbuch, 8. Aufl. 2007, Rn. 1: „das der sozialen Gerechtigkeit und der sozialen Sicherheit dienende Recht"; ebenso *St. Muckel* Sozialrecht, 2. Aufl. 2007, Rn. 3. Der Ausbau der Wohlfahrtsstaatlichkeit nach dem Zweiten Weltkrieg führte in den 1970er Jahren zu einer Diskussion über die Angemessenheit eines (primär) liberalen Grundrechtsverständnisses. Vgl. z.B. *H. F. Zacher* Soziale Gleichheit. Zur Rechtsprechung des Bundesverfassungsgerichts zu Gleichheitssatz und Sozialstaatsprinzip, AöR 93 (1968) 341; *K. H. Friauf* Zur Rolle der Grundrechte im Interventions- und Leistungsstaat, DVBl. 1971, 674; *U. Scheuner* Die Funktion der Grundrechte im Sozialstaat. Die Grundrechte als Richtlinie und Rahmen der Staatstätigkeit, DÖV 1971, 505; *P. Häberle* Grundrechte im Leistungsstaat, VVDStRL 30 (1972) 43; *W. Martens* Grundrechte im Leistungsstaat, VVDStRL 30 (1972) 7; *E.-W. Böckenförde* Grundrechtstheorie und Grundrechtsinterpretation, NJW 1974, 1529; *D. Wiegand* Sozialstaatsklausel und soziale Teilhaberechte, DVBl. 1974, 657; *P. Badura* Das Prinzip der sozialen Grundrechte und seine Verwirklichung im Recht der Bundesrepublik Deutschland, Der Staat 14 (1975) 17; *Ch. Starck*

Bearbeitung der jüngeren Reformen des Sozialrechts sehen können, inwieweit Ungleichheit als Rechtsproblem fassbar ist. Ich will dazu drei Beispiele diskutieren:

Das erste Beispiel entstammt der gesetzlichen Krankenversicherung. Das ist ein Bereich, der besonders stark vom Solidaritätsprinzip geprägt ist.[23] Gleichwohl ist es nicht gelungen, die Verbindung zwischen Gesundheitszustand und sozio-ökonomischen Verhältnissen aufzubrechen: Je höher die Bildung, der Berufsstatus oder das Einkommen, umso geringer ist das Krankheitsrisiko.[24] Die Verteilung von Gesundheit und Tod ist schichtspezifisch.[25] Der Gesetzgeber hat die

---

Staatliche Organisation und staatliche Finanzierung als Hilfen zur Grundrechtsverwirklichung, in: Ch. Starck (Hrsg.) Bundesverfassungsgericht und Grundgesetz II, 1976, 480; *W. Rüfner* Grundrechtliche Leistungsansprüche, FS Georg Wannagat, 1981, 379.

[23] Das Recht der gesetzlichen Krankenversicherung richtet keine umfassende Solidargemeinschaft nach Maßgabe einer Einwohnerversicherung ein. Nicht beteiligt sind v.a. Besserverdienende, gesetzlich definiert als Beschäftigte, die die Jahresarbeitsentgeltgrenze überschreiten (§ 6 Abs. 1 SGB V; derzeit: 48 150 Euro im Jahr). Zudem endet die Beitragsbelastung an der Beitragsbemessungsgrenze (§ 223 Abs. 3 SGB V; derzeit: 43 200 Euro im Jahr). Bei einem Beitragssatz von 14 % – dies entspricht derzeit dem angenommenen durchschnittlichen Beitragssatz – liegt die (gesamte) Beitragslast höchstens bei 6048 Euro im Jahr.

[24] Nachweise in: Lebenslagen in Deutschland – Dritter Armuts- und Reichtumsbericht, BT-Drs. 16/9915 v. 30. 6. 2008, 82ff.; *European Commission* Joint Report on Social Protection and Social Inclusion 2008. Social Inclusion, pensions, health care and long-term care, 2008, 67ff.; *A. Mielck* Soziale Ungleichheit und Gesundheit. Einführung in die aktuelle Diskussion, 2005; M. Richter/K. Hurrelmann (Hrsg.) Gesundheitliche Ungleichheit. Grundlage, Probleme, Perspektiven, 2006; J. Siegrist/M. Marmot (Hrsg.) Soziale Ungleichheit und Gesundheit: Erklärungsansätze und gesundheitspolitische Folgerungen, 2008; *J. P. Mackenbach* Health Inequalities: Europe in Profile, 2006; *M. Richter/K. Hurrelmann* Warum die gesellschaftlichen Verhältnisse krank machen, APuZ 42/2007, 3; *I. Ebsen* Armut und Gesundheit, in: Armutsfestigkeit sozialer Sicherung, SDSRV 56, 2007, 133; *K. A. Bender/St. Habermalz* Are There Differences in the Health-Socio-economic Status Relationship over the Life Cycle? Evidence from Germany, LABOUR 22/1 (2008) 107.

[25] In den entwickelten Staaten ist die Lebenserwartung in den letzten 100 Jahren allgemein beträchtlich gewachsen. Der Anteil, um den die Mortalitätsrate der Schlechtergestellten die Mortalitätsrate der Bessergestellten übersteigt, war über die Zeit jedoch eher stabil, ja, das Risiko eines früheren Todes ist für Schlechtergestellte in den letzten Jahrzehnten sogar gewachsen. In den europäischen Staaten sind die Mortalitätsraten der Schlechtergestellten 1,5 bis 2,5 Mal so hoch wie die Mortalitätsraten der Bessergestellten. Die Morbiditätsrate erhöht sich für Schlechtergestellte europaweit um den Faktor 2 bis 4. Näher *J. P. Mackenbach* (Fn. 24) 5ff., 20ff. Für Deutschland stellt der letzte Armuts- und Reichstumsbericht der Bundesregierung (Fn. 24) 82 fest: „Der Anteil der Männer mit gesundheitlichen Beeinträchtigungen ist in der niedrigsten im Vergleich zur höchsten Bildungsgruppe um den Faktor 3,1 und bei Frauen um den Faktor 1,8 erhöht." Zu den Erklärungsansätzen näher *M. Richter/K. Hurrelmann* (Fn. 24) 6.

Versicherten dennoch undifferenziert mit Zuzahlungen oder Leistungsbegrenzungen belastet.[26] Davon sind seit dem 1. 1. 2004 auch Sozialhilfeempfänger nicht mehr ausgenommen.[27]

---

[26] Der Gesetzgeber verfolgt seit Inkrafttreten des Sozialgesetzbuchs (SGB) Fünftes Buch (V) Gesetzliche Krankenversicherung v. 20. 12. 1988 BGBl. I S. 2477 (SGB V) verschiedene Strategien, um die Kostensteigerungen im Bereich der gesetzlichen Krankenversicherung in Grenzen bzw. die Beitragssätze stabil zu halten. Die Maßnahmen betreffen erstens das Verhältnis zwischen den Versicherten und ihren Krankenkassen (z.B. Einführung des Krankenkassenwahlrechts, Gesundheitsfonds). Hier geht es insbesondere um eine Stärkung des Wettbewerbs zwischen den einzelnen Kassen. Der Gesetzgeber versucht zweitens, vermutete Wirtschaftlichkeitsreserven zu erschließen (Einführung von Budgets, etwa im Bereich der Arzneimittel, Begrenzung der Zahl der zugelassenen Ärzte). Eine dritte Stoßrichtung der Maßnahmen ist die Leistungserbringung (z.B. Hausarztmodell, integrierte Versorgung, Zulassung von Einzelverträgen). Ein weiterer Teil der Maßnahmen zielt – viertens – auf die Leistungsansprüche der Versicherten. Hier geht es um Leistungsausschlüsse, Leistungsbegrenzungen und Zuzahlungen: Die konservativen Regierungen der 1990er Jahre konzentrierten sich auf die kieferorthopädische Behandlung (Ausschluß, wenn die Versicherten das 18. Lebensjahr vollendet haben, ausgenommen schwere Kieferanomalien) und den Zahnersatz (Ausschluß für Versicherte, die nach dem 31. 12. 1978 geboren sind; Festzuschüsse zum Zahnersatz). Die Zuzahlungen für Arznei- und Verbandmittel stiegen in den 1990er Jahren von 3, 5 und 7 DM auf 9, 11 und 13 DM. Die erste Reformmaßnahme der rot-grünen Koalition, das GKV-Solidaritätsstärkungsgesetz v. 19. 12. 1998 BGBl. I S. 3853, nahm dann wohl manche Leistungsbeschränkung zurück (kieferorthopädische Behandlung, Zahnersatz). Mit dem Gesundheits-Modernisierungsgesetz v. 14. 11. 2003 BGBl. I S. 2190 schnürte aber auch die rot-grüne Koalition ein Belastungspaket für die Versicherten: Dazu gehören etwa die Einführung einer Praxisgebühr (§ 28 Abs. 4), der Ausschluß weiterer Arzneimittel aus dem Leistungskatalog der Krankenkassen (§ 34 Abs. 1), der Ausschluß der Sehhilfen (§ 33 Abs. 1), die Abschaffung des Sterbegeldes, Leistungsbegrenzungen bei Sterilisation (§ 24b: durch Krankheit erforderlich) und bei medizinischen Leistungen zur Herbeiführung einer Schwangerschaft (§ 27a: Begrenzung auf drei Versuche, Begrenzung der Leistungspflicht auf 50 % der Kosten), die Beschränkungen bei den erstattungsfähigen Fahrkosten (§ 60 Abs. 1: zwingende medizinische Gründe), die Einführung eines besonderen, nur die Mitglieder treffenden Beitragssatzes für Zahnersatz (§ 58, später Gesetz zur Anpassung der Finanzierung von Zahnersatz v. 15. 12. 2004 BGBl. I S. 3445) und die Neuregelung der Pflicht zur Leistung von Zuzahlungen zu Arznei-, Heil- und Hilfsmittel (§ 61: 10 v.H. des Abgabepreises, mindestens 5 Euro, höchstens 10 Euro). Die erste Maßnahme der großen Koalition, das GKV-Wettbewerbsstärkungsgesetz v. 26. 3. 2007 BGBl. I S. 378, brachte den Versicherten einige punktuelle Leistungsverbesserungen, z.B. im Bereich der Gesundheitsförderung oder der palliativen Versorgung. Das Gesetz brachte jedoch auch Leistungsbegrenzungen, v.a. bei medizinisch nicht indizierten Maßnahmen. Viele der Reformen verwiesen die Versicherten auf ihre „Eigenverantwortung" für die Gesundheit.

[27] Das GMG 2003 regelte die für die Zuzahlungen geltende Belastungsgrenze neu. Bis dahin waren nach den Härtefallregelungen der §§ 61 und 62 bestimmte Personengruppen von der Zuzahlungspflicht gänzlich befreit, z.B. Personen mit einem Bruttoein-

Das zweite Beispiel ist der gesetzlichen Rentenversicherung entnommen. Die Rentenreform 2001 markiert den Übergang zu einer Alterssicherung auf mehreren Säulen.[28] Wesentliches Element dieses Paradigmenwechsels war die Absenkung des Rentenniveaus.[29] Lebens-

---

kommen unter 40 v.H. der monatlichen Bezugsgröße sowie Empfänger von Hilfe zum Lebensunterhalt. Teilweise befreit waren Versicherte, wenn die während eines Kalenderjahres entstandenen notwendigen Fahrkosten und die Zuzahlungen 2 v.H. der Bruttoeinnahmen zum Lebensunterhalt überstiegen. Das GMG 2003 hat die vollständige Befreiung von der Zuzahlungspflicht beseitigt. Die Belastungsgrenze liegt jetzt allgemein bei 2 v.H. der Bruttoeinnahmen zum Lebensunterhalt, für chronisch Kranke in Dauerbehandlung bei 1 v.H. Bei Empfängern von Hilfe zum Lebensunterhalt ist insoweit der Regelsatz des Haushaltsvorstandes maßgeblich. Das GKV-WSG 2007 beschränkte sodann die Privilegierung für chronisch kranke Menschen. Die niedrige Belastungsgrenze greift nur, wenn die Versicherten vor ihrer Erkrankung die einschlägigen Vorsorgeuntersuchungen regelmäßig in Anspruch genommen haben (§ 62 Abs. 1 S. 3 SGB V).

28 Vgl. Sozialgesetzbuch (SGB) Sechstes Buch (VI) – Gesetzliche Rentenversicherung – v. 18. 12. 1989 BGBl. I S. 2261 idF des Altersvermögensergänzungsgesetzes v. 21. 3. 2001 BGBl. I S. 403 und des Altersvermögensgesetzes v. 26. 6. 2001 BGBl. I S. 1310 („Riester-Rente", „Eichel-Förderung"). Vgl. später auch die Änderungen durch das Alterseinkünftegesetz v. 5. 7. 2004 BGBl. I S. 1427 (§ 10 Abs. 1 Nr. 2 EStG: „Rürup-Rente"), das RV-Nachhaltigkeitsgesetz v. 21. 7. 2004 BGBl. I S. 1791 und das Eigenheimrentengesetz v. 29. 7. 2008 BGBl. I S. 1509. Die Veränderungen in der Rentenpolitik werden verschieden beschrieben. Zum Teil wird der Wechsel von einer ausgabenorientierten Einnahmenpolitik zu einer einnahmenorientierten Ausgabenpolitik betont. So etwa *M. G. Schmidt* Rot-grüne Sozialpolitik (1998–2002), in: Ch. Egle/ T. Ostheim/R. Zohlnhöfer (Hrsg.) Das rot-grüne Projekt. Eine Bilanz der Regierung Schröder 1998–2002, 2003, 239 (248). Zum Teil wird die höhere Regulierungsverantwortung des Gesetzgebers herausgestrichen. In diesem Sinne *P. Blömeke* Die Regulierung nicht-staatlicher Alterssicherung. Deutschland und Großbritannien im Vergleich unter Berücksichtigung von Staatstheorie, Verfassungs- und Europarecht, 2007; *L. Leisering* Privatisierung der Alterssicherung als komplexe Ordnungsbildung. Zur Entstehung von Wohlfahrtsmärkten und regulativer Staatlichkeit, FS Ruland, 2007, 189; *L. Leisering* Soziale Regulierung privater Altersvorsorge in Deutschland. Instrumente, Normen und ordnungspolitische Herausforderungen, in: Deutsche Rentenversicherung Bund (Hrsg.) Alterssicherung im Mehr-Säulen-System: Akteure, Risiken, Regulierungen, 2008, 59.

29 Die wesentliche Funktion der gesetzlichen Rente – die Lebensstandardsicherung – wurde lange Zeit durch das Nettostandardrentenniveau ausgedrückt. Es lag im Jahr 2001 bei etwa 70% (*F. Ruland* Rentenversicherung, in: B. B. v. Maydell / F. Ruland [Hrsg.] Sozialrechtshandbuch [SRH], 3. Aufl. 2003, 958, Rn. 2, 70). Die Rentenreform 2001 und die Einführung des Nachhaltigkeitsfaktors werden das Rentenniveau bis zum Jahr 2030 deutlich absenken. Das Rentenniveau vor Steuern bzw. das steuerbereinigte Nettorentenniveau – dies ist nun der neue Maßstab – wird von derzeit 53% auf 43% sinken (*F. Ruland* Die Alterssicherung als Teil der Lebensplanung, DRV 2006, 1 [4]).

standardsicherung ist seither keine Aufgabe der gesetzlichen Rentenversicherung.[30] Von Sommer 2003 bis Sommer 2007 wurden die Renten nicht erhöht.[31] Über die Folgen der Änderungen wurde zunächst nur in

[30] Um heute wenigstens eine Rente in der Höhe einer Grundsicherungsleistung (660 Euro) zu erhalten, sind etwa 25 Entgeltpunkte erforderlich. Ein Durchschnittsverdiener muß also etwas mehr als 25 Jahre in die gesetzliche Rentenversicherung einzahlen, damit die Rente das Grundsicherungsniveau erreicht. Wenn die Dämpfungsmaßnahmen der Jahre 2001 und 2004 voll wirksam sind, werden 30 Entgeltpunkte nötig sein, um einen Anspruch auf eine Rente zu erwerben, die der Grundsicherung entspricht. Zur Berechnung näher: Sachverständigenrat zur Begutachtung der gesamtwirtschaftlichen Entwicklung. Jahresgutachten 2007/08, 2007, 193f. Frauen in den alten Bundesländern erreichen armutsfeste Renten aus eigener Versicherung schon heute kaum. Der durchschnittliche Zahlbetrag der Rente liegt bei 492 Euro, die durchschnittlichen Entgeltpunkte pro Versicherungsjahr liegen bei 0,77, und die durchschnittlichen Versicherungszeiten bei 26,3 Jahren (*Deutsche Rentenversicherung* Rentenversicherung in Zahlen 2008. Aktuelle Ergebnisse, Stand: 13. Juni 2008, 42f.). Wenn sich Erwerbsverhalten und Erwerbskarrieren nicht einschneidend ändern, wird der Anteil der Frauen, die von anderen Existenzsicherungen abhängig sind, in den alten Bundesländern weiter groß bleiben. Zur Einkommenssituation von Rentnern und Rentnerinnen näher *U. Bieber/D. Klebula* Erste Ergebnisse aus der Studie Alterssicherung in Deutschland 2003. Ergebnisse zur Vielschichtigkeit der monetären Situation im Alter, DRV 2005, 362; *Th. Heien/K. Kortmann/Ch. Schatz* Altersvorsorge in Deutschland 2005. Forschungsprojekt im Auftrag der Deutschen Rentenversicherung Bund und des Bundesministeriums für Arbeit und Soziales, 2007. Rechtspolitisch liegt der Rentenreform 2001 die Annahme zugrunde, daß Versicherte prinzipiell in der Lage sein werden, die Ausfälle aus der gesetzlichen Rentenversicherung über private Eigenvorsorge zu kompensieren. Zu den Kompensationsperspektiven näher *A. Börsch-Suppan/T. Bucher-Koenen/A.Reil-Held/C. Wilke* Zum künftigen Stellenwert der ersten Säule im Gesamtsystem der Alterssicherung, in: Deutsche Rentenversicherung Bund (Hrsg.) Alterssicherung im Mehr-Säulen-System: Akteure, Risiken, Regulierungen, DRV-Schriften 80 (2008) 13.

[31] Vom 1. 7. 2003 bis 30. 6. 2007 lag der aktuelle Rentenwert bei 26,13 Euro (Westen) bzw. 22,97 Euro (Osten). Die zum 1. Juli eines jeden Jahres fällig werdende Anpassung wurde ausgesetzt, in den Jahren 2005 und 2006 allerdings zum Schutz der Rentner und Rentnerinnen. Die Anwendung der Formel für die Rentenanpassung hätte nämlich zu einer betragsmäßigen Verringerung der Renten geführt (Nachhaltigkeitsfaktor, Lohnentwicklung). Dies wurde 2005 durch die Schutzklausel des § 68a SGB VI verhindert, und 2006 durch das Gesetz über die Weitergeltung der aktuellen Rentenwerte ab 1. Juli 2006 v. 15. 6. 2006 BGBl. I S. 1304. Die nicht realisierten Negativanpassungen dürfen ab dem Jahr 2011 mit den zugelassenen Steigerungen verrechnet werden (§ 68a iVm § 255g SGB VI). Am 1. 7. 2007 wurde der aktuelle Rentenwert auf 26,27 Euro (Westen) bzw. 23,09 Euro (Osten) erhöht (RentenwertbestimmungsVO 2007 v. 14. 6. 2007 BGBl. I S. 1113). Seit 1. 7. 2008 liegt der aktuelle Rentenwert bei 26,56 bzw. 23,34 (vgl. Gesetz zur Rentenanpassung 2008 v. 26. 6. 2008 BGBl. I S. 1076).

Fachkreisen gesprochen.[32] Heute hat die Sorge vor einer drohenden Altersarmut auch die Öffentlichkeit erreicht.[33]

Das dritte Beispiel betrifft die Grundsicherung für Arbeitsuchende. Eine besondere Strenge des Gesetzes ergibt sich aus der rigiden Gestaltung der Geldleistungen. Das frühere Sozialhilferecht kombinierte bei der Hilfe zum Lebensunterhalt Regelsätze mit flexiblen einmaligen Leistungen für größere Aufwendungen.[34] Das SGB II kombiniert feste Regelleistungen – für Alleinstehende heute 351 Euro – mit einem eng umgrenzten Katalog von einmaligen Leistungen.[35] Die Inflexibilität führt in bestimmten Konstellationen zu Belastungen für die Betroffenen.

---

32 Vgl. z.B. den fünften Bericht zur Lage der älteren Generation, BT-Drs. 16/2190 v. 6. 7. 2006; *W. Schmähl* Die neue deutsche Alterssicherungspolitik und die Gefahr steigender Altersarmut, SozSich 55/12 (2006) 397; *R. Himmelreicher/D. Frommert* Gibt es Hinweise auf zunehmende Ungleichheit der Alterseinkünfte und zunehmende Altersarmut? Vierteljahrshefte zur Wirtschaftsforschung 75/1 (2006) 108; *T. Mika/U. Bieber* Verdeckte Armut der älteren Bevölkerung. Ausmaß von Niedrigeinkommen und Gründe der Nichtinanspruchnahme von Sozialhilfe unter Senioren, DRV 2006, 248; *Ch. Wübbeke/A. Hirseland/S. Koch* Das Altersarmutsrisiko von älteren Beziehern des Arbeitslosengelds II: Risikogruppen und Effekte des SGB II auf die Alterssicherung, in: Armutsfestigkeit sozialer Sicherung, SDSRV 56, 2007, 18; *W. Strengmann-Kuhn* Altersarmut in Deutschland – eine empirische Bestandsaufnahme und sozialpolitische Perspektiven, DRV 2008, 120. Die Bundesregierung weist den Vorwurf, daß die Rentenpolitik das Problem der Altersarmut verschärfen könnte, stets zurück (vgl. z.B. die Antworten auf die Kleinen Anfragen BT-Drs. 16/6935 v. 7. 11. 2007 und BT-Drs. 16/8634 v. 19. 3. 2008).

33 Vgl. aus der jüngsten Vergangenheit etwa: Altersarmut – in Hamburg müssen 16000 Rentner arbeiten, Die Welt, 31. 7. 2008, 30; Arbeitnehmerkammer kritisiert Rentenpolitik; Maßnahmen zur Umgestaltung des Rentensystems sollen Altersarmut verhindern und Lebensstandard sichern, taz, 1. 8. 2008, 24; Angst vor Altersarmut – Umfrage: Fast jeder Zweite erwartet Finanznöte, General-Anzeiger (Bonn), 8. 8. 2008, 16.

34 §§ 21, 22 Bundessozialhilfegesetz v. 30. 6. 1961 BGBl. I S. 815 (BSHG). Nach der beispielhaften Aufzählung in § 21 Abs. 1a BSHG waren einmalige Leistungen insbesondere zu gewähren für die Beschaffung oder die Instandsetzung von Kleidung von nicht geringem Anschaffungspreis, für die Beschaffung von Brennmaterial, die Beschaffung von besonderen Lernmitteln für Schüler, die Instandsetzung von Hausrat, die Instandsetzung der Wohnung, die Beschaffung von Gebrauchsgütern von höherem Anschaffungswert oder für besondere Anlässe. Im übrigen war auch die Höhe der Regelsätze flexibel. In § 22 Abs. 1 S. 1 BSHG hieß es wohl, daß laufende Leistungen zum Lebensunterhalt außerhalb von Anstalten nach Regelsätzen gewährt werden. § 22 Abs. 1 S. 2 BSHG ließ jedoch eine abweichende Bemessung zu.

35 Näher § 23 Abs. 3 SGB II (abweichende Erbringung von Leistungen). Danach sind einmalige Leistungen nur vorgesehen für die Erstausstattung von Wohnungen, die Erstausstattung mit Bekleidung, mehrtägige Klassenfahrten. Allgemein sind die Leistungen des SGB II in § 19 umschrieben. Nach dem ersten Satz – nur so weit ist die Regelung von Interesse – erhalten erwerbsfähige Hilfebedürftige als Arbeitslosengeld II Leistungen zur Sicherung des Lebensunterhalts einschließlich der angemessenen Kosten für

Alle Beispiele sind einschlägig. Die Sparmaßnahmen im Bereich der gesetzlichen Krankenversicherung führen wahrscheinlich zu einer Verschärfung der gesundheitlichen Ungleichheit,[36] die „Versäulung" der Alterssicherung – wegen der unterschiedlichen Deckung im Bereich der privaten Vorsorge – zu einer größeren Ungleichheit der Alterseinkommen,[37] die Grundsicherung möglicherweise zu einer Bedarfsunterdeckung.[38] Die Maßnahmen sind an verschiedenen Grundrechten zu messen: am Gleichheitssatz, an der allgemeinen Handlungsfreiheit, am Eigentumsrecht, am Recht auf ein Existenzminimum. Kommt es in den Beispielsfällen zu einer problematischen Form von Exklusion?[39]

---

Unterkunft und Heizung. Was die Regelleistung zur Sicherung des Lebensunterhalts im einzelnen umfaßt, ergibt sich aus § 20 Abs. 1 SGB II (Ernährung, Kleidung, Körperpflege, Hausrat, Haushaltsenergie ohne die auf die Heizung entfallenden Anteile, Bedarfe des täglichen Lebens sowie in vertretbarem Umfang auch Beziehungen zur Umwelt und eine Teilnahme am kulturellen Leben).

[36] *M. Richter/K. Hurrelmann* (Fn. 24) 7; *Th. Gerlinger* Gesundheitspolitik und die Frage der sozialen Ungleichheit in der gesundheitlichen Versorgung, in: K. Tiesmeyer/M. Brause/M. Lierse/M. Lukas-Nülle/Th. Hehlmann (Hrsg.) Der blinde Fleck. Ungleichheiten in der Gesundheitsversorgung, 2008, 39.

[37] *A. Börsch-Suppan/C. Wilke* Zwischen Generationenvertrag und Eigenvorsorge. Wie Europa auf den demographischen Wandel reagiert, 2006, 51 ff.

[38] Kritisch etwa die Anträge BT-Drs. 16/696 v. 15. 2. 2006 (Bündnis 90/Die Grünen), BT-Drs. 16/2750 v. 27. 9. 2006 (Bündnis 90/Die Grünen), BT-Drs. 16/7040 v. 8. 11. 2007 (Die Linke), BT-Drs. 16/7113 v. 14. 11. 2007 (Bündnis 90/Die Grünen), BT-Drs. 16/7838 v. 23. 1. 2008 (Bündnis 90/Die Grünen), BT-Drs. 16/8761 v. 9. 4. 2008 (Bündnis 90/Die Grünen).

[39] Der Begriff der Exklusion hat keine besonders lange Vergangenheit. Er wurde im politischen Diskurs erstmals in Frankreich verwendet (dazu im einzelnen *L. Leisering* Desillusionierungen des modernen Fortschrittsglaubens. „Soziale Exklusion" als gesellschaftliche Selbstbeschreibung und soziologisches Konzept, in: Th. Schwinn [Hrsg.] Differenzierung und soziale Ungleichheit, 2004, 238 ff.). Der Begriff fand dann aber rasch Eingang in die gemeinschaftsrechtliche Sozialpolitik und ist dort gar nicht mehr wegzudenken. Er hat auf der Gemeinschaftsebene erfolgreich den Armutsbegriff verdrängt; vgl. zunächst die Entschl. des Rates v. 29. 9. 1989 über die Bekämpfung der sozialen Ausgrenzung, ABl. Nr. C 277/1, später Beschl. Nr. 50/2002/EG v. 7. 12. 2001 zur Einführung eines Aktionsprogramms der Gemeinschaft zur Förderung der Zusammenarbeit der Mitgliedstaaten bei der Bekämpfung der sozialen Ausgrenzung, ABl. 2002 Nr. L 10/1. Der Exklusionsbegriff weist eine Reihe von Unschärfen auf, die es schwierig machen, die erfaßten Phänomene genauer zu umschreiben oder Exklusion von Armut abzugrenzen. In der Soziologie wird Exklusion daher häufig näher qualifiziert. So etwa bei *R. Stichweh* Inklusion/Exklusion, funktionale Differenzierung und die Theorie der Weltgesellschaft, in: *R. Stichweh* (Fn. 14) 45: „Exklusion erweist sich … als ein multidimensionaler, kumulativer und sequentiell vernetzter Vorgang eines Ausschlusses aus einer Mehrzahl von Funktionssystemen".

### 2. *Gesundheit und Ungleichheit*

Die Rechtsprechung des BSG zur gesetzlichen Krankenversicherung bietet viel Anschauungsmaterial für Versuche, soziale Ungleichheit, genauer: unterschiedliche Wirtschaftskraft, grundrechtlich zu thematisieren. Zu prüfen war der Ausschluss von Leistungen, etwa bei der kieferorthopädischen Behandlung oder bei Arzneimitteln.[40] Auch Leistungsbegrenzungen standen auf dem Prüfstand, so etwa die Begrenzung der Kostenübernahme bei künstlichen Befruchtungen auf 50 %.[41] Empfänger von Sozialhilfe machten geltend, daß sie nicht zu Zuzahlungen verpflichtet werden dürften.[42]

#### a) *Gleichheitsrecht*

Unter dem Gleichheitssatz stehen Klägern zwei Argumentationsstränge zur Verfügung: Sie sind entweder von einer belastenden allgemeinen Regel betroffen (alle müssen Zuzahlungen leisten, bestimmte Arzneimittel sind vom Leistungskatalog generell ausgenommen). Dann können die Kläger einwenden, für sie hätte ein Ausnahmetatbestand geschaffen werden müssen.[43] Oder die Betroffenen sind schlechter gestellt als andere (als unter 18-Jährige, als diejenigen, für die eine Härteklausel

---

[40] Zum Ausschluß der über 18-Jährigen von der kieferorthopädischen Behandlung vgl. BSG, Urteil v. 9. 12. 1997, 1 RK 11/97; zuvor auch schon BSG, Urteil v. 6. 6. 1991, 3 RK 12/90; zum Ausschluß von Arzneimitteln vgl. BSG, Urteil v. 10. 5. 2005, B 1 KR 25/03 R (Viagra); BSG, Urteil v. 18. 7. 2006, B 1 KR 10/05 R (Caverject), bestätigt durch den Beschluß des BVerfG v. 28. 2. 2008, 1 BvR 1778/05.

[41] BSG, Urteil v. 16. 12. 2003, B 1 KR 12/02 R (Mutter-Kind-Kur); BSG, Urteil v. 19. 9. 2007, B 1 KR 6/07 R (künstliche Befruchtung, Begrenzung der Leistungen auf 50 % der Gesamtkosten verfassungsmäßig) und dazu die Urteilsanmerkung von *J. Beck* SGb 2008, 356 (359). Zu § 27a SGB V vgl. auch BVerfG, Urteil v. 28. 2. 2007, 1 BvL 5/03 (Beschränkung des Anspruchs auf Personen, die miteinander verheiratet sind, verfassungsmäßig).

[42] BSG, Urteil v. 12. 10. 1988, 3/8 RK 15/87; BSG, Urteil v. 22. 2. 1989, 8/5a RKn 23/87; BSG, Urteil v. 29. 10. 1991, 13/5 RJ 36/90.

[43] Zur verfassungsrechtlichen Bedeutung von Härteklauseln vgl. z.B. BVerfGE 33, 303 (348); 37, 154 (164f.), 102, 254 (336). Daß Art. 3 Abs. 1 GG – bei wesentlich unterschiedlichen Sachverhalten – auch ein Recht auf Ungleichbehandlung vermittelt, ist weitgehend akzeptiert. Zugleich wird aber festgehalten, daß das Recht nicht jeden Unterschied abbilden müsse. Näher *R. Bergmann* in: D. Hömig (Hrsg.) GG, 8. Aufl. 2007, Art. 3 Rn. 5; *W. Heun* in: H. Dreier (Hrsg.) GG I, 2. Aufl. 2004, Art. 3 Rn. 19 und 24; *H. D. Jarass* in: H. D. Jarass/B. Pieroth, GG, 8. Aufl. 2006, Art. 3 Rn. 5; *L. Osterloh* in: M. Sachs (Hrsg.) GG, 4. Aufl. 2007, Art. 3 Rn. 83; *B. Pieroth/B. Schlink* Grundrechte. Staatsrecht II, 24. Aufl., 2008, Rn. 436f.; *Ch. Starck* (Fn. 19) Art. 3 Abs. 1 Rn. 10; *R. Alexy* Theorie der Grundrechte, 1985, 370.

zum Tragen kommt). Dann können die Betroffenen behaupten, die Schlechterstellung hätte keinen sachlichen Grund.

Beide Argumentationsstränge sind vom BSG grundsätzlich akzeptiert.[44] Erfolgreich sind die Einwände aber nicht. Dem Recht auf Ungleichbehandlung setzt das BSG mehreres entgegen: Der Gesetzgeber dürfe den Leistungskatalog der gesetzlichen Krankenversicherung dessen ungeachtet nach finanzwirtschaftlichen Erwägungen bestimmen.[45] Oder: Der Gesetzgeber sei zu einer differenzierenden Regelung nur verpflichtet, wenn die betroffene Gruppe so groß sei, daß der Gesetzgeber keine typisierende Regelung hätte treffen dürfen.[46] Oder, unlängst: Die auch die Empfänger von Arbeitslosengeld II treffende Zuzahlungspflicht ziele auf eine Verbesserung der Belastungsgerechtigkeit und eine Steuerung des Verbraucherverhaltens; dies sei verfassungsmäßig.[47] Das Recht auf Gleichbehandlung wiederum läuft regelmäßig leer, weil das BSG die angegriffene Regelung mit dem Hinweis auf bestehende Unterschiede für gerechtfertigt erklärt.[48]

---

[44] Zum Recht auf Gleichbehandlung z.B. BSG, Urteil v. 3. 3. 1994, 1 RK 33/93, Rn. 23 (Zuzahlungen zu Arzneimitteln). Zum Recht auf Ungleichbehandlung ausdrücklich BSG, Urteil v. 22. 2. 1989, 8/5a RKn 23/87, Rn. 13 (Zuzahlungen zur Krankenhauspflege); BSG, Urteil v. 9. 6. 1998, B 1 KR 17/96 R, Rn. 15 (Befreiung von der Zuzahlungspflicht; lebensnotwendiges Arzneimittel); BSG, Urteil v. 19. 9. 2007, B 1 KR 6/07 R, Rn. 17 (künstliche Befruchtung; Begrenzung des Leistungsanspruchs auf 50% der Kosten).

[45] Vgl. BSG, Urteil v. 19. 9. 2007, B 1 KR 6/07 R, Rn. 18 (künstliche Befruchtung; Begrenzung des Leistungsanspruchs auf 50% der Kosten) mit Hinweisen auf Entscheidungen des BVerfG, die die Zumutbarkeit von Eigenleistungen für Versicherte allerdings nicht bestätigen.

[46] BSG, Urteil v. 8. 6. 1994, 3/1 RK 54/93, Rn. 19 (Leistungsausschluß von Hörgerätebatterien). Der 1921 geborene Kläger war hilfebedürftig und lebte in einem Pflegeheim. Er konnte sich die Batterien nicht selbst finanzieren. Dies spielte keine Rolle. Denn: „Die Gruppe der auf Sozialhilfe angewiesenen, insbesondere auf Kosten des Sozialhilfeträgers in Pflegeheimen untergebrachten Personen, die außerdem noch besonders hohe Kosten für Hörgerätebatterien aufzuwenden haben, ist nicht so groß und so typisch, daß sie der Gesetzgeber im Rahmen der typisierenden Regelung von Massenerscheinungen wie die Jugendlichen behandeln und von der allgemeinen Regelung ausnehmen mußte".

[47] BSG, Urteil v. 22. 4. 2008, B 1 KR 10/07 R, Rn. 27.

[48] Problematisch nochmals BSG, Urteil v. 8. 6. 1994, 3/1 RK 54/93, Rn. 19 (Leistungsausschluß von Hörgerätebatterien) mit dem Hinweis darauf, daß Jugendliche in aller Regel über geringe Einkünfte verfügten. Dann fährt das BSG fort: „Demgegenüber handelt es sich bei dem typischen Hörgeräteträger um eine ältere Person mit zum Lebensunterhalt ausreichendem Einkommen, sei es auch in Form einer Rente, und lediglich einohriger Versorgung." An der Stichhaltigkeit dieser Aussage kann man zweifeln.

Die Argumente des BSG halten sich im Rahmen der Grundrechtsdogmatik. Schon nach der alten Willkür-Formel[49] hat das BVerfG nicht nur Vergleichsgruppen und Vergleichsperspektiven betrachtet (z.B. Schutzbedürftigkeit), sondern auch ein gleichheitsfremdes Argument zugelassen: Die Notwendigkeit einer typisierenden Regelung könne die Ungleichbehandlung in den Hintergrund treten lassen.[50] Härtefälle oder Unterschiede in der Wirtschaftskraft seien hinzunehmen.[51] Auch nach der neuen Formel[52] ist das Feststellen einer Ungleichbehandlung nur der erste Schritt. Die Feststellung macht rasch der Frage Platz, ob die Regelung einen legitimen Grund hat, und der muss sich nicht spezifisch auf Unterschiede zwischen den Vergleichsgruppen beziehen.[53] So kann die Gleichheitsprüfung von Finanzierungsinteressen, Solidaritätsaspekten oder Fragen der Belastungsgerechtigkeit dominiert werden.[54] Unter

---

[49] Nach der alten Formel gebietet der allgemeine Gleichheitssatz dem Gesetzgeber, wesentlich Gleiches gleich und wesentlich Ungleiches ungleich zu behandeln (so z.B. BVerfGE 98, 365 [385]).

[50] BVerfGE 23, 135 (144); 103, 271 (290f.); 103, 392 (401f.); 117, 316 (328).

[51] Vgl. *St. Huster* Gleichheit und Verhältnismäßigkeit. Der allgemeine Gleichheitssatz als Eingriffsrecht, JZ 1994, 541, und *St. Huster* Rechte und Ziele. Zur Dogmatik des allgemeinen Gleichheitssatzes, 1993, 165ff., der zwischen den Anforderungen des Gleichheitssatzes und den Zweckmäßigkeitserwägungen der „Typisierungs-Rechtsprechung" explizit ein Spannungsverhältnis sieht.

[52] Nach der neuen Formel ist Ungleichbehandlung nur zulässig, wenn Unterschiede von solcher Art und solchem Gewicht bestehen, daß sie die ungleiche Behandlung rechtfertigen können (so z.B. BVerfGE 113, 167 [214f.]). Diese Gleichheit wird manchmal als verhältnismäßige Gleichheit bezeichnet.

[53] BVerfGE 89, 365 (376); 113, 167 (214ff.); ferner BVerfG, Nichtannahmebeschluß v. 7. 4. 2008, 1 BvR 1924/07 = DVBl. 2008, 847; BVerfG, Nichtannahmebeschluß v. 28. 2. 2008, 1 BvR 2137/06 = DVBl. 2008, 645.

[54] Genau genommen, wird die Gleichheitsprüfung in der gerichtlichen Praxis mehrfach mit Unwägbarkeiten belastet. Erstens wird wenig darüber reflektiert, mit welcher (empirischen) Verläßlichkeit die Unterschiede zwischen den Vergleichsgruppen festzustellen sind. Um noch einmal auf das Beispiel der Leistungskürzung bei den Hörgerätebatterien zurückzukommen (Fn. 46 und 48): Ist der sachliche Grund für die Begünstigung von Jugendlichen wirklich dargetan, wenn das Gericht behauptet, der typische Hörgeräteträger sei eine ältere Person mit ausreichendem Einkommen? Zweitens bleibt die Rolle der Gerechtigkeit unklar. Verschiedentlich geht das BVerfG davon aus, daß der Gleichheitssatz die Gerechtigkeit definiert (so z.B. BVerfGE 15, 126 [146]). Zumeist hat Gerechtigkeit aber die Funktion eines externen Maßstabes für die Gleichheitsprüfung (vgl. z.B. BVerfGE 115, 381 [389]). In solchen Fällen geht die Gleichheitsprüfung unvermittelt in eine Gerechtigkeitsprüfung über: Ob eine Regelung dem Gleichheitssatz entspricht, hängt dann nämlich davon ab, ob sie gerecht ist oder nicht. Damit kann das BVerfG – und dies ist wohl kein Zufall – anknüpfen an *G. Leibholz* Die Gleichheit vor dem Gesetz. Eine Studie auf rechtsvergleichender und rechtsphilosophischer Grundlage, 2. Aufl. 1959. *Leibholz* bestimmt den materiellen Gehalt des Gleichheitssatzes in

dem Aspekt der sozialen Ungleichheit ist ein Leistungsausschluss sogar besonders schwer anzugreifen. Die Betroffenen können nicht behaupten, ihnen gegenüber hätte der Leistungsausschluss nicht erfolgen dürfen, weil sie – anders als andere Ausgeschlossene – niedrige Einkommen hätten. Sie würden damit einen originären Leistungsanspruch geltend machen und dafür bietet Art. 3 Abs. 1 GG keine Grundlage. Die Betroffenen müssen sich mit Versicherten vergleichen, die Leistungen beziehen und behaupten, sie müssten genauso behandelt werden wie diese. Eine solche Gleichheitsprüfung kann aber schon daran scheitern, dass es keine plausible Vergleichsgruppe gibt. Im Übrigen müsste sich die Gleichheitsprüfung mit der Frage auseinandersetzen, ob die Leistung A aus der Sicht der Krankenversicherung anders behandelt werden darf als die Leistung B. Auf soziale Ungleichheit ist dabei nicht zwingend einzugehen.

Meine zweite These lautet deshalb: Im Gesundheitsbereich kann die Vergrößerung von sozialer Ungleichheit nur ausnahmsweise gleichheitsrechtlich angegriffen werden. Der Maßstab des Gleichheitssatzes ist zum Teil zu grob, zum Teil ungeeignet.

### b) *Menschenwürde*

Erfolgversprechender scheint der Ansatz aus Art. 1 Abs. 1 GG iVm dem Sozialstaatsprinzip, auch vor dem BSG. Denn mit Blick auf Zuzahlungen betont das BSG seit langem, dass Menschen mit keinem oder wenig Einkommen nicht gezwungen werden dürften, auf eine Krankenbehandlung zu verzichten.[55] Das Existenzminimum sei jedenfalls zu

---

der Tat mit Hilfe des Gerechtigkeitsbegriffes (ebd. 45, 72). Er ist sich aber bewußt, daß der Gerechtigkeitsbegriff bzw. der Willkürbegriff nicht allgemeingültig definiert werden könne; maßgeblich sei daher in beiden Fällen das „Rechtsbewußtsein einer Gemeinschaft" (ebd. 60, 61). Das BVerfG dagegen hat nie offengelegt, welche Gerechtigkeitsnorm es im Sinne hat. Das macht die Gleichheitsprüfung an einer entscheidenden Stelle intransparent. Drittens bleibt unklar, nach welchen Regeln die vergleichende Betrachtung (sind A und B wesentlich gleich oder ungleich?) durch eine abwägende Betrachtung (rechtfertigt die Verfolgung des Ziels A eine sonst unzulässige Ungleichbehandlung?) ersetzt werden darf. Die in der Rechtswissenschaft angebotene Unterscheidung von „Rechten" und „Zielen" macht das Problem sichtbar, gibt aber keine Antwort darauf, unter welchen Voraussetzungen sich Betroffene damit zufrieden geben müssen, daß ihr Gleichheitsrecht mit Nützlichkeitsüberlegungen konfrontiert wird. Vgl. dazu insb. *St. Huster* (Fn. 51); *St. Huster* in: K. H. Friauf/W. Höfling (Hrsg.) Berliner Kommentar, 2002, Art. 3.

[55] BSG, Urteil v. 12. 10. 1988, 3/8 RK 15/87, Rn. 13 (Eigenbeteiligung an Krankenhauskosten).

wahren.[56] Freilich, in der Frage, was das Existenzminimum ist, hielt sich das BSG immer bedeckt. Zunächst orientierte sich das BSG erkennbar an den Regelsätzen der Sozialhilfe.[57] Im April 2008 vertrat das BSG einen neuen Ansatz: Es akzeptierte die Zuzahlungspflicht für Empfänger von Arbeitslosengeld II.[58] Das BSG unterschied zwischen den „denkbar untersten" verfassungsrechtlichen Grenzen und anderen Mindestvoraussetzungen für ein menschenwürdiges Dasein.[59] Zu den denkbar untersten Grenzen gehöre lediglich das zur physischen Existenz Notwendige. Da die Zuzahlungspflichten des SGB V diese Untergrenze nicht berührten, seien die Regelungen verfassungsrechtlich unbedenklich.

Die neue Position des BSG ist in mancherlei Hinsicht kritikwürdig: Das BSG argumentiert an einem entscheidenden Punkt mit einer *petitio principii*,[60] das BSG bricht mit der Rechtsprechung des BVerwG, die für das Sozialhilferecht stets von einem sozio-kulturellen Existenzminimum ausgegangen war,[61] und das BSG erweckt zu Unrecht den Eindruck, als könnte es sich auf die Rechtsprechung des BVerfG stützen.[62] Dennoch:

---

[56] BSG, Urteil v. 29. 10. 1991, 13/5 RJ 36/90, Rn. 16 (Eigenbeteiligung an Krankenhauskosten); BSG, Urteil v. 3. 3. 1994, 1 RK 33/93, Rn. 26 (Zuzahlung zu Arzneimitteln).

[57] BSG, Urteil v. 29. 10. 1991, 13/5 RJ 36/90, Rn. 16 (Eigenbeteiligung an Krankenhauskosten); BSG, Urteil v. 8. 6. 1994, 3/1 RK 54/93, Rn. 18 (Leistungsausschluß von Hörgerätebatterien); BSG, Urteil v. 25. 10. 1994, 3 RK 16/94, Rn. 36 (Leistungsausschluß von Hörgerätebatterien).

[58] BSG, Urteil v. 22. 4. 2008, B 1 KR 10/07 R, und Urteil v. 22. 4. 2008, B 1 KR 18/07 R. Empfänger von Arbeitslosengeld II unterliegen grundsätzlich der Versicherungspflicht nach § 5 Abs. 1 Nr. 2a SGB V. Auf der Basis von derzeit 28,58 Euro kalendertäglich (vgl. § 232a Abs. 1 Nr. 2 SGB V) ist der Bund zur Tragung der Beiträge verpflichtet (§ 251 Abs. 4 SGB V).

[59] BSG, Urteil v. 22. 4. 2008, B 1 KR 10/07 R, Rn. 31ff.

[60] Daß der Gesetzgeber mit der Regelleistung des SGB II nach § 20 Abs. 2 SGB II nicht nur die physische Existenz sichern wolle, sondern mehr, schließt das BSG aus dem Umstand, daß andere Gesetze (§ 26 SGB XII, AsylbLG) niedrigere Leistungen zulassen (BSG, Urteil v. 22. 4. 2008, B 1 KR 10/07 R, Rn. 49). Dieser Hinweis übersieht zum einen, daß es nach dem verfassungsrechtlichen Maßstab nicht darauf ankommt, was der Gesetzgeber will, sondern was er tut. Zum anderen folgt aus der Absenkung von Leistungen in anderen Kontexten nicht, daß die Regelleistung des SGB II in jedem Fall existenzsichernd ist. Um diese Frage zu beantworten, benötigt man einen eigenständigen Standard, an dem dann sowohl die Leistungen des SGB II als auch die des SGB XII oder des AsylbLG zu messen sind.

[61] Z.B. BVerwGE 97, 376 (378) – Klassenfahrt, m.w.N.

[62] Nach BVerfGE 45, 187 (228f.) gehört zu einem menschenwürdigen Dasein auch die Aussicht darauf, nach Verbüßung einer Freiheitsstrafe wieder in Freiheit zu gelangen. BVerfGE 76, 143 (159) und BVerfGE 81, 58 (66) ordnen der Menschenwürde ein „religiöses Existenzminimum" zu, denn maßgeblich seien die Grundbedürfnisse von Menschen als „sittliche Personen". Von einem „sozialen Wert- und Achtungsanspruch"

Unvertretbar scheint mir die Position des BSG nicht. Zum einen hat das BVerfG stets vermieden, den „obersten Wert" des Verfassungsrechts[63] näher zu beschreiben. Wir wissen, dass danach die Mindestvoraussetzungen für ein menschenwürdiges Dasein zu sichern sind.[64] Aber das ist nur eine Paraphrase des Art. 1 Abs. 1 S. 1 GG. Wir wissen, dass die Mindestvoraussetzungen raum- und zeitgebunden sind.[65] Das ist eine Selbstverständlichkeit. Und wir wissen, dass die Regelsätze des Sozialhilferechts eine Richtschnur für die Auslegung der Menschenwürdegarantie sind.[66] Dieser letzte Hinweis war methodisch immer fragwürdig.[67] Zum anderen hat auch die Rechtswissenschaft kein kohärentes Verständnis entwickelt. Es besteht keine Einigkeit über den Sitz des Rechts auf Existenzminimum, und es gibt keine konsensfähige Dogmatik zum wirtschaftlichen Existenzminimum.[68] Das BSG vergrößert demnach die Gruppe derer, die „Existenzminimum" ohnedies eng verstehen.

---

spricht schließlich auch noch BVerfGE 117, 71 (89). Die angesprochenen Aspekte gehen über ein physisches Existenzminimum hinaus.

63 BVerfGE 27, 1 (6).

64 BVerfGE 40, 121 (133); 44, 353 (375); 82, 60 (80); 87, 153 (161); 110, 412 (445f.). In BVerfGE 1, 97 (104) hatte das BVerfG noch gemeint, Art. 1 Abs. 1 GG gebiete nicht den Schutz vor materieller Not, sondern den Schutz vor Angriffen durch Dritte (Erniedrigung, Brandmarkung, Ächtung).

65 Z.B. BVerfGE 87, 153 (172): „realitätsgerecht".

66 Z.B. BVerfGE 99, 246 (259).

67 Das einfachgesetzliche Sozialhilferecht und die auf dieser Grundlage ergangenen Verordnungen über die Regelsätze geben nur dann einen Maßstab für die verfassungsrechtliche Pflicht zur Sicherung eines menschenwürdigen Daseins ab, wenn verläßlich angenommen werden dürfte, daß dieses Regelwerk der Verfassung tatsächlich entspricht. Eine solche Annahme hat das BVerfG nie zu begründen versucht. Kritisch auch *St. Huster* Medizinische Versorgung im Sozialstaat: Zur Bedeutung des Sozialhilferechts für die Bestimmung einer medizinischen Mindestversorgung, in: N. Mazouz/M. H. Werner/U. Wiesing (Hrsg.) Krankheitsbegriff und Mittelverteilung, 2004, 157 (164); *W. G. Leisner* Existenzsicherung im öffentlichen Recht. Minimum – Grundlagen – Förderung, 2007, 132.

68 Vgl. *H. Dreier* in: H. Dreier (Hrsg.) GG, 2. Aufl. 2004, Art. 1 I Rn. 158; *G. Dürig* in: Th. Maunz/G. Dürig, GG, 1958, Art. 1 Abs. 1 Rn. 43f. und Art. 2 Abs. 2 Rn. 27; *M. Herdegen* in: Th. Maunz/G. Dürig, GG, 2005, Art. 1 Abs. 1 Rn. 114; *U. Di Fabio* in: Th. Maunz/G. Dürig, GG, 2004, Art. 2 Abs. 2 Rn. 45; *W. Höfling* in: M. Sachs (Hrsg.) GG, 4. Aufl. 2007, Art. 1 Rn. 31; *M. Enders* in: K. H. Friauf/W. Höfling (Hrsg.) Berliner Kommentar, 2005, Art. 1 Rn. 114f.; *H. D. Jarass* in: H. D. Jarass/B. Pieroth, GG, 8. Aufl. 2006, Art. 1 Rn. 3, 11, 15b und Art. 2 Rn. 94; *D. Murswiek* in: M. Sachs, ebd., Art. 2 Rn. 224ff.; *A. Podlech* in: AK-GG I, 3. Aufl. 2001, Art. 1 Abs. 1 Rn. 25ff., 63; *Ch. Starck* in: H. v. Mangoldt/F. Klein/Ch. Starck (Hrsg.) GG I, 4. Aufl. 1999, Art. 1 Abs. 1 Rn. 36, 40; *H. Schulze-Fielitz* in: H. Dreier, ebd., Art. 2 II Rn. 96; *Pieroth/B. Schlink* (Fn. 43) Rn. 361f.; *W. Cremer* Freiheitsgrundrechte. Funktionen und Strukturen, 2003, 360ff.; *O. Bachof* Begriff und Wesen des sozialen Rechtsstaates, VVDStRL 12 (1954) 37;

Hinter der engen Auslegung des Art. 1 Abs. 1 GG steht zum einen der Wunsch nach Klarheit eines finanzwirksamen Leistungsanspruchs gegenüber dem Staat, zum anderen die Sorge, Banalitäten könnten zum Verfassungsstreit werden.[69] Ich bin nicht sicher, dass den Bedenken nur durch eine enge Auslegung Rechnung getragen werden kann. Denn auch das weite Verständnis betont den dynamischen Charakter der Menschenwürdegarantie.[70] Der Leistungsanspruch kann schmäler werden. Viel wichtiger ist, dass ein enges Verständnis nicht nur für das wirtschaftliche Existenzminimum gelten kann. Jedes Mal, wenn der Gesetzgeber Leistungen der gesetzlichen Krankenversicherung in die Eigenverantwortung der Betroffenen überträgt, kann dies zugleich bedeuten: Sie sind für Hilfebedürftige unerschwinglich, ohne dass der Sozialhilfeträger einspringen darf.[71] Zu fragen ist daher auch nach dem

---

*G. Dürig* Verfassung und Verwaltung im Wohlfahrtsstaat, JZ 1953, 193; *H. M. Heinig* Menschenwürde und Sozialstaat, in: P. Bahr/H. M. Heinig (Hrsg.) Menschenwürde in der säkularen Verfassungsordnung. Rechtswissenschaftliche und theologische Perspektiven, 2006, 251; *W. G. Leisner* (Fn. 67) 98ff.; *E.-W. Luthe/F. Dittmar* Das Existenzminimum der Gegenwart, SGb 2004, 272; *V. Neumann* Menschenwürde und Existenzminimum, NVwZ 1995, 426; *V. Neumann* Sozialstaatsprinzip und Grundrechtsdogmatik, DVBl. 1997, 92; *J. M. Soria* Das Recht auf Sicherung des Existenzminimums, JZ 2005, 644; *T. M. Spranger* Der sozialhilferechtliche Anspruch auf das Existenzminimum aus verfassungsrechtlicher Sicht, VerwRdSch 1999, 242; *M. Wallerath* Zur Dogmatik eines Rechts auf Sicherung des Existenzminimums, JZ 2008, 157. *Cremer, Dreier, Höfling, Jarass, Pieroth/Schlink, Soria, Starck* und *Wallerath* plädieren für eine Verankerung des Rechts auf ein Existenzminimum primär in Art. 1 Abs. 1 GG, *Neumann* für eine Verankerung in Art. 3 Abs. 1 GG, *Bachof, Di Fabio, Dürig* und *Murswiek* nennen Art. 2 Abs. 2 S. 1 GG, *Enders, Luthe* und *Dittmar* Art. 20 Abs. 1 GG; *G. W. Leisner* will sich wohl nicht festlegen. Die Wahl der Rechtsgrundlage beeinflußt zumindest in gewissem Umfang den für erforderlich erachteten Standard: Wer Art. 2 Abs. 2 S. 1 GG für einschlägig hält, plädiert eher für ein physisches Existenzminimum (*Bachof, Di Fabio, Dürig; Murswiek*). Im übrigen gehen die Meinungen weit auseinander: Sie reichen von der staatlichen Pflicht zur Gewährleistung eines soziokulturellen Existenzminimums, das sich nach den herrschenden Lebensgewohnheiten (*Cremer*) oder den unteren Lohngruppen (*Neumann*) bestimmen soll bis zur Beschränkung der Pflicht auf ein physisches Minimum (*Enders; Heinig; Jarass; Soria; Spranger; Starck; Höfling:* „Menschenwürdesockel des Leistungsrechts"; *Pieroth/Schlink:* „Verkommenlassen in hilfloser Lage"). Zum Teil wird die Festsetzung des Existenzminimums überhaupt dem einfachen Gesetzgeber überlassen, dem durch die Verfassung insoweit nicht die Hände gebunden seien (*Wallerath*).

[69] Vgl. *Ch. Starck* (Fn. 68) Rn. 36; *J. M. Soria* (Fn. 68) 647; *W. Höfling* (Fn. 68) Rn. 31.

[70] *W. Cremer* Freiheitsgrundrechte (Fn. 68) 387f.

[71] Die Hilfen zur Gesundheit nach §§ 47 bis 51 Sozialgesetzbuch (SGB) Zwölftes Buch (XII) – Sozialhilfe – v. 27. 12. 2003, BGBl. I S. 3022, entsprechen genau den Leistungen der gesetzlichen Krankenversicherung. Dies ergibt sich für die Leistungserbringung durch die Krankenkassen aus § 264 Abs. 4 SGB V und für die Leistungserbrin-

„medizinischen Existenzminimum".[72] Nach der engen Auslegung dürfte sich das medizinische Existenzminimum bloß auf gerichtlich noch nicht

---

gung durch die Sozialhilfeträger aus § 52 SGB XII. Daß der zuständige Sozialhilfeträger die im SGB V vorgesehenen Eigenleistungen übernimmt (so § 38 BSHG in der bis 31. 12. 2003 geltenden Fassung), ist grundsätzlich nicht vorgesehen. Ebenso *V. Schlette* in: K. Hauck/W. Noftz (Hrsg.) SGB XII, § 52, 2007, Rn. 6ff., 15ff. m.w.N.

[72] Auch das Recht auf das medizinische Existenzminimum wird zum Teil in Art. 1 Abs. 1 GG iVm dem Sozialstaatsprinzip, zum Teil in Art. 2 Ab. 2 S. 1 GG verortet. Vgl. *D. Murswiek* (Fn. 68) Rn. 225; *Ch. Starck* in: H. v. Mangoldt/F. Klein/Ch. Starck (Hrsg.) GG I, 4. Aufl. 1999, Art. 2 Abs. 2, Rn. 212; *H. Schulze-Fielitz* (Fn. 68) Rn. 96; *U. Di Fabio* (Fn. 68) Rn. 46, 94; *O. Seewald* Zum Verfassungsrecht auf Gesundheit, 1981, 70ff.; *I. Ebsen* Verfassungsrechtliche Implikationen der Ressourcenknappheit im Gesundheitswesen, NDV 1997, 71; *P. Kirchhof* Gerechte Verteilung medizinischer Leistungen im Rahmen des Finanzierbaren, MMW 1998, 200; *V. Neumann* Der Grundrechtsschutz von Sozialleistungen in Zeiten der Finanznot, NZS 1998, 401; *E. Schmidt-Aßmann* Grundrechtspositionen und Legitimationsfragen im öffentlichen Gesundheitswesen, 2001, 23ff.; *M. Nettesheim* Rationierung in der Gesundheitsversorgung – verfassungsrechtliche Möglichkeiten und Grenzen, VerwArch 93 (2002) 315; *A. Hänlein* Festlegung der Grenzen der Leistungspflicht der Krankenkassen, SGb 2003, 301; *V. Neumann* Das medizinische Existenzminimum, NZS 2006, 393. Das BVerfG argumentiert aus der Perspektive der Versicherten mit einer grundrechtlichen Schutzpflicht aus Art. 2 Abs. 1 GG iVm dem Sozialstaatsgebot bzw. Art. 2 Abs. 2 S. 1 GG (BVerfGE 115, 25 [41f., 44]; vgl. davor auch schon BVerfG, NJW 1997, 3085 – Edelfosin; BVerfG, NJW 1998, 1775 – Behandlung durch Heilpraktiker; BVerfG, NJW 2004, 3100 – Blutreinigung). Die Lehre geht dagegen zu Recht durchweg von einem originären Leistungsanspruch aus. Inhaltlich wird das medizinische Existenzminimum überwiegend eng definiert (z.B. *Di Fabio, Kirchhof, Murswiek, Schulze-Fielitz, Starck*). Nur verschiedentlich wird der Standard höher gesetzt: *Ebsen* (ebd. 78) etwa meint unter Berufung auf Art. 1 Abs. 1 und Art. 20 Abs. 1 GG, daß das medizinische Existenzminimum am „Normalstandard" für jedermann auszurichten sei – und er hat dabei sichtlich den Leistungskatalog des SGB V aus der Mitte der 1990er Jahre vor Augen (ihm folgend *Neumann, Schmidt-Aßmann*). Begründend verweist *Ebsen* darauf, daß das Sozialstaatsprinzip soziale Gleichheit verlange (und daher ein schlechterer Leistungskatalog für Sozialhilfeempfänger abzulehnen sei) und daß die Menschenwürdegarantie insb. auch Stigmatisierungen verbiete: Es dürfe nicht sein, daß man Empfänger von Sozialhilfe an ihren Zähnen erkenne. Für *Neumann* folgt die Unzulässigkeit der Differenzierung auch daraus, daß der Leistungskatalog des SGB V ohnehin nur das medizinisch Notwendige zusichere; dem Gesetzgeber bleibe deshalb fast kein Spielraum für Leistungsabsenkungen gegenüber Sozialhilfeempfängern. Überzeugend sind die Argumente für die Gleichbehandlung von Versicherten und Empfängern von Sozialhilfe nicht. Zum einen: Daß die Leistungen der Krankenversicherung grundsätzlich medizinisch notwendig sein müssen, sagt nichts über den Standard aus, an dem diese Notwendigkeit zu messen ist. Zum anderen: Die Aussage, daß das Sozialstaatsprinzip soziale Gleichheit fordere, überdehnt den Inhalt des Sozialstaatsprinzips; die Aussage, daß das Vorenthalten von Leistungen – z.B. des Zahnersatzes – Menschen unzulässig stigmatisiere, überdehnt die Menschenwürdegarantie des Art. 1 Abs. 1 GG (so auch *M. Nettesheim* ebd. 335, 337). Schließlich: Wenn der medizinische Leistungskatalog des Sozialhilferechts

definierte „Kernleistungen" des Krankenversicherungsrechts beziehen. Außerhalb der Kernleistungen des Krankenversicherungsrechts dürften etwa medizinisch empfehlenswerte Behandlungen liegen, aufschiebbare Behandlungen, der Zahnersatz, Kuren, präventive Leistungen oder Maßnahmen der medizinischen Rehabilitation.

Dies führt mich zu meiner dritten These: Das Unterschreiten des Existenzminimums ist grundrechtlich problematisch. Diese Form von sozialer Ungleichheit ist nicht hinzunehmen. Es zeichnet sich allerdings ein breiter Konsens dahin ab, den Mindeststandard deutlich unterhalb der Standards des BSHG anzusetzen. Unter Art. 1 Abs. 1 GG bezieht er sich danach primär auf die Dimensionen Nahrung, Kleidung, Obdach, unter Art. 2 Abs. 2 S. 1 GG auf eine Grundversorgung im Bereich der Gesundheit. Damit nähert sich der Standard des GG dem völkerrechtlichen Standard des Art. 11 des Sozialpakts der Vereinten Nationen.[73]

### 3. *Alterssicherung und Ungleichheit*

Die verfassungsrechtliche Kritik an der Absenkung des Niveaus der gesetzlichen Rente kann einerseits am Eigentumsrecht, andererseits an Art. 2 Abs. 1 GG ansetzen: Versicherte, die bereits Anwartschaften aus der gesetzlichen Rentenversicherung erworben haben, können sich auf Art. 14 Abs. 1 GG berufen.[74] Menschen, die ihren Versichertenstatus

---

dem Katalog des SGB V entspricht und die Versicherten – anders als Sozialhilfeempfänger oder Empfänger von Arbeitslosengeld II – zunehmend zu Eigenleistungen verpflichtet werden, entwickeln sich die Leistungskataloge in die andere Richtung auseinander: Hilfeempfänger erhalten „mehr" als die Versicherten. Dies ist nicht nur ein politisches Problem, sondern mit Blick auf die Beschäftigten im unteren Lohnbereich wohl auch ein Gleichheitsproblem. Wenn ihr Einkommen nur wenig über den anzuerkennenden Bedarfen des SGB II oder des SGB XII liegt, könnten die Beschäftigten nämlich einwenden, daß sie sich wirtschaftlich in einer vergleichbaren Lage befänden, die Leistungen für sie aber an eine Beitragspflicht gebunden seien. Zu Recht kritisch auch *St. Huster* (Fn. 67) 161.

[73] International Covenant on Economic, Social and Cultural Rights, General Assembly Resolution 2200 (XXI). Art. 11 Abs. 1 lautet: „The States Parties to the present Covenant recognize the right of everyone to an adequate standard of living for himself and his family, including adequate food, clothing and housing, and to the continuous improvement of living conditions. The States Parties will take appropriate steps to ensure the realization of this right, recognizing to this effect the essential importance of international co-operation based on free consent."

[74] Die Anpassung des aktuellen Rentenwerts genießt den Schutz aus Art. 14 Abs. 1 GG. Eingehend dazu *P. Blömeke* (Fn. 28) 228ff., der sich auch mit der uneinheitlichen Literatur befaßt. Vgl. weiter BVerfG, Nichtannahmebeschluß v. 26. 7. 2007, 1 BvR 824/03, Rn. 50 = DVBl. 2007, 1228 (1230), wo immer noch offen bleibt, ob die regel-

nach Inkrafttreten der Rentenreform 2001 erlangt haben, können mit dem Äquivalenzprinzip argumentieren. In beiden Fällen bleiben die Argumente schwach.

Der Schutz aus Art. 14 Abs. 1 GG führt deshalb nicht weit, weil das BVerfG jede Schlechterstellung als Inhalts- und Schrankenbestimmung deutet, und bei der Verhältnismäßigkeitsprüfung dem Gedanken der Finanzierbarkeit der Leistungen ein überragendes Gewicht beimisst.[75] So hat das BVerfG erhebliche Leistungssenkungen als unproblematisch hingenommen.[76] Dass der Gesetzgeber mit seinen Maßnahmen ab 2001 diesen Spielraum überschritten hat, ist nicht zu sehen.[77] Der Anspruch auf „adäquate Versicherungsleistungen" im Versicherungsfall führt zu nichts, so lange Rentenexperten plausibel machen können, dass die gesetzlichen Renten weiterhin Renditen abwerfen.[78]

Meine vierte These lautet: Aus Art. 14 Abs. 1 oder Art. 2 Abs. 1 GG folgen keine schlagkräftigen Einwände gegen eine Gestaltung der Alterssicherung, die zu größeren Einkommensunterschieden führt. Die Erzeugung von sozialer Ungleichheit ist insoweit unproblematisch.

---

mäßige Anpassung des aktuellen Rentenwerts unter den Schutz der Eigentumsgarantie fällt.

[75] Näher *U. Davy* Pfadabhängigkeit in der sozialen Sicherheit, in: Sozialrechtsgeltung in der Zeit, SDSRV 55 (2007) 103 (123).

[76] BVerfGE 58, 81 (109ff.: Neubewertung von Ausbildungszeiten, Minderung der Rente um bis zu 15%); BVerfGE 64, 87 (97ff.: Abflachung der Rentenanpassung, Minderung der Rente um 13%); BVerfGE 70, 101 (110ff.: Änderung der Regeln über Ersatz- und Ausfallzeiten, Kürzung der Rente um 25%); BVerfGE 116, 96 (126ff.: Einführung des Multiplikators von 0,6 im Fremdrentenrecht, Minderung der Renten um bis zu 30%); BVerfG, Beschl. v. 27. 2. 2007, 1 BvL 10/00 (Neubewertung der ersten Berufsjahre, Minderung der Rente um 12%).

[77] Zur Rentenanpassung nach Maßgabe der Inflationsrate im Jahr 2000 und zur Aussetzung der Anpassung im Jahr 2004 vgl. bereits BSG, Urteil v. 31. 7. 2002, B 4 RA 120/00 R, BSG, Urteil v. 27. 3. 2007, B 13 R 37/06 R, sowie BVerfG, Nichtannahmebeschluß v. 26. 7. 2007, 1 BvR 824/03 = DVBl. 2007, 1228.

[78] Nach den Annahmen der Rentenexperten werden gesetzliche Renten auch nach der Abflachung des Rentenniveaus auf 43% eine Rendite abwerfen. Vgl. etwa *F. Ruland* Alterssicherung (Fn. 29) 4, der für Männer, die im Jahr 2030 in Rente gehen, eine Rendite von 2,6% (nominal) berechnet. Renditeberechnungen beruhen allerdings regelmäßig auf Annahmen, die das Ergebnis „positiv" beeinflussen. Grundsätzlich ist dabei die Summe der Einzahlungen (aufgezinst) mit der Summe der erwarteten Auszahlungen (abgezinst) zu vergleichen. Da die gesetzliche Rentenversicherung aber nicht nur Altersrenten finanziert (sondern z.B. auch Erwerbsminderungsrenten), werden nicht 100% der Einzahlungen berücksichtigt, sondern nur 80%. Den Berechnungen liegt außerdem ein Einzahlungszeitraum von 45 Jahren zugrunde, der in der Praxis kaum erreicht wird. Und die errechneten Renditen sind nicht inflationsbereinigt. Zu den prekären Annahmen solcher Rendite-Berechnungen vgl. näher auch das Gutachten des Sozialbeirats zum Rentenversicherungsbericht 2004 BT-Drs. 15/4498, 89ff.

### 4. *Grundsicherung und Ungleichheit*

Die Streitfälle im Bereich der Grundsicherung betreffen einen besonderen Aspekt der Menschenwürdegarantie: Sind die Leistungen des SGB II in ausreichendem Maß bedarfsdeckend? Kommt es zu rechtlich unerträglicher sozialer Ungleichheit?

#### a) *Streit um Bedarfe*

Die ersten Streitfälle betrafen Sozialhilfeempfänger, die schon zu Jahresbeginn die Belastungsgrenze ihrer Zuzahlungspflichten nach dem SGB V ausgeschöpft hatten.[79] Sollten sie wirklich verpflichtet sein, schon im Januar ihre vollen Eigenanteile aus dem Regelsatz zu bestreiten? Die Sozialgerichte entschärften das Problem mit dem Hinweis auf die Möglichkeit der Darlehensgewährung, die sicherstellt, dass die monatliche Belastung 3,51 bzw. 7,02 Euro nicht überschreitet.[80] Dann ging es um Bedarfe von jungen Müttern oder Eltern:[81] Konnte es wirklich sein, dass im Fall der Geburt alle Baby-Bedarfe mit einem Schlag aus der Regelleistung zu bestreiten waren? Einige Gerichte akzeptierten waghalsig auch nach SGB II einen Anspruch auf einmalige Leistungen.[82] Später wurde über die Möglichkeit gestritten, Empfängern von Arbeitslosengeld II eine Haushaltshilfe zu gewähren,[83] die Aufwendungen für

---

[79] VG Berlin, Beschl. v. 2. 4. 2004, 8 A 69.04 = ZFSH/SGB 2005, 278; Nds. OVG, Beschl. v. 6. 5. 2004, 4 ME 88/04. Zur Gewährung einer Beihilfe für die Neuanschaffung einer Brille weiter Nds. OVG, Beschl. v. 13. 8. 2004, 4 ME 224/04 = ZFSH/SGB 2004, 560; Bayer. VGH München, Beschl. v. 2. 9. 2004, 12 CE 04.979 = ZFSH/SGB 2004, 612; Hess. VGH, Beschl. v. 22. 11. 2004, 10 TG 3128/04 = ZFSH/SGB 2005, 547.

[80] Für die Rechtslage unter dem SGB XII zustimmend BSG, Urteil v. 22. 4. 2008, B 1 KR 10/07 R, Rn. 30. Für die Rechtslage unter dem BSHG war die Gesetzmäßigkeit der Darlehenslösung strittig. Vgl. näher *N. Schumacher* Das Dilemma der Rechtsprechung zur Kostenübernahme von Gesundheitsleistungen durch die Sozialhilfe, RdL 2004, 123; *P. Armbrust* Urteilsanmerkung, ZFSH/SGB 2004, 549.

[81] SG Hamburg, Beschl. v. 23. 3. 2005, S 57 AS 125/05 ER; SG Speyer, Beschl. v. 13. 6. 2005, S 16 ER 100/05 AS; LSG Rh-Pf., Beschl. v. 12. 7. 2005, L 3 ER 45/05 AS = FEVS 57, 181; SG Berlin, Beschl. v. 20. 2. 2006, S 104 AS 1172/06 ER; LSG Berlin-Brandenburg, Beschl. v. 3. 3. 2006, L 10 B 106/06 AS ER; LSG Nds.-Bremen, Beschl. v. 16. 5. 2006, L 6 AS 170/06 ER.

[82] Vgl. z.B. LSG Rh-Pf., Beschl. v. 12. 7. 2005, L 3 ER 45/05 AS, Rn. 14 (Subsumtion unter „Erstausstattung der Wohnung"; Tragetuch mit Blick auf die soziokulturellen Gegebenheiten in Deutschland nicht zumutbar). Dann sprang der Gesetzgeber ein. Vgl. § 23 Abs. 3 S. 1 Nr. 2 SGB II idF des Gesetzes zur Fortentwicklung der Grundsicherung für Arbeitsuchende v. 20. 7. 2006, BGBl. I S. 1706 (Art. 1 Nr. 22).

[83] Dies war nach § 11 Abs. 3 BSHG in vielen Fällen unproblematisch zulässig. Einen Anspruch für Arbeitslosengeld II-Empfänger mangels Rechtsgrundlage ablehnend SG Hamburg, Beschl. v. 13. 6. 2005, S 51 SO 267/05 ER. Einen Anspruch auf der Grund-

Hygienebedarfe oder Arzneimittel abzufangen,[84] oder die Kosten für die Ausübung des Umgangsrechts mit Kindern zu decken, wenn die Eltern geschieden sind oder getrennt leben.[85] Nach früherem Recht wäre eine Erhöhung des Regelsatzes in Betracht gekommen, das SGB II schließt dies aus. Interessant ist freilich, dass die Sozialgerichte – bei aller Bereitschaft zur kleinen Korrektur – bislang nicht versucht waren, die Angemessenheit der Regelleistung selbst in Frage zu stellen.[86]

---

lage von § 70 Abs. 1 SGB XII bejahend LSG Hamburg, Beschl. v. 21. 4. 2005, L 3 B 70/05 ER SO; LSG Hamburg, Beschl. v. 5. 7. 2005, L 5 B 159/05 ER AS; LSG NRW, Beschl. v. 16. 9. 2005, L 20 B 9/05 SO ER. Einen Anspruch auf der Grundlage von § 61 Abs. 1 S. 2 SGB XII bejahend: LSG Nds.-Bremen, Beschl. v. 24. 8. 2005, L 8 SO 78/05 ER; LSG BW, Beschl. v. 7. 3. 2006, L 7 SO 509/06 ER-B; LSG Berlin-Brandenburg, Beschl. v. 30. 6. 2006, L 15 B 45/06 SO ER; Hess. LSG, Beschl. v. 4. 7. 2006, L 9 SO 24/06 ER. Der letztgenannten Auffassung hat sich das BSG, gestützt auf eine verfassungskonforme Interpretation, angeschlossen (BSG, Urteil v. 11. 12. 2007, B 8/9b SO 12/06 R). Vgl. ferner *S. Knickrehm* Haushaltshilfe für Empfänger von Arbeitslosengeld II?, NZS 2007, 128; *B. Schütze* Rechtsprechung zu Mehr- und Sonderbedarfen in besonderen Not- und Sondersituationen, SozSich 2007, 113.

[84] Vgl. z.B. SG Köln, Beschl. v. 5. 2. 2007, S 6 AS 4/07 ER; LSG Berlin-Brandenburg, Beschl. v. 24. 4. 2007, L 19 B 400/07 AS ER; LSG BW, Urteil v. 22. 11. 2007, L 7 SO 4180/06; LSG NRW, Beschl. v. 21. 12. 2007, L 19 B 134/07 AS ER; LSG NRW, Beschl. v. 7. 2. 2008, L 7 B 313/07 AS.

[85] Vgl. zunächst BSG, Urteil v. 7. 11. 2006, B 7b AS 14/06 R = NZS 2007, 383, und danach: LSG Berlin-Brandenburg, Beschl. v. 21. 11. 2006, L 10 B 1061/06 AS ER; LSG Berlin-Brandenburg, Beschl. v. 19. 12. 2006, L 10 B 1179/06 AS PKH; LSG NRW, Beschl. v. 10. 5. 2007, L 20 B 24/07 SO ER; LSG Nds.-Bremen, Urteil v. 21. 6. 2007, L 8 AS 491/05; SG Dortmund, Urteil v. 23. 8. 2007, S 22 AS 17/06; LSG NRW, Urteil v. 6. 9. 2007, L 9 AS 80/06; LSG NRW, Urteil v. 21. 4. 2008, L 20 AS 112/06. Vgl. ferner *S. Knickrehm* Kosten des Umgangsrechts und Regelleistungen nach dem SGB II, Sozialrecht aktuell 2006, 159; *U. Wenner* Erste BSG-Urteile zu Hartz IV stärken teilweise Rechte der Betroffenen, SozSich 2006, 391; *W. Schellhorn* Sozialrechtliche Leistungen zur Ermöglichung des Umgangsrechts, FuR 2007, 193; *M. Gerenkamp/J. Kroker* Ergänzende Sozialhilfeleistungen für Leistungsempfänger nach dem SGB II am Beispiel des elterlichen Umgangsrechts, NZS 2008, 28; *K. Krauß* in: K. Hauck/W. Noftz (Hrsg.) SGB II, 2008, § 20 Rn. 19f. Zur verfassungsrechtlichen Dimension des Umgangsrechts BVerfG, Beschl. v. 25. 10. 1994, 1 BvR 1197/93 = NJW 1995, 1342; BVerfG, Urteil v. 1. 4. 2008, 1 BvR 1620/04 = NJW 2008, 1287.

[86] Das BSG und viele LSG bestätigten die Verfassungskonformität von § 20 Abs. 2 SGB II. In zeitlicher Reihenfolge: LSG BW, Urteil v. 2. 9. 2005, L 8 AS 1995/05; Bayer. LSG, Urteil v. 18. 5. 2006, L 11 AS 111/05; LSG Nds.-Bremen, Urteil v. 24. 8. 2006, L 8 AS 467/05; Sächs. LSG, Urteil v. 19. 10. 2006, L 3 AS 5/05; LSG Berlin-Brandenburg, Beschl. v. 20. 11. 2006, L 10 B 1014/05 AS PKH; BSG, Urteil v. 23. 11. 2006, B 11b AS 1/06 R = FEVS 58, 353; LSG NRW, Urteil v. 8. 11. 2007, L 9 AS 62/06; BSG, Beschl. v. 27. 2. 2008, B 14 AS 160/07 B; vgl. aber auch Sächs. LSG, Urteil v. 29. 3. 2007, L 3 AS 101/06 (Kosten für Warmwasseraufbereitung nicht Teil der Regelleistung). Kritisch dagegen *P. Mrozynski* Grundsicherung für Arbeitsuchende, im Alter, bei voller

Vor diesem Hintergrund formuliere ich meine fünfte These: Das SGB II hat den Menschenwürde-Standard des BSHG deutlich abgesenkt. Die Sozialgerichte sind verunsichert und bemüht, dem durch verfassungskonforme Auslegung gegenzusteuern. Sie scheuen aber davor zurück, mit dem Gesetzgeber in einem Gerichtsverfahren über den genauen Verlauf der denkbar untersten Grenze des Existenzminimums zu streiten.

### *b) Multiple Exklusion*

Aus dogmatischer Sicht unbefriedigend sind nicht nur die unhaltbaren Versuche, für manche Bedarfe doch eine Rechtsgrundlage im SGB II oder SGB XII zu finden. Problematisch ist auch, dass der gerichtliche Rechtsschutz insgesamt hinter den Anforderungen des Art. 1 Abs. 1 GG zurückbleibt.

Die Sozialpolitik der letzten fünf Jahre konfrontiert uns mit einem neuen Phänomen, nämlich der Exklusion von Bedürfnissen aus mehreren Funktionssystemen. Das ist nicht die Vollexklusion, die die Soziologie beschäftigt,[87] aber es sind spürbare Teilexklusionen, die soziale Ungleichheit verschärfen: Die Ausgrenzungen im Bereich der gesetzlichen Krankenversicherung werden weder durch die Sozialhilfe noch durch die Grundsicherung aufgefangen. Einzelne Bedarfe des Lebensunterhalts, die noch vor fünf Jahren durch Öffnungsklauseln des Sozialhilferechts gedeckt waren, sind heute aus der Regelleistung zu bestreiten. Freilich, die Rücknahme von Leistungen im Grenzbereich der Menschenwürde ist nicht schon grundsätzlich problematisch. Wenn die einfachgesetzlichen Garantien großzügiger sind als das verfassungsrecht-

---

Erwerbsminderung und die Sozialhilfereform, ZFSH/SGB 2004, 198; *W. Däubler* Das Verbot der Ausgrenzung einzelner Bevölkerungsgruppen – Existenzminimum und Arbeitslosengeld II, NZS 2005, 225; *K.-J. Bieback* Probleme des SGB II, NZS 2005, 337; *E. Ockenga* Regelleistung des SGB II und Verfassungswidrigkeit, ZFSH/SGB 2006, 143; *J. Münder* Das Leistungsrecht des SGB II: Erfahrungen mit pauschalierten Leistungen, NZS 2008, 169; *T. Hebeler* Die verfassungsrechtliche Einordnung der pauschalierenden Leistungsgestaltung im SGB II, SGb 2008, 8; *K. Krauß* (Fn. 85) Rn. 17f. Differenzierend *W. Spellbrink* Gelingt durch die neuen Instrumente des SGB II die Integration der Langzeitarbeitslosen in den Arbeitsmarkt?, SGb 2008, 445 (451).

[87] *R. Stichweh* (Fn. 14); *L. Leisering* (Fn. 39); *L. Leisering* „Soziale Ausgrenzung“ – Zur handlungstheoretischen Fundierung eines aktuellen sozialpolitischen Diskurses, in: St. Hradil (Hrsg.) Differenz und Integration. Die Zukunft moderner Gesellschaften. Verhandlungen des 28. Kongresses der Deutschen Gesellschaft für Soziologie in Dresden 1996, 1997, 1040; *M. Kronauer* Exklusion. Die Gefährdung des Sozialen im hoch entwickelten Kapitalismus, 2003, ferner die Beiträge in: H. Bude/A. Willisch (Hrsg.) Das Problem der Exklusion. Ausgegrenzte, Entbehrliche, Überflüssige, 2006; H. Bude/A. Willisch (Hrsg.) Exklusion. Die Debatte der „Überflüssigen“, 2007.

lich Geforderte, ist Leistungsabbau unproblematisch. Problematisch ist, dass das Rechtsschutzsystem nicht garantiert, dass die denkbar unterste Grenze des Existenzminimums beachtet wird. Aus Gründen der Zuständigkeit, aber auch weil Bedarfe nicht zeitgleich entstehen, sind der Ausschluss der Sehhilfen aus dem SGB V im Verfahren A, der besondere Hygienebedarf im Verfahren B, die Kosten des Umgangsrechts im Verfahren C und die Notwendigkeit eines Ersatzkühlschranks im Verfahren D geltend zu machen, zum Teil vor verschiedenen Leistungsträgern. So gerät das, was die Armutsforschung „deprivation" nennt, in seiner Gesamtheit nicht in den Blick. Im Verfahren über eine Verfassungsbeschwerde ist es schwierig, die Beschwerde umfassend darzutun.[88] Ein Vorlageverfahren gegen die Höhe der Regelleistung scheitert an der mangelnden Bereitschaft der Gerichte, sich allgemein und abstrakt mit der Angemessenheit des Geldbetrages auseinanderzusetzen.[89]

Meine sechste These ist daher: Die Sozialpolitik der letzten Jahre führt gerade für Menschen, die Arbeitslosengeld II oder Sozialhilfe beziehen, zu multipler Exklusion. Es gibt aber kein Gerichtsverfahren, in dem diese spezifische Form der Exklusion angemessen thematisiert werden könnte. So gibt es keine Instanz, die die Einhaltung der Menschenwürde-Garantie verlässlich prüfen kann.

---

[88] Vgl. BVerfG, Nichtannahmebeschluß v. 7. 11. 2007, 1 BvR 1840/07, und dazu *K.-J. Bieback* Urteilsanmerkung, SGb 2008, 409 (410); *U. Wenner* Bundesverfassungsgericht zur Höhe der ALG-II-Regelsätze: Fast alle Fragen offen, SozSich 2008, 36.

[89] Mit Blick auf die universelle Tauschkraft von Geld scheint naheliegend, den Vorwurf der fehlenden Existenzsicherung auf die Regelleistung nach § 20 Abs. 2 SGB II zu konzentrieren: Wäre die Regelleistung höher, wäre die Inflexibilität der Geldleistungen nicht so spürbar und gewisse zusätzliche Aufwendungen (für die Gesundheit, das Umgangsrecht oder größere Anschaffungen im Haushalt) könnten leichter finanziert werden. So könnte man argumentieren. Drei Umstände machen ein Vorlageverfahren nach Art. 100 Abs. 1 GG dennoch schwierig: Erstens muß sich der Angriff formal ausschließlich gegen § 20 Abs. 2 SGB II richten, obwohl der Gesetzgeber die Unterschreitung des Existenzminimums auch durch Änderung eines anderen Gesetzes beheben könnte (z.B. durch Änderung des SGB V). Zweitens schafft die „Segmentierung" der Exklusion Wahrnehmungsbarrieren. Dies macht ein Vorlageverfahren faktisch unwahrscheinlich. Eine dritte Hürde liegt in der beträchtlichen Darlegungslast, die das BVerfG den Gerichten auferlegt.

## IV. Europäisierung der Gleichheit

### *1. Angleichung der Lebens- und Arbeitsbedingungen*

Der Gründungsvertrag der EWG fasste soziale Ungleichheit zum ersten Mal „europäisch". Die Angleichung der Lebens- und Arbeitsbedingungen zwischen den Mitgliedstaaten gehörte von Anfang an zu den Zielen der Gemeinschaft.[90] Für die 15 westeuropäischen Mitgliedstaaten – nur soweit machen Aussagen Sinn – haben sich die Relationen in der Tat verändert. Die Wirtschaften sind expandiert, die Wohlstandsunterschiede zwischen und in vielen Mitgliedstaaten sind kleiner geworden (vgl. Anhang, Tabelle 1).[91]

Ich will den Ursachen für diesen Erfolg nicht nachgehen. Mich interessiert der Einfluß des Gemeinschaftsrechts aus der Perspektive der Arbeitskräfte: Welchen Beitrag zur sozialen Positionierung leistet das Gemeinschaftsrecht für jene Menschen und ihre Nachkommen, die von ihrer Freizügigkeit Gebrauch machen? Die Frage hat für Deutschland einen besonderen Reiz. Die ersten Gastarbeitergenerationen kamen vor allem auch aus Italien, Griechenland, Spanien und Portugal. Die Zuwanderung erfolgte zunächst nicht auf der Grundlage des Gemeinschaftsrechts, sondern auf der Grundlage von Anwerbeabkommen. Die Anwerbung zielte bewusst auf Nicht- bzw. Geringqualifizierte, und die Einwanderung erfolgte stets von einem deutlich ärmeren Staat in einen deutlich reicheren Staat.[92] Insoweit unterscheidet sich die frühe Zuwan-

---

[90] Ursprünglich Art. 117 Abs. 1 EWGV, heute Art. 2 und Art. 136 Abs. 1 EGV.

[91] Der Wohlstand – gemessen in GNI per capita – hat sich in den vergangenen Jahrzehnten in allen Mitgliedstaaten vervielfacht. Für Irland etwa sind die Werte zwischen 1975 und 2005 um den Faktor 13 gewachsen. Bemerkenswert ist, daß sich die Abstände zwischen dem reichsten und dem ärmsten Mitgliedstaat in der Gruppe der EU15 in den letzten 20 Jahren verkleinert haben. Im Jahr 1985 war Luxemburg der reichste, und Portugal der ärmste Mitgliedstaat. Der Wohlstandswert für Luxemburg war um das 5,14-fache größer als der Wohlstandswert für Portugal. Im Jahr 2005 – nach wie vor war Luxemburg der reichste und Portugal der ärmste Mitgliedstaat – war die Wohlstandsdifferenz zwischen den beiden Staaten auf das 3,79-fache gesunken (s. Anhang, Tabelle 1). Die Gini-Koeffizienten – sie messen die Einkommensungleichheit in den einzelnen Mitgliedstaaten – sanken bis Mitte der 1990er Jahre in Dänemark, Griechenland, Finnland, Schweden sowie Spanien und ab 1995 in Frankreich und Irland. Zu einer Vergrößerung der Einkommensunterschiede kam es zwischen 1975 und 1985 v.a. im Vereinigten Königreich, zwischen 1985 und 1995 in Italien, und zwischen 1995 und 2005 in Finnland und in Schweden. Vgl. dazu im einzelnen *European Commission* The Social Situation in the European Union 2007. Social Cohesion through Equal Opportunities, 2008, 12ff.

[92] Aus historischer Perspektive *K. J. Bade* Einheimische Ausländer: ‚Gastarbeiter' – Dauergäste – Einwanderer, in: K. J. Bade (Hrsg.) Deutsche im Ausland – Fremde in

derung aus späteren EU-Mitgliedstaaten nicht von der Zuwanderung aus Jugoslawien oder der Türkei, um die beiden anderen großen Anwerbeländer zu nennen.[93] Schlägt sich der Schutz durch das Gemeinschaftsrecht für Angehörige der EU-Anwerbeländer im sozialen Status nieder?

---

Deutschland. Migration in Geschichte und Gegenwart, 1992, 393ff.; aus ökonomischer Perspektive *G. Schiller* Die Bedeutung der Ausländerbeschäftigung für die Volkswirtschaft, in: K. J. Bade (Hrsg.) Auswanderer Wanderarbeiter Gastarbeiter. Bevölkerung, Arbeitsmarkt und Wanderung in Deutschland seit der Mitte des 19. Jahrhunderts, Bd. 2, 2. Aufl. 1985, 625ff.

[93] Die Angehörigen der genannten Anwerbeländer bildeten und bilden den weitaus größten Teil der ausländischen Wohnbevölkerung. Im Jahr 1982 zählten zur ausländischen Wohnbevölkerung 4,66 Millionen Menschen, darunter waren 106005 Einwanderer aus Portugal, 173526 aus Spanien, 300824 aus Griechenland, 601621 aus Italien, 631692 aus Jugoslawien und 1,58 Mio. aus der Türkei (zusammen 72,7% der ausländischen Wohnbevölkerung). Angaben bei: *J. K. Bade* Die Ausländerbeschäftigung in der Bundesrepublik zwischen Arbeitswanderung und Einwanderung. Einleitung, in: K. J. Bade (Hrsg.) Auswanderer (Fn. 92) 621 (624). Im Jahr 1996 zählten zur ausländischen Wohnbevölkerung 130842 Einwanderer aus Portugal (1,8%), 132457 aus Spanien (1,8%), 362539 aus Griechenland (5,0%), 599429 aus Italien (8,2%), 754311 aus der Bundesrepublik Jugoslawien (10,3%) und 2,05 Mio. aus der Türkei (28,0%). Angaben aus: Bericht der Beauftragten der Bundesregierung für die Belange der Ausländer über die Lage der Ausländer in der Bundesrepublik Deutschland 1997, BT-Drs. 13/9484, 97. Die Angehörigen der genannten Anwerbeländer bildeten damit noch immer 55% der ausländischen Wohnbevölkerung. Ab Anfang der 1990er Jahre war bereits die Zuwanderung aus Osteuropa wirksam, insbesondere aus Polen und Rumänien. Im Jahr 2006 umfaßte die ausländische Wohnbevölkerung 115028 Staatsangehörige Portugals (1,7%), 106819 Staatsangehörige Spaniens (1,6%), 303761 Staatsangehörige Griechenlands (4,5%), 534657 Staatsangehörige Italiens (7,9%), 750075 Staatsangehörige eines der Nachfolgestaaten des früheren Jugoslawien (11,8%) und 1,74 Mio. Staatsangehörige der Türkei (25,8%). Angaben aus: 7. Bericht der Beauftragten der Bundesregierung für Migration, Flüchtlinge und Integration über die Lage der Ausländerinnen und Ausländer in Deutschland, 2007, 209. Die innergemeinschaftliche Migration der jüngsten Vergangenheit weist andere Merkmale auf als die Migration im Wirtschaftsboom der Nachkriegszeit und im folgenden wirtschaftlichen Abschwung. Vgl. dazu insb. *R. Verwiebe/K. Wunderlich/Ch. Münzing* Die Einkommenssituation transnational mobiler Europäer auf dem Berliner Arbeitsmarkt. Zählt nationale Herkunft oder sozialstrukturelle Position?, Zeitschrift für Soziologie 32 (2003) 418; *R. Verwiebe/M. C. Müller* Gelungene Integration in den Arbeitsmarkt? Die flexiblen Biografien transnational mobiler Europäer zu Beginn des 21. Jahrhunderts, Berliner Journal für Soziologie 2006/1, 95; *R. Verwiebe* Transnationale Mobilität innerhalb Europas und soziale Ungleichheit, in: M. Heidenreich (Hrsg.) Die Europäisierung sozialer Ungleichheit. Zur transnationalen Klassen- und Sozialstrukturanalyse, 2006, 155.

## 2. *Unionsbürgerschaft: Recht auf soziale Teilhabe*

Das Gemeinschaftsrecht garantiert Arbeitnehmern aus einem anderen Mitgliedstaat der EU zum einen ein relativ sicheres Aufenthaltsrecht.[94] Das Gemeinschaftsrecht garantiert zum anderen rechtliche Gleichheit: Arbeitnehmer aus anderen Mitgliedstaaten haben wie Deutsche Zugang zu einer Beschäftigung ihrer Wahl.[95] Sie haben ein Recht auf gleichen Zugang zu den Systemen der sozialen Sicherheit.[96] Arbeitnehmer aus anderen Mitgliedstaaten haben nach Art. 7 Abs. 2 VO 1612/68 außerdem ein Recht auf gleiche soziale Vergünstigungen.[97] Es war von Anfang an klar, dass das Arbeitsgenehmigungsrecht auf Arbeitskräfte aus anderen Mitgliedstaaten keine Anwendung finden durfte. Unproblematisch war auch die Eingliederung der Arbeitskräfte in die Systeme der sozialen Sicherheit. Sozialversicherungsrecht ist – wegen der Anknüpfung an die Beschäftigung – weitgehend inkludierend. Problematisch war die Reichweite des Gleichheitssatzes des Art. 7 Abs. 2 VO 1612/68. Der Gleichheitssatz bezieht sich auf steuerfinanzierte Sozialleistungen, und hier verhalten sich Staaten traditionell exkludierend.

Der EuGH hat entschlossen dafür gesorgt, dass die rechtliche Gleichheit für Arbeitskräfte aus anderen Mitgliedstaaten nicht nur eine beschäftigungsrechtliche, sondern zugleich eine umfassende sozialrechtliche Dimension hat. Anfangs sprach der EuGH bei der Auslegung des Art. 7 Abs. 2 VO 1612/68 wohl noch vage von einem Recht auf alle Vergünstigungen, die die Mobilität innerhalb der Gemeinschaft erleich-

---

[94] Vgl. Art. 39 Abs. 3 EGV und die Richtlinie 2004/38/EG über das Recht der Unionsbürger und ihrer Familienangehörigen, sich im Hoheitsgebiet der Mitgliedstaaten frei zu bewegen und aufzuhalten, zur Änderung der Verordnung (EWG) Nr. 1612/68 und zur Aufhebung der Richtlinien 64/221/EWG, 68/360/EWG, 72/194/EWG, 73/148/EWG, 75/34/EWG, 75/35/EWG, 90/364/EWG, 90/365/EWG und 93/96/EWG v. 29. 4. 2004, ABl. Nr. L 158/77.

[95] Vgl. Art. 39 Abs. 2 EGV (Abschaffung jeder auf der Staatsangehörigkeit beruhenden unterschiedlichen Behandlung der Arbeitnehmer der Mitgliedstaaten in Bezug auf Beschäftigung, Entlohnung und sonstige Arbeitsbedingungen) und Verordnung (EWG) Nr. 1612/68 über die Freizügigkeit der Arbeitnehmer innerhalb der Gemeinschaft v. 15. 10. 1968 ABl. L 257/2, zuletzt geändert durch die Richtlinie 2004/38/EG.

[96] Art. 3 der Verordnung (EWG) Nr. 1408/71 zur Anwendung der Systeme der sozialen Sicherheit auf Arbeitnehmer und Selbständige sowie deren Familienangehörige, die innerhalb der Gemeinschaft zu- und abwandern, v. 14. 6. 1971, ABl. Nr. L 149/2, zuletzt geändert durch Verordnung (EG) Nr. 592/2008, ABl. Nr. L 177/1; vgl. auch Art. 4 der Verordnung (EG) Nr. 883/2004 zur Koordinierung der Systeme der sozialen Sicherheit v. 29. 4. 2004, ABl. Nr. L 166/1.

[97] Art. 7 Abs. 2 VO 1612/68 lautet: „[Ein Arbeitnehmer, der Staatsangehöriger eines Mitgliedstaats ist,] genießt [im Hoheitsgebiet der anderen Mitgliedstaaten] die gleichen sozialen und steuerlichen Vergünstigungen wie die inländischen Arbeitnehmer".

terten.[98] Seit Mitte der 1980er Jahre orientiert sich der EuGH an einer Begründungserwägung der Verordnung, die soziale Ungleichheit ausdrücklich anspricht: Arbeitskräfte sollen damit nämlich insbesondere die Möglichkeit zum sozialen Aufstieg erhalten. Daran anknüpfend[99] deutet der EuGH praktisch jede staatliche Maßnahme, die sozial Schwache fördert, als eine soziale Vergünstigung im Sinne des Art. 7 Abs. 2 VO 1612/68. Das gilt für bedarfsunabhängige Sozialleistungen wie das Kindergeld, das Erziehungsgeld oder das Elterngeld.[100] Es gilt für bedarfsabhängige Sozialleistungen wie die Grundsicherung oder die Sozialhilfe.[101] Und es gilt für alle Leistungen der Ausbildungsförderung.[102] Träger dieser Rechte sind nicht nur die Arbeitnehmer selbst, sondern auch die Ehepartner und Familienangehörige in auf- und absteigender Linie, solange ihnen Unterhalt gewährt wird.[103] In den Händen des EuGH ist das Gleichheitsrecht außerdem eine scharfe Waffe. Das Recht kann nicht durch andere Überlegungen kompromittiert werden.[104] Dass

---

[98] EuGH, Urteil v. 31. 5. 1979, *Even,* EuSlg. 1979, 2019, Rn. 22; EuGH, Urteil v. 14. 1. 1982, *Reina,* EuSlg. 1982, 33, Rn. 12.

[99] Vgl. zunächst EuGH, Urteil v. 11. 7. 1985, *Mutsch,* EuSlg. 1985, 2681, Rn. 15, später EuGH, Urteil v. 21. 6. 1988, *Lair,* EuSlg. 1988, 3161, Rn. 20; EuGH, Urteil v. 27. 9. 1988, *Matteucci,* EuSlg. 1988, 5589, Rn. 11.

[100] Z.B. EuGH, Urteil v. 18. 7. 2007, *Hartmann,* EuSlg. 2007 I 6303 (Erziehungsgeld).

[101] EuGH, Urteil v. 12. 7. 1984, *Castelli,* EuSlg. 1984, 3199 (garantiertes Altersmindesteinkommen); EuGH, Urteil v. 6. 6. 1985, *Frascogna,* EuSlg. 1985, 1739 (allocation spéciale de vieillesse); EuGH, Urteil v. 9. 7. 1987, *Frascogna,* EuSlg. 1987, 3431 (allocation spéciale de vieillesse); EuGH, Urteil v. 27. 3. 1985, *Hoeckx,* EuSlg. 1985, 973 (Hilfe zum Lebensunterhalt); EuGH, Urteil v. 27. 3. 1985, *Scrivner,* EuSlg. 1985, 1027 (Hilfe zum Lebensunterhalt); EuGH, Urteil v. 20. 6. 1985, *Deak,* EuSlg. 1985, 1873 (Überbrückungsgeld für junge Arbeitslose); EuGH, Urteil v. 18. 6. 1987, *Lebon,* EuSlg. 1987, 2811 (Existenzminimum); EuGH, Urteil v. 27. 5. 1993, *Hugo Schmid,* EuSlg. 1993 I 3011 (Leistung für Behinderte).

[102] EuGH, Urteil v. 21. 6. 1988, *Lair,* EuSlg. 1988, 3161; EuGH, Urteil v. 21. 6. 1988, *Brown,* EuSlg. 1988, 3205; EuGH, Urteil v. 15. 3. 1989, *Echternach,* EuSlg. 1989, 723; EuGH, Urteil v. 26. 2. 1992, *Bernini,* EuSlg. 1992 I 1071.

[103] Z.B. EuGH, Urteil v. 12. 7. 1984, *Castelli,* EuSlg. 1984, 3199 (Mutter eines Arbeitnehmers); EuGH, Urteil v. 26. 2. 1992, *Bernini,* EuSlg. 1992, 1071 (Tochter eines Arbeitnehmers); EuGH, Urteil v. 18. 7. 2007, *Hartmann,* EuSlg. 2007, 6303 (Ehefrau eines Arbeitnehmers).

[104] Eine Erklärung für die erstaunliche Schlagkraft des Gleichheitsrechts aus Art. 7 Abs. 2 VO 1612/68 ist, daß die Verfahren bis weit in die 1990er Jahre primär unmittelbare Diskriminierungen betrafen. Hier folgt aus der Feststellung, daß eine Ungleichbehandlung nach Maßgabe der Staatsangehörigkeit vorliegt, ohne weiteres, daß die Ungleichbehandlung unzulässig ist. Aber auch in den jüngeren Fällen, die mittelbare Diskriminierungen betreffen, akzeptiert der EuGH die von den Regierungen vorgetragenen Rechtfertigungen selten.

der EuGH heute soziale Rechte unmittelbar in der Unionsbürgerschaft verankert, sei angemerkt, aber nicht weiter verfolgt.[105]

Ich formuliere meine siebente These: Aus der Sicht des Gemeinschaftsrechts ist soziale Ungleichheit problematisch, wenn sie ihre Basis in rechtlicher Ungleichheit hat. Die Rechtsprechung des EuGH zu den „sozialen Vergünstigungen“ gibt der Freizügigkeit eine starke sozialrechtliche Komponente. *Social citizenship* ist Teil der Unionsbürgerschaft. Das hat explizit das Ziel, mehr soziale Gleichheit herzustellen.

### 3. *Mehr soziale Gleichheit*

Es gibt kaum Untersuchungen, die die Sozialstruktur der Angehörigen der EU-Anwerbeländer (Italien, Griechenland, Spanien, Portugal) mit der Sozialstruktur der Angehörigen der anderen großen Anwerbeländer (Türkei, früheres Jugoslawien) vergleichen. Soweit es sie gibt, deuten sie darauf hin, dass sich die Sozialstruktur unterscheidet.[106] Die Daten des Sozio-ökonomischen Panels[107] bekräftigen den Eindruck.

---

[105] Der EuGH stützt sich insbesondere dann auf die Unionsbürgerschaft in Verbindung mit dem allgemeinen Diskriminierungsverbot aus Art. 12 EGV, wenn die Arbeitnehmereigenschaft der Kläger im Ausgangsverfahren unklar bleibt oder feststeht, daß die Kläger die Arbeitnehmereigenschaft nicht besitzen. Vgl. insb. EuGH, Urteil v. 12. 5. 1998, *Sala,* EuSlg. 1998 I 2691; EuGH, Urteil v. 20. 9. 2001, *Grzelczyk,* EuSlg. 2001 I 6193; EuGH, Urteil v. 23. 3. 2004, *Collins,* EuSlg. 2004 I 2703; EuGH, Urteil v. 7. 9. 2004, *Trojani,* EuSlg. 2004 I 7573. Die Rechtsprechung ist nicht unumstritten. Vgl. jüngst *Ch. Tomuschat* Gleichheit in der Europäischen Union, ZaöRV 68/2 (2008) 327ff., m.w.N.

[106] *U. Mehrländer/C. Ascheberg/J. Ueltzhöffer* Repräsentativuntersuchung '95: Situation der ausländischen Arbeitnehmer und ihrer Familienangehörigen in der Bundesrepublik Deutschland, 1996; *I. Tucci/G. G. Wagner* Above-Average Rise in Immigrant Poverty, DIW Berlin, Weekly Report No. 5/2005, 69; *A. Uhlendorff/K. F. Zimmermann* Unemployment Dynamics among Migrants and Natives, DIW Berlin, Discussion Papers No. 617, 2006; 6. Bericht der Beauftragten der Bundesregierung für Migration, Flüchtlinge und Integration über die Lage der Ausländerinnen und Ausländer in Deutschland, 2005, 104; 7. Bericht der Beauftragten der Bundesregierung für Migration, Flüchtlinge und Integration über die Lage der Ausländerinnen und Ausländer in Deutschland, 2007; Statistisches Bundesamt (Hrsg.) Bevölkerung und Erwerbstätigkeit. Bevölkerung mit Migrationshintergrund. Ergebnisse des Mikrozensus 2006, 2008.

[107] Das Sozio-ökonomische Panel (SOEP) ist eine jährliche Wiederholungsbefragung privater Haushalte. Die Befragung wird vom Deutschen Institut für Wirtschaftsforschung in Kooperation mit Infratest durchgeführt. Die erste Erhebungswelle fand im Jahr 1984 statt. Das Panel erfaßt nicht nur eine Stichprobe der Haushalte deutscher Staatsangehöriger, sondern auch eine Stichprobe der ausländischen Haushalte.

Die Ergebnisse der Erhebungswelle 1986 spiegeln noch immer wider, dass die Einwanderung aus den Anwerbeländern auf Beschäftigung und Geringqualifizierte zielte:[108] 30 bis 40% der Befragten aus den Anwerbeländern geben 1986 an, über keinen Schulabschluss zu verfügen, zwischen 50 und 70% verfügten über keinen Berufsabschluss.[109] Der Anteil der Nicht-Erwerbstätigen ist viel kleiner als bei den Deutschen.[110] In diesen frühen Daten heben sich die Angehörigen der EU-Anwerbeländer nicht positiv von den Einwanderern aus Jugoslawien oder der Türkei ab, weder in der Qualifikation noch bei den Erwerbseinkommen (Anhang, Tabelle 4).[111] Im Trend der Erhebungswellen 1996 und 2006 sind wichtige ökonomische Ressourcen der Angehörigen der EU-Anwerbeländer aber durchgängig besser als die Ressourcen der Einwanderer aus der Türkei oder dem früheren Jugoslawien.[112] Dies zeigt sich ers-

---

[108] Die Erhebungswelle 1986 erfaßte 10645 Personen, darunter 1190 Angehörige der EU-Anwerbeländer, 865 Angehörige der Türkei und 459 Angehörige Jugoslawiens (insgesamt: 2514 Personen, 23,5% der Stichprobe). Zum Erhebungszeitpunkt waren fast alle Befragten bereits länger als 10 Jahre in Deutschland (spanische Staatsangehörige: 96%; italienische Staatsangehörige: 80%; griechische Staatsangehörige: 90%; Staatsangehörige aus dem früheren Jugoslawien: 90%; Staatsangehörige der Türkei: 68%). Die Befragten der Erhebungswelle 1986 waren zu einem großen Teil in den späten 1960er Jahren und frühen 1970er Jahren eingereist.

[109] Der Anteil derer, die keinen Schulabschluß hatten, lag bei den spanischen Staatsangehörigen bei 33%, bei den italienischen Staatsangehörigen bei 37%, bei den griechischen Staatsangehörigen bei 31%, bei den türkischen Staatsangehörigen bei 37% und bei den jugoslawischen Staatsangehörigen bei 29%. Bei den deutschen Befragten lag der Anteil bei 3%. Vgl. auch Anhang, Tabelle 2. Über keinen Berufsabschluß verfügten 56% der spanischen Staatsangehörigen, 66% der italienischen Staatsangehörigen, 69% der griechischen Staatsangehörigen, 69% der türkischen Staatsangehörigen und 51% der jugoslawischen Staatsangehörigen. Bei den Deutschen lag der Anteil bei 26%. Vgl. auch Anhang, Tabelle 3.

[110] Im Jahr 1986 waren 43,3% der deutschen Befragten nicht erwerbstätig, in der Gruppe der Angehörigen der EU-Anwerbeländer waren es nur 28,1%, in der Gruppe der Angehörigen Jugoslawiens 26,8%. Der Anteil der nicht-erwerbstätigen türkischen Befragten lag relativ hoch bei 42%.

[111] Nach den Daten der Erhebungswelle 1986 unterscheiden sich die Brutto-Einkommen der Einwanderer aus den Anwerbeländern in den ersten drei Quintilen kaum voneinander. In diesen Quintilen bestehen auch kaum Unterschiede zu den Erwerbseinkommen der Deutschen. In der vierten und fünften Quintile sind die Einkommen der Deutschen deutlich höher. Im Verhältnis der Einwanderer aus den Anwerbeländern untereinander zeigen sich in der vierten Quintile leichte Vorteile zugunsten der Einwanderer aus dem früheren Jugoslawien, in der fünften Quintile deutlichere Vorteile zugunsten der Angehörigen der EU-Anwerbeländer.

[112] Die Erhebungswelle 1996 erfaßte 13511 Personen, darunter 768 Angehörige der EU-Anwerbeländer, 784 Angehörige der Türkei und 432 Angehörige des früheren Jugoslawien (insgesamt 1984 Personen). Die Erhebungswelle 2006 erfaßte 22332 Perso-

tens an der Qualifikation: Zwischen 1986 und 2006 nimmt der Anteil derer, die die Fachhochschul- bzw. Hochschulreife erlangen, bei den Angehörigen der EU-Anwerbeländer stärker zu als bei den Angehörigen der anderen Anwerbeländer (Anhang, Tabelle 2).[113] Der Anteil derer, die über keinen Berufsabschluss verfügen, sinkt bei den EU-Angehörigen stärker als bei den Einwanderern aus der Türkei oder dem früheren Jugoslawien (Anhang, Tabelle 3). Zweitens: Die Erwerbseinkommen der Angehörigen der EU-Anwerbeländer sind in allen Einkommensgruppen höher als die der Angehörigen des früheren Jugoslawien oder der Türkei (Anhang, Tabellen 5, 6). Im Jahr 2006 entsprechen die Erwerbseinkommen der EU-Angehörigen bis in die dritte Quintile etwa den Einkommen der Deutschen. Die Angehörigen der anderen Anwerbeländer bleiben schon in der zweiten Quintile hinter den Deutschen zurück.[114] Aus den Daten folgt nicht zwingend, daß der Rechtsstatus die soziale Lage bestimmt. Die Daten legen einen Zusammenhang gleichwohl nahe. Diejenigen, die in höherem Maß in die Funktionssysteme des Rechts – auch des Sozialrechts – inkludiert sind, erreichen bessere soziale Positionen. Ein erhöhtes Maß an Sicherheit, auch sozialer Sicherheit, kann auf der Ebene des individuellen Verhaltens sichtlich in mehr soziale Gleichheit umgemünzt werden.

---

nen, darunter 407 Angehörige der EU-Anwerbeländer, 479 Angehörige der Türkei und 235 Angehörige eines Nachfolgestaates des früheren Jugoslawien (insgesamt: 1121 Personen). Im Zeitpunkt der Befragung 2006 hielt sich der überwiegende Teil der Befragten bereits mehr als 30 Jahre in Deutschland auf (spanische Staatsangehörige: 88 %; italienische Staatsangehörige: 69 %; griechische Staatsangehörige: 78 %; Staatsangehörige eines Nachfolgestaates des früheren Jugoslawien: 57 %; Staatsangehörige der Türkei: 43 %).

[113] Die SOEP-Daten bestätigen damit die Ergebnisse von *U. Mehrländer/C. Ascheberg/J. Ueltzhöffer* Repräsentativuntersuchung '95 (Fn. 106) 29, 61.

[114] Bemerkenswert ist, daß der Berufsstatus der Einwanderer aus den Anwerbeländern dem Rechtsstatus der Betroffenen nicht so stark entspricht (vgl. dazu Anhang, Tabelle 7). Der Anteil derer, die sich bei der Befragung den „Arbeitern" zuordnen, nimmt zwar bei den Angehörigen der EU-Anwerbeländern viel stärker ab als bei den Angehörigen der Türkei; der Anteil der Angestellten nimmt stärker zu. Bei den Angehörigen aus einem der Nachfolgestaaten des früheren Jugoslawien läuft die Entwicklung aber sehr ähnlich wie bei den Angehörigen der EU-Anwerbeländern. Bei den Angehörigen des früheren Jugoslawien dürfte der günstig verlaufende Statuswechsel auf ihren frühen Statusvorsprung zurückzuführen sein. Einwanderer aus dem früheren Jugoslawien sind seit den 1960er Jahren bei den ungelernten und angelernten Arbeitern schwächer vertreten als die Vergleichsgruppen. Sie hielten stets einen großen Anteil bei den Facharbeitern, Vorarbeitern und bei den unteren Angestellten. Diese besondere Ausgangslage dürfte die spätere günstige Entwicklung maßgeblich bestimmt haben. Näher *U. Mehrländer/C. Ascheberg/J. Ueltzhöffer* Repräsentativuntersuchung '95 (Fn. 106) 71 ff.

Meine achte These lautet: Es gibt einen plausiblen Zusammenhang zwischen der strikten Inklusionspolitik der Gemeinschaft und der Lage der Arbeitskräfte aus den EU-Anwerbeländern. Ihre Lage unterscheidet sich noch immer von der der Deutschen. Sie haben sich in ihren Ressourcen den Deutschen indes mehr angenähert als die Angehörigen der anderen Anwerbeländer. Anders gewendet: Die Aufgabe der Gemeinschaft bezieht sich auf rechtliche Gleichheit. Rechtliche Gleichheit bewirkt hier jedoch zugleich mehr soziale Gleichheit.

## V. Globale soziale Ungleichheit: Verantwortung für die Welt

### *1. Neue Semantiken*

Nach verbreiteter Auffassung bilden Staaten Solidargemeinschaften.[115] Solidarität bezieht sich auf die eigenen Angehörigen und endet an den Staatsgrenzen. Das Gemeinschaftsrecht hat die so verstandene Solidarität für Freizügigkeitsberechtigte ein Stück weit aufgebrochen. Noch radikaler wird herkömmliche Solidarität auf der globalen Ebene in Frage gestellt. Der rechtliche Diskurs läuft wiederum parallel zu einem philosophischen und einem soziologischen. Der philosophische Diskurs versucht, internationale Solidarität moralisch zu begründen.[116] Der soziologische beschäftigt sich mit der Überwindung des „methodischen Nationalismus" und der Entstehung einer globalen Sozialpolitik.[117] Ich will die Frage aufgreifen, ob Industriestaaten recht-

---

[115] Aus rechtlicher Perspektive z.B. *Th. Kingreen* Das Sozialstaatsprinzip im europäischen Verfassungsverbund. Gemeinschaftsrechtliche Einflüsse auf das deutsche Recht der gesetzlichen Krankenversicherung, 2003, 71ff., 244ff.; *E. Wiederin* Sozialstaatlichkeit im Spannungsfeld von Eigenverantwortung und Fürsorge, VVDStRL 64 (2005) 53; *J. Isensee* (Fn. 18) § 15; *H. Maurer* Staatsrecht I. Grundlagen, Verfassungsorgane, Staatsfunktionen, 5. Aufl. 2007, § 1 Rn. 11ff. Aus soziologischer Perspektive etwa *M. Heidenreich* Die Europäisierung sozialer Ungleichheiten zwischen nationaler Solidarität, europäischer Koordinierung und globalem Wettbewerb, in: M. Heidenreich (Hrsg.) Die Europäisierung sozialer Ungleichheit. Zur transnationalen Klassen- und Sozialstrukturanalyse, 2006, 17.

[116] Dazu insb. *Th. Nagel* (Fn. 10); *Th. Pogge* (Fn. 10); die Beiträge in: A. Follesdal/Th. Pogge (Hrsg.) Real World Justice. Grounds, Principles, Human Rights, and Social Institutions, 2005, und in: Th. Pogge (Hrsg.) Freedom from Poverty as a Human Right. Who owes what to the very poor?, 2007. Vgl. auch *A. Sen* Elements of a Theory of Human Rights, Philosophy and Public Affairs 32/4 (2004) 315; *P. Vizard* Poverty and Human Rights. Sen's ‚Capability Perspective' Explored, 2006.

[117] Für die Ungleichheitsforschung vgl. *R. Kreckel* Soziologie der sozialen Ungleichheit im globalen Kontext, in: M. Bayer/G. Mordt/S. Terpe/M. Winter (Hrsg.) Transnationale Ungleichheitsforschung. Eine neue Herausforderung für die Soziologie, 2008,

lich verpflichtet sind, zur Bekämpfung der Armut in anderen Erdteilen beizutragen.[118] Meine Frage knüpft zwar an die Vorstöße der Blockfreien aus der Mitte der 1970er Jahre an.[119] Die politischen

23. Für die Sozialpolitik vgl. *B. Deacon/M. Hulse/P. Stubbs* Global Social Policy. International Organizations and the Future of Welfare, 1997; *B. Deacon* Global Social Policy & Governance, 2007; *A. Hall/J. Midgley* Social Policy for Development, 2004 (reprint 2006); *L. Leisering/P. Buhr/U. Traiser-Diop* Soziale Grundsicherung in der Weltgesellschaft. Monetäre Mindestsicherungssysteme in den Ländern des Südens und des Nordens, 2006; *L. Leisering* Gibt es einen Weltwohlfahrtsstaat?, in: M. Albert/R. Stichweh (Hrsg.) Weltstaat und Weltstaatlichkeit. Beobachtungen globaler politischer Strukturbildung, 2007, 185; *L. Leisering* Soziale Globalisierung? Die Entstehung globaler Sozialpolitik, Aus Politik und Zeitgeschichte 21 (2008) 21; *W. S. Kim* Die Entstehung „neuer Wohlfahrtsstaaten" und globale Policy-Diffusion – das Beispiel Südkorea, Zeitschrift für Soziologie 37/3 (2008) 186.

[118] Der rechtliche Diskurs ist breiter. Er betrifft (allgemein) das Verhältnis von Armut, Entwicklungspolitik und Menschenrechten. Aus der Perspektive der Entwicklungspolitik vgl. insb. *A. Sengupta* On the Theory and Practice of the Right to Development, HRQ 24 (2002) 837; *St. P. Marks* The Human Rights Framework for Development: Seven Approaches, 2003, abrufbar unter: www.hsph.harvard.edu/fxbcenter/FXBC_WP18--Marks.pdf; *A. Sengupta* Poverty Eradication and Human Rights, 2004, abrufbar unter: http://www.hsph.harvard.edu/fxbcenter/No.20_Sengputa.pdf; *M. Darrow/A. Tomas* Power, Capture, and Conflict: A Call for Human Rights Accountability in Development Cooperation, HRQ 27 (2005) 471. Aus der Perspektive der Menschenrechte vgl. insb. *S. I. Skogly/M. Gibney* Transnational Human Rights Obligations, HRQ 24 (2002) 781; *M. Nowak* A Human Rights Approach to Poverty, in: M. Scheinin/M. Suksi (Hrsg.) Human Rights in Development Yearbook 2002, 2005, 15; *Ph. Alston* Ships Passing in the Night: The Current State of the Human Rights and Development Debate Seen Through the Lens of the Millenium Development Goals, HRQ 27 (2005) 755; *M. Robinson* What Rights Can Add to Good Development Practice, in: Ph. Alston/M. Robinson (Hrsg.) Human Rights and Development. Towards Mutual Reinforcement, 2005, 25; kritisch *H. Dean* Social Policy and Human Rights: Re-thinking the Engagement, Social Policy & Society 7 (2008) 1; *J. Donnelly* Human Rights and Social Provision, Journal of Human Rights 7 (2008) 123.

[119] Im Mai und Dezember 1974 setzten die Blockfreien in der Generalversammlung gegen den Widerstand der Industriestaaten mehrere Resolutionen durch, mit denen eine „Neue Weltwirtschaftsordnung" begründet werden sollte. Vgl. Declaration on the Establishment of a New International Economic Order, General Assembly Resolution 3201 (S-VI), 1 May 1974; Programme of Action on the Establishment of a New International Economic Order, General Assembly Resolution 3202 (S-VI), 1 May 1974; Charter of Economic Rights and Duties of States, General Assembly Resolution 3281 (XXIX), 12 December 1974; Development and international economic co-operation, General Assembly Resolution 3362 (S-VII), 16 September 1975. Die „Neue Weltwirtschaftsordnung" richtete sich gegen Kolonialismus und alle Formen von Neo-Kolonialismus; sie zielte v.a. auf eine Beseitigung der bestehenden globalen Ungleichheiten, die insbesondere die Entwicklungsländer belasten würden. Die Blockfreien forderten: internationale Zusammenarbeit mit dem Ziel der Verringerung der Ungleichheit; volle Kontrolle über die natürlichen Ressourcen auf dem Staatsgebiet; ein Recht auf Entschä-

Rahmenbedingungen der Diskussion haben sich aber völlig verändert.[120]

---

digung für die Ausbeutung durch andere Staaten; Verbesserung der *terms of trade* zugunsten der Entwicklungsländer; eine Entwicklungshilfe, die nicht an wirtschaftliche oder politische Bedingungen geknüpft ist; einen Technologietransfer von den entwickelten Staaten zu den Entwicklungsländern.

[120] Die Umsetzung der „Neuen Weltwirtschaftsordnung" scheiterte am Widerstand der Industrienationen. Im Jahr 1989 hielt der Generalsekretär der Vereinten Nationen in seinem (letzten) Implementationsbericht fest, daß die Grundsätze und Leitlinien des Jahres 1974 weitgehend unerfüllt geblieben seien (U.N. Doc A/44/266, 19 May 1989). Der Fall des Eisernen Vorhangs und das Ende des Kommunismus in Osteuropa brachten Bewegung in die festgefahrenen Diskussionen. Das Thema „Entwicklung" war von den überkommenen ideologischen Frontstellungen befreit. Am 1. Mai 1990 nahm die Generalversammlung der Vereinten Nationen eine weitere Deklaration über die internationale Zusammenarbeit an, die richtungsweisend für das kommende Jahrzehnt sein sollte (Declaration on International Economic Cooperation, in particular the Revitalization of Economic Growth and Development of the Developing Countries, Res. S-18/3). Freilich, die für die 1990er Jahre ins Auge gefaßte Entwicklungspolitik entsprach nicht vollständig den Vorstellungen der Blockfreien aus dem Jahr 1974: Die Deklaration aus dem Jahr 1990 enthält keine Stellungnahme zum Kolonialismus bzw. Neo-Kolonialismus. Sie spricht nicht von einem bedingungslosen Recht auf Entwicklungshilfe. Die Verbindlichkeiten der Deklaration (*commitments*) greifen gleichwohl viele Inhalte der „Neuen Weltwirtschaftsordnung" auf: So werden die Industriestaaten etwa aufgefordert, für nachhaltiges Wachstum und eine Verringerung der globalen sozialen Ungleichheit zu sorgen. Die Industrienationen werden weiter aufgefordert, die Entwicklungshilfe entsprechend ihrer Zusage auf 0,7 % des BNP anzuheben. Es wird auf die Wichtigkeit von Wissens- und Technologietransfers hingewiesen. Und es wird gefordert, für ein Welthandelssystem zu sorgen, das auf Protektionismus weitgehend verzichtet. All das sind der Sache nach Forderungen aus dem Jahr 1974. Ende des Jahres 1990 wurden auf der Basis der Deklaration sechs konkrete Entwicklungsziele formuliert (International Development Strategy for the Fourth United Nations Development Decade, General Assembly Resolution, A/RES/45/199, 21 December 1990): *surge in the pace of economic growth; reduction in extreme poverty; improvements of the international systems of money, finance and trade; sound macro-economic management; strengthening of international development co-operation.* Ein weiteres Jahrzehnt später konnte der Generalsekretär der Vereinten Nationen in seinem Implementationsbericht wohl einige Erfolge verzeichnen, insb. für die lateinamerikanischen Staaten und Staaten in Südost-Asien (A/55/209, 31 July 2000). Die Zahl derer, die von weniger als einem US Dollar am Tag leben müßten, liege aber immer noch bei 1,2 Mrd. Die Entwicklungshilfe sei in den 1990er Jahren stetig zurückgegangen. Der Bericht empfahl daher, für das kommende Jahrzehnt eine neue Strategie zu entwerfen. Die Deklaration zur Jahrtausendwende enthielt sodann eine Reihe neuerlicher Versprechungen, insb. auch mit Blick auf Armut: „We will spare no effort to free our fellow men, women and children from the abject and dehumanizing conditions of extreme poverty, to which more than a billion of them are currently subjected. We are committed to making the right to development a reality for everyone and to freeing the entire human race from want" (United Nations Millennium Declaration, A/RES/55/2, 18 September 2000). In den Millennium Development

Auf der Ebene der Vereinten Nationen wurde die Verantwortung aller Staaten für die Armutsbekämpfung in der Welt erstmals in einem Expertenbericht aus dem Jahr 2004 angesprochen.[121] Die Sicherheit von Menschen (*human security*) sei heute – so hieß es dort – nicht mehr so sehr von aggressiven Staaten bedroht. Heute sei Armut eine der zentralen Bedrohungen für die Menschenrechte.[122] Und wenngleich die Staaten die Hauptverantwortung für die Sicherheit in ihren Territorien tragen, sei die Staatengemeinschaft doch subsidiär zuständig. Diese „collective responsibility to protect" verpflichte dazu, schwachen Staaten bei der Herstellung der Fähigkeit zu helfen, mit sozialen Bedrohungen umzugehen.[123] Der Weltgipfel 2005 griff das Konzept auf.[124] Im

Goals scheint die Bekämpfung von weltweiter Armut als erstes und wichtigstes Ziel auf (Road map towards the implementation of the United Nations Millennium Declaration, Report of the Secretary-General, A/56/326, 6 September 2001): „Eradicate extreme poverty and hunger".

[121] Report of the High-level Panel on Threats, Challenges and Change, U.N. Doc. A/59/565, 2 December 2004. Die Expertengruppe unter dem Vorsitz des thailändischen Regierungschefs wurde vom Generalsekretär der Vereinten Nationen (Kofi Annan) ins Leben gerufen. Die Experten sollten sich einer Frage widmen, die nach Auffassung des Generalsekretärs bei den Staaten der Welt umstritten war. Kofi Annan sprach von „deep divisions among the Member States on the nature of the threats that we [face] and the appropriateness of the use of force to address those threats" (ebd. 1). Der Generalsekretär erhoffte sich, daß der Bericht die Diskussion strukturieren und einige konsensfähige Antworten erbringen würde, die sodann zu einer Stärkung der Vereinten Nationen führen könnten. Die Expertengruppe der Vereinten Nationen konnte ihrerseits auf einen Expertenbericht zurückgreifen: Report of the International Commission on Intervention and State Sovereignty (ICISS), The Responsibility to Protect, 2001. Der Bericht aus dem Jahr 2001 stammte von einer Gruppe, die von der kanadischen Regierung beauftragt worden war, Möglichkeiten und Grenzen einer humanitären Intervention zu untersuchen. Daß die Überlegungen letztlich auch Maßnahmen nach Kapitel VII der Satzung der Vereinten Nationen legitimieren könnten, hat das Nachdenken über „Bedrohungen" politisch heikel gemacht.

[122] Unter der Überschrift „Towards a new security consensus" hielt die Expertengruppe (Fn. 121) 11 fest: „The United Nations was created in 1945 above all else, to save succeeding generations from the scourge of war' – to ensure that the horrors of the World Wars were never repeated. Sixty years later, we know all too well that the biggest security threats we face now, and in the decades ahead, go far beyond States waging aggressive war. They extend to poverty, infectious disease and environmental degradation; war and violence within States; the spread and possible use of nuclear, radiological, chemical and biological weapons; terrorism; and transnational organized crime. The threats are from non-State actors as well as States, and to human security as well as State security."

[123] Ebd. 22.

[124] World Summit Outcome, A/RES/60/1. In der Resolution der Generalversammlung zum Weltgipfel 2005 scheint die internationale Schutzverantwortung (*responsibility to protect*) auf bestimmte Bedrohungen verengt zu sein, nämlich auf Bedrohungen durch

Februar 2008 bestellte der Generalsekretär der Vereinten Nationen einen eigenen Sonderbeauftragten.[125] Die Semantik der internationalen Schutzverantwortung ist in mehrfacher Hinsicht neu: Neu ist, dass „freedom from want" gleich oder höher gewichtet wird als „freedom from fear".[126] Neu ist, dass der schwache Staat (nicht nur der starke Staat) als Urheber von Menschenrechtsverletzungen gilt.[127] Und neu ist, dass in den Souveränitätsbegriff Verantwortlichkeiten hineingelesen werden, die – bei Versagen des Staates – auf andere Staaten übergehen.[128]

---

Völkermord, Kriegsverbrechen, ethnische Säuberungen und Verbrechen gegen die Menschlichkeit (ebd. para. 138). Die Verengung dürfte darauf zurückzuführen sein, daß nur mit Blick auf diese Bedrohungen die Bezugnahme auf Maßnahmen nach Kapitel VII der Satzung der Vereinten Nationen ausreichend konsensfähig war. Die Verantwortung der Staaten wie der Vereinten Nationen für die Armutsbekämpfung wird an anderen Stellen unterstrichen (ebd. para. 17, 19, 24, 27, 35, 38). Im Begriff der „human security" aber bleiben beide Schutzgüter (*freedom from want, freedom from fear*) zusammengeführt (ebd. para. 143): „We stress the right of people to live in freedom and dignity, free from poverty and despair. We recognize that all individuals, in particular vulnerable people, are entitled to freedom from fear and freedom from want, with an equal opportunity to enjoy all their rights and fully develop their human potential". Deshalb solle das Konzept von „human security" in der Generalversammlung weiter behandelt werden.

[125] Edward Luck wurde am 21. 2. 2008 von Ban Ki-moon zum Sonderbeauftragten für die internationale Schutzverantwortung bestellt. Vgl. das Schreiben des Generalsekretärs, S/2007/721, 7 December 2007, und den Bericht des Generalsekretärs, A/HRC/7/37, 18 March 2008.

[126] Soweit zu sehen, war es Kofi Annan, der die Ausdrücke „freedom from want" und „freedom from fear" wieder aufgegriffen hat. In einem Bericht, der dem Millenniums-Gipfel vorangegangen war, spielen diese beiden Schutzgüter eine zentrale Rolle (Report of the Secretary-General, We the peoples: the role of the United Nations in the twenty-first century, A/54/2000, 27 March 2000). Kofi Annan konnte damit an eine Rede des amerikanischen Präsidenten Theodore Roosevelt vom 6. 1. 1941 und an die Atlantik-Charta vom 14. 8. 1941 anknüpfen, in der die Alliierten ihre Kriegsziele formulierten. Bei beiden Gelegenheiten wurde die Bedeutung von sozialer Sicherheit für den Frieden hervorgehoben. In dieser Betonung – das gilt für 1941 ebenso wie für 2000 und danach – liegt eine Absage an die Auffassung, daß soziale Rechte inferior und kein legitimer Gegenstand internationaler Verpflichtungen seien.

[127] Dem „schwachen Staat" gilt heute die besondere Aufmerksamkeit der sozialwissenschaftlichen Forschung, gerade auch unter dem Blickwinkel der Einhaltung der staatlichen Verpflichtungen auf der Grundlage der Menschenrechte. Vgl. jüngst die Beiträge in: Th. Risse/U. Lehmkuhl (Hrsg.) Regieren ohne Staat? Governance in Räumen begrenzter Staatlichkeit, 2007.

[128] In dieser subsidiären Zuständigkeit der Staatengemeinschaft (verkörpert durch die Vereinten Nationen) und anderen Staaten liegt ein Spannungsverhältnis zum völkerrechtlichen Interventionsverbot und zum Gewaltverbot. Auf der Ebene der Vereinten Nationen gibt es offenbar Bestrebungen, die internationale Schutzverantwortung auf besonders schwere Völkerrechtsverletzungen einzuschränken (vgl. oben in Fn. 124). Da

## 2. *Neue Rechtsnormen?*

Was die rechtliche Fundierung der internationalen Schutzverantwortung betrifft, verweisen die Dokumente zumeist auf eine im Entstehen begriffene Norm des Völkerrechts.[129]

In der Tat bieten die Regeln über die Staatenverantwortlichkeit (*state responsibility*) keine Grundlage: Staatenverantwortlichkeit knüpft an eine Völkerrechtsverletzung an,[130] Schutzverantwortung soll schon im Vorfeld greifen. Staatenverantwortlichkeit setzt eine zurechenbare Rechtsverletzung und einen Staat voraus, der in der Lage ist, Völkerrecht zu beachten.[131] Schutzverantwortung wird gerade auch dann aktiviert, wenn dies nicht der Fall ist. Staatenverantwortlichkeit nimmt die Staaten der Welt nur in die Pflicht, wenn eine zwingende Norm des Völkerrechts verletzt wurde, und zwar auf schwerwiegende Weise.[132] Schutzverantwortung greift demgegenüber immer schon dann, wenn (fremde) Staatsgewalt versagt. Schließlich: Bei Verletzung von *erga omnes*-Pflichten sollen die Staaten den verletzenden Staat zum Einlen-

---

es im Kontext von „freedom from want" primär um präventive Maßnahmen geht und nicht um Maßnahmen nach Kapitel VII der Satzung der Vereinten Nationen, will ich das Spannungsverhältnis nicht weiter verfolgen. Im übrigen ist die Literatur zur internationalen Schutzverantwortung noch spärlich. Vgl. *H. Corell* From Territorial Sovereignty to Human Security, 1999, abrufbar unter: http://www.un.org/law/counsel/ottawa.htm; *H. Corell* To intervene or not: The dilemma that will not go away, 2001, abrufbar unter: http://untreaty.un.org/OLA/legal_counsel5.aspx; *R. J. Hamilton* Recent Development: The Responsibility to Protect: From Document to Doctrine – But what of Implementation? Harv. Hum. Rts. J. 19 (2006) 289; *A.-M. Slaughter/W. Burke-White* The Future of International Law is Domestic (or, The European Way of Law), Harv. Int'l L.J. 47 (2006) 327; *Ch. C. Joyner* „The Responsibility to Protect": Humanitarian Concern and the Lawfulness of Armed Intervention, Va. J. Int'l L. 47 (2007) 693; *C. Stahn* Responsibility to Protect: Political Rhetoric or Emerging Legal Norm? AJIL 101/1 (2007) 99; *Th. Rensmann* Die Humanisierung des Völkerrechts durch das ius in bello – Von der Martens'schen Klausel zur „Responsibility to Protect", ZaöRV 68 (2008) 111.

[129] Z.B. Expertenbericht (Fn. 121) 57: „emerging norm of a collective international responsibility to protect".

[130] Art. 2 Draft Articles on the Responsibility of States for Internationally Wrongful Acts, ILC, General Assembly Resolution A/RES/56/83, 12 December 2001, Annex (im folgenden: Draft Articles).

[131] Art. 2 („attributable to the State"), Art. 23 („force majeure"), Art. 24 („distress"), Art. 25 („necessity") Draft Articles. Staatenverantwortlichkeit greift auch dann nicht, wenn ein Staat – mit Blick auf soziale Rechte – geltend machen kann, er verfüge nicht über die nötigen Ressourcen, um die Verpflichtung einzuhalten. Das Argument wird ausdrücklich zugelassen durch die Vorbehalte in Art. 2 Abs. 1 und Art. 11 Abs. 1 Sozialpakt der Vereinten Nationen.

[132] Art. 40, 41 Draft Articles.

ken bewegen.[133] Die internationale Schutzverantwortung verlangt, dass Staaten andere Staaten zur Einhaltung von Völkerrecht befähigen.

Das bedeutet jedoch nicht, dass sich die internationale Verantwortung zur Bekämpfung von globaler Armut nicht an existierendes Völkerrecht anbinden lässt.

Erstens: Der Souveränitätsbegriff ist schon lange kein „westfälischer" mehr.[134] Die Satzung der Vereinten Nationen macht unmissverständlich klar, dass die Staaten Verantwortung übernehmen, insbesondere für die Verwirklichung der Ziele der Vereinten Nationen, und damit für die Achtung der Menschenrechte.[135] Zweitens: Die Annahme einer Einstandsverantwortung der Vereinten Nationen scheint mir ebenfalls nur eine Zuspitzung der Rechtslage: Der Sicherheitsrat ist wiederholt tätig geworden, wenn die materiellen Bedürfnisse von Menschen nicht sichergestellt waren.[136] Drittens: Armutsbekämpfung hat eine menschenrechtliche Grundlage. Das Recht auf einen angemessenen Lebensstandard nach Art. 11 des Sozialpakts läuft bei extremer Armut leer. Menschen haben dann regelmäßig keinen Zugang zu Nahrung, Kleidung oder Wohnen.[137] Art. 11 des Sozialpaktes wiederum nimmt die

---

[133] Art. 41, 48 Draft Articles. Der IGH erkennt *erga omnes*-Pflichten nur sehr zurückhaltend an. Vgl. zuletzt ICJ, advisory opinion, 9 July 2004, Legal Consequences of the Construction of a Wall in the Occupied Palestinian Territory, para. 155–160.

[134] So aber z.B. *H. Corell* Territorial Sovereignty (Fn. 128); ICISS (Fn. 121) 12; vgl auch noch den Expertenbericht (Fn. 121) 21.

[135] Art. 4 Abs. 1 der Satzung der Vereinten Nationen bestimmt: „Membership in the United Nations is open to all … peace-loving states which accept the obligations contained in the present Charter and, in the judgment of the Organization, are able and willing to carry out these obligations". Nach Art. 2 Nr. 5 der Satzung sind alle Mitgliedstaaten verpflichtet, die Organisation bei der Verwirklichung ihrer Ziele zu unterstützen. Nach Art. 1 der Satzung zählt die Förderung der Menschenrechte zu den Zielen der Vereinten Nationen.

[136] Im Jahr 1992 ergingen die ersten Resolutionen des Sicherheitsrates zur Hilfe von Menschen in materieller Not. Die Resolutionen betrafen die Menschen in Somalia (S/RES/767, 27 July 1992; S/RES/794, 3 December 1992). Im Jahr 1996 betraf die Hilfe Menschen in der Great Lakes Region (S/RES/1078, 9 November 1996; S/RES/1080, 15 November 1996), im Jahr 2004 Menschen in Haiti (S/RES/1529, 29 February 2004; S/RES/1542, 30 April 2004) und im Sudan (S/RES/1556, 30 July 2004), im Jahr 2007 Menschen in Haiti und in der Demokratischen Republik Kongo (S/RES/1743, 15 February 2007; S/RES/1756, 15 May 2007; S/RES/1780, 15 October 2007). Alle angeführten Resolutionen gründeten sich auf Kapitel VII der Satzung der Vereinten Nationen.

[137] Art. 11 Abs. 1 S. 1 Sozialpakt bestimmt: „The States Parties to the present Covenant recognize the right of everyone to an adequate standard of living for himself and his family, including adequate food, clothing and housing, and to the continuous improvement of living conditions". Der Sozialpakt der Vereinten Nationen gehört zu den am meisten ratifizierten völkerrechtlichen Verträgen. Der Vertrag hat derzeit 159 Mitglied-

Staaten nicht isoliert in die Pflicht, sondern verweist sie auf internationale Zusammenarbeit: Die Vertragsstaaten haben – so heißt es dort – geeignete Schritte zur Verwirklichung des Rechts auf angemessenen Le-

---

staaten. Darunter befinden sich alle Industriestaaten der Welt, ausgenommen die USA. Die Menschenrechtsorgane der Vereinten Nationen machen im Fall von extremer Armut die Menschenrechtsverletzung nicht nur an einem einzigen Menschenrecht fest; sie bevorzugen einen holistischen Zugang (vgl. etwa *Office of the United Nations High Commissioner for Human Rights* Principles and Guidelines for a Human Rights Approach to Poverty Reduction Strategies, 2006, Foreword: Poverty „describes a complex of interrelated and mutually reinforcing deprivations, which impact on people's ability to claim and access their civil, cultural, economic, political and social rights. In a fundamental way, therefore, the denial of human rights forms part of the very definition of what it is to be poor"). Der breite, alle Menschenrechte umfassende Zugang ist auf den ersten Blick durchaus plausibel: In einem Land, in dem 50% der Bevölkerung oder mehr unterhalb der Armutsgrenzen von einem oder zwei US Dollar am Tag leben, sind mit großer Wahrscheinlichkeit viele Menschenrechte nicht sichergestellt. Armut bedeutet oft, daß die Rechte auf Bildung, auf Arbeit, auf Gesundheit oder auf Beteiligung an der politischen Willensbildung nicht wahrgenommen werden können oder das Recht auf Leben nicht sichergestellt ist. Extreme Armut geht vielfach einher mit Analphabetismus, Arbeitslosigkeit, chronischen Krankheiten, frühem Tod. Es trifft weiter zu, daß die Gerichte verschiedener Länder Armut bzw. Folgen von Armut z.B. unter dem Blickwinkel des Rechts auf Leben aufgreifen (vgl. die Nachweise bei *P. Vizard* [Fn. 116] 176). Und richtig ist auch, daß Armut bekämpft oder vermieden werden kann, wenn – um zwei Beispiele zu nennen – das Recht auf Arbeit oder das Recht auf soziale Sicherheit gewährleistet ist. Dennoch: In seinem Kern wird Armut oft beschrieben als das Fehlen der Möglichkeit, bestimmte Grundbedürfnisse zu decken (vgl. *A. Sengupta* Poverty Eradication [Fn. 118] 13; Copenhagen Declaration on Social Development, in: U.N. Doc. A/CONF.166/9, 19 April 1995, Commitment 2b). Das Entwicklungsprogramm der Vereinten Nationen (UNDP) geht in eine ähnliche Richtung. UNDP setzt „freedom from want" gleich mit einem Zustand, in dem ein menschenwürdiger Lebensstandard nicht verfügbar ist, insb. mit Blick auf Nahrung, Wohnen, Zugang zu Wasser, Zugang zu sanitären Anlagen (*UNDP* Human Development Report 2000, Human Rights and Human Development, 2000, 1, 3, 31, 33). Dies entspricht der auch im Westen verbreiteten Vorstellung, „Grundsicherung" umfasse Bedarfsdeckung primär im Bereich der Ernährung, der Kleidung und des Wohnens. Hier setzt Hilfeleistung auch sinnvollerweise zunächst an: Hungrige Kinder werden nicht allein deshalb satt, weil sie in die Schule gehen. Als allgemeines, auf Grundsicherung zugeschnittenes Recht steht das Recht aus Art. 11 des Sozialpaktes daher im Mittelpunkt der Armutsbekämpfung. Armutsbekämpfungsmechanismen, die sich anderen Rechten des Sozialpaktes zuordnen lassen, sind demgegenüber spezieller. Rechte des internationalen Paktes über bürgerliche und zivile Rechte (International Covenant on Civil and Political Rights, General Assembly Resolution 2200 A [XXI]) wiederum können – je nach Sachlage – zusätzlich einschlägig sein (Recht auf Leben, Art. 6 Abs. 1). So verstanden, bildet Art. 11 Sozialpakt zugleich ein wesentliches Element des Rechts auf Entwicklung (*right to development*). Zum Recht auf Entwicklung vgl. insb. *A. Sengupta* Theory and Practice (Fn. 118); *Ph. Alston* Making Space for New Human Rights: The Case of the Right to Development, Harv. Hum. Rts. Y.B. 1 (1988) 3.

bensstandard zu setzen und sie haben dabei die entscheidende Bedeutung der internationalen Zusammenarbeit zu beachten.[138] Dass Zusammenarbeit zur Armutsbekämpfung nicht nur eine Sache der Nehmerländer ist, sondern vor allem auch der Geberländer, kann sich auf einen langjährigen Konsens stützen, der mittlerweile von einer Rechtsüberzeugung getragen ist. Das zeigt insbesondere die Staatenpraxis in den Bereichen Entwicklungspolitik und internationale wirtschaftliche Zusammenarbeit, die seit 2002 ein gemeinsames Dach im Monterrey Consensus gefunden haben.[139]

---

[138] Art. 11 Abs. 1 S. 2 Sozialpakt bestimmt: „The States Parties will take appropriate steps to ensure the realization of this right, recognizing to this effect the essential importance of international co-operation based on free consent". Art. 11 Abs. 1 bekräftigt damit die Rolle der internationalen Zusammenarbeit für ein spezifisches soziales Menschenrecht. Allgemein werden die Staaten bereits in Art. 2 Abs. 1 Sozialpakt auf internationale Zusammenarbeit verwiesen.

[139] Alle Resolutionen, die sich auf „Entwicklung" (*development*) oder auf wirtschaftliche Zusammenarbeit beziehen, betonen nicht nur die Wichtigkeit der Zusammenarbeit, sie legen Wert auf den verpflichtenden Charakter der Zusammenarbeit. Dies gilt schon für die (umstrittenen) Resolutionen zur „Neuen Weltwirtschaftsordnung" aus der Mitte der 1970er Jahre (Fn. 119). Es gilt aber – was wichtiger ist – auch für alle einschlägigen Entwicklungen ab 1990. Vgl. Declaration on International Economic Cooperation 1990 (Fn. 120), International Development Strategy for the Fourth United Nations Development Decade (Fn. 120) sowie die Resolutionen zur Implementation der Strategie (A/RES/46/144, 17 December 1991; A/RES/47/152, 18 December 1992; A/RES/48/185, 21 December 1993; A/RES/49/92, 19 December 1994; A/RES/51/173, 16 December 1996; A/RES/53/178, 15 December 1998; A/RES/54/206, 22 December 1999; A/RES/55/190, 20 December 2000; A/RES/56/191, 21 December 2001). Im März 2002 einigten sich die Staaten der Welt in Monterrey, Mexico, auf einen Rahmen für eine partnerschaftliche Finanzierung von „Entwicklung" (Report of the International Conference on Financing for Development, A/CONF.198/11). Deshalb verzichtete die Generalversammlung zu Beginn des Jahrtausends auf einen weiteren Beschluß über eine mittelfristige Entwicklungsstrategie. Es wurde vielmehr beschlossen, die Bemühungen um die Formulierung neuer Entwicklungsziele mit den Follow-up-Verhandlungen zum „Monterrey Consensus" zusammenzulegen: Die Generalversammlung schuf die Grundlagen für einen „High-Level Dialogue" mit dem Generalauftrag „The Monterrey Consensus: status of implementation and tasks ahead" (A/RES/57/250, 20 December 2002). An der Notwendigkeit und der Verpflichtung zur internationalen Zusammenarbeit für das Ziel der „Entwicklung" wurde in keinem dieser Kontexte gezweifelt. Im Gegenteil, es schien naheliegend, die strategischen Fragen mit den Verhandlungen über die Finanzierung zu verschränken. Auch die Resolutionen der Generalversammlung, die sich – seit 1986 – spezifisch mit Entwicklung (*development*) befassen, beruhen auf der Überzeugung, daß Entwicklung für Entwicklungsländer internationale Zusammenarbeit insbesondere mit willigen Geberländern voraussetzt. In der Deklaration 1986 (Declaration on the Right to Development, A/RES/41/128, 4 December 1986) heißt es in Art. 3 Abs. 3 zunächst allgemein: „States have the duty to co-operate with each other in ensuring development and eliminating

Vor diesem Hintergrund lautet meine neunte These: Im globalen Zusammenhang wird soziale Ungleichheit zu einer Aufgabe nur dann, aber

---

obstacles to development". In Art. 4 Abs. 2 wird dann konkreter festgehalten: „Sustained action is required to promote more rapid development of developing countries. As a complement to the efforts of developing countries, effective international co-operation is essential in providing these countries with appropriate means and facilities to foster their comprehensive development". Eine ähnliche Sprache findet sich in der Copenhagen Declaration 1995 (Fn. 137; para. 10: „commitment to social development ... and ... international cooperation"), in der Millennium Declaration 2000 (Fn. 120; para. 6: „shared responsibility for ... economic and social development") oder in der World Summit Declaration 2005 (Fn. 124; para. 20: „global partnership for development"). Die jährlichen Resolutionen zum *right to development* wurden vielfach ohne formale Abstimmung angenommen (so etwa A/RES/50/184, 22 December 1995; A/RES/51/99, 12 December 1996; A/RES/55/108, 4 December 2000) oder mit großer Mehrheit verabschiedet (so z.B. A/RES/57/223, 18 December 2002; A/RES/58/172, 22 December 2003). In der jüngsten Vergangenheit stießen die Beschlußvorlagen zum *right to development* allerdings auf einigen Widerstand (vgl. A/RES/61/169, 19 December 2006 [und dazu A/C.3/61/SR.53] sowie A/RES/62/161, 18 December 2007 [und dazu A/C.3/62/SR.54]). Der Widerstand hat einen bestimmten Grund: Seit 1998 arbeitet eine Arbeitsgruppe unter der Ägide des Human Rights Council an der Formulierung von Standards für die Bewertung der internationalen Zusammenarbeit in der Entwicklungspolitik, z.B. im Rahmen der Millennium Development Goals. Diese Arbeitsgruppe nun erwägt – mit Unterstützung des Human Rights Council (Resolution 4/4, 30 March 2007) – die Standards in eine verbindliche Rechtsform zu gießen (vgl. den letzten Bericht der Arbeitsgruppe, A/HRC/4/47, 14 March 2007). Die EU und andere europäische Staaten stehen dem Vorhaben grundsätzlich aufgeschlossen gegenüber. Die Vereinigten Staaten dagegen weisen bei jeder Gelegenheit darauf hin, daß sie einen verbindlichen Text nicht akzeptieren könnten. Resolutionen der Generalversammlung, die das Vorhaben der Arbeitsgruppe unterstützen, werden deshalb nur mehrheitlich verabschiedet, die jüngste (A/RES/62/161) mit 136 Ja-Stimmen gegen 53 Nein-Stimmen. Am überwältigenden Konsens für die Notwendigkeit einer internationalen Zusammenarbeit in der Entwicklungspolitik ändert dies m.E. nichts. Die Deklaration zum *right to development* wurde 1986 mit 146 Ja-Stimmen gegen eine Nein-Stimme (Vereinigte Staaten) bei 8 Enthaltungen angenommen. Die Declaration on International Economic Cooperation 1990, die Millennium Declaration 2000 oder die World Summit Declaration 2005 wurden ohne formale Abstimmung beschlossen. Rechtlich konstituieren alle erwähnten Akte aus den vergangenen 20 Jahren eine Staatenpraxis, die inhaltlich konsistent und gleichbleibend Kooperationspflichten bekräftigt, insb. zwischen Industriestaaten und Entwicklungsländern. Spätere Entscheidungen nehmen seit langem auf frühere „commitments", „agreements", „agreed goals" oder „pledges" Bezug. Die Dokumente belegen daher nicht nur eine konsistente Praxis, sondern auch, daß der Praxis eine *opinio iuris* zugrundeliegt. Die Praxis ist bei der Auslegung einschlägiger Verträge, etwa des Sozialpakts, zu beachten. Die Annahme einer Rechtspflicht auch der Industriestaaten zur Zusammenarbeit fügt sich im übrigen zwanglos in das Programm des Sozialpaktes. Im General Comment No. 3 zum Sozialpakt (nature of States parties obligations) wird festgehalten: „[I]nternational cooperation for development ... is an obligation of all States. It is particularly incumbent upon those States which are in a position to assist auch immer dann, wenn sie – wie im Fall von extremer Armut – mit den Menschenrechten nicht zu vereinbaren ist. Dabei handelt es sich zunächst um eine Aufgabe der Staaten, die sich auf ihr Territorium bezieht. Über die Pflicht zur internationalen Zusammenarbeit bleibt die Aufgabe allerdings nicht auf das eigene Territorium beschränkt.

### 3. *Pflicht zur Beseitigung globaler sozialer Ungleichheit*

Wer annimmt, dass Staaten andere Staaten bei der Erfüllung der Pflichten aus Art. 11 des Sozialpakts unterstützen müssen, steht vor einer Herausforderung: Wie ist eine rechtliche Pflicht zu fassen, wenn doch praktisch alles unbestimmt ist: Art. 11 des Sozialpaktes gibt ein Ziel vor, lässt die Instrumente aber offen. Die internationale Schutzverantwortung trifft pauschal alle Staaten; Einzelbeiträge werden nicht abgegrenzt. Schließlich: Wenn der von Art. 11 des Sozialpakts geforderte Zustand weiter unerreicht bleibt, wer soll dafür verantwortlich sein?

Die Herausforderung ist nicht so dramatisch, wenn man die Anwendung physischen Zwangs (Krieg, Repressalie) nicht für ein zwingendes Merkmal des Pflichtbegriffs hält – und es scheint mir für das moderne Völkerrecht angebracht, diese Annahme aufzugeben. Dann ist zum einen festzuhalten: Seit 1990 werden die Felder der internationalen Zusammenarbeit näher definiert, durch die Generalversammlung oder durch hochrangige Gipfeltreffen.[140] Zu den Feldern gehören vor allem

---

others in this regard" (para. 14). Ahnlich General Comment No. 15 (right to water) para. 30 und General Comment No. 19 (right to social security) para. 52. Menschenrechtliche Unterstützungspflichten bejahend auch *S. I. Skogly/M. Gibney* (Fn. 118); *A. Sengupta* Poverty Eradication (Fn. 118) 19; *R. Hennessy* Defining States' International Legal Obligations to Cooperate for the Achievement of Human Development: One Aspect of Operationalising a Human Rights-Based Approach to Development, in: M. Scheinin/M. Suksi (Hrsg.) Human Rights Development Yearbook 2002, 2005, 71.

[140] Vgl. zunächst die Declaration on International Economic Cooperation 1990 (Fn. 120), International Development Strategy for the Fourth United Nations Development Decade (Fn. 120) sowie die dazu ergangenen Implementationsberichte des Generalsekretärs der Vereinten Nationen (A/46/505, 30 September 1991; A/47/397, 11 September 1992; A/49/328, 23 August 1994; A/51/270, 8 August 1996; A/53/301, 10 September 1998; A/54/389, 22 September 1999; A/55/209, 31 July 2000; A/57/216, 16 July 2002). Nach dem Monterrey Consensus 2002 erhielten die Bemühungen um eine Konkretisierung der internationalen Zusammenarbeit einen neuen Auftrieb. Der Monterrey Consensus definierte für die finanzielle Seite der „Entwicklung" sechs wichtige Aktionsfelder: *mobilizing domestic financial resources for development; mobilizing international resources for development: foreign direct investment and other private flows; international trade as an engine for development; increasing international financial and technical cooperation for development; external debt; enhancing coherence and consistency of the international monetary, financial and trading systems in support of development.* Seit-

die Entwicklungshilfe der Industrienationen, die Schuldenpolitik, die Politik der Weltbank und die Welthandelspolitik; Armutsbekämpfung hat dabei hohe Priorität.[141] Zum anderen haben sich spezifische Durchsetzungsmechanismen entwickelt, die durchaus wirksam sein können. Dazu gehören Verhandlungen über *benchmarking*, Kontrollberichte, Konferenzen mit Zugang für NGOs, die Gelegenheit für „naming" und „shaming" bieten.[142] Zuletzt werden bei der Implementation von Vorhaben Kooperationspflichten weiter heruntergebrochen, für die Nehmerländer regelmäßig mehr als für Geberländer. Wichtige Instrumente sind

---

her beschäftigen sich (regionale bzw. thematisch begrenzte) Nachfolge-Konferenzen und hochrangige Treffen mit Fragen der Zusammenarbeit. In diese Gespräche sind nicht nur Staatenvertreter, sondern auch die internationalen Finanzinstitutionen (Weltbank, Internationaler Währungsfonds), die OECD, die WTO und einschlägige Organe der Vereinten Nationen eingebunden.

[141] Das Aktionsfeld „internationale Zusammenarbeit für die Entwicklung" bezieht sich auch, aber nicht nur, auf die Höhe der Entwicklungshilfe (*official development assistance*). Das Aktionsfeld bezieht sich ganz allgemein auf die Architektur der Entwicklungshilfe. Der Grundgedanke des Monterrey Consensus ist die Schaffung einer neuen „Partnerschaft" auf der Basis von „wechselseitiger Verantwortlichkeit" (*partnership; mutual accountability*). Welche Inhalte diese Schlagworte in der Praxis haben können, wird seither diskutiert, im Rahmen des Monterrey Prozesses und im Rahmen der Menschenrechtsorgane der Vereinten Nationen. Vgl. dazu die Implementationsberichte des Generalsekretärs (A/58/216, 5 August 2003, para. 101; A/59/822, 1 June 2005, para. 24; A/61/253, 8 August 2006, para. 32; A/62/217, 10 August 2007, para. 76) und die Arbeiten der Arbeitsgruppe zum Recht auf Entwicklung, die sich spezifisch mit der Bewertung von Entwicklungs-Zusammenarbeit befassen (jüngst: A/HRC/4/47, 14 March 2007; E/CN.4/2006/26, 22 February 2006).

[142] Auf dem Gebiet der Entwicklungshilfe (*official development aid*) etwa beziehen sich die Verhandlungen auf einen Zeitplan für die Erhöhung der Zahlungen und die Steigerung der Effektivität von Entwicklungshilfe. Mit Blick auf Effektivitätsfragen einigten sich die Staatenvertreter auf fünf inhaltliche Anliegen (*ownership of development strategies by the developing countries; alignment of donor support with these strategies; harmonization of donor actions; managing for result; mutual accountability*), 50 konkrete Verpflichtungen (*commitments*) und 12 Indikatoren zur Überwachung. Vgl. hierzu Paris Declaration on Aid Effectiveness 2005, abrufbar unter: http://www.oecd.org/dac/effectiveness). Anfang September 2008 tagte das dritte High-Level Forum on Aid Effectiveness in Accra, Ghana, bei dem die Entwicklungspolitik der Industriestaaten zum Teil heftig kritisiert wurde, weil Richtgrößen verfehlt wurden (Zugang zu den Dokumenten über: http://www.oecd.org/dac/effectiveness/accrahlf). Die Kritik konnte sich auf den jüngsten Kontrollbericht stützen: 2008 Survey on monitoring the Paris Declaration: Effective aid by 2010? What it will take, 2008. Alle Aktivitäten im Gefolge des Monterrey Consensus 2002 werden Ende November/Anfang Dezember 2008 bei der Monterrey-Nachfolgekonferenz in Doha, Qatar erneut gebündelt. Auf diese Konferenz hat sich die Generalversammlung der Vereinten Nationen im Dezember 2007 festgelegt (A/RES/62/187, 19 December 2007).

dabei die *Poverty Reduction Strategy Papers*, an denen die Weltbank ihre Mittelvergabe ausrichtet.[143]

Meine zehnte These ist: Die Aktivitäten auf der internationalen Ebene haben eine Dynamik entfaltet, die mögliche Einwände gegen die Annahme einer inhaltlich bestimmten Rechtspflicht für Industrienationen zur globalen Armutsbekämpfung mindestens abschwächen. Die fortdauernden Verhandlungen erzeugen einen beträchtlichen Druck, Zusagen zu machen und einzuhalten. Für Interessierte wird außerdem sichtbar, wer Einigungen blockiert.

## VI. Zusammenfassung

Soziale Ungleichheit interessiert die Medien, die Politik, die Soziologie, die politische Philosophie. Das deutsche Recht hat dafür wenig Sensorien entwickelt. Wenn soziale Ungleichheit sozialrechtlich nicht bearbeitet oder vergrößert wird, wird dies erst dann zum Problem, wenn die Menschenwürde verletzt ist oder – im Versicherungssystem – wenn die gewährten Leistungen so niedrig sind, dass sie die abverlangten Beiträge nicht rechtfertigen. Der Aspekt des Verdienstes oder des Zufalls spielt keine Rolle. Der Gleichheitssatz ist nur am Rande bedeutsam. Dass konsequent eingeforderte rechtliche Gleichheit auf soziale Ungleichheit durchschlagen kann, belegen meine Untersuchungen zum Status der Angehörigen der EU-Anwerbeländer. Die Kommission der Europäischen Gemeinschaften hatte den Mitgliedstaaten gelegentlich vorgeworfen, dass sie mit ihrer Migrationspolitik soziale Ungleichheit festigen würden. Der Vorwurf trifft die Bundesrepublik zu Recht. Dem Völkerrecht ist zu entnehmen, dass Solidarität „flüssig" geworden ist. Es ist heute problematisch, der extremen Armut in den Entwicklungsländern keine rechtliche Bedeutung beizumessen. Aus einer etwas anderen Perspektive: Das Völkerrecht und das staatliche Recht nehmen soziale Ungleichheit in weitem Umfang in Kauf. Für das klassische Völkerrecht war dies überhaupt die Voraussetzung für die Einigung auf eine gemeinsame Ordnung. Für das deutsche Recht ist dies zum einen auf die Freiheitsrechte zurückzuführen – das Grundgesetz hat eine libertäre Ausrichtung –, zum anderen auf das Gewicht, das die Verfassung insoweit der Politik zubilligt. Hoffnung und Lethargie verleihen solchen ungleichen Ordnungen dennoch Stabilität.

---

[143] Zur Politik der Weltbank näher: *Operations Policy and Country Services, World Bank* Conditionality in Development Policy Lending, 2007; *World Bank* Meeting the Challenges of Global Development. A Long-Term Strategic Exercise, 2007.

*Anhang: Tabellen*

**Tabelle 1: Gross National Income per capita; atlas method; current USD**

| EU Members | since | 1965 | 1970 | 1975 | 1980 | 1985 | 1990 | 1995 | 2000 | 2005 |
|---|---|---|---|---|---|---|---|---|---|---|
| Austria | 1995 | 1340 | 2060 | 5440 | 11210 | 9150 | 20180 | 27590 | 26010 | 37180 |
| Belgium | 1958 | 1810 | 2780 | 6820 | 13760 | 8670 | 18980 | 26600 | 25360 | 36140 |
| Denmark | 1973 | .. | .. | 8020 | 15000 | 11730 | 24100 | 32310 | 31850 | 48520 |
| Finland | 1995 | 1810 | 2450 | 6140 | 11120 | 10820 | 25280 | 21300 | 25400 | 38500 |
| France | 1958 | 2050 | 3010 | 6680 | 12920 | 9600 | 20240 | 25180 | 24450 | 34900 |
| Germany | 1958 | .. | .. | 6510 | 12600 | 9530 | 20630 | 28630 | 25510 | 34780 |
| Greece | 1981 | 1020 | 1700 | 3840 | 7170 | 5530 | 9940 | 13600 | 14430 | 25100 |
| Ireland | 1973 | 1050 | 1460 | 3260 | 6130 | 5390 | 12060 | 16210 | 23160 | 41330 |
| Italy | 1958 | 1280 | 2020 | 4150 | 8090 | 7710 | 17900 | 19750 | 20900 | 30310 |
| Luxembourg | 1958 | 1910 | 2870 | 7410 | 14480 | 12290 | 29530 | 43050 | 43490 | 65140 |
| Netherlands | 1958 | 1710 | 2760 | 6970 | 13670 | 9500 | 18820 | 25630 | 26580 | 39630 |
| Portugal | 1986 | 510 | 860 | 2080 | 3160 | 2390 | 6790 | 10570 | 11600 | 17180 |
| Spain | 1986 | 730 | 1160 | 3180 | 6060 | 4440 | 11890 | 14550 | 15420 | 25400 |
| Sweden | 1995 | 2930 | 4450 | 9630 | 16250 | 12220 | 26070 | 26450 | 28. 870 | 40950 |
| UK | 1973 | .. | .. | 4270 | 8410 | 8050 | 16210 | 19260 | 24970 | 38140 |

Quelle: World Bank, Word Development Indicators

**Tabelle 2: Schulabschlüsse der Einwanderer 1986-2006 (Vergleichsgruppe: Deutsche)**

| Staatsangehörigkeit | Realschule | | | Fach/Hochschulreife | | | Kein Abschluß | | |
|---|---|---|---|---|---|---|---|---|---|
| | 1986 | 2006 | +/- | 1986 | 2006 | +/- | 1986 | 2006 | +/- |
| Deutsche | 22,2 | 30,2 | +8,0 | 15,6 | 26,2 | +10,6 | 3,3 | 1,1 | -2,2 |
| Anwerbeländer EU | 4,1 | 11,5 | +7,4 | 2,6 | 10,1 | +7,5 | 34,2 | 12,5 | -21,7 |
| Ex-Jugoslawien | 2,4 | 9,8 | +7,4 | 1,8 | 5,5 | +3,7 | 28,7 | 13,6 | -15,1 |
| Türkei | 2,4 | 7,5 | +5,1 | 1,1 | 5,2 | +4,1 | 37,3 | 17,5 | -19,2 |

Quelle: SOEP, eigene Berechnung (Angaben in Prozent der jeweiligen Teilgruppe; Änderung in Prozentpunkten)

**Tabelle 3: Fehlen einer beruflichen Ausbildung 1986-2006 (Vergleichsgruppe: Deutsche)**

| Staatsangehörigkeit | Kein Abschluß | | |
|---|---|---|---|
| | 1986 | 2006 | +/- |
| Deutsche | 25,6 | 14,9 | -10,7 |
| Anwerbeländer EU | 64,7 | 49,4 | -15,3 |
| Ex-Jugoslawien | 50,8 | 41,3 | -9,5 |
| Türkei | 69,0 | 62,0 | -7,0 |

Quelle: SOEP, eigene Berechnung (Angaben in Prozent der jeweiligen Teilgruppe; Änderung in Prozentpunkten)

**Tabelle 4: Brutto-Erwerbseinkommen, Durchschnittseinkommen 1986**

| Staatsangehörigkeit / Quintile | DEU | EU-A | Ex-JUG | TUR |
|---|---|---|---|---|
| 20 | 690 | 869 | 920 | 869 |
| 40 | 1176 | 1176 | 1176 | 1125 |
| 60 | 1483 | 1329 | 1432 | 1329 |
| 80 | 1954 | 1537 | 1694 | 1585 |
| 100 | 16569 | 6678 | 4910 | 4602 |
| **Durchschnitt** | 1440 | 1245 | 1315 | 1238 |

Quelle: SOEP, eigene Berechnung (Angaben in Euro); DEU = Deutschland; EU-A = Anwerbeländer EU; Ex-JUG = Ex-Jugoslawien; TUR = Türkei

**Tabelle 5: Brutto-Erwerbseinkommen, Durchschnittseinkommen 1996**

| Staatsangehörigkeit / Quintile | DEU | EU-A | Ex-JUG | TUR |
|---|---|---|---|---|
| 20 | 1023 | 1192 | 1023 | 1023 |
| 40 | 1534 | 1636 | 1483 | 1554 |
| 60 | 1951 | 1943 | 1841 | 1843 |
| 80 | 2556 | 2301 | 2199 | 2282 |
| 100 | 12782 | 7158 | 6198 | 7669 |
| **Durchschnitt** | 1895 | 1817 | 1680 | 1690 |

Quelle: SOEP, eigene Berechnung (Angaben in Euro); DEU = Deutschland; EU-A = Anwerbeländer EU; Ex-JUG = Ex-Jugoslawien; TUR = Türkei

**Tabelle 6: Brutto-Erwerbseinkommen, Durchschnittseinkommen 2006**

| Staatsangehörigkeit / Quintile | DEU | EU-A | Ex-JUG | TUR |
|---|---|---|---|---|
| 20 | 926 | 1000 | 934 | 666 |
| 40 | 1700 | 1800 | 1524 | 1600 |
| 60 | 2400 | 2400 | 2200 | 2200 |
| 80 | 3300 | 3050 | 2683 | 2800 |
| 100 | 20000 | 10278 | 8800 | 7500 |
| **Durchschnitt** | 2312 | 2199 | 1972 | 1897 |

Quelle: SOEP, eigene Berechnung (Angaben in Euro); DEU = Deutschland; EU-A = Anwerbeländer EU; Ex-JUG = Ex-Jugoslawien; TUR = Türkei

**Tabelle 7: Anteil der Arbeiter bzw. der Angestellten an den Erwerbstätigen 1986–2006**
**(Vergleichsgruppe: Deutsche)**

| Staatsangehörigkeit | Anteil der Arbeiter | | | Anteil der Angestellten | | |
|---|---|---|---|---|---|---|
| | 1986 | 2006 | +/- | 1986 | 2006 | +/- |
| Deutsche | 31,8 | 24,5 | –7,3 | 40,2 | 48,7 | +8,5 |
| Anwerbeländer EU | 78,0 | 54,2 | –23,8 | 4,0 | 31,0 | +22,4 |
| Ex-Jugoslawien | 81,0 | 54,7 | –26,3 | 10,0 | 36,0 | +26,0 |
| Türkei | 88,1 | 71,0 | –17,1 | 0,4 | 15,8 | +11,8 |

Quelle: SOEP, eigene Berechnung (Angaben in Prozent der jeweiligen Teilgruppe; Änderung in Prozentpunkten)

Leitsätze der 1. Berichterstatterin über:

# Soziale Gleichheit: Voraussetzung oder Aufgabe der Verfassung?

## *I. Warum Gleichheit?*

*1. Soziale Gleichheit ist weder Voraussetzung noch Aufgabe einer Verfassung. Das gilt für die Verfassungsordnung des Grundgesetzes, für das Gemeinschaftsrecht und das Völkerrecht. Keine der Ordnungen beruht auf einem egalitären Verteilungsprinzip. Moderne Verfassungen haben gerade die Funktion einer Klammer für Differenzierungen und, darin eingeschlossen, soziale Ungleichheiten.*

## *II. Soziale Ungleichheit und Grundgesetz*

### *Gesundheit und Ungleichheit*

*2. Im Gesundheitsbereich kann die Vergrößerung von sozialer Ungleichheit nur ausnahmsweise gleichheitsrechtlich angegriffen werden. Der Maßstab des Gleichheitssatzes ist zum Teil zu grob, zum Teil ungeeignet.*

*3. Das Unterschreiten des Existenzminimums ist grundrechtlich problematisch. Diese Form von sozialer Ungleichheit ist nicht hinzunehmen. Es zeichnet sich allerdings ein breiter Konsens dahin ab, den Mindeststandard deutlich unterhalb der Standards des BSHG anzusetzen. Unter Art. 1 Abs. 1 GG bezieht er sich danach primär auf die Dimensionen Nahrung, Kleidung, Obdach, unter Art. 2 Abs. 2 S. 1 GG auf eine Grundversorgung im Bereich der Gesundheit. Damit nähert sich der Standard des GG dem völkerrechtlichen Standard des Art. 11 des Sozialpakts der Vereinten Nationen.*

### *Alterssicherung und Ungleichheit*

*4. Aus Art. 14 Abs. 1 oder Art. 2 Abs. 1 GG folgen keine schlagkräftigen Einwände gegen eine Gestaltung der Alterssicherung, die zu größeren Einkommensunterschieden führt. Die Erzeugung von sozialer Ungleichheit ist insoweit unproblematisch.*

*Grundsicherung und Ungleichheit*

*5. Das SGB II hat den Menschenwürde-Standard des BSHG deutlich abgesenkt. Die Sozialgerichte sind verunsichert und bemüht, dem durch verfassungskonforme Auslegung gegenzusteuern. Sie scheuen aber davor zurück, mit dem Gesetzgeber in einem Gerichtsverfahren über den genauen Verlauf der denkbar untersten Grenze des Existenzminimums zu streiten.*

*6. Die Sozialpolitik der letzten Jahre führt gerade für Menschen, die Arbeitslosengeld II oder Sozialhilfe beziehen, zu multipler Exklusion. Es gibt kein Gerichtsverfahren, in dem diese spezifische Form der Exklusion angemessen thematisiert werden könnte. Es gibt deshalb keine Instanz, die die Einhaltung der Menschenwürde-Garantie verlässlich prüfen kann.*

*III. Europäisierung der Gleichheit*

*7. Aus der Sicht des Gemeinschaftsrechts ist soziale Ungleichheit problematisch, wenn sie ihre Basis in rechtlicher Ungleichheit hat. Die Rechtsprechung des EuGH zu den „sozialen Vergünstigungen" gibt der Freizügigkeit eine starke sozialrechtliche Komponente.* Social citizenship *ist Teil der Unionsbürgerschaft. Das hat explizit das Ziel, mehr soziale Gleichheit herzustellen.*

*8. Es gibt einen plausiblen Zusammenhang zwischen der strikten Inklusionspolitik der Gemeinschaft und der Lage der Arbeitskräfte aus den EU-Anwerbeländern. Ihre Lage unterscheidet sich noch immer von der der Deutschen. Sie haben sich in ihren Ressourcen den Deutschen indes mehr angenähert als die Angehörigen der anderen Anwerbeländer. Anders gewendet: Die Aufgabe der Gemeinschaft bezieht sich auf rechtliche Gleichheit. Rechtliche Gleichheit bewirkt hier jedoch zugleich mehr soziale Gleichheit.*

*IV. Globale soziale Ungleichheit: Verantwortung für die Welt*

*9. Im globalen Zusammenhang wird soziale Ungleichheit zu einer Aufgabe nur dann, aber auch immer dann, wenn sie – wie im Fall von extremer Armut – mit den Menschenrechten nicht zu vereinbaren ist. Dabei handelt es sich zunächst um eine Aufgabe der Staaten, die sich auf ihr Territorium bezieht. Über die Pflicht zur internationalen Zusammenarbeit bleibt die Aufgabe allerdings nicht auf das eigene Territorium beschränkt.*

*10. Die Aktivitäten auf der internationalen Ebene haben eine Dynamik entfaltet, die mögliche Einwände gegen die Annahme einer inhaltlich bestimmten Rechtspflicht für Industrienationen zur globalen Armutsbekämpfung mindestens abschwächen. Die fortdauernden Verhandlungen erzeugen einen beträchtlichen Druck, Zusagen zu machen und einzuhalten. Für Interessierte wird außerdem sichtbar, wer Einigungen blockiert.*

Zweiter Beratungsgegenstand:

# Soziale Gleichheit - Voraussetzung oder Aufgabe der Verfassung?

2. Bericht von Professor Dr. *Peter Axer*, Trier

## Inhalt

## I. Soziale Ungleichheit als Problem

„Weil Du arm bist, musst Du früher sterben", lautet eine alte volkstümliche Redewendung.[1] Diese besitzt trotz einer auch in Deutschland insgesamt gestiegenen Lebenserwartung nach wie vor Aktualität und Berechtigung.[2] Immer noch beeinflussen die jeweiligen Lebensumstände Morbidität und Mortalität: Je höher das Einkommen, desto eher besteht Aussicht auf ein langes und gesundes Leben.[3]

Armut dagegen vermindert und zerstört in der statistisch gesehen[4] ohnehin schon kürzeren Lebenszeit reale Freiheit.[5] Wer arm ist, kann nur schwerlich – wenn überhaupt – Eigentum bilden, Unternehmen gründen oder am kulturellen Leben teilnehmen. Da die Zahl der Menschen, die nach dem relativen Armutsbegriff in Armut leben oder von ihr bedroht sind, nach wie vor hoch ist,[6] sich die Schere zwischen arm

---

[1] Zu Herkunft und Bedeutung der Redewendung, die auch den Titel eines verfilmten Romans von *Hans G. Kernmayr* bildet: *H. Schmitthenner/H.-J. Urban* Globaler Markt und sozialer Staat – ein unauflösbarer Gegensatz?, in: C. Butterwegge/M. Kutscha/S. Berghahn (Hrsg.) Herrschaft des Marktes – Abschied vom Staat, 1999, 45 (61); s. auch: *A. Oppolzer* Wenn Du arm bist, musst Du früher sterben, 1986.

[2] *I. Ebsen* Armut und Gesundheit, SDSRV 56 (2007), 133 (135ff.); *Th. Lampert/L. E. Kroll/A. Dunkelberg* Soziale Ungleichheiten der Lebenserwartung in Deutschland, APuZ 2007, Heft 42, 11ff.; *Th. Lampert/A. Mielck* Gesundheit und soziale Ungleichheit, G+G Wissenschaft, 2/2008, 7ff.; *Th. Lampert* Soziale Ungleichheiten der Gesundheitschancen und Krankheitsrisiken, KV 2007, 23ff.; Lebenslagen in Deutschland – Dritter Armuts- und Reichtumsbericht, BT-Drucks. 16/9915, 82ff.

[3] *Lampert/Kroll/Dunkelberg* Soziale Ungleichheiten (Fn. 2), 11 (12ff.). – Zur Bedeutung der Arbeitsbedingungen und Lebensumstände für das Krankheitsrisiko allgemein: *G. Bäcker/G. Naegele/R. Bispinck/K. Hofemann/J. Neubauer* Sozialpolitik und soziale Lage in Deutschland, Bd. 2, 4. Aufl. 2008, 43ff., 91ff.

[4] Nach dem dritten Armuts- und Reichtumsbericht (Fn. 2), 83, halbiert monetäre Armut in etwa die Chance auf einen sehr guten oder guten Gesundheitszustand; s. auch *Lampert/Mielck* Gesundheit (Fn. 2), 10f., wonach die mittlere Lebenserwartung von Männern, die der niedrigsten Einkommensgruppe zugehören, 70,1 Jahre beträgt, die von Männern, die der höchsten Einkommensgruppe zugehören, 80,9 Jahre; ein entsprechendes Bild zeigt sich bei Frauen (76,9 Jahre bzw. 85,3 Jahre).

[5] Vgl. *P. Kirchhof* Armut und Freiheit, FS Zacher, 1998, 323. – Zur Bedeutung und zum Verhältnis von realer und rechtlicher Freiheit allgemein: *W. Krebs* Rechtliche und reale Freiheit, in: D. Merten/H.-J. Papier (Hrsg.) Handbuch der Grundrechte, Bd. II, 2006, § 31 Rn. 1ff.

[6] Zum Begriff „Armut" und dessen Bestimmung vgl. etwa: *G. Bäcker* Altersarmut als soziales Problem der Zukunft?, DRV 2008, 357ff.; *R. Hauser* Das Maß der Armut: Armutsgrenzen im sozialstaatlichen Kontext. Der sozialstaatliche Diskurs, in: E.-U. Huster/J. Boeckh/H. Mogge-Grotjahn (Hrsg.) Handbuch Armut und soziale Ausgrenzung, 2008, 94ff. – Für die Bestimmung, wann Armut vorliegt, wird zumeist ein relativer Armutsbegriff aufgrund einer Armutsrisikoquote zugrunde gelegt. Danach gilt als arm,

und reich, trotz geringerer Lohnspreizung im Jahre 2006,[7] seit Mitte der neunziger Jahre weit geöffnet hat[8] und die Mittelschicht schrumpft[9], driften die Lebensverhältnisse auseinander[10] und macht sich Verunsicherung gerade in der Mitte der Gesellschaft breit.[11] Soziale Ungleichheit wird in immer stärkerem Maße wahrgenommen[12] und als nicht mehr hinnehmbar empfunden: Nicht einmal ein Fünftel der Deutschen glaubt heute, dass es in der Volkswirtschaft gerecht zugehe;[13] knapp 70% der Deutschen sind der Ansicht, dass in den letzten Jahren soziale Gerechtigkeit abgenommen habe.[14] Vor diesem Hintergrund besteht gerade in einer Gesellschaft wie der deutschen, in der der Sozialstaat und der Gedanke sozialer Gerechtigkeit tief verwurzelt sind und geradezu

---

wer weniger als 60% des Mittelwertes aller Einkommen zur Verfügung hat. Absolute oder primäre Armut liegt dagegen vor, wenn nicht genügend Mittel zum physischen Überleben vorhanden sind. Dazu und zum tatsächlichen Umfang der Armut bis zum Jahre 2005 vgl. den dritten Armuts- und Reichtumsbericht (Fn. 2), 16f., 37ff. – Nach neueren Berechnungen soll sich die Zahl der Armutsgefährdeten im Jahre 2006 verringert haben, allerdings waren immer noch 16,5% der Bevölkerung armutsgefährdet (F.A.Z. vom 30. 7. 2008, 10).

[7] Handelsblatt v. 17. 9. 2008, 3; genaue Analyse bei *K. Brenke* Jahrzehntelanger Trend zunehmender Lohnspreizung gestoppt, DIW Wochenbericht 2008, 567ff.

[8] Vgl. dazu den dritten Armuts- und Reichtumsbericht (Fn. 2), 36; *G. Bosch/T. Kalina/C. Weinkopf* Niedriglohnbeschäftigte auf der Verliererseite, WSI Mitteilungen 8/2008, 423ff.; *B. Taffertshöfer* Die Kluft wird größer, SZ v. 27. 8. 2008, 26; *P. Krohn* Wer gewinnt den Umverteilungskampf, F.A.Z. v. 20. 8. 2008, 16; s. auch: *O. Groh-Samberg* Die Armut der deutschen Klassengesellschaft, KV 2007, 18ff.; *Lampert* Soziale Ungleichheiten (Fn. 2), 23f.; *H.-J. Marcus* Armut in Deutschland, SDSRV 56 (2007), 7ff.; *G. Trabert* Armut und Gesundheit, KV 2007, 12 (12f.).

[9] *P. Krohn* Die Mittelschicht schrumpft, F.A.Z. vom 26. 7. 2008, 10; s. auch: *N. Burzan* Die Absteiger: Angst und Verunsicherung in der Mitte der Gesellschaft, ApuZ 2008, Heft 33–34, 6ff.; *M. M. Grabka/J. R. Frick* Schrumpfende Mittelschicht – Anzeichen einer dauerhaften Polarisierung der verfügbaren Einkommen?, DIW Wochenbericht 2008, 101ff., wonach die Mittelschicht in den Jahren 2000 bis 2006 von 62% auf 54% der Bevölkerung geschrumpft ist.

[10] Vgl. dazu *S. Hradil* Warum werden die meisten entwickelten Gesellschaften wieder ungleicher?, in: P. Windolf (Hrsg.) Finanzmarktkapitalismus, 2005, 460ff.

[11] Dazu etwa: *K. Dörre* Armut, Abstieg, Unsicherheit: Die soziale Frage am Beginn des 21. Jahrhunderts, ApuZ 2008, Heft 33–34, 3ff.; *Burzan* Angst und Verunsicherung in der Mitte (Fn. 9), 6ff.; *B. Vogel* Die Staatsbedürftigkeit der Gesellschaft, 2007, 71ff.

[12] Zur Wahrnehmung von Armut und Reichtum jüngst: *P. Sachweh* Sind Armut und Reichtum ein Problem?, SF 2008, 214ff.

[13] Vgl. *U. J. Heuser* Ungleichheit ist nicht immer schlecht ..., Die Zeit vom 24. 1. 2008, 23.

[14] *T. Petersen* Die gefühlte Ungerechtigkeit, F.A.Z. vom 23. 7. 2008, 5.

mythischen Charakter besitzen,[15] die Gefahr dauerhafter, den sozialen Frieden gefährdender Spannungen und Spaltung.[16]

### 1. *Formen und Felder sozialer Ungleichheit*

„Kinderarmut“, „Altersarmut“, „Zwei-Drittel-Gesellschaft“, „Zwei-Klassen-Medizin“, „Hartz IV“, „Rente mit 67“ oder „unterschiedliche Lebensverhältnisse in Ost und West“ sind nur einige der aktuellen Begriffe und Themen, an denen sich die Diskussion über soziale Ungleichheit verbunden mit der Forderung nach sozialer Gerechtigkeit entzündet. „Soziale Gerechtigkeit“[17] erscheint inzwischen im politischen Sprachgebrauch als Gerechtigkeit schlechthin[18] und wird eingefordert, um als ungerecht empfundene Ungleichheiten zu korrigieren, gilt doch die gleichmäßige Verteilung von Chancen und materiellen Gütern häufig als das wesentliche Gebot sozialer Gerechtigkeit. Obwohl der inflationär verwendete, schillernde und sinnvariable Begriff nicht notwendig

---

[15] Vgl. *S. Kott* Der Sozialstaat, in: E. François/H. Schulze (Hrsg.) Deutsche Erinnerungsorte II, 2001, 485 (486f., 501); s. auch: *H. Butzer* Die Sozialstaatsentwicklung unter dem Grundgesetz, 2006, 50ff.; *U. Steiner* Der deutsche Sozialstaat auf dem Weg nach Europa – Sind christliche Sozialvorstellungen dabei?, Kirche&Recht 2005, 133 (135, 139); *U. Di Fabio* Soziale Gerechtigkeit und Verfassung, Politische Studien, Heft 406, 2006, 51 (53) spricht von einem Kennzeichen der Nationalkultur. – Zum Wunsch der deutschen Gesellschaft nach Verringerung der sozialen Unterschiede und zum Bedürfnis nach sozialer Sicherheit: *R. Pitschas* Frei – sozial – auch sicher?, FS Siedentopf, 2008, 285 (296f.).

[16] Zur Bedeutung des sozialen Ausgleichs für den inneren Frieden: *C. Starck* Soziale Rechte in Verträgen, Verfassungen und Gesetzen, GS Tettinger, 2007, 761 (766ff.); *ders.* Der demokratische Verfassungsstaat, 1995, 235ff. – Zu sozialen Differenzierungs-, Spannungs- und Konfliktlinien in der deutschen Gesellschaft: *S. Lessenich/F. Nullmeier* (Hrsg.) Deutschland – eine gespaltene Gesellschaft, 2006.

[17] Zum Begriff der sozialen Gerechtigkeit und seinem Verhältnis zum Begriff der sozialen Gleichheit: *J. Isensee* Gerechtigkeit – zeitlose Idee im Verfassungsstaat der Gegenwart, in: H. Schmidinger (Hrsg.) Gerechtigkeit heute: Anspruch und Wirklichkeit, 2000, 253 (278ff.); s. auch: *E. Eichenhofer* Sozialrecht und soziale Gerechtigkeit, JZ 2005, 209ff.; *Petersen* Gefühlte Ungerechtigkeit (Fn. 14), 5; *G. Roellecke* Gerechtigkeit und soziale Gerechtigkeit, ZRph 2004, 17ff.; aus philosophischer und soziologischer Sicht statt Vieler mwN: *S. Empter/R. B. Vehrkamp* (Hrsg.) Soziale Gerechtigkeit – eine Bestandsaufnahme, 2007; *S. Gosepath* Gleiche Gerechtigkeit, 2004, 29ff.; *ders.* Soziale Gerechtigkeit – philosophische Grundlagen der Sozialstaatsbegründung, Soziale Sicherheit (CHSS) 2005, 190ff.; *R. Kramer* Soziale Gerechtigkeit – Inhalt und Grenzen, 1992; *W. Kersting* (Hrsg.) Politische Philosophie des Sozialstaats, 2000; *ders.* Kritik der Gleichheit, 2002; *ders.* Facetten der Gerechtigkeit, Leviathan 2007, 193ff.

[18] Zum politischen Gebrauch des Begriffs: *H. M. Heinig* Der Sozialstaat im Dienst der Freiheit, 2008, 134ff.

dem der sozialen Gleichheit entspricht, sondern über diesen hinausreichend auch weiteren Inhalten offen steht,[19] wird er heute maßgeblich vom Gleichheitsgedanken her bestimmt[20] und zielt zentral auf soziale Gleichheit.

Die Forderung nach sozialer Gleichheit richtet sich auf die Herstellung und Hebung sozialer Normalität[21] und bezieht sich in erster Linie noch immer auf den Nationalstaat. Ungeachtet der Bedeutung der europäischen Integration und des Gemeinschaftsrechts für das Soziale, hingewiesen sei nur auf die Einwirkungen der Grundfreiheiten, der Diskriminierungsverbote oder auf das zukunftsoffene Potential der Unionsbürgerschaft und der sozialen Grundrechte,[22] ist dieser immer noch – auch aufgrund unterschiedlicher sozialpolitischer Traditionen in den Mitgliedsstaaten – die wichtigste Ebene zur Gewährleistung von sozialer Sicherheit und sozialem Ausgleich.[23] Doch ist nicht zu über-

---

[19] *Eichenhofer* Sozialrecht und soziale Gerechtigkeit (Fn. 17), 210ff.

[20] Vgl. etwa: *R. Herzog*, in: T. Maunz/G. Dürig, Grundgesetz, Stand des Gesamtwerkes: 2008, Art. 20 VIII Rn. 36: „starke Gleichheitskomponente"; s. auch *W. Leisner* Der Gleichheitsstaat, 1980, 116.

[21] Zur sozialen Normalität als Ziel und den Schwierigkeiten, diese zu bestimmen: *H. F. Zacher* Das soziale Staatsziel, HStR II, 3. Aufl. 2004, § 28 Rn. 68ff.; s. auch: *R. Gröschner*, in: H. Dreier (Hrsg.) Grundgesetz, Bd. I, 2. Aufl. 2004, Art. 20 (Sozialstaat) Rn. 37.

[22] Vgl. dazu allgemein: *U. Becker* Schutz und Implementierung von EU-Sozialstandards, in: ders./B. Baron v. Maydell/A. Nußberger, Die Implementierung internationaler Sozialstandards, 2006, 139ff.; *E. Eichenhofer* Sozialrecht der Europäischen Union, 3. Aufl., 2006; *ders.* Geschichte des Sozialstaats in Europa, 2007, 68ff.; *W. Kahl* Freiheitsprinzip und Sozialprinzip in der Europäischen Union, FS R. Schmidt, 2006, 75ff.; *T. Kingreen* Das Sozialstaatsprinzip im europäischen Verfassungsverbund, 2003, 283ff.; *R. Schlegel* Gesetzliche Krankenversicherung im Europäischen Kontext, SGb 2007, 700ff.; *M. Wallerath* Der Sozialstaat in der Krise, JZ 2004, 949 (950ff.); *Zacher* Staatsziel (Fn. 21), § 28 Rn. 145ff.; zu den Auswirkungen des Vertrages von Lissabon auf das „Soziale": *C. Schnell/J. Wesenberg* Der Reformvertrag von Lissabon und seine sozialpolitischen Auswirkungen – eine Bestandsaufnahme, DRV 2008, 275ff.; zu den Sozialstandards der EMRK: *C. Grabenwarter* Sozialstandards in der Europäischen Menschenrechtskonvention, in: U. Becker/B. Baron v. Maydell/A. Nußberger, Die Implementierung internationaler Sozialstandards, 2006, 83ff. – Aus soziologischer Sicht zur Europäisierung sozialer Ungleichheiten: *M. Heidenreich* (Hrsg.) Die Europäisierung sozialer Ungleichheiten, 2006.

[23] Zur grundgesetzlichen Sozialstaatlichkeit als nationale Sozialstaatlichkeit *D. Merten* Grenzen des Sozialstaates, VSSR 1995, 155 (167f.); s. auch: *Heinig* Sozialstaat (Fn. 18), 408ff., der darauf hinweist, dass soziale Hilfen für Ausländer im Ausland verfassungssystematisch nicht dem Art. 20 Abs. 1 GG zugeordnet sind, sondern ihre verfassungsrechtlichen Grundlagen im Normkomplex des offenen Verfassungsstaats finden (ebd., 410).

sehen, dass gerade auf der Grundlage universeller Sozialstandards[24] und der mit der Globalisierung[25] verbundenen Ab- und Zuwanderung von Menschen und Kapital die Forderung nach sozialer Gleichheit über die jeweiligen Staaten hinausreicht und europa- oder weltweit erhoben werden kann und wird. Unabhängig von ihrem Bezugspunkt zielt die Forderung nach sozialer Gleichheit immer auf die jeweilige soziale Mitte, verstanden als der gesellschaftliche Standard, der allerdings einem stetigen Wandel unterliegt.[26] Orientiert sich die Forderung nach sozialer Gleichheit damit an einer relativen Größe, so bleibt ihre generelle Zielrichtung davon unberührt: gegen Subnormalität, auf Zugang zur und Verbleib in der Normalität sowie auf Hebung der Normalität.[27]

Bezog sich die soziale Frage des 19. Jahrhunderts insbesondere auf die Arbeiterschaft als benachteiligte Gruppe, so wurden in der Folgezeit immer neue Konstellationen individueller oder gruppenhafter sozialer Schlechterstellungen identifiziert,[28] etwa in Bezug auf Alleinerziehende, Personen mit Migrationshintergrund, Mieter oder Verbraucher. Soziale Ungleichheiten werden wahrgenommen im Hinblick auf die individuelle Lebenssituation (krank, alt oder behindert), auf den Lebensraum (Stadt-Land, alte-neue Bundesländer) oder hinsichtlich einzelner Sachbereiche, etwa bei der Bildung oder in Bezug auf Freizeit- und Umweltbedingungen. Heute gelten Prekarität und Prekariat als Signalwörter neuer sozialer Ungleichheiten.[29]

Mit der zunehmenden Pluralisierung von Milieus und Lebensstilen scheinen die relevanten Vergleichsgruppen und Sachverhalte sozialer Ungleichheit unbegrenzt vermehrbar und nahezu unendlich zu sein. Selbst wenn fundamentale Ungleichheitsrelationen die Peripheren in

---

[24] Zu den Quellen und zur Bedeutung internationaler Sozialstandards grundlegend: *A. Nußberger*, Sozialstandards im Völkerrecht, 2005; s. auch: *U. Becker/B. Baron v. Maydell/A. Nußberger* Die Implementierung internationaler Sozialstandards, 2006; *E. Eichenhofer* Menschenrecht auf soziale Sicherheit, VSSR 2007, 87ff.; *M. Kotzur* Soziales Völkerrecht für eine solidarische Völkergemeinschaft?, JZ 2008, 265ff.

[25] Allgemein zu den Aus- und Einwirkungen der Globalisierung auf den nationalen Sozialstaat *H. Bauer* Die Verfassungsentwicklung des wiedervereinten Deutschlands, HStR I, 3. Aufl. 2003, § 14 Rn. 104.

[26] *Gröschner*, in: Dreier (Fn. 21), Art. 20 (Sozialstaat) Rn. 37.

[27] *Zacher* Staatsziel (Fn. 21), § 28 Rn. 71.

[28] S. dazu *Zacher* Staatsziel (Fn. 21), § 28 Rn. 35. – Analyse sozialer Ungleichheiten aus soziologischer Sicht bei *S. Hradil* Soziale Ungleichheit in Deutschland, 8. Aufl. 2001, 147ff.

[29] *B. Vogel* Prekarität und Prekariat – Signalwörter neuer sozialer Ungleichheiten, APuZ 2008, Heft 33–34, 12ff.; *ders.* Staatsbedürftigkeit der Gesellschaft (Fn. 11), 81ff.

den Hintergrund treten lassen,[30] öffnet der Ausgleich einer anerkannten sozialen Ungleichheit den Blick auf neue Ungleichheiten, die ihrerseits nach Kompensation rufen.[31] Der Horizont sozialer Gleichheit ist in stetiger Bewegung.[32]

### 2. *Abbau sozialer Ungleichheiten und Herstellung sozialer Gleichheit: der ökonomische Bezug des Sozialen*

Die staatlicherseits zum Abbau sozialer Ungleichheit und zur Herstellung sozialer Gleichheit eingesetzten und diskutierten Instrumente sind zahlreich und vielfältig:[33] Steuertarife, die eine stärkere Umverteilung zwischen reich und arm bewirken sollen,[34] Sozialversicherungsreformen, die die Finanzierungsgrundlagen erweitern, Leistungen neu justieren oder den Versichertenkreis ausdehnen, die Einführung von Mindestlöhnen oder Reformen im Bildungswesen in Folge von Pisastudien. Trotz der unterschiedlichen Ansätze und Wege ist allerdings nicht zu übersehen, dass zumeist ökonomische bzw. ökonomisch wirkende Mittel und Instrumente vorgeschlagen und eingesetzt werden.

Obwohl der Begriff des Sozialen weit und offen ist,[35] es sich um ein „Wiesel-Wort" par excellence handelt,[36] gelten im juristischen Kontext

---

[30] Dazu: *O. Depenheuer* Das soziale Staatsziel und die Angleichung der Lebensverhältnisse in Ost und West, HStR IX, 1997, § 204 Rn. 63.

[31] *Zacher* Staatsziel (Fn. 21), § 28 Rn. 39; s. auch: *Depenheuer* Angleichung der Lebensverhältnisse (Fn. 30), § 204 Rn. 63; *M. Stolleis* Historische und ideengeschichtliche Entwicklung des Gleichheitssatzes, in: R. Wolfrum (Hrsg.) Gleichheit und Nichtdiskriminierung im nationalen und internationalen Menschenrechtsschutz, 2003, 7 (9f.).

[32] Bezogen auf soziale Gerechtigkeit: *J. Isensee* Verfassung ohne soziale Grundrechte, Der Staat 19 (1980), 367 (375).

[33] Vgl. *Zacher* Staatsziel (Fn. 21), § 28 Rn. 36.

[34] Zu den tatsächlichen Auswirkungen der Steuerprogression vgl. den dritten Armuts- und Reichtumsbericht (Fn. 2), 34f. Danach tragen die obersten 10% der Einkommensteuerpflichtigen zu 52% des gesamten Einkommensteueraufkommens bei, die untersten 50% zu gut 6%. – Zum Leistungsfähigkeitsprinzip als Grundlage der Einkommensteuererhebung mit jeweils weiteren Nachweisen: *D. Birk* Das Leistungsfähigkeitsprinzip als Maßstab der Steuernormen, 1983; *P. Kirchhof* Die Steuern, HStR V, 3. Aufl. 2007, § 118 Rn. 182ff.; *L. Lammers* Die Steuerprogression im System der Ertragsteuern und ihr verfassungsrechtlicher Hintergrund, 2007, 69ff.; *J. Lang*, in: K. Tipke/J. Lang, Steuerrecht, 19. Aufl. 2008, § 4 Rn. 81ff.; *C. Waldhoff* Grundzüge des Finanzrechts des Grundgesetzes, HStR V, 3. Aufl. 2007, § 116 Rn. 100ff.

[35] Zum Begriff des „Sozialen" grundlegend: *H. F. Zacher* Der europäische Sozialstaat, SZS/RSAS 2008, 1 (2ff.); *ders.* Das „Soziale" als Begriff des deutschen und europäischen Rechts, in: Deutsche Rentenversicherung Bund (Hrsg.) Das Soziale in der Alterssicherung, 2005, 11ff.

[36] *F. A. von Hayek* Wissenschaft und Sozialismus, 1979, 3 (16).

vor allem solche sozialen Ungleichheiten als problematisch, die in ökonomischen Ungleichheiten ihre Ursache oder ihre Wirkung haben.[37] Schon die soziale Frage des 19. Jahrhunderts[38] wies einen starken ökonomischen Bezug auf und zielte zentral auf die Verbesserung der ökonomischen Verhältnisse.[39] Selbst zu Beginn des 21. Jahrhunderts bezieht sich staatliche Sozialgestaltung im Wesentlichen noch immer auf die ökonomische Basis der Gesellschaft,[40] wiewohl unbestritten ist, dass sich das Soziale nicht auf das Ökonomische reduzieren lässt und nichtökonomische Interventionen für das Soziale ebenso relevant wie notwendig sind,[41] denn soziale Bedürftigkeit ist nicht immer als ökonomische Insuffizienz bezifferbar und einem ökonomischen Ausgleich zugänglich.[42] Finanzielle Hilfen können im Gegenteil sogar zu dauerhafter Abhängigkeit und Verfestigung von Armut führen, so dass es ebenfalls wirksamer, allerdings wiederum kostenintensiver Aktivierungsprogramme bedarf, um vom Bezug von Transferleistungen unabhängig zu werden.

In einer marktwirtschaftlich organisierten arbeitsteiligen Gesellschaft eröffnet ein ausreichendes Einkommen den Zugang zu den meisten Gütern der Gesellschaft; es schafft Sicherheit und erweitert Handlungsspielräume. Solange Erwerbsarbeit für die meisten Menschen den bei weitem wichtigsten Zugang zur Erzielung von Einkommen und zur Teilhabe am gesellschaftlichen Leben bedeutet,[43] zielt die Forderung nach sozialer Gleichheit auch auf den erleichterten Zugang zu Arbeit, insbesondere über den Ausbau von Bildungs- und Weiterbildungsmöglich-

---

[37] *Zacher* Staatsziel (Fn. 21), § 28 Rn. 35.

[38] Zur sozialen Frage und zur Entwicklung der Sozialpolitik und des Sozialrechts im 19. Jahrhundert: *T. Nipperdey* Deutsche Geschichte 1866–1918, Bd. I, 1990, 335 ff.; *M. Stolleis* Geschichte des Sozialrechts in Deutschland, 2003, 23 ff.; s. auch: *R. Breuer* Grundlagen des Sozialstaates, GS Heinze, 2005, 81 (83 ff.).

[39] Dies gilt insbesondere im Hinblick auf die Arbeitsbedingungen sowie die Absicherung des Einkommensausfalls durch Krankengeld oder Rente. Allgemein dazu: *Zacher* Staatsziel (Fn. 21), § 28 Rn. 34 f.

[40] *K.-J. Bieback* Sozialstaatsprinzip und Grundrechte, EuGRZ 1985, 657 (659).

[41] Vgl. dazu *Zacher* Staatsziel (Fn. 21), § 28 Rn. 72 f.

[42] *H. F. Zacher* Soziale Gleichheit, AöR 93 (1968), 341 (343).

[43] Zur Bedeutung der Arbeit und den Veränderungen des Arbeitsmarktes: *M. Wallerath* Arbeitsmarkt, HStR IV, 3. Aufl. 2006, § 94 Rn. 1 ff.; *J. Wieland* Arbeitsmarkt und staatliche Lenkung, VVDStRL 59 (2000), 13 (16 ff.); *C. Engel* Arbeitsmarkt und staatliche Lenkung, ebd., 56 (58 ff.); aus rechtsvergleichender und europarechtlicher Sicht: *T. von Danwitz* Arbeitsmarkt und staatliche Lenkung, ebd., 99 (100 ff.). – Statistisches Material zur Entwicklung auf dem Arbeitsmarkt im dritten Armuts- und Reichtumsbericht (Fn. 2), 65 ff.

keiten.[44] Doch verursacht die Vermittlung von mehr Bildung grundsätzlich auch mehr Kosten, was zugleich wiederum den ökonomischen Bezug sozialer Gleichheit verdeutlicht. Weil Arbeit, Einkommen und Vermögen noch immer wesentlich über die Handlungsoptionen des Einzelnen in der Gesellschaft entscheiden, richtet sich die Forderung nach sozialer Gleichheit im Kern gegen unangemessene Ungleichheit in den wirtschaftlichen Lebensbedingungen und verlangt deren Angleichung und Anhebung.

## II. Soziale Gleichheit als Aufgabe von Staat und Gesellschaft

In der freiheitlichen demokratischen Wirtschafts- und Sozialordnung des Grundgesetzes sind die Angleichung und Verbesserung der Lebensverhältnisse weder alleinige noch primäre Aufgaben des Staates. Das grundgesetzliche Sozialstaatsprinzip normiert zwar ein Staatsziel, jedoch keinen Staatsvorbehalt für das Soziale.[45] Im Gegenteil: Sozialstaatliche Aktivität reibt sich an den grundrechtlichen Vorbehalten zugunsten privater Tätigkeit zur Steigerung und Angleichung der materiellen Lebensbedingungen. In den Grundrechten kommt gerade der Vorrang der gesellschaftlichen Realisation, etwa in der Familie, durch Kirchen oder durch sonstiges bürgerschaftliches Engagement[46], gegenüber staatlicher Intervention zur Herstellung sozialer Gleichheit zum Ausdruck.[47]

Staatliche Aktivitäten können vor dem Hintergrund des Subsidiaritätsprinzips[48] erst dann Raum greifen, wenn vorrangige private Eigenvorsorge[49] und die grundrechtlich geschützte gesellschaftliche Selbstregulierung den Erfordernissen sozialer Gleichheit nicht mehr genügt und die Resultate des Marktprozesses der Korrektur bedürfen. Der Abbau sozialer Ungleichheit ist zwar eine Staatsaufgabe, doch ist diese dem Staat nur im Sinne einer Letzt- und Gesamtverantwortung zugewiesen.

---

[44] Vgl. dazu den dritten Armuts- und Reichtumsbericht (Fn. 2), 58ff.

[45] *J. Isensee* Staatsaufgaben, HStR IV, 3. Aufl. 2006, § 73 Rn. 68.

[46] Dazu *R. Pitschas* Soziale Sicherungssysteme im „europäisierten" Sozialstaat, FS 50 Jahre Bundesverfassungsgericht, Bd. II, 2001, 827 (844).

[47] *A. Nußberger* Soziale Gleichheit – Voraussetzung oder Aufgabe des Staates, DVBl. 2008, 1081 (1087f.). – Zur Frage, inwieweit steuerrechtliche Anreize durch das Gemeinnützigkeitsrecht für gemeinwohlorientiertes Engagement Privater möglich und zulässig sind: *M. Heintzen* Steuerliche Anreize für gemeinwohlorientiertes Engagement Privater, FR 2008, 737ff.

[48] Zum Subsidiaritätsprinzip grundlegend: *J. Isensee* Subsidiaritätsprinzip und Verfassungsrecht, 2. Aufl. 2001.

[49] Zur sozialen Eigenvorsorge im subsidiären Sozialstaat *Pitschas* Sicherungssysteme (Fn. 46), 828ff.

Die wirtschaftlichen Lebensbedingungen unterliegen in einer europäisierten Marktwirtschaft nicht umfassender staatlicher Befehls-, Planungs- und Verfügungsmacht, sondern entspringen grundrechtlicher Freiheit.[50] Durch Recht allein lässt sich Wohlstand nicht verordnen und erzielen. Die ökonomischen Mittel, die der Staat einsetzt und einsetzen muss, um soziale Gleichheit über Umverteilung herzustellen, müssen als solche erst in und von der Gesellschaft erwirtschaftet werden, denn die zur Verteilung notwendigen Mittel schöpft der Staat aus der Erhebung von Steuern und sonstigen Abgaben, damit aus der Teilhabe am wirtschaftlichen Erfolg seiner Bürger.[51] Wirtschaftliche Produktivität und Prosperität sind somit Voraussetzungen, um soziale Gleichheit durch staatliche Maßnahmen herzustellen.[52] Der Staat kann und muss daher, um soziale Gleichheit zu erreichen, auch Rahmenbedingungen zur Ermöglichung wirtschaftlicher Prosperität – wozu auch Kontrollen und Regulierungen zählen – schaffen, die er selbst als solche nicht unmittelbar und exklusiv herstellen kann.[53]

## III. Sinn und Zweck sozialer Gleichheit

### *1. Soziale Gleichheit als eine Voraussetzung staatlicher Einheit*

Übermäßige soziale Spannungen bergen die Gefahr in sich, dass Demokratien zerbrechen.[54] „Ein bestimmtes Maß sozialer Homogenität" – so *Hermann Heller* 1928[55] – „muss gegeben sein, damit politische Einheitsbildung überhaupt möglich sein soll". *Herbert Krüger* nennt es eine

---

[50] *J. Isensee* Der Sozialstaat in der Wirtschaftskrise, FS Broermann, 1982, 365 (368).

[51] *H.-J. Papier* Zur Zukunft des Sozialstaates, ZFSH/SGB 2006, 3 (4); s. dazu auch: *E. Benda* Der soziale Rechtsstaat, in: ders./W. Maihofer/H.-J. Vogel (Hrsg.) Handbuch des Verfassungsrechts, 2. Aufl. 1995, § 17 Rn. 175ff.

[52] Zum Verhältnis von Sozialstaat und Prosperität grundlegend: *H. F. Zacher* Sozialstaat und Prosperität, FS R. Schmidt, 2006, 305ff.

[53] Vgl. *O. Depenheuer* Setzt Demokratie Wohlstand voraus?, Der Staat 33 (1994), 329 (346).

[54] *W. Rüfner*, in: Bonner Kommentar, Grundgesetz, Stand des Gesamtwerkes: 2008, Art. 3 Abs. 1 Rn. 55. – *B.-O. Bryde* Steuerverweigerung und Sozialstaat, FS v. Zezschwitz, 2005, 321 (332), weist daraufhin, dass die Verhinderung zu exzessiver Ungleichheit der Vermögensverteilung im Interesse funktionierender Demokratie liege, die erfahrungsgemäß in Ländern mit extremen Vermögensdisparitäten Schwierigkeiten habe.

[55] Politische Demokratie und soziale Homogenität, in: ders., Gesammelte Schriften, Bd. II, 1971, 421 (427). – Zu Person und Werk von *H. Heller*: *G. Robbers* H. Heller: Staat und Kultur, 1983.

„alte These“, dass politische Demokratie nicht möglich sei, „wenn allzu große Vermögensunterschiede vorwalteten“ und spricht insoweit von einer negativen Verfassungsvoraussetzung.[56] Um seiner selbst willen muss der demokratische Verfassungsstaat des Grundgesetzes zum Erhalt seiner Stabilität auf ein Mindestmaß an sozialer Gleichheit achten, diese wahren und verhindern, dass die sozialen Unterschiede unangemessen groß werden.[57] Ausdrücklich normiert auch der Staatenverbund „Europäische Union“ in den Verträgen die Stärkung des wirtschaftlichen und sozialen Zusammenhalts als ein Ziel,[58] „um eine harmonische Entwicklung“[59] zu fördern und den dauerhaften Erfolg der Union zu sichern. Ein Mindeststandard sozialer Homogenität[60] wird damit auch für die Europäische Union als eine Funktionsbedingung angesehen.[61]

Selbst wenn im sozialen Bundesstaat[62] des Grundgesetzes die unitarisierend wirkende Forderung nach sozialer Gleichheit föderal gebrochen ist, weil der Bundesstaat Vielfalt und Unterschiede vorsieht und fordert, damit auch regionale soziale Ungleichheiten zulässt, bedarf es „gleichwertiger Lebensverhältnisse“[63] im Bundesgebiet, um erhebliche Wande-

---

[56] Verfassungsvoraussetzungen und Verfassungserwartungen, FS Scheuner, 1973, 285 (287).

[57] Zum sozialen Ausgleich als Staatsziel: *C. Starck* Verfassungsstaat (Fn. 16), 237.

[58] Art. 2 Abs. 1, 1. Spstr. EU, Art. 2 EG, Art. 3 lit. k EG, Art. 158ff. EG; s. auch im Vertrag von Lissabon: Art. 3 Abs. 3, UA 2, 3; Art. 209; Art. 220; zur Kohäsion als Politikziel der Union und Gemeinschaft: *P. Gussone* Das Solidaritätsprinzip in der Europäischen Union und seine Grenzen, 2006, 87ff.; *A. Puttler*, in: C. Calliess/M. Ruffert (Hrsg.) EUV/EGV, 3. Aufl. 2007, Art. 158 EG Rn. 1ff.

[59] Art. 158 Abs. 1 EG.

[60] Zum Begriff der Homogenität allgemein: *O. Depenheuer* Solidarität im Verfassungsstaat, Typoskript, 1992, 268ff.; *H. Dreier*, in: ders. (Hrsg.) Grundgesetz, Bd. II, 2. Aufl. 2006, Art. 28 Rn. 3; *F. Schorkopf* Homogenität in der europäischen Union – Ausgestaltung und Gewährleistung durch Art. 6 Abs. 1 und Art. 7 EUV, 2000, 28ff.

[61] Vgl. *J. Isensee* Soziale Sicherheit im europäischen Markt, VSSR 1996, 169 (179f.); s. auch: *ders.* Nachwort, in: ders. (Hrsg.) Europa als politische Idee und als rechtliche Form, 2. Aufl. 1994, 103 (122ff.).

[62] Zur Problematik des sozialen Bundesstaates zum Spannungsfeld zwischen Bundesstaatsprinzip und Sozialstaatsprinzip: *S. Boysen* Gleichheit im Bundesstaat, 2005; *Depenheuer* Angleichung der Lebensverhältnisse (Fn. 30), § 204 Rn. 109ff.; *N. Engels* Chancengleichheit und Bundesstaatsprinzip, 2001; *Zacher* Staatsziel (Fn. 21), § 28 Rn. 97ff.

[63] Zu Inhalt und Bedeutung des Begriffs „gleichwertiger Lebensverhältnisse“ in Art. 72 Abs. 2 GG, der die ursprüngliche Formulierung „Einheitlichkeit der Lebensverhältnisse“ ersetzte: BVerfGE 106, 62 (142ff.); 112, 226 (253); *S. Oeter*, in: H. v. Mangoldt/F. Klein/C. Starck (Hrsg.) Grundgesetz, Bd. II, 5. Aufl. 2005, Art. 72 Rn. 90ff.; *R. Sannwald*, in: B. Schmidt-Bleibtreu/H. Hofmann/A. Hopfauf (Hrsg.) Grundgesetz, 11. Aufl. 2008, Art. 72 Rn. 49ff.

rungsbewegungen von Menschen, Arbeit oder Kapital zu verhindern, die das „bundesstaatliche Sozialgefüge"[64] beeinträchtigen und die Einheit des Bundesstaates gefährden könnten.[65] Zwar lassen sich weder der Kompetenzbestimmung des Art. 72 Abs. 2 GG noch dem Bundesstaatsprinzip konkrete verfassungsunmittelbare Ansprüche entnehmen,[66] doch ist ein Mindestmaß an Gleichwertigkeit in den Lebensverhältnissen,[67] damit auch an sozialer Gleichheit, eine sozialstaatliche Verfassungsvoraussetzung.[68] Wie wirkmächtig gerade die Forderung nach sozialer Gleichheit gegenüber dem Verlangen nach föderativer Vielfalt geworden ist, wie stark die zentripetalen Kräfte des Sozialen wirken und zu einem „Abstieg des Föderalismus im Sozialstaat"[69] geführt haben,

---

[64] BVerfGE 106, 62 (144); 111, 226 (253).

[65] *Depenheuer* Angleichung der Lebensverhältnisse (Fn. 30), § 204 Rn. 112.

[66] Zur Diskussion, ob aus Art. 72 Abs. 2 GG oder dem Bundesstaats- bzw. Sozialstaatsprinzip eine Rechtsverpflichtung des Bundes im Sinne eines Verfassungsgebots folgt mwN: *H.-W. Arndt* Zur verfassungsrechtlichen Problematik der Herstellung einheitlicher Lebensverhältnisse in der Bundesrepublik Deutschland, JuS 1993, 360ff.; *H. Hohmann* Der Verfassungsgrundsatz der Herstellung einheitlicher Lebensverhältnisse im Bundesgebiet, DÖV 1991, 191 (192ff.); *S. Oeter* Integration und Subsidiarität im deutschen Bundesstaatsrecht, 1998, 532ff.; *ders.*, in: v. Mangoldt/Klein/Starck (Fn. 63), Art. 72 Rn. 97; zu der Diskussion insbesondere aus dem Blickwinkel der Regelungen in der Finanzverfassung: *W. Heun*, in: H. Dreier (Hrsg.) Grundgesetz, Bd. III, 2. Aufl. 2008, Art. 107 Rn. 10; *P. Selmer* Grundsätze der Finanzverfassung des vereinten Deutschlands, VVDStRL 52 (1953), 10 (19ff.); *F. Kirchhof* Grundsätze der Finanzverfassung des vereinten Deutschlands, ebd., 69 (83f.); *S. Korioth* Die Finanzausstattung der neuen Bundesländer, DVBl. 1991, 1048 (1054ff.); *R. Wendt* Neuorientierung der Aufgaben- und Lastenverteilung im „sozialen Bundesstaat", Staatswissenschaft und Staatspraxis 1993, 56 (59f.).

[67] Das Mindestmaß ist keine statische, abstrakt feststehende Größe, sondern hängt in seinem Umfang von der jeweiligen Wirtschaftslage und den jeweiligen sozialen Verhältnissen ab; vgl. *Kirchhof* Grundsätze der Finanzverfassung (Fn. 66), 84.

[68] Vgl. *C. Waldhoff* Verfassungsrechtliche Vorgaben für die Steuergesetzgebung im Vergleich Deutschland – Schweiz, 1997, 89ff.; *ders.* Finanzautonomie und Finanzverflechtung in gestuften Rechtsordnungen, VVDStRL 66 (2006), 216 (248ff.); s. auch *Depenheuer* Angleichung der Lebensverhältnisse (Fn. 30), § 204 Rn. 45f.; *Arndt* Herstellung einheitlicher Lebensverhältnisse (Fn. 66), 362, spricht von einem restriktiv auszulegenden Verfassungsauftrag; ablehnend mit grundsätzlicher Kritik an der Lehre von den Verfassungsvoraussetzungen: *C. Möllers* Staat als Argument, 2000, 257ff. – Zu Bedeutung, Inhalt und Funktion der Verfassungsvoraussetzungen grundlegend: *J. Isensee* Grundrechtsvoraussetzungen und Verfassungserwartungen an die Grundrechtsausübung, HStR V, 2. Aufl. 2000, § 115 Rn. 1ff.; *Krüger* Verfassungsvoraussetzungen (Fn. 56), 285ff.

[69] *W. Schmitt Glaeser* Rechtspolitik unter dem Grundgesetz, AöR 107 (1982), 337 (355).

zeigt sich gerade in der Realität des deutschen Bundesstaats, der durch sozialstaatlichen Unitarismus in Vollzug und Leistungen geprägt ist.[70]

In viel höherem Grade als jede andere politische Form ist die Demokratie – so *Hermann Heller* – in ihrer „Existenz von dem Dasein einer sozialen Angeglichenheit abhängig“[71]. In einer freiheitlichen Demokratie wächst die staatliche Einheit vor allem aus der Integrationsbereitschaft und -fähigkeit der Bürger,[72] die ihrerseits auch darauf beruht, dass der soziale Status des Einzelnen bereits eine gewisse Angleichung und Verdichtung erfahren hat[73] und ein „Wir-Bewusstsein und -Gefühl“[74] entstehen lässt.[75] Dies verlangt nicht die Schaffung strikt gleicher, gesellschaftliche Pluralität und Verschiedenheit einebnender Lebensbedingungen. Vielmehr erforderlich ist der Ausgleich grober, als nicht hinnehmbar geltender sozialer Ungleichheiten, welche die Dazugehörigkeit zur jeweiligen Rechts-, Wirtschafts- und Kulturgemeinschaft gefährden

---

70 Dazu *J. Isensee* Idee und Gestalt des Föderalismus im Grundgesetz, HStR IV, 2. Aufl. 1999, § 98 Rn. 249ff.; *ders.* Der Föderalismus und der Verfassungsstaat der Gegenwart, AöR 115 (1990), 248 (255f.); *R. Scholz* Zum Verfassungsprinzip des „sozialen Bundesstaates“, FS Mußgnug, 2005, 19ff.; *Zacher* Staatsziel (Fn. 21), § 28 Rn. 98; *ders.* Der soziale Bundesstaat, FS Schmitt Glaeser, 2003, 199ff.; s. auch *H. Hofmann* Die Entwicklung des Grundgesetzes von 1949 bis 1990, HStR I, 3. Aufl. 2003, § 9 Rn. 72: „Egalisierung verlangt Zentralisierung“; *V. Mehde* Wettbewerb zwischen Staaten, 2005, 147ff.

71 *Heller* Politische Demokratie und soziale Homogenität (Fn. 55), 429.

72 *Depenheuer* Angleichung der Lebensverhältnisse (Fn. 30), § 204 Rn. 129. – Zur Bedeutung der inneren Integration: *A. Uhle* Innere Integration, HStR IV, 3. Aufl. 2006, § 82 Rn. 1ff.

73 Zur Bedeutung des „Sozialen“ für den Zusammenhalt der Gesellschaft: *Zacher* Sozialstaat und Prosperität (Fn. 52), 327f.; s. auch: *U. Steiner* Sozialer Konflikt und sozialer Ausgleich – Zur Rolle der Verfassungsgerichtsbarkeit, FS Schmitt Glaeser, 2003, 335 (340).

74 *Heller* Politische Demokratie und soziale Homogenität (Fn. 55), 428: „Soziale Homogenität ist immer ein sozial-psychologischer Zustand, in welchem die stets vorhandenen Gegensätzlichkeiten und Interessenkämpfe gebunden erscheinen durch ein Wir-Bewußtsein und -Gefühl, durch einen sich aktualisierenden Gemeinschaftswillen.“.

75 *R. H. Herzog* Demokratie und Gleichheit heute, DVBl 1970, 713 (715), spricht von „einem Minimum an sozialer Gerechtigkeit“. – Zur Bedeutung eines Mindestmaßes an sozialem Ausgleich für die Demokratie: *Depenheuer* Setzt Demokratie Wohlstand voraus? (Fn. 53), 332ff.; s. auch: *H. Hofmann* Vielfalt, Sicherheit und Solidarität statt Freiheit, Gleichheit, Brüderlichkeit?, in: J. Bizer/H.-J. Koch (Hrsg.), Sicherheit, Vielfalt, Solidarität, 1998, 101 (110); offener dagegen: *U. K. Preuß* Solidarität unter den Bedingungen von Vielfalt, Anmerkungen zu einem neuen Paradigma, ebd., 125ff.; zum Einfluss ethischer Homogenität auf die Sozialstaatlichkeit: *E. Wiederin* Sozialstaatlichkeit im Spannungsfeld von Eigenverantwortung und Fürsorge, VVDStRL 64 (2005), 53 (81f.); zu den Voraussetzungen der Demokratie als Staats- und Regierungsform allgemein: *E.-W. Böckenförde* Demokratie als Verfassungsprinzip, HStR II, 3. Aufl. 2004, § 24 Rn. 58ff.

können.[76] Welche Ungleichheiten dies sind, lässt sich nicht abstrakt für alle Zeit bestimmen, sondern hängt ab von der Bewertung durch die jeweilige Gesellschaft, die darüber entscheidet, was als sozial ungleich gilt und ob sie sozialen Ungleichheiten ablehnend, gleichgültig oder sogar wohlwollend gegenübersteht. Bei der Beurteilung können zwischen objektiver Datenlage und subjektiver Wahrnehmung durchaus erhebliche Differenzen existieren, weil die gefühlte soziale Ungleichheit von der statistisch belegten abweichen kann.[77] So sank zwar 2006 das Armutsrisiko und verbesserte sich die konjunkturelle Lage, insbesondere reduzierte sich die Arbeitslosenzahl, doch führte dies zu keinen nennenswerten Veränderungen im gesellschaftlichen Bewusstsein, im Gegenteil: die soziale Sensibilität stieg weiter an und die Zustimmung zur sozialen Marktwirtschaft sank.[78] Die amerikanische – und inzwischen weltweite – Bankenkrise wird insoweit – auch jenseits ihrer weit reichenden tatsächlichen Folgen – weitere Zweifel an der Marktwirtschaft nähren und die Stimmung weiter verschlechtern. Auf Empfindungen und Einstellungen kann der freiheitliche Staat jedoch allenfalls beschränkt und mittelbar einwirken, denn deren Änderung ist kein Gegenstand unmittelbarer verfassungsrechtlicher Direktiven.[79]

### 2. *Soziale Gleichheit als eine Voraussetzung der Grundrechtsausübung*

Gleiche rechtliche Freiheit führt angesichts der Verschiedenartigkeit der Menschen notwendig zu unterschiedlichen Ergebnissen,[80] die sich aufgrund des rechtlichen Schutzes des Erworbenen durch Eigentums- oder Erbrechtsgarantie noch potenzieren und verfestigen können.[81] Gleiche rechtliche Freiheit erzeugt soziale Ungleichheit und ist deren permanente Quelle, denn die liberalen Freiheitsrechte des Grundgesetzes bieten jedermann die gleiche rechtliche Freiheit an ohne Ansehen

---

[76] Zu der Funktion des Sozialstaates, die Dazugehörigkeit zu sichern: *P. Kirchhof* Der allgemeine Gleichheitssatz, HStR V, 2. Aufl. 2000, § 124 Rn. 151.

[77] Dazu *Petersen* Gefühlte Ungerechtigkeit (Fn. 14), 5.

[78] Zur sinkenden Zustimmung zur sozialen Marktwirtschaft: *Bertelsmann Stiftung u. a.* Bürgerprogramm soziale Marktwirtschaft, 2008, 8ff.

[79] *Depenheuer* Angleichung der Lebensverhältnisse (Fn. 30), § 204 Rn. 41; s. dazu auch *Nußberger* Soziale Gleichheit (Fn. 47), 1082.

[80] *E.-W. Böckenförde* Freiheitssicherung gegenüber gesellschaftlicher Macht, in: ders., Staat, Gesellschaft, Freiheit, 1976, 336 (338); *ders.* Die sozialen Grundrechte im Verfassungsgefüge, in: *ders/J. Jekewitz/T. Ramm* (Hrsg.) Soziale Grundrechte, 1981, 7 (8f.); s. auch *D. Murswiek* Grundrechte als Teilhaberechte, soziale Grundrechte, HStR V, 2. Aufl. 2000, § 112 Rn. 30.

[81] *Böckenförde*, Freiheitssicherung gegenüber gesellschaftlicher Macht (Fn. 80), 338; s. auch: *K. Hesse* Der Gleichheitssatz im Staatsrecht, AöR 77 (1951/1952), 167 (179ff.).

seiner Person, seiner Bedürfnisse, seiner Fähigkeiten oder Verdienste.[82] Aus der grundrechtlichen Garantie gleicher rechtlicher Freiheit folgt die Freiheit, anders sein zu dürfen als andere;[83] zur Freiheit gehört Ungleichheit.[84]

Die Freiheit – so bereits *Lorenz von Stein* – ist jedoch erst „eine wirkliche in dem, der die Bedingungen derselben, die materiellen und geistigen Güter als die Voraussetzung der Selbstbestimmung besitzt"[85]. Fehlt es an den jeweils erforderlichen Freiheitsvoraussetzungen, bleibt die Garantie der Menschenwürde unerfüllt und laufen die Freiheitsrechte leer.[86] Das „Freiheitsrecht wäre ohne die tatsächliche Voraussetzung, es in Anspruch nehmen zu können, wertlos", hieß es bereits in der – insgesamt zwar in unterschiedliche Richtungen weisenden[87] – numerus-clausus Entscheidung.[88] Selbst wenn Freiheit schon ein Wert an sich ist,[89] bedarf es, wenn vorrangige gesellschaftliche Realisation misslingt, staatlicher Maßnahmen, damit sich Freiheit auch tatsächlich ausüben lässt. Um gleiche Freiheit für alle zur Entstehung zu bringen und um die Zugehörigkeit des Einzelnen zu einer Rechtsgemeinschaft zu gewährleisten, in der alle Menschen in ihrer Würde gleich sind und sie deshalb auch am rechtlichen, ökonomischen und kulturellen Standard dieser Gemeinschaft in gleicher Weise teilhaben sollen können,[90] hat der Staat die Aufgabe, die realen Voraussetzungen der Grundrechtsausübung zu sichern und den Freiheitsrechten damit gesellschaftliche Effektivität und Breitenwirkung zu geben.[91] Wären die sozialen Defizite in

---

[82] *Depenheuer* Angleichung der Lebensverhältnisse (Fn. 30), § 204 Rn. 133ff.

[83] *P. Kirchhof* Der demokratische Rechtsstaat – die Staatsform der Zugehörigen, HStR IX, 1997, § 221 Rn. 139.

[84] Vgl. Bundespräsident *H. Köhler* Zur Freiheit gehört Ungleichheit, F.A.Z. vom 29. 12. 2007, 3.

[85] *L. von Stein* Geschichte der sozialen Bewegung in Frankreich von 1789 bis auf unsere Tage (1850), Bd. 3, Nachdruck der von G. Salomon hrsg. Ausgabe von 1921, 1972, 104.

[86] Vgl. *Kirchhof* Armut und Freiheit (Fn. 5), 329; *ders.* Der demokratische Rechtsstaat (Fn. 83), § 221 Rn. 147; s. auch: *ders.* Grundrechtsinhalte und Grundrechtsvoraussetzungen, in: D. Merten/H.-J. Papier (Hrsg.) Handbuch der Grundrechte, Bd. I, 2004, § 21 Rn. 7ff.

[87] Dazu *Isensee* Verfassung ohne soziale Grundrechte (Fn. 32), 372.

[88] BVerfGE 33, 303 (331).

[89] Dazu und zur Kritik an der numerus-clausus Entscheidung: *Depenheuer* Setzt Demokratie Wohlstand voraus? (Fn. 53), 341ff.

[90] *Kirchhof* Der demokratische Rechtsstaat (Fn. 83), § 221 Rn. 139.

[91] Vgl. *E.-W. Böckenförde* Grundrechtstheorie und Grundrechtsinterpretation, NJW 1974, 1529 (1538).

einer Gesellschaft so groß, dass praktisch niemand mehr ein bestimmtes Grundrecht ausüben könnte, entfiele auch seine effektive Geltung.[92]

Soziale Gleichheit ist somit das Korrektiv zur Realität der freien Gesellschaft mit ihrer Vielfalt von Daseinsumständen und ihrer tatsächlichen Ungleichheit. Grundrechtlich geforderte soziale Gleichheit zielt auf die Gewährleistung und Sicherung der Voraussetzungen für ein selbstbestimmtes Leben des Einzelnen in der Gesellschaft. Die Grundrechte fordern damit keine selbstzweckhafte Mindestegalisierung, sondern die Gewährleistung eines freiheitsfunktional zu bemessenden sozialen Minimums an effektiven und gleichen Grundchancen zur freien Entfaltung der Persönlichkeit, um in Selbstbestimmung Grundrechte ausüben zu können.[93] Soziale Gleichheit ist insoweit „eine Form der Freiheit“[94].

## IV. Inhalt und Umfang sozialer Gleichheit

Das Grundgesetz selbst enthält, auch mangels eines umfassenden Katalogs sozialer Grundrechte,[95] die auf soziale Gleichheit drängen können, keine ausdrückliche Verpflichtung zur Herstellung sozialer Gleichheit. Allerdings liegt das Ziel sozialer Gleichheit durchaus in seinem normativen Blickfeld, wenn es den Staat als sozialen Rechtsstaat konzipiert, Gleichbehandlung vorschreibt, die Herstellung gleichwertiger Lebensverhältnisse als Kompetenzausübungsvoraussetzung normiert[96]

---

[92] *Isensee* Grundrechtsvoraussetzungen (Fn. 68), § 115 Rn. 18.

[93] Grundlegend zu einem freiheitsfunktionalen Verständnis des Sozialstaats *Heinig* Sozialstaat (Fn. 18).

[94] *P. Häberle* Grundrechte im Leistungsstaat, VVDStRL 30 (1972), 44 (96f.).

[95] Zur Diskussion um das Für und Wider sozialer Grundrechte: *E.-W. Böckenförde/ J. Jekewitz/T. Ramm* (Hrsg.) Soziale Grundrechte, 1981; *J. Lücke* Soziale Grundrechte als Staatszielbestimmungen und Gesetzgebungsaufträge, AöR 107 (1982), 15ff.; *G. Lübbe-Wolff* Justiziabilität sozialer Grundrechte und Verfassungsaufträge, JöR 53 (2005), 1ff.; *Murswiek* Grundrechte als Teilhaberechte (Fn. 80), § 112 Rn. 40ff.; *W. Rüfner* Leistungsrechte, in: Handbuch der Grundrechte, Bd. II (Fn. 5), § 40 Rn. 9ff.; *F. E. Schnapp* Soziale Grundrechte aus verfassungsrechtlicher Sicht, in: B. Baron v. Maydell (Hrsg.) Soziale Rechte in der EG, 1990, 5ff.; aus schweizerischer Sicht grundlegend: *J. P. Müller* Soziale Grundrechte in der Verfassung?, 2. Aufl. 1981. – Speziell zu den sozialen Grundrechten in den deutschen Landesverfassungen: *A. Brenne* Soziale Grundrechte in den Landesverfassungen, 2003; *Zacher* Staatsziel (Fn. 21), § 28 Rn. 12f., 19; zu den sozialen Grundrechten in der Europäischen Grundrechtecharta: *T. Winner* Die europäische Grundrechtecharta und ihre soziale Dimension, 2004.

[96] Art. 72 Abs. 2 GG; s. dazu bereits oben bei Fn. 63ff.

oder in der Finanzverfassung einen Ausgleich zwischen den Ländern vorsieht[97].

### *1. Soziale Gleichheit und Rechtsstaatsprinzip*

Soziale Gleichheit bedarf des Rechtsstaats. Der Rechtsstaat sichert die ökonomischen Voraussetzungen individueller Freiheit durch die allgemeine und gleiche Gewähr der Grundrechte für Jedermann unabhängig von Stand, Vermögen und Einkommen.[98] Das Rechtsstaatsprinzip leitet und begrenzt nicht nur staatliche Maßnahmen zur Herstellung sozialer Gleichheit, dadurch dass diese im Verfahren und in den Formen des Rechtsstaats erfolgen müssen, sondern es bildet vielmehr auch den Grund, auf dem sich soziale Gleichheit erst entfalten kann und steht schon deshalb nicht dem sozialen Staatsziel unvereinbar gegenüber.[99] Rechtsstaat und Sozialstaat sind kompatibel und aufeinander angewiesen. Der Rechtsstaat ist notwendige Voraussetzung und Bedingung sozialer Gleichheit: ohne rechtliche Gleichheit keine soziale Gleichheit.

---

[97] Art. 104b Abs. 1 Nr. 2 GG (Ausgleich unterschiedlicher Wirtschaftskraft); Art. 107 Abs. 2 GG (Finanzausgleich); s. auch: Art. 106 Abs. 3 S. 4 Nr. 2 GG (Verteilung der Umsatzsteuer unter Wahrung der „Einheitlichkeit der Lebensverhältnisse im Bundesgebiet"). – Zu diesen finanzverfassungsrechtlichen Vorschriften: *Arndt* Herstellung einheitlicher Lebensverhältnisse (Fn. 66), 362ff.; *K. Vogel/C. Waldhoff*, in: Bonner Kommentar (Fn. 54), Vorbem. z. Art. 104a-115 Rn. 81ff.

[98] *Kirchhof* Armut und Freiheit (Fn. 5), 325.

[99] Das Verhältnis von Rechtsstaat und Sozialstaat gehört spätestens seit dem Referat von *E. Forsthoff* „Begriff und Wesen des sozialen Rechtsstaates" auf der Staatsrechtslehrertagung 1954 (VVDStRL 12 (1954), 8ff.) zu den Dauerthemen juristischer Befassung mit dem Sozialstaatsprinzip und hat zu grundsätzlichen Kontroversen geführt. Inzwischen setzte sich immer stärker die Auffassung durch, dass zwischen beiden verfassungsrechtlichen Prinzipien kein unversöhnliches Gegenüber besteht, sondern beide Prinzipien gleichen Rang besitzen, sie miteinander verbunden und verschwistert sind. Vgl. dazu und zur Rezeption der „Inkommensurabilitätsthese" von *Forsthoff*: *Heinig* Sozialstaat (Fn. 18), 22ff.; *Herzog*, in: Maunz/Dürig (Fn. 20), Art. 20 VIII Rn. 30ff.; *F. E. Schnapp* Die Sozialstaatsklausel – Beschwörungsformel oder Rechtsprinzip?, SGb 2000, 341ff.; *D. Suhr* Rechtsstaatlichkeit und Sozialstaatlichkeit, Der Staat 9 (1970), 67ff.; *Zacher* Staatsziel (Fn. 21), § 28 Rn. 109ff. sowie den von *E. Forsthoff* herausgegebenen Sammelband „Rechtsstaatlichkeit und Sozialstaatlichkeit", 1968.

## 2. *Soziale Gleichheit als Thema des sozialen Staatsziels*

Da rechtliche Gleichheit aber auch gerade soziale Ungleichheit erzeugt, bedarf es, um soziale Gleichheit zu erreichen, weiterer Maßnahmen. Angesprochen ist insoweit das von Art. 79 Abs. 3 GG erfasste[100] soziale Staatsziel[101]. Dieses bezieht sich mit den zentralen und zeitlosen Leitideen „soziale Sicherheit" und „sozialer Ausgleich"[102] auf Freiheitsvoraussetzungen,[103] indem es auf die ungleichen tatsächlichen Lebensverhältnisse und die realen Bedürfnisse und Fähigkeiten des Einzelnen blickt.[104] Mit dem sozialen Staatsziel thematisiert das Grundgesetz Freiheitsvoraussetzungen[105] und weist zugleich dem Staat die Aufgabe zu, die sozialen Voraussetzungen der Ausübung grundrechtlicher Freiheit zu gewährleisten.[106] Das soziale Staatsziel ist darauf gerichtet, für jedermann die tatsächlichen Voraussetzungen der Freiheit zu schaffen; es dient der Schaffung materieller Verfassungsvoraussetzungen.[107] Der grundrechtlichen Freiheit soll ein Mindestmaß an sozialer Sicherheit und der grundrechtlichen Gleichheit ein Mindestmaß an sozialer Gleichheit korrespondieren.[108]

---

[100] Der Schutz des Sozialstaatsprinzips durch Art. 79 Abs. 3 GG entspricht nahezu einhelliger Ansicht; statt Vieler: *Heinig* Sozialstaat (Fn. 18), 12 m. Fn. 29; *H.-J. Papier* Grundrechte und Sozialordnung, in: Handbuch der Grundrechte, Bd. II (Fn. 5), § 30 Rn. 5. – *M. Jestaedt* Bundesstaat als Verfassungsprinzip, HStR II, 3. Aufl. 2004, § 29 Rn. 55 mit Fn. 294, sieht dagegen das sozialstaatliche Prinzip „zumindest auf der Grundlage einer am Willen des Verfassung(sgesetz)gebers orientierten Verfassungsauslegung" nicht als gemäß Art. 79 Abs. 3, 3. Alt GG revisionsfest an; nach *Wiederin* Sozialstaatlichkeit (Fn. 75), 74f., zählt die Sozialstaatlichkeit „nicht zum ewigen Verfassungskern". – Kritik an dieser Auffassung etwa bei: *H. F. Zacher* Diskussionsbeitrag, VVDStRL 64 (2005), 89; *R. Gröschner* Diskussionsbeitrag, ebd., 175f.

[101] Zum Charakter des Sozialstaatsprinzips als Staatszielbestimmung statt Vieler: *P. Badura* Der Sozialstaat, DÖV 1989, 491 (493f.); *Papier* Grundrechte und Sozialordnung (Fn. 100), § 30 Rn. 1ff.

[102] S. dazu: *E. Denninger* Das soziale Staatsziel – zwischen Recht und Politik, FS H.-P. Schneider, 2008, 57 (63ff.); *K.-P. Sommermann*, in: v. Mangoldt/Klein/Starck (Fn. 63), Art. 20 Rn. 104.

[103] *Kirchhof* Der demokratische Rechtsstaat (Fn. 83), § 221 Rn. 148; s. auch: *Kingreen* Sozialstaatsprinzip (Fn. 22), 133.

[104] *Isensee* Grundrechtsvoraussetzungen (Fn. 68), § 115 Rn. 158.

[105] *Isensee* Grundrechtsvoraussetzungen (Fn. 68), § 115 Rn. 158. – Zur Problematik der Abgrenzung von grundrechtlicher Schutzpflicht und Grundrechtsvoraussetzung: *Heinig* Sozialstaat (Fn. 18), 388ff.; *Kingreen* Sozialstaatsprinzip (Fn. 22), 131ff.

[106] *J. Isensee* Vertragsfreiheit im Griff der Grundrechte, FS Großfeld, 1999, 485 (512).

[107] *Häberle* Grundrechte im Leistungsstaat (Fn. 94), 95.

[108] *Isensee* Grundrechtsvoraussetzungen (Fn. 68), § 115 Rn. 158.

### *3. Soziale Gleichheit durch soziale Sicherheit*

Die fundamentalen Ziele des neuzeitlichen und bürgerlichen Rechtsstaats, dem Einzelnen physische Sicherheit zu bieten und ihn vor Eingriffen in Freiheit und Eigentum zu schützen, werden im Sozialstaat ergänzt und erweitert um das Ziel der sozialen Sicherheit[109] gegenüber den wirtschaftlichen Risiken des gesellschaftlichen Daseins in einer freiheitlichen Wettbewerbsgesellschaft.[110] Als Sozialstaat gewährleistet der Staat des Grundgesetzes durch soziale Sicherheit als Komplementärprinzip zur Marktwirtschaft Schutz vor den Risiken des Marktes und ermöglicht die effektive Ausübung der Freiheit unter den Bedingungen ungleicher gesellschaftlicher Machtverhältnisse.[111]

Angesichts der sich rasant wandelnden gesellschaftlichen Verhältnisse, von der demographischen Entwicklung über den technologischen Fortschritt bis hin zur Globalisierung,[112] unterliegen die Systeme sozialer Sicherheit einem ständigen Veränderungs- und Anpassungsdruck. Das soziale Staatsziel wirkt insoweit als permanenter Konkretisierungsauftrag,[113] der – selbst wenn der Gesetzgeber regelmäßig historisch bedingten Entwicklungspfaden[114] folgt und folgen muss – durch Offenheit und Prozesshaftigkeit geprägt ist.[115] War der Sozialstaat in den Anfangstagen auf den Schutz der Schwachen, historisch vor allem der Industriearbeiterschaft, gerichtet, so weitete sich sein Blickfeld in der Folgezeit aus auf nahezu sämtliche Gruppen der Gesellschaft. Heute steht nicht

---

109 Zum Verfassungsprinzip „Sicherheit" im Hinblick auf die soziale Sicherheit: *R. Pitschas* Die Zukunft der sozialen Sicherungssysteme, VVDStRL 64 (2005), 109 (113ff.); zur Entwicklung im 19. Jahrhundert: *D. Grimm* Die sozialgeschichtliche und verfassungsrechtliche Entwicklung zum Sozialstaat, in: P. Koslowski/P. Kreuzer/R. Löw (Hrsg.) Chancen und Grenzen des Sozialstaats, 1983, 41 (44ff.).

110 Vgl. *J. Isensee* Die alte Frage nach der Rechtfertigung des Staates, JZ 1999, 265 (271f.).

111 Vgl. *J. Isensee* Die Grundrechte als Abwehrrecht und als staatliche Schutzpflicht, HStR V, 2. Aufl. 2000, § 111 Rn. 132.

112 Zur Bedeutung und zu den Folgen der Globalisierung für den Sozialstaat: *Zacher* Staatsziel (Fn. 21), § 28 Rn. 158ff. – Allgemein zur demographischen, gesellschaftlichen und wirtschaftlichen Entwicklung und deren Bedeutung für die soziale Sicherheit: *R. Hauser* Zukunft des Sozialstaats, in: B. Baron v. Maydell/F. Ruland/U. Becker (Hrsg.) Sozialrechtshandbuch (SRH), 4. Aufl. 2008, § 5 Rn. 28ff.

113 *R. Pitschas* Die Gesundheitsreform 2007, GesR 2008, 64 (65); vgl. auch: *R. Scholz/R. Pitschas* Sozialstaat und Gleichheit, FS 25 Jahre Bundessozialgericht, Bd. 2, 1979, 627 (628).

114 Zur Pfadabhängigkeit: *U. Davy* Pfadabhängigkeit in der sozialen Sicherheit, in: SDSRV 55 (2007), 103ff.

115 *Zacher* Staatsziel (Fn. 21), § 28 Rn. 83ff. – Zur Offenheit des Sozialstaatsprinzips vgl. auch *G. Haverkate* Rechtsfragen des Leistungsstaats, 1983, 56ff.

mehr allein die Abwehr von Notlagen im Mittelpunkt, sondern zunehmend die Sicherstellung des Normalniveaus. Soziale Sicherheit bezieht sich auch und besonders auf die Vorsorge in den allen drohenden Wechselfällen des Lebens, nicht nur auf die soziale Entschädigung Einzelner[116] oder auf die Fürsorge bei Hilfebedürftigkeit, selbst wenn der Gewährleistung des Existenzminimums nach wie vor besondere Bedeutung, gerade auch für die soziale Gleichheit, zukommt.

### a) *Gewährleistung des Existenzminimums*

Die Pflicht zur Gewährleistung des Existenzminimums als Mindestinhalt sozialer Gleichheit folgt aus der Menschenwürdegarantie des Art. 1 Abs. 1 GG in Verbindung mit dem Sozialstaatsprinzip,[117] wobei insbesondere das Grundrecht auf Leben und das Grundrecht der allgemeinen Handlungsfreiheit die Pflicht verstärken und ihr Richtung geben. Der Pflicht korrespondiert ein, für die Schweiz[118] hinsichtlich der unerlässlichen Mittel zur Hilfe in Notlagen sogar ausdrücklich formuliertes, verfassungsrechtliches Recht des Bedürftigen. Dieses hat seine grundgesetzliche Geltungsbasis jedoch nicht primär in dem in erster Linie auf Ausgestaltung durch den Gesetzgeber gerichteten sozialen Staatsziel, sondern in den Grundrechten.[119]

---

[116] Zur sozialen Entschädigung: *F. Hase* Soziales Entschädigungsrecht, in: Sozialrechtshandbuch (Fn. 112), § 26 Rn. 1ff.; *Zacher* Staatsziel (Fn. 21), § 28 Rn. 44f. – Zum Umfang des Schadensausgleichs bei der Wiedergutmachung von Vermögensschäden durch die Bodenreformen auf dem Gebiet der ehemaligen DDR zwischen 1945 und 1949: BVerfGE 102, 254 (297ff.).

[117] Vgl. etwa: BVerfGE 82, 60 (85); 113, 88 (108f.); *H. Dreier,* in: ders. (Fn. 21), Art. 1 Rn. 158; *M. Herdegen,* in: Maunz/Dürig (Fn. 20), Art. 1 Rn. 114; *W. Höfling,* in: M. Sachs (Hrsg.) Grundgesetz, 4. Aufl. 2007, Art. 1 Rn. 31f.; *V. Neumann* Diskussionsbeitrag, VVDStRL 64 (2005), 101f.; *G. Robbers,* in: D. Umbach/ T. Clemens (Hrsg.) Grundgesetz, Bd. I, 2002, Art. 1 Rn. 58f.; zum steuerfrei zu belassenden Existenzminimum bei der Einkommensbesteuerung vgl. nur: BVerfG, NJW 2008, 1868 (1871f.) mwN. – Allein auf das Sozialstaatsprinzip abstellend dagegen: *C. Enders,* in: K. H. Friauf/W. Höfling (Hrsg.) Berliner Kommentar zum Grundgesetz, Stand des Gesamtwerks: 2008, Art. 1 Rn. 114ff.; *ders.* Sozialstaatlichkeit im Spannungsfeld von Eigenverantwortung und Fürsorge, VVDStRL 64 (2005), 7 (39f.).

[118] Zu Art. 12 der schweizerischen Bundesverfassung: *M. Bigler-Eggenberger,* in: B. Ehrenzeller/P. Mastronardi/R. J. Schweizer/K. A. Vallender (Hrsg.) Die schweizerische Bundesverfassung, 2. Aufl. 2008, Art. 12 Rn. 1ff.; *A. Epiney/B. Waldmann* Soziale Grundrechte und soziale Zielsetzungen, in: D. Merten/H.-J. Papier (Hrsg.) Handbuch der Grundrechte, Bd. VII/2, 2007, § 224 Rn. 9ff. – Überblick über den verfassungsrechtlichen Schutz des Existenzminimums in einzelnen europäischen Staaten bei *R. Hofmann/P. Holländer/F. Merli/E. Wiederin* (Hrsg.) Armut und Verfassung, 1998.

[119] *Isensee* Grundrechtsvoraussetzungen (Fn. 68), § 115 Rn. 160.

Originäre Ansprüche[120] auf bestimmte Maßnahmen zur Herstellung sozialer Gleichheit lassen sich, auch jenseits des Existenzminimums, grundsätzlich nicht allein aus dem Sozialstaatsprinzip oder in Verbindung mit dem allgemeinen Gleichheitssatz[121] – anders als derivative Ansprüche[122] – begründen.[123] Vielmehr können diese allenfalls von den jeweiligen Grundrechten her entwickelt werden[124] und zielen dann regelmäßig auch nur auf die (gesetzliche[125]) Gewährleistung von Mindeststandards.[126] Im sog. Nikolaus-Beschluss hat das Bundesverfassungsgericht[127] für den Fall einer lebensbedrohlichen oder regelmäßig tödlichen

---

[120] Zur Terminologie: *Murswiek* Grundrechte als Teilhaberechte (Fn. 80), § 112 Rn. 5ff. – Grundlegend zu der Frage von Grundrechten als Leistungsrechten die Referate von *W. Martens* und *P. Häberle*, Grundrechte im Leistungsstaat, auf der Staatsrechtslehrertagung von 1971 (VVDStRL 30 (1972), 7ff., 44ff.).

[121] Vgl. *W. Heun* Freiheit und Gleichheit, in: Handbuch der Grundrechte, Bd. II (Fn. 5), § 34 Rn. 49; *S. Muckel* Sozialrecht, 2. Aufl. 2007, § 6 Rn. 18; *Rüfner* Bonner Kommentar (Fn. 54), Art. 3 Abs. 1 Rn. 65; *R. Zippelius* Der Gleichheitssatz, VVDStRL 47 (1989), 7 (15). – Allgemein zum Ausschluss originärer Leistungsrechte und zur Möglichkeit derivativer Teilhaberechte aus Art. 3 GG: *Murswiek* Grundrechte als Teilhaberechte (Fn. 80), § 112 Rn. 68ff.; s. auch: *H. A. Haller* Die Verrechnung von Vor- und Nachteilen im Rahmen von Art. 3 Abs. 1 GG, 2007, 153ff., 290.

[122] Vgl. *S. Huster*, in: Berliner Kommentar (Fn. 117), Art. 3 Rn. 108; *V. Neumann* Sozialstaatsprinzip und Grundrechtsdogmatik, DVBl. 1997, 92 (97).

[123] Vgl. statt Vieler: *E. Grabitz* Freiheit und Verfassungsrecht, 1976, 42ff.; *M. Sachs*, in: ders. (Fn. 117), Art. 20 Rn. 50. – Die schweizerische Bundesverfassung schließt in Art. 41 Abs. 4 ausdrücklich unmittelbare Ansprüche auf staatliche Leistungen aus den Sozialzielen aus; s. dazu: *Bigler-Eggenberger* (Fn. 118), Art. 41 Rn. 94ff.; *Epiney/Waldmann* Soziale Grundrechte (Fn. 118), § 224 Rn. 60.

[124] Zur Problematik der Begründung von Leistungsansprüchen aus Grundrechten aus neuerer Zeit mwN auf die reichhaltige Literatur zu diesem Thema: *Heinig* Sozialstaat (Fn. 18), 359ff.; *Rüfner* Leistungsrechte (Fn. 95), § 40 Rn. 42ff.

[125] Zur Funktion, Bedeutung und Notwendigkeit gesetzlicher Regelungen in diesem Kontext und dem weiten Spielraum des Gesetzgebers: *Rüfner* Leistungsrechte (Fn. 95), § 40 Rn. 53f.

[126] S. dazu: *R. Breuer* Grundrechte als Anspruchsnormen, FG 25 Jahre Bundesverwaltungsgericht, 1978, 89ff.; *Rüfner* Leistungsrechte (Fn. 95), § 40 Rn. 21.

[127] Beschluss vom 6. Dezember 2005: BVerfGE 115, 25ff. – Zu dieser Entscheidung: BSG, Breithaupt 2007, 366ff.; *P. Axer* Kontinuität durch Konsequenz in der Sozialversicherung, FS Isensee, 2007, 965 (972ff.); *H.-U. Dettling* Grundrechte, neue Behandlungsmethoden und Grenzen der Rationierung in der GKV, GesR 2006, 97ff.; *R. Francke/D. Hart* Die Leistungspflicht der gesetzlichen Krankenversicherung für Heilversuche, MedR 2006, 131ff.; *H. M. Heinig* Hüter der Wohltaten?, NVwZ 2006, 771ff.; *S. Huster* Urteilsanmerkung, JZ 2006, 466ff.; *T. Kingreen* Verfassungsrechtliche Grenzen der Rechtsetzungsbefugnis des Gemeinsamen Bundesausschusses im Gesundheitsrecht, NJW 2006, 877ff.; *M. von Wulffen* Rechtsprechung des Bundessozialgerichts zu noch nicht anerkannten Behandlungsmethoden, GesR 2006, 385ff.

Krankheit im Wege einer „grundrechtsorientierten Auslegung“[128] krankenversicherungsrechtlicher Vorschriften – jedoch unter konstruktiv nicht überzeugender Heranziehung des Schutzpflichtengedankens[129] – aus Art. 2 Abs. 1 GG iVm dem Sozialstaatsprinzip und Art. 2 Abs. 2 GG letztlich allerdings einen sehr weitgehenden verfassungsunmittelbaren Anspruch auf vom Gemeinsamen Bundesausschuss nicht zugelassene Untersuchungs- und Behandlungsmethoden kreiert.[130] Dessen Konkretisierung und Umsetzung beschäftigt die Sozialgerichtsbarkeit etwa anhand von Elektroakupunktur oder natriumarmem Mineralwasser bis heute[131] und illustriert zugleich die weit reichenden Folgen gerichtlich geschaffener verfassungsunmittelbarer Ansprüche, selbst wenn sich diese nur auf soziale Mindeststandards beziehen.

Ist die staatliche Pflicht zur Gewährleistung des Existenzminimums inzwischen allgemein anerkannt, so bereitet die Bestimmung von Inhalt und Umfang im Einzelnen nach wie vor Schwierigkeiten.[132] Aus der grundgesetzlichen Garantie der Menschenwürde folgt die Pflicht, die Lebensumstände so zu sichern, dass ein autonomes und selbstbestimmtes Leben noch möglich ist.[133] Zu gewährleisten ist damit das für die physische Existenz und die soziokulturelle Entfaltung Notwendige.[134]

---

[128] BVerfGE 115, 25 (45).

[129] Kritik an der Heranziehung der Schutzpflichtenkonstruktion etwa bei: *Heinig* Hüter der Wohltaten (Fn. 127), 773.

[130] *Axer* Kontinuität durch Konsequenz (Fn. 127), 974f.; *Huster* Urteilsanmerkung (Fn. 127), 466 (468); *ders.* Soziale Sicherung als Zukunftsbewältigung, SDSRV 35 (2007), 15 (21ff.); aA *R. Schmidt-De Caluwe* Urteilsanmerkung, SGb 2006, 619 (620f.). – Nach Ansicht des Bundessozialgerichts (BSGE 97, 190 (196)) verlangt Art. 2 GG „eine verfassungskonforme Auslegung nur derjenigen Normen des SGB V, die einem verfassungsrechtlich begründeten Anspruch auf eine bestimmte Versorgung der Versicherten entgegenstehen“.

[131] S. etwa: BSGE 97, 190ff.; *E. Hauck* Gestaltung des Leistungsrechts der gesetzlichen Krankenversicherung durch das Grundgesetz?, NJW 2007, 1320ff.; *U. Wenner* Grenzen der Leistungspflicht der Kassen für nicht anerkannte Behandlungsverfahren und nicht zugelassene Arzneimittel, SozSich 2007, 75ff., jeweils mwN. – Zur Elektroakupunktur: BSG, B. v. 9. 11. 2006, B 10 KR 3/06 B; zum natriumarmen Mineralwasser: BSG, B. v. 19. 6. 2006, B 1 KR 18/06 B.

[132] Dazu, jeweils mwN: *W. G. Leisner* Existenzsicherung im Öffentlichen Recht, 2007, 98ff., 218ff.; *J. Martínez Soria* Das Recht auf Sicherung des Existenzminimums, JZ 1995, 644ff.; *V. Neumann* Menschenwürde und Existenzminimum, NVwZ 1995, 426ff.; *M. Wallerath* Zur Dogmatik eines Rechts auf Sicherung des Existenzminimums, JZ 2008, 157ff.

[133] *Heinig* Sozialstaat (Fn. 18), 348.

[134] Zum soziokulturellen Existenzminimum mit weiteren Nachweisen: *W. Spellbrink*, in: W. Eicher/W. Spellbrink (Hrsg.) SGB II, Grundsicherung für Arbeitssuchende, 2. Aufl. 2008, § 20 Rn. 48.

Was dazu zählt, ergibt sich aus einem Vergleich, der sich an den allgemeinen Lebensbedingungen des gesellschaftlichen Umfelds orientiert, damit räumlich-zeitlich relativ[135] ist, und von dem Zweck geleitet wird, Ausgrenzungen und Stigmatisierungen zu vermeiden.[136] Letztlich hängt damit die Leistungshöhe von dem in der jeweiligen Gesellschaft für erforderlich angesehenen Mindestbedarf[137] ab.[138]

Das Existenzminimum gewährt nur eine begrenzte Gleichstellung und ermöglicht nicht jede beliebige Grundrechtsausübung.[139] Auf die jeweilige Person bezogen, soll es den individuellen Verlust an Autonomie kompensieren und – auch durch Fordern[140] – Autonomie wiederherstellen.[141] Maßnahmen zur Sicherung des Existenzminimums zielen damit nicht auf selbstzweckhafte Egalität im Minimum, sondern sind individuell und bedarfsgerecht[142] festzusetzen, selbst wenn Pauschalierungen schon aus Gründen des Gesetzesvollzugs geboten sind. Allerdings hat das Recht der Grundsicherung für Arbeitssuchende im SGB II die Pau-

---

135 Zur Relativität von Sozialhilfeleistungen sowie anderen staatlichen Leistungen, etwa den Renten: *U. Häde* Zum verfassungsrechtlichen Anspruch auf Erhöhung öffentlich-rechtlicher Geldleistungen, DÖV 2008, 613 (619).

136 BSGE 97, 265 (276); *Wallerath* Sicherung des Existenzminimums (Fn. 132), 165.

137 Zur Abhängigkeit der Mindestbedarfe von den jeweiligen „Gewohnheiten des Landes“: *A. Smith* Der Wohlstand der Nationen (1776), deutsche Ausgabe hrsg. v. H. C. Recktenwald, 1974, Fünftes Buch, Kapitel 2, 4. Abschnitt, 747.

138 Diesen hat der Gesetzgeber entweder selbst oder die Verwaltung aufgrund hinreichend bestimmter gesetzlicher Vorgaben realitätsgerecht zu ermitteln. Zur verfassungsrechtlichen Zulässigkeit der Festsetzung des Regelsatzes nach § 20 Abs. 2 SGB II vgl. etwa: BSGE 97, 265 (276ff.) mwN sowie die Entscheidung der 3. Kammer des 1. Senats des Bundesverfassungsgerichts (SGb 2008, 409f.), durch die eine Verfassungsbeschwerde wegen das Existenzminimum unterschreitender Gewährung von Arbeitslosengeld II mangels hinreichender Substantiierung für unzulässig erklärt wurde; kritisch zu dieser Entscheidung: *K.-J. Bieback* Entscheidungsanmerkung, SGb 2008, 410ff. – Zur realitätsgerechten Bemessung des tatsächlichen Bedarfs bei der Bestimmung der Steuerfreiheit des Existenzminimums: BVerfG NJW 2008, 1868 (1871ff.).

139 S. dazu: *Heinig* Sozialstaat (Fn. 18), 394ff.; *Rüfner* Leistungsrechte (Fn. 95), § 40 Rn. 66ff.

140 Zum Grundsatz des Forderns und Förderns im SGB II und dessen Umsetzung jüngst mwN: *W. Spellbrink* Gelingt durch die neuen Instrumente des SGB II die Integration der Langzeitarbeitslosen in den Arbeitsmarkt?, SGb 2008, 445ff.

141 Zum Ziel der Sozialstaatlichkeit, tatsächliche Autonomie herzustellen und zu sichern, allgemein: *P. Unruh* Kant – Menschenwürde – Sozialstaat, FS Starck, 2007, 133 (144ff.).

142 Zu den Inhalten und zur Bedeutung von Bedarfsgerechtigkeit im Sozialrecht *H. F. Zacher* Verfassung und Sozialrecht, FS Dürig, 1990, 67 (78ff.), dort auch zur Leistungsgerechtigkeit und zur Besitzstandsgerechtigkeit.

schalierung im Vergleich zum Sozialhilferecht des SGB XII sehr und letztlich auch zu weit getrieben.[143]

In Zusammenhang mit der Sicherung des Existenzminimums steht die Diskussion um gesetzliche Mindestlöhne, die schon aufgrund ihrer tatsächlichen Auswirkungen auf Wachstum und Beschäftigung höchst umstritten sind.[144] Doch dienen Mindestlöhne nicht nur der Existenzsicherung, wenn sie, in ihrer Höhe das Existenzminimum übersteigend,[145] eher eine angemessene Teilhabe am gesellschaftlichen Leben bezwecken[146] oder zur Vermeidung von Lohndumping selbst gegenüber Tariflöhnen eine Untergrenze festsetzen bzw. angesichts sinkender Tarifbindung das Tarifvertragssystem insgesamt stärken und schützen sollen. Staatliche Mindestlöhne, die je nach Höhe und Ausgestaltung, etwa wenn konkurrierende Tarifverträge verdrängt werden, mit dem Grundrecht der Koalitionsfreiheit[147] und überdies mit der durch Art. 12 GG geschützten Arbeitsvertragsfreiheit[148] in Konflikt geraten können, sind

---

[143] Zu dieser Problematik: *Spellbrink*, in: Eicher/Spellbrink (Fn. 134), § 20 Rn. 35ff., 44f.; *S. Knickrehm* ebd., § 5 Rn. 16ff.; s. auch BSGE 97, 242 (248ff.) zur Gewährung der Kosten, die erforderlich sind, um einem geschiedenen Elternteil den Umgang mit seinen minderjährigen Kindern zu ermöglichen.

[144] Vgl. etwa die Nachweise auf den Streitstand bei *M. Fischer* Gesetzlicher Mindestlohn, sozialrechtlich garantiertes Mindesteinkommen und Grundgesetz, ZG 2008, 32 (41); *C. Schäfer* Entwicklungsland Deutschland: Niedriglohnregulierung ohne Mindestlohn, in: *K.-J. Bieback/T. Dieterich/P. Hanau/E. Kocher/C. Schäfer*, Tarifgestützte Mindestlöhne, 2008, 9ff.; *U. van Suntum/S. Gundel* „Ein Arbeiter ist seines Lohnes wert", 2007, 10ff., sowie die Diskussion „Pro & Contra" zwischen dem Bundesminister für Arbeit und Soziales *O. Scholz* und dem Arbeitgeberpräsidenten *D. Hundt* in ZRP 2008, 167. – Begründung und Rechtfertigung eines Mindestlohnes in den Gesetzesentwürfen zum Ersten Gesetz zur Änderung des Gesetzes über die Festsetzung von Mindestarbeitsbedingungen (BR-Drucks. 541/08) sowie zum Arbeitnehmer-Entsendegesetz (BR-Drucks. 542/08).

[145] Nach *Fischer* (Gesetzlicher Mindestlohn (Fn. 144), 32ff.) würde bei einem Alleinstehenden ein Mindestlohn von 4,80 Euro umgerechnet dem Niveau der Leistungen nach dem SGB II entsprechen, gefordert wird aber zumeist ein Mindestlohn von 7,50 Euro und höher.

[146] Der Gesetzesantrag des Landes Rheinland-Pfalz auf Erlass eines Mindestlohngesetzes (BR-Drucks. 622/07) sieht nach § 1 des Entwurfs die Funktion des Mindestlohns darin, ein die Existenz sicherndes Einkommen zu gewährleisten und eine angemessene Teilhabe am gesellschaftlichen Leben zu ermöglichen.

[147] Wesentlicher Inhalt der Koalitionsfreiheit ist gerade die Festsetzung des Arbeitsentgelts durch die Tarifvertragsparteien; s. nur BVerfGE 116, 202 (219).

[148] Vgl. dazu: *Fischer* Gesetzlicher Mindestlohn (Fn. 144), 38ff.; *ders.* Gesetzlicher Mindestlohn – Verstoß gegen die Koalitionsfreiheit? ZRP 2007, 20ff.; verfassungsrechtliche Zulässigkeit dagegen bejahend bzw. entsprechende Wege aufzeigend: Entwurf eines Gesetzes über die Festlegung des Mindestlohns, BR-Drucks. 622/07; *K.-J. Bieback* Rechtliche Probleme von Mindestlöhnen, insbesondere nach dem Arbeitnehmer-

nicht durch das soziale Staatsziel, die Menschenwürdegarantie[149] oder die Berufsfreiheit[150] verfassungsrechtlich geboten, wenn der Staat das Existenzminimum anderweitig sichert, etwa durch Aufstocken der Löhne,[151] und ein auffälliges Missverhältnis von Leistung und Gegenleistung mit Hilfe straf- und zivilrechtlicher Instrumente, etwa als Lohnwucher über § 138 BGB,[152] verhindert werden kann.[153] Bevor durch flächendeckende staatliche Mindestlöhne das mitgliederbezogene Tarifvertragssystem von seinen Grundpfeilern gelöst und der Arbeitgeber zu existenzsichernden Leistungen gegenüber seinen Arbeitnehmern herangezogen wird, erscheint es angemessener, ein auffälliges Missverhältnis zwischen Arbeitsleistung und Entgelt, das es auch jenseits von

---

Entsendegesetz, RdA 2000, 207ff.; *E. Kocher* Mindestlöhne und Tarifautonomie, NZA 2007, 600ff.; zur Gesamtproblematik s. auch: *K.-J. Bieback/T. Dieterich/P. Hanau/E. Kocher/C. Schäfer* Tarifgestützte Mindestlöhne, 2008; *A. Engels* Verfassungsrechtliche Determinanten staatlicher Lohnpolitik, JZ 2008, 490ff.; *G. Peter* Gesetzlicher Mindestlohn, 1995; speziell zur Festsetzung von Mindestentgelttarifverträgen im Bereich der Briefdienstleistungen: VG Berlin, NVwZ 2008, 804ff.; *K.-J. Bieback* Die Wirkung von Mindestentgelttarifverträgen gegenüber konkurrierenden Tarifverträgen, AuR 2008, 234ff.; *J. A. Kämmerer/G. Thüsing* Tariferstreckung in der Postdienstleistungsbranche, 2007; *U. Preis/S. Greiner* Rechtsgutachten zur Allgemeinverbindlichkeitserklärung (§ 5 TVG) oder Geltungserstreckung (§ 1 Abs. 3a AEntG) eines Mindestlohn-Tarifvertrags in der Postdienstleistungsbranche, 2007.

[149] Nach *K. Kruis* Sondervotum zum Urteil zur Pflichtarbeit im Strafvollzug, BVerfGE 98, 217, wird der Mensch in seiner existentiellen Befindlichkeit in Frage gestellt, wenn er einer Ordnung ausgesetzt ist, in der für ihn der Zusammenhang zwischen abverlangter Arbeit und angemessenem (gerechtem) Lohn prinzipiell aufgehoben ist.

[150] Von einer Schutzpflicht aus Art. 12 GG im Kontext der Mindestlohnproblematik spricht *T. Dieterich* Verfassungsmäßigkeit tarifgestützter Mindestlöhne bei Zeitarbeit, in: Tarifgestützte Mindestlöhne (Fn. 144), 103 (117f.). – Allgemein zur Frage grundrechtlicher Schutzpflichten im Hinblick auf privatrechtliche Verträge mwN: *Isensee* Vertragsfreiheit (Fn. 106), 497f., 500ff.

[151] Zur Regelung in § 30 SGB II, die dem Grundsatz Rechnung tragen soll, dass der Erwerbstätige mehr Geld zur Verfügung haben soll als derjenige, der trotz Erwerbsfähigkeit nicht arbeitet: *C. Mecke*, in: Eicher/Spellbrink (Fn. 134), § 30 Rn. 4ff.; *Spellbrink* Integration der Langzeitarbeitslosen (Fn. 140), 451.

[152] Zum Lohnwucher und dessen Behandlung nach § 138 BGB: *K. Bepler* Problematische Arbeitsverhältnisse und Mindestlohn, FS Richardi, 2007, 189 (191ff.); *M. Henssler/U. Sittard* Flexibler Mindestlohn durch Konkretisierung des Sittenwidrigkeitstatbestands, RdA 2007, 159ff.; *H. Heinrichs*, in: Palandt BGB, 67. Aufl. 2008, § 138 BGB Rn. 79; zur strafrechtlichen Sanktionierung nach § 291 StGB: *H. Tröndle/T. Fischer* Strafgesetzbuch, 55. Aufl. 2008, § 291 StGB Rn. 7.

[153] Eine andere Frage ist es, ob und inwieweit niedrige Löhne Frauen gegenüber Männern im Niedriglohnsektor benachteiligen und sich als Verstoß gegen Art. 3 Abs. 2 S. 2 GG erweisen. Zu diesem Problemkreis: *Bieback* Probleme von Mindestlöhnen (Fn. 148), 209; *Peter* Gesetzlicher Mindestlohn (Fn. 148), 278ff.

Hungerlöhnen geben kann, individualarbeitsrechtlich – ggf. durch eine entsprechende gesetzliche Konkretisierung des Lohnwuchers – zu sanktionieren und die Existenzsicherung über staatliche Zuschüsse zu gewährleisten.[154] Der Staat gerät in verfassungsrechtliche Schwierigkeiten, wenn er flächendeckend marktwirtschaftlich vereinbarte Entgelte korrigieren und den „wahren Wert" einer Arbeitsleistung festsetzen will. Dies gilt auch dann, wenn er hohe Managergehälter – warum dann nicht auch die Gehälter von Fußballspielern? – deckeln will.

*b) Soziale Vorsorge*

Soziale Sicherheit wird für weite Teile der Bevölkerung durch die Sozialversicherung verwirklicht.[155] Aufgrund zahlreicher Leistungseinschränkungen tendiert die Sozialversicherung in einzelnen Zweigen allerdings immer stärker zu einer Art Grund- und Mindestsicherung, wenn etwa Leistungen in der gesetzlichen Krankenversicherung auf das medizinisch Notwendige und Wirtschaftliche begrenzt sind und es einer Zulassung durch den Gemeinsamen Bundesausschuss bedarf. Selbst wenn das Bundesverfassungsgericht zu Recht betont, dass die Sozialversicherung im Grundsatz darauf ziele, einen über dem Sozialhilfeniveau liegenden Lebensstandard zu sichern,[156] lässt sich in der Kranken- oder Pflegeversicherung ein höheres Leistungsniveau in der Regelversorgung kaum noch feststellen.[157]

Allerdings ist auch eine gegenläufige Entwicklung hin zu mehr Ausdifferenzierung und damit Ungleichheit zu beobachten. In der gesetzlichen Krankenversicherung wurden etwa durch das GKV-Wettbewerbsstärkungsgesetz 2007 in verfassungs- und europarechtlich bedenklicher

---

[154] Vgl. dazu *Henssler/Sittard* Flexibler Mindestlohn (Fn. 152), 163ff., die auf einen Vorschlag für eine gesetzliche Regelung hinweisen, nach dem bei einem auffälligen Wertmissverhältnis zwischen der Arbeitsleistung und dem vereinbarten Entgelt unter Berücksichtigung der sonstigen Vertragsbedingungen die Entgeltvereinbarung unwirksam sein soll. Ein auffälliges Wertmissverhältnis ist danach im Zweifel dann anzunehmen, wenn die Vergütung nicht mindestens zwei Drittel des am (regelmäßigen) Arbeitsort für die Arbeitsleistung üblichen Entgelts erreicht.

[155] Nach BVerfGE 113, 167 (215) ist das Sozialversicherungsrecht eines der wichtigsten Instrumente staatlicher Sozialpolitik und gerade der Schutz in Fällen von Krankheit eine der Grundaufgaben des Staates.

[156] BVerfG NJW 2008, 1868 (1872); zu dieser Entscheidung vgl. *U. Wenner* Beiträge zur Kranken- und Pflegeversicherung müssen besser von der Steuer absetzbar sein, SozSich 2008, 149ff.

[157] *V. Neumann* Das medizinische Existenzminimum, NZS 2006, 393 (394ff.) – Unterschiedliche Leistungen sind etwa beim Krankengeld vorgesehen.

Weise[158] Wahlleistungen ermöglicht. In der Rentenversicherung setzt sich die Ungleichheit des Arbeitseinkommens traditionell in den Leistungen – obwohl auch hier Einebnungstendenzen erkennbar sind – aufgrund der zu den Konstitutionsprinzipien der Rentenversicherung gehörenden Äquivalenz fort: Wer viel und lange eingezahlt hat, soll höhere Leistungen erhalten.[159] Der den Ansprüchen und Anwartschaften gerade in der Rentenversicherung zukommende, durch die Gebote der Folgerichtigkeit und Konsequenz[160] verstärkte Eigentumsschutz[161] fordert grundsätzlich eine leistungsgerechte Differenzierung bei gleichzeitiger Absage an eine Bedarfsnivellierung[162]. Selbst wenn eine allgemeine Absenkung der Renten, sei es durch eine veränderte Rentenformel oder verlängerte Lebensarbeitszeiten, verfassungsrechtlich möglich ist und sich das Bundesverfassungsgericht bislang überhaupt zurückhaltend gezeigt hat, dem Reformgesetzgeber strenge Grenzen zu ziehen,[163] schützen die Grundrechte des Versicherten vor einer mit dem Gedanken sozialer Gleichheit begründeten Einebnung des Rentenniveaus und der Einführung einer pauschalen Einheitsrente.[164] Es wäre verfassungswid-

---

[158] § 53 SGB V. Verfassungs- und europarechtliche Kritik etwa bei: *J. Isensee* Wahltarif „Krankenhauskomfort“, NZS 2007, 449ff.; *P. M. Huber/S. Storr* Die Wahltarife im SGB V, 2008.

[159] *P. Kirchhof* Gerechtigkeit im sozialen Rechtsstaat, Zur Debatte 2000, 1 (5).

[160] S. dazu, jeweils mwN: *Axer* Kontinuität durch Konsequenz (Fn. 127), 972ff.; *Papier* Grundrechte und Sozialordnung (Fn. 100), § 30 Rn. 59ff.

[161] Zum Eigentumsschutz sozialversicherungsrechtlicher Anwartschaften und Ansprüche: *E. Gurlit* Die Reform der Rentenversicherung im Lichte der Eigentumsgarantie des Artikels 14 Grundgesetz, VSSR 2005, 45 (52ff.); *A. Lenze* Staatsbürgerversicherung und Verfassung, 2005, 41ff.; *Muckel* Sozialrecht (Fn. 121), § 6 Rn. 12ff.; *V. Neumann* Der Grundrechtsschutz von Sozialleistungen in Zeiten der Finanznot, NZS 1998, 401ff.; *P. Sonnevend* Eigentumsschutz und Sozialversicherung, 2008; *H.-J. Papier* Der Einfluss des Verfassungsrechts auf das Sozialrecht, in: Sozialrechtshandbuch (Fn. 112), § 3 Rn. 41ff.; Kritik an der verfassungsgerichtlichen Rechtsprechung zum Eigentumsschutz etwa bei: *O. Depenheuer* Wie sicher ist verfassungsrechtlich die Rente?, AöR 120 (1995), 417ff.

[162] *Isensee* Sozialstaat in der Wirtschaftskrise (Fn. 50), 380.

[163] S. dazu: *R. Pitschas* Verfassungsvoraussetzungen für die Entstaatlichung der gesetzlichen Rentenversicherung in Deutschland, FS Ruland, 2007, 99 (114ff.).

[164] Vgl. *Papier* Zukunft des Sozialstaates (Fn. 51), 5, wonach dauerhafte „Null-Renditen“ oder gar Minuswerte, dergestalt, dass die Rentenzahlungen bei weitem nicht mehr ausreichen, um das vom betroffenen Beitragszahler „investierte Kapital“ zu verbrauchen, die Frage aufwerfen könnten, ob nicht die Grenze der verfassungsrechtlich unzulässigen, evidenten Disproportionalität von Leistung und Gegenleistung irgendwann erreicht bzw. überschritten wird. Skeptischer dagegen *Pitschas* Entstaatlichung der Rentenversicherung (Fn. 163), S. 114ff., der allerdings aus dem berufsgrundrechtlichen Schutz gesetzlicher Rentenansprüche ein Absinken des Renteneinkommens unter den Sozialhilfesatz als unzulässig ansieht.

rig, wenn der Gesetzgeber die durch Zwangsbeiträge entstandenen Anwartschaften einheitlich etwa auf Sozialhilfeniveau absenken würde[165] oder bedarfsabhängig[166] zuteilte.

Unterschiedliche Leistungen kennzeichnen auch die Arbeitslosenversicherung aufgrund der Funktion des Arbeitslosengeldes als kurzfristige, am jeweiligen Arbeitsentgelt pauschaliert orientierte Entgeltersatzleistung.[167] Als Risikoversicherung konzipiert, die allerdings das individuelle Arbeitsplatzrisiko bei der Beitragsbemessung gerade nicht berücksichtigt,[168] verlangt sie in ihrer jetzigen Form von Verfassungs wegen jedoch nicht, dass ein über Jahrzehnte einzahlender älterer Versicherter auch länger zum Arbeitslosengeldbezug berechtigt sein muss,[169] gleichsam, als ob die Arbeitslosenversicherung eine Art Sparvertrag sei und das Risiko sich mindestens einmal verwirklicht haben müsse, damit sich die Beiträge rentierten.[170]

Soziale Ungleichheit entsteht auch aufgrund unterschiedlicher Vorsorgebiographien, weil der Sozialversicherung kein Vorsorgemonopol zukommt. So kann sich die Alterssicherung aus Leistungen berufsständischer Versorgungswerke[171], aus der Beamtenversorgung, aus Betriebsrenten oder aus privater Vorsorge speisen und damit eine erhebliche Rang- und Statusvariierung bewirken.[172] Die gesetzliche Krankenversi-

---

[165] Vgl. dazu *U. Wenner* Rentenniveau und Grundgesetz, FS 50 Jahre BSG, 2004, 625ff.

[166] Vgl. BVerfGE 100, 138 (182). Danach muss in der gesetzlichen Rentenversicherung jedenfalls ein Leistungsrest erhalten bleiben, der den Zweck einer bedürftigkeitsunabhängigen Sicherung nach einem vollen Versicherungsleben erfüllt.

[167] Dazu: BVerfGE 102, 127 (143ff.); *F. Hase* Versicherungsprinzip und sozialer Ausgleich, 2000, 124ff. – Zu den Voraussetzungen und zur Berechnung des Arbeitslosengeldes nach den §§ 129ff. SGB III vgl. statt Vieler: *K.-J. Bieback* Arbeitsförderung, in: Sozialrechtshandbuch (Fn. 112), § 21 Rn. 54ff. mwN.

[168] BVerfGE 51, 115 (124f.).

[169] Zu den unterschiedlichen Regelungen im Hinblick auf die Bezugsdauer: *P. Coseriu/H. C. Jakob*, in: B. Mutschler/R. Bartz/R. Schmidt-De Caluwe (Hrsg.) Sozialgesetzbuch III, 3. Aufl. 2008, § 127 SGB III Rn. 2ff., 33ff.

[170] Vgl.: *E. Eichenhofer* Sozialreformen zwischen Vision und Wirklichkeit, NZS 2007, 57 (58 f); *Heinig* Sozialstaat (Fn. 18), 567 mit Fn. 80. – Verfassungsrechtliche Bedenken gegen die Kürzung der Leistungsbezugsdauer im Rahmen der Hartz III und Hartz IV-Reformen: *W. Spellbrink* Ist die Beitragspflicht in der gesetzlichen Arbeitslosenversicherung verfassungsrechtlich noch zu rechtfertigen? JZ 2004, 538ff.; s. auch *U. R. Mayer* Geplante Verkürzung ist verfassungsrechtlich bedenklich, SozSich 2003, 239ff.

[171] Zu diesen *W. Boecken* Berufsständische Versorgungswerke, in: Sozialrechtshandbuch (Fn. 112), § 22 Rn. 1ff.

[172] Vgl. *Eichenhofer* Sozialreformen (Fn. 170), NZS 2007, 58, 60; zur Bedeutung staatlich geförderter privater Altersvorsorge und den damit zusammenhängenden verfassungsrechtlichen Fragen: *Pitschas* Entstaatlichung der Rentenversicherung (Fn. 163), 119.

cherung umfasst trotz Einführung einer allgemeinen Versicherungspflicht durch das GKV-Wettbewerbsstärkungsgesetz bislang noch nicht alle Bevölkerungsschichten, so dass das Krankheitsrisiko auch privat und über die Beamtenbeihilfe abgesichert wird. Selbst wenn die private Krankenversicherung mit dem Basistarif[173] und die Beamtenbeihilfe durch wirkungsgleiche Übertragung sozialversicherungsrechtlicher Reformen[174] in Struktur und Inhalt der gesetzlichen Krankenversicherung immer stärker angeglichen werden und sich zudem vehement Forderungen nach einer allumfassenden, letztlich auf verfassungsrechtliche Widerstände stoßenden, staatlich organisierten und durchgeführten Bürgerversicherung[175] erheben, unterscheiden sich die Leistungen der verschiedenen Vorsorgesysteme nach wie vor.

Gesetzliche Versuche, die Unterschiede zu beseitigen, müssen sich vor den das private Vermögen und die private Dispositionsfreiheit schützenden Grundrechten rechtfertigen lassen und mit der Garantie der hergebrachten Grundsätze des Berufsbeamtentums in Art. 33 Abs. 5 GG vereinbar sein. Eine auf den Gedanken sozialer Gleichheit gestützte Abschaffung der unterschiedlichen Systeme zugunsten einer staatlichen Einheitszwangsversicherung wäre angesichts des langen Zeitraums, in denen Anwartschaften entstehen, aus denen sich dann zum Teil jahrzehntelange Ansprüche ergeben, – wenn überhaupt[176] – nur mit langen Übergangsfristen verfassungsrechtlich möglich.[177]

---

[173] S. dazu: *P. Axer* Einbeziehung der PKV in die GKV, GesR 2008, 482ff.; *R. Pitschas* Sozialrechtliche Regulierung des privatrechtlichen Versicherungswesens, FS Stober, 2008, 295ff.; *H. Sodan* Verpflichtende Basistarife in der privaten Krankenversicherung als Verfassungsproblem, FS Isensee, 2007, 983ff.; *ders.* Private Krankenversicherung und Gesundheitsreform 2007, 2. Aufl. 2007, 74ff.; *A. Wallrabenstein/K. Bourcarde* Verfassungsrechtliche Fragen an die Reform der PKV, MedR 2008, 415ff.

[174] Dazu: *P. Axer* Beihilfe unter dem Regime der Sozialversicherung, DVBl. 1997, 698ff.

[175] Verfassungsrechtliche Kritik etwa bei: *P. Axer* Verfassungsrechtliche Fragen einer Bürgerversicherung, GS Heinze, 2005, 1ff.; *F. Kirchhof* Verfassungsrechtliche Probleme einer umfassenden Kranken- und Renten-„Bürgerversicherung", NZS 2004, 1ff.; *J. Isensee* „Bürgerversicherung" im Koordinatenkreuz der Verfassung, NZS 2004, 393ff.; dagegen ihre Zulässigkeit grundsätzlich bejahend etwa: *K.-J. Bieback* Sozial- und verfassungsrechtliche Aspekte der Bürgerversicherung, 2005.

[176] *Isensee* Sozialstaat in der Wirtschaftskrise (Fn. 50), 382f. Nicht ausgeschlossen ist es allerdings, zusätzliche private Sicherungssysteme zu errichten und diese bei der Festlegung von Inhalt und Umfang staatlicher Sicherungssysteme zu berücksichtigen, wie für die Rente geschehen; vgl. dazu *Pitschas* Entstaatlichung der Rentenversicherung (Fn. 163), 109ff.

[177] Zu den Grundsätzen und Inhalten sozialrechtlichen Übergangsrechts: *J. Joussen* Grundsätze sozialrechtlichen Übergangsrechts, SDSRV 55 (2007), 59ff.; s. auch: *R. Giesen* Vergangenheitsbezug sozialrechtlicher Normen, ebd., 33ff. – Unabhängig von

Ist die Forderung nach sozialer Gleichheit regelmäßig mit dem Wunsch nach sozialpolitischer Aktivität des Gesetzgebers verbunden, so zielt sie gerade auf dem Feld der sozialen Sicherheit auch auf Stetigkeit, Verlässlichkeit und Berechenbarkeit. Selbst wenn keine verfassungsrechtliche Systemgarantie für die jeweilige Organisation und Durchführung sozialer Leistungen existiert,[178] streiten die Grundrechte sowie das Rechtsstaats- und das Sozialstaatsprinzip gegen einen abrupten und grundlegenden Systemwechsel,[179] so dass die Einführung eines bedingungslosen Grundeinkommens oder eines solidarischen Bürgergeldes auch schon deshalb auf erhebliche rechtliche Schwierigkeiten stieße.[180] Soziale Sicherheit braucht Kontinuität wie soziale Gleichheit nach einem schlüssigen und transparenten Konzept sozialer Sicherheit, nach Beständigkeit, auch unter Wahrung von Besitzstandsgerechtigkeit,[181] verlangt.[182] Doch zerstört gerade die augenblickliche Praxis mit ihren punktuellen, situationsbedingten und oftmals abrupten Änderungen[183] oder mit systembrechenden Vorschlägen diese Voraussetzungen. Die Pluralität und Komplexität sozialrechtlicher Leistungen, die unterschiedlichen Zuständigkeiten im Sozialen und das Gewirr von

---

den rechtlichen Schwierigkeiten stellt sich die Frage, ob eine auf Grundsicherung beschränkte Zwangsversicherung überhaupt mehr soziale Gleichheit bewirken würde, denn weitergehende Leistungen könnten und müssten durch private Zusatzversicherungen abgesichert werden, was angesichts unterschiedlicher finanzieller Möglichkeiten dazu wiederum zu sozialer Ungleichheit führen würde. S. dazu *S. Huster* Soziale Sicherung als Zukunftsbewältigung und -gestaltung, SDSRV 55 (2007), 15 (24ff.); zu den Problemen der Privatisierung von Sicherheit unter dem Gesichtspunkt der Gleichheit: *Pitschas* Frei – sozial – auch sicher? (Fn. 15), 288ff.

[178] So das Bundesverfassungsgericht in ständiger Rechtsprechung, vgl. nur: BVerfGE 113, 167 (219, 223).

[179] Dazu: *P. Axer* Kontinuität durch Konsequenz (Fn. 127), 965ff.; *Pitschas* Gesundheitsreform 2007 (Fn. 113), 68ff.; zum rechts- und sozialstaatlichen Vertrauensschutz: *Gröschner*, in: Dreier (Fn. 21), Art. 20 (Sozialstaat) Rn. 44.

[180] Zur Idee eines bedingungslosen Grundeinkommens oder solidarischen Bürgergeldes: *D. Althaus* Solidarisches Bürgergeld stärkt soziale Marktwirtschaft, KV 2008, 36ff.; *M. Borchard* (Hrsg.) Das solidarische Bürgergeld – Analysen einer Reformidee, 2007; *E. Eichenhofer* Sozialversicherung und Grundeinkommen, APuZ 2007, Heft 51–52, 19ff.; *I. Hobenleitner/T. Straubhaar* Grundeinkommen und soziale Marktwirtschaft, ebd., 11ff.

[181] Zur Bedeutung der Besitzstandsgerechtigkeit im Sozialstaat: *Zacher* Verfassung und Sozialrecht (Fn. 142), 84.

[182] Allgemein zur Bedeutung des Vertrauens in die Gewährleistung sozialer Sicherheit: *Pitschas* Entstaatlichung der Rentenversicherung (Fn. 163), 116ff.

[183] Beispiele intransparenter Gesetzgebung bei *S. Wolf* Kuriositäten in der sozialversicherungsrechtlichen Gesetzgebung, SGb 2008, 516ff.

Ansprüchen in einem diffusen Geflecht von Besitzstands-, Bedarfs- und Leistungsgerechtigkeit überfordern die Betroffenen und erzeugen Unübersichtlichkeit, letztlich damit auch Ungleichheit.

### 4. *Soziale Gleichheit durch sozialen Ausgleich*

Soziale Gleichheit fordert neben sozialer Sicherheit einen sozialen Ausgleich, der in den Systemen sozialer Sicherheit selbst stattfindet, etwa im Wege der Umverteilung aufgrund nicht risiko-, sondern einkommensbezogener Krankenversicherungsbeiträge, durch einen trägerübergreifenden Risikostrukturausgleich[184] oder die Möglichkeit der Familienversicherung.[185] Der sozialstaatliche Handlungs- und Gestaltungsauftrag zum sozialen Ausgleich verpflichtet nach Ansicht des Bundesverfassungsgerichts den Gesetzgeber, für einen Ausgleich sozialer Gegensätze und für eine gerechte Sozialordnung zu sorgen.[186] Die verfassungsgerichtliche Verbindung des Ziels einer gerechten Sozialordnung[187] mit dem Gedanken des sozialen Ausgleichs[188] verdeutlicht, dass sich auch verfassungsrechtlich soziale Gerechtigkeit[189] wesentlich auf den Abbau sozialer Ungleichheit bezieht[190] und die Herstellung sozialer Gleichheit fordert.

Grundsätzlich erfolgt der soziale Ausgleich auf zwei Wegen: Zum einen durch eine entsprechende Abgabenerhebung, etwa durch einen

---

[184] Zum Risikostrukturausgleich in der gesetzlichen Krankenversicherung, jeweils mwN: BVerfGE 113, 167ff.; *P. Axer* Gesundheitswesen, HStR IV, 3. Aufl. 2006, § 95 Rn 15.

[185] Zu Inhalt und Bedeutung des sozialen Ausgleichs jeweils mwN: BVerfGE 113, 167 (216ff.); *H. Butzer* Fremdlasten in der Sozialversicherung, 2001, 219ff.; *Hase* Versicherungsprinzip und sozialer Ausgleich (Fn. 167), 254ff.; *J. Isensee* Umverteilung durch Sozialversicherungsbeiträge, 1973, 13ff.

[186] BVerfGE 5, 85 (198); 22, 180 (204); 35, 202 (235f.); 59, 231 (263); 69, 272 (314).

[187] Kritik an der Verwendung des Begriffs „gerechte Sozialordnung" bei *G. Roellecke*, in: Umbach/Clemens (Fn. 117), Art. 20 Rn. 186.

[188] Zu dieser Verbindung *Gröschner*, in: Dreier (Fn. 21), Art. 20 (Sozialstaat) Rn. 52.

[189] Nach *Zacher* Staatsziel (Fn. 21), § 28 Rn. 111, ist soziale Gerechtigkeit ein Ziel und eine Erfahrung, aber keine anwendbare Rechtsnorm. So wesentlich soziale Gerechtigkeit als letzter Grund des sozialen Rechtsstaats sei, so wenig sei sie ein verfassungsrechtlicher Tatbestand. – Zu den Problemen und Schwierigkeiten, mit Hilfe des Begriffs „soziale Gerechtigkeit" den materiellen Gehalt des Sozialstaatsprinzips zu bestimmen: *Sommermann*, in: v. Mangoldt/Klein/Starck (Fn. 63), Art. 20 Rn. 104.

[190] *Zacher* Staatsziel (Fn. 21), § 28 Rn. 53, weist zutreffend darauf hin, dass der gemeinsame Nenner der sozialen Bewegung primär auf Verbesserung der Lebensverhältnisse der „unteren Schichten" gerichtet war, nicht dagegen auf Verschlechterung der Lebensverhältnisse der „oberen Schichten".

progressiven Einkommensteuertarif,[191] wobei die progressive Ausgestaltung weder sozialstaatlich noch sonst verfassungsrechtlich zwingend ist,[192] zum anderen durch die Gewährung von Leistungen. Beide Wege des sozialen Ausgleichs sind nicht beliebig begehbar und austauschbar, denn staatliches Nehmen und Geben sind schon als Eingriff und Leistungsgewährung in Voraussetzungen und Wirkung nicht gleichwertig. So kommt etwa im Hinblick auf das Familienexistenzminimum der Steuerverschonung Vorrang zu gegenüber sozialrechtlichen Leistungen,[193] denn eine freiheitliche Rechtsordnung verlangt, zum Schutz des Familienexistenzminimums schon auf den Steuereingriff zu verzichten, anstatt zuerst abzuschöpfen, um dann umzuverteilen und wieder zuzuteilen. Zu Recht hat das Bundesverfassungsgericht jüngst auf einen Grundgedanken der Subsidiarität hingewiesen, dass nämlich der Eigenversorgung Vorrang vor staatlicher Fürsorge zukomme.[194]

### 5. *Soziale Gleichheit als Chancengleichheit*

Dem freiheitlichen Sozialstaat[195] des Grundgesetzes entspricht es, soziale Gleichheit durch Herstellung von Chancengleichheit[196] im Sinne der Ermöglichung gleicher Startbedingungen und gleicher Entwicklungschancen aller zur Teilhabe am wirtschaftlichen und gesellschaftlichen Leben zu verwirklichen. Würden dagegen soziale Ungleichheiten durch permanente Leistungen und Zuteilungen zum Zwecke gleicher

---

[191] Kritik an der derzeitigen Ausgestaltung des progressiven Einkommensteuertarifs mwN: *Kirchhof* Steuern (Fn. 34) § 118 Rn. 271 ff.; allgemein zu Grund und Grenzen der Steuerprogression *Lammers* Steuerprogression (Fn. 34), 22 ff.

[192] BVerfGE 115, 97 (117); anders noch BVerfGE 8, 51 (68 f.). – S. dazu: *Waldhoff* Grundzüge des Finanzrechts (Fn. 34), § 116 Rn. 108.

[193] Vgl. *P. Axer* Die Familie zwischen Privatrecht, Sozialrecht und Steuerrecht, in: R. Mellinghoff (Hrsg.) Steuern im Sozialstaat, 2006, 175 (187 f.).

[194] BVerfG, NJW 2008, 1868 (1872).

[195] Zum Begriff: *Herzog*, in: Maunz/Dürig (Fn. 20), Art. 20 VIII Rn. 34 ff.; *Gröschner*, in: Dreier (Fn. 21), Art. 20 (Sozialstaat) Rn. 1; *Kingreen* Sozialstaatsprinzip (Fn. 22), 121 ff.; *Zacher* Staatsziel (Fn. 21), § 28 Rn. 25 ff.

[196] Zum Begriff: *Engels* Chancengleichheit und Bundesstaatsprinzip (Fn. 62), 20 ff.; aus schweizerischer Sicht: *Müller* Soziale Grundrechte (Fn. 95), 223 ff.; *B. Weber-Dürler* Chancengleichheit und Rechtsgleichheit, FS Häfelin, 1989, 205 ff.; *dies.* Gleichheit, in: Handbuch der Grundrechte, Bd. VII/2 (Fn. 118), § 210 Rn. 49. – Kritisch zum Begriff im Rahmen des Gleichbehandlungsgrundsatzes: *Herzog*, in: Maunz/Dürig (Fn. 20), Art. 20 VIII Rn. 37 ff.; *C. Starck*, in: H. v. Mangoldt/F. Klein/C. Starck (Hrsg.) Grundgesetz, Bd. 1, 5. Aufl. 2005, Art. 3 Rn. 33; zu Inhalt und Bedeutung von Chancengleichheit im Prüfungsrecht, Parteienrecht, Prozessrecht und im Wirtschaftsrecht: *Engels* Chancengleichheit und Bundesstaatsprinzip (Fn. 62), 28 ff.

Erfolgsverwirklichung ausgeglichen, führte die damit bewirkte Ergebnisgleichheit zu einer egalitären Gesellschaft, welche die individuelle und eigenverantwortliche Lebensgestaltung einebnete, damit Freiheit in ihr Gegenteil verkehrte.[197] Dagegen wird durch die Gewährung von Chancengleichheit im Sinne gleicher Startbedingungen Freiheit vermittelt.[198] Im Prinzip der Chancengleichheit verbinden sich Freiheit, Eigenverantwortung und Sozialstaatlichkeit, denn es geht von der freien Entfaltung der Bürger aus und akzeptiert Unterschiede im Erfolg, erkennt aber auch an, dass Unterschiede im Erfolg nicht nur auf Unterschieden in Leistung und Einsatzbereitschaft, sondern auch aus unterschiedlichen Ausgangsbedingungen resultieren können.[199] Chancengleichheit verlangt zum einen nach Sicherstellung der rechtlichen Gleichheit der Chancen, damit nach Rechtsgleichheit, zum anderen nach Schaffung tatsächlicher Chancengleichheit als Voraussetzung individueller und gleicher Freiheitsausübung und ist damit weniger Forderung des Gleichheitssatzes als des sozialen Staatsziels und der Freiheitsrechte.[200] Sozialstaatlich und freiheitsrechtlich gefordert sind gleiche reale Chancen zur freien Entfaltung der Persönlichkeit, etwa durch Bildungsförderung[201], aber auch durch Präventionsmaßnahmen „zur Verminderung sozial bedingter Ungleichheit von Gesundheitschancen“[202] als einen „Beitrag zu mehr Chancengleichheit bei der Gesundheit“[203].

---

[197] Vgl. *Starck*, in: v. Mangoldt/Klein/Starck (Fn. 196), Art. 3 Rn. 4, 35; s. auch: *Di Fabio* Soziale Gerechtigkeit (Fn. 15), 56f.; *W. Schmitt Glaeser* Der freiheitliche Staat des Grundgesetzes, 2008, 228; *F. Schoch* Der Gleichheitssatz, DVBl. 1988, 863 (880); *K. Stern* Das Staatsrecht der Bundesrepublik Deutschland, Bd. I, 2. Aufl. 1984, 930.

[198] *H. Maurer* Staatsrecht I, 5. Aufl. 2007, § 6 Rn. 78.

[199] *Papier* Zukunft des Sozialstaates (Fn. 51), 7.

[200] Zu den verfassungsrechtlichen Grundlagen: *Boysen* Gleichheit im Bundesstaat (Fn. 62), 175ff.; *Engels* Chancengleichheit und Bundesstaatsprinzip (Fn. 62), 26ff.; *Starck*, in: v. Mangoldt/Klein/Starck (Fn. 196), Art. 3 Rn. 33; s. auch: *Gröschner*, in: Dreier (Fn. 21), Art. 20 (Sozialstaat) Rn. 40, zur Chancengleichheit als einem Aspekt sozialstaatlicher Gleichheit.

[201] Zur Bedeutung der Bildungsgleichheit als Voraussetzung für die Wahrnehmung der staatsbürgerlichen Rechte und der Freiheitsrechte: *Kirchhof* Gleichheitssatz (Fn. 76), § 124 Rn. 114ff. – Zur Bedeutung der Kindergartenerziehung: BVerfGE 97, 332 (347f.); zur Ausbildungsförderung als Maßnahme zur Herstellung von Chancengleichheit: *I. Richter* Ausbildungsförderung, in: Sozialrechtshandbuch (Fn. 112), § 21 Rn. 2f., 63ff.

[202] § 20 Abs. 1 S. 2 SGB V; zur Bedeutung der sozialen Gesundheitsfaktoren für den Gesundheitszustand: *S. Huster* Gesundheitsgerechtigkeit: Public Health im Sozialstaat, JZ 2008, 859ff.

[203] BT-Drucks. 14/1977, 160.

Doch selbst wenn die Verfassung – in den Worten *Günther Dürigs* – „den Sockel der Ausgangschancen" nach oben anzuheben hat[204] oder – wie es im Zweckartikel der Schweizerischen Bundesverfassung heißt[205] – die Eidgenossenschaft „für eine möglichst grosse Chancengleichheit" zu sorgen hat, vermag der Staat gleiche Ausgangsbedingungen nicht allumfassend herzustellen, weil zu viele unterschiedliche Faktoren, die in einer freien Gesellschaft dem staatlichen Einfluss entzogen und Teil der Persönlichkeit sind,[206] auf diese einwirken; Glück lässt sich nicht als Sozialleistung organisieren.[207] Absolute, vollumfängliche Gleichheit in den Ausgangsbedingungen würde im Ergebnis wiederum zu strikter Egalität führen, die die liberale Verfassungssubstanz des freiheitlichen Sozialstaats und damit das Differenzierungspotential der Gesellschaft vernichten würde.[208]

Stößt die umfassende Herstellung von Chancengleichheit auf praktische wie verfassungsrechtliche Grenzen, so fordert der freiheitliche Sozialstaat allerdings, Chancengleichheit zumindest in dem Maße zu verwirklichen, dass die soziale Durchlässigkeit in der Gesellschaft gewährleistet und ein sozialer Aufstieg möglich ist.[209] In der Aufstiegsfrage kommt gerade auch die Integration und Kohäsion des Sozialen zum Ausdruck.[210] Ein Aufstieg ist allerdings nur dann möglich, wenn die Gesellschaft nach oben hin offen ist, so dass es nicht Sinn und Zweck sozialer Gleichheit sein kann, durch Deckelung und Nivellierung der Lebensverhältnisse nach unten, „Bewegung" nach oben und Dynamik, die gerade wesentliche Elemente freiheitlicher Gesellschaften sind[211], zu un-

[204] Maunz/Dürig (Fn. 20), Art. 3 Abs. 1 Rn. 113, 140.

[205] Art. 2 Abs. 3 BV. – Zu dieser Vorschrift: *B. Ehrenzeller*, in: Die schweizerische Bundesverfassung (Fn. 118), Art. 2 Rn. 1ff. Danach sind dem Zweckartikel weder Handlungskompetenzen oder Gesetzgebungsaufträge noch verfassungsmäßige Rechte zu entnehmen, doch ist die Zweckbestimmung als rechtlich verbindliche Handlungsrichtlinie zu beachten; sie dient auf jeden Fall als Auslegungshilfe und ist bei der Konkretisierung offener Verfassungsnormen in Rechtsetzung und Rechtsanwendung heranzuziehen (ebd., Rn. 11).

[206] *Starck*, in: v. Mangoldt/Klein/Starck (Fn. 196), Art. 3 Rn. 33.

[207] Vgl. Bundespräsident *Köhler* Zur Freiheit gehört Ungleichheit (Fn. 84), 3.

[208] *Rüfner*, in: Bonner Kommentar (Fn. 54), Art. 3 Abs. 1 Rn. 58; vgl. dazu auch: *Gröschner*, in: Dreier (Fn. 21), Art. 20 (Sozialstaat) Rn. 40; *R. Stettner* Der Gleichheitssatz, BayVBl. 1988, 545 (552). – Deutlich auf die Gefahr einer extensiv verwirklichten Chancengleichheit hinweisend: *W. Leisner* Chancengleichheit als Form der Nivellierung, FS Klecatsky, 1. Teilbd., 1980, 535ff.

[209] Vgl. *Rüfner*, in: Bonner Kommentar (Fn. 54), Art. 3 Abs. 1 Rn. 63, der insoweit von einer Pflicht des demokratischen Sozialstaats spricht.

[210] *Vogel* Prekarität und Prekariat (Fn. 29), 18.

[211] Zur „Bewegung" als wesentliches Element freiheitlicher Gesellschaften *Pitschas* Frei – sozial – auch sicher? (Fn. 15), 297.

terbinden. Soziale Ungleichheiten sind insoweit auch notwendig und förderlich, wenn und solange sie noch eine dynamische Kraft besitzen, von ihr motivierende Impulse ausgehen, sie durch eigenes Engagement überwunden werden können und schöpferische Kräfte freisetzen. Allerdings scheint hierin zur Zeit gerade ein großes Problem zu liegen, wenn nicht einmal die Hälfte der Bevölkerung glaubt, dass sich Leistung lohne und mit sozialem Aufstieg belohnt werde, sich stattdessen Statusfatalismus breit macht[212] und sich die Zone sozialer Verwundbarkeit angesichts zunehmender Prekarisierung ausweitet.[213]

### 6. *Soziale Gleichheit und Rechtsgleichheit*

Jenseits spezieller grundgesetzlicher Vorschriften, etwa der Gleichstellung nichtehelicher Kinder[214] oder der besonderen Gleichheitssätze[215], die vor Benachteiligung aufgrund bestimmter, oftmals gerade auch soziale Ungleichheit begründender Eigenschaften schützen und zudem – wie insbesondere das Verbot der Benachteiligung Behinderter zeigt[216] – auch konkrete Impulse und Aufträge zur Kompensation sozialer Nachteile geben können,[217] lassen sich gesetzliche Maßnahmen zur Herstellung sozialer Gleichheit vor dem allgemeinen Gleichheitssatz aus dem sozialen Staatsziel rechtfertigen. Obwohl auf Rechtsgleichheit zielend, kann und darf der allgemeine Gleichheitssatz soziale Ungleichheit nicht unberücksichtigt lassen,[218] sondern muss diese aufnehmen und

---

212 S. dazu *Heuser* Ungleichheit ist nicht immer schlecht (Fn. 13), 23. – Nach Auffassung von *H. Krüger* (Allgemeine Staatslehre, 2. Aufl. 1966, 811) kann ein Staat, in dem es nicht möglich ist durch echte Leistung aufzusteigen, in einer Zeit, in der Aufstieg ein soziales Ideal ist, nicht mehr bestehen.

213 *Vogel* Staatsbedürftigkeit der Gesellschaft (Fn. 11), 78ff.

214 Art. 6 Abs. 5 GG. – S. dazu: *P. Badura*, in: Maunz/Dürig (Fn. 20), Art. 6 Rn. 175ff.; *G. Robbers*, in: v. Mangoldt/Klein/Starck (Fn. 196), Art. 6 Rn. 305ff.; *Rüfner* Leistungsrechte (Fn. 95), § 40 Rn. 25.

215 Zu dem Problem, ob und in welcher Weise die unterschiedlichen besonderen Gleichheitssätze im Einzelnen als Gebot sozialer Gleichheit wirken: *F. Welti* Behinderung und Rehabilitation im sozialen Rechtsstaat, 2005, 454ff.

216 Dazu grundlegend und umfassend: *Welti* Behinderung und Rehabilitation (Fn. 215); s. auch: *U. Davy* Das Verbot der Diskriminierung wegen einer Behinderung im deutschen Verfassungsrecht und im Gemeinschaftsrecht, SDSRV 49 (2002), 7ff.; *Pitschas* Sicherungssysteme (Fn. 46), 840.

217 Vgl. *Zacher* Staatsziel (Fn. 21), § 28 Rn. 37. – Nach BVerfGE 113, 1 (15) bietet Art. 3 Abs. 2 GG im Hinblick auf die Gleichberechtigung der Geschlechter auch Schutz vor faktischen Benachteiligungen und zielt auf die Angleichung der Lebensverhältnisse.

218 *Zacher* Staatsziel (Fn. 21), § 28 Rn. 37. – Zur historischen Entwicklung des Verhältnisses von Rechtsgleichheit und sozialer Gleichheit: *R. Zippelius* Der Gleichheitssatz, VVDStRL 47 (1989), 7 (13ff.).

verarbeiten. Rechtliche und soziale Gleichheit[219] stehen nicht in einem scharfen Gegensatz[220] und beziehungslos nebeneinander,[221] denn soziale Gleichheit bildet bereits eine Voraussetzung rechtlicher Gleichheit und dient dieser.

Im Rahmen des allgemeinen Gleichheitssatzes lässt sich zudem die Frage, ob eine nicht zu rechtfertigende rechtliche Ungleich- oder Gleichbehandlung vorliegt, nicht losgelöst von den realen Auswirkungen und tatsächlichen Folgen der Norm in der von ihr geprägten sozialen Wirklichkeit beantworten.[222] Der Gesetzgeber hat die Realität wirklichkeitsgetreu aufzunehmen, die tatsächlichen Ungleichheiten des zu ordnenden Lebenssachverhalts zu berücksichtigen[223] und den Regelungsgegenstand realitätsgerecht zu bewerten.[224] Gleichheitsgerechtes Recht ist realitätsverpflichtet.[225]

---

[219] Im Kontext des Art. 3 GG wird oftmals auch von realer, faktischer oder materieller Gleichheit gesprochen; zur unterschiedlichen Terminologie: *Welti* Behinderung und Rehabilitation (Fn. 215), 430. – Kritisch zum Begriff der faktischen Gleichheit: *C. Starck* Diskussionsbeitrag, VVDStRL 47 (1989), 78 (80).

[220] Eine Trennung dagegen befürwortend: *Starck,* in: v. Mangoldt/Klein/Starck (Fn. 196), Art. 3 Rn. 4ff., der faktische Gleichheit als Kontrastbegriff bezeichnet (aaO, Rn. 4); *ders.* Die Anwendung des Gleichheitssatzes, in: C. Link (Hrsg.) Der Gleichheitssatz im modernen Verfassungsstaat, 1982, 51 (55ff., 67ff.); anders dagegen etwa: *R. Alexy* Theorie der Grundrechte, 1985, 380ff.; *M. Borowski* Grundrechte als Prinzipien, 2. Aufl. 2007, 395ff.; *Hesse* Gleichheitssatz im Staatsrecht (Fn. 81), 178ff., 207ff.; *Heun,* in: Dreier (Fn. 21), Art. 3 Rn. 66; *ders.* Gleichheit (Fn. 121), § 34 Rn. 50; *Osterloh,* in: Sachs (Fn. 117), Art. 3 Rn. 44; *Welti* Behinderung und Rehabilitation (Fn. 215), 430ff.; *Zippelius* Gleichheitssatz (Fn. 218), 15ff. – Zu Recht weist *G. Müller* Der Gleichheitssatz, VVDStRL 47 (1989), 37 (54), darauf hin, dass es im Ergebnis nicht so wesentlich zu sein scheint, ob ein Egalisierungsgebot als Ausfluss des Gleichheitssatzes oder des Sozialstaatsprinzips oder einer Verbindung beider Normen betrachtet wird. Nach Ansicht von *W. Rüfner* Der Gleichheitssatz im Sozialrecht und die Aufgabe der Verfassungsrechtsprechung, SGb 1984, 147 (148, Fn. 31), handelt es sich nur um eine Frage der Konstruktion, nicht des Ergebnisses.

[221] *Haller* Verrechnung von Vor- und Nachteilen (Fn. 121), 293f.; *S. Huster* Rechte und Ziele, 1993, 408ff.; *G. Robbers* Der Gleichheitssatz, DÖV 1988, 749 (757); *Rüfner* Gleichheitssatz im Sozialrecht (Fn. 220), 148. – Nach *Schoch* Gleichheitssatz (Fn. 197), 869, sind Gleichheitssatz und Sozialstaatsprinzip einander verhältnismäßig zugeordnet.

[222] Vgl. dazu: *U. Kischel* in: V. Epping/C. Hillgruber (Hrsg.) Beck'scher Online Kommentar zum Grundgesetz, Stand des Gesamtwerks: 2008, Art. 3 Rn. 87. *Huster* Rechte und Ziele (Fn. 221), 409ff., weist zu Recht darauf hin, dass bereits der Vergleichsmaßstab von Wertungen bestimmt wird, die in den tatsächlichen Verhältnissen gründen.

[223] Vgl. BVerfGE 118, 1 (27).

[224] *P. Kirchhof* Grundrechtsinhalte und Grundrechtsvoraussetzungen, in: Handbuch der Grundrechte, Bd. I (Fn. 86), § 21 Rn. 22.

[225] *Kirchhof* Gleichheitssatz (Fn. 76), § 124 Rn. 215.

Doch selbst in Verbindung mit dem allgemeinen Gleichheitssatz ist das soziale Staatsziel kein andere Verfassungsbestimmungen überspielendes Egalisierungsgebot, um Wohlstandsdifferenzen zu beseitigen.[226] Rechtliche Ungleichbehandlungen zum Zwecke des sozialen Ausgleichs sind vor Art. 3 Abs. 1 GG rechtfertigungsbedürftig,[227] allerdings auch rechtfertigungsfähig.[228]

Besondere Bedeutung bei der verfassungsrechtlichen Beurteilung von Maßnahmen zur Herstellung sozialer Gleichheit kommt ihren Kosten zu, beruht doch das sozialstaatliche Geben regelmäßig auf einem Nehmen durch Steuern[229] oder Sozialversicherungsbeiträge.[230] Staatliches Nehmen muss sich am rechtsstaatlichen und grundrechtlichen Schutz der bestehenden Güterzuordnung messen lassen sowie mit den finanzverfassungsrechtlichen Vorgaben und den gleichheitsrechtlichen Anforderungen der Verfassung, insbesondere dem Gebot der Belastungsgleichheit[231], vereinbar sein. So hat etwa der Sozialversicherungsbeitrag als nichtsteuerliche Abgabe strukturelle Distanz zur Steuer zu halten und muss sich in Tatbestand und Legitimation von ihr unterscheiden.[232] Seine Erhebung bedarf der Rechtfertigung aus dem Gedanken der sozialen Schutzbedürftigkeit des einbezogenen Personenkreises, der fehlenden Möglichkeit zu ausreichender eigenverantwortlicher Vorsorge

---

[226] *Rüfner* Gleichheitssatz im Sozialrecht (Fn. 220) 149. – Nach BVerfGE 12, 354 (367) ermächtigt das Sozialstaatsprinzip nicht zu beliebiger Sozialgestaltung, die das Gebot der Gleichheit auflösen würde.

[227] BVerfGE 99, 367 (395). Maßstab ist dabei in der Regel weniger das reine Willkürverbot, sondern das Verhältnismäßigkeitsprinzip auf der Grundlage der neuen Formel, weil zumeist Personen bzw. Personengruppen verschieden behandelt werden; zu den verfassungsgerichtlichen Rechtfertigungsmaßstäben bei der Gleichheitsprüfung vgl. nur mwN BVerfG, NJW 2008, 2409 (2417f.). Bei der Rechtfertigung sind etwa die Schwere und Folgen sozialer Ungleichheit für den Einzelnen und die Gesellschaft, die Möglichkeit zur eigenverantwortlichen Überwindung und der Grad der Beeinträchtigung rechtlicher Gleichheit zu berücksichtigen.

[228] *Heun* Gleichheit (Fn. 121), § 34 Rn. 50; *Rüfner*, in: Bonner Kommentar (Fn. 54), Art. 3 Abs. 1 Rn. 56, spricht davon, dass derjenige, der die rechtliche Gleichheit durchbrechen möchte, dafür einen zureichenden Grund haben müsse und ihn insoweit die Argumentationslast treffe.

[229] Zur Bedeutung des Steuerrechts für den sozialen Ausgleich deutlich das Sondervotum von *E.-W. Böckenförde* zum Vermögensteuerbeschluss (BVerfGE 93, 149 (163)); s. auch: *Bryde* Steuerverweigerung und Sozialstaat (Fn. 54), 326ff.

[230] S. dazu mwN *Heinig* Sozialstaat (Fn. 18), 555ff.

[231] Zum Gebot der Belastungsgleichheit vgl. nur mwN: *Kirchhof* Steuern (Fn. 34), § 118 Rn. 168ff.; speziell im Hinblick auf soziale Sicherungssysteme: *Pitschas* Sicherungssysteme (Fn. 46), 829, 842f.

[232] Dazu *J. Isensee* Finanzverfassung und Sozialrecht, SDSRV 35 (1992), 7 (17ff.).

sowie einem angemessenen Verhältnis[233] zu den jeweiligen Leistungen.[234] Verbesserung der Einnahmen allein oder als der wesentliche Grund rechtfertigen dagegen nicht schon die Einbeziehung weiterer Personen, allerdings hat sich das Bundesverfassungsgericht bislang unter Hinweis auf die finanzielle Stabilität der Sozialversicherung und den weiten sozialpolitischen Gestaltungsspielraum des Gesetzgebers insoweit eher großzügig gezeigt.[235]

### 7. *Soziale Gleichheit und demokratischer Prozess*

Das Grundgesetz sieht zwar in der Herstellung sozialer Gleichheit im Rahmen der grundrechtlichen und rechtsstaatlichen Vorgaben ein Ziel staatlichen Handelns, doch schweigt es über das exakte Maß der konkret in der jeweiligen Situation anzustrebenden Gleichheit[236] und den genauen Weg, auf dem das Ziel zu erreichen ist.[237] Da zudem Inhalt und Umfang sozialer Bedürfnisse zeit- und situationsabhängig sind, ihre Erfüllung dem „Vorbehalt des Möglichen"[238] unterliegt und sich die Leistungskapazität des Gemeinwesens umfassender grundgesetzlicher Regelung entzieht, würde es die Verfassung überfordern, wenn sie vollzugsfertige Ansprüche auf soziale Leistungen zur Herstellung sozialer Gleichheit gewähren würde[239] und das Maß sozialer Gleichheit exakt festschriebe. Über das rechte Maß sozialer Gleichheit in der jeweiligen Situation und die dafür konkret erforderlichen Maßnahmen hat im sozialen Rechtsstaat des Grundgesetzes der Gesetzgeber im demokratischen Prozess zu entscheiden.[240] Dabei kommt ihm aufgrund der Weite

---

[233] Zum Zusammenhang von Zwangsversicherung mit Beitragspflicht und Leistungsumfang deutlich BVerfGE 115, 25 (42ff.).

[234] Zum Freiheitsschutz gegenüber der Erhebung von Sozialversicherungsbeiträgen jüngst *Heinig* Sozialstaat (Fn. 18), 565ff. mwN.

[235] Vgl. nur: BVerfG, NZS 2005, 479ff. – Kritisch dazu: *H. Bethge/C. von Coelln* Die gesetzliche Erhöhung der Versicherungspflichtgrenze in der Gesetzlichen Krankenversicherung als möglicher Verstoß gegen Grundrechte privater Versicherungsunternehmen, VSSR 2004, 199ff.; allgemein: *F. Hufen* Grundrechtsschutz der Leistungserbringer und privaten Versicherer in Zeiten der Gesundheitsreform, NJW 2004, 14 (16ff.).

[236] *Rüfner* Gleichheitssatz im Sozialrecht (Fn. 220), 149.

[237] BVerfGE 59, 231 (263). – S. dazu auch: *Papier* Grundrechte und Sozialordnung (Fn. 100), § 30 Rn. 8.

[238] Zum „Vorbehalt des Möglichen": BVerfGE 33, 302 (333ff.); 82, 60 (82); *Heinig* Sozialstaat (Fn. 18), 383ff.; *P. Kirchhof* Mittel staatlichen Handelns, HStR V, 3. Aufl. 2007, § 99 Rn. 108ff.

[239] Vgl. *Isensee* Grundrechtsvoraussetzungen (Fn. 68), § 115 Rn. 149.

[240] Zur Harmonie und zu den Spannungen zwischen „sozial" und „Demokratie": *Pitschas* Sicherungssysteme (Fn. 46), 834f.; *Zacher* Staatsziel (Fn. 21), § 28 Rn. 101ff.;

und Unbestimmtheit der sozialstaatlichen Ermächtigung[241] ein weiter Spielraum zu,[242] so dass es ihm etwa auch möglich ist, soziale Leistungen zu kürzen, da das Grundgesetz kein generelles soziales Rückschrittsverbot kennt.[243] Doch wird die demokratische, auf Wiederwahl hoffende Mehrheitsherrschaft schon aufgrund der tatsächlichen Eigengesetzlichkeiten und der oftmals auch wirkmächtigen und öffentlichkeitswirksam erhobenen Forderungen tatsächlich oder vermeintlich Benachteiligter durch ein Mehr an Leistungen hin zu einer weiteren Angleichung der realen Lebensverhältnisse und zu mehr Chancengleichheit für alle zur Teilhabe an höherem Wohlstand tendieren,[244] damit nach einem Mehr an sozialer Gleichheit[245] streben.

## V. Soziale Gleichheit als Thema der Verfassung

Soziale Gleichheit, die auf umfassende Egalisierung, Standardisierung und Konfektionierung zielt, ist eine Utopie, die weder Voraussetzung noch Aufgabe der Verfassung ist und als solche auch nicht erodieren konnte. Wird soziale Gleichheit dagegen auf die Angleichung und Hebung der Lebensverhältnisse durch Schaffung von Chancengleichheit im Sinne der Herstellung gleicher Startbedingungen zur Teilhabe aller an mehr Wohlstand bezogen, so ist sie sowohl Aufgabe als auch Voraussetzung des freiheitlichen Sozialstaates.

---

allgemein zum Verhältnis von Demokratie und Sozialstaat s. auch: *Böckenförde* Demokratie (Fn. 75), § 24 Rn. 97ff.

[241] Vgl. BVerfGE 94, 214 (263); *Butzer* Sozialstaatsentwicklung (Fn. 15), 57ff.; *Haller* Verrechnung von Vor- und Nachteilen (Fn. 121), 291; *Neumann* Sozialstaatsprinzip (Fn. 122), 92.

[242] BVerfGE 97, 169 (185); 103, 271 (288); sehr deutlich und weitgehend BVerfGE 103, 293 (307): „Auf dem Gebiet der Arbeitsmarkt-, Sozial- und Wirtschaftsordnung gebührt dem Gesetzgeber ein besonders weitgehender Einschätzungs- und Prognosevorrang".

[243] *Isensee* Grundrechtsvoraussetzungen (Fn. 68), § 115 Rn. 161; *ders.* Verwaltung des Mangels im Gesundheitswesen – verfassungsrechtliche Maßstäbe der Kontingentierung, GS Heinze, 2005, 417 (431); *Neumann* Sozialstaatsprinzip (Fn. 122), 97f.; zur Frage eines sozialen Rückschrittsverbots umfassend: *R.-U. Schlenker* Soziales Rückschrittsverbot und Grundgesetz, 1986.

[244] S. dazu: *Rüfner*, in: Bonner Kommentar (Fn. 54), Art. 3 Abs. 1 Rn. 57; *Zippelius* Gleichheitssatz (Fn. 218), 15f.

[245] Grundlegend zu dem Ziel und dem gemeinsamen Nenner aller Erscheinungsformen des Sozialen „Mehr Gleichheit": *Zacher* Sozialstaat (Fn. 21), § 28 Rn. 39ff., 53ff., 86ff.; *ders.* Der europäische Sozialstaat (Fn. 35), 4.

Leitsätze des 2. Berichterstatters über:

# Soziale Gleichheit – Voraussetzung oder Aufgabe der Verfassung?

## *I. Soziale Ungleichheit als Problem*

*1) Soziale Ungleichheit wird in Deutschland in immer stärkerem Maße wahrgenommen und von weiten Teilen der Bevölkerung als nicht mehr hinnehmbar empfunden. Vor diesem Hintergrund besteht gerade in einer Gesellschaft wie der deutschen, in der der Sozialstaat und der Gedanke der sozialen Gerechtigkeit tief verwurzelt sind, die Gefahr dauerhafter, den sozialen Frieden bedrohender Spannungen und Spaltung.*

*2) Die Forderungen nach Abbau und Beseitigung sozialer Ungleichheit zielen auf die Herstellung und Hebung sozialer Normalität.*

*3) Adressat der Forderungen ist noch immer in erster Linie der Nationalstaat, weil dieser, ungeachtet der Globalisierung und der Bedeutung der europäischen Integration für das Soziale, die wichtigste Ebene für die Gewährleistung von sozialer Sicherheit und sozialem Ausgleich ist.*

*4) Bezog sich die soziale Frage des 19. Jahrhunderts insbesondere auf die Arbeiterschaft als benachteiligte Gruppe, so wurden in der Folgezeit immer neue Konstellationen individueller oder gruppenhafter sozialer Schlechterstellungen wahrgenommen. Heute gelten insbesondere Prekarität und Prekariat als Signalwörter neuer sozialer Ungleichheit.*

*5) Selbst wenn fundamentale Ungleichheitsrelationen die Peripheren in den Hintergrund treten lassen, öffnet der Ausgleich einer anerkannten sozialen Ungleichheit den Blick auf neue Ungleichheiten, die ihrerseits nach Kompensation rufen. Der Horizont sozialer Gleichheit ist in stetiger Bewegung.*

*6) Obwohl der Begriff des „Sozialen" weit und offen ist, gelten vor allem solche Ungleichheiten als problematisch, die ihre Ursache oder ihre Wirkung in ökonomischen Ungleichheiten haben. Selbst wenn nichtökonomische Interventionen für das „Soziale" ebenso relevant wie notwendig sind, konzentrieren sich die Forderungen nach sozialer Gleichheit auf ökonomisch wirkende oder relevante Maßnahmen zur Verbesserung der Lebensverhältnisse.*

## *II. Soziale Gleichheit als Aufgabe von Staat und Gesellschaft*

*7) In der freiheitlichen demokratischen Wirtschafts- und Sozialordnung des Grundgesetzes sind die Angleichung und Verbesserung der Lebensverhältnisse weder alleinige noch primäre Aufgaben des Staates. Das grundgesetzliche Sozialstaatsprinzip normiert zwar ein Staatsziel, jedoch keinen Staatsvorbehalt für das Soziale. Der Abbau sozialer Ungleichheit ist zwar eine Staatsaufgabe, doch ist diese dem Staat nur im Sinne einer Letzt- und Gesamtverantwortung zugewiesen.*

## *III. Sinn und Zweck sozialer Gleichheit*

*8) Selbst wenn im demokratischen und sozialen Bundesstaat die unitarisierend wirkende Forderung nach sozialer Gleichheit föderal gebrochen ist, weil er Vielfalt und Unterschiede vorsieht und fordert, damit auch regionale soziale Ungleichheit zulässt, ist er um seiner Stabilität willen auf ein Mindestmaß an sozialer Gleichheit angewiesen und hat darauf zu achten, dass die sozialen Unterschiede im Bundesgebiet nicht stetig wachsen und das bundesstaatliche Sozialgefüge beeinträchtigen.*

*9) Gleiche rechtliche Freiheit erzeugt soziale Ungleichheit und ist deren permanente Quelle, denn die liberalen Freiheitsrechte des Grundgesetzes bieten jedermann die gleiche rechtliche Freiheit an ohne Ansehen seiner Person, seiner Bedürfnisse, seiner Fähigkeiten oder Verdienste.*

*10) Der Staat hat die Aufgabe, die realen Voraussetzungen der Grundrechtsausübung zu sichern, den Freiheitsrechten damit gesellschaftliche Effektivität und Breitenwirkung zu geben und so dem Einzelnen ein selbstbestimmtes Leben in der Gesellschaft zu ermöglichen.*

## *IV. Inhalt und Umfang sozialer Gleichheit*

*11) Das Rechtsstaatsprinzip leitet und begrenzt nicht nur staatliche Maßnahmen zur Herstellung sozialer Gleichheit, dadurch dass diese im Verfahren und in den Formen des Rechtsstaats erfolgen müssen, sondern es bildet auch den Grund, auf dem sich soziale Gleichheit erst entfalten kann und steht schon deshalb nicht dem sozialen Staatsziel unvereinbar gegenüber.*

*12) Das soziale Staatsziel bezieht sich auf Freiheitsvoraussetzungen, indem es auf die ungleichen tatsächlichen Lebensverhältnisse und die realen Bedürfnisse und Fähigkeiten des Einzelnen blickt. Der grundrechtlichen Freiheit soll ein Mindestmaß an sozialer Sicherheit und der grundrechtlichen Gleichheit ein Mindestmaß an sozialer Gleichheit korrespondieren.*

*13) Originäre Ansprüche auf bestimmte Maßnahmen zur Herstellung sozialer Gleichheit lassen sich grundsätzlich nicht aus dem sozialen Staatsziel, selbst in Verbindung mit dem allgemeinen Gleichheitssatz, begründen. Doch können sich im Einzelfall von den jeweiligen Grundrechten her Ansprüche auf eine Mindestsicherung ergeben, etwa auf die Gewährleistung des Existenzminimums.*

*14) Ist die Forderung nach sozialer Gleichheit regelmäßig mit dem Wunsch nach sozialpolitischer Aktivität verbunden, so zielt sie gerade auf dem Feld der sozialen Sicherheit auch auf Stetigkeit, Verlässlichkeit, Berechenbarkeit, auf ein in sich stimmiges und transparentes Konzept. Die Hektik ständiger Änderungen, die Pluralität und Komplexität sozialrechtlicher Leistungen sowie die unterschiedlichen Zuständigkeiten im Sozialen überfordern die Betroffenen und erzeugen Unübersichtlichkeit.*

*15) Im freiheitlichen Sozialstaat des Grundgesetzes zielt die Forderung nach sozialer Gleichheit auf die Herstellung von Chancengleichheit im Sinne der Gewährleistung gleicher Startbedingungen und gleicher Entwicklungschancen zur Teilhabe am wirtschaftlichen und gesellschaftlichen Leben, nicht dagegen auf Ergebnisgleichheit.*

*16) Sozialstaatliches Geben zur Herstellung sozialer Gleichheit beruht regelmäßig auf einem Nehmen durch Steuer oder Sozialversicherungsbeitrag, das wiederum dem rechtsstaatlichen und freiheitsrechtlichen Schutz der bestehenden Güterzuordnung und den gleichheitsrechtlichen Vorgaben der Verfassung genügen muss.*

*17) Das Grundgesetz sieht zwar in der Herstellung sozialer Gleichheit im Rahmen der grundrechtlichen und rechtsstaatlichen Vorgaben ein Ziel staatlichen Handelns, doch schweigt es über das exakte Maß der konkret in der jeweiligen Situation anzustrebenden sozialen Gleichheit und den genauen Weg, auf dem das Ziel zu erreichen ist. Darüber ist im demokratischen Prozess zu entscheiden.*

## *V. Soziale Gleichheit als Thema der Verfassung*

*18) Soziale Gleichheit im Sinne umfassender und völliger Egalität ist eine Utopie, die weder Voraussetzung noch Aufgabe der Verfassung ist. Wird soziale Gleichheit dagegen auf die Angleichung und Hebung der Lebensverhältnisse durch Schaffung von Chancengleichheit im Sinne gleicher Startbedingungen zur Teilhabe aller an mehr Wohlstand bezogen, so ist sie sowohl Voraussetzung als auch Aufgabe des freiheitlichen Sozialstaats des Grundgesetzes.*

## Soziale Gleichheit – Voraussetzung oder Aufgabe der Verfassung?

**Morlok:** Soziale Gleichheit – ein großes Wort, wer's denn recht verstünde. Ich glaube, man kann das Thema in mehreren Aspekten behandeln – mehrere Aspekte, die auch immer als Gegensatzpaare dargestellt werden können. Also etwa Freiheit und Gleichheit; oder rechtliche Freiheit auf der einen Seite, tatsächliche Gleichheit auf der anderen Seite; oder ein drittes Gegensatzpaar: Chancengleichheit und Ergebnisgleichheit. Beide Referenten haben sich mit diesen Aspekten lebhaft auseinander gesetzt und ich glaube, ich muss das hier jetzt nicht wiederholen. Klar ist, um zum ersten zurückzukommen, Ungleichheit ist eben auch die Frucht von Gleichheit, oder umgekehrt: Gleichheit wird nur ermöglicht durch Einschränkung der Freiheit. Lassen Sie mich aber diesen beiden Gegensätzen noch zwei weitere hinzufügen.

Der eine ist folgender: Mitleid kommt immer zu spät, Kompensation bringt meistens zu wenig, soziale Ungleichheit ist ein Produkt des gesellschaftlichen Prozesses. Sehr viel effektiver, als hinterher Salbe aufzustreichen, ist es, die Produktion sozialer Ungleichheit zu unterbinden, wenn man nach sozialer Gleichheit strebt. Das klang im Referat an, in beiden Referaten, wenn ich das recht im Ohr habe, etwa im Hinblick auf die Bildungspolitik. Ich sehe eben Herrn Huster vor mir sitzen, er hat gerade in einem schönen JZ-Aufsatz herausgearbeitet, dass die Behandlung von Krankheiten eben im Zweifelsfall zu spät kommt. Die Prävention ist wichtiger. Dass ich eben dafür sorge, dass Leute nicht an Lärmschäden leiden, sondern dass rechtzeitig Lärmschutz gemacht wird.

Für unser Thema bedeutet das die Frage – und ich fand sie in den Referaten ein bisschen unterbelichtet –: Was ist dem Gesetzgeber erlaubt an Freiheitseinschränkungen unter dem Ziel der Beförderung der sozialen Gleichheit? Im zweiten Referat bei Herrn Axer tauchte das sehr wohl auf, aber immer nicht als direktes Ziel des Gesetzgebers, sondern immer nur in Gestalt der Schrankendiskussion bei den Freiheitsrechten. Jetzt würde mich interessieren, den Akzent auf die andere Seite zu setzen: Was ist zur Erreichung dieses Ziels zulässig?

Der zweite Aspekt betrifft die Frage, welcher Faktor befördert unter den Bedingungen unserer Demokratie die soziale Gleichheit – sofern sie mit rechtlichen Mitteln herstellbar ist – am stärksten? Das ist das allgemeine Wahlrecht. Das kam in den Referaten leider nicht vor. Dabei – um den alten Marx zu variieren: Das Wahlrecht, das gleiche Wahlrecht, das ist der große Leveller, also der Gleichmacher. Auch wenn wir im Referat das Homogenitäts-Theorem gehört haben, dass die Demokratie ein Mindestmaß an sozialer Homogenität braucht, so könnte man ja fast von der List des demokratischen Sozialstaats sprechen, dass eben die Demokratie mit ihrem gleichen Wahlrecht und den ihnen eingebauten Mechanismen dafür sorgt, dass die sozialen Diskrepanzen nicht zu groß werden. Dankeschön.

**Meyer:** Das Thema lautet „Soziale Gleichheit: Voraussetzung oder Aufgabe der Verfassung?". Wenn beide Referenten es ernst genommen hätten, hätten sie mit einem „Nein" auf die Frage ihre Referate beenden können. Tatsächlich haben sie auch nicht behauptet, dass soziale Gleichheit Voraussetzung oder Aufgabe des Staates ist. Die unsichere Fragestellung hat aber dazu geführt, dass es zu unsauberen Argumentationen gekommen ist. Ich will das an dem Beispiel von Herrn Axer darlegen. Wenn Sie dessen These 7 nehmen, dann steht dort, dass die Angleichung der Lebensverhältnisse zwar weder alleinige noch primäre, aber eben doch Aufgabe des Staates ist, während er zwei Sätze später sehr viel richtiger sagt, der Abbau sozialer Ungleichheit gehöre zu den Aufgaben des Staates. Das sind aber zwei Paar Schuhe. Wenn Sie, Herr Axer, in These 8 sagen, dass der Staat um seiner Stabilität willen darauf zu achten habe, dass die sozialen Unterschiede im Bundesgebiet nicht stetig wachsen, so wird er das nicht machen können. Denn jede Wohlstandserhöhung führt automatisch zu Unterschieden, vor allen Dingen zu regionalen Unterschieden, und ich wüsste nicht, woraus Sie schließen könnten, dass der Staat von Verfassungs wegen gezwungen wäre, diese auszugleichen, und er tut es auch nicht. In der These 10 steht, der Staat habe die Aufgabe, die realen Voraussetzungen der Grundrechtsausübung zu sichern. Wenn Sie das ernst nehmen, dann würde ich als Banker eine Privatbank aufmachen und dem Staat sagen: Nun gib mal die Grundfinanzierung für eine solche Bankeröffnung. Das sind große Worte, die praktisch nicht realisiert werden können und auch nicht realisiert werden. In These 12 sagen Sie, dass der grundrechtlichen Freiheit ein Mindestmaß an sozialer Sicherheit und der grundrechtlichen Gleichheit ein Mindestmaß an sozialer Gleichheit korrespondieren solle. Wenn das ernsthaft gemeint wäre, würde der Staat völlig überfordert sein, und deshalb denke ich, es ist nicht unsere Aufgabe, dem Staat eine Aufgabe zuzuweisen, die er nicht erfüllen kann. In der These 18 sagen Sie „Wird soziale Gleichheit dagegen auf die Angleichung und Heben der Lebensverhältnisse zur Schaffung von Chancengleichheit im Sinne gleicher Startbedingungen … bezogen". Es ist ja ganz richtig, dass der Staat das macht, aber das führt automatisch zur Schaffung von sozialer Ungleichheit. Gleiche Startbedingungen führen, weil die Menschen eben ungleich sind, ungleich in ihrer Arbeit und in deren Auswirkungen, zur sozialen Ungleichheit. In Wirklichkeit kommen Sie also dazu zu sagen, das Thema ist falsch gestellt und worum es eigentlich nur geht, ist, wie viel Ungleichheit der Staat tolerieren darf oder sollte oder wann und wozu er gezwungen ist einzugreifen, wenn die Ungleichheit zu stark wird. Alles andere ist verfassungsrechtliche Poesie.

**Nußberger:** Unser Ausgangspunkt ist doch, dass der Begriff „soziale Gleichheit" nicht im Grundgesetz steht. Auf der einen Seite haben wir den Gleichheitssatz und auf der anderen Seite das Sozialstaatsprinzip, aber den Grundsatz der sozialen Gleichheit gibt es gerade nicht. Deshalb ist meine Frage an die beiden Referenten: Worum geht es eigentlich – um Verfassungsrecht oder um Verfassungspolitik? Und wie gehen wir dogmatisch vor? Nehmen wir den Gleichheitssatz, argumentieren, Gleiches müsse gleich, Ungleiches ungleich behandelt werden und integrieren die soziale Dimension in die Interpretation von Art. 3 GG, indem wir den Gleichheitssatz gewissermaßen sozial anreichern? Oder nehmen wir die soziale Dimension ganz aus dem Gleichheitssatz heraus und stützen uns auf das Sozialstaatsprinzip? Diese Frage würde ich gerne beantwortet haben. Die Frage nach einer Abgrenzung zwischen Verfassungsrecht und Verfassungspolitik richtet sich auch konkret an Sie, Frau Davy, und ist auch auf Ihre dritte Ebene, die internationale Ebene, bezogen. Sprechen Sie in diesem Zusammenhang von Völkerrecht und aus dem Völkerrecht ableitbaren Forderungen – etwa beim „benchmarking" – oder geht es auch hier letztlich um Völkerrechtspolitik?

**Ebsen:** Zunächst eine Vorbemerkung: Die Komplexität der Frage, ob soziale Gleichheit Voraussetzung oder Aufgabe der Verfassung sei, zeigt sich – insofern habe ich die Referenten etwas anders verstanden als Herr Meyer – in der deutlichen, wenn auch vordergründig gegensätzlichen Weise ihrer Antworten (Frau Davy letztlich: weder noch; Herr Axer letztlich: sowohl als auch), wobei ich beiden zustimmen kann. Es kommt eben darauf an, was man unter sozialer Gleichheit, Verfassungsvoraussetzung und Verfassungsaufgabe versteht.

Beim Thema der Verfassungsvoraussetzung geht es in der Tat um das von Herrn Axer angesprochene Mindestmaß an sozialer Homogenität. Dies hat allerdings mehr Facetten als diejenige der sozialen Gleichheit/

Ungleichheit im Sinne eines Unten und Oben, also der Schichtendifferenzierung der Gesellschaft. Und bezogen auf soziale Gleichheit müssen wir, wenn wir uns in der Welt umschauen, konstatieren, mit welchem großen Maß an sozialer Ungleichheit funktionierende Staatswesen möglich sind. Probleme sozialer Homogenität können in jeweiligen historischen Konstellationen auch unabhängig von Schichten- oder Klassenaspekten erwachsen – etwa auch in Kontexten, die zum Thema von heute morgen gehören. Fazit also: In einem sehr generalisierenden Sinne ist ein gewisses Maß an sozialer Homogenität Verfassungsvoraussetzung. Wenn ich das Ziel sozialer Gleichheit aber konkret auf den Abbau oder auch nur die Milderung sozialer Schichtung beziehe, muss die gestellte Frage wohl verneint werden.

Zum Thema der sozialen Gleichheit als Verfassungsaufgabe sieht es ähnlich aus. Einerseits geht es um die Sozialstaatlichkeit als Staatsziel, also eine durch die Verfassung vorgegebene Aufgabe, soziale Homogenität und Integration zu fördern. Andererseits lassen sich daraus aber kaum konkrete rechtliche Antworten im Themenfeld sozialer Gleichheit gewinnen. Beim Existenzminimum zum Lebensunterhalt und auch beim gesundheitlichen Existenzminimum steht die Verfassungsgarantie der Menschenwürde im Mittelpunkt, allerdings wohl eher deren objektiv-rechtliche Dimension: Ein Gemeinwesen, in welchem behandlungsbedürftige Kranke mangels finanzieller Mittel vor die Tür eines Krankenhauses gesetzt werden dürfen oder in welchem aus Armut gehungert wird, kann sich kaum rühmen, die gleiche Würde aller Menschen zu seinem obersten Prinzip gemacht zu haben. Ganz schwierig ist es bei einem vergleichbar wichtigen Thema: der Chancengleichheit der Jugend im Hinblick auf ihre Lebensperspektiven. Das betrifft vor allem die Bildungschancen, aber auch in deren Vorfeld liegende Erziehungschancen. Abgesehen von Extremfällen, in denen das Wächteramt des Staates gefordert ist, kann der Verfassungsauftrag für soziale Gleichheit keine griffigen Kriterien liefern. Auch hier wäre zu fragen: Sind es nicht eher die objektiv-rechtlichen Dimensionen von Grundrechten, die hier weiterhelfen? Wäre unser Staatwesen auf die gleiche Würde für alle ausgerichtet, wenn die individuellen Entwicklungschancen von Kindern dadurch determiniert würden, wohin sie geboren wurden? Verlangt nicht das Recht auf freie Entfaltung der Persönlichkeit gegebenenfalls stützende staatliche Aktivitäten, um dieses Recht zu einem gleichen Recht aller zu machen?

**Pitschas:** Offenbar waren nicht alle der hier Mitdiskutierenden im Saal, als die Vorträge gehalten worden sind, denn man muss doch feststellen, dass beide Referenten – Herr *Ebsen* wies eben darauf hin – also sowohl die Referentin als auch der Referent, die Themenfrage beantwortet haben, ja mehr noch eigentlich, die Validität der Themenfrage bejahten. Wendet man sich auf der Grundlage des Themas zunächst dem Erstreferat zu, dann finde ich ganz hervorragend, dass auch die internationalen Bezüge sozialer Gleichheit hervorgehoben worden sind und Frau Davy darüber hinaus noch hätte weiter ausgreifen können, etwa auf die soziale Dimension der WTO-Diskussion und dort den Aspekt der Forderung nach sozialer Gleichheit hätte bestätigen können. Auch die Darlegungen zum Europäischen Sozialrecht fand ich sehr erhellend, insbesondere, dass die Konzeption der „social citizenship" erwähnt worden ist. Man könnte vielleicht hinzufügen, dass es ja zwei Konzepte gibt, nämlich daneben das Konzept der Antidiskriminierung, das in den Vorstellungen der Kommission nunmehr und im Zusammenhang mit ihrer sozialen Agenda im Juli 2008 zu dem Entwurf einer dritten Antidiskriminierungsrichtlinie geführt hat. Dabei wurde die Frage der „social citizenship" mit Absicht beiseite gerückt, weil daraus gewisse aktive Förderungspflichten gegenüber sozialer Ungleichheit entstehen, die Frau Davy auch angesprochen hatte.

Ich möchte allerdings drei Punkte hinzufügen, die mir nicht so unkritisch erscheinen wie der Referentin. Da ist zunächst die Ausgangsfrage: Ist soziale Gleichheit eine Voraussetzung der Verfassung? Ich würde diese Frage bejahen. Jede moderne Verfassung muss auf wohlfahrtsstaatliche Aspekte Wert legen, um ganz im Sinne Hermann Hellers eine gewisse Mindestintegrationskraft zu entfalten. Geschieht dies nicht, ist die Verfassung nicht das Papier wert, auf dem sie geschrieben steht. Und schon Herr Häberle hat viele Jahre stets darauf hingewiesen, dass die Verfassungen der Entwicklungsstaaten aus diesem Grund immer wieder die „soziale Gleichheit" thematisiert haben, allerdings – da hat Frau Nußberger Recht – ausgehend von dem Aspekt des Sozialstaates als Staatsziel. Wenn man die Gleichheit i. S. sozialer Gleichheit als Verfassungsvoraussetzung bejaht, dann entbindet das – Frau Davy, Sie entschuldigen bitte, dass ich darauf eingehe – bei den drei Beispielsfällen nicht von der Nachfrage, ob es eine grundrechtsdogmatische Verbindung etwa von Art. 12 zu Art. 3 Abs. 1 GG gibt und sich daraus soziale Gleichheit speist. Oder steht Art. 2 Abs. 1 GG im Fall Gesundheit in Verbindung mit Art. 2 Abs. 2 Satz 1 GG, so dass wir, glaube ich, immer sehen müssen, dass bei komplexen Lagen die grundrechtlichen Freiheitsrechte in einer engen Grundrechtsverbindung wirken? So gibt es denn auch Rechtsprechung, die etwa die Geltung von Art. 3 Abs. 3 GG im Recht der behinderten Menschen mit anderen Grundrechtsaussagen wie z.B. zu Art. 6 Abs. 1 GG unterfüttert. Herr Axer hat im Übrigen in seinen Ausführungen – und damit komme ich ja auch schon zum

Schluss – in ganz besonders hervorragender Weise, wie ich meine, gezeigt, dass in jedem Satz wohlabgewogen die Grundrechtsdiskussion um soziale Gleichheit aufgenommen wird. Das hat mir sehr gut gefallen.

**Zacher:** Ich möchte zunächst aus vollem Herzen dem Vorstand danken, dass er dieses Thema auf die Tagesordnung gesetzt hat. Denn es ist in der Tat für alle unsere Gesellschaften ein ganz zentrales Thema und auch für unser Verfassungsleben. Ich habe mich sehr gefreut darüber, dass das jetzt hier behandelt worden ist. Und ich danke natürlich auch den beiden Referenten. Ich möchte mich nun nicht in Einzelkritik vertiefen, sondern ein paar Punkte zur Sprache bringen, von denen ich glaube, dass sie in den beiden Referaten durchaus angeklungen sind, dass sie aber noch schärfer hätten artikuliert werden können.

Der erste Punkt ist der, dass alle Gesellschaften dieser Welt heute in sich damit ringen, dass es Kräfte gibt, die radikal soziale Gleichheit wollen, dass es aber auch Kräfte gibt, die, selbst wenn sie Gleichheit wollen, auch Ungleichheit bejahen – vor allem die „glückliche Ungleichheit" durch Leistung und Glück –, und dass es schließlich Kräfte gibt, die keine Gleichheit wollen. Und noch unendlich mehr gehen die Standpunkte darüber auseinander, was das konkret bedeutet. Die Gesellschaften haben es schwer, hier Konsense zu finden. Ja, es ist fast immer ausgeschlossen, Konsense zu finden. Somit liegt eine ganz zentrale Aufgabe des Staates darin, eine Linie zu finden zwischen all den Dissensen, zwischen einem Grundkonsens, vielleicht auch einer Grundgegebenheit, dass es Gleichheit geben soll, aber auch Ungleichheit geben soll. Der Staat muss die möglichen Kompromisslinien suchen und finden. Das ist, glaube ich, eine zentrale Legitimationsfrage für den Staat. Von daher gibt es eine klare Antwort auf die Frage des Vorstands nach dem Ort der Gleichheitsfrage: Voraussetzung oder Auftrag? Indem dem Staat die Antwort auf die Gleichheitsfrage gelingt, integriert er die Gesellschaft und legitimiert er sich der Gesellschaft gegenüber. Indem ihm die Antwort misslingt, delegitimiert sich der Staat. Wir wissen: Auf Fragen der Legitimation und Legitimation von Verfassung und von Regierung gibt es keine positiv-rechtliche Antwort. Aber wir erleben alle Tage, wie kritisch die Situation werden kann, wenn die Legitimation misslingt. Diese Kompromisslinie zwischen Gleichheit und Ungleichheit zu finden, ist eine zentrale Aufgabe der modernen Staaten, so auch der Bundesrepublik; und im Verfassungsstaat ist es somit auch eine Herausforderung an die Verfassung. Sie hat den Staat so einzurichten, dass er diese Aufgabe erfüllen kann.

Das zweite, was ich sagen wollte, ist, dass diese Linie immer nur auf Zeit gezogen werden kann; denn sie wird nie endgültige Zufriedenheit auslösen. Es wird immer, früher oder später, Menschen geben, die sagen: Diese Kompromisslinie, so wie sie aktuell gesetzt ist, ist ungerecht; da ist Gleichheit vernachlässigt; da ist Ungleichheit nicht ausgeglichen usw. Das wird es immer geben. Die Aufgabe, die Kompromisslinie zu ziehen, wird sich nie endgültig lösen lassen. Damit komme ich gleich zum dritten. Weil das so ist, wird es auch keine definitive Antwort, keine normative Antwort in der Verfassung oder aus der Verfassung geben können. Und das ist das, was ich bei allen heute vermisst habe und was ich für so wichtig halte: Den Staat zu befähigen, die Kompromisslinie immer neu zu setzen, ist eine verfassungs*politische* Aufgabe. In der Diskussion sind die Dinge angeklungen: Wahlrecht usw. Da wäre noch mehr zu sagen. Jedenfalls, die Organisation der Politik durch die Verfassung muss dieser Aufgabe gerecht werden. Roman Herzog hat vor kurzem mit Recht das Mehrheitswahlrecht ins Spiel gebracht. Das ist das Muster, von dem her die Frage, die der Vorstand gestellt hat, diskutiert werden muss.

**Holoubek:** Wir kommen jetzt zu Herrn Häberle, der eine verfassungsvergleichende Umschau angekündigt und gleichzeitig versprochen hat, nicht mehr als vier Minuten dafür zu benötigen.

**Häberle:** Erlauben Sie eine kleine verfassungsvergleichende Umschau, die die eindrucksvollen Referate nur unterfüttern und unterstützen soll, nicht mehr. Ein Blick auf vier Länder: Erstens, angedeutet von Herrn Axer, aus dem ungeschriebenen Recht auf wirtschaftliches Existenzminimum des Schweizer Bundesgerichts in Lausanne hat die Bundesverfassung von 1999 ein geschriebenes Verfassungsrecht gemacht, und viele vortreffliche totalrevidierte Kantonsverfassungen in der halben Schweiz sind alldem schon vorausgegangen oder später nachgefolgt. Ich erwähne erneut preisend mit viel hohen Tönen die „Werkstatt Schweiz“, nämlich deren Verfassungstexte zur Solidarität mit den Hilfsbedürftigen in der Welt: etwa in der vortrefflichen Berner Verfassung von 1993 aus der Feder von Jörg Paul Müller und vielen anderen, und auch in der Bundesverfassung, jeweils Art. 54 Absatz 2.

Zweitens: Ein Blick auf Italien und Spanien. Die Italiener sind stolz darauf – es ist wohl Art. 3 Satz 2 ihrer Verfassung von 1947 –, dass sie den Leitsatz 15 von Herrn Axer vorweg genommen haben, denn dort ist in etwa gesagt: „Alle genießen dieselbe soziale Achtung, der Staat soll die Hindernisse wirtschaftlicher und gesellschaftlicher Art beseitigen, die die Freiheit und Gleichheit der Bürger tatsächlich einschränken und die wirksame Teilnahme aller an der Gestaltung des Landes verhindern.“ Dies hat Spanien in seiner Verfassung von 1978 in Art. 9 Abs. 2 einfach rezipiert: Freiheit und Gleichheit der einzelnen Gruppen sollen „real und wirksam“ sein, Hindernisse für ihre volle Entfaltung sollen beseitigt werden, um Teilnahmechancen zu eröffnen.

Drittens: Ein Blick auf die Schwellen- und Entwicklungsländer – Herr Pitschas hat soeben darauf hingewiesen. Wenn man sich einige neuere Verfassungen und Verfassungsentwürfe vergegenwärtigt, mir sind die alte Verfassung von Peru von 1979 und der neue dortige Verfassungsentwurf, der bislang steckengeblieben ist (nach der Zwischenverfassung von Fujimori) präsent, auch die Guatemala-Verfassung von 1985, die ich vor zehn Jahren schon einmal zur großen Heiterkeit unseres Plenums zitiert habe. In diesen Textstufen wird deutlich zum Ausdruck gebracht, dass die Schaffung der sozialen Gleichheit dazu dient, soziale Integration zu ermöglichen, um das Ganze zusammenzuhalten. Es finden sich etwa soziale Mindestrechte, auch in Sachen Kultur, Bildung, Gesundheit und Arbeit. Im Grunde geht es um den Gedanken von Hermann Heller und das, was Herr Zacher soeben geäußert hat. All diese Textstufen empfinden die Entwicklungsländer und Schwellenländer sowohl in der Verfassungsrechtswissenschaft als auch im Alltag, sowohl in der Politik als auch in der Verfassungspolitik, als zentral für die Versöhnung von Freiheit und Gleichheit. Dies ist ein unendlicher Prozess, freilich auch mit vielen Rückschlägen, wie man beim Studieren von Argentinien, Peru und Brasilien beispielhaft erleben kann. Herr Vorsitzender, ich stelle fest: Bei „Ampelgelb“ höre ich auf. Vielen Dank.

**Holoubek:** Herr Häberle, es ist faszinierend, eine Weltreise in drei Minuten; wir danken ganz herzlich.

**Tomuschat:** Einige Redner haben schon darauf hingewiesen, dass das Thema in einem größeren Kontext gesehen werden muss, und einer dieser Faktoren ist das gegenseitige Verhältnis von liberalen Rechten zu sozialen Rechten. Ich finde, dass in den Vorträgen davon nicht ausreichend die Rede war. Meines Erachtens setzt das Grundgesetz ganz eindeutige Akzente in den Art. 1, 2 Abs. 2, 9, 12 und 14 GG: Der Mensch soll in erster Linie für seine eigene Existenz sorgen. Herr Zacher hat zu Recht gesagt, dass der Staat sich auch durch Wohlfahrtsleistungen legitimieren muss, aber der Staat muss seine Hand dem Schwachen hinhalten, er soll nicht die Mehrheit der Bevölkerung oder einen Großteil der Bevölkerung in die Unmündigkeit führen. Niemand sollte sein Leben in Hartz IV einrichten. Es kann nicht der Sinn sozialer Gleichheit sein, dass man Menschen mit irgendwelchen sozialen Leistungen abspeist. Es gilt vielmehr, strukturelle Reformen in die Wege zu leiten. Herr Morlok hat dies auch schon gesagt, ebenso Herr Ebsen. Nach meiner Auffassung sind vor allem Erziehung und Bildung das Instrument, mit dem die bestehenden strukturellen Ungleichheiten überwunden werden können, und zwar durch die Anstrengungen der Menschen selbst. Diese brauchen nicht staatliche Hilfsleistungen ex post, sondern man muss ihnen rechtzeitig Chancen geben. Herr Axer hat das alles durchaus zutreffend ausgeführt, aber in der Fülle seiner Erwägungen sind diese Zentralpunkte etwas untergegangen. Ich möchte nachdrücklich der These 9 widersprechen, wo gesagt wird, gleiche rechtliche Freiheit erzeuge soziale Ungleichheit. Sie erzeugt in erster Linie soziale Gleichheit, weil der Art. 3 GG nämlich das Vehikel ist, um sozialen Aufstieg zu sichern, soziale Mobilität. Meines Erachtens ist das, was dort gesagt wird – und ich möchte auch Herrn Meyer widersprechen, vehement sogar widersprechen – völlig ahistorisch. Denken Sie an Leibeigenschaft und denken Sie an Sklaverei, alle diese Dinge einer gar nicht so entfernten Vergangenheit. Diese Missstände sind beseitigt worden durch gleiche Rechte, durch die Gleichheit, die sich sukzessive durchgesetzt hat. Abermals betont sei aber, dass es die Kräfte des Einzelnen selbst sind, die ihn in die Lage versetzen, seine Situation zu verbessern. Er braucht nicht die meist geringen sozialen Leistungen des Staates. Wenn er freilich in Armut fällt, wenn er nicht selbst für seine Situation sorgen kann, dann natürlich soll der Staat ihm unter die Arme greifen. Der Staat soll aber nicht – ich wiederhole es – einen Großteil der Bevölkerung in die Unmündigkeit führen.

**Hufen:** Die Regie fügt es sehr passend, dass ich an Herrn Tomuschat und teilweise auch an Herrn Ebsen und Herrn Morlok anknüpfen kann und auf die Brücken trete, die der Vorstand mit dem schönen Thema zwischen den unterschiedlichen Aspekten von Kultur und sozialer Gerechtigkeit errichtet hat. Das dahinterstehende Thema lautet ja immer: Welche Voraussetzungen muss der freiheitliche Verfassungsstaat in der sozialen und kulturellen Wirklichkeit schaffen, damit er nicht erodiert? Gewiss gehört zu diesen Voraussetzungen ein bestimmtes Maß an sozialer Chancengleichheit und die ist ja bekanntlich nicht identisch mit Verteilungs- oder gar Ergebnisgleichheit. Wir haben jetzt gerade wieder von Herrn Tomuschat sehr nachdrücklich gehört, dass die Methode der Gießkanne, die Methode der Umverteilung, die Methode der zwangsweisen Schließung von sozialen und wirtschaftlichen Scheren und Ähnliches in die Irre führt und stets neue Ungleichheit und Unmut erzeugt. Der wirkliche Weg zu mehr Gerechtigkeit, um den es hier geht, muss ganz früh ansetzen, und ganz früh heißt: Schule, heißt: Erziehung. Das hat Herr Axer in einer These ganz leicht anklingen lassen – aber im Übrigen schien mir dieser Aspekt sozialer Gleichheit doch in beiden Referaten zu wenig beleuchtet. Auch in der Schule gibt es eine Methode der schematischen Umverteilung, die kein Königsweg sein kann: Chancenvermehrung der Einen durch Chancenminderung der anderen. Ich will mal ganz plakativ sagen, spätestens bei sechs gemeinsamen Grundschuljahren hört die Verfassungsmäßigkeit der Gleichstellung hier auf. Eine obligatorische Gesamtschule ohne Leistungsdifferenzierung und ähnliches kann also nicht die richtige Antwort sein. Der Blick muss viel früher ansetzen, zwangsläufig auf die ganz frühe Phase fallen, und das heißt eben Kinderbetreuung, das heißt Ganztagsvorschule, Ganztagsgrundschule, die Ermöglichung von Kompensation im frühen Stadium, damit wir eben hier Chancenungleichheiten der sprachlich und sozial benachteiligten Kinder beseitigen und die bereits mehrere Generationen umfassenden Sozialhilfe- und Hartz IV-Karrieren an der Stelle unterbrechen, wo es vielleicht noch möglich ist. Es gibt auch in diesem Kreis Kolleginnen und Kollegen, die immer noch sagen, eine Ganztagsschule im Grundschulbereich oder gar eine obligatorische Vorschule nach dem Modell der erfolgreichen französischen „école maternelle" wären sogar verfassungsrechtlich bedenklich. Die Sorgen möchte ich haben! Ich habe vielmehr die Sorge, möglichst viele benachteiligte Kinder möglichst früh in die Schule zu bekommen. Vielen Dank.

**Welti:** Die Referate und auch die Diskussionen haben bereits gut herausgearbeitet, dass das Thema nicht soziale Gleichheit im Sinne von Gleichverteilung ist, sondern dass es jene Voraussetzungen des Staates auszuloten gilt, die ein Mindestmaß ermöglichen: Ein Mindestmaß an sozialer Teilhabe – wenn man es individualrechtlich sieht, an Integration – staatsrechtlich gedacht, an Inklusion – soziologisch oder an sozialer Kohärenz – europarechtlich ausgedrückt. Und sozial in diesem Sinne ist eben nicht nur Wieselwort, sondern es verweist auch auf das, worum es zunächst geht: nämlich auf die Gesellschaft und darauf, dass einem funktionierenden Staat eine funktionierende Gesellschaft gegenüber zu stehen hat, in der die Menschen als gleichberechtigte Staatsbürger Demokratie ausüben können und sich als gleichberechtigte Vertragspartner gegenüberstehend einen Rechtsstaat konstituieren können. Das ist das Maß an sozialer Gleichheit, das hier gesucht wird und das übrigens auch nicht in Chancengleichheit aufzulösen ist oder Bildungsaufstieg. Man muss auch in Würde am Aufstieg scheitern können. Die Frage, welche Schwerpunkte der Staat hier zu setzen hat, was seine Aufgaben hier sind, ist seit 1994 in Deutschland verfassungsrechtlich besser akzentuiert worden mit den besonderen Gleichheitssätzen. Der Staat hat in die gesellschaftliche Wirklichkeit hinein die Gleichstellung der Geschlechter und auch die Gleichheit der behinderten Menschen ins

Auge zu nehmen, d.h. die besonderen Gleichheitssätze setzen einen verfassungsrechtlichen Haltepunkt dafür, wo der Staat gefordert ist, auch soziale Voraussetzungen zu schaffen. Niemand darf wegen seiner Behinderung benachteiligt werden. Hier ist eine Gruppe von Millionen Menschen in unserer Gesellschaft bezeichnet, die tatsächlich soziale Unterstützung benötigt, nicht nur durch Sozialleistungen, auch durch Anti-Diskriminierungs-Gesetzgebung, um dann tatsächlich die Grundrechtsvoraussetzungen gesichert zu bekommen. Als Banker hat und bekommt man ohnehin große Mengen Geldes, um seine Grundrechtsvoraussetzungen gestützt zu bekommen, nein, es geht um diese Menschen, die tatsächlich die Unterstützung des Gemeinwesens benötigen.

Konkrete Frage an Frau Davy: Sie hatten die Probleme der sozialen Gleichheit im Zusammenhang mit dem pauschalierten Existenzminimum benannt, auch bei den Gesundheitsleistungen. Die soziale Gleichheit behinderter Menschen ist ein gutes Beispiel, wie man auch grundrechtsgestützt mit Hilfe der besonderen Gleichheitssätze feststellen kann, dass Gleichheit der sozialen Teilhabe auch bedeutet, dass der Staat die Ungleichheit der Voraussetzungen anerkennen muss. Wenn ich ein gleiches Existenzminimum bei Gesundheitsleistungen oder auch bei Rentenleistungen auf diejenigen anwende, deren Voraussetzungen eben andere sind, die ich nicht auf die Selbsthilfe verweisen kann beim Kauf einer Sehhilfe oder auch beim Erwerb von Rentenansprüchen, dann muss ich anders mit ihnen umgehen, und hier ist dann die Pauschalierung im SGB II oder auch SGB XII verfassungsrechtlich bedenklich.

**Fehling:** Ich möchte einige kurze Anmerkungen zum Gestaltungsspielraum des Gesetzgebers machen, also zum Spielraum bei der Frage, wie viel Ungleichheit noch hinnehmbar ist. Dieser politische Spielraum hat nämlich – und das scheint mir wichtig – zwei Richtungen. Die eine Richtung stand in den Referaten – besonders, glaube ich, bei Frau Davy, aber auch bei Herrn Axer – sehr stark im Vordergrund, wohl nicht zuletzt wegen der politischen Entwicklungen der letzten Jahre: Wie weit kann man soziale Standards absenken, ohne in die Zone der Verfassungswidrigkeit abzurutschen? Hier stimme ich im Grundsatz mit den Referenten überein, dass insoweit der Gesetzgeber – gerade weil es keinen politischen Konsens in der Gesellschaft über das erträgliche Maß sozialer Ungleichheit gibt – einen sehr breiten Spielraum besitzen muss. Ich bin aber nicht ganz sicher, ob die Referenten, vor allem Frau Davy bei ihrer These 6, hier nicht doch etwas übertrieben haben. Wenn es multiple soziale Exklusion gibt, dann ist doch noch einmal nachzufragen: Müssen wir nicht vor der Menschenwürde das Existenzminimum auch als soziales und nicht nur als Überlebensminimum physischer Art definieren und muss es dann nicht auch ein Verfahren geben, um gegebenenfalls den Ball an den Gesetzgeber zurückzuspielen? Es geht ja nicht darum, dass ein Gericht Vorgaben macht, wie im einzelnen soziale Exklusion zu verhindern ist. Aber ein Gericht muss beanstanden können, dass das soziale Netz so eben nicht ausreicht, um Mindeststandards an gesellschaftlicher Teilhabe zu wahren.

Dies ist die eine Seite, aber die andere Seite ist mir eigentlich noch wichtiger. Ein wenig klingt mir dies schon bei dem an, was Herr Morlok gesagt hat: Wie steht es mit dem Spielraum des Gesetzgebers, bei vielleicht anderen politischen Mehrheiten das Ruder herumzureißen, also aktiv daran zu arbeiten, soziale Ungleichheiten abzubauen? Das kann durch die viel gescholtene Umverteilung geschehen, aber natürlich auch durch das Bildungssystem, gegebenenfalls sogar durch Änderungen im Wirtschaftssystem. Letztendlich ist es eben auch eine politische Frage: Was will man und was will man nicht? Je nach Standpunkt kann ein geringeres oder ein höheres Maß an sozialer Gleichheit als Grundrechtsvoraussetzung und auch als Verfassungsvoraussetzung – Hermann Heller wurde ja mehrfach genannt – geboten erscheinen. Wenn man auf der einen Seite den Gestaltungsspielraum des Gesetzgebers massiv betont, nämlich bei der Möglichkeit, Standards abzusenken, dann muss man umgekehrt auch darüber nachdenken, ob der Gesetzgeber nicht ebenso breite Gestaltungsspielräume beanspruchen kann, um bei anderen Mehrheiten auch anders reagieren zu können. Insofern sind vielleicht im Steuerrecht und anderen Rechtsgebieten bisher die Freiheitsrechte doch zu stark gemacht worden, um einen Wall gegen entsprechendes Umsteuern zu errichten. Das ergäbe dann aus meiner Sicht eine bedenkliche Asymmetrie.

**Iliopoulos-Strangas:** Ich möchte der ersten These von Frau Davy, dass nämlich soziale Gleichheit keine Aufgabe einer Verfassung sei, entschieden widersprechen. Richtig ist vielmehr: Was Aufgabe einer Verfassung sein soll, ist von der jeweiligen Verfassung selbst zu bestimmen. Diese Aufgabenzuweisung braucht nicht ausdrücklich zu erfolgen. So kann etwa in Rechtsordnungen wie derjenigen des deutschen Grundgesetzes, welche die Sozialstaatsklausel und den Gleichheitssatz verfassungsrechtlich garantieren, ohne Weiteres aus solchen Verfassungsbestimmungen geschlossen werden, dass hier soziale Gleichheit zur Verfassungsaufgabe gemacht wurde. Ergänzend zu Herrn Häberle möchte ich die Rechtsvergleichung heranziehen, um weitere Beispiele von Verfassungen oder auch Verfassungsrechtsprechung anzuführen, die meine Position bestätigen. So geht die griechische Verfassung weiter als das Grundgesetz, indem sie neben dem Gleichheitssatz und der Sozialstaatsklausel eine Reihe weiterer Bestimmungen enthält, aus denen sich folgern lässt, dass soziale Gleichheit Gegenstand einer wie auch immer zu erfüllenden Verfassungsaufgabe sein kann. In der Tat wird in Artikel 25 Abs. 2 der griechischen Verfassung proklamiert, dass die Anerkennung und der Schutz der grundlegenden und immerwährenden Menschenrechte durch den Staat auf die Verwirklichung des gesellschaftlichen Fortschritts in Freiheit und *Gerechtigkeit* gerichtet ist; des Weiteren wird im vierten Absatz derselben Verfassungsbestimmung festgelegt, dass der Staat berechtigt ist, von allen Bürgern die Erfüllung ihrer Pflicht zu *gesellschaftlicher* und nationaler *Solidarität* zu fordern. Ferner könnte man auf die Regelung im zweiten Absatz der obigen Verfassungsbestimmung hinweisen, wonach die Grund- und Menschenrechte auch in den Beziehungen zwischen Privaten gelten, soweit sie sich dafür eignen (verfassungsrechtliche Absicherung der *Drittwirkung*). Deuten alle diese Bestimmungen in Verbindung mit dem Gleichheitssatz (Art. 4 gr. Verf.) und der Sozialstaatsklausel (Art. 25 Abs. 1 gr. Verf.) nicht darauf hin, dass die soziale Gleichheit zu den Aufgaben der griechischen Verfassung zählt?

Für die These, dass soziale Gleichheit Aufgabe einer Verfassung sein kann, sprechen außerdem zwei weitere Argumente. Zum einen weisen in diese Richtung auch die in einer Reihe von Verfassungen enthaltenen Bestimmungen, welche die so genannte *affirmative action* (positive Diskriminierung) institutionalisieren und damit dem Staat mittelbar die verfassungsrechtliche Aufgabe auferlegen, (zumindest) in begrenzten Bereichen für soziale Gleichheit zu sorgen. Zum anderen ist jene Rechtsprechung von Verfassungsgerichten und sonstigen Höchstgerichten zu nennen, die den Gleichheitssatz als Vehikel benutzt, um soziale Gleichheit herzustellen: sei es durch die Ableitung von derivativen sozialen Grundrechten aus dem Gleichheitssatz bzw. dem Diskriminierungsverbot (so etwa der österreichische Verfassungsgerichtshof), sei es – im Falle der Feststellung eines Verstoßes gegen den Gleichheitssatz – durch Erstreckung begünstigender Maßnahmen bzw. sozialer Leistungen, die vom Gesetzgeber nur einem bestimmten Personenkreis gewährt wurden, auf nicht begünstigte, insbesondere willkürlich ausgeschlossene Personengruppen (so etwa die Verfassungsrechtsprechung in Belgien, in Griechenland, in Italien, in den Niederlanden, in Österreich und in Spanien). Man kann sich schwerlich der Erkenntnis verschließen, dass in den obigen Fällen die soziale Gleichheit als Aufgabe der Verfassung verstanden wird. Kurz gesagt, sehe ich nicht ein, wie die soziale Gleichheit jedenfalls in Verfassungen, die die Sozialstaatsklausel und den Gleichheitssatz garantieren, nicht als Aufgabe der Verfassung angesehen werden könnte.

Ich komme jetzt zu der These Nr. 13 von Herrn Axer. Unbeschadet der von mir bereits erwähnten Rechtsprechung staatlicher Gerichte zu den Rechtsfolgen eines Verstoßes gegen den Gleichheitssatz stimme ich Ihnen, Herr Kollege Axer, zu, dass sich originäre Ansprüche auf bestimmte Maßnahmen zur Herstellung sozialer Gleichheit grundsätzlich nicht aus dem sozialen Staatsziel – selbst in Verbindung mit dem allgemeinen Gleichheitssatz – herleiten lassen und dass sich stattdessen im Einzelfall aus den Grundrechten Ansprüche auf eine Mindestsicherung ergeben können, etwa auf die Gewährleistung des Existenzminimums. Ich frage mich allerdings, ob solche Ansprüche auf Mindestsicherung und Existenzminimum jeweils *ausschließlich* auf einzelne Grundrechte zu stützen sind. Könnte gegebenenfalls nicht auch die Menschenwürde eine gewisse Rolle in dieser Frage spielen, wie es manche meiner Vorredner bereits angedeutet haben? Darüber hinaus halte ich es für dogmatisch überzeugender, in Rechtsordnungen, die eine grundrechtliche Wesensgehaltsgarantie kennen, verfassungsrechtliche Ansprüche auf Mindestsicherung *nicht allein* den Einzelgrundrechten zu entnehmen, sondern sie zugleich in der Wesensgehaltsgarantie zu verorten. Die Wesensgehaltsgarantie als Schranken-Schranke könnte nämlich in ähnlicher Weise wie die einzelnen Abwehrrechte nicht nur negativ, sondern auch in dem Sinne positiv gedeutet werden, dass der Staat verpflichtet ist, durch aktives Tun einen Mindestschutz des jeweiligen Grundrechts sicherzustellen. In diesem Sinne erscheint es mir vorzugswürdig, als verfassungsrechtliche Grundlage für Ansprüche auf eine Mindestsicherung im deutschen und spanischen Recht die – wohl im Unterschied zu den meisten anderen Staatsverfassungen – im deutschen Grundgesetz (Art. 19 Abs. 2) und in der spanischen Verfassung (Art. 53 Abs. 1) ausdrücklich enthaltene Wesensgehaltsgarantie in Verbindung mit dem jeweiligen Grundrecht heranzuziehen.

**Emmerich-Fritsche:** Sie sagen, Frau Davy, soziale Gleichheit ist weder Voraussetzung noch Aufgabe einer Verfassung. Mein erstes Problem ist: Was ist soziale Gleichheit? Es gibt offensichtlich eine rechtliche Dimension dieses Begriffs und diese ist wohl doch Aufgabe der Verfassung. Sie haben das gezeigt am Beispiel der Menschenwürde. Es wurden weiterhin angeführt das Recht auf Bildung, das Diskriminierungsverbot, das Sozialstaatsgebot, zumindest Chancengleichheit wurde ergänzend erwähnt, und man könnte vielleicht auch die soziale Dimension der Grundrechte hinzunehmen sowie die Schutzpflichtlehre.

Mich interessiert vor allem die europäische und die internationale Dimension. Zu Recht haben Sie den Begriff der Verfassung als mehrgliedrigen Begriff aufgefasst. Sie sind also vom Grundgesetz über die europäische Verfassung bis hin zu einer internationalen oder globalen Verfassung gegangen – wobei in Bezug auf letzteres das Wort Verfassung vielleicht noch mit einem Fragezeichen zu versehen ist. Es ist interessant zu sehen, dass die Arbeitnehmerfreizügigkeit, auch die Unionsbürgerschaft diesen Begriff der sozialen Ungleichheit nicht in erster Linie zu dem Zweck von mehr Selbstbestimmung, sondern eigentlich zu dem Zweck der Integration verrechtlicht haben. Inhalt der Grundfreiheiten ist ja nicht nur ein Diskriminierungsverbot, sondern jede faktische Beschränkung, und dazu gehören auch ungleiche soziale Rahmenbedingungen. Über die Grundfreiheiten wird der Begriff der sozialen Gleichheit europarechtlich weiter verrechtlicht, als dies nach dem Grundgesetz der Fall ist, aber zu einem anderen Zweck, nämlich zum Zweck der Harmonisierung der Wettbewerbsbedingungen und zur Verwirklichung des Binnenmarktes.

Ein anderer Aspekt, der noch als großes Leerfeld erscheint, ist die globale soziale Ungleichheit. Hier verwenden wir viele weiche Begriffe und stoßen auf Unklarheiten. Das liegt auch daran, dass der Begriff soziale Gleichheit als Rechtsbegriff mehr Bedeutung bekommt, je enger und homogener die Rechtsgemeinschaft ist. Auf der globalen Verfassungsebene gibt es diese Homogenität nicht, und deswegen haben wir hier kaum Möglichkeiten, eine rechtliche Grundlage für soziale Gleichheit zu finden. Ihr Ansatzpunkt social security oder responsibility to protect sind weite Modelle mit noch wenig rechtlich ausgefülltem Hintergrund. Auf Weltebene gibt es nur die Solidarität zwischen Menschen. Insoweit bietet sich also die Menschenwürde als rechtlicher Grund sozialer Gerechtigkeit an. Meine Frage: Ist die Menschenwürde aus Ihrer Sicht für die Weltgemeinschaft eine Aufgabe oder ein taugliches subjektives Recht, ein Gewohnheitsrecht oder allgemeiner Rechtsgrundsatz, der zum jus cogens zählt? Könnte man die Menschenwürde als obersten Verfassungsgrundsatz dieser globalen Verfassung ansehen und damit die responsibility to protect stärken? Erlauben Sie mir noch eine zweite Bemerkung: Die WTO zeigt unter dem verfassungsrechtlichen Aspekt eine extreme Asymmetrie. Verrechtlicht ist nur die Waren- und Dienstleistungsfreiheit, nicht die Arbeitnehmerfreizügigkeit. Und eine soziale Dimension fehlt im WTO-Recht völlig.

**Holoubek:** Wir sind damit zum Abschluss der Diskussion bei Wortmeldungen angelangt, die verstärkt den Blickwinkel auf europäische und internationale Aspekte werfen wollen.

**Groß:** Ich möchte nachhaken bei dem Thema der Existenzsicherung, das in beiden Referaten angesprochen worden ist, und zwei konkrete

Gruppen ansprechen, wo sich, glaube ich, konkret die Frage stellt, ob das Existenzminimum rechtlich gesichert ist, und daraus eine allgemeine Schlussfolgerung ziehen. Wenn ich mir überlege, bei welchen Gruppen die auch rechtlich abgesicherte soziale Sicherung am geringsten ist, dann lande ich bei zwei Ausländergruppen. Das eine sind die Asylbewerber, die unter das Asylbewerberleistungsgesetz fallen, was seit ungefähr 15 Jahren einen gegenüber dem damaligen Bundessozialhilfegesetz und jetzigen SGB II noch mal deutlich abgesenkten Regelsatz vorsieht. Noch problematischer ist, dass dieser Regelsatz seit etwa 15 Jahren nie angehoben worden ist, so dass sich hier noch deutlicher die Frage stellt, wo eigentlich die Untergrenze einer sozialen Unterstützung ist.

Die zweite Gruppe ist die Gruppe der illegal in Deutschland Lebenden, deren Zahl auf mehrere Hunderttausend geschätzt wird von Leuten, die in dem Bereich arbeiten. Sie bekommen natürlich keinerlei rechtlich abgesicherte Unterstützung. Dort stellt sich aber besonders brennend die Frage der gesundheitlichen Mindestversorgung. Aufgrund der Meldepflichten, die bestehen, müssen sie nämlich aufenthaltsbeendende Maßnahmen fürchten, wenn sie sich an irgendeine staatliche Stelle, damit auch an viele Krankenhäuser wenden, was dazu führt, dass sie sich meistens nur bei Lebensgefahr überhaupt in ärztliche Behandlung begeben, abgesehen von ein paar freiwillig und völlig ohne staatliche Unterstützung in dem Bereich tätigen Ärzten, die sich dieser Gruppe widmen. Auch dort stellt sich die Frage: Gibt es im gesundheitlichen Bereich einen Bereich des Existenzminimums, der jedenfalls nicht einer so hohen faktischen Hürde unterworfen werden darf, wie sie durch das Aufenthaltsrecht geschaffen wird?

Wenn man sich diesen konkreten Problemen stellt, kommt man zur Frage: Wo liegt eigentlich die rechtliche Basis und warum haben wir so große Scheu, das Existenzminimum konkret zu definieren? Wir haben gestern im Gesprächskreis Verwaltung darüber diskutiert, dass Verwaltungsgerichte inzwischen auf Euro und Cent ausrechnen, welche amtsangemessene Alimentation sich für Beamte mit drei oder mehr Kindern aus Art. 33 Abs. 5 GG ergibt, und zwar ohne gesetzliche Grundlage. Ist es da nicht merkwürdig, dass wir uns bei der vielleicht doch etwas existenzielleren Frage des schieren Existenzminimums so sehr scheuen, sehr konkret zu werden, und insbesondere die Gerichte sich so zurückhalten? Diese Frage knüpft daran an, dass wir das Problem in Art. 1 Abs. 1 GG verankern, denn dann ist natürlich sofort die Befürchtung, dass das über Art. 79 Abs. 3 GG absolut versteinert und der Gestaltungsspielraum des Gesetzgebers, der auch schon von Herrn Fehling angesprochen worden ist, völlig verschwindet. Wäre es nicht logischer,

Ansatzpunkte hat auch Frau Davy geliefert, den gesundheitlichen Schutz des Existenzminimums in Art. 2 Abs. 2 GG zu verankern und vielleicht auch den angesprochenen sozio-kulturellen Gehalt des Existenzminimums in Art. 2 Abs. 1 GG und daraus abzuleitenden Schutzpflichten für die freie Entfaltung der Persönlichkeit? Dann hätte man nicht gleich an das höchste Rechtsgut angeknüpft, sondern in Verbindung mit dem Sozialstaat an vielleicht auch etwas flexiblere und damit auch für die Gerichte handhabbarere Instrumente, ohne dass ich damit den Gestaltungsspielraum des Gesetzgebers ganz aufgeben will.

**Peters:** Ich möchte an beide Referenten eine Frage aus völkerrechtlicher und verfassungstheoretischer Perspektive stellen. Frau Davy hat in ihrem Referat in den Teilen 3 und 4 von Europäisierung und Internationalisierung der Gleichheit gesprochen. Herr Axer hat in seinem Referat aber in These 3 hervorgehoben, dass der Staat der primäre Adressat der Forderungen nach sozialem Ausgleich sei. Frau Davy hat auch – meiner Ansicht nach völlig zu Recht – betont, dass in Bezug auf das Thema globale Gerechtigkeit und Schutzverantwortung die philosophischen und juristischen Diskurse vollkommen unverbunden nebeneinander stehen. Ich finde, dass dies für die wissenschaftliche Durchdringung des Themas sehr schade und nachteilig ist. Es ist aus juristischer Sicht sicher geboten und von den Tagungsorganisatoren ja auch gewollt, dass wir die vorrechtlichen Voraussetzungen von Verfassungen in den Blick nehmen. Dazu gehört sicher auch der moralische und soziologische Befund. Deshalb meine Frage an beide: Für wie tragfähig halten Sie eine europäische oder gar globale Solidarität als vorrechtliche Voraussetzung für eine europäische oder globale Verfassung? Das Thema wurde ja in dieser Vereinigung schon mal unter der Überschrift „Europäische Identität“ in St. Gallen diskutiert. Können Sie das Problem vielleicht auch zur Frage des demokratischen Prozesses in Beziehung setzen? Herr Axer hat betont, dass, wenn überhaupt, Umverteilungsentscheidungen in einem demokratischen Prozess getroffen werden müssten. Dieser ist bekanntlich auf europäischer Ebene und erst recht auf globaler Ebene defizitär.

**Bausback:** Im Hinblick auf das Spannungsverhältnis der Freiheit zur Gleichheit haben Sie, Frau Davy, für die internationale Ebene auf das gewandelte Souveränitätsverständnis hingewiesen und weiter versucht, eine „responsibility to protect“ zu begründen. Aber wie weit geht eine solche „responsibility“, eine solche Pflicht, und wem gegenüber gilt sie? Welche konkreten normativen Grundlagen sind auf der internationalen Ebene gegeben? Soziale Menschenrechte, Art. 56 der UN-Charta, soft law – Sie haben einiges genannt.

Im modernen Völkerrecht ist die Frage nach dem Spannungsverhältnis zwischen Gleichheit und Freiheit vielleicht deshalb besonders interessant, weil zu diesem Spannungsverhältnis das weitere Spannungsfeld zwischen den Staaten als den originären Völkerrechtssubjekten und den Individuen als den Völkerrechtssubjekten sui generis hinzukommt. Wenn Sie in die Völkerrechtsgeschichte schauen, dann ist die Fragestellung einer Solidaritätspflicht ja schon bei Francisco de Vitoria zu finden. In seinem Werk „De Indis recenter inventis relectio prior" leitet er aus einer solchen Solidaritätspflicht aller Menschen ein ius commercii ab. Aus der Verletzung dieses vermeintlichen Rechts auf Handel und Austausch durch die Eingeborenen rechtfertigt er die spanischen Eroberungen in Amerika. De Vitoria begründet die Solidaritätspflicht noch in erster Linie aus der Gemeinschaft aller menschlichen Individuen. In der weiteren Entwicklung des Völkerrechts tritt dann die bei de Vitoria noch zu findende Bezugnahme auf die Individuen gänzlich zurück. Das Souveränitätsverständnis tritt in den Vordergrund.

Aber was gilt heute, in einem Zeitpunkt, in dem der Einzelne als Träger von unmittelbaren Rechten (Menschenrechten) und Pflichten (z.B. Völkerstrafrecht) Subjekt sui generis des Völkerrechts geworden ist? Auf wen bezöge sich die Solidaritätspflicht, die Sie versucht haben zu begründen? Ist es das Individuum oder ist es der Staat als orginäres Völkerrechtssubjekt? Die Beantwortung dieser Frage hat durchaus praktische Konsequenzen: Sie haben die Weltbank angesprochen. Gibt es eine Berechtigung, die Hilfe für Individuen zu verweigern, weil politische Forderungen nach „good governance" durch einen Staat nicht erfüllt werden? Wenn Sie die Frage auf ein konkretes Beispiel bezogen haben wollen: Hätte man den Menschen in Simbabwe, die drohten, an Hunger zu sterben, die internationale Hilfe deshalb verweigern dürfen, weil der Diktator Mugabe politische Reformen in dem von ihm regierten Staat verhinderte?

Aber nicht nur die Pflichtenbeziehung ist – wie das Beispiel zeigt – heute ungeklärt. Auch stellt sich die Frage, inwieweit eine wirkliche Rechtsgrundlage für eine konkrete Solidaritätspflicht vorhanden ist. Ich bin der Ansicht, dass letztlich die Frage der sozialen Verantwortung, die Sie zurecht anschneiden, auf der internationalen Ebene eben kaum in der rechtlichen, sondern viel mehr in der internationalen politischen Sphäre zu suchen und auch zu lösen ist. Wenn Sie nämlich eine internationale Solidaritätspflicht auf der rechtlichen Ebene ausloten und begründen wollen, kommen Sie in Untiefen, die letztlich nicht zu bewältigen sind. Es würde sich z.B., wenn Sie von einem Recht der in einem Staat lebenden Individuen auf internationale Solidarität ausgehen, auch die Frage stellen, ob es eine humanitäre Intervention im Hinblick auf extreme soziale Schieflagen geben kann. Konkret: Darf in Simbabwe, Nord-Korea oder einem anderen Staat die internationale Gemeinschaft, die USA oder auch die Europäische Union militärisch intervenieren, wenn die Versorgungslage der Bevölkerung nicht mehr gesichert ist? Soll das universelle Gewaltverbot relativiert werden, wenn soziale Not dies rechtfertigt? Ich denke, gerade die ansonsten anstehende Frage nach einer humanitären Intervention aus sozialer Verantwortung ist ein starkes Argument dafür, eine konkrete Solidaritätspflicht auf der politischen Ebene zu verorten und nicht zu versuchen, eine solche rechtlich im Sinne eines konkreten Anspruchs zu begründen.

**Holoubek:** Ich darf mich bei allen Diskutantinnen und Diskutanten für die sehr kollegiale Zeitdisziplin bedanken. Wir sind damit hervorragend durch und haben ausreichend Zeit für das Schlusswort der Referentin und des Referenten und beginnen in umgekehrter Reihenfolge.

**Axer:** Ich möchte mich zuerst herzlich für die Beiträge, Anmerkungen, Anregungen und auch für die vehemente Kritik von Herrn Meyer bedanken. Zugleich bitte ich um Nachsicht, dass ich nicht auf jeden einzelnen Beitrag eingehen kann, werde aber versuchen, soweit wie möglich, zu allen Beiträgen Stellung zu nehmen.

Herr Morlok, Herr Fehling, Herr Groß und Frau Peters thematisierten die Kompetenz des demokratischen Gesetzgebers. Welchen Spielraum besitzt der Gesetzgeber „positiv" für Maßnahmen zur Herstellung sozialer Gleichheit? Die Schwierigkeiten, den Spielraum „positiv" zu bestimmen, liegen darin, dass die Sachverhalte, die als Gründe für soziale Ungleichheiten gelten, und das Empfinden sozialer Ungleichheiten im Laufe der Zeit wechseln und changieren können. Inhalt und Gegenstand der Forderungen nach sozialer Gleichheit sind nicht feststehend, sondern wandeln sich; insoweit kann ich auch an zahlreiche Arbeiten von Herrn Zacher anknüpfen. Welche Sachverhalte in einer Gesellschaft zu einem bestimmten Zeitpunkt als nicht mehr hinnehmbare soziale Ungleichheit gelten und Forderungen nach gesetzgeberischem Handeln zum Abbau nach sich ziehen, ist auch zeit- und situationsabhängig und wurde vor zehn Jahren anders gesehen, als es vielleicht in zehn Jahren der Fall sein wird. Dem demokratisch legitimierten Gesetzgeber kommt insoweit die Aufgabe zu, darauf jeweils zu reagieren. Ein Patentrezept, in welcher Weise soziale Ungleichheiten, etwa nur über das Steuerrecht oder nur über das Sozialrecht, zu beheben sind, gibt es nicht.

In Bezug auf hohe Managergehälter stellt sich vor allem die Frage, ob eine Änderung in der Besteuerung oder die Deckelung der Gehälter durch Festlegung einer Obergrenze der richtige Weg ist. Der Gesetzgeber kann, wenn er insoweit meint reagieren zu müssen, im Rahmen der grundgesetzlichen Grenzen über das jeweilige Mittel und den konkreten Umfang entscheiden. Nur selten wird allerdings das Grundgesetz einen einzigen bestimmten Weg als den allein verfassungsrechtlich gangbaren zum Abbau sozialer Ungleichheit ausweisen. Bei der Entscheidung über den richtigen Weg ist zudem zu berücksichtigen, dass soziale Gleichheit und Ungleichheit nicht immer Ergebnisse eines statistischen Befundes sind, sondern sie in erheblichem Maße ebenfalls durch die gesellschaftliche Wahrnehmung bestimmt werden. So soll etwa die Armutsquote in den Jahren 2006/2007 leicht zurückgegangen sein, doch führte dies zu keinen spürbaren Veränderungen im Empfinden sozialer Ungleichheit, das nach wie vor sehr stark ist. Der Gesetzgeber hat somit nicht nur auf Statistiken zu reagieren, sondern auch auf die Wahrnehmung sozialer Ungleichheit durch die Gesellschaft. Der ihm dabei zukommende Gestaltungsspielraum ist auch deshalb groß, weil die Herstellung sozialer Gleichheit auf vielfältige Weise erfolgen kann und zahlreiche Probleme aufwirft.

Ein wichtiges Thema für die Herstellung sozialer Gleichheit ist die Bildung, die Herr Hufen und Herr Tomuschat angesprochen haben. Zum Thema Bildung und Chancengleichheit hätte schon allein ein eigenständiges Referat von einer dreiviertel Stunde gehalten werden können. Dass der Bildungsbereich im Vortrag nicht noch öfters angesprochen wurde, lag nicht daran, dass ihm für die Frage der sozialen Gleichheit keine maßgebende Bedeutung zugemessen wurde, sondern daran, dass die Redezeit begrenzt war und das Thema der sozialen Gleichheit sehr weit und vielschichtig ist.

Soweit Herr Tomuschat These neun widerspricht, weil gleiche rechtliche Freiheit in erster Linie soziale Gleichheit erzeuge, hoffe ich in meinem Referat deutlich gemacht zu haben, dass auch meiner Ansicht nach gleiche rechtliche Freiheit eine wichtige Voraussetzung für soziale Gleichheit ist. Allerdings führt rechtliche Gleichheit auch zu sozialer Ungleichheit, wie in These neun formuliert.

Thesen sieben und acht sollen nach der Kritik von Herrn Meyer nicht miteinander vereinbar sein. Dass die Herstellung sozialer Gleichheit eine subsidiäre Staatsaufgabe ist, die im Augenblick auch vom Staat wahrgenommen wird, steht meines Erachtens nicht in Widerspruch zu den bundesstaatlichen Ausführungen in These acht. Zwar lässt der grundgesetzliche Bundesstaat regionale Ungleichheiten zu und fordert keine umfassende Gleichheit – insoweit glaube ich, dass Übereinstimmung besteht –, doch bleibt die Frage, wie viel soziale Ungleichheit der Bundesstaat verträgt. Dies lässt sich nicht messerscharf bestimmen. Zudem betrifft soziale Gleichheit, wenn sie in einem ökonomischen Sinne verstanden wird, nur einen Aspekt sozialer Homogenität. Herr Ebsen hat zu Recht darauf hingewiesen, dass soziale Homogenität, wie sie etwa von Hermann Heller verstanden wird, weiter reicht. Im Hinblick auf These 10 – Herr Meyer spricht von großen Worten, die praktisch nicht realisiert werden – ging es mir nicht darum, einen Anspruch auf die notwendigen Voraussetzungen zur Gründung einer Bank oder eines Presseunternehmens zu schaffen, sondern darauf hinzuweisen, dass bestimmte existentielle Voraussetzungen gegeben sein müssen, um Grundrechte ausüben zu können. Soweit Herr Meyer darauf hinweist, dass gleiche Startbedingungen zu sozialer Ungleichheit führen, sehe ich keinen Dissens zu meinem Vortrag, und ich denke mit These 18 auch die mit dem Thema gestellte Frage beantwortet zu haben.

Ob über die Schutzpflichtenlehre ein grundrechtlicher Anspruch auf bestimmte Maßnahmen zur Herstellung sozialer Gleichheit begründet werden kann, erscheint mir zweifelhaft, wenn die Schutzpflichtenlehre auf den Eingriff privater Dritter beschränkt wird. Das Existenzminimum wird grundsätzlich nicht durch Eingriffe privater Dritter gefährdet, so dass die Gewährleistung des Existenzminimums insoweit kein Fall der Schutzpflichtenlehre ist. Davon unabhängig ist aber nicht zu übersehen – und ich hoffe, dies auch in meinem Referat zum Ausdruck gebracht zu haben –, dass sich gerade aus den Grundrechten Impulse zur Begründung von Ansprüchen ergeben können.

Im Hinblick auf die Frage von Frau Nußberger zur Fundierung und Begründung sozialer Gleichheit aus Art. 3 GG oder dem Sozialstaatsprinzip scheint mir zwischen beiden Grundrechtsbestimmungen kein so großer Gegensatz zu bestehen, wie er zum Teil angenommen wird. Beide Bestimmungen sind vielmehr miteinander verbunden. Selbst wenn der Gleichheitssatz auf rechtliche Gleichheit zielt, muss er auf die soziale Realität blicken und diese aufnehmen. Andererseits kann das Sozialstaatsprinzip zum Zwecke der Herstellung sozialer Gleichheit rechtliche Ungleichheit rechtfertigen. In meinem Vortrag ging es mir darum, anstelle eines scharfen Gegensatzes zwischen Art. 3 GG und dem Sozialstaatsprinzip im Sinne eines „Entweder/Oder" die Bedeutung beider Vorschriften für die soziale Gleichheit zu betonen.

Herr Welti hat auf die besonderen Gleichheitssätze hingewiesen. Diese konnten angesichts des knappen Zeitbudgets nur kurz angesprochen werden, ohne dass damit die Bedeutung der Regelungen zur Gleichbehandlung der Geschlechter oder der Gleichbehandlung Behinderter für das Thema der sozialen Gleichheit in Abrede gestellt werden sollte.

Warum ist das Existenzminimum nicht gesetzlich definiert? Mit dem SGB II hat der Gesetzgeber zumindest für einen Teil der Leistungen eine konkrete, auch die augenblickliche Diskussion bestimmende Summe genannt. Das Problem, das Existenzminimum exakt zu bestimmen, mag auch darin seinen Grund haben, dass sich dessen konkrete Höhe letztlich nur aus einem Vergleich heraus bestimmen lässt und sich zugleich der Bezugspunkt für den Vergleich ständig verändert. Was zudem abstrakt vom Existenzminimum erfasst wird, kann eng definiert und auf das zur Hilfe in Notlagen unbedingt Notwendige beschränkt werden, wie es die Schweizer Bundesverfassung – die auch von Herrn Häberle angesprochen wurde – in Art. 12 GG wohl für die Hilfe in Notlagen vorsieht, oder gerade auch im Hinblick auf ein gewisses Minimum an soziokulturellen Teilhabemöglichkeiten weiter reichen, wie es das Grundgesetz verlangt. Nochmals herzlichen Dank für ihre Beiträge; ich hoffe, dass Meiste beantwortet zu haben.

**Davy:** Sehr geehrte Damen und Herren! Sie haben mir viele gute Gedanken mit auf den Weg nach Hause gegeben und dafür bin ich dankbar. Ich bin nicht sicher, ob ich im Augenblick angemessen auf Ihre Nachfragen antworten kann. Für drei Fragen will ich gerne eine Antwort versuchen. Erstens: Was war mein Zugang zu „sozialer Gleichheit“? Zweitens: Warum habe ich mich nicht mit der Frage beschäftigt, ob „soziale Gleichheit“ eine Verfassungsvoraussetzung ist? Drittens: Gibt es so etwas wie „internationale Solidarität“?

Die erste Frage knüpft insbesondere an die Wortmeldung von Herrn Zacher an. Herr Zacher, Sie haben gesagt, dass eine Linie gefunden und gezogen werden müsste zwischen sozialer Ungleichheit, die suspekt ist, und sozialer Ungleichheit, die nicht suspekt ist. Lieber Herr Zacher, ich habe dazu mit großem Gewinn zwei Ihrer Arbeiten zu „Gleichheit“ gelesen. Eine stammt aus dem Jahr 1968 (AöR 93 [1968] 341), die andere aus der Reiner-Schmidt-Festschrift aus dem Jahr 2006. Ich will Ihnen mit Blick auf Ihre ’68er-Arbeit selbstverständlich keine Vorhaltungen machen. Es ist aber nicht zu übersehen, dass sich die beiden Arbeiten beträchtlich unterscheiden. In der Arbeit aus dem Jahr 1968 ist soziale Ungleichheit im wesentlichen „negativ“ besetzt, soziale Ungleichheit erscheint *per se* als etwas Unerwünschtes. In ihrem Beitrag zur Reiner-Schmidt-Festschrift können Sie sozialer Ungleichheit auch etwas Positives abgewinnen. In der Tat ist mir wichtig festzuhalten – darauf habe ich in meinem Bericht Wert gelegt –, dass soziale Ungleichheit nicht in jedem Fall ein Verfassungsproblem ist.

Aus verfassungsrechtlicher Sicht besteht die Aufgabe tatsächlich darin, eine Grenzlinie zu finden, nämlich die Grenzlinie zur verfassungsrechtlich nicht akzeptablen sozialen Ungleichheit. Bei dieser Aufgabe hilft uns allerdings das Sozialstaatsprinzip nicht weiter. Herr Häberle, ich habe hierzu vor allem auch Ihren Bericht auf der Jahrestagung der Staatsrechtslehrer 1971 aufmerksam gelesen. Was wir aus dem Sozialstaatsprinzip des Grundgesetzes gewinnen können, hat Herr Axer in seinem Bericht meiner Meinung nach korrekt und an vielen Beispielen sehr einfühlsam beschrieben: Nach dem Gestaltungsauftrag, der im Sozialstaatsprinzip niedergelegt ist, ist es letztlich Aufgabe des einfachen Gesetzgebers, die Grenze zwischen politisch akzeptierter und politisch nicht akzeptierter sozialer Ungleichheit zu ziehen. Freilich, mit diesem Ergebnis wollte ich nicht vor Sie hintreten. Das Ergebnis ist nämlich unter dem Blickwinkel der Rechtsdogmatik wenig befriedigend. Es verweist uns einfach auf die im politischen Raum möglichen Kompromisse. „Dogmatik“ findet hier rasch ein Ende.

Deshalb habe ich mich um einen anderen Zugang zu meinem Thema bemüht. Ich fand Hilfestellung in der Art und Weise, wie die politische Philosophie mit sozialer Ungleichheit umgeht. Das hatte ich im Bericht auch offengelegt: Ich interessiere mich nicht dafür, wie der Gesetzgeber heute mit dem Auftrag umgeht, einen „sozialen Ausgleich“ zu suchen (der Gesetzgeber könnte es ja auch ganz anders machen, und wie er es macht, hängt davon ab, welche Parteien politisches Gewicht besitzen). Aus dogmatischer Sicht befriedigender schien mir die Frage: Kann ich verfassungsrechtlich problematische Fälle von Ungleichheit finden? Solchen Fällen bin ich vor allem im deutschen Teil meines Berichts an verschiedenen Beispielen nachgegangen. Ich habe mich dabei an Fragestellungen orientiert, die die Sozialgerichte konkret beschäftigen – den Gerichten also aktuell unter den Nägeln brennen. Mein Ziel war es, die Rechtsprechung „dogmatisch“ zu kommentieren. Die einzig „harte“ Grenze, die ich aus dogmatischer Perspektive ausfindig machen konnte, ist insoweit das Recht auf Existenzminimum. Damit ist auch der erste Teil der Nachfrage von Frau Nußberger beantwortet. Meine Ausführungen zu den verfassungsrechtlichen Grenzen für soziale Ungleichheit verstehen sich als verfassungsrechtliche, nicht als verfassungspolitische.

Ich wechsle das Thema und komme zu meiner zweiten Frage: Wie halte ich es mit sozialer Gleichheit als Verfassungsvoraussetzung? Darauf bezogen sich mehrere Diskussionsbeiträge. Ich hatte gleich in den ersten Minuten meines Vortrags angekündigt, die Frage nach der Verfassungsvoraussetzung zurückzustellen. Sie können sicher sein, dass dies keine leichtfertige Entscheidung war. Niemand stellt einen Teil der Fragestellung des Vorstands zurück, ohne sich dies gründlich zu überlegen. Ich habe es getan, weil ich mit meinen Überlegungen nicht zu Ende gekommen bin. Aber ich bin damit ein Stück weit gekommen. Und Ihre Nachfragen geben mir Gelegenheit, Ihnen zu zeigen, wie weit ich damit gekommen bin.

In vielen rechtswissenschaftlichen Arbeiten finden wir den Hinweis, dass zu große ökonomische Differenzen – allgemeiner: zu große soziale Ungleichheiten – für die Demokratie oder für den Bestand des Staates von Übel seien. Ich verweise auf den heute schon mehrfach erwähnten Hermann Heller. Zu nennen wären aber auch Ernst-Wolfgang Böckenförde oder Herbert Krüger. Nun, die Sorge, dass es „zuviel" soziale Ungleichheit geben könnte, ist gerade in Deutschland außerordentlich plausibel. Zum einen kann man daran erinnern, dass die Sozialreformen des ausgehenden 19. Jahrhunderts zumindest auch von der Sorge getragen waren, die Arbeiterschaft und ihre Parteien könnten das herrschende politische System ernsthaft gefährden. Bismarcks Hauptanliegen war es, die Arbeiter mit dem Reich zu versöhnen. Die Einführung der Sozialversicherung sollte signalisieren, dass der Staat bereit war, soziale Gegensätze nicht zu schroff werden zu lassen. Zum anderen hat die marxistische Kritik rechtsstaatlich-liberale Verfassungen über Jahrzehnte dafür gegeißelt, dass sie lediglich rechtliche Gleichheit, nicht aber soziale Gleichheit garantierten. In der marxistischen Kritik wurde auch nach Einführung der Sozialreformen politische Sprengkraft gesehen. Schließlich gibt es eine Standarderzählung zu den politischen Verhältnissen der Weimarer Republik, die das Mächtigwerden der Nationalsozialisten mit der wirtschaftlichen Not der 20er und 30er Jahre verbindet. Die Behauptung ist, dass nicht so viele Menschen zu den Nazis übergelaufen wären, hätte es nicht eine so weit verbreitete Armut gegeben. All das legt nahe, dass es zwischen Staatsuntergang und sozialer Ungleichheit eine enge Verbindung gibt.

Die Plausibilität der Sorge vor „zuviel" sozialer Ungleichheit entbindet uns aber nicht von weiterem Nachdenken. Im Gegenteil, das Nachdenken muss gerade an dieser Stelle einsetzen. Denn es muss uns auffallen, dass die Sorge vor „zuviel" sozialer Ungleichheit in der rechtswissenschaftlichen Forschung regelmäßig nicht empirisch unterfüttert ist. Wenden wir uns an der Stelle hilfesuchend an andere Wissenschaften, finden wir – zugegeben recht abstrakte – Aussagen, die uns zumindest stutzig machen müssen. Soziologische Arbeiten machen uns erstens auf das verbreitete Phänomen der Lethargie aufmerksam. Viele Menschen nehmen die Zustände hin, unter denen sie leben; sie revoltieren dagegen nicht, jedenfalls nicht ohne weiteres. Resignation und das Gefühl, dass Widerstand keinen Zweck hat, bestimmen ihr Leben. Zweitens verweisen uns soziologische Arbeiten auf die stabilisierende Kraft der Hoffnung: Es gibt Staaten, die trotz großer sozialer Ungleichheit stabil sind, weil die Menschen fest daran glauben, ihre Lage eines Tages verbessern zu können und dann zu den Glücklichen zu gehören. Drittens erfahren wir, dass Menschen die Grundlagen von sozialer Ungleichheit, z.B. eine bestimmte Rangordnung, als richtig und angemessen akzeptieren. Davon berichtet v.a. Amartya Sen in verschiedenen seiner Arbeiten. Staatswesen auf der Grundlage eines Kastensystems sind eben nicht in Gefahr, wenn die Menschen Kasten in ihr Wertesystem einbauen. Die Staaten sind durchaus stabil.

Soweit ich sehen kann, gibt es nur eine Person, die der Frage nach dem Verhältnis von sozialer Ungleichheit und der Stabilität von Staaten empirisch nachgegangen ist: Das ist Charles Tilly, der über einen Zeitraum von mehreren hundert Jahren hinweg europäische Staaten untersucht hat, ihren Aufstieg und ihren Untergang. Charles Tilly besitzt außerdem eingehende Kenntnisse über außereuropäische Staaten. Von Charles Tilly lernen wir zweierlei: Es ist danach wohl anzunehmen, dass es vielfach eine Verbindung zwischen (blutigen) Konflikten und Ungerechtigkeit gibt. Menschen können sichtlich vor allem dann mobilisiert und auf die Straße gebracht werden, wenn es gelingt, die herrschenden Zustände als ungerecht zu beschreiben. Allerdings: Was in Konflikten als „Ungerechtigkeit“ thematisiert wird, hat nicht notwendigerweise einen Bezug zu sozialer Ungleichheit. Ich könnte viele Konflikte nacherzählen, die blutig waren und zum Untergang von Staaten geführt haben, die sich aber nicht an sozialer Ungleichheit entzündet haben. Das gilt übrigens gerade auch für die jüngere deutsche Geschichte. Wir lernen von Charles Tilly außerdem – jetzt kann ich an die Wortmeldungen von Herrn Ebsen und Herrn Morlok anschließen –, dass es zwischen demokratischen Systemen und mehr sozialer Gleichheit eine hohe Korrelation gibt: Demokratische Systeme dulden im allgemeinen weniger soziale Ungleichheit als autoritäre Systeme. Folgt man Tilly, kann man daraus aber nicht den Schluss ziehen, dass soziale Gleichheit zumindest für demokratische Systeme eine Verfassungsvoraussetzung ist. Es scheint vielmehr umgekehrt zu sein. Das haben Herr Ebsen und Herr Morlok bereits angedeutet: Demokratische Systeme sind die Voraussetzung für mehr soziale Gleichheit, und zwar aus verschiedenen Gründen. Den wichtigsten Grund will ich kurz erwähnen: Demokratische Systeme sind offen für Lobby-Gruppen; sie lassen es zu, dass Interessengruppen im Parlament vertreten sind. Die Interessengruppen können – bei entsprechender Mehrheit – ihre Anliegen durchsetzen, darunter auch das Anliegen, mehr soziale Gleichheit (für sie) herzustellen. Herr Zacher hat die Wechselwirkungen zwischen Sozialstaat und Demokratie oft beschrieben.

Führt man alle diese Arbeiten zusammen, würde ich vorsichtig sagen: Nein, mehr soziale Gleichheit ist nicht zwingend eine Verfassungsvoraussetzung. Es gibt Staaten, die ungeachtet großer sozialer Ungleichheit gut funktionieren und in einem globalen Kontext sogar „demokratisch" genannt werden können. Botswana ist dafür ein auffälliges Beispiel. In Botswana liegt die Lebenserwartung nach den Berichten des U.S. Department of State bei 34 Jahren. Nach den Veröffentlichungen der Weltbank gehört Botswana zu den fünf Staaten mit dem höchsten Gini-Koeffizienten (er liegt bei 60,5). Und dennoch: Nach einem auf globale Verhältnisse zugeschnittenen niedrigschwelligen Demokratiebegriff ist Botswana eine stabile Demokratie, und das seit vielen Jahrzehnten.

Damit bin ich bei der dritten und letzten Frage, auf die ich eingehen will: Gibt es so etwas wie internationale Solidarität? Ich will hier zunächst an den Bericht von Ewald Wiederin bei der Jahrestagung der Vereinigung im Jahr 2004 in Jena anknüpfen. Lieber Ewald, ich tue das, weil Du einen Gedanken, den man auch in anderen Arbeiten finden kann, sehr schön zugespitzt hast: Nach einer verbreiteten Überzeugung findet man Solidarität zuerst in der Familie, dann in der Nation bzw. im Staat, und das – so hast Du gemeint – vor allem dann, wenn der Staat homogen ist. Ich akzeptiere das für einen Moment und schließe daraus für „internationale" Solidarität: Internationale Solidarität ist ein Unding, entweder, weil die nötige Homogenität fehlt oder aus anderen nicht offengelegten Gründen.

Ich bezweifle die Richtigkeit dieser These. Es lässt sich nämlich ziemlich präzise feststellen, wann Solidarität mit den „Armen" der Nation historisch entstanden ist. Solidarität mit den „Armen" der Nation entstand, als sich eine völkergewohnheitsrechtliche Norm entwickelte, die es den europäischen Staaten untersagte, verarmte Staatsangehörige aus dem Lande zu schaffen. Diese völkergewohnheitsrechtliche Norm entstand in der Mitte des 19. Jahrhunderts. Bis dahin war es den Staaten erlaubt, mittellose Menschen – selbst wenn sie eigene Angehörige waren – aus dem Staatsgebiet zu vertreiben. Europäische Staaten haben davon auch reichlich Gebrauch gemacht. Noch zu Beginn des 19. Jahrhunderts gab es also keine Solidarität innerhalb der Nation. Diese Solidarität hat sich unter bestimmten politischen Bedingungen entwickelt. Man kann sogar sagen, dass die europäischen Staaten die Verantwortung für „ihre" Armen nur zähneknirschend akzeptiert haben (die Alternative schien ein noch größeres Übel zu sein). Auf diese Weise entstanden Fürsorgesysteme, die von bestimmten Menschen – den Staatsangehörigen – in Anspruch genommen werden konnten, ohne dass diese fürchten mussten, ihr Aufenthaltsrecht zu verlieren. Die staatliche Fürsorge des ausgehenden 19. Jahrhunderts war im übrigen alles andere als Ausdruck einer besonderen Brüderlichkeit. Wer die Fürsorge in Anspruch nahm, verlor die politischen Rechte. Arme waren keinesfalls Gleiche.

Aber wie dem auch unter dem Aspekt der Brüderlichkeit sei, wichtig ist: Nationale Solidarität entstand in einer spezifischen historischen Situation. Sie ist ein politisches Konstrukt. Daran schließt sich ein weiteres Argument: Wenn nationale Solidarität ein Konstrukt ist, warum soll es nicht möglich sein, Solidarität zu konstruieren, die über die nationalen Grenzen hinaus geht? In der Tat können wir für eine derart erweiterte Solidarität eine Reihe von Anhaltspunkten finden. Wir finden Anhaltspunkte für grenzüberschreitende Solidarität in Europa. Der europäische Sozialfonds ist wahrscheinlich ein herausragendes Beispiel für europäische Solidarität. Aber es gibt auch andere, v.a. im Kontext der Freizügigkeit. Einige habe ich in meinem Bericht angesprochen. Und wenn wir bereit sind, danach zu suchen, dann finden wir darüber hinaus Anhaltspunkte für eine internationale Solidarität. Auf globaler Ebene sind Strukturen entstanden, wie die Vereinten Nationen, NGO's oder weltweit operierende Unternehmen, die Solidarität zum Gegenstand ihres Handelns machen. Es gibt heute außerdem so etwas wie eine globale Öffentlichkeit, die Solidarität zu einem politischen Thema macht. Wer das möchte, kann über das *internet* ohne weiteres an dieser globalen Öffentlichkeit teilhaben. Die großen Konferenzen auf dem Gebiet der Entwicklungspolitik oder der Welthandelspolitik werden heute stets weltöffentlich begleitet: Sie finden *websites*, auf denen Sie sich nicht nur über die Standpunkte der einzelnen Staaten, sondern auch über die Beiträge von internationalen Organisationen und NGO's informieren können. Wenn Sie wollen, können Sie sich auch aktiv an den politischen Diskussionen beteiligen. Der Nationalstaat ist also keineswegs der einzige und möglicherweise bald auch nicht mehr der einzig selbstverständliche Bezugspunkt unserer Solidarität.

Ich habe Ihre Aufmerksamkeit über Gebühr beansprucht. Ich danke Ihnen.

Dritter Beratungsgegenstand:

# Demografischer Wandel und Generationengerechtigkeit

1. Bericht von Professor Dr. *Winfried Kluth*,
Martin-Luther-Universität Halle-Wittenberg

## Inhalt

## I. Einführung

Vor *einiger* Zeit legte das Familienministerium dem Bundeskanzleramt eine Denkschrift mit dem Titel „Die Gründe unseres Geburtenrückgangs" vor. Darin wurde die demografische Bedeutung der Familie aufgezeigt und eine bessere Familienförderung angemahnt. Die Denkschrift wies darauf hin, dass die Geburtenzahl in Deutschland seit fünfzig Jahren abnimmt und dass vorübergehende Stabilisierungen nicht als Trendwende gedeutet werden können. Zwar folge aus demoskopischen Erhebungen, dass sich mehr Menschen Kinder wünschen; sie würden davon aber durch die wirtschaftliche Situation abgehalten. Die Denkschrift mündet in den Satz: „Es kann für die Gemeinschaft nicht gleichgültig sein, wenn das Fundament der Lebenspyramide des Volkes, die Jugendgeneration, dauernd schwächer wird."[1]

Diese Denkschrift datiert vom 17. April 1957 und war Teil der Bemühungen des damaligen Familienministers *Franz-Josef Wuermeling*, Bundeskanzler *Konrad Adenauer* dazu zu bewegen, die anstehende Rentenreform mit einem Maßnahmenpaket zur Familienförderung zu verbinden, um auf diese Weise die demografische Grundlage für die neu konzipierte Rente dauerhaft zu sichern. Die Reaktion von *Konrad Adenauer* ist bekannt. Er wies im Bundeskabinett nach einer kolportierten Information den auch von anderer Seite[2] unterbreiteten Vorschlag, die Familienförderung in die Rentenreform einzubeziehen, mit dem Hinweis zurück: „Kinder kriegen die Leute sowieso".[3]

Legt man die Diagnose der Denkschrift[4] zugrunde und berücksichtigt die weitere Entwicklung bis in die Gegenwart hinein, so haben sich die Prognosen und Befürchtungen von damals mehr als bewahrheitet.

---

[1] Denkschrift „Die Gründe unseres Geburtenrückgangs", Wuermeling an Adenauer, 17. 04. 1957, BArchK B 136/6134.

[2] Siehe *W. Schreiber* Existenzsicherung in der industriellen Gesellschaft, 1955; daran anknüpfend *H. Achinger/J. Höffner/H. Muthesius/L. Neuendörfer* Neuordnung der sozialen Leistungen, 1955; zu Hintergrund und Einzelheiten *G. Hardach* Der Generationenvertrag, 2006, 277ff.

[3] *H. Butzer* Der Generationenvertrag, FS Schnapp, 2008, 377 (386). Die Entscheidung von Adenauer war außerdem von wahltaktischen Überlegungen geprägt, da man sich durch die Rentenreform mehr Zuspruch erhoffte als durch Maßnahmen der Familienförderung.

[4] Die in der Denkschrift vermittelte Sichtweise und die Thematisierung der demografischen Entwicklung waren für die damalige Zeit nicht singulär; siehe nur *F.-X. Kaufmann* Die Überalterung – Ursachen, Verlauf, wirtschaftliche und soziale Auswirkungen des demographischen Alterungsprozesses, 1960.

Deutschland gehört heute weltweit zu den Staaten[5] mit den niedrigsten Geburtenraten. Seit 1972 wird die für eine stabile Bevölkerung maßgebliche Marke von 2,1 Kindern pro Frau im gebärfähigen Alter unterschritten.[6] Die Gesamtbevölkerungszahl ist erstmalig 2005 rückläufig gewesen und dieser Trend hält trotz Zuwanderung weiter an. Im Jahr 2050 wird die Einwohnerzahl auf ca. 70 Millionen gesunken sein.[7]

Der Rückgang der Gesamtbevölkerungsgröße als solcher muss nicht beängstigen.[8] Auch die „alte" Bundesrepublik war mit ihren 63 Millionen Einwohnern Ende der achtziger Jahre lebens- und funktionstüchtig. Umweltpolitisch orientierte Beobachter haben deshalb nicht ohne Grund den Bevölkerungsrückgang begrüßt.[9]

Derartige positive Bewertungen[10] des demografischen Wandels können aber nicht darüber hinwegtäuschen, dass sich die strukturellen Veränderungen in der Alterspyramide und die damit verbundenen wachsenden Belastungen der Erwerbstätigen[11] ganz erheblich auf die Gesellschafts-

---

[5] Eine Übersicht zur Entwicklung in den Europäischen Staaten liefert *S. Kröhnert/ I. Hoßmann/R. Klingholz* Die demografische Zukunft von Europa, 2008.

[6] *H. Birg* Die ausgefallene Generation, 2. Aufl. 2006, 33. Eine nach Regionen differenzierende Darstellung findet sich bei *S. Kröhnert/F. Medicus/R. Klingholz* Die demografische Lage der Nation, 3. Aufl. 2007.

[7] Statistisches Bundesamt, Bevölkerung Deutschlands bis 2050. 11. koordinierte Bevölkerungsvorausberechnung, 2006 (siehe auch www.destatis.de). Diese Studie wird als Datenbasis der nachfolgenden Darstellung zugrunde gelegt, soweit nicht ausdrücklich etwas anderes vermerkt ist. Auf Einzelnachweise zu den Zahlenangaben wird wegen der leichten Zugänglichkeit zu den Daten verzichtet.

[8] Dramatisierend: *F. Schirrmacher* Das Methusalem-Komplott, 2004; dazu kritisch *F.-X. Kaufmann* Schrumpfende Gesellschaft, 2005, 239ff.

[9] Begrüßt wird der demografische Wandel auch aus anderen Gründen; so wird z.B. darin eine Chance gesehen, die gesellschaftliche Stellung der Frauen zu verbessern. Siehe dazu P. A. Berger/H. Kahlert (Hrsg.), Der demographische Wandel. Chancen für die Neuordnung der Geschlechterverhältnisse, 2006.

[10] Das gilt erst Recht für die Leugnung jeglicher relevanter Problematik auf Grund des demografischen Wandels; siehe dazu *U. Fachinger/H. Rothgang* Zerstört der demografische Wandel die Grundlagen der sozialen Sicherung?, ZSR 1997, 814 (827); *K. Hessert* Rentenversicherung im System der Bundesrepublik Deutschland, VSSR 2002, 129 (150); *A. Müller* Die Reformlüge, 2004; dazu kritisch *A. Lenze* Staatsbürgerversicherung und Verfassung, 2005, 384ff.; *Kaufmann*, (Fn. 8), 232ff. Es ist insoweit auch nicht (mehr) angemessen, von einer Schimäre der fachwissenschaftlichen Diskussion zu sprechen, die in der Praxis keine Bedeutung besitzt, wie es *Renate Köcher* noch 2003 als Ergebnis einer Allensbach-Umfrage formulierte; vgl. *R. Köcher* Die Schimäre Generationengerechtigkeit, FAZ Nr. 239 vom 15. 10. 2003.

[11] Unter Erwerbstätigen werden je nach Kontext entweder nur die Beitragszahler zu den gesetzlichen Sicherungssystem verstanden, zu denen auch die Arbeitgeber gehören, oder alle Erwerbstätigen, insoweit sie direkt oder indirekt (über Steuern) einen Beitrag zu den sozialen Sicherungssystem leisten.

kultur[12], die Wirtschaft[13], die sozialen Sicherungssysteme sowie die regionale Infrastrukturgewährleistung auswirken werden. Deutschland wird nicht nur zunehmend ergrauen und die Zahl der kleinen Pflegemobile auf unseren Straßen weiter zunehmen. Viele Landstriche werden ihren Charakter verändern und in allen großen Institutionen sozialer Sicherung haben Umbauprozesse begonnen. Das alles reicht so weit, dass von einer sozialen Transformation gesprochen werden muss.

Auf einen griffigen Bezugspunkt gebracht werden diese Entwicklungen aus einer rechtswissenschaftlichen Perspektive durch den Begriff der Generationengerechtigkeit.[14] Er lenkt, nach der Verarbeitung der Herausforderungen des Umweltschutzes[15] mit Hilfe des Prinzips der Nachhaltigkeit[16], ein weiteres Mal die Aufmerksamkeit der Rechtswissenschaft auf Gerechtigkeitsfragen, die nur aus einer Langzeitperspektive zu erfassen und zu bearbeiten sind.[17] Was aber ist mit diesem Prinzip gemeint, wo liegen seine Ursprünge?

Generationengerechtigkeit, wie sie heute allgemein im Anschluss an *John Rawls* und *Hans Jonas* verstanden wird, zielt darauf ab, die historisch zufällige Zugehörigkeit zu einer bestimmten Generation nicht zum

---

12 Dazu programmatisch: *U. Di Fabio* Der Schutz von Ehe und Familie: Verfassungsentscheidung für die vitale Gesellschaft, NJW 2003, 993ff.; *G. Steinmann* Kindermangel in Deutschland. Bevölkerungsökonomische Analysen und familienpolitische Lösung, 2007.

13 *H. Birg* Die demographische Zeitenwende, 4. Aufl. 2005, 160ff.; *Kaufmann*, (Fn. 8), 63ff.

14 Einführend: Stiftung für die Rechte zukünftiger Generationen (Hrsg,), Handbuch Generationengerechtigkeitm, 2. Aufl. 2003. Speziell zur Kategorie Generation: *B. Weisbrod* Generation und Generationalität in der Neueren Geschichte, APuZ 8/2005, 3ff.; aufschlussreich zur praktischen Relevanz: *U. Dallinger* Generationengerechtigkeit – Wahrnehmung in der Bevölkerung, APuZ 8/2005, 29ff.

15 Dazu exemplarisch *I. Appel* Staatliche Zukunfts- und Entwicklungsvorsorge, 2005; *G. Beaucamp* Das Konzept der zukunftsfähigen Entwicklung im Recht, 2001. Siehe auch *S. Mückl* „Auch in Verantwortung für die künftigen Generationen". „Generationengerechtigkeit" und Verfassungsrecht, FS Isensee, 2007, 183 (194ff.).

16 Dazu eingehend und aus den verschiedenen Wissenschaftsperspektiven die Beiträge in W. Kahl (Hrsg.), Nachhaltigkeit als Verbundbegriff, 2008. Das Prinzip der Nachhaltigkeit weist enge Wechselwirkungen zur intergenerationellen Gerechtigkeit auf, insoweit diese langfristige Beurteilungs- und Gestaltungsperspektiven verlangt. Das wird z.B. bei der Staatsverschuldung deutlich. Es fehlt aber an Bezügen zur intragenerationellen Gerechtigkeit sowie an inhaltlichen Maßstäben für die Ausgestaltung der betroffenen Politikfelder. Siehe dazu auch *H. Schulze-Fielitz*, in: H. Dreier (Hrsg.), Grundgesetz, Bd. 2, 2. Aufl. 2006, Art. 20a, Rn. 35f.

17 Siehe zu dieser Perspektive auch *U. Becker* Die alternde Gesellschaft – Recht im Wandel, JZ 2004, 929ff.

Anknüpfungspunkt für Benachteiligungen werden zu lassen.[18] Im Geiste des egalitären Liberalismus geht es um die Gewährleistung von Fairness.[19] Diese darf nicht von politischen Einzelentscheidungen oder historischen oder biografischen Zufälligkeiten abhängen.[20] Was im Einzelfall der Generationengerechtigkeit entspricht, soll durch ein Gedankenexperiment ermittelt werden. Zu diesem Zweck wird angenommen, dass alle je auf der Erde lebenden Generationen unter einem „Schleier des Nichtwissens"[21] eine Vereinbarung treffen, wie allen Generationen

[18] *J. Rawls* Eine Theorie der Gerechtigkeit, 1979, 319ff.; *H. Jonas* Das Prinzip Verantwortung, 1979, insbes. viertes Kapitel Abschnitte IV u. V. Siehe zu weiteren Grundlegungen und der Einbettung in die Theorien sozialer Gerechtigkeit *S. Liebig/P. Scheller* Gerechtigkeit zwischen den Generationen, Berl.J.Soziol. 2008, 301ff. Der pronociert von *Hans Kelsen* vertretene These, dass eine (rechts-)wissenschaftliche Begründung von Gerechtigkeit nicht möglich ist, wird damit praktisch widersprochen; vgl. *H. Kelsen* Was ist Gerechtigkeit, 2000 (Reclam Ausgabe, Erstauflage 1953); *ders.* Die Illusion der Gerechtigkeit, 1985; kritisch dazu *M. Kriele* Kriterien der Gerechtigkeit, 1963; *W. Waldstein* Ist das „suum quique" eine Leerformel?, FS Verdroß, 1980, 285ff. Aus einem anderen Blickwinkel hat *Niklas Luhmann* konstatiert, die Idee der Gerechtigkeit habe im juristischen Denken ihre operative Bedeutung und ihre Normativität verloren, *N. Luhmann* Gerechtigkeit in den Rechtssystemen der modernen Gesellschaft, Rechtstheorie 4 (1973), 131 (133). Auch diese Feststellung dürfte inzwischen überholt sein. Sie verkennt zudem, dass mit den Menschenrechten eine neue Form von Gerechtigkeitskriterien Einzug in die rechtswissenschaftliche Diskussion gehalten hat.

[19] *J. Rawls* Gerechtigkeit als Fairneß, 2006, 94, 246ff. Der egalitäre Ansatz zur Konkretisierung der Gerechtigkeit ist aus ganz verschiedenen Gründen auf erhebliche Kritik gestoßen, vgl. *R. Dworkin* Bürgerrecht ernstgenommen, 1984; *R. Nozick* Anarchy, State and Utopia, 1974; *A. MacIntyre* Der Verlust der Tugend, 1987; *A. Etzioni* Die Verantwortungsgesellschaft, 1997; *M. Walzer* Sphären der Gerechtigkeit, 1992 (Neuauflage 2006); *D. Miller* Soziale Gerechtigkeit, 2008; für Deutschland: *W. Kersting* Theorien sozialen Gerechtigkeit, 2000, insbes. 68ff.; *ders.* Kritik der Gleichheit, 2005. Wenn hier gleichwohl das Prinzip der Generationengerechtigkeit in den rechtswissenschaftlichen Diskurs übernommen wird, so beruht dies auf der ganz überwiegenden Zustimmung, die es im deutschen politischen und rechtswissenschaftlichen Diskurs gefunden hat. Zudem ist damit nicht die Anerkennung einer selbständigen normativen Maßgeblichkeit verbunden. Diese gilt es zu ermitteln.

[20] *Rawls* (Fn. 19), 246ff.

[21] Diese Argumentationsfigur nutzt auch BVerfGE 101, 158 (218) zur Steuerung des Länderfinanzausgleichs. Dazu näher *H. P. Bull* Der rationale Finanzausgleich – ein Gesetzgebungsauftrag ohnegleichen, DÖV 2000, 305ff.; *T. Christmann* Vom Finanzausgleich zum Maßstäbegesetz, DÖV 2000, 315ff. Kritisch zur praktischen Wirkung des Grundsatzes und zur Dominanz des politischen Aushandelns im Föderalismus *W. Kluth* Art. 104 a, b GG – Stärkung der Finanzverantwortung der Ebenen oder Eröffnung von Umgehungsstrategien?, in Henneke (Hrsg.), Kommunen in den Föderalismusreformen I und II, 2008, 20 (41 f).

ein angemessener Gewinn[22] zuzubilligen sei. Dabei wüssten sie nicht, welcher Generation sie später angehören würden.[23] Damit wird ein Leitgedanke a-historischer Gleichheit formuliert, der über die klassischen Menschenrechtsgewährleistungen hinausgeht.[24]

Die spezifisch juristische Diskussion zur Generationengerechtigkeit wurde in den achtziger Jahren aus einem Blickwinkel eröffnet[25], bei dem die von Bevölkerungswachstum und Technik ausgehenden Bedrohungen im Vordergrund standen. Die Reichweite politischer Entscheidungen sollte begrenzt werden. Dabei wurde auch der Versuch unternommen, die Generationengerechtigkeit in allgemeinen Verfassungsprinzipien zu verankern: im Demokratieprinzip, weil dem auf beschränkte Zeit legitimierten Parlament irreversible Entscheidungen untersagt seien[26], und in den Grundrechten, da sich z.B. grundrechtliche Schutzpflichten auch auf künftige Grundrechtsträger bezögen.[27] Beide Ansätze konnten sich jedoch ebenso wenig durchsetzen[28] wie die später erhobenen Forderungen nach einer über Art. 20a GG hinausgehenden Einbeziehung der Generationengerechtigkeit in das Grundgesetz durch Verfassungsänderung.[29]

---

22 Im Ausgangspunkt ist das Konzept der Generationengerechtigkeit unausgesprochen fortschrittsorientiert. Es ist aber auf Grund seiner neutralen Formulierung auch auf Fälle des „Rückschritts", d.h. der Absenkung von Wohlfahrtstandards, anwendbar. Damit ist zugleich die Erkenntnis verbunden, dass Generationengerechtigkeit nicht auf einen überzeitlichen Standard abzielen kann, sondern immer wieder eine Nachjustierung am Maßstab überschaubarer Entwicklungszeiträume verlangt.

23 Siehe ähnlich *O. Höffe* Tauschgerechtigkeit und korrektive Gerechtigkeit: Legitimationsmuster für Staatsaufgaben, in: Grimm (Hrsg.), Staatsaufgaben, 1994, 713 (735f.); den Ansatz von *Rawls* kritisch weiterführend *M. Nussbaum* Frontiers of Justice, 2007. Eigenständiger rechtsphilosophischer Begründungsansatz bei *F. Eckart* Zukunft in Freiheit, 2004, 108ff.

24 Siehe zu diesem Gesichtspunkt *Kersting* (Fn. 19), 68ff., 90f.

25 Allerdings spielte der Thematik in der Sache bereits lange eine wichtige Rolle, etwa bei der Ausgestaltung des Erb- und Ehegüterrechts; siehe dazu S. Brakensiek/M. Stolleis/H. Wunder (Hrsg.), Generationengerechtigkeit? Normen und Praxis im Erb- und Ehegüterrecht 1500–1985, Beiheft 37 der Zeitschrift für Historische Forschung, 2006.

26 So etwa *U. K. Preuß* Politische Verantwortung und Bürgerloyalität, 1984, 292f.; ähnlich *P. Saladin/C. Zenger* Rechte künftiger Generationen, 1988, 99. Neuer Ansatz bei *P. Häberle* Ein Verfassungsrecht für künftige Generationen – Die andere Form des Gesellschaftsvertrages: der Generationenvertrag, FS Zacher, 1998, 215ff.

27 Dazu eingehende Darstellung bei *Appel* (Fn. 15), 116ff.

28 Ablehnend u.a. BVerfGE 79, 311 (340f.); *P. Henseler* Verfassungsrechtliche Aspekte zukunftsbelasteter Parlamentsentscheidungen, AöR 108 (1983), 489 (499ff.).

29 Entwurf eines Gesetzes zur Änderung des Grundgesetzes zur Verankerung der Generationengerechtigkeit v. 09. 11. 2006, BT-Drucks., 16/3399; *J. Tremmel* Generationengerechtigkeit in der Verfassung, APuZ 8/2005, 18ff. Dazu *Mückl* (Fn. 15), 202f.

Die durch den demografischen Wandel begründete Herausforderung hat Ähnlichkeiten mit der Nachhaltigkeitsdiskussion im Umweltschutz, soweit es um den vernünftigen Umgang mit knappen Ressourcen geht. Sie geht aber zugleich weit darüber hinaus, weil die gegenwärtige „Knappheit" an Menschen nicht irreversibel ist. Der demografische Wandel verlangt in vielen Bereichen die Umorganisation und Umsteuerung komplexer Abläufe in Staat und Gesellschaft und kann aus diesem Grunde nur in enger interdisziplinärer Kooperation bewältigt werden. Die Wissenschaft vom öffentlichen Recht kann und muss[30] dazu ihren Beitrag leisten. Sie kann den Reform- und Anpassungsprozess begleiten, indem das Prinzip der Generationengerechtigkeit verfassungsrechtlich verortet, seine normativen Vorgaben entfaltet und aus ihm weiterreichende Steuerungsimpulse für die einzelnen Teilrechtsgebiete abgeleitet werden.

In dieser Situation ist es das Anliegen der nachfolgenden Überlegungen, Grundlagen und Reichweite einer rechtlichen Verortung des Prinzips der Generationengerechtigkeit genauer in den Blick zu nehmen. Ausgehend von der Annahme, dass dafür nur der Rekurs auf allgemeine Grundsätze des Verfassungsrechts in Betracht kommt, die im Zusammenhang mit rechtlich relevanten Beziehungen zwischen Generationen Wirksamkeit entfalten, soll dabei induktiv vorgegangen werden. Dem möglichen rechtlichen Gehalt von Generationengerechtigkeit soll in einigen ausgewählten Rechtsgebieten und Rechtsbeziehungen nachgespürt werden, die besonders intensiv durch den demografischen Wandel betroffen sind.

Als Referenzbereiche für diese Untersuchung werden herangezogen: die Gesetzliche Rentenversicherung, die ausführlich untersucht werden soll, sowie die Gesetzliche Krankenversicherung und die Einrichtungen der regionalen Infrastruktur, bei denen nur einige wenige Punkte beleuchtet werden.[31] Daran schließen sich Überlegungen zu den verfas-

---

[30] Zur gesellschaftlichen Verantwortung der Wissenschaft bzw. des Forschers *B. Losch* Wissenschaftsfreiheit, Wissenschaftsschranken, Wissenschaftsverantwortung, 1993; *W. Thieme*, Deutsches Hochschulrecht, 3. Aufl. 2004, 95ff.; *H. H. Trute*, Wissenschaft und Technik, in: Isensee/Kirchhof (Hrsg.), Handbuch des Staatsrechts, Band 4, 3. Aufl. 2006, § 88, Rn. 8ff. (aus dem Blickwinkel der Technik). Siehe auch aus dem Blickwinkel der „Politiknähe" *H. Schulze-Fielitz* Staatsrechtslehre als Wissenschaft: Dimensionen einer nur scheinbar akademischen Fragestellung, in: ders., Staatsrechtslehre als Wissenschaft, Die Verwaltung, Beiheft 7, 2007, 11ff.

[31] Nicht behandelt werden: die gesellschaftliche Teilhabe im Alter (vgl. dazu *Becker* [Fn. 17], JZ 2004, 929 [935ff.]; die Staatsverschuldung und ihr Abbau (*R. Wendt/ M. Elicker* Staatsverschuldung und intertemporäre Lastengerechtigkeit, DVBl. 2001, 497ff.; *F. Kirchhof* Der notwendige Ausstieg aus der Staatsverschuldung, DVBl. 2002, 1569ff.; *H. Pünder* Gerechte Lastenverteilung zwischen den Generationen, DVBl. 2008,

sungsrechtlichen Rahmenbedingungen und möglichen Ausgestaltungen einer Nachwuchssicherungspolitik sowie ein kurzer Ausblick an.

## II. Generationengerechtigkeit in der Alterssicherung

### *1. Die Grundkonstruktion der Gesetzlichen Rentenversicherung*

Über Jahrhunderte war die Alterssicherung in die Großfamilie eingebunden, die als Wirtschafts- und Versorgungsgemeinschaft fungierte. Der Übergang zur individuellen Erwerbstätigkeit und die dadurch verursachte Verselbständigung von Familienleben und Familienökonomie machten Ruhestand und Alterssicherung zu einem expliziten Thema, das zunächst durch Sozialnormen und nach und nach durch Rechtsnormen ausgefüllt wurde.[32] Ab diesem Zeitpunkt machte es auch Sinn, von einem Generationenvertrag zu sprechen, den die Ökonomie so deutet, dass in der Jugend die Kinder ein Darlehen ihrer Eltern erhalten, das sie später als Erwerbstätige in Form der Alterssicherung an diese zurückzahlen.[33]

Um die trotz des innerfamiliären Generationenvertrages weit verbreitete Altersarmut und den damit verbundenen sozialen Unfrieden zu be-

946ff.); die damit verbundene Forderung nach einer verfassungsrechtlichen Verankerung von „Schuldenbremsen" (Wissenschaftlicher Beirat bei Bundesministerium für Wirtschaft und Technologie, Zur Begrenzung der Staatsverschuldung nach Art. 115 GG und zur Aufgabe des Stabilitäts- und Wachstumsgesetzes, 2008; *I. Härtel* Grenzen der Illusion: Schuldenbremse als Regulativ staatlichen Handelns, ZG 2007, 399ff.; *M. Rossi* Verschuldung in extremer Haushaltsnotlage, DVBl. 2005, 269ff.); die gezielte Förderung von Zuwanderung und Integration (*J. Henseler* Mobilität und Migration in der Einwanderungsgesellschaft, 2006; Bertelsmann Stiftung [Hrsg.], Demographiemonitor, Band 1, 2006, 282ff.).

32 Gründliche Aufarbeitung bei *Hardach* (Fn. 2), 41ff. Einen Überblick zu ausländischen Alterssicherungssystemen liefert *U. Becker* Alterssicherung im internationalen Vergleich, FS 50 Jahre Bundessozialgericht, 2004, 575ff. Einen instruktiven Vergleich der Sozialmodelle ausgewählter europäischer Staaten findet sich bei *F.-X. Kaufmann*, Varianten des Wohlfahrtsstaats. Der deutsche Sozialstaat im internationalen Vergleich, 2003.

33 Siehe zu dieser Interpretation *J. Pimpertz* Alterssicherung im Drei-Generationenvertrag, 2005, 14ff. Aus einem anderen Blickwinkel geht es um die Verteilung des „Lebenseinkommens": das vor allem während der Erwerbsphase erwirtschaftete Einkommen muss auch die erwerbsfreien Phasen der Jugend und des Ruhestandes finanzieren. Diese Betrachtungsweise verdeutlicht ebenfalls, dass sich die deutliche Verlängerung der Ruhestandsphase bei gleich bleibenden Erträgen während der Erwerbsphase Auswirkungen auf das Einkommensniveau hat bzw. eine andere Verteilung des Lebenseinkommens verlangt.

kämpfen[34] kam es 1891 zur Einführung der Gesetzlichen Rentenversicherung als Kapitalversicherung.[35] Der Anfang war bescheiden: die durchschnittliche Rente betrug 6 Mark im Monat, das waren 14% des Durchschnittlohns, und reichte zur Sicherung des Lebensunterhalts nicht aus. Renteneintrittsalter war das siebzigste Lebensjahr, das allerdings nur wenige Arbeitnehmer erreichten, so dass 91 % der Renten Invaliden- und keine Altersrenten waren. Erst im Jahr 1916 wurde das Renteneintrittsalters auf 65 Jahre herabgesetzt.[36]

In dieser wenig komfortablen Ausgestaltung überdauerte die Rentenversicherung das Dritte Reich und den Zweiten Weltkrieg. Im Rahmen der so genannten Großen Rentenreform des Jahres 1957 hat der Bundesgesetzgeber das Umlagefinanzierungsverfahren eingeführt, bei dem die Beiträge zur Finanzierung der laufenden Renten erhoben und verwendet werden.[37] Die Höhe der Rente orientierte sich fortan am bisherigen Einkommen und der aktuellen Wohlstandsentwicklung in der Gesellschaft. Es wurde die dynamische Rente mit Lohnersatzfunktion und dem Ziel der Lebensstandardsicherung verwirklicht.[38] Diesen Reformvorgang kann man aus heutiger Sicht auch als Verwirklichung von Generationengerechtigkeit interpretieren, sollte doch die Zugehörigkeit zur Vorkriegsgeneration die damaligen Rentenempfänger nicht gegenüber der in deutlich größerem Wohlstand lebenden Generation der Erwerbstätigen benachteiligen.

Die Renten wurden fortan regelmäßig an das gestiegene Lohnniveau angepasst und zudem die Frühverrentung erheblich erleichtert, so dass

---

[34] Den ersten Anstoß vermittelte der rheinische Unternehmer *Kalle* im Jahr 1874, dem Verein für Socialpolitik einen Vorschlag zur Einrichtung einer Rentenversicherung für Arbeitnehmer zu unterbreiten. Diese Rentenversicherung sollte zur „Anbahnung des socialen Friedens" zwischen Arbeitnehmern und Unternehmern beitragen und über ein Umlageverfahren finanziert werden. Um eine ausreichende Höhe der Umlage sicherzustellen sollte eine Versicherungspflicht begründet werden. Die Umlage sollte 5% des Normallohns betragen. Ausreichende Zustimmung fand der Plan jedoch nicht. Siehe näher *L. F. Ludwig-Wolf* Über Alters- und Invaliden-Pensionscassen, Schriften des Vereins für Socialpolitik 5, 1874.

[35] Gesetz, betreffend die Invaliditäts- und Altersversicherung vom 22. 06. 1889, RGBl. 1989, 97.

[36] Näher zur Entwicklung *Hardach* (Fn. 2), 163ff.

[37] Gesetz zur Neuregelung des Rechts der Rentenversicherung der Arbeite vom 23. 02. 1957, BGBl. I, 45; Gesetz zur Neuregelung des Rechts der Rentenversicherung der Angestellten vom 23. 02. 1957, BGBl. I, 88; zu Einzelheiten *Hardach* (Fn. 2), 253ff. Zur Funktionsweise des Umlageverfahrens instruktiv *D. Schewe* Die Umverteilung durch die soziale Rentenversicherung, FS Bogs, 1967, 147ff.

[38] Die Formulierung stammt nach *Butzer* wohl von dem Freiburger Volkswirtschaftslehrer *J. Heinz Müller* vgl. *Butzer* (Fn. 3), 377 (382 mit Fn. 21).

das durchschnittliche Renteneintrittsalter auf ca. 60 Jahre sinken konnte.[39] Dadurch und auf Grund der gestiegenen Lebenserwartung verlängerten sich die Rentenlaufzeiten um ca. 60 %.[40] Die hohen Finanzierungslasten konnten getragen werden, solange die Zahl der Erwerbstätigen im Verhältnis zu den Rentenempfängern in einem günstigen Verhältnis stand und die Einkommen anstiegen.

Bereits in den neunziger Jahren zwang der absehbare demografische Wandel den Gesetzgeber zu ersten Korrekturen.[41] Er hat zunächst in mehreren „kleineren" Rentenanpassungsgesetzen die Zahlungsverpflichtungen der Rentenversicherung und die damit verbundene Beitragslast vermindert; Rentenanpassungen wurden verschoben, die Frühverrentung schrittweise erschwert[42], die Beitragsberechnung[43] mit dem Ziel der Kürzung verändert.[44] Die gegen ausbleibende Rentenerhöhungen und vorgenommene Kürzungen erhobenen Klagen blieben weitge-

---

[39] Wenn man die Erwerbsunfähigkeitsrenten mit berücksichtigt. Die Altergrenze wurde durch die Rentenreform 1992 ab 1997 wieder schrittweise auf 65 Jahre angehoben. Zudem wurde von der Brutto- auf die Nettoanpassung der Renten umgestellt.

[40] *F. Ruland* Gesellschaftliche Veränderungen und Rentenversicherung, FS Zacher, 1998, 835 (836, 838). Es handelt sich um Laufzeiten zwischen 13 und 15 Jahren.

[41] Eine aus heutiger Sicht kuriose Episode stellt dabei die Einführung des so genannten demografischen Faktors durch das (1997 erlassene) Rentenreformgesetz 1999 (BGBl. I, 2998) dar, der nach dem Regierungswechsel durch das Rentenkorrekturgesetz vom 19. 12. 1998 (BGBl. I, 3843) ausgesetzt wurde und nie zur Anwendung kam. Siehe näher *T. Hebeler* Generationengerechtigkeit als verfassungsrechtliches Gebot in der Rentenversicherung, 2001, 66f. Der demografische Faktor zielte darauf ab, das an einen Rentner ausgezahlte Rentengesamtvolumen beizubehalten, aber die jährlichen Auszahlungen an die längere Rentenbezugszeit anzupassen mit der Folge, dass die monatlichen Renten entsprechend gekürzt werden mussten. Eine solche Vorgehensweise wäre mit dem versicherungsrechtlichen Äquivalenzprinzip vereinbar. Das Rentenniveau wäre auf diesem Wege von 70 % auf 64 % abgesenkt worden. Zur Kritik am demografischen Faktor siehe *E. Eichenhofer* Gleitender Übergang in den später beginnenden Ruhestand – eine Zukunftsperspektive für die Rentenversicherung?, JZ 1998, 808 (812).

[42] Zu diesem Zweck wurde neben der Anhebung des Renteneintrittsalters auch Abschläge auf die Höhe der Rentenzahlungen in den Fällen der Frühverrentung eingeführt, siehe *F. Ruland* Verfassungs- und europarechtliche Grenzen bei der Umgestaltung des Sozialstaats im Bereich der Alterssicherung, VSSR 1997, 19 (21); *Hebeler* (Fn. 40), 66.

[43] Unter anderem die Umstellung von der Orientierung am Bruttolohn auf den Nettolohn durch das Rentenreformgesetz 1992, BGBl. I, 2261. Siehe dazu im Überblick *Hebeler* (Fn. 41), 64f.; vertiefend: *C. Dreger/J. Kolb* Die Zukunft des Generationenvertrags – Aktuelle Reformvorhaben und mögliche Entlastungspotentiale, 1998; *K. Michaelis*, Anpassung der Renten – unverzichtbarer Bestandteil der sozialen Ordnung, DRV 2000, 414ff.

[44] *Hardach* (Fn. 2), 375ff. (zu ersten Ansätzen der Problemwahrnehmung), 429ff. (zu ersten Schritten der Rentenreform).

hend erfolglos[45], weil sich im Umlageverfahren der Rentenversicherung der Rentenanspruch nicht auf einen konkreten Geldbetrag bezieht, sondern sich als die mit den entrichteten Beiträgen erworbene Rangstelle des einzelnen Versicherten in Relation zu anderen Versicherten und zum Durchschnittsentgelt im jeweiligen Beschäftigungsjahr darstellt.[46] Hinzu kommt, dass die eigentumsrechtliche Garantie des Rentenanspruchs und vor allem der Rentenanwartschaft ihre volle Wirkung nur entfaltet, soweit sie auf eigenen Leistungen der Versicherten beruht[47], zu denen aber auch der Arbeitgeberanteil gehört.[48] So lange der Eigenleistungsanteil in der Region von 80% lag, waren auch aus diesem Grunde Anpassungen „nach unten" eigentumsdogmatisch gut zu rechtfertigen.[49]

### 2. *Die Verarbeitung des demografischen Wandels durch Anpassung: Das Rentenversicherungs-Nachhaltigkeitsgesetz*

Die seit Mitte der neunziger Jahre zunehmend in das politische Bewusstsein tretenden Auswirkungen des demografischen Wandels auf die im Umlageverfahren finanzierte Gesetzliche Rentenversicherung zwangen den Gesetzgeber (erneut[50]) zu einer weiter reichenden Reform. Dies wird deutlich, wenn man sich die in den kommenden Jahrzehnten zu erwartende Entwicklung des Altenquotienten vor Augen führt: Mussten 100 Erwerbstätige im Jahr 1990 24 Rentenbezieher und 34 Jugendliche finanzieren, so sind es 2030 voraussichtlich 50 Rentenempfänger und

---

[45] Übersicht und Einzelnachweise bei *R. Jaeger* Die Reformen in der gesetzlichen Sozialversicherung im Spiegel der Rechtsprechung des Bundesverfassungsgerichts, NZS 2003, 225ff.

[46] Darauf bezieht sich auch der vom Bundesverfassungsgericht bejahte grundrechtliche Eigentumsschutz. Siehe grundlegend BVerfGE 53, 257 (289ff.); 117, 272ff.; BSGE 90, 11 (19f.). Näher *H.-J. Papier* in: Maunz/Dürig, Grundgesetz, Art. 14 (2002), Rn. 138f.

[47] BVerfGE 58, 81 (109ff.); *H.-J. Papier* Alterssicherung und Eigentumsschutz, FS Leisner, 1999, S. 721 (723).

[48] *Papier* (Fn. 46), Art. 14, Rn. 141 m.w.N.

[49] BVerfGE 75, 78 (97): Rechtfertigung durch Gründe des öffentlichen Interesses unter Berücksichtigung des Grundsatzes der Verhältnismäßigkeit. Siehe auch *Papier* (Fn. 45), 721 (734f.); *A. Lenze* Rentenreform zwischen Eigentumsschutz und Gleichheitssatz, NZS 2003, 505 (508); *H. Sodan* Verfassungsrechtliche Determinanten der gesetzlichen Rentenversicherung, NZS 2005, 561ff.; *I. Ebsen* Das Verfassungsrecht als Steuerungsinstrument für die Balance von Bestandssicherung und Flexibilität in der gesetzlichen Rentenversicherung, FS Ruland, 2007, 81 (94f.); *M. Schuler-Harms* Demografischer Wandel und Generationengerechtigkeit, DVBl. 2008, 1090 (1094).

[50] Der mit der Aussetzung des demografischen Faktors (siehe Fn. 41) verhinderte Reformschritt wurde durch die Rot-Grüne Bundesregierung damit auf einem anderen Wege und mit weiter reichenden Auswirkungen nachgeholt.

30 Jugendliche sowie 2050 60 Rentenempfänger und 29 Jugendliche.[51] Altenquotient und Gesamtquote steigen demnach um rund ein Drittel. Auf der Basis der bisherigen Regelungen hätte diese Veränderung des Altenquotienten bedeutet, dass die Beiträge in Zukunft bis in eine Region zwischen 28% und 31% zu erhöhen gewesen wären um die Rentenauszahlungen zu finanzieren. Dass dies sowohl für die Beitragspflichtigen als auch für den Wirtschaftsstandort Deutschland kaum tragbar wäre, leuchtet ein.

Der Bundesgesetzgeber hat sich 2004 durch Erlass des Rentenversicherungs-Nachhaltigkeitsgesetzes für eine grundlegende Änderung des Leitbildes der Alterssicherung entschieden. Die Rente besitzt keine Lohnersatzfunktion mehr und sichert auch nicht den bisherigen Lebensstandard ab. Das Sicherungsniveau wurde von bislang 67% auf künftig 52% abgesenkt und gleichzeitig der Beitragssatz von 19,5% auf 22% angehoben.[52] Zum Ausgleich werden private Alterssicherungen, die so genannte Riester-Rente[53] und die betrieblichen Altersversorgungen[54], steuerlich gefördert. In der Reformsprache wird durch dieses Modell der Arbeitnehmer in seiner Eigenverantwortlichkeit aktiviert und die staatliche Verantwortung reduziert.[55]

Der Bundesgesetzgeber hat diese Reform ausdrücklich mit der Generationengerechtigkeit begründet.[56] Überprüft man den Vorgang mit der

---

[51] *Statistisches Bundesamt* (Fn. 7), 23f. (mit Schaubild 9).

[52] *S. Bredt* Eigentumsschutz und Generationenausgleich in der Rentenversicherung, DVBl. 2006, 871 (873).

[53] Altersvermögensgesetz v. 26. 06. 2001, BGBl. I, 1310. Wenig später wurde für nicht rentenversicherungspflichtige Personengruppen die Rürup-Rente eingeführt: Alterseinkünftegesetz v. 05. 07. 2004, BGBl. I, 1427. Zu beiden Modellen *J. Baur* in: Assmann/Schütze (Hrsg.), Handbuch des Kapitalanlagenrechts, 3. Aufl. 2007, § 20, Rn. 499ff.

[54] Rund 60% der Beschäftigten nehmen an der betrieblichen Altersvorsorge teil, vgl. *Bundesministerium für Arbeit und Soziales*, Nationaler Strategiebericht: Sozialschutz und soziale Eingliederung 2006–2008, 2006, 35.

[55] Siehe zum damit verwirklichten neuen Leitbild *E. Eichenhofer* Sozialreformen zwischen Vision und Wirklichkeit, NZS 2007, 57 (60f.). Das Leitbild findet sich auch in den Ergebnissen der offenen Methode der Koordinierung für den Bereich der Alterssicherung, siehe dazu *Bundesrepublik Deutschland*, Nationaler Strategiebericht Alterssicherung 2005, 19ff.

[56] BT-Drucks, 15/2562, S. 1: „Richtschnur der Reform ist dabei der Grundsatz der Generationengerechtigkeit. Die Jüngeren dürfen nicht durch zu hohe Beiträge überfordert werden. Nur mit verkraftbaren Beiträgen zur gesetzlichen Rentenversicherung wird der Spielraum geschaffen, der erforderlich ist, um eigenverantwortlich ergänzende Altersvorsorge betreiben zu können. Gleichzeitig muss das Vertrauen der Älteren in das Funktionieren der gesetzlichen Rentenversicherung erhalten bleiben." Der Bundesrat hatte in seiner Stellungnahme (Anlage 2 zu obiger Drucksache) allerdings angemerkt: „Der Bundesrat ist der Auffassung, dass ... die Aufnahme des Nachhaltigkeitsfaktors in

Rawls'schen Formel, so leuchtet dies ein, denn in einer Phase radikal veränderter Altenquotienten würde jede Generation der Neujustierung von Sicherungsniveau und Beitragslast zustimmen, um mittel- und langfristig keine gravierenden Unterschiede im Beitragsbelastungs- und Versorgungsniveau entstehen zu lassen.[57]

Kritisiert wird an dieser und den vorausgegangenen Reformen indes, dass sie einen weit reichenden Bestandsschutz gewähren und dadurch die aktuelle Generation der Rentenempfänger nicht oder nur sehr beschränkt belasten. Darin wird ein Verstoß gegen den allgemeinen Gleichheitssatz gesehen, in den das Prinzip der Generationengerechtigkeit hineininterpretiert wird.[58] Zu diesem Zweck wird Art. 3 Abs. 1 GG unter Rückgriff auf die staatstheoretische Interpretation der Verfassung als Gegenseitigkeitsverhältnis in der Zeit[59] sowie den Grundsatz der Systemgerechtigkeit[60] zu einem Anspruch auf Gleichbehandlung in der Zeit erweitert.[61]

Das erste Argument knüpft an die von *Haverkate* entfaltete Interpretation der Verfassung als eines auch generationenübergreifenden Gegenseitigkeitsverhältnisses an.[62] Dieser Sichtweise liegt ihrerseits das Verständnis der Verfassung als Generationengesellschaftsvertrag zugrunde.[63] Dabei wird mit überzeugenden Argumenten aufgezeigt, dass sich der dauerhafte Gewährleistungsanspruch der Verfassung auch in der Zeit und zwischen den Generationen durch die Perspektive des Gegenseitigkeitsverhältnisses verstehen lässt. So wie bei der klassischen

---

die Rentenformel für sich alleine keine generationengerechte, leistungsgerechte und solidarische Rentenreform ermöglicht. ... Ohne Ergänzung durch eine familienpolitische Komponente bürdet er auch Eltern die Lasten des Geburtendefizits auf. Dies ist ungerecht und verwaltet das demographische Problem lediglich, bessert es aber nicht. Der Bundesrat fordert daher als eine Grundvoraussetzung für eine nachhaltige Rentenreform Verbesserungen für Familien durch Entlastungen bei der Beitragszahlung und eine stärkere Anrechung von Zeiten der Kindererziehung." Damit hat der Bundesrat die Rolle von Familienminister *Wuermeling* übernommen, allerdings auch mit der gleichen Erfolglosigkeit.

[57] Der Wechsel des Leitbildes ist aus dem Blickwinkel der Generationengerechtigkeit ebenfalls unproblematisch, da diese nicht verlangt, dass soziale Sicherungsziele dauerhaft auf dem gleichen konstruktiven Weg verwirklicht werden. Da das Drei-Säulen-Modell insgesamt eine angemessene und im Vergleich zum bisherigen Modell annähernd gleichwertige Alterssicherung ermöglicht, bestehen keine Bedenken.

[58] *Hebeler* (Fn. 41), 131.

[59] Anknüpfend an *G. Haverkate* Verfassungslehre, 1992, 249ff.; *Hebeler* (Fn. 41), 131.

[60] *Hebeler* (Fn. 41), 140ff.

[61] *Hebeler* (Fn. 41), 127ff.

[62] *Haverkate* (Fn. 59), 249ff.

[63] Dazu bereits *H. Schulze-Fielitz* Theorie und Praxis parlamentarischer Gesetzgebung, 1988, 218ff.; *Häberle* (Fn. 26), 215 (228ff.).

Gesellschaftsvertragstheorie im fiktiven Urzustand in Bezug auf einzelne Güter wie Sicherheit und Freiheit die für alle vorteilhafte Lösung ermittelt wird, könne dies auch in der Zeitdimension zwischen den Generationen erfolgen.

So zutreffend diese Sichtweise in Bezug auf die staatstheoretische Begründung des Geltungsanspruchs von Verfassungen auch sein mag; es ist problematisch, sie zur Begründung der Erweiterung des normativen Geltungsanspruchs des allgemeinen Gleichheitssatzes heranzuziehen. Erkennt man an, dass Art. 3 Abs. 1 GG „für sich" betrachtet dem Gesetzgeber gerade keine allgemeine Pflicht zur Gleichbehandlung in der Zeit auferlegt und stimmt man weiter zu, dass das Modell des Generationengesellschaftsvertrages ein Erklärungs- und Begründungsmuster und kein unmittelbar wirksamer Verfassungsrechtssatz ist, so wird deutlich, dass es sich um einen Fehlschluss handelt: Die fehlende verfassungsrechtliche Wirkkraft des Generationengesellschaftsvertragsmodells[64] kann die Bindungswirkung des Art. 3 Abs. 1 GG nicht erweitern.[65] Gleiche Vorbehalte sind gegenüber dem Rekurs auf den Grundsatz der Systemgerechtigkeit anzubringen.[66] Auch alle übrigen Versuche, der Generationengerechtigkeit durch eine Kombination mit anderen Normen einen über deren ursprünglichen Regelungsgehalt hinausreichende Verbindlichkeit zu verleihen[67], sind aus den gleichen Erwägungen zurückzuweisen.

Anders liegen die Dinge, wenn der Gesetzgeber selbst – wie im Fall des Rentenreformgesetzes 2004 – sich den Grundsatz zu Eigen macht und zur Begründung von Beschränkungen des Eigentumsgrundrechts oder allgemein zur Neugestaltung des Systems der Alterssicherung heranzieht. Soweit das Eigentumsgrundrecht Beschränkungen der im Rentenrecht begründeten Ansprüche und Anwartschaften zugunsten von gewichtigen Gemeinwohlbelangen ohnehin zulässt, kann dabei auch das Prinzip der Generationengerechtigkeit herangezogen werden.[68] Es re-

---

64 Staatstheoretische Erklärungsmodelle sind bereits methodisch nicht geeignet, den normativen Geltungsbereich einzelner Verfassungsnormen zu erweitern, soweit diese durch eine Bereichsdogmatik konkretisiert sind, wie dies bei Art. 3 Abs. 1 GG der Fall ist.

65 *Schuler-Harms* (Fn. 49), DVBl. 2008, 1090 (1092); ähnlich *Lenze* (Fn. 10), 357ff.

66 *Lenze* (Fn. 10), 351ff. m.w.N.; allgemeiner und vorsichtiger *F. Ossenbühl* Soziale Gleichheit in der Zeit, FS Zacher, 1998, 673 (682ff.).

67 *K. Waechter* Umweltschutz als Staatsziel, NuR 1996, 321 (326f.). Wie hier *W. Höfling* Intergenerationelle Verantwortung und Verfassungsrecht, in: Birnbacher/Brudermüller (Hrsg.), Zukunftsverantwortung und Generationensolidarität, 2001, 107 (108, 111f.).

68 So auch *Schuler-Harms* (Fn. 49), DVBl. 2008, 1090 (1094); *Papier* (Fn. 46), Art. 14, Rn. 138.

präsentiert insoweit einen im allgemeinen Gerechtigkeitsdenken verankerten Gemeinwohlbelang.[69]

Die normative Bedeutung der Generationengerechtigkeit geht in einigen Fällen aber noch weiter. Das wird vor dem Hintergrund der skizzierten Auswirkungen des demografischen Wandels auf die Entwicklung der Beitragspflichten vor der Reform deutlich. Die Belastung der Beitragszahler hätte im weiteren Zeitverlauf eine derartige Höhe[70] angenommen, dass die Dispositionen der Beitragszahler in allen anderen Lebensbereichen deutlich eingeschränkt worden wären. Vor allem aber konnten sie selbst nicht mehr mit einer vergleichbaren Alterssicherung wie die von ihnen finanzierte Generation der Rentenempfänger rechnen. Damit wäre die bei Art. 2 Abs. 1 GG zu verortende Rechtfertigung der Beitragspflicht nicht mehr gelungen. Die Beitragsbelastung wäre im Hinblick auf das zu erwartende geringe zukünftige Rentenniveau und die geringen Gestaltungsmöglichkeiten bei der zusätzlichen privaten Alterssicherung[71] mit den verbleibenden finanziellen Mitteln unverhältnismäßig und verfassungswidrig geworden. Denn die Belastung mit den gesetzlichen Pflichtbeiträgen ist im Hinblick auf ihre aktuelle Höhe auch auf Grund des versicherungsrechtlichen Äquivalenzprinzips[72] nur dann verhältnismäßig im engeren Sinne, wenn die Beiträge auf Dauer eine annähernd gleichwertige Sicherung ermöglichen, wie sie auf Grund der gezahlten Beiträge für die heutigen Rentenempfänger verwirklicht wird. Ist dies auf Grund eines Wandels der Rahmenbedingungen nicht mehr möglich, so muss das System entsprechend angepasst werden. In dem durch die Beitragspflicht begründeten Grundrechtseingriff bzw. seiner

[69] Die Bezeichnung als Gemeinwohlbelang mag auf den ersten Blick irritieren, da es um die Gruppeninteressen der Angehörigen der einzelnen Generationen geht, also um eine Vielzahl von Individualbelangen. Da das Prinzip der Generationengerechtigkeit aber auf die gerechte Zuteilung für die Angehörigen *aller* Generationen und nicht nur auf die Berücksichtigung der Interessen einer Seite abzielt, ist von einem Gemeinwohlbelang zu sprechen. Hinzu kommt, dass die Verwirklichung der Generationengerechtigkeit mittelbar auch auf die Absicherung des sozialen Friedens abzielt, bei dem es sich ohne Zweifel um einen Gemeinwohlbelang handelt.

[70] Die Beiträge zur Rentenversicherung wäre bis in eine Höhe von 31 % gestiegen; hinzu wären die ebenfalls steigenden Beiträge zur Gesetzlichen Krankenversicherung gekommen, die heute bereits bei 15 % liegen und ebenfalls weiter steigen werden. Damit wäre fast die Hälfte des Eigentums durch die beiden Versicherungssysteme gebunden gewesen.

[71] Aber auch in Bezug auf die Gestaltungsmöglichkeiten in anderen Bereichen, wie etwa der Krankenversicherung, soweit auch bei dieser das Sicherungsniveau abgesenkt wird.

[72] Zu seiner verfassungsrechtlichen Verankerung *H. Butzer* Fremdlasten in der Sozialversicherung, 2001, 355ff. m.w.N.

Rechtfertigung begegnen sich demnach die heutigen Beitragszahler und Rentenempfänger sowie die künftigen Rentenempfänger in einem dreipoligen[73] Abwägungsvorgang.[74] Der Bundesgesetzgeber war vor diesem Hintergrund angesichts des drohenden Anstieges der Beitragslast und ohne Aussicht der Versicherten auf eine annähernd gleiche Alterssicherung verfassungsrechtlich zu einer Anpassung des Rentensystems verpflichtet.

Der sowohl im *alten* System drohende als auch nach dem *neuen* Rechtsrahmen denkbare Fall, dass Rentenansprüche eine negative Rendite[75] aufweisen, soll hier nur kurz mit dem Hinweis angesprochen werden, dass in einem Umlagesystem negative Renditen keinen unverhältnismäßigen Eingriff in das Eigentumsgrundrecht darstellen, so lange sie sich in Grenzen halten.[76] Das ist eine Konsequenz der dynamischen Wechselbezüglichkeit von Beitragslast und Rentenanspruch im Umlageverfahren[77] und spiegelt sich auch in der gesetzlichen Ausgestaltung des

---

[73] Die Bemessung der Beitragshöhe am Maßstab des Versorgungsbedarfs der jetzigen Rentenbezieher muss ins Verhältnis gesetzt werden zum Verhältnis der aktuellen Beitragshöhe zur zukünftigen Höhe der Rentenzahlungen. Das Umlageverfahren verlangt aus dem Blickwinkel der Generationengerechtigkeit demnach eine doppelte, gegenwarts- und zukunftsbezogene Abwägung.

[74] Die heutigen Beitragszahler können demnach nicht darauf verwiesen werden, zu einem späteren Zeitpunkt als Rentenempfänger gegenüber den dann in der Pflicht stehenden Erwerbstätigen höhere Rentenzahlungen geltend zu machen. Die absehbare Absenkung des Rentenniveaus muss bereits zeitnah im Zusammenhang mit ihrer Heranziehung zur Beitragszahlungen berücksichtigt werden. Darin verwirklicht sich das Prinzip der Nachhaltigkeit in anderer Gestalt als im Umweltrecht. Es geht nicht darum, die schädlichen Wirkungen heutigen Handelns in der Zukunft zu berücksichtigen, sondern darum, die begrenzten Handlungsmöglichkeiten in der Zukunft bei der aktuellen Beitragsgestaltung zu beachten.

[75] Darunter versteht man den Fall, dass die eingezahlten Beiträge die ausgezahlten Beträge im Durchschnittsfall übersteigen. Dass im Einzelfall bei langer Beitragszeit und kurzer Rentenbezugsdauer eine negative Rendite entsteht, ist rechtlich unerheblich, da eine allgemeine gesetzliche Regelung nur den Normalfall, den sie als den Durchschnittsfall bestimmt, zugrunde legen kann.

[76] Die Grenze kann auch hier nur durch die Formel der „annähernd gleichen Alterssicherung" umschrieben werden, die Schwankungen in einer Breite von 5 bis 10% zulassen dürfte. Es ist aber zu beachten, dass die zulässigen Schwankungen umso geringen ausfallen dürfen, je stärker das Gesamtsicherungsniveau abgesenkt wird.

[77] Im Umlageverfahren nach § 153 SGB VI ist die Höhe der Beiträge an den Ausgaben des jeweiligen Kalenderjahres auszurichten, sie dient ha der Finanzierung der ausgezahlten Renten. Es kommt deshalb darauf an, wie die Höhe der Rentenzahlungen bestimmt wird. Die entsprechenden Maßgaben finden sich in § 64 SGB VI. Danach ergibt sich der Monatsbetrag der Rente aus einer Kombination der persönlichen Entgeltpunkte, des Rentenartfaktors und des aktuellen Rentenwertes. Der Rentenanspruch bezieht sich nicht auf einen konkreten Geldbetrag, der sich aus der Dauer und Höhe der

Rentenanspruchs wider, die eine positive Rendite nicht ausdrücklich garantiert und in § 68 SGB VI im Falle einer negativen Bruttolohnentwicklung Negativanpassungen des monatlichen Rentenanspruchs ausdrücklich vorsieht.[78]

Verfassungsrechtlich relevant ist im vorliegenden Kontext weiterhin, ob eine Kürzung[79] von Rentenansprüchen nur so weit gehen darf, dass ein ausreichender Abstand zur Sozialhilfe gewahrt ist. Modellhafte Berechnungen zeigen, dass nach der Gesetzesreform Fälle denkbar sind, in denen der Rentenanspruch sich nach langjähriger Beitragsleistung – errechnet werden Beitragszeiten unterhalb von 26 Jahren[80] – nicht von der im gleichen Fall zustehenden Sozialhilfe unterscheidet.[81] Begründet wird die Abstandsforderung damit, dass eine gesetzliche Pflichtmitgliedschaft aus dem Blickwinkel des Gleichheitssatzes nicht gerechtfertigt werden kann, wenn auf Grund von Leistung (langjährige Beitragszahlung) nur Versorgungsansprüche in einer Höhe begründet werden, die andere auf Grund des Bedarfsprinzips aus Steuermitteln erhalten.[82] Mag eine solche Argumentation im Rahmen einer auf Lebensstandardsicherung abzielenden Rente begründet sein, so steht ihr nach der Reform doch entgegen, dass der Gesetzgeber die Altersrente nur noch als Grundversorgung konzipiert hat, die durch steuerlich begünstigte Zusatzversicherungen ergänzt werden kann und soll. Für den Vergleich darf deshalb nur die auf diesem Weg insgesamt erreichbare Alterssicherung herangezogen werden. Deshalb kann ein spürbarer Niveauunterschied von Altersrente und Sozialhilfe zwar schlüssig mit Anreizüberlegungen begründet werden. Ein Verfassungsverstoß liegt bei einer Annäherung der Alterssicherung an das Sozialhilfeniveau in Fällen kurzer Beitragszeiten aber nicht vor.[83]

---

Beitragszahlungen ableitet, sondern erweist sich als die mit den entrichteten Beiträgen erworbene Rangstelle des einzelnen Versicherten in Relation zu anderen Versicherten und zum Durchschnittsentgelt im jeweiligen Beschäftigungsjahr bezieht. Darauf bezieht sich auch der vom Bundesverfassungsgericht bejahte grundrechtliche Eigentumsschutz: BVerfGE 53, 257 (289ff.); 117, 272ff.; BSGE 90, 11 (19f.).

[78] Dazu auch *Bredt* (Fn. 52), DVBl. 2006, 871 (877).

[79] Das gleiche gilt für gesetzliche Ausgestaltung des Rentenanspruchs als solche.

[80] Siehe die Berechnung bei *U. Wenner* Rentenniveau und Grundgesetz, FS 50 Jahre Bundessozialgericht, 2004, 625 (640).

[81] Dazu *Bredt* (Fn. 52), DVBl. 2006, 871 (877).

[82] *Wenner* (Fn. 80), 625 (641); ebenso *F. Hase* Versicherungsprinzip und sozialer Ausgleich, 2000, 248ff. m.w.N.; *K.-J. Bieback* Begriff und verfassungsrechtliche Legitimation von „Sozialversicherung", VSSR 2003, 1 (16).

[83] So auch *Bredt* (Fn. 52), DVBl. 2006, 871 (877).

### 3. *Familiengerechtigkeit in der Sozialversicherung: Die Verortung des generativen Beitrags*

Eine in das Zentrum der Generationengerechtigkeit führende Problematik betrifft die durch eine Entscheidung des Bundesverfassungsgerichts zur gesetzlichen[84] und privaten[85] Pflegeversicherung verschärfte[86] Kontroverse über die verfassungsrechtliche Pflicht zur Berücksichtigung von Erziehungsleistungen in den einzelnen Sozialversicherungssystemen.[87]

Die Familie ist ein Generationenverbund, in dem Transferleistungen der Eltern an die Kinder erbracht werden.[88] Das Bundesverfassungsgericht interpretiert diese Leistungen in Bezug auf die Pflegeversicherung[89] und die weiteren Sozialversicherungssysteme als generativen Beitrag.[90] Dieser lässt die Investition von Zeit und Vermögen durch die Erziehung

---

[84] BVerfGE 103, 242 (263ff.).

[85] BVerfGE 103, 271 (293).

[86] Intensiv diskutiert wurde die Frage bereits zuvor; siehe etwa *M. Pechstein* Familiengerechtigkeit als Gestaltungsgebot für die staatliche Ordnung, 1994, 317ff.; *R. Gröschner*, in: H. Dreier (Hrsg.), Grundgesetz, Bd. 1, 1. Aufl. 1996, Art. 6, Rn. 60; *K.-J. Bieback* Verfassungsrechtlicher Schutz gegen Abbau und Umstrukturierung von Sozialleistungen, 1997.

[87] Siehe im Anschluss an die Entscheidung: *J. Borchert* Die familienpolitische Strukturreform der Sozialversicherung, in: Hessische Staatskanzlei (Hrsg.), Die Familienpolitik muss neue Wege gehen! Der „Wiesbadener Entwurf" zur Familienpolitik, 2003, 307ff.; *F. Hase* Sozialversicherung und Familie zwischen sozialem Ausgleich und staatlicher Verantwortung, DRV-Schriften Bd. 46 (2003), 41ff.; *Lenze* (Fn. 10), 232ff.; *P. Axer* Die Familie zwischen Privatrecht, Sozialrecht und Steuerrecht, DStJG 29 (2006), 175ff.; *D. Felix* Die Familie zwischen Privatrecht, Sozialrecht und Steuerrecht, DStJG 29 (2006), 493ff.; *F. Ruland* Berücksichtigung der Kindererziehung bei der Höhe von Sozialversicherungsbeiträgen?, in: Familie und Sozialleistungssystem, SDSRV 57 (2008), 53ff.; *T. Kingreen* Familie als Kategorie des Sozialrechts, JZ 2004, 938ff.; *ders.* Bestand und Reform des Familienlastenausgleichs in der Sozialversicherung, in: Familie und Sozialleistungssystem, SDSRV 57 (2008), 71ff.; *F.-X. Kaufmann* Alterssicherung und Nachwuchssicherung, FS Ruland, 2007, 245 (260ff.); *C. Seiler* Grundzüge eines öffentliche Familienrechts, 2008, 148ff.

[88] *Seiler* (Fn. 87), 22ff., 141ff.

[89] Der Bundesgesetzgeber hat in § 1 SGB XI für alle Bürger einer Pflicht zur Begründung einer Pflegeversicherung begründet (zur verfassungsrechtlichen Zulässigkeit einer solchen Volksversicherung BVerfGE 103, 197ff.). Dabei ist aber zu unterscheiden zwischen den Versicherten der Gesetzlichen Krankenversicherung, die gem. § 1 Abs. 2 S. 1 SGB XI gesetzlich pflegeversichert sind und den privat Versicherten, die nach § 1 Abs. 2 S. 2 SGB XI gesetzlich verpflichtet sind, eine private Pflegeversicherung abzuschließen. Damit ist die Pflegeversicherung hinsichtlich ihrer Organisation und Finanzierung zweigeteilt.

[90] BVerfGE 103, 242 (265 f). Dazu systematisch vertiefend *Seiler* (Fn. 87), 141ff.

der Kinder als den künftigen Beitragszahlern *auch* als Investition in die Infrastruktur[91] der Rentenversicherung erscheinen.

Solange alle oder doch der ganz überwiegende Teil der Versicherten diese Investition tätigen, kann sie gewissermaßen „weggekürzt" werden und in der formalen Beitrags- und Leistungsberechnung außen vor bleiben.[92] Wird die Zahl der Kinderlosen jedoch größer, so dass sie nicht mehr vernachlässigbar ist, so muss nach Ansicht des Bundesverfassungsgerichts ein Ausgleich zwischen Familien und kinderlosen Versicherten erfolgen: „Wird dieser generative Beitrag nicht mehr in der Regel von allen Versicherten erbracht, führt dies zu einer spezifischen Belastung kindererziehender Versicherter im Pflegeversicherungssystem, deren benachteiligende Wirkung auch innerhalb dieses Systems auszugleichen ist. Die kindererziehenden Versicherten sichern die Funktionsfähigkeit der Pflegeversicherung also nicht nur durch Beitragszahlung, sondern auch durch Betreuung und Erziehung von Kindern".[93] Es besteht in dieser Sichtweise eine unauflösbare Verbindung zwischen Generationen- und Familiengerechtigkeit.[94]

Vor dem Hintergrund einer Kinderlosigkeit in Höhe von 30% hat das Gericht deshalb den Gesetzgeber aufgefordert, die Maßgeblichkeit des generativen Beitrags der Familien für den Fortbestand des auf einem Umlageverfahren beruhenden gesetzlichen Versicherungssystems für alle gesetzlichen Versicherungszweige und damit auch für die gesetzliche Rentenversicherung zu prüfen.[95] Dieser Pflicht ist die Bundesregierung nachgekommen, allerdings mit dem Ergebnis, dass in der Gesetzlichen Rentenversicherung kein Anpassungsbedarf besteht. Sie hat dabei die Unterstützung des Bundessozialgerichts erfahren.[96]

Das Bundesverfassungsgericht stellt auf Art. 3 Abs. 1 in Verbindung mit Art. 6 Abs. 1 GG ab und sieht den Verfassungsverstoß darin, „dass die Betreuung und Erziehung von Kindern bei der Bemessung von Beiträgen beitragspflichtiger Versicherter keine Berücksichtigung findet".[97] Bezogen auf die gesetzgeberische Ausgestaltung der Finanzierung der

---

[91] Man könnte insoweit von einer auf die Rentenversicherung bezogenen Existenzbedingung sprechen, die funktional die gleiche Aufgabe erfüllt wie eine Verfassungsvoraussetzung.

[92] Das dürfte auch der tragende Gesichtspunkt gewesen sein, der *Konrad Adenauer* dazu veranlasste, die Berücksichtigung der Familienförderung bei der Reform der Gesetzlichen Rentenversicherung zurückzuweisen, siehe oben Fn. 3.

[93] BVerfGE 103, 242 (266).

[94] Dazu vertiefend *Kaufmann* (Fn. 87), FS Ruland, 2007, 245ff.

[95] BVerfGE 103, 242 (270).

[96] BSG NZS 2007, 311ff.

[97] BVerfGE 103, 242 (263).

Pflegeversicherung im Umlageverfahren führt der Erste Senat aus: „Wird ein solches allgemeines, regelmäßig erst in höherem Alter auftretendes Risiko durch ein Umlageverfahren finanziert, so hat die Erziehungsleistung konstitutive Bedeutung für die Funktionsfähigkeit dieses Systems. Denn bei Eintritt der ganz überwiegenden Zahl der Versicherungsfälle ist das Umlageverfahren auf die Beiträge der nachwachsenden Generation angewiesen. ... [Den] Versicherten ohne Kinder [erwächst] im Versicherungsfall ein Vorteil aus der Erziehungsleistung anderer beitragspflichtiger Versicherter, die wegen der Erziehung zu ihrem Nachteil auf Konsum und Vermögensbildung verzichten.“[98] Für das Bundesverfassungsgericht ist demnach die ökonomische Basis der Umlagefinanzierung verfassungsrechtlich unmittelbar relevant und die besondere Leistung der Familien deshalb innerhalb des jeweiligen Versicherungssystems zu berücksichtigen.

Das Bundessozialgericht hat der Sichtweise des Bundesverfassungsgerichts in ungewöhnlich deutlicher Form widersprochen[99] und dabei auch prominente Gefolgschaft in der Literatur[100] gefunden. Seine Kritik lässt sich auf drei Gesichtspunkte kondensieren: Erstens gehe es nicht um „Beiträge zur Sozialversicherung“ sondern eine Frage des Familienlastenausgleichs. Dieser stelle aber eine gesamtgesellschaftliche Aufgabe dar, die durch Steuern zu finanzieren sei. Zweitens führe die Berücksichtigung des generativen Beitrags innerhalb der Rentenversicherung zu einem Verstoß gegen das Äquivalenzprinzip, das seinerseits die Gerechtigkeit der Beitragserhebung begründe. Drittens sei die Steuerfinanzierung auch aus verteilungspolitischen Gründen gerechter. Damit geht es um eine System- und zwei Gerechtigkeitsfragen die grundsätzliche Aspekte sowohl der Generationen- als auch der Familiengerechtigkeit betreffen.

Die nicht zu leugnende „gesamtgesellschaftliche Zuständigkeit für den Familienlastenausgleich“ ist keine ausschließliche, die nur im Steuersystem zu berücksichtigen ist und eine Berücksichtigung der besonderen Leistungen der Familien in den Teilsystemen sozialer Sicherung ausschließt.[101] Es ist vielmehr eine Folge der die deutsche Sozialrechtsordnung prägenden Subsidiarität und Trägervielfalt, dass auch familienbezogene Gemeinwohlbelange arbeitsteilig verwirklicht werden. Ent-

---

[98] BVerfGE 103, 242 (263f.).

[99] BSG NZS 2007, 311ff.

[100] Siehe nur *Ruland* (Fn. 87), SDSRV 57 (2008), passim; *Hase* (Fn. 87), DRV-Schriften Bd. 46 (2003), 41ff.

[101] *Kingreen* (Fn. 87), 71 (82); *Lenze* (Fn. 10), 297ff.; zurückhaltend: *Schuler-Harms* (Fn. 49), DVBl. 2008, 1090 (1095).

scheidend ist deshalb, ob der jeweilige Belang im betreffenden Teilsystem systematisch verortet werden kann.

Daran kann man bei der Gesetzlichen Rentenversicherung in Bezug auf die Erziehungsleistungen der Familien zweifeln, denn das Bundesverfassungsgericht wirft dem Gesetzgeber einen systeminternen Konstruktionsfehler der Gesetzlichen Rentenversicherung vor, der durch die Forderung, den generativen Beitrag im System anzuerkennen, behoben werden soll. Ein generativer Bezug zu den Kindern war vom Gesetzgeber in der Rentenversicherung ursprünglich, wie eingangs gezeigt, ausdrücklich nicht gewollt.[102] Damit scheint sich die Argumentation im Kreise zu drehen.

Diese auf den Zeitpunkt der Einführung des Umlageverfahrens bezogene Feststellung muss heute aber insoweit relativiert werden, als der Gesetzgeber jedenfalls auf der Leistungsseite die Berücksichtigung des generativen Beitrags von Müttern eingeführt und damit die Erziehungsleistung partiell in das System einbezogen hat. Das Rentenversicherungssystem ist deshalb in seiner heutigen rechtlichen Ausgestaltung zumindest ausreichend anschlussfähig, um die Erziehungsleistungen der Eltern zu berücksichtigen.[103]

Der zweite Einwand, der sich auf die Verletzung des Äquivalenzprinzips als zentraler Gerechtigkeitsgrundlage[104] zur Rechtfertigung der gesetzlichen Beitragspflicht bezieht, ist deshalb nicht überzeugend und in gewisser Hinsicht zirkulär, weil er die Ausgestaltungsfreiheit des Gesetzgebers bezüglich der Äquivalenz übersieht. Wird der Rahmen für die Bestimmung des Verhältnisses von Leistung und Gegenleistung durch die Einbeziehung von Erziehungsleistungen gesetzgeberisch neu definiert, so wird dadurch auch der Maßstab der Äquivalenz verändert.

---

[102] *Kingreen* (Fn. 87), 71 (83). An diesem normativen Faktum kann auch die Deutung als hinkendem Dreigenerationenvertrag im Hinblick auf die „unterstellte" Geburtenfreudigkeit der Versicherten nichts ändern. So die Deutung von *Butzer* (Fn. 3), 377 (392f.).

[103] Der Umstand, dass die Kinderlosen Teile der Erziehung der Kinder über Steuern mitfinanzieren, kann bei der Bemessung der Höhe der Beitragsunterschiede berücksichtigt werden. Gewichtiger ist der Einwand, dass es neben der Gesetzlichen Rentenversicherung zahlreiche weitere Alterssicherungssysteme gibt, die nicht auf dem Umlageverfahren beruhen und deshalb nicht geeignet sind, Erziehungsleistungen zu honorieren. Das hat zur Folge, dass eine auf die Gesetzliche Rentenversicherung beschränkte Regelung Stückwerk bleibt. Rechtlich ist das aber nur problematisch, wenn es dazu zu Ungleichbehandlungen von Familien kommen würde und der Gesetzgeber diese nicht ausgleichen würde, wozu er jederzeit berechtigt wäre. Deshalb steht auch dieser Einwand der Berücksichtigung von Familienleistungen in der Gesetzlichen Rentenversicherung nicht entgegen.

[104] So etwa *Ruland* (Fn. 87), S. 53 (68); *Hase* (Fn. 49), S. 46 (71).

Eine verfassungsrechtliche Pflicht zur Beschränkung der Äquivalenz auf finanzielle Beiträge gibt es nicht. Außerdem wird durch die Erweiterung des Beitragsverständnisses, wie sie das Bundesverfassungsgericht vornimmt, lediglich die Funktionsweise des Umlageverfahrens ernster genommen und auch in seinen Voraussetzungen in der Gesetzeskonstruktion mit bedacht.[105] Generative Beiträge stellen somit die Gerechtigkeit der Beitragserhebung nicht in Frage.

Drittens erweist sich entgegen der Ansicht des Bundessozialgerichts eine Steuerfinanzierung auch nicht hinsichtlich der Verteilungswirkungen[106] als die gerechtere Variante. Im Gegenteil: Auf diese Weise würden die zu begünstigenden Familien selbst zur Finanzierung mit herangezogen, wobei vor allem die indirekten Steuern, für die es keine familienbezogenen Ausgleichsmechanismen gibt, zu berücksichtigen sind.[107]

Obwohl damit gute Gründe für die Berücksichtigung des generativen Beitrags in der Rentenversicherung sprechen, gibt es letztlich doch einen anderen Einwand, der Zurückhaltung gebietet. Dieser wird deutlich, wenn man sich die Reaktion des Gesetzgebers im Bereich der Gesetzlichen Pflegeversicherung vor Augen führt: Er hat für Kinderlose der Jahrgänge ab 1940 einen Beitragszuschlag in Höhe von 0,25 % eingeführt um die Erziehungsleistung der Familien angemessen zu berücksichtigen. Das ist auf den ersten Blick ein dürftiges Ergebnis, aber ist es verfassungswidrig?

Dagegen spricht, dass es kaum möglich ist, einen bestimmten Anteil der Aufwendungen für private Erziehungsleistungen speziell der Renten- oder Pflegeversicherung zuzuordnen und diese zudem von den zahlreichen sonstigen Investitionen in das Humanvermögen abzugrenzen, die steuerfinanziert sind. Es dürfte müßig sein, dem Gesetzgeber in

---

105 So auch *Becker* (Fn. 15), S. 929 (934f.); *Kingreen* (Fn. 87), S. 71 (87ff.) mit weiteren Gegenargumenten.

106 Dem Einwand, dass die Gesetzliche Rentenversicherung anders als die Pflegeversicherung nicht als Volksversicherung ausgestaltet ist, kann dadurch begegnet werden, dass für die Beamten und Personenkreise mit privater Alterversicherung entsprechende Vorgaben eingeführt werden. Diesen Weg hat das Bundesverfassungsgericht auch für den Bereich der privaten Pflegeversicherung beschritten, vgl. BVerfGE 103, 271 (293), wobei es dort sogar auf die freiwillige Berücksichtigung des generativen Beitrags durch die privaten Versicherungsträger vertraut. Indirekt hat das Gericht damit auch für kapitalbasierte Versicherungssysteme die Relevanz eines generativen Beitrags statuiert. Es ist aber zusätzlich zu beachten, dass auch eine nicht völlig lückenlose Regelung (etwa hinsichtlich der Personenkreise mit anderen Formen privater Altersvorsorge) der Berücksichtigung in den gesetzlichen Versicherungssystemen nicht entgegensteht, da diese nahezu 90 % der Bevölkerung erfassen, so dass die Fälle, in denen der generative Beitrag außerhalb des Systems wirksam wird, vernachlässigt werden können.

107 *Kingreen* (Fn. 87), S. 71 (89f.).

einem weiteren Verfahren nachzuweisen, dass 0,25 % für die Pflegeversicherung ein zu geringer Betrag für eine „angemessene Berücksichtigung“ des generativen Beitrags sind. Die gleiche Problematik stellt sich bei der Rentenversicherung. Würde hier eine ebenfalls geringe Beitragserhöhung für Kinderlose durchgesetzt, so wäre der Vorgabe formal Genüge getan, ohne dass damit ein spürbarer Fördereffekt verbunden wäre.[108]

Deutlich wird damit zugleich, dass man ein Dreigenerationenmodell nicht mit Hilfe eines weitgehend kriterienlosen generativen Beitrags verfassungsrechtlich rekonstruieren kann.[109] Der Übergang vom gesetzgeberisch gewollten Zweigenerationenvertrag zu einem ökonomisch und aus dem Blickwinkel der Familiengerechtigkeit vorzugswürdigen Dreigenerationenvertrag bleibt trotz Verletzung der Familiengerechtigkeit im aktuellen Beitragssystem Aufgabe und Privileg des Gesetzgebers, der indes verfassungsrechtlich zum gestaltenden Handeln verpflichtet ist.[110]

### 4. *Reformperspektiven*

Neben den Vorschlägen zur generationen- und familiengerechten Fortentwicklung des Umlageverfahrens ist die Debatte um die Zukunft der Gesetzlichen Rentenversicherung auch durch grundlegende Reformvorschläge bestimmt. Als generationengerechtere Alternative zur Umlagefinanzierung wird unter anderem[111] die Einführung eines echten

---

[108] Gleichwohl auf einer Reform beharrend: *Seiler* (Fn. 87), 148ff.; ähnlich *Kaufmann* (Fn. 85), FS Ruland, 2007, 245 (262f.).

[109] Im Ergebnis ähnlich *Schuler-Harms* (Fn. 42), DVBl. 2008, 1090 (1095f.).

[110] Insoweit zutreffend *Seiler* (Fn. 87), 148ff. Siehe auch *R. Gröschner*, in: H. Dreier (Hrsg.), Grundgesetz, Bd. 1, 2. Aufl. 2004, Art. 6, Rn. 91.

[111] Der Blick auf alternative Regelungsmodelle sollte nicht vergessen machen, dass auch das Umlageverfahren eine Gestaltungsoption bietet, die aus dem Blickwinkel der Generationengerechtigkeit akzeptabel ist: die erstmalige gesetzgeberische Ausgestaltung eines echten Dreigenerationenvertrags. Ein solches Modell unterscheidet sich nur wenig von dem bereits seit einiger Zeit diskutierten Vorschlag, zur Bündelung der Familienförderung eine Familienkasse einzuführen und diese institutionell im Bereich der Gesetzlichen Rentenversicherung zu verorten, ohne sie dieser vollständig einzugliedern. Dazu Vorschläge bei *C. K. Spieß* Die Bündelung und Integration familienbezogener Leistungen in einer Familienkasse, in: Althammer/Klammer (Hrsg.), Ehe und Familie in der Steuerrechts- und Sozialordnung, 2006, 55ff.; *Kingreen* (Fn. 87), 71 (98ff.); Siebter Familienbericht. Familie zwischen Flexibilität und Verlässlichkeit – Perspektiven für eine lebenslaufbezogene Familienpolitik, BT-Drucks. 16/1360, 290ff.; daran anknüpfend *M. Schuler-Harms* Finanz- und organisationsrechtliche Rahmenbedingungen einer „Familienkasse“, in: Scheiwe/Schuler-Harms, Aktuelle Rechtsfragen der Familienpolitik aus rechtsvergleichender Sicht, 2008, 157ff. Obwohl dieses Modell wie das bisherige Zweigenerationenmodell in seiner Finanzierung stark von der demografi-

Kapitaldeckungsverfahrens vorgeschlagen.[112] Eine solche Umstellung würde zwar einen mehrere Jahrzehnte andauernden Übergangszeitraum in Anspruch nehmen.[113] Der Vorteil dieser Lösung liegt vor allem darin, dass die Abhängigkeit von der demografischen Entwicklung vermindert würde.[114] Denkbar, wenn nicht sogar europarechtlich zwingend, wäre zudem die (teilweise) Entstaatlichung der Alterssicherung, da bei kapitalgedeckten Alterssicherungssystemen solidarische Elemente nicht zwingend sind, diese alleine aber ein Staatsmonopol rechtfertigen können.[115] Dem Staat würde in einem solchen System eine Sicherungs- und Steuerungsfunktion insoweit zufallen, als er die Beitragsgerechtigkeit der Alterssicherungsangebote garantieren und die Anbieter beaufsichtigen muss. Dafür ist der schöne Ausdruck der Vorsorgeregulierung geprägt worden.[116]

schen Entwicklung abhängig bleibt, hat es den Vorzug, dass es bei geringen Umgestaltungskosten den Gedanken des Generationenvertrages mit der Familienförderung verbinden und auf diese Weise bei einem insgesamt niedrigeren staatlichen Sicherungsniveau die Voraussetzungen für eine Nachwuchssicherungspolitik deutlich verbessern könnte.

[112] Diesen wird z. T. allerdings auch eine zu enge Verflechtung mit der Versicherungswirtschaft vorgeworfen; vgl. *M. Klundt* Von der sozialen zur Generationengerechtigkeit?, 2008, im übrigen mit der These, dass durch die Fixierung auf de Generationengerechtigkeit die Wahrnehmung der vor allem drohenden Kinderarmut verdrängt wird bzw. werden soll, da der demografische Wandel vor allem zur Rechtfertigung von Einsparungen zugunsten der Wirtschaft genutzt werde.

[113] Zu den Übergangsbedingungen näher *F. E. Schnapp/P. Kostorz* Demographische Entwicklung, soziale Sicherungssysteme und Zuwanderung, ZAR 2002, 163 (166ff.).

[114] Ganz kann er deshalb nicht aufgehoben werden, weil die Kapitalfinanzierung auch von der allgemeinen wirtschaftlichen Entwicklung abhängig ist, die immer auch demografisch beeinflusst wird. Dazu ausführlicher *Kaufmann* (Fn. 8), 224ff. Einen komplexen „Risikovergleich" von umlage-, kapital- und steuerfinanzierten Alterssicherungssystemen liefert *R. Hauser* Die Verteilung von Zukunftsrisiken als Problem der Alterssicherung, FS Ruland, 2007, 17ff.

[115] Dazu näher *R. Pitschas* Verfassungsvoraussetzungen für die Entstaatlichung der gesetzlichen Rentenversicherung in Deutschland, FS Ruland, 2007, 99ff. mit dem Ergebnis, dass dem Staat eine verfassungsrechtliche Mindestsicherungsfunktion zufällt, die aber lediglich die Gestaltung der Privatisierung verlangt, dieser als solche aber nicht entgegensteht. Fragen der Verteilungsgerechtigkeit und damit auch der Familiengerechtigkeit sind in einem solchen System steuerstaatlich zu lösen. Zu den gemeinschaftsrechtlichen Aspekten eines Übergangs zur Kapitalfinanzierung siehe auch *Kingreen* (Fn. 87), 71 (91ff.).

[116] Zu Einzelheiten *Pitschas* (Fn. 115), 99 (118ff.).

## III. Generationengerechtigkeit im System der Gesundheitsversorgung

### *1. Die Kosten des Alterns und der Sparzwang im Gesundheitswesen*

Die Wahl der Gesetzlichen Krankenversicherung als zweites Referenzgebiet, dem ich mich nunmehr zuwende, mag auf den ersten Blick überraschen. Die Gesetzliche Krankenversicherung ist konstruktiv nicht durch *intertemporale* Generationsbezüge geprägt und die Gesundheitsversorgung bezieht sich auch *intratemporal* nicht spezifisch auf einen Lebensabschnitt. Sie umfasst ohne Unterschied die ganze Spanne des menschlichen Lebens. Hinzu kommt, dass nach heutiger Rechtslage auch die Rentner Beiträge zur Gesetzlichen Krankenversicherung zahlen.[117]

Einen Ansatzpunkt für eine Betrachtung der Gesetzlichen Krankenversicherung aus der Perspektive der Generationengerechtigkeit kann deshalb nur der nicht überraschende Befund liefern, dass mit steigendem Alter auch die Inanspruchnahme von Gesundheitsdienstleistungen ansteigt.[118] Dies spiegelt sich auch eindrucksvoll in Zahlen wider: nach den aktuellen Statistiken entfallen auf die über 65-jährigen 49,9 % der Kosten für Gesundheitsdienstleistungen, obwohl sie nur 26 % der Versicherten darstellen und lediglich 23 % der Beiträge zahlen.

Der demografische Wandel bewirkt vor diesem Hintergrund, dass sich durch die relative Zunahme der Zahl der Alten und Hochbetagten im Vergleich zu den Jungen und Erwerbstätigen die Finanzierungsgewichte ähnlich wie in der Rentenversicherung weiter zu Lasten der Erwerbstätigen verschieben werden. Zudem werden für die Behandlung der altersbedingten Krankheiten neue, durchweg kostspielige Therapien

---

[117] Vgl. § 255 SGB V. Da es bei Rentnern keinen Arbeitgeberanteil gibt, sind die Beiträge nur halb so hoch wie bei Erwerbsttätigen mit vergleichbarem Einkommen.

[118] Ob sich diese Quoten durch die höhere Lebenserwartung ändern werden, ist unklar und anhand bislang vorliegender Erfahrungswerte nicht sicher zu prognostizieren. Die Kompressionsthese nimmt an, dass die Menschen länger gesünder leben und sich schwere Krankheiten in einem festgesetzten Zeitfenster vor dem Tode ereignen. Es soll also nur zu einer zeitlichen Verschiebung, nicht zu einer Vermehrung der Erkrankungen und der damit verbundenen Kosten. Vgl. *Statistische Ämter des Bundes und der Länder*, Demografischer Wandel in Deutschland: Auswirkungen auf Krankenhausbehandlungen und Pflegebedürftige im Bund und in den Ländern, 2008, 10. Die Expansions- oder Medikalisierungsthese nimmt dagegen eine Kostensteigerung an; siehe zum Ganzen auch *P. Kostorz/F. E. Schnapp* Der Bevölkerungswandel in Deutschland und seine Auswirkungen auf die sozialen Sicherungssysteme, Gesundheits- und Sozialpolitik 9–10/2006, 26.

entwickelt und im Bereich der Pflege[119], die gesondert finanziert wird, sind ebenfalls erhebliche Kostensteigerungen zu verzeichnen.

Die Problematik der Generationengerechtigkeit ist im Gesundheitswesen aber nicht nur schwerer zu erfassen; sie ist vor allem sehr viel schwerer zu steuern. Denn anders als im Bereich der Gesetzlichen Rentenversicherung, die durch das Drehen an vergleichsweise wenigen Stellschrauben finanziell spürbar und dauerhaft entlastet werden konnte, sind im Gesundheitswesen Reformen sehr viel schwieriger zu realisieren. Das hängt vor allem damit zusammen, dass hier nicht nur Geld zu sammeln und auszuzahlen ist, sondern eine Vielzahl von Gesundheitsdienstleistungen in einem komplexen Zusammenwirken durch eine große Zahl von Berufen mit zugehörigen vetostarken Organisationen bereitgestellt werden müssen.[120] Vor diesem Hintergrund besteht die nahe liegende Gefahr, dass vor allem verdeckt vorrangig dort Einsparungen vorgenommen werden, wo die Kosten am höchsten und der erwartete gesellschaftliche Nutzen am geringsten ist: bei den Alten und Hochbetagten.[121]

### 2. *Rationalisierung im Gesundheitswesen*

Die erste Reaktion auf finanzielle Knappheit bei gesetzlichen Pflichtaufgaben ist die Suche nach Effizienzgewinnen. Diese ist heute in fast al-

---

119 Dazu *Statistische Ämter des Bundes und der Länder* (Fn. 112), 21 ff. Danach steigt die Pflegebedürftigkeit vor allem nach dem 75. Lebensjahr rapide an. Während 2005 bei den 70- bis 75-jährigen 5 % pflegebedürftig waren steigt dieser Wert bei den 80- bis 85-jährigen auf 20 % und bei den über 90-jährigen auf 60 %. Die Personengruppe der über 80-jährigen wird von 3,7 Millionen im Jahr 2005 auf 10 Millionen im Jahr 2050 ansteigen. Es handelt sich um ein siebtel der Gesamtbevölkerung. Der stärkste Anstieg der Pflegebedürftigen wird in Brandenburg und Mecklenburg-Vorpommern erwartet.

120 Einen ersten Eindruck vermittelt die Darstellung der Leistungserbringer bei *M. Quaas/R. Zuck* Medizinrecht, 2. Aufl. 2008, §§ 12 bis 42. Für jeden Bereich ist ein eigenes Berufsrecht und ein eigenständiges Regime der Leistungserbringung (Anerkennung, Inhaltsbestimmung, Qualitätssicherung, Kostenregime) auszugestalten.

121 Überblick bei *G. Zitter* Rationierung in der Altersmedizin, 2001. Neben der damit drohenden „Diskriminierung" der älteren Menschen stellt aber auch im Gesundheitssystem die überdurchschnittliche finanzielle Belastung der Erwerbstätigen ein Problem der Generationengerechtigkeit dar, weil ihre aktuellen Lebenschancen durch die hohen Kosten spürbar geschmälert und sie dadurch im Zeitvergleich zur Kostenbelastung der alten Generation während deren Erwerbsleben deutlich benachteiligt werden. Es geht demnach anders als im Falle der Alterssicherung um ein Problem der rückwärts gerichteten Generationengerechtigkeit.

len staatlichen Leistungssystemen ein zentrales Thema bei der Bewältigung des demografischen Wandels.[122]

Effizienzsteigerungen werden heute auch im öffentlichen Sektor in der Regel von der Implementierung von Wettbewerb oder wettbewerbssimulierenden Verfahren erwartet.[123] Diesen Instrumenten haftet im Kontext von Gesundheitsreformen jedoch der Nimbus der Inhumanität und Ungerechtigkeit an.[124] Die so genannte Ökonomisierung der Medizin gilt vor allem den Vertretern der Ärzteschaft als Kampfbegriff, der ihre überkommenen Berufsziele in Frage stellt.

Geht es, wie im Gesundheitswesen, um die gerechte Zuteilung knapper Güter, so kommt eine Marktsteuerung nur bei der Bereitstellung der entsprechenden Güter und Dienstleistungen, nicht aber bei ihrer Zuteilung in Betracht, denn Märkte selbst erzeugen keine gerechten Ergebnisse, sondern dienen der Optimierung der Allokation.[125] Zudem sind Marktprozesse von zahlreichen Zufällen abhängig.[126] Wird die Zutei-

---

[122] Auch bei den kommunalen und staatlichen Verwaltungen können bei sinkender Bevölkerung und damit einhergehenden Steuerausfällen und höheren Kosten für die alten Menschen, die auch in anderen Bereichen anfallen, bislang übliche Standards nur gehalten werden, wenn die Wirtschaftlichkeit erhöht wird. Das bedeutet einerseits, dass gleich bleibende Leistungsangebote zu geringeren Kosten bereitgestellt werden und andererseits, dass mit vorhandenen Mitteln einen höheres Produkt erzielt werden müssen. Zu beiden Seiten der Wirtschaftlichkeit *C. Gröpl* Wirtschaftlichkeit und Sparsamkeit staatlichen Handelns, in: Isensee/Kirchhof (Hrsg.), Handbuch des Staatsrechts, Bd. V, 3. Aufl. 2007, § 121, Rn. 13ff. Unabhängig von diesem objektiven Zwang erscheint es auch sinnvoll, aus dem Blickwinkel des Beitragspflichtigen von einem Anspruch auf Wirtschaftlichkeit auszugehen. Wenn das gleiche Sicherungsniveau in der Gesundheitsversorgung mit geringerer Beitragslast erreicht werden kann, so ist dies ein Gebot der Verhältnismäßigkeit.

[123] Siehe dazu grundsätzlich *B. Grzeszick* Hoheitskonzept – Wettbewerbskonzept, in: Isensee/Kirchhof (Hrsg.), Handbuch des Staatsrechts, Bd. IV, 3. Aufl. 2006, § 78, Rn. 18ff.

[124] Differenzierend jetzt aber: Gesundheitspolitische Leitsätze der Ärzteschaft, Ulmer Papier, Beschluss des 111. Deutschen Ärztetages 2008.

[125] Dazu grundlegend *F. A. von Hayek*, Recht, Gesetz, Freiheit, 2003 (Bd. 4 der Gesammelten Schriften in deutscher Sprache), 151ff. insbes. 218ff. Soweit in Bezug auf einzelne Märkte von „gerechten Preisen" gesprochen wird, betrifft dies nicht die hier in Rede stehende soziale Gerechtigkeit. Gerechte Marktpreise können sozial ungerecht sein, wenn sie bestimmte Bevölkerungsgruppen vom Zugang zu lebenswichtigen Gütern ausschließen.

[126] Zufälle sind nach dem Katallaxie-Prinzip einerseits erwünscht, da sie Ausdruck der Innovationskraft von Märkten sind. Sie können aber durchaus fehlgehen und zu sozial unerwünschten Ergebnissen. Das hängt damit zusammen, dass notwendig ergebnisoffene Marktprozesse sich strukturell von ergebnisorientierten Prozessen sozialer Gestaltung unterscheiden. Solange daher soziale Gerechtigkeit auf bestimmte Ergebnisse focussiert ist, bleibt es bei der grundsätzlichen Spannung zwischen Markt und Ge-

lung gesetzlich gesteuert, so ist umgekehrt aber im Gesundheitswesen ein Wettbewerb bei der Leistungsbereitstellung zulässig und aus Gründen der Effizienzsteigerung sogar erwünscht. Dieser positive Zusammenhang von Markt und Gerechtigkeit wird durch das Leitbild der effizienten Gerechtigkeit zum Ausdruck gebracht.[127]

Beitragsentlastungen können darüber hinaus vor allem durch Leistungskürzungen erreicht werden. Der verfassungsrechtliche Spielraum dafür ist zunächst durch die Feststellung umrissen, dass der aktuelle Leistungskatalog der Gesetzlichen Krankenversicherung keinem allgemeinen verfassungsrechtlichen Rückschrittsverbot unterliegt, solange eine dem Grundrecht auf Leben und körperliche Unversehrtheit entsprechende Versorgung entsprechend den in Deutschland anerkannten kulturellen Standards gewährleistet ist.[128] Deshalb ist es auch grundsätzlich unbedenklich, wenn einzelne Leistungen gestrichen oder – in der Praxis ebenfalls häufig anzutreffen – eine Selbstbeteiligung an den Kosten vorgeschrieben wird.[129]

Das auf den ersten Blick neutrale Instrument der Selbstbeteiligung lenkt die Aufmerksamkeit auf eine weitere Facette der Generationengerechtigkeit. Bei Selbstbeteiligungsregelungen ist nämlich zu beachten, dass diese vor dem Hintergrund der überdurchschnittlichen Inanspruchnahme von Gesundheitsdienstleistungen durch alte oder hochbetagte Versicherte nicht zu einer einseitigen finanziellen Belastung dieser

---

rechtigkeit; siehe *von Hayek* (Fn. 125), S. 265ff. Darin liegt auch der immanente Widerspruch von Marktregulierungskonzepten begründet, der zwar Regulierung nicht ausschließt, aber sehr schwierig werden lässt.

[127] *Kersting* (Fn. 18), 106ff.; weiterführend: *D. Shapiro* Is the Welfare State justified?, 2007. Eine weitere Anforderung von exemplarischer Bedeutung betrifft die Anpassung des Rechts der Gesundheitsberufe an die Folgen des demografischen Wandels. Im Bereich der Pflegeberufe haben Markt und Gesetzgebung insoweit durch die Reglementierung des Berufsbildes des Altenpflegers reagiert. Darüber hinaus gibt es bei vielen weiteren Gesundheitsberufen einen Anpassungsbedarf der es ermöglicht, bestimmte Gesundheitsdienstleistungen effizienter zu erbringen. Dafür gibt es in anderen Staaten zahlreiche Vorbilder. Ziel ist es dabei, die besonders kostenintensiven Leistungen von Ärzten, soweit sie einfacher Natur sind, durch besser ausgebildete Gesundheitsberufe zu erbringen sowie die Berufsbilder genauer an der Bündelung der nachgefragten Gesundheitsdienstleistungen auszurichten. Eine besser auf die Bedürfnisse des Gesundheitsmarktes angepasste Berufsbildung ist demnach gefragt. Siehe dazu exemplarisch *W. Kluth* Verfassungsrechtliche Anforderungen an die Höherpositionierung des Augenoptikers, 2008.

[128] *E. Schmidt-Aßmann* Grundrechtspositionen und Legitimationsfragen im öffentlichen Gesundheitswesen, 2001, 31ff.

[129] Siehe §§ 61f. SGB V. Dabei ist zu berücksichtigen, dass die Zuzahlungspflichten nach § 62 SGB V begrenzt sind und schon deshalb die sozialen Auswirkungen beschränkt werden.

Gruppe führen dürfen.[130] Dabei handelt es sich um einen verallgemeinerungsfähigen Aspekt, denn auch in anderen Bereichen öffentlicher Dienstleistungen können Maßnahmen der Effizienzsteigerung dazu führen, dass ältere Menschen davon stärker betroffen werden als junge. Es ist deshalb ein verfahrensrechtliches Gebot der Generationengerechtigkeit, die „Altersverträglichkeit" von effizienzsteigernden Maßnahmen zu überprüfen.

### 3. *Zulässigkeit einer Altersrationierung?*

Kurz zu erwähnen ist der kontrovers diskutierte Vorschlag einer Altersrationierung. Er knüpft an das aus der Rentenversicherung entwickelte Säulenmodell an[131] und sieht vor, dass ab einem bestimmten Lebensalter ein gesetzlich bestimmter Teil der Gesundheitsdienstleistungen nur durch eine private Zusatzversicherung abgedeckt wird. Da das Volumen der nachgefragten Leistungen im Alter besonders hoch ist, soll die Entlastung der Gesetzlichen Krankenversicherung deutlich höher ausfallen als bei den bislang praktizierten und diskutierten Modellen.[132]

Ein solcher Vorschlag ist mit dem egalitären Ansatz der Generationengerechtigkeit vereinbar, wenn er besitzstandswahrend eingeführt wird.[133] Fraglich ist jedoch, ob er sich aus anderen Gesichtspunkten ebenfalls als gerecht und tragfähig erweist. Im Vergleich zum Modell einer auf den gesamten Lebenszeitraum bezogenen Absenkung der Gesundheitsleistungen der Gesetzlichen Krankenversicherung hat die Altersrationierung den Vorteil, dass für sie eine lange Vorlaufzeit besteht, so dass der Aufwand für die Versicherung geringer zu Buche schlagen kann und damit auch eine sozial verträgliche Ausgestaltung als möglich

---

[130] Darauf weisen *Kostorz/Schnapp* (Fn. 117), S. 27 hin.

[131] Zur allgemeinen Zulässigkeit einer Kombination von gesetzlicher Grundversorgung und freiwilliger Zusatzversorgung im Gesundheitswesen *E. Schmidt-Aßmann* Verfassungsfragen der Gesundheitsreform, NJW 2004, 1689 (1694).

[132] *S. Huster* Soziale Sicherung als Zukunftsbewältigung und -gestaltung, in: Sozialrechtsgeltung in der Zeit, SDSRV 55 (2007), 15 (27ff.); *ders.* Sozialstaat oder soziale Gerechtigkei? Zum Spannungsverhältnis von politischer Philosophie und Verfassungsrecht am Beispiel der Altersrationierung im Gesundheitssystem, in: Alexy (Hrsg.), Juristischer Grundlagenforschung, 2005, 202ff. Siehe auch *F. Bryer/C. Schultheiss* „Alter" als Kriterium bei der Rationierung im Gesundheitswesen, in: Gutmann/Schmidt (Hrsg.), Rationierung und Allokation im Gesundheitswesen, 2002, 121ff.

[133] Das bedeutet konkret: Das Modell wird erst für zukünftig versicherungspflichtige Erwerbstätige eingeführt. Für heute bereits Versicherte kann allenfalls eine Wahlmöglichkeit eingeführt werden.

erscheint. Es würde auch keine Mindestversorgung vorenthalten oder gar gegen die Menschenwürde verstoßen.[134]

Gleichwohl hat der Vorschlag einen Sturm der Entrüstung ausgelöst[135], dem hier nur unter einem allgemeinen Gesichtspunkt nachgegangen werden soll: Die kulturell bedingte hohe Sensibilität für ein hohes Niveau der Gesundheitsversorgung in Deutschland hält auf Grund der in der Vergangenheit teilweise auch jenseits des Gesetzes ausgebildeten Gerechtigkeitsstandards das Ergebnis für nicht angemessen und gerecht, auch wenn formalrechtlich keine Einwände zu erheben sind. Kulturell determinierte Standards sozialer Gerechtigkeit können nur langsam und schrittweise verändert werden.[136] Dafür ist eine Politik der kleinen Schritte besser geeignet als eine Grundsatzreform. Weiter gehende Reformen des Gesundheitswesens, die unvermeidlich sind, müssen deshalb darauf abzielen, das neue Leitbild des aktivierenden[137] oder nachhaltigen[138] Sozialstaates ausreichend stark im allgemeinen Bewusstsein zu verankern und das Gerechtigkeitsdenken entsprechend zu prägen: als Ausdruck selbstbestimmter Lebensgestaltung, die auch die Entscheidung über private Ressourcenallokation in den sozialen Sicherungssystemen einbezieht.[139]

## IV. Demografischer Wandel und Gleichwertigkeit der Lebensverhältnisse

### *1. Regionale und temporale Unterschiede des demografischen Wandels*

In den bisherigen Überlegungen wurde der demografische Wandel auf die deutsche Bevölkerung und die verschiedenen sozialen Institutio-

---

[134] Siehe zu entsprechender Kritik z.B. *V. Neumann* Prioritätensetzung und Rationierung in der gesetzlichen Krankenversicherung, NZS 2005, 617 (622f.); *Schmidt-Aßmann* (Fn. 131), NJW 2004, 1689 (1691).

[135] Siehe neben den in Fn. 134 genannten Autoren etwa *P. Kirchhof* Das Recht auf Gesundheit, Stimmen der Zeit 1/2004, 3 (5); *J. Taupitz* Ressourcenknappheit der Medizin, in: Wolter/Eibe Riedel/Taupitz, Einwirkungen der Grundrechte auf das Zivilrecht, Öffentliche Recht, Strafrecht, 1999, 113 (128f.); *W. Däubler*, Das Verbot der Ausgrenzung einzelner Bevölkerungsgruppen, NZS 2005, 225ff.

[136] Auf diesem Gesichtspunkt historisch und kulturelle geprägter Standards sozialer Gerechtigkeit beruht die Konzeption von *David Miller*, der vor diesem Hintergrund einen abstrakt formulierten egalitären Liberalismus jenseits fundamentaler menschenrechtlich basierter Gerechtigkeitskriterien, die auch er annimmt, ablehnt; siehe *Miller* (Fn. 19), 62ff. Ähnlich der „Liberalismus sans phrase“ von *Kersting* (Fn. 19), 354ff.

[137] Eingehend *T. Kingreen* Das Sozialstaatsprinzip im europäischen Verfassungsverbund, 2003, 128ff.

[138] Dazu *M. Kotzur* Der nachhaltige Sozialstaat, BayVBl. 2007, 257ff.

[139] Exemplarisch ausformuliert u.a. bei *Kersting* (Fn. 19), 376ff.

nen insgesamt bezogen. Darin lag eine Vereinfachung, die bei den Versicherungssystemen zulässig war, die aber einen weiteren Gesichtspunkt des Transformationsprozesses überdeckt: die erheblichen Unterschiede des demografischen Wandels in den einzelnen Regionen.[140] Während die Folgen des Schrumpfungs- und Alterungsprozesses vor allem in den neuen Bundesländern bereits heute mit Händen zu greifen sind[141], verzeichnet vor allem der Südwesten auf absehbare Zeit noch eine wachsende Wohnbevölkerung. Diese Ungleichzeitigkeit hat mannigfache Auswirkungen, von denen hier nur diejenigen skizziert und auf ihre rechtlichen Implikationen hin untersucht werden können, die einen spezifischen Bezug zur Generationengerechtigkeit aufweisen.[142]

### 2. *Auswirkungen auf die regionale Infrastruktur*

„Der Bevölkerungsschwund drückt auf die Nachhaltigkeit. Weniger verbrauchen mehr."[143] Auf diesen knappen Nenner bringt eine Studie zum Land Brandenburg die Folgen des Bevölkerungsrückgangs auf die dortige regionale Infrastruktur. Dies betrifft vor allem die alten Menschen, da sie weniger mobil sind und vor allem nach der Abwanderung

---

[140] Alle wesentlichen Einzelheiten in *S. Kröhnert/F. Medicus/R. Klingholz* (Fn. 6); weitere Nachweise zu den Länderdaten bei *H. Seitz* Die Demographieabhängigkeit der Ausgaben und Einnahmen der öffentlichen Haushalte. Eine empirische Analyse unter Berücksichtigung der föderalen Verflechtung, 2008.

[141] Im Vergleich der Jahre 2005 und 2020 wird in Baden-Württemberg und Bayern mit einem Bevölkerungswachstum von 1 % gerechnet, während z.B. in Mecklenburg-Vorpommern eine Bevölkerungsabnahme in Höhe von 10 % und in Sachsen-Anhalt von 15 % prognostiziert wird; *Statistische Ämter des Bundes und der Länder*, Demografischer Wandel in Deutschland, Heft 1: Bevölkerungs- und Haushaltsentwicklung im Bund und in den Ländern, 2007, 21. Insgesamt sind seit 1990 ca. 1,5 Millionen Bürger abgewandert, das sind ca. 10 % der Bevölkerung. Dabei ist vor allem der Anteil junger Frauen besonders hoch: 63 % aller Personen, die seit 1991 von Ost- nach Westdeutschland gezogen sind waren Frauen. Das Frauendefizit liegt teilweise über 20 %; *S. Kröhnert/F. Medicus/R. Klingholz* (Fn. 6), 23.

[142] Offen ist damit noch die Frage, welche spezifischen Bezüge diese Veränderungen zur Generationengerechtigkeit aufweisen. Sie ergeben sich deshalb, weil durch die Schwächung der Infrastruktur, vor allen in ländlichen Räumen, die dort „dominierende" ältere Generation stärker betroffen ist, da sie eine geringere Mobilität verfügt und in stärkerem Maße auf eine intakte und ortsnahe soziale Infrastruktur angewiesen ist. Dazu näher *H. Bauer/F. Brosius-Gersdorf* Die demografische Krise. Verwaltungswissenschaftliche Ansätze zur Bewältigung des demografischen Wandels in den Kommunen, FS Siedentopf, 2008, 385 ff.

[143] *Berlin Institut für Bevölkerung und Entwicklung* Gutachten zum demografischen Wandel im Land Brandenburg, 2008, 7. Damit wird zugleich die These widerlegt, dass der Bevölkerungsrückgang aus umweltpolitischer Sicht ohne weiteres zu begrüßen ist.

großer Teile der jüngeren Familienangehörigen in besonderer Weise auf die sozialen Einrichtungen vor Ort angewiesen sind.[144] Es besteht insoweit ein allgemeiner Bezug zur Generationengerechtigkeit, der rechtlich deutlich geringer ausgeprägt ist als in den einzelnen Versicherungssystemen. Gleichwohl entfaltet auch hier das Postulat, dass allen Generationen annähernd gleichwertige Lebenschancen zu gewährleisten sind, seine Wirkung.

### 3. *Abschied von der Gleichwertigkeit der Lebensverhältnisse?*

Die Forderung nach Generationengerechtigkeit trifft sich bei der Infrastrukturgewährleistung mit der grundgesetzlich verbürgten Gleichwertigkeit der Lebensverhältnisse. Hier stellt sich die Frage nach den angemessenen Reaktionsmechanismen, um das Absinken der Standards in den von starker Abwanderung betroffenen Gebieten zu verhindern.[145]

Da die politische Bereitschaft zu weiteren umfassenden Transferleistungen der (bevölkerungs-) reichen Bundesländer ständig sinkt, steht als Alternative nur die Suche nach neuen Steuerungs- und Gestaltungsformen zur Verfügung. Diese bedingt eine Erhöhung der Gestaltungsautonomie der Länder und Kommunen, für die in der Föderalismusreform I eine gute Grundlage geschaffen wurde, von der aber bislang nur wenig Gebrauch gemacht wird.

Die Thematik hat auch einen kompetenziellen Aspekt: Die Bundespolitik ist gefordert, ihre einzelnen Fachpolitiken neu auszurichten und sie stärker als bislang an ihrem Beitrag für die Bewältigung der Folgen des demografischen Wandels zu orientieren.[146] Damit ist eine umfassende Restrukturierung zahlreicher Politikfelder weit über die Raumordnung und Infrastrukturplanung hinaus verbunden. Wie bei der Zielsetzung der Regionalförderung der Europäischen Union[147] sollten

---

[144] *F. Brosius-Gersdorf* Demografischer Wandel und Daseinsvorsorge, VerwArch. 98 (2007), 317ff.; *H. Bauer/C. Büchner/O. Gründel* (Hrsg.), Demografie im Wandel. Herausforderungen für die Kommunen, 2006

[145] Dazu exemplarisch *Akademie für Raumforschung und Landesplanung*, Gleichwertige Lebensverhältnisse: eine wichtige gesellschaftspolitische Aufgabe neu interpretieren!, 2006.

[146] Siehe auch *Schuler-Harms* (Fn. 49), DVBl. 2008, 1090 (1097).

[147] *Kersten* (Fn. 95), 396 (401ff.). Die Europäische Union hat entsprechende Steuerungsinstrumente entwickelt, in die auch die Mitgliedstaaten eingebunden sind. Siehe exemplarisch *Bundesministerium für Wirtschaft und Technologie*, Nationaler Strategischer Rahmenplan für den Einsatz der EU-Strukturfonds in der Bundesrepublik Deutschland 2007–2013, 2007.

aktivierende Maßnahmen dabei und beim Länderfinanzausgleich verstärkt werden.

Die Landesgesetzgeber haben flächendeckend Gebiets- und Funktionalreformen auf den Weg gebracht, die die Leistungsfähigkeit erhalten sollen.[148] Dabei ist die grundsätzliche Frage aufgetaucht, welche Rolle dem bürgerschaftlichen Engagement in den Transformationsprozessen zukommen soll und kann, welche ökonomischen und gesellschaftlichen Potentiale damit verbunden sind und wie Anreize für ein solches Engagement gesetzt werden können. Vor allem im Bereich der Verwaltungswissenschaften besteht insoweit ein großer Nachholbedarf.

Der Bundesgesetzgeber hat – nicht nur für die neuen Bundesländer – zur Steuerung des Rückbaus der Infrastruktur die Regelungen zum Stadtumbau und zur sozialen Stadt in das BauGB eingefügt (§§ 171 a ff. BauGB) und dafür finanzielle Förderung bereitgestellt.[149]. Diese Normen führen in neuartiger Weise Maßnahmen der Raumordnung mit Maßnahmen zur Reaktivierung der Bürgergesellschaft und der Integration zusammen. Die Beschäftigung mit ihnen lässt erkennen, in welchen interdisziplinären Kontexten viele der anstehenden Aufgaben zu erfüllen sind.

Damit sind für zentrale Problemfelder wichtige Vorkehrungen getroffen, die aber noch keine Problemlösung bedeuten. Auf dieser Ebene sind die Herausforderungen sehr viel größer als bei den Sozialsystemen, weil die Probleme vielfältiger und die Rahmenbedingungen unterschiedlicher sind. In der sozialwissenschaftlichen Forschung wird deshalb die spezifische Wissens- und Bildungskomponente des demografischen Wandels hervorgehoben.[150] Nur durch die vermehrte Suche nach neuen Konzepten und Verfahren soll es möglich sein, die strukturellen Veränderungen angemessen zu verarbeiten. Damit sind auch für die Wissenschaft vom öffentlichen Recht zahlreiche Aufgabenstellungen angesprochen, die sich unter anderem auf die Steuerung der regionalen Entwicklung beziehen. Generationengerechtigkeit wird hier in besonders plastischer Weise auch zu einer Herausforderung für die Wissenschaft: frühzeitig Konzeptionen zu entwickeln, damit zukünftige Generationen unter veränderten Rahmenbedingungen gleichwertige Lebensbedingungen antreffen können.

---

[148] Exemplarisch *C. Appel* Die Auswirkungen des demografischen Wandels in Brandenburg und die öffentliche Verwaltung und staatliche Organisationen, LKV 2005, 377ff.

[149] *J. Kersten* Nachhaltigkeit und Städtebau. in: Kahl (Hrsg.), Nachhaltigkeit als Verbundbegriff, 2008, 396ff. m.w.N.

[150] Dazu exemplarisch *Kaufmann* (Fn. 8), 179ff.

## V. Verfassungsfragen einer Nachwuchssicherungspolitik

### 1. *Verfassungsrechtliche Zulässigkeit einer Nachwuchssicherungspolitik*

Generationengerechtigkeit steuert nicht nur die Verwaltung des Mangels; sie weist als regulatives Prinzip mit einer engen Verbindung zur Nachhaltigkeit auch in die Zukunft und mahnt dabei eine Bildung und Sicherung künftigen Humanvermögens an.[151] Mit den Instrumentarien der Generationenbilanzen, die Transfers in der Zeitachse abbilden, kann dabei verdeutlicht werden, dass das Gemeinwesen die rückläufigen wirtschaftlichen Erträge nur zum Teil durch eine Verbesserung von Bildung und Infrastruktur ausgleichen kann.

Obwohl aus historischen Gründen in Deutschland nach wie vor Vorbehalte gegenüber einer Bevölkerungspolitik bestehen[152], dürfen diese nicht verdecken, dass der Förder- und Schutzauftrag in Art. 6 Abs. 1 GG auch in die Zukunft gerichtet ist und eine ausreichende Grundlage für alle staatlichen Maßnahmen der Familienförderung liefert[153], die als Anreize zu qualifizieren sind und die Wahl einer anderen Lebensform nicht benachteiligen.[154] Auch eine instrumentalisierende Lenkung durch Familienförderung muss vermieden werden. Im Lichte des Art. 6 Abs. 1 GG ist die individuelle Entscheidung für oder gegen Kinder zu respektieren, während diejenige für Kinder spürbar erleichtert werden muss.[155]

### 2. *Ausgestaltung einer Nachwuchssicherungspolitik*

Die Gründe für einen Verzicht auf Zeugung trotz Kinderwunsch sind vielfältig.[156] Als relevante Rahmenbedingungen werden u.a. die Entlas-

---

[151] Zum „richtigen" Verständnis des umstrittenen Begriffs Humanvermögen bzw. Humankapital *Kaufmann* (Fn. 8), 72ff. Siehe vertiefend *T. W. Schultz* In Menschen investieren, 1986, 21ff.; *D. Halpern* Social Capital, 2005.

[152] *Kaufmann* (Fn. 8), 161f. In jüngerer Zeit kommt hinzu, dass auf Grund der Herausbildung eines starken Bewusstseins negativer Freiheitsrechte Anreize zur Familiengründung auch als diskriminierende Maßnahmen interpretiert und kritisiert werden. Das hat nicht zuletzt die Diskussion nach Entscheidungen des Bundesverfassungsgerichts zur Familienbesteuerung gezeigt. Siehe z.B. *F. Eckart* Familienförderung durch Steuerrecht?, KJ 2004, 116ff.

[153] So auch *C. Seiler* Entwicklung der Bevölkerung und Familienpolitik, in: Isensee/Kirchhof (Hrsg.), HStR IV, 3. Aufl. 2008, § 81, Rn. 9. Ablehnend z.B. *G. Roellecke* Geburtenrückgang, Volk, Recht und Moral, JZ 1990, 877ff.

[154] Siehe näher *Pechstein* (Fn. 86), 69ff.

[155] In Anlehnung an *Di Fabio* (Fn. 12), NJW 2003, 994 (997f.).

[156] *Birg* spricht von einem demographisch-ökonomischen Paradoxon, weil die steigende wirtschaftliche Prosperität die Fortpflanzung nicht gefördert, sonder gehemmt

tung durch die staatliche Alterssicherung, die Möglichkeit der Geburtenplanung, das veränderte Selbstverständnis der Frau sowie die erhöhten Anforderungen an die Flexibilität und Mobilität der Individuen angeführt. All dies soll die Übernahme von langfristiger Verantwortung, die mit der Familiengründung verbunden ist, erschweren.[157] Neben den Schwierigkeiten, Beruf und Familie miteinander in Einklang zu bringen, spielen auch individuelle Präferenzen in Bezug auf die Lebensgestaltung, d.h. private Vorzugsentscheidungen eine wichtige Rolle. Das zeigt sich unter anderem daran, dass in Deutschland, wie in vielen aber nicht allen europäischen Staaten[158], die Kinderlosigkeit mit der beruflichen Qualifikation von 24% bis in eine Höhe von 42% ansteigt. Deshalb ist es nicht möglich, alleine durch ökonomische Anreize eine Verhaltensänderung zu induzieren.

Vor diesem Hintergrund muss eine staatliche Förderpolitik sehr offen ausgestaltet werden. Sie sollte darauf abzielen, das vorhandene Potential zugunsten von Kindern und Familie so zu stärken, dass die Entscheidung für Kinder und Familie erleichtert wird und die staatliche Unter-

---

hat; *Birg* (Fn. 10), 42ff.; siehe zu Einzelheiten *Institut für Demoskopie Allensbach* Einflussfaktoren auf die Geburtenrate, 2004; *Seiler* (Fn. 87), 4ff.

[157] *Birg* (Fn. 10), 43ff., 82; *Kaufmann* (Fn. 8), 130ff. Familienminister *Wuermeling* führte 1957 in der Denkschrift (siehe Fn. 1) mit Blick auf die zurückliegende Zeit folgende acht Gründe an: (1) die veränderte wirtschaftliche Situation der Familie, die nicht mehr Lebens- und Wirtschaftsgemeinschaft war, (2) die Überbewertung des Lebensstandards, (3) die Erwerbstätigkeit der verheirateten Frauen, (4) die Wohnungsnot, (5) Verhütung und Abtreibung, (6) der Frauenüberschuss als Folge der zwei Weltkriege, (7) die Zunahme der Ehescheidungen, (8) mangelndes Vertrauen und allgemeine Lebensangst.

[158] Ein Vergleich mit Ländern, die nach den statistischen Daten demografisch besser positioniert sind als Deutschland, macht deutlich, dass der hohe wirtschaftliche und kulturelle Entwicklungsstand den Geburtenrückgang nicht zwingend zur Folge hat. So sind in Frankreich und den USA die Geburtenraten nach wie vor in der Nähe der Erhaltungsquote. In Frankreich ist zudem auffällig, dass mit steigender beruflicher Qualifikation die Kinderzahl nicht abfällt, sondern steigt. Zu Frankreich näher *S. Kröhnert/I. Hoßmann/R. Klingholz* (Fn. 5), 116ff. Zum Vergleich: In Deutschland ist die höchste Geburtenrate (in den Regionen Weser-Ems, Detmold mit 1,46) niedriger als die niedrigste Geburtenrate in Frankreich (in der Region Korsika mit 1,63). Insgesamt liegt die Geburtenrate in Deutschland derzeit bei 1,32 und in Frankreich bei 2,0. Allerdings ist auch zu berücksichtigen, dass die Familien- und Gesellschaftsmodelle sich in den Staaten mit einer höheren Geburtenrate deutlich untereinander und von der Situation in Deutschland unterscheiden. So ist die familiäre Situation in den skandinavischen Ländern und in Island sehr viel weniger an der Ehe ausgerichtet als dies in Frankreich und Deutschland heute noch der Fall ist. Auch die familiären Lebensformen sind deshalb kein klarer Indikator für oder gegen die Entscheidung für Kinder.; siehe *S. Kröhnert/I. Hoßmann/R. Klingholz* (Fn. 5), 174ff.

stützung dieser Entscheidung deutlich spürbar ist. Dies entspricht dem Sinn und Zweck einer qualifizierten Staatszielbestimmung.[159]

Zwar enthält Art. 6 Abs. 1 GG mit seiner besonderen Schutzpflicht[160] bereits eine Vorgabe, die in diese Richtung zielt; die Wirkkraft dieser Norm ist aber „verbraucht" und alle Versuche einer Neubelebung[161] durch Interpretation sind bislang gescheitert.[162] In einer solchen Situation erscheint die Einführung einer neuen oder besser: die Einrichtungsgarantie des Art. 6 Abs. 1 GG[163] ergänzenden Staatszielbestimmung sinnvoll, die sich auf die Gewährleistung von Familiengerechtigkeit konzentriert.[164] Ein entsprechender Impuls könnte dadurch vermittelt werden, dass der Staat in einem neuen Art. 6 Abs. 1 Satz 2 GG verpflichtet wird, die Erziehungsleistung der Familien in den staatlichen Finanzierungs- und Sicherungssystemen angemessen zu berücksichtigen. Zugleich sollte die Begründung einer Familienkasse vorgeschrieben werden, die alle Leistungen des Ausgleichs und der Förderung für die Familien erfasst und damit transparent werden lässt. Eine solche Regelung würde wegen ihrer positiven Zielsetzung eine stärkere rechtliche Wirkung entfalten als ein auf einen abgegrenzten Bereich bezogenes verfassungsgerichtliches Verdikt, dem der Gesetzgeber leicht ausweichen kann.

---

159 *K.-P. Sommermann* Staatsziele und Staatszielbestimmungen, 1997, 355ff. Nicht zielführend ist dagegen die Einführung eines Familienwahlrechts, da es an ausreichenden Anhaltspunkten fehlt, dass von einem solchen Wahlrecht mit dem Ziel der Verbesserung der Lage der Familiengebrauch gemacht wird (dazu allgemein *I. Schulze* Der Einfluss von Wahlsystemen auf Politikinhalte. Electoral Threat in der Rentenpolitik, 2006). Befürwortend: *K. Löw* Kinder und Wahlrecht, ZRP 2002, 448ff.; *L. M. Peschel-Gutzeit* Unvollständige Legitimation der Staatsgewalt oder: Geht alle Staatsgewalt nur vom volljährigen Volk aus?, NJW 1997, 2861ff.; *F. Reimer* Nachhaltigkeit durch Wahlrecht?, ZParl 1999, 563ff. Wie hier ablehnend *W. Schroeder* Familienwahlrecht und Grundgesetz, JZ 2007, 917ff.; *W. Schreiber* Wahlrecht von Geburt an – Ende der Diskussion, DVBl. 2004, 1341ff.; *R. Wernsmann* Das demokratische Prinzip und der demographische Wandel. Brauchen wir ein Familienwahlrecht?, Der Staat 44 (2005), 43ff.

160 *P. Badura* in: Maunz/Dürig, Grundgesetz, Art. 6 Abs. 1 (2005), Rn. 75ff.; *Seiler* (Fn. 87), 40ff.

161 Siehe etwa *Pechstein* (Fn. 86), 167ff.; *Di Fabio* (Fn. 12), NJW 2003, 994ff.

162 Dabei ist zu berücksichtigen, dass auch Normen auf ein entsprechendes kulturell-politisches Umfeld angewiesen sind, um ihre Direktionskraft zu entfalten. Das Grundgesetz und auch der EG-Vertrag liefern dafür zahlreiche anschauliche Beispiele.

163 Dazu *U. Mager* Einrichtungsgarantien, 2003, 195ff.

164 Die besondere Bedeutung der Familiengerechtigkeit im Zusammenhang mit dem demografischen Wandel betont auch *Seiler* (Fn. 87), 26f. Dabei kann an zahlreiche Bestimmungen des Landesverfassungsrechts angeknüpft werden, in denen diese Zielsetzung bereits zum Ausdruck kommt, die ihre Wirkung in der Vergangenheit vor allem deshalb nicht oder nur wenig entfalten konnten, weil die Gesetzgebungsbefugnisse für viele der einschlägigen Rechtsmaterien beim Bund liegen.

## VI. Ausblick

Ich komme damit zum Schluss und der Frage, welche verallgemeinerungsfähigen Erkenntnisse die Einzeluntersuchungen zur Generationengerechtigkeit im Kontext des demografischen Wandels ermöglichen.

Bestätigt wurde die zu Beginn der Überlegungen geäußerte Vermutung, dass das Prinzip der Generationengerechtigkeit jenseits des Art. 20a GG[165] keinen Verfassungsrang besitzt und dass dieser auch nicht durch ein „kombinatorisches Hineininterpretieren" in Art. 3 Abs. 1 GG begründet werden kann.

Für den Bereich intergenerationell ausgerichteter Transfersysteme, wie der im Umlageverfahren finanzierten Rentenversicherung, kann das Prinzip der Generationengerechtigkeit im Rahmen der Überprüfung der Rechtfertigung des gesetzlichen Pflichtbeitrags über den Grundsatz der Verhältnismäßigkeit Wirkung entfalten und eine Anpassungspflicht begründen, wenn absehbar ist, dass dem aktuell zu zahlenden Beitrag in Zukunft keine annähernd angemessene Rentenzahlung mehr entsprechen kann. Die Reform der Rentenversicherung im Jahr 2004 war insoweit nicht nur verfassungsrechtlich zulässig, sondern auch als solche[166] geboten.

Als weiterhin ungelöstes Problem hat sich in diesem Kontext die durch das Bundesverfassungsgericht zutreffend analysierte Wechselwirkung zwischen Generationen- und Familiengerechtigkeit erwiesen. Hier ist der Gesetzgeber gefordert.

Für gesetzliche Versicherungssysteme mit nur faktischen intragenerationellen Auswirkungen auf die Generationengerechtigkeit konnten vergleichbar weit reichende Rechtspflichten nicht festgestellt bzw. begründet werden. Herausgearbeitet wurde aber eine enge Wechselwirkung zwischen der Generationengerechtigkeit und dem Effizienzgebot, die in einem Leitbild der effizienten Gerechtigkeit zum Ausdruck gebracht werden kann und verdeutlicht, dass Effizienzsteigerung der Verwirklichung der Generationengerechtigkeit bzw. der sozialen Gerechtigkeit im Allgemeinen dienen. Zudem konnte in diesem Zusammenhang ein verfahrensrechtliches Gebot der Überprüfung von Reformmaßnahmen auf ihre Altersverträglichkeit abgeleitet werden.

---

[165] Je nach Interpretation kann ergänzend eine bereichsbezogene Verankerung in Art. 115 GG angenommen werden. Siehe dazu *Höfling* (Fn. 67), 107 (108f.)

[166] D.h. als Anpassung an die sich abzeichnende veränderte Lage, nicht in den Einzelheiten der neuen Ausgestaltung. Insoweit wären auch andere Gestaltungen möglich gewesen, u.a. der Übergang zur Kapitaldeckung oder zur Steuerfinanzierung.

Verdeutlicht wurde in diesem Zusammenhang, dass der Gesetzgeber den zulässigen Übergang von Modellen der „Vollversorgung" in der Renten- und Krankenversicherung zu den flexibleren Modellen des aktivierenden Sozialstaates behutsam und schrittweise ausgestalten muss, da das durch die bisherige Gesetzgebung geprägte und dadurch kulturell verankerte Modell das gesellschaftliche Leitbild sozialer Gerechtigkeit prägt und solche tief verankerten Leitbilder nur langsam verändert werden können.

Im Bereich der regionalen Infrastruktur und der Wahrung der Gleichwertigkeit der Lebensbedingungen ist die Wahrung der Generationengerechtigkeit schließlich mit der Aufgabe der Neuausrichtung zahlreicher Politikfelder aus dem Blickwinkel ihrer aktivierenden Potentiale für die Bewältigung der Folgen des demografischen Wandels und die Bereitstellung bzw. Entwicklung neuer, effizienterer Handlungs- und Organisationsformen verbunden. In diesem Bereich ist die *rechtliche* Wirkung des Prinzips der Generationengerechtigkeit sehr gering, die praktische Bedeutung der von ihr ausgehenden allgemeinen Handlungsimpulse[167] dafür aber umso gewichtiger, insbesondere zur Wahrung des sozialen Friedens in den vom demografischen Wandel besonders stark betroffenen Regionen.[168]

Die nachhaltigste Antwort auf die Gefährdung von Generationengerechtigkeit durch die Folgen des demografischen Wandels stellen Bemühungen zur Umkehr seiner Richtung durch eine staatliche Nachwuchssicherungspolitik dar. Diese kann durch die vorgeschlagene ergänzende Staatszielbestimmung verfassungsrechtlich angeleitet werden.

Das Prinzip der Generationengerechtigkeit besitzt damit für den Bereich des demografischen Wandels ein wertvolles Orientierungspotenzial, das es in den einzelnen Teilbereichen weiter zu entfalten gilt. Darin liegt in besonderer Weise auch eine Aufgabe der Wissenschaft vom öffentlichen Recht.[169] Auf Grund ihrer außerordentlich günstigen Altersstruktur ist die Vereinigung Deutscher Staatsrechtslehrer für diese Herausforderung bestens gewappnet.

---

[167] Solche allgemeinen Handlungsimpulse werden durch das Aufzeigen von Zusammenhängen sowie die Entwicklung entsprechender Informations- und Steuerungsinstrumente ausgelöst.

[168] Eingeschlossen ist dabei die Vermeidung der politischen Radikalisierung vor allem junger Menschen, die sich von den Chancen wirtschaftlicher und sozialer Entwicklung ausgeschlossen fühlen – und in gewissem Umfang auch sind.

[169] Dieser Aufgabe ist die Wissenschaft in den letzten Jahren mit steigender Intensität gerecht geworden, wie die zahlreichen Nachweise in den voranstehenden Fußnoten gezeigt haben. Gleichwohl bleibt ein erheblicher Forschungs- und Gestaltungsbedarf in den zahlreichen Einzelfragen, der durch eine Vertiefung der damit verbundenen Grundsatzfragen begleitet werden muss.

Leitsätze des 1. Berichterstatters über:

# Demografischer Wandel und Generationengerechtigkeit

## *I. Basisinformationen*

*1. Generationengerechtigkeit (GeG) thematisiert Fragen sozialer Gerechtigkeit (Interessen- und Anspruchskonflikte in Bezug auf knappe Ressourcen und damit verbundene Lebenschancen) zwischen verschiedenen Generationen innerhalb gleicher Lebenszyklen (intratemporale GeG)* sowie in einer Langfristperspektive (*intertemporale GeG*).

*2. Demografischer Wandel bezeichnet quantitative und strukturelle Veränderungen (Jugend- und Altersquotienten, regionale Verteilung) der Bevölkerung, die im Wesentlichen durch Veränderungen der Geburtenrate und steigende Lebenserwartung ausgelöst werden. Der Migration kommt (in Deutschland) eine untergeordnete Bedeutung zu.*

*3. Nach den Berechnungen des Statistischen Bundesamtes (11. koordinierte Bevölkerungsvorausberechnung 2006) wird die Gesamtbevölkerung in Deutschland bis zum Jahr 2050 auf ca. 70 Millionen zurückgehen. Auf 100 Erwerbstätige werden 60 „Alte" (heute 32) und 29 „Jugendliche" (heute 33) entfallen (Gesamtquotient: 89), die durch die Erwerbstätigen im Rahmen von familialen und wohlfahrtsstaatlichen Transfersystemen „mitfinanziert" werden müssen. Die Zahl der über 80-jährigen wird bis 2050 von 3,7 Millionen auf 10 Millionen ansteigen. Die durchschnittliche Lebenserwartung steigt von 75,9 / 81,5 Jahren auf 83,5 / 88,0 Jahre, das Medianalter (es teilt eine Population statistisch in zwei gleich große Gruppen) steigt von 37 / 40 Jahren heute auf 53 / 58 Jahre im Jahr 2050. Der (positive) Wanderungssaldo ist schwer prognostizierbar und wird zwischen 100000 und 200000 pro Jahr angenommen.*

## *II. Generationengerechtigkeit in der Alterssicherung*

*4. In der Gesetzlichen Rentenversicherung (GRV) bestehen direkte und weit reichende faktische (finanzielle) und rechtliche Zusammenhänge zwischen demografischem Wandel und Generationengerechtigkeit.*

*5. Die Alterssicherung wurde ursprünglich in familialen Transfersyste-*

*men verwirklicht. Die Erwerbsarbeit war (überwiegend) Sache der Männer, die Last von Kindererziehung und Altenpflege („Familienarbeit") lag vor allem bei den Frauen (doppelter Standardlebenslauf). Durch die Begründung der GRV wurde die Alterssicherung in ein wohlfahrtsstaatliches Transfersystem verlagert. Dadurch wurde der zugrunde liegende „Generationenvertrag" aus dem individuell-personalen in einen kollektiv-institutionellen Kontext überführt.*

*6. Durch die Große Rentenreform des Jahres 1957 wurde die GRV in eine umlagefinanzierte Lebensstandardsicherung überführt (dynamische Rente), die zudem eine Teilhabe der Rentenempfänger am Wohlstandsfortschritt der Erwerbstätigen ermöglichen sollte und insoweit am Prinzip der GeG orientiert war (Sicherung gleicher Lebenschancen der Generationen).*

*7. Der Bundesgesetzgeber hat durch das Rentenversicherungs-Nachhaltigkeitsgesetz 2004 das Leitbild der Rente grundlegend reformiert (Abschied vom Leitbild der Lebensstandardsicherung) und ein Drei-Säulen-Modell (gesetzliche Rente, steuerbegünstigte private und betriebliche Altersvorsorge) eingeführt sowie in die Berechnung des Rentenwertes einen Nachhaltigkeitsfaktor eingeführt (§ 68 Abs. 1 u. 4 SGB VI) der ausweislich der Gesetzesbegründung der Verwirklichung der GeG dient.*

*8. Diese Systemumstellung begegnet keinen grundsätzlichen verfassungsrechtlichen Bedenken. Umstritten ist aber, inwieweit eine (denkbare) „negative Rendite" mit Art. 14 Abs. 1 GG und eine zu starke Annäherung an das Sozialhilfeniveau mit der Pflichtversicherung vereinbar sind.*

*9. Verfassungsrechtlich kann GeG in der GRV weniger über die Erweiterung von Art. 3 Abs. 1 GG auf einen Anspruch auf Gleichheit in der Zeit, als vielmehr im Rahmen der Verhältnismäßigkeit des Grundrechtseingriffs durch die Beitragspflicht verortet werden. Eine aktuelle Beitragspflicht, die nicht mit der Aussicht verbunden ist, im Alter eine annähernd gleichwertige Altersversorgung zu erlangen (sei es alleine durch gesetzliche oder durch kombinierte gesetzliche und private Absicherung), wäre unverhältnismäßig.*

*10. Der Gesichtspunkt der Familiengerechtigkeit ist (alleine) nicht in der Lage, das bestehende Umlageverfahren von Verfassung wegen in einen Dreigenerationenvertrag zu überführen. Der gebotene angemessene Familienlastenausgleich muss deshalb auf anderen Wegen verwirklicht werden. Das Modell einer organisatorisch bei der GRV verorteten Familienkasse bietet einen guten Ansatz, für den vor allem die größere Transparenz und Zielgenauigkeit sprechen. Leitbild sollte eine aktivierende Familienpolitik sein.*

*11. Durch den langfristigen Übergang zu einer kapitalfinanzierten Alterssicherung oder einer Staatsbürgerversicherung könnte die Abhängigkeit vom demografischen Wandel deutlich gemindert und die GeG gesichert werden. Damit wird aber zugleich das mit dem Generationenvertrag verbundene solidarische gesellschaftliche Leitbild geschwächt.*

## *III. Generationengerechtigkeit im System der Gesundheitsversorgung*

*12. Obwohl die Gesetzliche Krankenversicherung (GKV) nicht auf Transferleistungen zwischen den Generationen beruht, sind auch in diesem Bereich generationenbezogene Auswirkungen des demografischen Wandels zu verzeichnen, die rechtlich aufgearbeitet werden müssen. Im Vordergrund steht dabei die auf Grund der gewandelten Altersstruktur überproportional ansteigende Umverteilung der Finanzierungspflichten zu Lasten der Erwerbstätigen.*

*13. Ähnlich wie bei der Reform der GRV bietet sich auch bei der GKV der Übergang zu einem zweigliedrigen Modell an, bei dem eine abgesenkte gesetzliche Versorgung (auf hohem Niveau nach dem sog. Ergänzungsmodell) durch eine private Zusatzversorgung komplettiert wird. Damit wird den Versicherten angesichts insgesamt steigender Abgabenlasten ein größerer Gestaltungsfreiraum für ihre Lebensgestaltung belassen; eine Minderung der Ausgaben für Gesundheitsleistungen ist damit nicht zwingend verbunden. Ein verfassungsrechtliches Rückschrittsverbot steht einer solchen Reform nicht entgegen.*

*14. Die Nutzung von Marktmechanismen zur Effizienzsteigerung steht nicht im Widerspruch zur (sozialen) Gerechtigkeit. Vielmehr verringern Effizienzsteigerungen die Knappheit von Ressourcen und verbessern die Voraussetzungen für die Verwirklichung von Gerechtigkeit. Dieser Zusammenhang kann im Leitbild der effizienten Gerechtigkeit zum Ausdruck gebracht werden, das in einem engen Zusammenhang mit dem Prinzip der GeG steht.*

*15. Der Vorschlag einer (zukünftigen und besitzstandswahrenden) allgemeinen Altersrationierung in der Gesundheitsversorgung ist zwar mit einem rein egalitären Verständnis von GeG (Gewährleistung formal gleicher Lebenschancen) vereinbar, übersieht aber, dass auch bei der GeG Bedarfsgesichtspunkte zu beachten sind.*

## *IV. Demografischer Wandel und Gleichwertigkeit der Lebensverhältnisse*

*16. Die deutsche Bevölkerung schrumpft regional uneinheitlich. Während vor allem die neuen Bundesländer bereits einen spürbaren Bevölkerungsrückgang als Folge von Geburtenrückgang und Abwanderung (mit einem Übergewicht junger Frauen) zu verarbeiten haben (seit 1990 mehr als 1,5 Millionen), ist in anderen Regionen noch bis nach 2020 ein Wachstum zu verzeichnen.*

*17. Der Bevölkerungsschwund drückt auf die Nachhaltigkeit. Weniger verbrauchen mehr. Das gilt insbesondere für die Einrichtungen der regionalen Infrastruktur. Belastet und herausgefordert werden vor allem die Kommunen.*

*18. Bezüge zur GeG bestehen bei diesem Prozess insofern, als in den neuen Bundesländern der Alterungsprozess besonders dramatisch verläuft und die alten Menschen in besonderer Weise auf die unter Kostendruck stehende regionale Infrastruktur angewiesen sind. Zudem verschlechtern sich die Lebenschancen der heutigen jungen Generation.*

*19. Zur Bewältigung der Folgen des demografischen Wandels bedarf es der Suche nach neuen Steuerungs- und Gestaltungsformen, die eine Erhöhung der Gestaltungsautonomie der Länder und Kommunen voraussetzt. Dabei kann an den in der Föderalismusreform I aufgegriffenen Gedanken des experimentellen Föderalismus angeknüpft werden. An diesem Prozess besteht ein gesamtstaatliches Interesse, da frühzeitig und in überschaubaren Räumen Instrumente zur Bewältigung der Folgen des demografischen Wandels entwickelt und erprobt werden können.*

*20. Für die Bevölkerung in den neuen Bundesländern stellt der zweite Transformationsprozess in kurzer Zeitfolge eine besondere Generationenlast dar, deren rechtliche, wirtschaftliche und politische Bewältigung die größte Herausforderung für den demokratischen Verfassungsstaat in den kommenden Jahrzehnten bedeutet. Die dramatisch sinkende „Akzeptanz" der demokratischen Staatsform und ihrer Fähigkeit zur Sicherung sozialer (Generationen-) Gerechtigkeit, wie sie sich aus neueren Untersuchungen ergibt, machen dies deutlich.*

## *V. Verfassungsfragen einer Nachwuchssicherungspolitik*

*21. Das Grundgesetz steht einer auf Anreizen basierten freiheitsgerechten Nachwuchssicherungspolitik nicht entgegen und leitet sie durch Art. 6 Abs. 1 GG normativ insoweit an, als vor allem die Familienförderung diesem Ziel dienen kann.*

*22. Die im Kontext der Erörterung von GeG und Bildung (Investition in die Humanvermögensbildung) betonte öffentliche Funktion der Familie darf nicht dazu führen, den freiheitlichen Gehalt des Art. 6 Abs. 1 GG und der damit verbürgten privaten Gestaltungsfreiheiten zu vernachlässigen und neue „doppelte Standardlebensläufe" zu prägen.*

*23. Die vom Bundesverfassungsgericht angemahnte angemessene Berücksichtigung der Erziehungsleistungen der Familien sollte durch eine entsprechende Staatszielbestimmung in Art. 6 Abs. 1 S. 2 GG abgesichert werden, um die Förderpflicht an dieser zentralen Stelle zu verdeutlichen und verfassungsrechtlich leichter handhabbar zu gestalten.*

*24. Durch eine gezielte Einwanderungspolitik, deren rechtlicher Rahmen inzwischen durch die Europäische Union vorgegeben wird, kann der Bevölkerungsrückgang in Deutschland nicht nachhaltig ausgeglichen werden, so-*

*lange das Gesellschaftsmodell vor allem Anreize für die Zuwanderung von Menschen mit geringeren Bildungsstandards setzt.*

## *VI. Institutioneller Reformbedarf*

*25. Obwohl das parlamentarische Regierungssystem auf den seit langem erkennbaren demografischen Wandel sehr spät reagiert hat, besteht kein Grund zu grundlegenden Reformen, da u.a. der internationale Vergleich zeigt, dass es sich nicht um notwendige Systemfolgen handelt. Vorzugswürdig sind Verbesserungen in Details, die sich an den betroffenen Sachthemen bzw. Zielen orientieren und diesen einen stärkeren Einfluss auf politische Entscheidungsprozesse einräumen.*

*26. Von der Einführung eines Familienwahlrechts sind unabhängig von grundsätzlichen demokratietheoretischen Bedenken ebenso wenig spürbare Einflüsse auf die Verwirklichung der GeG zu erwarten wie von einer Erweiterung direktdemokratischer Instrumente.*

*27. Beschränkung und Abbau der Staatsschulden sind nach der zurückhaltenden Rechtsprechung des BVerfG (nur) durch eine Reform des Art. 115 GG zu verwirklichen.*

## *VII. Schlussfolgerung und Ausblick*

*28. Jenseits der expliziten Verankerung in Art. 20a GG stellt die GeG kein eigenständiges Verfassungsprinzip dar. Auch eine Erweiterung des Art. 3 Abs. 1 GG auf einen Anspruch auf Gleichheit in der Zeit erweist sich nicht als tragfähig.*

*29. Innerhalb staatlicher Transfersysteme kann der Leitgedanke der GeG, annähernd gleiche Lebenschancen zu garantieren, im Rahmen der Rechtfertigung des Beitragszwangs zur Geltung gebracht werden. Im Übrigen ist er als Gestaltungsprinzip in Abwägungs- und Rechtfertigungsprozessen als Teil des allgemeinen „Gerechtigkeitsdenkens" (BVerfG) zu berücksichtigen, das neben der Gleichheit auch die Kriterien der Leistung und des Bedarfs in sich trägt.*

*30. Angesichts der Folgen des demografischen Wandels leistet GeG, wie die Gerechtigkeit insgesamt, einen Beitrag zur friedlichen Bewältigung von Kontingenz. Dabei sollte der positive Zusammenhang zwischen Freiheit und Gerechtigkeit („selbstbestimmte" Gerechtigkeit im Leitbild des aktivierenden Sozialstaates) ebenso stärker betont werden wie der grundsätzlich positive Zusammenhang zwischen Gerechtigkeit und Ökonomie (Leitbild der effizienten Gerechtigkeit).*

*31. Die Rechtswissenschaft sollte den anstehenden Transformationsprozess zum Anlass nehmen, ihre Zurückhaltung gegenüber Fragen der Gerechtigkeit zu überwinden und dieses Themenfeld nicht der politischen Philosophie und den (übrigen) Sozialwissenschaften überlassen.*

Dritter Beratungsgegenstand:

# Demografischer Wandel und Generationengerechtigkeit

2. Bericht von Professor Dr. *Susanne Baer*, LL.M.,
Humboldt-Universität zu Berlin[1]

## Inhalt



[1] Ich bedanke mich bei A. Siehr, A. Blankenagel, C. Bumke, M. Schuler-Harms, auch bei R. Will, K. Sander und K. Kühl, den Kolleginnen und Kollegen in der Fakultäts-„Werkstatt" 2008 und den Promovierenden im Graduiertenkolleg „Verfassung jenseits des Staates" für zahlreiche Anregungen, insbesondere aber für die inspirierende Unterstützung und Mitarbeit bei Johanna Künne und Nahed Samour.

„Kaum ein Tag ohne demografische Prognose“[2] – und juristisch wird darauf reagiert[3]. „Der“ demografische Wandel ist auch historisch nicht zum ersten Mal Chiffre für kollektivistische Forderungen. Sie sind allerdings mehrfach problematisch. In einer kulturhistorischen Perspektive ist es möglich, das aufzuklären. So lässt sich der Zusammenhang zwischen Demografie und Staatsrecht verdeutlichen, aber auch zeigen, dass anstelle der Großbegriffe – Verfassungsvoraussetzungen, Generationengerechtigkeit – individuelle Grund- und Menschenrechte im Lebensverlauf zu betonen sind, um gerade auch demografische Problemlagen[4] gerecht zu adressieren; und das gilt insbesondere für die drei großen demografischen Fragen: Familie, Migration und Altern. Es sind die Re-

---

[2] *S. Simitis* KritV 2004, 233. Daten zu Deutschland in *Statistisches Bundesamt* Bevölkerung Deutschlands bis 2050, 2006; *BIB* (*Bundesinstitut für Bevölkerungsforschung*) Daten, Fakten, Trends zum demographischen Wandel in Deutschland, 2008 und Die demographische Zukunft Europas, 2008; für die Schweiz *Bundesamt für Statistik* Demografisches Porträt der Schweiz, 2007. Das Rostocker Zentrum für demographischen Wandel (http://www.zdwa.de) publiziert jährliche Berichte und global vergleichende Studien gemeinsam mit dem Institut für Demographie der Österreichischen Akademie der Wissenschaften; *S. Kröhnert/ I. Hoßmann/ R. Klingholz* Die demografische Zukunft von Europa, Wie sich die Regionen verändern, 2008.

[3] Allerdings war das lange kein Thema; vgl. *T. Hebeler* ZG 2003, 218 (219). Früh, aber primär ökologisch dachten *P. Saladin/C. Zenger* Rechte zukünftiger Generationen, 1988; auch *H. Kleger* ARSP Beiheft 20 (1986), 147; *G. Roellecke* ZRP 1989, 21. Mit der Zeit haben sich früh befasst *P. Häberle* FS Zacher 1998, 215; *H. Hofmann* Rechtsfragen atomarer Versorgung, 1980; auch *K. Günther* RJ 14 (1995), 13, mit Zukunft *W. Maihofer* Rechtswissenschaft als Zukunftswissenschaft, 1971. Für den jetzigen Stand grds. *F. Welti* KJ 2004, 255; *U. Becker* JZ 2004, 929; *J. Kersten* DV 40 (2007), 309; *ders.* DVBl 2007, 942; *F. Brosius-Gersdorf* VerwArch 2007, 3, und zum Alter der 67. DJT 2008 (dazu ausführlicher unten).

[4] Umfassendere Analysen bei *F.-X. Kaufmann* Schrumpfende Gesellschaft, 2005, 163f. (Bevölkerung sei Nebenbedingung für andere Felder), 16 ff. (zu beachten seien regionale Wirkungen, die Handlungsfelder lebenslanges Lernen, Lebensarbeitszeit und Ehrenamt, Familie und Kinder, Bildung und Erziehung). Kritisch zu *Kaufmann* aber *D. Hummel* in: Forum Umwelt und Entwicklung/ genanet (Hrsg.) Anders wirtschaften statt demographischer Demagogie, 2006, 8. Anschaulich für die kommunale Ebene *C. Tutt* Das große Schrumpfen, 2007. Die EU betont Solidarität für Zuwanderung und Familie, Bildung, Innovation und Integration und internationale Kooperation sowie öffentliche Finanzen; *Europäische Kommission* Die demografische Zukunft Europas – Von der Herausforderung zur Chance, KOM (2006) 571; auch *Kommission der Europäischen Gemeinschaften* Grünbuch „Angesichts des demografischen Wandels, eine neue Solidarität zwischen den Generationen“, KOM 94 (2005) endgültig, 2005; Bericht zur langfristigen Tragfähigkeit der öffentlichen Finanzen, 2006. Für Deutschland *Enquete-Kommission* Demografischer Wandel, Herausforderung unserer älter werdenden Bevölkerung an den Einzelnen und die Politik, BT-Drs 14/8800, 2002; *Forum Demographischer Wandel des Bundespräsidenten* in Zusammenarbeit mit der Bertelsmann-Stiftung, 2005 – www.forum-demographie.de.

ferenzgebiete des juristischen Umgangs mit Demografie, und eben hier zeigen Grund- und Menschenrechte ihre Stärke.

## I. „Der demografische Wandel“: Politische Arithmetik und Biopolitik

Manches, was heute im Zeichen der Demografie gefordert wird, ist Schlagwort und eher aktionistisch, Vieles wird kollektivistisch und national gerahmt[5]. Gefragt sind demgegenüber adäquate, sachgerechte Reaktionen auf komplizierte Prozesse. Dazu muss verstanden werden, was dieser demografische Wandel eigentlich ist, und wie bei anderen Großthemen – Klima, Sicherheit usw. – stellt sich damit die Frage nach dem Wissen[6]. Nahezu mustergültig zeigen sich bei der Demografie sogar entscheidende Aspekte des Wissensproblems im Staat[7].

Wissensfragen im Recht sind immer Fragen nach Wissen und Macht. Das wird bei der Demografie nur besonders deutlich. Demografie entstand als Teil der Staatswissenschaft und etablierte mit der „Verdatung“ die Macht der Zahl als Zugriff des entstehenden Nationalstaates auf den Kollektivkörper Bevölkerung[8]. „Der demografische Wandel“ – da haben

[5] Ebenso prononciert wie problematisch *H. Birg* Die ausgefallene Generation, 2005; *ders.* in: J. Brunner (Hrsg.) Tel Aviver Jahrbuch für deutsche Geschichte XXXV 2007 („Was auf Deutschland zukommt – die zwingende Logik der Demographie“); auch *F. Schirrmacher* Das Methusalem-Komplott, 2004; direkt dagegen *A. Schrupp* Methusalems Mütter, 2007.

[6] Wissen ist Oberbegriff auch für Daten und Information; *M. Albers* Rechtstheorie 2002, 61 (70 ff.); dazu auch *K. Grimmer* Struktur und Innovation, 1997; *P. Collin/T. Horstmann* (Hrsg.) Das Wissen des Staates, 2004.

[7] Dazu gehört die Explosion des Nichtwissens im Präventionsstaat; *E. Denninger* Der gebändigte Leviathan, 1990, 33, und schon lange das Risiko; dazu mwN *C. Engel* Generating Predictability, 2005; *ders.* in: C. Engel u.a. (Hrsg.) Wissen, Nichtwissen, Unsicheres Wissen, 2002, 305 und in: ders.u.a. (Hrsg.) Recht und Verhalten, 2007, 363; *R. Steinberg* Der ökologische Verfassungsstaat, 1998; *K.-H. Ladeur* Das Umweltrecht der Wissensgesellschaft, 1995. S.a. *D. Murswiek* Die Bewältigung der wissenschaftlichen und technischen Entwicklungen durch das Verwaltungsrecht, VVDStRL 48 (1990), 207. Ferner *N. Luhmann* Soziologie des Risikos, 1991; *A. Evers/H. Nowotny* Über den Umgang mit Unsicherheit, 1987; aus der Rechtsprechung im Umweltrecht BVerwGE 72, 300 (315) (Whyl).

[8] Grundlegend *M. Foucault* Wille zum Wissen, 1977, insbes. 161–190. Foucault analysiert Diskurse und Dispositive und geht damit über die reinen Diskursanalysen heraus, da Dispositive auch institutionelle Arrangements sind. Auch *Agamben* thematisiert Bio-Souveränität als Regelfall der Macht, die sich immer im Ausnahmezustand konzipiert, was weniger für Demografie und eher für den Umgang mit Sicherheit Anregungen liefert; *G. Agamben* Ausnahmezustand, 2004; dazu *I. Lorey* in: M. Pieper u.a. (Hrsg.) Empire. Die biopolitische Wende, 2007; auch *S. Schultz* Hegemonie – Gouver-

auch deshalb Viele eine statistische Darstellung vor Augen, eine Art Tannenbaum[9] oder Verlaufskurven, offensichtlich objektiv, gut nachvollziehbar, plausibel. Diese Zahlen, Statistiken und Schaubilder sind Produkte der Demografie[10]. Sie entstanden und entstehen weitgehend als Auftragsforschung für die Exekutive[11]. Politische Fragen erhalten so das Gewand der objektiven Rationalität und Zwangsläufigkeit, der Sachzwänge.

Demografie besteht zudem aus Zahlen zur Biologie. Daher hat der Kulturhistoriker *Michel Foucault* diese Technik der Verdatung des Kollektiven als Teil von Biopolitik beschrieben[12]. Konzentrierte sich, so *Foucault*, auch staatliche Macht lange auf die Disziplinierung des Einzelnen, so wendet sich im Nationalstaat mit der Demografie die Kontrolle dem Gattungskörper zu[13]. So wird das Subjekt zu dem Untertan, der durch

---

nementalität – Biomacht, 2006. Auch *F.-X. Kaufmann* Schrumpfende Gesellschaft, 2005, 165 spricht von einer „Biologisierung demographischer Prozesse". Um Machtpolitiken im Umgang mit Wissen auch auf Seiten der Akteure zu verstehen, lässt sich zudem das Konzept des Habitus in bestimmten Feldern nutzen, womit auch unterschiedliche Machtpraxen der Akteure zB in Wissenschaft, Politik, Verwaltung usw. fassbar werden; vgl. *P. Bourdieu* Rede und Antwort, 1992; *ders.* Die verborgenen Mechanismen der Macht, 1992.

9 Abgedruckt in *H. Bauer/F. Brosius-Gersdorf* FS Siedentopf, 2008, 385 (388, 391).

10 „Die" Demografie ist natürlich heterogen, aber hegemonial doch mathematisierte Wissenschaft. Sie ist in Deutschland bestrebt, den Begriff Bevölkerungswissenschaft zu vermeiden, der seit dem Nationalsozialismus einen schlechten Klang hat. Zur Disziplingeschichte *J. Ehmer* Bevölkerungsgeschichte und historische Demographie 1800–2000, 2004; *H. Gutberger* Bevölkerung, Ungleichheit, Auslese, 2006; *R. Mackensen/J. Reulecke* (Hrsg.) Das Konstrukt ‚Bevölkerung' vor, im und nach dem ‚Dritten Reich', 2005.

11 Das BIB ist ebenso wie das Statistische Bundesamt dem BMI zugeordnet; daneben gibt es wenige Lehrstühle an Hochschulen und außeruniversitäre Forschung zB am MPI Rostock. In Österreich ist Demografie an der Akademie der Wissenschaften platziert, in der Schweiz beim Bundesamt für Statistik. Zur Initiative des Völkerbundes 1939 *D. Hummel* Der Bevölkerungsdiskurs, 2000, 278ff. Die UN und auch Eurostat legen regelmäßig Zahlen vor. Zur staatlich (statt kirchlich) geführten Statistik *S. Ruppert* Kirchenrecht und Kulturkampf, 2002, 185–187; auch *W. Streeck* in: P. Gruss (Hrsg.) Die Zukunft des Alterns, 2007, 279.

12 Biopolitik ist nicht nur staatliche Politik, sondern auch politisches Handeln anderer Akteure; dazu *M. Saar* in: S. Krasmann/M. Volkmer (Hrsg.) Michel Foucaults „Geschichte der Gouvernementalität" in den Sozialwissenschaften, 2007, 23; *T. Lemke* in: ebda, 47 (60ff). Umfassend *D. Hummel* Der Bevölkerungsdiskurs, 2000, 29ff.; *S. Schultz* Hegemonie – Gouvernementalität – Biomacht, 2006. Foucault hat allerdings die globale Dimension kaum reflektiert, weshalb er in Studien zum Kolonialismus modifiziert wird; dazu die Beiträge in *R. Guha/G. Spivak* (eds.) Selected Subaltern Studies, 1988.

13 *M. Foucault* Wille zum Wissen 1989, 166; bei *D. Hummel* Der Bevölkerungsdiskurs, 2000, 173. So ziehe der Rassismus in den Staat ein, *M. Foucault* In Verteidigung der Ge-

Regeln in einen ordentlichen kollektiven Rahmen gebracht werden kann[14], und das trifft auch den Körper, das Biologische selbst. Fertilität ist dann nicht mehr individuell, sondern Fortpflanzung eine gesamtgesellschaftliche Frage[15]. Genau das ist auch Thema heutiger bevölkerungspolitischer Debatten.

Die Demografie ist also „politische Arithmetik"[16]; sie hat eine durchaus ambivalente Geschichte. Weder Platon noch Aristoteles noch Kaiser Augustus waren bevölkerungspolitische Fragen fremd. Aber erst mit der Herausbildung der Nationalstaaten entsteht die wissenschaftliche Demografie, das große Zählen und Klassifizieren. Der ganz frühe Zensus von Florenz von 1632 unterschied bereits Frauen und Männer, weibliche und männliche Dienstboten und Menschen über und unter 15 Jahren Alters. Hier deutet sich an, was Regierende bis heute interessiert. Die kategorisierte Bevölkerung wird aber erst mit der wissenschaftlichen Demografie tragende Säule des Nationalstaates, neben Territorium und Staatsgewalt; der Nationalstaat wird auch demografisch definiert. Nationalökonomisch bedeuteten mehr Menschen mehr Macht; zunächst geht es um Quantität. Was heute Humankapital oder sanfter Humanvermögen[17] heißt, wurde im 16. Jahrhundert als auch mathematischer Faktor entdeckt[18]. Das Ziel war „Peuplierung", „Volk-

---

sellschaft, 1999, 295. Zum Kollektivkörper auch *C. v. Braun* Versuch über den Schwindel, 2001. *S. Breuer* Der Staat, 1998, 298, beschreibt die Veränderung, Erweiterung u.a. durch „Ausbau der repressiven, präventiven und fürsorglichen Apparate".

[14] *M. Foucault* Geschichte der Gouvernementalität I, 2004, 107. Die Rolle des Rechts ist dabei nicht ganz klar. Es heißt, der Staat setzt Taktiken als Gesetze und Gesetze als Taktiken ein (150). Dazu *P. Gehring* in: S. Krasmann/M. Volkmer (Hrsg.) Michel Foucaults „Geschichte der Gouvernementalität" in den Sozialwissenschaften, 2007, 157. Zur Konstruktion des Bürgers als Untertan *S. Baer* „Der Bürger" im Verwaltungsrecht, 2006, 93ff.

[15] Diese Sozialisierung des Privaten steht in einem Spannungsverhältnis zur Prämisse bürgerlicher Rechtsstaatlichkeit, privat und öffentlich kategorial voneinander zu unterscheiden; dazu die Beiträge in *E.-W. Böckenförde* (Hrsg.) Staat und Gesellschaft, 1976. *Foucault* nennt i.Ü. neben der Sozialisierung der Fortpflanzung parallele Prozesse: die Hysterisierung des weiblichen Körpers, die Pädagogisierung des Kindes und die Psychiatrisierung der Perversion, insbesondere auch der nicht-reproduktiven Sexualität, *M. Foucault* Sexualität und Wahrheit, 1983; dazu *D. Hummel* Der Bevölkerungsdiskurs, 2000, 176 mwN.

[16] So hieß sie im 17. Jahrhundert auch; *W. Petty* Political Arithmetic, approx. 1676, pub. 1690. S.a. *P. Gehring* Statistik in: J. Ritter (Hrsg.) Historisches Wörterbuch der Philosophie X, 1999, 104.

[17] *F.-X. Kaufmann* Schrumpfende Gesellschaft, 2005, 29, 76f., und *BMFSFJ* (Hrsg.) 5. Familienbericht der Bundesregierung, 1995.

[18] In Italien beschreibt *Giovanni Botero* 1598, also 200 Jahre vor *Malthus* und noch im Geiste expansiven Denkens, warum Bevölkerung so wichtig ist; auch *Jean Bodin* behan-

reichmachung"[19]. Dazu diente u.a. die Zwangsverheiratung von Sträflingen, aber auch steuerliche Privilegierung früher Ehen und kinderreicher Familien, Besteuerung von Ledigen, Anerkennung von unehelichen Kindern, Verhinderung von Auswanderung und Förderung der Einwanderung[20]. Später ging es zudem um Findelhäuser, Gesundheitsversorgung und Hygiene[21]. Vieles, was heute diskutiert wird, ist also überhaupt nicht neu.

Jede Bevölkerungspolitik lebt von Zahlen, wechselt aber durchaus Ziele. So ging es erst, wie heute, um mehr Menschen, dann um weniger, denn Ende des 18. Jahrhunderts belegten die damaligen europäischen Zahlen Überbevölkerung. Leitend wurde das Interesse der Nationalökonomie, ein Gleichgewicht, ein Optimum zu halten[22]. Bis heute prägt dies die Suche nach „optimalen" Geburtenraten nicht nur in Europa, sondern deutlicher noch in der Bevölkerungspolitik für „Entwicklungsländer". Damals hieß es banal, dass Nahrung und Bevölkerung miteinander zusammen hängen, und *Malthus* wird so bekannt, weil er das 1798 zum Naturgesetz erklärt[23] und daraus politische Schlüsse zieht – ein Paradebeispiel für Biopolitik. Weniger Armenfürsorge bedeute weniger Kinder, so einfach. Heute ist eher davon auszugehen, dass Gleichberechtigung entscheidend ist[24]. Jede demografische Kategorisierung kann so auch eine politische und auch juristische Differenzierung werden, die dann Diskriminierung ausmacht. Diese Ökonomik arbeitet jedenfalls mit Zahlen zum Volkskörper[25]; das Individuum bleibt unsichtbar. Für

---

delt das Thema in den sechs Büchern über den Staat. Dagegen ausdrücklich *Kaufmann* Schrumpfende Gesellschaft, 2007, 58: Bevölkerung habe nie Eigenwert, sondern nur Bedeutung relativ zu Macht.

19 *Colbert* betreibt daher im Frankreich des 17. Jahrhunderts systematisch pronatalistische Bevölkerungspolitik; die kameralistische Staatskunst – ein Beispiel wäre Justi – setzt zudem auf die optimale Nutzung des Raumes. *D. Hummel* Der Bevölkerungsdiskurs, 2000, 159ff. (Peuplierung als merkantilistische Politik); zu Colbert *D.V. Glass* Numbering the people, 1973, 13.

20 Weitere Maßnahmen waren erschwertes Zölibat und Ansiedlung von Kriegsgefangenen; *D. Hummel* Der Bevölkerungsdiskurs, 2000, 158f. mwN.

21 Demografische Daten ermöglichten auch die Entwicklung von Sozialversicherungssystemen in kollektiver Umverteilung; dazu *D. Hummel* Der Bevölkerungsdiskurs, 2000, 164, mwN.

22 *P. Mombert* Bevölkerungslehre, 1929.

23 *T. Malthus* Essay on the Principle of Population, 1798.

24 Mehr unten FN 114.

25 Neben und auch gegen *Malthus* entstehen frühe soziobiologische und human- und sozioökologische Überlegungen zu den sozialen Bedingungen der Fertilität. Die heutige Chicagoer Schule der „new home economics" vertritt *G. S. Becker* A Treatise on the Family, 1992. Kritik daran u.a. von *T. Weiss* Ökonomische Bestimmungsgründe der Fertilität in westlichen Industrieländern, 1986.

die Zahlen ist Aggregation auch wichtig, doch erwächst für die Politik daraus ein erhebliches Problem. Aggregation ist politisch Typisierung, nicht individuelle Anerkennung. So entsteht die Gefahr, dass die Verpflichtung auf das Kollektiv die Freiheit überspielt[26].

In der Geschichte der Demografie wird zudem auch typisierende Selektion Thema. Unter dem Einfluss *Darwins* geht es nicht mehr nur um Quantitäten, sondern auch um die Qualität der Bevölkerung[27]. In der Eugenik wird auf „Degenerationsgefahren" für das Erbgut der Gattung oder Rasse reagiert. In Deutschland legitimieren diese Theorien koloniales Recht[28] oder auch nationalsozialistische „Blutschutzgesetze"[29]. Daneben geht es auch um schichtspezifische Fertilität: diejenigen am Rande der Gesellschaft sollen keine Kinder mehr bekommen[30]. Bevölkerungspolitik bedeutete in der Vergangenheit eben auch Genozid und Rassismus, benutzte Mittel wie selektive Abtreibung und erzwungene Sterilisation, antinatalistische Kürzung der Armenhilfe oder Ehe- und Adoptionsverbote[31]. Das ist die historische Belastung, mit der wir umzugehen haben.

Kern der Demografie ist auch heute die aggregierte und klassifizierende Zahl, die Verdatung[32]. Befunde werden dabei mit Vorhersagen

---

[26] *F. Welti* KJ 2004, 255 („Schritte zur kollektiven Gerechtigkeit bringen stets die Gefahr, individuelle Gerechtigkeit zu verlieren"). Bevölkerungspolitiken fallen nicht immer derart problematisch aus, doch zielen die in Deutschland populistisch einflussreichen Thematisierungen in diese Richtung.

[27] *Darwin* arbeitete mit dem Konzept der Menschenrassen; *C. Darwin* Gesammelte Werke, 2006, 833ff., doch besetzten das andere wie zB C. v. Linné oder auch *I. Kant* Von den verschiedenen Rassen der Menschen, 1775, deutlicher problematisch. Dazu mwN *H. Cremer* „ … und welcher Rasse gehören Sie an?", DIMR policy paper 2008.

[28] *F. El Tayeb* Schwarze Deutsche, 2001.

[29] Grundlagen lieferte *A. Ploetz* 1895 mit dem Konzept der „Rassenhygiene". MwN dazu *P. Weingart/J. Kroll/K. Bayertz* Rasse, Blut und Gene, 2. Aufl. 2001; *B. Willenbacher* in: D. Auth/B. Holland-Cunz (Hrsg.) Grenzen der Bevölkerungspolitik, 2007, 37.

[30] Der Ruf nach Kindern gerade von Akademikerinnen steht in dieser Tradition, ist aber auch Beispiel für die Manipulierbarkeit der Zahl, denn die in Deutschland verbreitete These war empirisch falsch; dazu *D. Auth/B. Holland-Cunz* (Hrsg.) Grenzen der Bevölkerungspolitik, 2007, 7. Präferenzen liegen bei Frauen teils deutlich beim Beruf oder der Familie, für eine absolute Mehrheit aber adaptiv offen dazwischen; *C. Hakim* Work-Lifestyle-Choices in the 21st Century, 2000.

[31] Vgl. *E. Aufhauser* Bevölkerungspolitik, 2003; *C. Dienel* Kinderzahl und Staatsräson 1995; *M. Fuhrmann* Volksvermehrung als Staatsaufgabe?, 2002; *R. Feucht* Beeinflussung demographischer Tatbestände durch den Staat, 1999.

[32] Nur diese Verdatung ermöglicht Politik für Kollektive, im Nationalstaat und darüber hinaus. Sie kategorisiert immer. Als primär gelten zB biologische, als sekundär soziale Merkmale, obwohl Geschlecht oder Alter keineswegs rein biologische Fakten sind. Hier stellt sich das Problem der Merkmale, deren Aufdeckung/ Entdeckung an

verbunden, mehr oder minder differenzierten Mischungen aus Prognose und Projektion[33]. Sie sind unsicher, doch wirkt eben die Macht der Zahl. Zahlen suggerieren Klarheit, sind aber Konstruktionen[34], und Zahlen sind damit gerade als Prognosen wirkungsreich, aber nicht verlässlicher als andere Aussagen über die Zukunft.

So ist auch das dominante Narrativ, die mehrheitlich erzählte Geschichte „des" demografischen Wandels ebenso plausibel wie problematisch. Manches ist bereits widerlegt, wie die These vom Krieg der Generationen[35]. Meist wird auch national und damit zu eng gedacht, denn global gibt es nicht „den" demografischen Wandel, sondern sehr heterogene und auch gegenläufige demografische Entwicklungen[36]. Es werden auch Kausalitäten suggeriert, die sich nicht belegen lassen. Schon gegen das malthusianische Gesetz irgendeiner Zwangsläufigkeit ließ sich sogar für die Biologie mit *Mendel* einwenden, dass Entwicklungen nicht linear, sondern sprunghaft verlaufen[37]. Heute wird die Lebenserwartung

---

sich problematisch ist, ausgrenzt, tabuisiert und entsprechend verschämt behandelt wird. Das gilt insbesondere für sexuelle Identität, bestimmte Glaubensformen und -richtungen, Krankheiten, Ethnizität oder „Rasse", soziale Herkunft (vor der „Prekarisierung"). Die Demografisierung der Politik beklagt mit zahlreichen Nachweisen zur öffentlichen Debatte *C. Butterwege* in: P. Berger/H. Kahlert (Hrsg.) Der demographische Wandel, 2006, 53; auch *D. Hummel* ebda., 27.

33 Genutzt werden Daten zu Geburten, Migration und Lebenserwartung, aber nur letztere sind einigermaßen träge und damit relativ stabil auf Zeiträume von ca. 50 Jahren zu prognostizieren. Ausreißer sind zB USA und NL, aber auch postsozialistische Gesellschaften, nicht vorhersehbar die medizinischen Entwicklungen, die früher entscheidende Weichen stellten (Epidemiologie, Hygiene).

34 Vgl. *M. Dackweiler* in: A. Bauer/ K. Gröning (Hrsg.) Gerechtigkeit, Geschlecht und demographischer Wandel, 2008, 219 mwN. Damit zusammen hängen Repräsentationen als Zugänge zur Welt und Thematisierungen als deren Vermittlung an andere; *N. Luhmann* Das Recht der Gesellschaft, 1993, auch zur „Anschlusskontingenz des Bezugnehmens und Nichtbezugnehmens" (38).

35 Dazu unten FN 83.

36 Im Norden wird das „Aussterben" skandalisiert, aber im Süden ist wenn auch verlangsamtes Bevölkerungswachstum das Problem, mit erheblichen Unterschieden zwischen Entwicklungsregionen. Die Gesamtbevölkerung der Welt steigt von 6,5 Milliarden 2005 auf 9,2 Milliarden 2050, aber die Geburtenrate liegt in Industrieländern bei 1,6 (in Europa bei 0,2), in Afrika bei 3,0, in Asien bei 2,5 und in Lateinamerika bei 1,4. Tabellarische Übersicht bei *D.Hummel* in: P. Berger/H. Kahlert (Hrsg.) Der demographische Wandel, 2006, 27 (30); globale Daten stellt der UNFPA in den Weltbevölkerungsberichten zur Verfügung; in Deutschland die Stiftung Weltbevölkerung im DSW-Datenreport 2008.

37 Ausführlicher *D. Hummel* Der Bevölkerungsdiskurs, 2000, 202ff., 232ff. Auch Thesen vom demografischen Übergang erwiesen sich als empirisch unhaltbar, dazu *U. Ferdinand* in: D. Auth/B. Holland-Cunz (Hrsg.) Grenzen der Bevölkerungspolitik, 2007, 19.

als „solide Prognose“ gesetzt, obwohl zunehmend fraglich ist, ob wir nicht beispielsweise zivilisationskrank doch viel früher als ausgezählt sterben[38]. Auch Gründe für mehr oder weniger Geburten oder auch für Migration sind sehr komplex[39]. Dasselbe gilt für den Zusammenhang zwischen Produktivität und Alter bzw. Altersstruktur einer Gesellschaft, weshalb jede Generationenbilanzierung problematisch ist[40]. Zahlen sind also wichtig, aber nie alles oder zwingend.

Die Macht der Zahl wird zudem durch die Macht der Bilder ergänzt[41]. Sie finden sich in den Medien, der Werbung und der Kunst, in der Politik und Regierungsberichten[42] und in den Köpfen. Bilder fixieren „den Migranten“[43] zwischen Asyl, Islamismus und Ingenieur, „das Alter“ mit (früh) alten Frauen und (spät) älteren Herren[44] oder auch „die Fami-

---

38 Vgl. *P. Gluckman/M. Hanson* Mismatch – Why our world no longer fits our body, 2006. Dazu kommen Klassifikationsprobleme innerhalb der Statistik, zB von Geburten. Früher zählte die Statistik Kinder aus binationalen Ehen als deutsche Geburten, auch wenn sie die deutsche oder eine doppelte Staatsangehörigkeit erlangten. So kam es zum Verschwinden der Spanier nicht aus Deutschland, aber aus der Statistik: deren Kinder wurden als Deutsche berechnet. *E. Beck-Gernsheim* Was kommt nach der Familie?, 1998, 163f.

39 Dazu ausführlicher unten.

40 Beim „generational accounting“ geht es um Vermögensverlagerungen, aber Vererbung oder die wichtiger werdenden Schenkungen und Stiftungen werden nicht immer gezählt, der Wert von Kindern ist im historischen Wandel schwer zu beziffern, Seuchen, Katastrophen oder Kriege sind nicht vorherzusehen. Vgl. *A. Blome/W. Keck/J. Alber* Generationsbeziehungen im Wohlfahrtsstaat, 2008, 31 (34), auch 318ff. mwN („Ensemble der Austauschmechanismen ist hoch komplex“); ferner *M. Stolleis* Die unvollendete Gerechtigkeit, 2005.

41 Dazu *S. Baer* in: K. Scherpe/T. Weitin (Hrsg.) Eskalationen, 2003, 109; *dies.*, in: E. Schmidt-Aßmann/W. Hoffmann-Riem (Hrsg.) Methoden der Verwaltungsrechtswissenschaft, 2004, 223; *A. Voßkuhle* AöR 119 (1994) 35 (53f.); anders *T. Adorno* Ohne Leitbild, 1967.

42 Es gibt Versuche zur Veränderung des Bildes vom Alter, zB des *BMFSFJ* (Hrsg.) 5. Altenbericht, Potenziale des Alters in Wirtschaft und Gesellschaft, 2006 (BT-DRs 16/2190 v. 6. 7. 2006), denn dort ist „gutes Leben im Alter“ verantwortlich, solidarisch, lernend, innovativ; oder der UNO mit dem Jahr des Alters 1999.

43 Rassistische Bilder sind Teil unserer Alltagskultur; vgl. *E. Beck-Gernsheim* Wir und die Anderen, 2004 und 2007; *U. Bielefeldt* (Hrsg.) Das Eigene und das Fremde, 1998; *N. Räthzel* Gegenbilder: nationale Identitäten durch Konstruktion des Anderen, 1997; auch *dies.* Theorien über Rassismus, 2000; psychoanalytisch und sprachtheoretisch *J. Kristeva* Fremde sind wir uns selbst, 2001; zur Islamophobie in den Medien *J. Leibold/S. Kühnel/ W. Heitmeyer* APuZ 1–2/2006, 3; s.a. *M. Flacke* (Hrsg.) Mythen der Nationen, 1998; vgl. auch *J. Habermas* Die Einbeziehung des Anderen, 1997, 154.

44 *S. Simitis* KritV 2004, 233 (234: Fixierung auf die Vergreisung und damit ein altes Altersbild); im Überblick in *P. Gruss* (Hrsg.) Die Zukunft des Alterns, 2007; s.a. *C. Tesch-Römer/H. Engstler/S. Wurm* (Hrsg.) Altwerden in Deutschland, 2006; Beiträge

lie"[45]. Bilder sind für juristische Debatten verführerisch, denn sie bringen Dinge auf den imaginierten Punkt. Es ist leichter, ein Stereotyp zu normieren, als Heterogenität in Optionenmodelle zu fassen[46], aber genau darauf kommt es grund- und menschenrechtlich an.

„Der demografische Wandel" ist also ein Musterbeispiel für die Übersetzung sozialer Prozesse in Zahlen und auch Bilder; das sind nicht irgendwelche Daten, sondern Machttechnologien des modernen Staates. Demografie sorgt für die vereinheitlichende Wahrnehmung von Volk und Bevölkerung, liefert Diagnosen und Prognosen zu Gleichgewicht und Überleben, weist Veränderungen als Krise und Gefahr aus[47] und

---

in *H. Hartung* (Hrsg.) Alter und Geschlecht, 2005; auch *S. Sontag* The Double Standard of Aging, 1979; *H. Hartung u. a.* (Hrsg.) Graue Theorie, 2007.

45 Tradiert sind Vorstellungen von Vater-Mutter-Kinder, dann auch alleinerziehende Mutter-Kind und „Großeltern" (das ist kein Markenname; BPatG v. 6. 2. 2008, 32 W (pat) 17/07). In der Sozialpolitik verändern sich Leitbilder auch, *A. Blome/W. Keck/J. Alber* Generationsbeziehungen im Wohlfahrtsstaat, 2008, 37. Historisch verläuft das vom „privilegierten Ehemann und Vater als Haupt der bürgerlichen Familie" über die rassistischen Stereotype im Nationalsozialismus bis zur Demontage des Ehemann/Vatervorrangs in den 1950er Jahren und dem Paradigmenwechwsel mit der gemeinsamen elterlichen Sorge 1998 sowie der Individualisierung von Eltern- und Biologisierung von Vaterschaft; dazu *K. Scheiwe* in: M. Bereswil/K. Scheiwe/A. Wolde (Hrsg.) Vaterschaft im Wandel, 2006, 37.

46 „Wer das Irrationale schon dort haben möchte, wo de jure noch Klarheit und Herbheit des Verstandes walten muß, der hat Angst, dem Geheimnis an seinem wahren Orte ins Auge zu sehen", *K. Mannheim* Die Bedeutung der Konkurrenz im Gebiete des Geistigen, in: Wissenssoziologie, 1964, 613. Zur „appropriateness" *S. Fish* There is no such thing as free speech and it's a good thing too, 1994, 113.

47 In Duktus und Fokus fallen sie eher unterschiedlich aus; zudem ist nicht alles Thema, was uns bewegen sollte. Das überrascht nicht, sondern ist Effekt struktureller Bedingungen für die Möglichkeit, Themen zu setzen. Derzeit dominiert die Wahrnehmung von Veränderungen als Krise; zB BT Drs. 14/8880: Schlussbericht *Enquete-Kommission Demografischer Wandel*: „Demografischer Wandel – Herausforderung unserer älter werdenden Bevölkerung an den Einzelnen und die Politik.", 2002 und die Zwischenberichte 1994, 1998, der *F.-X. Kaufmann* Schrumpfende Gesellschaft, 2005, 30f. „demographischen Fatalismus" vorwirft. Aus den Ländern liegen weitere Berichte vor: *Landesregierung Nordrhein-Westfalen* Den demographischen Wandel in Nordrhein-Westfalen gestalten, 2005; *Landesregierung Sachsen-Anhalt* Maßnahmen für eine nachhaltige Bevölkerungsentwicklung in Sachsen-Anhalt, 2004; *Landesregierung Schleswig-Holstein* Zukunftsfähiges Schleswig-Holstein – Konsequenzen des demographischen Wandels, 2004; im Überblick auch *W. Walla/B. Eggen/H. Lipinski* Der demographische Wandel, 2006. S.a. *Forum Demographischer Wandel des Bundespräsidenten* mit der Bertelsmann Stiftung in Jahreskonferenzen – www.forum-demographie.de, die sich deutlich an *Kaufmann* anlehnen: für die Rahmenbedingungen für Nachwuchs und das Humanvermögen, mit AG zu Wirtschaft und Soziales (zu Rente und Gesundheit, Regionale Verwerfungen, Heterogenität und Zusammenhalt, Innovation), Zukunft, Bildung und Wissenschaft, Zukunft Famlie und Kinder (Infrastruktur wichtiger als Prä-

legt zwangsläufig folgerichtige Reaktionen nahe[48]. Das passt zur These von der Erosion von Verfassungsvoraussetzungen, anstatt einen Wandel von Verfassungsstaatlichkeit zu analysieren.

Demografie hat damit eminent politische und juridische Bedeutung, als Technologie der Biopolitik. Damit ist sie aber nicht nur Ideologie. Demografische Entwicklungen wollen beobachtet und auch beschrieben sein, aber vorsichtig, ohne weltanschauliche Vorfestlegung und eingedenk der ambivalenten Macht der kategorisierenden Zahl. Es geht tatsächlich um Reproduktion, Migration und Altern; nur einfach, sicher und zwingend lässt sich das nicht fassen.

## II. Verfassungsvoraussetzungen, Staatsaufgaben, Gestaltungsfragen

So wenig demografischer Fatalismus[49] zu biopolitischen Zwängen führt, so wenig Gründe gibt es auch, bestimmte Politiken zur Sicherung von „Verfassungsvoraussetzungen" zu fordern[50]. Die Annahme, es gebe

---

mie, Individualisierung von Rechten und Pflichten, Enttraditionalisierung von Rollenbildern).

[48] Zahlen suggerieren Normalzustände und Krisen zugleich. Die These von der Erosion impliziert begrifflich negativ, kulturpessimistisch und nicht neutral als Veränderung mit Blick auf Risiken eine paradiesische Vergangenheit, obwohl Altersstrukturen schon oft problematisch schienen (nach der Pest, nach Kriegen), obwohl Umstellungen in der Sozialversicherung immer als Enteignung gesehen werden, obwohl jeder Verfassungsstaat eben mit seinen Kontingenzen umzugehen hat, als lernender Verfassungsstaat. Mit *C. Schmitt* lässt sich Erosion denken, während mit *M. Weber* der Staat zur „Durchführung der Ordnungen" (Wirtschaft und Gesellschaft, 1980, 29) im Wandel ist.

[49] Begriff bei *F.-X.Kaufmann* Schrumpfende Gesellschaft, 2005, 23, auch 165 und 239ff., u.a. gegen *F. Schirrmacher* („geradezu autistisch"): „Untergangsszenarien stellen wie Fortschrittsszenarien naïve Extrapolationen und ideologische Übersteigerungen dar, von denen die Sozialwissenschaften tunlichst Distanz halten" sollten.

[50] Berühmt ist der Satz: „Der freiheitliche, säkularisierte Staat lebt von den Voraussetzungen, die er selbst nicht garantieren kann" von *E.-W. Böckenförde* Der säkularisierte Staat, 2006, 8; auch in Staat Gesellschaft Freiheit, 1976, 42 (69). Als soziokulturelle Voraussetzungen der Demokratie setzt er „Emanzipationsstruktur" im Sinne von Individualität, keine Theokratie, sondern relative Homogenität in Auffassungen und Ausstattung zwecks Solidarität, als ein Mehr im Vergleich zu den Voraussetzungen für den Staat; *E.-W. Böckenförde* HStR II, 3. Aufl. 2004 § 24 Rn. 60ff. Die Ontologisierung stammt von *P. Kirchhof* FS Isensee, 1998, 51ff. Verfassungsvoraussetzungen seien „vorgegeben, aber auch aufgegeben" (62), Gegebenes müsse der Staat „freiheitsgerecht pflegen und fördern" (61) und „einheitsstiftend und einheitswahrend" festigen und entfalten; vgl. auch *J. Isensee* Staatseinheit und Verfassungskontinuität, VVDStRL 49 (1990), 39 (58, 68) zu fehlenden Verfassungsvoraussetzungen in der ehemaligen DDR nach der Wende. Die Liste der Verfassungsvoraussetzungen ist jedoch kategorial inkonsistent; nach *P. Kirchhof* FS Isensee, 1998, 51 (56ff.) sollen zB Geld, gemeinsame Währung und

vorverfassungsrechtliche, vorstaatliche und vordemokratische Dinge, für die der Staat aber dann doch etwas tun müsse, überzeugt, das haben andere ausführlich begründet, so nicht[51]. Besonders problematisch ist es, wenn in demografischen Debatten Verfassungsvoraussetzungen ethnisch mit Bezug auf das Volk und die Nation[52] oder religiös-essentiell mit Be-

Steuern sowohl willentlich geschaffene als auch traditions- und kulturgeprägte Verfassungsvoraussetzungen sein. Generativität und Alter wurden bislang ausdrücklich kaum erwähnt. *H.F. Zacher* HStR II, 3. Aufl. 2004, § 28 Rn. 122 verweist auf die Alterung als zentrales Problem, aber primär für Transferfragen der medizinischen Versorgung und des Pflegebedarfs. S.a. *I. v. Münch* HdbVerfR I, 2. Aufl. 1994, § 9 Rn. 34ff. (Familienlastenausgleich).

[51] Mehr bei *C. Möllers* Staat als Argument, 2000, 257 („In all ihren [...] Elementen ist diese Konstruktion der Verfassungsvoraussetzung kaum haltbar"); s.a. *C. Hillgruber* Verfassungsrecht zwischen normativen Anspruch und politischer Wirklichkeit, VVDStRL 67 (2008), 7 (20): Verfassungswirklichkeit dürfe weder vernebeln noch in den Status einer Neben- oder Oberverfassung kommen, auch sei es „nicht die Aufgabe des BVerfG und der Staatsrechtslehre, geschichtsphilosophische Spekulationen darüber anzustellen, was morgen sein wird"; so auch *U. Volkmann* Verfassungsrecht zwischen normativen Anspruch und politischer Wirklichkeit, VVDStRL 67 (2008), 57 (85, Fn. 98): „Was bedeutete dies in letzter Konsequenz anderes als die Vorherrschaft der je wechselnden Tageswertungen und des Zeitgeistes?"; *F. Hanschmann* Der Begriff der Homogenität in der Verfassungslehre und Europarechtswissenschaft, 2008, 144. Vorsichtig, aber Zeitlichkeit und damit die Ungeeignetheit von Werteordnungen als Fundamentalgrundlage betonend *E.-W. Böckenförde* Staat Verfassung Demokratie, 1991, 51f., 63ff.; s.a. *H. Schulze-Fielitz* AöR 122 (1997), 1 (16ff.).

[52] Das steht in der unrühmlichen Tradition von *C. Schmitt* Verfassungslehre, 1928 (1993), 231; auch *E.-W. Böckenförde* HStR I, 1987, § 22 Rn. 58; mwN dazu *F. Hanschmann* Der Begriff der Homogenität in der Verfassungslehre und Europarechtswissenschaft, 2008, 43ff., historisch-empirisch 75ff.; kritisch auch mit Bezug auf *Schmitt S. Benhabib* Law & Ethics of HR 2 (2008), 4. Das Schwanken zwischen Ethnie und ethnisierter Konfession wird bei *P. Kirchhof* deutlich: das Staatsvolk ist Kulturgemeinschaft, Gefahren- und Verantwortungsgemeinschaft (HStR I, 2. Aufl. 1995, § 19 Rn. 57; HStR II 3. Aufl. 2004, § 21 Rn. 73; auch *J. Isensee* HStR II 3. Aufl. 2004, § 15 Rn. 119–127), dann vorgefundene, bewusste Gemeinschaft, genuin verbunden durch den Willen zur Setzung und Durchsetzung von Recht, Herkunft und Tradition, durch gemeinsame Werte, in existenziellen Gegenwartsanliegen aufeinander verwiesen, weitgehend auch durch Sprache, Kultur und Religion verbunden (*P. Kirchhof* FS Isensee, 1998, 51, 54ff.); zudem sei es eine „Hochkultur", in der Familie, Kirchen und Wirtschaft spezifische Aufgaben erfüllen und die Fähigkeit zur Freiheit vorhanden ist (52). Diese Charakterisierungen erfolgen unter Verweis u.a. auf das moralische Volksgefühl nach *Joseph von Eichendorff*; ausdrücklich romantisch-genetisch auch *J. Isensee* HStR II, 3. Aufl. 2004, § 15 Rn. 134. Staatlichkeit ist dann nicht Governance-Struktur, sondern vorab definiertes, mit der Nation und dem Volk vermischtes Spezifikum. Schwierig ist auch die These, zu den Verfassungsvoraussetzungen zähle „das vorgefundene Staatsgebiet in Mitteleuropa" (*P. Kirchhof* HStR I, 2. Aufl. 1995, § 19 Rn. 48, 54ff.), doch sei das Gebiet nicht konkret bestimmt. Im Kontext der EU wird zB das „alte Europa" gegen das osmanische Reich, also gegen den Beitritt der Türkei zur EU, konstruiert, was

zug auf das Christentum[53] oder aber familialistisch mit Bezug auf fixe Institutionen gefasst werden[54]. Die „haltenden Kräfte und Voraussetzungen für den Bestand und die Lebenskraft des Staates"[55] sind nicht statisch oder homogen gesetzt. Die Anrufung der Homogenität hat *Lübbe-Wolff* zu Recht als wirksame, aber leere Duftmarke bezeichnet[56]. Wer diesem Duft verfällt, verfällt auch in „strukturellen Konservativismus"[57], verabschiedet sich aus der europäischen[58] und globalen[59] Diskussion.

---

schon empirisch ungenau ist, vgl. dazu *F.C. Mayer/J. Palmowski* JCMES 42 (2004), 573 (575). Zur EU kritisch *C. Joerges/F. Rödl* KJ 2008, 149 (150ff. mwN). Grds. zu Ethnizität *K.-H. Kohl* in: A. Assmann/H. Friese (Hrsg.), Identitäten, 1998, 269; zur Grenzziehung zwischen Gruppen *R. Brubaker* Ethnizität ohne Gruppen, 2007; zu Rassismus *S. Gilman* Rasse, Sexualität und Seuche, 1992. Ethnische Homogenität befürwortet *E. Wiederin* Sozialstaatlichkeit im Spannungsfeld von Eigenverantwortung und Fürsorge, VVDStRL 64 (2005), 53 (81) unter Berufung auf US-amerikanische Studien zu Rassismus. Anders *F. Müller* Wer ist das Volk?, 1997, 37; *A. Hense* FS Krawietz, 2003, 550f.; zum Volksbegriff im Verfassungsvergleich *D. Zacharias* IPE II, 2008, § 40, Rn. 62ff. Eine politisch-dynamische Konzeption zur Nation skizziert *G. Roellecke* FS Isensee, 2007, 29: „Die Nation ist eine Vorgabe für den Staat" (30); die Rückkehr der Nation in die deutsche Debatte nach 1990 fuße auf der nüchternen Einsicht, „dass der Verfassungsstaat der gesellschaftlichen Grundlagen bedarf"; das Volk sei „natürlich gedachte Menschengruppe", die Nation die „analoge, auf die Politik bezogene Gruppierung", als „offener Prozess" mit evolutionärem Wert (40f.). Vgl. auch *R. Wodak u.a.* Zur diskursiven Konstruktion von nationaler Identität, 1998; gegen die ethnische Fundierung von Solidarität *E. Denninger* KritV 1995, 263 (266); *I. Pernice* AöR 120 (1995), 100 (107); auch *F. Hanschmann* Der Begriff der Homogenität in der Verfassungslehre und Europarechtswissenschaft, 2008, 20, 34–39 mwN.

[53] ZB *E. Wiederin*, VVDStRL 64 (2004), 53 (81): durch „religiöse Fundamente strukturell bedingt". S.a. *E.-W. Böckenförde* HStR 3. Aufl. 2004, § 24 Rn. 60ff.; erklärend und vorsichtiger *ders.* Der säkularisierte Staat, 2006, 24ff. Auch wenn Glaube nicht als Voraussetzung, sondern als Bedingung gedacht wird, stellen sich Fragen. Dazu *Sacksofsky* und *Möllers* in diesem Band.

[54] Dazu ausführlicher unten.

[55] *E.-W. Böckenförde* Der säkularisierte Staat, 2006, 9.

[56] *G. Lübbe-Wolff* ZAR 2007, 121. „Der Auftritt des kleinen Wörtchens „homogen" … nur eine hingetupfte kleine Duftmarke … hat … Sensation gemacht", ist aber wertlos, weil falsch oder steril (126).

[57] *H. Schulze-Fielitz* DV 32 (1999), 241 (255).

[58] Art. 49 I 1 EU betont die Vielfalt als Eigenwert der Union, die sich auf dieser Grundlage politisch konstituiert, also genau das Gegenstück zu den Essentialisten: nicht die Homogenität ist Verfassungsbedingung, sondern die Heterogenität ihr Merkmal. Vgl. *F. Hanschmann* Der Begriff der Homogenität in der Verfassungslehre und Europarechtswissenschaft, 2008. Grds *A. v. Bogdandy/J. Bast* (eds.) Principles of European Constitutional Law, 2006; *P. Dann/M. Rynkowski* (eds.) The Unity of the European Constitution, 2006.

[59] Hier orientiere ich mich teils an Thesen zu einem neoformalistischen Völkerrecht (*Koskenniemi*), teils an Modellen einer Weltinnenpolitik ohne Weltregierung (*Benhabib,*

Da Verfassungsvoraussetzungen nicht tragen, ließe sich auf Staatsaufgaben ausweichen, um Zwänge für staatliches Handeln zu begründen. Das sind zwar keine leeren Worte oder Duftmarken, denn einige Staatsaufgaben ergeben sich aus der Verfassung[60], insbesondere zur Effektuierung der Grund- und Menschenrechte[61] zwecks Daseinsvorsorge[62].

---

*Brunkhorst, Habermas, Kreide*), vgl. *R. Kreide/N. Niederberger* (Hrsg.) Transnationale Verrechtlichung, 2008. Andere konzipieren die heterarchische Weltgesellschaft nach *G. Teubner* und das Netzwerk nach *K. H. Ladeur, A. M. Slaughter*. Zu den ethischen Voraussetzungen der Weltrechtsordnung *T. Franck* Fairness in International Law and Institutions, 1995. S.a. *P. Cheah/B. Robbins* (eds.) Cosmopolitics, 1998. Den Weltrechtsgrundsatz kannte allerdings auch *R.v. Mohl* Staatsrecht, Völkerrecht und Politik, 1860, 637ff., i.Ü. *G. Teubner/A. Fischer-Lescano* Regime-Kollisionen. Zur Fragmentierung des globalen Rechts, 2006; *J. Habermas* KJ 2005, 222; *A.-M. Slaughter* The New World Order, 2004; *H. Brunkhorst* Solidarität, 2002; *I. Maus* in: M. Lutz-Bachmann/J. Bohman (Hrsg.) Weltstaat oder Staatenwelt?, 2002, 276ff.; *J. Habermas* Die postnationale Konstellation, 1998; *N. Luhmann* ARSP 57 (1971), 1ff.

60 Art. 1 ff., 20 und 20 a, 87 e und f GG, aus den Staatszielbestimmungen. S.a. Art. 2 EG: Aufgabe der Gemeinschaft ist es, „in der ganzen Gemeinschaft eine harmonische, ausgewogene und nachhaltige Entwicklung des Wirtschaftslebens, ein hohes Beschäftigungsniveau und ein hohes Maß an sozialem Schutz, die Gleichstellung von Männern und Frauen, ein beständiges, nichtinflationäres Wachstum, einen hohen Grad von Wettbewerbsfähigkeit und Konvergenz der Wirtschaftsleistungen, ein hohes Maß an Umweltschutz und Verbesserung der Umweltqualität, die Hebung der Lebenshaltung und der Lebensqualität, den wirtschaftlichen und sozialen Zusammenhalt und die Solidarität zwischen den Mitgliedstaaten zu fördern." Die ökologische Nachhaltigkeit betont auch Art. 6 EG. Für die deutsche Rechtslage exemplarisch BVerwG, NVwZ 1998, 398 m. Anm. *T. Brandner* NJ 1998, 217 (Verbandsklagebefugnis in Sachsen-Anhalt): „... Art. 20 a GG normiert den Schutz der natürlichen Lebensgrundlagen im Sinne einer Staatszielbestimmung, die sich in erster Linie an den Gesetzgeber wendet. Der Umweltschutz wird damit zu einer fundamentalen Staatsaufgabe."

61 Dass der Staat auch für die Voraussetzung der Inanspruchnahme von Grundrechten zu sorgen hat, ist im Grundsatz anerkannt, also als Staatsziel, aber hinsichtlich der Ressourcen nur ausnahmsweise als individuelles Recht, da dies unter den Vorbehalt des Möglichen gestellt wird. Zu Problemen vgl. *M. Kloepfer* Grundrechte als Entstehenssicherung und Bestandsschutz, 1970; auch *M. Mahlmann* Elemente einer ethischen Grundrechtstheorie, 2008.

62 Soziale Ungleichheiten (dazu *Davy* und *Axer* in diesem Band) waren Kern der Weimarer Thesen zu Verfassungsvoraussetzungen, denn *H. Heller* hat – anders eben als *C. Schmitt* – in „Demokratie und soziale Homogenität" 1928 jedenfalls kein völkisches, sondern schon damals ein kulturelles Konzept vertreten; in *ders.* GesSchriften II, 2. Aufl. 1992, 421 (430): radikale formale Gleichheit wird ohne soziale Homogenität zu Ungleichheit; ähnlich *D. Schindler* Verfassungsrecht und soziale Struktur, 3. Aufl. 1950, 1. Aufl. 1932. Den Staat oder auch die EU trifft hinsichtlich der Staatsaufgaben eine gestufte Gewährleistungsverantwortung; zum Vorschlag einer Regulierungsskala *S. Baer* Verwaltungsaufgaben in: GVwR I, 2006, § 11 Rn. 717 („Je eher es um die Sicherung des Staates geht, desto eher muss staatlich organisiert, geregelt, finanziert und erfüllt werden, und je stärker es um offene Zukunftsaufgaben geht, desto mehr wird pri-

Auch bezieht sich Art. 20a GG bereits auf künftige Generationen[63]. Er fokussiert jedoch primär ökologisch[64]. Zudem nennt die Verfassung zwar Aufgaben und liefert Maßstäbe für staatliches Handeln, steckt aber doch weite Rahmen und setzt nur grundrechtlich Grenzen[65]. Die regulatorisch wichtigen Fragen nach Akteuren und Modi der Erfüllung, nach Verantwortung für Risiken und Fehler oder auch nach Grenzen der Erfüllbarkeit von Aufgaben bleiben seitens der Verfassung offen; sie sind der Demokratie gestellt und vom Gesetzgeber zu beantworten[66].

---

vat organisiert, finanziert, gehaftet und definiert.") Die Daseinsvorsorge ist Kern der Sozialstaatlichkeit nach Art. 20 GG; relevant sind aber auch Grundrechte auf das biophysische Existenzminimum Leben und Gesundheit, das materielle Existenzminimum qua Erwerbsarbeit oder analoger Mechanismen, das soziale Existenzminimum der persönlichen Bindungen, das kulturelle Existenzminimum der Bildung und der Mobilität, und das rechtsstaatliche Existenzminimum des Zugangs zum Rechtsschutz. Dazu *C. Enders* Sozialstaatlichkeit im Spannungsfeld von Eigenverantwortung und Fürsorge, VVDStRL 64 (2005), 7 (13: „wirkliche Chance"). Die *Juristenvereinigung Lebensrecht* will aus Art. 56 GG (Amtseid) eine Staatsaufgabe Bevölkerungspolitk ableiten, *R. Beckmann* ZfL 2006, 7, was die Funktion der Vorschrift völlig verkennt.Vgl. i.Ü. *T. Hebeler* Generationengerechtigkeit als verfassungsrechtliches Gebot in der sozialen Rentenversicherung, 2001; zur Daseinsvorsorge der Kommunen *F. Brosius-Gersdorf* VerwArch 2007, 317 (324ff.). Für die EU ergeben sich Orientierungen aus Art. 2, 6 EG und 151 Abs. 1, 2, 2. Spiegelstrich EG.

[63] Dazu *H. Schulze-Fielitz* in: Dreier GG II, 2006, Art. 20a Rn. 31 („Verfassung neigt hier dazu, sich ... zu überfordern"); *M. Kloepfer* DVBl. 1996, 73 (78); *K. Lange* (Hrsg.) Nachhaltigkeit im Recht, 2003. Ähnliche Verfassungsnormen kennen Italien, Finnland oder auch Südafrika und Thailand; eine seltene Entscheidung dazu *Oberster Gerichtshof Philippinen* Miners ILM 33 (1994), 173 (zum Recht gegen das Abholzen des Regenwaldes). S.a. Präambel zum EU-Vertrag, Art. 2, 6, 174ff. EGV und dazu *C. Calliess* DVBl. 1998, 559; *M. Kotzur* DÖV 2005, 313. Das ökologische Konzept geht zurück, ist aber nicht identisch mit dem Konzept im Brundtland-Bericht von 1987; s.a. Konferenz in Stockholm 1972, Protokoll der Umweltkonferenz der UN in Rio de Janeiro 1992. Gesetzlich geht es um das Vorsorgeprinzip als dogmatische Figur der Nachhaltigkeit, u.a. in § 5 I 2 BImschG, § 7 II 3 AtomG; auch §§ 1 BNatSchG, 1 Nr. 1 BWaldG, 1 S. 1 BBOdschG, 1a I 2 WHG sowie als Planungsgrundsatz in §§ 1 Abs. 5 BauGB, 1 Abs. 2 ROG.

[64] *W. Köck* DV 40 (2007), 419; ausführlich *I. Appel* Staatliche Zukunfts- und Entwicklungsvorsorge, 2005, 15ff., auch zu kritischen Einwänden 26 ff., 528ff. Er plädiert für „Ökologisierung und Futurisierung" 238, auch 264, 328ff., also in „intergenerationeller Ausrichtung", 329f. Zur utilitaristischen, also wirtschaftlich auf die Nutzung von Ressourcen, Allokation von Mitteln und Verteilung von Erträgen bezogenen Deutung *J. Huber* Nachhaltige Entwicklung, 1995, 12. Ein grundrechtstheoretisches Konzept versucht *F. Ekardt* Wird die Demokratie ungerecht?, 2007.

[65] „Wie der Staat öffentliche Aufgaben erledigen will, ist nämlich im Allgemeinen Sache seines freien Ermessens", BVerwG v. 11. 04. 2001, 3 B 198/00.

[66] Dies betont schon *R. Thoma* im Handwörterbuch der Staatswissenschaften VII, 4. Aufl. 1926: „Staat (Allgemeine Staatslehre)".

Es wird dennoch gefordert, nun auch die Generationengerechtigkeit[67] als Staatsaufgabe zu normieren[68]. Auf Generationen bezieht sich bereits die Bundesverfassung der Schweiz (Präambel, Art. 2 II, 73 ff.)[69]. Das ist politisch appellativ und philosophisch interessant[70], aber es führt uns dogma-

---

[67] Generationengerechtigkeit wurde in der Regierungserklärung 2003 zur Agenda 2010 zentral gesetzt, ebenso im Gutachten der sog. *Rürup-Kommission* des Bundesministeriums für Gesundheit und soziale Sicherung, 2003, das *Kaufmann* als „demographischen Fatalismus und Schönrechnerei" kritisiert (*F.-X. Kaufmann* Schrumpfende Gesellschaft, 2005, 31 f.). S.a. *Kommission der EG* Grünbuch KOM 94 (2005) endgültig, 2005. Zum Konzept juristisch schon *G. Jellinek* System der subjektiven öffentlichen Rechte, 2. Aufl. 1905, 68 f.; *H. Ehmke* Grenzen der Verfassungsänderung, 1953, 128 ff., 137; *P. Häberle* in: A. Peisl/A. Mohler (Hrsg.) Die Zeit, 1983, 289, *ders.* FS Zacher, 1998, 215; auch *T. Henseler* AöR 108 (1983), 489; *G. Haverkate* Verfassungslehre, 1992, 249 ff., 319 ff. Sehr kritisch *C. Butterwege* in: P. Berger/H. Kahlert (Hrsg.) Der demographische Wandel, 2006, 62 (65): Es sei eine „perverse Logik", wenn das benutzt werde, um Schutzrechte zu entziehen.

[68] BT Drs. 16/3399. Art. 20 b GG soll lauten: „Der Staat hat in seinem Handeln das Prinzip der Nachhaltigkeit zu beachten und die Interessen künftiger Generationen zu schützen." Das soll nicht zuletzt den Maßstab für Verteilungsprobleme in „Generationenverträgen" liefern. Der Vertrag ist mindestens tripolar, denn Generationenbeziehungen sind heute Austauschbeziehungen zwischen Sozialstaat und Familie. Anders *S. Mückl* FS Isensee 1998, 196 ff.; *H. F. Zacher* HStR II, 3. Aufl. 2004, § 28 Rn. 105; *U. Becker* JZ 2004, 929 (934). Die „Gegenseitigkeit" betont *G. Haverkate* Verfassungslehre, 1992, 249 ff., 319 ff., die „Solidarität" *F. Welti* KJ 2004, 255 (261). Derzeit wird ein Rückschrittsverbot dogmatisiert; dagegen *F. Welti* KJ 2004, 255 (260); vgl. BVerfGE 53, 257 (Rente als Eigentum, in einer Mischung aus festen und dynamischen Ansprüchen §§ 63–68 SGB VI). Das Umlageverfahren wird auch mit Blick auf künftige Generationen thematisiert; BVerfGE 87, 1 (37), auch BVerfGE 103, 242 (264); im Kern aber auf aktuelle Rechte bezogen, BVerfG v. 26. 07. 2005, 1 BvR 782/94, 1 BvR 957/96 (Bestandsübertragung teilweise verfassungswidrig, weil Schutzpflichten aus Art. 2 Abs. 1 und Art. 14 Abs. 1 GG gegenüber Versicherten bestehen). Die dahinter stehende Generationenbilanzierung erweist sich als problematisch (dazu schon oben Fn. 40). S.a. *A. Lenze* Staatsbürgerversicherung und Verfassung, 2005, 351 ff.; *dies.* Der Staat 46 (2007), 89 (94); *T. Hebeler* Generationengerechtigkeit als verfassungsrechtliches Gebot in der sozialen Rentenversicherung, 2001, 21 (Belastungsungleichheiten eigentlich nur als „Kohortengerechtigkeit" zu fassen).

[69] Auch die Verfassungen von Italien, Finnland, Südafrika und Thailand normieren eine „ökologische Generationengerechtigkeit".

[70] *J. Rawls* Eine Theorie der Gerechtigkeit, 1971, präsentierte eine vertragstheoretische Gerechtigkeitskonzeption, wo die Altersfrage im Urzustand hinter dem Schleier des Nichtwissens verschwindet und das Sparprinzip gelten müsste, weil niemand das eigene spätere Alter kennt. S.a. *D. Birnbacher* Bioethik zwischen Natur und Interesse, 2006; *O. Höffe* in: D. Grimm (Hrsg.) Staatsaufgaben, 1994, 713. Anders *H. Jonas* Das Prinzip Verantwortung, 1979, 36, der Kants Verantwortungsethik fruchtbar macht; für die angloamerikanische Debatte *H. Kleger* ARSP Beiheft 20 (1986), 147. Generationengerechtigkeit stellt eine soziale Erweiterung der Nachhaltigkeitsdebatte dar; vgl. *I. Appel* Staatliche Zukunfts- und Entwicklungsvorsorge, 2005, 69 mwN; dort auch zum Schutz des kulturellen Erbes 223 ff., das in Art. 151 Abs. 1 EG anerkannt wird. S.a. *M. Kloepfer* Umweltgerechtigkeit 2006, 313 ff., auch 26 ff. mit Blick auf strukturellen

tisch nicht weiter, eher sogar auf den falschen Weg[71]. Es wäre ein kollektiver Maßstab, der das Individuum vernachlässigt. Zudem: Keine Generation kann entscheidungsleitend fixiert werden[72], denn sie ist nur „konjunktiver Erfahrungsraum"[73], rechtlich also nicht zu gebrauchen. Udo Steiner hat das daher zu Recht als „verfassungsrechtlichen Übermut" bezeichnet[74].

Produktiver als die Frage nach Verfassungsvoraussetzungen oder, in der sanften Variante, nach den Staatsaufgaben, ist die Frage nach den tatsächlichen Wirksamkeitsbedingungen von Verfassungsstaatlichkeit[75, 76].

---

Rassismus (2f.), also „am Diskriminierungsverbot geschärften" Inhalt (3). Umfassend *L. Meyer* Stanford Encyclopedia of Philosophy (Fall 2008 Edition), unter http://plato.stanford.edu/archives/fall2008/entries/justice-intergenerational.

71 AA. *I. Appel* Staatliche Zukunfts- und Entwicklungsvorsorge, 2005, 79 ff.; *T. Hebeler* Generationengerechtigkeit als verfassungsrechtliches Gebot in der sozialen Rentenversicherung, 2001, 23ff. jeweils mwN; auch BT Drs. 16/3399, 1, 5. *Kersten* liest das Gebot bereits aus der Präambel und Art. 1 Abs. 1 GG ab, spricht sich aber für Art. 20 b GG aus, um den Staat zu zwingen, bestimmte Präferenzentscheidungen zu treffen; *J. Kersten* DV 40 (2007), 315.

72 Überblick bei *A. Blome/W. Keck/J. Alber* Generationsbeziehungen im Wohlfahrtsstaat, 2008, 51f.; als Geschichte der patriarchalen Weitergabe von Eigentum bei *P. Bourdieu* Der Tote packt den Lebenden, 1997, 652.

73 *K. Mannheim* Das Problem der Generation in: ders.Wissenssoziologie, 1964 (1928), 509: „Es ist überhaupt ein Fehlgriff, den die meisten Forscher begehen, zu meinen, ein wirkliches Generationsproblem gebe es nur dann, wenn man eine Generationenrhythmik mit ein für allemal fixierten zeitlichen Intervallen aufzuweisen imstande ist." Generation ist „konjunktiver Erfahrungsraum" als Fond, der unser Weltbild ausmacht (564). „Es ist eben zum Glück nicht so, wie die meisten Generationstheoretiker wahrnehmen möchten, daß entscheidend etwa die dreißigjährigen Abstände sind; alle Zwischenstufen spielen mit, wirken, wenn auch nicht aufhebend, so doch ausgleichend auf die biologische Generationsdifferenzierung der Gesellschaft ein." (540) Und: „Aus der Anthropologie und Biologie heraus sind nur das Faktum des Lebens und Sterbens, die begrenzte Lebensdauer und die mit dem Altern gegebenen körperlich-geistig-seelischen Wandlungen verstehbar, nicht aber jene Relevanz, die diese Urfakta jeweils für das gesellschaftlich-historische Miteinander bekommen." (527).

74 *U. Steiner* NZS 2004, 505. S.a. *U. Köbl* FS Söllner 2000, 523 (538ff.); *P. Häberle* FS Zacher 1998, 215 (233) („maßvoll").

75 So schon *J. J. Rousseau* Vom Gesellschaftsvertrag oder Prinzipien des Staatsrechtes, 1762 III, 4; *C. de Montesquieu* Vom Geist der Gesetze III, 1748, 2, 3; V, 3–6. Zur Verfassung in der Zeit *K. Hesse* HdbVerfR, 2. Aufl. 1994, § 1 Rn. 20; *ders.* Grundzüge des Verfassungsrechts der Bundesrepublik Deutschland, 20. Aufl. 1999, Rn. 37; auch *S. Kirste* JöR 56 (2008), 35 mwN. Nicht erst seit der Debatte um Europas Verfassung ist bekannt, dass Konstitutionalismus schwieriger wird, je größer und heterogener der personale Bezug ausfällt; *A. Augustin* Das Volk der EU, 2000; vorher *H. Heller* Gesammelte Schriften, II, 2. Aufl. 1992, 463, 467f.; historisch für das 16. bis 19. Jahrhundert *H. Maier* in: K. Beyme (Hrsg.) Theorie und Politik, 1971, 127.

76 Staatsrechtlich interessiert natürlich der Staat selbst, konkret: die Staatsverschuldung. Das beziehen einige Landesverfassungsgerichte auch ganz ausdrücklich auf nach-

Wichtig sind nicht statische Normalvorstellungen, sondern interaktive Konstruktionsprozesse, die sich als „doing constitutionalism" beschreiben lassen[77].

---

folgende Generationen; VerfGH NW, NVwZ 2004, 217; LVerfG MV v. 7. 7. 2005 – LVerfG 7/2004. Die Verschuldensgrenze ist tendenziell leer laufendes Verfassungsrecht, denn in der Praxis bewirkt das Überschuldungsverbot in Art. 115 Abs. 1 S. 2 GG bislang wenig; Teil des Problems ist die staatliche Kreditaufnahme als Regelfall. Auch hier fehlen nicht Voraussetzungen, sondern politische Wirksamkeitsbedingungen. Grds. BVerfGE 79, 311 (335, 339) (Kredit-Investitions-Junktim); BVerfG v. 09. 07. 2007, AZ 2 BvF 1/04 (Anforderungen zur Haushaltsgesetzgebung bei Staatsverschuldung). S.a. *S. Mückl* FS Isensee, 2007, 183 (189ff.). Diskutiert wird eine Änderung des Art. 109 GG (Haushaltswirtschaft in Bund und Ländern), um Bund und Ländern die Kreditaufnahme zu erschweren. Zur Lage *Europäische Kommission* Bericht zur langfristigen Tragfähigkeit der öffentlichen Finanzen, 2006; zu Reformoptionen *H. Meyer* Bemerkungen zum Entwurf einer Verfassungsreform im Bereich Finanzen, Haushalt, Wirtschaft, 2006, *Aussschuss des Deutschen Bundestages zur Föderalismusreform*; s.a. *H. Pünder* HStR V, 3. Aufl. 2007, § 123. Heute muss auch Staateninsolvenz reguliert werden; dazu *C. Paulus* RIW 2003, 401; für die Kommunen *ders.* ZInsR 2003, 863.

[77] Der Terminus signalisiert einen ethnomethodologischen Zugriff, der für Analysen von Alltagshandeln entwickelt wurde; *E. Weingarten u.a.* (Hrsg.) Ethnomethodologie, 1976; zu „doing gender" *I. Dölling/B. Krais* (Hrsg.) Ein alltägliches Spiel, 1997. Ich will damit auch das diverse Handeln aller beteiligten Akteure betonen. Derartige Fragen fallen für manche nicht in die Rechtswissenschaft als Normwissenschaft; dagegen wendet sich pointiert *H. Willke* in: H. Brunkhorst (Hrsg.) Demokratischer Experimentalismus, 1998, 13 (28). („Die Prozesse, die Verfassung und Staat prägen, bleiben sonst eben „Philosophen und Staatsrechtlern verborgen"); i.Ü. auch *H. Schulze-Fielitz* (Hrsg.) Staatsrechtslehre als Wissenschaft, 2007. Zur Prozesshaftigkeit auch *G. F. Schuppert* Staatswissenschaft, 2003, 814ff.; *T. Herbst* Legitimation durch Verfassungsgebung, 2003. *U.K. Preuß* Zum Begriff der Verfassung, 1994, 17, 20, 24, verweist auf die USA: „A constitution is that which results from an effort to constitute" (Federalist Papers) und auf Frankreich als Nation des pouvoir constituant, der nach Abbé Sieyes unitarisch repräsentiert ist und sich mit der Verfassung ein Regierungssystem gibt, nicht präexistent also, sondern produziert. Zu Kanada *C. Taylor* Alberta LR 1992, 429. Das Konzept der Verfassung als Prozess taugt auch für Räume begrenzter Staatlichkeit, „failed states", hybride Organisationen oder auch transnationale Verbindungen, die de facto-Staaten gleichkommen; dazu *S. Leibfried/M. Zürn* Transformationen des Staates, 2006; *B. Kohler-Koch* Regieren in entgrenzten Räumen, 1998, 293f.; auch *S. Breuer* Der Staat, 1998, 291, unter Hinweis auf *P. Virilio* 1976: „die Unsicherheit des Territoriums" und *B. Badie* 1995: das „Ende der Territorien". „Es steht fest, dass kein Staat heute mehr jene aus der räumlichen Existenz erwachsende Undurchdringlichkeit und Ausschließlichkeit für sich in Anspruch nehmen kann, wie sie der Allgemeinen Staatslehre noch um 1900 als völlig selbstverständlich galten". Auch *H. Krüger* FS Scheuner, 1973, 285, auf den die „Verfassungsvoraussetzungen" zurückgehen, betonte geistig-kulturelle Bedingungen im Sinne von Auffassungen und Haltungen zur Verfassung.

## III. Prozedurale Nachhaltigkeit: Demokratie

Soll Verfassungsstaatlichkeit ständig aktiv hergestellt werden, muss die Demokratie dazu in der Lage sein[78]. Erfolgversprechendes „doing constitutionalism" benötigt prozedurale[79] Sicherungen. Angesichts demografischer Veränderungen wird an diesen gezweifelt. Daher wird einerseits gefordert, das Wahlrecht auch auf Kinder zu erstrecken, andererseits gestritten, ob langjährige Bevölkerung weiterhin nicht wählen soll. Zudem stellt sich insbesondere der Gesetzgebung die Frage nach demografischer Kompetenz.

Verfassungspolitisch wird mit der Behauptung, es drohe die Gerontokratie[80], für Familienwahlrecht, Kinderwahlrecht oder „Wahlrecht ab Geburt"[81] geworben. Der verfassungsändernde Gesetzgeber, so die ein-

---

[78] Zweifelnd *W. Kahl /A.Glaser* in: K. Lange (Hrsg.) Nachhaltigkeit im Recht, 2003, 9 (16) (deutsche Demokratie sei nicht in der Lage, Nachhaltigkeits-Aufgaben „befriedigend zu lösen"). *F.-X. Kaufmann* Schrumpfende Gesellschaft, 2005, 163, bezeichnet Demokratie als Nebenbedingung. Die Frage ist keine spezifisch demografische, denn auch ökologische Risiken werfen sie auf; dazu u.a. *W. Berg* JöR 56 (2008) 23 (26f.). Grds. *G. Püttner* Staatsverschuldung als Rechtsproblem, 1980; politikwissenschaftlich *C. Tilly* Democracy, 2007, 78, vertiefend 106; auch *G. Lübbe-Wolff* Europäisches und nationales Verfassungsrecht, VVDStRL 60 (2000) 246 (265). Kurzsichtigkeiten eines Systems von Macht auf Zeit sind generell problematisch.

[79] Prozedural verweist auf ein spezifisches Gerechtigkeitskonzept; vgl. *A. Tschentscher* Prozedurale Theorien der Gerechtigkeit, 2000; auch *K. Röhl* ZfRSoz 1993, 1; *A. Bora* ZfRSoz 1993, 55; *A. Epp* Divergierende Konzepte von Verfahrensgerechtigkeit, 1998. MwN aus systemtheoretischer Perspektive insbesondere zur Prozeduralisierung *K.-H. Ladeur* Das Umweltrecht der Wissensgesellschaft, 1995; kritisch *K. Eder* ZfRSoz 1987, 193; kurz *M. Kloepfer* Umweltgerechtigkeit, 2006, 47ff.

[80] Forderungen nach dem demografisch ja ebenfalls nahe liegenden Entzug des Wahlrechts bei Hochaltrigen werden kaum geäußert, rechtlich über das Betreuungsrecht und die begleitete Wahl abgefangen. Zur Gerontokratie populistisch *F. Schirrmacher* Das Methusalem-Komplott, 2004; s.a. *Spectator* RuP 2008, 65. Zu Wirkungen auf die Gestaltung der sozialen Sicherung, denn die Struktur der Sozialversicherung fördere korporatistische Klientelpolitik, sei aber im Übrigen auch relativ ungeregelt und intransparent *M. Stolleis* NJW 1999, 699; auch *G. Haverkate* DVBl. 2004, 1061. Empirisch *K.-P. Wallraven/C. Gennerich* Seniorenpolitik aus der Akteursperspektive, 2002.

[81] BT-Drs. 15/1544; seitdem fraktionsübergreifende Initiative SPD, CDU, FDP. Dafür die Lobby der *Stiftung für die Rechte zukünftiger Generationen* (Hrsg.) Wahlrecht ohne Altersgrenze?, 2008; *H. Hattenhauer* JZ 1996, 9; *L. Peschel-Gutzeit* NJW 1997, 2861; *K. Löw* ZRP 2002, 448; dagegen *H. Maurer* Staatsrecht, 2. Aufl. 2000, § 13 Rn. 6; *I. v. Münch* NJW 1995, 3165; *G. Roellecke* NJW 1996, 2773; *E. Zivier* RuP 2004, 26; *M. Breuer* NVwZ 2002, 43; *A. Glaser* Nachhaltige Entwicklung und Demokratie, 2006, 389, und *R. Wernsmann* Der Staat 44 (2005), 43 mwN.

hellige Meinung, darf das regeln[82]. Zweifel ergeben sich aber doch daraus, dass tatsächlich Eltern akkumulierte Stimmen erhalten würden, ohne wirklich Kinder vertreten zu müssen. Zudem spricht sachlich nichts für diesen Schritt. Ältere und Jüngere äußern sich durchweg eher solidarisch; der Generationenkonflikt ist „eher Mythos als Realität"[83]. Wer demografische Probleme im Wahlrecht lösen will, sollte die bestehenden Altersgrenzen im Wahlrecht[84] und die Bedingungen des Wäh-

---

[82] Gesetzliche Kinderwahlrechte wären demgegenüber verfassungswidrig. Eltern dürfen als Eltern für Kinder jedweden Alters nicht mehr eigene Stimmen abgeben, denn das verletzt die Zählwertgleichheit (grdl. BVerfGE 99, 1 (10), 36, 139 (141), st. Rspr.; *P. Badura* in: BK, GG, Stand 2005, Anh. zu Art. 38 Rn. 37; s.a. BVerfGE 3. 3. 2004, AZ 1 BvR 2378/98 m. Sondervotum *R. Jaeger/C. Hohmann-Dennhardt*. Gegen ein Familienwahlrecht von Geburt an, in dem Eltern ihre Kinder gesetzlich vertreten, sprechen Unmittelbarkeit und Höchtspersönlichkeit der Wahl, da Vertretung hier überhaupt nicht bindet, sondern de facto eine eigene Stimme ist, vgl. BVerfGE 21, 200 (205 f.) (Briefwahl, Wahl mit Vertrauensperson). Dazu *R. Wernsmann* Der Staat 44 (2005) 53 (54f., 56) mwN; für lösbar hält die Probleme u.a. *J.B. Oebbecke* JZ 2004, 987 (990); gegen ein Familienwahlrecht votiert *H. Hofman* in: Schmidt-Bleibtreu/Hofmann/Hopfauf, GG I, 11. Aufl. 2008, Art. 6 Rn. 29 und Art. 20 Rn. 48.

[83] Er wird behauptet von *F. Schirrmacher* Das Methusalem-Komplott, 2004; aufklärend *A. Börsch-Supan u.a.* (eds.) Health, Ageing and Retirement in Europa, SHARE-Untersuchung, 2005. Politisches Verhalten ist kein Alterseffekt, sondern überindividuell höchstens Generationeneffekt im Sinne der Prägung durch historische Situation; *P. Baltes* in: P. Gruss (Hrsg.) Die Zukunft des Alterns, 2007, 15 (21 mwN), *W. Streeck* ebda., 279 (287f.). S.a. *W. Gaiser/M. Gille/J. de Rijke* in: B. Hoecker (Hrsg.) Politische Partizipation zwischen Konvention und Protest, 2006, 211 (213) mwN. Politisch wirken sich Ethnizität (und Ethnisierung), dann Klassenzugehörigkeit und ökonomische Lage und nur selten Alter oder Geschlecht aus. Insges. dazu *A. Blome/W. Keck/J. Alber* Generationsbeziehungen im Wohlfahrtsstaat, 2008, 24, 315ff., 331ff.

[84] Vgl. Art. 38 Abs. 2 GG (seit 1970: 18 Jahre), wie bei Landtagen, Kommunalvertretungen, zur Wahl des Europäischen Parlamentes, zum Betriebs- oder Personalrat, passiv in der Sozialversicherung (§ 51 SGB IV); vgl. BVerfG v. 9. 10. 2000, 2 BvC 2/99. Das aktive Kommunalwahlrecht mit 16 gibt es in Niedersachsen, Nordrhein-Westfalen, Schleswig-Holstein, Berlin und Sachsen-Anhalt. Auch die politischen Parteien regeln Altersgrenzen. Bei 35 liegt die Wählbarkeit zum Bundesbeauftragten für die Unterlagen des Staatssicherheitsdienstes der ehemaligen DDR (§ 35 Abs. 2 StasiUnterlG), zur Wehrbeauftragten des Bundestages (§ 14 Abs. 1 WBeauftrG), mit 40 Wählbarkeit ins Bundespräsidialamt (Art. 54 GG) und bayrische Ministerpräsidentenamt (Art. 44 Abs. 2 BayVerf) vor. Das Kanzleramt hat keine Altersgrenze. Des Weiteren sind Wahlrechte zu Gerichten altersgestaffelt: mit dem 25 Wählbarkeit in das Schöffenamt (§ 33 GVG), ehrenamtlich zum Arbeits- oder Sozialgericht (§ 21 AGG; § 16 SGG) oder Verwaltungsgericht (§ 20 VwGO), mit 35 Wählbarkeit an einen Obersten Gerichtshof des Bundes (§ 125 Abs. 2 GVG, § 42 Abs. 2 ArbGG, § 15 Abs. 2 VwGO, § 38 Abs. 2 S. 2 SGG und § 14 Abs. 2 FGO), mit Vollendung des 40. Lebensjahres Wählbarkeit an das Bundesverfassungsgericht (§ 3 BVerfGG). Dazu kommt die Staffelung für kommunale Ämter, u.a. ab dem 22. Geburtstag zum Bürgermeister- und Landratsamt in Bayern (Art. 39

lens überprüfen, also Mittel wie online-Voting oder auch Wahlzettel u.a. barrierefrei auch mit Blick auf ältere Menschen gestalten.

Demografisch liegt es näher, über das Ausländerwahlrecht intensiv nachzudenken. Nicht zuletzt demografische Entwicklungen haben bereits zu Veränderungen im Staatsangehörigkeitsrecht und damit auch Wahlrechten geführt[85]. Nicht wenige Staaten entscheiden sich aber auch dafür, Wahlrechte an langjährigen Aufenthalt zu binden[86]. Rechtlich zwingend ist das nicht, denn so wenig ethnische Homogenität eine Verfassungsvoraussetzung ist, so wenig ist es migrantische Pluralität[87]. Aber

GLKrWG), mit dem 23. zum Bürgermeisteramt in Niedersachsen. Wahlrechte wurden historisch nach Geschlecht, Hautfarbe, Genen und nach „3 Klassen" wie in Preußen unterschieden; heute z.T. nach Wohlverhalten, also strafrechtlicher Verurteilung, was mit der EMRK ohne Weiteres nicht zu vereinbaren ist, EGMR v. 6. 10. 2005, App 74025/01 (Hirst ./. UK).

[85] Grdl. BVerfGE 63, 37 (Schleswig-Holstein), 63, 60 (Hamburg), kritisch u.a. *S. Benhabib* Die Rechte der Anderen, 2007 („ein Schwanengesang auf die verschwindende Ideologie des Nationalen"); auch *J. Shaw* The Transformation of Citizenship in the European Union, 2006, 299–306; befürwortend wohl *M. Heintzen* HdbGRe II, 2006 § 50 Rn. 4, 63 (für Sperrwirkung des Art. 20 Abs. 2 GG); auch *H. Quaritsch* HStR V, 1992, § 120 Rn. 12; *G. Robbers* in: HbVerfR 1994, § 11 Rn. 73ff. Das derzeitige Optionsmodell unterscheidet zwischen Kindern von „blutsverwandt" Deutschen und eingebürgerten Deutschen. Das ist eine nicht zu rechtfertigende Ungleichbehandlung und Diskriminierung nach der Herkunft i.S.d. Art. 3 Abs. 3 S. 1 GG; aA aber *J. Masing* Wandel im Staatsangehörigkeitsrecht vor den Herausforderungen moderner Migration, 2001, 52f., auch 69ff. mwN; s.a. *U. Sacksofsky* FS Böckenförde, 1995, 324, ferner *N. Dethloff* JZ 1995, 64. Partizipation ist vielfältig und nicht auf Wahlen beschränkt, wird aber zB durch Sondervertretungen einerseits aufgewertet, aber auch isoliert und stigmatisiert. Empirisch *C. Wiedemann* in: B. Hoecker (Hrsg.) Politische Partizipation zwischen Konvention und Protest, 2006, 261, im Vergleich *K. Sieveking* ZAR 2008, 121 (122) mwN auch zu zahlreichen politischen Vorstößen aus Bundesländern und Fraktionen im Deutschen Bundestag. S.a. *R. Keil* Kants Demokratieverständnis und Ausländerwahlrecht heute, 2006.

[86] *J. Shaw* The Transformation of Citizenship in the European Union, 2006. Die Mitgliedstaaten können Drittstaatsangehörigen Wahlrechte zum Europäischen Parlament einräumen; EuGH, Rs C-145/04 v. 12. 9. 2006 (Spanien/GB – Gibraltar); s.a *K. Sieveking* ZAR 2008, 121 (124); *Venice Commission* Code of Good Practice in Electoral Matters, CDL-STD(2003)034.

[87] Es heißt, gefordert sei keine Identität von Regierten und Regierenden; *H. Dreier* in: Dreier, GG II, 2. Aufl. 2004, Art. 20 Rn. 60; auch *H. Meyer* HStR III, 3. Aufl. 2005, § 46 Rn. 6ff. Die politischen Spitzenämter in Bund und Ländern dürfen Deutschen vorbehalten bleiben, vgl. Art. 54 Abs. 1 S. 2 GG. Der Zugang zu vielen öffentlichen Ämtern lässt sich mit § 4 II BRRG steuern (genauer: öffnen), insofern demografischer Wandel dringende öffentliche Bedürfnisse begründet, Nicht-Deutsche auch Kernaufgaben des Staates übernehmen zu lassen. Vgl. *M. Heintzen* HdbGRe II, 2006 § 50 Rn. 43 ff., restriktiv *H. Quaritsch* HStR V, 1992, § 120 Rn. 60, 122f.

sachlich spricht viel dafür. Der Staat war ohnehin nie völlig abgeschottet, wohl aber auch noch nie so offen wie heute[88]. Breite Teilhabe ist wichtig[89]. Gegen Wahlrechte von Nicht-Staatsangehörigen steht die nationale Tradition[90]; dafür sprechen aber gewichtige ethische und demokratietheoretische wie auch integrationspolitische Argumente[91].

---

[88] *J. Kokott* Die Staatsrechtslehre und die Veränderung ihres Gegenstandes – Konsequenzen von Europäisierung und Internationalisierung, VVDStRL 63 (2003) 7 (10); und dazu auch *T. Vesting* VVDStRL 63 (2003) 61; *D. Grimm* HStR I, 3. Aufl. 2003, Rn. 60, 73, 87; dagegen ausdrücklich *G. Roellecke* FS Isensee, 2007, 30. Vgl. auch *T. Franck* AJIL 1996, 359 (Clan und Superclan).

[89] Dazu die Referate *Holznagel* und *Horn*. Es ist wohl nicht zu unterschätzen, dass hier parteipolitische Interessen eine große Rolle spielen, denn Präferenzen sind deutlich von einem Hoch bei SPD und Grünen zu sehr niedrigen Werten bei CDU und FDP verteilt; *C. Wiedemann* in: B. Hoecker (Hrsg.) Politische Partizipation zwischen Konvention und Protest, 2006, 261 (276). Die im Vergleich sehr geringe Wahlbeteiligung zu Beiräten spiegelt eventuell ein Stigma, da sich Eingebürgerte an Wahlen weit mehr beteiligen.

[90] Vgl. unter Berufung auf *C. Schmitt R. Wernsmann* Der Staat 44 (2005) 63.

[91] „Wenn Demografie der Versuch ist, die Grenzen des demokratischen Volkes durch Einbezug Einiger und Ausschluss Anderer zu ziehen, dann ist Demokratie die politische Form, die Grenzziehungen herausfordert und reflexive Instabilität in der Definition der Grenzen des Demos einführt", *S. Benhabib* Law & Ethics of HR 2 (2008), 4. *J. Masing* Wandel im Staatsangehörigkeitsrecht vor den Herausforderungen moderner Migration, 2001, 24, argumentiert, Mitwirkung könne „einer bestimmten sozialen Gruppe die Herrschaft auf Dauer zugunsten einer wie auch immer definierten Kulturelite" nicht vorenthalten werden, weil – nicht zuletzt! – sonst die Kraft der Verfassung erodiert. In Deutschland habe sich, so *Breuer*, „eine Diskrepanz zwischen dem Staatsvolk und der auf dem gleichen Territorium existierenden Gesellschaft [gebildet], die sich aus sozial inkludierten und politisch exkludierten Individuen zusammensetzt," was für alle eine Zumutung sei: der Staat müsse Sozialleistungen auch an Nicht-Staatsangehörige geben, die Staatsangehörigen haben weniger exklusiven Zugang, und die Fremden machen ständig Erfahrung als Bürger_innen zweiter Klasse; *S. Breuer* Der Staat, 1998, 292; auch *R. Rubio-Marin* Integration as a Democratic Challenge, 2000 (zu integrationsmotivierter Wahlrechtspolitik in den USA); philosophisch *J. Carens* Culture, Citizenship and Community, 2000; *W. Kymlicka* Multicultural Citizenship, 1995; politisch *B. Parekh* Rethinking Multiculturalism, 2000; *B. A. Corral* Der Staat, 2007, 348, und die Beiträge von *L. Baccelli, M. Borri* und *D.E. Cooper* RTheorie Beih. 17 (1995). Derzeit gängige Benachteiligungen von Ausländern beim Versammlungs- und Vereinsrecht (§§ 47 AufenthG, 47 AsylVfG, 2 ParteienG) sind verfassungsrechtlich genauer zu prüfen, denn Zweifel ergeben sich auch im Hinblick auf mittelbare Diskriminierung iSv Art. 3 Abs. 3 S. 1 GG und allgemeine Gleichbehandlung. Vgl. *A. Wallrabenstein* Das Verfassungsrecht der Staatsangehörigkeit, 1999, 33, 50f., 160, 205f.; *Quaritsch* rechtfertigt das mit der hohen Zahl ausländischer Extremisten; *H. Quaritsch* HStR V, 1992, § 120 Rn. 107. Versammlungsfreiheit ist in einigen deutschen Landesverfassungen als Menschenrecht garantiert. Zur Mitwirkung in der funktionalen Selbstverwaltung BVerfGE 107, 59.

Der demokratische Verfassungsstaat lebt jedoch nicht von der Wahl allein; er lebt auch von seiner Fähigkeit im Umgang mit Wissen[92]. Das gilt gerade für die Komplexität demografischer Problemlagen und im Wissen um die ambivalente Macht der Zahl und der Bilder. Zur Qualifizierung von Regulierung fordern deshalb manche neue Institutionen[93]. Der Dauersachverstand in Räten ist jedoch statisch, exklusiv und leicht zu funktionalisieren[94]. Kompetenz lässt sich auch in Organisationen durch Zuständigkeiten (Ressort, Stabsstelle, Beauftragte) oder Kooperationen (Arbeitsstäbe) schaffen, doch stößt das schnell auf faktische Grenzen[95]. Zukunft hat daher wohl die externe unabhängige Beratung durch Folgenabschätzungen bzw. Evaluationen. Sie muss nicht so sehr

---

[92] Beratungsunternehmen meinen damit Kenntnis der Daten; *H. Seitz* Handlungsoptionen, (Bertelsmann-Stiftung), www.2050.de; dazu gehört es, Alltagswissen und Vorverständnisse zu reflektieren. Hier gibt es m.E. noch viel zu tun: Welche Regeln sorgen dafür, dass Alltagswissen eingebaut wird, welche schließen es aus und zwingen zur Reflektion? Wie genau lässt sich dieses Alltagswissen von Fachwissen abgrenzen, und wer entscheidet über solche Abgrenzungen? Welche Rolle spielen dabei zB religiöse Tabuisierungen oder auch Pfade der Rechtsentwicklung? Hier wird interdisziplinäre Rechtsforschung einschließlich der Rechtssoziologie gebraucht. Grdl. *J. Esser* Vorverständnis und Methodenwahl in der Rechtsfindung, 1970; *K.-D. Opp* KJ 1970, 383; *G. Winter* RTheorie 1971, 171. Dazu auch *H. Rottleutner* Rechtswissenschaft als Sozialwissenschaft, 1973, 245ff.; *R. Lautmann* Soziologie vor den Toren der Jurisprudenz, 1971.

[93] *M. Kloepfer* DVBl 1996, 73, 78; dazu *I. Appel* Staatliche Zukunfts- und Entwicklungsvorsorge, 2005, 87ff. mwN; *R. Steinberg* Der ökologische Verfassungsstaat, 1998, 90; Überblick bei *H. Bauer/F. Brosius-Gersdorf* FS Siedentopf, 2008, 385 (401ff.); skeptisch zu den Experten *F. Welti* KJ 2004, 255 (263). Zu Belgien, Frankreich, Österreich und dem – 1997 installierten und dann aufgelösten – Rat in der Schweiz *W. Kahl/A. Glaser* in: K. Lange (Hrsg.) Nachhaltigkeit im Recht, 2003, 9 (21ff.). Finnland hat seit 2000 einen parlamentarischen Zukunftsausschuss, der in der Geschäftsordnung des finnischen Parlaments verankert ist. Israel hat 2001 per Gesetz einen parlamentarischen Unterausschuss zum Schutz künftiger Generationen und ein „Kommissariat" geschaffen, die Gesetzesfolgenabschätzungen durchführen.

[94] IdR geschieht dass in Form von Gremien (Beiräte, Enquete-Kommissionen, Ausschüsse), zB in Frankreich mit dem Rat „pour les droits des génération futurs". Grds. kritisch *B.-O. Bryde* Zentrale wirtschaftspolitische Beratungsgremien in der Parlamentarischen Verfassungsordnung, 1972; *P. Dagtoglou* Der Private in der Verwaltung, 1964.

[95] Die Grenzen sind materielle Ressourcen (Personal, Zeit, Geld, Technologien), aber auch ideelle Ressourcen (Macht, Reputation, Pfadabhängigkeit, Souveränität anstelle von defensivem Ressortegoismus). Die Bertelsmann Stifung bietet für Verwaltungen den „Demografiecheck" oder das „Demografie-Training" an, verbindet damit aber auch Zielvorstellungen; *Bertelsmann Stiftung* – Aktion Demographischer Wandel: http://www.demographiemonitor.de/. Vgl. auch das Handbuch Demographie des *Berlin Instituts für Bevölkerung und Entwicklung* http://www.berlin-institut.org/online_handbuchdemografie.html.

„domestiziert" werden, denn dann verwischt die Grenze zur Inkorporation, die jeden Sachverstand nur trüben kann. Vielmehr muss externe Beratung transparent und funktional genau bestimmt sein[96], um Fragen des Nachweltschutzes ebenso wie Technikfolgen oder Gleichstellungseffekte gewinnbringend bearbeiten zu können[97]. Das bedeutet, reflexiv mit Wissen umgehen, also auch wieder mit *Foucault* moderne Machttechnologien wie die Statistik kritisch zu reflektieren. Zudem sind Optionen der Regulierung („regulatory choice") und der Arrangements der Akteure („governance") zu analysieren. Derartige, zwingend interdisziplinäre Analysen sind in Deutschland immer noch selten, in der Schweiz schon ausgeprägtere Praxis[98]. Mittlerweile verpflichten Parlamente und

---

[96] Das wäre staatlich zu veranlassende, aber extern und interdisziplinär zu erbringende, kritisch reflektierende Beratung. Sie läuft heute oft verdeckt (Lobbyismus, „Forschende" in Ministerien). Grds. *A. Voßkuhle* HStR III, 2005, § 43 Rn 51ff. (Gefahren sind heute Expertokratie, Entparlamentarisierung oder Entmachtung des Staates); s.a. *R. Schmalz-Bruns* Reflexive Demokratie, 1995; *J. Ipsen* Die Bewältigung der wissenschaftlichen und technischen Entwicklungen durch das Verwaltungsrecht, VVDStRL 48 (1990), 177; *L. Hoffmann* (Hrsg.) Rechtsdiskurse, 1989; *C. Engel* in: ders. (Hrsg.) Recht und Verhalten, 2007, 363 (384ff.). Zur Differenzsicherung bei der Öffentlichkeitsbeteiligung im Gentechnikrecht *A. Bora* Differenzierung und Inklusion, 1999, insbes. 150ff.; s.a. *S. Baer* „Der Bürger" im Verwaltungsrecht, 2006, 166, auch 225ff.

[97] *C. Böhret* in: Bertelsmann Stiftung Demographiemonitor Band 2, 2006, 60ff.; *F. Naschold* Technologiekontrolle durch Technikfolgenabschätzung, 1987; auch *G. Winter* KJ 1992, 389; *P. Saladin/C. Zenger* Rechte zukünftiger Generationen, 1988, 109f., 115ff.; *H. Bauer/F. Brosius-Gersdorf* FS Siedentopf, 2008, 385 (401) („sorgfältige Datenerhebung und -analyse, eine demografiespezifische Aufgabenüberprüfung und -anpassung sowie eine kontinuierliche Wirkungskontrolle"). Die Rezepte für Verwaltungen erinnern sehr an die Versuche, die Querschnittsaufgabe der Gleichstellung von Frauen und Männern zu untersetzen (Gender Mainstreaming), dazu *S. Baer/S. Lewalter* DÖV 2007, 195 mwN.

[98] *C. Böhret/G. Konzendorf* Handbuch der Gesetzesfolgenabschätzung, 2001; *BMI* Moderner Staat – Moderne Verwaltung, 2002. Dazu auch *W. Bussmann* LeGes 2005, 97; *F. Edinger* ZG 2004, 149; *R. Fisch* FS Böhret, 1998, 283; Beiträge in *H. Schäffer* (Hrsg.) Evaluierung der Gesetze/Gesetzesfolgenabschätzung (II), 2007; *ders.* (Hrsg.) Evaluierung der Gesetze/ Gesetzesfolgenabschätzung in Österreich und im benachbarten Ausland, 2005; *U. Karpen* (Hrsg.) Evaluation of Legislation, 2002; *U. Karpen/H. Hof* (Hrsg.) Wirkungsforschung zum Recht IV, 2003; *D. Kettiger* (Hrsg.) Wirkungsorientierte Verwaltungsführung und Gesetzgebung, 2000; *ders.* Gesetzescontrolling, 2000; *ders.* ZG 2004, 166; *I. Unkelbach* Die Institutionalisierung der Gesetzesfolgenabschätzung auf Landesebene, 1998. Für die Schweiz insbes. *Bundesamt für Justiz* (Hrsg.) Wirksamkeit von Bundesmassnahmen, 2004; *Finanzdirektion des Kantons Bern* Fachhandbuch Wirkungsorientierte Gesetzgebung, 2001. S.a. *W. Bussmann* ZG 1998, 127, *ders.* LeGes 1997, 109; *A. Balthasar* LeGes 2000, 13; *W. Bussmann/U. Klöti/P. Knoepfel* Einführung in die Politikevaluation, 1997; *B. Nideröst* LeGes 2002, 39; *T. Widmer* LeGes 2001, 9.

Verfassungsgerichte die Exekutive sogar manchmal dazu[99]. So können Entscheidungen vermieden werden, die irreversibel sind, und es können Revisionen greifen, sobald es ihrer bedarf[100]. Das wäre gute, auch demografisch kompetente Gesetzgebung.

## IV. Materielle Gestaltungsaufgaben: Familie, Migration und Altern

Demografische Entwicklungen zwingen also zu nichts, sondern stellen der Demokratie Aufgaben, die möglichst aufgeklärt zu bewältigen sind. Sachlich geht es zentral um Geburten, Zuwanderung und soziale Sicherung, also um die Regulierung von Familien, Migration und dem Altern[101]. Hier ist jeweils der demografisch-kollektivistischen Versu-

---

[99] Beispiel: BVerfGE 108, 186 (218 f., 232) (Steuerrecht). Es geht dabei nicht um experimentelle Gesetze, *L. Mader* JbRSozRTh 13/1988, 211; *W. Hoffmann-Riem* FS Thieme, 1993, 563.

[100] *U.K. Preuß* Politische Verantwortung und Bürgerloyalität, 1984, 292f.; *P. Saladin/C. Zenger* Rechte zukünftiger Generationen, 1988, 99; *F. Welti* KJ 2004, 255 (261); dagegen *E.-W. Böckenförde* HStR II 3. Aufl. 2004, § 24 Rn. 55; *S. Mückl* FS Isensee, 2007, 201. S.a. BVerfGE 79, 311 (340f.).

[101] Thema sind daneben Wanderungsbewegungen im Raum, auch dies weithin im Duktus der Krise. „Sterbende Städte" verweist auf die Stadt- und Raumentwicklung, also auf Infrastrukturen des Wohnens, und der Ressourcen in Netzen, aber auch um Bildung oder Kultur. Hier muss Planung anders konzipiert und „gleichwertige Lebensverhältnisse" müssen wie in Art. 2 EG nicht räumlich, sondern solidarisch gedacht werden; es braucht ein differenziertes Konzept auch regionaler, aber auf die Menschen bezogener Gerechtigkeit. Vgl. *BIB* Daten, Fakten, Trends zum demographischen Wandel in Deutschland, 2008, 68ff.; *Europäische Kommission* Die demografische Zukunft Europas, KOM (2006) 571, 4; *B. Köppen* JbFöd 2007, 279; *A. Möller* Siedlungsrückbau in den neuen Ländern nach Stadtumbau- und Sanierungsrecht, 2006; *J. Kersten* DVerw 2007, 309 (339); eher ökologisch *W. Frenz* Sustainable Development durch Raumplanung, 2000; *S. v. Löwis/I. Neumann/M. Wickel* ZsfEurUPR 5 (2006) 54; grds. zu Infrastrukturverwaltung zuerst *H. Faber* Verwaltungsrecht, 1995, 168ff., zum Raum *H. Schulze-Fielitz* FS Würzburger Fakultät, 2002, 711. Das BauGB von 2004 beginnt damit in §§ 171a – 171d BauGB und „urban governance" in § 171e BauGB; §§ 1 Abs. 2 Nr. 6; 2 Abs. 2 ROG fordern jedoch ausgeglichene wirtschaftliche, infrastrukturelle usw. Verhältnisse. Zu „nachhaltiger Raumplanung" gehört jedoch Flexibilität zugunsten individueller Selbstbestimmung in der Raumgestaltung, Barrierefreiheit, ökologisches Bauen, Flächenschonung (bzw. -verbrauch). § 2 EnWG setzt bereits Ausnahmen. Art. 87e Abs. 4 S. 1 GG verlangt für den Verkehr nur eine Grundversorgung. Im Bereich Kommunikation – Art. 87 f. GG, §§ 78 ff. TKG – fehlen vielfach schnelle Leitungen bzw Funkdienste; zur Sicherung der Infrastrukturaufgabe Post – Art. 87 Abs. 1 GG, §§ 11 ff. PostG – werden mobile Angebote gemacht. Die Einheitlichkeit der Lebensverhältnisse in Art. 72 Abs. 2 GG ist zwar *telos* der Kompetenz zur Herstellung „gleichwertiger Lebensverhältnisse" und Grundsatz zur Verteilung der Umsatzsteuer zwischen Bund und

chung zu widerstehen und stattdessen auf individuelle Lebenslagen und Bedürfnisse zu achten, denn das ist es, was die Verfassung und das Völkerrecht zuerst verlangen.

### A. *Der Nachwuchs: Familie*

Demografie thematisiert „Kinderarmut" und „Geburtenrückgang"[102], für manche ethnisiert „das Aussterben der Deutschen" oder auch „der Schweiz"[103]. Deshalb ist Familienpolitik in Deutschland seit 2003 offiziell „nachhaltig"[104] und zielt auf mehr Humankapital oder eben Hu-

---

Ländern nach Art. 106 Abs. 3 S. 4 Nr. 2 GG, aber die Rechtsprechung lässt duchaus Differenzierungen zu, zB BVerfG, 6. 03. 2007, 2 BvR 556/04 (Ballungsraumzulage). Zu Art. 72 Abs. 2 GG grds. BVerfGE 106, 63 (144ff.); 110, 141 (174ff.); 111, 226 (253ff.) mit abw Meinung *Lübbe-Wolff, Osterloh* 278ff. Eine Pflicht zur Annäherung der Lebensbedingungen sieht *P. Kirchhof* HStR II, 3. Aufl. 2004, § 21 Rn. 68, auch 92; auch *P. Lerche* FS Friauf, 1996, 251 (aber nur Grundversorgung); vgl. *J. Kersten* DVerw 2007, 309 (335), dagegen jenseits der expliziten Garantien *T. Hebeler* ZG 2006, 301 (306). In der Gesundheitsversorgung sind regionale Verwerfungen augenfällig und die marktliberalistischen Konzepte des Gesetzgebers nur sehr begrenzt wirksam; dazu §§ 92, 99, 100 SGB V; aus der Rechtsprechung BVerfG, DVBl. 2004, 1161f.; i.Ü. *F. Brosius-Gersdorf* VerwArch 2007, 317 (324ff.); *G. Hermes* Staatliche Infrastrukturverantwortung, 1998, 256ff. Weiter stellt sich die Frage, ob ein Land die Förderung für ganze Landstriche einstellen darf, um zentrale Orte zu fördern, wie nach Art. 2 Nr. 3, 4 BayLPlg; § 2 Abs. 2 Nr. 2, 4, 6 ROG; dazu *J. Kersten* DVerw 40 (2007) 309 (338f.) mwN; zur Praxis *C. Tutt* Das große Schrumpfen, 2007, 140f. Grundrechtlich spielen hier Art. 3 Abs. 1, 3 (Heimat) und 11 GG eine Rolle; etwas anders *F. Brosius-Gersdorf* VerwArch 2007, 317 (335f.); ferner BVerfGE 102, 41 (53f.). Zur Grundversorgung mit Bildung BVerfGE 47, 46 (71); *R. Gröschner* in: Dreier, GG, 2. Aufl. 2004, Art. 7 Rn. 24ff., 38ff.; aus der Gesetzgebung § 45 a SchulGMV, § 82f. SchulGNW, §§ 19, 23, 30 BbgSchulG.

102 Gefragt sind auch Reformen im Erbrecht; das BVerfG konzipiert dies aber bislang eher starr; vgl. BVerfG, 1 BvR 1644/00 vom 19. 4. 2005, Abs. 65ff. (Tradition und Rechtsvergleich), Abs. 71ff. (Art. 6 GG: „Ausdruck einer Familiensolidarität"). S. *A. Röthel* (Hrsg.) Reformfragen des Pflichtteilsrechts, 2007, empirisch *F. Lettke* Swiss Journal of Sociology 2005, 407; *ders./A Lange* (Hrsg.) Generationen und Familien, 2007; *S. Bauszus* Der Topos von der Grossfamilie in der familien- und erbrechtlichen Diskussion, 2006. I.Ü. auch *F. Welti* KJ 2004, 255 (266ff.).

103 *F. Schirrmacher* FAZ vom 21. 02. 2005 („Dreißig Jahre nach zwölf – Grundkurs für Staatsbürger", Einleitung zu zehn Lektionen zur Demographie von *H. Birg*: „Wir müssen erkennen, dass der Autonomen-Satz „Nie wieder Deutschland!" auf unheimliche Weise vollstreckt werden könnte."); *Der Spiegel* Titel v. 5. 01. 2004: „Der letzte Deutsche – auf dem Weg zur Greisen-Republik", im Hauptteil: „Land ohne Lachen"; *O. Tönz* Stirbt die Schweiz aus?, 2006.

104 Prägend *B. Rürup/S. Gruescu* Gutachten für BMFSFJ, 2003; deutlich auch *H. Birg* Die ausgefallene Generation, 2006. Vgl. für die 1980er Jahre *P. Häberle* Verfassungsschutz der Familie – Familienpolitik im Verfassungsstaat, 1984, 33ff.; für aktuelle Debatten *J. Althammer/ U. Klammer* (Hrsg.) Ehe und Familie in der Steuerrechts- und So-

manvermögen[105]. Verfassungspolitisch wird zur Rettung der „vitalen Gesellschaft" aufgerufen[106]. Einige deutsche Landesverfassungen statuieren auch eine Staatsaufgabe nachhaltige Familienpolitik[107]. Das Grundgesetz hat sich von einer solchen nationalen Pflicht jedoch verabschiedet. Art. 119 WRV normierte den Schutzgrund der „Erhaltung und Förderung der Nation"; das Grundgesetz tut dies nicht[108].

---

zialordnung, 2006; *S. Baer/J. Lepperhoff* (Hrsg.) Gleichberechtigte Familien?, 2007; vergleichend *G. Wolfgruber u. a.* (Hrsg.) Kinder kriegen – Kinder haben, 2006. Demografie hat hier mehr bewirkt als die Forderung nach Gleichberechtigung. Vgl. *BMFSFJ* 7. Familienbericht, 2006; auch *BMFSFJ* Monitor Familiendemographie, 1/2005; *BMWA* Alterung und Familienpolitik, 2005; *C. Höhn u. a.* Kinderwünsche in Deutschland, 2006; differenzierend *H. Bertram u. a.* Nachhaltige Familienpolitik, 2005. Zur Entwicklung deutscher Familienpolitik *I. Ostner* in: P.A. Berger/H. Kahlert (Hrsg.) Der demographische Wandel, 2006, 165; vergleichend *H. Bertram* ebda; in der Lebenslaufperspektive *U. Klammer* ebda. Zahlen finden sich in *Statistisches Bundesamt* Geburten in Deutschland, 2007, 22: Deutschland – speziell früheres Bundesgebiet – ist jedoch weltweit das einzige Land, in dem das niedrige Geburtenniveau von 1,4 Kindern je Frau bereits seit 30 Jahren zu beobachten ist.

105 *F.-X. Kaufmann* Schrumpfende Gesellschaft, 2005, 77 ff., 99 (es gehe um das Erwerbspotenzial, Fortpflanzungspotenzial, Zielgruppenpotenziale für öffentliche Leistungen, politische Potenziale); ähnlich *U. Di Fabio* NJW 2003, 994; mit Bezug auf die „Erwartungen" der Verfassung *J. Isensee* HStR V, 2000, § 115 Rn. 211.

106 *U. Di Fabio* FAZ Nr. 237 vom 12. 10. 2002, 7 („Am demographischen Abgrund, Der Schutz von Ehe und Familie: eine Wertentscheidung für die vitale Gesellschaft"; *ders.* NJW 2003, 993; *P. Kirchhof* FS Isensee, 1998, 51 (Der Staat „sucht die nachfolgende Generation in ihren Freiheitsvoraussetzungen zu schützen (Umweltschutz, Begrenzung der Staatsverschuldung, Bildungs- und Ausbildungsgewähr)"; *ders.* NJW 2002, 3677 („unser Rechts- und Wirtschaftssystem so umzuorganisieren, dass die Familien wieder im Mittelpunkt unserer Entwicklung stehen und uns in ihren Kindern Zukunftsperspektiven geben"). Nur allgemein für eine Zukunftsverantwortung des Staates *E. Benda* HdbVerfR I, 2. Aufl. 1994, 17 Rn. 112 ff.; aktivistischer *R. Herzog* HStR III, 2. Aufl. 1996, § 58 Rn. 88 (Zur „Modernisierung gesellschaftlicher Ablaufschwankungen" sei „unbestritten, dass auch diese Problematik nur mit Hilfe staatlicher Maßnahmen gelöst werden kann"; Geburten und Rentensicherung seien dabei nur Ziele).

107 Es sind die älteren, nach Verabschiedung des Grundgesetzes insoweit nicht geänderten Landesverfassungen, vgl. Art. 23 Abs. 1, 24 Verf Rh-Pf; Art. 124, 125 BayVerf; Art. 21 BremVerf; Art. 5 Verf NRW; Art. 22 SaarVerf.

108 Freiheitsrechtlich konzipiert das *P. Häberle* Verfassungsschutz der Familie – Familienpolitik im Verfassungsstaat, 1984, 55 f. (Anerkennung von Vielfalt eingedenk der Grundrechte der Art. 6 und 3 Abs. 2 GG, aber auch der Prinzipien der Art. 20, 28 GG und der Entfaltungsfunktion der Familie). Die GRC enthält das Recht auf Achtung des Privat- und Familienlebens (Art. 7) und koppelt die Ehe an nationales Recht, wollte aber die Familie universell ermöglichen (Art. 9). Zwar betonen zahlreiche Pakte die Funktion der Familie für die Gesellschaft, also die Keimzelle; nach Art. 16 Abs. 3 AEMR ist die Familie als „natürliche und grundlegende Einheit der Gesellschaft" dem Schutz durch Gesellschaft und Staat anvertraut; nach Art. 23 Abs. 1 IPBPR „die natürliche Kernzelle der Gesellschaft". Familie hat Anspruch auf Schutz durch Gesellschaft

Was der Staat für mehr Kinder tun kann, ist auch äußerst zweifelhaft[109]. Auf *Malthus* lässt sich nicht zurückgreifen. Klar ist angesichts der Geschichte und internationalen Erfahrungen mit Bevölkerungspolitiken, dass direkte Interventionen die Menschenrechte verletzen, dass kollektivistische Rezepte nicht die erwünschten Erfolge zeigen[110] und

---

und Staat; s.a. Art. 10 IPWSKR, Präambel der Kinderrechtskonvention. Die Europäische Sozialcharta schützt die Familie als Grundeinheit der Gesellschaft, vgl. Teil I Nr. 8, 16, 17, 19; Teil II, Art. 8, 16, 17, 19, aber mit Förderung des wirtschaftlichen, gesetzlichen und sozialen Schutzes des Familienlebens, insbesondere durch Sozial- und Familienleistungen, steuerliche Maßnahmen, Förderung des Baues familiengerechter Wohnungen, Hilfen für junge Eheleute und andere geeignete Mittel jeglicher Art (Teil II Art. 16). Dazu ausführlich *M. Schuler-Harms* Familienleistungsausgleich als Herausforderung an das Verfassungsrecht (im Erscheinen); zur Entstehungsgeschichte der einschlägigen Garantien *R. Wolfrum* Die Friedenswarte 58 (1975), 264 (273ff.). S.a. BVerfGE 6, 5 (71); 24, 119 (149). Doch fixiert das anders als in nationalen Kontexten keine Institution, sondern legitimiert, warum sich Völkerrecht überhaupt des Themas annimmt; sonst gilt gerade Familie als privat, als national und damit den einzelstaatlichen Regeln überlassen. Die Relegation des Privaten an den Nationalstaat bzw. an religiöse Autorität ist weit verbreitet und beinhaltet eine geschlechtsspezfische Diskriminierung, denn damit wird Gerechtigkeit im Privaten relativiert und nicht als universales Menschenrecht gesetzt. Dazu grds. *H. Charlesworth* in: J. Peters/A. Wolper (eds.) Women's Rights Human Rights, 1995, 103ff.; *D. Sullivan* ebda., 126ff.; *K. Engle* in: D. Buss/A. Manji (eds.) International Law: Modern Feminist Approaches, 2005, 47ff., 63ff.; *S. E. Merry* Human Rights and Gender Violence, 2006, 72ff., 134ff. Ich behandele hier nicht das Klonen oder weitere bioethische Aspekte der Reproduktion; dazu umfassend *J. Kersten* Das Klonen von Menschen, 2004.

[109] Vergleichend *A. H. Gauthier* The State and the Family, 1999; für die jüngeren Entwicklungen „seit Kairo" *M. Macura et al* (eds.) The New Demographic Regime, 2005.

[110] International war Bevölkerungspolitik als Entwicklungspolitik antinatalistische und regelmäßig sowohl frauenfeindliche wie auch rassistische Politik, die erst seit der UN-Bevölkerungskonferenz von Kairo menschenrechtlich gerahmt wird. Auf Überbevölkerung im Süden wurde mit „Familienplanung" reagiert, u.a. durch Gründung der UNFPA (United Nations Population Fund), dann im Geiste des Kampfes um Ressourcen gegen „Bevölkerungsexplosion" mit „nachhaltiger Entwicklung", bis zur ambivalenten Wende mit der Bevölkerungskonferenz der UN 1994 in Kairo, an der erstmals NGOs beteiligt waren. In der Alternativen Erklärung von Commilla, u.a. von FINRRAGE, werden Kontroversen deutlich. Weltpolitisch ging es in DenHaag 1999 und Kairo+5 1999 eher um die Reduktion der „falschen" Bevölkerung und die globale Polarisierung. Historisch *E. Aufhauser* Bevölkerungspolitik, 2003; *C. Dienel* Kinderzahl und Staatsräson, 1995; *R. Feucht* Beeinflussung demographischer Tatbestände durch den Staat, 1999; *M. Fuhrmann* Volksvermehrung als Staatsaufgabe?, 2002. Pointiert zu historischen Entwicklungen *S. Simitis* in: ders./G. Zenz (Hrsg.) Familie und Familienrecht I, 1975, 15 (40): „Mutterkreuze ändern ihre Erscheinungsform". Problematisch zu den Pflichten daher BVerfGE 39, 1 (56); 88, S. 203 (258); dazu *D. Oberlies* Streit 1992, 38; auch Sonderheft KritV 1993, grds. *C. A. MacKinnon* Sex Equality, 2001, 565ff. Zurückhaltend *F.-X. Kaufmann* Schrumpfende Gesellschaft, 2005, 56 (direkter Steuerung seien wegen der Verfassung sehr enge Grenzen gesetzt).

dass Familie keine Normform ist, sondern familiäres Leben heute zwischen den Beteiligten fortlaufend ausgehandelt wird[111]. Familie war nie nur die Kleinfamilie[112] und ist kein ökonomisch rationales Produkt einer simplen Kosten-Nutzen-Erwägung; Entscheidungen für oder gegen Kinder sind von sehr vielen Motiven und Erwägungen geprägt[113]. Im in-

[111] In der Familienforschung ist von „Entgrenzung" die Rede; *M. Schier/K. Jurczyk* APuZ 34 (2007) 10; *K. Gottschall/G. Voß* (Hrsg.) Entgrenzung von Arbeit und Leben, 2003. Rechtlich übersetzt sich das in die Vertraglichung.

[112] *H. Steiger* Verfassungsgarantie und sozialer Wandel. Das Beispiel von Ehe und Familie, VVDStRL 45 (1987), 55 (58); historisch *H. Bertram* in: A. Steinbach (Hrsg.) Generatives Verhalten und Generationenbeziehungen, 2005, 27. Demografisch wird oft stereotyp nur auf Frauen, genauer: Mütter geachtet; lange fehlten damit Männer, Männlichkeitsnormen und genauer: Väter. Das war auch Ergebnis im *Forum Demographischer Wandel* des Bundespräsidenten 2005 – www.forum-demographie.de (für Familie und Kinder sei Infrastruktur wichtiger als Prämien, zudem die Individualisierung von Rechten und Pflichten und Enttraditionalisierung von Rollenbildern); mwN *D. Hummel* Der Bevölkerungsdiskurs, 2000, 227f., 237; auch *P. Berger/H. Kahlert* (Hrsg.) Der demographische Wandel, 2006, 9 (neben „Gebärstreik" eventuell auch „Zeugungsstreik"); zu Kindern *A. Leira/C. Saraceno* (eds.) Childhood, 2008. Zu eng dagegen *P. Kirchhof* FS Isensee, 1998, 55, auch in: Die Verschiedenheit der Menschen, 1996: Man solle den „Unterhalt der Mütter durch die Kinder also als Verfassungsbedingung der Demokratie" verstehen. Warum zumindest aktive Väter keinen Unterhalt verdienen, ist mir bereits nicht klar, aber auch weitere Begründungen fehlen.

[113] Ökonomische Kosten-Nutzen-Modelle wie der Value of Children-Ansatz greifen daher so ohne weiteres nicht, sie werden zudem durch Institutionen wie das Recht mit geprägt und sind entsprechend veränderbar; vgl. *H. Diefenbach* in: A. Steinbach (Hrsg.) Generatives Verhalten und Generationenbeziehungen, 2005, 111 (121) („Aufgrund der differentiellen institutionellen Einbettung von Mutterschaft und Vaterschaft ist es also plausibel davon auszugehen, dass es unterschiedliche Kosten- und Nutzenterme gibt, die den Kinderwunsch von Frauen und Männern beeinflussen"). Heute haben Kinder in Europa kaum ökonomischen Wert, aber Eigenwert u.a. (u.a. *F.-X. Kaufmann* Schrumpfende Gesellschaft, 2005, 136f.: „Denn im Regelfalle ist das Aufbringen von Kindern seit dem Verbot der Kinderarbeit und angesichts einer weitreichenden Kollektivierung der sozialen Sicherung ohne jeden materiellen Ertrag"); er betont immaterielle Werte wie Anerkennung durch Gesellschaft, Traditionen, individuelle Sinnstiftung, positive emotionale Erfahrungen, Hoffnung auf Anerkennung durch Kinder, Kinder als Eigenwert, aber auch Rollen, wobei Männer eher an Traditionen festhalten (136); s.a. *S. Kröhnert/N. v. Olst/R. Klingholz* Emanzipation oder Kindergeld?, 2004; *S. Kröhnert/R. Klingholz* Emanzipation oder Kindergeld?, 2008 und zu den ökonomischen Ansätzen *J. Huinink* KZfSS Sonderheft 31 (1990), 239 (Geburtenraten werden makroökonomisch (demografischer Übergang), mikroökonomisch (neue Haushaltstheorie) oder soziodemografisch (Normentheorie, Rollentheorie, Werttheorien – value of children –) erklärt, jeweils mit Mängeln; jüngere Theorien von *Caldwell* 1982 oder *Linde* 1984 untersuchen die Wohlstandsflüsse, die mit Kindern verbunden sein können. Besonders interessant sind heute Opportunitätskosten, aber Berechnungen verstehen bislang weder Kultur noch individuelle Strategien (248). Dazu *E. Beck-Gernsheim* Das ganz normale Chaos der Liebe, 1984; auch *J. Limbach/I. Schwenzer* (Hrsg.) Familie ohne Ehe, 1988. So wie

ternationalen Vergleich mehren sich nun die Zeichen dafür, dass Geburtenraten tendenziell hoch genug ausfallen, je leichter sich beide Eltern qualifizieren und Einkommen erzielen können, und zwar im Lebensverlauf[114].

Auch im internationalen Recht ist zumindest punktuell eine Wende von kollektiven Bevölkerungspolitiken zu individuellen Grund- und Menschenrechten der Reproduktion, in internationaler Terminologie: zu reproduktiven Rechten, erfolgt[115]. Hier steht die Freiheit zur Fami-

---

Kinder als Kosten verhandelt werden, wird auch Pflege als Belastung diskutiert; dazu *K. Gröning/A. Kunstmann* in: A. Bauer/K. Gröning (Hrsg.) Gerechtigkeit, Geschlecht und demografischer Wandel, 2008, 89. Die Rechtsprechung zeigt dennoch ökonomistische Tendenzen; zB zu einem„generativen Gleichgewichtszustand", BVerfGE 103, 242 (266) (Pflegeversicherung 2001), anders bei der Rente BVerfGE 87, 1 (37f.); 103, 242 (263ff.).

[114] *International Union for the Scientific Study of Population 1997* in: H. Presser/ G. Sen (eds.) Women's Empowerment and Demographic Processes, 2000, insbes. *R. Dixon-Mueller/A. Germain*, ebda., 69; auch *R. Petchesky/ K. Judd* (eds.) Negotiating Reproductive Rights, 1998; *C. Wichterich* Beiträge femThPrax 1994, 145; *dies.* (Hrsg.) Menschen nach Maß, 1994. Die Lebensverlaufsforschung betrachtet soziale Prozesse in ihren institutionellen und historischen Bedingungen, als Präsenz von Menschen in institutionell definierten Ereignissen wie der Schule und die Verweildauer in bestimmten Zusammenhängen wie Familie, im Zusammenspiel von Handeln und Vorgaben. Vgl. *K.-U. Mayer* KZfSS Sonderheft 31 (1990), 7; auch *F.-X. Kaufmann* Schrumpfende Gesellschaft, 2005.

[115] Seit 1994 werden mit der UN Weltkonferenz zu Bevölkerungsfragen in Kairo die „reproduktiven Rechte" zunehmend anerkannt; vgl. *Internationale Konferenz für Bevölkerung und Entwicklung* (ICPD) s. http://www.unfpa.org/publications/detail.cfm?ID=278; allerdings von einigen muslimischen Staaten und dem Vatikan auch aktiv und heftig bekämpft, insbes. die Rechte auf Verhütung und auf Abbruch einer ungewollten Schwangerschaft. Völkerrechtliches Problem sind die Konkordatsverträge zwischen Staaten wie zB Malta und Rom, die menschenrechtskonforme Gesetzgebung in diesen Staaten verbieten, weshalb die Slovakei einen solchen Vertrag 2004 nicht ratifiziert hat; dazu EU Network on Fundamental Rights Opinion No 4 v. 14. 12. 2005. Eine Definition bietet § 7.2 des Aktionsprogramms von Kairo 1994; eine weitere Art. 14 des Protokolls der Frauenrechte zur Afrikanischen Charta oder auch die berufsrechtlichen Regelungen der FIGO von 2003 zu „sexual and reproductive rights". Vgl. *R. Cook/ B. Dickens /M. Fathalla* Reproductive health and human rights, 2003; *R. Petchesky* Global Prescriptions, 2003, 7ff.; *C. Bowman/A. Kuenyehia* Women and Law in Sub-Saharan Africa, 2003, 221ff.; *F. Banda* Women, Law and Human Rights, 2005, 159ff., auch *C. Tomuschat* AöR 100 (1975), 402 (404f.) Die Menschenrechtsausschüsse haben in dieser Richtung vorsichtig votiert; u.a. *Ausschuss zu IPWSKR* in General Comment Nr. 14 (2000) *E/C.12/2000/4*, Ausschuss zu IPWSKR in General Comment Nr. 16 (2005) E/C.12/2005/4; *Ausschuss zur CEDAW* in General Recom. 24 (1999) A/54/38/Rev.1, Kapitel I. Auch das Europäische Parlament hat sich geäußert; vgl. Bericht über sexuelle und reproduktive Gesundheit und Rechte 2001/2128 (INI). Kontroversen ergeben sich aus einer Konfliktlage mit dem „right to development"; *M. Kirilova Eriksson* in: I. Rich-

liengründung und zur Gestaltung von Familie im Geist der Gleichberechtigung[116] im Vordergrund, auch hinsichtlich der Kinder und auch durch Kinder selbst[117]. Dazu kommen individuelle Rechte auf reproduktive Selbstbestimmung einschließlich des Zugangs zu reproduktiver Gesundheit[118]. Insbesondere die Kinderrechtskonvention erkennt an, dass sich Familie aus Individuen zusammensetzt, die je eigene Rechte haben[119].

---

ter (Hrsg.) Transnationale Menschenrechte, 2008, 203. Die Verletzungsformen der reproduktiven Rechte sind sehr unterschiedlich; sie richten sich meist gegen Mädchen und Frauen, u.a. weibliche Genitalverstümmelung oder „breast-ironing". Eine Schutzmaßnahme ist die Heraufsetzung des Heiratsalters, ähnlich der Heraufsetzung der Altersgrenzen für sexuelle Kontakte im Strafrecht. Hier wird pauschal Alter benutzt, was aber gleichstellungsorientiert zu rechtfertigen sein dürfte (dazu mehr unten).

[116] Es gelten gleiche Rechte bei Eingehung, während und nach der Ehe, u.a. nach der AEMR, dazu *C. Tomuschat* AöR 100 (1975), 402 (412f.), der auch demografische Ziele der Geburtenbeschränkung nennt, da Emanzipation und zunehmende Berufstätigkeit ohne drastische Verringerung der Kinderzahl nicht zu bewerkstelligen seien. Desgleichen Art. 12 EMRK mit Art. 5, 7. Zusatzprotokoll v. 22. 11. 1984, in Kraft getreten 1. 11. 1988; zum Schutz vor Diskriminierung EGMR Marcks ./. Belgien, EuGRZ 1977, 454 (455) Nr. 32.

[117] Staaten müssen für den Fall der Auflösung der Ehe für den nötigen Schutz der Kinder Sorge tragen; Art. 23 Abs. 4 IPBPR. Entscheidend: „Übereinkommen über die Rechte des Kindes", mit Zustimmungsgesetz vom 20. 11. 1989 abgedruckt in BGBl. II, S. 121ff. Zum Inhalt *B. Jean d'Heur* Verfassungsrechtliche Schutzgebote zum Wohl des Kindes und staatliche Interventionspflichten aus der Garantienorm des Art. 6 Abs. 2 Satz 2 GG, 1993, 185f. Vorläufer der Konvention sind die Genfer Erklärung von 1924 über die Rechte des Kindes und die Erklärung der Rechte des Kindes, Generalversammlung der UN am 20. 11. 1959. Zur Konvention *H. A. Stöcker* FamRZ 1992, 245; kritisch *C. Steindorff* FuR 1991, 214 (215).

[118] So votiert die Art. 12 AEMR gegen willkürliche Eingriffe in die Familie, Art. 25 Abs. 1 AEMR für den individuellen Anspruch auf ein Leben mit Familie in Gesundheit und Wohlbefinden, also ausreichend Nahrung, Kleidung, Wohnung, Gesundheitsversorgung und soziale Leistungen. Art. 17 und 23 Abs. 2, 3 IPBPR gewährleisten als klassische Freiheitsrechte das Recht jedes Menschen auf Achtung seines Privat- und Familienlebens sowie das Recht der Eheschließungsfreiheit bei Erreichen des Heiratsalters.

[119] Auch der EMRK geht es um die Achtung der Familie; deutlich seit EGMR Marcks ./. Belgien, EuGRZ 1977, 454 (455) Nr. 31; seitdem st. Rspr. S.a. EGMR Brüggemann und Scheuten / BRD, EuGRZ 1978, 199; EGMR Abdulaziz ./. Vereinigtes Königreich, EuGRZ 1985, 567 (569) Nr. 67 (zum weiten nationalstaatlichen Ermessen); Johnston ./. Irland, EuGRZ 1987, 313 (316) Nr. 55, 66; Keegan ./. Irland, EuGRZ 1995, 113 (119) Nr. (Väterrechte bei Freigabe des Kindes durch die Mutter zur Adoption); s.a. Evans./. UK, EuGRZ 2006, 389 und NJW 2008, 2013; zu Umgangsrechten EGMR Elsholz ./. Deutschland, EuGRZ 2001, 595; Sommerfeld ./. Deutschland, EuGRZ 2001, 588; Sahin ./. Deutschland, EuGRZ 2002, 25; Kutzner./. Deutschland, EuGRZ 2002, 245; EGMR Boso ./. Italien, Slg. 2002-VII. 43. Aus philosophischer Sicht zur Anerkennung in der Familie *A. Honneth* DZPhil 43 (1995), 989.

Deutsches Verfassungsrecht lässt sich ähnlich lesen. Ausgangspunkt ist auch hier die individuelle Freiheit der Familiengründung[120], also ein reproduktives Recht; wird sie genutzt, verdient sie Respekt. Das ist das Schutz- und Fördergebot des Art. 6 Abs. 1 GG[121]. Zum Schutz der Familie gehört das Verbot jeder Diskriminierung; die Freiheit zur Ausgestaltung von Familie sollte unabhängig von tradierten Rollenerwartungen gewährleistet werden[122]. Zur Familie gehört auch das Existenz-

---

[120] Konsequent BVerfGE 99, 216, Ls. 3a („Der Gesetzgeber muß bei der gebotenen Neugestaltung des Kinderleistungsausgleichs auch den Erziehungsbedarf des Kindes unabhängig vom Familienstand bei allen Eltern" beachten"). Vgl. auch: BVerfG v. 27. 5. 2008, 1 BvL 10/05; ferner BVerfGE 10, 59 (66); 29, 166 (176); 62, 323 (330); 105, 313 (345); *J. Kersten* DVerw 2007, 318; *T. Kingreen* JZ 2004, 938 (941). S.a. Art. 21 Koordinierte Verfassung Belgien; Präambel der Vierten Republik zur Verfassung der Republik Frankreich; Art. 21 Abs. 1, 2 Verfassung Griechenland; Art. 40 Abs. 3 Nr. 3, 41, 42 Verfassung Irland; Art. 29–31 Verfassung Italien; Art. 11 Abs. 2, 21 Verfassung Luxemburg; Art. 26 Abs. 1, 2, Art. 67–69, 70 Abs. 3 Verfassung Portugal; Art. 39 Spanien. Ausführlicher *M. Schuler-Harms* Familienleistungsausgleich als Herausforderung an das Verfassungsrecht (im Erscheinen), 236ff.; auch *M. Wersig* in: L. Foljanty/ U. Lembke (Hrsg.) Feministische Rechtswissenschaft, 2006, 143; vergleichend *N. Dorsen et al* Comparative Constitutionalism, 2003.

[121] Beispiel: BVerfG vom 01. 04. 2008, 1 BvR 1620/04 (keine Erzwingung des Umgangs). S.a. *K. Scheiwe* Streit 2005, 51; im Grds. auch *H. Sodan* Künstliche Befruchtung und gesetzliche Krankenversicherung, 2006, 94 (Recht auf Fortpflanzung aus Art. 6 Abs. 1 Alt. 2 GG i.V.m. Art. 2 Abs. 1 GG).

[122] Grundlegend BVerfGE 6, 55 (80f.); 10, 59 (84); 24, 119 (135); 33, 236 (238); 51, 386 (398); 53, 257 (296); 61, 319 (346); 82, 60 (87). S.a. *S. Simitis* in: ders./G. Zenz (Hrsg.) Familie und Familienrecht I, 1975, 15 (41): „staatliche Interventionen müssen sich als Beitrag zur Selbstbestimmung der einzelnen Familienmitglieder legitimieren". Bekanntlich ging schon 1949 die Angst um, aus der Gleichberechtigung ergäben sich Veränderungen im patriarchalen Ehe- und Familienrecht, und dass es mehrerer deutlicher Hinweise durch das Verfassungsgericht bedurfte, ehe die demokratisch legitimierte Mehrheit diese Veränderungen in Angriff nahm. Auch heute sind Geschlechterstereotype, und zwar sowohl die eigenen wie auch die eines Partners oder einer Partnerin, die des sozialen Nahbereichs und die gesellschaftlich dominanten Stereotype, ein echtes Handicap auf dem Weg zu mehr Kindern. So erwarten zB viele Männer von sich und viele Menschen von Männern ein solides Einkommen vor Familiengründung, was die Entscheidung für Kinder aufschiebt. Desgleichen wird in der Wissenschaft weithin die insbesondere zeitlich endlose Hingabe an den Beruf erwartet, weshalb wissenschaftliche Karriere und aktive Elternschaft in Deutschland ein ernsthaftes Problem nach wie vor vorrangig für Frauen darstellen. Die Überwindung solcher Rollenfixierungen bezweckt Art. 3 Abs. 2 GG.; Familie und Gleichstellung müssen damit zwingend zusammen gedacht werden. Sie dürfen aber nicht aufeinander reduziert werden; das auch demografische Vorbildland Schweden war nicht auf Geburten, sondern auf Selbstverwirklichung von Frauen und von Männern orientiert; dazu *M. Dackweiler* in: A. Bauer/K. Gröning (Hrsg.) Gerechtigkeit, Geschlecht und demographischer Wandel, 2008, 219 (229), umfassend *W. Kolbe* Elternschaft im Wohlfahrtsstaat, 2002.

minimum[123] einschließlich des Zugangs zu medizinischer Versorgung[124], der eigenständigen sozialen Sicherung und damit der Chance auf Erwerbsarbeit, also der Vereinbarkeit zwischen Familien- und Berufsleben[125]. Das Grundgesetz ermöglicht dem Sozialstaat zudem einen Familienlasten- oder -leistungsausgleich[126].

---

[123] Das folgt m.E. aus Art. 1 Abs. 1, 6 Abs. 1 i.V.m. Art. 20 Abs. 1 GG. Damit deute ich Grundrechte als Untermaßverbote, nicht generell als Schutzpflichten zB auf Kosten der Schwangeren BVerfGE 88, 203 (254), auch 39, 1 (42), 46, 160; 49, 24 (53). Gegen die gleichheitsrechtliche Deutung votiert *A. Lenze* NZS 2003, 505; *dies.* Der Staat, 2007, 89. Entscheidend ist, den grundrechtlichen Anspruch auf das Minimum ebenso ernst zu nehmen wie den gesetzgeberischen Spielraum hinsichtlich darüber hinausgehender Transferleistungen; dazu u.a. BVerfGE 82, 60 (85); 87, 153 (169ff.); 99, 216 (Betreuungsbedarf); BFH v. 14. 2. 2007, III B 176/06 (Kein Verfassungsgebot, sondern Gestaltungsspielraum zur Erhöhung des Kindergeldes in §§ 31, 32 EstG.), zum Maßstab des Einkommensteuerrechts BVerfGE 107, 27 (53ff.). Das Minimum ist ausweislich der Armuts- und Reichtumsberichterstattung nicht durchgängig gesichert, denn Kinderarmut ist weit verbreitet und mehrheitlich die Armut alleinerziehender Mütter, *BMAS* 3. Armuts- und Reichtumsbericht der Bundesregierung, 2008. Das Minimum bezieht sich auch auf die Bildung, Art. 6 Abs. 2 S. 2, 7 Abs. 1, 12 Abs. 1 GG; dazu *J. Kersten* DÖV 2007, 50 (52).

[124] Dies betont BVerfGE 96, 120 (Bayerische Regelung und Art. 12 GG), Ls. 2a („zum Schutzkonzept für das ungeborene Leben gehört auch, daß jede Schwangere in der Nähe des Wohnsitzes eine intensive ärztliche Beratung und gegebenenfalls eine kompetente ärztliche Versorgung erlangen kann", dazu *S. Raasch* KJ 1997, 310, auch BVerfGE 115, 25 (45); BVerfG v.29. 11. 2007, 1 BvR 2496/07, Abs. 34; aber auch BVerfG v. 28. 2. 2007, 1 BvL 5/03 Abs. 40 („auch Art. 6 Abs. 1 GG ist nicht berührt, weil ihm – auch in Verbindung mit dem Sozialstaatsprinzip – keine verfassungsrechtliche Verpflichtung des Gesetzgebers entnommen werden kann, die Entstehung einer Familie durch medizinische Maßnahmen der künstlichen Befruchtung mit den Mitteln der gesetzlichen Krankenversicherung zu fördern").

[125] Die staatliche Gewährleistungsverantwortung für die Chance auf eigenständige Sicherung lässt sich aus Art. 2 Abs. 2 S. 1, 3 Abs. 2 und 6 Abs. 1 und auch Art. 12 GG iVm Art. 20 GG herleiten; vgl. BVerfGE 88, 203 (260f.); 99, 216 (234). Sie findet sich auch in Art. 1 Nr. 2, auch 16 ESC. Die Kinderrechtskonvention verpflichtet unter dem Vorbehalt des Möglichen zum Ausbau von Institutionen, Einrichtungen und Diensten zur Kinderbetreuung (Art. 18 Abs. 2) und zu Maßnahmen, die ein Recht für Kinder berufstätiger Eltern zur Nutzung von Kinderbetreuungsdiensten und -einrichtungen sicherstellen (Art. 18 Abs. 3). Art. 24 verlangt die Sicherstellung der Gesundheitsvorsorge für das Kind, für Mütter vor und nach der Entbindung, Information und Beratung von Eltern, Art. 26, 27 das Recht des Kindes auf Leistungen der sozialen Sicherheit, einen der körperlichen, geistigen, seelischen, sittlichen und sozialen Entwicklung des Kindes angemessenen Lebensstandard, auf Förderung der Bildung (Art. 28) und auf Hilfe und Unterstützung für Mütter und eheliche wie nichteheliche Kinder (Art. 25 Abs. 2).

[126] Die Legitimation ergibt sich aus Art. 20 Abs. 1 iVm Art. 6 Abs. 1 GG. Vgl. BVerfGE 87, 1 (35f.), 103, 242 (259). Bei den Transferleistungen ist die pauschale Berechnung diffuser familiärer Leistungen problematisch; auch hier gilt der Vorrang der

So lässt sich rechtlich anerkennen, dass Familie sozial und insbesondere entwicklungspsychologisch unverzichtbar ist, aber eben in jeder Form der Fürsorgegemeinschaft von Erwachsenen mit Kindern[127], also z.B. keinesfalls zwingend in der Ehe[128]. Selbstverwirklichung oder Au-

individuellen Lastengerechtigkeit. Aber: „Ein Gebot, Familien vollumfänglich von den tatsächlichen ökonomischen und Opportunitätskosten des Aufziehens von Kindern zu entlasten, ist der Verfassung nicht zu entnehmen."; *M. Schuler-Harms* Familienleistungsausgleich als Herausforderung an das Verfassungsrecht (im Erscheinen); s.a. *M. Heintzen* HdbGRe II, 2006 § 50 Rn. 57 (Das in Art. 6 Abs. 1 GG statuierte „Fördergebot hat keinen festen Inhalt und lässt dem Gesetzgeber Spielraum"). Auch ein diffuses Prinzip der Generationengerechtigkeit sollte hier nicht zu einem Gebot der Familiengerechtigkeit in einer kommodifizierenden Variante von Leistungsgerechtigkeit gemacht werden. Der Opportunitätskostenansatz, nach dem die Entscheidung für Kinder davon abhängt, wie hoch die Verluste sind, verkürzt den Lebenssachverhalt monetär, wird aber familienpolitisch favorisiert, weshalb die Terminologie von Lasten zu Leistung wechselt. Vgl. *B. Rürup/S. Gruescu* Gutachten für BMFSFJ, 2003, 66; *F. Brosius-Gersdorf* NJW 2007, 177; *U. Steiner* NZS 2004, 505 (507) („Vorteils-Nachteils-Ausgleich"); *U. Becker* JZ 2004, 929 (934f.); *T. Kingreen* JZ 2004, 938 (944ff.) („Symmetrie des Gebens und Nehmens"); kritischer *K. Scheiwe/C. Fuchsloch* ZRP 2006, 37; auch *I. Gerlach* in: J. Althammer/U. Klammer (Hrsg.) Ehe und Familie in der Steuerrechts- und Sozialrechtsordnung, 2006, 13f. mwN; und differenzierend zur ökonomischen Sicht des Sozialen *H.-F. Zacher* HStR I, 2. Aufl. 1995, § 25 Rn. 68f. Der sonst betonte Respekt vor individuellen Entscheidungen sollte auch hier gelten, BVerfGE 99, 216 (231f.) (Der Staat habe „die Familiengemeinschaft sowohl im immateriell-persönlichen als auch im materiell-wirtschaftlichen Bereich in ihrer jeweiligen eigenständigen und selbstverantwortlichen Ausgestaltung zu respektieren (...). Demgemäß dürfen die Eltern ihr familiäres Leben nach ihren Vorstellungen planen und verwirklichen und insbesondere in ihrer Erziehungsverantwortung entscheiden, ob und in welchem Entwicklungsstadium das Kind" von wem erzogen wird.)

127 Über die Funktionen von Familie besteht weithin Einigkeit, die endet, wenn Familie dann folgerichtig auch von der Ehe entkoppelt wird (dazu schon oben). Zur Vielfalt der Formen u.a. *R. Nave-Herz* Familie heute, 2007.

128 Das garantiert auch die negative Freiheit, eine Ehe trotz Kinderwunsches nicht zu schließen. Sie wird verletzt durch Zugangsverbote zur Fertilität ökonomischer, berufsrechtlicher oder auch gesetzlicher Art, die heute lesbische, behinderte und ausländische Frauen und Frauen zu geringen oder zu hohen Alters treffen (§ 27 a SGB V: nicht unter 25, Frauen nicht über 40, Männer nicht über 50); BVerfG 28. 2. 2007 1 BvL 5/03 (Beschränkung der GKV-Leistungen auf Ehepaare); BSG SozSich 2003, 66 (Kostenerstattung für künstliche Befruchtung einer verheirateten Frau durch gesetzliche Krankenkasse); BSG v. 07. 01. 2005 Az. B 1 KR 93/03 B (Kostenübernahme für künstliche Befruchtung einer unverheirateten Frau durch die gesetzliche Krankenversicherung), aber BFH, FamRZ 2005, 1990 (kein Abzug von Aufwendungen für künstliche Befruchtungen einer unverheirateten Frau); dazu *W. Greite* FR 2007, 1124. Väterrechte werden demgegenüber ausdrücklich unabhängig von der Ehe anerkannt; vgl. BVerfGE 92, 158. Zu den Problemen *I. M. Iso* in: K. Arioli u.a. (Hrsg.) Wandel der Geschlechterverhältnisse durch Recht?, 2008, 267; *E. Parens/A. Asch* (eds.) Prenatal Testing and Disability Rights, 2000; *A. Waldschmidt* in: S. Graumann/I. Schneider (Hrsg.) Verkörperte Tech-

tonomie sind dazu keine Antithese, sondern Familie ist idealiter Resultat von Freiheitsgebrauch[129]. Der Staat darf Familien gerade aus verfassungsrechtlichen Gründen nicht „präformieren“[130] oder gar instrumentalisieren[131]. In der deutschen Verfassungsrechtswissenschaft sind zwar noch einige Hürden zu nehmen, bevor das auch dogmatisch durchgängig gilt. Noch finden sich, wie *Simitis* es nannte, „mehr oder minder offenkundige Hypostasierungen“[132]. So wird der Mythos von der Keimzelle immer noch in eine fixe Institution übersetzt[133], in eine

---

nik – Entkörperte Frau, 2003, 95; *G. Scherer* „Ein solches Kind braucht man heute nicht mehr zu bekommen“, 1996; auch *S. Simitis* JZ 2008, 693. I.Ü. *A. Hieb* Die gespaltene Mutterschaft im Spiegel des deutschen Verfassungsrechts, 2005. Anders *P. Kirchhof* NJW 2002, 3677 (3679): Ehe und Familie als „Bedingungen der Freiheitlichkeit“. Verfassungsdogmatisch prägend ist aber der Wechsel von Art. 119 WRV („Die Ehe ... als Grundlage des Familienlebens“) zu Art. 6 GG.

129 Dagegen *G. Roellecke* JZ 1990, 877; *ders.* ZRP 1989, 21 (24); in diese Richtung *J. Kersten* DV 2007, 309 (318f.); *F. Brosius-Gersdorf* NJW 2007, 177 (181f.); aus rechtsvergleichender Sicht *M. Schuler-Harms* in: K Scheiwe/M. Schuler-Harms Aktuelle Rechtsfragen der Familienpolitik aus vergleichender Sicht, 2008, 13. Menschenrechtlich *R. Cook/B. Dickens/M. Fathalla* Reproductive health and human rights, 2002.

130 Begriff bei *H. F. Zacher* in: ders. Abhandlungen zum Sozialrecht, 2008, 555 (571).

131 *P. Häberle* Verfassungsschutz der Familie – Familienpolitik im Verfassungsstaat, 1984, 56, auch zu grundrechtlichen Grenzen von legitimen bevölkerungspolitischen Anliegen.

132 *S. Simitis* in: ders./G. Zenz (Hrsg.) Familie und Familienrecht I, 1975, 15 (16, 49), auch mit Hinweisen auf Generalklauseln und offene Begriffe wie Härte oder Kindeswohl als „Duchgangsstationen für Vorurteile“. Zur Geschichte mwN *H. Steiger*, VVDStRL 45 (1987) 65. *F.-X. Kaufmann* Schrumpfende Gesellschaft, 2005, spricht von der „Verknüpfung von familialen, ökonomischen und politischen Leitbildern männlicher Dominanz“; gerade in Deutschland, das seit der Barockzeit einen ausgeprägten Paternalismus pflege (146). Mit Gleichstellung, die auch Nachwuchs begünstige, stünden „strukturelle Eigenarten unseres Wirtschaftssystems“ (152) zur Diskussion: „Wir müssen tief in die Selbstverständlichkeiten unseres gesellschaftlichen Lebens blicken, um die strukturelle Benachteiligung von Menschen zu verstehen, die heute Elternverantwortung übernehmen“, weil die Ausdifferenzierung in autopoeitische Teilsysteme für das vormoderne System Familie eben Folgen habe. Familienpolitik müsse Ambivalenzen aushalten: Partner/Elternschaft, Emanzipation/Mutter, Beruf/Familie, Privat/Öffentlich, Erziehung in/außerhalb der Familie (183). Eine gewisse Neigung zur ideologisierten Aufladung mag neben der tradierten Abwertung des Familienrechts als weichem, weniger interessantem, auch schlecht bezahltem Rechtsgebiet ein Grund dafür sein, dass Art. 6 GG nicht zu den Freiheitsrechten größter Durchdringung gehört; vgl. *P. Häberle* Verfassungsschutz der Familie – Familienpolitik im Verfassungsstaat, 1984.

133 BVerfGE 10, 59 (66); 53, 124 (145); 62, 323 (330) (Familie sei „in ihrem Kern unverändert“); sie wird als schematische Einheit mit anderen verglichen; BVerfGE 82, 60; 87, 1; 94, 241. S.a. BVerfGE 6, 55 (71); 24, 119 (149) (Ehe und Familie als „Keimzelle der Gesellschaft“) ohne eine Textbasis. Das Denken in der Institution, nicht für Personen ist das größte Problem; so schon *S. Simitis* in: ders./G. Zenz (Hrsg.) Familie und Famili-

äußerst relative Freiheit im Schatten des Leviathan[134]. Oder Reproduktion wird an die Ehe gekoppelt[135] und die Ehe wiederum auch privile-

---

enrecht I, 1975, 15 (18f.): grds. auch *B. Rüthers* Institutionelles Rechtsdenken, 1970. *Hegel* und *Savigny* relativieren damit *Kant*; dazu mwN *H. Steiger*, VVDStRL 45 (1987), 55 (66f.). Kritisch *M. Schuler-Harms* Familienleistungsausgleich als Herausforderung an das Verfassungsrecht (im Erscheinen) (: „Hinter dieser Rechtsprechung scheint erneut das traditionale Familienleitbild der bürgerlichen, d.h. auf Ehelichkeit und Rollenteilung gründenden Familie auf.") Vgl. *G. Roellecke* FS Isensee, 2007, 29 (33). Die geschlechtsbezogene Diskriminierung hat eine lange Tradition, denn im staatstheoretisch relevanten Leitbild ist der leibliche besitzende Vater Oberhaupt und das Volk die Kinder, die Mutter kommt dienstleistend nicht vor oder ist zum Symbol erstarrt, wie zB bei *Aristoteles* Nikomachische Ethik, Buch VIII, 12 (das Verhältnis Mann-Frau sei aristokratisch), anders aber neben *J.S. Mill* auch *W. v. Humboldt* Idee zu einem Versuch, die Grenze der Wirksamkeit des Staates zu bestimmen, 1792 (Ehe und Familie als „natürlichste" aller menschlichen Verbindungen, aber doch vertraglich zu regeln); zur Ideengeschichte *S. Moller Okin* Justice, Gender and the Family, 1989. Heutige Ein- und Vorstellungen sind in Deutschland stark im Fluss; dazu *W. Ludwig-Mayerhofer/J. Allmendinger* in: I. Leitner/I. Ostner/M. Schratzenstaller (Hrsg.) Wohlfahrtsstaat und Geschlechterverhältnis im Umbruch, 2004, 85ff.; *A. Scheuer/J. Dittmann* GESIS-ZUMA, Informationsdienst Soziale Indikatoren, 38 (2007), 4; kulturwissenschaftlich *B. Vinken* Die deutsche Mutter, 2001; im Vergleich mit Frankreich *C. Onnen-Isemann* APuZ 44 (2003), 13. Familienrecht ist damit zwar weitgehend im Privatrecht als im Bereich der Freiheit angesiedelt, aber doch von den Eckpfeilern der Hierarchie und Autokratie geprägt; *S. Simitis* in: S. Simitis/G. Zenz (Hrsg.) Familie und Familienrecht I, 1975, 120 (124). Institutionelles Denken limitiert auch das ansonsten emanzipatorische Lebenspartnerschaftsrecht bei fehlender Anerkennung nichtehelicher oder nicht-verpartneter Lebensgemeinschaften. Hier unterscheiden sich familialistische und defamilialistische Politiken, denn letztere setzen auf Individuen (crowding out) und neue Reziprozität (crowding in); zu den Modellen *A. Blome/W. Keck/J. Alber* Generationsbeziehungen im Wohlfahrtsstaat, 2008, 41, 43.

[134] Das wird auch im Kinder- und Jugendhilferecht deutlich, das immer im Spannungsfeld zwischen Bevormundung und Unterstützung steht. Erst im Jahr 2000 ist allerdings die Gewaltfreiheit als Erziehungsprinzip rechtlich anerkannt worden, die staatliche Fürsorge reicht viel weiter zurück. Vgl. § 1631 BGB, mit schwächeren Vorläufern 1979 und 1997; dazu *I. Gerlach* in: J. Althammer/U. Klammer (Hrsg.) Ehe und Familie in der Steuerrechts- und Sozialrechtsordnung, 2006, 8f. Gegen die Lebenspartnerschaft wird aber auch das Institut selbst wieder verteidigt; dagegen *M. Bruns* JZ 2002, 291; *S. Stüber* in: Bruns/Kemper LPartG, 2. Aufl. 2006, Einf.

[135] Überzeugend *T. Kingreen* Die verfassungsrechtliche Stellung der nichtehelichen Lebensgemeinschaft, 1995; ferner *M. Dittberner* Lebenspartnerschaft und Kindschaftsrecht, 2004. Problematisch dagegen: BVerfG, NJW 1993, 3058 (Ehe als konstitutives Element der Familie); BFH 21. 4. 2006, III B 153/05 (kein Kindergeld für Kinder der Lebenspartnerschaft); BVerfG v. 28. 2. 2007, 1 BvL 5/03, und LSG Berlin v. 24. 06. 2003, Az. L 9 KR 28/02. (Beschränkung für künstliche Befruchtung auf Ehepaare); auch *M. Burgi* Der Staat 39 (2000), 487; *P. Kirchhof* FPR 2003, 436; *H. Lecheler* HStR VI, 2001, § 133; exemplarisch *G. Robbers* in: v. Mangoldt/Klein/Starck GG I, 5. Aufl. 2005, Art. 6 (Rn. 18: Ehe und Familie als Leitbild der Verfassung, da „positiv empfundene Normali-

giert, wenn es keine Kinder in ihr gibt[136]. Oder es wird gefordert, Nachwuchs schichtspezifisch zu fördern[137]. Doch gibt es Silberstreifen am Horizont – wie die Elternzeit auch für Väter –, und das Verfassungsrecht ist wohl im Zustand der Morgenröte[138]. Wichtiger wird künftig das Eu-

tät", aus Ehen würden „grundsätzlich Kinder hervorgehen"; Rn. 46: Sinn des Art. 6 I sei es auch, „das Weiterleben der Gesellschaft zu sichern"); *H. Hofmann* in: Schmidt-Bleibtreu/Hofmann/Hopfauf GG I, 11. Aufl. 2006, Art. 6 Rn. 17, 22 („Priviligierung von Ehe und Familie durch Art. 6 I GG beruht auf bevölkerungspolitischen Erwägungen"). Ambivalent *R. Gröschner* in: Dreier GG I, 2. Aufl. 2004, Art. 6 Rn. 12 (institutioneller Schutz ehelicher Fortpflanzungsmöglichkeit von individuellen Umständen, Fähigkeiten und Orientierungen unabhängig und daher eine Diskreditierung von Homosexualität nicht möglich; aber Rn. 49 für eine funktionale Auslegung der Ehe mit Blick auf die Reproduktionsfunktion); *H. Sodan* Künstliche Befruchtung und gesetzliche Krankenversicherung, 2006 (aber für Kostenerstattung für Unverheiratete). Beachtlich BVerfGE 49, 300 (Fortpflanzungsfähigkeit keine Voraussetzung für Eheschließung). Für offene Familienbegriffe s.a. *D. Suhr* Der Staat, 1990, 69; *K. Sander* KJ 2006, 303; *N. Dethloff* ZRP 2004, 195.

136 Ebenso zentral wie umstritten ist das Ehegattensplitting in §§ 26 b, 32 a Abs. 5 EStG. Das BVerfG rechtfertigt die Privilegierung der Ehe auch gegenüber Alleinerziehenden; BVerfGE 61, 319 (348ff.), ebenso *P. Kirchhof* ZRP 2003, 73; der BFH auch gegenüber der Lebenspartnerschaft; BFH v. 19. 10. 2006, III R 29/96, was das BVerfG auch für die Erbschaftsteuer bejaht (BVerfG v. 7. 11. 2007, 1 BvR 2464/07), der BGH für die Altersvorsorge, weil Fortpflanzung die Zukunftsfähigkeit der Gesellschaft sichere, obwohl diese ja eben nicht zwingend erfolgt (BGH IV ZR 267/04 v. 14. 02. 2007, auch BVerwG 25. 7. 2007, 6 C 27/06 zum Kammerrecht). Überzeugend gegen das Splitting *F. Vollmer* Das Ehegattensplitting, 1998; *U. Mückenberger/U. Spangenberg/K. Warncke* Familienförderung und Gender Mainstreaming im Steuerrecht, 2007, 48ff., 228f.; auch *U. Sacksofsky* NJW 2000, 1896 und FPR 2003, 395. Auch ein „Familienzuschlag" lässt sich für die Ehe nicht sachlich begründen, zudem müsste ein solcher auf Partnerschaften ausgedehnt werden, wenn es genügt, dass zwei Erwachsene sich binden; dazu *S. Stüber* NJW 2006, 1774 zu BVerwG AZ 2 C 43/04 v. 26. 01. 2006; auch BVerfG v. 6. 5. 2008, 2 BvR 1830/06. Die Gerichte argumentieren mit einer rechtlichen Unvergleichbarkeit, damit aber im Zirkelschluss; die entscheidende tatsächliche Vergleichbarkeit zwischen Ehe und Lebenspartnerschaft ist gegeben.

137 Diese Tendenz zeigt sich nicht nur argumentativ, sondern auch in den Regulierungstechniken, insofern Steuerprivilegien Kinder relativ zur sozialen Schicht fördern. Oft wird auf „Leistungsträger" abgehoben, was aber dazu führt, dass sich die in Deutschland ausgeprägte Vererbung der Schichtzugehörigkeit verfestigt, wohingegen demografisch eine Durchlässigkeit auch der Schichten weit wünschenswerter ist. Vgl. *U. Di Fabio* NJW 2003, 993 (997f.) und Die Kultur der Freiheit, 2005, insbes. 131ff. Er verortet Erziehung unersetzbar in biologisch gedachten Elternhäusern; sieht insbesondere in zu wenig Nachwuchs bei Akademikern, was künftig Wertverlust- und damit auch Integrationsprobleme bringe und markiert die neue soziale Frage als eine nach „generativer Ungerechtigkeit" zwischen Kinderlosen und Eltern.

138 Es fehlt die konsequente Entwicklung „from status to contract" (*H. S. Maine* Ancient Law, 1861), d.h. die durchweg vertragliche Gestaltung von Familienbeziehungen; wegweisend *I. Schwenzer* FamRZ 36 (1989), 685; *dies.* in: S. Baer/J. Lepperhoff (Hrsg.) Gleichberechtigte Familien?, 2007, 143; *G. Zenz* KritV 2004, 281. Zeichen für Verände-

roparecht, das mit Teilkompetenzen insbesondere die Gleichberechtigung, die Freizügigkeit und die soziale Sicherung von Menschen mit Kindern betont[139]. Eine systematische Orientierung auf individuelle reproduktive Rechte steht also an.

### B. *Die Zuwanderung: Migration*

Eine weitere Reaktion auf demografisch nationale Krisenszenarien lautet „mehr Zuwanderung". Gründe, Motive und Anlässe von auch zirkulärer Migration sind allerdings ebenso wie Routen, Stationen und Ziele sehr vielfältig und komplex. Darüber täuschen kollektivistische und selbstbezüglich-ethnozentrische Kodierungen der Migration als Sicherheitsproblem, als demografische Krise, als Chance auf mehr Humankapital oder als Chance auf Vielfalt eher hinweg. Für manche ist Migration dann zwingend, für andere gefährlich und ordnend zu kanalisieren[140].

---

rungen finden sich beim Absehen vom Erfordernis der Ehelosigkeit für Transsexuelle; BVerfG v. 27. 5. 2008, 1 BvL 10/05; zur dort auch sonst weniger geschlechtsfixierten Haltung, mwN *L. Adamietz* KJ 2006, 368.

[139] U.a. RL 96/34/EG zu der Rahmenvereinbarung über Elternurlaub; RL 92/85/EWG über die Durchführung von Maßnahmen zur Verbesserung der Sicherheit und des Gesundheitsschutzes von schwangeren Arbeitnehmerinnen, Wöchnerinnen und stillenden Arbeitnehmerinnen; Richtlinie 79/7/EWG zur schrittweisen Verwirklichung des Grundsatzes der Gleichbehandlung von Männern und Frauen im Bereich der sozialen Sicherheit; RL 86/378/EWG zur Verwirklichung des Grundsatzes der Gleichbehandlung von Männern und Frauen bei den betrieblichen Systemen der sozialen Sicherheit; RL 86/613/EWG zur Verwirklichung des Grundsatzes der Gleichbehandlung von Männern und Frauen bei den betrieblichen Systemen der sozialen Sicherheit; i.Ü. *M. Schuler-Harms* Familienleistungsausgleich als Herausforderung an das Verfassungsrecht (im Erscheinen), 233ff. Zur europäischen Familienpolitik bereits *H.-G. Krüsselberg/R. Strätling* in: H. Gröner/A. Schüller (Hrsg.) Die europäische Integration als ordnungspolitische Aufgabe, 1993, 397; Beiträge in *F.-X. Kaufmann u.a.* (eds.) Family Life and Family Policies, vol. 1, 1997 und vol. 2, 2002. Die EU hat im September 1989 die „Europäische Beobachtungsstelle für Nationale Familienpolitiken" eingerichtet (KOM (89) 363 endg.). Eher kritisch *J. Lewis* Social Politics 2001, 152; *A. Rüling* Zs Frauenforschung und Geschlechterstudien 25 (2007), 22; aus der Perspektive der nordischen Länder *A. Pylkkänen* Fem Leg Stud 15 (2007), 289 (302). Die Kommission betont, es bedürfe einer Politik, die „i) die Ungleichheit der Chancen von Bürgern mit Kindern und ohne Kinder zu verringern, ii) einen allgemeinen Zugang zu Hilfsleistungen für Eltern zu bieten, insbesondere, was die Erziehung und Betreuung von Kleinkindern betrifft, iii) die Arbeitszeit so zu gestalten, dass Männern wie Frauen bessere Möglichkeiten für lebenslanges Lernen und die Vereinbarung von Privat- und Berufsleben geboten werden."; KOM (2006) 571, endgültig.

[140] Einerseits *G. Frankenberg* Die Verfassung der Republik, 1999, 43; andererseits *J. Isensee* Die staatsrechtliche Stellung der Ausländer in der Bundesrepublik Deutschland, VVDStRL 32 (1974), 58f., 64, 69 und dagegen *B.-O. Bryde* JZ 1989, 257. Zur eu-

„Der Fremde" ist interessant, aber auch gefürchtet[141] und nur selektiv begehrt; Zuwanderung i.S.d. Wirtschaftsmigration ist demografisch gewünscht, aber Nation, Volk oder Leitkultur sind es auch[142]. Der Gesetzgeber reagiert auf demografische Veränderungen[143] entsprechend ambi-

---

ropäischen Debatte *R. Hofmann/T. Löhr* (Hrsg.) Europäische Einwanderungspolitik, 2008. Nur wenige rufen auch demografisch ganz konsequent nach offenen Grenzen, die Staaten in eine echte Standortkonkurrenz versetzen würden; in der EU ist das mit Hilfe der Grundfreiheiten Realität. Vgl. *I. S. Roellecke* Gerechte Einwanderungs- und Staatsangehörigkeitskriterien, 1999.

141 *H. Bielefeld* spricht von „Mixophobie" in: *ders.* (Hrsg.) Das Eigene und das Fremde, 1998, 103. Hinweise auf die Ängste finden sich auch bei *U. Häußler* in: K. Sahlfeld ua (Hrsg.) Integration und Recht, 43. AssÖR, 2003, 53 (64); *U. Davy* ZAR 2004, 231, negative Annahmen zur Zunahme der Ausländeranteile und des Islam zB bei *M. Heintzen* HdbGRe II, 2006 § 50 Rn. 60 („abschreckende" Gleichstellung in der Schule); auch *H. Quaritsch* HStR V, 1992, § 120 Rn. 109 („Notwendigkeit der Kanalisierung, Dosierung und Kontrolle"). Zum „fremdenrechtlichen Aktionsspielraum" *ders.* Rn. 38, 88. Vgl. auch die impliziten Annahmen bei *R. Grawert* HStR I, 1987, § 14 (vorstaatlich in Rn. 3, rechtlich in Rn. 20, anders dann Rn 34: EU-Wahlrechte „nur eine Funktionsmitwirkung" und „jedenfalls keine Erweiterung des deutschen Volksbegriffes"). Regelungen zur Staatsangehörigkeit haben eine lange durchaus auch problematische Tradition, in der sich Rassismus und Sexismus verschränken. ZB regelte 1904 ein neuer § 5a Reichsgesetz die Nichtigkeit der Ehe mit weißen Frauen und bei Ehen mit weißen Männern die Nichteinbürgerung der Frau; gleichzeitig wurde heftig über die Regelung gestritten, nach der Frauen die deutsche Staatsangehörigkeit bei Heirat mit Ausländern verloren. Trotz liberaler Vorstöße in der Weimarer Republik blieben die Gouverneursverordnungen zum Verbot von Mischehen (Ehen mit weißen Männern führten für diese zum Bürgerrechtsverlust) bestehen. Wesentlich ging es 1913 auch um ein Ende der Einbürgerungen von Polen und Juden. In der DDR war aus ideologischen Gründen die Ehe mit dem Klassenfeind genehmigungspflichtig. Vgl. *F. El Tayeb* Schwarze Deutsche, 2001, 60 (92ff., 122); *I. v. Münch* Die deutsche Staatsangehörigkeit, 2007, 17ff.

142 Wer jemals dachte, dass Ethnizität im Sinne kollektiv gebundener Selbstverständnisse von Individuen an Bedeutung verliert, hat sich jedenfalls geirrt. Dazu gehören mehr oder minder deutlich *M. Weber, N. Luhmann, T. Parsons*; dagegen mwN *J. Esser* ZSoz 1988, 235; auch *N.Glazer/D. Moynihan* (eds.) Beyond the Melting Pot, 1976, 75; *R. Brubaker* Ethnizität ohne Gruppen, 2007. Zur Leitkultur *N. Lammert* (Hrsg.) Verfassung – Patriotismus – Leitkultur, 2006; juristisch essentialisierend *A. Uhle* Freiheitlicher Verfassungsstaat und kulturelle Identität, 2004. Andere und offenere kollektive (und damit nicht zwingend kollektivistische) Forderungen richten sich auf Solidarität oder Gemeinsinn, deren Konzeption jedoch ebenfalls auf Vielfalt, nicht auf Einheit zielen müsste. Exemplarisch steht dafür die Debatte um die europäische Identität oder auch den Verfassungspatriotismus; vgl. *A.v. Bogdandy* Europäische und nationale Identität? Integration durch Verfassungsrecht, VVDStRL 62 (2003) 156. S.a. § 288 Abs. 1 SGB III und zum Problem einer Kollision mit dem GG, die über Art. 2 GG im Rahmen der Abwägung zu lösen sei, *M. Heintzen* HdBGR II, 2006 § 50 Rn. 45 ff.; *A. Siehr* Die Deutschenrechte des Grundgesetzes, 2001, 479ff.

143 Auch die Staatsangehörigkeit verliert angesichts der Menschenrechte an Bedeutung. Menschen, die in der EU leben, dürfen sich mit Petitionen beschweren, Art. 194,

valent. Migrationsrecht ist damit als Thema aktuell[144], gesetzgebungskünstlerisch nicht sehr erfreulich, ideologisch kontrovers[145], philosophisch wenig durchdrungen[146], institutionell erst sukzessive erschlossen[147], rechtswissenschaftlich lange vernachlässigt[148]. Mit Blick auf

---

195 sowie 21 EG, Art. 17 GG, und haben ein Recht auf Übersetzung vor Gericht, Art. 6 III e EMRK, Art. 14 III f IPBPR. Recht steuert Migration zudem nur in Maßen, denn viele Menschen wandern relativ unabhängig von geltenden Regeln, die jedoch Wege des Zugangs verändern, zB direkte Einwanderungsoptionen oder Familiennachzug, Zugangsregeln qua Geburt usw. Im Vergleich türkischer Migration *A. Böcker/K. Groenendijk* FS Thränhardt, 2006, 167 („dass die Wirkung der unsichtbaren Hand des Marktes viel deutlicher und öfter wahrnehmbar ist als die Effekte der sichtbaren Hand der Ausländerpolitik", 187, auch 192). Demografische Argumente finden sich nicht nur bei *H.-O. Henkel* ZAR 2003, 124, sondern auch bei *R. Grawert* HStR I, 1987, § 14 Rn. 54, 66; *F. Schnapp/P.Kostorz* ZAR 2002, 163; *E. Eichenhofer* ZAR 2008, 81 (der davon ausgeht, dass mit den EU-Initiativen die allgemeine Staatslehre neu zu schreiben sei, 83, was aber wohl nur für einen essentialistischen Teil derselben gelten dürfte); auch *G. Frankenberg* Die Verfassung der Republik, 1999, 43; zur Unklarheit mwN *D. Thym* in: R. Hofmann/T. Löhr (Hrsg.) Europäische Einwanderungspolitik, 2008, 183 (201); *G. Steinmann* ZAR 2007, 222; *K. Barwig/U. Davy* (Hrsg.) Auf dem Weg zur Rechtsgleichheit?, 2004.

144 Auch das ist nicht neu – auch 1913 ging es um „Gewinn für Deutschland" durch Einbürgerungen; *I. v. Münch* Die deutsche Staatsangehörigkeit, 2007, 28 mwN. Damals wie künftig war es Angst vor den „chinesischen Kulis" (Abg. Becker, Ver. des Reichstages). Zur Bedeutung von Antidiskriminierungspolitik heute *O. Schmidtke* FS Thränhardt, 2006, 364 mwN.

145 *K. Schönwalder u. a.* (Hrsg.) Politische Steuerung von Integrationsprozessen, 2006; mwN auch *J. Masing* Wandel im Staatsangehörigkeitsrecht vor den Herausforderungen moderner Migration, 2001, 21.

146 Zu einer zuwanderungspolitischen Mininalgerechtigkeit, die sich aus einem globalen Prinzip der reziproken Verpflichtung ergibt, mwN *A. Märker* Europäische Zuwanderungspolitik und globale Gerechtigkeit, 2004; grundlegend auch *J. Carens* Culture, Citizenship and Community, 2000; *J. Rawls* in: S. Shute/S. Hurley (eds.) Die Idee der Menschenrechte, 1996, 53; *D. Gosewinkel* Einbürgern und Ausschließen, 2001.

147 Es gibt kein Ressort für Migration, in Kommunen Ausländerbeiräte, jüngst einen Nationalen Integrationsplan mit über 400 Selbstverpflichtungen aller Beteiligten aus Staat und Zivilgesellschaft zur Integration als Querschnittsaufgabe, eine Islamkonferenz und einen Integrationsgipfel.

148 Das war auch Ausgangsbefund der Assistententagung ÖffR Luzern 2003. Materiell und positiv wird Zuwanderung erst im Zuge der demografischen Skandalisierung bzw. ökonomischen Bedarfslage thematisiert. Entsprechend dünn ist die Lage im verfassungsrechtlichen Schrifttum. Grds. *A. Wallrabenstein* Das Verfassungsrecht der Staatsangehörigkeit, 1999; *A. Siehr* Die Deutschenrechte des Grundgesetzes, 2001; *S. Korioth* Europäische und nationale Identität? Integration durch Verfassungsrecht, VVDStRL 62 (2003) 117; früh *B.-O. Bryde* (Hrsg.) Das Recht und die Fremden, 1994. Auch Kommentierungen werden weithin der Praxis überlassen, Ausnahmen aber *G. Renner, K. Hailbronner, R. Hofmann, U. Davy.* In den Sozialwissenschaften kanonisch *W. Kymlicka* Multicultural Citizenship, 1995, im Gegensatz zu *S. Huntington* Kampf der

demografische Debatten stellen sich zwei Kernfragen: Wie darf ein Staat Zuwanderung steuern und was dürfen dann die, die gekommen sind?

Industrieländer regulieren zunehmend Arbeitsmigration[149]. Deutschland hat sich zwar lange gegen aktive Einwanderungspolitik gewehrt, bewegt sich jetzt aber[150]. Das Aufenthaltsgesetz[151] hat die Wende von der Abschottung zur selektiven Anwerbung eingeleitet; betont werden allerdings auch Anpassung, Sicherheit und Kontrolle[152]. Völker- und verfas-

---

Kulturen, 1996; im Überblick *S. May/T. Modood/J. Squires* in: dies. (eds.) Ethnicity, Nationalty and Minority Rights, 2004, 1; für Deutschland *U. Davy/A. Weber* (Hrsg.) Paradigmenwechsel in Einwanderungsfragen?, 2006.

149 Die EU will sich in Migrationsfragen orientieren an Wohlstand (klare, transparente und faire Regeln, besserer Ausgleich zwischen Qualifikationen und Bedarf, Integration); Solidarität (Transparenz, Vertrauen und Zusammenarbeit, effiziente und kohärente Verwendung der verfügbaren Mittel, Partnerschaft mit Drittländern); Sicherheit (eine Visumpolitik im Interesse Europas und seiner Partner, integrierte Grenzverwaltung, verstärkte Bekämpfung der illegalen Einwanderung und Null-Toleranz gegenüber Menschenhandel, wirksame und nachhaltige Rückführungsmaßnahmen); Mittlg. an die Presse 2887. Tagung des Rates, Justiz und Inneres, Brüssel, 24./ 25. 7. 2008. Zur Sicherheit *M. Schmid-Drüner* Der Begriff der öffentlichen Sicherheit und Ordnung im Einwanderungsrecht ausgewählter EU-Mitgliedsstaaten, 2007; dazu auch *W.A. Cornelius* et.al. (eds.) Controlling Immigration, 1994. Allerdings haben sich die USA und Kanada, aber auch Großbritannien, Italien oder Griechenland entschiedener und früher auf diesen Weg begeben als wir. Im Überblick *Bertelsmann Stiftung/Migration Policy Institute* Transationale Perspektiven, 2008. Im internationalen Vergleich sind Regelungen sehr uneinheitlich; das führt auch zu „perversen" Effekten, die Menschen oder auch Staaten ausnutzen können. Beispiele bei *R. Bauböck* FS Thränhardt, 2006, 129. Diskutiert werden insbesondere unterschiedliche Konzepte von Bürgerschaft, u. a. „interaktive" oder auch „fuzzy citizenship"; auch dazu *R. Bauböck* Transnational Citizenship, 1994; *S. Benhabib* Transformation of Citizenship, 2001; *S. Baer* „Der Bürger" im Verwaltungsrecht, 2006, 7–32.

150 Der Vorschlag für ein Punktesystem fand im deutschen Gesetzgebungsverfahren bislang keine Mehrheit; die EU „blue card" wurde von deutscher Seite bekämpft bzw. (auf der EU-Ministerkonferenz September 2008) die Kriterien verschärft; vgl. *C. Storr/ C. Kreuzer* in: C. Storr u.a. ZuwR, 2008, vor § 18 Rn. 1ff. mwN. S.a. Vorschlag für eine RL über die Bedingungen für die Einreise und den Aufenthalt von Drittstaatsangehörigen zur Ausübung einer hochqualifizierten Beschäftigung, COM (2007) 637 2007/0228/ CNS. Vgl. für Alter, Gesundheitszustand und Vermögensverhältnisse in einem Punktesystem *F. Schnapp/P. Kostorz* ZAR 2002, 163; die EU Innenministerkonferenz im September 2008 stellt hier die Weichen auf Zuwanderung nach ökonomischen Kriterien.

151 Staatsangehörigkeitsrecht steuert bislang finale Migration, nicht aber die quantiativ bedeutsamere sukzessive Wanderung, *J. Masing* Wandel im Staatsangehörigkeitsrecht vor den Herausforderungen moderner Migration, 2001, 21. Für sukzessive Wanderungen gilt ein komplexes Regelungsgeflecht. Dazu gehört das Zivilrecht, das gegenüber der Migration nicht etwa „blind" ist (so *H. Quaritsch* HStR V, 1992, § 120 Rn. 57), sondern sich im Gesellschafts- und Handelsrecht der Globalisierung aktiv öffnet.

152 Der große Schritt bestand mit der Süssmuth-Kommission darin, die Tatsache der Einwanderung anzuerkennen; *BMI* (Hrsg.) Bericht der unabhängigen Kommission Zu-

sungsrechtlicher Ausgangspunkt ist weiterhin der abgeschottete, nicht der offene und werbende Staat; individuelle Ansprüche auf Zuwanderung werden grundsätzlich nicht anerkannt[153]. Der Verfassungsstaat ist aber bei der Entscheidung über den Gebietszugang auch nicht frei[154]. Er muss rechtsstaatlich handeln[155] und Völker- und Verfassungsrecht ebenso beachten[156] wie Europarecht[157].

---

wanderung – Zuwanderung gestalten, Integration fördern, 2001; *Sachverständigenrat für Zuwanderung und Integration* Migration und Integration – Erfahrungen nutzen, Neues wagen, 2004. Die Loslösung vom Nationalstaat ist allerdings überhaupt nichts Neues, sondern war zB Teil der Kolonialpolitik. Vgl. auch auch *U. Di Fabio* Der Verfassungsstaat in der Weltgesellschaft, 2001. Heute werden Nicht-Deutsche nach dem GG in Abstufungen grundrechtlich geschützt; seit BVerfGE 49, 168 (184) nach Art. 2 Abs. 1 GG, während andere für Art. 3 Abs 1 GG plädieren, *H. Quaritsch* HStR V, 1992, § 120 Rn. 114 ff, 120f.; ich würde Art. 3 Abs. 3 S. 1 GG stärken. I.Ü. *A. Siehr* Die Deutschenrechte des Grundgesetzes, 2001.

153 Zu unterscheiden sind Asyl (Art. 33 GFK und Refoulement-Verbot; dazu *M. Foster* International Refugee Law and Socio-Economic Rights, 2007), subsidiärer Schutz (zB Art. 3 EMRK, Art. 3 CAT) und Wirtschaftsmigration; der Familiennachzug liegt dazwischen. Ansprüche auf Gebietszugang können sich aus Art. 12 IPBPR ergeben; vgl. GC Nr. 27 (67) des Ausschusses für Menschenrechte von 1999; *U. Häußler* in: K. Sahlfeld u.a (Hrsg.) Integration und Recht, 43. AssÖR, 2003, 53 (74ff.). S.a. EGMR Abdulaziz ./. UK, EuGRZ 1985, 567. Wer zuwandert, hat auch keinen Anspruch, einzuwandern; differenzierend *A. Wallrabenstein* Das Verfassungsrecht der Staatsangehörigkeit, 1999, 87; *M. Heintzen* HdBGR II, 2006 § 50 Rn. 64. Ausnahmen sind Kinder, falls sie sonst staatenlos werden (Art. 7 III KinderRK). In der Praxis sind unbegleitete Kinder ein großes Problem (ca. 4 % aller Asylsuchenden), weil sie große Probleme haben, aber oft nur als Problem wahrgenommen werden; dazu *I. Golden* in: K. Sahlfeld u.a (Hrsg.) Integration und Recht, 43. AssÖR, 2003, 99. Insges. dazu *R. Wolfrum* in: T. Giegerich/R. Wolfrum (Hrsg.) Einwanderungsrecht – national und international, 2001, 19.

154 Die Freiheit gälte auch nur für die Arbeitsmigration. Dafür *M. Heintzen* HdbGRe II, 2006, § 50 Rn. 34, 53f.; *J. Isensee*, VVDStRL 32 (1974) 49 (60 ff.). S.a. BVerfGE 76, 1 (68).

155 Daraus folgt die Begründungs- und Rechtsbehelfsbelehrungspflicht.

156 Deutsches Staatsangehörigkeitsrecht war bislang – mit Ausnahme des NS-Rechts – völkerrechtskompatibel, weil es neutral gestaltet war; dazu *G. Renner* ZAR 2004, 130 (133f.); *M. Silagi* Vertreibung und Staatsangehörigkeit, 1999. Art. 3 GG bietet auch Schutz auch vor mittelbarer rassistischer Diskriminuierung; vgl. *J. Isensee*, VVDStRL 32 (1974) 49 (54); *M. Heintzen* HdBGR II, 2006 § 50 Rn. 61; anders *M. Gubelt* in: von Münch/Kunig GG, 5. Aufl. 2000, Art 3 Rn. 5. Lapidar *H. Quaritsch* HStR V, 1992, § 120 Rn. 10 (die hohe Erwerbslosigkeit von Ausländern sei jedenfalls keine Frage der Grundrechtsgeltung); s.a. Rn. 32. Wichtig sind über Art. 25 GG hier Art. 5 d II iVm 1 III RassismusK; weiter ETS No 166; *U. Häußler* in: K. Sahlfeld u.a (Hrsg.) Integration und Recht, 43. AssÖR, 2003, 53 (59); s.a. *R. Grawert* HStR I, 1987, § 14 Rn. 51; und die EMRK (dazu *U. Davy* ZAR 2004, 231 (234f.), auch zum Widerstand des BVerwG gegen die Rechtsprechung aus Straßburg.

157 Ein Leitmotiv ist wie in der EU die Befürchtung, die Wirtschaftskraft und der Lebens- und Versorgungsstandard lasse sich mit eigenen Staatsangehörigen nicht mehr halten. Die EU-Kompetenzen gehen auf Tampere 1999 zurück. Kompetenzen sind in

Welche Kriterien dürfen also demografisch motiviert bei der Zuwanderung als Filter benutzt werden? Menschenrechtlich verbietet sich eine Selektion nach der Religionszugehörigkeit wie auch nach Ethnizität oder Geschlecht[158]. Deutsches Recht sortiert u.a. nach der Staatsangehörigkeit, bevorzugt also Angehörige bestimmter Staaten (§ 41 Abs. 1 AufenthaltsV). Das ist ein kollektivistischer Maßstab; grund- und menschenrechtlich geht das, wenn es nicht in rassistische Diskriminierung umschlägt[159]. Über diesen Verdacht sind nur Kriterien erhaben, die sachlich orientiert bei Individuen ansetzen. Das wird bei den arbeits-

---

Art. 61ff. EGV verankert; dazu *A. Weber* ZAR 2008, 55. Zu den Zielen: Grünbuch zur Wirtschaftsmigration (KOM (2004) eng.), der Strategische Plan zur legalen Zuwanderung aus Drittstaaten (KOM (2005) 669 endg.); die Entschließung des EP v. 29. 7. 2007 (2006/2251 INI). Instruktiv insbesondere *D. Thym* in: R. Hofmann/T. Löhr (Hrsg.) Europäische Einwanderungspolitik, 2008, 183; auch *K. S. Ziegler* in: K Sahlfeld, u.a. (Hrsg.) Integration und Recht. 43, AssÖR Luzern, 2003, 127 (135ff., insbes. 142); *W. Woyke* FS Thränhardt, 2006, 295. S.a. RL 2003/109/EG. Ob die Vorgaben im Rahmen des Ermessens ausreichend beachtet werden können, ist umstritten S.a. 2. Jahresbericht Migration und Integration der Kommission und die Mitteilung „Eine gemeinsame Integrationsagenda KOM (2005), 389 endg.) und das praxisorientierte Handbuch zur Integration online. EuGH v. 3. 6. 1986, C-139/85 (Kempf): Teilzeitbeschäftigte haben Anspruch auf Freizügigkeit, auch bei Sozialhilfe; EuGH v. 20. 9. 2001, C-184/99 (Grzelczyk). Vgl. *Europäische Kommission* Grünbuch: Angesichts des demografischen Wandels, KOM (2005) 94 endg., 7 („Dazu muss eine wirksame und transparente Verwaltung der Zuwanderung von Drittstaatenangehörigen gewährleistet sein, und es müssen aktive Maßnahmen zugunsten von Integration und Chancengleichheit getroffen werden, die ein Gleichgewicht schaffen zwischen den Rechten und Pflichten der Zuwanderer auf der einen und der sie aufnehmenden Gesellschaften auf der anderen Seite"); *B. Rainer* in: D. Auth/B. Holland-Cunz (Hrsg.) Grenzen der Bevölkerungspolitik, 2007, 103; auch *A. v. Bogdandy* JZ 2001, 157 (164 m. Fn. 76); für die USA *H. Eglit* Elders on Trial, 2004, 1.

[158] Unzulässig ist es also, unter Anrufung einer christlichen Leitkultur zB nur christliche Flüchtlinge aufzunehmen oder in der Wirtschaftsmigration keine Muslime einzubürgern. Ausführlicher *G. Renner* ZAR 2004, 130; *C. Langenfeld* Integration und kulturelle Identität zugewanderter Minderheiten, 2001, 379f.; s.a. *I. v. Münch* Die deutsche Staatsangehörigkeit, 2007, 205ff. Gegen geschlechtsdiskriminierende Regeln das Übereinkommen über die Staatsangehörigkeit der verheirateten Frau von 1957, BGBl. 1973 II, S. 1250. Frauenfeindliche Regeln zur Staatsangehörigkeit bestanden dennoch fort und wurden erst 1969 geändert. Dazu *K. Oellers-Frahm* in: A. Zimmermann/T.Giegerich (Hrsg.) Gender und Internationales Recht, 2007, 31. Zu rassistischen Regeln *M. Lake/H. Reynolds* Drawing the Global Colour Line, 2008.

[159] Das mag fernliegend klingen, ist es aber bei Regeln für und gegen Staatsangehörige nicht. Zu achten ist auf das Stigma von Angehörigen bestimmter, nicht über § 41 AufenthV privilegierter Staaten, also zB Regeln, die de facto Menschen dunkler Hautfarben, asiatischer Abstammung (mit den Ausnahme Korea und Japan) oder nichtchristlichen oder jüdischen Glaubens mehrheitlich treffen.

marktbezogenen Kriterien noch wichtiger[160]. Auch da wird bislang kollektiv gedacht. Wer zum „Zweck der Beschäftigung"[161] einreisen darf, bestimmt sich nicht nach der individuellen Vorleistung oder einer Leistungsprognose, sondern es entscheiden Arbeitgeber mit dem Arbeitsplatznachweis und dann Behörden[162]. Der Gesetzgeber hat auch sektorielle Präferenzen, denn er bevorzugt Höchstqualifizierte, z.B. in der Wissenschaft[163], aber auch bestimmte Geringqualifizierte z.B. im haushaltsnahen Dienstleistungsbereich wie der Pflege[164] oder in Saisonbranchen für den Spargel.[165] Rechtlich ist das so unproblematisch, wieder vorbehaltlich des Verbots auch mittelbarer Diskriminierung[166].

Migration beinhaltet auch Integration. Das ist menschenrechtlich zwingend, da eine systematische Ausgrenzung oder auch die ökonomische Funktionalisierung von „Gastarbeitern" deren Achtungsanspruch verletzt, der über die Menschenwürde, aber auch über das Recht auf

---

[160] Vgl. § 1 Abs. 1 S. 2 AufenthG, der ökonomisch und damit u.a. demografisch zuwanderungsmotiviert ist. *A. Walter* in: K Sahlfeld u.a. (Hrsg.) Integration und Recht, 43. AssÖR Luzern, 2003, 181ff.; i.Ü. mwN *C. Storr/C. Kreuzer* in: C. Storr u.a. ZuwR, 2008 § 18 Rn. 40ff.; *U. Birsl* Migration und Migrationspolitik im Prozess der europäischen Integration, 2005.

[161] Begründung in BR-Drs. 22/03, 135: „Paradigmenwechsel".

[162] Selbständigkeit ist also ebenso unerwünscht wie Arbeitssuche. Zuständig sind die Arbeitsverwaltung allgemein (§§ 39, 42 AufenthG) oder die Ausländerbehörde im Einzelfall (§ 18 Abs. 4 S. 2 AufenthG); zum Problem *K. Hailbronner* Asyl- und AuslR, 2006, Rn. 117; zur bundesweiten Bedarfsprognose i.Ü. Rn. 122ff.

[163] §§ 18 Abs. 3, 19 AufenthG; zu § 20 AufenthG *W. Kluth* ZAR 2008, 234; i.Ü. RL 2005/71/EG v. 12. 10. 2005 über ein bestimmtes Zulassungsverfahren für Drittstaatsangehörige zum Zwecke der wissenschaftlichen Forschung, in dem die Forschungseinrichtungen eine zentrale Stellung erhalten, Einreise aber erst nach Bewilligung eines Projektes erfolgen kann, also zB nur besuchsweise im Rahmen der Antragskooperation. Der Gesetzgeber akzeptiert auch Unternehmen, die Mobilität im Management einfordern, aber diese Menschen sollen nur vorübergehend hier und regelmäßig auch allein sein; vgl. *U. Davy* ZAR 2004, 231 (233).

[164] Dazu *E. Tießler-Marenda* ZAR 2002, 233. Hier gibt es mehrere Probleme. Institutionell prägt § 3 SGB XI mit dem Vorrang häuslicher vor externer Pflege, obwohl viele Menschen diese nicht positiv einschätzen und ca. 1/3 aller Pflegebedürftigen in Heimen lebt. Familie wird als „natürlich" kompetent qualifiziert oder auf das Ehrenamt ohne weitere Qualifikation gesetzt.

[165] Zur EU *D. Thym* in: R. Hofmann/T. Löhr (Hrsg.) Europäische Einwanderungspolitik, 2008, 183 (202f.).

[166] Das gilt, solange der Staat, der ja auch hier an Grund- und Menschenrechte gebunden ist, nicht de facto Diskriminierungen durch Arbeitgeber legitimiert. Es ist aber nicht unwahrscheinlich, dass Arbeitgeber nach Kriterien wie Alter oder Gesundheitsstatus anwerben; auch das Risiko einer Diskriminierung von Behinderten ist evident. Weitere sachliche Zweifel ergeben sich angesichts der hohen Zahl von Erwerbslosen im Inland.

Entfaltung u.a. in einer Familie garantiert ist[167]. Auch in der Sache liegt die Notwendigkeit aktiver Integrationspolitiken auf der Hand[168]. Trotzdem gibt es im deutschen Recht zahlreiche Integrationsverbote, u.a. mit Blick auf demokratisches Engagement[169], auf einige Berufe und den Zugang zu Bildung[170], auf ein Hobby wie der Jagd (§ 17 BJagdG) oder

---

[167] Integration lässt sich als mehrdimensionale, nicht gruppengebundene Präsenz in einer Kultur fassen, die multikulturell, polyethnisch oder auch hybrid (Hall, Bhaba, Gilroy) genannt werden kann. Vgl. *N. Yuval Davis* in: S. May/T. Modood/J. Squires (eds.) Ethnicity, Nationalism, and Minority Rights, 2004, 214. Verfassungsrechtlich hierzu *C. Langenfeld* Integration und kulturelle Identität zugewanderter Minderheiten, 2001, 370ff.; *A. Siehr* Die Deutschenrechte des Grundgesetzes, 2001; *E. Denninger* KJ 2001, 442. Zum in den Sozialwissenschaften stark kritisierten Konzept *O. Schmidtke* FS Thränhardt, 2006, 351 (354ff.). Auch politisch bewegt sich das Feld: Die niederländische Stadt Den Haag hat sich entschieden, nicht mehr zu integrieren, sondern diversifiziert und toleriert. Klassisch der britische Innenminister *Jenkins* 1966: „I define integration … not as a flattening process of assimilation but as equal opportunity, coupled with cultural diversity, in an atmosphere of mutual tolerance", nach *S. Baringhorst* FS Thränhardt, 2006, 195 (196). Heute zielt Großbritannien auf weniger Segregation und „managed migration" seit Ende der 1990er Jahre für hoch Qualifzierte, insbesondere in der Medizin, und niedrig verdienende personale Dienstleistende. Grundlage ist ein Punktesystem zur Qualifikation mit abgestuften Aufenthalts-, Bleibe- und Familiennachzugsrechten.

[168] Vgl. analog zur heutigen typsierenden Diskussion um „Parallelgesellschaften" (*K. Schönwälder* WZB-Mttlg 113 (2006), 21) die Reichstagsdebatten 1913 zu „fremdvölkischen Enklaven" (Abg. *Herzog* nach *I. v. Münch* Die deutsche Staatsangehörigkeit, 2007, 31); zur moralphilosophischen Argumentation *J. Carens* Culture, Citizenship and Community, 2000.

[169] BVerfGE 58, 202 (205f.); auch *H. Meyer* HStR III, 3. Aufl. 2005, § 46 Rn. 4–8.

[170] Berufsverbote finden sich für Waffen und Spengstoffhandel nach §§ 8 WaffG, bzw. SpengstoffG; für die Approbation nach § 3 BärzteO – dazu BVerwGE 45, 162 (166), 74, 165 (172) –, was angesichts des steigenden Bedarfs in Abwanderungsregionen zu überdenken ist; für das Meisterprüfungserfordernis u.a., s.a. *M. Heintzen* HdBGR II, 2006 § 50 Rn. 50 mwN. Daneben stellt auch das Verbot, ein Kopftuch zu tragen, für Muslima ein Berufsverbot dar, und auch hier sind auch grundrechtlich und im Lichte des AGG verhältnismäßige Lösungen zu suchen, die Ausgrenzung nur im Einzelfall rechtfertigen können; dazu kommen Fragen nach Integration im Bildungswesen, vom Religions- und Schwimmunterricht bis zu Gebetsräumen und Kleidungsregeln. Vgl. jüngst VG Düsseldorf 18 K 301/08 (12-Jährige nicht vom koedukativen Schwimmunterricht befreit); BVerfG 15. 3. 2007, 1 BvR 2780/06 (Ethikunterricht auch zur Verhinderung von „Parallelgesellschaften", kein Anspruch darauf, nicht mit „Fremdheit" konfrontiert zu werden); BVerfG 31. 5. 2006, 2 BvR 1693/04 (Schulpflicht verletzt nicht Art. 4 GG). Vergleichend *S. Baer/N. Markard* in: F. Haug/K. Reimer (Hrsg.) Politik ums Kopftuch, 2005, 151. Zur Praxis im Bildungswesen *M. Gomolla/F.-O. Radtke* Institutionelle Diskriminierung, 2007; aus juristischer Sicht umfassend *C. Langenfeld* Integration und kulturelle Identität zugewanderter Minderheiten, 2001; zu den keinesfalls zwingenden Reservierungsquoten in den Hochschulen *H. Quaritsch* HStR V, 1992, § 120 Rn. 5; zwecks

aber – in Integrationsabsicht – für bestimmte Wohnviertel (§ 19 Abs. 3 AGG). Neben den Verboten stehen auch zunehmend Pflichten zur Assimilation anstelle der Integration. So werden Sprachkenntnisse[171] und Landeswissen[172] aus Integrationskursen gefordert, die kostenpflichtig, durchsetzbar zwingend und sanktioniert sind, wenn der Abschlusstest nicht bestanden wird[173]. Sie sind angreifbar, insofern Kurse und Tests diskriminierende Stereotype beinhalten[174] und da für Kosten und Teilnahme Härtefallregeln fehlen. Das Grundgesetz nennt keine Pflicht zur Anpassung, weder für Migranten und Migrantinnen noch als Aufgabe

---

Austausch zulässig nach BVerfGE 33, 303 (348); s.a. Art. 10 Abs. 1 ESC und die BAföG-Novelle zur Ausbildungsförderung für ausländische Jugendliche.

[171] Ausnahmen vom Spracherfordernis aus humanitären Gründen gibt es auch bei Asylberechtigten, bei Behinderten oder Kranken und bei fehlendem Integrationsbedarf (Hochqualifzierte, Ehepartner von Geschäftsleuten u.ä.) sowie für Angehörige von wirtschaftspolitisch privilegierten Staaten (Australien, Israel, Japan, Korea, Kanada, Neuseeland, USA, § 41 AufenthV) und auch ohne Mindestalter bei Hochqualifizierten, Forschern, langfristig Aufenthaltsberechtigten in anderen EU-Staaten, § 30 I 2 AufenthG.

[172] Zwingend sind in fast allen Ländern der EU Sprachkurs und Orientierungskurs (§ 43 Abs. 3, 4 IntegrationskursV); Form und Inhalte sind seit 1. 1. 2008 neu gestaltet. In Deutschland nehmen ca. 150000 Menschen an ca. 10000 Kursen im Umfang von zunächst 645, jetzt flexibel von 430 bis 1200 Stunden teil, davon 50% lange hier lebende und 30% neu zugewanderte Menschen; bislang bestanden 41% die Sprachprüfung (*C. Storr* in: ders. ua ZuwR 2008, vor § 43). Teilnehmende müssen teilweise Kosten von 1 € pro Stunde tragen, aber für Erfolg wird seit 2007 auch Geld geboten; für Eltern und Frauen sollen gezielt Kurse angeboten werden, sinnvollerweise mit Kinderbetreuung, die allerdings nur mehr in § 9 Abs. 1 BVFG geregelt ist. Für Spätaussiedelnde gilt das BVFG. S.a. den Nationalen Integrationsplan 2007. Kritisch zur parallelen Entwicklung in Österreich *M. Pöschl* in: K. Sahlfeld ua (Hrsg.) Integration und Recht, 43. AssÖR, 2003, 225ff., der zwingend evaluiert werden muss (§ 43 Abs. 5 AufenthG). Der erste Erfahrungsbericht wurde 2007 vorgelegt, BT-Drs 16/6043. Im Vergleich *I. Michalowski* Integration als Staatsprogramm: Deutschland, Frankreich und die Niederlande, 2007; *dies.* FS Thränhardt, 2006, 79. S.a. die Bundesregierung in der Antwort (16/10066) auf eine Kleine Anfrage (16/10002) von Bündnis 90/Die Grünen im August 2008: Homosexualität muss nicht, darf aber thematisiert werden.

[173] §§ 44a Abs. 3, 98 Abs. 2 Nr. 4 AufenthG. Kritisch *T. Groß* ZAR 2007, 315 (319); *U. Davy* ZAR 2004, 23; *D. Thränhardt* Einbürgerung, 2008. Das formale Integrationsangebot ist das Optionenmodell im Staatsangehörigkeitsrecht von 1999; dazu *A. Wallrabenstein* Das Verfassungsrecht der Staatsangehörigkeit, 1999. Sachlich ist das unglücklich, denn aus psychologisch-pädagogischer Sicht stellt Zwang die Weichen in Richtung Versagen.

[174] Es ist Operationalisierung einer Leitkultur. Zur Kritik an süddeutschen Tests wegen Islamophobie *E. Röper* ZRP 2006, 187; *I. v. Münch* Die deutsche Staatsangehörigkeit, 2007, 254f. mwN. Tests dürfen keine innere Überzeugung verlangen; dazu im Anschluss an *Heinemann*: „Ich liebe nicht den Staat, ich liebe meine Frau", zitiert nach *T. Groß* ZAR 2007, 319.

für den Staat[175]. Vielmehr sichern die Grundrechte Vielfalt. In diesem Geist ist der Weg, um Integration wirklich zu fördern, noch nicht gefunden.

Das gilt auch für den Familiennachzug. Die Ambivalenz der Demografie wird hier besonders deutlich, denn Familiennachzug dient der Zuwanderung und dem Nachwuchs[176], sollte also demografisch gewollt sein, ist er aber nicht. Gewollt sind tendenziell nur erwachsene Arbeitskräfte. Familiennachzug ist daher kein Recht, sondern individueller[177] und auch betont wichtiger Abwägungsaspekt[178]. Zudem darf nicht immer zusammenwachsen, was zusammen gehört. Ehe ist nicht gleich Ehe, Familie nicht gleich Familie[179]. Migrationsrechtlich werden zwar

---

175 Ganz deutlich *M. Heintzen* HdBGR II, 2006 § 50 Rn. 29; s.a. *C. Langenfeld* Integration und kulturelle Identität zugewanderter Minderheiten, 2001 („Dissens ist eine der Konstituanten des pluralistisch-liberalen Staates" (321), „keine Indoktrination eines bestimmten Ethos" (324) unter Hinweis auf *Oppermann*: „ideologisch tolerante Schule" für ein Grundrecht auf ideologische Toleranz).

176 Er bezieht sich auf den Nachzug zu Kindern und Eltern und auch – begrifflich undifferenziert – auf Nachzug in Ehe und Partnerschaften. Zur Integrationswirkung Erwägungsgrund 8, KOM (2002) 225; *BMFSFJ* 6. Familienbericht der Bundesregierung, 2000.

177 BVerfG ZAR 2007, 285 (individuelle Beurteilung der ökonomischen Selbständigkeit); verlangt wird aber keine gemeinsame Wohnung, *K. Hailbronner* Asyl- und AuslR, 2006, Rn. 216 mwN. Hier wird verlangt, was innenpolitisch als Absicherung der Vereinbarkeit von Familie und Erwerbsarbeit bisher weitgehend fehlt.

178 BVerfG v. 4. 12. 2007, 2 BvR 2341/06; früher BVerfGE 76, 1 (47); 35, 382; 51, 386. S.a. die RL 2003/86/EG des Rates vom 22. September 2003 betreffend das Recht auf Familienzusammenführung. Nach dem 4. Erwägungsgrund dient dies der Integration, nach dem 15. auch durch Individualrechte nach Zerbrechen der Ehe, nach dem 5. muss es ohne Diskriminierung geschehen, darf aber zum Schutz von Frauen und Kindern Mehrehen ausgrenzen, nach Gründen 8 und 9 ist es Sache der Mitgliedstaaten, die Familie weiter als die Kernfamilie zu fassen. S.a. RL 2004/38/EG v. 29. April 2004. Der EuGH hat ein Recht auf eheliches Zusammenleben aus der Dienstleistungsfreiheit gefolgert; EuGH v. 11. 7. 2002, Rs C-60/00 (Carpenter), JZ 2003, 202 m. Anm. *U. Mager*. Bislang war die Situation in Europa sehr unterschiedlich; vgl. die Liste bei *K. S. Ziegler* in: K. Sahlfeld u.a (Hrsg.) Integration und Recht, 43. AssÖR, 2003, 144f. und ausführlich mwN *D. Thym* NJW 2006, 3249. S.a. Art. 4 Dubliner Übereinkommen. Europarechtlich wegweisend EuGH Rs C-540/03, Slg. 2006-I-5769 (kein Recht auf Familiennachzug, sondern Ermessensspielraum); zur Rechtsprechung des EuGH *S. Alber* FS Ress, 2005, 371. S.a. *A. Fischer-Lescano* KJ 2006, 236; *J. Bast* Der Staat 47 (2007) 1; *W. Kluth* ZAR 2006, 1; umfassend zu Art. 8 EMRK *D. Thym* EuGRZ 2006, 541.

179 Die Regelungen unterscheiden sich erheblich. § 26 AsylVerfG nennt Ehegatten und ledige minderjährige Kinder; in Österreich § 10 Abs. 2 AsylG auch Eltern; in der Schweiz Art. 51 AsylG ggf. auch andere Angehörige. Ausnahmen bestehen schon lange für Angehörige des NATO-Militärs, Angehörige assoziierter Staaten u.ä.

ausdrücklich Mütter und Väter anerkannt[180], aber es gilt das Leitbild der Kleinfamilie[181] bzw. der monogamen[182], „verweltlicht bürgerlich-rechtlichen Ehe“[183]. Dazu kommen Praxisprobleme: Das BVerfG hat dem Gesetzgeber zwar untersagt, Testphasen gegen Scheinehen zu normieren[184],

180 Schutz gilt aber für alle Formen von Elternschaft (vgl. § 32 Abs. 1 Nr. 2 AufenthG), explizit auch von Vätern (§ 33 S. 3 AufenthG).

181 Eltern oder weitere Verwandte dürfen nur in Härtefällen in der persönlichen Beziehung nachziehen (§ 36 AufenthG), zB bei Pflegebedarf, der nur in Deutschland erbracht werden kann, wenn also Rückkehr zwecks Pflege unzumutbar ist. Kinder dürfen nachziehen, wenn sie minderjährig und ledig sind und nur von Stammberechtigten Personensorge ausgeübt wird, wieder mit Abstufungen (§ 32 AufenthG). Beim Familiennachzug gelten Altersgrenzen, denn Eheleute oder Verpartnerte müssen in der Regel älter als 18 Jahre sein, § 30 AufenthG; Art. 4 Abs. 5 RL 2003/86/EG erlaubt ein Mindestalter von höchstens 21 Jahren. Nachziehende müssen deutsch können (§§ 28 I 5, 30 Abs. 1 S. 1 Nr 2 AufenthG; für 16–18 jährige Kinder § 32 Abs. 2 AufenthG). Das soll „Zwangsehen“ verhindern, doch sind Sprachtests dazu nicht geeignet und es kommen effektive und mildere Mittel in Betracht, weshalb verfassungsrechtliche Bedenken bestehen; vgl. BR Drs. 224/07, 308 und dazu *N. Markard/N. Truchseß* NVwZ 2007, 1025 (1026f.) mwN; *R. Göbel-Zimmermann/M. Born* ZAR 2007, 54.

182 Offen in BVerwGE 71, 228 (231); BVerfGE 76, 1 (41); s.a. BVerfGE 45, 104 (123) (nichteheliches Kind mit Vater); BVerfGE 61, 319 (342) (Eltern mit Kind); BVerfGE 92, 176 (nichehelicher biologischer Vater) aber nur als aktiver sozialer Vater (BVerfG FamRZ 2004, 1705); nicht ausreichend ist ein Besuch alle 14 Tage, VG Potsdam, InfAuslR 2004, 111. S.a. BVerfG FamRZ 2006, 187 (sorgender, aber nicht sorgeberechtigter Vater). S.a. OVG Münster, NWVBl 1997, 91 (keine Einbürgerung bei verschwiegener bigamischer Ehe). Deutlich dafür *G. Britz* Kulturelle Rechte und Verfassung, 2000, 131, aber Schutz aus Art. 2 I iVm 1 I GG; auch *M. Morlok* Selbstverständnis als Rechtskriterium, 1991, 99f. mwN; s.a. *H. Lecheler* DVBl. 1986, 906. Anerkannt werden können auch Stiefeltern. Kinder dürfen nicht einreisen, wenn es zwei Sorgeberechtigte gibt, von denen nur einer im Land lebt. Der Nachzug von Kindern hängt vom Nachzug des zweiten Elternteils ab, § 32 Abs 1 Nr 2 AufenthG.

183 BVerfGE 53, 224 (245). Die Ehe muss – anders als zB in Spanien – heterosexuell sein, daher die ausdrückliche Unterscheidung für Eheleute und staatlich anerkannte Lebenspartner in § 27 Abs. 1 und 2 AufenthG. Verbindungen müssen zudem staatlich legitimiert sein, also keine Sinti-Ehe (BVerfG NJW 1993, 3317) oder Imam-Ehe; zur Ehe nach kanonischem Recht BGHZ 169, 240. S.a. BVerfGE 62, 323 (330); mwN *S. Eberle* in: C. Storr u.a. ZuwR 2008, § 27 Rn. 10. Offener UNHCR Empfehlung 24; auch EGMR v. 13. Juni 1979, Serie A 31, Rn. 45 (Marckx/Belgien, zu Großeltern-Enkel); mwN *V. Pfaff* ZAR 2005, 8 (10).

184 BVerfGE 76, 1 (43f.) (verfassungswidrige Nachzugsfrist für Eheleute), ab dem Moment der Eheschließung (57–60). Mit Europarecht ist nicht ohne weiteres vereinbar, Menschen nach dem Ende der Beziehung einfach auszuweisen, vgl. Vorlage BVerwG zum EuGH zur Frage, ob das Aufenthaltsrecht eines Ehepartners nach Art. 7 S. 1, 2 Beschluss Nr. 1/80 des Assoziationsrats EWG-Türkei auch im Fall der Scheidung der Ehe mit der stammberechtigten türkischen Ehefrau fortbesteht. Zu Rechten unabhängig vom Bestand der Ehe vgl. EuGH v. 13. 2. 1985, Rs C-267/83 (Diatta). Zugewanderte haben keinen Anspruch auf kollektiven Schutz, denn sie werden juristisch nicht als

aber die gesetzlich mandatierte Praxis der Nachforschung zu Motiven der Ehe verleitet zu Grundrechtsverletzungen[185].

Insgesamt ist Migrationsrecht ein Konglomerat der Kompromisse. Demografisch läge es nahe, weniger über Abschottung und intensiver über Gastfreundschaft[186] und Zugehörigkeit[187] nachzudenken.

## C. *Die soziale Sicherung: Altersdiskriminierung*

Neben Migration und Familie ist in demografischen Debatten „die Rente" Thema; eigentlich stellt sich aber die Frage nach dem auch rechtlichen Umgang mit dem Alter[188]. Die Schlagworte verweisen auf

---

Minderheiten im völkerrechtlichen Sinne anerkannt, auch auch wenn die Rede von den „Parallelgesellschaften" sie als solche stigmatisiert. Vgl. *U. Häußler* in: K. Sahlfeld ua (Hrsg.) Integration und Recht, 43. AssÖR, 2003, 53 (76). Individuell geht es um mehr als um Grundrechte mit Kulturbezug (85ff.); vgl. *U. Davy* (Hrsg.) Die Integration von Einwanderern, 2001.

[185] Seit 2007 in § 27 AufenthG. Der Nachzug muss der Herstellung einer intimen Lebensgemeinschaft dienen; BVerfG InfAuslR 2002, 173 („familiäre Lebensgemeinschaft" als Beistands- oder Erziehungsgemeinschaft gefasst, aber frei von Schemata zu beurteilen), zum Normalfall aber OVG Hamburg InfAuslR 1998, 104. Zu den Problemen ua durch Befragung von Nachbarn AG Tiergarten, InfAuslR 1987, 199; VGH Hessen, InfAuslR 2000, 385; OVG Hamburg InfAuslR 2007, 285; auch *E. v. Weizsäcker* InfAuslR 2003, 300. Rechtlich ist auch nicht akzeptabel, dass individuelle Härten wie Armut, Unzugänglichkeit von Sprachkursen, Lernschwächen usw. nicht berücksichtigt werden; so auch *T. Groß* ZAR 2007, 315 (318); *T. Kingreen* ZAR 2007, 13; *A. Fischer-Lescano* KJ 2006, 336; *N. Markard/N. Truchseß* NVwZ 2007, 1025 (1026f.).

[186] *J. Derrida* Politik der Freundschaft, 2000, insbes. 9, 17ff.

[187] *S. Benhabib* Die Rechte der Anderen, 2008.

[188] Alter ist 2008 auch Thema des 67. Deutschen Juristentages; dazu *U. Preis* NZA 2008, 922 („flexicurity"); *V. Rieble* JZ 2008, 811 (Systemwechsel stehe an); *R. Giesen* NZA 2008, 905 (auf jedwede Begründung mit dem Lebensalter verzichten); *R. Waltermann* NJW 2008, 2529 (Bildung zentral); auch *C. Rolfs* NZA-Beil. 2008, 8. Schlagworte sind die „Alterung der Gesellschaft" oder „der Pflegenotstand"; das markiert kollektive Probleme im Pflege- und Gesundheitssystem; eigentlich stellen sich aber Fragen nach individueller Gesundheit, Pflege und auch dem Sterben angesichts sozial sehr ungleicher Lebenslagen und -verläufe; *T. Lampert/T. Ziese* Armut, soziale Ungleichheit und Gesundheit, 2005. Zum Sterben *Heinrich-Böll-Stiftung* (Hrsg.) Die Freiheit zu sterben, 2007; Interdisziplinäre Aspekte und Fragen an der Schwelle zum Tod, Schwerpunkt KritV 2004, 346, verfassungsvergleichend *N. Dorsen ua* Comparative Constitutionalism, 2003, C.2. Zu Verfassungsfragen der Gesundheit *E. Schmidt-Aßmann* Grundrechtspositionen und Legitimationsfragen im öffentlichen Gesundheitssystem, 2001. Beim Fachkräftemangel geht es eigentlich um das Erwerbspersonenpotenzial aus Erwerbstätigen, Erwerbslosen und stillen Reserven im Verhältnis zur jährlichen Nettozuwanderung. Prognosen deuten auf ein Absinken von heute 45 Mio. auf circa 32 Mio. Personen im Jahr 2050, je nach Zuwanderung; *BIB* Daten, Fakten, Trends zum demographischen Wandel in Deutschland, 2008, 68ff. Die EU fordert daher eine „Anhebung

kollektive Systeme der sozialen Sicherung, ihr Fokus ist monetär und problemorientiert[189], doch insofern soziale Sicherung an Erwerbstätigkeit gekoppelt ist, kommt es wesentlich darauf an, Menschen diese zu ermöglichen. Wer altersbezogene Diskriminierung in der Arbeitswelt verhindert, sichert auch Renten[190]. Folglich liegen die Maßstäbe für den

der Beschäftigungsquote" und mehr „Arbeitsproduktivität der Europäer", also integrierte Arbeitsmarkt-, Bildungs-, Antidiskriminierungs- und Gesundheitspolitik. „Die Rente", „die Sicherungssysteme" und „den Generationenvertrag" bewegen strukturell bedingt mehr als die Erwerbslosigkeit, obwohl diese für soziale Sicherungssysteme derzeit das größere Problem ist. Zu wirtschaftlichen Auswirkungen haben Banken früh Studien in Auftrag gegeben, zB für die Hypo *A. Niebuhr/S. Stiller* Demographischer Wandel in Norddeutschland, 2004; für die Deutsche Bank auch *C. Schaffnit-Chatterjee* Frauen 2020, 2008. Im Kern geht es auch hier um die Freiheit zur Gestaltung der eigenen Zukunft. Dazu gehört zB der Schutz vor Zwangsmitgliedschaften; *F. Welti* KJ 2004, 255 (269f.). Vgl. BVerfG v. 13. 02. 2008, 2 BvL 1/06 (Versicherungsbeiträge als Teil des Existenzminimums) und BVerfGE 100, 1 (39) das Rentensystem ist verfassungsrechtlich nicht vorgegeben. Gegen ein Rückschrittsverbot *R.-U. Schlenker* Soziales Rückschrittsverbot und Grundgesetz, 1986; instruktiv *T. Glootz* Alterssicherung im europäischen Wohlfahrtsstaat, 2005 (zu den Altersschutzkonzeptionen Sozialversicherung, dem Hybrid Volksversicherung, der früheren Staatsbürgerversorgung und freiwilligen staatssubventionierte Versicherung); überzeugend *M. Schuler-Harms* DVBl. 2008, 697; i.Ü. *E. Gurlit* VSSR 2005, 45ff.; *U. Becker* JZ 2004, 929 (934); anders *H. Sodan* NZS 2005, 561. S.a. *J. Kersten* DV 40 (2007) 322ff., *M. Stolleis* Die unvollendete Gerechtigkeit, 2005.

189 Das Problem wird im 5. Altenbericht der Bundesregierung von 2006 so beschrieben: „Deutschland hat zusammen mit einigen anderen kontinentaleuropäischen Ländern eine der niedrigsten Beschäftigungsquoten der 55- bis 64-Jährigen, was u.a. Folge der bisher konsensual getragenen Vorruhestandspraxis, einer stark ausgeprägten Frühverrentungsbereitschaft, der nach wie vor hohen Zahl gesundheitsbedingter Frühverrentungen wie auch einer unzureichenden Gleichstellung von Frauen, einer ungenügenden Weiterqualifizierung und nicht zuletzt einer gravierenden betrieblichen Altersdiskriminierung ist." (268). Und weiter: „Nur durch eine Erhöhung der Erwerbsbeteiligung Älterer können künftig die demografisch bedingten Lücken auf dem Arbeitsmarkt geschlossen und wirtschaftliche Prosperität, Beschäftigung und gesellschaftliche Entwicklung gefördert sowie gleichzeitig die Finanzierung der sozialen Sicherungssysteme sichergestellt werden." S.a. *P. Schimany* Die Alterung der Gesellschaft, 2003; *F.-X. Kaufmann* Die schrumpfende Gesellschaft 2005, 15 („Nicht das Altern, sondern der … Rückgang unserer Bevölkerung ist das zentrale demographische Problem"); vgl. *S. Pohlmann* KritV 2004, 260 (262); *C. Tesch-Römer/H. Engstler/S. Wurm* (Hrsg.) Altwerden in Deutschland, 2006, 519, unterscheiden Bedarfs- und Versorgungsdiskurse von einem Belastungsdiskurs und dem jüngeren Potenzialdiskurs. Zur Sicht der Bundesregierung s.a. den Bericht der sog. Herzog-Kommission, *BMGS*, Nachhaltigkeit in der Finanzierung der Sozialen Sicherungssysteme, 2003.

190 Die Bedeutung von Arbeit für die soziale Sicherheit betont *R. Pitschas* Die Zukunft der sozialen Sicherungssysteme, VVDStRL 64 (2005) 109 (125f., 127); *BLK f. Bildungsplanung und Forschungsförderung* (Hrsg.) Materialien Nr. 104/2002. Allerdings wird „Arbeit" dabei nur als Erwerbsarbeit gefasst, womit auch volkswirtschaftlich die

Umgang mit demografischem Wandel auch hier wieder nicht in den allgemeinen und auch nicht in ökonomischen Prinzipien, sondern in den Grund- und Menschenrechten[191]. Hinsichtlich der zukunftsweisenden Bedeutung des Verbots der Altersdiskriminierung sind sich UN und EU auch einig[192]; in Deutschland entsteht dieses Bewusstsein gerade erst.

Unhinterfragte Altersdifferenzierung ist hierzulande sehr weit verbreitet[193]. Das ist wieder ein Effekt von Biopolitik. Schon immer hat die

---

Arbeitsleistungen mehrheitlich von Frauen in Haushalt und Familie unberücksichtigt blieben; dazu *Netzwerk Feministische Arbeitsmarktforschung* Volkswirtschaftliche Arbeitsmarktanalysen und -theorien und Frauenarbeit, 2004. Vorschläge zu einem Grundeinkommen zielen dagegen auf die partielle Entkoppelung zwischen Erwerbsarbeit und sozialer Sicherung; zu problematischen Trends vgl. *A. Scheele* in: P. Berger/H. Kahlert (Hrsg.) Der demographische Wandel, 2006, 267. *S. Ruppert* Rg 9/2006, 138, eröffnete die Beschreibung seiner Nachwuchsgruppe am MPI so: „Die Menschen jedoch vor dem fünfundfünfzigsten oder sechzigsten Lebensjahr in den Ruhestand zu schicken, scheint mir nicht allzu sinnvoll …“ Und sinngemäß weiter: „Ich beklage mich hier also … deswegen über die Gesetze, weil sie uns zu lange von der Arbeit abhalten“. Wer das gesagt haben könnte? Montaigne im Jahr 1580.“

191 Altersdiskriminierung ist junge Norm und steht in der Hierarchie der Diskriminierungsverbote am Ende; *L. Waddington/M. Bell* CMLR 2001, 610; historisch *J. Macnicol* Age Discrimination, 2006; für das deutsche Recht *U. Rust u. a.* (Hrsg.) Altersdiskriminierung und Beschäftigung, 2006; *F. Temming* Altersdiskriminierung im Arbeitsleben, 2008; früh auch im öffentlichen Recht *P. Häberle* FS Lerche, 1993, 189; dann *A. Nußberger* JZ 2002, 524; *F. Hufen* NJW 2004, 14 und *H. Sodan* NJW 2003, 257; *K.-J. Bieback* Loccumer Protokolle 04/2006, 87. S.a. *U. Becker* JZ 2004, 929; *I. v. Münch* JZ 2004, 184; *H.-M. Pawlowski* JZ 2004, 13; *U. Wendeling-Schröder* NZA 2007, 1399. In der Schweiz früh anregend *P. Saladin/C. Zenger* Rechte zukünftiger Generationen, 1988; s.a *C. Tobler* Schweiz. Jb.f. EuropaR 2006/07, 2007, 283.

192 Für die UN gilt das insbesondere seit der UN-Erklärung von Madrid (2002) A/CONF.197/9; s.a. das Generations and Gender Programme (GGP), die Fertility and Family Surveys und den Bericht zur Bestandserhaltungsmigration der Abt. f. Bevölkerungsfragen der UN. Für die EU vgl. Grünbuch Europäische Kommission (KOM (2001) 438 endg). Am 1. 7. 2008 beschloss UNECE (UN Economic Commission for Europe) die Einrichtung einer Arbeitsgruppe zum Altern.

193 Dazu *M. Priebe* Arbeitsmarkt und demographischer Wandel, 2006; *M. Schmitt-Lechner* Zukunftsfähiges Personalmanagement, 2007; *I. Strotmann* Ältere Arbeitnehmer und der demographische Wandel, 2006; *C. Dahleke* Demographischer Wandel in der Arbeitswelt, 2008; *B. Hayn* Die Alten bleiben an Bord, 2007; *M. Holz/P. Da-Cruz* (Hrsg.) Demografischer Wandel in Unternehmen, 2007; *H. Buck u. a.* Demographischer Wandel in der Arbeitswelt, 2002. Aus rechtlicher Sicht jetzt das Gutachten von *Preis* für den 67. DJT 2008; auch *M. Schmidt* KritV 2004, 244; *G.* Caspers/*M.* Löwisch/*D. Neumann*, Beschäftigung und demographischer Wandel, 2003; auch *R. Bispinck* Elemente qualitativer Tarifpolitik, 2002; für die EU *M. Sargeant* Age Discrimination in Employment, 2006. Die Akzeptanz von Altersdifferenzierungen ist in egalitären Gesellschaften höher als in liberalistisch-individualistischen Gesellschaften wie zB auch der Schweiz; *M. Stolleis* in: P. Gruss (Hrsg.) Die Zukunft des Alterns, 2007, 258 (273) und *Streeck*

Demografie auch nach den Geburtsjahrgängen und damit nach dem chronologischen Alter gezählt, und dazu kommen prägende Bilder irgendwo „zwischen Demenz und Freiheit“[194]. Das Recht folgt dieser Verdatung, chronologisches Alter wird soziales Alter als auch juristische Konstruktion[195], und wir werden in institutionalisierte Lebensläufe[196] gesteckt. Weithin gilt Alter so als sachlich legitime Unterscheidung, auch wenn sie Ausgrenzung bedeutet. Zahlen sind Alltags- und Rechtsmaß für Leistungsfähigkeit; Alter ist ein Stereotyp; es erzeugt Unterschiede und auch Ungleichheiten im Lebensverlauf[197].

---

ebda., 279 (301); auch *J. Keith /A. Glascock/C. Fry* The Aging Experience, 1994 (in Industriegesellschaften andere Altersnormen als in traditionalen).

[194] *M. Seidler* in: H. Hartung u.a. (Hrsg.) Graue Theorie, 2007, 195 (zu Altersbildern in der Literatur). In der Musik wird das gesamte Spektrum vermarktet, zB mit der Band „The Zimmers“, in der durchschnittlich 78 Jahre alte Frauen spielen, die sich nach einer Rollator-Marke benannt haben.

[195] Dominant war früher die Vorstellung einer Lebenstreppe, die allerdings erst im 19. Jahrhundert mit der Schulpflicht, der Festlegung von Arbeitszeiten und dann ganz strukturiert im und mit dem Sozialrecht die Herrschaft des Kalenders und der gemessenen Zeit etablierte. Vgl. *M. Stolleis* in: P. Gruss (Hrsg.) Die Zukunft des Alterns, 2007, 258; *J. Macnicol* Age Discrimination, 2006.

[196] Das Konzept stammt von *M. Kohli* KZfSS 37 (1985), 1ff.; s.a. *K. U. Mayer* KZfSS Sonderh. 31 (1990). Normen prägen Konstruktionen von Alter, Verwandtschaft, Geschlechtern usw.; *G. Elwert/M. Kohli/H. Müller* Im Lauf der Zeit, Relevanz unbezahlter Arbeit, 1990. Der Siegeszug des kalendarischen über das soziale Alter beginnt etwa 1750. Der Sozialstaat hat „Jugend und Alter zu relativen Größen gemacht“; *F. Welti* KJ 2004, 255 (258). Das erzeugt „altersnormative Vorstellungen“, die attributiert werden, indem wir soziale Bezugsnormen als soziale Standardwerte nutzen, *J. Heckhausen* KZfSS Sonderheft 31 (1990), 351. Studien bis 1990 zeigen einen hohen Konsens bei altersbezogenen Normen, wobei mit Zunahme des Alters Zunahme an dem, „was alle denken“, zu verzeichnen ist. Alter gilt allgemein als negativ, differenziert überwiegen aber Gewinne (360f.), je nach eigener Erfahrung im Lebensbereich. Besonders wichtig sind Alterserwartungen (*look, feel, do* und *interest ages*, die heute stark leistungskodiert sind.

[197] Zur Ungleichheit werden vier Thesen vertreten: Alter als Grund für Ungleichheit, Differenzierung von Ungleichheiten oder Kumulierung von Ungleichheit im Alter sowie – gegenläufig – Homogenisierung im Alter. Strukturmerkmale des Alterns sind zudem in Deutschland derzeit die Feminisierung, denn Frauen leben im Durchschnitt etwas länger als Männer, auch wenn sich das sukzessive angleicht; Singularisierung, denn sehr viele Alte und gerade alte Frauen leben allein; Verjüngung und – paradox immer noch – Entberuflichung, denn Alte sind fitter als früher, aber werden auch früher in den Ruhestand verabschiedet. Daneben steht die Zunahme der Hochaltrigkeit, also derjenigen, die älter als 90 werden. Das vierte Alter erreichen derzeit ca. 5% einer Alterskohorte; es zeigen angesichts von über 50% Demenz extrem hohe Negativeffekte. Die in der Werbung gepriesene Vitalisierung des Alters fokussiert primär das Dritte Alter der 60–80jährigen. Auch die Pflege steht vor Herausforderungen, wenn sie differenzielle Bedürfnisse und Rahmenbedingungen adäquat beachten will; dazu *B. Blinkert/T. Klie*

Mit der Fixierung auf den Jahrgang tun wir Individuen Unrecht. Geburtsjahrgänge sind nur „ein unvollkommenes und unzureichendes Maß für die Produktivität" Einzelner[198]. Die selbst junge Alternsforschung zeigt, dass der Jahrgang wenig sagt, sondern Altern ein höchst heterogener Prozess ist, differenzielles Altern[199]. Anders als in skandalisierenden Anrufungen Methusalems geht es also nicht pauschal um „die Alten", sondern erneut um komplizierte Gestaltungsfragen in Anerkennung von Individualität.

Rechtlich wird diese Herausforderung hierzulande eher zögerlich angenommen[200]; es ist allerdings Vieles im Fluss. Die Praxis und auch das vertragliche und gesetzliche Arbeits- und Bildungsrecht haben deutlichste Diskriminierungsstrukturen ausgebildet[201]. Das belegen zahlrei-

---

ApuZ 12–13 (2008), 25. Insgesamt zum Altern *C. Tesch-Römer/H. Engstler/S. Wurm* (Hrsg.) Altwerden in Deutschland, 2006, 29, auch 519ff.; *A. Blome/W. Keck/J. Alber* Generationsbeziehungen im Wohlfahrtsstaat, 2008; *A. Börsch-Supan* in: Herbert-Quandt-Stiftung (Hrsg.) Gesellschaft ohne Zukunft? Bevölkerungsrückgang und Überalterung als politische Herausforderung, 2004, 81ff.; interdisziplinär im Überblick auch *P. Gruss* (Hrsg.) Die Zukunft des Alterns, 2007; *J. Grimley Evans* in: S. Fredman/S. Spencer (eds.) Age as an equality issue, 2003, 11; ferner *M. Reichert/E. Gösken/A. Ehlers* (Hrsg.) Was bedeutet der demografische Wandel für die Gesellschaft?, 2008.

198 *J. W. Vaupel./K. v. Kistowski* in: P. Gruss (Hrsg.) Die Zukunft des Alterns, 2007, 51 (75); *C. Tesch-Römer/H. Engstler/S. Wurm* (Hrsg.) Altwerden in Deutschland, 2006, 521 mwN. S.a. *K.-U. Mayer* KZfSS Sonderh. 31 (1990), 7 (10f.): „Altersnormen und kulturell vermittelte Vorstellungen über biographische Ordnungen dienen als sozialisatorische Verstärker dieser auch unabhängig davon wirkenden Regelungsmechanismen. Sie können dazu aber auch im Widerspruch stehen und müssen dann als eigenständig wirksame Wissensrepertoires verstanden werden".

199 „Altern ist gekennzeichnet durch Plastizität (Formbarkeit), Variabilität zwischen Funktionen und Personen und ein hohes Maß an biografischer Individualität"; *P. Baltes* in: P. Gruss (Hrsg.) Die Zukunft des Alterns, 2007, 15 (16). Forschung zum Altern begann in den 1970er Jahren mit dem National Institute on Ageing in den USA, dann am Deutschen Zentrum für Altersfragen Deutschland 1974, heute nicht zuletzt interdisziplinär zB in der MPG.

200 *S. Simitis* verweist auf die Skrupel, die wohl auch hinter § 75 Abs. 1 BetrVG stünden, KritV 2004, 233 (236); *ders.* vergleichend RdA 1994, 257; CLLJ 1994, 321. Für die Entwicklungen im Familienrecht *G. Zenz* KritV 2004, 281 mwN; *S. Fredman/S. Spencer* (eds.) Age as an equality issue, 2003; *L. A. Frolic* (ed.) Aging and the Law, 1999; auch *A. Fenske* Das Verbot der Altersdiskriminierung im US-amerikanischen Arbeitsrecht, 1998. Rechtspolitisch votiert das Europäische Parlament für mehr Maßnahmen gegen Altersdiskriminierung, Resolutionen v. 16. 9. 1982, 14. 5. 1986, 16. 3. 1989; auch Entschließung des Rates v. 30. 6. 1993 zum Rentenalter; dazu *M. Schmidt/D. Senne* RdA 2002, 80 und *M. Schmidt* KritV 2004, 244 mwN.

201 Es entspricht dem Interesse von Arbeitgeber- und Arbeitnehmerseite, gut geschützte Ältere zu entlassen und heute latent prekarisierungsgewohnte Junge einzustellen; vgl. *S. Simitis* KritV 2004, 233. Dazu kommt die Bestandsorientierung von Gewerkschaften; Übereinkommen Nr. 111 der ILO sieht denn auch vor, dass altersge-

che altersbezogene Zugangs- und Abgangsregeln wie die Altersgrenzen bei Einstellung oder Verbeamtung und Ruhestand, Rente oder Pensionierung oder die Altersregeln zur Bildung als Grenzen für Stipendien oder wissenschaftliche Preise[202]. Dazu kommen tatsächlich altersbezogene Befristungen von Arbeitsverträgen, automatische Altersboni bei Entgelt oder auch Urlaub und in der Praxis der altersstereotype Umgang mit Aufgaben oder Chancen auf Fort- und Weiterbildung. Normal ist zudem die barrierenreiche Gestaltung von Arbeitsmitteln und Arbeitsplätzen[203]; sie wird bislang nur als Schutz für Behinderte thematisiert und noch kaum mit Blick auf differenzielle Behinderungen wahrgenommen.

Grund- und menschenrechtlich stehen alle Regeln unter Diskriminierungsverdacht. Die Kernfrage lautet: Ist eine Unterscheidung anhand des Jahrgangs zu rechtfertigen, die den Freiheitsgebrauch der Betroffenen einschränkt, ihre Chancen auf ein selbstbestimmtes Leben mindert und so zu Nachteilen führt? Die Antwort lautet im Regelfall nein. Das hat die EU mittlerweile im Grundsatz normiert[204]. Ausdrücklich sagt es

---

rechte Maßnahmen in Kooperation mit den Arbeitnehmerorganisationen gerade nicht als Diskriminierung gelten.

202 Altersgrenzen von 32 Jahren gibt es bei der Studierendenförderung der Konrad Adenauer-Stiftung; formal nicht oder nicht mehr bei der Friedrich Ebert-Stiftung, Friedrich Naumann-Stiftung, Heinrich Böll-Stiftung. Eine Altersgrenze von 28 Jahren setzen das Stiftungskolleg für internationale Aufgaben, die Robert Bosch-Stiftung und das Carlo-Schmid-Programm für Praktika in Internationalen Organisationen und EU-Institutionen. Für den Gottfried Wilhelm Leibniz-Preis der DFG soll „das Alter des Förderungsempfänger … deutlich niedriger sein als das Durchschnittsalter der etablierten Vertreter ihres Fachgebietes"; der Albert Maucher-Preis für Geowissenschaften der DFG wird vergeben „bis etwa 35 Jahre".

203 Vgl. *F. Frerichs* Loccumer Protokolle 04/2006, 31, zu institutionellen Rahmenbedingungen *W. Eichhorst* ebd. 55.

204 Auf der Grundlage von Art. 13 EG stellt RL 2000/78/EG die Altersdifferenzierung grundsätzlich unter Diskriminierungsverdacht, macht sie also rechtfertigungsbedürftig. Daneben waren Altersfragen als typische Formen der geschlechtsbezogenen Diskriminierung Thema, u.a. Art 6 RL 86/378 EG (Rentenalter). Die EU hat aber den wirklichen Bruch mit der Altersfixierung auch noch nicht realisiert; vgl. *L. Friedman* in: S. Fredman/S. Spencer (eds.) Age as an equality issue, 2003, 175 (188 ff.) (RL sei „wishy-washy".). Aus der Rechtsprechung EuGH v. 22. 11. 2005, C-144/04 (Mangold); EuGH v. 16. 10. 2007, C-411/05 (Palacio de la Villa: Altersgrenze 65 ist zulässig, weil sie Teil eines nationalen Beschäftigungsplanes ist und die Rente gesichert), kritisch *K. Bertelsmann* AiB 2007, 689; *D. Schiek* Industrial Law Journal 2006, 329; *J. Swift* New Law Journal 157 (2007) 532; *J.-H. Bauer/S. Krieger* NJW 2007, 3672; *G. Annuß* BB 2006, 325; *U. Preis* NZA 2006, 401; *T. v. Roetteken* ZTR 2008, 350. Vgl. auch EuGH v. 11. 9. 2007, C-227/04 P (Lindorfer). I.Ü. *M. Sprenger* Das arbeitsrechtliche Verbot der Altersdiskriminierung nach der Richtlinie 2000/78/EG, 2006; *D. Senne* Auswirkungen des

auch die schweizerische Verfassung[205]; in Deutschland ist das 1994 versäumt worden[206]. In der offenen Liste des Art. 14 EMRK wird Alter bereits als sonstiger Status behandelt, ist also suspekt[207]. Auch die Kinderrechtskonvention ist als altersbezogene Menschenrechtsverbürgung zu verstehen. Besonders zukunftsweisend scheint mir allerdings die junge Konvention für die Rechte von Personen mit Behinderungen, denn sie etabliert Rechte gegen Behinderungen, die für alle Menschen gelten, die sich aufgrund einer inadäquat gestalteten Umgebung nicht entfalten können[208].

---

europäischen Verbots der Altersdiskriminierung auf das deutsche Arbeitsrecht, 2006; *M. Scholz* Das Verbot der Altersdiskriminierung, 2006.

[205] Art. 8 Abs. 2 Bundesverfassung, eingefügt ob einer Intervention des Parlaments bei der Nachführung 1999; s.a. Art. 112 Verfassung Kanton Zürich (Pflicht zur Förderung der Lebensqualität im Alter). Ähnliche Regelungen finden sich in Art. 6 Abs. 2 Finnisches Grundgesetz; Art. 59 Abs. 1 Portugiesische Verfassung.

[206] Zur Entstehungsgeschichte *M. Sachs* Der Staat 23 (1984) 549ff. Rechtlich stellt zumindest für den öffentlichen Dienst Art. 33 Abs. 2 GG mit dem Leistungsprinzip eine wichtige Weiche, denn danach dürfte Alter als pauschaler Indikator nicht gelten. In Österreich beinhaltet das Verfassungsgesetz selbst Altersgrenzen, Art. 88, 147 Abs. 6. Menschenrechtlich sollten Art. 21, 25 GRC die Alterdiskriminierung ausdrücklich verbieten; dazu *S. Fredman* in: S. Fredman/S. Spencer (eds.) Age as an equality issue, 2003, 21. Desgleichen fordert Art. 11 CEDAW die Beseitigung von Diskriminierungen, die Frauen gerade im hohen Alter treffen kann. Ausführlicher *F. Temming* Altersdiskriminierung im Arbeitsleben, 2008, 64.

[207] Der EGMR hatte regelmäßig Altersgrenzen im Strafrecht zu überprüfen, die z.T. auch weitere Diskriminierungen beinhalteten, zB hinsichtlich der sexuellen Orientierung bzw. des Geschlechts. Dazu EGMR v. 22. 10. 1981, Nr. 7525/76, Dudgeon v. UK (Strafbarkeit homosexuellen Verhaltens von Männern). Der EGMR rechtfertigt allerdings einige Altersgrenzen bislang pauschal, dazu *J. Frowein/W. Peukert* EMRK, 2. Aufl. 2006, Art. 14 Rn. 51; *R. Schweizer* in: Karl EMRK, 2007, Art. 14 Rn. 105–117; *C. Grabenwarter* EMRK, 2. Aufl. 2005, § 26 Rn. 7f.; *D. König/A. Peters* EMRK/GG, 2006, 1195ff.; auch *C. Tomuschat* FS Human Rights Committee, 2004, 225; *R. Wintemute* EHRLR 2004, 366 und 484 (495); *F. Temming* Altersdiskriminierung im Arbeitsleben, 2008, 67ff. mwN. Der Ausschuss zum IPWSKR bedauerte 1995, dass Altersdiskriminierung in der Allgemeinen Menschenrechtserklärung und in den beiden Internationalen Pakten aus zeitgeschichtlichen Gründen keinen expliziten Widerhall gefunden habe, meint jedoch, das Verbot sichere die Menschenrechte aller Mitglieder der Gesellschaft und gelte implizit. General Comment Nr. 6 (1995) E/ 1996/22 („The economic, social and cultural rights of older persons").

[208] Die Präambel, Art. 8, 16 und 23 der Konvention über die Rechte von Menschen mit Behinderungen (BRK) v. 1. 12. 2007 nennen ausdrücklich Diskriminierungsverbote aufgrund des Alters; die Konvention fordert von Staaten altersgerechte Unterstützung und Maßnahmen zur Einbeziehung altersspezifischer Bedürfnisse. Behinderung wird demgegenüber traditionell pathologisiert und als Merkmal von Personen behandelt; die Konvention fokussiert Behinderungen, die Menschen Teilhabe unmöglich machen oder erschweren; vgl. die Beiträge in *A. Lawson/C. Gooding* (eds.) Disability Rights in Eu-

Diese Anregungen lassen sich auch im deutschen Verfassungsrecht nutzen. Bislang werden hier Altersdiskriminierungen – auch nach dem deutschen AGG oder dem österreichischen Gleichstellungsgesetz – nur als allgemeine Ungleichbehandlung geprüft[209]. In vielen Fällen ließe sich jedoch auch das besondere Diskriminierungsverbot wegen der Behinderung aktivieren[210]. Gleichheitsrechtlich sind Altersregeln allgemein aber auch dann unzulässig, wenn sie pauschal für körperliche Leistungsfähigkeit stehen[211]. Das wurde bei Prüfingenieu-

---

rope, 2005; insbes. *A. Lawson* ebd., 265; international vergleichend *T. Degener* ZaöRV 65 (2005) 887 und grds. *dies.* in: P. Lutz (Hrsg.) Der (im)perfekte Mensch, 2003, 448; *D. Schiek/L. Waddington/M. Bell* (eds.) Non-Discrimination Law, 2007, 127ff.; s.a. *R. Pitschas* in: B.v. Maydell u.a. (Hrsg.) Behinderung in Asien und Europa, 2003, 389.

209 Anwendung finden §§ 8, 10 Abs. 1 S. 1, 2 AGG; dazu *M. Schmidt* in: Schiek AGG, 2007, § 10 Rn. 1ff.; ferner *J.-H. Bauer/B.Göpfert/S. Krieger* AGG, 2007, § 10 Rn. 1ff.; *C. Brors* in: Däubler/Bertzbach AGG, 2. Aufl. 2008, § 10 Rn. 1ff., *C. Nollert-Borasio/M. Perreng* AGG, 2. Aufl. 2008, § 10 Rn. 1ff. Im Verfassungsrecht findet Art. 3 Abs. 1 GG Anwendung (zB *M. Böhm* JZ 2008, 324 (326) mwN auch zu den Fachgerichten; *G. Manssen* in: v. Mangoldt/Klein/Starck GG, 5. Aufl. 2005, Art. 12 Rdn. 231. Grundlegend *A. Nußberger* JZ 2002, 524; s.a. BVerfGE 78, 155 (164). Dabei gilt ein strenger Maßstab, ähnlich dem skalierenden Modell der „scrutiny" in den USA, da hier Unterschiede zwischen den ungleich behandelten Gruppen „von solcher Art und Gewicht sind, dass sie eine Ungleichbehandlung rechtfertigen können"; und: „Strengere Anforderungen an eine an die Zugehörigkeit zu einer Personengruppe anknüpfende Unterscheidung sind auch dann zu stellen, wenn der einzelne das Vorliegen des Differenzierungsmerkmals nicht durch eigenes Verhalten beeinflussen kann." BVerfG, NVwZ 2005, 201.

210 Behinderung iSd Art. 3 Abs. 3 S. 2 GG bedeutet „die Auswirkung einer nicht nur vorübergehenden Funktionsbeeinträchtigung, die auf einem regelwidrigen körperlichen, geistigen oder seelischen Zustand beruht"; vgl. BVerfGE 99, 341 (356f.); *L. Osterloh* in: Sachs GG, 3. Aufl. 2003, Art. 3 Rn. 309. Nach *W. Heun* in: Dreier GG, 2. Aufl. 2004, Art. 3 Rn. 135, werden alterstypische Beeinträchtigungen nicht erfasst, doch ist das ein kategoriales, kein sachliches Argument. Offen lässt dies *C. Starck* in: v. Mangoldt/Klein/Starck GG, 5. Aufl. 2005, Art. 3 Rn. 418. Daneben ließe sich Art. 3 Abs. 3 S. 1 GG zukunftsoffen und deshalb nicht als abschließende Liste interpretieren, wie es bei Art. 14 EMRK und in zahlreichen anderen Verfassungsstaaten anerkannt ist (ausdrücklich zB in Sec 15 Canadian Charter of Rights and Freedoms). Dagegen aber ausdrücklich *H. Jarass* in: Jarass/Pieroth GG, 9. Aufl. 2007, Art. 3 Rn. 120; auch BAGE 61, 151 (161). Altersdifferenzierungen unterfielen dann immer einer hohen Rechtfertigungslast, während sie jetzt im Wege der allgemeinen Prüfung der Verhältnismäßigkeit auch streng beruteilt werden können, aber kein rechtskulturell wichtiges Signal der grundsäzlichen Skepsis gesetzt wird.

211 Das ermöglichen auch die RL 2000/78/EG und das AGG; vgl. *M. Schmidt* KritV 2004, 249. Im angloamerikanischen Sprachraum geht es hier um die Bona Fide Occupational Qualifications, BFOQ; dazu gleichheitsrechtlich *C.A. MacKinnon* Sex Equality, 2001, 277. Als Ausnahme ist das sehr eng auszulegen, EuGH v. 15. 5. 1986, C-222/84 (Johnston), v. 26. 10. 1999, C-273/97 (Sirdar), v. 11. 1. 2000, C-285/98 (Kreil), vgl. § 10 Abs. 1 S. 3 Nr. 1 AGG. Nach der bisherigen Rechtsprechung des BVerfG sind Alters-

ren[212], Piloten[213] oder im Militär[214] und der Medizin[215] bisher anders gesehen. Auch das Notariat endet mit 70, um die Rechtspflege funktionstüchtig zu halten[216]. Ist das zwingend?[217] Wieder zählt der Jahrgang. Das chronologische Alter ist jedoch nur erfahrungsbasierter Anhaltspunkt für körperliche Fitness und mag als Typisierung im Sport taugen, aber

---

grenzen unwiderlegliche Vermutungen der Dienstunfähigkeit, BVerfGE 9, 338 (345); 71, 255 (268). Der Gesetzgeber habe einen weiten Gestaltungsspielraum und könne auf der Grundlage von Erfahrungswerten generalisierende Regelungen dazu treffen, bis zu welchem Zeitpunkt er die körperliche und geistige Leistungsfähigkeit der jeweiligen Beamtengruppe noch als gegeben ansieht; BVerfGE 4, 219 (222); auch BVerfG v. 23. 5. 2008, 2 BvR 1081/07, Abs. 25.

212 BVerfGE 64, 72 (83).

213 Verkehrspiloten und -pilotinnen müssen medizinisch tauglich sein, aber in Europa mit 65, in den USA mit 60 Jahren gehen; Luftfahrtgesellschaften unterschreiten dies z.T. mit Regeln für 53 Jahre. Fluglotsen müssen mit 53 bzw. 56 gehen. Zuletzt dazu BVerfG v. 26. 1. 2007, 2 BvR 2408/06. Nach BAGE 102, 65 (71) sei es zulässig, Kabinenpersonal anderen Regeln zu unterwerfen. Vgl. auch den Zirkelschluss in Menschenrechtsausschuss v. 28. 4. 2003, Beschwerde Nr. 983/2001, Love et al. v. Australia (Altersgrenze für Piloten mit 60 gerechtfertigt, da dies internationalen Standards und den Vorgaben der International Zivilen Luftfahrtorganisation entspreche).

214 § 45 SoldatenG normiert die Altersgrenze allgemein bei vollendetem 62. Lebensjahr, mit Ausnahmen der Offiziere des Sanitätsdienstes, des Militärmusikdienstes und des Geoinformationsdienstes der Bundeswehr, zudem nach Dienstgrad bzw. Rang. De facto sind sie zB im Soldatenrecht zum Teil auch eher Lohn für Leistungen als Altersgrenze, doch müssen sie dann auch als solche bestimmt und gerechtfertigt werden.

215 Auf die abnehmende körperliche Leistungsfähigkeit stützt sich BVerfGE 9, 338 (346f.) (Hebammen) und auch für die Unterscheidung zwischen Hebammen und Gynäkolog_innen BVerfGE 75, 108 (157) („Wie bei allen Altersgrenzen, die die Berufsausübung im höheren Alter einschränken, dienen die angegriffenen Regelungen auch dazu, den Gefährdungen, die von älteren, nicht mehr voll leistungsfähigen Berufstätigen ausgehen, einzudämmen."). Alter schadet also bei bestimmten, aber nicht bei allen medizinischen Berufen, zB außerhalb der gesetzlichen Krankenversorgung oder bei Praxisvertretungen, wo auch sehr Alte tätig werden dürfen; BSG GesR 2004, 488. S.a. BVerfGE 64, 72 (85 f), 103, 172 (184), vgl. BVerfGE 13, 97 (122 f); 20, 283 (295); BVerfG NJW 1998, 1776 (1779); NJW 1993, 1575 (1576). Grds. kritisch *S. Simitis* KritV 2004, 233 (336f.).

216 §§ 6 Abs. 1 S. 2, 48a BNotO. Die Einstiegsgrenze hat das BVerfG v. 30. 1. 2008, 1 BvR 76/08, mit der „Funktionsfähigkeit der vorsorgenden Rechtspflege und damit durch ein überragend wichtiges Gemeinschaftsgut" gerechtfertigt, zudem „soll einem häufigen Wechsel der Amtsträger entgegengewirkt werden"; zur Höchstgrenze auch BVerfG, NJW 1993, 1575. Weitere Beispiele sind das Schöffenamt mit 70 (§ 33 GVG); Sachverständige meist mit 68, in der Politik zB Niedersachsens mit 65 (§ 61 Abs. 3 nds. GO).

217 In den USA entscheiden die Judges des Supreme Court selbst, wann sie gehen – verschlechtert genau das die Rechtsprechung? Am BVerfG liegt die Altersgrenze bei 68, § 4 Abs. 3 BVerfGG. Allg. zu Altersgrenzen noch *G. Thüsing* Arbeitsrechtlicher Diskriminierungsschutz, 2007, Rn. 434ff.; ferner *H. Kerscher* DRiZ 2007, 42.

es ist ein zu grobkörniges Raster für eine Ausgrenzung aus dem Arbeitsmarkt. Das gilt auch für Altersstufen beim Entgelt[218]. Sie müssten gleichheitsrechtlich passé sein[219]; die neuen „Erfahrungsstufen" dürfen auch in der Praxis nicht mittelbar altersbezogen benachteiligen.

Altersgrenzen sind zudem diskriminierend, wenn sie auf Sozialsysteme rekurrieren, die so gestaltet sind, dass ältere Menschen mittelbar benachteiligt werden, weil sie nicht die Normalbiographie leben[220]. Bislang wird Ausgrenzung akzeptiert, wenn die zu erwartende Beschäftigungsdauer die darauf bezogenen Sozialleistungen oder eine Ausbildungsinvestition nicht trägt[221]. Das muss aber zunächst einmal stimmen. Lohnen sich die Bildungskosten bei Menschen über 30, über 40 oder über 50 tatsächlich nicht mehr? Das Ausbildungsförderungsrecht und einige Stipendienprogramme suggerieren es[222]; die Argumente für lebenslanges Lernen und einige ökonomische Überlegungen stehen dagegen[223]. Normalität entsteht durch Normalisierung, muss aber so nicht sein[224]. Anstatt nun weiter pfadabhängig zu leiden, wäre es rechtlich ak-

[218] Es ist ein Zirkelschluss, das Alter selbst als Grund für Entgelt zu sehen. Bedenken auch bei *M. Schmidt* KritV 2004, 250; *W. Linsenmaier* RdA, Sonderbeil. H. 5 (2003), 22 (29); *W. Däubler* FS Gnade, 1992, 95 (106): „Entlohnung, aber erst recht Aufstieg nach Seniorität verletzen das Leistungsprinzip und führen zu einer suboptimalen, im Extremfall völlig kontraproduktiven Personalpolitik"; a.A. *H. Wiedemann/G. Thüsing* NZA 2002, 1234 (1241); differenziert: *F. Temming* Altersdiskriminierung im Altersleben, 2008, 120ff.

[219] §§ 27, 38 BBesG; in mehreren Tarifverträgen für den öffentlichen Dienst einschließlich § 27 BAT. Zu den alten Berliner Regeln LAG Berlin v. 11. 9. 2008, 20. Kammer (Rechtswidrige Staffelung nach Lebensalter im BAT).

[220] Das ähnelt dem Fall der Teilzeitarbeit, der das klassische Beispiel geschlechtsbezogener mittelbarer Diskriminierung ist; vgl. BVerfG v. 18. 6. 2008, 2 BvL 6/07 (Nichtigkeit des Versorgungsabschlags bei Teilzeit wegen Diskriminierung); auch abw. Meinung *Gerhardt* in BVerfG v. 19. 09. 2007, 2 BvF 3/02 (Teilzeit) zu weiteren Teilzeitregelungen aus familien- und arbeitsmarktpolitischen Gründen, aber auch BGH v. 15. 11. 2007, RiZ (R) 3/06 (keine Diskriminierung bei erschwerter Teilzeit).

[221] Vgl. § 10 Abs. 1 S. 3 Nr. 3, 4 AGG und VG Koblenz, 5. 6. 2008, 2 K 1721/07.KO (Regelmindestalter 35 in der Bundeswehrverwaltung kein Verstoß gegen das AGG). Die Ausnahme für versicherungsmathematische Erwägungen ist Aufforderung zur diskriminierenden, weil generalisierend pauschalisierenden Diskriminierung.

[222] § 10 Abs. 3 BAFöG ermöglicht Ausnahmen wie zweiter Bildungsweg, Berufstätige ohne formelle Hochschulzugangsberechtigung, persönliche (zB Krankheit) oder familiäre (zB Kindererziehung) Gründe. Begründet wird das oft mit dem Ziel der Beschleunigung von Qualifizierungsphasen, trägt aber gleichheitsrechtlich als diskriminierender Automatismus nicht.

[223] Zweifelnd *D. Neumark/W.A. Stock* J of Political Economy 107 (1999) 1081; *J. Macnicol* Age Discrimination, 2006, 43ff.

[224] Die Rechnungsgrößen müssten zwingend sein, waren es aber keineswegs immer, sondern sind sozial auch stereotypsierend konstruiert. Im Zentrum des institutionali-

zeptabler und auch demografisch interessanter, soziale Sicherungssysteme zu verändern.

Gleichheitsrechtlich kompliziert ist schließlich die Frage nach Altersdifferenzierungen zur Förderung der Gleichstellung, die auch die EU akzeptiert[225]. Beispiele sind Höchstaltersgrenzen in der Wissenschaft[226], um Jüngeren auf dem begrenzten Stellenmarkt eine Chance zu geben, oder auch die Privilegierung Älterer in der Sozialauswahl beim Kündigungsschutz, die vor Altersarmut schützen und die Personalstruktur erhalten soll[227]. Dürfen Menschen aber „für bevölkerungs- und arbeitsmarktpolitische Maßnahmen frei verwertbare Verfügungsmasse" sein?[228] Nicht alle Alten sind arm oder schwer vermittelbar. Der EuGH hat zur Frauenförderung entschieden, sie müsse sachlich gut begründet sein und dürfe nie automatisch wirken, sondern die Einzelfallgerechtigkeit beachten[229]. Auch das BVerfG hat betont, dass rechtlich niemand an tradierte Stereotype gebunden werden darf[230]. Genau das steht hier an.

Was es bedeutet, ist kaum zu überschätzen. Es geht um den Abschied von der Typisierung[231] und um ungestörte Parität im demografischen

---

sierten Alters stand historisch der erwerbstätige Mann; andere Lebensverläufe wurden als weibliche Devianz behandelt, *S. Ruppert* Rg 2006, 138 (143).

225 Art. 7 RL 2000/78/EG; zum Seniorenpass Menschenrechtsausschuss v. 9. 8. 2001, Beschwerde Nr. 855/1999 (Schmitz de Jong ./. Niederlande). Einen Förderauftrag haben deutsche Betriebs- und Personalräte nach § 80 Abs. 1 Nr. 6 BetrVG, § 67 Abs. 1 BPersVG und entsprechendem Landesrecht.

226 Eine Altersgrenze von 65 Jahren findet sich in § 41 Abs. 1 S. 1 BBG. Das Aufschieben der Emeritierung im Hochschulbereich ist bislang ebenfalls begrenzt, ändert also am Grundproblem nichts. Auch die Debatte an den Universitäten in den USA um 1970 lebte weitgehend von Stereotypen, *L. Friedman* in: S. Fredman/S. Spencer (eds.) Age as an equality issue, 2003, 175 (190f.).

227 § 1 Abs. 3 KSchG, dazu BAG NZA 2008, 405 (Grund ist die Sicherung der bisherigen Personalstruktur); LAG Hannover v. 13. 07. 2007 (Karmann). Nach dem AGG hat das KSchG Vorrang; § 10 Abs. 1 S. 3 Nr. 6 und 7 AGG verpflichten aber zur Einzelfallprüfung. Zu Recht kritisch *M. Schmidt* KritV 2004, 244. Problematisch pauschal auch § 10 Abs. 1 S. 3 Nr. 2 AGG. Vgl. *B. Gaul/A. Bonanni* BB 2008, 218; *F. Oelkers* NJW 2008, 614.

228 *S. Simitis* KritV 2004, 233 (237). Gemischte „Diversity"-Teams deuten darauf, dass die Mischung der Innovationsfaktor ist, nicht aber die Jugend.

229 Entscheidend wohl EuGH v. 11. 11. 1997, C-409/95 (Marschall). Zudem genügt hier keine Formalität, sondern Regeln müssen effektiv sanktioniert und durchgesetzt werden; EuGH v. 8. 11. 1990 C-177/88 (Dekker).

230 BVerfG E 85, 191 (Nachtarbeit), auch BVerfGE 48, 346 (Witwenrente).

231 Das BVerfG ermöglicht typisierende Regelungen bislang, wenn „die aus der Typisierung folgenden Härten und Ungerechtigkeiten nur unter Schwierigkeiten vermeidbar wären, verhältnismäßig wenige Personen betreffen und der Gleichheitssatz nicht sehr intensiv beeinträchtigt ist", BVerfG v. 1. 3. 2004, 1 BvR 2099/03, Abs. 6, unter Hinweis auf BVerfGE 100, 59 (90) mwN. Der Gesetzgeber müsste diese Ungerechtigkeiten je-

Verhältnis[232]. Angesichts des Alterns müssen wir also über die Grundlagen unser Zivil- und Wirtschaftsordnung intensiv nachdenken. Die Altersgrenzen in Bildung und Erwerbsarbeit sind ja nicht nur keine Lösungen, sie sind auch Ursache für das starre Lebenszeitregime, das sich als Kern zahlreicher Probleme auch im Kontext der demografischen Entwicklungen entpuppt[233]. Wenn Altersgrenzen weiter höchst pauschal akzeptiert werden, verkennt das nicht nur die gerontologische Lage[234], sondern auch die demografischen Herausforderungen. Dafür fehlen gute juristische und demografische Gründe. Es geht hier nicht um einfache Regeln, sondern um komplizierte Regulierung von Individualität im Gemeinwesen. Die Veränderungen, die sich bereits zeigen, müssen an diesem Maßstab gemessen werden.

## V. Die Stärke der Grund- und Menschenrechte

Die rechtlichen Gestaltungsaufgaben, die sich aus demografischen Entwicklungen ergeben, sollten keine alten oder neuen kollektivistischen Prinzipien auf den Plan rufen, sondern lassen sich mit den

---

doch selbst erkennen und mit Hilfe angemessen flexibler Regulierungstechniken verhindern.

[232] Zum Zivilrecht *M. Roth* AcP 208 (2008) 451; zur Parität *G. Britz* Diskriminierungsschutz und Privatautonomie, VVDStRL 64 (2005) 355 (265f.); skeptisch *M. Jestaedt* Diskriminierungsschutz und Privatautonomie, VVDStRL 64 (2005) 298 (339ff.); *U. Di Fabio* Recht offener Staaten, 1998, 79, 155f.; grds. auch *S. Emmenegger* Feministische Kritik des Vertragsrechts, 1999; *D. Schiek* Differenzierte Gerechtigkeit, 2000. Thema sind eigentlich Normalitätsvorstellungen, und Beispiele sind technische Normen für Räume und Produkte, Kennzeichnungspflichten für Lebensmittel oder Regeln zu Dienstleistungen für die, die keinen PC besitzen oder bedienen können, also online nicht banken oder handeln.

[233] Dazu *C. Klenner/S. Pfahl* WSI-Diskussionpapier 158 (2008); *Deutsche Gesellschaft für Zeitpolitik* Zeit ist Leben, 2005; *U. Meier-Gräwe/U. Zander* in: A. Mischau/M. Oechsle (Hrsg.) Arbeitszeit – Familienzeit – Lebenszeit – Balance? ZsFamForsch Sonderh. 2005, 92; *U. Mückenberger* in: C. Henry-Hutmacher (Hrsg.) Politik für Familien, 2006, 213; *F.-X. Kaufmann* Schrumpfende Gesellschaft, 2005, u.a. 255ff.: Spät heiraten Menschen, weil sie lange im Bildungsverlauf hängen (aber entgegen der deutschen Alltagsthese: Frauen unabhängig vom Bildungsstand, während Männer ohne Bildung Familie aufschieben).

[234] Die öffentliche Debatte schwenkt daher auch um: ARD-Themenwoche zum demografischen Wandel, 20.–26. April 2008: „Chancen einer alternden Gesellschaft", http://www.themenwoche.ard.de/; *Die Welt* vom 29. 06. 2008: „Hurra, die Alten kommen": bessere Chancen auf dem Arbeitsmarkt für Ältere; auch *Spiegel Spezial* 8 (2006): Jung im Kopf – Die Chancen der Alternden Gesellschaft, und *Schlussfolgerung der Europäischen Kommission* Von der Herausforderung zur Chance, 2006, 15.

Maßstäben der Grund- und Menschenrechte und durch die Qualifizierung der Gesetzgebung bewältigen. Das ist ein Paradigmenwechsel.

Im Zentrum steht der Freiheitsgebrauch eingedenk des ebenso individuellen wie multidimensionalen Phänomens der persönlichen Bindungen, der Wanderungen und des Alterns. Solidarität ist gefragt, um den Schutz vor Risiken, also mit Blick auf Lebenslagen und Grundbedürfnisse zu vermitteln[235]. Das bedeutet auch die individuelle, diskriminierungsfreie Sicherung eines Existenzminimums, auch für Kinder, und gleiche Chancen auf Selbstentfaltung. Das ist kein „Rückzug des Verfassungsrechts" beispielsweise aus den Bereichen, die zivilrechtlich geregelt werden[236], sondern die Besinnung auf seine vorhandenen maßstäblichen Stärken.

Die Betonung der individuellen Grund- und Menschenrechte scheint mir auch zunehmend wichtig. Auch demografische Debatten werden im Licht (oder im Schatten) der globalen Auseinandersetzungen um mehr oder minder freiheitliche Gesellschaftsordnungen geführt[237]. „Der" demografische Wandel wird benutzt, um kollektivistische Forderungen aufzustellen, die jedoch das Erbe von Freiheit, Gleichheit und Menschenwürde überspielen, das demokratischen Konstitutionalismus prägt, oder doch prägen sollte. Biopolitik lebt hier von einem demografischen Fatalismus, der zwingt, aber nichts mehr ermöglicht. Das bringt kaum zufällig den Nationalstaat ganz regulierungsmächtig zu einem Zeitpunkt zurück, zu dem er oft totgesagt worden ist. Wo gerade noch Pessimismus regiert, lässt sich dann regulatorisch wieder aufatmen: Der Nationalstaat habe doch noch etwas zu tun[238], er müsse sich ganz mas-

---

[235] Das bestätigt zB auch das deutsche Sozialrecht. Es orientiert sich gerade nicht an Generationen, sondern an jeweiligen Lebenslagen, die teilweise durch das Alter oder bestimmte Stufen des Alterns vermittelt werden; *F. Welti* KJ 2004, 255 (256, 261); *F. Ruland* FamRZ 2004, 493. Sozialwissenschaftlich wird zwischen funktionaler, affektiver und assoziativer Solidarität unterschieden; meist ist sie erzwungen; *A. Blome* in: A. Blome/W. Keck/J. Alber Generationsbeziehungen im Wohlfahrtsstaat, 2008, 29 (42); grds. *U. Volkmann* Solidarität – Programm und Prinzip der Verfassung, 1998.

[236] Vgl. *U. Di Fabio* Recht offener Staaten, 1998, 79, 155f.

[237] Diese Debatten werden im Anschluss an *S. Huntington* (Kampf der Kulturen, 1996) gern in bellistischer Metaphorik gefasst, die aggressive Abgrenzung setzen, anstatt sie zu überwinden; vgl. *A. Sen* Die Identitätsfalle, 2007. Das gilt insbesondere für Auseinandersetzungen mit religiöser Pluralität (dazu *Sacksofsky* und *Möllers*). Hier wirken sich demografische Prozesse über die Migration auf weltanschaulich-religiöse Mehrheitsverhältnisse aus. Es gilt aber auch für die Frage nach der sozialen Gleichheit (dazu *Davy* und *Axer*), insofern die Polarisierung zwischen Wohlstand und Prekariat zunehmend Thema wird, dazu mit Blick auf das Altern *C. Tesch-Römer/H. Engstler/S. Wurm* (Hrsg.) Altwerden in Deutschland, 2006, 519ff., 532f.

[238] *D. Auth/B. Holland-Cunz* (Hrsg.) Grenzen der Bevölkerungspolitik, 2007, 8.

siv in ganz Privates einmischen, obwohl er doch immer behauptet, dieses vom Öffentlichen kategorial zu unterscheiden[239]. Regulierung hat bislang zu Lebensverläufen zwar nicht das beste Verhältnis, weder hinsichtlich der Reproduktion noch der Migration noch des Alterns. Das lässt sich jedoch ändern. Die Evaluation ist ein Mittel, um kompetent zu regeln, und Grund- und Menschenrechte sind gute Maßstäbe, um es gerecht zu tun.

---

[239] Die Trennung zwischen Privat und Öffentlichkeit ist geschlechtlich kodiert, insoweit das Private die Domäne des Weiblichen, das Öffentliche die des Männlichen war und repräsentativ auch weithin ist. Das hat juristisch Folgen, insoweit das Private nicht unter Gerechtigkeitsvorbehalt steht, sondern als Sphäre der Freiheit fern jeder Regulierung behauptet wird. Das verkennt, wie sehr das Recht selbst diese Freiheit schafft, allein durch die Anerkennung von Willenserklärungen. Dazu historisch *K. Hausen* in: W. Conze (Hrsg.) Sozialgeschichte der Familie in der Neuzeit Europas, 1976, 363; aktuell *B. Sauer* Die Asche des Souveräns, 2001, 176ff.; ideengeschichtlich *S. Moller Okin* Justice, Gender and the Family, 1989; philosophisch *B. Rössler* Der Wert des Privaten, 2001; auch *J. Cohen* Regulating Intimacy, 2002.

Leitsätze der 2. Berichterstatterin über:

# Demografischer Wandel und Generationengerechtigkeit

*1. Demografischer Wandel findet statt, ist aber ein funktionalisierter Topos, weder neu noch Anlass für Erosionsängste, und er ist mit den Mitteln eines aufgeklärten Konstitutionalismus zu adressieren. An die Stelle kollektivistischer Setzungen treten dann individuelle Rechte.*

*2. Soll juristisch auf demografische Entwicklungen adäquat reagiert werden, bedarf es auch einer kulturhistorisch aufgeklärten Analyse. Das Wissensproblem im Recht tritt gerade hier besonders scharf hervor. Demografie entwickelte sich als Teil der Staatswissenschaft; der Staat wird auch demografisch definiert und Bevölkerungspolitik wird Teil seiner Rationalität. Die demografische Statistik wird zum Herrschaftsinstrument, eine Machttechnologie der Moderne; sie formt den Kollektivkörper. Mit Hilfe der Arbeiten von* M. Foucault *lässt sich dieses Phänomen als „Biopolitik" beschreiben. In ihr wirken auch heute die Macht der Zahl und die Macht der stereotypen Bilder. Rechtspolitisch wird das Thema in dieser Tradition „politischer Arithmetik" tendenziell fatalistisch und als Sachzwang besetzt.*

*3. So wenig jedoch demografischer Fatalismus zu biopolitischen Zwängen führt, so wenig Gründe gibt es auch, bestimmte Politiken zur Sicherung von „Verfassungsvoraussetzungen" zu fordern. Ebenso wenig trägt hier ein Bezug auf Staatsaufgaben, weder auf Art. 20a GG noch auf eine neue Aufgabe der Sicherung von „Generationengerechtigkeit". Beide fördern eine Tendenz, nicht zuletzt weltanschaulich geprägte Kontroversen dem demokratischen Diskurs und den Maßstäben der Grund- und Menschenrechte zu entziehen. „Der" demografische Wandel zwingt den Gesetzgeber oder andere Akteure im demokratischen Verfassungsstaat insofern zu nichts. Verfassungsstaatlichkeit wird vielmehr ständig hergestellt. Nicht Verfassungsvoraussetzungen sind entscheidend, sondern Faktoren der Wirksamkeit von Recht. Die Herausforderung liegt in einem* ***„doing constitutionalism"****.*

*4. Soll Verfassungsstaatlichkeit ständig aktiv hergestellt werden, muss die Demokratie dazu in der Lage sein. Die verfassungspolitischen Vorschläge zur Staffelung des Wahlrechts nach Alter oder Familienkonstellation sind abzulehnen; die Frage nach Wahlrechten und Partizipation in Zeiten der Migration ist weiterhin zu stellen. In institutioneller Hinsicht wird vorgeschlagen, Beiräte zu installieren, doch birgt das alle Risiken statischer Expertise. Nachhaltiger wirkt es, das Wissen der Parlamente zu qualifizieren. Hier sind interdisziplinär aufgeklärte Analysen, also insbesondere die Evaluation von Regelungen (Wirkungsforschung, Folgenabschätzungen) auch zu Optionen der Regulierung („regulatory choice") und zu denkbaren Arrangements der Akteure („governance") gefragt. Das wäre gute und auch demografisch kompetente Gesetzgebung.*

*5. Die Gestaltung demografischer Entwicklungen lässt sich dann mit Blick auf drei Referenzgebiete genauer fassen. Im Kern geht es um die Regulierung von Familie, Migration und Alter, genauer: dem Altern.*

*a) In demografischen Krisenszenarien – „mehr Nachwuchs", „wir sterben aus" – wird die Familie als „Keimzelle" angesprochen, die Geburten sichern soll. Das intendiert das Grundgesetz jedoch nicht; es wird heutigen Bedürfnissen und Lebenswirklichkeiten auch nicht gerecht. Im internationalen Recht hat sich auch deshalb ein Konzept individueller „reproduktiver Rechte" entwickelt, das hier weiter führt. In diesem Sinn lässt sich auch deutsches Verfassungsrecht lesen; auch wenn Teile der Verfassungsrechtswissenschaft noch einige Hürden nehmen müssen, bevor durchgängig Individuen als Teile von Familien anerkannt werden. Da wird zu stark institutionell gedacht oder Familie an die Ehe gekoppelt. Letztlich überzeugend ist nur die grund- und menschenrechtliche Kohärenz.*

*b) Demografisch soll Migration zumindest teilweise kompensieren, wenn nationale Geburtenraten zu niedrig ausfallen. Die politischen Debatten sind aber ebenso wie bisherige Weichenstellungen des Gesetzgebers ambivalent, „der Fremde" gewollt und gefürchtet zugleich. Vieles ist allerdings ganz aktuell im Fluss. Die beiden Kernfragen lauten: Wie darf ein Staat Zuwanderung steuern und was müssen oder dürfen die, die gekommen sind? Antworten sind wieder grund- und menschenrechtlich bestimmt. Die Regulierung der Arbeitsmigration darf bestimmte, aber nicht alle Auswahlkriterien nutzen. Die Integration darf nicht in Assimilation umschlagen und muss den Familiennachzug ebenso ernst nehmen wie andere Formen des Freiheitsgebrauchs.*

*c) Schließlich ist demografisches Thema „die Rente"; in der Sache geht es aber vorrangig um das Altern. Auch hier ist Vieles in Bewegung. Bislang ist hierzulande jedoch die Fixierung auf den Jahrgang und damit auf das chronologische Alter weit verbreitet, obwohl Menschen je unterschiedlich, also „differenziell" altern. Gerade Regeln zur Erwerbsarbeit, die an Jahrgänge anknüpfen, sind daher grundsätzlich suspekt. Das besagt auch das zunehmend rechtlich verankerte Verbot der Altersdiskriminierung; wichtig sind daneben z.B. Gebote der Barrierefreiheit. Was das bedeutet, ist kaum zu überschätzen. Auch hier geht es um den Abschied von ungerechter Typisierung.*

*6. Die Gestaltungsaufgaben, die sich aus demografischen Entwicklungen ergeben, sollten keine alten oder neuen kollektivistischen Prinzipien auf den*

*Plan rufen, sondern lassen sich mit den Maßstäben der Grund- und Menschenrechte bewältigen. Das ist ein Paradigmenwechsel. Er wird nicht zuletzt im Licht (oder im Schatten) der globalen Auseinandersetzungen um mehr oder minder freiheitliche Gesellschaftsordnungen auch zunehmend wichtig; Demografie sollte nicht dazu verleiten, das Erbe von Freiheit, Gleichheit und Menschenwürde aufs Spiel zu setzen, das demokratischen Konstitutionalismus prägt. Auch bedarf es keiner Krisenszenarien, um den Staat als Akteur zu retten. Regulierung hat bislang zu Lebensverläufen zwar nicht das beste Verhältnis, weder hinsichtlich der Reproduktion noch der Migration noch des Alterns. Das lässt sich jedoch ändern. Die Evaluation ist ein Mittel, um kompetent zu regeln, und Grund- und Menschenrechte sind gute Maßstäbe, um es zu gerecht zu tun.*

## Demografischer Wandel und Generationengerechtigkeit

**Holoubek:** Niemand wusste, wieso das Rezept so gut ist. Man hat dann einmal am Sterbebett die Tante Jolesch gefragt: Was war das Geheimnis an Deinen Krautfleckerln? Die Antwort war: „Es war immer ein bisschen zu wenig." Wenn Sie das bitte für Ihre Diskussionsbeiträge sich zu Herzen nehmen könnten, dann kommen wir jetzt ganz gut durch.

**Volkmann:** Herr Vorsitzender, dass Sie mich als ersten reden lassen, bringt mich in eine gewisse Verlegenheit, weil der erste Redner ja, glaube ich, immer zunächst das Lob für die Referenten auszusprechen hat. Das ist aber keine sachliche Verlegenheit, sondern das mache ich gern: Also tolle, brillante Vorträge. Aber natürlich habe ich einen Einwand bzw. eine kritische Nachfrage an Frau Baer, der ich ansonsten sehr gerne zugehört habe. Ich frage mich nur, Frau Baer, und das ist eine nachdenkliche Frage, ob Sie sich nicht bei Ihren Darlegungen in eine Art performativen Selbstwiderspruch verwickelt haben und damit denselben Fehler machen, der schon Ihrem Gewährsmann Foucault unterlaufen ist. Das Verdienst von Foucault war es ja, die fortbleibenden, die Zeiten überdauernden Strategien des Staates als Machtstrategien aufgezeigt zu haben, und zwar über den Wechsel aller Systeme hinweg. Die „Biopolitik" ist bekanntlich die eine, das „Sicherheitsdispositiv" die andere dieser Strategien. Das Problem von Foucault liegt aber darin, dass er in diesem Aufzeigen der Kontinuitäten die gravierenden Unterschiede übersieht, die sich im Wechsel der Systeme vollzogen haben und darin liegen, dass es eben schon einen Unterschied macht, ob ein absoluter oder frühliberaler Staat eine bestimmte Politik betreibt oder ein demokratischer Staat. Das führt notwendig dazu, dass am Ende alles unter Verdacht gerät: Migrationspolitik erscheint dann etwa als kollektivistische Politik der Zwangsassimilierung, Familienpolitik als Fortsetzung einer Malthus'schen „Peuplierungspolitik" mit anderen Vorzeichen. Wenn man das aber so macht, dann sieht man im Grunde selber alles aus der Großperspektive, also aus einer kollektivistischen Perspektive, die den Blick weg von den Einzelphänomen immer schon hin zum Großen und Ganzen wendet. Und das ist im Grunde genau die Perspektive, gegen die Sie an sich anrennen und die Sie bekämpfen wollen. Gerade aus dieser Perspektive beobachten Sie aber. Ist da nicht doch ein Widerspruch?

**Kotzur:** Erlauben Sie bitte eine Nachfrage zur Generationengerechtigkeit. Herr Kluth hat in seinem Vortrag die Generationenperspektive sehr stark auf Art. 20a des Grundgesetzes verengt und Frau Baer hat in ihrem faszinierenden, kritischen Überblick den Aspekt auch eher vorsichtig behandelt. Er klang in einer ihrer einleitenden Thesen an und wurde nicht als Perspektive für die Staatsaufgaben weitergehend ausgeformt. Meine Frage wäre daher: Ist der Generationengerechtigkeit nicht vielleicht doch eine größere Bedeutung zuzumessen, da die Verfassung immer auch ein Zukunftsentwurf ist, der künftige Generationen ganz nachhaltig einbezieht? Ist die Generationengerechtigkeit nicht letztlich älter als Art. 20a GG, schon im tradierten Sozialstaatsprinzip mit angelegt, nämlich in der Idee, dass der starke Staat sich um die Schwachen zu kümmern hat, dass gerade die Schwachen eines starken Staates bedürfen? Dass der Staat deshalb sehr sorgfältig mit seinen Ressourcen umgehen, eine nachhaltig ressourcenschonende Politik betreiben muss – gerade was Grenzen der Staatsverschuldung mit anbetrifft. Bietet die Generationengerechtigkeit nach alldem nicht doch so etwas wie eine Diskursfolie, über Möglichkeiten nachzudenken, den von Frau Baer so charakterisierten „doing constitutionalism" in concreto zu aktivieren? Denn gewiss, wo immer Herrschaftswissen instrumentalisiert wird, wo immer Alternativlosigkeit impliziert wird, ist der demokratische Diskurs gefährdet. Es kommt auf ein reflektiertes Vorverständnis an, und vielleicht kann insbesondere die Generationenperspektive einen gleichermaßen zukunftsoffenen wie kritischen Diskurs zu ermöglichen helfen.

**Pieroth:** Wenn ein Staatsrechtslehrer oder eine Staatsrechtslehrerin sich dieses Themas annimmt, ist natürlich immer doch auch die Frage: Was ist eigentlich die verfassungsrechtliche Verankerung, die Verortung der Generationengerechtigkeit? Und da haben wir heute Morgen, denke ich, gewissermaßen eine (frei nach Robert Musil) k.u.k.-Parallelaktion erlebt. Das Referat von Frau Baer war klar, aber karg bei der Frage der verfassungsrechtlichen Verortung – bei Herrn Kluth war es umgekehrt. Klar, aber karg war das Referat von Frau Baer insoweit, als sie nur Grund- und Menschenrechte als Maßstab genannt hat. Was Grund- und Menschenrechte für die vielen klar analysierten Probleme dann jeweils konkret bedeuten, ist relativ karg beantwortet worden. Herr Kluth war an dieser Stelle expliziter, wortreicher. Er hat der Frage mindestens drei seiner Thesen gewidmet, aber sie – wie ich finde – nicht besonders klar beantwortet. Er hat zunächst bei These 9 schön entwickelt, dass Art. 3 Abs. 1 GG nicht in Frage kommt und auch andere Normen eigentlich als verfassungsrechtliche Verortung sich nicht anbieten, sondern auf das Verhältnismäßigkeitsprinzip verwiesen. Und da hätte ich jetzt gedacht, wenn der Gesetzgeber die Generationengerechtigkeit fördert, dann ist das sicher ein verfassungslegitimer Zweck, und damit ist insofern die verfassungsrechtliche Verortung da. Dann sagte er aber, das sei ein Gemeinwohl-Belang, und damit schien mir die Argumentation von der bloßen Zwecksetzung des Gesetzgebers auf die verfassungsrechtliche Ebene erhoben, weil in dem Zusammenhang nämlich auch noch von einem Einschleusen in verfassungsrechtliche Prinzipien gesprochen wurde. Und dieser Einschleusungsprozess zeigt sich dann in den Thesen 25 und 26. Auch da heißt es zunächst: nicht Art. 20a, nicht Art. 3 Abs. 1 GG und wiederum Berücksichtigung nur im Rahmen der Rechtfertigung. Aber dann heißt es, Generationengerechtigkeit sei ein Gestaltungsprinzip in Abwägungs- und Rechtfertigungsprozessen, und da frage ich mich: Wer gestaltet hier? Gestaltet nur der Gesetzgeber? Dann wäre das konform zu meiner Überlegung der verfassungslegitimen Zwecksetzung durch den Gesetzgeber. Oder gestaltet dann vielleicht doch der Verfassungsrichter am Maßstab der Generationengerechtigkeit in der ins Rechtsstaatsprinzip eingeschleusten Form? Das ist ein großer Unterschied!

**Kahl:** Der Vorstand hat einen wichtigen Beitrag zur Enttabuisierung eines wichtigen und zukunftsweisenden Themas, nämlich des demographischen Wandels geleistet. Die Referate haben – jedenfalls teilweise – einen Beitrag zu einer sachlichen und differenzierten Diskussion der Ursachen und der Folgen dieses Themas geleistet. Bei dem zweiten Referat geht es mir ähnlich wie Herrn Volkmann. Es hat mich etwas gestört, dass hier meines Erachtens zu sehr mit Generalverdachten, Unterstellungen und Verallgemeinerungen – auch mit zweifelhaften, sprunghaften historischen Bezügen gearbeitet wurde, was dem Ganzen am Ende doch stärker den Charakter einer Polemik verliehen hat. Meines Erachtens ist es völlig richtig, das Bevölkerungsrecht als eines der zukunftsweisenden wesentlichen Referenzgebiete, als Teil einer übergreifenden Bevölkerungswissenschaft im interdisziplinären Dialog mit anderen Fachdisziplinen zu begreifen, als ein Querschnittsrechtsgebiet mit vielfältigen Bezügen. Es ist auch richtig, eine Staatsaufgabe Nachwuchssicherung zu bejahen, deren zentraler Ansatzpunkt – insoweit Zustimmung zu Herrn Kluth – nur Art. 6 Abs. 1 GG und die Familie sein kann. Dies hat auch Frau Schuler-Harms in ihrem Begleitaufsatz zur diesjährigen Tagung zu Recht ausgeführt. Herr Kluth hat weiter zu Recht dargelegt, dass das geltende Verfassungsrecht unter einem Generationengerechtigkeitsdefizit leidet, und er hat dies am Sozialversicherungssystem exemplifiziert. Man könnte auch auf den Bereich der Staatsverschuldung, also der finanziellen Nachhaltigkeit hinweisen, der von einem eklatanten Versagen der Politik und einem Verlust der Steuerungsfähigkeit der Verfassung kündet. Wenn man die Generationengerechtigkeit – siehe These 25 von Herrn Kluth – nicht als ein geltendes, übergreifendes Verfassungsprinzip sieht, sollte man dann nicht doch überlegen, ein Staatsziel Nachhaltigkeit in einem Art. 20b GG aufzunehmen, das man dann stufenweise verfassungsrechtlich und gesetzlich konkretisieren müsste, etwa durch einen geänderten Art. 6 Abs. 1 GG, wie Herr Kluth dies vorschlägt, aber auch durch eine Schuldenbremse in einem geänderten Art. 115 Abs. 1 Satz 2 GG nach dem Vorbild der Schweizer Bundesverfassung, möglicherweise durch einen geänderten Art. 109 Abs. 2 GG sowie durch geänderte Landesverfassungen und Kommunalordnungen. Daher meine Frage an Herrn Kluth: Wo sähen Sie den richtigen Regelungsstandort für ein solches Staatsziel und welche Wirkungen würden Sie diesem Staatsziel beimessen? Der Alternativweg, den Frau Baer uns aufgezeigt hat, nämlich nur zu vertrauen auf die Grund- und Menschenrechte und auf die Demokratie, scheint mir keine wirkliche Lösung zu bieten. Er erscheint mir eher kapitulativ und auch viel zu einseitig. Es gibt Fragen – und dazu gehört möglicherweise der demographische Wandel – die sich durch die Diskriminierungsbrille dann wohl doch nicht hinreichend erfassen lassen.

**Hillgruber:** Ich kann in vielerlei Hinsicht anknüpfen an das, was an Kritik bereits geäußert worden ist. Sehr geehrte Frau Baer, bei Ihnen habe ich zunächst einmal gelernt – und dafür bin ich dankbar – was „aufgeklärter Konstitutionalismus" bedeutet. Es bedeutet, dass man einen Begriff in denunziatorischer Absicht verwendet, nämlich das, was Herr Kollege Volkmann mit Recht genannt hat, Familienförderungspolitik im demokratischen Verfassungsstaat, als ethno-zentrierte, um nicht zu sagen, rassistische Biopolitik auszuweisen. Das fand ich schon einigermaßen bemerkenswert.

Ich glaube, Herr Kahl hat völlig Recht. Die Antwort, die Sie geben, ist keine Antwort. Natürlich haben Sie Recht. Biopolitik – wie alle Politik – wird im Verfassungsstaat begrenzt durch Grund- und Menschenrechte, aber eben begrenzt. Die Grund- und Menschenrechte selbst sind noch keine Antwort auf das Problem. Sie haben Recht, der demographische Wandel zwingt für sich genommen wie alle tatsächlichen Entwicklungen und Phänomene rechtlich betrachtet, verfassungsrechtlich betrachtet zunächst einmal zu gar nichts. Aber ob man im Ergebnis es beim

Nichtstun belassen kann, ist doch eine offene Frage. Herr Pieroth hat mit Recht darauf hingewiesen, dass Ihr Rekurs auf die Grund- und Menschenrechte außerordentlich blass geblieben ist. Es war immer nur dieses Stichwort, ohne dass klar, wirklich klar geworden wäre, was denn das für Grund- und Menschenrechte eigentlich sein sollen. Bei einigen – ich denke etwa an Ihre reproduktiven Rechte, auch das blieb nebulös – handelt es sich, glaube ich, um Rechtsbehauptungen interessierter Kreise, die sich aber weder völkerrechtlich verdichtet haben noch verfassungsrechtlich nachweisen lassen.

Nein, es sind nicht nur ein paar kleine Hürden, die es sportlich zu nehmen gälte, um Ihren Rechtsstandpunkt einnehmen zu können. Da müssten ganze Eckpfeiler unseres Verfassungsrechts erst einmal abgeräumt werden, denn die kollektivistischen Prinzipien, die Sie verdammt haben – dazu gehört offensichtlich auch das Institut der Ehe und Familie – die stehen nun leider in unserer Verfassung drin. Das ist natürlich für Ihre Argumentation ein Problem. Und mit Recht hat Herr Kahl auch darauf hingewiesen, dass Ihre Perspektive die einer Antidiskriminierung ist. Alles, was der Staat regelt, wird unter den pauschalen Verdacht, ja sogar unter eine Vermutung, die widerlegt werden müsste, unter die Vermutung der – wenn auch vielleicht nur mittelbaren – Diskriminierung gestellt. Ich glaube, auch das ist keine Antwort auf das Problem. Und die kollektiven Prinzipien, die Sie so verdammen – das will ich nicht verschweigen – die kennen Sie natürlich sehr wohl auch. Die schleusen Sie übrigens – ich darf nur das Stichwort Geschlechterparität nennen – die schleusen Sie selbst allerdings dann in die eigentlich individuell konzipierten Grund- und Menschenrechte ein.

**Hoffmann-Riem:** Herr Hillgruber ist ja dafür bekannt, dass er Beiträge von denunziatorischer Qualität formulieren kann. Ich werde mich aber nicht provozieren lassen, sondern gehe direkt auf den Beitrag von Frau Baer ein. Dabei greife ich ihre Formulierung auf, dass es darum gehe, Heterogenität in Optionenmodelle zu fassen. In diesem Sinne möchte ich dafür plädieren, dass das Recht sich stärker umstellt auf ein Optionenrecht auch im Hinblick auf die Förderung sozialer Innovationen. Die demografische Entwicklung fordert solche Innovationen in verstärktem Maße. An dem Bereich der Bevölkerungspolitik hat Frau Baer sehr schön illustriert, dass Bevölkerungspolitik bei uns bisher vorrangig als Wachstumspolitik verstanden wird – also aus dem Blickwinkel der Wirtschaft auf Humankapital ausgerichtet. Das ist als Zukunftsvorsorge zu wenig. Gleiches gilt, wenn Bevölkerungspolitik als Mittel der Technologiepolitik genutzt wird, wie etwa an der Bevorzugung von Ingenieuren bei der Förderung von Immigration deutlich wird. Allein auf solche

Weise können die Zukunftsprobleme aber nicht angemessen bewältigt werden. Es muss vielmehr darum gehen, Bevölkerungspolitik auch als Politik nachhaltiger Förderung von Lebensqualität zu verstehen und insbesondere zu fragen: Wie kann Recht dazu beitragen, dass die Lebensqualität der in Deutschland Lebenden – selbstverständlich auch der Zugewanderten – verbessert wird? Das geht nur dadurch, dass wir uns stärker auch um die Förderung entsprechender sozialer Innovationen bemühen, auch solcher, die zur Begleitung technologischer Innovationen notwendig sind, die für die Zukunftsbewältigung eingesetzt werden. Wichtig ist insofern der Ausbau bestimmter sozialer Kompetenzen, aber auch die Nutzung von Möglichkeiten sozialen Lernens und darauf ausgerichteter institutioneller Vorkehrungen. Das Recht hat schon viele Vorarbeiten geleistet. Denken Sie nur an die rechtliche Förderung der Vereinbarkeit von Arbeit und Familie, der Vereinbarkeit von Arbeit, Familie und Pflege Älterer, neuerdings auch der Vereinbarkeit von Pflege und Pflege, nämlich die Ermöglichung der Pflege durch Alte, die ihrerseits pflegebedürftig sind. Hier bestehen viele Ansätze zum Einbau zivilgesellschaftlicher Aktivitäten auch Älterer in die Bewältigung von sozialen Problemen. Ich kann das hier nicht vertiefen und auch das Zusammenspiel von sozialen und technologischen Innovationen nicht behandeln – etwa im Gesundheitsbereich bei der Ferndiagnostik oder Telekardiologie. Die betroffenen technologischen Innovationen brauchen soziale Begleitung: damit man lernt, wie man mit solchen Technologien umgeht. Auch die Erfüllung der Forderung von Frau Baer, dass bei der Migration auf eine Integration ohne Assimilation umgestellt werden muss, setzt viele soziale Innovationen voraus. Gleiches gilt, wenn im Arbeitsleben nicht das physische, sondern das soziale Alter zählen soll. Wir müssen verstärkt nach Arrangements suchen, wie das Recht und die rechtlichen Akteure dafür genutzt werden können, um die Lebensqualität durch Veränderung in unserem sozialen Umfeld zu fördern. Dazu gibt es Möglichkeiten, aber ihre Nutzung setzt voraus, dass man diese Aufgabe auch als Aufgabe des Rechts ernsthaft aufgreift.

**Isensee:** Im Hause der deutschen Staatsrechtslehre sind viele Wohnungen. Die zwei Referate zu demselben Thema bringen völlig unterschiedliche Perspektiven, Maßstäbe, Thesen – ein jedes auf seine Weise lehrreich. Das erste bietet die Froschperspektive des positiven Rechts und führt so zu den konkreten Problemen unserer Alterssicherungssysteme und zu den rechtlichen Aspekten ihrer Lösung. Das zweite schwingt sich auf zur Vogelschau, aus der die Details in wesenlosem Scheine verschwimmen, Zahlen und Fakten ihren Sinn verlieren und nur noch ein visionäres kosmopolitisches Ganzes aufscheint. Dieses braucht keine

Verfassungsnormen und kennt keine Verfassungsvoraussetzungen. Hier gelten nur noch Menschenrechte, aber auch diese nicht in einer ihrer nationalen oder übernationalen Positivierungen, sondern eigentlich nur noch als Idee, freilich Idee, wie die Referentin sie versteht. Sensibel kritisiert sie manchen brutalen Sprachgebrauch, so das „Humankapital". Diese falsche Begriffsmünze dient freilich manchem Verfassungsinterpreten dazu, die grundgesetzlichen Grenzen der Staatsverschuldung zu unterlaufen, indem er Bildungsausgaben als investive Ausgaben deklariert. Doch das ist ein anderes Thema. Frau Baer liebt die humanen Vereinfachungen. Ihr Rechtssystem, so schlicht wie ihr Weltbild, besteht eigentlich nur aus den drei Prinzipien Freiheit, Gleichheit, Mitmenschlichkeit. Würden diese verwirklicht, so wäre die barrierefreie Erde hergestellt und mobile, überall wahlberechtigte Migranten füllten die demographischen Lücken. Im kosmopolitischen Universum lösten sich alle Verteilungsprobleme von selbst. Frau Baer klagt über die vorhandenen Barrieren, die der Kollektivismus errichtet habe: die staatlichen Grenzen oder den partikularen Zuschnitt der Solidargemeinschaften wie der deutschen Sozialversicherung, an denen Herr Kluth sich abarbeitet. Das Verdikt des Kollektivismus trifft den Sprachtest für Migranten („Assimilation"); es trifft auch das Sinnverständnis der Ehe von der Familie her („Keimzellenideologie"). Derartige Betrachtungen bewegen sich unendlich fern von der Realität der Staatenwelt und vom Inhalt eines wo auch immer geltenden Rechts. Das Recht ist nun einmal seinem Wesen nach Barriere: Begrenzung von Rechten und Pflichten, von Zuständigkeit und Verantwortung, von Selbstbestimmung und Solidarität. Wo es der Grenzen und Prioritäten nicht bedarf, in der barrierefreien Welt Frau Baers, ist das Recht überflüssig, letztlich auch unsere heutige Diskussion.

**Kingreen:** Heute vor 18 Jahren haben wir 18 Millionen Mitbürger hinzugewonnen, die wir – wenn ich die Zahlen von Herrn Kluth richtig deute – im Laufe dieses Jahrhunderts alle wieder verlieren werden. Es stimmt, Herr Klein, es sind nicht ganz dieselben, sondern es ist etwas gerechter über Ost und West verteilt. Herr Kluth, Sie stellen sich diesem Problem mit einem letztlich eher etatistischen Ansatz: Es gibt ein demografisches Problem und das muss der Staat lösen. Sie plädieren für eine Familienkasse, die fiskalisch finanziert werden müsste, sie stützen das steuerfinanzierte System des Familienlastenausgleichs und Sie treten sogar ein für eine aktive staatliche Nachwuchssicherungspolitik, die ja immer so ein bisschen die Gefahr birgt, dass da wieder Leitbilder über das richtige Leben mit untergeschoben werden. Eine Versuchung, der übrigens auch Susanne Baer trotz ihres mir sympathischen liberalen

Ansatzes mit ihrem Engagement für die Vätermonate beim Elterngeld erlegen ist. Auch hier definiert doch der Staat wieder, was ein guter Vater ist, ebenso wie er bis vor wenigen Jahren bestimmt hat, was eine gute Mutter ist und alles getan hat, damit diese gute Mutter bloß nicht auf die Idee kommt zu arbeiten. Dieser Ansatz, dass der Staat alles bestimmen, lösen und finanzieren muss, führt doch nicht weiter. Er beschreibt ja auch nur den Ist-Zustand einer milliardenschweren Finanzierung des Familienlastenausgleichs, die letztlich dazu geführt hat, dass Kinderlose und Familien gleichermaßen das Gefühl haben, permanent benachteiligt zu werden. Die Kinderlosen sagen: Wir zahlen schon genug für die Kinder anderer Leute und werden noch für unsere, vielleicht nur unfreiwillige, Kinderlosigkeit bestraft. Und die Familien verweisen, ebenso zu Recht, darauf, dass Kinder nach wie vor ein Armutsrisiko sind. Diese 100 Milliarden €, die Jahr für Jahr in den Familienlastenausgleich gepumpt werden, sind ein völlig falsches Signal: Die Familie ist ein Sozialfall, für den der Steuerzahler (und damit auch die Begünstigten selbst) aufkommen muss oder, noch schlimmer, die Kinder, deren zukünftige Gestaltungsmöglichkeiten durch Staatsschulden für die Familie ruiniert werden. Ich meine daher, dass man hier etwas grundlegender nach den Fehlsteuerungen fragen muss, die uns haben vergessen lassen, dass die Familie eigentlich ein leistungsfähiges System ist, das in vielen Bereichen auch ohne den Staat ganz gut zurecht käme. Konkret: Die 11 Milliarden € für die Kindererziehungszeiten in der Rente könnte man sich sparen, wenn die Rentenversicherung konsequent als Drei-Generationen-Verbund konstruiert werden würde. Dann müsste, dies als zweites von vielen anderen Beispielen, auch nicht darüber gestritten werden, ob die Kinder oder der Staat für den Elternunterhalt herangezogen werden. Wenn die Rechtsordnung dieses Geben und Nehmen über die Generationen hinweg nicht permanent torpedieren würde, hätten wir diese Diskussion jetzt nicht, jedenfalls nicht in diesem Maße. Man kann diesen Generationenverbund durchaus im Rahmen einer Familienkasse organisieren, wie Sie, Herr Kluth, das vorschlagen, allerdings nicht im Rahmen der bestehenden Sozialversicherung, denn hier haben Sie ja das Problem, dass nicht alle Mitglieder sind. Auch darf er nicht steuerfinanziert sein, sondern muss auf dem Prinzip der Gegenseitigkeit beruhen und damit durch Beiträge finanziert werden: Leistungen werden erbracht, weil Leistungen empfangen werden, und Leistungen werden empfangen, weil sie erbracht werden. Die Familie ist in diesem Verbund kein fürsorgebedürftiger Sozialfall, sondern die Schaltstelle für die intergenerationelle Verteilung. Familien sorgen auch durch eigene Kinder vor, Kinderlose müssen und können das auch auf andere Weise tun.

**Steiger:** Eine Vorbemerkung: Wenn man sich zur Diskussion meldet, hat man eine gewisse Vorstellung darüber, was man sagen will. Inzwischen ist die Diskussion einen gewissen Gang gegangen und da möchte man eventuell auf das eine oder das andere Gesagte reagieren. Ich bitte also, dass Sie mich nicht auf mein gemeldetes Stichwort „Verfassungsvoraussetzungen" festlegen. Es ist ja nicht zum ersten Mal, dass wir uns mit dem Thema des sozialen Wandels und der Verfassung beschäftigen. Wir haben das schon vor ein paar Jahren einmal getan. Seitdem ist der soziale Wandel weitergegangen. Ich würde daher, Frau Baer, mein Referat von 1986 heute durchaus anders halten. Es ist meines Erachtens richtig, wenn Sie die Individualisierung, die Grund- und Menschenrechte gegenüber dem Kollektivistischen ins Vorfeld rücken. Aber gegen eine zu starke Individualisierung habe ich im Bereich von Ehe und Familie nach wie vor vor allem anthropologisch begründete Vorbehalte. Das heißt nicht, dass ich Ihnen in Ihrem Grundansatz nicht folge. Ich finde Ihre Kritik an dem Begriff der Demographie bzw. seiner Verwendung völlig gerechtfertigt. Natürlich, Herr Volkmann, ändert sich das Bezugsfeld der demographischen Argumentation unter gewissen Verfassungsänderungen. Aber wenn man auf die Begründungen schaut, mit denen auch bei uns heute das demographische Problem in die Politik eingeführt wird, dann muss ich gestehen, habe ich manches Mal nicht den Eindruck, dass sich das gegenüber der Verfassungslage in früheren Situationen Deutschlands so sehr geändert hat. Das heißt also insofern, denke ich, ist das durchaus richtig gesehen.

Ich hatte mich eigentlich zu den Verfassungsvoraussetzungen gemeldet und möchte dazu jetzt doch noch mal ein Wort sagen, auch in Bezug auf gestern. Ich habe weder gestern noch heute eine klare Vorstellung gewonnen, was eigentlich mit Verfassungsvoraussetzungen gemeint ist. Das Wort kann – wenn Sie's sprachlich sehen – Voraussetzungen der Verfassung heißen, aber auch Voraussetzungen in der Verfassung. Das ist mit der Wortbildung nicht eindeutig klar. Inhaltlich können es juristische Voraussetzungen sein, aber auch historische, anthropologische, kulturelle, gesellschaftliche etc. Dies sind diejenigen, die sich wandeln. Ich meine, das müsste konkreter gesagt werden. Gestern war bei Herrn Möllers vom „Idealtyp" die Rede. Das ist aber m.E. mit „Verfassungsvoraussetzungen" gar nicht gemeint, ich glaube auch nicht bei Herrn Böckenförde. Sondern das Grundgesetz ist eine konkrete verfassungsrechtliche Antwort auf eine konkrete geschichtliche und gesellschaftliche Situation im Jahre 1948/49. Es ist deswegen ja sehr offen formuliert worden. Da steht nur was vom Sozialstaat und sonst nix und mit guten Gründen. Inzwischen sind wir weiter geschritten. Man muss eine Verfassung historisch begreifen, in ihrem historischen allgemeinen Zusammenhang, und dann ergeben sich die Anforderungen an die Wandlungen ihrer historischen Voraussetzungen.

**Waechter:** Warum streiten wir heute anders als gestern über Kollektivismus? Weil wir zum ersten Mal über Verfassungsvoraussetzungen reden. Ich möchte versuchen, das anhand einer Systematik der Bedeutung der Grundrechte im vorliegenden Zusammenhang darzulegen. Wie ich die Themenstellung verstanden habe, können „Verfassungsvoraussetzungen" als faktische Bestände an gelebten Verhaltensweisen und gesellschaftlichen Strukturen begriffen werden.

Diese faktischen Bestände sind normalerweise freiheitsrechtlich geschützt durch die Abwehrrechte. Wir haben von Herrn Kluth gehört – als Beispiel –, dass früher z.B. das „sozialverträgliche Frühableben" statistisch die Regel war. Das Leben ist natürlich abwehrrechtlich geschützt. Es war auch freiheitsrechtlich geschützt, eine Religion auszuüben, sich dadurch in einer bestimmten Weise motivieren zu lassen oder dies nicht zu tun. Das ist die Abwehrebene der Ebene der Grundrechte.

Wenn man jetzt diese Verhaltensweisen als Verfassungsvoraussetzungen betrachtet, weil nämlich das Lebensalter, die Lebensdauer entscheidend ist für die Funktionsfähigkeit der Versicherungssysteme, dann wechselt man die Perspektive. Leben und Religion sind dann nicht mehr selbstzweckhafte Freiheit, sondern Funktion innerhalb des Systems. Das würde sich dogmatisch widerspiegeln dadurch, dass man hier nicht mehr von selbstzweckhafter Freiheit, sondern von objektiv-rechtlichen Grundrechtswerten innerhalb eines funktionalen Zusammenhanges spricht. Dieser Perspektivenwechsel wird sich auf der folgend zu benennenden Einschränkungsebene auswirken.

Jetzt kommt die staatliche Reaktion auf zweierlei Arten. Erstens: Stop der Erosion der Voraussetzungen, zweitens: Wenn das nicht geht, Folgenbewältigung der stattgehabten Erosion.

Auf der ersten Ebene werden wieder die Grundrechte als Abwehrrechte wirksam. Gegen was sie sich richten, wird von den staatlichen Versuchen bestimmt, die Erosion aufzuhalten. Dies kann durch Eingriffe geschehen, z.B. Zwang zur Unterlassung oder Ausübung religiösen Verhaltens, um eine bestimmte Motivationsstruktur, die der Staat zu brauchen meint, zu bewirken. Das geht aber nicht, gerade in den Bereichen von „Verfassungsvoraussetzungen" wirken die Abwehrrechte sehr stark. Herr Kluth ist ja auch auf das „Frühableben" nicht eingegangen. Ein Zwang dazu wäre offenkundig verfassungswidrig. Das Problem wird transformiert in die Ressourcenverteilungen der Gesundheitsversorgung und damit in Gleichheitsprobleme. Gestern haben wir über „Verfassungsvoraussetzungen" nicht gesprochen, weil der Untertitel des ersten Themas sagte, die Gefahr kommt von der Religion, also hat der Titel gerade bestritten, dass eine Erosion insoweit vorliegt. In diesem Thema war die Nichtbefassung mit „Verfassungsvoraussetzungen" also verständlich und beim zweiten Thema haben wir nicht darüber gesprochen, weil man gesagt hat, soziale Gleichheit sei keine Verfassungsvoraussetzung, was die politische Philosophie übrigens über Jahrhunderte immer anders gesehen hat. Egal.

Eingriffe zur Wahrung von „Verfassungsvoraussetzungen" sind also weithin verboten. Das war ja auch das Problem von Herrn Böckenförde. Wenn man Eingriffe akzeptieren würde, würde die Verhältnismäßigkeit zum Problem. Denn die Wahrung einer „Verfassungsvoraussetzung" scheint ein stets überwiegendes Gewicht zu haben: Die Funktionsfähigkeit eines Systems steht gegen die Interessen eines Individuums.

Zweite Stufe: Man kann natürlich statt einzugreifen fördern, das hat Herr Kluth gezeigt. Fördernde Bevölkerungspolitik wirft nicht die Probleme von Eingriffen auf. Ein solches staatliches Verhalten transformiert das Problem letzten Endes auch wieder in ein Gleichheitsproblem. Und was wird für den Gleichheitssatz der entscheidende Differenzierungspunkt? Dieser Punkt liegt darin, dass nach der „Leistung", die der Bürger für den Staat erbringt, differenziert werden soll. Ob dieser Beitrag für die Funktionsfähigkeit der verschiedenen Systeme verschuldet oder unverschuldet ist, ist gleichgültig: Kinderlosigkeit etwa ist oft biologisch verursacht. Solche Differenzierungen sind für eine moderne Gesellschaft problematisch, weil sie an indisponible Eigenschaften anknüpfen. Differenziert wird danach, ob die Existenz und Eigenschaft des Individuums für den Staat günstig ist oder eine Last. Ein solches Differenzierungskriterium darf jedenfalls nicht in Sphären übertragen werden, wo es nichts zu suchen hat, z.B. in den status activus – Wahlrecht für Eltern – oder in den Bereich des Lebens – verkapptes Frühableben durch Ressourcenverteilungen im Gesundheitswesen.

Schließlich tauchen ähnliche Probleme auf der Ebene der Folgenbewältigung nach stattgehabter Erosion auf. Hier geht es schlicht um Lastenverteilung und auch hier liegt die Versuchung nahe, die Lasten nach der objektiven Bedeutung des Individuums für die Funktionsfähigkeit der Systeme zu verteilen.

Jenseits dieses Schemas zur Bedeutung der Grundrechte möchte ich bemerken, dass es unwahrscheinlich ist, dass ein Staat überhaupt Verfassungs-„Voraussetzungen" sichern kann. Es handelt sich um langfristige Strukturverschiebungen. Und in aller Regel wird auch eine flexible Anpassung von Systemen wie Alters- und Krankenversorgung möglich sein. Man könnte es dadurch vielleicht vermeiden, den Einzelnen nach seinem Stellenwert für die Funktionsfähigkeit in – zugegeben wichtigen – Systemen zu „würdigen“.

**Bauer:** Bei aller Unterschiedlichkeit haben die beiden Vorträge doch eines gemeinsam: Sie haben gezeigt, dass der demografische Wandel eine der großen Herausforderungen unserer Zeit ist und keineswegs nur die sozialen Sicherungssysteme betrifft, sondern alle Politikbereiche und administrativen Handlungsfelder. Herr Kluth hat die Rückwirkungen auf die regionale Infrastruktur in den Thesen 17ff. angesprochen, konnte dies in der zur Verfügung stehenden Zeit im Vortrag aber nicht näher ausführen. Ich möchte die Auswirkungen auf die Kommunen an zwei Beispielen aus der Daseinsvorsorge verdeutlichen. In diesem Verwaltungssegment sind etwa Abwasserentsorgungsanlagen auf eine bestimmte Menge an Schmutzwasser ausgelegt, die wegen der abnehmenden Bevölkerung vielerorts bald nicht mehr erreicht wird; die Anlagen müssen dann mit hohem finanziellen Aufwand zurückgebaut werden, weil andernfalls Ablagerungen von Schmutzfracht in den Abwassernetzen mit entsprechenden Seuchengefahren drohen. Ganz ähnlich verhält es sich mit Anlagen zur Trinkwasserversorgung, bei denen die bevölkerungsbedingte Abnahme des Wasserverbrauchs ebenfalls zu Sicherheitsrisiken führt; hier erhöhen nämlich überdimensionierte Anlagen die Gefahr der Trinkwasserverkeimung, die ebenfalls kostenintensive Rückbaumaßnahmen notwendig macht. All diese Kosten sind von einer Bevölkerung mit abnehmenden Einwohnerzahlen zu schultern, verschlechtern die Lebenschancen der Jungen und thematisieren das Problem der Generationengerechtigkeit.

In diesen und ähnlichen Konstellationen setzt das geltende Recht für die Bewältigung des demografischen Wandels nur einen äußeren Rahmen und belässt den Akteuren einen entsprechend großen Gestaltungsspielraum. Deshalb sollten die juristischen Debatten verstärkt staats- und verwaltungswissenschaftliche Aspekte einbeziehen, wie dies ja auch in den beiden Berichten vorgeschlagen wird. Die damit verbundene Perspektivenerweiterung erleichtert nämlich die Generierung von Optionen für den Umgang mit dem demografischen Wandel. Insoweit ist wegen der zentralen Bedeutung der Bevölkerungsentwicklung namentlich an die bereits wiederholt geforderte Einführung eines „Demografiechecks“ zu denken. Der „Demografiecheck“ verfolgt das Anliegen, alle politischen Entscheidungen von gewisser Erheblichkeit einer Art „Demografieverträglichkeitsprüfung“ zu unterziehen. Für die parlamentarische Gesetzgebung ließe sich dies einrichten etwa durch die Verpflichtung, bei jedem Gesetz nicht nur – wie schon bisher – ausdrücklich die Kosten der jeweiligen gesetzlichen Regelung darzustellen, sondern auch auf die Bedeutung für die Bevölkerungsentwicklung einzugehen. Und auf der kommunalen Ebene kommt neben anderem die Errichtung einer auf demografische Fragen spezialisierten Organisationseinheit in Betracht, deren Aufgabe es ist, bei allen kommunalpolitischen Entscheidung auf die intensive Berücksichtigung der Bevölkerungsentwicklung hinzuwirken. Eine Vorreiterrolle hat in diesem Zusammenhang die Stadt Bielefeld mit einer schon vor Jahren eingerichteten „Stabsstelle für demografische Entwicklungsplanung" übernommen. Die Stabsstelle hatte zumindest anfangs allerdings erhebliche Schwierigkeiten, sich in den Fachämtern und -ausschüssen hinreichendes Gehör zu verschaffen. Solche Abkapselungs- und Immunisierungsversuche der Fachverwaltungen belegen, dass in der Praxis die Brisanz des demografischen Wandels noch nicht überall angekommen, geschweige denn in ihrer weit über die sozialen Sicherungssysteme hinausreichenden, sämtliche Segmente des Regierungs- und Verwaltungshandelns erfassenden Bedeutung erkannt ist.

**Klein, E.**: Ich möchte etwas zu dem von Frau Baer so bezeichneten Paradigmenwechsel sagen. Der Begriff scheint mir zu hoch gegriffen, denn wir haben die hier behandelte Problematik ja doch auch schon bisher, jedenfalls partiell, unter der Perspektive der Grund- und Menschenrechte betrachtet. Das vollständige Abstellen auf dieses Gleis scheint mir jedoch übertrieben. Vor einigen Jahren – und deswegen ist mir an sich die stärkere Akzentuierung dieses Ansatzes durchaus sympathisch – haben wir in Potsdam eine Konferenz durchgeführt über globalen demographischen Wandel und Menschenrechte (Globaler demographischer Wandel und Schutz der Menschenrechte, 2005), und natürlich ist uns dabei auch bewusst geworden, wie wichtig dieser Ansatz ist. Aber ich warne doch davor, ihn zu überdehnen und sich zuviel Hilfe, gerade von den internationalen Menschenrechten, bei der Problembewältigung zu erwarten, wobei nicht alles über einen Leisten zu schlagen ist.

Zwei Beispiele: Einerseits, die Diskriminierung aus Gründen des Alters. Ich glaube, da ist in der Tat die internationale Diskussion bereits sehr viel weiter als wir in Deutschland sind, und Sie haben insoweit manches erwähnt, nicht aber Art 21 Abs. 1 der Europäischen Grundrechte-Charta, die ausdrücklich ein solches Diskriminierungsverbot vorsieht. Nun wissen wir alle, die Charta ist noch nicht in Kraft und hat noch nicht einen unmittelbaren normativen Wert, aber das ist eine Frage der Zeit. Ich glaube deshalb – um das nur in Parenthese zu sagen – dass der kürzliche Angriff auf die Rechtsprechung des EuGH durch den Alt-Bundespräsidenten Herzog, der seine eigene Grundrechte-Charta dabei nicht berücksichtigt hat, ziemlich neben der Sache lag (vgl. FAZ v. 8. 9.

2008). Also insofern ja, aber wenn wir uns andererseits die Begriffe Familie und Ehe in den internationalen Konventionen ansehen, da kommen wir, wie ich meine, mit unserer liberalen Ehe- und Familienauffassung nicht weiter, zumindest können wir von daher keine Unterstützung erwarten. Das erscheint mir völlig klar und geht auch aus den Entscheidungen der einschlägigen internationalen Menschenrechtsgremien hervor. Wir müssen also schon versuchen, von der allgemeinen Menschenrechtsidee, von der Herr Isensee sprach, die von Ihnen vielleicht doch zu stark als solche zugrunde gelegt wurde, herunter zu kommen, und sehen, welche Rechte in concreto wir vernünftigerweise zugrundelegen können. Der totale Paradigmenwechsel, glaube ich, geht zu weit und lässt sich im Einzelnen nicht begründen.

**Welti:** Herr Kluth hat das Rawls'sche Modell als einen Begründungszusammenhang für eine Theorie der Generationengerechtigkeit genannt. Ich bezweifle, dass dieses Modell hier weiterführend ist aus Gründen, die auch von Frau Baer angesprochen worden sind, denn das Rawls'sche Modell ist nicht dynamisch, es beinhaltet nicht, dass es Fortschritt in Freiheit gibt und dass wir es auch zu den Aufgaben der heute lebenden Menschen zählen, dass es künftigen Generationen besser gehen möge. Wenn wir das so sehen, dann würde jeder im Rawls'schen Modell lieber später leben wollen als früher, denn wenn es mit der Menschheit vorwärts geht, dann auch in der Lebenserwartung und im Wohlstand. Gerade weil die Zukunft offen ist, ist die Frage, ob wir der Verfassung eine demographische Norm voraussetzen oder unterschieben können. Können wir, wie es das Bundesverfassungsgericht in einer Entscheidung gemacht hat, z.B. die Bestandserhaltung, wie Sie sie auch zitiert haben, als Norm setzen, die wir als Verfassungsvoraussetzung ansehen? Ich glaube das eher nicht. Folgt nicht aus der Zukunftsoffenheit ein weiterer Spielraum des demokratischen Gesetzgebers, als ihn das Bundesverfassungsgericht in der Sozialpolitik gelassen hat? Natürlich ist der demographische Wandel primär eine Herausforderung an die demokratischen Prozesse – woran denn sonst? Wenn wir unsere Systeme gestalten, können wir wissen, wen wir im Jahr 2050 überhaupt für alt und bedürftig halten und halten müssen? Können wir wissen, welchen Rentenbeitrag unsere Enkel im Jahre 2050 für zumutbar halten werden? Es könnte Hybris sein, wenn wir meinen, das schon zu wissen. Demokratie versöhnt Individualismus und kollektive Lösungen gerade dann, wenn es um Solidarität der Generationen geht, um Solidarität der Menschen miteinander. Wir reden auch über uns selbst, wenn wir darüber sprechen, wie wir Gesundheit und Pflege im Alter regeln. Dann fragen wir, was wollen wir heute geben für die, die bedürftig sind, und was wollen wir bekommen, wenn wir selbst in der Bedarfslage sind? Darum ist Solidarität der weitergehende, der weiterführende Begriff als die Generationengerechtigkeit.

**Zacher:** Ich beginne mit dem Vortrag von Frau Baer. Meine Kritik gegenüber dem Referat von Frau Baer ist so grundsätzlich, dass die Aufgabe, sie auszusprechen eine endliche ist. Dagegen wäre meine Kritik und wären meine Ergänzungsvorschläge zu dem Referat von Herrn Kluth beliebig vermehrbar. Da bin ich ohnedies auf die Grenze meiner Redezeit verwiesen.

Frau Baer, zunächst aber zu einer Position, in der ich Ihnen nachdrücklich zustimme. Sie haben das Problem des Wissens angesprochen. Mein wissenschaftliches Leben gehörte – ich weiß nicht, ob Sie das wissen – dem Sozialrecht. Nicht nur, aber doch weitgehend. Und damit auch der Sozialpolitik. Wer in der Sozialpolitik arbeitet, weiß auf besondere Weise, wie die Demokratie und wie auch alle Sachentscheidungen von den Fakten und also vor allem vom Wissen über die Fakten abhängen und wie sie durch die Verfügung über dieses Wissen beeinflusst werden. Hier wird Macht ausgeübt und missbraucht. Aber nicht nur durch – und hier möchte ich dem, was Sie gesagt haben, einen Akzent hinzufügen – die positive Manipulation von Wissen, sondern gerade auch dadurch, dass die Widerlegung falschen Wissens verhindert wird. Falsche Evidenzen sind in der sozialpolitischen Auseinandersetzung Kapital. Von diesem Schatz lässt man sich nicht abbringen. Ich kämpfe seit langem für eine institutionelle Verbesserung: für eine Institution, die eigenständig die Tatsachen sammelt, aufbereitet und bewertet und der Politik, der Verwaltung, vor allem aber auch der Öffentlichkeit andient. Ich möchte das Projekt hier nicht weiter ausbreiten. Was ich hier sagen möchte, ist dieses. Ich habe immer wieder erleben müssen, dass dieses Projekt alle zum Feind hat, die auch nur die Möglichkeit sehen, dass die Herrschaft über die Darstellung der Tatsachen jetzt oder später Ihren Interessen dienen könnte. Zunächst kriegt man, wenn man eine unabhängige und objektive Tatsachen-Pflege einfordert, Anlaufbeifall. Aber wenn die Leute merken, dass dadurch vielleicht irgendwann einmal der Fall eintreten könnte, dass durch eine bessere Information auch ihre Ziele gefährdet werden könnten, dann hört die Unterstützung sofort auf. Da haben Sie einen ganz wichtigen Punkt angesprochen. Aber ich glaube, Sie sollten ihn noch offener, alltäglicher sehen. In der Alltäglichkeit des Phänomens liegt eine wichtige Dimension seiner Gefährlichkeit.

Im Übrigen ist mir bei Ihrem Referat heiß und kalt geworden: bei der Leidenschaft Ihrer Einseitigkeiten. Meine Zeit ist zu Ende. Lassen Sie mich nur noch das Folgende sagen. Ich glaube, dass Sie, Frau Baer, das

Potential an Verantwortung und Bindungsfähigkeit, das mit Ehe und Familie einhergeht, unterschätzen. Vor allem das Potential an Privatheit. Die Gesellschaft braucht dieses Potential. Ich weiß nicht, ob das Wort „Privatheit" bei Ihnen hier überhaupt vorkommt. Eine in sich geordnete, selbsttragende Privatheit ist jedoch ein hohes Gut. Und Ehe und Familie sind nicht nur im Glücksfall, sondern auch im Normalfall Horte von Privatheit. Und das glaube ich, darauf kann eine Gesellschaft nicht verzichten.

**Lege:** Beide Referate waren, das ist schon angeklungen – ich glaube bei Herrn Kingreen –, insofern von Gemeinsamkeit geprägt, als sie den Staat sehr staatsbejahend als den großen Problemlöser angesehen haben. Ich habe dazu drei Punkte.

Erstens eine Kritik an Herrn Kluth. Wenn ich es richtig verstanden habe, haben Sie bei These 14 gesagt: „Märkte erzeugen keine gerechten Ergebnisse, sie führen nur zu einer Optimierung der Allokation von Ressourcen". Das halte ich für Unsinn. Märkte sind, wenn sie funktionieren, eine wunderbare Institution zur Herstellung von Gerechtigkeit. Das sieht man vor allem daran, dass mit Märkten, mit funktionierenden Märkten, die alte philosophische Frage nach dem gerechten Preis, dem *pretium iustum*, schlicht aufhört. Märkte führen zu gerechten Preisen durch Angebot und Nachfrage, und das Recht kann sich auf Korrekturen wie das Verbot von Wucher oder die Verhinderung von Oligopolen beschränken.

Zweiter Punkt: Ich habe in beiden Referaten, aber auch schon in den gestrigen Referaten zur sozialen Gleichheit, *eine* Institution gänzlich vermisst, nämlich den Arbeitsmarkt. Der Arbeitsmarkt hat bei Ihnen überhaupt keine Rolle gespielt, obwohl er diejenige Institution ist, die ganz wesentlich darüber entscheidet, ob Menschen in Würde ihren Lebensunterhalt verdienen können und damit übrigens auch die so oft beschworene Eigenverantwortung wahrnehmen können. (Die Rede von Eigenverantwortung hat ja oft etwas von Schwarzem Peter.) Außerdem ist ein funktionierender Arbeitsmarkt diejenige Institution, die dazu führt, dass ein jeder tut, was er leidlich oder gar am besten kann, und dadurch mehr oder weniger glücklich wird. (Das ist übrigens in etwa Platons – den Sie, Frau Baer, genannt haben – Definition von Gerechtigkeit.)

Im Anschluss daran zwei Dinge: Es gibt heute die Unterscheidung von Erstem und Zweitem Arbeitsmarkt. Nur der Erste Arbeitsmarkt erwirtschaftet diejenigen Beiträge, die in der Sozialversicherung dann verteilt werden können – und das wird immer knapper. Zudem gibt es beim Zugang zum Ersten Arbeitsmarkt eine große Generationen*un*gerechtigkeit, die Sie ebenfalls nicht erwähnt haben, nämlich die sog. „Generation Praktikum", das ist die jetzige Generation junger Akademiker, die es sehr schwer hat, feste Arbeit zu finden. Frage an Sie beide: Spielt der Arbeitsmarkt wirklich keine Rolle für die Überlegungen zur Generationengerechtigkeit? Oder sind nicht, anders gewendet, viele Fragen der „Generationengerechtigkeit" in Wahrheit Fragen eines nicht funktionierenden und dadurch ungerechten Arbeitsmarkts? Und muss der Staat ein Nichtfunktionieren des Ersten Arbeitsmarkts wirklich wie ein unabwendbares Schicksal hinnehmen?

Als dritten Punkt eine sehr kurze Frage an Frau Baer: Sie haben immer wieder die Grund- und Menschenrechte genannt. Welche Generation meinen Sie damit: die Generation der Freiheitsrechte oder die Generation der Ansprüche?

**von Coelln:** Frau Baer, ich habe eine Frage an Sie. Ich kann's ganz kurz machen, weil Herr Kingreen den Gedanken schon im Nebensatz angesprochen hat. Ich stimme Ihnen vollständig zu, dass die Abhängigkeit bestimmter staatlicher Gewährleistungen, oder überhaupt staatlicher Regelungen, von tradierten Rollenbildern problematisch ist. Dann haben Sie darauf hingewiesen, dass Freiheit, gerade im Bereich der Familie, unabhängig von derartigen Rollenerwartungen gewährleistet werden sollte. Zugleich haben Sie jedoch die Elternzeit für Väter als „Silberstreif am Horizont" bezeichnet. Da habe ich nun doch große Zweifel. Wenn man Freiheit im Bereich der Familie ernst nimmt, dann sind tradierte Rollenbilder problematisch. Aber vom Staat vorgegebene moderne – oder vielleicht nur vermeintlich moderne – Rollenbilder sind es auch, wenn und weil sie nämlich mit tradierten Rollenbildern gemeinsam haben, dass sie staatlicherseits oktroyiert werden. Wer Freiheit im Bereich der Familie ernst nimmt, muss – um es ganz konkret zu machen – bei der Kinderbetreuung alle Entscheidungen akzeptieren, die in der Familie getroffen werden. Die Aufteilung der Betreuungszeiten zwischen den Eltern ist vom Staat genauso zu akzeptieren wie eine Betreuung allein durch die Mutter oder eine Betreuung allein durch den Vater. Alles andere läuft dem grundrechtlichen Freiheitsanliegen nach meinem Dafürhalten fundamental zuwider.

**Meyer:** Ich möchte auf einen zusätzlichen Aspekt kommen, der in der Debatte kurz angesprochen, aber nicht thematisiert worden ist. Dessen Volumen ist größer, als in den Gebieten, die hier behandelt worden sind. Die regierende Generation, nämlich meine, hat die Belastung der schrumpfenden Generation maßlos erhöht. Wir sind bei 1,5 Billionen Staatsschulden; eine Billion hat 12 Nullen, vor dem Komma. Wie kam es dazu? Der erste Fehler bestand darin, mit der Finanzverfassungsreform 1969 den Staatskredit zu einem normalen Finanzierungsinstrument des Staates gemacht zu haben. Das war ein großer, ein kapitaler Fehler. Ich halte das auch für demokratiewidrig, denn das Problem des Staatskredits besteht darin, dass die Handelnden, die den Kredit aufnehmen, keine politische Verantwortung dafür zu übernehmen haben. Der zweite Fehler bestand darin, dass der Staat seine Schulden gar nicht zurückzahlt, sondern revolviert und dass diese Revolvierung unter dem Beifall der Literatur, auch aus diesem Kreise, selbst in einer sehr dicken Habilitationsschrift, nicht als Kreditaufnahme angesehen wird. Auf diese Weise sind die Schulden Jahr für Jahr gestapelt worden. Nur deshalb hat der Bund zurzeit über 900 Milliarden Schulden und konnte sie nur haben. Bei einer sinnvollen Auslegung von Art. 115 GG war das unzulässig. Die Konsequenz ist, dass der Bund im Jahre 2007 vierzig Milliarden allein für den Zinsdienst aufgewandt hat, bei zweiundzwanzig Milliarden für Investitionen. Vierzig Milliarden! Und dass der Bund jeden Monat über zwanzig Milliarden Schulden revolvieren muss. Wenn er die Schulden in diesem Jahr zurückzahlen würde oder zurückgezahlt hätte, die fällig geworden sind, hätte er seine Tätigkeit nicht nur völlig einstellen, sondern seine Beamten und Angestellten entlassen müssen. Das ist der Zustand, den wir heute haben. Die Föderalismuskommission II wird vermutlich ein Kreditregime beschließen, wenn sie überhaupt etwas zustande bekommt. Aber dieses Kreditregime wird, wie mittlerweile bekannt ist, dazu führen, dass der Bund weiterhin bis zu 10 Milliarden im Jahr aufnehmen kann. Es gibt kein Verbot der Stapelung dieser Schulden, d.h. der Schuldenberg wird weiter wachsen. Die Belastung des Haushalts durch den Zinsdienst wird also weiterhin steigen. Dies ist ein Problem, vor dem vielleicht das eine oder andere Problem, das hier angesprochen ist, erheblich verblasst.

**Röben:** Ich denke auch, dass auch die Bewältigung des demographischen Wandels und der Generationengerechtigkeit ein zentrales Problem für das Völkerrecht ist. Aber im Schwerpunkt sind das Instrumente der klassischen, zwischenstaatlichen Kooperation, die Anwendung finden, etwa bei der Steuerung von Migration. Hingegen – und da schließe ich mich an das an, was Herr Klein gesagt hat – darf insofern der Regelungsanspruch der Menschenrechte nicht überschätzt werden, denn diese ziehen vielleicht einzelstaatlichem Handeln äußere Grenzen, lassen jedoch zentrale Fragen zumeist unbeantwortet. Ein Beispiel dafür ist die Rassendiskriminierungskonvention, die in einer vertretbaren Auslegung auf Migration Anwendung findet, aber eben nur sagt, Staaten dürfen nicht aus Gründen der Staatsangehörigkeit diskriminieren, während es der Entscheidung der Staaten überlassen bleibt, ob und in welchem Umfang sie Migration zulassen wollen.

**Häberle:** Ich fühle mich zu einem kleinen Votum nur berechtigt, weil sich Frau *Baer* für einen differenzierten Altersbegriff ausgesprochen hat, von dem ich profitiere. Außerdem ist sie zum Glück nicht der Gesetzgebung von Kaiser Augustus gefolgt, wonach diejenigen, die keine ehelichen Kinder haben, Steuern bezahlen müssen. So bin ich frei und kann vorweg feststellen, dass mir die sozialwissenschaftliche Befundnahme, die Ihrem Referat zugrunde liegt, durchaus gefallen hat.

Eine Kritik an beiden Referaten darf ich jedoch anmelden, teilweise auf den Spuren von Herrn Kotzur, nur mit anderer Begründung. Die „Generationengerechtigkeit" steckt für mich weniger, oder jedenfalls nicht nur im Sozialstaatsprinzip, sondern vor allem in der genialen Formel „Gesetz und Recht" (Art. 20 Abs. 3 GG). Die Gerechtigkeit ist ein immanentes Verfassungsprinzip unseres Grundgesetzes, also auch die Generationengerechtigkeit. Wir können die Idee des Gesellschaftsvertrags von Kant bis Rawls und H. Jonas – „Nachwelt" – in die Zeitdimension erstrecken. Der Gesellschaftsvertrag wird zum Generationenvertrag, verbunden mit dem kategorischen Imperativ. Überdies hilft uns die Verfassungsvergleichung: Die neuen Regionalstatute in Italien, etwa Apuliens und der Marken, sprechen immer wieder von der Verantwortung für die künftigen Generationen bzw. vom Umweltschutz. Wir erkennen die Herausbildung von gemein-europäischem Regionalismusrecht. Ich erwähne auch den Bayreuther Band von Herrn Kahl, den „homo novus heidelbergensis" zur Nachhaltigkeit als Verbundbegriff. In ihm zeigen sich viele Textstufenformen und Varianten zum Thema künftige Generationen bzw. Nachhaltigkeit. Auch in den spanischen Regionalstatuten von Katalonien und Andalusien wird man fündig. In der Schweiz gibt es die „Schuldenbremse" schon seit einigen Jahren. Dies zum *geltenden* Recht. Jetzt zur Ebene der Verfassungs*politik*. Wem unsere Argumentation zu Art. 20 Abs. 3 und Art. 20a GG nicht ausreicht, der möge in viele neue Präambeln von Verfassungen blicken: In ihnen und an vielen anderen Textstellen im Rahmen einer weltweit ansetzenden vergleichenden Verfassungslehre findet sich vielfältiges Material. Man denke auch an die Erziehungsziele. So habe ich kürzlich der entsprechenden Enquete-Kommission des Bundestages auf deren Bitte hin vorgeschlagen, die Aufnahme von Nachhaltigkeit bzw. der Generationengerechtigkeit in den Kanon der Erziehungsziele der Länderverfassungen anzuregen.

**Baer:** Das Thema barg ja nicht nur sehr viele Probleme, sondern die Vorträge geben wohl auch gezielt Anlass zu sehr vielen Fragen, für die ich mich bedanke.

Herr Meyer, ich hatte fast ein schlechtes Gewissen, die Staatsverschuldung hier nicht zu behandeln. Ich ahnte ja, dass Sie kommen würden. Es handelt sich ja da um leerlaufendes Verfassungsrecht und das gibt schwer zu denken. Es gibt Anlass zu einer Auseinandersetzung mit Wirksamkeitsbedingungen von Verfassungsstaatlichkeit, und das fiel der Kürzung zum Opfer, und ich muss leider auf Fußnoten verweisen. Herr Häberle, dasselbe gilt für die Rechtsvergleichung, an der ich ja sonst sehr hänge; auch sie musste einem gewissen Kürzungsprozess zum Opfer fallen. Natürlich ist sie auch hier durchaus fruchtbar zu machen.

Ich möchte die Gelegenheit nutzen, kurz auf zwei Punkte einzugehen, die viele von Ihnen angesprochen haben, um das Hintergründige auch hinter meinem Vortrag ein bisschen mehr in den Vordergrund zu ziehen, soweit ich das kann. Der erste Punkt, den ich mit meinem Beitrag hier stark machen wollte, ist ein letztlich wissenschaftstheoretischer Punkt. Es geht mir um eine interdisziplinäre Öffnung, die ich sogar für zwingend halte – natürlich nicht nur bei diesem Thema, aber bei diesem Thema lag sie derart auf der Hand, dass es nicht zu vermeiden war. Das ist der Punkt des Umgangs mit dem Wissen und den Wissenspolitiken. Damit wollte ich keine pauschale Verdammung des kollektivistischen, des zahlenbasierten oder des irgendwie demographischen Denkens erzeugen, aber ich wollte doch ein deutliches Plädoyer der Skepsis vortragen, denn mehrheitlich – sowohl medial als eben auch verfassungspolitisch und in der Staatsrechtslehre – fallen Plädoyers hier durchaus weltanschaulich präformiert aus, letzten Endes damit eben auch ideologisch, und das halte ich doch für sehr problematisch. Herr Steiger, insofern wende ich mich deutlich gegen die Aufladung und Funktionalisierung von Daten.

Man betont natürlich auch die Dinge, von denen man annimmt, dass sie nicht schon zum Allgemeingut gehören. Insofern lag hier die Emphase. Herr Zacher, sie richtete sich gegen falsche Evidenzen. Wenn ich diese Begrifflichkeit vorher gekannt hätte, hätte ich sie im Referat verwendet. Falsche Evidenzen ist wohl das, worauf ich es abgesehen hatte. Das betrifft auch Begriffe wie Humankapital und Humanvermögen, die ich ausgesprochen kritisch verwende. Humanvermögen ist der zur Zeit in der Familienpolitik benutzte Begriff; er fällt in Regierungsberichten, Familienberichten, Erklärungen. Meines Erachtens ist das die sanfte Variante des Humankapitals und signalisiert die ebenso problematische Reduktion auf ein ökonomistisches Modell, auf Verwertungslogiken, die dieser Sache überhaupt nicht angemessen sind.

Mein Punkt hier war also und das richtet sich an Herrn Volkmann, eine durchaus aufgeklärte Perspektive präsentieren zu wollen. Natürlich fehlte da ein wenig die politisch-historische Kontextualisierung, denn Demographie heute ist nicht Demographie von gestern und schon gar nicht die Demographie des Nationalsozialismus. Die deutsche Demographie grenzt sich da ja mittlerweile auch explizit von dieser ab, aber die Erblasten bleiben und können in Begrifflichkeiten durchaus noch in einer Art und Weise mitschwingen, dass ich es nicht für überflüssig hielt, hier diese Genealogie auszuweisen. Ich wollte extrapolieren, welche problematischen Gehalte, also welcher historische Ballast noch an der einen oder anderen Stelle mitgeschleppt wird, aber dann im Gegenzug doch auch deutlich betonen, dass das nicht alternativlos ist. Demographische Aufgeklärtheit zwingt eben zu nichts, sondern demographische Aufgeklärtheit stärkt Gestaltungsfreiheit. Das ließe sich allerdings sicherlich ausbauen.

Verfassungstheoretisch und rechtsphilosophisch gab es dann die Aufforderung, mich mit Generationengerechtigkeit auseinanderzusetzen, eine Gerechtigkeit gewissermaßen anders zu konturieren; Herr Häberle und auch Herr Kotzur haben auf gewisse Weise danach gefragt. Ich isoliere Gerechtigkeit dabei nicht als übergeordnetes Prinzip, sondern plädiere dafür, Gerechtigkeit konsequent individuell zu verankern. Ob das radikal individualistisch ist, weiß ich nicht, denn es konzipiert Individualität in sozialer Verantwortung, andere würden sagen: als Mitmenschlichkeit, die ich hier stark machen wollte.

Herr Klein und Herr Röben haben dann die Menschenrechte und die internationale Entwicklung angesprochen. Ich wollte diese nicht als verbindlich vorstellen, habe aber auch deshalb die Grundrechtecharta nicht genannt, sondern als durchaus inspirierend. Gerade im Bereich der reproduktiven Rechte ist ja sehr umstritten, was sich dort entwickelt. Ich habe die internationale Entwicklung als Anregung benutzt, um für die deutsche oder die schweizerische oder die österreichische Verfassungsrechtsdogmatik ein wenig Fundament zu eruieren. Die völkerrechtliche Debatte dient doch als Inspiration, um hier weiter zu kommen.

Herr Pieroth und wohl auch Herr Kahl und Herr Hillgruber haben angesprochen, dass das trotzdem doch dürftig oder, um Herrn Pieroth zu zitieren, karg geblieben ist. Ich bin geneigt zu sagen: So karg ist die Verfassung, so reich ist der Gesetzgeber. Ich habe sicherlich nicht in den dogmatischen Feinheiten ausgebreitet, was die Grund- und Menschenrechte hier sagen, denn ich habe einen anderen Schwerpunkt gesetzt. Die Grund- und Menschenrechte besagen ganz sicher mehr als das, was ich hier gesagt habe. Aber sie sagen doch nicht so viel – weder in der Aufgabenformulierung noch in der Formulierung von Voraussetzungen – wie manche hier meinen. So reich und fruchtbar ich den demokratischen Prozess setzen möchte, so karg muss ich die verfassungsrechtliche Vorgabe halten. Das ist mir an dieser Stelle besonders wichtig. Auch Herr Isensee hatte danach gefragt, was ich ganz genau meine und auf welche Rechtsprechung ich mich da beziehe. Auch da muss ich auf die Fußnoten verweisen. Aber es ist mir wichtig, dass grundrechtliche Emphase mit grundrechtlicher Zurückhaltung einhergehen muss, um die Spielräume eines demokratischen Gesetzgebers zu markieren.

Solche Spielräume hat Herr Hoffmann-Riem angesprochen und wohl auch Herr Bauer. Es ist geradezu zwingend, hier über Optionen-Modelle nachzudenken, oder aus verwaltungswissenschaftlicher Sicht: über Regulierungstechniken, die Freiheit in andere Gewänder gießen als wir das bislang gewohnt sind. Ich glaube, der Gesetzgeber ist heute viel kompetenter, als viele ihn in der Staatsrechtslehre wahrnehmen. Das Hintergründige meines Vortrags, was da mitschwang, bezieht sich auf sehr viel differenziertere Angebotsmodelle zugunsten von Möglichkeiten der Selbstentfaltung, die weniger auf die Typisierung oder auf Institute und institutionelle Garantien Wert legen, als das bislang der Fall war. Ja, das ist ein gewisser Abschied von der Typisierung, und nein, das ist kein radikaler Paradigmenwechsel, aber doch vielfach eine Umstellung.

Den Begriff Paradigmenwechsel habe ich gewählt, um insbesondere den Abschied von den chronologischen Altersfixierungen zu markieren, die in Deutschland auch im internationalen Vergleich ausgeprägter sind als andernorts. Der Auftrag für diesen Vortrag war, und Herr Isensee hatte auch in diese Richtung gefragt, für mich mit der Frage verknüpft: Wie halte ich's denn mit den individuellen Absicherungsgarantien in dieser Verfassung. Das hängt nicht davon ab, wie individualistisch oder wenig individualistisch ich das fasse, sondern wie ich das Subjekt konstruiere. Was macht dieses Individuum aus? Ich denke hier nicht in einer Dichotomie zwischen dem Kollektiv und dem Individuum. Vielmehr ist ein Hintergrund meines Vortrags, das Individuum auf eine ganz bestimmte Art und Weise zu fassen. Ich will das mit zwei Beispielen verdeutlichen.

Das beste Beispiel ist Art. 6 Abs. 1 GG. Das ist ein Recht des Individuums, in seiner sozialen Verankerung, in seiner verantwortlichen Bindung, in all den Dimensionen, die mehr sind als das alleinige autarke autonome nur rational gedachte Individuum, das eine lange Tradition hat. Gerade Art. 6 GG fordert doch dazu auf, Individualität eben mitmenschlich oder solidarisch oder, so ließe sich rechtsphilosophisch sagen, relational verbunden zu denken. Das bedeutet natürlich, Vätern nicht vorzuschreiben, was sie zu tun oder zu lassen haben, genauso wenig wie Müttern, und das hat ja die längere Geschichte. Es bedeutet auch in der Familie, und hier knüpfe ich wieder an Herrn Hoffmann-Riem an, Optionen-Modelle so auszugestalten, dass die Entscheidungsfreiheit in der individuellen Ausgestaltung von Familienleben eine ernsthafte Entscheidungsfreiheit ist. An diesem Punkt sind wir ja noch lange nicht. Ich habe die Väter genannt, weil auffällt, dass die Väter zum Beispiel im Aufenthaltsrecht und auch in der familienrechtlichen Debatte überhaupt einmal vorkommen; das ist ja ein radikales Novum, das die Republik geradezu durchzuckte. Der Punkt ist aber nicht, damit pauschal eine gesetzgeberische Entscheidung zu verteidigen, die an anderen Stellen u.a. ob der schichtspezifischen Privilegierungen erhebliche Probleme aufwirft. Der Punkt ist vielmehr, zu markieren, dass Familie heute zunehmend mit Blick auf alle Familienmitglieder, also mit Blick auf vielfache Entscheidungen zur Übernahme von Verantwortung gedacht wird. Insofern Väterregeln nicht als Vätervorschriften, sondern als Optionen aktiver Vaterschaft konzipiert werden, ist das wegweisend, und für viele noch lange keine realistische Option, weder im Arbeitsleben noch andernorts, weil gesellschaftliche Traditionen entgegenstehen. Ich würde da, so hoffe ich, mit Thorsten Kingreen in ein Horn stoßen. Nur die Details der gesetzgeberischen Ausgestaltung sind noch nicht das Gelbe vom Ei.

Das weitere Beispiel sind die Regelungen zur Sprache mit Blick auf die Migration. Vielleicht habe ich mich missverständlich ausgedrückt, aber es geht mir gerade nicht darum, von Sprachanforderungen zugunsten der Integration Abstand zu nehmen. Ganz im Gegenteil: Das Kommunikative und Partizipative im öffentlichen Prozess kann nicht ernst genug genommen werden. Nur ist es doch ein Unterschied, ob ich Sprache als Assimilationsanforderung oder als Befähigung zur Partizipation konstruiere. Derzeit wird hier eher repressiv eine Anforderung gestaltet und nicht die Befähigung erzeugt, um hier zu bleiben und sich auch noch politisch artikulieren zu können. Die Studien, die den Debatten nicht zuletzt um das Ausländerwahlrecht zugrunde liegen, belegen zudem recht eindeutige parteipolitische Präferenzen der dann eventuell partizipierenden Ausländerinnen und Ausländer. Es gibt also partikulare Interessen, sie mit Sprachanforderungen zu konfrontieren, aber gleichzeitig nicht am politischen Geschehen teilhaben zu lassen. Auch deswegen habe ich gesagt, Migrationsrecht: Konglomerat der Kompromisse.

Ich wollte also auch hier nicht sagen, dass alles Bisherige schlecht ist, sondern bin eher eine derjenigen, die dafür eintritt, z.B. von Kant zu lernen, aber durchaus nicht alles zu übernehmen. Ich orientiere mich an einem Gerechtigkeitsbegriff, der auf Anerkennung orientiert ist, also sich an Arbeiten von Axel Honneth oder Seyla Benhabib orientiert. Das halte ich für gewinnbringend, aber das ist auch wieder nur eine kurze Bemerkung, und fast die letzte, da Herr Schulze-Fielitz winkt: Am Schluss steht der Dank an den Vorstand für die Chance, mich in dieses Feld einzuarbeiten. Das meine ich ernst. Zudem danke ich allen, die sich an der Diskussion beteiligt haben, für die Anregungen. Das war sehr hilfreich.

**Kluth:** Dem Dank kann ich mich unmittelbar anschließen und kurz die wichtigsten Punkte in der Diskussion, für die ich auch sehr herzlich danke, ansprechen. Zunächst noch einmal zu der Frage, inwieweit durch den demografischen Wandel eine Verfassungsvoraussetzung wegbricht. Die Verfassung ist nicht auf eine bestimmte Bevölkerungsgröße und auch nicht unbedingt auf eine bestimmte Bevölkerungsstruktur angewiesen, d.h. es ist eben weder eine bestimmte numerische Größe noch eine bestimmte Struktur strikte Verfassungsvoraussetzung. Es ist aber so, dass im Hinblick auf die soziale Gerechtigkeit und die Generationengerechtigkeit erhebliche Veränderungen in der Bevölkerungsstruktur schwer zu bewältigende Folgen auslösen. Mit den rechtlichen Maßgaben für diesen Transformationsprozess habe ich mich in erster Linie beschäftigt und in diesem Kontext auch gesagt, die Gewährung von sozialer und auch von Generationengerechtigkeit fällt leichter, wenn dieser Transformationsprozess langsamer verläuft. Die beschriebenen Transformationsprozesse erzeugen Steuerungs- und Anpassungsbedürfnisse, gerade weil sie Verschiebungen in den Systemen der sozialen Sicherung und damit auch in der Generationengerechtigkeit erzeugen können.

Zweitens war meine Ausgangsüberlegung, dass eine explizite Verankerung der Generationengerechtigkeit jenseits des Art. 20a GG aus dem Grundgesetz nicht abzuleiten ist und dass der zutreffende Bezug, Herr Kotzur, Herr Häberle, auf das Denken in einem Generationengesellschaftsvertrag einen Kontext bereitstellt, der aber noch nicht in der Lage ist, unmittelbare Rechtswirkungen zu erzeugen. Diesen Kontext, und da bin ich bei Herrn Pieroth, liefert auch das allgemeine Gerechtigkeitsdenken, wie es das Bundesverfassungsgericht zur Konkretisierung des allgemeinen Gleichheitssatzes heranzieht. Wir brauchen über das formale Gleichbehandlungsgebot hinausgehende Kriterien des allgemeinen Gerechtigkeitsdenkens, die zur Steuerung solcher Prozesse durch den Gesetzgeber entwickelt werden müssen. Primär ist also der Gesetzgeber gefordert. Die Verfassungsgerichtsbarkeit kann das anmahnen, wenn absehbar ist, dass es ansonsten zu Verstößen oder zu allzu großen Spannungslagen kommt.

Damit sind wir bei dem allgemeinen Problem, dass soziale Gerechtigkeit und auch Generationengerechtigkeit nicht genau gemessen werden kann. Wir können, wie auch der Blick in die Literatur zeigt, immer nur sehen, dass ab einer bestimmten Größe von Spannungslagen Ungerechtigkeit und damit auch Handlungsbedarf entsteht. Das ist für den Juristen manchmal unbefriedigend, aber mit einer größeren Konturierung würden wir die Verfassung überladen. Und an dieser Stelle habe ich versucht, deutlich zu machen, dass in Rechtssystemen, die unmittelbar auf intergenerationelle Beziehungen gerichtet sind, die Ableitung konkreter Maßgaben leichter ist, und dass für die übrigen Felder Impulse, Aufmerksamkeitshinweise aus dem Prinzip der Generationengerechtigkeit abgeleitet werden können und dass sich dort Arbeitsfelder eröffnen, die, wenn man diesem Gerechtigkeitsprinzip Raum und Bedeutung schenken will, durch Politik und Wissenschaft in Angriff genommen werden müssen.

Damit auch zu dem Punkt von Herrn Welti. Ist John Rawls hier der richtige Anknüpfungspunkt? Ich denke, er hat einen grundsätzlichen Orientierungspunkt gegeben, der sich dann weiter entwickelt hat sowohl in der politischen Philosophie als auch in den rechtlichen Diskursen. Ich habe in meinen Überlegungen in engeren historischen Dimensionen argumentiert. Ich habe auf Maßgaben der Generationengerechtigkeit in überschaubaren generationellen Zusammenhängen abgestellt. Das ist wiederum auch die empirische Situation, der empirische Kontext, innerhalb dessen sich Generationengerechtigkeit als konkrete Herausforderung an politische Gestaltung erzeugt. Hier spielen natürlich andere Zeiträume eine Rolle, als das bei dieser prinzipiellen, explizit a-historschen Überlegung, wie sie John Rawls entwickelt hat, relevant sind.

Sollte man ein eigenes Staatsziel einführen? Da bin ich zurückhaltend, weil die Hauptkonsequenz eines solchen „Artikels 20b" eine Lastenverschiebung von der Gesetzgebung auch zur Verfassungsgerichtsbarkeit sein könnte. Mein Eindruck – es gibt ja in der Literatur viele Stellungnahmen, die sagen, wir sind noch im demographischen Schlaf begriffen, wir haben uns den Problemen gar nicht gewidmet – mein Eindruck aus der intensiven Beschäftigung ist, dass sich Politik und Wissenschaft sehr wohl der Bearbeitung und Verarbeitung dieser Thematik widmen und dass der Impuls zur Beschäftigung, zur Auseinandersetzung mit diesem Thema sowohl in der Wissenschaft als auch in der Politik mittlerweile recht groß ist, so dass wir eine zusätzliche Steuerung durch ein weiteres Verfassungsziel meines Erachtens nicht unbedingt benötigen, sondern dass das, was auch Herr Steiner in einem Aufsatz angemerkt hat, gilt: Wenn wir mehr Verfassungsrechtsprechung zu dem Thema wollen, so mögen wir es in die Verfassung hineinschreiben, ansonsten sollten wir es in wissenschaftlichem und sonstigem Diskurs immer wieder thematisieren. Die Sensibilisierung, das ist meine Überzeugung, ist da und sie ist auch differenziert.

Insofern möchte ich noch mal das betonen, was Herr Hoffmann-Riem gesagt hat. Es geht um die Entwicklung von größeren Beweglichkeiten, von Systemen, die sich auf die demografische Veränderung einstellen. Die Pflicht des Gesetzgebers ist es, wenn Änderungen absehbar sind, dort auch angemessene, nämlich flexible und auch differenzierende Reaktionsmechanismen zu schaffen. Etatismus, Herr Kingreen, ist nicht meine Absicht gewesen, sondern mehr Transparenz. Ich bin jetzt nicht für ein konkretes Modell der Familienkasse eingetreten; es geht mir vor allem um die Bündelungsfunktion, um deutlich zu machen, wie und in welchem Kontext Familiengerechtigkeit gewährleistet ist. Das hängt auch damit zusammen, dass es aufgrund der alten Rechtsprechung des Bundesverfassungsgerichts, wo man in allen möglichen Zusammenhängen Familienförderung, Familiengerechtigkeit zusammenmixen konnte, wenn nur das Ergebnis stimmte, dass die gerade in diesem Bereich zu einer großen Intransparenz geführt hat, so dass also niemand so recht weiß, was ist jetzt eigentlich Familiengerechtigkeit und was ist Familienförderung, und was passiert oder wird passieren, oder geschehen diese Dinge an der richtigen Stelle. Die Zuordnung zu einem Sozialversicherungssystem ist ja nicht zwingend. Das wäre außerdem nur organisatorisch, weil Sie völlig Recht haben, dass ja da eben nicht die ganze Bevölkerung organisiert ist, so dass das auch berücksichtigt werden müsste.

Als letzter Punkt zur Kritik von Herrn Lege. Meine Bemerkung, dass Märkte nicht gerecht sind, stammt von Friedrich August von Hayek. Ich denke, das ist jemand, der sich mit Märkten auskennt, und wir sollten vielleicht im Privatgespräch den Kontext eruieren, in dem er das gemeint hat. Er weist auch darauf hin, dass es bei funktionierenden Märkten so etwas wie Preisgerechtigkeit geben kann, aber darüber hinausgehende Steuerungsleistungen hat er – gerade als Befürworter der Wirkung von Märkten – doch stärker in Frage gestellt, als wir uns manchmal bewusst sind.

Meine Damen und Herren, ich danke Ihnen für Ihre Geduld, für Ihre Anregungen und wünsche Ihnen und uns allen, dass das Thema uns noch viele – nicht nur wie mir – schlaflose Nächte, sondern auch viele Impulse für die weitere wissenschaftliche Arbeit gibt.

Vierter Beratungsgegenstand:

# Erosion demokratischer Öffentlichkeit?

## 1. Bericht von Professor Dr. *Bernd Holznagel*, Münster

Inhalt

## I. Einleitung

Nach dem Fall des Eisernen Vorhangs hatte der einflussreiche amerikanische Präsidentenberater *Francis Fukuyama* das „Ende der Geschichte" ausgerufen.[1] Für erfolgreiche Gesellschaften sei, so prognostizierte er, nur noch das politische Ordnungsmodell der Demokratie vorstellbar. Diese Wunschvorstellung kontrastiert in auffälliger Weise mit dem Unmut der Bürger:[2] sinkende Wahlbeteiligungen,[3] Desinteresse an Parteien und politischen Themen,[4] schlechtes Image der „Politiker"[5]. Besonders alarmierend sind die Umfrageergebnisse in Ostdeutschland.[6] Der demokratische Diskurs scheint zu erodieren. Zur gleichen Zeit erleben wir einen wirtschaftlichen Aufstieg nichtdemokratischer Gesellschaften wie China mit seinem Modell der sozialistischen Marktwirtschaft und des mit Energieressourcen gesegneten „neuen" Russland. Dies provoziert eine vorerst noch auf Asien beschränkte Debatte, ob autoritär gelenkte politische Systeme nicht doch erfolgreicher sind als Demokratien.[7] Ist nicht – so wird man plötzlich gefragt – die Demokratie westlichen Zuschnitts angesichts sinkender Partizipation der Bevölkerung nur eine „Mogelpackung"?

---

[1] *F. Fukuyama* The End of History and the Last Man, 1992.

[2] *K. Arzheimer* Politikverdrossenheit. Bedeutung, Verwendung und empirische Relevanz eines politikwissenschaftlichen Begriffes, 2002; *I. Huth* Politische Verdrossenheit: Erscheinungsformen und Ursachen als Herausforderungen für das politische System und die politische Kultur der Bundesrepublik Deutschland im 21. Jahrhundert, 2004; *J. Wolling* Politikverdrossenheit durch Massenmedien? Der Einfluss der Medien auf die Einstellungen der Bürger zur Politik, 1999.

[3] *Der Bundeswahlleiter* Wahl der Abgeordneten zum 16. Deutschen Bundestag am 18. September 2005, Heft 1 und 3, 2005; *ders.* Wahl der Abgeordneten des Europäischen Parlaments aus der Bundesrepublik Deutschland, Heft 5, 2005, 183. Dass geringe Wahlbeteiligungen und Politikverdrossenheit keine rein deutschen Probleme sind, zeigt z.B. *M. Castell* Das Informationszeitalter, Bd. 2, 2002, 364ff.

[4] Zur Mitgliederentwicklung der Parteien vgl. *W. Rudzio* Das politische System der Bundesrepublik Deutschland, 7. Aufl. 2006, 153.

[5] *Institut für Demoskopie Allensbach* Allensbacher Archiv, IfD-Umfragen, zuletzt Nr. 2/2008, Januar 2008, abrufbar unter http://www.ifd-allensbach.de/ [Stand: 17.10.2008].

[6] Rund 37 Prozent der Befragten gaben kürzlich bei einer Umfrage an, dass die Demokratie in Deutschland „weniger gut" oder „schlecht" funktioniere. In Ostdeutschland waren es gar 61 Prozent, vgl. *polis/sinus – Gesellschaft für Sozial- und Marktforschung*, hrsg. von Friedrich-Ebert-Stiftung, Persönliche Lebensumstände, Einstellungen zu Reformen, Potenziale der Demokratieentfremdung und Wahlverhalten, 2008, 9. Vgl. auch *O. W. Gabriel* Bürger und Demokratie im vereinigten Deutschland, Politische Vierteljahresschrift 48 (2007), 540.

[7] Hierzu *R. Kagan* Die Demokratie und ihre Feinde, 2008.

Andere Stimmen halten dagegen: Zu Kulturpessimismus bestehe trotz einer gewissen Erosion herkömmlicher Strukturen kein Anlass. Und in der Tat – Erosion heißt nicht Verlust. Zwar bedeutet lateinisch „erodere" abnagen. Die Geologie indessen lehrt uns, dass das, was an einer Stelle der Küste abgenagt wird, an anderer Stelle wieder anlandet. Was also ist zu tun angesichts von Erosion? Soll man Deiche bauen oder lieber umziehen?

Die Frage berührt den Realbereich der Verfassung und „nötigt" uns, uns mit den Realitäten der politischen Kommunikation in der Gesellschaft auseinanderzusetzen. Um sie zu beantworten, gilt es zunächst zu klären, was unter demokratischer Öffentlichkeit zu verstehen ist und welche Bedeutung ihr als faktischer Verfassungsvoraussetzung zukommt. Im Anschluss ist den Fragen nachzugehen, wo und wie sich eine Erosion der hergebrachten Funktionsweise der Öffentlichkeit in der Demokratie vollzieht, um sich dann der Problematik zuzuwenden, wie darauf zu reagieren wäre. Sind die Entwicklungen schädlich? Wenn ja, können sie aufgehalten werden? Oder sollte, um im Bild zu bleiben, der Erosionsprozess durch sinnvolle Maßnahmen der Landgewinnung positiv mitgestaltet werden?

## II. Demokratische Öffentlichkeit als Verfassungsvoraussetzung

### *1. Begriff der demokratischen Öffentlichkeit*

Der Begriff der „demokratischen Öffentlichkeit" findet sich nicht im Grundgesetz. Dort ist nur von „Öffentlichkeit" als einem Sitzungsprinzip des Bundestages und des Bundesrates die Rede.[8] Das Wort „Öffentlichkeit" stammt aus der zweiten Hälfte des 18. Jahrhunderts und knüpft an das Lehnwort „Publizität" an.[9] Der Gegensatz ist das Geheime und Verborgene. Historisch ging es zunächst um ein Mindestmaß an Publizität staatlicher Herrschaftsausübung. Transparenz war die Voraussetzung, damit das Bürgertum überhaupt im politischen Prozess mitwirken konnte.[10]

Im 19. Jahrhundert kommt ein neuer Bedeutungsgehalt hinzu. Unter Öffentlichkeit wird nun auch das „Publikum" verstanden, der Adressat

---

[8] Art. 42 Abs. 1, 44 Abs. 1 und 52 Abs. 3 GG.

[9] *L. Hölscher* Öffentlichkeit und Geheimnis, 1979, 118f.; *A. Rinken* Öffentlichkeit, in: Görres-Gesellschaft (Hrsg.), Staatslexikon, Bd. 4, 7. Aufl. 1988, Stichwort „Öffentlichkeit", 138 (139); *I. Pernice* Öffentlichkeit und Medienöffentlichkeit, 2000, 24.

[10] Hierzu umfassend *B. W. Wegener* Der geheime Staat – Arkantradition und Informationsfreiheitsrecht, 2006, 120ff.

der staatlich gewährten Publizität.[11] In diesem Kontext ist von bürgerlicher oder liberaler Öffentlichkeit die Rede.[12] Diese Publikumsöffentlichkeit löst sich jedoch bald aus ihrer begrenzten Rolle und strebt danach, selbst zu einem Akteur des Geschehens zu werden.[13] Öffentlichkeit gewinnt einen weiteren Bedeutungsgehalt. Sie wird zu einem intermediären System, das zwischen den Bürgern, anderen gesellschaftlichen Akteuren und dem politischen Entscheidungssystem vermittelt.[14] Beschrieben haben dieses System Anfang der 90er Jahre die Kommunikationswissenschaftler *Neidhardt* und *Gerhards* als Drei-Phasen-Modell.[15] Zunächst werden Themen und Meinungen in den öffentlichen Diskurs eingebracht; diese werden sodann verarbeitet und die hieraus resultierenden Ergebnisse werden schließlich an die politischen Akteure weitergegeben. Die gesellschaftlichen Akteure versuchen, in den ersten beiden Phasen ihre Themen zu platzieren, sie durchzusetzen und ihre Meinung zu plausibilisieren, damit sie sich als öffentliche Meinung in der dritten Phase gegenüber den politischen Akteuren Geltung verschafft. Öffentlichkeit wird so zu einem umkämpften Gebiet. Als Träger der öffentlichen Meinung wird die Öffentlichkeit zur politischen Öffentlichkeit.

Politische Öffentlichkeit gibt es in vielen – auch totalitären – Gesellschaftssystemen. Sie wird zur demokratischen Öffentlichkeit, wenn sie auf das Konzept der Demokratie ausgerichtet ist. Es geht darum, den Delegations- und Verantwortungszusammenhang vom Volk zu den Staatsorganen transparent, durchlässig, rational und kontrolliert zu halten.[16] Öffentlichkeit wird damit zu einer Funktions- und Freiheitsvo-

---

[11] *A. Rinken* Geschichte und heutige Valenz des Öffentlichen, in: G. Winter (Hrsg.), Das Öffentliche heute, 2002, 7 (11f.); *W. Martens* Öffentlich als Rechtsbegriff, 1969, 45f.

[12] Zum Konzept einer liberalen Öffentlichkeit vgl. *J. Gerhards* Diskursive versus liberale Öffentlichkeit, KZfSS 49 (1997), 1 (8ff.).

[13] *M. Jestaedt* Das Geheimnis im Staat der Öffentlichkeit, AöR 126 (2001), 204 (209).

[14] So die herrschende Meinung in den Kommunikationswissenschaften, vgl. *J. Gerhards* Öffentlichkeit, in: O. Jarren/U. Sarcinelli/U. Saxer (Hrsg.), Politische Kommunikation in der demokratischen Gesellschaft, 1998, 77 (269); *O. Jarren/P. Donges* Politische Kommunikation in der Mediengesellschaft, 2. Aufl. 2006, 102f. Aus dem rechtswissenschaftlichen Schrifttum vgl. *H. Schulze-Fielitz* Das Bundesverfassungsgericht und die öffentliche Meinung, in: G. F. Schuppert/C. Bumke (Hrsg.), Bundesverfassungsgericht und gesellschaftlicher Konsens, 2000, 111 (116); *C. v. Coelln* Zur Medienöffentlichkeit der Dritten Gewalt, 2005, 15.

[15] Hierzu *J. Gerhards/F. Neidhardt* Strukturen und Funktionen moderner Öffentlichkeit, in: W. Langenbucher (Hrsg.), Politische Kommunikation, 2. Aufl. 1993, 52 (57).

[16] *P. Häberle* Struktur und Funktion der Öffentlichkeit im demokratischen Staat, in: ders., Die Verfassung des Pluralismus, 1980, 126 (130). Zu den Funktionen demokrati-

raussetzung der Demokratie.[17] Im Grundgesetz finden sich für die Realisierungsbedingungen der demokratischen Öffentlichkeit eine Reihe von Vorgaben.[18] Angesichts des Tagungsthemas gilt es diese in den Blick zu nehmen. Einer theoretischen Erörterung dessen, was zum Mindestbestand der demokratischen Öffentlichkeit gehören sollte,[19] bedarf es angesichts der klaren normativen Vorgaben des Grundgesetzes nicht.

### 2. *Vorgaben des Grundgesetzes für die Herausbildung demokratischer Öffentlichkeit*

Die Phase der Sammlung von Themen und Meinungen, aus denen sich später die öffentliche Meinung bilden soll, ist vor allem grundrechtlich geschützt.[20] Um eine Wahl treffen oder eine Entscheidung fällen zu können, bedarf es einer Sphäre rechtlich garantierter Freiheit, in der die Bürger untereinander und mit ihren Repräsentanten kommunizieren. Art. 5 Abs. 1 GG räumt den Bürgern Meinungsäußerungsfreiheit ein, womit zugleich eine „Begegnungsöffentlichkeit"[21] abgesichert wird. Beiträge zu einer die politische Öffentlichkeit wesentlich berührenden Frage werden bei der Rechtsgüterabwägung besonders gewichtet.[22] Mit der Versammlungsfreiheit nach Art. 8 Abs. 1 GG wird ermöglicht, dass eine Meinungskundgabe auch kollektiv, z.B. in Form einer Demonstration, erfolgen kann. Damit wird die „Versammlungsöffentlichkeit" geschützt.

---

scher Öffentlichkeit vgl. *M. Kloepfer* Öffentliche Meinung, Massenmedien, in: J. Isensee/P. Kirchhof (Hrsg.), HStR III, 3. Aufl. 2005, § 42, Rn. 15ff.

[17] Zu den Grundrechtsvoraussetzungen vgl. *J. Isensee* Grundrechtsvoraussetzungen und Verfassungserwartungen an die Grundrechtsausübung, HStR V, 2. Aufl. 2000, § 115 Rn. 136ff.

[18] Hierzu *C. v. Coelln* Medienöffentlichkeit (Fn. 14), 167ff.

[19] Vgl. hierzu nur *U. Willems* Aktuelle Probleme der Demokratie, in: ders. (Hrsg.), Demokratie auf dem Prüfstand, 2002, 21 (23f.); *M. M. Ferree/W. A. Gamson/J. Gerhards/D. Rucht* Four Models of the Public Sphere in Modern Democracies, Theory and Society 31 (2002), 289; *B. Peters* Öffentlicher Diskurs, Identität und das Problem demokratischer Legitimität, in: ders., Der Sinn von Öffentlichkeit, 2007, 322 (350ff.).

[20] *G. Britz* Fernsehaufnahmen im Gerichtssaal, 1999, 215; *W. Schmitt-Glaeser* Die grundrechtliche Freiheit des Bürgers zur Mitwirkung an der Willensbildung, HStR III, 3. Aufl. 2005, § 38, Rn. 236ff.

[21] Hierzu *J. Gerhards/F. Neidhardt* Strukturen (Fn. 15), 52 (63f.).

[22] So schon das Lüth-Urteil BVerfGE 7, 198 (208); vgl. auch BVerfGE 54, 129 (139); 60, 234 (241). Für eine Analyse dieser Rechtsprechung *H. P. Bull* Freiheit und Grenzen des politischen Meinungskampfes, FS 50 Jahre Bundesverfassungsgericht, 2001, 163 (166f., 181ff.); *D. Grimm* Die Meinungsfreiheit in der Rechtsprechung des Bundesverfassungsgerichts, NJW 1995, 1697 (1701); *T. Vesting* Soziale Geltungsansprüche in fragmentierten Öffentlichkeiten, AöR 122 (1997), 337 (350ff.).

Der Prozess der Meinungs- und Willensbildung soll grundsätzlich staatsfrei erfolgen.[23] Gleichwohl ist der Bürger darauf angewiesen, über die staatlichen Tätigkeiten informiert zu werden. Deshalb dürfen sich die staatlichen Entscheidungs- und Beratungsprozesse grundsätzlich nicht im Arkanbereich abspielen. Das Bundesverfassungsgericht spricht in diesem Zusammenhang von einem „allgemeinen Öffentlichkeitsprinzip der Demokratie“[24]. Dieses Öffentlichkeitsprinzip bezieht sich auf alle drei staatlichen Gewalten.[25] Art. 42 Abs. 1 GG schreibt vor, dass die Verhandlungen des Parlaments öffentlich sind.[26] Ähnliches gilt für die Gerichtsöffentlichkeit, die als Saalöffentlichkeit konzipiert ist[27] und in Karlsruhe durch Zugangsrechte für die Medien ergänzt wurde.[28] Auch bei der Exekutive finden sich zahlreiche Mechanismen, mit denen Öffentlichkeit hergestellt wird. Zu nennen sind Aktenöffentlichkeit oder Saalöffentlichkeiten, die in bestimmten Anhörungsverfahren vorgeschrieben sind.[29] Darüber hinaus ist der Staat zur Öffentlichkeitsarbeit befugt und teilweise sogar verpflichtet.[30] Der Prozess der politischen Willensbildung im demokratischen Staat vollzieht sich damit nicht einseitig vom Volk zu den Staatsorganen.[31] Vielmehr soll eine ständige Rückkopplung stattfinden. Staats- und Volkswille sind dynamisch aufeinander bezogen und beeinflussen sich wechselseitig.[32]

Damit beginnt die Phase der Informationsverarbeitung, die heute ganz maßgeblich durch die Medien geprägt wird. Der Bürger wäre angesichts komplexer Lebensverhältnisse überfordert, wollte er die Vielzahl der Ereignisse selbst verfolgen. Sie werden von einem spezialisier-

---

[23] BVerfGE 20, 56 (99); 78, 350 (363). Zum Grundsatz der Staatsfreiheit im Rundfunk vgl. jüngst BVerfG, MMR 2008, 591 (592ff.).

[24] BVerfGE 70, 324 (358); 103, 44 (63). Hierzu *B. Pieroth* Das Verfassungsrecht der Öffentlichkeit für die staatliche Planung, FS Hoppe, 2000, 195 (197f.).

[25] *J. Kühling* Erosion demokratischer Öffentlichkeit?, DVBl 2008, 1098 (1099f.).

[26] Dieses Prinzip ist sogar der Disposition des verfassungsändernden Gesetzgebers entzogen, *H.-P. Schneider* in: AK-GG, 3. Aufl. 2001, Art. 42 Rn. 2; *S. Magiera* in: M. Sachs, Grundgesetz, 4. Aufl. 2007, Art. 42 Rn. 1.

[27] BVerfGE 103, 44 (61f., 65).

[28] BVerfGE 103, 44 (65f.); BVerfG, NJW 2008, 172.

[29] Zu den Erscheinungsformen von Verwaltungsöffentlichkeit vgl. *H. Rossen-Stadtfeld* Beteiligung, Partizipation, Öffentlichkeit, in: W. Hoffmann-Riem/E. Schmidt-Assmann/A. Voßkuhle, Grundlagen des Verwaltungsrechts, Bd. II, 2008, § 29 Rn. 73ff.; *A. Scherzberg* Die Öffentlichkeit der Verwaltung, 2000, 19f.; *A. Fisahn* Demokratie und Öffentlichkeitsbeteiligung, 2002, 117ff.

[30] BVerfGE 44, 124 (147f.); 63, 230 (242f.).

[31] BVerfGE 20, 56 (99); 44, 125 (140); 69, 315 (346).

[32] BVerfGE 20, 56 (99); *A. Scherzberg* Öffentlichkeit (Fn. 29), 303; *F. Schoch* Entformalisierung staatlichen Handelns, HStR III, 3. Aufl. 2005, § 37 Rn. 80.

ten Personal, den Journalisten, aufbereitet und präsentiert. Sie geben Orientierung bei der Herausbildung der Wertemuster der Bevölkerung und beeinflussen so die soziale Wirklichkeitskonstruktion.[33] Die Medien stehen, wie es das Spiegel-Urteil ausdrückt, in der repräsentativen Demokratie „als ständiges Verbindungs- und Kontrollorgan zwischen dem Volk und seinen gewählten Vertretern in Parlament und Regierung"[34]. Die Presse soll eine „öffentliche Aufgabe" wahrnehmen.[35] Die Rundfunkfreiheit ist eine dienende Freiheit.[36]

Ziel dieses Prozesses ist in der dritten Phase die Umsetzung dessen, was sich als öffentliche Meinung durchgesetzt hat, in politisches Handeln. Zentrales Implementierungsinstrument und wesentlicher Legitimationsakt in der repräsentativen Demokratie sind die Parlamentswahlen.[37] Außerhalb periodisch stattfindender Wahlen kann der Bürger zwar auf die Herausbildung der öffentlichen Meinung Einfluss nehmen.[38] Die Mandatsträger müssen auf diese kontinuierlichen Willensäußerungen der Bürger aber nicht zwingend Rücksicht nehmen, sondern nur, weil und soweit sie bei der nächsten Wahl wieder erfolgreich sein wollen.

---

33 *W. Hoffmann-Riem* Kommunikationsfreiheiten, 2002, Art. 5 Abs. 1, 2, Rn. 14 sowie die Beiträge von *S. J. Schmidt* Kommunikation – Kognition – Wirklichkeit und *S. Weischenberg* Die Medien und die Köpfe – Perspektiven und Probleme konstruktivistischer Journalismusforschung, in: G. Bentele/M. Rühl (Hrsg.), Theorien öffentlicher Kommunikation, 1993, 105ff., 126ff.

34 BVerfGE 20, 162 (175). Kritisch zu diesem „Modell" des Bundesverfassungsgerichts *T. Vesting* Zur Entwicklung einer „Informationsordnung", FS 50 Jahre Bundesverfassungsgericht, 2001, 218 (229ff.). Aus kommunikationswissenschaftlicher Sicht *O. Jarren* Medien- und Öffentlichkeitswandel im modernen Staat, AfP 1994, 191.

35 BVerfGE 60, 53 (64); 60, 234 (240); 66, 116 (133); *F. Kübler* Medien, Menschenrechte und Demokratie, 2008, 110f.; *M. Löffler/R. Ricker* Handbuch des Presserechts, 5. Aufl. 2005, 14. Kritisch gegenüber dieser Aufgabenzuweisung *M. Bullinger* Freiheit von Presse, Rundfunk, Film, HStR VI, 2. Aufl. 2001, § 142 Rn. 67ff.

36 BVerfGE 57, 295 (320); 73, 118 (152); 90, 60 (88); 107, 299 (332); 114, 371 (386f.); BVerfG, MMR 2007, 770 (771).

37 BVerfGE 83, 60 (71).

38 *M. Kloepfer* Öffentliche Meinung (Fn. 16), Rn. 20; *C. v. Coelln* Medienöffentlichkeit (Fn. 14), 170f.; *W. Hoffmann-Riem/W. Schulz* Politische Kommunikation – Rechtswissenschaftliche Perspektive, in: O. Jarren/U. Sarcinelli/U. Saxer (Hrsg.), Politische Kommunikation (Fn. 14), 154 (160); *K. Hesse* Grundzüge des Verfassungsrechts der Bundesrepublik Deutschland, 20. Aufl. 1995, Rn. 150.

## III. Erosionsprozesse

Auf der Suche nach Gründen für eine mögliche Störung oder Funktionsänderung des zuvor geschilderten Systems sind die einzelnen Phasen der Herausbildung und Umsetzung einer öffentlichen Meinung im demokratischen Prozess auf mögliche Erosionsprozesse zu durchleuchten.

### 1. *Phase der Informationssammlung: Explosion verfügbarer Informationen*

In der Phase der Informationssammlung wird man prima vista konstatieren müssen, dass es noch niemals so viele Informationen für die Öffentlichkeit gab wie heute. Dennoch läuft der Prozess keineswegs ungestört ab. Drei Problemfelder sollen herausgegriffen werden.

#### a) *Öffentlichkeit staatlichen Handelns und staatliche Öffentlichkeitsarbeit*

Galt noch in den ersten Jahrzehnten der Bundesrepublik, dass staatliche Informationen geheim zu halten sind, ist durch die Informationsfreiheitsgesetze ein Paradigmenwechsel eingetreten. Mit dem verbesserten Informationszugang für den Bürger geht aber zugleich eine professionelle Öffentlichkeitsarbeit der Behörden und Mandatsträger einher.[39] Der wöchentliche Video-Podcast der Kanzlerin ist schon legendär. Die Bundesregierung stellt auf 15000 Seiten ein aktuelles Informationsprogramm online. Es verzeichnet jeden Monat 15 bis 20 Mio. Seitenaufrufe.[40] Das Parlament gibt eine redaktionell gestaltete Wochenzeitschrift heraus. Das Parlamentsfernsehen dokumentiert Plenarsitzungen und Sonderveranstaltungen des Deutschen Bundestages für gegenwärtig ca. 10000 Zuschauer pro Tag.[41]

Die Grenze für staatliche Öffentlichkeitsarbeit ist dort gezogen, wo die Wahlwerbung beginnt.[42] Die Arbeit der Pressesprecher ist aber ein

---

[39] Beispiele für die Informationstätigkeit der Verwaltung finden sich bei *F. Schoch* HStR III (Fn. 32), Rn. 57ff. Zur historischen Entwicklung staatlicher Öffentlichkeitsarbeit vgl. *H. Gebhardt* Organisierte Kommunikation als Herrschaftstechnik, Publizistik 1994, 175.

[40] *H. Mandelartz/H. Grotelüschen* Das Internet und die Rechtsprechung des BVerfG zur Öffentlichkeitsarbeit der Regierung, NVwZ 2004, 647 (648). Zum Internetauftritt der Bundesregierung vgl. auch *K.-H. Ladeur* Verfassungsrechtliche Fragen regierungsamtlicher Öffentlichkeitsarbeit und öffentlicher Wirtschaftstätigkeit im Internet, DöV 2002, 1 (5ff.).

[41] *H. Gersdorf* Parlamentsfernsehen des Deutschen Bundestages, 2007, 19.

[42] BVerfGE 44, 125 (125ff., 149); 63, 230 (243f.).

ganzjähriges Geschäft, und hier zeichnet sich in den letzten Jahren eine Besorgnis erregende Entwicklung ab. Die Professionalisierung der staatlichen Pressearbeit trifft nämlich auf einen Kommerzialisierungsschub in der Medienbranche und wird durch diesen zusätzlich induziert. Aufgrund des Kostendrucks bedienen immer weniger Journalisten heute in ständiger Zeitnot zeitgleich Online-Angebote, Presse, Hörfunk und Fernsehen. Gut gestaltete Presseerklärungen werden deshalb – wie Agenturnachrichten – häufig kritiklos und oft ohne Kennzeichnung übernommen. Wirtschaftsunternehmen und Behörden machen sich das zu Nutze und delegieren ihre Öffentlichkeitsarbeit an Public Relations-Agenturen.[43] Diese stellen Beiträge journalistisch her und platzieren diese in den Medien. In jüngster Zeit sind einige Fälle bekannt geworden, in denen überhaupt nicht mehr erkennbar war, dass es sich um staatliche Öffentlichkeitsarbeit handelte.[44] So hat eine PR-Agentur im August 2007 im Auftrag des Bundesfamilienministeriums Hörfunkbeiträge über das neue Elterngeld herstellen lassen. Sie sollen rund 55 Mio. Hörer erreicht haben. Das Bundesministerium war angeblich zuvor nicht informiert worden.[45] „Politische Schleichwerbung" ist nach geltendem Rundfunkrecht unzulässig.[46] Dennoch etabliert sich hier eine Grauzone. Wie wäre etwa hierzulande die Initiative des britischen Gesundheitsministeriums zu bewerten, das Sendezeit in einer beliebten Daily-Soap gekauft hat, um verborgen in der Spielhandlung für gesunde Ernährung zu werben?

Angesichts dieses Trends gilt es, den Grundsatz der Staatsfreiheit der Medien weiterhin hoch zu halten. Pläne zur Ausweitung des Parlamentsfernsehens in den Bereich eigenständiger redaktioneller Beiträge sind abzulehnen.[47] Die Einführung von Kennzeichnungspflichten, wie in der Richtlinie für audiovisuelle Medien für die sog. Produktplatzierungen vorgeschlagen,[48] ist richtig. Diese Regelung sollte de lege ferenda auf zugelieferte Beiträge von Public Relations-Agenturen aus-

---

43 Zur Tätigkeit solcher Agenturen vgl. *J. Hoffmann/A. Steiner* Politische Kommunikationsberater: Chance oder Gefahr für die Demokratie?, in: K. Imhof/R. Blum/H. Bonfadelli/O. Jarren (Hrsg.), Demokratie in der Mediengesellschaft, 2006, 77 (85ff.).

44 Hierzu für den Hörfunk siehe *H. Volpers* Public Relations und werbliche Erscheinungsformen im Radio, 2007, 49ff., 143f.

45 BT-Dr. 16/6548, 16/7378.

46 Vgl. § 7 Abs. 6, 8 RStV.

47 *H. Goerlich/R. Laier* Parlamentsfernsehen und Öffentlichkeitsarbeit des Deutschen Bundestages, ZUM 2008, 475 (483f.); aA *H. Gersdorf* Parlamentsfernsehen (Fn. 41), 63.

48 Art. 3g Abs. 2 lit. d) der Richtlinie für audiovisuelle Mediendienste, Richtlinie 2007/65/EG des Europäischen Parlaments und des Rates, Amtsblatt der Europäischen Union vom 18. 12. 2007, L 332/27.

geweitet werden. Derzeit funktioniert noch die Selbstkontrolle der Medien. Skandalöse Fälle sind jeweils von Medien ans Tageslicht gebracht worden. Auch lassen neuere Journalismusstudien hoffen: Unverändert fühlt sich die Mehrheit der deutschen Journalisten trotz des Kommerzialisierungsdrucks von Seiten der Verlage den Werten des neutralen Informationsjournalismus verpflichtet und zeigt eine im internationalen Vergleich hohe Sensibilität.[49] Diese gilt es zu erhalten.

*b) Zugangshindernisse zu öffentlichen Räumen in privater Trägerschaft*

Ein zweiter Trend ist gegenläufig. Das Anwachsen der Informationsflut aus öffentlichen Quellen kontrastiert auffällig mit einem Rückgang öffentlicher Aufmerksamkeit für Meinungsäußerungen auf Straßen und Marktplätzen. Die traditionellen öffentlichen Räume der Begegnung, Kommunikation und Versammlung verlieren an Bedeutung.[50]

Andere Orte sind als Treffpunkt der Kommunikation wichtiger geworden.[51] Befördert wird der Trend durch die Privatisierung der Infrastruktur- und Daseinsvorsorge. Freizeitzentren, aber auch Bahnhöfe und Flughäfen werden in Shopping-Paradiese in privater Trägerschaft umgewandelt. Das Oberhausener „CentrO." hatte im Jahr 2005 23 Mio. Besucher. Wer durch Flugblätter oder Demonstrationen möglichst viele Menschen oder Medien erreichen will, hat bessere Chancen, wenn er zu diesen Orten Zugang bekommt. Sie sind de facto – trotz privater Trägerschaft – öffentliche Räume.

Gesichtspunkte der Meinungs- und Versammlungsfreiheit können hier gleichwohl nur im Rahmen der Drittwirkung von Grundrechten zur Geltung gelangen.[52] Die Zivilrechtsprechung ist gegenüber Beschränkungen des Hausrechts zurückhaltend. Erst kürzlich hat der Bundesgerichtshof ein Verbot der Frankfurter Flughafen AG, Flugblätter in

---

[49] *S. Weischenberg/M. Malik/A. Scholl* Die Souffleure der Mediengesellschaft – Report über Journalisten in Deutschland, 2006, 191f.

[50] Vgl. nur *M. Dumermuth* Rundfunkregulierung – Alte und neue Herausforderungen in: O. Jarren/P. Donges (Hrsg.), Ordnung durch Medienpolitik, 2007, 351 (373f.). Aus kriminal- und sicherheitspolitischer Perspektive *U. Volkmann* Die Rückeroberung der Allmende, NVwZ 2000, 361 (361f.).

[51] *R. Pernack* Öffentlicher Raum und Verkehr, Discussion Paper des Wissenschaftszentrums Berlin für Sozialforschung, SP III 2005–104, 2005. Aus amerikanischer Perspektive *J. Rifkin* Access. Das Verschwinden des Eigentums, 2007, 205ff.

[52] Ein Recht auf Versammlung auf fremden Grundstücken oder in fremden Räumen gibt es nicht. *R. Herzog* in: T. Maunz/G. Dürig (Hrsg.), Grundgesetz, 52. Aufl. 2008, Art. 8 Rn. 41; *C. Gusy* in: H. v. Mangoldt/F. Klein/C. Starck (Hrsg.), Grundgesetz, 5. Aufl. 2005, Art. 8 Rn. 43.

den Abflughallen zu verteilen, gerechtfertigt.[53] Die Flugblätter richteten sich gegen die Ausweisung eines Asylbewerbers, hatten also einen spezifischen Bezug zum Ort der Demonstration. Angesichts des veränderten Freizeit- und Kommunikationsverhaltens kann aber dem Hausrechtsinhaber nicht ohne weiteres der Vorrang vor den Kommunikationsgrundrechten eingeräumt werden.[54] Vielmehr sollte hier entsprechend der amerikanischen Rechtsprechung zur Public-Forum-Doktrin[55] der Zugang auch zu den öffentlichen Räumen in privater Trägerschaft gewährleistet werden. Meinungs- und Versammlungsfreiheit müssen ihre Bedeutung für die demokratische Öffentlichkeit unabhängig von der Rechtsträgerschaft entfalten können.[56] Privates Hausrecht muss daher als Gegeninteresse regelmäßig zurücktreten.

### c) *Möglichkeiten und Grenzen von Netzöffentlichkeit*

Die Zukunft der demokratischen Öffentlichkeit sehen angesichts der geschilderten Schwierigkeiten viele im Internet. Das Internet löst die Gatekeeperrolle der Medien zugunsten des Publikums auf.[57] Es ist entfernungsunabhängig, dezentral organisiert, preisgünstig, einigermaßen leicht bedienbar sowie schnell und interaktiv. Jeder Nutzer hat die Möglichkeit, direkt auf Informationen anderer zuzugreifen und zu reagieren. Die „Demokratiemaschine Internet" könne, so wurde prognostiziert, das Habermas'sche Modell[58] vom herrschaftsfreien Diskurs in Reichweite rücken.[59]

---

[53] BGH, NJW 2006, 1054.

[54] Kritisch zur Entscheidung des BGH auch *A. Fischer-Lescano/A. Maurer* Grundrechtsbindung von privaten Betreibern öffentlicher Räume, NJW 2006, 1393 (1395).

[55] Für einen Überblick vgl. *T. Tabbara* Kommunikations- und Medienfreiheit in den USA, 2003, 183ff.; *E. Barendt* Freedom of Speech, 2. Aufl. 2005, 281ff.; *K. M. Sullivan/G. Gunther* First Amendment Law, 2. Aufl. 2005, 243ff.

[56] So auch *J. Kersten/F. Meinel* Grundrechte in privatisierten öffentlichen Räumen, JZ 2007, 1127 (1133f.); *B. Pieroth/B. Schlink/M. Kniesel* Polizei- und Ordnungsrecht, 5. Aufl. 2008, § 5 Rn. 63. Zur verfassungsrechtlichen Lage in der Schweiz vgl. BGE 127 I 164 (178f.); *M. Schefer* Grundrechte in der Schweiz, 2005, 131f.; zurückhaltend eher EGMR v. 06. 05. 2003, 44306/98 ECHR 2003-XI (*Appleby v. United Kingdom*).

[57] *C. Neuberger* Weblogs verstehen – Über den Strukturwandel der Öffentlichkeit im Internet, in: A. Picot/T. Fischer (Hrsg.), Weblogs professionell, Grundlagen, Konzepte und Praxis im unternehmerischen Umfeld, 2006, 113 (114f.).

[58] *J. Habermas* Strukturwandel der Öffentlichkeit, Neuaufl. 1990; vgl. als Gegenmodell: Luhmanns Spiegelmodell, *N. Luhmann* Gesellschaftliche Komplexität und öffentliche Meinung, in: ders. (Hrsg.), Soziologische Aufklärung – 5. Konstruktivistische Perspektive, 1990, 170 (181f.).

[59] *A. Roesler* Bequeme Einmischung. Internet und Öffentlichkeit, in: S. Münker/A. Roesler (Hrsg.), Mythos Internet, 1997, 171 (182f.); *S. Marschall* Netzöffentlichkeit –

Zwischenzeitlich ist Ernüchterung eingetreten.[60] Der Wechsel des Publikums von der Nutzer- auf die Anbieterseite ist weitgehend ausgeblieben. In vielen öffentlichen Webangeboten wird Public Relation betrieben, statt kommuniziert. Online-Wahlen hat es international nur in sehr begrenztem Umfang gegeben. National haben wir es gerade einmal zu einer Probeabstimmung bei der Landratswahl im Kreis Marburg-Biedenkopf gebracht.[61] Zu groß sind die Sicherheitsrisiken.[62] Zudem drohen Motivationsverluste bei Aufgabe eines einheitlichen Wahltermins. Zugangsmöglichkeiten sind sozial[63] und regional ungleich verteilt. Immer noch gibt es technische Anschlussbarrieren in ländlichen Regionen.[64]

---

eine demokratische Alternative?, in: W. Gellner/F. v. Korff (Hrsg.), Demokratie und Internet, 1998, 43 (47ff.).

[60] *M. Emmer* Politische Mobilisierung durch das Internet, 2005, 199; *O. Jarren* Internet – neue Chancen für politische Kommunikation?, APuZ 1998, 13 (16ff.); vgl. auch die Beiträge von *K. Kamps* Die Agora des Internet – Zur Debatte politischer Öffentlichkeit und Partizipation im Netz und *U. Dahinden* Demokratisierung dank Internet? Zum Austauschverhältnis zwischen neuen elektronischen und traditionellen massenmedialen Öffentlichkeiten, in: O. Jarren/K. Imhof/R. Blum (Hrsg.), Zerfall der Öffentlichkeit, 2002, 227 (233), 240 (246ff.).

[61] Vgl. *A. Hanßmann* Möglichkeiten und Grenzen von Internetwahlen, 2004, 40–49 (Ausland) und 50–62 (Inland); *E. Khorrami* Bundestagswahlen per Internet, 2006, 41–53 (Wahlen im privaten Bereich) und 54–67 (öffentliche Wahlen).

[62] Hierzu *M. Will* Wahlen und Abstimmungen via Internet und die Grundsätze der allgemeinen und gleichen Wahl, CR 2003, 126 (128ff.); *M. Ullmann/F. Koob/H. Keller* Anonyme Online-Wahlen, DuD 1998, 1.

[63] Zur sozialen und altersmäßigen Zusammensetzung vgl. *M. Gerhardt/A. Mende* Offliner 2007: Zunehmend distanzierter, aber gelassener Blick aufs Internet, Media Perspektiven 2007, 379 (380f.). Zur Debatte, ob eine digitale Spaltung der Gesellschaft droht, vgl. *P. Norris* Digital Divide, 2001; *M. Marr* Internetzugang und politische Informiertheit, 2005; *H. Bonfadelli* The Internet and Knowledge Gaps: A theoretical empirical investigation, European Journal of Communications 2002, 65; *U. Riehm/B.-J. Krings* Abschied vom „Internet für alle"?, Medien und Kommunikationswissenschaft 2006, 75; *M. Schenk/M. Wolf* Die digitale Spaltung der Gesellschaft: Zur politikorientierten Nutzung des Internet und der traditionellen Medien in den sozialen Milieus, in: K. Imhof/R. Blum/H. Bonfadelli/O. Jarren (Hrsg.), Demokratie (Fn. 43), 239 (258f.).

[64] In Deutschland sind noch mindestens 615 Kommunen vom Breitbandinternet ausgeschlossen und weitere 632 Gemeinden schlecht versorgt. Insgesamt betrifft dies mehr als eine Million Haushalte, vgl. Antwort der *Bundesregierung* v. 06. 08. 2008, BT-Drs. 16/10089, 4 und *PLAN online* Bericht und Zusammenstellung der Indikatorenwerte zum Breitbandatlas 2007_02, Atlas für Breitband-Internet des Bundesministeriums für Wirtschaft und Technologie, abrufbar unter http://www.zukunft-breitband.de/BBA/Navigation/Service/publikationen,did=224230.html [Stand: 17. 10. 2008].

Andererseits darf man das Medium nicht klein reden.[65] Es hat sich im Internet ein eigenständiger Kommunikationsraum, eine Netzöffentlichkeit, etabliert, die sich von der massenmedialen unterscheidet und die die Strukturen der demokratischen Öffentlichkeit modifiziert.[66] „Grassroot Policy" via Internet ist in den USA zu einem bedeutsamen Instrument der Wahlkampfführung geworden.[67] Ein besonders interessantes Phänomen sind die Internet-Tagebücher, die Weblogs. Blogger versuchen außerhalb des herkömmlichen Journalismus, den sie als zu angepasst und „ausgewogen" ablehnen, Einfluss auf die politische Agenda auszuüben.[68] Werden Blogger in die Webpräsenz von Tageszeitungen integriert, spricht man von „Citizen Journalism".[69] In den USA und Frankreich kommt ihnen verstärkt eine aufklärerische Rolle zu, möglicherweise als Reaktion auf Phänomene wie „Embedded Journalism" oder auf gekürzte Personaletats selbst bei Leitmedien wie Le Monde oder der Washington Post. Blogger-Recherchen werden inzwischen von den herkömmlichen Massenmedien übernommen.

Diese Bedeutung des Internet hat sich in Deutschland zwar noch nicht als durchschlagend erwiesen.[70] Nicht übersehen werden darf aber ein weiterer wichtiger Effekt des Internet, nämlich die einfache Vernetzung Gleichgesinnter über Webpages und E-Mails über Landesgrenzen hinweg. Dies ist die wichtigste Voraussetzung für die Organisation trans-

---

[65] Zum Aufstieg des Internet vom Minderheiten- zum Mehrheitsmedium *H. Reitze/C.-M. Ridder* Massenkommunikation VII, 2006, 49ff.; *B. v. Eimeren/C.-M. Ridder* Trends in der Nutzung und Bewertung der Medien 1970 bis 2000, Media Perspektiven 2005, 490 (499).

[66] Hierzu *A. Grunwald/G. Banse/C. Coenen/L. Hennen* Netzöffentlichkeit und digitale Demokratie, 2006; *S. Marschall* Netzöffentlichkeit (Fn. 59), 43 (47ff.).

[67] Zur Wahlkampfführung im Internet *M. Merz/S. Rhein/J. Vetter* Wahlkampf im Internet – Handbuch für die politische Online-Kampagne, 2006; *S. Albrecht/R. Hartig-Perschke* Wahlkampf mit Weblogs – Neue Formen der politischen Kommunikation im Netz, in: F. Brettschneider/O. Niedermayer/B. Weßels, Die Bundestagswahl 2005, Analysen des Wahlkampfes und der Wahlergebnisse, 2007, 97ff.

[68] Für eine Analyse der Tätigkeiten von Bloggern und ihren Einflüssen auf den politischen Diskurs vgl. *C. Neuberger/C. Nuernbergk/M. Rischke* Weblogs und Journalismus: Konkurrenz, Ergänzung oder Integration?, Media Perspektiven 2007, 96 (110). Das Bloggen ist insbesondere in jüngeren Altersgruppen verbreitet, vgl. *C. Gscheidle/M. Fisch* Onliner 2007: Das „Mitmach-Netz" im Breitbandzeitalter, Media Perspektiven 2007, 393 (398ff.).

[69] Hierzu *C. Neuberger* Nutzerbeteiligung im Online-Journalismus. Perspektiven und Probleme der Partizipation im Internet, in: H. Rau (Hrsg.), Zur Zukunft des Journalismus, 2007, 61 (75ff.).

[70] *C. Neuberger/C. Nuernbergk/M. Rischke* Weblogs (Fn. 68), 110.

nationaler Proteste und für die Tätigkeit vieler NGOs.[71] Auf diese Weise wird das Internet zur Keimzelle für das Entstehen einer Weltöffentlichkeit, wie dies schon jetzt in Ansätzen beim Menschenrechtsschutz oder bei der Bekämpfung der Korruption zu erkennen ist.

Diesen Möglichkeiten stehen jedoch strukturelle Grenzen gegenüber. Das Internet hat Nachteile gegenüber einer durch professionelle Journalisten aufbereiteten Berichterstattung in den Printmedien. Viele Angebote sind von mangelhafter Qualität. Laien-Kommunikation ist geprägt durch unzureichende fachliche Kompetenz und geringe Bereitschaft, journalistische Standards einzuhalten.[72] Im Netz ist die Vermengung von redaktionellem Teil und Werbung besonders hoch.[73] Auch schreiben Kritiker dem Internet mit seiner Tendenz zu plakativer Verkürzung den Verlust von Kulturtechniken wie dem Lesen längerer Texte zu.[74]

Ein Weiteres kommt hinzu: Ein Mehr an Informationen ist nicht mit einem Mehr an Wissen verbunden. Aufmerksamkeit und Zeit sind für den Nutzer heute wertvolle, knappe Güter. Das Internet konfrontiert ihn mit einer solchen Informationsflut, dass der Verlust von Orientierung die Folge sein kann.[75] Bei wirklich brisanten Fragen kann das System schnell versagen. Als Spiegel-Online ein Diskussionsforum zum Parteiausschluss von *Wolfgang Clement* auflegte, gab es am Tag nach der Entscheidung 279 Diskussionsbeiträge; eine Woche später waren es 5737. Das überfordert selbst den gutwilligsten Diskutanten.

Von zentraler Bedeutung wird sein, wie diese Informationsflut gefiltert und glaubwürdig aufbereitet werden soll. Kommunikation ist an soziale Kontexte gebunden, in denen neben Glaubwürdigkeit und Vertrauen vor allem Gewohnheit eine gewichtige Rolle spielt. Derzeit übernehmen Suchmaschinen die Orientierungsfunktion, und die Listung der Suchergebnisse gibt den Ausschlag.[76] Google führt bei fast al-

---

[71] Vgl. *J. Wimmer* (Gegen-) Öffentlichkeit in der Mediengesellschaft, 2007, 143ff. mwN.

[72] Vgl. die Beiträge in K. Beck/W. Schwerger/W. Wirth (Hrsg.), Gute Seiten – schlechte Seiten. Qualität der Onlinekommunikation, 2004.

[73] Zur Werbung im Internet vgl. *S. Range/R. Schweins* Klicks, Quoten, Reizwörter: Nachrichten-Sites im Internet, 2007, 17ff.

[74] *M. Bauerlein* The Dumbest Generation, 2008, 67ff.

[75] Statt vieler *C. Neuberger* Internet und Journalismusforschung. Theoretische Neujustierung und Forschungsagenda, in: T. Quandt/W. Schweiger (Hrsg.), Journalismus Online – Partizipation oder Profession?, 2008, 17ff.

[76] *M. Machill/C. Neuberger/W. Schwerger/W. Wirth* Wegweiser im Netz. Qualität und Nutzung von Suchmaschinen, in: M. Machill/C. Welp (Hrsg.), Wegweiser im Netz, 2003, 13ff.; *M. Machill* Die Macht der Suchmaschinen, 2007. Zur ähnlichen Problematik bei den elektronischen Programmführern im digitalen Fernsehen vgl. *S. Leopoldt* Navigatoren, 2002.

len Anfragen zuerst auf das kommerzielle Angebot der Internet-Buchhandlung Amazon und dann auf die Lexikon-Seite Wikipedia, deren Autoren unbekannt sind. Dementsprechend hoch sind die Gefahren einer Manipulation,[77] sei es inhaltlicher Art, sei es im Rahmen technischer Vorkehrungen, die besonders günstige Platzierungen in der Suchmaschine erzeugen oder andere Angebote gänzlich ausschließen. Vom herrschaftsfreien Diskurs ist das Internet weit entfernt.

Um den Manipulationsgefahren von Internetsuchmaschinen entgegenzuwirken, gibt es einen freiwilligen Verhaltenskodex der Wirtschaft.[78] Die Landesmedienanstalten bemühen sich, ihre Informationsauswahl einer konstanten Beobachtung zu unterziehen.[79] Staatlich unterstützte Versuche, alternative europäische Internetsuchmaschinen am Markt zu etablieren, sind bisher gescheitert.[80] Helfen können unter Umständen Gütesiegel. Sie können von einer „Stiftung Medientest“[81] vergeben werden, die zugleich mit der Beobachtung politischer Inhalte in den Medien betraut werden kann. Ähnliches beobachten wir in den USA, wo durch privates Kapital inzwischen gemeinnützige Stiftungen zur unabhängigen Recherche gegründet werden.

Bei den herkömmlichen Massenmedien nehmen Journalisten nach wie vor eine wichtige Moderatorenrolle ein. Um diese wertvolle Tradition auch im Internetzeitalter zu erhalten, sollten Anreize für eine gute

---

[77] Vgl. nur *H. Maurer et al.* Report on Dangers and Opportunities Posed by Large Search Engines, particularly Google, 2007, abrufbar unter http://www.iicm.tu-graz.ac.at/iicm_papers/dangers_google.pdf [Stand: 17. 10. 2008]; *S. Meyer* Google & Co. – Aktuelle Rechtsentwicklungen bei Suchmaschinen, 177 (177f.). Zu den hieraus resultierenden Problemen für den Drittschutz vgl. *O. Spieker* Verantwortlichkeit von Internetsuchdiensten für Persönlichkeitsrechtsverletzungen in ihren Suchergebnisdiensten, MMR 2005, 727.

[78] Sog. „Code of Conduct“ der Freiwilligen Selbstkontrolle Multimedia-Diensteanbieter, abrufbar unter http://www.fsm.de/de/Subkodex_Suchmaschinenanbieter [Stand: 17. 10. 2008]; vgl. auch *C. Neuberger* Angebot und Nutzung von Internetsuchmaschinen, Media Perspektiven 2005, 2 (10).

[79] Zu den rundfunkrechtlichen Möglichkeiten einer Vielfaltsregelung für Suchmaschinen vgl. *W. Schulz* Von der Medienfreiheit zum Grundrechtsschutz für Intermediäre?, CR 2008, 470. Allein auf das Kartellrecht setzen *J. Kühling/N. Gauß* Suchmaschinen – eine Gefahr für den Informationszugang und die Informationsvielfalt?, ZUM 2007, 881ff.

[80] So zog sich die Bundesrepublik Deutschland bereits 2006 wieder aus dem gemeinsam mit Frankreich geplanten Projekt Quaero zurück, vgl. BT-Drs. 16/4671.

[81] Zu diesem Vorschlag *E. Günther* Stiftung Medientest – Transparenz und Vertrauen als ökonomischer Motor der Informationsgesellschaft, FES-Analyse Informationsgesellschaft 3, 2001, abrufbar unter http://www.fes.de/stabsabt/publ.html [Stand: 17. 10. 2008]; *F. Krotz* Zur Konzeption einer Stiftung Medientest, Rundfunk und Fernsehen 44 (1996), 214.

Ausbildung von im Online-Bereich tätigen Journalisten gesetzt werden. Auskunftsrechte nach den Landespressegesetzen und dem Telemedienrecht[82] könnten z.B. an einen Qualifikationsnachweis gebunden werden, eine Art journalistischen Führerschein. Auch Maßnahmen zur Sicherung der Unabhängigkeit der Journalisten gegenüber wirtschaftlichen Vorgaben der Verleger sind wünschenswert. Die Ökonomisierung der Medienmärkte erfordert eine neue, intensive Debatte um die innere Presse- und Rundfunkfreiheit.[83]

### 2. *Phase der Informationsbearbeitung: Kommerzialisierung und Fragmentierung*

Die Phase der Informationsverarbeitung und Vermittlung erfolgt primär durch die Medien. Im Zuge der Kommerzialisierung der Medien haben sich hier erhebliche Veränderungen vollzogen.[84] Es geht den gewinnorientierten Medienunternehmen nicht (mehr) vorrangig um die Einlösung von Gemeinwohlzielen, sondern um Rendite, in erster Linie um Werbeerlöse. Das hat Folgen.

#### a) *Boulevardisierung, Banalisierung und Inszenierung der Politikvermittlung*

Als gewichtige Ursache für einen Funktionsverlust von Öffentlichkeit in der Demokratie wird die Veränderung der Politikvermittlung hin zum Info- oder Politainment[85] angeführt.[86] Noch Mitte der 80er Jahre

---

[82] Dazu *M. Löffler/R. Ricker* Handbuch des Presserechts (Fn. 35), 140ff.

[83] Zu diesem Instrument der Vielfaltssicherung vgl. *C. Degenhart* in: Bonner Kommentar GG, 136. EL 2008, Art. 5 Abs. 1, 2 Rn. 502ff.; *H.-D. Jarass* in: H.-D. Jarass/ B. Pieroth (Hrsg.), Grundgesetz, 9. Aufl. 2007, Art. 5 Rn. 41; *W. Hoffmann-Riem* Redaktionsstatute im Rundfunk, 1972; *M. Kloepfer* „Innere Pressefreiheit" und Tendenzschutz im Lichte des Artikels 10 der Europäischen Konvention zum Schutze der Menschenrechte und Grundfreiheiten, 1996; *M. Stock* Innere Medienfreiheit – Ein modernes Konzept der Qualitätssicherung, 2001; *D. Dörr* Die freien Mitarbeiter und die Rundfunkfreiheit – Fortbestehende Divergenzen zwischen dem Bundesverfassungsgericht und der Arbeitsgerichtsbarkeit, FS Thieme, 1993, 911.

[84] Hierzu *W.-A. Meier/O. Jarren* Ökonomisierung und Kommerzialisierung von Medien und Mediensystemen, Medien und Kommunikationswissenschaft 49 (2001), 145.

[85] *A. Dörner* Politainment: Politik in der medialen Erlebnisgesellschaft, 2001; *T. Meyer/C. Schicha* Medieninszenierung zwischen Informationsauftrag und Infotainment, in: C. Schicha/C. Brosda (Hrsg.), Politikvermittlung in Unterhaltungsformaten, 2002, 53.

[86] Zu diesen Veränderungen der politischen Kommunikation zusammenfassend *M. Maurer/C. Reinemann* Medieninhalte, 2006, 107ff.; *M. Maurer* Wissensvermittlung in der Mediendemokratie. Wie Medien und politische Akteure die Inhalte von Wahlprogrammen kommunizieren, Politische Vierteljahresschrift, Sonderheft 42 (2009), 3ff.

wurde ein sachorientierter Stil bei der Politikberichterstattung gepflegt. Selbst die Polit-Talker hielten sich daran, traditionell seit 1952 erstmals im WDR der Internationale Frühschoppen ausgestrahlt wurde. Den Standard setzt immer noch die Tagesschau, in der fast buchhalterisch über die Ereignisse der Welt berichtet wird, weshalb besonders junge Zuschauer zunehmend wegzappen. Informationsangebote dürfen nicht mehr langweilig sein. Skandalisierung und immer neue „Breaking-News" sollen Aufmerksamkeit generieren.[87] Inzwischen sind auch die Tageszeitungen infiziert. Ein Rückgang klassischer Politikberichterstattung gegenüber „Human-Touch-Themen" ist zu konstatieren.[88] Der Abdruck von Fotos wird ausgeweitet. Ein Trend, der selbst vor der ehrwürdigen Frankfurter Allgemeinen Zeitung nicht halt gemacht hat.

Es kann nicht überraschen, dass sich die Politik darauf einstellt. Politiker werden von „Spin-Doctors" inszeniert, Events werden kreiert und Schaukämpfe simuliert. Der Wahlkampf mutiert zum „Horse Race", zum Wettkampf der Kandidaten.[89] Bei den Bürgern kommt diese Art der Politikvermittlung vordergründig an. Im Bundestagswahlkampf 2005 haben sich 41 Prozent der Wähler aus politischen Talkshows[90] über die Wahl informiert, fast zwei Drittel haben das TV-Duell zwischen *Gerhard Schröder* und *Angela Merkel* gesehen. Nur 10 Prozent der Wähler haben eines der Wahlprogramme gelesen. Dies verdeutlicht: Debatten finden zwar noch im Parlament statt, wahrgenommen aber werden sie über die Medien.[91]

---

mwN; *T. Bruns/F. Marcinkowski* Politische Informationen im Fernsehen. Eine Längsschnittstudie zur Veränderung der Politikvermittlung in Nachrichten und politischen Informationssendungen, 1997.

87 Vgl. BVerfGE 103, 44 (67); BVerfG, MMR 2007, 770 (772). Zu diesem Zwang zur Aufmerksamkeit vgl. auch *G. Franck* Ökonomie der Aufmerksamkeit, 2007.

88 Dieser fällt besonders deutlich aus, wenn die reine Textfläche der Artikel mit politischem Bezug aus den Jahren 1980 und 2007 verglichen wird. Vgl. *U. Bernhard/ W. Scharf* „Infotainment" in der Presse, Publizistik 2008, 231 (240).

89 *A. Dörner* Politainment (Fn. 85), 114; *C. Holtz-Bacha* Personalisiert und emotional: Strategien des modernen Wahlkampfs, APuZ 2006, 11; *dies.* Massenmedien und Wahlen: Die Professionalisierung der Kampagnen, APuZ 2002, 23; *U. v. Alemann/S. Marschall* Parteien in der Mediendemokratie – Medien in der Parteiendemokratie, in: dies., Parteien in der Mediendemokratie, 2002, 15 (24ff.); *A. Balzer/M. Geilich* Politische Kommunikation in der Gegenwartsgesellschaft, in: A. Balzer/M. Geilich/S. Rafat (Hrsg.), Politik als Marke, 2006, 16 (25ff.).

90 Zum Format der politischen Talk-Shows und ihren Wirkungen auf die politische Kommunikation vgl. *S. Eisentraut* Polit-Talk als Form demokratischer Öffentlichkeit?, 2007.

91 So prononciert *E.-W. Böckenförde* Demokratische Willensbildung und Repräsentation, HStR III, 3. Aufl. 2005, § 34 Rn. 43f. Zur Funktionsweise von Talkshows

Schwierig ist es, die Auswirkungen dieser Veränderungen auf die politische Willensbildung abzuschätzen. Sicherlich ist es problematisch, wenn direkte Kommunikation durch mediale Inszenierung ersetzt wird. Übertrieben ist dennoch die These vom Entstehen einer „Mediokratie"[92]. Die Politiker sind zwar von den Medien abhängig. Die Abhängigkeit ist in der Berliner „Republik der Wichtigtuer"[93] jedoch wechselseitig. Die Bürger wissen längst, dass Politik inszeniert wird. Wird hier übertrieben, muss selbst bei Ex-Kanzlern mit Ansehensverlusten gerechnet werden. Schwerlich wird sich deshalb belegen lassen, dass die veränderte Art der Politikvermittlung tatsächlich ursächlich zur Verflachung der Diskussion in der Gesellschaft führt.[94] Neue Darstellungsformen scheinen bei manchen Zuschauern und Lesern politische Fragen vielmehr erst bekannt zu machen.[95] Wichtig ist allerdings, dass überhaupt erschwingliche mediale Angebote vorhanden sind, aus denen sich jedermann sachkundig und unabhängig unterrichten kann,[96] wenn er denn möchte.

Diese Aufgabe nimmt – neben dem öffentlich rechtlichen Rundfunk[97] – traditionell die nationale Tagespresse wahr. Aber nur drei Viertel der Deutschen lesen überhaupt noch Tageszeitungen. Dabei sinkt der Anteil der Zeitungsleser in den jungen Altersgruppen am stärksten ab. In der Altersgruppe der 14- bis 19-Jährigen lasen im Jahr 2005 nur noch 27 Prozent täglich Zeitung, im Jahr 1990 waren es noch 49 Prozent.[98] In der ARD/ZDF-Studie Massenkommunikation wurde im Jahr 2005 nach der Bindung an bestimmte Medien gefragt. Auf die Frage, für welches Medium die Befragten sich entscheiden würden, wenn sie müssten, entschieden sich in der Altersgruppe der 14- bis 29-Jährigen nur noch

*A. Dörner* Politainment (Fn. 85), 133ff.; *T. Schultz* Geschwätz oder Diskurs? Die Rationalität politischer Talkshows im Fernsehen, 2006.

[92] *T. Meyer* Mediokratie, 2001.

[93] *T. Bruns* Republik der Wichtigtuer, 2007.

[94] So auch *A. Dörner* Politainment (Fn. 85), 244; *U. Bernhard/W. Scharf* Infotainment in der Presse, Publizistik 2008, 231 (246ff.); anders *T. Meyer* Mediokratie – Auf dem Weg in eine andere Demokratie?, APuZ 2002, 7 (13f.).

[95] *H. Schwarz* Wählen via Fernbedienung – Politikerauftritte in Unterhaltungsformaten – Eine neue Kultur politischer Meinungsbildung, in: C. Schicha/C. Brosda (Hrsg.), Politikvermittlung (Fn. 85), 195 (207).

[96] Zu dieser Funktionsvoraussetzung der Demokratie vgl. BVerfGE 20, 162 (174); 71, 206 (220) („umfassende und wahrheitsgemäße Information der Bürger"); *K. Hesse* Grundzüge Verfassungsrecht (Fn. 38), Rn. 152.

[97] Zu den Nachrichtenangeboten der Fernsehveranstalter im Vergleich *M. Krüger* Infomonitor 2007: Unterschiedliche Nachrichtenkonzepte bei ARD, ZDF, RTL und Sat.1, Media Perspektiven 2008, 58.

[98] *H. Reitze/C.-M. Ridder* Massenkommunikation (Fn. 65), 32f.

fünf Prozent für eine Zeitung.[99] Die Medienmärkte stehen vor gewaltigen Umwälzungen.

### b) *Vielfaltsbedrohende Entstehung von Meinungsmacht*

Demokratische Öffentlichkeit grundgesetzlicher Prägung setzt eine Vielfalt medialer Angebote voraus. Ökonomischer Druck aber erzeugt Konzentrationsbewegungen. Das Bundesverfassungsgericht hält den Gesetzgeber laufend dazu an, Vorkehrungen gegen die vorherrschende Meinungsmacht[100] und Informationsmonopole[101] zu treffen. Die Anzahl der selbstständig operierenden Medienunternehmen hat trotzdem kontinuierlich abgenommen. Die drei größten Verlagsgruppen – Springer, WAZ-Gruppe und Verlagsgruppe Stuttgarter Zeitung[102] – erzielen im Tageszeitungsmarkt bundesweit einen Marktanteil von mehr als 40 Prozent.[103] Dem steht zwar eine Vielzahl von kleineren und mittleren Verlagen gegenüber, die die lokale und regionale Berichterstattung übernehmen. Die Zahl der publizistischen Einheiten aber, also der Zeitungen, die einen identischen Mantel miteinander teilen, ist über die Jahre stark zurückgegangen. Hatten wir im Jahr 1954 noch 225 Einheiten in Westdeutschland, sind es heute noch 136 Einheiten in Gesamtdeutschland.[104]

Den bundesweiten kommerziellen Fernsehmarkt haben zwei Anbietergruppen, die RTL Group und die ProSiebenSat.1 Media AG, unter sich aufgeteilt.[105] Dass dieser vielfaltsreduzierende Prozess noch nicht weiter fortgeschritten ist, liegt allein am bestehenden Pressefusions- und Medienkonzentrationsrecht.

In jüngster Zeit lassen sich neue Konzentrationstrends ausmachen. Das Zusammenwachsen der Medien- und Telekommunikationsmärkte befördert die Herausbildung dominierender Plattformen.[106] Durch den Einstieg ausländischer Finanzinvestoren entsteht die Gefahr, dass sich Unternehmen noch stärker an der Rendite statt an publizistischen Stan-

---

[99] *Ebd.*, 30.

[100] BVerfGE 57, 295 (323); 73, 118 (160); 83, 238 (324); 95, 163 (172); 97, 228 (258); 114, 371 (389); BVerfG, MMR 2007, 770 (772).

[101] BVerfGE 97, 228 (258).

[102] *H. Röper* Probleme und Perspektiven des Zeitungsmarktes, Media Perspektiven 2006, 283 (284).

[103] *Kommission zur Ermittlung der Konzentration im Medienbereich (KEK)* Crossmediale Verflechtungen als Herausforderung für die Konzentrationskontrolle – Dritter Konzentrationsbericht der KEK, 2007, 177.

[104] *W. J. Schütz* Deutsche Tagespresse 2006, Media Perspektiven 2007, 560 (561).

[105] *KEK* Crossmediale Verflechtungen (Fn. 103), 57ff.

[106] BVerfG, MMR 2007, 770 (772); *KEK* Crossmediale Verflechtungen (Fn. 103), 306ff., 323ff.

dards orientieren,[107] von dem Umstand einmal abgesehen, dass relevante Teile eines für die demokratische Öffentlichkeit zentralen Sektors in die Hände ausländischer Kapitalgeber geraten könnten.

Die Hoffnung der Optimisten richtet sich auch hier auf die Onlineangebote.[108] Dass hier die Inhalteauswahl längst vom amerikanischen Unternehmen Google dominiert wird,[109] ist bereits angesprochen worden. Auf der Anbieterseite lassen sich zwar noch keine bedrohlichen Vermachtungen feststellen. Aber der Anfang ist gemacht: Ausgerechnet der WDR und die WAZ-Mediengruppe haben im März dieses Jahres ihre Kooperation im Online-Bereich bekannt gegeben. Mit besonderer Aufmerksamkeit sollten auch vertikale Verflechtungen in den lokalen und regionalen Bereichen beobachtet werden. Um sich die in diesen Märkten erzielbaren Werbeerlöse zu sichern, weiten die Verleger derzeit ihre Geschäftsaktivitäten in das Internet und das Ballungsraumfernsehen aus. Bisher sind sie schon am lokalen Hörfunk beteiligt.[110] Zukünftig wird es im medienspezifischen Konzentrationsrecht darum gehen, im Sinne eines Gesamtmarktansatzes Begrenzungen für diese crossmedialen Verflechtungen aufzustellen.[111]

### c) *Fragmentierung der Öffentlichkeit*

Gegenläufig zur Diskussion um die Medienkonzentration hat sich ein weiterer Problemschwerpunkt entwickelt. Unterschiedliche Lebensentwürfe in der pluralistischen Gesellschaft[112] spiegeln sich auch in medialer Hinsicht. Die integrative Gesamtöffentlichkeit der 60er und 70er Jahre ist in eine Vielzahl von parallelen Gruppenöffentlichkeiten und si-

---

107 *Kommission zur Ermittlung der Konzentration im Medienbereich (KEK)* Zehnter Jahresbericht, 2007, 297 ff. Hierzu auch *W. Schulz/C. Kaserer/J. Trappel* Finanzinvestoren im Medienbereich. Gutachten im Auftrag der Direktorenkonferenz der Landesmedienanstalten, 2008.

108 *J. Kühling* Erosion (Fn. 25), 1104.

109 Google verfügte im Jahre 2007 in Deutschland über einen Marktanteil von ca. 90 Prozent.

110 Für eine Übersicht zur Beteiligung von Verlegern an Hörfunksendern siehe *KEK* Crossmediale Verflechtungen (Fn. 103), 122 ff.

111 Hierzu *B. Holznagel/A. Grünwald* Britisches Medienkonzentrationsrecht im Wandel, in: M. Stock/H. Röper/B. Holznagel, Medienmarkt und Meinungsmacht, 1997, 111 (150 ff.). Zu crossmedialen Verflechtungen und denkbaren Begrenzungsmaßnahmen vgl. auch *D. Dörr* Vielfaltssicherung im bundesweiten Fernsehen, AfP-Sonderheft 2007, 33; *H. Bretschneider* Medienkartellrecht – Auch Murdoch darf nicht wie er will, WRP 2008, 761 ff.; *M. Bohne* Cross-mediale Effekte in der Fusionskontrolle, WRP 2006, 540 ff.

112 Hierzu grundlegend *G. Schulze* Die Erlebnisgesellschaft, 2. Aufl. 1992.

tuativen Themenöffentlichkeiten zersplittert.[113] Die Folge ist eine explosionsartige Vermehrung der Medienangebote für alle denkbaren werberelevanten Zielgruppen. Heute gibt es allein in Deutschland insgesamt 230 TV-Programme, 235 Radioprogramme[114] sowie 352 Tageszeitungen[115]. Eine „virtuelle Balkanisierung der Öffentlichkeit"[116] wird vorhergesagt, wenn die Popularisierung des Internet weiter voranschreitet. Kritiker befürchten, dass diese Fragmentierung den Funktionsverlust der demokratischen Öffentlichkeit nach sich ziehen könnte.[117] Am Ende drohe gar der Zerfall der Demokratie.[118]

Diese Befürchtungen sind überzogen. Empirische Untersuchungen widerlegen, dass die Gesellschaft kommunikationsunfähig wird.[119] Mitglieder von Teilöffentlichkeiten pflegen den Kontakt zu anderen parallel existierenden Öffentlichkeiten. Dies gilt vor allem für Migranten, die heute ca. 20 Prozent der Bevölkerung ausmachen. Sie schotten sich nicht medial ab.[120] Ungeachtet der auf allen Balkons im Ruhrgebiet installierten Satellitenschüsseln konsumieren Türken nicht ausschließlich

---

113 *H. Wessler* Multiple Differenzierung und Integration: Symbolische Gemeinschaften und Medien, in: K. Imhof/O. Jarren/R. Blum (Hrsg.), Integration und Medien, 2002, 56 (65); *B. Holznagel/T. Vesting* Sparten- und Zielgruppenprogramme im öffentlich-rechtlichen Rundfunk, insbesondere im Hörfunk, 1999, 20f.

114 *W. Seufert* Wirtschaftliche Lage des Rundfunks in Deutschland 2006/2007, 2008, 15f. Zur Ausdifferenzierung des Programmangebots vgl. *B. Schwotzer/H.-J. Weiß* Verspartung und Entgrenzung – Fernsehen in Deutschland, in: Arbeitsgemeinschaften der Landesmedienanstalten (Hrsg.), Fernsehen in Deutschland 2007, 2008, 16ff.

115 *Bundesverband Deutscher Zeitungsverleger (BDZV)* Zeitungen 2007 auf einen Blick, abrufbar unter http://www.bdzv.de/schaubilder+M51d0ef238a0.html [Stand: 17. 10. 2008].

116 *T. Meyer* Mediokratie (Fn. 94), 181, 184.

117 So *C. Holtz-Bacha* Das fragmentierte Medienpublikum, APuZ 1997, 13 (15ff.).

118 Zur Bedeutung gesellschaftlicher Integration aus verfassungsrechtlicher Sicht vgl. nur BVerfGE 31, 314 (329); *H. Dreier* Integration durch Verfassung? Rudolf Smend und die Grundrechtsdemokratie, FS Schneider, 2008, 70ff.; *C. Hillgruber* Staat, Recht und Verfassung im Prozess der Integration – Smends Integrationslehre in ihrer Ausgestaltung und in der Rezeption unter der Geltung des Grundgesetzes, FS Bartlsperger, 2006, 63ff.

119 *H.-G. Welz* Politische Öffentlichkeit und Kommunikation im Internet, APuZ 2002, 3 (11).

120 Zum Mediennutzungsverhalten von Migranten vgl. *E. Simon* Migranten und Medien, Media Perspektiven 2007, 426 (432f.); *M. Walter/K. Schlünker/C. Fischer* Fernsehnutzung von Migranten, Media Perspektiven 2007, 436 (440ff.); *E. Dehmichen* Radionutzung von Migranten, Media Perspektiven 2007 452ff.; *B. Schneider/A.-K. Arnold* Die Kontroverse um die Mediennutzung von Migranten: Massenmediale Ghettoisierung oder Einheit durch Mainstream?, in: R. Geißler/H. Pöttker (Hrsg.), Integration durch Massenmedien – Medien und Migranten im internationalen Vergleich, 2006, 93 (100ff.).

türkische Medienangebote. Die starke Unterhaltungsorientierung der deutschen Medien dürfte dieses Nutzungsverhalten übrigens erleichtert haben.[121] In zentralen Fragen – genannt sei der Irak-Krieg – bilden sich nach wie vor zügig Mehrheitsmeinungen in der gesamten Gesellschaft. Und der Sport verwirklicht immer noch die normative Idee vom Integrationsrundfunk.[122] Auch die fragmentierende Wirkung des Internet wird überschätzt. Im Internet gibt es durchaus reichweitenstarke Anbieter. Trotz der Vielzahl der Angebote lässt sich zudem feststellen, dass überall im Wesentlichen die gleichen (politischen) Themen abgearbeitet werden. Dabei entwickelt gerade das Internet ein eigenes Integrationspotenzial.[123] Es schafft eine neu integrierte Öffentlichkeit, weil es die bislang getrennte „kleine" Öffentlichkeit des individuellen Protests mit der massenmedialen Öffentlichkeit vernetzt. Hier liegt übrigens eine Schlüsselfunktion für Blogger bei der Entwicklung eines eigenständigen demokratischen Diskurses.

### 3. *Phase der Informationsvermittlung: Nachlassende Wirkkraft der demokratischen Öffentlichkeit*

Als wichtige Ursache für den Bürgerfrust wird in Umfragen immer wieder angegeben, dass man ja doch keinen Einfluss auf die Gestaltung der Lebensverhältnisse habe. Die Wahlenthaltung ist in den Bevölkerungskreisen am größten, die nur geringe oder gar keine Hoffnungen mehr auf die Politik richten.[124] Parallel gibt es erste Erkenntnisse der Sozialforschung, dass gerade diese Bevölkerungskreise eine Tendenz zu autoritären Gesellschaftsmodellen entwickeln könnten.[125] Ist die Mit-

---

[121] *G. Zambonini/E. Simon* Kulturelle Vielfalt und Integration – Die Rolle der Medien, Media Perspektiven 2008, 120.

[122] Statt vieler *M. Stock* Zur Theorie des Koordinationsrundfunks, 1981, 22ff. Zur Integrationsaufgabe der Medien vgl. *F. Ronneberger* Integration durch Massenkommunikation, in: U. Saxer (Hrsg.), Gleichheit oder Ungleichheit durch Massenmedien?, 1985, 3ff.; *U. Saxer* Integrationsrundfunk und multikulturelle Gesellschaft, Media Perspektiven 1990, 717; kritisch zu dieser Konzeption *T. Vesting* Prozedurales Rundfunkrecht, 1997, 79ff., 220f.

[123] Vgl. *C. Neuberger* Internet und Journalismusforschung (Fn. 75), 17ff.; *S. Marschall* Alte und neue Öffentlichkeiten, in: K. Kamps (Hrsg.), Elektronische Demokratie? Perspektiven politischer Partizipation, 1999, 109 (122). Zu den Möglichkeiten der Erfüllung des Integrationsauftrags durch die digitalen Medien insgesamt vgl. *W. Schulz* Aufmerksamkeit für die „res publica" im Zeitalter der Vernetzung: Vom Leitbild der integrierten Gesamtöffentlichkeit zur Koordination situativer Teilöffentlichkeiten, in: K.-H. Ladeur, Innovationsoffene Regulierung des Internet, 2003, 83 (96ff.).

[124] Vgl. *M. Steinbrecher/S. Huber/H. Rattinger* Turnout in Germany, 2007, 312.

[125] *G. Neugebauer* Politische Milieus in Deutschland, 2007, 92.

wirkung am demokratischen Diskurs aus Sicht des Bürgers wenig folgenreich, lohnt es auch nicht, sich zu engagieren. Zu den Ursachen im Einzelnen gibt es wiederum eine Vielzahl von empirischen Untersuchungen und Hypothesen.

Aktuell wird von den Medien eine These der neueren Parteienforschung besonders häufig aufgegriffen: Die Parteiorganisationen, namentlich die traditionell milieugestützten Volksparteien, verlieren an Profil. Eine Ursache dürfte in der Politikinszenierung zu suchen sein.[126] Wird die Politik für alle Bewerber von der gleichen Werbeagentur nach den Methoden des Marketing gestaltet, kann es nicht verwundern, dass sich die Politiker in der Außendarstellung nicht unterscheiden. Wer eine breite Wählerschicht ansprechen will, drängt in die Mitte. Kantige Politikertypen sind allenfalls als „Nischenprodukt" zu vermarkten. Die Parteien mutieren zu Allerweltsparteien.[127] Etwa ein Drittel des Wahlvolks fühlt sich von dieser politischen Kommunikation nicht angesprochen oder gar ausgeschlossen. Die übrigen fragen sich, was sie wählen sollen, wenn sich die Angebote doch nicht unterscheiden.

Der Befund nährt zugleich den Verdacht, dass der Einfluss von Lobbyisten auf den Kurs der Parteien zugenommen hat.[128] Mancher Mandatsträger scheint stärker eigenen oder zumindest anderen Interessen als den Belangen der Wählerschaft verpflichtet. Die Folge sind Glaubwürdigkeitsverluste. Die Diskussion um die Offenlegung von Nebenverdiensten der Bundestagsabgeordneten ist dafür ein Beleg.[129]

Ein weiterer wichtiger Punkt ist, dass die Gestaltungsfähigkeit der nationalen Politik im Zuge der Globalisierung generell gelitten hat.[130]

---

[126] *Ebd.*, 120ff.

[127] Zu dieser Entwicklung *M. Micus/F. Walter* Entkoppelung und Schwund: Parteien seit der Bundestagswahl 2005, in: H. Bott/J. Tenscher (Hrsg.), 100 Tage Schonfrist nach der Bundestagswahl 2005?, 2008, 247 (278f.); *F. Walter* Baustelle Deutschland, 2008.

[128] *U. v. Alemann/F. Eckart* Lobbyismus als Schattenpolitik, APuZ 2006, 3 (5f.); *H. H. v. Arnim* Herrschaft der Lobby? Zur Notwendigkeit und zum Missbrauch des Einflusses der Wirtschaft auf die Politik, in: R. Ritter/D. Feldmann (Hrsg.), Lobbying zwischen Eigeninteresse und Verantwortung, 2005, 17.

[129] Hierzu *H. H. v. Arnim* Nebeneinkünfte von Bundestagsabgeordneten, DöV 2007, 897; *S. Wolf* Internationalisierung des Antikorruptionsstrafrechts – Kritische Analyse zum Zweiten Korruptionsbekämpfungsgesetz, ZRP 2007, 44ff.

[130] *M. Zürn* Regieren jenseits des Nationalstaats, 1998; *S. Sassen* Das Paradox des Nationalen, 2008, 517ff.; *P. K. Cerny* Globalisation and the Erosion of Democracy, European Journal of Political Research, 1999, 1; *T. Risse/U. Lehmkuhl* Governance in Räumen begrenzter Staatlichkeit, APuZ 2007, 3. Aus verfassungsrechtlicher Sicht vgl. statt vieler *R. Poscher* Das Verfassungsrecht vor den Herausforderungen der Globalisierung, VVDStRL 67 (2008), 160; *W. Hoffmann-Riem* Gesetz und Gesetzesvorbehalt im Umbruch, AöR 130 (2005), 5 (12ff.).

Zentrale Entscheidungen werden heute von der Europäischen Kommission[131] oder von der WTO getroffen.[132] Die Globalisierung des Wirtschaftens unterliegt zudem Eigengesetzlichkeiten, die sich einer nationalen Einflussnahme entziehen. Die von den Börsen ausgehende Finanzkrise dokumentiert, wie unbeherrschbar diese Prozesse inzwischen auch für mächtige Staaten geworden sind. Nur wenige Politiker sind in der Lage, überhaupt die Hintergründe einer solchen Entwicklung zu erläutern. Aber auch innerhalb des nationalstaatlichen Gefüges haben sich die Gewichte verschoben. Wichtige Einflussmöglichkeiten der Politik sind durch die Privatisierung verloren gegangen.[133] Der Gewährleistungsstaat unterwirft zwar einige Unternehmen einer gesonderten Regulierung. Diese Entscheidungen werden aber von fachlich hochspezialisierten Behörden getroffen, sodass der politische Einfluss stark zurückgedrängt ist.[134] Dass diese Entwicklung das demokratische Gesellschaftsmodell insgesamt schwächen könnte, ist seit geraumer Zeit Gegenstand intensiver Diskussion. Pessimisten sehen Deutschland bereits in einem postdemokratischen Zeitalter.[135]

---

[131] Hierzu *U. Beck/E. Grande* Das kosmopolitische Europa, 81 ff. Kritisch zur Vertiefung der Gemeinschaft *D. Grimm* Nach dem Scheitern des Verfassungsvertrages: auf der Suche nach Lösungen, ZSE 2005, 553; *P. Kirchhof* Europa auf dem Weg zu einer Verfassung?, ZSE 2003, 358; *K. A. Schachtschneider* Verfassungsrechtliche Argumente gegen den Vertrag von Lissabon, Leviathan 2008, 317.

[132] *M. Herdegen* Informalisierung und Entparlamentisierung politischer Entscheidungen als Gefährdungen der Verfassung?, VVDStRL 62 (2003), 9 (24f.) mwN.

[133] *V. Schneider/M. Tenbrücken* (Hrsg.) Der Staat auf dem Rückzug. Die Privatisierung öffentlicher Infrastrukturen, 2004; *E. R. Zivier* Erneuerung der Demokratie oder Machtübernahme der Wirtschaft, Recht und Politik 2000, 172; *A. Rinken* Die Erosion des Öffentlichen, FS Schneider, 2008, 97ff. Aus verfassungsrechtlicher Sicht vgl. *M. Heintzen* Beteiligung Privater an der Wahrnehmung öffentlicher Aufgaben und staatliche Verantwortung, VVDStRL 62 (2003), 220; *A. Voßkuhle* Beteiligung Privater an der Wahrnehmung öffentlicher Aufgaben und staatliche Verantwortung, VVDStRL 62 (2003), 266.

[134] Zu diesem Prozess der „Entparlamentisierung" vgl. *M. Ruffert* Entformalisierung und Entparlamentisierung politischer Entscheidungen als Gefährdung der Verfassung?, DVBl 2002, 1145; *T. Puhl* Entparlamentisierung und Auslagerung staatlicher Entscheidungsverantwortung, HStR III, 3. Aufl. 2005, § 48. Diese Machtverschiebung zugunsten der Exekutive wird insbesondere im angloamerikanischen Schrifttum kritisch eingeschätzt, vgl. nur *F. Vibert* The Rise of the Unelected Democracy and the New Seperation of Powers, 2008; *M. C. Dorf/C. F. Sabel* A Constitution of Democratic Experimentalism, Columbia Law Review 98 (1998), 270 (345ff.).

[135] Zur Theorie des postdemokratischen Zeitalters vgl. *C. Crouch* Postdemokratie, 2008. Vgl. auch die Debatte um die „Zerfaserung von Staatlichkeit", *S. Leibfried/M. Zürn* Transformation des Staates, 2006; *P. Genschel/B. Zangl* Die Zerfaserung von Staatlichkeit und die Zentralität des Staates, APuZ 2007, 10.

Andererseits gibt es Bestrebungen, die politische Willensbildung in der Demokratie zu revitalisieren und die Durchschlagskraft der öffentlichen Meinung zu erhöhen.[136] Die europaweiten Reaktionen in den Medien und in der Bevölkerung auf die irische Volksabstimmung über den Lissaboner Vertrag haben gezeigt, dass in Ansätzen eine europäische Öffentlichkeit existiert.[137] Dies ist eine ermutigende Entwicklung, die es zu unterstützen gilt. Publikationspflichten im privaten Sektor und im Grenzbereich von Wirtschaft und Politik[138] können dazu beitragen, z.B. neue Arkanbereiche des Lobbyismus stärker als bisher der Beobachtung zu unterwerfen. Auch sollte der Einfluss des öffentlichen Diskurses auf Unternehmensentscheidungen nicht unterschätzt werden. Der Bürger kann hier zwar nur bedingt als Citoyen, wohl aber in seiner Rolle als Konsument Einfluss ausüben.

Um das schwindende Vertrauen zurückzugewinnen, sind die Mitwirkungsmöglichkeiten der Bürger z.B. durch Plebiszite vor allem auf der Ebene der Kommunen und Länder erweitert worden.[139] Die Auswirkungen auf ihre Zufriedenheit mit nationalen oder europäischen Entscheidungen waren gering.[140] Maßgeblich für die Akzeptanz einer hoheitlichen Entscheidung ist nämlich auch, dass sie auf der Ebene getroffen wird, die die Bürger als die „richtige" und „zuständige" Einheit zu akzeptieren bereit sind. Deshalb sollte vermehrt über eine Dezentra-

---

136 *P. C. Schmitter/A. H. Trechsel* Green Paper on the Future of Democracy in Europe: Trends, Analyses and Reforms, A Green Paper for the Council of Europe, 2004; *W. T. Bauer* Krise der Demokratie – Zukunft der Demokratie, 2003, abrufbar unter http://www.politikberatung.or.at [Stand: 17. 10. 2008].

137 Zu den Problemen bei der Herausbildung einer europäischen Öffentlichkeit vgl. *G. Winter* Das Öffentliche in der europäischen Öffentlichkeit, in: ders., Das Öffentliche heute, 2002, 197; *L. Hagen* Europäische Union und mediale Öffentlichkeit, 2004; *J. Gerhards* Westeuropäische Integration und die Schwierigkeiten der Entstehung einer europäischen Öffentlichkeit, Zeitschrift für Soziologie 1993, 96 (100ff.).

138 Vgl. z.B. *Kommission der Europäischen Gemeinschaften* Grünbuch Europäische Transparenzinitiative v. 03. 05. 2006, KOM (2006), 194 endg.; *M. Burgi* Privatisierung öffentlicher Aufgaben – Gestaltungsmöglichkeiten, Grenzen, Regelungsbedarf, Gutachten D zum 67. Deutschen Juristentag, 2008, D 9 (D 100); *E. Stein* Die Rolle der demokratischen Öffentlichkeit in der globalisierten Wirtschaft, in: G. Winter, Das Öffentliche heute (Fn. 137), 217ff.

139 Für einen Überblick *B. M. Weixner* Direkte Demokratie in den Bundesländern, 2002; *F. Decker* Direkte Demokratie im deutschen „Parteienbundesstaat", APuZ 2006, 3; *M. Freitag/U. Wagschal* Direkte Demokratie, 2007, 9; *Mehr Demokratie e.V.* Zweites Volksentscheid-Ranking – Länder und Gemeinden im Demokratie-Vergleich, 2007, 3f.; *ders.* Erster Bürgerbegehrensbericht 1956–2007, 2008.

140 Anders offenbar die Einschätzung von *J. Kühling* Erosion (Fn. 25), 1101f. Vgl. auch *P. D. Culpepper/A. Fung* Do all Bridges collapse? Possibilities for Democracy in the European Union, Politische Vierteljahresschrift 48 (2007), 730.

lisierung der Entscheidungsfindung im Sinne des Subsidiaritätsprinzips nachgedacht werden.[141] Darüber hinaus gilt es, den Wählern ein klar unterscheidbares und glaubwürdiges Angebot zu unterbreiten.

## IV. Fazit und Ausblick

Am Ende der Bestandsaufnahme steht eine wenig überraschende Feststellung: Die Frage nach einer Erosion der demokratischen Öffentlichkeit lässt sich weder mit einem bloßen Ja noch mit einem Nein beantworten. Die Veränderungen der Realisierungsbedingungen des politischen Diskurses sind nicht so weitreichend, dass die normativen Vorgaben des Grundgesetzes in ihrer gegenwärtigen Ausdeutung durch das Bundesverfassungsgericht unterspült sind und aufgegeben werden müssten. Es ist jedoch erforderlich, dass den aufgezeigten Gefährdungslagen auch staatlicherseits mit geeigneten Maßnahmen – einige Instrumente sind angesprochen worden – entgegengewirkt wird.

Neue Herausforderungen für die demokratische Öffentlichkeit werden vom veränderten Mediennutzungsverhalten ausgehen. Junge Leute gehen ins Internet, um sich zu informieren.[142] Informationen werden am Bildschirm nicht in gleicher Weise rezipiert wie auf bedrucktem Papier. Hier gilt: Texte werden nicht mehr vollständig gelesen, sondern „gescannt".[143] Schlagwort geht vor Zusammenhang, kurz geht vor differenziert und ein Bild sagt mehr als tausend Worte. Dies erlaubt es kaum, komplexe politische Zusammenhänge abzubilden. Demgegenüber muss die Presse, das geborene Medium anspruchsvoller Politikvermittlung,[144] erhebliche Auflagenverluste hinnehmen. Die amerikanischen Erfahrungen zeigen, dass gegen diese Massenbewegung auf Dauer keine Deich-

---

[141] Für eine ökonomische Begründung dieser Kompetenzverteilung vgl. *W. Kerber* Regulierung in föderalen Mehr-Ebenen-Systemen, in: K. Heine/W. Kerber, Zentralität und Dezentralität von Regulierung in Europa, 2007, 1. Aus verfassungsrechtlicher Sicht vgl. *J. Isensee* Subsidiaritätsprinzip und Verfassungsrecht, 2. Aufl. 2001.

[142] Zum aktuellen Mediennutzungsverhalten *B. v. Eimeren/B. Frees* Internetverbreitung: Größter Zuwachs bei Silver-Surfern, Media Perspektiven 2008, 330 (332f., 337f.); *dies.* Internetnutzung zwischen Pragmatismus und YouTube-Euphorie, Media Perspektiven 2007, 362; *M. Gerhards/W. Klingler* Mediennutzung in der Zukunft, Media Perspektiven 2007, 295; *S. Best/B. Engel* Qualitäten der Mediennutzung, Media Perspektiven 2007, 20.

[143] Zum Leseverhalten im Internet vgl. *J. Nielsen* F-Shaped Pattern for Reading the Web Content, abrufbar unter http://www.useit.com/alertbox/reading_pattern.html [Stand: 17. 10. 2008].

[144] Vgl. *J. Habermas* Medien, Märkte und Konsumenten – Die seriöse Presse als Rückgrat der politischen Öffentlichkeit, in: ders., Ach, Europa, 2008, 131.

befestigung halten wird.[145] Die Presse muss im Netz aktiv werden, um die jungen Nutzergruppen zu erreichen. Damit entsteht zwischen den Verlegern und den Rundfunkanstalten eine Konkurrenzsituation. Das Engagement der Anstalten im Internet ist jedoch gleichermaßen unerlässlich.[146] Im Internet sind bisher alle Geschäftsmodelle gescheitert, die die Bereitstellung exklusiver und qualitativ geprüfter (Nachrichten-)Inhalte von Entgeltzahlungen abhängig machen wollten. Mehr und mehr setzt sich eine Finanzierung durch Werbeangebote durch. Die Folge sind Mainstream-Angebote und Marktversagen,[147] wie sie für den werbefinanzierten Rundfunk analysiert wurden.[148] Es gilt, auch im Internet qualitative Orientierung zu geben.[149] Dass sich in diesem Spannungsverhältnis der durch Gebühren finanzierte Rundfunk nicht unangemessen zulasten der Verleger ausbreitet, ist eine wichtige Regulierungsaufgabe für die Zukunft. Das Potenzial des Internet muss durch neue Formen der partizipativen Informations- und Politikvermittlung gehoben werden. Gegebenenfalls müssen für solche innovativen Projekte auch neue finanzielle Ressourcen mobilisiert werden.[150]

---

[145] *Project for Excellence in Journalism* The Changing Newsroom: What is being gained and what is being lost in America's daily newspaper, abrufbar unter http://www.journalism.org/node/11961 [Stand: 17. 10. 2008]; *dies.* The State of the News Media 2008 – an Annual Report on American Journalism, abrufbar unter http://www.stateofthenewsmedia.com/2008/ [Stand: 17. 10. 2008].

[146] *C.-E. Eberle* Öffentlich-rechtlicher Rundfunk und Telemedienauftrag, AfP 2008, 329 (330ff.). Kritisch *R. Müller-Terpitz* Öffentlich-rechtlicher Rundfunk und Neue Medien – eine gemeinschafts- und verfassungsrechtliche Betrachtung, AfP 2008, 335 (341); *W.-D. Ring* Die Medienordnung in der digitalen Zukunft, AfP 2008, 342 (344f.).

[147] Vgl. *B. Holznagel/D. Dörr/D. Hildebrand* Elektronische Medien – Entwicklung und Regulierungsbedarf, 2008, 410f.; *W. Schulz/T. Held/M. Kops* Perspektiven der Gewährleistung freier öffentlicher Kommunikation, 2002, 165ff.

[148] BVerfGE 103, 44 (67); BVerfG, MMR 2007, 770 (771). Siehe hierzu auch *I. Sjurts* Einfalt trotz Vielfalt in den Medienmärkten: eine ökonomische Erklärung, in: M. Friedrichsen/W. Seufert (Hrsg.), Effiziente Medienregulierung, 2004, 71 (77ff.); aA unter Berufung auf die Long-Tail-Theorie *J. Kühling* Erosion (Fn. 25), 1104; *L. Dierking/S. Möller* Online-TV und das „Long Tail"-Phänomen verändern die Grundlagen der Rundfunkordnung, MMR 2007, 426 (430).

[149] Auch das Bundesverfassungsgericht (MMR 2008, 590 (592)) betont zuletzt, dass die „Anforderungen an die gesetzliche Ausgestaltung der Rundfunkordnung zur Sicherung der Rundfunkfreiheit iSd Art. 5 Abs. 1 Satz 2 GG durch die Entwicklung von Kommunikationstechnologie und Medienmärkten nicht überholt" seien. Vgl. auch BVerfG, MMR 2007, 770 (771f.).

[150] Zu den britischen Diskussionen um die Gründung eines im Internet aktiven „Public Service Publisher" vgl. nur *Ofcom* A New Approach to Public Service Content in the Digital Media Age, 2007. Zur Möglichkeit, marktfremde kulturelle Sonderleistungen zu subventionieren, vgl. *C. Engel* Medienordnungsrecht, 1996, 63f., 113; *M. Bullinger* Medien, Pressefreiheit, Rundfunkverfassung, FS 50 Jahre Bundesverfassungsge-

Angesichts der Neigung vieler Protagonisten in Politik und Medien, politische Vorhaben frühzeitig zu skandalisieren oder zu zerreden, wächst die Verlockung für die Politik, sich Fluchtorte zu sichern. Geschützt vor öffentlichem Diskurs sollen Entscheidungen „in Ruhe" vorbereitet werden.[151] Die beschriebenen Veränderungen der Medienlandschaft nähren diesen Wunsch weiter. Als Legitimation für politische Entscheidungen soll dann oft ein angeblich überlegenes Expertenwissen dienen, idealerweise gebündelt in scheinbar „objektiven" Kommissionen.[152] So richtig und wichtig es ist, dass Politik sich kompetent beraten lässt und handlungsfähig bleibt, so problematisch wäre aber auch eine gestörte Kommunikation zwischen Öffentlichkeit und politischer Entscheidungsebene.[153] Entscheidungen eines „weisen Staatenlenkers" abseits demokratischer Prozesse stoßen nämlich immer nur dann auf Beifall, wenn sie erfolgreich sind. Allein der demokratische Diskurs verkraftet die unvermeidlichen Rückschläge. Unter anderem deshalb gilt es, seine Um- und Neugestaltung in jedem einzelnen Problemfeld normativ zu begleiten. Einen Königsweg gibt es nicht.

---

richt, 2001, 193 (214). Kritisch hierzu *H. Rossen-Stadtfeld* Verfassungsrechtliche Perspektiven des dualen Rundfunksystems, Medien & Kommunikation 2002, 481 (486).

[151] Hierzu *W. Hoffmann-Riem* Mediendemokratie, Der Staat 42 (2003), 193 (209f.). Zu den Nachteilen des Öffentlichkeitsprinzips instruktiv *S. Schnöckel* Die Öffentlichkeit von Verhandlungen in Repräsentativorganen, DÖV 2007, 676 (679ff.).

[152] Zu diesem Trend vgl. auch *P. Kirchhof* Entparlamentarisierung der Demokratie, FS Graf Kielmansegg, 2004, 359 (365); *N. Petersen* Demokratie und Grundgesetz – Veränderungen des Demokratieprinzips angesichts der Herausforderungen moderner Staatlichkeit, Preprints of the Max Planck Institute for Research on Collective Goods, 2008, 26ff.

[153] *M. Morlok* Informalisierung und Entparlamentarisierung politischer Entscheidungen als Gefährdung der Verfassung?, VVDStRL 62 (2003), 37 (75).

Leitsätze des 1. Berichterstatters über:

# Erosion demokratischer Öffentlichkeit?

## *I. Zunehmende Politikverdrossenheit der Bürger*

*(1) Die Politikverdrossenheit und Wahlmüdigkeit der Bürger hat in den letzten Jahren zugenommen. Dies deutet darauf hin, dass der Vermittlungszusammenhang zwischen den Bürgern und dem politischen System in der parlamentarischen Demokratie brüchig geworden ist. Der demokratische Diskurs scheint zu erodieren. Parallel dazu erleben wir einen ökonomischen und machtpolitischen Aufstieg autokratischer Gesellschaften wie Russland und China, der die westlichen Demokratien im Wettstreit der Systeme neu herausfordert.*

## *II. Demokratische Öffentlichkeit als Verfassungsvoraussetzung*

### *1. Begriff der demokratischen Öffentlichkeit*

*(2) Öffentlichkeit ist ein intermediäres System, das zwischen den Bürgern, anderen gesellschaftlichen Akteuren und dem politischen Entscheidungssystem vermittelt. Der Kommunikationsprozess entfaltet sich in drei dynamisch aufeinander bezogenen Phasen. Themen und Meinungen werden in den öffentlichen Diskurs eingebracht, sodann verarbeitet und das hieraus resultierende Ergebnis wird als öffentliche Meinung an die politischen Akteure weitergegeben.*

*(3) Öffentlichkeit gibt es in vielen – auch totalitären – Gesellschaftssystemen. Sie wird zur demokratischen Öffentlichkeit, wenn sie auf das Konzept der Demokratie ausgerichtet ist. Es geht darum, den Delegations- und Verantwortungszusammenhang vom Volk zu den Staatsorganen transparent, durchlässig, rational und kontrolliert zu halten. Öffentlichkeit wird damit zu einer Funktions- und Freiheitsvoraussetzung der Demokratie.*

### 2. *Vorgaben des Grundgesetzes für die Herausbildung demokratischer Öffentlichkeit*

*(4) Die Phase der Sammlung von Themen und Meinungen ist grundrechtlich geschützt. Obgleich der Staat sich jeder inhaltlichen Lenkung und Leitung des Prozesses zu enthalten hat, sind die Bürger darauf angewiesen, über die staatlichen Tätigkeiten informiert zu werden. Dies geschieht passiv durch Parlaments- und andere Saalöffentlichkeiten sowie Aktenöffentlichkeit und aktiv durch Öffentlichkeitsarbeit.*

*(5) Die Phase der Informationsverarbeitung wird heute ganz maßgeblich durch die Medien geprägt.*

*(6) Zentrales Instrument der Umsetzung der öffentlichen Meinung in der repräsentativen Demokratie sind Parlamentswahlen. Außerhalb periodisch stattfindender Wahlen muss der Bürger auf die Reaktionen der Politik auf die medial vermittelte öffentliche Meinung vertrauen.*

## III. *Erosionsprozesse*

### 1. *Phase der Informationssammlung: Explosion verfügbarer Informationen*

*(7) In der Phase der Informationssammlung sind die alten Probleme des Zugangs zu den Übertragungswegen und zu behördlichen Informationen weitgehend bewältigt. Zwar sind mit den Public Relations-Aktivitäten der öffentlichen und privaten Hände Manipulationsgefahren verbunden. Dem konnte bislang aber durch Selbstkontrolle der Medien und die Tätigkeit der Aufsichtsbehörden begegnet werden.*

*(8) In den letzten Jahren sind öffentliche Räume in privater Trägerschaft wie Einkaufs- und Freizeitzentren als Orte der Kommunikation und Begegnung immer wichtiger geworden. Die Meinungs- und Versammlungsfreiheit müssen sich angesichts ihrer Bedeutung für die demokratische Öffentlichkeit unabhängig von der Rechtsträgerschaft des öffentlichen Raumes entfalten können. Privates Hausrecht muss als Gegeninteresse regelmäßig zurücktreten.*

*(9) In den letzten Jahren hat sich eine Netzöffentlichkeit etabliert, die die herkömmlichen Strukturen der demokratischen Öffentlichkeit zwar modifiziert, angesichts struktureller Probleme einen überzeugenden Gegenentwurf aber (noch) nicht zu liefern im Stande ist. Bedrohlich ist vor allem die Informationsüberflutung mit massenweise qualitativ ungeprüften Angeboten. Gesucht sind glaubwürdige Lotsen, die durch die neue Unübersichtlichkeit führen. Technische Hilfsmittel (z. B. Suchmaschinen) bergen Manipulationsgefahren, denen nur bedingt durch eine hoheitliche Aufsicht begegnet wer-*

*den kann. Zukünftig sollten Gütesiegel und eine Stiftung Medientest weitere Orientierungshilfen geben.*

### *2. Phase der Informationsbearbeitung: Kommerzialisierung und Fragmentierung*

*(10) Die Gefahren der Boulevardisierung und Banalisierung der medialen Politikvermittlung werden überschätzt, weil die Mechanismen inzwischen selbst Gegenstand der Erörterung in der demokratischen Öffentlichkeit und damit für den Bürger durchschaubar sind.*

*(11) Neue crossmediale Verflechtungen zwischen Rundfunk, Presse und Online-Angeboten werden durch die sektorspezifische Konzentrationskontrolle nur unzureichend erfasst. Diesen neuen Gefahren für die Entstehung von Meinungsmacht kann nur begegnet werden, wenn alle Medienmärkte zusammen in die Betrachtung einbezogen und vergleichend in ihrer publizistischen Bedeutung gewichtet werden (Gesamtmarktansatz).*

*(12) Die Fragmentierung in verschiedene Teilöffentlichkeiten hat nicht zu den häufig prognostizierten Integrationsverlusten in der Gesellschaft geführt.*

### *3. Phase der Informationsvermittlung: Nachlassende Wirkkraft der demokratischen Öffentlichkeit*

*(13) Die Bürger wirken an der demokratischen Willensbildung mit, solange sie sich eine positive Wirkung für die Gestaltung ihrer Lebensverhältnisse erhoffen. In den letzten Jahren hat aus Sicht vieler Bürger die Wirkkraft der demokratischen Öffentlichkeit nachgelassen.*

*(14) Die Inszenierung von Politik nach den Methoden des modernen Marketing führt dazu, dass viele Politiker an Profil und Unterscheidbarkeit verlieren. Teile der Bevölkerung fühlen sich ausgegrenzt. Angehörigen der politischen Mitte erscheint es gleichgültig, welchem Kandidaten sie ihre Stimme geben. Sie ziehen sich deshalb aus der politischen Arena zurück.*

*(15) Die Gestaltungsfähigkeit der nationalen Politik hat im Zuge der Globalisierung und Privatisierung generell gelitten.*

*(16) Publikationspflichten im privaten Sektor und im Grenzbereich von Wirtschaft und Politik können dazu beitragen, neue Arkanbereiche des Lobbyismus stärker als bisher der Beobachtung durch die demokratische Öffentlichkeit zu unterwerfen.*

*(17) Um das schwindende Vertrauen zurückzugewinnen, sind die Mitwirkungsmöglichkeiten der Bürger vor allem auf der Ebene der Kommunen und Länder z.B. durch Plebiszite erweitert worden. Die Auswirkungen auf ihre Zufriedenheit mit nationalen oder europäischen Entscheidungen waren gering. Maßgeblich für die Akzeptanz ist, dass hoheitliche Entscheidungen auf*

*der Ebene getroffen werden, die den Belangen der Bürger am besten Rechnung trägt. Hier ist gegebenenfalls eine Dezentralisierung der Entscheidungsfindung vorzunehmen. Zudem gilt es, den Wählern ein klar unterscheidbares und glaubwürdiges Angebot zu unterbreiten.*

## *IV. Fazit und Ausblick*

*(18) Neue Herausforderungen für die Fortentwicklung der demokratischen Öffentlichkeit werden durch das veränderte Mediennutzungsverhalten der Generation „Internet" entstehen. Im Kampf um das knappe Gut „Aufmerksamkeit" und angesichts der Lesegewohnheiten am Bildschirm können komplexe politische Zusammenhänge nur noch schlagwortartig abgebildet werden. Die Presse als das geborene Medium anspruchsvoller Politikvermittlung muss erhebliche Auflagenverluste hinnehmen.*

*(19) Die amerikanischen Erfahrungen zeigen, dass dieser Trend vermutlich auf Dauer nicht aufzuhalten sein wird. Die bisherigen Lieferanten für qualitativ hochstehende Informationsangebote müssen im Netz aktiv werden, um die jungen Nutzergruppen zu erreichen. Damit entsteht zwischen den Verlegern und dem öffentlich-rechtlichen Rundfunk eine Konkurrenzsituation. Hier ist ein fairer Interessenausgleich anzustreben.*

*(20) Angesichts der Neigung vieler Protagonisten in Politik und Medien, politische Vorhaben frühzeitig zu skandalisieren oder zu zerreden, wächst die Verlockung für die Politik, sich Fluchtorte zu sichern. So richtig und wichtig es ist, dass die Politik sich kompetent beraten lässt und handlungsfähig bleibt, so problematisch wäre aber auch eine gestörte Kommunikation zwischen Öffentlichkeit und politischer Entscheidungsebene.*

Vierter Beratungsgegenstand:

# Erosion demokratischer Öffentlichkeit?

## 2. Bericht von Professor Dr. *Hans-Detlef Horn*, Marburg

Inhalt

## I. Die Fragestellung

### *1. Hoffnungen*

Unser Thema wählt die List der Fragestellung. Es ist im Ergebnis offen, doch in seinem Zweifel bestimmt. Dieser rührt aus der Prämisse, die ihm zugrunde liegt: dem „Gebot einer politisch fungierenden Öffentlichkeit"[1] im demokratischen Verfassungsstaat. Auf diese werfen sich glaubensstarke Hoffnungen, sieht man auf die Aufgaben, die ihr zugewiesen und zugetraut werden: soziale und politische Integration aller Bürger durch Prozesse öffentlicher Meinungsbildung, Kontrolle des staatlichen Handelns durch dessen Publikation und kommunikative Konfrontation, sowie Rationalisierung und Legitimierung aller staatlichen Gewalt durch die Vermittlung des allgemeinen Bürgerwillens als dem permanenten Richtpunkt demokratischer Herrschaft.[2] Aus dieser Sicht ist eine politisch fungierende Öffentlichkeit „schlechthin konstituierend" für den demokratischen Verfassungsstaat. Am Prozess politischen Entscheidens im Staat sollen alle rezeptiv und postulativ teilhaben können.[3] Dadurch wird jener andauernd integriert, getragen „von einem Plebiszit, das sich jeden Tag wiederholt"[4] und die Exklusion der Mehrheit der Bürger von der staatlichen Herrschaft wenn nicht widerlegt, so wenigstens mildert.[5]

Doch Hoffnungen tragen nur, soweit sie nicht trügen. Es sind die Evidenzen im aktuellen „Strukturwandel der Öffentlichkeit", die insoweit irritieren. Zwar wird von solchem Strukturwandel bekanntlich schon seit seiner erstmaligen „Entdeckung" im Modus der Klage gesprochen.[6]

---

[1] *J. Habermas* Strukturwandel der Öffentlichkeit, Neuauflage 1990, 33 u. passim.

[2] Vgl. zu solchen Funktionsbeschreibungen politischer Öffentlichkeit bzw. öffentlicher Meinung als ihr Produkt *M. Kloepfer* Öffentliche Meinung, Massenmedien, HStR III, 3. Aufl. 2005, § 42 Rn. 15ff.; *H. Schulze-Fielitz* Das Bundesverfassungsgericht und die öffentliche Meinung, in: G. F. Schuppert/C. Bumke (Hrsg.) Bundesverfassungsgericht und gesellschaftlicher Grundkonsens, 2000, 111 (115); *ders.* Öffentlichkeit (J), in: W. Heun/M. Honecker/M. Morlock/J. Wieland (Hrsg.) EvStL, Neuausgabe 2006, Sp. 1655 (1656); *J. Kühling* Erosion demokratischer Öffentlichkeit?, DVBl. 2008, 1098 (1099).

[3] *U. Di Fabio* Recht offener Staaten, 1998, 47. – Zur Bürgerverantwortung im demokratischen Verfassungsstaat s. die Berichte von *D. Merten, W. Berka* und *O. Depenheuer* VVDStRL 55 (1996), 7ff., 48ff., 90ff.

[4] *R. Smend* Verfassung und Verfassungsrecht (1928), in: *ders.* Staatsrechtliche Abhandlungen, 3. Aufl. 1994, 119 (136).

[5] Vgl. *Di Fabio* (Fn. 3): Öffentlichkeit als „Mechanismus der Inklusion" zur Milderung der Exklusion des staatlichen Machtmonopols.

[6] Wirkmächtig *Habermas* Strukturwandel (Fn. 1), 1. Aufl. 1962. Entsprechende Kritik von *R. Dahrendorf* Aktive und passive Öffentlichkeit. Über Teilnahme und Initiative im

Gleichwohl vollziehen sich unter den gegenwärtigen Ein- und Auswirkungen von Internationalisierung, Pluralisierung und Medialisierung offenkundige Veränderungen, die weithin als strukturtiefe Pathologien, als Erosion oder gar als Zerfall der Öffentlichkeit wahrgenommen werden.[7] Die Hoffnungen auf verstetigte Teilhabe aller Bürger an der staatlichen Herrschaft sehen sich im Grunde erschüttert. Weitergehende Verfallsprognosen konstatieren – im Horizont der Zykluslehre vom Kreislauf der Staatsformen[8] – den Anbruch einer „Postdemokratie"[9] oder gar das „Ende der Demokratie"[10].

## 2. *Ambivalenzen*

Zu solchen Deutungen scheinen sich Meldungen der jüngeren Demoskopie zu fügen, die in der Bürgerschaft breite Politikverdrossenheit und einen deutlichen Rückgang der Zufriedenheit mit dem Funktionieren der Demokratie in Deutschland verzeichnen.[11] Doch die Zahlen der Statistik informieren nicht über die Ursachen des Unmuts. Sie geben auch Deutungen Raum, die dazu beitragen, die Sicht auf das Problem zu variieren, weil sie keine geringere Evidenz für sich haben. Hierher gehört die implizierte Tatsache, dass der Staat in der politischen Praxis auch ohne eine allgegenwärtige Öffentlichkeit funktioniert und funktionieren muss.[12] Auch der demokratische Verfassungsstaat besteht institutionell-funktionell weithin unabhängig von den Beiträgen bürgerschaftlicher Öffentlichkeit und öffentlicher Meinung. Ein Zusammenwirken mit die-

---

politischen Prozeß moderner Gesellschaften, in: M. Löffler (Hrsg.) Das Publikum, 1969, 1.

[7] Zu nennen sind vor allem die „großen Erzählungen" (*B. Peters*) über den Niedergang des öffentlichen Raums: *H. Arendt* Vita Activa oder Vom tätigen Leben, engl. 1958, dt. Neuausgabe 1981; *R. Sennet* Verfall und Ende des öffentlichen Lebens. Die Tyrannei der Intimität, engl. 1974, dt. 1986, 14. Aufl. 2004; *Habermas* Strukturwandel (Fn. 1, 6); vgl. sodann aus der Fülle der Lit. *O. Jarren/K. Imhof/R. Blum* (Hrsg.) Zerfall der Öffentlichkeit?, 2000; *A. Rinken* Geschichte und heutige Valenz des Öffentlichen, in: G. Winter (Hrsg.) Das Öffentliche heute, 2002, 7 (56ff.); *ders.* Erosion des Öffentlichen. Ein Essay, FS H.-P. Schneider, 2008, 97ff.; *P. Häberle*, Gibt es eine europäische Öffentlichkeit?, 2000, 12.

[8] Dazu in vorliegendem Zusammenhang *W. Leisner* Demokratie. Betrachtungen zur Entwicklung einer gefährdeten Staatsform, 1998, insbes. 1043ff.; *ders.* Zyklustheorie der Demokratie. Die Volksherrschaft im Kreislauf der Staatsformen, FS Badura, 2004, 289ff.; *J. Isensee* Am Ende der Demokratie – oder am Anfang?, 1995, 11ff.

[9] Gleichnamig *C. Crouch*, engl. 2003, dt. 2008.

[10] Vgl. *Jean-Marie Guéhenno* Das Ende der Demokratie, frz. 1993, dt. 1996.

[11] Nach dem ARD-DeutschlandTrend vom 18. Juli 2008 ist die statistische Rate der Zufriedenheit auf unter 50% der Befragten gesunken.

[12] Ähnlich *Depenheuer* Bürgerverantwortung (Fn. 3), 92f., 119.

sen ist als ein explizites Verfassungsgebot im Grundgesetz nicht auszumachen. Die Legitimierung der Staatsorgane aus dem Willen des Volkes vollzieht sich vielmehr in den Bahnen und nach den Regeln der formalen Repräsentativdemokratie.[13] Daneben verfügen die Akteure der informalen und ungeregelten Öffentlichkeit[14] über die Angebote der grundrechtlichen Freiheits- und Mitwirkungsrechte. Diese verfolgen demokratische Funktionen, begründen aber weder politische Handlungspflichten des Bürgers[15] noch legitimatorische Abhängigkeiten des Staates.[16]

Unterdessen richtet sich die Unzufriedenheit nicht gegen die formale Verfassung der Demokratie, die sie hat, sondern gegen die reale Verfassung, in der sie ist.[17] Hier aber können ambivalente Gründe vorliegen. Statt einer Unterbilanz kann es auch ein Übermaß an Öffentlichkeit sein, das die Zweifel an der Güte des demokratischen Prozesses auslöst. Wie nie zuvor praktiziert der Staat der Gegenwart Offenheit und Öffentlichkeit als Maximen seiner Existenz. Im Bereich der politischen Staatsleitung wie auf allen Ebenen und in allen ihren Ausprägungen agiert die Staatsgewalt mehr denn je im Lichte und unter Beteiligung der Öffentlichkeit. Neben die rechtlichen Vorgaben formalisierter Partizipation[18]

---

[13] Zur Organisation der Demokratie als Staats- und Regierungsform systematisch *E.-W. Böckenförde* Demokratie als Verfassungsprinzip, HStR II, 3. Aufl. 2004, § 24 Rn. 9ff.; *M. Jestaedt* Demokratieprinzip und Kondominialverwaltung. Entscheidungsteilhabe Privater an der öffentlichen Verwaltung auf dem Prüfstand des Verfassungsprinzips Demokratie, 1993, 138ff., 171ff.

[14] Sie kann daher nur adverbial, nicht adjektivisch „demokratisch" genannt werden.

[15] Vgl. *C. Starck* Grundrechtliche und demokratische Freiheitsidee, HStR III, 3. Aufl. 2005, § 33 Rn. 39 m.w.N.

[16] Zur verfassungsrechtlichen Irrelevanz der so genannten Volkswillensbildung für die demokratische Legitimation des Staatswillens im Sinne des Staatsformprinzips Demokratie *W. Schmitt Glaeser* Die grundrechtliche Freiheit des Bürgers zur Mitwirkung an der Willensbildung, HStR III, 3. Aufl. 2005, § 38 Rn. 30ff.; *Jestaedt* (Fn. 13), 187ff., 192; von Demokratie kann insofern nur in einem „analogen, nicht verfassungsrechtlichen Sinn" gesprochen werden: *J. Isensee* Demokratie – verfassungsrechtlich gezähmte Demokratie, in: U. Matz (Hrsg.) Aktuelle Herausforderungen der repräsentativen Demokratie, 1985, 43 (47).

[17] Zum Unterschied (und Verhältnis) von Normativ- und Realverfassung *J. Isensee* Staat und Verfassung, HStR II, 3. Aufl. 2004, § 15 Rn. 177ff.; *C. Hillgruber* Verfassungsrecht zwischen normativem Anspruch und politischer Wirklichkeit, VVDStRL 67 (2008), 7 (8ff., 14ff.).

[18] Dazu *W. Schmitt Glaeser* Partizipation an Verwaltungsentscheidungen, VVDStRL 31 (1973), 179ff.; *ders.* Die Position der Bürger als Beteiligte im Entscheidungsverfahren gestaltender Verwaltung, in: *P. Lerche/W. Schmitt Glaeser/E. Schmidt-Aßmann* Verfahren als staats- und verwaltungsrechtliche Kategorie, 1984, 35ff.; *E. Schmidt-Aßmann* Das allgemeine Verwaltungsrecht als Ordnungsidee, 2. Aufl. 2006, 104ff.; *H. Rossen-*

treten mannigfaltige außerrechtliche Strategien und Arrangements informaler Kooperation, in denen die Amtswalter des Staates den kommunikativen Schulterschluss suchen mit den Kräften der Gesellschaft, deren Interessen, Fähigkeiten und Meinungen. Doch unter den Nöten des Entscheidungszwangs, denen die Demokratie nicht weniger unterliegt als autoritäre, diskursfreie Herrschaftsformen,[19] droht auch eine Lähmung des Entscheidungssystems, wenn es durch permanente Diskussionen und immerfort wechselnde Andienungen überladen wird. Überanstrengungen aber führen auf allen Seiten zu Ermüdungs- und Abnutzungserscheinungen. Längst ist die gegenläufige („Standort"-) Frage gestellt – notabene öffentlich: Haben wir ein Zuviel des Guten?[20] Und ein Zuwenig an Führung, an Entscheidungskraft und Standfestigkeit der Politiker? *Winston Churchill* soll einmal auf den wohlgemeinten Rat eines Parlamentskollegen, den Briten stärker sein Ohr zu neigen, geantwortet haben, die Nation werde kaum zu einem Premierminister aufblicken, den sie in einer solchen Haltung antreffe.[21] Ein Demokratiekonzept hingegen, dem die öffentliche Meinung als Dreh- und Angelpunkt gilt, sucht die Bewegungsenergien und Rationalitätssicherungen des Politischen eher an der Basis der Repräsentierten auf als bei den von ihnen gewählten Repräsentanten.

### 3. *Gang der Überlegungen*

Unter dem Eindruck solcher Kontrastierung tritt der epistemische Grundriss hervor, der die Behandlung der aufgeworfenen Fragestellung anleiten muss. In welchem Zustand sich die demokratische Öffentlichkeit tatsächlich befindet, hängt ab von dem Zustand, den sie haben soll. Die Frage nach ihrer empirischen Erosion ist bezogen auf die Form ihres gesollten Seins. Dieses Seinsollen bemisst sich nach dem Anspruch, der sich in den der Öffentlichkeit zugewiesenen Funktionen erklärt, nebst den Annahmen, die ihr ein dem gemäßes Funktionieren abverlangen. Erst dieses Profil liefert das normative Leitbild, das die Beurteilung des realen Abbildes ermöglicht.

---

*Stadtfeld* Beteiligung, Partizipation und Öffentlichkeit, in: W. Hoffmann-Riem/E. Schmidt-Aßmann/A. Voßkuhle (Hrsg.) Grundlagen des Verwaltungsrechts, Bd. II, 2008, § 29 Rn. 1ff.; mit besonderer Akzentuierung der demokratischen Legitimationsfunktion *A. Friesahn* Demokratie und Öffentlichkeitsbeteiligung, 2002.

[19] *J. Isensee* Politik als Schicksal?, in: P. Gordan (Hrsg.) Lebensentscheidung, 1987, 165 (180).

[20] Publizistisch mit hohem Aufmerksamkeitswert: *F. Zakaria* Das Ende der Freiheit? Wieviel Demokratie verträgt der Mensch?, engl. 2003, dt. 2007.

[21] Nach *Zakaria* (Fn. 20), 160.

Solche Leitbilder finden sich in Demokratietheorie und politischer Philosophie in vergleichsweise großer Zahl. Diese stehen freilich allzu leicht in Gefahr, sich über Recht und Realität in die Höhen politischer Visionen zu erheben und im hegelianischen „Um so schlimmer für die Wirklichkeit!" zu enden. Es soll daher nicht der Versuchung nachgegeben werden, in die Theoriedebatte über ideale Demokratiemodelle und optimale Öffentlichkeitskonzepte einzutreten.[22] Die Aufgabe wird vielmehr darin gesehen, das Problem aus der Warte verfassungsrechtlicher und verfassungspolitischer Interdependenz anzugehen. Das mag die Erkenntnis einer „pragmatischen Integration von Theorieelementen" (*P. Häberle*) nicht per se ausschließen, ebenso wenig aber die Möglichkeit von unterstellten Trugbildern, die den einzunehmenden Blick auf die Wirklichkeit verzerren. Unter dieser Maßgebung will ich mich dem normativen und realen Öffentlichkeitsbild zuwenden, das die Demokratie des Grundgesetzes als Möglichkeitsbedingung ihrer effektiven Geltung voraussetzt,[23] um so die wirklichkeitswissenschaftliche Seite des Themas in ihrer Schärfe zu profilieren – gleich dem guten Ratschlag, bei Krankheitssymptomen die erste Sorgfalt auf die Diagnose zu verwenden. Dazu gilt es, Begriff und Sache demokratischer Öffentlichkeit tiefer als bislang geschehen auszuloten. Hier liegen die relevanten Problemspeicherungen.

## II. Begriff der Kategorie

### 1. *System öffentlicher Kommunikationen*

Die Semantik von „öffentlich" und „Öffentlichkeit" ist ein Produkt der Aufklärung. Sie findet sich in der Symbol- und Funktionsstruktur aller modernen Sozialordnungen, prägt jedoch in spezifischer Weise das Lebensgesetz der Demokratie.[24] Die Sinnvarianz, die die Begrifflichkeit

---

[22] Kritischer Überblick (statt vieler): *R. Martinsen* Demokratie und Diskurs. Organisierte Kommunikationsprozesse in der Wissensgesellschaft, 2006, 47ff.

[23] In diesem Sinne zur Kategorie der Verfassungsvoraussetzung *H. Krüger* Verfassungsvoraussetzungen und Verfassungserwartungen, FS Scheuner, 1973, 285 (286ff.); im Blick auf die Grundrechtsausübung *J. Isensee* Grundrechtsvoraussetzungen und Verfassungserwartungen, HStR V, 2. Aufl. 2000, § 115 Rn. 7ff.

[24] „Öffentlichkeit und Demokratie sind aufs engste miteinander verknüpft": *P. Häberle* Struktur und Funktion der Öffentlichkeit im demokratischen Staat (1970), in: *ders.* Die Verfassung des Pluralismus. Studien zur Verfassungstheorie der offenen Gesellschaft, 1980, 126.

aufweist,[25] wird gebündelt in der Bedeutung, die den Akteursbezug herstellt.[26] Sie bildet den Gegenstand meines Berichts. „Öffentlichkeit" steht danach[27] für den Inbegriff des sozialen Kollektivs, früher „Publikum", heute auch „Netzwerk" genannt, das konstituiert wird durch den öffentlichen, also prinzipiell jedermann zugänglichen, kommunikativen Austausch der von den staatlichen Institutionen ausgeschlossenen „Privatleute" über öffentliche, also alle angehende Angelegenheiten. Diese Kommunikationen konstituieren zugleich die öffentliche Sphäre, in der sich die Gesellschaft, wie sie Themen und Meinungen produziert (In-

---

[25] Zur komplexen, assoziationsreichen und durch vielfältige Metamorphosen gegangenen Begriffsgeschichte vgl. *W. Martens* Öffentlich als Rechtsbegriff, 1969, 22ff.; *L. Hölscher* Öffentlichkeit, in: J. Ritter/K. Gründer (Hrsg.) Historisches Wörterbuch der Philosophie, Bd. 6, 1984, Sp. 1134ff.; *ders.* Öffentlichkeit, in: O. Brunner/W. Conze/R. Koseleck (Hrsg.) Geschichtliche Grundbegriffe, Bd. 4, 1978, 413ff.; *A. Rinken* Öffentlichkeit, in: Görres-Gesellschaft (Hrsg.) Staatslexikon. Recht – Wirtschaft – Gesellschaft, 7. Aufl. 1988, Bd. 4, Sp. 138 ff; *J. Schiewe* Öffentlichkeit. Entstehung und Wandel in Deutschland, 2004, 19ff.; *M. Jestaedt* Das Geheimnis im Staat der Öffentlichkeit. Was darf der Verfassungsstaat verbergen?, AöR 126 (2001), 204 (207ff.) (= *ders.* in: O. Depenheuer, Hrsg., Öffentlichkeit und Vertraulichkeit, 2001, 67, 76ff.).

[26] Systematisch lassen sich zunächst zwei verschiedene, aber sinnhaft verbundene Bedeutungsvarianten ausmachen: In der „großen Dichotonomie" von „öffentlich" und „privat" (*N. Bobbio* The Great Dichotomy: Public/Private, in: *ders.* Democracy and Dictatorship. The Nature and Limits of State Power, 1989; *B. Rössler* Der Wert des Privaten, 2001, 11; *H.-D. Horn*, Schutz der Privatsphäre, HStR VII, 3. Aufl. 2009, § 149 – demnächst) bezeichnet das Öffentliche deskriptiv einen abgegrenzten sozialen Handlungsbereich mit grundsätzlich eigengeartetem normativem Verantwortungscharakter. Eine zweite Begriffsdimension erschließt sich aus den präskriptiven Gegenbegriffen „privat" und „geheim". Sie dient der Grenzziehung in den Bereichen von Kommunikation und Information, Interesse und Wissen: „Öffentlich" meint hier zum einen die faktische Zugänglichkeit (von Orten, Ereignissen, Informationen) für jedermann und zum anderen das, was der Sache nach jedermann (die Allgemeinheit, den Staat) angeht. Die vorliegend erhebliche, dritte Bedeutungsschicht nimmt diese beiden anderen, älteren Attributiven von „öffentlich" in sich auf und verknüpft sie mit dem akteursbezogenen Faktor. – Vgl. zum Ganzen *B. Peters* Der Sinn von Öffentlichkeit, in: *ders.* Der Sinn von Öffentlichkeit, 2007, 55ff. (zuerst in: F. Neidhardt, Hrsg., Öffentlichkeit, öffentliche Meinung, soziale Bewegungen, KZfSS Sonderheft 34/1994, 42ff.); *Habermas* Strukturwandel (Fn. 1), 54ff.; auch *Martens* (Fn. 25), 22.

[27] Siehe neben *Peters* Sinn (Fn. 26) zum Folgenden ferner *J. Gerhards/F. Neidhardt* Strukturen und Funktionen moderner Öffentlichkeit: Fragestellungen und Ansätze, in: S. Müller-Doohm/K. Neumann-Braun (Hrsg.) Öffentlichkeit Kultur Massenkommunikation, 1991, 31 (41ff., 44ff.); *J. Gerhards* Öffentlichkeit, in: O. Jarren/U.Sarcinelli/U.Saxer (Hrsg.) Politische Kommunikation in der demokratischen Gesellschaft, 1998, 268ff.

put), verarbeitet (Throughput) und weitergibt (Output),[28] selbst intern beobachtet („Spiegelmodell").[29]

Hier präsentieren sich[30], mal aktiv-engagiert, mal passiv-rezeptiv, insbesondere die Parteien und die organisierten Interessenverbände[31], die Wirtschaftsunternehmen, Kirchen und Religionsgemeinschaften, gesellschaftliche Einrichtungen und Assoziationen aller Art[32], schließlich alle Bürger in und aus ihren lebensweltlichen Umfeldern. Die Reichweite, Dichte und Geschwindigkeit der durch sie hergestellten Kommunikationen ereignet sich nach Ebenen differenziert[33] – von den vielfältigen Varianten konkreter Präsenzöffentlichkeit[34] bis zur abstrakten, über die Massenmedien hergestellten Öffentlichkeit, in der diese als unverzichtbare Kommunikateure wie zugleich als subtile Sprecher[35] mit den global verstreuten Konsumenten (Leser, Zuhörer und Zuschauer) verbunden sind. Durch die neueren Informationstechnologien, namentlich das Internet, weitet sich die Zugänglichkeit dieser abstrakten Öffentlichkeit zunehmend auch für den einzelnen Aktivbürger (Blogger).

---

[28] *F. Neidhardt* Öffentlichkeit, öffentliche Meinung, soziale Bewegungen, in: ders. (Fn. 26), 7 (8).

[29] *N. Luhmann* Die Beobachtung der Beobachter im politischen System: Zur Theorie der Öffentlichen Meinung, in: J. Wilke (Hrsg.) Öffentliche Meinung. Theorie, Methoden, Befunde, 1992, 77ff.; *ders.* Die Realität der Massenmedien, 2. Aufl. 1996, 187; *J. Gerhards* Politische Öffentlichkeit. Ein system- und akteurstheoretischer Bestimmungsversuch, in: Neidhardt (Fn. 26), 77 (97ff.).

[30] Vgl. *J. Habermas* Faktizität und Geltung, 4. Aufl. 1994, 430f.; *ders.* Hat die Demokratie noch eine epistemische Dimension? Empirische Forschung und normative Theorie, in: *ders.* Ach, Europa, 2008, 138 (166f.); *Peters* Sinn (Fn. 26), 76ff.; *ders.* Über öffentliche Deliberation und öffentliche Kultur, in: *ders.* (Fn. 26), 103 (145ff.); *O. Jarren/P. Donges* Politische Kommunikation in der Mediengesellschaft, 2002, Bd. 1, 121ff., 145ff.; *Neidhardt* (Fn. 28), 10ff.

[31] Z.B. Gewerkschaften, Arbeitgeberverbände, Berufs- und Brachenverbände, Umwelt-, Sport- und Verbraucherverbände; vgl. näher *H.-D. Horn* Verbände, HStR III, 3. Aufl. 2005, § 41 Rn. 24ff.

[32] Mit kultureller, wissenschaftlicher, karitativer oder politischer Ausrichtung, z.B. Akademien, Schriftstellerverbände, Vereine, Wohlfahrtsverbände, Nichtregierungsorganisationen, Initiativen und Bewegungen. Weitere Akteure „der" Öffentlichkeit: Lobbyisten und Advokaten, Experten und Intellektuelle, Prominente und Prestigeträger.

[33] Vgl. *Habermas* Faktizität und Geltung (Fn. 30), 452; *Jarren/Donges* (Fn. 30), 119ff.

[34] Z.B. episodische Kneipen- oder Straßenöffentlichkeit, Parteiveranstaltungen, Demonstrationen, Kirchentage.

[35] Vgl. auch BVerfGE 12, 205 (260): Rundfunk als „Medium" und „Faktor"; E 59, 231 (257f.), 73, 118 (152): Rundfunk „selbst an dem Prozeß der Meinungsbildung beteiligt"; E 90, 60 (87), 114, 371 (387): „Suggestivkraft" des Rundfunks.

## 2. *Intermediärer Bereich*

In verfassungsdogmatischer Hinsicht ist die Kategorie der Öffentlichkeit[36] als ein intermediäres Bereichsfeld der Gesellschaft „zwischen" Staat und Privat zu fassen.[37] Sie vollzieht nach, was für die Bauform des freiheitlichen demokratischen Verfassungsstaates grundlegend ist: die Unterscheidung von Staat und Gesellschaft.[38] Begriff und Sache der Öffentlichkeit sind bezogen auf den Staat i.e.S. als Herrschaftsorganisation,[39] nicht auf den Staat i.w.S. als Gemeinwesen, i.e. die in, durch und für die res publica verbundene Allgemeinheit.[40] Als Herrschaftsorganisation ist der Staat einer der beiden Pole des Gemeinwesens, dem der andere, die Gesellschaft der freien Bürger, gegenüber liegt.[41]

---

[36] Ähnlich wie hier das Augenmerk auf die „Kategorie" der Öffentlichkeit gelegt ist, hat auch *F. Tönnies* Kritik der öffentlichen Meinung, 1922 (vgl. Vorwort, VI), die öffentliche Meinung als „einheitliche Potenz" von der öffentlichen Meinung als einem „Konglomerat mannigfacher und widersprechender Ansichten, Wünsche und Absichten" unterschieden. In letzterem, empirisch-sozialwissenschaftlichen Sinne versteht sich auch die berühmte, das Schillernde des Phänomens einfangende Deutung der öffentlichen Meinung von *H. Oncken* Politik, Geschichtsschreibung und öffentliche Meinung (1904), in: *ders.* Historisch-politische Aufsätze, Bd. I, 1914, 203 (236), wiedergegeben bei *Kloepfer* (Fn. 2), § 42 Rn. 2.

[37] *Häberle* Europäische Öffentlichkeit? (Fn. 7), 9f.

[38] *E.-W. Böckenförde* Die verfassungstheoretische Unterscheidung von Staat und Gesellschaft als Bedingung der individuellen Freiheit, 1973; *ders.* Die Bedeutung der Unterscheidung von Staat und Gesellschaft im demokratischen Sozialstaat der Gegenwart (1972), in: *ders.* Recht Staat Freiheit, 1991, 209ff.; *J. Isensee* Subsidiariät und Verfassungsrecht. Eine Studie über das Regulativ des Verhältnisses von Staat und Gesellschaft, 2. Aufl. 2001, 149ff.; *H. H. Rupp* Die Unterscheidung von Staat und Gesellschaft, HStR II, 3. Aufl. 2004, § 31; *M. Jestaedt* (Fn. 13), 180ff.

[39] Ebenso zur Kategorie der „Bürgerverantwortung" *Depenheuer* Bürgerverantwortung (Fn. 3), 94ff.

[40] Zu dieser Doppelsinnigkeit des Staatsbegriffs *J. Isensee* Gemeinwohl im Verfassungsstaat, HStR IV, 3. Aufl. 2006, § 71 Rn. 20ff.; auch *ders.* (Fn. 17), § 15 Rn. 145ff., 151ff.

[41] Mit dieser geistig-juridischen wie positiv-verfassungsrechtlichen Differenzierungsleistung reagiert der Verfassungsstaat auf die sich mit der anhebenden Moderne einstellende Auffächerung des Gemeinwesens in die Funktionssysteme der Herstellung verbindlicher Entscheidungen und der Ausübung selbstbestimmter Freiheit. Von einer ganzheitlichen, aristotelisch-thomistische societas perfecta-Vorstellungen forttragenden Sicht des Staates kann diese Ausdifferenzierung nicht mehr abgebildet noch eingefangen werden. Vgl. *Böckenförde* Die verfassungstheoretische Unterscheidung (Fn. 38), 10ff.; *ders.* Die Entstehung des Staates als Vorgang der Säkularisation (1967), in: *ders.* Recht Staat Freiheit, 1991, 92ff.; *Isensee* (Fn. 40), § 71 Rn. 25ff.; *N. Luhmann* Staat und Staatsraison im Übergang von traditionaler Herrschaft zu moderner Politik, in: *ders.* Gesellschaftsstruktur und Semantik. Studien zur Wissenssoziologie der modernen Gesellschaft, Bd. 3, 1989, 65ff.

Dem folgt und entspricht die polare Ordnung[42] der Freiheit zur Bewirkung der res publica in die staatshervorbringende einerseits und die gesellschaftskonstituierende andererseits. Im staatlich-demokratischen Bereich realisiert sich der Wille des Volkes, im gesellschaftlich-grundrechtlichen der Wille des Individuums und die Autonomie gesellschaftlicher Organisation. Dort verwirklicht sich die politische Freiheit in der zusammenwirkenden Teilhabe der Staatsbürger (citoyen) an der Staatsgewalt, hier die gesellschaftliche im sowohl privaten wie öffentlichen Wirken der Privatbürger (bourgois). In dieser gesellschaftlichen Sphäre ereignet sich die „demokratische" Öffentlichkeit; sie ist gesellschaftliche Öffentlichkeit, außerhalb und in grundrechtlicher Distanz zur institutionalisierten Staatssphäre.

## III. Kritische Politikfunktionen

Öffentlichkeit ist indessen nicht nur ein deskriptiver Bereichsbegriff, sondern hat zudem den Anspruch eines Wertbegriffs.[43] Seit jeher eignen ihm bestimmte normativ-kritische Ladungen. Es sind diese Wert- und Forderungsgehalte, die sich mit dem Begriff verbinden, aus denen sich die Funktionen erklären, die ihr im demokratischen Verfassungsstaat zugewiesen werden.

### *1. Publizität*

An erster Stelle zu nennen ist hier die Bedeutung im Sinne des Offenbarseins, der Sichtbarmachung und Zugänglichkeit zu den Sachverhalten von allgemeinem Belang. „Das Licht der Öffentlichkeit ist das Licht der Aufklärung"[44] und der Modus der rechts- und sozialstaatlichen Demokratie. Das Prinzip steht „vorweg" für „ein wesentliches Stück der Freiheit".[45] Die Offenheit staatlichen Entscheidungshandelns, auch die des gesellschaftsrelevanten Verkehrs, schafft jene Möglichkeit für öffent-

---

[42] Vgl. *J. Isensee* Grundrechte und Demokratie – die polare Legitimation im grundgesetzlichen Gemeinwesen, 1981 (= Der Staat 20, 1981, 161 ff.).

[43] *H. Krüger* Allgemeine Staatslehre, 2. Aufl. 1966, 443; *Häberle* Struktur und Funktion (Fn. 24), 130; *ders.* Europäische Öffentlichkeit? (Fn. 7), 11.

[44] *C. Schmitt* Die geistesgeschichtliche Lage des heutigen Parlamentarismus, 1923, 7. Aufl. 1991, 48; Liberalismus und Konstitutionalismus erhoben das Prinzip Öffentlichkeit zum Kampfbegriff gegen die Arkanpraxis absolutistischer Kabinettspolitik, vgl. nur *Hölscher* in: Historisches Wörterbuch (Fn. 25), Sp. 1135, 1138.

[45] *R. Smend* Zum Problem des Öffentlichen und der Öffentlichkeit (1955), in: *ders.* Staatsrechtliche Abhandlungen (Fn. 4), 462 (466).

liche Diskussion der allgemeinen Angelegenheiten,[46] die Voraussetzung ist für ein öffentliches Leben, für individuelle und gesellschaftliche Freiheit auch in und durch Öffentlichkeit.[47] So erhebt auch der Verfassungsstaat des Grundgesetzes das Öffentlichkeitsprinzip zum „allgemeinen"[48] Strukturelement des Staatsaufbaus:[49] von der Parlamentsöffentlichkeit (Art. 42 Abs. 1, 52 Abs. 3 Satz 3 GG), über die öffentliche Verkündung der Gesetze (Art. 82 Abs. 1 GG), der Gerichts- (§ 169 GVG) und Verwaltungsöffentlichkeit[50] bis hin zur demokratischen Ordnung und öffentlichen Rechenschaftspflicht der Parteien (Art. 21 Abs. 1 Sätze 3, 4 GG). Auch die staatliche Informationstätigkeit und Öffentlichkeitsarbeit gehören hierher.[51] Vor allem aber die politischen Mitwirkungsrechte am so genannten Volkswillensbildungsprozess sichern die öffentliche Auseinandersetzung[52] der staatlichen Entscheidungen und gesellschaftsrelevanten Angelegenheiten.[53]

---

[46] Zur Verbindung von (formeller) Publizität und Diskussion *Schmitt* (Fn. 44), 60f.

[47] *Smend* Zum Problem des Öffentlichen (Fn. 45), 469f.

[48] Vgl. BVerfGE 70, 324 (358); 103, 44 (63): „allgemeines Öffentlichkeitsprinzip der Demokratie", freilich in funktionendifferenzierter Ausformung. Zur partiellen Ausbalancierung mit den legitimen Erforderlichkeiten der Vertraulichkeit und Geheimhaltung *Jestaedt* (Fn. 25), 215ff.; *O. Depenheuer* Zur Logik der öffentlichen Diskussion. Die freiheitliche Demokratie zwischen Öffentlichkeit und Vertraulichkeit, in: *ders.* Selbstdarstellung der Politik. Studien zum Öffentlichkeitsanspruch der Demokratie, 2002, 11ff. (= FS Schiedermair, 2001, 287ff.); *ders.* (Hrsg.) Öffentlichkeit und Vertraulichkeit, 2001.

[49] Übersichtlich: *Depenheuer* Logik der öffentlichen Diskussion (Fn. 48), 11f.; *Martens* (Fn. 25), 68ff.; *R. Marcic* Die Öffentlichkeit als Prinzip der Demokratie, FS Arndt, 1960, 267ff.

[50] Dazu *A. Scherzberg* Die Öffentlichkeit der Verwaltung, 2000; *Rossen-Stadtfeld* (Fn. 18), § 29 Rn. 72ff.

[51] Dazu BVerfGE 44, 125 (147ff.); 63, 230 (242ff.); 105, 252 (268ff.); *F. Schoch* Entformalisierung staatlichen Handelns, HStR III, 3. Aufl. 2005, § 37 Rn. 53ff., 72ff.; *C. Engel* Öffentlichkeitsarbeit, HStR IV, 3. Aufl. 2006, § 80 Rn. 5ff.; *C. Gusy* Die Informationsbeziehungen zwischen Staat und Bürger, in: W. Hoffmann-Riem/E. Schmidt-Aßmann/A. Voßkuhle (Hrsg.) Grundlagen des Verwaltungsrechts, Bd. II, 2008, § 23 Rn. 95ff.

[52] BVerfGE 7, 198 (208); vgl. *Schmitt Glaeser* (Fn. 16), § 38 Rn. 11ff.

[53] Publizität als Infrastrukturbedingung rechtsstaatlicher Demokratie ist freilich nie ein Endzustand. Sie hat „Schritt zu halten" mit den Veränderungen des Staatlichen wie den Wandlungen des Gesellschaftlichen, dem sozialstaatlichen Aufgaben- und Verantwortungszuwachs ebenso wie mit dem Informationszuwachs der Wissens- und Informationsgesellschaft. Der Infrastrukturbedingung korreliert eine „informationelle Infrastrukturverantwortung des Staates". Die entsprechenden Anpassungen der Zugangsrechte zu staatlichen Informationen und der Informationspflichten von Privaten aktualisieren das dynamisch zu begreifende Öffentlichkeitsgebot. Grundsätzlich dazu die Berichte vor der Vereinigung von *F. Schoch* und *H.-H. Trute* Öffentlich-rechtliche Rahmenbedingungen einer Informationsordnung, VVDStRL 57 (1998), 158ff. (Zitat:

In systemtheoretischer Deutung liegt in dieser Publizitätsfunktion die entscheidende Funktion der Öffentlichkeit. Die Gesellschaft[54] spiegelt sich mit dem, was sie von sich gibt, im Medium der Öffentlichkeit, und das zu beobachten, gibt instruktive Informationen für das Handeln in den staatlichen Funktionsbereichen.[55] Dadurch lenkt sie die Aufmerksamkeit auf bestimmte Themen.[56] Das ist ihre Leistung. Und das ist nicht wenig. Hier kristallisieren sich der Problemhaushalt und der Entscheidungsbedarf der staatlichen Gemeinschaft.[57] Worauf es hiernach also ankommt, ist die Öffentlichkeit der Meinungen, nicht auf „die" öffentliche Meinung.

### 2. *Politisierung der Öffentlichkeit durch Wahrheitsbindung*

#### a) *Absolutes Kontrollorgan*

Doch damit ist ausgeklammert, was sich „für alle Aufklärer von selbst" versteht. Für sie knüpft sich an die Publizität der Glaube an die Wahrheit und Gerechtigkeit der in öffentlicher Diskussion gewonnenen Ergebnisse, mithin auch an „die" öffentliche Meinung.[58] Im Fortschrittsglauben der Aufklärung, dass sich alle „unausbleiblich" aufklären, sofern sie nur die Freiheit haben, sich aufzuklären, bekommt die Öffentlichkeit, von *Kant* zur „transzendentalen Formel des öffentlichen

---

198) bzw. 216ff.; *R. Gröschner* und *J. Masing* Transparente Verwaltung: Konturen eines Informationsverwaltungsrechts, VVDStRL 63 (2004), 344ff. bzw. 377ff.; ferner *Schmidt-Aßmann* (Fn. 18), 280ff. m.w.N.; *Gusy* (Fn. 51), § 23 Rn. 28ff.

[54] Der systemtheoretische Begriff der Gesellschaft umgreift den Bereich des Staatlichen, diesen als Teil des politischen Systems als Teilssystem der Gesellschaft; Theorierahmen: *N. Luhmann* Die Gesellschaft der Gesellschaft, 2 Bde., 1998; *ders.* Soziale Systeme. Grundriß einer allgemeinen Theorie, 1987. Auch *Habermas* definiert das „politische System" Staat und Gesellschaft übergreifend. Innerhalb dessen wird dann aber entlang eines Verlaufsmodells der Politikherstellung zwischen dem „Zentrum" und der „Peripherie" unterschieden, vgl. *ders.* Faktizität und Geltung (Fn. 30), 429f., im Anschluss an *B. Peters* Die Integration moderner Gesellschaften, 1993.

[55] Vgl. *Neidhardt* (Fn. 28), 9.

[56] *N. Luhmann* Öffentliche Meinung, PVS 1970, 2ff. (18: „Institutionalisierung von Themen"); s. ferner *F. Marcinkowski* Publizistik als autopoietisches System, 1993, 120ff.

[57] *W. Schmitt Glaeser* Der freiheitliche Staat des Grundgesetzes, 2008, 136.

[58] Zur Begriffs- und Wirkungsgeschichte der öffentlichen Meinung *O. B. Roegele* Öffentliche Meinung, in: Görres-Gesellschaft (Hrsg.) Staatslexikon. Recht – Wirtschaft – Gesellschaft, 7. Aufl. 1988, Bd. 4, Sp. 98ff.; *Hölscher* in: Geschichtliche Grundbegriffe (Fn. 25), 446ff.; *W. Bauer* Die öffentliche Meinung und ihre geschichtliche Grundlagen, 1914 (Neudruck 1981); *F. Lenz* Werden und Wesen der öffentlichen Meinung, 1956 (Neudruck 1981); *Oncken* (Fn. 36), 224ff.; *Habermas* Strukturwandel (Fn. 1), 161ff.; *Kloepfer* (Fn. 2), § 42 Rn. 3f.

Rechts" erhoben,[59] einen „absoluten Wert".[60] Als soziale Einheit,[61] die sich über die intelligible Einheit des vernünftigen Willens und Wollens zugleich legitimiert wie konstituiert, avanciert die Öffentlichkeit zum Träger der politischen Wahrheit – und übernimmt so auch eine weitere Bedeutung von „öffentlich", diejenige von allgemeinem Wohl und öffentlichem Interesse.

Damit wird sie für den staatlichen Bereich der verbindlichen Entscheidung unwiderstehlich. In der konstitutionellen Entwicklung finden liberaler Glaube und demokratische Idee zusammen. Die Funktion der Öffentlichkeit weitet sich vom Träger auch zum (immanenten) Instrument der politischen Wahrheit, zum „absoluten" Organ der Kontrolle und Überwindung exklusiver Machtausübung. Der Staat, zumal in seiner legislativen Funktion, „gerät" so in die Sphäre und unter den Druck der öffentlichen Meinungsbildung, historisch zunächst die des aufsteigenden Bürgertums, – wie aber diese zugleich, in notwendiger Koinzidenz, in das Gravitationsfeld der staatlichen Macht gelangt und in den Sog ihrer Verführungskräfte. Indem das Politische öffentlich wird, wird das Öffentliche politisch. Staat und Gesellschaft treten – gleichsam im Kampf um die Hoheit der Gemeinwohlbestimmung – in „dialektisch-dynamische Prozesse"[62] funktionaler Verschränkungen.[63]

---

[59] *I. Kant* Zum ewigen Frieden, 1795, Anhang II, in: W. Weischedel (Hrsg.) Werke, Bd. 9, 1983, 244f., 250: Das Publizitätsprinzip ist nicht nur „als *ethisch* (zur Tugendlehre gehörig), sondern auch als *juridisch* (das Recht der Menschen angehend) zu betrachten": „Alle auf das Recht anderer Menschen bezogenen Handlungen, deren Maxime sich nicht mit der Publizität verträgt, sind unrecht." Und weiter: „Alle Maximen, die der Publizität bedürfen (um ihren Zweck nicht zu verfehlen), stimmen mit Recht und Politik vereinigt zusammen".

[60] Vgl. *Schmitt* (Fn. 44), 48f.

[61] Zum Verständnis der Öffentlichkeit als „politisch-sozialer Handlungseinheit" seit der Wende vom 18. zum 19. Jahrhundert vgl. *Hölscher* in: Historisches Wörterbuch (Fn. 25), Sp. 1135, 1139; *ders.* Öffentlichkeit und Geheimnis, 1979, 136ff.

[62] *Schmitt* (Fn. 44), 60.

[63] Der Entwicklung tritt bekanntlich die sog. konservative Staatslehre eines *F. J. Stahl* entgegen, indem sie das Gemeinwohl als den materialen Gehalt des Öffentlichen in der höheren, sittlichen Idee des Staates verortet. Indem die anschließende formalistisch-positivistische Wendung des Staatsbegriffs auch diese Gemeinwohldimension vereinnahmt, provozierte sie den Vorhalt einer „Verstaatlichung des Öffentlichen". Überblick: *Rinken* (Fn. 25), Sp. 139f. Realpolitisch wird dies begleitet von dem Rückzug des Bürgertums aus der politischen Sphäre, nachdem sich seine Forderungen weitgehend verwirklicht sahen; dazu *Habermas* Strukturwandel (Fn. 1), 225ff., 275ff.; *D. Grimm* Recht und Staat der bürgerlichen Gesellschaft, 1987, 232ff.

Nach dem Missbrauch der Öffentlichkeit in der Katastrophe des Totalitarismus[64] werden diese Entwicklungen und Zusammenhänge in der *Habermasschen* Gesellschaftstheorie radikaldemokratisch eingeholt. Die „Herrschaft" der Öffentlichkeit, gebildet durch das herrschaftsfreie „Räsonnement der Privatleute", erklärt sich hier zu einer Ordnung, die „ihrer eigenen Idee zufolge" auf die Auflösung von Herrschaft überhaupt gerichtet sei; „veritas non auctoritas facit legem".[65] Auch staatliche Gesetzgebung sei nichts als „Pouvoir als solche". Öffentlichkeit werde erst in dem Maße zu einer „politisch fungierenden Öffentlichkeit", wie sie „die Staatsorganisation zum Medium einer Selbstorganisation der Gesellschaft verflüssigt".[66]

### b) *Erosion der Theorie*

Unter derart normativen Höhen ist empirische Enttäuschung vorprogammiert. Der „Strukturwandel der Öffentlichkeit" präsentiert sich notwendig als eine Erosion der Öffentlichkeit. Zwar vermag bekanntlich Empirie Theorie nicht zu widerlegen. Doch wenn dem normativen Entwurf jede Plausibilität verloren geht, die für seine Anschlussfähigkeit bürgen soll, dann ist nicht die Wirklichkeit das Problem,[67] sondern die Theorie. So liegt es hier. Die Vor- und Unterstellungen einer holistischen Öffentlichkeit sind unhaltbar. Das Konzept einer durch öffentliche Kommunikation verbundenen sozialen Einheit, aus deren Räsonnieren an und für sich die politische Wahrheit oder die gültige Meinung hervorgehe, zerschellt an den Realitäten des im modernen, freiheitlichen Gemeinwesen unaufhebbaren Pluralismus der konkurrierenden Interessen, weltanschaulichen Geltungen und lebensweltlichen Haltungen. Die Einsicht ist heute politikwissenschaftlich-philosophisches Gemeingut; auch *Habermas* hat seine Theorie längst verabschiedet.[68] Die

---

[64] Zur Funktion der Öffentlichkeit als Propagandaforum und Terrorinstrument totaler Organisation in Totalitarismen national- oder internationalsozialistischer Prägung s. *H. Arendt* Elemente und Ursprünge totalitärer Herrschaft, engl. (The Origins of Totalitarism) 1951, dt. 3. Aufl. 1993, 546ff., 575ff.

[65] *Habermas* Strukturwandel (Fn. 1), 153.

[66] *Habermas* ebd., 22.

[67] So aber die *Habermassche* Erzählung vom „Strukturwandel" als einer Marginalisierung der politischen Öffentlichkeit (Fn. 1, 225ff.): politisches Räsonnement und Engagement seien überlagert worden vom gesellschaftlichen Interesse an kapitalistischem Genuss, sozialstaatlichem Leistungsbezug, politikfernen Freizeitaktivitäten und anspruchslosem Kulturkonsum.

[68] Siehe das Vorwort zur Neuauflage des „Strukturwandel" 1990 (Fn. 1), 11ff.

Öffentlichkeit hat keinen auf allgemein-menschliche Vernunftkonstanten gegründeten Herrschaftsanspruch.[69]

### 3. *Politisierung der Öffentlichkeit durch Einflussprogrammierung*

#### a) *Immanente Führungsgröße*

Dennoch – oder „trotzdem“[70]: In der gegenwärtigen Funktionsbestimmung der Öffentlichkeit im demokratischen Verfassungsstaat lebt der liberale Vernunftglaube mit seinen Implikationen fort, wenngleich in modifizierter Weise.[71] Die Erhebung „vom Faktischen zum Normativen“[72] begründet sich hier aus dem „eigentlichsten“ Begriffsinhalt von „Öffentlichkeit“: der Ausrichtung auf den Bereich des populus, des Volkes.[73] Dieses bildet den vitalen Horizont und die innerweltliche Sinnstiftung des demokratischen Verfassungsstaates.[74] Den Maßstab für die Güte des politischen Geschehens gilt es daher weniger in den Evidenzen aufklärerischer Transzendenz aufzusuchen. Das Öffentliche im Sinne von allgemeinem Wohl ist vielmehr – nach *Smend* – „zugleich“ das, was „in den Bereich irgendwelchen bestimmenden oder doch billigenden

---

[69] *Luhmann* (Fn. 56), 16. – Auch die Zufluchtssuche, in der massenmedial vermittelten und polyzentrisch organisierten Öffentlichkeit wenigstens einzelne Träger einer „reinen“, demokratischen Vernunft auszumachen, die die freien öffentlichen Kommunikationen integrieren und zu „einer“ öffentlichen Meinung regenerieren – gedacht war zumal an intern demokratisierte Parteien, Verbände, Rundfunkanstalten –, musste scheitern: sowohl an dem systemischen Eigensinn, den sie erfüllen, als auch an den eigenwilligen ökonomischen Belangen und politischen Zielsetzungen, die sie verfolgen; vgl. *Habermas* Strukturwandel (Fn. 1) 32, 343 ff.

[70] *Smend* Zum Problem des Öffentlichen (Fn. 45), 469.

[71] Dies ist prägend ausgeformt worden in den grundlegenden Arbeiten von *R. Smend* Zum Problem des Öffentlichen (Fn. 45), *ders.* Staat und Kirche nach dem Bonner Grundgesetz (1951), in: *ders.* Staatsrechtliche Abhandlungen (Fn. 4), 411 ff., von *K. Hesse* Die verfassungsrechtliche Stellung der Parteien im modernen Staat, VVDStRL 17 (1959), 11 (41 ff.), und von *P. Häberle* Struktur und Funktion (Fn. 24), *ders.* Verfassung als öffentlicher Prozeß. Materialien zu einer Verfassungstheorie der offenen Gesellschaft, 3. Aufl. 1998, *ders.* Europäische Öffentlichkeit? (Fn. 7). Vgl. ferner *U. K. Preuß* Zum staatsrechtlichen Begriff des Öffentlichen, 1969; *A. Rinken* Das Öffentliche als verfassungstheoretisches Problem, 1971.

[72] *Smend* Zum Problem des Öffentlichen (Fn. 45), 470.

[73] Unter Hinweis auf die Entwicklung im romanisch-angelsächsischen Sprachraum und die geschichtsmächtige Emanation aus der französischen Revolution: *Smend* ebd., 463 f., 470.

[74] In diesem Sinne nennt *Smend* ebd., 470, das Öffentliche, dieses mit Gemeinwille und Gemeinwohl identifizierend, die „Bezeichnung des eigentlichsten aufgegebenen Wesens moderner Staatlichkeit“.

Anteils des Volks" gehört.[75] Der Gütemaßstab ist folglich in jener immanenten Vernünftigkeit zu entdecken, die durch die Teilhabe der Öffentlichkeit an der politischen Entscheidung und deren plebiszitäre „Approbation" hergestellt wird. Dies ereignet sich nicht nur im Wege periodischer Wahlen, sondern vollzieht sich fortwährend als ein durch kommunikativen Grundrechtsgebrauch „weitergeführter Vorgang".[76]

Solcher immanenten Anverwandlung der alten Wahrheitsbindung folgt ein Institutionenendenken, das der öffentlichen Meinung die Stellung einer „labileren Führungsgröße" einräumt: Sie vermittelt zwar keine „absolute", aber doch – gleichsam als „substantivierte politische Kontingenz" – eine vorübergehend gefestigte Ansicht des Guten und Richtigen.[77] Für das staatliche Entscheidungssystem ist sie in dieser Weise ebenso unwiderstehlich.

Auch in diesem Verständnis demokratischer Öffentlichkeit bleiben „gewisse ‚oppositionelle' Konnotationen" gespeichert; der überkommene Sinn einer ideell (oder intellektuell) begründeten „Gegenmacht" schwingt weiterhin mit.[78] An die „Entstaatlichung des Öffentlichen"[79], die das Publizitätsgebot und die Freiheitsgrundrechte leisten,[80] knüpft sich sozusagen eine „Popularisierung" des Staatlichen, die durch dessen (Rück-)Bindung an die unmittelbare Meinungsbildung der Öffentlichkeit bewirkt wird.[81] Jeder Vorstellung von einer Eroberung der staatlichen Institutionen ist damit eine klare Absage erteilt. Die demokratische Erwartung geht stattdessen auf eine steuernde Beeinflussung der staatlichen Initiativen und Entscheidungen. Demokratische Öffentlichkeit soll als „teilnehmende Größe"[82] gegenüber dem staatlichen Sektor

---

[75] *Smend* Staat und Kirche (Fn. 71), 420f.

[76] *Häberle* Struktur und Funktion (Fn. 24), 129.

[77] Vgl. *Luhmann* (Fn. 56), 4, 6 (Zitate).

[78] *Peters* Sinn (Fn. 26), 64.

[79] *Häberle* Struktur und Funktion (Fn. 24), 128.

[80] Zur arbeitsteiligen Verwirklichung des Gemeinwohls durch die gemeindienliche Grundrechtsbetätigung der Bürger und die kompetenzgebundenen Leistungen des Staates vgl. *Isensee* (Fn. 40), § 71 Rn. 110ff.; zum Verhältnis beider auch *H.-D. Horn* Staat und Gesellschaft in der Verwaltung des Pluralismus, in: Die Verwaltung 26 (1993), 545 (551ff., 566ff.).

[81] Von einer „Bindung" der Staatsorgane an die öffentliche Meinung, von einer „Einflussnahme" der politischen Willensbildung im Raume der Gesellschaft auf die Willensbildung in der Sphäre des Staates ist zwar allgemein die Rede. Doch bleibt in der Regel unklar, ob damit eine normative Aussage getroffen oder lediglich das seit jeher in allen Staatsgefügen vorhandene sozialpsychologische Phänomen von Öffentlichkeit und öffentlicher Meinung (zahlreiche Nachweise bei *E. Noelle-Neumann* Öffentliche Meinung. Die Entdeckung der Schweigespirale, 4. Aufl. 1996) benannt wird.

[82] Terminus: *Schmitt Glaeser* Partizipation (Fn. 18), 237.

in machtkritischer Haltung und herrschaftslenkender Absicht jenes Potential zur Geltung bringen, das der öffentlichen Debatte zugetraut wird: die Hervorbringung eines allgemeinen, vernünftigen Interesses, das die Übereinstimmung mit dem Allgemeinwohl erheischt. So ergibt sich – in programmatischer Absetzung von einem Verhältnis „bloß" wechselseitiger „Beobachtung" – die „wechselseitige Beeinflussung"[83] von organisierter Staatlichkeit und gesellschaftlicher Öffentlichkeit als ein aufgegebener Funktionsmodus legitimer Demokratie.

In wiederum radikalisierter Zuspitzung liest sich das so: Innerhalb einer „prinzipiell aufrechterhaltenen ‚Gewaltenteilung'" zwischen Staat und Gesellschaft geht die Stoßrichtung auf eine „Verschiebung" der Kräfte. Eine „politisch fungierende Öffentlichkeit" erhebt sich gegen die „Übergriffe der Systemimperative" eines verselbständigten Herrschaftsapparats. Im „Modus der Belagerung" mobilisiert sie (zumindest in „Konfliktfällen") die Macht der öffentlichen Diskurse, in welcher sich die „Solidarität" der autochthonen Bürgerschaft und die „kommunikativ verflüssigte Souveränität" des Volkes verkörpern.[84]

### b) *Erosion der Theorie*

Das Konzept zeichnet kein reales, sondern unterlegt ein ideales Öffentlichkeitsbild. Eine Öffentlichkeit von derartiger Leistungsfähigkeit ist kein naturgegebenes soziales Phänomen, sondern eine kolossale normative Unterstellung. Sie hängt ab von jenen Merkmalen und Qualitäten, die ihre legitimitätserheischende Diskursleistung verbürgen sollen. Der immanente Begründungsansatz setzt hierbei auf die Kraft des Verfahrens.[85] Ihm fällt die Aufgabe der Mäeutik zu, des Hebammendienstes. Das Verfahren der öffentlichen Meinungsbildung muss so gestaltet sein, dass die – wenngleich falliblen – Ergebnisse, die sie hervorbringt,

---

[83] Vgl. *Scherzberg* (Fn. 50), 288ff.; *Schoch* (Fn. 51), § 37 Rn. 88. Missverständlich *Kühling* (Fn. 2), 1099, der (sogar) eine „Verbindungslinie" zieht zum formalisierten Tatbestand der Partizipation und daher „über die Herstellung demokratischer Öffentlichkeit" als einer „Beteiligung des Bürgers an der staatlichen Willensbildung" spricht.

[84] *Habermas* Strukturwandel (Fn. 1), 36ff.; *ders.* Faktizität und Geltung (Fn. 30), 399ff., (bes. zur Einfluss-Funktion) 435ff.; *ders.* Volkssouveränität als Verfahren. Ein normativer Begriff der Öffentlichkeit, Merkur 1989, 465ff. (auch in: Die Moderne – ein unvollendetes Projekt, 3. Aufl. 2001, 180ff., sowie in: Forum für Philosophie Bad Homburg, Hrsg., Die Ideen von 1789 in der deutschen Rezeption, 1989, 7ff.); ähnlich *Scherzberg* (Fn. 50), 421: „Öffentlichkeit ist prozeduralisierte Volkssouveränität". – Dieser Zweckbestimmung wird die jüngste Deutung der *Habermasschen* Öffentlichkeitslehre von *B. Pieroth* Diskurstheorie und juristische Methodik. Jürgen Habermas' Beitrag zum Verfassungsrecht, FS F. Müller, 2008, 171 (183ff.), nicht gerecht.

[85] Maßgeblicher Theorieimpuls: *N. Luhmann* Legitimation durch Verfahren, 3. Aufl. 1987.

jedenfalls die Vermutung der Vernünftigkeit, also der kollektiven Akzeptanz für sich haben. Das Unterpfand hierfür liefert das deliberative Politikmodell.

Deliberation im Sinne einer argumentativen Auseinandersetzung und Verhandlung über Probleme, Ziele und Optionen konkreter Politiken gehört seit jeher zum Alltagsgeschäft der institutionell-verantwortlichen Akteure des parlamentarisch-demokratischen Regierungssystems. Im Gefolge der „argumentativen Wende“[86], die die Konjunktur der Diskurstheorie eingeläutet hat, zielt die Modellierung aber auch und besonders auf die Kommunikationsprozesse der „peripheren“ Öffentlichkeit. Die Bedingungen sind: egalitäre Zugänglichkeit, thematische Offenheit, allseitiges Zuhören, rationale Begründung vertretener Standpunkte, herrschaftsfreie, nicht vermachtete Zone. Dann ereignen sich, so die Annahme, im Rationalitätsniveau gehobene Diskurse, in denen die „ungeschliffenen“ Präferenzen und Positionen der Beteiligten zu reflektierten Meinungen „geläutert“ und zu (vollständigen oder majoritären) Konsensen des Ausgleichs transformiert werden. Am Ende dieses „purgatorischen Prozesses“[87] – wobei unklar ist, wer das beschließt – steht „die“ öffentliche Meinung, die das von allen Partikularismen befreite, somit vernünftige, sukzessive Gemeininteresse enthält.

Dieses emphatische Modell gibt vor, ein altes Problem demokratischer Gemeinwesen zu lösen:[88] Wie ist es zu erreichen, wenn Demokratie im Letzten kollektive Selbstbestimmung bedeuten soll, dass es zu Entscheidungen kommt, die von allen freiwillig gebildet und zugleich für alle vernünftig sind? *Rousseau* hat das bekanntlich offen gelassen. Wie sich unmittelbar (!) die Metamorphose von der volonté de tous zur volonté générale, diese ebenso in eins gesetzt mit dem Gemeinwohl, vollzieht, bleibt ungeklärt.[89] Das deliberative Verfahren soll nun die praktische Auflösung des Rätsels bringen. Doch die List der Vernunft, dass die normative Vorgabe selbst im kontrafaktischen Handeln präsent bleibt und seiner Erfüllung entgegenharrt, war immer auch eine Last der Vernunft, die nicht überlisten, sondern überzeugen will.[90] Die Vorstellung von der deliberierenden Öffentlichkeit verfehlt diesen Anspruch. Vergeblich wirbt sie um Plausibilität. Sie gibt sich empirisch anschluss-

---

86 *Martinsen* (Fn. 22), 54.

87 *H. Abromeit* Wozu braucht man Demokratie? Die postnationale Herausforderung der Demokratietheorie, 2002, 103; *Martinsen* (Fn. 22), 57.

88 Zu Recht deutlich *Peters* Sinn (Fn. 26), 63.

89 Vgl. *J. J. Rousseau* Vom Gesellschaftsvertrag, 1762 (1977), Drittes Buch.

90 Nach *U. J. Wenzel* Wider die Entleerung der Politik, NZZ vom 6. Oktober 1998.

fähig,[91] scheitert aber am Dementi der Tatsachen. Politischer Sozial- und Kommunikationsforschung zufolge gibt es keinerlei Evidenz für die Annahme, die Zivilgesellschaft könne in öffentlichen Auseinandersetzungen diskursiv erhöhte Rationalität und gesteigerte Vernünftigkeit generieren. Ihr fehlt die Fähigkeit zur Ausbildung eines adäquaten Problemlösungsmodus.[92] Außerhalb der Staatsrechtslehre wird daher dem deliberativen Öffentlichkeitsmodell jeder normative Gehalt abgesprochen, sondern allein noch eine heuristische Funktion zuerkannt.[93] Diese macht Wirklichkeitsveränderungen wohl erkennbar, aber nicht bewertbar.

Dass sich die politischen Kommunikationen im Ganzen der öffentlichen Sphäre[94] nicht nach Art eines Universitätsseminars – oder einer Staatsrechtslehrertagung – in rein kognitiver Orientierung ereignen, ist aber nicht nur eine offenkundige Tatsache. Eine derart diskursive Disziplinierung[95] ist auch konstruktiv und konzeptionell undenkbar. Die

[91] Vgl. *Habermas* Strukturwandel (Fn. 1), 41; *J. Gerhards*, Diskursive versus liberale Öffentlichkeit. Eine empirische Auseinandersetzung mit Jürgen Habermas, KZfSS 49 (1997), 1 (7).

[92] Dazu etwa die Untersuchungen von *Gerhards* ebd. sowie von *J. Gerhards/F. Neidhardt/D. Rucht* Zwischen Palaver und Diskurs: Strukturen und öffentliche Meinungsbildung am Beispiel der deutschen Diskussion zur Abtreibung, 1998; s. ferner *Neidhardt* (Fn. 28), 11ff.; *Gerhards/Neidhardt* (Fn. 27), 47ff., 59ff., 69ff.; *Peters* Sinn (Fn. 26), 68ff., 82ff., 89ff., sowie *ders.*, Die Leistungsfähigkeit heutiger Öffentlichkeiten, in: *ders.* (Fn. 26), 187ff.; *ders.* Deliberative Öffentlichkeit, FS Habermas, 2001, 655ff.; mit weiteren Beispielen auch *G. Engel* Die Grenzen der politischen Öffentlichkeit. Jürgen Habermas und die konstitutionelle Gesellschaftstheorie, in: I. Pies/M. Leschke (Hrsg.) James Buchanans konstitutionelle Ökonomik, 1996, 19 (50); grundsätzlich *U. Bermbach* Plädoyer für eine ungeteilte Öffentlichkeit. Anmerkungen zum „normativen Begriff der Öffentlichkeit“ von Jürgen Habermas, in: G. Göhler (Hrsg.) Macht der Öffentlichkeit – Öffentlichkeit der Macht, 1995, 25ff.; zur begrenzten Rationalität des politischen Diskurses auch *O. Depenheuer* Lob auf die schweigende Mehrheit. Verfassungstheoretische Überlegungen zu einem demoskopischen Begriff, in: *ders.* Selbstdarstellung der Politik (Fn. 48), 33 (43ff.) (= FS Roellecke, 1997, 57ff.).

[93] Vgl. (inzwischen) *Habermas* Epistemische Dimension? (Fn. 30), 180; ferner *Peters* Sinn (Fn. 26), 68; *Neidhardt* (Fn. 28), 10, 38.

[94] Die Einwände berühren nicht die Vorbildfunktion des diskursiven Paradigmas für situative (wie insbesondere face-to-face-) Kommunikationen, die unter der Kontrolle subjektiver Vernunft und der wechselseitigen Erwartung kognitiv orientierter Rede-Antwort-Beziehungen stehen. Vgl. dazu die „Prüfung“ von *R. Alexy* Probleme der Diskurstheorie, in: *ders.* Recht Vernunft Diskurs, 1995, 109ff.

[95] Diese hätte im Übrigen niemand anderes als wieder der (das Verfahrensrecht setzende) Staat zu gewährleisten; vgl. *Habermas* Strukturwandel (Fn. 1), 41. – Insofern „lebt“ die idealisierte Öffentlichkeit von Voraussetzungen, die sich selbst nicht schaffen kann (ähnlich *J. Hübner* Öffentlichkeit [Th], in: EvStL, Fn. 2, Sp. 1658, 1659). Mit dem Verweis auf die Aufgabe des Staates, entsprechende idealisierende Diskursregeln zu institutionalisieren, deutet sich freilich ein theoretischer regressus ad infinitum an.

Einwände der Empirie bestätigen lediglich, was mit Notwendigkeit bereits aus dem zugrunde liegenden Begriff, d.h. der kritisch-normativen Funktionscodierung politischer Öffentlichkeit folgt. Denn diese ist auf den Gleichlauf zweier Vorsätze eingestellt, die miteinander unvereinbar sind: die Erzeugung vernünftiger Meinungen einerseits und die Verfolgung machtvollen Einflusses andererseits. Das sind inkompatible Orientierungen. Der Wettbewerb um das bessere Argument verwandelt sich zwangsläufig in einen Kampf um die Macht, wenn es letztlich nicht um ausgleichende Vernunft, sondern um politischen Einfluss geht. Warum soll ein Beteiligter seine individuellen Interessen einer innergesellschaftlichen Läuterungszensur unterwerfen, wenn doch die Steuerung der Staatsgewalt das eigentliche Ziel ist? Das muss unter „rational choice"-Gesichtspunkten als lästiger Umweg, ja als Verlustgeschäft erscheinen; auf der Habenseite stünde lediglich eine Inklusion in die subjektlose Vernunft[96] eines „Demos ohne Eigenschaften".[97]

Der Verfassungsstaat baut wohl auf den Gemeinsinn seiner Bürger, auf den einzelnen wie auf den assoziierten.[98] Doch dies bildet eine vorrechtliche Verfassungserwartung, keine systemische Verfassungsvoraussetzung.[99] Die Verfassung setzt vielmehr die Legitimität bürgerschaftlichen Eigennutzes voraus und schützt diese in der Gewährleistung der grundrechtlichen Handlungsfreiheiten, sowohl im privaten wie im öffentlichen Raum. Wo aber eigennütziges Streben nach Macht und Einfluss waltet, kann ein allseitiges Streben nach uneigennützigen Ergebnissen nicht entstehen.[100] An die Stelle besonnenen Deliberierens tritt zweckdienliches Positionieren. Die Öffentlichkeit wird zu einer Funktion der Machttechnik.

---

[96] Die behauptete „Inklusionsleistung" des deliberativen Politikmodells lässt sich von vornherein nicht statusrechtlich „übersetzen". Im Prozess der Transformation der individuellen Interessen in das Gesamtinteresse löst sich ein auf die Teilhabe an staatlichen Entscheidungen gerichteter, grundrechtlicher status activus des Einzelnen in der subjektlosen „Einigung aller empirischen Bewußtseine" (*Habermas* Strukturwandel, Fn. 1, 184) auf. Folgerichtig erhebt sich die Kritik der partizipativen Demokratietheorie; vgl. m.w.N. *Abromeit* (Fn. 87), 104ff.; *Martinsen* (Fn. 22), 57ff.

[97] So treffend (in Anlehnung an *R. Musils* Mann ohne Eigenschaften) *Abromeit* (Fn. 87), 103; ebenso *Martinsen* (Fn. 22), 57.

[98] Vgl. *Isensee* (Fn. 40), § 71 Rn. 125ff.

[99] Zum Unterschied vgl. die Nachw. oben Fn. 23. Zum verfassungsrechtlichen Widerspruch gegen eine (juridische) „Gemeinwohlverantwortung" des Bürgers *Depenheuer* Bürgerverantwortung (Fn. 3), 99ff.

[100] „Macht bedeutet jede Chance, innerhalb einer sozialen Beziehung den eigenen Willen auch gegen Widerstreben durchzusetzen, gleichviel worauf diese Chance beruht": *M. Weber* Wirtschaft und Gesellschaft. Grundriß der verstehenden Soziologie, 5. Aufl. 1972, bes. v. J. Winckelmann, Studienausgabe 1980, 28.

All dies gilt umso mehr unter den modernen Bedingungen des Sozialen, wie sie die Überkomplexitäten und die Informationsgeschwindigkeit einer hochgradig ausdifferenzierten und global integrierten Wirklichkeit erzeugen. Hier eine „Diskurshaltung" einnehmen zu sollen, verleitet geradewegs dazu, in das Sprachspiel des Allgemeininteresses einzutreten[101] – „wer bonum commune sagt, will betrügen"[102] – oder Scheinöffentlichkeiten zu inszenieren, also zur Unredlichkeit. Vor allem aber sind mediale Kompetenzen, rhetorische Qualitäten und andere, nicht-diskursive Talente gefragt. Sie fehlen dem bescheidenen Charakter und schüchternen Schweiger,[103] für den PR-Spezialisten und gewieften Taktiker sind sie entscheidend. Probleme und Anliegen müssen (zur stets erforderlichen Mobilisierung knapper öffentlicher Aufmerksamkeit) vereinfacht und zugespitzt,[104] Allianzen geschmiedet, Loyalitäten erzeugt und Organisationen geschaffen werden, um möglichst viele Anhänger, eine breite mediale Streuung und schlagkräftiges Konfliktpotential zu gewinnen.[105]

Die Folgen für die Struktur der politischen Öffentlichkeit sind vorbestimmt, d.h. prädestiniert wie provoziert: Hierarchisierung der Öffentlichkeit, Stratifizierung der Gesellschaft, Vermachtungen zwischen Staat, Wirtschaft, Parteien und Gesellschaft. Über alle verfassungsrecht-

---

101 Vgl. *Martinsen* (Fn. 22), 56.

102 *C. Schmitt*, zit. aus den autobiographischen Aufzeichnungen *J. Piepers* (Noch wußte es niemand, 1976, 197) nach *J. Isensee* Konkretisierung des Gemeinwohls in der freiheitlichen Demokratie, in: H. H. v.Arnim/K.-P. Sommermann (Hrsg.) Gemeinwohlgefährdung und Gemeinwohlsicherung, 2004, 95.

103 Zum Theorieproblem des „schweigenden" oder „schlafenden" Bürgers: *Berka* (Fn. 3), 49, 50ff.; *Depenheuer* Lob auf die schweigende Mehrheit (Fn. 92), 33ff.

104 „Bewährte" Methoden: Pointierung, Dramatisierung, Polemisierung, Skandalisierung, Polarisierung, Ideologisierung, Manipulierung, Moralisierung, Personalisierung, Aufrichten oder Brechen von Tabus bis hin zu zivilem Ungehorsam. Aus der Lit.: *Habermas* Faktizität und Geltung (Fn. 30), 399ff., 461ff.; *Gerhards/Neidhardt* (Fn. 27), 69ff.; *Neidhardt* (Fn. 28), 15ff.; *Jarren/Donges* (Fn. 30), Bd. 2, 97ff.; *G. Roellecke* Zur Logik der Diskussion, in: *ders.* Aufgeklärter Positivismus, hrsg. v. O. Depenheuer, 1995, 1ff.; auch *ders.* Versuch über öffentliche Moral, in: ebd., 53ff.; *Depenheuer* Logik der öffentlichen Diskussion (Fn. 48), 28ff.

105 So stellt sich jene optische oder akustische Täuschung ein, die im Begriff der „Schweigespirale" auf den Punkt gebracht worden ist: Was öffentlich zu sehen oder zu hören ist, wirkt stärker als die wirklichen Meinungsverhältnisse sind; aber das starke Thema macht Karriere und setzt sich durch, während andere aus Isolationsfurcht dem Konformitätsdruck erliegen und in latentes Schweigen verfallen: *Noelle-Neumann* (Fn. 81), bes. 13ff., 59ff., 84ff., 293ff., 323ff. Weniger druckvoll arrangierte, aber nicht weniger berechtigte Anliegen finden demnach nur schwerlich Widerhall, sind eben „politisch nicht durchsetzbar".

lichen Differenzierungen hinweg legt sich ein asymmetrisches Geflecht politischer Entscheidungskanäle, das seine Durchlässigkeit gering hält, die Masse des „Publikums" auf die Galerie verweist und selbst das Parlament nicht selten zur bloß „institutionellen Kulisse"[106] herabstuft. Namentlich die „großen Drei"[107], die politischen Parteien, die großen Verbände und die Massenmedien, haben sich in dieser Lage machtbewusst und „kooperativ" eingerichtet. Unbeschadet ihrer je spezifischen und unverzichtbaren Bewirkungsfunktionen für die rechts- und sozialstaatliche Demokratie[108] fällt ihnen in einer bestimmungsgemäß um politischen Einfluss ringenden Öffentlichkeit die zentrale, weil von alle Seiten höchst nachgefragte Selektionsrolle zu. In dieser kanalisieren sie nicht nur, sondern dominieren und reglementieren den Fluss der Informationen und Meinungen in der verwobenen Gemengelage politischer Willensbildung.[109] Was sich unter der Gesamtheit dieser Bedingungen bildet, sind keine egalitär synthetisierten, sondern das sind schlicht „herrschende" Meinungen – im politischen Sinne des Begriffs.

### c) *Notwendigkeit der Erneuerung*

Die Bilanz ernüchtert. Die realen politischen Kräfte richten sich nicht nach den Idealen der Theorie. Doch damit bliebe die Erkenntnis auf halbem Wege stehen. Sie kritisierte die Wirklichkeit, aber immunisierte die Theorie. Diese verfolgt zwar das Anliegen, die „Qual der Heteronomie"[110] zu lindern und die allgemeine Herrschaftsbetroffenheit in eine Betroffenheit nach unmittelbar freiwilligem Gesamtinteresse zu wandeln. Aber der Anspruch ist nicht nur nicht erfüllbar, er führt unabding-

---

106 *F. Nuscheler* Regierung auf Vereinbarung der „neuen Stände"?, ZParl 4 (1979), 503 (520).

107 *Schmitt Glaeser* (Fn. 16), § 38 Rn. 42.

108 Vgl. zu den Parteien *H. H. Klein* in: Maunz/Dürig, Komm. z. GG, Art. 21 Rn. 150ff.; *P. Kunig* Parteien, HStR III, 3. Aufl. 2005, § 40 Rn. 72ff.; zu den Verbänden *Horn* (Fn. 31), § 41 Rn. 39ff., 47f.; zu den Medien *W. Hoffmann-Riem* Kommunikations- und Medienfreiheit, in: E. Benda/W. Maihofer/H.-J. Vogel (Hrsg.) Handbuch des Verfassungsrechts, 2. Aufl. 1994, § 7 Rn. 19ff., 24ff.; *C. Starck* in: v. Mangoldt/Klein/Starck (Hrsg.) GG, Bd. 1, 5. Aufl. 2005, Art. 5 Abs. 1, 2 Rn. 74ff., 111ff.; *Kloepfer* (Fn. 2), § 42 Rn. 35ff., 65ff.

109 Dazu im einzelnen *Schmitt Glaeser* (Fn. 16), § 38 Rn. 42ff. Speziell zur Macht der Medien zur Konstruktion von Wirklichkeit auch *ders.* Die Macht der Medien in der Gewaltenteilung, JöR 50 (2002), 169ff.; *W. Hoffmann-Riem* in: AK-GG, Art. 5 Abs. 1, 2 Rn. 14.

110 Zitat: *H. Kelsen* Vom Wesen und Wert der Demokratie, 2. Aufl. 1929 (Neudruck 1981), 3.

bar in sein Gegenteil.[111] Unter dem Anliegen gedeiht das „Gesetz der Oligarchie“[112].

So liegt die ganze Erkenntnis nahe: Auch hier handelt es sich nicht um eine Erosion der Wirklichkeit, sondern um eine solche der Theorie. Der nach der „Einflusslogik“ konzipierte Begriff politischer Öffentlichkeit ist das Problem, zu dessen Lösung er antritt. Statt Demokratie und Freiheit zu mehren, werden beide prekär. Das aber kann im Weiteren nichts anderes heißen als dies: Statt Verfassungsvoraussetzung zu sein, erheben sich Verfassungsnachfragen. Der „Sinn von Öffentlichkeit“ im demokratischen Verfassungsstaat muss von neuem überdacht werden. Dieses Nachdenken kann in und um der Freiheitlichkeit der res publica willen nur von der Maxime geleitet sein, auch in politicis Staat und Gesellschaft wieder deutlicher auseinander zu halten, in der theoretischen Reflexion wie in der praktischen Haltung. Das bedeutet nicht, einem überholten dichotomisch zu fassenden Ordnungsgefüge das Wort zu reden. Die Verfassung der freiheitlichen Demokratie errichtet kein „Stillhalteabkommen“ im ständigen Wettstreit der Politik.[113] Doch sie gibt diesem in der Hinführung auf das „gute“ Gemeinwesen eine kontinuierliche Grundlage, in der die wesentlichen Bedingungen vorausgesetzt sind. Diese konstituieren die politische Öffentlichkeit und konditionieren ihre Funktion und Struktur. An einige „Ausgangstatbestände“[114] sei im Folgenden erinnert.

## IV. Normative Bewirkungsfunktionen

### 1. *Verfassungsrechtliche Ausgangstatbestände*

#### a) *Volk und Gesellschaft*

In der Kategorie der Öffentlichkeit findet realiter zusammen, was die Legitimationsordnung der Demokratie unterscheidet:[115] Volk und Ge-

---

111 Man kann dies auch in das Paradoxon fassen: Der „praktische Realismus“ gerät mit dem „theoretischen Realismus“ in Widerspruch (Formulierung bei *D. Zolo* Democracy and Complexity. A Realist Approach, 1992, 88; *Abromeit* Fn. 87, 97).

112 Dazu *R. Michels* Zur Soziologie des Parteiwesens in der modernen Demokratie, 1957, 343ff.

113 *P. Kirchhof* Demokratischer Rechtsstaat – Staatsform der Zugehörigen, HStR IX, 1997, § 221 Rn. 136.

114 *Kirchhof* ebd., § 221 vor Rn. 16.

115 Vgl. dazu *Isensee* (Fn. 17), § 15 Rn. 155ff.; *ders.* (Fn. 40), § 71 Rn. 32ff.; *Böckenförde* (Fn. 13), § 24 Rn. 26ff.; *Rupp* (Fn. 38), § 31 Rn. 25ff.; *Kirchhof* (Fn. 113), § 221 Rn. 17.

sellschaft. Die Unterscheidung widerspricht einer Idee von politischer Freiheit, die die Legitimität staatlicher Herrschaft vom freien Erzeugungswillen all derer abhängig macht, die ihr unterworfen sind. Sie reflektiert vielmehr die „unaufhebbare Differenz" zwischen dem demokratischen („Herrschaft *durch* das Volk") und dem republikanischen Prinzip der Herrschaft („Herrschaft *für* das Volk").[116] Danach ist auch die Rolle der Civitas eine geteilte, mal als Souverän, von dem die Staatsgewalt ausgeht, mal als Societas, auf die sie hingeht. Dass beide personell nicht völlig identisch sind, wird sinnfällig an der Stellung des ausländischen Mitbürgers. Dieser hat nicht Anteil an der Herkunftsbegründung,[117] wohl aber, mit ihm alle Gesellschaft, an der Ausrichtung des staatlichen Handelns auf das allgemeine Wohl.

So bestimmt das verfassungsstaatliche Projekt die Zugehörigkeit eines jeden Individuums zur Wirklichkeit und zur Öffentlichkeit der res publica. Doch das berührt nicht den verfassungsrechtlichen Selbststand des Volkes als Träger der Staatsgewalt. Für die Öffentlichkeit im Verfassungsstaat bilden daher die Inklusion in das Ziel staatlicher Herrschaft, aber die Exklusion von ihrer Erzeugung den normativen Rahmen, der ihren Status formt.

### b) *Status im offenen Staat der Demokratie*

Was aus der Sicht des Prinzips Demokratie allein die Bewahrung des staatlichen Entscheidungshandelns im Willen des Volkes ist, das ist aus der Sicht der Republik dazu bestimmt, die immanente Annäherung an die Idee des Gemeinwohls in Bewegung zu halten. Diese „teleologische Ergänzung" schließt es aus, beide stets und notwendig in Deckung zu heißen. Der Verfassungsstaat weiß darum, dass die Erzeugnisse der formalen Repräsentativdemokratie hinter ihrem materialen Gemeinwohlanspruch zurückbleiben können. Die verbindliche Entscheidung beendet die Suche immer nur vorläufig. Auch danach bleiben die Fragen nach dem Richtigen und Gerechten offen, und also diskutabel.[118]

In den Angeboten der Grundrechte liegt für jedermann die Möglichkeit, an der geltenden Ordnung Kritik zu üben. Sie sichern „in erster Li-

---

[116] Die Republik ist keine bloß gelungene Demokratievariante. Zu diesem materialen Verständnis von Republik *R. Gröschner* Die Republik, HStR II, 3. Aufl. 2004, § 23 Rn. 34ff.; *Isensee* (Fn. 40), § 71 Rn. 106ff.; zur Begründung aus dem kantischen Republikanismus *W. Kersting* Wohlgeordnete Freiheit, 1993, 413ff.; *H.-D. Horn* Kantischer Republikanismus und empirische Verfassung, ZÖR 57 (2002), 203 (217ff.).

[117] BVerfGE 83, 37 (50f.). Fundamentale Gegenposition: *B.-O. Bryde* Die bundesrepublikanische Volksdemokratie als Irrweg der Demokratiethese, StWissStPr 5 (1994), 305ff.

[118] Zum Ganzen *Isensee* (Fn. 40), § 71 Rn. 105ff.

nie"[119] ein Stück „sittlich notwendiger Lebensluft" (*Smend*) menschlicher Persönlichkeitsentfaltung. In ihrer Gesamtheit aber schützen sie die öffentlichen Kommunikationen, durch die sich die politische Willensbildung der Gesellschaft vollzieht. Deren (verfassungspolitische) Bedeutung erschöpft sich nicht darin, politischen Druck zu kanalisieren und eruptiven Entladungen des Oppositionellen vorzubeugen. Die demokratische Republik des Grundgesetzes begreift das politische Wirken der Öffentlichkeit vielmehr (in der Tat) als „weitergeführten Vorgang"[120] auf der Suche nach dem besseren Selbst des Gemeinwesens.

In der Hinwendung auf diesen Vorgang zeigt sich der verfasste Staat als „offener Staat"[121]. Seine demokratische Ordnung ist die eines offenen Prozesses.[122] In diesen Prozess hinein wirkt das in jüngerer Zeit wieder betonte Gebot der Responsivität.[123] „Realisierte Demokratie" verlangt über den formalen Akt der Volkswahl hinaus eine dialogische Beziehung zwischen Repräsentanten und Bürgern. Staats- und Volkswillensbildungsprozess stehen nicht unverbunden nebeneinander, sondern zueinander in kommunikativer Relation.[124] Hingegen erheben sich die schon benannten Widerstände, weitet sich dieser Gedanke zu einer normativen Bindung an die vorgebrachten Wünsche und Anregungen der Bürger.[125] Ein solches Verständnis inhaltlicher Repräsentation verfehlte nicht nur den das Wahlvolk übergreifenden Bezugspunkt des Gemeininteresses in der Idee des Gemeinwohls und im Subjekt der Gesellschaft, sondern beglaubigte auch unwillkürlich den Kampf der partikularen Interessen um Einfluss und Macht im Staat.[126]

---

119 BVerfGE 7, 198 (204).

120 Vgl. *Häberle*, bei Fn. 76.

121 *P. Häberle* Die Gemeinwohlproblematik in rechtswissenschaftlicher Sicht, Rechtstheorie 14 (1983), 275.

122 Vgl. *K. Hesse* Grundzüge des Verfassungsrechts der Bundesrepublik Deutschland, 20. Aufl. 1995 (Neudruck 1999), § 5 Rn. 135.

123 Wegweisend *A. Etzioni* The Active Society. A Theory of Societal and Political Processes, 1968; vgl. dazu ferner *H. Uppendahl* Repräsentation und Responsivität. Bausteine einer Theorie responsiver Demokratie, ZParl 12 (1981), 123ff.; *E.-W. Böckenförde* Demokratische Willensbildung und Repräsentation, HStR III, 3. Aufl. 2005, § 34 Rn. 33 m.w.N.

124 In diesem Sinne BVerfGE 44, 125 (139f.): „Wechselwirkung" als „Teil des politischen Prozesses einer freiheitlichen Demokratie, wie das Grundgesetz ihn versteht."

125 Deutlich auch *Jestaedt* (Fn. 25), 218: „keine unmittelbare und formalisierte Rückkopplungsbeziehung zwischen staatlicher Herrschaftsausübung und öffentlicher Kontrolle".

126 Kritik bzw. Mahnung zu vorsichtigem Umgang mit dem Postulat daher schon bei *Etzioni* (Fn. 123); s. auch *Uppendahl* (Fn. 123), 128ff., 132ff.; grundsätzlich *Böckenförde* (Fn. 123), § 34 Rn. 33; *Isensee* (Fn. 40), § 71 Rn. 100ff.

Den amtsgebundenen Repräsentanten fällt im Kommunikationsprozess mit der politischen Öffentlichkeit vielmehr eine prinzipiell unabhängige, damit aber auch eine prinzipiell „stärkere" Stellung zu. Demokratische Repräsentation widersetzt sich kommunikativer Verflüssigung. Repräsentatives Handeln bedeutet, den Willen des Volkes zu aktualisieren[127] und ihn verantwortlich auf die gute Sache des Gemeinwesens zu „führen". Das verlangt soviel Responsivität wie möglich, zugleich aber auch soviel Führungsspielraum wie nötig, um das System effektiv[128] und das staatliche Gesamtinteresse im akzelerierenden Wandel der geschichtlichen Herausforderungen erkennbar und durchsetzbar zu halten.

Dem eine überlegene Position der „peripheren" Öffentlichkeitsakteure nach Art eines „gesellschaftlichen Zensorenamtes ohne politische Verantwortung"[129] entgegenzuhalten, kommt nicht in Betracht. Erstens kennt die Verfassung keine Macht ohne Verantwortlichkeit.[130] Zweitens entziehen sich die individuellen Äußerungen wie auch die irgendwie gefühlte öffentliche Meinung jeder Qualitätsbestimmung. Hervorgegangen aus dem ungeregelten Prozess grundrechtlich geschützter Freiheitsbetätigung unterliegen sie keinem Gütekriterium oder gar Gesinnungszwang.[131] Wenn und weil, wie *Hegel* sagt, in der öffentlichen Meinung „alles Falsche und Wahre" zugleich ist,[132] gibt es wohl kein gerechteres „Verfahren der Läuterung" als das der Repräsentation.[133] Und es ist die-

---

[127] Zur unhintergehbaren Notwendigkeit der Repräsentation zur Artikulation und Darstellung des Volkswillens *Böckenförde* (Fn. 123), § 34 Rn. 4ff.

[128] Dies wird besonders betont von *R. A. Dahl* System Effectiveness versus Citizen Partizipation, Political Science Quarterly 109 (1994), 23ff.; *ders.* On democracy, 1998, 110.

[129] *Peters* Sinn (Fn. 26), 65.

[130] *Hesse* (Fn. 71), 42.

[131] Dies setzte vielmehr in *Rousseauscher* Manier die Einrichtung eines Zensors voraus, der notwendig jenseits der Beteiligten zu liegen hätte; s. *Rousseau* (Fn. 89), Viertes Buch 7. Kapitel. Woher aber dieser seine Legitimation beziehen und in welchem Verhältnis ein Tribunal der öffentlichen Meinung zur Repräsentation des allgemeinen Willens stehen sollte, bleibt – auch bei *Rousseau* – ganz und gar unerfindlich. Überraschender Weise schlägt der erklärte Gegner einer Repräsentationsfähigkeit des Volkwillens vor, das Amt des Zensors der öffentlichen Meinung dem Ehrengerichtshof der Marschälle von Frankreich zu übertragen (in einem Brief an M. *d'Alembert*, 1762, zit. nach *Noelle-Neumann*, Fn. 81, 118).

[132] *G. W. F. Hegel* Grundlinien der Philosophie des Rechts, 1821, Dritter Teil Dritter Abschnitt § 318.

[133] *Isensee* (Fn. 40), § 71 Rn. 103; vgl. auch *Hesse* (Fn. 122), § 5 Rn. 138: „Formung der ungeformten Willensrichtungen". Dies zu leugnen, ist einmal zu recht als „größter und folgenschwerster staatstheoretischer Irrtum" bezeichnet worden: *E. Kaufmann* Zur Problematik des Volkswillens (1931), in: Gesammelte Schriften, Bd. III, 1960, 272 (275).

ses Verfahren, das zugleich allen wünschbaren Raum lässt für die gerade auch in der Demokratie von heute „lebensnotwendige Aufgabe" der Führung.[134]

Ist es daher Sache der legitimierten Entscheidungsträger, das gesellschaftliche Meinungsspektrum auf das allgemeine Beste hin zu verwerten, so ist es dabei zugleich ihre Aufgabe, die verfassungsrechtlichen Vorkehrungen gegen das manipulative Andrängen der intermediären Gewalten[135] auch tatsächlich und wirksam zu behaupten, so das freie Mandat und das öffentliche Amt. Das erfordert Standvermögen im babylonischen Stimmengewirr, Kompetenz, zwischen Beratung und Beeinflussung zu unterscheiden, Durchsetzungskraft und institutionellen Ethos, auch den Mut, unpopuläre Entscheidungen zu treffen, insgesamt: das Gegenteil von Katzbuckelei vor öffentlicher Meinung und Demoskopie. Solche professionelle Qualität[136] nimmt Teil an der Verfassungsvoraussetzung, dass die dialogische Öffnung der politischen Willensbildung nicht die Kompetenz- und Verfahrensordnung der Demokratie und das Volk als deren Träger überwindet.

Mit der Einsicht in diese, ihren Status formenden Ausgangstatbestände treten mit entsprechender Notwendigkeit die Funktionen der Öffentlichkeit hervor, wie sie der demokratische Verfassungsstaat voraussetzt. Sie lassen sich systematisch gliedern in erstens die republikanische, zweitens die demokratische und drittens die freiheitliche Funktion.

### 2. *Republikanische Funktion*

Die republikanische Funktion zielt zunächst auf das, was zuvor schon benannt wurde: die Erzeugung von Transparenz. In systemtheoretischer Lesart: Die Öffentlichkeit ist „strukturelle Kopplung"[137] zwischen der institutionellen Staatssphäre und den personalen Systemen der Gesellschaft, die über den Ausschnitt des Politischen die gesellschaftliche Wirklichkeit nach ihren Präferenzen beobachten.[138] Allein dadurch werden die verschiedenen Positionen für alle sichtbar, werden Auffassungsunterschiede und Meinungsverschiedenheiten deutlich, Verstän-

---

[134] Dazu *Kelsen* (Fn. 110), 78ff.; *J. A. Schumpeter* Kapitalismus, Sozialismus und Demokratie, engl. 1942, dt. 1949, 8. Aufl. 2005, 427ff.; *Hesse* (Fn. 71), 21 – Zitat.

[135] Vgl. BVerfGE 44, 125 (140); am Beispiel der Verbände *Horn* (Fn. 31), § 41 Rn. 49ff.

[136] Zum Typus *M. Weber*, Politik als Beruf, 10. Aufl. 1993; vgl. auch *Schumpeter* (Fn. 134), 461f.

[137] *N. Luhmann* Die Politik der Gesellschaft, 2002, 372ff.

[138] Vgl. *Di Fabio* (Fn. 3), 47.

digungen über Streitiges und Vergewisserungen des Unstreitigen[139] möglich.[140]

Die weitergehende Leistung aber ist diese: Für die staatlichen Institutionen ergeben sich hier die handlungsrelevanten (nicht: handlungsweisenden) Informationen, die für die politische Einheitsbildung im offenen Zielkorridor des Gemeinwohls[141] unverzichtbar sind. Indem sich die partikularen Belange und pluralistischen Alternativen, die in der Mehrheits-Demokratie bislang noch keine Berücksichtigung gefunden haben, in der öffentlichen Auseinandersetzung artikulieren, selektieren und aggregieren, bewirken sie eine Reduktion der Beliebigkeit des politisch Möglichen und eine thematische „Vorformung" der politischen Agenda.[142]

### 3. *Demokratische Funktion*

Mit dieser republikanischen Leistung in legitimatorischem Zusammenhang steht die demokratische Funktion. Die Ordnung der politischen Willensbildung als eines zur Gesellschaft hin offenen, aber in die Regeln der Repräsentativdemokratie eingebetteten Prozesses macht deutlich, wer der unmittelbare und „eigentliche" Adressat demokratischer Öffentlichkeit ist: der Wähler. Die Verpflichtung des Staates auf das Wohl der Allgemeinheit wird geerdet in der Wahlentscheidung des Volkes. Der periodische Wahlakt ist das Scharnier, über das „die" ungefilterte volonté de tous in der Bildung des Staatswillens zur Geltung kommt. Die abgegebenen Stimmen entscheiden über die Auswahl des Führungspersonals, vermitteln dessen Handlungsbefugnis und begründen seine Verantwortung. Es ist nicht zuletzt eine Sache politischer Klugheit und Selbstbehauptung der insoweit abhängigen Akteure, im permanenten Wahl- und Konkurrenzkampf um die Zustimmung der Wähler zu werben. Demokratische Öffentlichkeit fungiert so als Reso-

---

139 „Der Grundkonsens, den ein politisches Gemeinwesen braucht, setzt eine elementare Öffentlichkeit voraus": *Schulze-Fielitz* (Fn. 2), 136; *M. Thelen* Demokratie, Grundkonsens und pluralistische Demokratie, 1997, 14f. u.ö.

140 In der Lehre von der liberalen Demokratie ist das als ihre „höchste pragmatische Aufgabe" („supreme pragmatic imperative") bezeichnet worden, ohne die wir unser unausweichliches Beieinanderleben nicht werden bewältigen können: *B. Ackermann* Why Dialogue?, The Journal of Philosophie 86 (1989), 5 (10 u.ö.).

141 Dazu oben bei Fn. 116ff.

142 Die „Vorformung des politischen Willens", wie sie von *U. Scheuner* Der Staat und die intermediären Kräfte, Zeitschr. f. ev. Ethik 1 (1957), 33 (34), begrifflich geprägt worden ist, wird hier mit *Luhmann* im Sinne der „Institutionalisierung von Themen" verstanden (vgl. *ders.* Fn. 56).

nanzkörper, dem der Wähler das Werkzeug ist. Auf dessen Urteilsbildung hin ist ihre demokratische Funktion angelegt, den politischen Betrieb zu „beobachten", seine Ergebnisse zu kritisieren und Verfehlungen zu publizieren.

### 4. *Freiheitliche Funktion und Struktur*

Damit tritt diejenige, dritte Funktion demokratischer Öffentlichkeit ins Blickfeld, die die grundlegende ist: die freiheitliche. Die Ausrichtung auf den Wähler bezieht ihren Sinn aus der Freiheit der Wahlentscheidung. Diese aber setzt eine freie Urteilsbildung voraus. Der Wähler muss sein Urteil über die „Güte" der Politik „in einem freien, offenen Prozess der Meinungsbildung gewinnen und fällen können".[143] Und auch zur republikanischen Funktion verhält sich die freiheitliche wie die Bedingung zur Möglichkeit. Nur in einer freien, allgemein zugänglichen Öffentlichkeit wird jene Vielfalt an Beobachtungen vermittelbar, die die pluralistische Gesellschaft konstituiert, und für den Staat jene Akzeptiertheit von Themen unterstellbar, die den gesellschaftlichen Entscheidungsbedarf reflektiert. Das gilt umso mehr, als der heutige Grad der Ausdifferenzierung oder Fragmentierung, der Europäisierung und Globalisierung der Gesellschaft nur in entsprechend komplexer werdenden Kommunikationsprozessen bearbeitet werden kann: Die Öffentlichkeit muss jenes Maß an kommunikativ selektierter und aggregierter Themenbildung leisten können, das die höhere Komplexität der gesellschaftlichen Wirklichkeit auch tatsächlich erreicht und in politische Relevanzen übersetzen kann.[144] Diese Aufgabe kann nur in einer Ordnung der Freiheit gelingen. Das ist seine conditio sine qua non – im Sinne jener „ständige(n) freie(n) Auseinandersetzung zwischen sich begegnenden sozialen Kräften, Interessen und Ideen", wie sie das Bundesverfassungsgericht in ständiger Rechtsprechung als „Verfassungsvoraussetzung" der Demokratie postuliert.[145]

Doch gerade diese conditio ist notleidend geworden. Deshalb vermag heutige Öffentlichkeit ihre gewünschte Leistungsfähigkeit nicht mehr aufzubringen. Hier ist der Ort, an dem die Klage zu führen ist. Die Erosion demokratischer Öffentlichkeit ist eine Erosion der Freiheit in der Demokratie. In die Offenheit des freiheitlich-demokratischen Systems

---

143 BVerfGE 44, 125 (139); auch BVerfGE 73, 40 (85); 91, 262 (267). Dazu *Schmitt Glaeser* (Fn. 16), § 38 Rn. 31; *Jestaedt* (Fn. 25), 217; *H. Dreier* in: ders. (Hrsg.) GG, Bd. II, 2. Aufl. 2006, Art. 20 (Demokratie) Rn. 82 ff.

144 Bezug: *Luhmann* (Fn. 56), 9, 18 ff.

145 Vgl. etwa BVerfGE 89, 155 (171 f.); 97, 350 (369).

ist – im Fahrwasser theoretischer Politikentwürfe – eine offene Flanke gebrochen. Die Öffentlichkeit wird beherrscht von dem Elitenkartell der intermediären Hegemone. Unter dem Gesetz der „Gegenmacht" einer „politisch fungierenden Öffentlichkeit" mutiert die Selektion der Themen, die die Öffentlichkeit erbringt, zur Repression derer, denen es an dem notwendigen Kommunikations- und Konfliktpotential fehlt.

Der Versuch einer Wiedergewinnung der Freiheitlichkeit muss an jenen Bedingungen ansetzen, von denen sie abhängig ist: an den Strukturen des öffentlichen Kommunikationssystems, in dem sie wirksam sein soll. Nach all den vorherigen Einsichten scheinen dafür zwei Maßgaben unabdingbar. Sie können begrifflich unter die eine Maxime der Staatsferne gefasst werden: erstens das Prinzip der Abwesenheit staatlicher Ingerenz, zweitens das Prinzip der Einhaltung gesellschaftlicher Distanz. Jenes entspringt den grundrechtlichen Quellen der Volkswillensbildung und verlangt, dass sich sein Prozess in prinzipiell „unorganisierter Selbstregulierung"[146] „frei, offen und unreglementiert"[147] vollzieht; das schließt eine Art staatlicher Wettbewerbsregulierung keineswegs aus, sondern sehr wohl ein. Das Gebot der Distanz folgt sodann aus der funktionsdifferenzierten Zuordnung von gesellschaftlicher und Staatswillensbildung, wie sie die verfassungsrechtliche Ordnung der Demokratie aufgibt. Diese Zuordnung bejaht eine „Wechselwirkung"[148], aber verneint jede Verschränkung. Die insofern gebotene Zurückhaltung und Zurückdrängung der intermediären Kräfte kann, ja muss als eine negative Verfassungsvoraussetzung der Demokratie ausformuliert werden.[149]

Nur wenn diese Prägungen im Begriff demokratischer Öffentlichkeit gegenwärtig bleiben, kann der „institutionellen Vermischung"[150] entgegengetreten werden, die das erdrückt, was für die freiheitliche demokratische Republik „schlechthin konstituierend" ist: im Wettbewerb der Meinungen den heterogenen Positionen eine reelle Kommunikationschance zu erhalten, so dass sie von anderen Akteuren beobachtbar werden und sich eine politische Willensbildung entfalten kann, in der „alle

---

146 Formulierung: *R. Herzog* Allgemeine Staatslehre, 1971, 146.

147 BVerfGE 20, 56 (98).

148 BVerfGE 44, 125 (139f.).

149 Selbstredend zu weit gehend, aber die Richtung andeutend, ist die Bedingung „demokratischer Selbstkontrolle" bei *Schumpeter* (Fn. 134), 467ff. Der „conversational restraint", den *Ackermann* (Fn. 140) einfordert, zielt demgegenüber auf die Entlastung der öffentlichen Debatte, indem Dissense, die sich als „fundamental" erwiesen haben, aus der Anschlusskommunikation ausgeklammert werden, um die Zuwendung zu konkreten Problem offen zu halten.

150 *Schmitt Glaeser* (Fn. 16), § 38 Rn. 32.

Vektoren einigermaßen kräftig entwickelt sind".[151] Das Internet, längst Teil der Realität, bietet hier eine durchaus zuträgliche Hardware.[152] Auf die so hergestellte Öffentlichkeit der Kommunikationen kommt es an, das sei nochmals betont, nicht auf das Ergebnis, das für sich keine besondere Legitimität beanspruchen kann. Gegenbild und Antitypus ist die „gelenkte Demokratie", in der die hegemonialen Machtkonglomerate die gesellschaftliche Willensbildung diktieren und jede abweichende Regung ersticken.

## V. Fazit

Ich ziehe ein Fazit. Das „ganze politische Leben freier Völker bewegt sich in der Oeffentlichkeit, wie man athmet in der Luft", so schrieb *Carl Theodor Welcker* 1841.[153] Heute scheinen die Atemwege verstopft. Im Sog der Macht haben sich oligarchische Engpässe gebildet. Luftzufuhr tut not. Das kann nur gelingen, wenn wir das freiheitliche Politikmodell des grundgesetzlichen Verfassungsstaates wieder mehr beachten. Dazu bedarf es im Begriff der Öffentlichkeit der Erneuerung seiner verfassungsrechtlichen Ausgangstatbestände. Diese verfolgen die Absicht, um der Demokratie und Freiheit willen das immer vorhandene sozialpsychologische Phänomen der öffentlichen Meinung in seiner Wirkmächtigkeit zu begrenzen. Und sie mahnen dabei dazu an, den Unterschied wach zu halten, der zwischen einer „politisch fungierenden" und der „demokratischen" Öffentlichkeit besteht: Nicht Durchwirkung, sondern Bewirkung freiheitlicher Demokratie ist ihre Aufgabe. Hierin liegt die Chance, den demokratischen Pessimismus der Gegenwart in zukunftsfähigen Optimismus zu wandeln und damit die Akzeptanz der staatlichen Entscheidungen zu befördern, auf die jenseits aller rechtlichen Ordnung der vitale (Fort-)Bestand der Demokratie verwiesen ist.

Die konkreten Rezepturen für solche Revitalisierungen sind je akteursspezifisch zu entfalten. Der hier verfolgten Aufgabe ging es darum, die Öffentlichkeit als Kategorie in ihrem verfassungsrechtlichen Status, ihrer vorausgesetzten Funktion und Struktur in den Blick zu nehmen

---

[151] BVerfGE 69, 315 (346); missverständlich das dort gebrauchte Bild eines „Kräfteparallelogramms", aus dem eine „relativ richtige Resultante" hervorgehe, insofern damit eine staatlich-gesellschaftliche Verbundproduktion politischer Entscheidungen angedeutet scheint; soweit zu sehen, wird das Bild in der späteren Rechtsprechung nicht mehr aufgenommen.

[152] Positive Einschätzung auch von *Kühling* (Fn. 2), 1103 f.

[153] *C. T. Welcker* Oeffentlichkeit, in: C. v. Rotteck/C. T. Welcker, Staats-Lexikon, 1841, 9. Aufl. 1848, 10. Bd., 246 (247).

und aus den gewonnenen Einsichten erste Vorbedingungen für eine Gesundung aufzuweisen. Es waren schon die Klassiker der liberalen Demokratietheorie, *Tocqueville*[154] und *J. St. Mill*[155], die eindringlich vor der verschleierten Macht einer unbegrenzten Souveränität von Öffentlichkeit und öffentlicher Meinung gewarnt haben. *Habermas* meint inzwischen, damit hätten sie „vielleicht doch nicht so unrecht".[156] Das ist gewiss richtig.

[154] Über die Demokratie in Amerika, 1835 (1976).

[155] Über die Freiheit, 1859 (1974).

[156] *Habermas* Strukturwandel (Fn. 1), 32 (unter Bezug auf seine zuvor gegenteilige Beurteilung ebd., 209ff.).

Leitsätze des 2. Berichterstatters über:

# Erosion demokratischer Öffentlichkeit?

## *I. Die Fragestellung*

*1. Nach dem „Gebot einer politisch fungierenden Öffentlichkeit" soll die Exklusion der Mehrheit der Bürger von der staatlichen Herrschaft wenn nicht widerlegt, so wenigstens gemildert werden. Es sind die Evidenzen im aktuellen „Strukturwandel des Öffentlichen", die insoweit irritieren.*

*2. Dazu scheinen sich Meldungen der jüngeren Demoskopie zu fügen, die in der Bürgerschaft breite Politikverdrossenheit und einen deutlichen Rückgang der Zufriedenheit mit dem Funktionieren der Demokratie in Deutschland verzeichnen. Doch statt einer Unterbilanz kann es auch ein Übermaß an Öffentlichkeit sein, das die Zweifel an der Güte des demokratischen Prozesses auslöst.*

*3. Die Frage nach der empirischen Erosion demokratischer Öffentlichkeit ist bezogen auf die Form ihres gesollten Seins. Dieses Seinsollen bemisst sich nach dem Anspruch, der sich in den der Öffentlichkeit zugewiesenen Funktionen erklärt, nebst den Annahmen, die ihr ein dem gemäßes Funktionieren abverlangen. Die insoweit relevanten Problemspeicherungen liegen in Begriff und Sache demokratischer Öffentlichkeit.*

## *II. Begriff der Kategorie*

*4. „Öffentlichkeit" steht hier für den Inbegriff des sozialen Kollektivs, das durch den öffentlichen, also prinzipiell jedermann zugänglichen, kommunikativen Austausch der von den staatlichen Institutionen ausgeschlossenen „Privatleute" über öffentliche, also alle angehende Angelegenheiten konstituiert wird. Diese Kommunikationen konstituieren zugleich die öffentliche Sphäre, in der sich die Gesellschaft selbst intern beobachtet („Spiegelmodell").*

*5. In verfassungstheoretischer Hinsicht ist die Kategorie der Öffentlichkeit als ein intermediäres Bereichsfeld der Gesellschaft „zwischen" Staat und Privat zu fassen. Sie vollzieht nach, was für die Bauform des freiheitlichen demokratischen Verfassungsstaates grundlegend ist: die Unterscheidung von*

*Staat und Gesellschaft. „Demokratische" Öffentlichkeit ereignet sich als gesellschaftliche Öffentlichkeit, außerhalb und in grundrechtlicher Distanz zur institutionalisierten Staatssphäre.*

### *III. Kritische Politikfunktionen*

#### *1. Publizität*

*6. Öffentlichkeit hat zudem den Anspruch eines Wertbegriffs. An erster Stelle zu nennen ist die Bedeutung im Sinne der Sichtbarmachung der Angelegenheiten von allgemeinem Belang. Das „allgemeine Öffentlichkeitsprinzip der Demokratie" ist Voraussetzung für individuelle und gesellschaftliche Freiheit auch in und durch Öffentlichkeit. Für die Systemtheorie liegt hier die entscheidende Funktion der Öffentlichkeit. Danach kommt es auf die Öffentlichkeit der Meinungen an, nicht auf „die" öffentliche Meinung.*

#### *2. Politisierung der Öffentlichkeit durch Wahrheitsbindung*

*7. In der Aufklärung knüpft sich an die Publizität der Glaube an die Wahrheit und Gerechtigkeit der in öffentlicher Diskussion gewonnenen Ergebnisse. Öffentlichkeit übernimmt so auch die Bedeutung von allgemeinem Wohl. Für den staatlichen Bereich wird sie damit unwiderstehlich. Der Staat gerät unter den Druck der öffentlichen Meinungsbildung wie diese in das Gravitationsfeld der staatlichen Macht. Staat und Öffentlichkeit treten in Prozesse funktionaler Verschränkungen.*

*8. Die theoretischen Unterstellungen einer holistischen Öffentlichkeit als Träger der Wahrheit sind indes empirisch unhaltbar und inzwischen aufgegeben. Sie zerschellen an den Realitäten des im modernen, freiheitlichen Gemeinwesen unaufhebbaren Pluralismus.*

#### *3. Politisierung der Öffentlichkeit durch Einflussprogrammierung*

*9. In der gegenwärtigen Funktionsbestimmung der Öffentlichkeit im demokratischen Verfassungsstaat lebt der liberale Vernunftglaube „trotzdem" fort, wenngleich in immanenter Anverwandlung. Das Öffentliche wird bezogen auf das Volk. Dessen Bestimmung und „Approbation" der politischen Entscheidungen stellen die immanente Vernünftigkeit des staatlichen Handelns her. Die öffentliche Meinung vermittelt eine vorübergehend gefestigte Ansicht des Guten und Richtigen, die für den Staat ebenso unwiderstehlich ist.*

*10. Auch in diesem Verständnis bleiben gewisse oppositionelle Konnotationen gespeichert. Demokratische Öffentlichkeit soll gegenüber dem staat-*

*lichen Sektor in herrschaftslenkender Absicht zur Geltung bringen, was der öffentlichen Debatte zugetraut wird: die Hervorbringung eines allgemeinen Interesses, das die Übereinstimmung mit dem Gemeinwohl erheischt. Die steuernde Beeinflussung der staatlichen Initiativen und Entscheidungen erscheint als ein aufgegebener Funktionsmodus legitimer Demokratie.*

*11. Das Konzept hängt ab von jenen Merkmalen und Qualitäten demokratischer Öffentlichkeit, die ihre legitimitätserheischende Diskursleistung verbürgen. Das Verfahren der öffentlichen Meinungsbildung muss so gestaltet sein, dass die Ergebnisse, die sie hervorbringt, die Vermutung der Vernünftigkeit für sich haben. Das Unterpfand liefert das deliberative Politikmodell.*

*12. Die Vorstellung von der deliberierenden Öffentlichkeit durchbricht die Grenzen der Plausibilität. Sie scheitert am Dementi der Tatsachen. Die Einwände der Empirie bestätigen, was mit Notwendigkeit bereits aus der kritisch-normativen Funktionscodierung politischer Öffentlichkeit folgt. Diese ist auf den Gleichlauf zweier Vorsätze eingestellt, die miteinander unvereinbar sind: die Erzeugung vernünftiger Meinungen einerseits und die Verfolgung machtvollen Einflusses andererseits. Der Wettbewerb um das bessere Argument verwandelt sich zwangsläufig in einen Kampf um die Macht, wenn es letztlich um politischen Einfluss geht. Die Öffentlichkeit wird zu einer Funktion der Machttechnik.*

*13. Die Folgen für die Struktur der politischen Öffentlichkeit sind vorbestimmt, prädestiniert wie provoziert: Hierarchisierung der Öffentlichkeit, Stratifizierung der Gesellschaft, Vermachtungen zwischen Staat, Wirtschaft und Gesellschaft. Über alle verfassungsrechtlichen Differenzierungen von Staats- und Volkswillensbildung hinweg legt sich ein asymmetrisches Geflecht politischer Entscheidungskanäle, das seine Durchlässigkeit gering hält, die Masse des Publikums auf die Galerie verweist und selbst das Parlament nicht selten zur bloß institutionellen Kulisse herabstuft.*

*14. Demnach handelt es sich (auch) hier nicht um eine Erosion der Wirklichkeit, sondern um eine solche der Theorie. Der nach der „Einflusslogik" konzipierte Begriff demokratischer Öffentlichkeit ist das Problem, zu dessen Lösung er antritt. Statt Demokratie und Freiheit zu mehren, werden beide prekär. Der „Sinn von Öffentlichkeit" im demokratischen Verfassungsstaat muss von neuem überdacht werden.*

## *IV. Normative Bewirkungsfunktionen*

### *1. Verfassungsrechtliche Ausgangstatbestände*

*15. Für die Öffentlichkeit im Verfassungsstaat bilden die Inklusion in das Ziel staatlicher Herrschaft, aber die Exklusion von ihrer Erzeugung den normativen Rahmen, der ihren Status formt.*

*16. Die demokratische Republik des Grundgesetzes begreift das politische Wirken der Öffentlichkeit als „weitergeführten Vorgang" auf der Suche nach dem „besseren Selbst" des Gemeinwesens. In diesen Prozess hinein wirkt das Gebot der Responsivität. Doch erheben sich Widerstände, weitet sich das Gebot zu einer normativen Bindung des Staates an die vorgebrachten Wünsche und Anregungen der Bürger.*

*17. Den amtsgebundenen Repräsentanten fällt im Kommunikationsprozess mit der politischen Öffentlichkeit eine prinzipiell unabhängige und damit auch eine prinzipiell „stärkere" Stellung zu. Demokratische Repräsentation widersetzt sich kommunikativer Verflüssigung. Dem eine überlegene Position der „peripheren" Öffentlichkeitsakteure nach Art eines „gesellschaftlichen Zensorenamtes ohne politische Verantwortung" entgegenzuhalten, kommt nicht in Betracht. Die professionelle (Führungs-)Qualität der Repräsentanten nimmt teil an der Verfassungsvoraussetzung, dass die dialogische Öffnung der politischen Willensbildung nicht die Kompetenz- und Verfahrensordnung der Demokratie und das Volk als deren Träger überwindet.*

*18. Unter diesen, ihren Status formenden Ausgangstatbestände treten die Funktionen der Öffentlichkeit im demokratischen Verfassungsstaat hervor. Sie lassen sich gliedern in erstens die republikanische, zweitens die demokratische und drittens die freiheitliche Funktion.*

### *2. Republikanische Funktion*

*19. Die republikanische Funktion der Öffentlichkeit zielt zunächst auf die Erzeugung von Transparenz. Für den Staat ergeben sich sodann aus den für alle sichtbaren Kommunikationen die handlungsrelevanten (nicht: handlungsweisenden) Informationen, die für die politische Einheitsbildung im offenen Zielkorridor des Gemeinwohls unverzichtbar sind.*

### *3. Demokratische Funktion*

*20. Die demokratische Funktion verweist auf den unmittelbaren und „eigentlichen" Adressaten der Öffentlichkeit: auf den Wähler und seine Urteilsbildung. Demokratische Öffentlichkeit ist der Resonanzkörper, dem der Wähler das Werkzeug ist.*

### 4. *Freiheitliche Funktion und Struktur*

*21. Die freiheitliche Funktion der Öffentlichkeit verhält sich zur demokratischen und republikanischen Funktion wie die Bedingung zur Möglichkeit. Die Aufgaben demokratischer Öffentlichkeit können nur in einer Ordnung der Freiheit gelingen. Doch gerade diese ist notleidend geworden. Die Erosion demokratischer Öffentlichkeit ist eine Erosion der Freiheit in der Demokratie. Unter dem Gesetz der „Gegenmacht" einer „politisch fungierenden Öffentlichkeit" ereignet sich die Repression derer, denen es an dem notwendigen Kommunikations- und Konfliktpotential fehlt.*

*22. Für eine Erneuerung der öffentlichen Kommunikationsstruktur sind zwei Voraussetzungen unabdingbar. Sie können begrifflich unter die eine Maxime gefasst werden: Staatsferne. Erstens das Prinzip der Abwesenheit staatlicher Ingerenz, zweitens das Prinzip der Einhaltung gesellschaftlicher Distanz. Gegenbild und Antitypus ist die „gelenkte Demokratie", in der die hegemonialen Machtkonglomerate die gesellschaftliche Willensbildung diktieren und jede abweichende Regung ersticken.*

## V. *Fazit*

*23. Der Verfassungsstaat mahnt dazu an, den Unterschied wach zu halten, der zwischen einer „politisch fungierenden" und der „demokratischen" Öffentlichkeit besteht: Nicht Durchwirkung, sondern Bewirkung freiheitlicher Demokratie ist ihre Aufgabe. Hierin liegt die Chance, den demokratischen Pessimismus der Gegenwart in zukunftsfähigen Optimismus zu wandeln und damit die Akzeptanz der staatlichen Entscheidungen zu befördern, auf die der vitale (Fort-)Bestand der Demokratie verwiesen ist.*

## 3. *Aussprache und Schlussworte*

# Erosion demokratischer Öffentlichkeit?

**Lepsius:** Wir haben zwei ausgesprochen interessante Referate gehört, für die ich im Namen aller Anwesenden danke. Viele Nachfragen werden sich anschließen. Ein Grundproblem des Themas ist die Differenz zwischen Öffentlichkeit und demokratischer Öffentlichkeit. Was macht eine Öffentlichkeit zu einer spezifisch demokratischen? Die Öffentlichkeit interessiert sich ja für vieles. Sie interessiert sich dafür, wer nächster amerikanischer Präsident wird. Macht sie das zu einer deutschen Öffentlichkeit? Sie interessiert sich auch dafür, wer Deutschlands nächster Superstar wird. Macht sie das zu einer demokratischen Öffentlichkeit?

Hier nun hat Herr Horn, auf den ich mich in erster Linie beziehe, eine Differenzierung vorgenommen. Er operiert mit der Unterscheidung von Staat und Gesellschaft. Die grundlegende Bauform des freiheitlichen demokratischen Verfassungsstaates sei die Unterscheidung von Staat und Gesellschaft. Ist das so? Wenn wir in die Vereinigten Staaten oder nach Großbritannien blicken, Mutterländer der demokratischen Öffentlichkeit, kann man die Tauglichkeit dieser Unterscheidung bezweifeln. In diesen Ländern gibt es sie jedenfalls nicht. Auch für Frankreich würde ich Zweifel anmelden. Was Herr Horn die grundlegende Bauform des demokratischen Verfassungsstaates nennt, hat in denjenigen Ländern, die das Modell des freiheitlichen demokratischen Verfassungsstaats erfunden haben, die entsprechende Grundlegung gerade nicht. Es handelt sich vielmehr um eine spezifisch deutsche Unterscheidung. Sie scheint mir für die Behandlung der Themenstellung ungeeignet, und daraus ergibt sich eine Reihe von Problemen. Wenn die Öffentlichkeit alle Themen behandeln kann, brauchen wir ein anderes Differenzierungsmerkmal als „Staat und Gesellschaft".

Die Unterscheidung, die ich stattdessen anbiete, operiert mit Mehrheit und Minderheit. Die demokratisch relevante Öffentlichkeit bildet jeweils eine Mehrheit und eine Minderheit aus. Dabei hat die Minderheit ein Interesse, zur Mehrheit zu werden mit der Folge, dass die Öffentlichkeit nicht auf ein vernünftiges, Allgemeinwohl bezogenes, final bestimmbares bonum commune oder philosophische Letztbegründungen gerichtet ist. Die spezifisch demokratische Funktion von Öffentlichkeit verfolgt einen dynamischen Zweck, nämlich die Ausbildung von

Mehrheit und Minderheit offen zu halten und einen Wettbewerb der Ideen zu institutionalisieren. Dieser Wettbewerb hat keine Willensbildung zum Ziel, die einmal abgeschlossen ist. Denn wenn wir das Allgemeinwohl als Finalität der Öffentlichkeit ansehen würden, wenn das Beste sich tatsächlich einmal in einem Diskurs durchgesetzt haben sollte, dann dürfte es nicht mehr revidiert werden. Und das wäre unvereinbar mit der demokratischen Funktion der Öffentlichkeit, die permanent auf Revision, Veränderung und Dynamik angewiesen ist. Deswegen ist das Entscheidende, was eine Öffentlichkeit zu einer spezifisch demokratischen macht – im Unterschied zur kulturellen, ökonomischen oder sportlichen Öffentlichkeit –, die Differenz von Mehrheit und Minderheit.

Zu beantworten ist dann die Frage: Wie werden Minderheit und Mehrheit formiert und erkennbar gemacht? Wer erbringt diese Differenzierung? Hierfür gibt es natürlich verschiedene Instrumente. Dazu hätte ich gerne mehr mit Blick auf das öffentliche Recht gehört. Die Medien und Rundfunkanstalten besitzen hier eine wichtige Funktion – und deswegen werden sie auch öffentlich-rechtlich ausgestaltet. Natürlich haben auch die Parteien hier eine wichtige Funktion. Zentral ist nicht zuletzt das Wahlrecht, schon aufgrund der zeitlichen Bestimmung des Erhebungstages, denn Wahlen sind immer formalisierte Akte, in denen Mehrheiten und Minderheiten erkennbar werden, was sie ja sonst im demokratisch-dynamisierten Prozess selten werden. Also, wir haben juristische, wir haben intermediäre und wir haben natürlich auch ganz im Privaten liegende Komponenten, die Mehrheiten und Minderheiten definieren. Hier scheint mir die erhebliche Fragestellung zu liegen. Sie lässt sich nicht, Herr Horn, im Sinne einer Staatsferne oder gar einer Gesellschaftsferne beantworten.

**Scherzberg:** Ich habe eine kritische Anmerkung zu Herrn Horn und eine zustimmende an Herrn Holznagel. Herr Horn, mich hat bei Ihrem Vortrag ein zunehmendes Unbehagen beschlichen. Auf den Punkt gebracht, liegt es wohl an einer gewissen Einseitigkeit. Sie dekonstruieren die Idee der deliberativen Demokratie, weil diese in der Praxis das Ideal, das sie verkörpert, nicht erfüllt. Parteien, Verbände, Medien übernehmen Selektionsfunktionen, der Diskurs garantiert keine Vernünftigkeit, das Ideal wird von der Wirklichkeit widerlegt. Einverstanden. Sie vermeiden aber eine entsprechende kritische Reflexion des politischen Systems. Dessen Defizite, Opportunitäten und Eigenrationalitäten, die bekanntermaßen ebenso zu einer Verfehlung des idealen Gemeinwohlziels führen können, bleiben völlig ausgeklammert. Aber erst dadurch, dass man sich bewusst macht, dass wir es mit zwei unvollkommenen, eigenrationalen, zwei nicht „sicher" gemeinwohlorientierten Systemen zu tun haben, kann man verstehen, dass sich die Hoffnung einer demokratischen Herrschaftsordnung eben darauf richtet, dass sich die beiden Systeme stützen, wechselseitig kontrollieren und dadurch stärken. Die Öffentlichkeit wirkt auf das politische System ein und beeinflusst dortige Opportunitäten. Die Politik nimmt diese Impulse auf, wirkt aber über die Medien auch auf die öffentliche Meinung zurück. Es gibt also eine Art komplementäres Zusammenwirken, jedenfalls geht dahin die Erwartung der grundgesetzlichen Demokratie. Etwa kann Politik in Blockaden stecken bleiben. Unterschiedliche Mehrheiten in den Gremien, gegenläufige Interessen, die sich nicht in einen Kompromiss einbinden lassen. Anders die Öffentlichkeit. Sie ist dynamisch, entwickelt sich weiter, bringt immer wieder neue Vorschläge, immer wieder neue Lösungen auf. Diese müssen nicht notwendig vernünftig sein, aber sie geben dem öffentlichen Diskurs eine Entwicklungsoffenheit, eine Dynamik, die die Politik nicht notwendigerweise hat. Dieser Dynamik ausgesetzt zu werden, ist eine wichtige Bereicherung der Politik durch die deliberative Öffentlichkeit, ein Aspekt, den das politische Handeln für meine Begriffe benötigt, um demokratisch legitimiert zu sein. Art. 21 GG spricht ja von der Willensbildung des Volkes, und ich glaube – im Gegensatz zu Ihnen –, dass sich politische Herrschaft eben auch dadurch legitimiert, dass sie sich dieser Willensbildung mit ihrer Dynamik fortlaufend aussetzt, nicht allein der Bestätigung durch den Wahlakt.

Bernd Holznagel konstatiert nun aber die nachlassende Wirkkraft demokratischer Öffentlichkeit, und ich stimme seiner Forderung nach mehr Mitwirkungschancen ausdrücklich zu. Warum lässt die demokratische Öffentlichkeit in ihrer Wirkkraft nach? Lebenssachverhalte werden komplexer, Verantwortlichkeiten werden in gestuften Systemen wahrgenommen und dadurch nicht mehr richtig zurechenbar. Die Transparenz, die durch die freie Verbreitung von Informationen an sich im hohen Maße gewährleistet ist, wird durch deren Vielfalt wieder genommen. Wir brauchen hier sicher ein Gegengewicht, einen Ausgleich durch neue Formen der Mitwirkung, man denke an das Engagement von zivilgesellschaftlichen Organisationen oder den nicht durch Medien gefilterten Austausch der Meinungen im Internet. Dies und anderes ist aber zusätzlich, und nicht an Stelle einer, das richtet sich wieder an Herrn Horn, nach wie vor ernst zu nehmenden politischen Öffentlichkeit zu denken.

**Steiger:** Ich bitte um Vergebung, dass ich mich heute zum zweiten Mal melde. Aber wie heute morgen handelt es sich für mich um ein altes Thema, und man kehrt gern zu alten Themen zurück. Das gilt umso mehr, als mir auffällt, dass wir selber, alle miteinander, in der Vereinigung der Staatsrechtslehrer als auch ich persönlich diesem Wandel unterliegen und das auch zu einem Wandel in unseren Auffassungen und wissenschaftlichen Aussagen führen kann. Es fiel mir gerade in den Diskussionen gestern und heute besonders stark auf, wie einige diese Wandlungen in den Diskussionen aufgenommen haben, andere aber nicht. Das scheint mir eine Konfliktlinie in diesen Diskussionen gewesen zu sein.

Ich möchte anknüpfen an die These 12 von Herrn Horn. Die Differenz zwischen Theorie und Praxis ist nicht neu. Ich habe mich im Laufe dieses Jahres intensiv mit den Diskussionen in den drei französischen Nationalversammlungen 1789 bis 1793 beschäftigt. Wenn man beobachtet, wie die Rede hier zum ersten Mal in Europa in einer Öffentlichkeit nachdrücklich als Machtinstrument in politicis gegen den politischen Gegner eingesetzt wird, gleichzeitig das auf die Galerie verbannte Volk, von dem sie mit Recht sprechen, agitiert wird und dazu den Zusammenhang mit den Reden in den Clubs, insbesondere im Jakobiner-Club, einbezieht, kann man schon sehen, dass es nicht unbedingt nur um Vernunft und Richtigkeit und um Wahrheit, sondern um Macht geht, bis hin zu dem, was Robespierre in der terreur veranstaltet hat.

Warum hält man dann aber trotzdem über diese zwei Jahrhunderte an diesem Topos fest, dass durch Öffentlichkeit Vernünftigkeit, Richtigkeit und Wahrheit aus den öffentlichen Diskussionen herauskommen könnte? Meines Erachtens, weil es eben die größere Chance gibt, dass es zumindest zu richtigen Lösungen kommen kann – nicht unbedingt zu wahren, da würde ich Ihnen zustimmen, Herr Lepsius. Wenn wir wirklich mal die endgültige wahre Lösung hätten, würde die Sache zu Ende sein, da haben Sie völlig recht. Aber zur richtigen, jeweils historisch richtigen Lösung hofft man doch auf diese Weise besser zu kommen.

Der zweite Punkt, den ich anschneiden möchte, ist der Zusammenhang von Repräsentation und Öffentlichkeit. Sie haben gesagt, die Repräsentation ist unersetzlich in der kommunikativen Verfassung. Man muss doch aber bedenken, was repräsentieren denn die Repräsentanten? Sie repräsentieren doch – na ja, letzten Endes uns, sie repräsentieren die Öffentlichkeit, nicht nur Interessen, aber auch gerade Interessen, und ich denke, dass dafür der Dialog zwischen Repräsentanten und denen, die sie repräsentieren, in der Öffentlichkeit unbedingt erforderlich ist. Mein Eindruck ist jedoch, die Agenda 2010 ist dafür ein Musterbeispiel in letzter Zeit in Deutschland, dass gerade dieser Dialog nicht mehr klappt. Wenn heute gesagt wird, hier in Bayern – nach 3 Tagen kann man das ja mal sagen – hätten die CSU-Politiker nicht mehr die Hand am Puls des Volkes gehabt, dann ist das genau dieser Dialog, der zwischen den Repräsentanten und dem Volk nicht geführt oder gar zerstört worden ist.

**Schachtschneider:** Die Referate waren hilfreich und informativ und ich freue mich, dass heute Nachmittag die Berichte eine gute Diskussion ermöglichen. Wenn Sie, Herr Horn, Ihre Überlegungen nicht an staatlicher Herrschaft festmachen wollten, sondern an politischer Freiheit, würden Sie meines Erachtens nicht viel an Ihrer Dogmatik ändern müssen und die inneren Widersprüche Ihres Vortrages wären, denke ich, behoben. Es ist, wie auch schon kritisiert wurde, mit der politischen Freiheit unvereinbar, Staat und Gesellschaft trennen oder auch nur unterscheiden zu wollen. Der Wille der Bürger begründet die Verbindlichkeit der Gesetze. Die Aufgabe der Abgeordneten ist die Erkenntnis des Rechts in Vertretung des Volkes, nämlich zu erkennen, welche Rechtssätze das Richtige für das gute Leben aller Bürger auf der Grundlage der Wahrheit sind. Diese Repräsentation ist eine Notwendigkeit. Die argumentative Deliberation, wenn man den Ausdruck benutzen will, soll im Parlament stattfinden. Eine solche kann schlechterdings im gesamten Volk und erst recht nicht im immer größer werdenden europäischen oder gar globalen Gemeinwesen organisiert werden. Aus dem „babylonischen Stimmengewirr" kristallisieren sich die beachtenswerten Meinungen heraus, wenn das Recht der freien Rede geschützt, gefördert und in Anspruch genommen wird. Man kann nur froh sein, dass es heute neue Möglichkeiten gibt, seine Meinung zu äußern, nämlich im Internet, so dass die Presse und der Rundfunk in ihrer Macht beschränkt sind. Deren Konzentration hat sich ja noch weiter verstärkt. Das hat Herr Holznagel sehr schön dargestellt. Es ist die Aufgabe der Parlamente, durch Diskurs, der die gesamte Öffentlichkeit einbezieht, zur Wahrheit und zum Richtigen zu finden. Das misslingt und droht das Vertrauen der Öffentlichkeit in das politische System zu erschüttern. Grund ist schlicht und einfach die Verwechslung von Parteiendemokratie mit Demokratie, besser: mit Republik. Sie haben vollkommen Recht, Herr Horn, dass das wirkliche politische System, in dem wir leben, staatliche Herrschaft ist. Es ist die Europäische Union, eine Region des globalen Marktes, dessen Akteure sich die Staaten wesentlich durch die internationalistischen Organisationen gefügig gemacht haben. Die Union hat sich von demokratischen Strukturen weit entfernt. Die Verantwortlichkeit der Parlamente gegenüber ihren Völkern wird durchaus, wie schon mehrfach gesagt wurde, durch Wahlen und Ausrichtung der Politik auf Wahlen realisiert. So bleibt doch die Öffentlichkeit nach wie vor im kantianischen Sinne Medium von Wahrheit und Richtigkeit und ist darum unverzichtbar. Aber Wahrheit und Richtigkeit werden sehr unterschiedlich gesehen. Es mischen sich immer wieder die Interessen der Einzelnen ein. Wir sollten das politische System nicht nur empirisch, sondern zunächst ethisch und normativ bestimmen. Sein und Sollen bleibt ein ewiger Widerspruch. Die Forderung der politischen Freiheit bleibt die nach Sittlichkeit, die man nur über Moralität erreicht, also die Beachtung des kantianischen Grundprinzips, des kategorischen Imperativs. Die Öffentlichkeit muss so hingenommen werden, wie sie sich entfaltet. Jeder kann auf sie einwirken und ist in der Demokratie dazu aufgefordert. Die Sittlichkeit seines Handelns ist Sache jedes einzelnen Bürgers, nicht die politischer Moralisten. Das ist die Größe der Republik, des freiheitlichen Gemeinwesens, und deren Zerbrechlichkeit.

**Gröschner:** Herr Horn, Sie haben im dritten Teil Ihres Vortrags die Theorien deliberativer bzw. diskursiver Demokratie – wie ich finde – überzeugend widerlegt. Ich habe auch nichts von einer „Trennung" zwischen Staat und Gesellschaft gehört, wohl aber von einer „Unterscheidung", und eine solche Unterscheidung halte ich nach wie vor für wesentlich. In Ihrem vierten Teil haben Sie ein Gegenmodell vorgestellt, dem Sie die Überschrift gegeben haben: „Öffentlichkeit in der demokratischen Republik des Grundgesetzes". Es dürfte Sie kaum wundern, wenn ich zunächst einmal emphatisch zustimme, dass Sie den Republikbegriff reanimiert haben. Dessen Herzstillstand hat ja in Anbetracht der ideengeschichtlichen Länge des republikanischen Denkens nur einen kurzen Augenblick gedauert, weshalb doch auch einige Mitglieder unserer Vereinigung an den Erfolg der Wiederbelebung glauben. Von den heute Nachmittag Anwesenden nenne ich, ohne den Unterschied der Konzeptionen nivellieren zu wollen, die Herren Anderheiden, Isensee und Schachtschneider.

Zu Ihrer Konzeption eine kritische Rückfrage in nicht nur äußerlich-terminologischer, sondern inhaltlich-begrifflicher Hinsicht. Sie sprechen dem republikanischen Prinzip in These 19 die Funktion zu, auf die Erzeugung von „Transparenz" zu zielen. Meine Frage: Warum sagen Sie nicht „Publizität", zumal Sie vorher schon – sehr zu Recht – „res publica" und „res populi" verwendet hatten? „Poplus" ist die alte Form für „populus", aus der das Adjektiv „poplicus", später „publicus" abgeleitet ist. Also ist die Öffentlichkeit etymologisch schon immer mit dem Begriff des Volkes verbunden gewesen, im alten Rom allerdings nicht demokratisch, sondern eben republikanisch. Man kann für solch klassischen Republikanismus auch die aufklärerische Tradition Kants heranziehen – Sie haben die transzendentale Formel des öffentlichen Rechts zitiert –, die kantische Formel bezieht sich aber expressis verbis auf Publizität und nicht etwa auf Transparenz. Auch darin zeigt sich jener alteuropäische Traditionszusammenhang, den man heute zur Reanimierung der Republik so stark wie möglich machen sollte.

Verwundert hat mich daher auch These 21, in der, nachdem von republikanischer und demokratischer Funktion die Rede war, zusätzlich eine freiheitliche Funktion thematisiert und unter „Ordnung der Freiheit" subordiniert wird. In jenem alteuropäischen Zusammenhang, den ich zu stärken versuche, bedeutet „res publica", womit Cicero die aristotelische „politeia" übersetzt hat, nichts anderes als – mit einem schönen deutschen Wort und in bester Übersetzung – „Freistaat". Und der Freistaat ist die freiheitliche Ordnung. Das ist auch ein Begriff des Grundgesetzes, wenn wir „freiheitliche demokratische Grundordnung" nicht isoliert demokratisch betrachten, sondern ganzheitlich politisch. Meine Rückfrage lautet, ob nicht der traditionsreiche Begriff der Publizität für das Prinzip der Öffentlichkeit in der freiheitlichen Gesamtordnung unseres gegenwärtigen Verfassungsstaates angemessener wäre als der moderne, um nicht zu sagen modische Terminus der Transparenz.

**Kotzur:** Meine Frage richtet sich an beide Referenten und knüpft an das an, was Herr Lepsius bereits einleitend gesagt hat und jetzt auch thematisiert wurde, nämlich das Verhältnis von Staat und Gesellschaft. In dem Bereich, den wir heute Nachmittag diskutieren, lässt sich dieses Verhältnis vielleicht verallgemeinernd ausweiten auf den Dualismus, um nicht zu sagen die (vermeintliche) Dichotomie von „privat" und „öffentlich". Ich glaube, Herr Holznagel hat ein ganz faszinierendes Beispiel gegeben, indem er das „product placement" dem staatlicherseits lancierten „opinion placement" oder dem „information placement" im privaten Unterhaltungsangebot zwar nicht gleichgesetzt, diesen Kontext aber bewusst hergestellt hat. Damit deutet sich an, dass sich insbesondere durch die Internetöffentlichkeit, wie wir sie heute kennen, die strikte Trennung zwischen privater und öffentlicher Sphäre ganz stark relativiert hat – stark relativiert in der Wahrnehmung derer, die sie aktiv mitbestimmen, und in der Wahrnehmung derer, die sie rezipierend wahrnehmen. Herr Holznagel hat wunderbar dargestellt, wie gefährlich es ist, wenn Informationen, wenn – um die Terminologie von Frau Baer heute morgen aufzugreifen – Herrschaftswissen auf subtile Art und Weise in Unterhaltungsangeboten vermittelt und dadurch „veröffentlicht", in den öffentlichen Diskurs eingeführt wird.

Ich will nur eine Frage an beide Referenten formulieren. Würden Sie diesen Analysebefund teilen, ihn als positiv oder gefährlich beurteilen und welche Konsequenzen könnte man aus solch einer Beurteilung ziehen? Beide Referenten haben auch mit angedeutet, wie gefährlich es ist, wenn eine bloß veröffentlichte Meinung kritiklos rezipiert wird. Gibt es hier Möglichkeiten, frühzeitig auf die Akteure in der offenen Gesellschaft mit einzuwirken? Gibt es vielleicht in Zukunft so etwas wie ein Schulfach „sinnvolle Mediennutzung", damit der mündige Bürger sich dann in sinnvoller Weise der veröffentlichten Informationsangebote bedienen kann, sei es, dass sie ihm in öffentlicher oder verkappter privater Form präsentiert werden?

**Kirchhof, P.**: Wir haben Vieles zur Wirklichkeit der demokratischen Öffentlichkeit und zu einer Theorie dieser Verfassungsvoraussetzung gehört. Ich möchte unsere Aufmerksamkeit auf die verfassungsrechtlichen Folgen einer möglichen Erosion demokratischer Öffentlichkeit lenken.

Unser Demokratieproblem betrifft in erster Linie den Wähler. Wenn dieser desinteressiert ist, deshalb die öffentliche Debatte nicht zur Kenntnis nimmt; wenn dieser nichtinformiert ist, weil die öffentliche Debatte die wesentlichen Themen nicht behandelt oder wenn dieser gar desinformiert ist, weil ein öffentlicher Wahlkampf Probleme und Perspektiven verfälscht, kann sich dieses auf die Legitimationskraft des Wahlaktes auswirken. Für das Führen eines Fahrzeugs im öffentlichen Straßenverkehr setzt das Recht einen vorherigen Befähigungsnachweis, den Führerschein, voraus. Für das Führen des Staatsschiffes sind die Deutschen grundsätzlich Naturtalente; der „Prüfer" ist das Staatsvolk, das hinreichende Kenntnis von den Kandidaten und ihren Aufgaben haben muss. Deshalb entsteht ein Demokratiethema, wenn wir in der gegenwärtigen, Staat, Wirtschaft und Gesellschaft bedrohenden Finanzkrise nicht diskutieren, inwieweit sich der Finanzmarkt in Derivaten – Termingeschäften, Optionen – von der tatsächlichen Wertschöpfung durch Arbeit und Produktion lösen darf, wir auch kaum öffentlich fragen, inwieweit das Bankgeschäft sich etwa bei den Leerkäufen eher zu Spiel und Wette bewegt, wir stattdessen die Pendlerpauschale diskutieren.

Auch die staatsrechtliche Funktionenordnung wirft Fragen demokratischer Öffentlichkeit auf. Wenn sich die Gesetzgebungsdebatte immer mehr aus der Öffentlichkeit des Plenums verabschiedet und in der Nichtöffentlichkeit der Ausschüsse ereignet, verliert die Demokratie in ihrer Funktionsmitte ein wesentliches Stück Öffentlichkeit. In der Rechtsprechung deutet sich ein Funktionswandel an, wenn die Urteile zwar formal ordnungsgemäß verkündet werden, die Öffentlichkeit aber die Urteile in der Vermittlung durch den Journalisten zur Kenntnis nimmt. Wenn das Bundesverfassungsgericht seine Urteilsgründe auf hundert Seiten hoher Jurisprudenz niedergeschrieben hat, überbringt der Fernsehjournalist dieses Urteil in den abendlichen Nachrichten in einer Minute und dreißig Sekunden. Dabei gelingen Glanzleistungen bewährter und erprobter Kenner des Rechts. Doch die Übermittlung dieser Dolmetscherleistung bedarf der Aufmerksamkeit des Staatsrechts.

Für die Freiheitsrechte sollte das Staatsrecht und die Staatstheorie einen Maßstab entwickeln, wann die Freiheit Öffentlichkeit fordert und wann sie Öffentlichkeit verbietet. Bisher lösen wir die Frage im Binnenbereich von Einzelgrundrechten: Art. 5 GG fordert mit der Meinungsfreiheit und der Informationsfreiheit die Öffentlichkeit, das Grundrecht auf Privatheit und auf Datenschutz verbietet zum Schutz der Persönlichkeitsrechte diese Öffentlichkeit. Hier fehlt eine prinzipielle Zuordnung von individueller Freiheit und Öffentlichkeit als Bedingung der Demokratie.

Schließlich sollten wir kritisch beobachten, dass der Bürger immer weniger gutes Recht und immer mehr gutes Geld vom Staat erwartet, der Staat dementsprechend immer weniger seine Rechtsetzungsgewalt und immer mehr die Macht des Geldes einsetzt. Das Finanzwesen aber gehört nach wie vor eher zu den arcana imperii. Zugleich macht der Wechsel vom Recht zur Finanzierung den Staat privilegienanfällig. Wenn der Staat heute 80 Millionen Euro zu verteilen hätte und er würde gleichheitsgerecht jedem der 80 Millionen Bürger einen Euro zuweisen, wäre dieses eine sinnlose Aktion. Gewährt er aber 80 Bürgern je eine Million Euro, erreicht er eine wesentliche Gestaltungs- und Interventionswirkung. Privilegien aber brauchen insbesondere die Öffentlichkeit. Hier liegt ein Strukturproblem der Finanzverfassung.

**Rauschning:** Beide Referate haben beklagt, anfänglich und gemeinsam, das mangelnde Interesse der Öffentlichkeit. Vielleicht sollten wir fragen, ob auch die Probleme, die zur Debatte stehen, jeweils das große Interesse der Öffentlichkeit erfordern. Öffentlichkeit – und Herr Horn ist ja darauf eingegangen – Öffentlichkeit, oder das Öffentliche, hat ja auch bei uns eine andere Bedeutung noch im Gegensatz zum Privaten. Die ganze Definition des öffentlichen Rechts hängt auch an der Definition des öffentlichen Wohls, des Gemeinwohls. Trotz aller Individualisierung und trotz aller Internationalisierung erhebt sich die Frage, um wessen öffentliches Wohl es denn geht. Es mag unmodern gelten daran zu erinnern, dass das Gemeinwohl auf die nationale Gemeinschaft bezogen ist. Wir sollten uns der Wirkungskraft dieser Verbundenheit weiterhin bewusst bleiben. Heute begehen wir den Gedenktag der Deutschen Wiedervereinigung. Lassen Sie sich heute an die Bewegung der Öffentlichkeit im Zuge der Wiedervereinigung erinnern. Das der deutschen Politik der Nachkriegszeit stets unterliegende Begehren nach der Wiedervereinigung trat nicht täglich an die Öffentlichkeit. Als sich dann die historische Situation ergab, dieses Ziel zu verwirklichen, zeigte sich eine Bewegung von unbändiger Kraft. Selbst die internationale Gemeinschaft konnte diesem Druck der Öffentlichkeit nicht widerstehen. Auch aus dieser Erfahrung können wir das Vertrauen schöpfen, dass wirkliche Schicksalsfragen unserer staatlichen Gemeinschaft von der Öffentlichkeit aufgenommen werden. Es mag eine der Schicksalsfragen sein, die Herr Meyer vorhin genannt hat mit der Überschuldung und der Last, die wir jeweils aufhäufen gegenüber den nächsten Generationen. Wenn die Öffentlichkeit sich der Schicksalsfragen annimmt, dann nimmt sie sie auf und beeinflusst damit die Politik ganz wesentlich.

**Kühling:** Erosionsanalysen laufen im Wesentlichen auf Gefahrenanalysen hinaus. Dem Beratungsgegenstand wurde aber ganz bewusst ein Fragezeichen beigefügt. Insofern bin ich Ihnen, Herrn Holznagel, besonders dankbar, dass Sie auch auf gegenläufige Tendenzen hingewiesen haben und stimme Ihnen in vielen Thesen zu. Ich möchte das aber noch vertiefen, ein wenig akzentuieren und ganz knapp verfassungsrechtlich an der einen oder anderen Stelle unterfüttern. Dabei komme ich tendenziell zu einer wesentlich positiveren Gesamtbilanz, als das hier auch in einigen Wortbeiträgen angeklungen ist.

Verstehen wir also mit dem Bundesverfassungsgericht die demokratische Öffentlichkeit als eine Sphäre, die vermittelt zwischen dem Staat und der Gesellschaft und dabei eine funktionierende Kommunikation voraussetzt, die eine Willensbildung ermöglicht vom Volk hin oder von der Gesellschaft hin zu den staatlichen Organen, dann kann man folgerichtig drei Ebenen unterscheiden.

Mit Blick auf die erste Ebene, die etwas zu kurz gekommen ist in der Analyse der beiden Referate, ist zu fragen: Wie öffnen sich denn die Gewalten gegenüber einer kritischen demokratischen Öffentlichkeit? Hier wurde zwar von Herrn Holznagel zu Recht auf Gefahren hingewiesen, die insbesondere eine exzessive, möglicherweise gar manipulative Öffentlichkeitsarbeit der Regierung bedingt. Aber wenn wir uns das Öffentlichkeitsprinzip als Verfassungsprinzip anschauen, beobachten wir doch vor allem eine ganze Reihe sehr positiver Trends und insbesondere das, was unter dem Wandel von der Arkan-Tradition hin zu den Informationsfreiheitsrechten beschrieben wird und dem Öffentlichkeitsprinzip mit Blick auf die Exekutive viel stärker zu seiner positiven Verfassungsrealität verhilft, als das bislang der Fall gewesen ist.

In Bezug auf die Rolle des Bürgers auf einer zweiten Ebene stellt sich die Frage: Wie nimmt er Teil an der Herstellung einer demokratischen Öffentlichkeit? Auch hier haben wir sehr viel Skeptisches gehört. Ich glaube, wir beobachten statt einer Erosion aber eher eine Ausdifferenzierung der Rolle des Bürgers. Gewiss, die Wahlbeteiligung, vor allem auf kommunaler und auf der Ebene der Länder, lässt dramatisch nach. Dafür beobachten wir – und das hatten Sie, Herr Holznagel, ja auch angedeutet – aber ganz neue Formen der Herstellung demokratischer Öffentlichkeit, die man nicht unterschätzen sollte. Insbesondere das Internet bietet hier eine ganze Reihe neuartiger kommunikativer Partizipationsmöglichkeiten, die dem Bild der Verfassung auch in der Rechtsprechung des Bundesverfassungsgerichts, wie es etwa im Kurzberichterstattungs-Urteil zum Ausdruck gekommen ist, wesentlich näher kommt. Denn die Verfassung ist darauf gerichtet, Informationsmonopole zu beseitigen und Informationszugangsmöglichkeiten zu generieren. Dieses Ziel wird durch das Internet, u.a. durch den partiellen Verlust der Macht der Intermediäre, aber gerade beflügelt. Damit ist zugleich die dritte Ebene funktionsfähiger Kommunikationskanäle zwischen staatlichen Organen und der Gesellschaft angesprochen. Auch in diesem Bereich sind also keineswegs nur negative, sondern auch eine ganze Reihe positiver Entwicklungstrends zu beobachten.

Und schließlich sei ein anderer Aspekt nur am Rande erwähnt, weil Sie darauf eingegangen sind, Herr Holznagel: Privatisierungsprozesse – auch da muss man ganz klar differenzieren. Ich denke, da sind wir gar nicht unterschiedlicher Meinung. Natürlich kann ich die Gefahr sehen, dass eine Kommerzialisierung erfolgt und Verluste an demokratischer Öffentlichkeit eintreten. Aber nehmen wir nur exemplarisch das Beispiel der Telekommunikationsordnung. Das Gegenteil ist hier doch der Fall. Wer entscheidet denn im Augenblick über die wichtige Frage, ob wir eine bessere Breitbandversorgung bei Internetanschlüssen auf dem Land haben wollen? Früher wurde das durch ein monopolistisches Staatsunternehmen eher fernab der Öffentlichkeit festgelegt. Jetzt haben wir im Gesetz eine Definition des Universaldienstumfangs. Und dieser Umfang kann im Gesetzgebungsprozess im vollen Lichte der parlamentarischen Öffentlichkeit stets neu justiert werden. Insofern kann man bei Privatisierungsprozessen sicherlich kritische Dinge beobachten, man kann aber erneut auch die positiven Entwicklungen sehen, so dass ich insgesamt zu einer optimistischeren Einschätzung der Entfaltung der demokratischen Öffentlichkeit käme als das hier verbreitete Stimmungsbild.

**Dörr, D.:** Ich knüpfe mit meinem Beitrag an Herrn Kühling an und richte mich auch an Herrn Holznagel. Ich glaube mit Ihnen, Herr Kühling, dass viele der Entwicklungen Chancen und Risiken mit sich bringen und ganz neue Herausforderungen bedeuten. Und das gilt vor allem – und das haben Sie, lieber Herr Holznagel, am Schluss Ihres Vortrags besonders deutlich angesprochen – für die – und ich nenne es jetzt bewusst so – mediale Revolution. Wir haben revolutionäre Prozesse bei der Veränderung der Massenmedien, die wir in ihren Auswirkungen noch gar nicht ganz übersehen. Wir haben mit der Digitalisierung und dem damit einhergehenden, jedenfalls technischen Konvergenzprozess ganz neue Formen der Vermittlung von Meinungen und damit auch ganz neue Herausforderungen für öffentliche Willensbildung. Gerade durch das Internet entstehen neue Angebote, die weder der klassischen Presse ganz entsprechen, noch dem klassischen Rundfunk. Und alle Akteure drängen auch in diese Bereiche hinein. Das bringt große Chancen mit sich – es wurde eben angesprochen – nämlich, dass man mit neuen Mitspielern zu rechnen hat, dass auch Einzelne sich an die Öffentlichkeit wenden können. Es bringt aber auch ganz neue Konzentrationsprozesse mit sich. Das muss man auch sehen. Wir haben gerade in dem Bereich des Internets, der neuen online-Angebote enorme neue Konzentrationsprozesse in Bereichen, die wirtschaftlich interessant sind. Und wir stehen vor allem der Herausforderung gegenüber, wie man sich eigentlich in der Informationsflut noch zurechtfindet und wie man neue Akteure, die natürlich die Informationen steuern, behandelt. Das haben Sie, Herr Holznagel, angesprochen am Beispiel Google.

Für mich stellen sich da noch mal zwei konkrete Nachfragen, nämlich einmal: Wie wollen Sie sicherstellen, dass die Informationsvielfalt auch in diesen neuen technischen Herausforderungen erhalten bleibt, gerade angesichts der konglomeraten Zusammenschlüsse? Müssen wir da nicht auch rechtlich neu nachdenken? Denn bisher haben wir ein Vielfaltssicherungsrecht, was allein auf das bundesweite Fernsehen ausgerichtet ist, aber nicht die online-Angebote mit in den Blick nimmt. Können wir das weiterhin so machen? Das zweite für mich Interessante ist: Wie wappnen wir uns gegen bestimmte Herausforderungen, die mit Privatisierung auch verbunden sind? Und Sie haben die angesprochen, nämlich dass man auch ganze Informationsangebote zuliefert und dass für das Publikum nicht erkennbar ist, ob etwas von staatlicher Seite und privater Seite; also nicht nur product placement, sondern auch info-placement, also aus einer dritten Quelle stammt. Müssen wir da nicht die Staatsferne der Medien, insbesondere des Rundfunks erneut stärken? Jeder kann mal nachlesen, wie Herr Pöttering das europäische Parlamentsfernsehen verteidigt. Man wundert sich schon, welche Sichtweise dies von Staatsnähe oder Staatsferne des Rundfunks darstellt. Denn das wird ungefähr so gerechtfertigt, dass man sagt, es ist ja zugunsten Europas und deshalb muss da schon der Einfluss des Parlaments sein. Es dient ja einem guten Zweck, und nach außen tun wir so, als wäre das Medium unabhängig. Wir werden auch nur eingreifen, wenn es Europa schadet.

**Hochhuth:** Ich möchte etwas zum Gesamtthema sagen, Verfassungsvoraussetzungen, und auch zum heutigen Thema demokratische Öffentlichkeit. Das Thema war doch: Erosion demokratischer Öffentlichkeit, und ich fand beide Referenten – obwohl Sie ja differenziert und auch problematische Befunde genannt haben – doch im Ergebnis etwas zu optimistisch. Und zwar sowohl nach der objektiven Seite, was die Strukturen demokratischer Öffentlichkeit anbetrifft, als auch nach der subjektiven Seite, die gar nicht angesprochen wurde, was die Menschen anbetrifft, die in dieser Öffentlichkeit zuhören oder dann auch mitschreiben oder in den elektronischen Medien mitsprechen. Ich habe nichts gegen die Spaßgesellschaft, aber was bedeutet eine Spaßgesellschaft, wenn sie zu einer Spaßdemokratie führt?

Ich sehe eine extreme Abwärtsspirale durch das Zusammenwirken von zwei Elementen: Das erste Element ist die Kommerzialisierung der elektronischen Medien. Herr Holznagel hat dazu gesagt, die Gefahren der Boulevardisierung und Banalisierung der medialen Politikvermittlung würden überschätzt. Warum werde das überschätzt, warum sei es nicht so schlimm? Da antworten Sie in Ihrer These 10: weil diese Mechanismen inzwischen selbst Gegenstand der Erörterung in der demokratischen Öffentlichkeit seien und damit für den Bürger durchschaubar. Also weil wir auf der Staatsrechtslehrertagung und die Soziologen auf den mediensoziologischen Tagungen herumstehen und kritisieren dürfen, deswegen ist das nicht so schlimm. Entschuldigen Sie, Herr Holznagel, dass ich das ins Ironische ziehe, aber woher nehmen Sie den Optimismus, dass, nur weil wir darüber reden und weil auch auf den Medienseiten der großen Tageszeitungen ab und zu was darüber steht, dass das deswegen kein so großes Problem sei? Wer Angela Merkel und Barack Obama unterschätzt, der kann beiden vorwerfen, dass sie dadurch unangreifbar werden, dass sie zu wirklich politisch problematischen Dingen immer erst dann etwas sagen, wenn sich schon herausgestellt hat, in welche Richtung „es" im Ergebnis läuft. Man kann Wahlkämpfern das natürlich nicht vorwerfen, denn alles andere würde sie sehr angreifbar machen. Aber das ist doch schon eine Folge der Art von Öffentlichkeit, die wir heute haben: Dass jemand, der sich mit einem intelligenten – oder vielleicht auch nicht ganz so intelligenten – Vorschlag an die Öffentlichkeit wagen würde, sofort angegriffen würde. Das ist ein Fehler unserer medialen Öffentlichkeit, und obwohl wir diesen Fehler kennen, bekommen wir ihn nicht weg.

Der zweite große Faktor zur Abwärtsspirale ist die Beschleunigung des Öffentlichen. Internet, Fernsehen und Rundfunk bewirken sie. Die Leute, die in diesen Medien arbeiten, haben keine Zeit mehr, in Ruhe und Muße einen Gedanken auszubrüten, weil sie mindestens so schnell sein müssen wie „Spiegel online“ oder wie „das Erste online“. Diese Beschleunigung verflacht den Diskurs. Deswegen fand ich Sie da ein bisschen zu optimistisch.

Das führt nun zum subjektiven Thema, zu dem Menschenbild des Grundgesetzes, von dem ich ja meine, dass es das gibt, auch wenn mancher das bestreitet. Welche Art von geistigen Menschen erziehen Medien, die eine Spaßgesellschaft propagieren? Der gesamte jetzige Nachwuchs wird viel stärker durch die Medien erzogen, als das jemals in der Geschichte der Fall war. Auch der Anteil am Nachwuchs, der, anders als wohl die meisten hier im Saal, aus keinem gefestigten etwa beamten- oder bildungsbürgerlichen Haus stammt. Der mündige Bürger, den die Demokratie zwingend voraussetzt, der vielleicht die wichtigste Verfassungsvoraussetzung ist, der braucht eine gewisse Disziplin, sich mit einem komplexen Zusammenhang – also etwa mit der derzeitigen Finanzkrise und ihren komplexen Gründen – auseinanderzusetzen. Das wird ihm ab-erzogen. Jacob Burckhardt hat den Untergang der Freiheit vorhergesagt durch die sogenannten *terribles simplificateurs*, die schrecklichen Vereinfacher. Ich glaube, dass das wirklich eine Gefahr ist, die uns durch die Erosion der demokratischen Öffentlichkeit, durch die Beschleunigung und Kommerzialisierung der Medien droht.

**Huster:** Ich habe eine Frage (oder vielleicht sogar mehr eine Anmerkung) zu den Referaten, aber auch zu der Art und Weise, wie wir jetzt über die Referate diskutiert haben, die nicht die Inhalte, sondern die Methode betrifft: Was machen wir eigentlich, wenn wir hier über ein Thema wie „Erosion demokratischer Öffentlichkeit“ reden? Wenn jemand von der Straße zufällig in diesen Saal gekommen wäre und diese Veranstaltung erlebt hätte: Wenn an der Wand nicht stände, dass wir hier bei der Vereinigung der Deutschen Staatsrechtslehrer sind, was hätte er wohl gedacht, wo er ist? Ich vermute, dass selbst die Idee, er sei bei der Tagung einer wissenschaftlichen Vereinigung, eher fernliegend gewesen wäre. Das meine ich ganz selbstkritisch. Er hätte wohl gedacht, er sei etwa bei einer Anhörung z.B. in einem Landtag, wo die Politiker sich informieren lassen wollen, wie es denn um die demokratische Öffentlichkeit bestellt ist, wo auf drängende Probleme hingewiesen wird usw. Das ist wahrscheinlich eine ganz treffende Beschreibung dessen, was er wahrgenommen hätte.

Das kleide ich jetzt in eine Frage an die Referenten: Was ist Ihr methodischer Ansatz, wenn Sie über dieses Thema wissenschaftlich reden? Offensichtlich ist es kein verfassungsrechtlicher Ansatz. Das sieht man schon daran, dass wir kaum über Normen gesprochen haben; auch in den Thesenpapieren der Referenten taucht nicht eine einzige Norm auf.

Und auch ich könnte auf die Frage „Erodiert die demokratische Öffentlichkeit?“ keine verfassungsrechtliche Antwort geben: Denn die Antwort auf diese Frage steht bestimmt nicht in der Verfassung, weil das zunächst einmal eine empirische Frage ist. Also könnte man eher politikwissenschaftlich argumentieren. Das geht in die Richtung des Ansatzes von Herrn Holznagel. Nun war das aber eine politikwissenschaftliche Betrachtung, die fast völlig theoriefrei war – und das funktioniert auch nicht. Ich nenne Ihnen dafür kurz ein Beispiel. Sie haben gesagt, nur 10% der deutschen Bevölkerung haben die Wahlprogramme der Parteien gelesen. Ich bin ja fast von meinem Stuhl gefallen: Ich hab doch nicht geglaubt, dass Millionen von Deutschen die Wahlprogramme der deutschen Parteien lesen! Wenn das wirklich der tatsächliche Zustand ist, dann mache ich mir um unsere Demokratie überhaupt keine Sorgen, denn das dürfte im internationalen Vergleich konkurrenzlos viel sein. Also stellt sich die Frage: Was ist eigentlich der Maßstab, anhand dessen wir beurteilen können, was da passiert?

Bei Herrn Horn war es dagegen eher ein theoretischer Zugang über die politische Philosophie – obwohl er uns am Anfang gesagt hat, politische Philosophie wolle er dezidiert nicht betreiben. Er hat dann aber die ganze Zeit eine bestimmte Richtung der politischen Philosophie, nämlich das Modell der deliberativen Demokratie, kritisiert. Aber auf welcher theoretischen Grundlage eigentlich? Ich habe das – ehrlich gesagt – nicht verstanden. Ich gebe auch zu bedenken, dass z.B. eine Formulierung wie die, dass es in der Öffentlichkeit ein „Elitekartell intermediärer Hegemone“ gebe, keine Begriffsbildung darstellt, die aus irgendeiner wissenschaftlichen Theorie bekannt ist; in einer solchen Formulierung bringt sich im Grunde genommen doch nur ein Ressentiment gegen die Suhrkamp-Kultur oder gegen was auch immer zum Ausdruck. Und als Sie Ihre These 17 erläutert haben, war ungefähr zehn Mal von „führen“, „Führungskraft“ und „Führungsqualität“ die Rede – da war ich kurz davor anzunehmen, Sie wollten uns ein entsprechendes Prinzip als Alternative zur Theorie deliberativer Demokratie empfehlen.

**Streinz:** Um die Meinung des Bürgers auf der Straße zu erfahren, müssten wir bei der Staatsrechtslehrervereinigung eine Teilöffentlichkeit herstellen. Aber jetzt zu Ihnen, Herr Horn. Sie zeigen in These 12 auf, dass die Vorstellung der deliberierenden Öffentlichkeit eine Fiktion ist. Das sehe ich auch so. Es wurde hier schon gesagt, dass Mehrheit nicht notwendig Vernunft sein muss. Schon in der klassischen Literatur findet sich ja, dass Verstand stets nur bei wenigen zu finden sei und die Welt von Unverstand regiert werde. Aber Mehrheitsentscheidung ist in den Grenzen der Rechtsstaatlichkeit und unter den Funktionsbedingungen der Demokratie, die eine wehrhafte ist, eben nur die legitimierte, und nur möglicherweise auch die vernünftige Entscheidung. Aber was vernünftig ist, darüber lässt sich streiten, und das geschieht im Kampf um die Mehrheit. Mehrheit bedingt Macht und umgekehrt und damit wird die Öffentlichkeit ja zwangsläufig zu einer Funktion der Machttechnik. Der Beitrag der Öffentlichkeit, hier die Veröffentlichung von Tatsachen, von Missständen und deren Erörterung in den Medien liefert aber durchaus entscheidende Fakten für das Publikum, das dann entscheidet, und ich glaube, man soll dessen Aufnahmebereitschaft und Entscheidungskraft durchaus nicht unterschätzen.

Zu der These 13: Die Realität des Parlaments als institutionelle Kulisse, wie Sie sagen, ist offensichtlich. Dass dort wirklich Debatten stattfinden, kann man nicht behaupten, und das Interesse der Öffentlichkeit lässt ja auch im Vergleich zu den 70er Jahren deutlich nach. Wenn gesagt wird, ein Abgeordneter, der ins Plenum geht, hat offenbar nichts Besseres zu tun, und dies ihm noch zum Vorwurf gemacht wird, dann zeigt dies doch, dass hier einiges im Argen ist. Debatten zwischen den Abgeordneten einer Fraktion gibt es ohnehin nicht denn hier ist ja eine einheitliche Linie gefordert und daher – und das haben Sie, Herr Holznagel, auch aufgezeigt – erklärt sich diese Suche nach Fluchtpunkten, die Flucht in Hinterzimmer. Aber die beiden ehemaligen Volksparteien mussten ja auch erfahren, dass das nicht immer gelingt. Trägt man aber dann eine Frage in der Öffentlichkeit aus, wird dies als schädliche Streiterei empfunden. Ich dachte bisher, dass es kein Machtkampf, sondern die Suche nach einer personell richtigen Entscheidung ist, wenn man zwischen mehreren Alternativen debattiert und dann entscheidet, aber vielleicht ist auch das eine Illusion meinerseits.

Führungsqualität – um das noch einmal anzusprechen, was gerade aufgeworfen wurde. Was ist darunter zu verstehen? Führungsqualität der Repräsentanten und Rücksicht auf die veröffentlichte Meinung, vielleicht unter den Stichworten: Resistenz gegen Populismus, wobei das Wort Populismus meines Erachtens auch eine fragwürdige, d.h. einer Frage würdige Formulierung ist. Führungsqualität umfasst sicher auch den Mut zu – vielleicht nur vermeintlich – unpopulären Entscheidungen. Ich komme zu These 22: Die Unterscheidung von Staat und Gesellschaft ist meines Erachtens richtig und auch wichtig, aber die Wechselwirkungen sind doch zwangsläufig und notwendig. Führung ist mit dem Risiko verbunden, Akzeptanz zu finden, und die geht nur über die Öffentlichkeit. Daher meine Frage im Hinblick auf eine nähere Erläuterung zur These 22: Was bedeutet hier Staatsferne verstanden als Abwesenheit staatlicher Ingerenz und Einhaltung gesellschaftlicher Distanz? Konkret: Mir ist zwar das Gegenbild der gelenkten Demokratie bewusst und klar, aber was in diesem Zusammenhang dieses Gegenbild sein soll und was das eigentliche Bild dann tatsächlich darstellt, das ist mir nicht ganz klar geworden.

**Engel:** Wir haben dann zum Abschluss drei Beiträge, die auf die internationale Dimension eingehen möchten.

**Ress:** Ich möchte, bevor ich auf die internationalen Bezüge zu sprechen komme, doch eine Bemerkung zu Herrn Horn machen. Ich kann durchaus nachvollziehen, Herr Horn, dass Sie Kritik an dem liberalen Diskurs-Modell mit der Suche nach einer, wenn auch nicht endgültigen, aber immerhin vorläufigen Wahrheit üben und sagen: Das hält in der Realität nicht stand. Sie entwickeln dann die These, der Fehler liege in der Theorie. Sie vertreten dann aber in Ihren Schlussthesen ein – wenn ich Sie recht verstehe – alternatives Theorie-Modell, um diesem Defizit abzuhelfen, insbesondere in der These 22 mit „Staatsferne, Distanz und Abwesenheit staatlicher Ingerenz". Ich stelle gegenüber diesen Anforderungen die gleiche Frage, die Sie vorher an das andere Theorie-Modell gestellt haben, nämlich: Hält es in der Praxis stand? Stimmt es? Diese Untersuchung haben Sie uns vorenthalten. Sie haben einen alternativen Theorie-Entwurf, an dem ich erhebliche Zweifel habe, eingeführt, ohne ihn auf der Grundlage der praktischen Bewährung zu testen.

Damit komme ich zu einigen Fragen über internationale Öffentlichkeit. Beide Referenten haben diesen Aspekt ausgeklammert, selbst die Frage der Öffentlichkeit in der Europäischen Union. Woran liegt die Europa-Verdrossenheit vieler Bürger und die Schwierigkeit der Akzeptanz einer Fülle von europarechtlichen Entscheidungen und gar des neuen alternativen Verfassungsprozesses? Liegt diese Schwierigkeit nicht an den gleichen oder vergleichbaren Phänomenen, die Sie für den Nationalstaat, jedenfalls für die Bundesrepublik hier aufgezeichnet haben, nämlich ein Mangel an Transparenz, an Durchlässigkeit und nachvollziehbarer Kontrolle? Es wäre sinnvoll, da wir ja in der Europäischen Union leben, wenn wir diesen Aspekt der Erosion demokratischer Öffentlichkeit – und das Stichwort Demokratie ist im Zusammenhang mit der Europäischen Union besonders vertiefungs- und kritikwürdig – eingefügt hätten.

Ich darf noch auf einen anderen Aspekt internationaler Öffentlichkeit hinweisen, der diesmal nicht nur staatstheoretische, sondern konkret völkerrechtliche Relevanz hat. Die Urteile des Europäischen Gerichtshofs für Menschenrechte sind in einem europäischen Kontrollverfahren über das Ministerkomitee, d.h. einer Versammlung der Vertreter der Vertragsstaaten, in einer spezifischen Öffentlichkeit vollstreckbar. Und nur in einem solchen Verfahren, in dem sich jeder Staat vor dem anderen rechtfertigen muss: wie er es mit der Vollstreckung dieses oder jenes Urteils halte, ist eine effektive Durchsetzung der Urteilsvollstreckung denkbar. Die Vertragsstaaten kontrollieren auf diese Weise – sozusagen in letzter Instanz – die Akzeptanz und Durchsetzbarkeit der Urteile und damit auch der Auslegung der EMRK. Das gleiche Verfahren findet, wenn auch nicht regelmäßig, in der Parlamentarischen Versammlung des Europarats, also auch einer spezifischen Öffentlichkeit, statt. Diese Verfahren haben durchaus den Effekt, dass Staaten, die mehrfach durch Resolutionen des Ministerkomitees zur Vollstreckung aufgefordert worden sind, d.h. mit der Mehrheit anderer Staaten, schließlich keine überzeugenden Argumente mehr für die Nicht-Vollstreckung finden.

**Isensee:** Der Vorstand kann aufatmen. Am Ende der Tagung finden sich zwei Referenten, die mit dem Rahmenthema leben können und die Verfassungsvoraussetzungen als Kategorie akzeptieren. Ich finde, beide tun gut daran. Öffentlichkeit – das ist die These – ist Voraussetzung einer funktionsfähigen Demokratie, als solche aber nicht selber Gegenstand der Verfassung. Allerdings habe ich Schwierigkeit, ohne weiteres von einer Erosion auszugehen. Wer von Erosion redet, muss ja annehmen, dass es eine Ära der Intaktheit gegeben habe, ein goldenes Zeitalter also. Die besonnte, verklärte, erfundene Vergangenheit mag dahinstehen, ebenso die korrespondierende Verfallsdiagnose.

Stattdessen das Beispiel einer Demokratie, die niemals wirkliche Öffentlichkeit gekannt hat: die Europäische Union. Ihr demokratischer Charakter ist nicht zu bezweifeln. Er geht hervor aus zwiefacher Legitimationsquelle: der mittelbaren, aber kräftigen über die gewählten Regierungen der Mitgliedstaaten und der direkten, aber schwachen über das Europäische Parlament. Dessen Wahl aber wird durch innerstaatliche Parteipolitik bestimmt. Europapolitische Probleme, welche die Bevölkerung bewegen, wie der Beitritt der Türkei, werden von der politischen Klasse planmäßig aus dem Europawahlkampf herausgehalten und aus Gründen außenpolitischer Raison tabuiert. Ein einziges Mal drang dennoch ein europapolitisches Problem, die Agrarpolitik, in den Wahlkampf ein und entschied das Ergebnis: in der niedersächsischen Landtagswahl 1990, als Bauern zum Wahlboykott schritten, um, jenseits aller rechtlichen Kompetenzverantwortung, die Landesregierung als Sündenbock für Brüsseler Maßnahmen abzustrafen. Die mitgliedstaatlichen Referenden entscheiden sich überwiegend nach nationalen Motiven. Die deutschen Parlamentsdebatten über europäische Verträge beschwören den innerparlamentarischen Konsens, unterdrücken Kontroversen und vertun so die Chance, die Aufmerksamkeit der deutschen Öffentlichkeit für europäische Themen zu wecken und ihre Anteilnahme zu gewinnen. Mangels europäischer Öffentlichkeit sind die supranationalen Institutionen nicht einmal skandalfähig. Die Nachricht, dass sich die europäischen Parlamentarier in der Regelung ihrer Bezüge schamlos selbst bedienen, erreicht nur den Kollegen von Arnim. Über die Mätressen des Kommissars Verheugen berichtet ein Boulevardblatt; aber den Lesern steht ein Brüsseler Kommissar so fern wie der Kaiser von China. Nationale Regierungen haben einen eleganten Weg gefunden, heikle, unpopuläre Regelungsmaterien diskret und wirksam zu erledigen dadurch, dass sie diese in das ferne, unbeobachtete Brüssel verlagern, dort in ihrem Sinne organisieren, sodann ihr Werk in Form europäischer Richtlinien vor dem heimischen Publikum verleugnen, scheinbar nur aus europäischem Rechtsgehorsam umsetzen und eigene politische Verantwortung ablehnen. Die politische Klasse fürchtet allein die nationale Öffentlichkeit. Die nationale Bevölkerung aber fürchtet die gesichtlose, entrückte, undurchsichtige Rechtsetzungsapparatur in Brüssel. Hier zeigt sich die Grenze europäischer Integration. Die Europäische Union wird nicht demokratisch vitalisiert durch Vermehrung der Kompetenzen des Europäischen Parlaments, sondern durch Aufbau einer europäischen Öffentlichkeit.

**Häberle:** Ein Satz als Spontanbeitrag zu dem temperamentvollen Votum von Ihnen, Herr Isensee. Obwohl wir vor fünf Minuten in der Kaffeepause einen „Bund der Alten“ geschlossen haben, bin ich jetzt ganz anderer Auffassung als Sie. Die europäische Öffentlichkeit, oft Teil der Weltöffentlichkeit, hat negative und positive Erscheinungsformen. Sie berechtigt durchaus zu „Öffentlichkeitsoptimismus“. Im Fall Bangemann und Santer wirkt sie sich positiv als Skandalöffentlichkeit aus. In der Veröffentlichung der Urteile der beiden europäischen Verfassungsgerichte – in der Tat, Herr Ress –, in den öffentlichen Berichten des Rechnungshofes, auf vielen anderen Feldern, etwa des europäischen Parlaments und anderer Gremien, finden wir eine Mischung von positiven und negativen Seiten. Es gibt ein Stück europäische Öffentlichkeit, nicht nur aus Kultur und Kunst, sondern auch aus der Politik. All dies ist sehr positiv.

**Mayer:** Ich möchte auch zur – möglichen – Rolle der europäischen Integration bei der – möglichen – Erosion des Konzeptes demokratischer Öffentlichkeit sprechen. Ich möchte dies aber nicht in den Kategorien von „Mätressenwirtschaft“ tun wie mein Vorredner, das führt nicht weiter. Es wird immer wieder gesagt, es gebe keine europaweite Öffentlichkeit. Dies deswegen, weil es keine gemeinsame Sprache gebe, keine gemeinsame Gesellschaft, keinen europäischen Demos. Da wird auch einiges Holzschnittartige vorgetragen. Dies ist freilich nicht das Thema, um das es hier geht, es wäre das Thema der *europäischen* Öffentlichkeit. Es könnte aber natürlich sein, dass, wenn bedeutsame Politikentscheidungen auf europäischer Ebene ohne Öffentlichkeit gefällt werden, dies in irgendeiner Art und Weise auch Rückwirkungen auf das Konzept demokratischer Öffentlichkeit im Allgemeinen hat. Ich bin hier aber nicht sonderlich beunruhigt. Nicht so sehr – denn das wäre wahrscheinlich auch zu einfach – nur deswegen, weil es ja mittlerweile Öffentlichkeit in den Sitzungen des Rates gibt, der Konvent öffentlich getagt hat und ein europäisches Bürgerbegehren mit dem Vertrag von Lissabon kommen wird. Ich bin deswegen ganz beruhigt, weil Herr Holznagel einige, wie ich finde, bemerkenswerte Punkte angesprochen hat, die im Kontext europäische Integration – demokratische Öffentlichkeit und dem diesbezüglichen Wechselverhältnis weiterführen.

Sie haben erstens gesagt, dass es – eben auch national – die integrative Gesamtöffentlichkeit nicht mehr gibt, sondern Fragmentierungen und Stufungen. Vor diesem Hintergrund, meine ich, kann man an die europäische Ebene nicht strengere Anforderungen stellen als an die nationale Ebene. Das Zweite, das Sie hervorgehoben haben, war die Bedeutung der Dezentralität von Entscheidungsfindung. Das Stichwort Subsidiaritätsprinzip ist gefallen, und ich denke, dass wir da auf der europäischen Ebene mit der beständig fortschreitenden Stärkung des Subsidiaritätsprinzips und mit Konzepten mehrstufiger Rechtsetzung auch auf dem richtigen Weg sind. Zum dritten Aspekt. Sie haben gesagt: „Debatten finden im Parlament statt, werden aber über die Medien wiedergegeben". Hier kommt man zu einem Problem, das auf der europäischen Ebene tatsächlich besteht. Es geht dabei um die Rolle der Medien für die Vermittlung demokratischer Öffentlichkeit. Die Rolle der Medien in Europadingen scheint mir zum Kern des Demokratiedefizit-Themas zu führen. Dies hat auch etwas mit dem Thema „gefühlte" oder „empfundene" Öffentlichkeit zu tun. Das eigentliche Problem ist möglicherweise, dass Redaktionsbüros in Brüssel geschlossen werden, dass Redaktionen von ihren Brüsseler Korrespondenten Berichte einfach nicht abdrucken wollen, dass ein „Bericht aus Brüssel" irgendwo im Nebenprogramm gesendet wird, kurz, der Befund, dass die Rolle der Medien in der Vermittlung dessen, was auf europäischer Ebene passiert, das eigentlich Defizitäre ist. Allerdings meine ich, dass wir mit dem Vertrag von Lissabon und der gestärkten Rolle der nationalen Parlamente hier möglicherweise einen Ausgleich bekommen werden. Wenn es denn zutrifft, dass wenigstens die nationalen Parlamente und deren Debatten in den Medien noch wahrgenommen werden, dann würde über den

Umweg der Berichterstattung über die Mitwirkung der nationalen Parlamente am europäischen politischen Prozess dann vielleicht doch die Medienvermittlung Europas weiter ausgebaut werden können. Der vierte und letzte Punkt, den ich aus Herrn Holznagels Ausführungen hervorheben möchte, betrifft die Bedeutung des Internet. Hier meine ich, dass mit Datenbanken und Informationssystemen wie PreLex, EUR-Lex oder der OEIL-Datenbank auf europäischer Ebene schon heute Möglichkeiten bestehen, den Rechtsetzungs- und Gesetzgebungsprozess so genau zu verfolgen, wie wir es auf nationaler Ebene weder auf Bundes-, noch auf Länderebene kennen. Jedenfalls hier lassen sich vielleicht sogar Elemente auf europäischer Ebene identifizieren, die uns für die nationale Diskussion um die Verbesserung der Bedingungen für demokratische Öffentlichkeit weiterhelfen.

**Horn:** Meine Damen und Herren! Ich bedanke mich herzlich für die vielfältige Kritik und Zustimmung, für Ihre Anregungen und Ergänzungen dessen, was ich versucht habe, Ihnen vorzutragen. Lassen Sie mich in der Knappheit der Zeit versuchen, einige Aspekte noch einmal aufzunehmen, die Sie formuliert haben. Gleichsam die „gefährlichste" Frage an den Referenten ist immer die nach der Methode. Ich möchte deswegen auf diese kurz vorweg eingehen. Meine Methode, Herr Huster, ist, so will ich sie zusammenfassend kennzeichnen, die Methode der Verfassungsvoraussetzung, d.h. die dieser dogmatischen Erkenntniskategorie entsprechende. Öffentlichkeit und Demokratie hängen aufs Engste miteinander zusammen. Die Frage ist nur, inwiefern sie zusammen hängen. Die Frage kann man entweder realwissenschaftlich-empirisch oder mehr verfassungsdogmatisch bzw. verfassungstheoretisch angehen. Ich habe den Weg der Verfassungstheorie bzw. der Verfassungsdogmatik gewählt – ohne das hier näher auszudifferenzieren – und mir die Frage gestellt, wie die Funktion der Öffentlichkeit, die ich dezidiert als gesellschaftliche Institution begreife, in das politische Geschehen des von der Verfassung geordneten demokratischen Prozesses einzuordnen ist. Diese Aufgabe erhob sich natürlich vor dem Hintergrund der für jedermann ersichtlichen Erosionserscheinungen der Öffentlichkeit, die dazu führen, dass das politische System und die Öffentlichkeit sich – vereinfacht ausgedrückt – doch ein wenig voneinander entfernt haben. Die politische Praxis reagiert auf das allgegenwärtige Andringen der Öffentlichkeit mit systemischer Eigensinnigkeit, zieht sich zurück in die Hinterzimmer vertraulicher Entscheidungsgremien oder inszeniert Anhörungsfassaden und Scheinöffentlichkeiten oder dergleichen; es finden operative Schließungen statt der Parteien und der sonstigen Akteure des politischen Entscheidungssystems. Um diese Phänomene, die wir alle beobachten, aufzunehmen und dogmatisch aufzuarbeiten, darum habe ich mich bemüht.

Dafür war es unabdingbar, Herr *Lepsius*, auch Herr *Kotzur* und Herr *Schachtschneider*, an dem Prinzip der Unterscheidung, und ich betone: nicht der Trennung, von Staat und Gesellschaft festzuhalten. Demokratische Öffentlichkeit ist keine metatopische Größe, die sich über das insofern strukturierte Verfassungsgefüge der Demokratie legt. Metatopische Vorgabe des demokratischen Gemeinwesens ist vielmehr allein das Gemeinwohl. Öffentlichkeit und Gemeinwohl aber sind nicht das Gleiche, sondern müssen deutlich voneinander geschieden werden. Die Polarisierung von Mehrheit und Minderheit, die stattdessen als Unterscheidungsangebot unterbreitet wurde, ist für mich eine solche, die sich innerhalb der gesellschaftlichen Öffentlichkeit abspielt. Öffentlichkeit ist natürlich ein Wettbewerbsphänomen, das Minderheiten und Mehrheiten hervorbringt.

Unter dieser Prämisse stehen die staatliche und die Sphäre der Öffentlichkeit in der Tat, Herr *Scherzberg* und Herr *Steiger*, in einem Verhältnis komplementären Zusammenwirkens. Daran besteht kein Zweifel. Ich hatte versucht, das zumindest am Ende zu betonen. Es muss dem demokratischen Verfassungsstaat daran gelegen sein, dass beide Bereiche in einem Dialog miteinander stehen, dies jedoch in der Weise der von mir aufgezeigten Funktionen der Öffentlichkeit: der republikanischen, der demokratischen und der freiheitlichen Funktion. Eine „kommunikative Verflüssigung“ – das möchte ich noch einmal hervorheben – dieses Zusammenwirkens, das kann nicht das Bild der politischen Öffentlichkeit im demokratischen Verfassungsstaat sein, das wir als Lehrer des Staatsrechts zeichnen können.

Die Gefahr freilich bleibt – dabei beziehe ich mich auf Herrn *Kirchhof*, Herrn *Rauschning* und Herrn *Hochhuth* –, dass die allgemeine Öffentlichkeit politische Kernprobleme verkennt oder nationale Schicksalsfragen zwar aufwirft, aber doch nicht lösen kann. Öffentlichkeit ist daher immer darauf angewiesen, dass ihre Leistungen von den verantwortlichen Politikern beurteilt werden. Diese haben dabei wohl mit den Ausformungen der Spaßgesellschaft und der Beschleunigung der Wissensgesellschaft zu kämpfen. Aber es ist gerade ihre Verantwortung, deswegen sind sie gewählt, aus der Vielfalt der gesellschaftlichen Regungen im offenen Zielkorridor des Gemeinwohls das aufzugreifen, was im je gegenwärtigen Moment zum Gegenstand politischen Handelns gemacht werden muss.

In diesem Sinne erfüllt, Herr *Gröschner*, die demokratische Öffentlichkeit eine republikanische Funktion, weil sie Entscheidungsbedarf signalisiert und Problemhaushalte markiert. Voraussetzung dafür ist die

Transparenz oder – synonym – die Publizität der verschiedenen Positionen und Meinungen. Worauf es mir aber im Weiteren ankommt, ist, dass sich die Politik der Themen, die die Öffentlichkeit generiert, annehmen kann, aber nicht annehmen muss, weil sie in eigener Verantwortung gegenüber dem Gemeinwohl im Sinne der republikanischen Verpflichtung steht. Damit habe ich, wie ich denke, auch zum Beitrag von Herrn *Schachtschneider* Stellung genommen. Der von ihm verwendete Begriff der politischen Freiheit bedürfte allerdings noch einer intensiveren Auseinandersetzung, als ich das jetzt hier angesichts des knappen Zeitkontingents leisten kann.

Weitere Stichworte, die gefallen sind und auf die Bezug genommen werden muss, sind die Notwendigkeit politischer Führung und die Staatsferne der Öffentlichkeit – Herr *Streinz*, Herr *Ress*. Das, was die Führungsqualität, von der ich gesprochen habe, meint, ist das, was den gewählten Politiker in der repräsentativen Demokratie ausmachen muss. Wir sind mehr denn je angesichts der Herausforderungen der Zukunft darauf angewiesen, dass aus der Vielfalt der Informationen und Meinungen in der pluralistischen Wissensgesellschaft jene relevanten Selektionen vorgenommen werden, die das übergreifende Wohl des Gemeinwesens erfordert; und das Verfahren der Repräsentation gibt den genügenden Spielraum, um dieser Notwendigkeit gerecht zu werden. Dabei teile ich die optimistische Einschätzung hinsichtlich der Leistungspotentiale der Öffentlichkeit, bin also kein Gegner, sondern ein vehementer Befürworter der Öffentlichkeit. Nur gilt es, die Entfaltungsspielräume für das politische System einerseits und für die Öffentlichkeit andererseits normativ auseinander zu halten und neu zu definieren, damit diese ihrer jeweiligen Eigensinnigkeit und Funktionslogik ohne institutionelle Vermischung entsprechen können: im Dienste jener Gemeinwohlgenerierung, wie sie der demokratische Verfassungsstaat vorsieht.

Ein Letztes: Für das Defizit, nicht die internationale Dimension unseres Themas beleuchtet zu haben, bitte ich um Nachsicht. Das war schlicht der Zeitnot geschuldet. Herr *Isensee*, Herr *Häberle*, Herr *Ress* – zum Stichwort europäische Öffentlichkeit nur so viel: Diese gilt es zu unterscheiden von der Europäisierung der deutschen Öffentlichkeit. Europa-Themen sind innerhalb des deutschen Verfassungsstaates selbstverständlich Themen der Öffentlichkeit; das ist mit Europäisierung der Öffentlichkeit gemeint. Ob und inwieweit es daneben eine grenzüberschreitende europäische Öffentlichkeit gibt, zu dieser Frage möchte ich mich vorläufig auf das Votum zurückziehen, dass Öffentlichkeit immer im Werden ist, und ich denke, dass wir schon aufgrund des Internets genügend Beispiele dafür haben, dass eine europäische Öffentlichkeit gegenwärtig im Entstehen begriffen ist. Insoweit, glaube ich, habe ich auch einen Gesichtspunkt aufgenommen, den Sie, Herr *Mayer*, formuliert haben.

.Zum Ende bitte ich um Verständnis, wenn ich nicht auf alle Aspekte, die Sie vorgetragen haben, in der notwendigen Ausführlichkeit habe eingehen können. Ich darf insoweit auf die üblichen Formen des wissenschaftlichen Diskurses verweisen und danke zugleich dem Vorstand, dass er die Anregung für die Behandlung dieses Thema gegeben hat.

**Holznagel:** Ich danke ganz herzlich für die zustimmenden Kommentare, aber auch für die Kritik. Zunächst einmal, Herr Lepsius, unser Titel heißt „Erosion von Verfassungsvoraussetzungen". Demokratische Öffentlichkeit ist für mich keine politikwissenschaftliche Kategorie. In den Politikwissenschaften wird intensiv diskutiert, welche einzelnen Elemente zur demokratischen Öffentlichkeit gehören, z.B. der Minderheitsschutz. Dies sind Fragen, die uns hier nicht interessieren können. Was allein interessiert, ist die Frage, welche normativen Vorgaben das Grundgesetz für das Funktionieren von demokratischer Öffentlichkeit aufstellt. Diese habe ich versucht, mit Hilfe des Drei-Phasen-Modells nachzuzeichnen.

Herr Huster, ich habe unter Verfassungsvoraussetzungen noch etwas anderes verstanden als Herr Isensee. Verfassungsvoraussetzungen sind – wenn ich von demokratischer Öffentlichkeit spreche – nicht nur Voraussetzungen, die wichtig sind, damit das normative Gefüge des Grundgesetzes stimmt. Wir kennen ja Prinzipien wie z.B. die Kontrolle der Regierung durch das Parlament, die so nicht explizit in der Verfassung zu finden sind. Dies ist bei der demokratischen Öffentlichkeit auch so, aber die Angelegenheit geht hier weiter. Demokratische Öffentlichkeit muss real werden, damit das gesamte Staatswesen überhaupt als Demokratie funktionieren kann. Und genau das war mein Ansatzpunkt. Ich habe die normativen Prämissen des Grundgesetzes und ihre Ausdeutung durch das Bundesverfassungsgericht – Stichworte „Medien- und Rundfunkfreiheit" – genommen und diese anhand der herrschenden Lehre der Kommunikationswissenschaften – Stichwort „Drei-Phasen-Modell" – empirisch durchgemustert: In welchen drei Phasen lassen sich Abnagungs- bzw. Erosionsprozesse feststellen? Wie lassen sich die Ergebnisse auf die verfassungsrechtlichen Wertungen und normativen Grundlagen rückkoppeln? Sind diese bereits unterspült und müssen aufgegeben werden oder reicht es, staatlicherseits auf Gefährdungslagen zu reagieren? Dies sind natürlich ganz entscheidende Fragen, wenn wir an der Fortexistenz unseres Demokratiemodells – gerade in der sich andeutenden Systemauseinandersetzung – interessiert sind.

Ich will das nur an einem Beispiel verdeutlichen: Herr Kühling, wir beide sind unterschiedlicher Auffassung. Man kann natürlich argumentieren, dass die klassische Rechtfertigung für den öffentlich-rechtlichen Rundfunk obsolet ist. Es gibt keine Knappheit mehr an Übertragungswegen. Auch im Hinblick auf die Kostenlage ist ein traditioneller Rechtfertigungsgrund für den öffentlich-rechtlichen Rundfunk entfallen. Und – wie Sie zu Recht sagen – die alten Intermediäre haben an Macht verloren. Das Internet schafft eine Vielfalt, die wir bisher nicht kannten. Aber es gibt auch neue Gefährdungen, und auf diese habe ich hingewiesen. Die Werbefinanzierung wird im Internet immer wichtiger, und damit entstehen die bekannten Probleme mangelnder programmlicher und inhaltlicher Qualität im Informationsbereich. Zudem gibt es das Problem der Informationsüberflutung. Hier war mir wichtig herauszuarbeiten, dass diese Erosionsprozesse eine Reaktion des Staates erfordern. Diese können je nach Problembereich sehr unterschiedlich sein. Was den öffentlich-rechtlichen Rundfunk betrifft, bin ich der Auffassung, dass er seine Bedeutung auch im Internetzeitalter erhalten wird. Die empirischen Befunde sind jedenfalls maßgeblich dafür, ob an der Rechtsprechung des Bundesverfassungsgerichts zur Rundfunkfreiheit zukünftig festgehalten werden kann oder nicht.

Nun zu den einzelnen Themen, die in den Beiträgen aufgeworfen wurden. Herr Kotzur, zur Frage, wie man mit heimlicher Werbung umgeht: Letztlich ist dies ein Problem, das mit Recht allein nicht steuerbar ist. Die Wirkung des Rechts ist in der Praxis nicht zu unterschätzen. Aber eine 100 %ige Effektivität werden die eingesetzten Mittel nicht haben können. Deshalb sind Konzepte wie z.B. die Schaffung von Medienkompetenz wichtig, und in der Tat ist dies zu Recht ein wichtiges Tätigkeitsfeld der Landesmedienanstalten. Ich glaube, dass hier die Medien zudem Selbstreinigungskräfte entfalten. Herr Dörr, zur Veränderung des Konzentrationsrechts: Ja, ich bin der Auffassung, dass am Konzept des Gesamtmarktansatzes kein Weg vorbeiführt. Herr Hochhuth, Stichwort „Boulevardisierung“ – ist es nicht so, dass die Bürger von den Medien verdummt werden? Ich glaube, nein. Die Leute sind schlauer, als wir manchmal denken. Sie haben ein feines Gespür, wenn Politik inszeniert wird. Hier kann schnell ein schlechtes Image entstehen, wenn Politiker versuchen, die Menschen für dumm zu verkaufen.

Die zentrale Frage scheint mir zukünftig zu sein, was passiert, wenn die öffentliche Meinung an Wirkkraft verliert. Herr Scherzberg hat dies angesprochen. Die öffentliche Meinung kann aufgrund der Europäisierung und Privatisierung oft nicht mehr durchgesetzt und in zweckmäßige politische Konzepte umgesetzt werden. Die Menschen wollen aber in einer Demokratie ihre eigenen Verhältnisse gestalten. Wie diese Probleme zu lösen sind, ist eine Forschungsfrage für die nächsten Jahre. Die Frage der Machtverlagerung nach Brüssel kann ein Stück weit mit dem Versuch beantwortet werden, eine europäische Öffentlichkeit aufzubauen. Da stimme ich Herrn Mayer zu. Dass wir da erst in den Anfängen stecken, ist unstreitig. Ich denke, dass der öffentlich-rechtliche Rundfunk hier eine viel bedeutsamere Aufgabe wahrnehmen kann als bisher. Wir müssen an diesem Projekt mitwirken und versuchen, es mit unseren Kommentaren zu unterstützen.

Ich möchte insgesamt dem Vorstand danken. Ich finde, dass die Frage nach der Erosion demokratischer Öffentlichkeit – trotz der geäußerten Kritik – ein spannendes Thema ist. Es wird mich sicherlich noch die nächsten Jahre beschäftigen. Vielen Dank!

**Engel:** Unsere Tagung stand unter dem Oberthema: Erosion von Verfassungsvoraussetzungen. Bevor wir auseinandergehen, will ich unsere Einsichten mit ganz wenigen Strichen nachzeichnen. Ich will nur berichten, nicht selbst werten.

Die erste Frage war: Ist das Konzept der Verfassungsvoraussetzungen für einen Juristen ein vernünftiges Konzept? Da gab es Kritik methodischer bzw. wissenschaftstheoretischer Natur, die sagt: Es geht um etwas Vor-Verfassungsrechtliches, das ist nicht unseres Amtes. Und es gab die Kritik von Frau Baer, die ich verstanden habe als den Vorwurf: Das Konzept der Verfassungsvoraussetzungen enthält eine versteckte normative, eine kollektivistische Botschaft; als Jurist sollte man sich auf das Konzept der Verfassungsvoraussetzungen nicht einlassen, weil es mehr transportiert, als es legitimieren kann.

Wir hatten vier Teilthemen, bei denen jeweils zu fragen war: Ist denn im Realen überhaupt eine so gewichtige Veränderung zu beobachten, als dass es lohnt, unter dieser Perspektive nachzudenken? Da gab es beim ersten Thema große Einmütigkeit zwischen Frau Sacksofsky und Herrn Möllers: Das abgeklärte Verhältnis von Staat und Religion, das die Bundesrepublik ursprünglich begleitet hat, hat ein Ende gefunden. Auch beim zweiten Thema gab es im Ergebnis große Einigkeit. Nur die Begründung war unterschiedlich. Während Frau Davy im wesentlichen auf Zahlen verwiesen hat, etwa den Gini-Koeffizienten, wollte Herr Axer jedenfalls auch auf das abstellen, was er so schön die gefühlte soziale Gerechtigkeit genannt hat. Bei den beiden anderen Themen gab es dagegen ziemlich deutliche Konflikte zwischen den Referenten, schon auf der Ebene des Realbefunds. Bei der Demographie war Herr Kluth durchaus überzeugt, dass die Veränderungen der Geburtenraten dem Staat mindestens eine neue Problemlage bescheren, während uns Frau Baer davor gewarnt hat zu übersehen, dass Statistik eine Machttechnik sein kann. Und beim letzten Thema hat Herr Holznagel das schöne Bild von der Erosion verwendet, die eben auch Wiederanlandung von Land bedeuten kann, um zu sagen: Wir haben Prozesse, die zugleich problematisch und nützlich sein können. Herr Horn hat dagegen, um im Bild zu bleiben, eingewandt: Das ist nicht die richtige Frage. Wir sollten an der Freiheit des Sandkorns interessiert sein, in diesem Prozess an die eine oder andere Stelle geschoben zu werden.

Wir hatten als dritte Dimension, teils implizit, teils explizit, Herrn Böckenfördes großes Wort: Die Verfassung selbst kann ihre Voraussetzungen nicht garantieren. Das ist bei ihm natürlich nicht als empirische Aussage gemeint, sondern als normative: Die Verfassung lässt nicht zu, dass der Staat das, auf dem er beruht, selber zur Verfügung stellt. Beim ersten Thema waren sich Frau Sacksofsky und Herr Möllers einig, dass diese Aussage richtig ist: Eine staatliche Politik wäre unzulässig, die dem Staat religiöse Verhältnisse garantiert, die ihm angenehm oder nützlich sind. Beim zweiten Thema waren sich Frau Davy und Herr Axer einig, dass staatliche Interventionen zulässig sind. Eine staatliche Verteilungspolitik ist sicherlich kein Verfassungsproblem. Streit gab es wieder beim dritten und beim vierten Thema. Eine staatliche Bevölkerungspolitik ist zwar ein problematischer Begriff. Aber das, was uns Herr Kluth zum Nachdenken aufgegeben hat, ging jedenfalls ein Stück auch in diese Richtung. Dagegen hat uns Frau Baer wieder sehr gewarnt, zu leichtfertig eine Staatsaufgabe zu übernehmen. Und schließlich gab es auch bei dem letzten Thema beherzten Streit zwischen den Referenten. In aller gebotenen Vorsicht habe ich Herrn Holznagels Referat doch so verstanden, dass es nicht vollständig unmöglich ist, dass der Staat die Sorge um die demokratische Öffentlichkeit zu der seinen macht. Herr Horn hat uns dagegen ermahnt, dass es letztlich nur um Staatsferne gehen kann.

Bleibt zum Schluss die Frage, ob man das alles bündeln kann unter der Perspektive: Erosion von Verfassungsvoraussetzungen. Ich glaube, da gehen wir auseinander mit der offenen Frage. Hat eines der vier Phänomene solches Gewicht, dass man von der Erosion einer Verfassungsvoraussetzung sprechen kann? Erst recht haben wir nicht darüber diskutiert, ob Kombinationen dieser Entwicklungen schließlich dazu führen könnten, dass wir genötigt wären, als Juristen über das Konzept von Staatlichkeit neu nachzudenken. Aber man muss ja nicht alles bei einer Gelegenheit gemacht haben, und es mag spätere Tagungen geben, die auf unsere Überlegungen zurückgreifen.

Ich danke Ihnen sehr herzlich. Den Referenten natürlich allen voran, die uns mit spannenden Referaten beschenkt haben, aber auch den vielen Diskutanten und nicht zuletzt denen, die bis zum Schluss ausgeharrt haben, um an unserem gemeinschaftlichen wissenschaftlichen Diskurs teilzunehmen. Vielen Dank. Bis zum nächsten Jahr.

## Verzeichnis der Redner

# Verzeichnis der Mitglieder der Vereinigung der Deutschen Staatsrechtslehrer *e.V.*

(Stand: 24. Februar 2009; ständige Aktualisierung unter www.staatsrechtslehrer.de)

Vorstand

1. *Schulze-Fielitz*, Dr. Helmuth, Professor,
Klara-Löwe-Str. 5, 97082 Würzburg,
(09 31) 7 84 10 25, Fax (09 31) 7 84 10 34;
Lehrstuhl für Öffentliches Recht, Umweltrecht und Verwaltungswissenschaften, Universität Würzburg,
Domerschulstr. 16, 97070 Würzburg,
(09 31) 31-23 31 oder -23 32, Fax (09 31) 31-26 17,
E-Mail L-Schulze-Fielitz@jura.uni-wuerzburg.de

2. *Engel*, Dr. Christoph, Professor,
Königsplatz 25, 53173 Bonn,
(02 28) 9 56 34 49, Fax (02 28) 9 56 39 44;
Max-Planck-Institut zur Erforschung von Gemeinschaftsgütern,
Kurt-Schumacher-Straße 10, 53113 Bonn,
(02 28) 9 14 16-10, Fax (02 28) 9 14 16-11,
E-Mail engel@coll.mpg.de

3. *Holoubek*, Dr. Michael, Universitätsprofessor,
Zehenthofgasse 36/8, A-1190 Wien,
(00 43) 13 17 73 72, Fax (00 43) 13 17 73 72 18;
Institut für Österreichisches und Europäisches Öffentliches Recht,
Wirtschaftsuniversität Wien,
Althanstraße 39–45, A-1090 Wien,
(00 43) 13 13 36-46 60, Fax (00 43) 13 13 36-7 13,
E-Mail michael.holoubek@wu-wien.ac.at

Mitglieder

1. *Adamovich*, Dr. Dr. h.c. mult. Ludwig, o. Univ.-Prof.,
Präsident des Österreichischen Verfassungsgerichtshofs a.D.,
Rooseveltplatz 4, A-1090 Wien,
(00 43) 66 42 42 75 26;
Österreichische Präsidentschaftskanzlei,
Hofburg, Ballhausplatz, A-1014 Wien,
(00 43 -15 34 22-3 00, Fax (00 43) 15 34 22-2 48,
E-Mail ludwig.adamovich@hofburg.at

2. *Albers*, Dr. iur., Dipl. soz. Marion, Professorin,
Sulzer Straße 21a, 86159 Augsburg;
Lehrstuhl für Öffentliches Recht, Wirtschafts-, Informations-, Gesundheits- und Umweltrecht,
Universität Augsburg,
Universitätsstr. 24, 86159 Augsburg,
(08 21) 5 98 45 50, Fax (08 21) 5 98 45 52,
E-Mail marion.albers@jura.uni-augsburg.de

3. *Alexy*, Dr. Dr. h.c. mult. Robert, o. Professor,
Klausbrooker Weg 122, 24106 Kiel,
(04 31) 54 97 42;
Universität Kiel, 24098 Kiel,
(04 31) 8 80 35 43, Fax (04 31) 8 80 37 45,
E-Mail alexy@law.uni-kiel.de

4. *Alleweldt*, Dr. Ralf, LL.M., Privatdozent,
Halbe Stadt 12, 15230 Frankfurt (Oder),
(03 35) 6 22 47;
Europa-Universität Viadrina,
Postfach 1786, 15207 Frankfurt (Oder),
(03 35) 55 34 78 75,
E-Mail alleweld@euv-ffo.de

5. *Anderheiden*, Dr. Michael, Privatdozent,
Stephanienstr. 32, 76133 Karlsruhe,
(07 21) 4 70 08 17;
Ruprecht-Karls-Universität Heidelberg, Juristisches Seminar,
Friedrich-Ebert-Anlage 6–10, 69117 Heidelberg,
(0 62 21) 54 74 97, Fax (0 62 21) 54 74 63,
E-Mail anderheidenm@jurs.uni-heidelberg.de

6. *Appel*, Dr. Ivo, Professor,
Eisvogelweg 28, 82140 Olching,
(0 81 42) 2 84 23 17;
Universität Augsburg, Juristische Fakultät,
86135 Augsburg,
(08 21) 5 98 45 35, Fax (08 21) 5 98 45 37,
E-Mail Ivo.Appel@jura.uni-augsburg.de

7. *Arnauld*, Dr. Andreas v., Professor,
Lange Reihe 103, 20099 Hamburg,
(0 40) 31 81 74 17,
E-Mail andreas.arnauld@gmx.de;
Helmut-Schmidt-Universität/
Universität der Bundeswehr Hamburg,
Fakultät für Wirtschafts- und Sozialwissenschaften,
Professur für Öffentliches Recht, insb. Völker- und Europarecht,
Holstenhofweg 85, 22043 Hamburg,
(0 40) 65 41-27 71, Fax (0 40) 65 41-20 21,
E-Mail arnauld@hsu-hh.de

8. *Arndt*, Dr. Hans-Wolfgang, o. Professor,
Waldstr. 34, 67434 Neustadt/Weinstr.,
(0 63 21) 3 33 85;
Universität Mannheim,
Lehrstuhl für Öffentliches Recht und Steuerrecht,
68131 Mannheim,
(06 21) 1 81 14 36, Fax (06 21) 1 81 14 37
E-Mail taxlaw@jura.uni-mannheim.de

9. *Arnim*, Dr. Hans Herbert v., o. Professor,
Im Oberkämmerer 26, 67346 Speyer,
(0 62 32) 9 81 23;
Deutsche Hochschule für Verwaltungswissenschaften Speyer,
67324 Speyer,
(0 62 32) 6 54 3 43,
E-Mail vonarnim@dhv-speyer.de

10. *Arnold*, Dr. Rainer, o. Professor,
Plattenweg 7, 93055 Regensburg,
(09 41) 7 44 65;
Universität Regensburg,
93053 Regensburg,
(09 41) 9 43-26 54/5,
E-Mail Rainer.Arnold@jura.uni-regensburg.de

11. *Aschke*, Dr. Manfred, Professor,
Kantstr. 14, 99425 Weimar,
(0 36 43) 40 22 83, Fax (0 36 43) 40 22 84;
E-Mail winckelmann.aschke@t-online.de;
c/o Professur Öffentliches Recht II,
Hein-Heckroth-Str. 5, 35390 Gießen oder
Thüringer Oberverwaltungsgericht,
Kaufstr. 2–4, 99423 Weimar,
(0 36 43) 2 06-2 69,
E-Mail maschke@thovg.thueringen.de

12. *Aulehner*, Dr. Josef, Privatdozent,
Hans-Böcker-Str. 8, 80995 München,
(0 89) 1 23 84 02, Fax (0 89) 12 74 96 88;
Ludwig-Maximilians-Universität München,
Ref. I A 3 – Rechtsabteilung,
Geschwister-Scholl-Platz 1, 80539 München,
(0 89) 21 80-37 30, Fax (0 89) 21 80-29 85,
E-Mail Aulehner@lmu.de

13. *Autexier*, Dr. Christian, Professor,
Egon-Reinert-Str. 19, 66111 Saarbrücken,
(06 81) 37 14 87;
Universität des Saarlandes,
Postfach 15 11 50, 66041 Saarbrücken,
(06 81) 3 02-21 85,
E-Mail Christian.Autexier@mx.uni-saarland.de

14. *Axer*, Dr. Peter, Professor,
Marienholzstraße 47 b, 54292 Trier,
(06 51) 1 70 18 64;
Universität Trier, Fachbereich V,
54286 Trier,
(06 51) 2 01-25 89, Fax (06 51) 2 01-33 94,
E-Mail axer@uni-trier.de

15. *Baade*, Dr. Hans W., Professor,
6002 Mountain Climb Drive,
Austin/Texas, USA, 78 731,
(0 01-5 12) 4 52 50 71;
dienstl., (0 01-5 12) 4 71 51 51,
E-Mail hbaade@mail.law.utexas.edu

16. *Badura*, Dr. Peter, o. Professor,
Am Rothenberg Süd 4, 82431 Kochel am See,
(0 88 51) 52 89;
Universität München,
Professor-Huber-Platz 2, 80539 München,
(0 89) 21 80-35 76

17. *Baer*, Dr. Susanne, LL.M., Professorin,
Bleibtreustrasse 55, 10623 Berlin;
Humboldt-Universität zu Berlin, Juristische Fakultät,
Unter den Linden 9, 10099 Berlin,
(0 30) 20 93 34 67, Fax (0 30) 20 93 34 31,
E-Mail sekretariat.baer@rewi.hu-berlin.de

18. *Baldus*, Dr. Manfred, Universitätsprofessor,
Herderstr. 41A, 99096 Erfurt,
(03 61) 5 54 70 54;
Lehrstuhl für Öffentliches Recht und Neuere Rechtsgeschichte,
Staatswissenschaftliche Fakultät, Universität Erfurt,
Nordhäuserstr. 63, 99089 Erfurt,
(03 61) 7 37 47 11,
E-Mail manfred.baldus@uni-erfurt.de

19. *Barfuß*, Dr. iur. Dr. rer. pol. Walter, o. Universitätsprofessor,
Tuchlauben 13 A-1014 Wien;
Präsident des Österreichischen Normungsinstituts, Generaldirektor
der Bundeswettbewerbsbehörde der Republik Österreich,
Heinestraße 38, A-1020 Wien,
(00 43) 12 13 00-6 12, Fax (00 43) 12 13 00-6 09,

20. *Bartlsperger*, Dr. Richard, o. Professor,
Schleifweg 55, 91080 Uttenreuth,
(0 91 31) 5 99 16, Fax (0 91 31) 53 33 04,
E-Mail Bartlsperger.richard@t-online.de

21. *Battis*, Dr. Dr. h.c. Ulrich, Professor,
Beiersdorfer Weg 42, 12589 Berlin-Rahnsdorf,
(0 30) 6 48 19 47;
Humboldt-Universität zu Berlin, Lehrstuhl für Staats-
und Verwaltungsrecht sowie Verwaltungswissenschaften,
Unter den Linden 6, 10099 Berlin,
(0 30) 20 93-35 33, Fax (0 30) 20 93-36 89,
E-Mail sekretariat.battis@rewi.hu-berlin.de

22. *Bauer*, Dr. Hartmut, Professor,
Am Hegereiter 13, 01156 Cossebaude,
(03 51) 4 52 16 03;
Lehrstuhl für Europäisches und Deutsches Verfassungsrecht,
Verwaltungsrecht, Sozialrecht und Öffentliches Wirtschaftsrecht,
Universität Potsdam,
August-Bebel-Straße 89, 14482 Potsdam,
(03 31) 9 77-32 64/ -34 16, Fax (03 31) 9 77-33 10,
E-Mail hbauer@rz.uni-potsdam.de

23. *Baumeister*, Dr. Peter, Professor,
Langebrücker Str. 24, 68809 Neulußheim,
(0 62 05) 39 78 17;
SRH Hochschule Heidelberg,
Ludwig-Guttmann-Str. 6, 69123 Heidelberg,
(0 62 21) 88 22 60, Fax (0 62 21) 88 34 82,
E-Mail peter.baumeister@fh-heidelberg.de;
Schlatter Rechtsanwälte,
Kurfürsten-Anlage 59, 69115 Heidelberg,
(0 62 21) 98 12 17, Fax (0 62 21) 18 24 75,
E-Mail p.baumeister@kanzlei-schlatter.de

24. *Baumgartner*, Dr., Gerhard, a.o. Univ.-Prof.,
Brückengasse 4/19, A-1060 Wien;
Bundesministerium für Finanzen,
Hintere Zollamtsstr. 2b, A-1030 Wien,
(00 43) 15 14 33 50 00 21,
E-Mail gerhard.baumgartner@sbg.ac.at

25. *Bausback*, Dr. Winfried, Professor,
Im Neurod 8, 63741 Aschaffenburg,
(0 60 21) 45 66 06, Fax (0 60 21) 45 66 07;
Lehrstuhl für Öffentliches Recht,
insbesondere Europäisches und Internationales Wirtschaftsrecht,
Fachbereich B der Bergischen Universität Wuppertal,
Gaußstraße 20, 42097 Wuppertal,
(02 02) 4 39 22 81, Fax (02 02) 4 39 38 37,
E-Mail bausback@wiwi.uni-wuppertal.de

26. *Bayer*, Dr. Hermann-Wilfried, Professor,
Henkenbergstr. 45a, 44797 Bochum,
(02 34) 79 17 44;
Universität Bochum, 44780 Bochum,
(02 34) 32-2 57 24

27. *Beaucamp*, Dr. Guy, Professor,
Nordstr. 21, 18107 Elmenhorst,
(03 81) 7 68 69 50;
Department Public Management,
Fakultät Wirtschaft und Soziales,
HAW Hamburg,
Berliner Tor 5, 20099 Hamburg,
E-Mail AnkeBeauc@aol.com

28. *Becker*, Dr. Florian, LL.M.(Cambridge), Professor,
Tentenbrook 75, 24229 Dänischenhagen;
Universität Kiel, Olshausenstr. 75, Gebäude II,
(Postanschrift: Olshausenstr. 40), 24098 Kiel,
(04 31) 8 80-53 78 oder (04 31) 8 80-15 04, Fax (04 31) 8 80-53 74,
E-Mail f.becker@law.uni-kiel.de

29. *Becker*, Dr. Joachim, Privatdozent,
Kreuznacher Str. 6, 14197 Berlin,
(0 30) 8 22 40 12;
Humboldt-Universität zu Berlin, Juristische Fakultät,
Unter den Linden 6, 10099 Berlin,
(0 30) 20 93 33 83,
E-Mail Joachim.Becker@rewi.hu-berlin.de

30. *Becker*, Dr. Jürgen, o. Professor,
Kellerstr. 7, 81667 München;
Stellvertretender Vorsitzender des Vorstands
und Chefsyndikus der GEMA,
Rosenheimer Straße 11, 81667 München,
(0 89) 4 80 03-00, Fax (0 89) 4 80 03-6 20
E-Mail jbecker@gema.de

31. *Becker*, Dr. Ulrich, LL.M. (EHI), Professor,
Pfarrsiedlungsstr. 9, 93161 Sinzing,
(0 94 04) 34 78;
Max-Planck-Institut für ausländisches und internationales
Sozialrecht,
Amalienstr. 33, 80799 München,
(0 89) 3 86 02-5 11, Fax (0 89) 3 86 02-5 90,
E-Mail Becker@mpisoc.mpg.de

32. *Berchtold*, Dr. Klaus, Universitätsprofessor,
Bräunerstr. 4–6/22, A-1010 Wien,
(00 43) 1 53 14 34

33. *Berg*, Dr. Wilfried, o. Professor,
Waldsteinring 25, 95448 Bayreuth,
(09 21) 9 90 08 14;
Universität Bayreuth, 95440 Bayreuth,
(09 21) 55 28 76, Fax (09 21) 55 84 28 75 oder 55 29 85,
E-Mail sabine.winkler@uni-bayreuth.de

34. *Berka*, Dr. Walter, o. Universitätsprofessor,
Birkenweg 2, A-5400 Hallein,
(00 43) 66 24 57 67 58;
Institut für Verfassungs- und Verwaltungsrecht
der Universität Salzburg,
Kapitelgasse 5–7, A-5020 Salzburg,
(00 43) 6 62-80 44 36 21, Fax (00 43) 6 62-80 44 36 29,
E-Mail Walter.Berka@sbg.ac.at

35. *Bernhardt*, Dr. Dr. h.c. Rudolf, o. Professor,
Gustav-Kirchhoff-Str. 2a, 69120 Heidelberg,
(0 62 21) 41 36 99;
MPI für ausländisches öffentliches Recht und Völkerrecht,
Im Neuenheimer Feld 535, 69120 Heidelberg,
(0 62 21) 48 22 53,
E-Mail rbernhar@mpil.de

36. *Bethge*, Dr. Herbert, o. Professor,
Am Seidenhof 8, 94034 Passau,
(08 51) 4 16 97, Fax (08 51) 4 90 18 97,
E-Mail H.I.Bethge@t-online.de

37. *Beyerlin*, Dr. Ulrich, apl. Professor,
Luisenstr. 7, 69151 Neckargmünd;
MPI für ausländisches öffentliches Recht und Völkerrecht,
Im Neuenheimer Feld 535, 69120 Heidelberg,
(0 62 21) 48 22 30,
E-Mail ubeyerli@mpil.de

38. *Biaggini*, Dr. Giovanni, o. Professor,
Kantstraße 12, CH-8044 Zürich,
(00 41) 44 251 11 58;
Lehrstuhl für Staats-, Verwaltungs- und Europarecht,
Rechtswissenschaftliches Institut, Freiestrasse 15, CH-8032 Zürich,
(00 41) 4 46 34-30 11 oder -36 68, Fax (00 41) 4 46 34-43 89,
E-Mail lst.biaggini@rwi.unizh.ch

39. *Bieber*, Dr. Uwe Roland, o. Professor,
19, rue de la Fonderie, F-67400 Illkirch/Strasbourg,
(00 33) 3 88 67 02 29;
Université de Lausanne, Faculté de Droit - CDCE BFSH 1,
CH-1015 Lausanne-Dorigny,
(00 41) 21-6 92 27 90, Fax (00 41) 21-6 92 27 85,
E-Mail Roland.Bieber@unil.ch

40. *Biehler*, Dr. Gernot, M.A., LL.M. (Cantab.), Privatdozent,
Lecturer in Law,
Trinity College 39, Dublin 2, Irland,
(00 35) 31 6 08 12 01,
E-Mail biehlerg@tcd.ie

41. *Binder*, Dr. Bruno, Universitätsprofessor,
Wischerstr. 30, A-4040 Linz,
(00 43) 7 32-71 77 72-0, Fax (00 43) 7 32-71 77 72-4;
Universität Linz,
Altenbergerstr. 69, A-4020 Linz,
(00 43) 73 22 46 80, Fax (00 43) 7 32-24 68 10,
E-Mail vwrecht@jku.at

42. *Birk*, Dr. Dieter, o. Professor,
Borkumweg 43, 48159 Münster,
(02 51) 21 84 78, Fax (02 51) 21 84 76;
Universität Münster,
48143 Münster,
(02 51) 8 32 27 95, Fax (02 51) 8 32 83 86,
E-Mail Birk@uni-muenster.de

43. *Blanke*, Dr. Hermann-Josef, Universitätsprofessor,
Lehrstuhl für Öffentliches Recht, Völkerrecht
und Europäische Integration, Universität Erfurt,
Nordhäuser Straße 63, 99089 Erfurt,
(03 61) 7 37-47 51, (03 61) 7 37-47 00 (Sekr.), Fax (03 61) 7 37-47 09,
E-Mail LS_Staatsrecht@uni-erfurt.de

44. *Blankenagel*, Dr. Alexander, Professor,
Türksteinstraße 10, 14167 Berlin,
(0 30) 8 54 95 82;
Humboldt-Universität zu Berlin, Juristische Fakultät,
Unter den Linden 6, 10099 Berlin,
(0 30) 20 93-33 81, Fax (0 30) 20 93-33 45,
E-Mail blankenagel@rewi.hu-berlin.de

45. *Blümel*, Dr. Willi, Universitätsprofessor,
Angelhofweg 65, 69259 Wilhelmsfeld, (0 62 20) 18 80;
Deutsche Hochschule für Verwaltungswissenschaften Speyer,
67324 Speyer,
(0 62 32) 6 54-3 62 oder -3 60, Fax (0 62 32) 9 10-2 08 oder 9 10-2 90

46. *Bock*, Dr. Wolfgang, Privatdozent,
Am Ebelfeld 10, 60488 Frankfurt am Main,
(0 69) 76 57 17;
Landgericht Frankfurt am Main,
(0 69) 1367-2642,
E-Mail wolfgang.bock@lg-frankfurt.justiz.hessen.de

47. *Böckenförde*, Dr. iur. Dr. phil. Dr. h.c. Ernst-Wolfgang, o. Professor,
Türkheimstr. 1, 79280 Au bei Freiburg,
(07 61) 40 56 23;
Albert-Ludwigs-Universität Freiburg,
79098 Freiburg,
(07 61) 2 03 22 63 oder -22 62

48. *Bogdandy*, Dr. Armin v., M.A., Professor,
Mühltalstr. 117, 69121 Heidelberg,
(0 62 21) 58 94 33;
Max-Planck-Institut für ausländisches öffentliches Recht
und Völkerrecht,
Im Neuenheimer Feld 535, 69120 Heidelberg,
(0 62 21) 48 26 02, Fax (0 62 21) 48 26 03,
E-Mail sekreavb@mpil.de

49. *Bogs*, Dr. Harald, o. Professor,
Dresdenerstr. 7, 37120 Bovenden,
(05 51) 8 15 95, Fax (05 51) 8 35 98;
Universität Göttingen,
Platz der Göttinger Sieben 6, 37073 Göttingen,
(05 51) 39 73 92, Fax (05 51) 39 48 72,
E-Mail h.bogs@jura.uni-goettingen.de

50. *Böhm*, Dr. Monika, Professorin,
Lerchenweg 7, 65719 Hofheim/Ts.,
(0 61 92) 2 48 29, Fax (0 61 92) 2 48 14;
Philipps-Universität Marburg, Institut für Öffentliches Recht,
Savignyhaus, Raum 404,
Universitätsstraße 6, 35032 Marburg/Lahn,
(0 64 21) 2 82-38 08 oder -38 08, Fax (0 64 21) 2 82-89 82,
E-Mail Monika.Boehm@staff.uni-marburg.de

51. *Bohne*, Dr. Eberhard, M.A., Professor,
Conrad-Hist-Straße 35, 67346 Speyer,
(0 62 32) 7 37 04, Fax (0 62 32) 6 01 08 71;
Deutsche Hochschule für Verwaltungswissenschaften Speyer,
Freiherr-vom-Stein-Straße 2, 67346 Speyer,
(0 62 32) 6 54-3 26, Fax (0 62 32) 6 54-4 16,
E-Mail bohne@dhv-speyer.de

52. *Borowski*, Dr. Martin, Privatdozent, Senior Lecturer,
68 High Point, Richmond Hill Road,
Edgbaston Birmingham B15 3RS, United Kingdom;
University of Birmingham, School of Law,
Edgbaston Birmingham B15 2TT, United Kingdom,
(00 44) 12 14 14 32 33, Fax (00 44) 12 14 14 35 85,
E-Mail m.borowski@bham.ac.uk

53. *Bothe*, Dr. Michael, Universitätsprofessor,
Theodor-Heuss-Str. 6, 64625 Bensheim,
(0 62 51) 43 45;
Universität Frankfurt am Main, Juridicum Zimmer 916,
Senckenberganlage 31, 60054 Frankfurt am Main,
(0 69) 7 9 82 22 64,
E-Mail bothe-bensheim@t-online.de

54. *Brandner*, Dr. Thilo, Privatdozent,
Fritz-Reuter-Str. 13, 10827 Berlin,
(0 30) 78 70 42 44, Fax (0 30) 78 70 42 45;
Humboldt-Universität zu Berlin,
Unter den Linden 9–11, 10099 Berlin,
(0 30) 20 93-33 41,
E-Mail thilo.brandner@rz.hu-berlin.de

55. *Brandt*, Dr. Edmund, Professor,
Technische Universität Clausthal-Zellerfeld,
Adolph-Roemer-Straße 2 A, 38678 Clausthal-Zellerfeld,
(0 53 23) 72-30 18,
E-Mail edmund.brandt@tu-clausthal.de

56. *Breitenmoser*, Dr. Stephan, Professor,
Ordinarius für Europarecht,
Juristische Fakultät der Universität Basel,
Peter Merian-Weg 8, Postfach, CH-4002 Basel,
(00 41) 6 12 67 25 51, Fax (00 41) 6 12 67 25 79,
E-Mail stephan.breitenmoser@unibas.ch

57. *Brenner*, Dr. Michael, Professor,
Adlerstraße 29, 73550 Waldstetten,
(0 71 71) 99 67 42 Fax (0 71 71) 99 68 65;
Lehrstuhl für Deutsches und Europäisches Verfassungs- und Verwaltungsrecht, Universität Jena,
Carl-Zeiss-Str. 3, 07743 Jena,
(0 36 41) 94 22 40 oder -41, Fax (0 36 41) 94 22 42,
E-Mail Prof.Brenner@t-online.de

58. *Breuer*, Dr. Rüdiger, Professor,
Buschstr. 56, 53113 Bonn,
(02 28) 21 79 72, Fax (02 28) 22 48 32;
Köhler & Klett Rechtsanwälte, Köln,
(02 21) 42 07-2 91, Fax (02 21) 42 07-2 55,
E-Mail breuer.ruediger@arcor.de

59. *Brinktrine*, Dr. Ralf, Privatdozent,
Windmühlenweg 11, 04683 Naunhof, (03 42 93) 3 30 75;
Juristenfakultät Universität Leipzig,
Burgstraße 27, 04109 Leipzig,
(03 41) 97 351 32,
E-Mail rbrink@rz.uni-leipzig.de

60. *Britz*, Dr. Gabriele, Professorin,
Lenaustr. 77, 60318 Frankfurt am Main;
Professur für Öffentliches Recht und Europarecht,
Justus-Liebig-Universität Gießen,
Hein-Heckroth-Straße 5, 35390 Gießen,
(06 41) 9 92 10 70 Fax (06 41) 9 92 10 79,
E-Mail Gabriele.Britz@recht.uni-giessen.de

61. *Brohm*, Dr. Winfried, o. Professor,
Wydenmööslistr. 11, CH-8280 Kreuzlingen,
(00 41) 71-6 88 15 25;
Universität Konstanz,
Postfach 5560 D 100, 78434 Konstanz,
(0 75 31) 88 21 69 oder -21 76

62. *Bröhmer*, Dr. Jürgen, Associate Professor,
11 Kennedy Street, 2350 Armidale,
(00 61) 2-67 72-46 47;
University of New England – School of Law,
2351 Armidale, NSW, Australien,
(00 61) 2-67 73-27 01, Fax (00 61) 2-67 73-36 02,
E-Mail jurgen.brohmer@une.edu.au

63. *Brugger*, Dr. Winfried, LL.M., Universitätsprofessor,
Vorsitzender der Deutschen Sektion der Internationalen Vereinigung für Rechts- und Sozialphilosophie (IVR),
Blumenstr. 16, 69115 Heidelberg,
(0 62 21) 16 13 19;
Universität Heidelberg,
Friedrich-Ebert-Anlage 6–10, 69117 Heidelberg,
(0 62 21) 54 74 62, Fax (0 62 21) 54 74 63,
E-Mail Bruggerw@jurs.uni-heidelberg.de

64. *Brühl-Moser*, Dr. Denise, Privatdozentin,
Unt. Batterieweg 167, CH-4059 Basel,
(00 41) 7 65 58 10 42,
E-Mail d.bruehl-moser@unibas.ch

65. *Brüning*, Dr. Christoph, Professor,
Bornstraße 10, 44575 Castrop-Rauxel,
(0 23 05) 4 21 46;
Universität Kiel,
Olshausenstr. 75, 24118 Kiel,
(04 31) 8 80-45 40 oder -15 05, Fax (04 31) 8 80-45 82,
E-Mail cbruening@law.uni-kiel.de

66. *Brünneck*, Dr. Alexander v., Professor,
Blumenhagenstr. 5, 30167 Hannover,
(05 11) 71 69 11;
Europa-Universität Viadrina, 15207 Frankfurt (Oder),
Postfach 17 86,
(03 35) 55 34-22 64 oder -22 95, Fax (03 35) 55 34-24 18,
E-Mail raue@euv-frankfurt-o.de

67. *Bryde*, Dr. Brun-Otto, o. Professor,
Richter des Bundesverfassungsgerichts,
Schlossbezirk 3, 76131 Karlsruhe;
Universität Gießen,
Hein-Heckroth-Str. 5, 35390 Gießen,
(0 64 1) 99-2 10 60/61, Fax (06 41) 99-2 10 69,
E-Mail Brun.O.Bryde@recht.uni-giessen.de

68. *Bull*, Dr. Hans Peter, o. Professor,
Falckweg 16, 22605 Hamburg,
(0 40) 8 80 56 52;
E-Mail HP-Bull@t-online.de

69. *Bullinger*, Dr. Dr. h.c. (Université de Dijon), Martin,
o. Professor,
Altschlößleweg 4, 79280 Au bei Freiburg,
(07 61) 40 23 89;
Universität Freiburg,
79085 Freiburg,
(07 61) 2 03 22 48 oder -47,
E-Mail martin.bullinger@jura.uni-freiburg.de

70. *Bultmann*, Dr. Peter Friedrich, Privatdozent,
Am Pankepark 51, 10115 Berlin,
(0 30) 44 05 64 43;
Humboldt-Universität zu Berlin,
Unter den Linden 6, 10099 Berlin,
E-Mail piet.bultmann@rz.hu-berlin.de

71. *Bumke*, Dr. Christian, Professor,
Gotenstraße 78, 10829 Berlin,
(0 30) 7 82 67 87;
Bucerius Law School,
Jungiusstraße 6, 20355 Hamburg,
(0 40) 3 07 06-2 37, Fax (0 40) 3 07 06-2 59,
E-Mail christian.bumke@law-school.de

72. *Bungenberg*, Dr. Marc, LL.M. (Lausanne), Privatdozent,
Pirmasenser Str. 3, 30559 Hannover,
(05 11) 5 19 95 38 oder (01 77) 4 34 97 22;
Friedrich-Schiller-Universität Jena,
Lehrstuhl für Öffentliches Recht, Europarecht,
Völkerrecht und Internationales Wirtschaftsrecht,
Carl-Zeiss-Str. 3, 07743 Jena,
(0 36 41) 94 22 60, Fax (0 36 41) 94 22 62,
E-Mail marc.bungenberg@gmx.de

73. *Burgi*, Dr. Martin, Professor,
Bernhard-Poether-Str. 59, 48165 Münster,
(0 25 01) 92 88 93;
Lehrstuhl für Öffentliches Recht,
Wirtschaftsverfassungs- und Wirtschaftsverwaltungsrecht,
Ruhr-Universität Bochum, 44780 Bochum,
(02 34) 3 22 52 75, Fax (02 34) 3 21 42 82,
E-Mail Martin.Burgi@jura.ruhr-uni-bochum.de

74. *Burkert,* Dr. Herbert, Professor,
Uferstr. 31, 50996 Köln-Rodenkirchen,
(00 49) 2 21 39 77 00, Fax (00 49) 2 21 39 77 11;
MCM-HSG, Universität St. Gallen,
Müller-Friedberg-Str. 8, CH-9000 St. Gallen,
(00 41) 71-2 22 48 75, Fax (00 41) 71-2 22 48 75,
E-Mail herbert.burkert@unisg.ch

75. *Bußjäger,* Dr. Peter, Privatdozent,
Institut für Föderalismus,
Maria-Theresien-Straße 38b, A-6020 Innsbruck,
(00 43) 5 12-57 45 94, Fax (00 43) 5 12-57 45 94-4

76. *Butzer,* Dr. iur. Hermann, Professor,
Orffstr. 3 C, 30989 Gehrden,
(0 51 08) 91 22 85, Fax (0 51 08) 6 07 63 68;
Leibniz-Universität Hannover, Lehrstuhl für Öffentliches Recht,
insbesondere Recht der staatlichen Transfersysteme,
Königsworther Platz 1, 30167 Hannover,
(05 11) 7 62 81 69, Fax (05 11) 7 62 82 03,
E-Mail butzer@jura.uni-hannover.de

77. *Calliess,* Dr. Christian, LL.M. Eur., M.A.E.S. (Brügge), Professor,
(01 75) 2 05 75 22;
Freie Universität Berlin,
Lehrstuhl für Öffentliches Recht und Europarecht,
Van't-Hoff-Str. 8, 14195 Berlin,
(0 30) 83 8-5 14 56, Fax (0 30) 83 8-5 30 12,
E-Mail europarecht@fu-berlin.de

78. *Cancik,* Dr. Pascale, Professorin,
Martinistr. 33, 49080 Osnabrück, (05 41) 9 70-19 77;
Universität Osnabrück, Fachbereich Rechtswissenschaften,
Martinistraße 8, 49069 Osnabrück,
(05 41) 9 69-60 44, (05 41) 9 69-61 68 (Sekr.),
E-Mail pcancik@uni-osnabrueck.de

79. *Caspar,* Dr. Johannes, Privatdozent,
Tronjeweg 16, 22559 Hamburg,
(0 40) 81 96 11 95, Fax (0 40) 81 96 11 21;
Universität Hamburg, Fachbereich Rechtswissenschaft,
Edmund-Siemers-Allee 1, Flügel West, 20146 Hamburg,
(0 40) 4 28 38-57 60, Fax (0 40) 4 28 38-62 80,
E-Mail Johannes.Caspar@Landtag.ltsh.de

80. *Classen*, Dr. Claus Dieter, Professor,
Olchinger Str. 57g, 82178 Puchheim,
(0 89) 89 41 88 00, Fax (0 89) 89 41 88 01;
Ernst-Moritz-Arndt-Universität Greifswald,
17487 Greifswald,
(0 38 34) 86 21 21 oder 21 24, Fax (0 38 34) 86 20 02,
E-Mail Classen@uni-greifswald.de

81. *Coelln*, Dr. Christian von, Professor,
Prinz-Georg-Str. 104, 40479 Düsseldorf,
(02 11) 4 74 54 04,
E-Mail coelln@web.de;
Universität zu Köln, Institut für Deutsches und
Europäisches Wissenschaftsrecht,
Albert-Magnus-Platz, 50923 Köln,
(02 21) 4 70-40 66, Fax (02 21) 4 70-29 48,
E-Mail cvcoelln@uni-koeln.de

82. *Cornils*, Dr. Matthias, Privatdozent,
Buschstraße 53, 53113 Bonn,
(02 28) 6 984 85;
Rheinische Friedrich-Wilhelms-Universität Bonn,
Institut für Öffentliches Recht – Abt. Staatsrecht,
Adenauerallee 42–44, 53113 Bonn,
(02 28) 73 55 74, Fax (02 28) 73 61 69,
E-Mail m.cornils@uni-bonn.de

83. *Cremer*, Dr. Hans-Joachim, Universitätsprofessor,
Steinritzstr. 21, 60437 Frankfurt am Main;
Universität Mannheim, Fakultät für Rechtswissenschaft,
Schloß, Westflügel, 68131 Mannheim,
(06 21) 1 81-14 28, -14 29 (Sekr.), Fax (06 21) 1 81-14 30,
E-Mail Hjcremer@rumms.uni-mannheim.de

84. *Cremer*, Dr. Wolfram, Professor,
Schellstraße 13, 44789 Bochum;
Ruhr-Universität Bochum,
Lehrstuhl für Öffentliches Recht und Europarecht,
GC 8/160,
44780 Bochum,
(02 34) 32-2 28 18, Fax (02 34) 32-1 42 81,
E-Mail wolfram.cremer@rub.de

85. *Czybulka*, Dr. Detlef, Universitätsprofessor,
Bergstraße 24–25, 18107 Elmenhorst,
(03 81) 7 95 39 44, Fax (03 81) 7 95 39 45;
Universität Rostock,
Lehrstuhl für Staats- und Verwaltungsrecht, Umweltrecht
und Öffentliches Wirtschaftsrecht,
Universitätsplatz 1, 18051 Rostock;
(03 81) 4 98-82 50, Fax (03 81) 4 98-82 52,
E-Mail detlef.czybulka@uni-rostock.de

86. *Dagtoglou*, Dr. Prodromos, Professor,
Hippokratous 33, GR-Athen 144,
(00 30) 13 22 11 90;
dienstl.: (00 30) 13 62 90 65

87. *Danwitz*, Dr. Thomas v., Professor,
Richter am Gerichtshof der Europäischen Gemeinschaften,
Klinkenbergsweg 1, 53332 Bornheim,
(0 22 27) 90 91 04, Fax (0 22 27) 90 91 05;
Institut für Öffentliches Recht und Verwaltungslehre,
Lehrstuhl für Öffentliches Recht und Europarecht,
Wirtschaftsverfassungs- und Wirtschaftsverwaltungsrecht,
(02 21) 4 70-52 80, Fax (02 21) 4 70-51 26,
E-Mail Thomas.vonDanwitz@uni-koeln.de,
Sekretariat: Elke.Huebner@uni-koeln.de;
Gerichtshof der Europäischen Gemeinschaften,
L-2925 Luxemburg,
(0 03 52) 43 03 – 22 30, Fax (0 03 52) 43 03 – 20 71,
E-Mail thomas.vondanwitz@curia.europa.eu

88. *Davy*, Dr. Benjamin, Universitätsprofessor,
Korte Geitke 5, 44227 Dortmund,
(02 31) 77 99 94;
Technische Universität Dortmund, Fakultät Raumplanung,
Lehrstuhl für Bodenpolitik, Bodenmanagement und
kommunales Vermessungswesen,
August-Schmidt-Str. 10, 44221 Dortmund,
(02 31) 7 55 22 28, Fax (02 31) 7 55 48 86,
E-Mail benjamin.davy@udo.edu

89. *Davy,* Dr. Ulrike, Universitätsprofessorin,
Korte Geitke 5, 44227 Dortmund,
(02 31) 77 99 94 oder 7 94 99 79;
Lehrstuhl für öffentliches Recht, deutsches und internationales Sozialrecht und Rechtsvergleichung,
Universität Bielefeld,
Postfach 10 01 31, 33501 Bielefeld,
(05 21) 1 06 44 00 oder 68 93 (Sekr.), Fax (05 21) 1 06 80 83,
E-Mail udavy@uni-bielefeld.de

90. *Dederer,* Dr. Hans-Georg, Privatdozent,
Karthäuserstraße 5, 53129 Bonn,
(02 28) 4 79 75 95;
Lehrstuhl für Staats- und Verwaltungrecht,
europäisches und internationales Wirtschaftsrecht,
Juristische Fakultät, Universität Passau,
Innenstraße 40, 94032 Passau,
(08 51) 5 09-23 40, Fax (08 51) 5 09-23 42,
E-Mail Hans-Georg.Dederer@Uni-Passau.de

91. *De Wall,* Dr. Heinrich, Professor,
Schronfeld 108, 91054 Erlangen,
(0 91 31) 97 15 45;
Hans-Liermann-Institut für Kirchenrecht der
Friedrich-Alexander-Universität Erlangen-Nürnberg,
Hindenburgstraße 34, 91054 Erlangen,
(0 91 31) 85-2 22 42, Fax (0 91 31) 85-2 40 64,
E-Mail hli@jura.uni-erlangen.de

92. *Degenhart,* Dr. Christoph, Universitätsprofessor,
Stormstr. 3, 90461 Nürnberg,
(09 11) 59 24 62, Fax (09 11) 59 24 62;
Juristenfakultät, Universität Leipzig,
Otto-Schill-Str. 2, 04109 Leipzig,
(03 41) 97-3 51 91, Fax (03 41) 97-3 51 99,
E-Mail degen@rz.uni-leipzig.de

93. *Delbanco,* Dr. Heike, Privatdozentin,
Großbeerenstraße 83 A, 28211 Bremen,
(04 21) 2 43 63 81, Fax (04 21) 3 30 49 40;
Ärztekammer Bremen,
Schwachhauser Heerstraße 30, 28209 Bremen,
(04 21) 34 04-2 00, Fax (04 21) 34 04-2 09,
E-Mail delbanco@t-online.de

94. *Delbrück*, Jost, Dr. Dr. rer. pol. h.c., LL.D. h.c., Professor em.,
Schoolredder 20, 24161 Altenholz, (04 31) 32 39 95;
Universität Kiel, 24098 Kiel,
(04 31) 8 80 21 88, Fax (04 31) 8 80 16 19,
E-Mail jdelbrueck@web.de

95. *Denninger*, Dr. Dr. h.c. Erhard, Professor em.,
Am Wiesenhof 1, 61462 Königstein, (0 61 73) 7 89 88;
Universität Frankfurt, Institut für Öffentliches Recht,
Senckenberganlage 31, 60325 Frankfurt am Main,
E-Mail Denninger@jur.uni-frankfurt.de

96. *Depenheuer*, Dr. Otto, Professor,
Joachimstraße 4, 53113 Bonn,
(0 22 8) 92 89 43 63, Fax (02 28) 92 89 43 64;
Universität zu Köln, Seminar für Staatsphilosophie
und Rechtspolitik,
Albertus-Magnus-Platz, 50923 Köln,
(02 21) 4 70 22 30, Fax (02 21) 4 70 50 10,
E-Mail Depenheuer@uni-koeln.de

97. *Determann*, Dr. Lothar, Privatdozent,
1275 California Street, USA-San Francisco, CA 94109,
E-Mail lothar.determann@bakernet.com;
Freie Universität Berlin,
Ehrenbergstr. 17, 14195 Berlin

98. *Detterbeck*, Dr. Steffen, o. Professor,
Stettiner Str. 60, 35274 Kirchhain, (0 64 22) 45 31;
Institut für Öffentliches Recht, Universität Marburg,
Savignyhaus, Raum 407,
Universitätsstr. 6, 35032 Marburg,
(0 64 21) 2 82 31 23, Fax (0 64 21) 2 82 32 09,
E-Mail brechta@staff.uni-marburg.de

99. *Di Fabio*, Dr. Dr. Udo, Professor,
Richter des Bundesverfassungsgerichts,
Schloßbezirk 3, 76131 Karlsruhe,
(07 21) 91 01-0, Fax (07 21) 91 01-3 82;
Institut für Öffentliches Recht, Abt. Staatsrecht,
Rheinische Friedrich Wilhelms-Universität,
Adenauerallee 44, 53113 Bonn,
(02 28) 73 55-73, Fax (02 28) 73 79 35,
E-Mail difabio@uni-bonn.de

100. *Dietlein*, Dr. Johannes, Professor,
Heinrich-Heine-Universität, Lehrstuhl für Öffentliches Recht und Verwaltungslehre, Zentrum für Informationsrecht,
Universitätsstr. 1, 40225 Düsseldorf,
(02 11) 81-1 14 20, Fax (02 11) 81-1 14 55,
E-Mail dietlein@uni-duesseldorf.de

101. *Diggelmann*, Dr. Oliver, Professor,
Widmerstrasse 62, CH-8038 Zürich,
(00 41) 4 44 82 56 35;
Professur für Völkerrecht, Öffentliches Recht und Rechtsphilosophie,
Andrassy Universität Budapest,
Pollack Mihaly Ter 3, 1088 Budapest,
(00 36) 12 66 44 08-1 52,
E-Mail oliver.diggelmann@bluemail.ch

102. *Dittmann*, Dr. Armin, o. Professor,
Karl-Brennenstuhl-Str. 11, 72074 Tübingen,
(0 70 71) 8 24 56;
Universität Hohenheim – Schloß,
Postfach 70 05 62, 70593 Stuttgart,
(07 11) 4 59-27 91, Fax (07 11) 4 59-34 82,
E-Mail adittman@uni-hohenheim.de

103. *Doehring*, Dr. Dres. h.c. Karl, o. Professor,
Mühltalstr. 117/3, 69121 Heidelberg,
(0 62 21) 40 98 80, Universität (0 62 21) 54 74 46;
MPI für ausländisches öffentliches Recht und Völkerrecht,
Im Neuenheimer Feld 535, 69120 Heidelberg,
(0 62 21) 4 82-2 64 Fax (0 62 21)-48-26 77

104. *Dolderer*, Dr. Michael, Privatdozent,
Erwinstr. 48, 79102 Freiburg, (07 61) 7 81 06;
Landessozialgericht Baden-Württemberg,
Hauffstraße 5, 70190 Stuttgart,
(07 11) 9 21-20 72 oder 921-2066, Fax (07 11) 9 21 20 00

105. *Dolzer*, Dr. Dr. Rudolf, Professor,
Am Pferchelhang 4/1, 69118 Heidelberg,
(0 62 21) 80 33 44;
Rechts- und Staatswissenschaftliche Fakultät,
Universität Bonn, Adenauerallee 24–42, 53113 Bonn,
(02 28) 73 91 72, Fax (02 28) 73 91 71,
E-Mail rdolzer@jura.uni-bonn.de

106. *Dörr*, Dr. Dieter, Professor,
Am Stadtwald 6, 66123 Saarbrücken;
Lehrstuhl für Öffentliches Recht, Völker- und
Europarecht, Medienrecht, Universität Mainz, 55099 Mainz,
(0 61 31) 3 92 26 81 oder 392 30 44, Fax (0 61 31) 3 92 56 97,
E-Mail Doerr@mail.jura.uni-mainz.de;
Direktor des Mainzer Medieninstituts (MMI):
Mainzer Medieninstitut e.V.,
Kaiserstr. 32, 55116 Mainz,
(0 61 31) 1 44 92 50, Fax (0 61 31) 1 44 92 60,
E-Mail Doerr@mainzer-medieninstitut.de

107. *Dörr*, Dr. Oliver, LL.M. (London), Professor,
Bergstr. 14, 14532 Stahnsdorf,
(0 33 29) 61 36 91, Fax (0 33 29) 6 154 69;
Universität Osnabrück, Fachbereich Rechtswissenschaft,
European Legal Studies Institute, 49069 Osnabrück,
(05 41) 9 69 60 50 oder -60 51, Fax (05 41) 9 69 60 49,
E-Mail odoerr@uos.de

108. *Dreier*, Dr. Horst, o. Professor,
Bismarckstr. 13, 21465 Reinbek,
(0 40) 7 22 58 34;
Lehrstuhl für Rechtsphilosophie, Staats- und Verwaltungsrecht,
Universität Würzburg,
Domerschulstraße 16, 97070 Würzburg,
(09 31) 31- 23 21, Fax (09 31) 31- 29 11,
E-Mail dreier@mail.uni-wuerzburg.de

109. *Dreier*, Dr. Ralf, o. Professor,
Wilhelm-Weber-Str. 4, 37073 Göttingen,
(05 51) 5 91 14;
Universität Göttingen, 37073 Göttingen,
(05 51) 39 73 84

110. *Drüen*, Dr. Klaus-Dieter, Professor,
Beguinenstraße 75 b, 47228 Duisburg-Rheinhausen,
(0 20 65) 2 57 91 42;
Heinrich-Heine-Universität Düsseldorf,
Lehrstuhl für Unternehmenssteuerrecht,
Universitätsstraße 1, 40225 Düsseldorf,
(02 11) 81-1 58 68, Fax (02 11) 81-1 58 70,
E-Mail klaus-dieter.drueen@uni-duesseldorf.de

111. *Durner*, Dr. jur., Dr. phil. Wolfgang, LL.M. (London), Professor,
Viktoriaplatz 1, 53173 Bonn-Bad Godesberg;
Rheinische Friedrich-Wilhelms-Universität Bonn,
Rechts- und Staatswissenschaftliche Fakultät,
Adenauerallee 44, 53113 Bonn,
(02 28) 73 91 51, Fax (02 28) 73 55 82,
E-Mail durner@uni-bonn.de

112. *Eberle*, Dr. Carl-Eugen, Professor,
Justitiar des ZDF,
Kapellenstr. 68a, 65193 Wiesbaden,
(06 11) 52 04 68;
ZDF, 55100 Mainz,
(0 61 31) 70-41 00, Fax (0 61 31) 70 54 52,
E-Mail Eberle.ce@zdf.de

113. *Ebsen*, Dr. Ingwer, Professor,
Alfred-Mumbächer-Str. 19, 55128 Mainz,
(0 61 31) 33 10 20;
FB Rechtswissenschaft,
Universität Frankfurt,
Postfach 11 19 32, 60054 Frankfurt am Main,
(0 69) 79 82 27 03,
E-Mail Ebsen@jur.uni-frankfurt.de

114. *Eckhoff*, Dr. Rolf, Professor,
Bornwiesweg 37, 65388 Schlangenbad-Georgenborn,
(0 61 29) 48 93 70, Fax (0 61 29) 48 93 72;
Lehrstuhl für Öffentliches Recht, insbesondere Finanz- und Steuerrecht,
Universitätsstr. 31, 93040 Regensburg,
(09 41) 9 43 26 56/57, Fax (09 41) 9 43 19 74,
E-Mail Rolf.Eckhoff@jura.uni-regensburg.de

115. *Ehlers*, Dr. Dirk, Professor,
Am Mühlenbach 14, 48308 Senden,
(0 25 97) 84 15,
E-Mail ehlersd@uni-muenster.de;
Institut für öffentliches Wirtschaftsrecht,
Westfälische Wilhelms-Universität Münster,
Universitätsstr. 14–16, 48143 Münster,
(02 51) 83-2 27 01, Fax (02 51) 83-2 83 15,
E-Mail wivwr@uni-muenster.de

116. *Ehmke*, Dr. Horst, o. Professor,
Am Römerlager 4, 53117 Bonn

117. *Ehrenzeller*, Dr. Bernhard, o. Professor,
Kirchlistraße 36a, CH-9010 St. Gallen;
Institut für Rechtswissenschaft und Rechtspraxis (IRP-HSG),
Bodanstr. 4, CH-9000 St. Gallen,
(00 41) 71-2 24 24 40 oder -46, Fax (00 41) 71-2 24 24 41,
E-Mail Bernhard.Ehrenzeller@unisg.ch

118. *Eifert*, Dr. Martin, Professor,
Beethovenstr. 57, 53115 Bonn;
Justus-Liebig-Universität Gießen,
Professur für Öffentliches Recht II,
Hein-Heckroth-Straße 5, 35390 Gießen,
(06 41) 9 92 10 90, Fax (06 41) 9 92 10 99,
E-Mail martin.eifert@recht.uni-giessen.de

119. *Ekardt*, Dr. Felix, LL.M., M.A., Professor,
Könneritzstraße 41, 04229 Leipzig;
Forschungsstelle für Europäisches Umweltrecht &
Bremer Institut für transnationales Verfassungsrecht,
Universität Bremen,
Universitätsallee GW I, 28359 Bremen,
(04 21) 2 18-21 36 oder -31 70 oder -21 33, Fax (04 21) 2 18-93 16,
E-Mail fekardt@uni-bremen.de

120. *Elicker*, Dr. Michael, Privatdozent,
Dunzweiler Straße 6, 66564 Ottweiler,
(0 68 58) 69 98 53, Fax (0 68 58) 69 98 53;
Universität des Saarlandes,
Lehrstuhl für Staats- und Verwaltungsrecht,
Wirtschafts-, Finanz- u. Steuerrecht,
Im Stadtwald, 66123 Saarbrücken,
(06 81) 3 02-21 04, Fax (06 81) 3 02-47 79,
E-Mail m.elicker@gmx.de

121. *Emmerich-Fritsche*, Dr. Angelika, Professorin,
Hornschuchpromenade 17, 90762 Fürth, (09 11) 70 66 60;
c/o Frau Else Hirschmann,
Sekretariat des Lehrstuhls für Öffentliches Recht, WiSO,
Lange Gasse 20, 90403 Nürnberg,
(09 11) 5 30 23 11,
E-Mail Else.Hirschmann@wiso.uni-erlangen.de

122. *Enders*, Dr. Christoph, Universitätsprofessor,
Prellerstraße 1A, 04155 Leipzig,
(03 41) 5 64 33 71, Fax (03 41) 5 64 33 72;
Universität Leipzig, Juristenfakultät,
Otto-Schill-Str. 2, 04109 Leipzig,
(03 41) 97 35-3 51, Fax (03 41) 97 35-3 59,
E-Mail skenders@rz.uni-leipzig.de

123. *Engel*, Dr. Christoph, Professor,
Königsplatz 25, 53173 Bonn,
(02 28) 9 56 34 49, Fax (02 28) 9 56 39 44;
Max-Planck-Institut zur Erforschung von Gemeinschaftsgütern,
Kurt-Schumacher-Straße 10, 53113 Bonn,
(02 28) 9 14 16-10, Fax (02 28) 9 14 16-11,
E-Mail engel@coll.mpg.de

124. *Englisch,* Dr. Joachim, Professor,
Weilerhof, 50321 Brühl,
(0 22 32) 92 89 50,
E-Mail joachim.englisch@uni-koeln.de;
Lehrstuhl für Steuerrecht, Finanzrecht und Öffentliches Recht,
Universitätsstr. 24, 86159 Augsburg,
(08 21) 5 98-45 40, Fax (08 21) 5 98-45 41,
E-Mail joachim.englisch@jura.uni-augsburg.de

125. *Ennuschat*, Dr. Jörg, Professor,
Elberfelder Str. 23, 58452 Witten,
(0 23 02) 39 00 28;
Lehrstuhl für Öffentliches Recht und Europarecht,
Universität Konstanz,
Universitätsstraße 10, 78464 Konstanz,
(0 75 31) 88-36 54, Fax (0 75 31) 88-21 94,
E-Mail lehrstuhl.ennuschat@uni-konstanz.de

126. *Epiney*, Dr. Astrid, Professorin,
Avenue du Moléson 18, CH-1700 Fribourg,
(00 41) 26-3 23 42 24;
Universität Fribourg i.Ue./CH,
Lehrstuhl für Europa-, Völker- und Öffentliches Recht,
Av. de Beauregard 11, CH-1700 Fribourg,
(00 41) 26-3 00 80 90, Fax (00 41) 26-3 00 97 76,
E-Mail Astrid.Epiney@unifr.ch

127. *Epping*, Dr. Volker, Professor,
Neddernwanne 38, 30989 Gehrden,
(0 51 08) 91 26 97, Fax (0 51 08) 91 26 98;
Universität Hannover, Fachbereich Rechtswissenschaft,
Königsworther Platz 1, 30167 Hannover,
(05 11) 7 62 82 48/49, Fax (05 11) 7 62 82 52,
E-Mail epping@jura.uni-hannover.de

128. *Erbel*, Dr. Günter, Professor,
Burbacher Str. 10, 53129 Bonn;
Universität Bonn,
Adenauerallee 24–42, 53113 Bonn,
(02 28) 73 55 83

129. *Erbguth*, Dr. Wilfried, Professor,
Friedrich-Franz-Str. 38, 18119 Rostock-Warnemünde,
(03 81) 5 48 67 09, Fax (03 81) 5 48 67 15;
Universität Rostock, Juristische Fakultät,
Richard-Wagner-Str. 31 (Haus 1),
18119 Rostock-Warnemünde,
(03 81) 4 98 82 11, Fax (03 81) 4 98 82 12,
E-Mail Wilfried.Erbguth@jurfak.uni-rostock.de

130. *Erichsen*, Dr. Hans-Uwe, o. Professor,
Falkenhorst 17, 48155 Münster, (02 51) 3 13 12;
Kommunalwissenschaftliches Institut, Universität Münster,
Universitätsstr. 14–16, 48143 Münster,
(02 51) 83 27 41,
E-Mail erichse@uni-muenster.de

131. *Faber*, Dr. Angela, Professorin,
Am Dörnchesweg 42, 50259 Pulheim,
(0 22 34) 6 43 70, Fax (0 22 34) 80 29 93,
E-Mail faber@fair-relations.de;
Hauptreferentin beim Deutschen Städtetag,
Lindenallee 13–17, 50968 Köln,
(02 21) 37 71-1 72, Fax (02 21) 37 71-2 00,
E-Mail angela.faber@staedtetag.de

132. *Faber*, Dr. Heiko, Professor,
Wunstorfer Str. 1, 30989 Gehrden, (0 51 08) 22 34;
Universität Hannover,
Königsworther Platz 1, 30167 Hannover, (05 11) 7 62-82 06,
E-Mail faber@jura.uni-hannover.de

133. *Faßbender*, Dr. Bardo, LL.M. (Yale), Universitätsprofessor,
Institut für Öffentliches Recht und Völkerrecht,
Universität der Bundeswehr München,
Werner-Heisenberg-Weg 39, 85577 Neubiberg,
(0 89) 60 04-42 62,
E-Mail fassbender@unibw.de

134. *Faßbender*, Dr. Kurt, Privatdozent,
Guardinistr. 37, 53229 Bonn, (02 28) 1 84 14 10;
Universität Bonn,
Adenauerallee 44, 53113 Bonn,
(02 28) 73 59 19, Fax (02 28) 73 55 82,
E-Mail k.fassbender@jura.uni-bonn.de

135. *Fastenrath*, Dr. Ulrich, Professor,
Liliensteinstraße 4, 01277 Dresden, (03 51) 2 54 05 36;
Juristische Fakultät der TU Dresden,
Bergstr. 53, 01069 Dresden,
(03 51) 46 33-73 33, Fax (03 51) 46 33-72 13,
E-Mail quaas@jura.tu-dresden.de

136. *Fechner*, Dr. Frank, Professor,
Fischersand 57, 99084 Erfurt, (03 61) 6 44 56 96;
TU Ilmenau, Institut für Rechtswissenschaft,
Postfach 100 565, 98684 Ilmenau,
(0 36 77) 69-40 22,
E-Mail Frank.Fechner@tu-ilmenau.de

137. *Fehling*, Dr. Michael, LL.M. (Berkeley), Professor,
Farmsener Landstr. 39 B, 22359 Hamburg,
(0 40) 60 95 14 65,
E-Mail michael_fehling@hotmail.com;
Bucerius Law School, Hochschule für Rechtswissenschaft,
Jungiusstraße 6, 20355 Hamburg, Postfach 30 10 30,
(0 40) 3 07 06-2 31, Fax (0 40) 3 07 06-2 35,
E-Mail michael.fehling@law-school.de

138. *Feik*, Dr. Rudolf, a.o. Univ.-Prof.,
Hans Sperl Straße 7, A-5020 Salzburg,
(00 43) 6 76 73 04 33 74;
Universität Salzburg, Fachbereich Öffentliches Recht,
Kapitelgasse 5–7, A-5020 Salzburg,
(00 43) 6 62 80 44 36 03, Fax (00 43) 6 62 80 44 36 29,
E-Mail rudolf.feik@sbg.ac.at

139. *Felix*, Dr. Dagmar, Professorin,
An den Fischteichen 47, 21227 Bendestorf,
(0 41 83) 50 06 67, Fax (0 41 83) 50 07 29;
Universität Hamburg, Öffentliches Recht und Sozialrecht,
Fakultät für Rechtswissenschaft,
Edmund-Siemers-Allee 1, 20146 Hamburg,
(0 40) 4 28 38-26 65,
Fax (0 40) 4 28 38-29 30,
E-Mail dagmar.felix@jura.uni-hamburg.de

140. *Fiedler*, Dr. Wilfried, o. Professor,
Am Löbel 2, 66125 Saarbrücken-Dudweiler,
(0 68 97) 76 64 01;
Forschungsstelle Internationaler Kulturgüterschutz,
Universität des Saarlandes, Gebäude 16,
Postfach 15 11 50, 66041 Saarbrücken,
(06 81) 3 02-32 00,
Fax (06 81) 3 02-43 30,
E-Mail w.fiedler@mx.uni-saarland.de

141. *Fink*, Dr. Udo, Univ.-Professor,
Johannes-Gutenberg-Universität Mainz,
Fachbereich Rechts- und Wirtschaftswissenschaften,
55099 Mainz,
(0 61 31) 3 92 23 84,
E-Mail pfink@uni-mainz.de

142. *Fisahn*, Dr. Andreas, Professor,
Grüner Weg 83, 32130 Enger;
Universität Bielefeld, Fakultät für Rechtswissenschaft,
Postfach 10 01 31, 33501 Bielefeld,
(05 21) 1 06-43 84,
E-Mail andreas.fisahn@uni-bielefeld.de

143. *Fischer*, Dr. Kristian, Privatdozent,
Deidesheimer Str. 52, 68309 Mannheim,
(06 21) 73 82 45;
Lehrstuhl für Öffentliches Recht und Steuerrecht,
Universität Mannheim, Schloss, Westflügel,
68131 Mannheim,
(06 21) 1 81-14 35,
Fax (06 21) 1 81-14 37,
E-Mail kfischer@jura.uni-mannheim.de

144. *Fischer-Lescano,* Dr. Andreas, LL.M. (EUI, Florenz), Professor, Reederstr. 15, 28203 Bremen, (04 21) 7 90 33 66; Professur für Öffentliches Recht, Europarecht und Völkerrecht, Universität Bremen, Zentrum für Europäische Rechtspolitik (ZERP), Universitätsallee GW 1, 28359 Bremen, (04 21) 2 18 32 13, Fax (04 21) 2 18 34 03, E-Mail fischer-lescano@zerp.uni-bremen.de

145. *Fleiner,* Dr. Dr. h.c. Thomas, o. Professor, rte. Beaumont 9, CH-1700 Fribourg, (00 41) 26-4 24 66 94, Fax (00 41) 26-4 24 66 89; Institut für Föderalismus, Universität Fribourg, Route d' Englisberg 7, CH-1763 Granges-Paccot, (00 41) 26-3 00 81 25 oder -28, Fax (00 41) 26-3 00 97 24, E-Mail Thomas.Fleiner@unifr.ch

146. *Folz,* Dr. Hans-Ernst, Professor, Bispinger Weg 11, 30625 Hannover, (05 11) 57 57 19 oder 56 28 92; Universität Hannover, Völker- und Europarecht, Königsworther Platz 1, 30167 Hannover, (05 11) 7 62-82 48 oder -82 49, Fax (05 11) 7 62-82 52

147. *Folz,* Dr. Hans-Peter, Privatdozent, Christoph von Schmid-Straße 11, 86159 Augsburg, (08 21) 5 89 41 83; Juristische Fakultät, Universität Augsburg, Universitätsstraße 24, 86159 Augsburg, (08 21) 5 98 45 73, Fax (08 21) 5 98 45 72, E-Mail Hans-Peter.Folz@jura.uni-augsburg.de

148. *Frank,* Dr. Dr. h.c. Götz, Professor, Cäcilienplatz 4, 26122 Oldenburg, (04 41) 7 56 89; Carl von Ossietzky Universität Oldenburg, Juristisches Seminar, Öffentliches Wirtschaftsrecht, 26111 Oldenburg, Paketanschrift: Ammerländer Heerstraße 114–118, 26129 Oldenburg, (04 41) 7 98-41 43, Fax (04 41) 7 98-41 51, E-Mail Goetz.Frank@uni-oldenburg.de

149. *Frankenberg*, Dr. Dr. Günter, Professor,
Buchrainweg 17, 63069 Offenbach;
Institut für Öffentliches Recht, Johann-Wolfgang-Goethe-Universität Frankfurt,
Senckenberganlage 31, 60054 Frankfurt am Main,
(0 69) 79 82 29 91, Fax (0 69) 79 82 83 83,
E-Mail Frankenberg@jur.uni-frankfurt.de

150. *Franzius*, Dr. Claudio, Privatdozent,
Sybelstr, 61, 10629 Berlin,
(0 30) 88 55 44 89, Fax (0 30) 88 55 48 29,
E-Mail claudio.franzius@rz.hu-berlin.de;
Humboldt-Universität Berlin, Juristische Fakultät,
Unter den Linden 6, 10099 Berlin;
Universität Frankfurt am Main, Institut für Öffentliches Recht,
Senckenberganlage 31, 60325 Frankfurt am Main,
(0 69) 79 82 29 17, Fax (0 69) 79 82 25 62,
E-Mail Franzius@jur.uni-frankfurt.de

151. *Friauf*, Dr. Karl Heinrich, o. Professor,
Eichenhainallee 17, 51427 Bergisch-Gladbach,
(0 22 04) 6 19 84;
Universität Köln, 50923 Köln

152. *Fromont*, Dr. Dr. h.c. mult. Michel, Professor,
12, Boulevard de Port Royal, F-75005 Paris,
(00 33) 1 45 35 73 71,
E-Mail Fromont.michel@wanadoo.fr

153. *Frotscher*, Dr. Werner, Professor,
Habichtstalgasse 32, 35037 Marburg/Lahn,
(0 64 21) 3 29 61;
Universität Marburg,
Universitätsstr. 6, 35032 Marburg/Lahn,
(0 64 21) 28-2 31 22/1 26 (Sekr.), Fax (0 64 21) 2 82-38 40,
E-Mail Frotsche@staff.uni-marburg.de

154. *Frowein*, Dr. Dr. h.c. Jochen Abr., o. Professor,
Blumenthalstr. 53, 69120 Heidelberg,
(0 62 21) 47 46 82, Fax (0 62 21) 41 39 71;
MPI für ausländisches öffentliches Recht und Völkerrecht,
Im Neuenheimer Feld 535, 69120 Heidelberg,
(0 62 21) 4 82-2 58, Fax (0 62 21) 4 82-6 77,
E-Mail jfrowein@mpil.de

155. *Führ*, Dr. Martin, Professor,
Rostockerstr. 17, 63303 Dreieich/Sprendlingen,
(0 61 03) 93 66 17, Fax (0 61 03) 93 66 19;
Fachhochschule Darmstadt,
Haardtring 100, 64295 Darmstadt,
E-Mail fuehr@sofia-darmstadt.de

156. *Funk*, Dr. Bernd-Christian, o. Professor,
Franz Grassler Gasse 23, A-1230 Wien,
(00 43) 18 89 29 35, Fax (00 43) 18 89 29 35;
Institut für Staats- und Verwaltungsrecht, Universität Wien,
Juridicum, Schottenbastei 10–16, A-1010 Wien;
Institut für Universitätsrecht und Universitätsmanagement,
Johannes Kepler Universität Linz,
Altenbergerstr. 69, A-4040 Linz,
(00 43) 7 32-24 68-93 36, Fax (00 43) 7 32-24 68 93 99,
E-Mail bernd-christian.funk@univie.ac.at

157. *Gächter*, Dr. Thomas, Professor,
Ausserdorferstr. 12g, CH-8052 Zürich, (00 41) 13 63 37 24;
Universität Zürich,
Treichlerstr. 10, CH-8032 Zürich,
(00 41) 4 46 34 30 62,
E-Mail thomas.gaechter@rwi.unizh.ch

158. *Gaitanides*, Dr. Charlotte, LL.M. (Barcelona), Privatdozentin,
22041 Hamburg,
(0 40) 68 28 48 77;
Helmut-Schmidt-Universität, Universität der Bundeswehr Hamburg,
Institut für Öffentliches Recht,
Holstenhofweg 85, 22043 Hamburg,
(0 40) 65 41-29 40,
E-Mail charlotte.gaitanides@hsu-hh.de

159. *Gallent*, DDr. Kurt, Universitätsprofessor,
Obersenatsrat i.R.,
Pestalozzistr. 1/III, A-8010 Graz,
(00 43) 3 16-84 76 22

160. *Gallwas*, Dr. Hans-Ulrich, Professor,
Hans-Leipelt-Str. 16, 80805 München, (0 89) 3 22 83 66;
Universität München,
Professor-Huber-Platz 2, 80539 München,
(0 89) 21 80-32 62

161. *Gamper*, Dr. Anna, Univ.-Prof.,
Universität Innsbruck, Institut für Öffentliches Recht,
Staats- und Verwaltungslehre,
Innrain 52d, A-6020 Innsbruck,
(00 43) 51 25 07-82 24, Fax (00 43) 51 25 07-28 28,
E-Mail Anna.Gamper@uibk.ac.at

162. *Gassner*, Dr. Ulrich M., Mag.rer.publ., M.Jur. (Oxon), Professor,
Scharnitzer Weg 9, 86163 Augsburg,
(08 21) 6 32 50,
E-Mail ugassner@web.de;
Universität Augsburg,
Universitätsstr. 2, 86135 Augsburg,
(08 21) 5 98-45 46, Fax (08 21) 5 98-45 47,
E-Mail Ulrich.Gassner@jura.uni-augsburg.de

163. *Geis*, Dr. Max-Emanuel, o. Professor,
Valentin-Rathgeber-Str. 1, 96049 Bamberg,
(09 51) 51 93-3 05 oder -3 06, Fax (09 51) 51 93-3 08;
Friedrich-Alexander-Universität Erlangen,
Institut für Staats- und Verwaltungsrecht,
Schillerstr. 1, 91054 Erlangen,
(0 91 31) 8 52 28 18, Fax (0 91 31) 8 52 63 82,
E-Mail max-emanuel.geis@jura.uni-erlangen.de

164. *Gellermann*, Dr. Martin, apl. Professor,
Schlesierstraße 14, 49492 Westerkappeln,
(0 54 04) 20 47, Fax (0 54 04) 91 94 75;
Universität Osnabrück, Fachbereich Rechtswissenschaften,
49069 Osnabrück,
(0 54 04) 91 96 95,
E-Mail M.Gellermann@t-online.de

165. *Germann*, Dr. Michael, Professor,
Rathenauplatz 13, 06114 Halle,
(03 45) 5 23 89 32;
Martin-Luther-Universität Halle-Wittenberg,
Lehrstuhl für Öffentliches Recht,
Staatskirchenrecht und Kirchenrecht,
Universitätsplatz 5, 06108 Halle,
(03 45) 55-2 32 20, Fax (03 45) 55-2 76 74,
E-Mail Germann@jura.uni-halle.de

166. *Gersdorf*, Dr. Hubertus, Professor,
Alte Leipziger Str. 10, 10117 Berlin,
(0 30) 20 61 96 61,
Fax (0 30) 20 61 96 62;
Universität Rostock, Juristische Fakultät,
Gerd Bucerius-Stiftungsprofessur,
Richard-Wagner-Straße 7, 18055 Rostock,
(03 81) 2 03 60 76, Fax (03 81) 2 03 60 75,
E-Mail Hubertus.Gersdorf@uni-rostock.de

167. *Giegerich*, Dr. Thomas, Professor, LL.M. (University of Virginia),
Birkenweg 90, 24211 Preetz;
Walther-Schücking-Institut für Internationales Recht,
Universität Kiel,
Westring 400, 24098 Kiel,
(04 31) 8 80-21 89 (-17 33 [Sekr.]),
E-Mail tgiegerich@internat-recht.uni-kiel.de

168. *Goerlich*, Dr. Helmut, Professor,
Universität Leipzig,
Institut für Staats- und Verwaltungsrecht,
Burgstr. 27, 04109 Leipzig,
(03 41) 97-3 51 71, Fax (03 41) 97-3 51 79,
E-Mail helmut.goerlich@gmx.de

169. *Gornig*, Dr. Dr. h c. Gilbert, Professor,
Pfarracker 4, 35043 Marburg-Bauerbach,
(0 64 21) 16 35 66, Fax (0 64 21) 16 37 66;
Institut für Öffentliches Recht, Universität Marburg,
Universitätsstr. 6, 35032 Marburg,
(0 64 21) 28-31 31 oder 28-31 27,
Fax (0 64 21) 28-38 53,
E-Mail Gornig@voelkerrecht.com

170. *Görisch*, Dr. Christoph, Privatdozent,
Martin-Niemöller-Str. 61,
48159 Münster;
Westfälische Wilhelms-Universität,
Institut für Öffentliches Recht und Politik,
Wilmergasse 28, 48143 Münster,
(02 51) 83-2 18 61, Fax (02 51) 5 10 49-19
E-Mail gorisch@uni-muenster.de

171. *Götz*, Dr. Volkmar, o. Professor,
Geismarlandstr. 17a, 37083 Göttingen,
(05 51) 4 31 19;
Universität Göttingen,
Abt. Europarecht des Instituts für Völkerrecht,
Platz der Göttinger Sieben 5, 37073 Göttingen,
(05 51) 39-47 61, Fax (05 51) 39-21 96,
E-Mail europa@uni-goettingen.de

172. *Grabenwarter*, Dr. Dr. Christoph, Universitätsprofessor,
Institut für Österreichisches und Europäisches Öffentliches Recht,
Wirtschaftsuniversität Wien,
Althanstr. 39–45, A-1090 Wien,
(00 43) 13 13 36-44 23, Fax (00 43) 13 13 36-92 05;
Mitglied des Verfassungsgerichtshofs,
Verfassungsgerichtshof,
Judenplatz 11, A-1010 Wien,
(00 43) 15 31 22,
E-Mail sekretariat.grabenwarter@uni-wien.ac.at

173. *Gramlich*, Dr. Ludwig, Professor,
Justus-Liebig-Str. 38 A, 64839 Münster;
Fakultät für Wirtschaftswissenschaften, TU Chemnitz-Zwickau,
Postfach 9 64, 09009 Chemnitz,
(03 71) 5 31 41 64, -65, Fax (03 71) 5 31 39 61,
E-Mail l.gramlich@wirtschaft.tu-chemnitz.de

174. *Gramm*, Dr. Christof, Privatdozent, MinRat,
Wilhelmstraße 10, 53604 Bad Honnef,
(0 22 24) 48 34;
Bundesministerium der Verteidigung,
Postfach 1328, 53003 Bonn,
(02 28) 12-93 70,
E-Mail ChristofGramm@bmvg.bund.de

175. *Graser*, Dr. Alexander, Professor,
Brennereistraße 66, 85662 Hohenbrunn,
(0 81 02) 77 88 55;
Hertie School of Governance, Schlossplatz 1, 10178 Berlin,
(0 30) 2 12 31 23 14, Fax (0 30) 2 12 31 28 88,
E-Mail graser@hertie-school.org

176. *Grawert*, Dr. Dr. h.c. Rolf, o. Professor,
Aloysiusstrasse 28, 44795 Bochum,
(02 34) 47 36 92, Fax (02 34) 5 16 91 36;
Ruhr-Universität Bochum, Juristische Fakultät,
Universitätsstrasse 150, GC 8/59, 44721 Bochum,
(02 34) 32 22 52 65, Fax (02 34) 3 21 42 36,
E-Mail Rolf.Grawert@ruhr-uni-bochum.de

177. *Grewlich*, Dr. Dr. Klaus W., LL.M. (Berkeley), Professor,
Botschafter der Bundesrepublik Deutschland,
Republik Kyrgyzstan (Privatpost: Diplo-Kurier
an Botschaft Bischkek, 11020 Berlin),
E-Mail kwgr@gmx.de;
Rechts- und Staatswissenschaftliche Fakultät und
Zentrum für Europäische Integrationsforschung,
Universität Bonn,
Colmantstraße 43, 53115 Bonn,
E-Mail l@bisc.diplo.de

178. *Grigoleit*, Dr. Klaus Joachim, Privatdozent,
Westfälische Straße 38, 10711 Berlin, (0 30) 89 50 40 05,
E-Mail k.j.grigoleit@gmx.de;
Humboldt-Universität zu Berlin, Juristische Fakultät,
Unter den Linden 6, 10099 Berlin, (0 30) 20 93-35 27,
E-Mail klaus.joachim.grigoleit@rewi.hu-berlin.de

179. *Griller*, Dr. Stefan, Universitätsprofessor,
Hungerbergstr. 11–13, A-1190 Wien, (00 43) 1 32 24 05;
Europainstitut, Wirtschaftsuniversität Wien,
Althanstr. 39–45, A-1090 Wien,
(00 43) 13 13 36-41 35 oder 41 36, Fax (00 43) 13 13 36-7 58,
E-Mail Stefan.Griller@wu-wien.ac.at

180. *Grimm*, Dr. Dr. Dieter, o. Professor (em.),
Bayerische Straße 5, 10707 Berlin,
(0 30) 88 72 57 99, Fax (0 30) 88 72 58 99;
Humboldt-Universität zu Berlin, Juristische Fakultät,
Unter den Linden 6, 10099 Berlin,
(0 30) 20 93-35 66 (Büro);
Wissenschaftskolleg zu Berlin, Institute for Advanced Study,
Wallotstr. 19, 14193 Berlin,
(0 30) 8 90 01-0 (Zentrale),
(0 30) 8 90 01-1 24, Fax (0 30) 8 90 01-1 00,
E-Mail grimm@wiko-berlin.de

181. *Gröpl*, Dr. Christoph, Professor,
Lehrstuhl für Staats- und Verwaltungsrecht,
Universität des Saarlandes,
Postfach 15 11 50, 66041 Saarbrücken,
(06 81) 3 02-32 00,
Fax (06 81) 3 02-43 30,
E-Mail Groepl@mx.uni-saarland.de

182. *Gröschner*, Dr. Rolf, o. Professor,
Stormstr. 39, 90491 Nürnberg,
(09 11) 59 14 08;
Rechtswissenschaftliche Fakultät, Universität Jena,
Carl-Zeiss-Straße 3, 07743 Jena,
(0 36 41) 94 22 20 oder -21,
Fax (0 36 41) 94 22 22,
E-Mail r.groeschner@recht.uni-jena.de

183. *Groh*, Dr. Kathrin, Privatdozentin,
Rohrteichstr. 44, 33602 Bielefeld,
(05 21) 5 60 04 45;
Universität Bielefeld, Fakultät für Rechtswissenschaft,
Universitätsstr. 25, 33615 Bielefeld,
(05 21) 1 06-43 97,
Fax (05 21) 1 06-15 43 97,
E-Mail kathgroh@gmx.de

184. *Gromitsaris*, Dr. Athanasios, Privatdozent,
E-Mail gromitsaris@hotmail.com;
Friedrich-Schiller-Universität,
Rechtswissenschaftliche Fakultät,
Carl-Zeiss-Str. 3, 07737 Jena,
(0 36 41) 94 22 30,
E-Mail R.Ullrich@recht.uni-jena.de

185. *Groß*, Dr. Thomas, Professor,
Martinistr. 33, 49080 Osnabrück,
(05 41) 9 70 19 79;
Justus-Liebig-Universität, Fachbereich Rechtswissenschaft,
Licher Straße 64, 35394 Gießen,
(06 41) 99-2 11 20 /-21,
Fax (06 41) 99-2 11 29,
E-Mail Thomas.Gross@recht.uni-giessen.de

186. *Grote*, Dr. Rainer, LL.M. (Edinburgh), Privatdozent,
Im Sand 3A, 69115 Heidelberg,
(0 62 21) 16 43 46, Fax (0 62 21) 91 47 35;
Max-Planck-Institut für ausländisches öffentliches Recht und Völkerrecht,
Im Neuenheimer Feld 535, 69120 Heidelberg,
(0 62 21) 48 22 44, Fax (0 62 21) 48 22 88,
E-Mail rgrote@mpil.de

187. *Grupp*, Dr. Klaus, Universitätsprofessor,
Stephanieufer 5, 68163 Mannheim,
(06 21) 82 21 97, Fax (06 21) 82 21 97;
Universität des Saarlandes,
Rechts- und Wirtschaftswissenschaftliche Fakultät,
Abteilung Rechtswissenschaft,
Postfach 15 11 50, 66041 Saarbrücken,
(06 81) 3 02-48 53, Fax (06 81) 3 02-39 49,
E-Mail k.grupp@mx.uni-saarland.de

188. *Grzeszick*, Dr. Bernd, LL.M. (Cambridge), Professor,
Henkestraße 74–76, 91052 Erlangen,
(0 91 31) 1 23 28 14,
E-Mail Grzeszick@web.de;
Friedrich-Alexander-Universität Erlangen-Nürnberg,
Institut für Rechtsphilosophie und Allgemeine Staatslehre,
Schillerstraße 1, 91054 Erlangen,
(0 91 31) 8 52 22 60/-59, Fax (0 91 31) 8 52 69 50,
E-Mail Bernd.Grzeszick@jura.uni-erlangen.de

189. *Guckelberger*, Dr. Annette, Professorin,
Lehrstuhl für Öffentliches Recht,
Rechts- und Wirtschaftswissenschaftliche Fakultät,
Universität des Saarlandes,
Postfach 15 11 50, 66041 Saarbrücken,
(06 81) 3 02-5 74 01,
E-Mail a.guckelberger@mx.uni-saarland.de

190. *Gundel*, Dr. Jörg, Professor,
Lehrstuhl für Öffentliches Recht, Völker- und Europarecht,
Universität Bayreuth, 95440 Bayreuth,
(09 21) 55-29 43,
E-Mail joerg.gundel@uni-bayreuth.de

191. *Gurlit*, Dr. Elke, Universitätsprofessorin,
Rüdesheimer Straße 18, 65197 Wiesbaden,
(06 11) 37 51 52 oder (01 79) 5 92 22 15;
Fachbereich Rechts- und Wirtschaftswissenschaft,
Johannes Gutenberg-Universität Mainz,
Jakob-Welder-Weg, 55099 Mainz,
(0 61 31) 392 31 14, Fax (0 61 31) 3 92 40 59,
E-Mail gurlit@uni-mainz.de

192. *Gusy*, Dr. Christoph, Professor,
Wendischhof 14, 33619 Bielefeld,
(05 21) 9 67 79 67;
Universität Bielefeld, Fakultät für Rechtswissenschaft,
Universitätsstr. 25, 33615 Bielefeld,
(05 21) 1 06 43 97, Fax (05 21) 1 06 80 61,
E-Mail christoph.gusy@uni-bielefeld.de

193. *Haack*, Dr. Stefan, Privatdozent,
Universität Leipzig,
Lehrstuhl für Staats- und Verwaltungsrecht,
Wirtschafts-, Umwelt- und Planungsrecht (Prof. Dr. C. Degenhart),
Postfach 100920, 04009 Leipzig,
(03 41) 9 73 51 92, Fax (03 41) 9 73 51 99,
E-Mail StefanHaack@web.de

194. *Häberle*, Dr. Dr. h.c. mult. Peter, o. Professor,
Forschungsstelle für Europäisches Verfassungsrecht,
Universität Bayreuth,
Universitätsstraße 30, Postfach, 95440 Bayreuth,
(09 21) 55 70 88, Fax (09 21) 55 70 99,
E-Mail Peter.Haeberle@uni-bayreuth.de

195. *Häde*, Dr. Ulrich, Universitätsprofessor,
Lennéstraße 15, 15234 Frankfurt (Oder),
(03 35) 6 85 74 38;
Europa-Universität Viadrina, Lehrstuhl für Öffentliches Recht,
insb. Verwaltungsrecht, Finanzrecht und Währungsrecht,
Postfach 17 86, 15207 Frankfurt/Oder,
Hausanschrift: Große Scharrnstr. 59, 15230 Frankfurt (Oder),
(03 35) 55 34-26 70, Fax (03 35) 55 34-25 25,
E-Mail haede@euv-frankfurt-o.de

196. *Haedrich*, Dr. Martina, Professorin,
Im Ritzetal 20, 07749 Jena,
(0 36 41) 44 85 25, Fax (0 36 41) 44 44 14;
Rechtswissenschaftliche Fakultät,
Friedrich-Schiller-Universität,
Carl-Zeiss-Straße 3, 07743 Jena,
(0 36 41) 94 22 15, Fax (0 36 41) 94 20 02,
E-Mail m.haederich@recht.uni-jena.de

197. *Hafner*, Dr. Felix, Professor,
Hirzbrunnenschanze 67, CH-4058 Basel, (00 41) 61-6 91 40 64;
Universität Basel, Lehrstuhl für Öffentliches Recht,
Peter Merian-Weg 8, Postfach, 4002 Basel,
(00 41) 6 12 67 25 64, Fax (00 41) 6 12 67 07 95,
E-Mail Felix.Hafner@unibas.ch

198. *Hahn*, Dr. Dr. h.c. Hugo J., LL.M. (Harvard), o. Professor,
Frankenstr. 63, 97078 Würzburg,
(09 31) 28 42 86;
Universität Würzburg,
(09 31) 31 23 10, Fax (09 31) 31 23 17

199. *Hailbronner*, Dr. Kay, o. Professor,
Toggenbühl, CH-8269 Fruthwilen,
(00 41) 71-6 64 19 46, Fax (00 41) 71-6 64 16 26;
Universität Konstanz,
(0 75 31) 88 22 47,
E-Mail migration@uni-konstanz.de

200. *Hain*, Dr. Karl-E., Professor,
Herrenstr. 10, 57627 Hachenburg, (0 26 62) 94 20 64;
Universität zu Köln,
Institut für Medienrecht und Kommunikationsrecht,
Lehrstuhl für Öffentliches Recht und Medienrecht,
Aachener Str. 197–199, 50931 Köln,
(02 21) 2 85 56-1 12, Fax (02 21) 2 85 56-1 22,
E-Mail haink@uni-koeln.de

201. *Haller*, Dr. Herbert, Universitätsprofessor,
Felix-Mottl-Str. 48, Haus 2, A-1190 Wien,
(00 43) 13 42 93 82;
Wirtschaftsuniversität Wien,
(00 43) 13 13 36 46 68,
E-Mail h.haller@vfgh.gv.at

202. *Haller*, Dr. Walter, o. Professor,
Burgstrasse 264, CH-8706 Meilen,
(00 41) 4 49 23 10 14;
Mühlebachstraße 8, CH-8008 Zürich,
(00 41) 4 33 43 96 00,
E-Mail w-haller@bluewin.ch

203. *Haltern*, Dr. Ulrich, LL.M. (Yale), Universitätsprofessor,
Bölschestr. 2, 30173 Hannover, (05 11) 3 57 62 59;
Universität Hannover, Lehrstuhl für deutsches und europäisches
Staats- und Verwaltungsrecht,
Königsworther Platz 1, 30167 Hannover,
(05 11) 7 62 81 86, Fax (05 11) 7 62 81 73,
E-Mail LS.Haltern@jura.uni-hannover.de

204. *Hammer*, Dr. Felix, apl. Prof.,
Gelber Kreidebusen 33/5, 72108 Rottenburg;
Justitiar und Kanzler der Diözese Rottenburg-Stuttgart,
Bischöfliches Ordinariat,
Eugen-Bolz-Platz 1, 72108 Rottenburg,
(0 74 72) 16 93 61 Fax (0 74 72) 16 98 33 61,
E-Mail kanzler@bo.drs.de

205. *Hammer*, Dr. Stefan, Univ.-Doz.,
Anton Frank-Gasse 17, A-1180 Wien,
(00 43) 14 70 59 76;
Universität Wien, Institut für Staats- und Verwaltungsrecht,
Schottenbastei 10–16, A-1010 Wien,
(00 43) 1 42 77-3 54 65, Fax (00 43) 1 42 77-3 54 69,
E-Mail stefan.hammer@univie.ac.at

206. *Hangartner*, Dr. Yvo, o. Professor,
Am Gozenberg 2, CH-9202 Gossau,
(00 41) 71-85 15 11;
Hochschule St. Gallen

207. *Hänni*, Dr. Peter, o. Professor,
Stadtgraben 6, CH-3280 Murten,
(00 41) 26-6 70 58 15;
Lehrstuhl für Staats- und Verwaltungsrecht, Universität Fribourg,
Les Portes de Fribourg, Route d'Englisberg 7,
CH-1763 Granges-Paccot,
(00 41) 26-3 00 81 29, Fax (00 41) 26-3 00 97 24,
E-Mail Peter.Haenni@unifr.ch

208. *Haratsch*, Dr. Andreas, Univ.-Prof.,
Am Alten Weg 11, 55127 Mainz,
(0 61 31) 3 33 38 48;
Lehrstuhl für Deutsches und Europäisches Verfassungs- und Verwaltungsrecht sowie Völkerrecht,
FernUniversität in Hagen,
Universitätsstraße 21, 58084 Hagen,
(0 23 31) 9 87-28 77 oder -43 89, Fax (0 23 31) 9 87-3 24,
E-Mail Andreas.Haratsch@fernuni-hagen.de

209. *Härtel*, Dr. Ines, Privatdozentin,
Schopenhauerweg 2, 37083 Göttingen,
(05 51) 7 70 67 27, Fax (05 51) 7 70 67 27;
Juristische Fakultät der Georg-August-Universität,
Institut für Landwirtschaftsrecht,
Platz der Göttinger Sieben 6, 37073 Göttingen,
(05 51) 39 74 47, Fax (05 51) 3 99 12 68,
E-Mail ines.haertel@jura.uni-goettingen.de

210. *Hase*, Dr. Friedhelm, Professor,
Ewald-Rübsamen-Weg 7, 57076 Siegen,
(02 71) 2 50 65 47;
Universität Siegen, Fachbereich 5, Wirtschaftswissenschaften,
Hölderlinstr. 3, 57068 Siegen,
(02 71) 7 40-32 19 oder 7 40-32 08, Fax (02 71) 7 40-24 77,
E-Mail hase@recht.wiwi.uni-siegen.de

211. *Hatje*, Dr. Armin, Professor,
Universität Hamburg,
Fakultät für Rechtswissenschaft,
Abt. Europäisches Gemeinschaftsrecht,
Schlüterstr. 28, 20146 Hamburg,
(0 40) 4 28 38-30 46, Fax (0 40) 4 28 38-43 67,
E-Mail armin.hatje@jura.uni-hamburg.de

212. *Hebeler*, Dr. Timo, Privatdozent,
Fortweg 7, 35463 Fernwald-Annerod,
(0 15 77) 2 02 94 80;
Justus-Liebig-Universität Gießen,
Fachbereich Rechtswissenschaft,
Licher Straße 64, 35394 Gießen,
(06 41) 9 92 11 24, Fax (06 41) 9 92 11 29,
E-Mail Timo-Hebeler@gmx.de

213. *Heckel*, Dr. iur. Dr. theol. h.c. Martin, o. Universitätsprofessor,
Lieschingstr. 3, 72076 Tübingen,
(0 70 71) 6 14 27

214. *Hecker*, Dr. Jan, LL.M., Privatdozent,
Marienstr. 25, 10117 Berlin,
(0 30) 44 31 76 85, Mobil (01 76) 23 29 28 26;
Bundesministerium des Innern,
Alt-Moabit 101, 10559 Berlin,
(0 18 88) 6 81 19 65,
E-Mail jan.hecker@bmi.bund.de

215. *Heckmann*, Dr. Dirk, Universitätsprofessor,
stv. Mitglied des Bayerischen Verfassungsgerichtshofs,
Schärdinger Straße 11e, 94032 Passau,
(08 51) 75 38 83, Fax (08 51) 4 90 58 20;
Universität Passau, Ordinarius für Internet- und Sicherheitsrecht,
Innstraße 40, 94032 Passau,
(08 51) 5 09-22 90, Fax (08 51) 5 09-22 92,
E-Mail Heckmann@uni-passau.de

216. *Heinig*, Dr. Hans Michael, Professor,
Rochstr. 17, 10178 Berlin, (0 30) 78 08 60 59;
Kirchenrechtliches Institut der EKD,
Goßlerstr. 11, 37073 Göttingen, (05 51) 5 77 11;
Universität Göttingen, Lehrstuhl für Öffentliches Recht,
insb. Kirchen- und Staatskirchenrecht,
Goßlerstr. 11, 37073 Göttingen,
(05 51) 5 77 11, Fax (05 51) 53 01 51
E-Mail ls.heinig@jura.uni-goettingen.de

217. *Heintschel von Heinegg*, Dr. Wolff, Professor,
Europa-Universität Viadrina, Frankfurt (Oder),
Lehrstuhl für Öffentliches Recht,
August-Bebel-Str. 12, 15234 Frankfurt (Oder),
(03 35) 55 34-29 16, Fax (03 35) 55 34-29 15,
E-Mail Heinegg@euv-frankfurt-o.de

218. *Heintzen*, Dr. Markus, Professor,
Freie Universität Berlin, Fachbereich Rechtswissenschaft,
Van't-Hoff-Str. 8, 14195 Berlin,
(0 30) 8 38-5 24 79, Fax (0 30) 8 38-5 21 05,
E-Mail Heintzen@zedat.fu-berlin.de

219. *Heitsch*, Dr. Christian, apl. Professor,
72 Queens Road, Caversham, Reading, Berks., RG4 8DL, U.K.,
(00 44) 11 89 47 49 13,
E-Mail c_heitsch@web.de;
Lecturer in Law, Brunel Law School,
Brunel University West London,
Kingston Lane, Uxbridge, Middlesex UB8 3PH, United Kingdom,
(00 44) 18 95 26 76 50,
E-Mail christian.heitsch@brunel.ac.uk

220. *Hellermann*, Dr. Johannes, Universitätsprofessor,
Hardenbergstr. 12a, 33615 Bielefeld,
(05 21) 16 00 38;
Universität Bielefeld, Fakultät für Rechtswissenschaft,
Universitätsstr. 25, 33615 Bielefeld,
(05 21) 1 06-44 22, Fax (05 21) 1 06-60 48,
E-Mail Johannes.Hellermann@uni-bielefeld.de

221. *Hendler*, Dr. Reinhard, Universitätsprofessor,
Laurentius-Zeller-Str. 12, 54294 Trier,
(06 51) 9 37 29 44;
Universität Trier, Fachbereich Rechtswissenschaft,
Universitätsring 15, 54286 Trier,
(06 51) 2 01-25 56 oder 25 58, Fax (06 51) 2 01-39 03,
E-Mail Hendler@uni-trier.de

222. *Hengstschläger*, Dr. Johann, o. Universitätsprofessor,
Steinfeldgasse 7, A-1190 Wien,
(00 43) 1 32-8 17 27;
Johannes-Kepler-Universität,
Altenbergerstr. 69, A-4040 Linz,
(00 43) 7 32-24 68-4 01, Fax (00 43) 7 32-2 46 43,
E-Mail johannes.hengstschlaeger@jku.at

223. *Hense*, Dr. Ansgar, Privatdozent,
Austraße 5, 53179 Bonn,
(02 28) 4 29 53 72;
Institut für Staatskirchenrecht der Diözesen Deutschlands,
Adenauerallee 19, 53111 Bonn,
(02 28) 26 74-3 61,
E-Mail ansgar.hense@web.de

224. *Herdegen*, Dr. Matthias, Professor,
Friedrich-Wilhelm-Str. 35, 53113 Bonn;
Rechts- und Staatswissenschaftliche Fakultät,
Universität Bonn,
Adenauerallee 44, 53113 Bonn,
(02 28) 73 55 70/-80, Fax (02 28) 73 79 01,
E-Mail Herdegen@uni-bonn.de

225. *Hermes*, Dr. Georg, Professor,
Berliner Str. 14a, 61440 Oberursel,
(0 61 71) 5 08 19 91, Fax (0 61 71) 6 94 75 70;
Universität Frankfurt, Fachbereich Rechtswissenschaft,
Postfach 11 19 31, 60054 Frankfurt am Main,
(0 69) 7 98-2 38 63, Fax (0 69) 7 98-2 87 50,
E-Mail G.Hermes@jur.uni-frankfurt.de

226. *Herrmann*, Dr. Günter, Professor,
Wankweg 13, 87642 Buching/Allgäu,
(0 83 68) 16 96;
Universität München,
Professor-Huber-Platz 2, 80539 München

227. *Herzog*, Dr. Roman, Professor, Bundespräsident a.D.,
Postfach 86 04 45, 81631 München

228. *Heselhaus*, Dr. Sebastian, Professor, M.A.,
Kehlhofweg 10, CH-6043 Adligenswil, Schweiz,
(00 41) 4 13 70 25 00;
Universität Luzern, Rechtswissenschaftliche Fakultät,
Lehrstuhl für Europarecht, Völkerrecht und Öffentliches Recht,
Hofstr. 9, Postfach 7464, CH-6000 Luzern 7, Schweiz,
(00 41) 4 12 28 74 11, Fax (00 41) 4 12 28 74 31
E-Mail sebastian.heselhaus@unilu.ch

229. *Heun*, Dr. Werner, Professor,
Bürgerstraße 5, 37073 Göttingen,
(05 51) 70 62 48;
Universität Göttingen, Institut für Allgemeine Staatslehre
und Politische Wissenschaften,
Goßlerstraße 11, 37073 Göttingen,
(05 51) 39-46 93, Fax (05 51) 39-22 39,
E-Mail staatsl@gwdg.de

230. *Hey*, Dr. Johanna, Professorin,
Wiethasestraße 73, 50933 Köln,
(02 21) 4 91 17 38, Fax (02 21) 4 91 17 34;
Universität zu Köln, Institut für Steuerrecht,
Albertus-Magnus-Platz, 50923 Köln,
(02 21) 4 70-22 71, Fax (02 21) 4 70-50 27,
E-Mail johanna.hey@uni-koeln.de

231. *Heyen*, Dr. iur. lic. phil. Erk Volkmar, Universitätsprofessor,
Arndtstraße 22, 17489 Greifswald,
(0 38 34) 50 27 16;
Ernst Moritz Arndt-Universität,
Domstr. 20, 17489 Greifswald,
(0 38 34) 86-21 08, Fax (0 38 34) 86-20 02,
E-Mail lsheyen@uni-greifswald.de

232. *Hidien*, Dr. Jürgen W., Professor,
Goebenstr. 33, 48151 Münster,
(02 51) 4 78 77

233. *Hilf*, Dr. Meinhard, Universitätsprofessor,
Bahnsenallee 71, 21465 Reinbek bei Hamburg,
(0 40) 78 10 75 10, Fax (0 40) 78 10 75 12;
Bucerius Law School,
Jungiusstraße 6, 20355 Hamburg,
(0 40) 3 07 06-1 58, Fax (0 40) 3 07 06-2 46,
E-Mail meinhard.hilf@law-school.de

234. *Hill*, Dr. Hermann, Professor,
Kilianstraße 5, 67373 Dudenhofen;
Deutsche Hochschule für Verwaltungswissenschaften Speyer,
Postfach 14 09, 67324 Speyer,
(0 62 32) 6 54-3 28,
E-Mail Hill@dhv-speyer.de

235. *Hillgruber*, Dr. Christian, Professor,
Zingsheimstr. 25, 53359 Rheinbach;
Institut für Öffentliches Recht,
Adenauerallee 24–42, 53113 Bonn,
(02 28) 73 79 25, Fax (02 28) 73 48 69,
E-Mail lshillgruber@jura.uni-bonn.de

236. *Hobe*, Dr. Stephan, LL.M., Universitätsprofessor,
In der Asbach 32, 53347 Alfter-Impekoven,
(02 28) 9 48 93 00;
Universität zu Köln, Institut für Luft- und Weltraumrecht
und Lehrstuhl für Völker- und Europarecht, europäisches
und internationales Wirtschaftsrecht,
Albertus-Magnus-Platz, 50923 Köln,
(02 21) 4 70 23 37,
E-Mail Stephan.Hobe@uni-koeln.de

237. *Hochhuth*, Dr. Martin, Privatdozent,
Kaiser-Joseph-Straße 268, 79098 Freiburg;
Albert-Ludwigs-Universität Freiburg,
Institut für Öffentliches Recht, Abteilung III, Staatsrecht,
Platz der Alten Synagoge 1, 79085 Freiburg,
(07 61) 2 03-22 43, Fax (07 61) 2 03-22 40,
E-Mail hochhuth@jura.uni-freiburg.de

238. *Hoffmann*, Dr. Dr. h.c. Gerhard, o. Professor,
Ernst-Lemmer-Str. 10, 35041 Marburg,
(0 64 21) 8 16 45;
Universität Marburg,
35037 Marburg/Lahn

239. *Hoffmann-Riem*, Dr. Wolfgang, Professor,
Richter des Bundesverfassungsgerichts a.D.,
Bellevue 23, 20301 Hamburg,
(0 40) 60 26 26 72, Fax (0 40) 60 56 26 73,
E-Mail whoffmann-riem@gmx.de;
Universität Hamburg,
Schlüterstr. 28, 20146 Hamburg,
(0 40) 4 28 38-54 16, Fax (0 40) 4 28 38-27 00,
E-Mail ceri@jura.uni-hamburg.de

240. *Höfling*, Dr. Wolfram, M.A., Professor,
Bruchweg 2, 52441 Linnich,
(0 24 62) 36 16;
Universität zu Köln, Institut für Staatsrecht,
Albertus-Magnus-Platz, 50923 Köln,
(02 21) 4 70-33 95, Fax (02 21) 4 70-50 75,
E-Mail Sekretariat@institut-staatsrecht.de

241. *Hofmann*, Dr. Ekkehard, Privatdozent,
Scharnhorststr. 16, 04275 Leipzig,
(03 41) 3 06 96 03;
UFZ – Umweltforschungszentrum Leipzig/Halle GmbH,
Department Umwelt- und Planungsrecht,
Permoserstr. 15, 04318 Leipzig,
(03 41) 2 35 31 46, Fax (03 41) 2 35 28 25,
E-Mail ekkehard.hofmann@ufz.de

242. *Hofmann*, Dr. Dr. h. c. Hasso, o. Professor,
Christoph-Mayer-Weg 5, 97082 Würzburg,
(09 31) 8 73 88, Fax (09 31) 78 32 88,
oder Torstr. 176, 10115 Berlin,
(0 30) 2 81 30 75,
E-Mail hasso-hofmann@gmx.de;
Humboldt-Universität zu Berlin,
Unter den Linden 6, 10099 Berlin,
(0 30) 20 93-35 53

243. *Hofmann*, Dr. Dr. Rainer, Universitätsprofessor,
Bergstr. 83, 69121 Heidelberg,
(0 62 21) 40 10 04;
Johann-Wolfgang-Goethe-Universität Frankfurt am Main,
Lehrstuhl für Öffentliches Recht, Völkerrecht und Europarecht,
Senckenberganlage 31, 60325 Frankfurt am Main,
(0 69) 7 98-2 53 17, Fax (0 69) 7 98-2 53 18,
E-Mail R.Hofmann@jur.uni-frankfurt.de

244. *Hohmann*, Dr. Harald, Privatdozent,
Furthwiese 10, 63654 Büdingen,
(0 60 49) 95 29 12, Fax (0 60 49) 95 29 13;
Hohmann & Partner Rechtsanwälte,
Schloßgasse 2, 63654 Büdingen,
(0 60 42) 95 67-0, Fax (0 60 42) 95 67-67,
E-Mail harald.hohmann@hohmann-partner.com

245. *Hollerbach*, Dr. Dr. h.c. Alexander, o. Professor,
Runzstraße 86, 79102 Freiburg i.Br.,
(07 61) 2 17 14 13;
Universität Freiburg, Forschungsstelle für Kirchenrecht- und Staatskirchenrecht,
Institut für öffentliches Recht Abteilung IV 79085 Freiburg i.Br.,
(0761) 2 03 22 58 oder -64, Fax (07 61) 2 03 22 97

246. *Holoubek*, Dr. Michael, Universitätsprofessor,
Zehenthofgasse 36/8, A-1190 Wien,
(00 43) 13 17 73 72, Fax (00 43) 13 17 73 72 18;
Institut für Österreichisches und Europäisches Öffentliches Recht,
Wirtschaftsuniversität Wien,
Althanstraße 39–45, A-1090 Wien,
(00 43) 13 13 36-46 60, Fax (00 43) 13 13 36-7 13,
E-Mail michael.holoubek@wu-wien.ac.at

247. *Hölscheidt*, Dr. Sven, Minsterialrat, apl. Professor,
Westfälische Straße 45, 10711 Berlin;
Deutscher Bundestag, Fachbereich Verfassung und Verwaltung,
Platz der Republik 1, 11011 Berlin,
(0 30) 2 27-3 24 25/3 23 25, Fax (0 30) 2 27-3 64 71/3 62 07,
E-Mail vorzimmer.wd3@bundestag.de

248. *Holzinger*, Dr. Gerhart, Professor,
Präsident des Österreichischen Verfassungsgerichtshofs,
Judenplatz 11, A-1010 Wien,
(00 43) 1 53 12 24 12, Fax (00 43) 1 53 12 25 12

249. *Holznagel*, Dr. Bernd, LL.M., Professor,
Kronprinzenstraße 105, 44135 Dortmund,
(02 31) 5 89 87 06, Fax (02 31) 5 89 87 09;
WWU Münster, Juristische Fakultät, ITM, Abt. II,
Leonardo-Campus 9, 48149 Münster,
(02 51) 83-3 86 41, Fax (02 51) 83-3 86 44,
E-Mail holznagel@uni-muenster.de

250. *Hoppe*, Dr. Werner, o. Professor,
Erphostr. 36, 48145 Münster,
(02 51) 39 18 99, Fax (02 51) 39 24 71;
c/o RAe Gleiss, Lutz, Hootz, Hirsch & Partner, Stuttgart,
(07 11) 8 99 73 29, Fax (07 11) 85 50 96

251. *Horn*, Dr. Hans-Detlef, Professor,
Am Heier 22, 35096 Weimar (Lahn)-Roth,
(0 64 26) 96 71 41, Fax (0 64 26) 96 71 44;
Philipps-Universität Marburg, Fachbereich Rechtswissenschaften,
Institut für Öffentliches Recht,
Universitätsstr. 6, 35032 Marburg,
(0 64 21) 2 82 38 10 oder 2 82 31 26, Fax (0 64 21) 2 82 38 39,
E-Mail Hornh@staff.uni-marburg.de

252. *Hösch*, Dr. Ulrich, apl. Professor, RA,
Mauerkircherstraße 21, 81679 München;
Kanzlei Dr. Gronefeld, Thoma & Kollegen,
Prinzregentenplatz 23, 81675 München,
(0 89) 41 10 90, Fax (0 89) 41 10 91 09,
E-Mail uhoesch@juradvance.de

253. *Hotz*, Dr. Reinhold, Professor,
Rötelistr. 12, CH-9000 St. Gallen,
(00 41) 7 12 78 44 66;
E-Mail reinhold.hotz@unisg.ch

254. *Huber*, Dr. Peter M., o. Professor,
Gistlstraße 141, 82049 Pullach,
(0 89) 74 42 46 62, Fax (0 89) 74 42 48 52;
Universität München, Lehrstuhl für Öffentliches Recht
und Staatsphilosophie,
Professor-Huber-Platz 2, 80539 München,
(0 89) 21 80-35 76, Fax (0 89) 21 80-50 63,
E-Mail peter.m.huber@jura.uni-muenchen.de

255. *Hufeld*, Dr. Ulrich, Universitätsprofessor,
Rudolf-Hell-Str. 26, 69126 Heidelberg,
(0 62 21) 33 74 69;
Helmut-Schmidt-Universität/
Universität der Bundeswehr Hamburg,
Fakultät für Wirtschafts- und Sozialwissenschaften,
Professur für Öffentliches Recht und Steuerrecht,
Holstenhofweg 85, 22043 Hamburg,
(0 40) 65 41-28 59, Fax (0 40) 65 41-37 33,
E-Mail Hufeld@hsu-hh.de

256. *Hufen*, Dr. Friedhelm, o. Professor,
Backhaushohl 62, 55128 Mainz,
(0 61 31) 3 44 44, Fax (0 61 31) 36 14 49;
Johannes-Gutenberg-Universität Mainz,
Fachbereich Rechts- und Wirtschaftswissenschaften,
55099 Mainz,
(0 61 31) 39-2 23 54 oder -2 30 45,
Fax (0 61 31) 39-2 42 47,
E-Mail hufen@uni-mainz.de

257. *Huster*, Dr. Stefan, Professor,
Burggrafenstr. 2, 44791 Bochum,
(02 34) 5 83 90 74, Fax (02 34) 5 83 90 74,
E-Mail huster.hoefer@t-online.de;
Ruhr-Universität Bochum, Lehrstuhl für Öffentliches Recht II: Staats- und Verwaltungsrecht mit bes. Berücksichtigung des Sozialrechts,
Universitätsstraße 150, 44780 Bochum, Gebäude GC 7/135,
(02 34) 32-2 22 39, Fax (02 34) 32-1 42 71,
E-Mail stefan.huster@jura.ruhr-uni-bochum.de

258. *Ibler*, Dr. Martin, Professor,
Lindauer Straße 3, 78464 Konstanz;
Universität Konstanz, Fachbereich Rechtswissenschaften,
Postfach D 106, Universitätsstraße 10, 78457 Konstanz,
(0 75 31) 88-24 80/-23 28,
E-Mail Martin.Ibler@uni-konstanz.de

259. *Iliopoulos-Strangas*, Dr. Julia, Professorin,
A.Metaxa 2, GR-10681 Athen,
(00 30) 2 10-3 82 60 83 oder -3 82 33 44,
Fax (00 30) 2 10-3 80 54 13,
Mobil (00 30) 69 44 59 52 00;
Universität Athen, Juristische Fakultät,
Ippokratous 33 (5. Stock),
GR-10680 Athen, (00 30) 2 10-3 68 84 22,
E-Mail juliostr@law.uoa.gr

260. *Ipsen*, Dr. Jörn, o. Professor,
Präsident des Niedersächsischen Staatsgerichtshofs,
Luisenstr. 41, 49565 Bramsche,
(0 54 61) 44 96, Fax (0 54 61) 6 34 62;
Institut für Kommunalrecht, Universität Osnabrück,
49069 Osnabrück,
(05 41) 9 69-61 69 oder -61 58, Fax (05 41) 9 69-61 70,
E-Mail instkr@uos.de

261. *Ipsen*, Dr. Dr. h.c. mult. Knut, o. Professor,
Nevelstr. 59, 44795 Bochum,
(02 34) 43 12 66;
Deutsches Rotes Kreuz (DRK),
Königswinterer Str. 29, 53227 Bonn

262. *Isensee*, Dr. Dr. h.c. Josef, o. Professor,
Meckenheimer Allee 150, 53115 Bonn, (02 28) 69 34 69;
Universität Bonn,
Adenauerallee 24–42, 53113 Bonn,
(02 28) 73 58 50, Fax (02 28) 73 48 69,
E-Mail isensee@uni-bonn.de

263. *Jaag*, Dr. Tobias, o. Professor,
Bahnhofstr. 22, Postfach 2957, CH-8022 Zürich,
(00 41) 4 42 13 63 63, Fax (00 41) 4 42 13 63 99;
Rechtswissenschaftliches Institut,
Rämistraße 74/18, CH-8001 Zürich,
(00 41) 4 46 34 30 20, Fax (00 41) 4 46 34 43 85,
E-Mail tobias.jaag@rwi.uzh.ch

264. *Jachmann*, Dr. Monika, Universitätsprofessorin,
Richterin am Bundesfinanzhof,
Meichelbeckstr. 5, 85356 Freising,
(0 81 61) 6 92 71, Fax (0 81 61) 6 92 73, Mobil (01 72) 7 40 44 48,
E-Mail jmk@jachmann.com;
Bundesfinanzhof München,
Ismaninger Straße 109, 81675 München,
(0 89) 92 31-0, Fax (0 89) 92 31-2 01

265. *Jaeckel*, Dr. Liv, Privatdozentin,
Augustusweg 27, 01445 Radebeul,
(03 51) 5 63 62 86, Mobil (01 70) 7 06 54 80,
E-Mail jaeckel@rz.uni-leipzig.de

266. *Jahndorf*, Dr. Christian, Privatdozent,
Brunnenweg 18, 48153 Münster, (02 51) 7 61 96 83;
Institut für Steuerrecht,
Universitätsstr. 14–16, 48143 Münster,
(02 51) 8 32 27 95, Fax (02 51) 8 32 83 86,
E-Mail c.jahndorf@fides-treuhand.de

267. *Janko*, Dr. Andreas, Univ.-Prof.,
Schwindstraße 4, A-4040 Linz/Auhof;
Institut für Staatsrecht und Politische Wissenschaften,
Johannes Kepler Universität Linz,
Altenberger Straße 69, A-4040 Linz/Auhof,
(00 43) 7 32 24 68 84 56, Fax (00 43) 7 32 24 68 89 01,
E-Mail andreas.janko@jku.at oder
Elisabeth.Kamptner@jku.at

268. *Janssen*, Dr. Albert, apl. Professor, Landtagsdirektor,
Langelinienwall 16, 31134 Hildesheim, (0 51 21) 13 11 12;
Niedersächsischer Landtag,
Hinrich Wilhelm Kopf-Platz 1, 30159 Hannover,
(05 11) 30 30-20 61

269. *Jarass*, Dr. Hans D., LL.M. (Harvard), o. Professor,
Baumhofstr. 37 d, 44799 Bochum, (02 34) 77 20 25;
Institut für Umwelt- und Planungsrecht, Universität Münster,
Universitätsstr. 14–16, 48143 Münster,
(02 51) 8 32 97 93, Fax (02 51) 8 32 92 97,
E-Mail jarass@uni-muenster.de

270. *Jestaedt*, Dr. Matthias, Professor,
Röntgenstraße 12a, 91080 Uttenreuth,
(0 91 31) 40 19 72;
Institut für Staats- und Verwaltungsrecht,
Friedrich-Alexander-Universität,
Schillerstraße 1, 91054 Erlangen,
(0 91 31) 8 52 28 20, Fax (0 91 31) 8 52 63 81,
E-Mail Matthias.Jestaedt@jura.uni-erlangen.de

271. *Jochum*, Dr. Georg, Privatdozent,
Zum Klausenhorn 2b, 78465 Konstanz,
(01 70) 2 38 67 58;
Universität Konstanz, Fach D116, 78457 Konstanz,
(0 75 31) 88-27 30, Fax (0 75 31) 88-31 46,
E-Mail Georg.Jochum@uni-konstanz.de

272. *Jochum*, Dr. jur. Heike, Mag. rer. publ., Professorin,
Buchsweilerstraße 77, 66953 Pirmasens;
Direktorin des Instituts für Finanz- und Steuerrecht
an der Universität Osnabrück,
Martinistraße 10, 49080 Osnabrück,
(05 41) 9 69-61 68 (Sek.), -61 61 (direkt), Fax (05 41) 9 69-61 67,
E-Mail Heike.Jochum@gmx.net

273. *Kadelbach*, Dr. Stefan, LL.M., Professor,
Johann-Wolfgang-Goethe-Universität,
Institut für Öffentliches Recht,
Lehrstuhl für Öffentliches Recht, Europarecht und Völkerrecht,
Senckenberganlage 31, 60325 Frankfurt am Main,
(0 69) 79 82-85 83, Fax (0 69) 79 82-86 84,
E-Mail s.kadelbach@jur.uni-frankfurt.de

274. *Kägi-Diener*, Dr. Regula, Professorin, Rechtsanwältin,
Marktgasse 14, CH-9004 St. Gallen,
(00 41) 71-2 23 81 21, Fax (00 41) 71-2 23 81 28,
E-Mail switzerland@ewla.org oder regula.kaegi-diener@ewla.org

275. *Kahl*, Dr. Arno, Privatdozent,
Lärchenstraße 4a, A-6063 Rum,
(00 43) 5 12-26 55 00;
Universität Innsbruck, Institut für Öffentliches Recht, Finanzrecht und Politikwissenschaft,
Innrain 82, A-6020 Innsbruck,
(00 43) 51 25 07 82 04, Fax (00 43) 51 25 07 27 48,
E-Mail arno.kahl@uibk.ac.at

276. *Kahl*, Dr. Wolfgang, M.A., o. Professor,
Albert-Schweitzer-Straße 2, 95447 Bayreuth;
Lehrstuhl für Öffentliches Recht und Europarecht,
Universität Bayreuth,
95440 Bayreuth,
(09 21) 55 43 30, Fax (09 21) 55 43 35,
E-Mail Wolfgang.Kahl@uni-bayreuth.de

277. *Kaltenborn*, Dr. Markus, Universitätsprofessor,
Neue Tremoniastr. 30, 44137 Dortmund,
(02 31) 1 81 59 09;
Ruhr-Universität Bochum, Juristische Fakultät
44780 Bochum,
(02 34) 32-2 52 52 oder -2 52 63, Fax (02 34) 32-1 44 21,
E-Mail markus.kaltenborn@ruhr-uni-bochum.de

278. *Kämmerer*, Dr. Jörn Axel, Professor,
Am Kaiserkai 53, 20457 Hamburg,
(0 40) 48 09 22 23;
Bucerius Law School, Hochschule für Rechtswissenschaft,
Jungiusstraße 6, 20335 Hamburg,
(0 40) 3 07 06-1 90, Fax (0 40) 30 70 6-1 95,
E-Mail axel.kaemmerer@law-school.de

279. *Karpen*, Dr. Ulrich, Professor,
Ringstr. 181, 22145 Hamburg,
(0 40) 6 77 83 98,
E-Mail ulrich.karpen@yahoo.de;
Universität Hamburg, Schlüterstr. 28, 20146 Hamburg,
(0 40) 4 28 38-30 23 oder -45 14 od. -45 55

280. *Kästner*, Dr. Karl-Hermann, o. Professor,
Alt-Rathausstr. 5, 72511 Bingen,
(0 75 71) 32 23, Fax (0 75 71) 32 12;
Universität Tübingen, Juristische Fakultät,
Wilhelmstraße 7, 72074 Tübingen,
(0 70 71) 2 97 29 71, Fax (0 70 71) 29 50 96,
E-Mail Kaestner@jura.uni-tuebingen.de

281. *Kaufmann*, Dr. Christine, Professorin,
Lehrstuhl für Staats- und Verwaltungsrecht,
Völker- und Europarecht,
Universität Zürich, Rämistrasse 74/5, CH-8001 Zürich,
(00 41) 4 46 34 48 65, Fax (00 41) 4 46 34 43 78,
E-Mail Lst.kaufmann@rwi.uzh.ch

282. *Kaufmann*, Dr. Marcel, Privatdozent, Rechtsanwalt,
Senefelderstraße 7, 10437 Berlin;
Freshfields Bruckhaus Deringer,
Environment, Planning and Regulatory (EPR),
Potsdamer Platz 1, 10785 Berlin,
(0 30) 2 02 83-8 57(Sekretariat), (0 30) 2 02 83-6 00,
Fax (0 30) 2 02 83-7 66,
E-Mail marcel.kaufmann@freshfields.com

283. *Keller*, Dr. Helen, Professorin,
Eigenstraße 16, CH-8008 Zürich,
(00 41) 4 44 22 23 20;
Universität Zürich, Rechtswissenschaftliches Institut,
Rämistraße 74, CH-8001 Zürich,
(00 41) 4 46 34 36 89, Fax (00 41) 4 46 34 43 39,
E-Mail Helen.keller@rwi.unizh.ch

284. *Kempen*, Dr. Bernhard, o. Professor,
Rheinblick 1, 53424 Remagen/Oberwinter,
(0 22 28) 91 32 91, Fax (0 22 28) 91 32 93;
Institut für Völkerrecht und ausländisches öffentliches Recht,
Universität zu Köln,
Gottfried-Keller-Straße 2, 50931 Köln,
(02 21) 4 70 23 64,
Fax (02 21) 4 70 49 92,
E-Mail Bernhard.Kempen@uni-koeln.de

285. *Kersten*, Dr. Jens, Professor,
Wüstensteiner Str. 17A, 81243 München,
(0 89) 95 47 93 40;
Ludwig-Maximilians-Universität München,
Lehrstuhl für Öffentliches Recht
und Verwaltungswissenschaften,
Professor-Huber-Platz 2, 80539 München,
(0 89) 21 80-21 13, Fax (0 89) 21 80-1 35 15,
E-Mail jens.kersten@jura.uni-muenchen.de

286. *Khan*, Dr. Daniel-Erasmus, Professor,
Institut für Internationale Politik, Sicherheitspolitik,
Wehr- und Völkerrecht,
Universität der Bundeswehr München,
Werner-Heisenberg-Weg 39, 85579 Neubiberg
(0 89) 60 04-46 90 oder -42 62 oder -20 48,
Fax (0 89) 60 04-46 91,
E-Mail Khan@unibw.de

287. *Kilian*, Dr. Michael, Professor,
Am Burgwall 15, 06198 Brachwitz;
Juristische Fakultät, Universität Halle-Wittenberg,
Universitätsplatz 3–5, Juridicum, 06099 Halle (Saale),
(03 45) 55-2 31 70, Fax (03 45) 55-2 72 69,
E-Mail Kilian@jura.uni-halle.de

288. *Kingreen*, Dr. Thorsten, Professor,
Agnes-Miegel-Weg 10, 93055 Regensburg,
(09 41) 70 402 41;
Lehrstuhl für Öffentliches Recht, Sozialrecht und Gesundheitsrecht,
Universität Regensburg,
Universitätsstr. 31, 93053 Regensburg,
(09 41) 9 43 26 07 od. 26 08, Fax (09 41) 9 43 36 34,
E-Mail king@jura.uni-regensburg.de

289. *Kirchhof*, Dr. Ferdinand, o. Professor,
Walther-Rathenau-Str. 28, 72766 Reutlingen,
(0 71 21) 49 02 81, Fax (0 71 21) 47 94 47;
Universität Tübingen, Juristische Fakultät,
Wilhelmstr. 7, 72074 Tübingen,
(0 70 71) 2 97-25 61 oder -81 18, Fax (0 70 71) 29 43 58,
E-Mail Kirchhof@uni-tuebingen.de

290. *Kirchhof*, Dr. Dr. h.c. mult. Paul, o. Professor,
Am Pferchelhang 33/1, 69118 Heidelberg,
(0 62 21) 80 14 47;
Universität Heidelberg,
Friedrich-Ebert-Anlage 6–10, 69117 Heidelberg,
(0 62 21) 54 74 57,
E-Mail paul.kirchhof@paul-kirchhof.de

291. *Kirn*, Dr. Michael, o. Professor,
Rummelsburgerstr. 3, 22147 Hamburg,
(0 40) 6 47 38 43;
Universität der Bundeswehr, Institut für Öffentliches Recht,
Postfach 70 08 22, 22043 Hamburg,
(0 40) 65 41-27 82 oder (0 40) 65 41-25 90

292. *Kirste*, Dr. Stephan, apl. Prof.,
Am Gutleuthofhang 18, 69118 Heidelberg,
(0 62 21) 80 45 03 Fax (0 62 21) 80 45 03;
Universität Heidelberg, Juristisches Seminar,
Friedrich-Ebert-Anlage 6–10, 69117 Heidelberg,
(0 62 21) 54 74 64, Fax (0 62 21) 54 74 63,
E-Mail stephan.kirste@urz.uni-heidelberg.de

293. *Kischel*, Dr. Uwe, LL.M. (Yale), Attorney-at-law (New York),
o. Professor,
Dorfstraße 23, 17121 Düvier,
(03 99 98) 3 15 46;
Ernst-Moritz-Arndt-Universität Greifswald,
Domstr. 20 17485 Greifswald,
(0 38 34) 86-21 80, Fax (0 38 34) 86-21 82,
E-Mail kischel@uni-greifswald.de

294. *Klein*, Dr. Eckart, Universitätsprofessor,
Heideweg 45, 14482 Potsdam,
(03 31) 70 58 47;
Lehrstuhl für Staatsrecht, Völkerrecht und Europarecht,
Universität Potsdam, August-Bebel-Str. 89, 14482 Potsdam,
(03 31) 9 77-35 16, oder-35 11, Fax (03 31) 9 77-32 24,
E-Mail Klein@rz.uni-potsdam.de

295. *Klein*, Dr. Hans Hugo, Universitätsprofessor,
Heilbrunnstr. 4, 76327 Pfinztal,
(0 72 40) 73 00,
E-Mail hanshklein@web.de

296. *Kley*, Dr. Andreas, Professor,
Hubelmattstraße 58, CH-3007 Bern,
E-Mail andreas.kley@bluewin.ch;
Institut für Öffentliches Recht,
Hochschulstr. 4, CH-3012 Bern,
(00 41) 31-6 31 88 96, Fax (00 41) 31-6 31 38 83

297. *Kloepfer*, Dr. Michael, o. Professor,
Taubertstraße 19, 14193 Berlin,
(0 30) 8 25 24 90, Fax (0 30) 8 25 26 90;
Institut für Öffentliches Recht und Völkerrecht,
Humboldt-Universität zu Berlin,
Unter den Linden 9–11 (Palais), 10099 Berlin,
(0 30) 20 93-33 40 oder -33 31, Fax (0 30) 20 93-34 38,
E-Mail Michael.Kloepfer@rewi.hu-berlin.de

298. *Kluth*, Dr. Winfried, Professor,
Blumenstr. 17, 06108 Halle (Saale), (03 45) 2 90 85 10;
Martin-Luther-Universität Halle-Wittenberg, Juristische Fakultät,
Universitätsplatz 3–5 06108 Halle, Raum: Juridicum 1.13,
06099 Halle (Saale),
(03 45) 5 52 32 23, Fax (03 45) 5 52 72 93,
E-Mail winfried.kluth@jura.uni-halle.de

299. *Kneihs*, Dr. Benjamin, ao. Univ. Professor,
Raffaelgasse 5/1, A-1200 Wien;
Wirtschaftsuniversität Wien, Institut für Österreichisches und
Europäisches Öffentliches Recht,
Althanstraße 39–45, A-1090 Wien,
(00 43) 1 31 33 60, Fax (00 43) 1 3 13 36-7 13

300. *Knemeyer*, Dr. Franz-Ludwig, o. Professor,
Unterdürrbacher Str. 353, 97080 Würzburg, (09 31) 9 61 18;
Universität Würzburg,
Domerschulerstr.16, 97070 Würzburg,
(09 31) 31 28 99, Fax (09 31) 31 23 17,
E-Mail aseubert@jura.uni-wuerzburg.de

301. *Knies*, Dr. Wolfgang, o. Professor,
Am Botanischen Garten 5, 66123 Saarbrücken,
(06 81) 39 98 88, Fax (06 81) 39 98 88;
Universität Saarbrücken, Postfach 15 11 50, 66041 Saarbrücken,
(06 81) 3 02-31 58,
E-Mail w.knies@mx.uni-saarland.de

302. *Knöpfle*, Dr. Franz, em. Professor,
Höhenweg 22, 86391 Stadtbergen;
Universität Augsburg,
Universitätsstr. 2, 86159 Augsburg,
(08 21) 5 98-46 59, Fax (08 21) 5 98-45 47

303. *Koch*, Dr. Hans-Joachim, Professor,
Wendlohstr. 80, 22459 Hamburg,
(0 40) 5 51 88 04, Fax (0 40) 5 51 88 04;
Universität Hamburg, Fakultät für Rechtswissenschaft,
Edmund-Siemers-Allee 1, 20146 Hamburg,
(0 40) 4 28 38-39 77 oder -54 43, Fax (0 40) 4 28 38-62 80,
E-Mail hans-joachim.koch@jura.uni-hamburg.de

304. *Koch*, Dr. Thorsten, Privatdozent,
Emanuel-Geibel-Str. 4, 49143 Bissendorf-Schledehausen,
(0 54 02) 77 74;
Institut für Kommunalrecht Universität Osnabrück,
Martinistr. 12, 49069 Osnabrück,
(0 54 1) 9 69-61 69, Fax (0 54 1) 9 69-61 64,
E-Mail tkoch@uos.de

305. *Köck*, Dr. Wolfgang, Professor,
UFZ-Umweltforschungszentrum Leipzig-Halle GmbH,
Permoserstraße 15, 04318 Leipzig;
Universität Leipzig, Lehrstuhl für Umweltrecht,
Postfach 10 09 20, 04009 Leipzig,
(03 41) 2 35-31 40, Fax (03 41) 2 35-28 25,
E-Mail Wolfgang.Koeck@ufz.de

306. *Koenig*, Dr. Christian, LL.M. (London), Universitätsprofessor,
Zentrum für Europäische Integrationsforschung,
Rheinische Friedrich-Wilhelms-Universität,
Walter-Flex-Str. 3, 53113 Bonn,
(02 28) 73-18-91/-92/-95, Fax (02 28) 73-18 93,
E-Mail sekretariat.zeia@uni-bonn.de

307. *Kokott*, Dr. Dr. Juliane, LL.M. (Am. Un.), S.J.D. (Harvard),
Universitätsprofessorin, Generalanwältin,
(0 62 21) 45 16-17;
Gerichtshof der Europäischen Gemeinschaften, Th. More 2214,
Bd. Konrad Adenauer, L-2925, Luxemburg,
(0 03 52) 43 03 22 21,
E-Mail Juliane.Kokott@curia.eu.int

308. *Kolonovits*, Dr. Dieter, Mag., M.C.J., ao. Univ.-Professor,
Berggasse 17/41 A-1090 Wien,
(00 43) 6 99 19 20 28 95;
Universität Wien, Institut für Staats- und Verwaltungsrecht,
Schottenbastei 10–16, A-1010 Wien (Juridicum),
(00 43) 14 27 73 54 16, Fax (00 43) 14 27 73 54 19,
E-Mail dieter.kolonovits@univie.ac.at

309. *König*, Dr. Doris, Professorin,
Bucerius Law School,
Hochschule für Rechtswissenschaft,
Jungiusstr. 6, 20355 Hamburg,
(0 40) 3 07 06-2 01 Fax (0 40) 3 07 06-1 90,
E-Mail doris.koenig@law-school.de

310. *König*, Dr. Dr. Klaus, Universitätsprofessor,
Albrecht-Dürer-Str. 20, 67346 Speyer,
(0 62 32) 29 02 16;
Deutsche Hochschule für Verwaltungswissenschaften Speyer,
Postfach 14 09, 67324 Speyer,
(0 62 32) 6 54-3 69 oder -3 50 oder -3 55, Fax 06232 654 306,
E-Mail k.koenig@dhv-speyer.de

311. *Kopetzki*, DDr. Christian, Universitätsprofessor,
Institut für Staats- und Verwaltungsrecht, Medizienrecht,
Universität Wien,
Schottenbastei 10–16, A-1010 Wien,
(00 43) 14 27 73 54 11, Fax (00 43) 14 27 73 54 19,
E-Mail christian.kopetzki@univie.ac.at

312. *Korinek*, Dr. Dr. h.c. Karl, o. Professor,
Präsident des Österreichischen Verfassungsgerichtshofs a.D.,
Auhofstr. 225–227, A-1130 Wien,
(00 43) 18 76 48 76;
Institut für Staats- und Verwaltungsrecht, Universität Wien,
Schottenbastei 10–16, A-1010 Wien,
(00 43) 1 42 77-3 54 42, Fax (00 43) 1 42 77-3 54 49

313. *Korioth*, Dr. Stefan, Professor,
Institut für Politik und Öffentliches Recht
der Universität München,
Professor-Huber-Platz 2/III, 80539 München,
(0 89) 21 80-27 37, Fax (0 89) 21 80-39 90,
E-Mail Korioth@jura.uni-muenchen.de

314. *Kotulla*, Dr. Michael, M.A., Professor,
Universität Bielefeld, Fakultät für Rechtswissenschaft,
Postfach 10 01 31, 33501 Bielefeld,
(05 21) 1 06-25 00, Fax (05 21) 1 06-80 91,
E-Mail Michael.Kotulla@uni-bielefeld.de

315. *Kotzur*, Dr. Markus, LL.M. (Duke Univ.), o. Professor,
Thomasgasse 4, 04109 Leipzig,
(03 41) 2 24 87 96;
Lehrstuhl für Europarecht, Völkerrecht, Öffentliches Recht,
Universität Leipzig,
Burgstr. 27, 04109 Leipzig,
(03 41) 97-35 2 10, Fax (03 41) 97-3 52 19,
E-Mail kotzur@rz.uni-leipzig.de

316. *Krause*, Dr. Peter, o. Professor,
Weinbergstr. 12, 54317 Korlingen,
(0 65 88) 73 33;
Universität Trier, 54286 Trier,
(06 51) 2 01-25 87, Fax (06 51) 2 01-38 03,
E-Mail Krausepe@uni-trier.de

317. *Krawietz*, Dr. Werner, o. Professor,
Nienbergweg 29, 48161 Münster,
(02 51) 86 14 51;
Lehrstuhl für Rechtssoziologie, Universität Münster,
Bispinghof 24–25, 48143 Münster,
(02 51) 83 25 91,
E-Mail Krawiet@uni-muenster.de

318. *Krebs*, Dr. Walter, Professor,
Kaulbachstraße 33–35, 12247 Berlin,
(0 30) 7 71 07 58, Fax (0 30) 7 71 07 58;
Freie Universität Berlin,
Boltzmannstr. 4, 14195 Berlin,
(0 30) 8 38-59 21, Fax (0 30) 8 38-59 22,
E-Mail Erckert@zedat.fu-berlin.de

319. *Kreßel*, Dr. Eckhard, Professor,
Körschtalstr. 21, 73760 Ostfildern,
(09 31) 3 13 05;
Juristische Fakultät der Universität Würzburg,
Domerschulstr. 16, 97070 Würzburg,
E-Mail eckhard.kressel@daimler.com

320. *Krieger*, Dr. Heike, Professorin,
Freie Universität Berlin, Fachbereich Rechtswissenschaft,
Van't-Hoff-Straße 8, 14195 Berlin,
(0 30) 83 85 14 53,
E-Mail hkrieger@zedat.fu-berlin.de

321. *Kriele*, Dr. Martin, o. Professor,
Dorf 11, A-6900 Möggers,
(00 43) 55 73-8 24 96, Fax (00 43) 55 73-8 24 97;
Universität Köln,
Albertus-Magnus-Platz 1, 50923 Köln,
(02 21) 4 70-22 30, Fax (02 21) 4 70-50 10

322. *Kröger*, Dr. Klaus, Universitätsprofessor,
Hölderlinweg 14, 35396 Gießen,
(06 41) 5 22 40;
Universität Gießen,
35394 Gießen,
(06 41) 99 23-1 30, Fax (06 41) 99 23-0 59

323. *Krugmann*, Dr. Michael, Privatdozent,
Stellaustieg 3, 22143 Hamburg,
(0 40) 6 77 88 60, Fax (0 40) 6 77 88 60,
E-Mail dr@michaelkrugmann.de

324. *Kube*, Dr. Hanno, LL.M. (Cornell), Universitätsprofessor,
Am Langenstück 23, 65343 Eltville,
(0 61 23) 7 95 78 48;
Lehrstuhl für Öffentliches Recht und Steuerrecht,
Fachbereich Rechts- und Wirtschaftswissenschaften,
Johannes Gutenberg-Universität Mainz,
Jakob Welder-Weg 9, Zimmernr. 03.214, 55099 Mainz,
(0 61 31) 3 92 27 25 / 3 92 30 43 (Sekr.), Fax (0 61 31) 3 92 38 26,
E-Mail hkube@uni-mainz.de

325. *Kucsko-Stadlmayer*, Dr. Gabriele, Ao. Universitätsprofessorin,
Rooseveltplatz 4–5, A-1090 Wien,
(00 43) 14 08 38 59;
Universität Wien, Institut für Staats- und Verwaltungsrecht,
Schottenbastei 10–16, A-1010 Wien,
(00 43) 14 27 73 54 18, Fax (00 43) 1 42 77 93 54,
E-Mail gabriele.kucsko-stadlmayer@univie.ac.at

326. *Kugelmann*, Dr. Dieter, Professor,
Lindhorster Str. 15, 39326 Samswegen,
(03 92 02) 8 49 45,
DieterKugelmann@web.de;
Deutsche Hochschule der Polizei,
Zum Roten Berge 18–24, 48165 Münster,
(0 25 01) 8 06-4 37, -2 79 (Sekr.), -5 25 (Fax),
E-Mail dieter.kugelmann@dhpol.de

327. *Kühling*, Dr. Jürgen, LL.M. (Brüssel), Universitätsprofessor,
Kellerweg 12 b, 93053 Regensburg,
(09 41) 7 05 60 79;
Universität Regensburg,
Lehrstuhl für Öffentliches Recht und Immobilienrecht,
Universitätsstr. 31, 93053 Regensburg,
(09 41) 9 43-60 60, Fax (09 41) 9 43-60 62,
E-Mail juergen.kuehling@jura.uni-regensburg.de

328. *Kühne*, Dr. Jörg-Detlef, Professor,
Münchhausenstr. 2, 30625 Hannover,
(05 11) 55 65 63;
Universität Hannover,
Königsworther Platz 1, 30167 Hannover,
(05 11) 7 62-82 25 oder -82 26, Fax (05 11) 7 62-82 28,
E-Mail Kuehne@oera.uni-hannover.de

329. *Kunig*, Dr. Philip, Professor,
Freie Universität Berlin, Institut für Staatslehre,
Boltzmannstraße 3, 14195 Berlin,
(0 30) 8 38 53 0-10, Fax (0 30) 8 38 53 0-11,
E-Mail Kunig@zedat.fu-berlin.de

330. *Küpper*, Dr. Herbert, Professor,
Arcostr. 1, 80333 München;
Institut für Ostrecht,
Landshuter Str. 4, 93047 Regensburg,
(09 41) 9 43 54 50, Fax (09 41) 9 43 54 65,
E-Mail Herbert.Kuepper@ostrecht.de

331. *Ladeur*, Dr. Karl-Heinz, Professor,
Universität Hamburg, Fakultät für Rechtswissenschaft,
Schlüterstraße 28, 20146 Hamburg,
(0 40) 4 28 38-57 52, Fax (0 40) 4 28 38-26 35,
E-Mail karl-heinz.ladeur@jura.uni-hamburg.de

332. *Lang*, Dr. Heinrich, Professor, Dipl.-Sozialpädagoge,
Nikolausstraße 48, 51149 Köln;
Universität Rostock, Lehrstuhl für Öffentliches Recht,
Sozial- u. Gesundheitsrecht,
Möllner Straße 10, 18109 Rostock,
(03 81) 4 98-81 70, Fax (03 81) 4 98-81 72,
E-Mail heinrich.lang@uni-rostock.de

333. *Lange*, Dr. Klaus, Universitätsprofessor,
Lilienweg 22, 35423 Lich, (0 64 04) 56 81;
Universität Gießen, Fachbereich Rechtswissenschaften,
Hein-Heckroth-Straße 5, 35390 Gießen,
(06 41) 9 92 11-80 oder -81, Fax (06 41) 9 92 11-89,
E-Mail Klaus.Lange@recht.uni-giessen.de

334. *Langenfeld*, Dr. Christine, Professorin,
Schillerweg 34, 04155 Leipzig,
E-Mail Dr.Langenfeld@t-online.de;
Juristisches Seminar der Georg-August-Universität,
Platz der Göttinger Sieben 6, 37073 Göttingen,
(05 51) 39-73 84, Fax (05 51) 39-1 23 92,
E-Mail enomiko@gwdg.de

335. *Laskowski*, Dr. Silke Ruth, Professorin,
Gertigstraße 13, 22303 Hamburg,
(0 40) 36 66 15, Fax (0 40) 36 66 15, mobil: (01 79) 2 31 56 63,
E-Mail Silke.Laskowski@jura.uni-hamburg.de;
Universität Kassel, Institut für Wirtschaftsrecht – FB 07,
Nora-Platiel-Str. 5, 34109 Kassel, (05 61) 8 04 28 74,
E-Mail s-laskowski@uni-kassel.de

336. *Laubinger*, Dr. Hans-Werner, M.C.L., Professor,
Philipp-Wasserburg-Str. 45, 55122 Mainz,
(0 61 31) 4 31 91;
Universität Mainz, 55099 Mainz,
(0 61 31) 39 59 42,
E-Mail Laubinger@mail.jura.uni-mainz.de

337. *Laurer*, Dr. Hans René, a.o. Universitätsprofessor,
Scheffergasse 27a, A-2340 Mödling,
(00 43) 2 63 62 04 02;
Wirtschafts-Universität,
Augasse 2–6, A-1190 Wien,
(00 43) 13 13 36 oder 46 69 oder 41 58

338. *Lecheler*, Dr. Helmut, o. Professor,
Freie Universität Berlin, Fachbereich Rechtswissenschaft,
Institut für Völkerrecht, Europarecht und ausl. öffentl. Recht,
Vant'-Hoff-Str. 8, 14195 Berlin,
(030)7 73-63 17, Fax (030)7 73-58 23
E-Mail mail@lecheler.eu

339. *Lege*, Dr. Joachim, Professor,
Fischstr. 19, 17489 Greifswald,
(0 38 34) 77 39 41;
Rechts- und Staatswissenschaftliche Fakultät,
Ernst-Moritz-Arndt-Universität, Domstr. 20,
17489 Greifswald,
(0 38 34) 86-21 50, Fax (0 38 34) 86-21 56,
E-Mail lege@uni-greifswald.de

340. *Lehner*, Dr. Moris, Universitätsprofessor,
Kaiserplatz 7, 80803 München,
(0 89) 34 02 06 46;
Ludwig-Maximilians-Universität,
Lehrstuhl für Öffentliches Recht,
insbesondere öffentliches Wirtschaftsrecht und Steuerrecht,
Ludwigstr. 28 (Rgb.), 80539 München,
(0 89) 21 80 27 18, Fax (0 89) 33 35 66,
E-Mail Moris.Lehner@jura.uni-muenchen.de

341. *Leisner*, Dr. mult. Dr. h.c. Walter, o. Professor,
Pienzenauerstr. 99, 81925 München,
(0 89) 98 94 05, Fax (0 89) 98 29 09 97;
Universität Erlangen,
Schillerstr. 1, 91054 Erlangen,
(0 91 31) 85 22 60

342. *Leisner*, Dr. Walter Georg, Privatdozent,
Liebigstr. 26, 80538 München,
(0 89) 98 94 24, Fax (0 89) 21 56 86 69;
Universität Hamburg, Fakultät für Rechtswissenschaft,
Abteilung für Ostrechtsforschung,
Schlüterstr. 28, 20146 Hamburg,
(0 40) 4 28 38–26 30, Fax (0 40) 4 28 38–32 50,
E-Mail leisner@lz-legal.de

343. *Leisner-Egensperger*, Dr. Anna, Universitätsprofessorin,
An der Leutra 2, 07743 Jena, (01 73) 3 92 41 45;
Lehrstuhl für Öffentliches Recht und Steuerrecht,
Friedrich-Schiller-Universität Jena,
Carl-Zeiss-Straße 3, 07743 Jena,
(0 36 41) 94 22 51, Fax (0 36 41) 94 22 52,
E-Mail A.Leisner@recht.uni-jena.de

344. *Leitl-Staudinger*, Dr. Barbara, Universitätsprofessorin,
Hohe Straße 135, A-4040 Linz;
Institut für Fernunterricht in den Rechtswissenschaften,
Johannes Kepler Universität Linz,
Petrinumstraße 12, A-4040 Linz,
(00 43) 7 32 24 68 19 00, Fax (00 43) 7 32 24 68 19 10,
E-Mail barbara.leitl-staudinger@jku.at

345. *Lenze*, Dr. Anne, Privatdozentin,
Sandstraße 19, 64625 Bensheim, (0 62 51) 58 08 52;
Fachhochschule Darmstadt,
Adelungstraße 51, 64283 Darmstadt,
(0 61 51) 16 89 65, Fax (0 61 51) 16 89 90,
E-Mail anne.lenze@t-online.de

346. *Lepsius*, Dr. Oliver, LL.M. (Chicago), Professor,
Eckenheimer Landstraße 11, 60318 Frankfurt am Main,
(0 69) 95 15 69 35;
Lehrstuhl für Öffentliches Recht, Allgemeine und
Vergleichende Staatslehre, Universität Bayreuth,
95440 Bayreuth, (09 21) 55 29 47,
E-Mail oliver.lepsius@uni-bayreuth.de

347. *Lerche*, Dr. Dr. h. c. Peter, o. Professor,
Junkersstr. 13, 82131 Gauting,
(0 89) 8 50 20 88, Fax (0 89) 8 50 20 88

348. *Lienbacher*, Dr. Georg, Sektionsleiter, Universitätsprofessor,
Leiter des Verfassungsdienstes im Bundeskanzleramt
Ballhausplatz 2, A-1014 Wien, (00 43) 15 31 15-23 75,
E-Mail Georg.Lienbacher@bka.gv.at;
Hahngasse 24–26/1/8, A-1090 Wien;
Institut für Österreichisches und Europäisches Öffentliches Recht,
Wirtschaftsuniversität Wien,
Althanstraße 39–45 (UZA 3), A-1090 Wien,
(00 43) 13 13 36-44 24, Fax (00 43) 13 13 36-7 13,
E-Mail Georg.Lienbacher@wu-wien.ac.at

349. *Lindner*, Dr. Josef Franz, Privatdozent,
Großhaderner Straße 14 b, 81375 München,
(0 89) 70 32 45, Fax (0 89) 74 00 93 85,
E-Mail josef.lindner@stmwfk.bayern.de

350. *Link*, Dr. jur. Dres. theol. h.c. Heinz-Christoph, em. Professor,
Rühlstraße 35, 91054 Erlangen,
(0 91 31) 20 93 35, Fax (0 91 31) 53 45 66;
Hans-Liermann-Institut für Kirchenrecht,
Hindenburgstr. 34, 91054 Erlangen,
(0 91 31) 8 52 28 25, Fax (0 91 31) 8 52 40 64

351. *Lipphardt*, Dr. Hanns-Rudolf, apl. Professor,
Auf der Weide 7, 69126 Heidelberg,
(0 62 21) 38 23 12;
Universität Heidelberg,
69120 Heidelberg,
(0 62 21) 41 11 98, Fax (0 62 21) 40 06 75

352. *Listl*, Dr. Joseph, o. Professor,
Jesuitengemeinschaft Pedro Arrupe,
Bibergerstr. 8, 82008 Unterhaching;
dienstlich (stets für die Post benutzen!):
Institut für Staatskirchenrecht der Diözesen Deutschlands,
Lennéstr. 15, 53113 Bonn

353. *Lorenz*, Dr. Dieter, o. Professor,
Bohlstr. 21, 78465 Konstanz, (0 75 33) 68 22;
Universität Konstanz,
Postfach 55 60 D 100, 78434 Konstanz,
(0 75 31) 88 25 30,
E-Mail Dieter.Lorenz@uni-konstanz.de

354. *Lorz*, Dr. Ralph Alexander, LL.M. (Harvard),
Attorney-at-Law (New York), Universitätsprofessor,
Paderborner Straße 7, 40468 Düsseldorf,
(01 70) 4 12 18 66;
Universität Düsseldorf, Lehrstuhl für deutsches und
ausländisches öffentliches Recht, Völker- und Europarecht,
Universitätsstraße 1, 40225 Düsseldorf,
(02 11) 8 11-14 35, Fax (02 11) 8 11-14 56

355. *Losch*, Dr. Dr. Bernhard, Professor,
Dürerstr. 9, 42119 Wuppertal,
(02 02) 42 35 25

356. *Loschelder*, Dr. Wolfgang, Professor,
Sonnenlandstr. 5, 14471 Potsdam,
(03 31) 97 36 80, Fax (03 31) 9 51 19 95;
Universität Potsdam,
Postfach 90037,
August-Bebel-Str. 89, 14439 Potsdam,
(03 31) 9 77-34 12

357. *Löwer*, Dr. Wolfgang, Professor,
Hobsweg 15, 53125 Bonn,
(02 28) 25 06 92, Fax (02 28) 25 04 14;
Universität Bonn,
Adenauerallee 24–42, 53113 Bonn,
(02 28) 73 92 78/73 92 80, Fax (02 28) 73 39 57,
E-Mail w.loewer@uni-bonn.de

358. *Lübbe-Wolff*, Dr. Gertrude, Professorin,
(05 21) 88 26 59;
Universität Bielefeld, Fakultät Rechtswissenschaft,
Universitätsstr. 25, Postfach 100131, 33615 Bielefeld,
(05 21) 1 06-43 86, Fax (05 21) 1 06-80 85,
E-Mail Gertrude.Luebbe-Wolff@uni-bielefeld.de

359. *Luchterhandt*, Dr. Otto, Professor,
Im Wendischen Dorfe 28, 21335 Lüneburg,
(0 41 31) 23 29 65, Fax (0 41 31) 23 29 65;
Seminarabteilung für Ostrechtsforschung,
Universität Hamburg,
Moorweidenstr. 7, 20148 Hamburg,
(0 40) 4 28 38-26 30/-39 86

360. *Lühmann*, Dr. Hans, Privatdozent,
Pannebäcker Str. 7a, 40593 Düsseldorf,
(02 11) 2 39 95 34

361. *Mächler*, Dr. iur. August, Professor,
Schindellegistrasse 15, CH-8808 Pfäffikon,
(00 41) 5 54 10 43 20;
Sicherheitsdepartement des Kt. Schwyz,
Postfach 1200, 6431 Schwyz,
(00 41) 4 18 19 20 02, Fax (00 41) 4 18 19 20 19,
E-Mail august-maechler@swissonline.ch

362. *Mager*, Dr. Ute, Universitätsprofessorin,
Universität Heidelberg, Juristische Fakultät,
Friedrich-Ebert-Anlage 6–10, 69117 Heidelberg,
(0 62 21) 54 77 37 oder (01 71) 5 54 00 78,
E-Mail ute.mager@jurs.uni-heidelberg.de

363. *Magiera*, Dr. Siegfried, Universitätsprofessor,
Feuerbachstr. 1, 67354 Römerberg,
(0 62 32) 8 48 98;
Deutsche Hochschule für Verwaltungswissenschaften Speyer,
Freiherr-vom-Stein-Str. 2, 67346 Speyer,
(0 62 32) 65 43 48,
E-Mail s.magiera@dhv-speyer.de

364. *Mahlmann*, Dr. Matthias, Professor,
Rindermarkt 7, CH-8001 Zürich;
Lehrstuhl für Rechtstheorie, Rechtssoziologie
und Internationales Öffentliches Recht,
Universität Zürich,
Treichlerstr. 10, CH-8032 Zürich,
(00 41) 4 46 34 15 87, Fax (00 41) 4 46 34 43 91,
E-Mail matthias.mahlmann@rwi.uzh.ch

365. *Majer*, Dr. jur. utr. Diemut, Rechtsanwältin,
Universitätsprof., Universität Bern;
Welfenstr. 35, 76137 Karlsruhe,
(07 21) 81 66 50 Fax (07 21) 81 76 63,
E-Mail majer@kanzlei-karlstr62.de

366. *Mangoldt*, Dr. Hans v., Professor,
Goetheweg 1, 72147 Nehren,
(0 74 73) 79 08;
Universität Tübingen, Juristische Fakultät,
Wilhelmstr. 7, 72074 Tübingen,
(0 70 71) 2 97 33 02

367. *Mann*, Dr. Thomas, Professor,
Im Torfveen 19, 46147 Oberhausen,
(02 08) 67 54 98;
Juristisches Seminar der Georg-August-Universität Göttingen,
Platz der Göttinger Sieben 6, 37073 Göttingen,
(05 51) 39-47 23, Fax (05 51) 39-79 78,
E-Mail sekretariat.mann@jura.uni-goettingen.de

368. *Manssen*, Dr. Gerrit, Universitätsprofessor,
Konrad-Adenauer-Allee 15, 93051 Regensburg,
(09 41) 9 28 45;
Juristische Fakultät, Universität Regensburg,
93040 Regensburg,
(09 41) 9 43-32 55, Fax (09 41) 9 43-32 57,
E-Mail Gerrit.Manssen@jura.uni-regensburg.de

369. *Mantl*, Dr. Wolfgang, o. Universitätsprofessor,
Wiener Str. 256/XI/33, A-8051 Graz XIII,
(00 43) 3 16-68 13 06;
Institut für österreichisches, europäisches und vergleichendes Recht,
Karl-Franzens-Universität,
Universitätsstr. 15/ C3, A-8010 Graz,
(00 43) 3 16-3 80-33 70,
E-Mail wolfgang.mantl@kfunigraz.ac.at

370. *Marauhn*, Dr. Thilo, M.Phil., Professor,
An der Fels 20, 35435 Wettenberg,
(06 41) 8 77 32 75, Fax (06 41) 8 77 32 75,
E-Mail thilo.marauhn@recht.uni-giessen.de;
Professur für Öffentliches Recht, Völkerrecht
und Europarecht, Justus-Liebig-Universität Gießen,
Licher Straße 76, 35394 Gießen,
(06 41) 9 92 11 50/51, Fax (06 41) 9 92 11 59,
E-Mail intlaw@recht-uni-giessen.de

371. *Marko*, Dr. Joseph, o. Professor,
Kasernstr. 35, A-8010 Graz, (00 43) 3 16-46 22 38;
Institute of Austrian, European and Comparative Public Law
and Political Sciences,
University of Graz,
Universitätsstraße 15/B4, A-8010 Graz,
(00 43) 3 16 3 80-33 74, Fax (00 43) 3 16 3 80-94 52,
E-Mail josef.marko@uni-graz.at

372. *Marti*, Dr. Arnold, Titularprofessor der Universität Zürich,
Fernsichtstraße 5, CH-8200 Schaffhausen,
(00 41) 52-6 24 18 10,
E-Mail a.g.marti@swissonline.ch;
Obergericht des Kantons Schaffhausen,
Frauengasse 17, CH-8200 Schaffhausen,
(00 41) 52-6 32 74 24, Fax (00 41) 52-6 32 78 36,
E-Mail arnold.marti@ktsh.ch

373. *Martínez* Soria, Dr. José, Privatdozent,
Braschzeile 9, 14109 Berlin,
(0 30) 80 58 67 66;
Institut für Völkerrecht der Universität Göttingen,
Platz der Göttinger Sieben 5, 37073 Göttingen,
(05 51) 39 21 97, Fax (05 51) 39 21 96,
E-Mail jmartin@gwdg.de

374. *Martini*, Dr. Mario, Privatdozent,
Mittelweg 16, 60318 Frankfurt am Main,
(0 69) 90 55 56 92,
E-Mail mario.martini@web.de;
Deutsche Hochschule für Verwaltungswissenschaften Speyer,
Vertretung des Lehrstuhls für Verwaltungswissenschaft,
insbesondere Regieren und Verwalten im Europäischen Kontext,
Freiherr-vom-Stein-Str. 2, 67346 Speyer,
E-Mail mario.martini@law-school.de

375. *März*, Dr. Wolfgang, Professor,
Zelckstraße 1, 18055 Rostock,
(03 81) 3 77 92 55, Fax (03 81) 3 77 92 56;
Lehrstuhl für Öffentliches Recht und Verfassungsgeschichte,
Universität Rostock,
Möllner Str. 10, 18109 Rostock,
(03 81) 4 98 81 90, Fax (03 81) 4 98 80 02,
E-Mail wolfgang.maerz@uni-rostock.de

376. *Masing*, Dr. Johannes, Professor,
Richter des Bundesverfassungsgerichts,
Schlossbezirk 3, 76131 Karlsruhe;
Albert-Ludwigs-Universität Freiburg,
Platz der Alten Synagoge, 79085 Freiburg,
(07 61) 2 03-22 52, Fax (07 61) 2 03 22 93,
E-Mail johannes.masing@jura.uni-freiburg.de

377. *Mastronardi*, Dr. Philippe Andrea, Professor,
Stadlstrasse 2 CH-6048 Horw,
(00 41) 4 13 40 27 67, Fax (00 41) 41 34 08 54;
Universität St. Gallen, Rechtswissenschaftliche Abteilung,
Bodanstr. 3, CH-9000 St. Gallen,
(00 41) 7 12 24 23 34, Fax (00 41) 7 12 24 39 08,
E-Mail Philippe.Mastronardi@unisg.ch

378. *Maurer*, Dr. Hartmut, o. Professor,
Säntisblick 10, 78465 Konstanz,
(0 75 33) 13 12;
Universität Konstanz, 78464 Konstanz,
(0 75 31) 88 36 57, Fax (0 75 31) 88 31 96,
E-Mail hartmut.maurer@uni-konstanz.de

379. *Mayer*, Dr. Franz, LL.M. (Yale), Universitätsprofessor,
Lettestr. 3, 10437 Berlin;
Universität Bielefeld,
Lehrstuhl für Öffentliches Recht, Europarecht, Völkerrecht,
Rechtsvergleichung und Rechtspolitik,
Postfach 10 01 31, 33501 Bielefeld,
(05 21) 1 06-44 12, Fax (05 21) 1 06-8 90 16,
E-Mail franz.mayer@uni-bielefeld.de

380. *Mayer-Tasch*, Dr. Peter Cornelius, Professor,
Am Seeberg 13, 86938 Schondorf,
(0 81 92) 86 68;
Hochschule für Politik München,
Ludwigstr. 8, 80539 München,
(0 89) 2 88 03 99-0, Fax (0 89) 2 88 03 99-22

381. *Meessen*, Dr. Karl Matthias, Professor,
Rotterdamer Straße 45, 40474 Düsseldorf,
(02 11) 1 59 42 11, Fax (02 11) 1 59 42 12,
E-Mail Karl.Meessen@t-online.de

382. *Mehde*, Dr. Veith, Mag.rer.publ., Professor,
Lilienstr. 23, 30167 Hannover,
(05 11) 8 98 29 06;
Lehrstuhl für Öffentliches Recht, insbesondere Verwaltungsrecht,
Leibniz Universität Hannover,
Königsworter Platz 1, 30167 Hannover,
(05 11) 7 62-82 06, Sekr.: -82 07, Fax (05 11) 7 62-1 91 06,
E-Mail mehde@jura.uni-hannover.de

383. *Meng*, Dr. Werner, Universitätsprofessor,
Preussenstr. 42, 66111 Saarbrücken,
(06 81) 6 85 26 74;
Direktor des Europa-Instituts, Universität des Saarlandes,
Postfach 15 11 50, 66041 Saarbrücken,
(06 81) 3 02 66 60, Fax (06 81) 3 02 66 62,
E-Mail W.Meng@mx.uni-saarland.de

384. *Menzel,* Dr. Jörg, Privatdozent,
The Senate of the Kingdom of Cambodia,
Chamcar Morn, State Palace,
Norodom Blvd., Phnom Penh, Cambodia,
(0 08 55) 12 33 35 28, Fax (0 08 55) 23 21 14 46,
E-Mail joergmenzel@gmx.net

385. *Merli,* Dr. Franz, Universitätsprofessor,
Institut für Österreichisches, Europäisches und
Vergleichendes Öffentliches Recht, Politikwissenschaft
und Verwaltungslehre,
Karl-Franzens-Universität Graz,
Universitätsstraße 15, A-8010 Graz,
(00 43) 31 63 80-36 02, Fax (00 43) 31 63 80-94 50,
E-Mail merli@uni-graz.at

386. *Merten,* Dr. Dr. Detlef, o. Professor,
Von-Dalberg-Str. 8, 67487 St. Martin, (0 63 23) 18 75;
Deutsche Hochschule für Verwaltungswissenschaften Speyer,
Freiherr-vom-Stein-Str. 2–6, 67346 Speyer,
(0 62 32) 6 54-3 49; oder -3 30,
E-Mail Merten@dhv-speyer.de

387. *Meßerschmidt,* Dr. Klaus, Privatdozent,
Hynspergstr. 29, 60322 Frankfurt am Main, (0 69) 55 45 87;
University of Latvia, EuroFaculty,
Raina bulv. 19, LV-1586 Riga/Lettland,
(00 371) 7 82 02 78, Fax (00 371) 7 82 02 60,
E-Mail Messerschmidtkl@aol.com

388. *Meyer,* Dr. Dr. h. c. Hans, Professor,
Georg-Speyer-Str. 28, 60487 Frankfurt am Main,
(0 69) 77 01 29 26, Fax (0 69) 77 01 29 27;
Humboldt-Universität zu Berlin, Juristische Fakultät,
Unter den Linden 6, 10099 Berlin,
(0 30) 20 93-35 28 (Sekr.) oder -33 47, Fax (0 30) 20 93-27 29,
E-Mail Hans.Meyer@rewi.hu-berlin.de

389. *Meyn,* Dr. Karl-Ulrich, Professor,
Leyer Str. 36, 49076 Osnabrück, (05 41) 12 64 82;
Universität Jena,
Schillerhaus, Schillergässchen 2, 07745 Jena,
(0 36 41) 93 11 85, Fax (0 36 41) 93 11 87,
E-Mail karl-ulrich.meyn@t-online.de

390. *Michael*, Dr. Lothar, Professor,
Niederkasseler Kirchweg 124, 40547 Düsseldorf;
Professur für Öffentliches Recht,
Universitätsstraße 1, Geb. 24.91, 40225 Düsseldorf,
(02 11) 8 11 14 12,
E-Mail Lothar.Michael@uni-duesseldorf.de

391. *Möllers*, Dr. Christoph, LL.M., Professor,
Zehdenicker Str. 14, 10119 Berlin;
Universität Göttingen,
Lehrstuhl für Öffentliches Recht, insbesondere Staatsrecht,
Rechtsvergleichung und Verfassungstheorie,
Platz der Göttinger Sieben 7, 37073 Göttingen,
(05 51) 3 91 01 56, Fax (05 51) 39 74 14,
E-Mail lehrstuhl.moellers@jura.uni-goettingen.de

392. *Morgenthaler*, Dr. Gerd, Professor,
Tilsiter Str. 33, 57250 Netphen;
Universität Siegen, Fachbereich 5,
Hölderlinstr. 3, 57068 Siegen, (02 71) 7 40 24 02,
E-Mail morgenthaler@recht.wiwi.uni-siegen.de

393. *Morlok*, Dr. Martin, Professor,
Poßbergweg 51, 40629 Düsseldorf, (02 11) 28 68 68;
Heinrich-Heine-Universität, Juristische Fakultät,
Universitätsstr. 1, Gebäude 24.91, 40225 Düsseldorf,
(02 11) 8 11 53 51, Fax (02 11) 81 14 60,
E-Mail ls.morlok@uni-duesseldorf.de

394. *Morscher*, Dr. Siegbert, o. Universitätsprofessor,
Tschiggyfreystr. 11a, A-6020 Innsbruck, (00 43) 5 12-28 62 10;
Leopold-Franzens-Universität, Institut für Öffentliches Recht
und Politikwissenschaft,
Innrain 80, A-6020 Innsbruck,
(00 43) 5 12-5 07 82 10 oder -11, Fax (00 43) 5 12- 5 07 28 28,
E-Mail siegbert.morscher@uibk.ac.at

395. *Möstl*, Dr. Markus, Professor,
Birkenstraße 77, 95447 Bayreuth, (09 21) 5 07 17 68,
E-Mail Markus.Moestl@t-online.de;
Rechts- und Wirtschaftswissenschaftliche Fakultät
Universitätsstr. 30, 95440 Bayreuth,
(09 21) 55-28 66, Fax (09 21) 55 20 41,
E-Mail markus.moestl@uni-bayreuth.de

396. *Muckel*, Dr. Stefan, Universitätsprofessor,
Ringstraße 122, 42929 Wermelskirchen, (0 21 93) 53 10 74;
Universität zu Köln, Institut für Kirchenrecht,
50923 Köln,
(02 21) 4 70-37 77 oder 4 70-26 79,
E-Mail Kirchenrecht@uni-koeln.de.de

397. *Mückl*, Dr. Stefan, apl. Professor,
Adenauerallee 129, 53115 Bonn;
Albert-Ludwigs-Universität Freiburg i.Br.,
Institut für Öffentliches Recht IV,
Platz der Universität 3, 79085 Freiburg i.Br.,
(07 61) 2 03-22 64, Fax (07 61) 2 03-22 97,
E-Mail s.mueckl@gmx.de

398. *Müller*, Dr. Dr. h.c. Georg, o. Professor,
Sugenreben 10, CH-5018 Erlinsbach,
(00 41) 6 28 44 38 73, Fax (00 41) 6 28 44 42 04
E-Mail georg-mueller@sunrise.ch

399. *Müller*, Dr. Dr. h.c. Jörg Paul, o. Professor,
Kappelenring 42a, CH-3032 Hinterkappelen,
(00 41) 3 19 01 05 70;
Seminar für Öffentliches Recht,
Hochschulstraße 4, CH-3012 Bern,
(00 41) 3 16 31 88 94 oder -99, Fax (00 41) 3 16 31 38 83

400. *Müller-Franken*, Dr. Sebastian, Professor,
Schützenstr. 1c, 35039 Marburg/Lahn, (0 64 21) 2 07 03 40 oder
Westermühlstr. 28, 80469 München, (0 89) 20 23 98 28;
Professur für Öffentliches Recht, Phillips-Universität Marburg,
Universitätsstraße 6, 35032 Marburg/Lahn,
(0 64 21) 2 82 31 22, Fax (0 64 21) 2 82 38 40,
E-Mail mueller-franken@staff.uni-marburg.de

401. *Müller-Terpitz*, Dr. Ralf, Professor,
Albrecht-Dürer-Str. 11, 40489 Düsseldorf,
(02 03) 7 28 18 97, Fax (02 03) 7 28 18 98;
Universität Passau,
Lehrstuhl für Staats- und Verwaltungsrecht sowie
Wirtschaftsverwaltungs-, Medien- und Informationsrecht,
Innstr. 40 (Nikolakloster), 94032 Passau,
(08 51) 5 09 22 20, Fax (08 51) 5 09 22 22,
E-Mail mueller-terpitz@uni-passau.de

402. *Müller-Volbehr*, Dr. Jörg, Universitätsprofessor,
Waxensteinstr. 16, 82194 Gröbenzell b. München,
(0 81 42) 79 73;
Universität Marburg,
Universitätsstr. 6, 35037 Marburg,
(0 64 21) 2 82 31 26

403. *Münch*, Dr. Dr. h.c. Ingo v., Professor,
Hochrad 9, 22605 Hamburg,
(0 40) 82 96 24, Fax (0 40) 82 34 49

404. *Murswiek*, Dr. Dietrich, o. Professor,
Lindenaustr. 17, 79199 Kirchzarten,
(0 76 61) 9 92 37;
Institut für Öffentliches Recht, Universität Freiburg,
79085 Freiburg,
(07 61) 2 03-22 37 oder -41, Fax (07 61) 2 03-22 40,
E-Mail Dietrich.Murswiek@jura.uni-freiburg.de

405. *Musil*, Dr. Andreas, Professor,
Mendelssohn-Bartholdy-Str. 34, 14480 Potsdam,
(03 31) 7 45 34 53;
Universität Potsdam,
Lehrstuhl für Öffentliches Recht,
insbesondere Verwaltungs- und Steuerrecht,
August-Bebel-Str 89, 14482 Potsdam,
(03 31) 9 77 32 33,
E-Mail musil@uni-potsdam.de

406. *Mußgnug*, Dr. Reinhard, o. Professor,
Keplerstr. 40, 69120 Heidelberg,
(0 62 21) 43 62 22, Fax (0 62 21) 40 83 09;
Universität Heidelberg, Institut für Finanz- und Steuerrecht,
Friedrich-Ebert-Anlage 6–10, 69117 Heidelberg,
(0 62 21) 54 74 66, Fax (0 62 21) 54 76 54,
E-Mail Reinhard.Mussgnug@urz.uni-heidelberg.de

407. *Mutius*, Dr. Albert v., o. Professor,
Hof »Frankenthaler Moor«,
Poseritz-Ausbau Nr. 8, 18574 Poseritz auf Rügen,
(03 83 07) 4 05 99, Fax (03 83 07) 4 03 49,
E-Mail mail@avm-law.de

408. *Nettesheim*, Dr. Martin, o. Professor,
Horemer 13, 72076 Tübingen, (0 70 71) 25 46 04;
Universität Tübingen, Juristische Fakultät,
Wilhelmstr. 7, 72074 Tübingen,
(0 70 71) 2 97 25 60, Fax (0 70 71) 29 58 47,
E-Mail Nettesheim@jura.uni-tuebingen.de

409. *Neumann*, Dr. Volker, Professor,
Neckarstaden 10, 69117 Heidelberg,
(0 62 21) 16 12 66;
Humboldt-Universität zu Berlin, Lehrstuhl für
Öffentliches Recht, Sozialrecht und Staatstheorie,
Unter den Linden 6, 10099 Berlin,
(0 30) 20 93 34 60, Fax (0 30) 20 93 34 52,
E-Mail volker.neumann@rewi.hu-berlin.de

410. *Nicolaysen*, Dr. Gert, Professor,
Bockhorst 68a, 22589 Hamburg,
(0 40) 8 70 17 47;
Universität Hamburg, Seminar für Öffentliches Recht
und Staatslehre, Abteilung Europarecht,
Schlüterstraße 28, 20146 Hamburg,
E-Mail gert.nicolaysen@jura.uni-hamburg.de

411. *Niedobitek*, Dr. Matthias, Universitätsprofessor,
Lauergasse 23, 67346 Speyer, (0 62 32) 7 28 51;
Professur für Europäische Integration mit dem Schwerpunkt
Europäische Verwaltung, Technische Universität Chemnitz,
Thüringer Weg 9, 09126 Chemnitz,
(03 71) 5 31-3 49 12,
E-Mail matthias.niedobitek@phil.tu-chemnitz.de

412. *Nierhaus*, Dr. Michael, Professor,
Am Moosberg 1c, 50997 Köln,
(0 22 36) 6 36 29

413. *Nolte*, Dr. Georg, Professor,
Ansbacher Str. 73, 10777 Berlin,
(0 30) 53 67 41 92;
Institut für Völker- und Europarecht,
Humboldt-Universität zu Berlin,
Unter den Linden 6, 10099 Berlin,
(0 30) 20 93-33 49, Fax (0 30) 20 93-33 84,
E-Mail georg.nolte@rewi.hu-berlin.de

414. *Nolte*, Dr. Martin, Privatdozent,
Düppelstraße 1, 24105 Kiel,
(04 31) 56 58 22, Fax (04 31) 56 58 22;
Christian-Albrechts-Universität zu Kiel,
Lehrstuhl für Öffentliches Recht und Verwaltungswissenschaften,
Olshausenstraße 40, 24098 Kiel,
(04 31) 8 80-45 46, Fax (04 31) 8 80-45 82,
E-Mail drnolte@lvstein.uni-kiel.de

415. *Novak*, Dr. Richard, o. Professor,
Thadd. Stammel-Str. 8, A-8020 Graz,
(00 43) 3 16-5 35 16;
Universität (00 43) 3 16-3 80-33 71,
E-Mail richard.novak@uni-graz.at

416. *Nowak*, Dr. Carsten, Privatdozent,
Jevenstedter Str. 69g, 22547 Hamburg,
(0 40) 8 80 03 17;
TU Dresden, Juristische Fakultät, 01062 Dresden,
(03 51) 4 63-3 73 74, Fax (03 51) 4 63-3 77 98,
E-Mail nowak@jura.tu-dresden.de

417. *Nußberger*, Dr. Angelika, Professorin,
Eichenhainallee 15, 51427 Bergisch Gladbach;
Direktorin des Instituts für Ostrecht an der Universität zu Köln,
Klosterstr. 79 d, 50931 Köln,
(02 21) 4 70 55 83, Fax (02 21) 4 70 55 82,
E-Mail angelika.nussberger@uni-koeln.de

418. *Odendahl*, Dr. Kerstin, Professorin,
Magnihalden 6, CH-9000 St. Gallen;
Universität St. Gallen, Lehrstuhl für Völker- und Europarecht,
Tigerbergstraße 21, CH-9000 St. Gallen;
(00 41) 7 12 24 28 37, Fax (00 41) 7 12 24 21 62,
E-Mail kerstin.odendahl@unisg.ch

419. *Oebbecke*, Dr. Janbernd, Universitätsprofessor,
Huberstr. 13a, 48155 Münster,
(02 51) 2 30 51 70;
Geschäftsführender Direktor des Kommunalwissenschaftlichen
Instituts, Universität Münster,
Universitätsstr. 14–16, 48143 Münster,
(02 51) 83-2 18 06, Fax (02 51) 83-2 18 33,
E-Mail Oebbecke@uni-muenster.de

420. *Oeter*, Dr. Stefan, Professor,
Wulfsdorfer Weg 122, 22359 Hamburg,
(0 40) 60 95 19 57;
Universität Hamburg, Institut für Internationale Angelegenheiten,
Rothenbaumchaussee 21/23, 20148 Hamburg,
(0 40) 4 28 38 45 65, Fax (0 40) 4 28 38 62 62,
E-Mail S-Oeter@jura.uni-hamburg.de

421. *Ohler*, Dr. Christoph, LL.M., Professor,
Berghoffsweg 4, 07743 Jena,
(0 36 41) 20 70 81;
Rechtswissenschaftliche Fakultät,
Friedrich-Schiller-Universität Jena,
Carl-Zeiß-Str. 3, 07743 Jena
(0 36 41) 94 22 60, Fax (0 36 41) 94 22 62,
E-Mail christoph.ohler@recht.uni-jena.de

422. *Öhlinger*, Dr. Theo, o. Universitätsprofessor,
Tolstojgasse 5/6, A-1130 Wien,
(00 43-1) 8 77 12 60;
Universität Wien, Schottenbastei 10–16, A-1010 Wien,
E-Mail theodor.oehlinger@univie.ac.at

423. *Oldiges*, Dr. Martin, Universitätsprofessor,
August-Bebel-Straße 31, 04275 Leipzig,
(03 41) 2 11 92 33, Fax (03 41) 1 49 68 16,
E-Mail martin@oldiges.de;
Universität Leipzig, Juristenfakultät,
Otto-Schill-Str. 2, 04109 Leipzig,
(03 41) 9 73 51 31, Fax (03 41) 9 73 51 39

424. *Oppermann*, Dr. Dres. h.c. Thomas, o. Professor,
Burgholzweg 122, 72070 Tübingen,
(0 70 71) 4 95 33, Fax (0 70 71) 4 47 02,
E-Mail oppermannprof@aol.com;
Universität Tübingen, Juristische Fakultät,
Wilhelmstr. 7, 72074 Tübingen,
(0 70 71) 2 97 25 58, Fax (0 70 71) 29 58 47,
E-Mail Thomas.Oppermann@uni-tuebingen.de

425. *Ossenbühl*, Dr. Fritz, Professor,
Im Wingert 12, 53340 Meckenheim, (0 22 25) 1 74 82;
Universität Bonn, 53113 Bonn,
(02 28) 73 55-72 oder -73

426. *Osterloh*, Dr. Lerke, Professorin,
Richterin des Bundesverfassungsgerichts,
Schloßbezirk 3, 76131 Karlsruhe,
(07 21) 91 01-0, Fax (07 21) 91 01-3 82;
Institut für Öffentliches Recht, Universität Frankfurt,
Postfach 11 19 32, 60054 Frankfurt am Main,
(0 69) 79 82 27 11 oder 2 86 11, Fax (0 69) 79 82 25 62,
E-Mail Osterloh@jur.uni-frankfurt.de

427. *Pabst*, Dr. Heinz-Joachim, Privatdozent,
Universität zu Köln,
Prüfungsamt der Rechtswissenschaftlichen Fakultät,
Albertus-Magnus-Platz, 50923 Köln,
(02 21) 4 70-77 48, Fax (02 21) 4 70-67 22,
E-Mail aobr1@uni-koeln.de

428. *Pache*, Dr. Eckhard, Professor,
Hauptstraße 82, 97218 Gerbrunn;
Julius-Maximilians-Universität Würzburg,
Domerschulstraße 16, 97070 Würzburg,
(09 31) 31-23 09, Fax (0931) 31-23 19,
E-Mail pache@jura.uni-wuerzburg.de

429. *Papier*, Dr. Dr. h.c. Hans-Jürgen, o. Professor,
Präsident des Bundesverfassungsgerichts,
Institut für Politik und Öffentliches Recht,
Universität München,
Professor-Huber-Platz 2, 80539 München,
(0 89) 21 80-62 94 oder -62 95, Fax (0 89) 21 80 31 99,
E-Mail LS.Papier@jura.uni-muenchen.de

430. *Paulus*, Dr. Andreas, Professor,
Hermann-Föge-Weg 17, 37073 Göttingen;
Institut für Völkerrecht und Europarecht,
Platz der Göttinger Sieben 5, 37073 Göttingen,
(05 51) 39 47 51, Fax (05 51) 39 47 67,
E-Mail apaulus@jura.uni-goettingen.de

431. *Pauly*, Dr. Walter, o. Professor,
Lehrstuhl für Öffentliches Recht, Rechts- und
Verfassungsgeschichte, Rechtsphilosophie,
Universität Jena,
Carl-Zeiss-Str. 3, 07743 Jena,
(0 36 41) 94 22 30 oder -31, Fax (0 36 41) 94 22 32,
E-Mail W.Pauly@recht.uni-jena.de

432. *Pechstein*, Dr. Matthias, Universitätsprofessor,
Lindenallee 40, 14050 Berlin,
(0 30) 3 01 94 17, Fax (0 30) 3 01 94 17;
Jean-Monnet-Institut für Öffentliches Recht und Europarecht,
Europa-Universität Viadrina Frankfurt (Oder),
Große Scharrnstr. 59, 15230 Frankfurt (Oder),
(03 35) 55 34-27 61, Fax (03 35) 55 34-27 69,
E-Mail Pechstein@euv-frankfurt-o.de

433. *Peine*, Dr. jur. Dr. h.c. Franz-Joseph, Professor,
Kurpromenade 56, 14089 Berlin-Kladow,
(0 30) 3 65 61 93, Fax (0 30) 3 65 61 93;
Lehrstuhl für Öffentliches Recht, insbesondere Verwaltungsrecht,
Europa-Universität Viadrina Frankfurt (Oder),
Große Scharrnstr. 59, 15230 Frankfurt (Oder),
(03 35) 55 34-25 28, Fax (03 35) 55 34-25 69,
E-Mail fjpeineberlin@t-online.de

434. *Pernice*, Dr. Ingolf, Universitätsprofessor,
Laehrstraße 17a, 14165 Berlin,
(0 30) 84 72 36 15, Fax (0 30) 84 50 91 62;
Lehrstuhl für Öffentliches Recht, Völker- und Europarecht,
Humboldt-Universität zu Berlin,
Unter den Linden 6, 10099 Berlin,
(0 30) 20 93-34 40, Fax (0 30) 20 93-34 49,
E-Mail ingolf.pernice@rz.hu-berlin.de

435. *Pestalozza*, Dr. Christian Graf v., Universitätsprofessor (em.),
Freie Universität Berlin, Institut für Staatslehre,
Staats-und Verwaltungsrecht,
Dienstanschrift: Van't-Hoff-Str. 8, 14195 Berlin (Dahlem),
Postanschrift: Bayernallee 12, 14052 Berlin (Westend),
(0 30) 3 04 63 29 oder 83 85 30 14, Fax (0 30) 30 81 31 04,
E-Mail c.pestalozza@fu-berlin.de

436. *Peters*, Dr. Anne, LL.M., Professorin,
Bollwerkstr. 134, CH-4102 Binningen;
Lehrstuhl für Völker- und Staatsrecht, Universität Basel,
Maiengasse 51, CH-4056 Basel,
(00 41) 6 12 67 25 65, Fax (00 41) 6 12 67 25 71,
E-Mail Anne.Peters@unibas.ch

437. *Pielow*, Dr. Johann-Christian, Professor,
Stiepeler Str. 96, 44801 Bochum,
(02 34) 7 46 33;
Ruhr-Universität Bochum, Fakultät für Wirtschaftswissenschaft
– Recht der Wirtschaft –,
Universitätsstr. 150, 44780 Bochum,
(02 34) 32 25 72 34, Fax (02 34) 3 21 40 74,
E-Mail christian.pielow@ruhr-uni-bochum.de

438. *Pieper*, Dr. Stefan Ulrich, apl. Professor,
Bundespräsidialamt,
Spreeweg 1, 10557 Berlin,
(0 18 88) 5 00 21 20, Fax (0 30) 20 00-19 99,
E-Mail stefan.pieper@bpra.bund.de

439. *Pieroth*, Dr. Bodo, Professor,
Gluckweg 19, 48147 Münster,
(02 51) 23 32 91, Fax (02 51) 23 32 94;
Institut für Öffentliches Recht und Politik, Universität Münster,
Wilmergasse 28, 48143 Münster,
(02 51) 51 04 90, Fax (02 51) 5 10 49-19,
E-Mail pieroth@uni-muenster.de

440. *Pietzcker*, Dr. Jost, Professor,
Hausdorffstr. 95, 53129 Bonn, (02 28) 23 39 54;
Universität Bonn, 53113 Bonn,
(02 28) 73 91 77,
E-Mail Pietzcker@jura.uni-bonn.de

441. *Pirson*, Dr. Dr. Dietrich, o. Professor,
Brunnenanger 15, 82418 Seehausen,
(0 88 41) 4 78 68;
Universität München,
Professor-Huber-Platz 2, 80539 München,
(0 89) 21 80-27 15,
E-Mail d.pirson@gmx.de

442. *Pitschas*, Dr. Rainer, o. Universitätsprofessor,
Hermann-Jürgens-Str. 8, 76829 Landau-Godramstein,
(0 63 41) 96 93 81, Fax (0 63 41) 96 93 82;
Deutsche Hochschule für Verwaltungswissenschaften Speyer,
Postfach 14 09, 67324 Speyer,
(0 62 32) 6 54-3 45, Fax (0 62 32) 6 54-3 05,
E-Mail rpitschas@dhv-speyer.de

443. *Pöcker*, Dr. Markus, Privatdozent,
Zollhofstr. 4, 67061 Ludwigshafen;
Lehrstuhl Prof. Dr. G. Hermes,
Johann Wolfgang Goethe-Universität,
Senckenberganlage 31, 60325 Frankfurt am Main,
(0 69) 79 82 38 64,
E-Mail mpoecker@hotmail.com

444. *Poscher*, Dr. Ralf, Universitätsprofessor,
Crellestr. 45, 10827 Berlin,
(0 30) 6 92 53 98;
Ruhr-Universität Bochum, Juristische Fakultät,
Lehrstuhl für Öffentliches Recht,
Rechtssoziologie und Rechtsphilosophie,
Universitätsstraße 150/Gebäude GC 8/135, 44801 Bochum,
(02 34) 3 22 28 09, Fax (02 34) 3 21 43 27,
E-Mail LS.Poscher@jura.ruhr-uni-bochum.de

445. *Pöschl*, Dr., Magdalena, Univ.-Prof.,
Klosterwiesgasse 31, A-8010 Graz;
Universität Graz, Institut für Österreichisches,
Europäisches und Vergleichendes Öffentliches Recht,
Politikwissenschaft und Verwaltungslehre,
Universitätsstr. 15/D3, A-8010 Graz,
(00 43) 31 63 80-67 07, Fax (00 43) 31 63 80-94 50,
E-Mail magdalena.poeschl@uni-graz.at

446. *Potacs*, Dr. Michael, Professor,
Hartäckerstraße 25–27/3, A-1190 Wien,
(00 43-1) 3 24 66 23;
Universität Klagenfurt,
Universitätsstr. 65–67, A-9020 Klagenfurt,
(00 43) 46 32 70 08 79, Fax (00 43) 46 32 70 08 68,
E-Mail michael.potacs@uni-klu.ac.at

447. *Preuß*, Dr. Ulrich K., Professor,
Friedbergstraße 47, 14057 Berlin,
(0 30) 30 81 94 33;
Hertie School of Governance,
Schlossplatz 1, 10178 Berlin,
(0 30) 2 12 31 23 10, Fax (0 30) 2 12 31 29 99,
E-Mail ukpreuss@hertie-school.org

448. *Puhl*, Dr. Thomas, o. Professor,
In der Aue 26a, 69118 Heidelberg,
(0 62 21) 80 36 64, Fax (0 62 21) 80 36 69;
Universität Mannheim, Fakultät für Rechtswissenschaft,
Schloss – Westflügel (W 226), 68131 Mannheim,
(06 21) 1 81-13 45/-13 55, Fax (06 21) 1 81 13 61,
E-Mail puhl@staffmail.uni-mannheim.de

449. *Pünder*, Dr. Hermann, LL.M (Iowa), Universitätsprofessor,
Hagedornstraße 25, 20149 Hamburg, (0 40) 41 46 69 34;
Bucerius Law School, Lehrstuhl für Öffentliches Recht
(einschließlich Europarecht), Verwaltungswissenschaft
und Rechtsvergleichung,
Postfach 30 10 30, 20304 Hamburg,
(0 40) 30 70 6-2 60, Fax (0 40) 3 07 06-2 35,
E-Mail hermann.puender@law-school.de

450. *Puttler*, Dr. Adelheid, LL.M. (University of Chicago),
diplomée de l'E.N.A., Universitätsprofessorin,
Lehrstuhl für Öffentliches Recht, insbesondere Europarecht,
Völkerrecht und Internationales Wirtschaftsrecht,
Ruhr-Universität Bochum,
44780 Bochum,
(02 34) 3 22 28 20, Fax (02 34) 3 21 41 39,
E-Mail LS-Puttler@Ruhr-Uni-Bochum.de

451. *Püttner*, Dr. Dr. h.c. Günter, o. Professor,
Schwerdstraße 3, 67346 Speyer,
(0 62 32) 7 19 97

452. *Quaritsch*, Dr. Helmut, o. Professor,
Otterstadter Weg 139, 67346 Speyer, (0 62 32) 6 31 81;
Deutsche Hochschule für Verwaltungswissenschaften Speyer,
Freiherr-vom-Stein-Str. 2–6, 67346 Speyer,
(0 62 32) 6 54-2 89, Fax (0 62 32) 6 54-3 05

453. *Ramsauer*, Dr. Ulrich, Professor,
Wiesenstraße 5, 20255 Hamburg,
(0 40) 43 18 12 53 52;
Universität Hamburg, Fakultät für Rechtswissenschaft,
Öffentliches Recht,
Edmund-Siemers-Allee 1, 20146 Hamburg,
(0 40) 4 28 38-49 65, Fax (0 40) 4 28 38-56 70,
E-Mail ulrich.ramsauer@jura.uni-hamburg.de

454. *Randelzhofer*, Dr. Albrecht, o. Professor,
Wulffstr. 12, 12165 Berlin,
(0 30) 7 92 60 85

455. *Raschauer*, Dr. Bernhard, o. Universitätsprofessor,
Pfeilgasse 7/2/6, A-1080 Wien,
(00 43-1) 4 08 33 53;
Universität Wien,
Schottenbastei 10–16, A-1010 Wien,
(00 43-1) 42 77-3 53 52, Fax (00 43-1) 42 77-3 54 59,
E-Mail sekretariat.raschauer.staatsrecht@univie.ac.at

456. *Rasenack*, Dr. Christian A.L., LL.M., Professor,
Taunusstr. 8, 12309 Berlin,
(0 30) 7 45 25 43;
TU Berlin, Fakultät VIII,
Institut für Volkswirtschaftslehre und Wirtschaftsrecht,
Straße des 17. Juni 135, 10623 Berlin,
(0 30) 31 42-58 74, Fax (0 30) 7 45 25 43,
E-Mail c.rasenack@ww.tu-berlin.de

457. *Rauschning*, Dr. Dr. h.c. Dietrich, o. Professor,
Rodetal 1, 37120 Bovenden,
(0 55 94) 9 31 74, Fax (0 55 94) 9 31 75;
Institut für Völkerrecht, Universität Göttingen,
Platz der Göttinger Sieben 5, 37073 Göttingen,
(05 51) 39 47 51,
E-Mail drausch@gwdg.de

458. *Reimer*, Dr. Ekkehart, Professor,
Institut für Finanz- und Steuerrecht,
Lehrstuhl für Öffentliches Recht und Prinzipien
des Europäischen und Internationalen Steuerrechts,
Friedrich-Ebert-Anlage 6–10, 69117 Heidelberg,
(0 62 21) 54 74 67, Fax (0 62 21) 54 77 91,
E-Mail Reimer@uni-heidelberg.de

459. *Reimer*, Dr. Franz, Professor,
Ebelstr. 37, 35392 Gießen;
Justus-Liebig-Universität Gießen,
Fachbereich 1 (Rechtswissenschaft),
Hein-Heckroth-Str. 5, 35390 Gießen,
E-Mail franz.reimer@recht.uni-giessen.de

460. *Reinhardt*, Dr. Michael, LL.M. (Cantab.), Professor,
Auf dem Stumpelrott 9, 50999 Köln,
(02 21) 35 17 30;
Universität Trier, Fachbereich V, 54286 Trier,
(06 51) 2 01-25 78, Fax (06 51) 2 01 25 80,
E-Mail reinharm@uni-trier.de

461. *Remmert*, Dr. Barbara, Universitätsprofessorin,
Bei der Fruchtschranne 4, 72070 Tübingen;
Eberhard Karls Universität Tübingen,
Lehrstuhl für Öffentliches Recht,
Wilhelmstraße 7 (Neue Aula),
E-Mail remmert@jura.uni-tuebingen.de

462. *Rengeling*, Dr. Hans-Werner, Universitätsprofessor,
Langeworth 143, 48159 Münster,
(02 51) 21 20 38, Fax (02 51) 21 20 44;
European Legal Studies Institute, Universität Osnabrück,
Martinistr. 10, 49069 Osnabrück,
(05 41) 9 69-45 05 oder -45 04, Fax (05 41) 9 69-62 82,
E-Mail hrengeli@uos.de

463. *Rensmann*, Dr. Thilo, Privatdozent,
Sedanstraße 12, 53173 Bonn, (02 28) 21 44 12;
Rheinische Friedrich-Wilhelms-Universität Bonn,
Institut für Öffentliches Recht,
Adenauerallee 24–42, 53113 Bonn,
(02 28) 73-94 48, Fax (02 28) 73-79 01,
E-Mail rensmann@uni-bonn.de

464. *Ress*, Dr. iur. Dr. rer. pol. Dr. iur. h.c. mult.,
Georg, em. Universitätsprofessor an der Universität
der Saarlandes, Professor an der International University Bremen,
Richter am EGMR a.D.,
Am Botanischen Garten 26/6, 66123 Saarbrücken,
(06 81) 3 02 30 55 oder 37 25 45, Fax (06 81) 37 25 45,
E-Mail ress@mx.uni-saarland.de

465. *Rhinow*, Dr. René, o. Professor,
em. Ordinarius für öffentliches Recht an der Universität Basel,
Präsident des Schweizerischen Roten Kreuzes,
Jurastrasse 48, CH-4411 Seltisberg,
(00 41) 6 19 11 99 35,
E-Mail rene.rhinow@eblcom.ch

466. *Richter*, Dr. Dagmar, Privatdozentin,
Birkenweg 90, 24211 Preetz;
Walther-Schücking-Institut für Internationales Recht
an der CAU Kiel,
Westring 400, 24098 Kiel,
E-Mail drichter@internat-recht.uni-kiel.de

467. *Riedel*, Dr. Eibe H., Universitätsprofessor,
Haagwiesenweg 19, 67434 Neustadt,
(0 63 21) 8 48 19;
Lehrstuhl für Deutsches und Ausländisches Öffentliches Recht,
Völkerrecht und Europarecht, Universität Mannheim,
Schloß/Westflügel, 68131 Mannheim,
(06 21) 1 81-14 17 oder 14 18 oder 14 20-22, Fax (06 21) 1 81-14 19,
E-Mail Riedel@jura.uni-mannheim.de

468. *Rill*, Dr. Heinz Peter, em. o. Univ.-Prof.,
Peter-Jordan-Str. 145, A-1180 Wien,
(00 43-1) 4 79-86 74;
Forschungsinstitut für Europafragen, Wirtschaftsuniversität Wien,
Althanstraße 39–45, A-1090 Wien,
(00 43-1) 3 13 36 46-65 oder -66

469. *Rinken*, Dr. Alfred, Universitätsprofessor,
Präsident des Staatsgerichtshofs der
Freien Hansestadt Bremen,
Treseburger Str. 37, 28205 Bremen,
(04 21) 44 07 62,
E-Mail rinken@uni-bremen.de

470. *Rixen*, Dr. Stephan, Univ.-Prof,
Torstraße 97, 10119 Berlin, (0 30) 29 36 76 63;
Universität Kassel, Institut für Sozialpolitik und
Organisation Sozialer Dienste, Fachbereich 04 (Sozialwesen),
Arnold-Bode-Str. 10, 34127 Kassel,
(05 61) 8 04-29 54 oder – 29 70, Fax (05 61) 8 04-32 65,
E-Mail stephan.rixen@uni-kassel.de

471. *Robbers*, Dr. Gerhard, Universitätsprofessor,
Dagobertstr. 17, 54292 Trier,
(06 51) 5 37 10;
Universität Trier, Postfach 38 25, 54286 Trier,
(06 51) 2 01-25 42, Fax (06 51) 2 01-39 05,
E-Mail Robbers@uni-trier.de

472. *Röben*, Dr. Volker, LL.M., Professor,
School of Law Swansea University,
Singleton Park, Swansea SA2 8PP, Wales, UK,
(00 44) 17 92 60 27 23, Fax (00 44) 17 92 29 58 55,
E-Mail V.Roeben@swansea.ac.uk

473. *Rodi*, Dr. Michael, M.A., Universitätsprofessor,
Richardstr. 82, 12043 Berlin;
Ernst-Moritz-Arndt-Universität Greifswald,
Lehrstuhl für Öffentliches Recht, Finanz- und Steuerrecht,
17487 Greifswald,
(0 38 34) 86 21 00,
E-Mail mrodi@uni-greifswald.de

474. *Roellecke*, Dr. Gerd, o. Professor (em.),
Kreuzackerstr. 8, 76228 Karlsruhe,
(07 21) 49 17 39, Fax (07 21) 4 76 87 80,
E-Mail roellecke-wolfartsweier@online.de

475. *Röger*, Dr. Ralf, Professor,
Fachhochschule des Bundes für öffentliche Verwaltung,
Fachbereich Bundespolizei,
Ratzeburger Landstraße 4, 23562 Lübeck,
(04 51) 2 03-17 36, Fax (04 51) 2 03-17 09,
E-Mail roeger@roeger.info

476. *Röhl*, Dr. Hans Christian, Professor,
Mainaustraße 207a, 78464 Konstanz,
(0 75 31) 36 22 43;
Universität Konstanz,
Lehrstuhl für Staats- und Verwaltungsrecht,
Europarecht und Rechtsvergleichung, Fach D 115,
Universitätsstr. 10, 78457 Konstanz,
(0 75 31) 88-23 13, Fax (0 75 31) 88-25 63,
E-Mail hans.christian.roehl@uni-konstanz.de

477. *Ronellenfitsch*, Dr. Michael, o. Professor,
Augusta-Anlage 15, 68165 Mannheim,
(06 21) 41 23 34;
Universität Tübingen, Juristische Fakultät,
Wilhelmstr. 7, 72074 Tübingen,
(0 70 71) 2 97 21 09, Fax (0 70 71) 2 97 49 05,
E-Mail ronellenfitsch@jura.uni-tuebingen.de

478. *Rossen-Stadtfeld*, Dr. Helge, Professor,
Marklandstraße 17, 81549 München, (0 89) 74 42 79 29;
Universität der Bundeswehr München,
Fakultät für Wirtschafts- und Organisationswissenschaften,
Werner-Heisenberg-Weg 39, 85577 Neubiberg,
(0 89) 60 04-46 04, Fax (0 89) 60 04-37 00,
E-Mail helge.rossen-stadtfeld@unibw.de

479. *Rossi*, Dr. Matthias, Professor,
Universität Augsburg, Juristische Fakultät,
Lehrstuhl für Staats- und Verwaltungsrecht,
Europarecht sowie Gesetzgebungslehre,
Universitätsstr. 2, 86135 Augsburg,
(08 21) 598-45 45, Sekr. -45 46, Fax (08 21) 598-45 47,
E-Mail matthias.rossi@jura.uni-augsburg.de

480. *Roth*, Dr. Wolfgang, LL.M. (Michigan), apl. Prof.,
An der Elisabethkirche 48, 53113 Bonn,
(02 28) 9 12 52 73;
RAe Redeker Sellner Dahs & Widmaier,
Mozartstraße 4–10, 53115 Bonn,
(02 28) 7 26 25- 5 42,
E-Mail roth@redeker.de

481. *Rozek*, Dr. Jochen, Universitätsprofessor,
Pfaffendorfer Str. 1, 04105 Leipzig,
(03 41) 2 25 59 32;
Lehrstuhl für Staats- und Verwaltungsrecht,
Verfassungsgeschichte und Staatskirchenrecht,
Juristenfakultät, Universität Leipzig,
Burgstr. 27, 04109 Leipzig,
(03 41) 97 35-1 71, Sekr. -1 70, Fax (03 41) 97 35-1 79,
E-Mail rozek@uni-leipzig.de

482. *Ruch*, Dr. Alexander, o. Professor,
Gartenstr. 85, CH-4052 Basel,
(00 41) 6 12 72 36 22;
ETH Zürich, Rämistr. 101, CH-8092 Zürich,
(00 41-1) 6 32 60 01, Fax (0041) 16 32 10 24,
E-Mail ruch@recht.gess.ethz.ch

483. *Rudolf*, Dr. Walter, o. Professor,
Rubensallee 55a, 55127 Mainz, (0 61 31) 7 19 42;
FB Rechts- und Wirtschaftswissenschaften,
Universität Mainz, 55099 Mainz,
(0 61 31) 39-24 12, Fax (0 61 31) 39-54 39

484. *Ruffert*, Dr. Matthias, Professor,
Naumannstraße 12, 07743 Jena, (0 36 41) 20 72 63;
Rechtswissenschaftliche Fakultät,
Universität Jena,
Carl-Zeiss-Straße 3, 07743 Jena,
(0 36 41) 94 22 01, Fax (0 36 41) 94 22 02,
E-Mail m.ruffert@recht.uni-jena.de

485. *Rüfner*, Dr. Wolfgang, Professor,
Hagebuttenstr. 26, 53340 Meckenheim,
(0 22 25) 71 07,
E-Mail Ruefner@t-online.de;
Institut für Staatskirchenrecht der Diözesen Deutschlands,
Adenauerallee 19, 53111 Bonn,
(02 28) 26 74-3 62, Fax (02 28) 26 74-3 69

486. *Rühl*, Dr. Ulli F. H., Professor,
Hermann-Allmers-Str. 34, 28209 Bremen, (04 21) 3 46 74 84;
Universität Bremen, Fachbereich 6 Rechtswissenschaft,
Universitätsallee, GW 1, Postfach 33 04 40, 28334 Bremen,
(04 21) 2 18-46 06, Sekretariat: (04 21) 2 18-21 27,
E-Mail uruehl@uni-bremen.de

487. *Ruland*, Dr. Franz, Professor,
Geschäftsführer des Verbandes
Deutscher Rentenversicherungsträger a.D.,
Honorarprofessor an der Johann-Wolfgang-Goethe Universität
Frankfurt,
Strasslacher Straße 1B, 81479 München,
(0 89) 72 77 97 92, Fax (0 89) 74 90 94 82,
E-Mail Ruland.Franz@t-online.de

488. *Rupp*, Dr. Hans Heinrich, o. Professor,
Am Marienpfad 29, 55128 Mainz,
(0 61 31) 3 45 88

489. *Ruthig*, Dr. Josef, Universitätsprofessor,
C8 1, 68159 Mannheim;
Johannes-Gutenberg-Universität Mainz,
Fachbereich Rechts- und Wirtschaftswissenschaften,
Lehrstuhl für Rechtsphilosophie und Öffentliches Recht,
55099 Mainz,
(0 61 31) 39-2 096 4, (06 21) 1 81-14 08, Fax (06 21) 1 81-14 11,
E-Mail Ruthig@uni-mainz.de

490. *Rux*, Dr. Johannes, Privatdozent,
Sophienstr. 32, 76133 Karlsruhe,
(07 21) 3 83 12 47, Fax (07 21) 3 83 12 48,
E-Mail rux@staatsrecht.info

491. *Sachs*, Dr. Michael, Universitätsprofessor,
Dattenfelder Str. 7, 51109 Köln,
(02 21) 84 46 57, Fax (02 21) 84 06 70;
Universität zu Köln, Lehrstuhl für Staats- und Verwaltungsrecht,
Albertus-Magnus-Platz, Bauteil V, 2.OG, 50923 Köln,
(02 21) 4 70-58 03, Fax (02 21) 4 70-51 35,
E-Mail Sachs@uni-koeln.de

492. *Sacksofsky*, Dr. Ute, Professorin,
Bundenweg 16, 60320 Frankfurt am Main,
(0 69) 95 62 20 51, Fax (0 69) 95 62 20 52;
Goethe-Universität, Fachbereich Rechtswissenschaft,
Senckenberganlage 31, 60054 Frankfurt am Main,
Postfach 11 19 32, 60325 Frankfurt am Main,
(0 69) 79 82 86 54 oder 2 26 54,
E-Mail Sacksofsky@jur.uni-frankfurt.de

493. *Salzwedel*, Dr. Jürgen, o. Professor,
Siebengebirgsstr. 86, 53229 Bonn,
(02 28) 48 17 10;
c/o RAe Norton, Rose, Vieregge, Köln,
(02 21) 77 16-2 16, Fax (02 21) 77 16-1 10

494. *Sarcevic*, Dr. Edin, apl. Professor,
Thomasiusstr. 15, 04009 Leipzig,
(03 41) 6 01 73 93;
Juristenfakultät Leipzig, Postfach 100 920,
(03 41) 9 73 52 10, Fax (03 41) 9 73 52 18,
E-Mail edin@rz.uni-leipzig.de

495. *Sattler*, Dr. Andreas, Professor,
Ludwig-Beck-Str. 17, 37075 Göttingen,
(05 51) 2 23 40

496. *Saxer*, Dr. Urs, Titularprofessor, LL.M.,
Kantstrasse 15, CH-8044 Zürich, (00 41-44) 4 22 40 42;
Steinbrüchel Hüssy Rechtsanwälte,
Grossmünsterplatz 8, CH-8001 Zürich,
(00 41-44) 2 69 40 00, Fax (00 41-44) 2 69 40 01,
E-Mail Saxer@steinlex.ch

497. *Schachtschneider*, Dr. Karl Albrecht, o. Professor,
Hubertusstraße 6, 94091 Nürnberg,
(09 11) 59 94 36;
Wirtschafts- und Sozialwissenschaftliche Fakultät,
Universität Erlangen-Nürnberg,
Lange Gasse 20, 90403 Nürnberg,
(09 11) 53 02-3 29 oder -3 11, Fax (09 11) 53 02-2 97,
E-Mail else.hirschmann@wiso.uni-erlangen.de

498. *Schambeck*, Dr. Dr. h.c. mult. Herbert, o. Universitätsprofessor,
Hofzeile 21, A-1190 Wien,
(00 43-1) 36 34 94;
Universität Linz,
(00 43) 73 22 46 84 24

499. *Schefer*, Dr. Markus, Professor,
Gartenstadt 18, CH-4142 Münchenstein/BL,
(00 41) 6 14 11 36 28;
Universität Basel Juristische Fakultät, Lehrstuhl für Staats- und Verwaltungsrecht,
Maiengasse 51, CH-4056 Basel,
(00 41) 6 12 67 25 13,
E-Mail markus.schefer@unibas.ch

500. *Schefold*, Dr. Dian, Universitätsprofessor,
Mathildenstraße 93, 28203 Bremen,
(04 21) 7 25 76;
FB Rechtswissenschaft der Universität Bremen,
Universitätsallee, GW 1, Postfach 33 04 40, 28334 Bremen,
(04 21) 2 18-21 66, Fax (04 21) 2 18-34 94,
E-Mail schefold@uni-bremen.de

501. *Schenke*, Dr. Ralf P., o. Professor,
Heinestr. 4 A, 97209 Veitshöchheim,
(09 31) 30 17 11 31;
Julius-Maximilians-Universität Würzburg,
Lehrstuhl für Deutsches,
Europäisches und Internationales Steuerrecht,
Domerschulstr. 16, 97070 Würzburg
(09 31) 31 23 60, Fax (09 31) 31 60 70,
E-Mail schenke@jura.uni-wuerzburg.de

502. *Schenke*, Dr. Wolf-Rüdiger, o. Professor,
Beim Hochwald 30, 68305 Mannheim,
(06 21) 74 42 00;
Universität Mannheim, 68131 Mannheim,
(06 21) 1 81 14 10,
E-Mail Schenke@jura.uni-mannheim.de

503. *Scherer*, Dr. Joachim, LL.M., apl. Professor,
Privatweg 9, 64342 Seeheim-Jugenheim,
(0 62 57) 90 37 39;
RAe Baker & McKenzie,
Bethmannstr. 50–54, 60311 Frankfurt am Main,
(0 69) 29 90 81 89, Fax (0 69) 29 90 81 08,
E-Mail Joachim.Scherer@Bakernet.com

504. *Scherzberg*, Dr. Arno, Professor,
Wartburgstr. 34, 99094 Erfurt,
(0361) 7 37 47 61;
Universität Erfurt, Staatswissenschaftliche Fakultät,
Postfach 900 221, 99105 Erfurt,
(03 61) 7 37-47 61, (03 61) 7 37-47 60 (Sekr.),
Fax (03 61) 7 37-47 09,
E-Mail Arno.Scherzberg@uni-erfurt.de

505. *Scheuing*, Dr. Dieter H., o. Professor,
Finkenstr. 17, 97204 Höchberg,
(09 31) 4 83 31, Fax (09 31) 40 81 98;
Universität Würzburg, 97070 Würzburg,
E-Mail Scheuing@jura.uni-wuerzburg.de

506. *Schiedermair*, Dr. Hartmut, o. Professor,
Wittelsbacher Str. 7, 53173 Bonn-Bad Godesberg;
Institut für Völkerrecht und ausländisches öffentliches Recht,
Universität Köln,
Gottfried-Keller-Str. 2, 50931 Köln,
(02 21) 4 70 23 64

507. *Schilling*, Dr. Theodor, apl. Professor,
Humboldt-Universität zu Berlin, 10117 Berlin,
13, rue de Moutfort, L-5355 Oetrange,
(0 03 52) 35 85 76;
Gerichtshof der EG, L-2925 Luxemburg,
(0 03 52) 43 03-34 13,
E-Mail thsch@web.de

508. *Schindler*, Dr. Dr. h.c. Dietrich, Professor,
Lenzenwiesstr. 8, CH-8702 Zollikon;
Universität Zürich,
(00 41-1) 3 91-71 18 oder -41 40, Fax (00 41-1) 3 91-71 18

509. *Schlacke*, Dr. Sabine, Professorin,
Querstr. 9, 18107 Elmenhorst,
(03 81) 5 10 60 82;
Universität Bremen, Professur für Öffentliches Recht
mit dem Schwerpunkt deutsches, europäisches und
internationales Umweltrecht, Verwaltungsrecht
Universitätsallee, 28353 Bremen,
(04 21) 2 18-72 49, Fax (04 21) 2 18-74 90,
E-Mail schlacke@uni-bremen.de

510. *Schlette*, Dr. Volker, Privatdozent,
Hirberg 4, 37170 Uslar, (0 55 73) 99 98 68;
Universität Göttingen, Juristisches Seminar,
Platz der Göttinger Sieben 6, 37073 Göttingen,
(05 51) 39 44 13, Fax (05 51) 39 74 14

511. *Schlieffen*, Dr. Katharina Gräfin v., Universitätsprofessorin,
FernUniversität Hagen, Fachbereich Rechtswissenschaft,
Universitätsstr. 21, 58084 Hagen,
(0 23 31) 9 87-28 78, Fax (0 23 31) 9 87-3 95,
E-Mail LG.vonSchlieffen@fernuni-hagen.de

512. *Schliesky*, Dr. Utz, apl. Professor, Ministerialdirigent,
Goosdiek 22, 24229 Dänischenhagen;
Leiter der Abteilung Verwaltungsmodernisierung,
Finanzministerium des Landes Schleswig-Holstein,
Düsternbrooker Weg 64, 24105 Kiel
(04 31) 9 88-39 05;
Lorenz-von-Stein-Institut für Verwaltungswissenschaften an der
Christian-Albrechts-Universität zu Kiel,
Olshausenstr. 40, 24098 Kiel,
E-Mail Utz.Schliesky@fimi.landsh.de

513. *Schlink*, Dr. Bernhard, Professor,
Viktoria-Luise-Platz 4, 10777 Berlin;
Institut für Öffentliches Recht und Völkerrecht,
Humboldt-Universität zu Berlin,
Unter den Linden 6, 10099 Berlin,
(0 30) 20 93-34 54 oder -34 72, Fax (0 30) 20 93-34 52,
E-Mail Schlink@rewi.hu-berlin.de

514. *Schmahl*, Dr. Stefanie, LL.M., Professorin,
Wittelsbacherstraße 10 A, 10707 Berlin;
Lehrstuhl für deutsches und ausländisches öffentliches Recht,
Völkerrecht und Europarecht, Universität Würzburg,
Domerschulstr. 16, 97070 Würzburg,
(09 31) 31-23 24,
Fax (09 31) 31-27 92,
E-Mail schmahl@jura.uni-wuerzburg.de

515. *Schmalenbach*, Dr. Kirsten, Professorin,
Richard Wagner Gasse 13, A-8010 Graz;
Karl-Franzens-Universität Graz,
Universitätsplatz 3, A-8010 Graz,
(00 43) 31 63 80 34 12,
E-Mail kirsten.schmalenbach@uni-graz.at

516. *Schmehl*, Dr. Arndt, Univ.-Prof.,
Professur für Öffentliches Recht, Finanz- und Steuerrecht,
Universität Hamburg,
Schlüterstr 28 (Rechtshaus), 20146 Hamburg,
(0 40) 4 28 38 -30 26 (Sekr.) und -30 25 (direkt),
Fax (0 40) 4 28 38 -30 28,
E-Mail arndt.schmehl@jura.uni-hamburg.de

517. *Schmid*, Dr. Gerhard, Professor,
Hochwaldstr. 24, CH-4059 Basel,
(00 41) 6 13 31 84 25;
c/o Wenger Plattner, Aeschenvorstadt 55,
CH-4010 Basel,
(00 41) 6 12 79-70 00, Fax (00 41) 6 12 79-70 01,
E-Mail Gerhard.Schmid@wenger-plattner.ch

518. *Schmid*, Dr. Viola, LL.M., Universitätsprofessorin,
Kirchenweg 3, 91126 Schwabach,
(0 91 22) 7 73 82, Fax (0 91 22) 6 23 45;
Institut für Öffentliches Recht,
Technische Universität Darmstadt,
Hochschulstr. 1, 64289 Darmstadt,
(0 61 51) 16 64 64,
Fax (0 61 51) 16 39 84,
E-Mail schmid@jus.tu-darmstadt.de

519. *Schmidt*, Dr. Reiner, o. Professor,
Bachwiesenstr. 5, 86459 Gessertshausen,
(0 82 38) 41 11, Fax (0 82 38) 6 09 01,
E-Mail Rein.Schmidt@t-online.de;
Lehrstuhl für Öffentliches Recht,
Wirtschaftsverwaltungsrecht
und Umweltrecht, Universität Augsburg,
Universitätsstr. 24, 86159 Augsburg,
(08 21) 5 98-45 26

520. *Schmidt*, Dr. Thorsten Ingo, Privatdozent, Richter,
Herkulesstraße 7, 34266 Niestetal,
01 63-1 35 54 87;
Verwaltungsgericht Hannover,
Eintrachtweg 19, 30173 Hannover,
(05 51) 81 11-235,
E-Mail thorsten.ingo.schmidt@googlemail.com

521. *Schmidt*, Dr. Walter, Universitätsprofessor,
Brüder-Knauß-Str. 86, 64285 Darmstadt,
(0 61 51) 6 47 10;
Universität Frankfurt, 60054 Frankfurt am Main,
(0 69) 7 98 2 21 89

522. *Schmidt am Busch*, Dr. Birgit, Privatdozentin,
Schmellerstr. 28, 80337 München,
(0 89) 7 25 74 20,
E-Mail BSaB@aol.com;
Bayerisches Staatsministerium für Umwelt,
Gesundheit und Verbraucherschutz,
Rosenkavalierplatz 2, 81925 München,
(0 89) 92 14-33 03, Fax (0 89) 92 14-24 85,
E-Mail birgit.schmidtambusch@stmugv.bayern.de

523. *Schmidt-Aßmann*, Dr. Dr. h.c. Eberhard, o. Professor,
Höhenstr. 30, 69118 Heidelberg,
(0 62 21) 80 08 03;
Universität Heidelberg, 69117 Heidelberg,
(0 62 21) 54 74 28,
E-Mail schmidt-assmann@uni-hd.de

524. *Schmidt-De Caluwe*, Reimund, Universitätsprofessor,
Unterer Hardthof 17 B, 35398 Gießen,
(06 41) 3 45 66, Fax (06 41) 9 60 99 66;
Juristische Fakultät der Martin-Luther-Universität
Halle-Wittenberg,
Universitätsplatz 3–5, 06099 Halle (Saale),
(03 45) 55-2 31 38 oder -39,
E-Mail Schmidtdc@jura.uni-halle.de

525. *Schmidt-Jortzig*, Dr. Edzard, o. Professor,
Graf-Spee-Straße 18a, 24105 Kiel,
(04 31) 8 95 01 95, Fax (04 31) 80 34 71,
E-Mail esjot@web.de;
Lehrstuhl für Öffentliches Recht,
Universität Kiel, 24118 Kiel,
(04 31) 8 80-35 45

526. *Schmidt-Preuß*, Dr. Matthias, o. Professor,
E.-T.-A.-Hoffmann-Straße 12, 53113 Bonn,
(02 28) 67 80 91;
Universität Bonn, Rechts- und Staatswissenschaftliche Fakultät,
Adenauerallee 24–42, 53113 Bonn,
(02 28) 73 65 02, Fax (02 28) 73 65 07,
E-Mail schmidt-preuss@jura.uni-bonn.de

527. *Schmidt-Radefeldt*, Dr. Roman, Privatdozent,
Schleiermacherstr.5, 68165 Mannheim,
(06 21) 8 20 75 02,
E-Mail romansr69@yahoo.de;
Fachhochschule des Bundes für öffentliche Verwaltung,
Fachbereich Bundeswehrverwaltung,
Seckenheimer Landstr.30, 68163 Mannheim,
(0621) 4 29 54 60,
E-Mail romanschmidtradefeldt@bundeswehr.org

528. *Schmitt Glaeser*, Dr. Alexander, LL.M. (Yale), Privatdozent,
Kaulbachstraße 64, 80539 München,
(0 89) 38 54 79 31,
E-Mail a.schmitt.glaeser@aya.yale.edu

529. *Schmitt Glaeser*, Dr. Dr. h. c. Walter, o. Professor,
Rübezahlweg 9 A, 95447 Bayreuth,
(09 21) 3 20 70, Fax (09 21) 7 56 38 66

530. *Schmitt-Kammler*, Dr. Arnulf, Universitätsprofessor,
Katzenberg 6, 96049 Bamberg;
Universität zu Köln, Rechtswissenschaftliche Fakultät,
Albertus-Magnus-Platz, 50923 Köln,
(02 21) 4 70-40 66 oder -40 67,
E-Mail A.Schmitt-Kammler@uni-koeln.de

531. *Schmitz*, Dr. Thomas, apl. Professor,
Kr. Valdemāra iela 33–49, LV-1010 Rīga;
Juridiskī fakultīte,
Raiņa bulvāris 19, 483. kab., LV-1586 Rīga,
(00 3 71) 28 30 92 64,
E-Mail tschmit1@gwdg.de

532. *Schnapp*, Dr. Friedrich E., o. Professor,
Efeuweg 22, 44869 Bochum,
(0 23 27) 7 42 13;
Universität Bochum, 44780 Bochum,
(02 34) 32-2 22 39 Fax (02 34) 32-1 42 71,
E-Mail friedrich.e.schnapp@rub.de

533. *Schneider*, Dr. Hans, o. Professor,
Ludolf-Krehl-Str. 44, 69120 Heidelberg,
(0 62 21) 48 03 81;
Universität Heidelberg, 69117 Heidelberg,
(0 62 21) 54 74 46

534. *Schneider*, Dr. Dr. h.c. Hans-Peter, o. Professor,
Rominteweg 1, 30559 Hannover,
(05 11) 51 10 50, Fax (05 11) 51 10 50;
FB Rechtswissenschaften, Universität Hannover,
Königsworther Platz 1, 30167 Hannover,
(05 11) 7 62-81 85 oder 81 86,
E-Mail sekretariat@iff.uni-hannover.de

535. *Schneider*, Dr. Jens-Peter, Professor,
Lürmannstr. 10, 49076 Osnabrück,
(05 41) 6 68 82 08, Fax (05 41) 6 68 82 07;
European Legal Studies Institute, Universität Osnabrück;
49069 Osnabrück,
(05 41) 9 69-45 00, Fax (05 41) 9 69-45 09,
E-Mail jp-schneider@uos.de

536. *Schöbener*, Dr. Burkhard, Professor,
Am Glösberg 27, 97342 Obernbreit, (0 93 32) 50 00 04;
Professur für Öffentliches Recht, Völkerrecht und Europarecht, Universität zu Köln,
Gottfried-Keller-Straße 2, 50931 Köln,
(02 21) 4 70-38 34 oder -38 75,
E-Mail burkhard.schoebener@uni-koeln.de

537. *Schönberger*, Dr. Christoph, Professor,
Wintererstr. 7, 79104 Freiburg i. Br.,
(07 61) 3 19 68 72;
Universität Konstanz, Fachbereich Rechtswissenschaft,
Postfach D 110, Universitätsstr. 10, 78457 Konstanz,
(0 75 31) 88 30 04, Fax (0 75 31) 88 40 08,
E-Mail Christoph.Schoenberger@uni-konstanz.de

538. *Schoch*, Dr. Friedrich, o. Professor,
Kastelbergstr. 19, 79189 Bad Krozingen,
(0 76 33) 94 81 04, Fax (0 76 33) 94 81 05;
Institut für Öffentliches Recht IV, Universität Freiburg,
Postfach, 79085 Freiburg,
(07 61) 2 03-22 57 oder -22 58, Fax (07 61) 2 03-22 97,
E-Mail oerecht4@jura.uni-freiburg.de

539. *Scholler*, Dr. Dr. h. c. Heinrich, Professor,
Zwengauerweg 5, 81479 München,
(0 89) 79 64 24 (privat), (0 89) 33 20 14 (Büro),
Fax (0 89) 79 00 216

540. *Scholz*, Dr. Rupert, o. Professor,
Königsallee 71 a, 14193 Berlin;
Universität München, Institut für Politik und Öffentliches Recht,
Ludwigstr. 28/RG, 80539 München, (0 89) 21 80-21 13,
E-Mail rupert.scholz@jura.uni-muenchen.de

541. *Schorkopf*, Dr. Frank, Privatdozent,
Noeggerathstraße 39, 53111 Bonn, (02 28) 9 76 67 20;
Rheinische Friedrich-Wilhelms-Universität Bonn,
Rechts- und Staatswissenschaftliche Fakultät,
Institut für Öffentliches Recht – Abteilung Staatsrecht,
Adenauerallee 44, 53113 Bonn,
(02 28) 73 39 54, Fax (02 28) 73 79 35,
E-Mail schorkopf@uni-bonn.de

542. *Schröder*, Dr. Meinhard, o. Professor,
Zum Wingert 2, 54318 Mertesdorf, (06 51) 5 78 87;
Universität Trier, 54286 Trier, (06 51) 2 01 25 86,
E-Mail schroedm@uni-trier.de

543. *Schröder*, Dr. Rainer Johannes, Privatdozent,
Wormser Str. 65, 01309 Dresden,
(03 51) 6 56 97 00;
Technische Universität Dresden, Juristische Fakultät,
Bergstr. 53, 01069 Dresden,
(03 51) 46 33 73 65,
E-Mail rschroed@jura.tu-dresden.de

544. *Schroeder*, Dr. Werner, LL.M., Professor,
Universität Innsbruck, Institut für Völkerrecht,
Europarecht und Internationale Beziehungen,
Innrain 52, A-6020 Innsbruck,
(00 43) 5 12-5 07-83 20, Fax (00 43) 5 12-5 07-26 51,
E-Mail Werner.Schroeder@uibk.ac.at

545. *Schuler-Harms*, Dr. Margarete, Professorin,
Heidkoppel 19, 22145 Hamburg,
(0 40) 6 78 60 61, Fax (0 40) 6 78 83 73;
Helmut-Schmidt-Universität, Universität der Bundeswehr
Institut für Öffentliches Recht,
Holstenhofweg 85, 22043 Hamburg,
(0 40) 65 41-27 82, Fax (0 40) 65 41-20 87,
E-Mail Schuler-Harms@hsu-hh.de

546. *Schulev-Steindl*, Dr. MMag. Eva, LL.M. (London), a.o. Univ. Prof.,
Auhofstraße 158/20, A -1130 Wien;
Institut für Staats- und Verwaltungsrecht, Universität Wien,
Schottenbastei 10–16, A-1010 Wien,
(00 43-1) 42 77-3 54 53 oder -51, Fax (00 43-1) 42 77-3 54 59,
E-Mail eva.schulev-steindl@univie.ac.at

547. *Schulte*, Dr. Martin, Professor,
Neuostra 15, 01219 Dresden, (03 51) 4 72 25 50;
Lehrstuhl für Öffentliches Recht, Umwelt- und Technikrecht,
Juristische Fakultät, TU Dresden, von-Gerber-Bau,
Bergstr. 53, 01069 Dresden,
(03 51) 46 33-73 62, Fax (03 51) 46 33-72 20,
E-Mail schulte@jura.tu-dresden.de

548. *Schulze-Fielitz*, Dr. Helmuth, Professor,
Klara-Löwe-Str. 5, 97082 Würzburg,
(09 31) 7 84 10 25, Fax (09 31) 7 84 10 34;
Lehrstuhl für Öffentliches Recht, Umweltrecht und
Verwaltungswissenschaften, Universität Würzburg,
Domerschulstr. 16, 97070 Würzburg,
(09 31) 31-23 31 oder -23 32, Fax (09 31) 31-26 17,
E-Mail L-Schulze-Fielitz@jura.uni-wuerzburg.de

549. *Schuppert*, Dr. Gunnar Folke, Professor,
Kaiserdamm 28, 14057 Berlin,
(0 30) 30 61 21 68;
Wissenschaftszentrum Berlin für Sozialforschung,
Forschungsprofessur Neue Formen von Governance,
Reichpietschufer 50, 10785 Berlin,
(0 30) 2 54 91-5 46 oder -246, Fax (0 30) 2 54 91-542,
E-Mail schuppert@wzb.eu

550. *Schwabe*, Dr. Jürgen, Professor,
Erlenweg 1, 21614 Buxtehude,
(0 41 61) 8 71 41, Fax (0 41 61) 72 26 00;
Universität Hamburg, Juristische Fakultät,
Schlüterstraße 28, 20146 Hamburg,
E-Mail Juergen_Schwabe@gmx.de

551. *Schwartmann*, Dr. Rolf, Professor,
Brucknerstraße 18, 50931 Köln,
(02 21) 4 00 90 94;
Fachhochschule Köln, Fakultät für Wirtschaftswissenschaften,
Claudiusstraße 1, 50678 Köln,
(02 21) 82 75-34 46, Fax (02 21) 82 75-7 34 46,
E-Mail rolf.schwartmann@fh-koeln.de

552. *Schwarz*, Dr. Kyrill-A., Professor (apl.),
Dr.-Martin-Luther-Str. 7, 91550 Dinkelsbühl,
(01 77) 8 31 07 68;
Referatsleiter »Grundsatzfragen des Verfassungsrechts«,
Staatskanzlei des Landes NRW,
Stadttor 1, 40219 Düsseldorf,
(02 11) 8 37-11 06,
E-Mail kyrillschwarz@web.de

553. *Schwarze*, Dr. Jürgen, Professor,
Universität Freiburg, Institut für Öffentliches Recht Abt. I,
Platz der Alten Synagoge 1, 79098 Freiburg,
(07 61) 2 03-22 38, oder -22 51, Fax (07 61) 2 03-22 34,
E-Mail juergen.schwarze@jura.uni-freiburg.de

554. *Schwarzer*, Mag., Dr. Stephan, Universitätsdozent,
Rodlergasse 7/10, A-1190 Wien,
(00 43-1) 3 69 17 46;
Bundeswirtschaftskammer, Wiedner Hauptstr. 63,
A-1045 Wien,
(00 43-1) 5 01 05-41 95

555. *Schweitzer*, Dr. Michael, Professor,
Göttweiger Str. 135, 94032 Passau,
(08 51) 3 45 33;
Universität Passau, 94032 Passau,
(08 51) 5 09-23 30, Fax (08 51) 5 09-23 32,
E-Mail Schweitzer@uni-passau.de

556. *Schweizer*, Dr. Rainer J., o. Professor,
Kirchgasse 9, CH-9220 Bischofszell,
(00 41) 71-2 23 56 24;
Universität St. Gallen,
Tigerbergstr. 21, CH-9000 St. Gallen,
Forschungsgemeinschaft für Rechtswissenschaften,
(00 41) 71-2 24 21 61, Fax (00 41) 71-2 24 21 62,
E-Mail Rainer.Schweizer@unisg.ch

557. *Schwerdtfeger*, Dr. Gunther, Universitätsprofessor,
Hülsebrinkstr. 23, 30974 Wennigsen/Deister,
(0 51 03) 13 11;
Juristische Fakultät, Universität Hannover,
Königsworther Platz 1, 30167 Hannover,
(05 11) 7 62-81 69

558. *Seer*, Dr. Roman, Universitätsprofessor,
In den Birken 156 d, 42113 Wuppertal,
(02 02) 2 72 15 34, Fax (02 02) 2 72 15 35;
Ruhr-Universität Bochum, Lehrstuhl für Steuerrecht,
Gebäude GC 8/137, Universitätsstr. 150, 44780 Bochum,
(02 34) 3 22 82 69, Fax (02 34) 3 21 46 14,
E-Mail LS.seer@jura.ruhr-uni-bochum.de

559. *Seewald*, Dr. Otfried, o. Professor,
Schärdingerstraße 21 A, 94032 Passau,
(08 51) 3 51 45, Fax (08 51) 3 51 45,
E-Mail otfried_seewald@gmx.de;
Universität Passau,
Innstr. 40, Postfach 25 40, 94030 Passau,
(08 51) 50 9-23 40 oder -41, Fax (08 51) 5 09-23 42,
E-Mail otfried.seewald@uni-passau.de

560. *Seidel*, Dr. Gerd, Professor,
Donizettistraße 102, 12623 Berlin,
(0 30) 56 59 75 56;
Humboldt Universität zu Berlin,
Lehrstuhl für Öffentliches Recht, Völker- und Europarecht,
Unter den Linden 6, 10099 Berlin,
(0 30) 20 93-35 17/-12, Fax (0 30) 20 93-33 84,
E-Mail gerd.seidel@rewi.hu-berlin.de

561. *Seiler*, Dr. Christian, Professor,
Rumpelgasse 4, 99084 Erfurt,
(03 61) 6 57 83 95;
Universität Erfurt, Staatswissenschaftliche Fakultät,
Rechtswissenschaftliche Richtung,
Nordhäuser Str. 63, 99089 Erfurt,
(03 61) 7 37-47 21,
E-Mail christian.seiler@uni-erfurt.de

562. *Selmer*, Dr. Peter, Professor,
Akazienweg 9, 22587 Hamburg,
(0 40) 86 47 43;
Universität Hamburg, 20146 Hamburg,
(0 40) 4 28 38-45 74 oder -3026,
Fax (0 40) 4 28 38-30 28,
E-Mail peter.selmer@jura.uni-hamburg.de

563. *Sieckmann*, Dr. Jan-Reinhard, Professor,
Sozial- und Wirtschaftswissenschaftliche Fakultät,
Otto-Friedrich-Universität Bamberg,
Feldkirchenstr. 21, 96051 Bamberg,
(09 51) 8 63-27 40, Fax (09 51) 8 63-57 40,
E-Mail Jan.Sieckmann@sowi.uni-bamberg.de

564. *Siedentopf*, Dr. Dr. h.c. Heinrich, o. Professor,
Hauptstr. 170, 76829 Landau, (0 63 41) 6 07 57;
Deutsche Hochschule für Verwaltungswissenschaften Speyer,
Freiherr-vom-Stein-Str. 2–6, 67324 Speyer,
(0 62 32) 6 54-3 65 oder -3 58,
E-Mail siedentopf@dhv-speyer.de

565. *Siekmann*, Dr. Helmut, Professor,
Johann Wolfgang Goethe-Universität,
Professur für Geld-, Währungs- und Notenbankrecht,
IMFS im House of Finance,
Grüneburgplatz 1, 60323 Frankfurt am Main,
(0 69) 7 89-3 40 14,
E-Mail geld-und-waehrung@imfs-frankfurt.de

566. *Silagi*, Dr. Dr. Michael, Privatdozent,
Institut für Völkerrecht, Universität Göttingen,
Platz der Göttinger Sieben 5, 37073 Göttingen,
(05 51) 39-47 34

567. *Skouris*, Dr. Wassilios, Professor,
Nikolaou Manou 18, GR-54643 Thessaloniki,
(00 30-31) 83 14 44;
Gerichtshof der Europäischen Gemeinschaften,
Palais de la Cour de Justice, L-2925 Luxembourg,
(0 03 52) 43 03 22 09, Fax (0 03 52) 43 03 27 36

568. *Sodan*, Dr. Helge, Universitätsprofessor,
Fachbereich Rechtswissenschaft, Lehrstuhl für Staats- und Verwaltungsrecht, Öffentliches Wirtschaftsrecht, Sozialrecht,
Freie Universität Berlin,
Van't-Hoff-Str. 8, 14195 Berlin,
(0 30) 8 38-5 39 72 oder -7 39 73, Fax (0 30) 8 38-5 44 44;
Präsident des Verfassungsgerichtshofes des Landes Berlin,
Elßholzstr. 30–33, 10781 Berlin,
(0 30) 90 15-26 50, Fax (0 30) 90 15-26 66,
E-Mail sodan@zedat.fu-berlin.de

569. *Söhn*, Dr. Hartmut, o. Professor,
Eppanerstr. 9, 94036 Passau, (08 51) 5 85 20,
E-Mail hsoehndr@web.de;
Universität Passau, Lehrstuhl für Staats- u. Verwaltungsrecht insbesondere Finanz- und Steuerrecht,
94032 Passau,
(08 51) 5 09-23 50, Fax (08 51) 5 09-23 52

570. *Somek*, Dr. Alexander, Professor,
Görgengasse 23a/8, A-1190 Wien;
University of Iowa, College of Law,
Melrose and Byington Iowa City, Iowa USA 52242,
(3 19) 3 35 90 34, Fax (31 91) 33 59 01 98,
E-Mail alexander-somek@uiowa.edu

571. *Sommermann*, Dr. Karl-Peter, Universitätsprofessor,
Lehrstuhl für Öffentliches Recht,
Staatslehre und Rechtsvergleichung,
Deutsche Hochschule für Verwaltungswissenschaften Speyer,
Postfach 14 09, 67346 Speyer,
(0 62 32) 6 54-3 44, Fax (0 62 32) 6 54-3 05,
E-Mail Sommermann@dhv-speyer.de

572. *Spannowsky*, Dr. Willy, Universitätsprofessor,
Auf dem Kleehügel 17, 67706 Krickenbach,
(0 63 07) 99 39 63, Fax (0 63 07) 99 39 49;
Lehrstuhl für Öffentliches Recht,
Postfach 30 49, 67653 Kaiserslautern,
(06 31) 2 05-39 75, Fax (06 31) 2 05-39 77,
E-Mail oerecht@rhrk.uni-kl.de

573. *Spiecker genannt Döhmann*, Dr. Indra, LL.M. (Georgetown Univ.),
Professorin,
Lehrstuhl für Öffentliches Recht,
Zentrum für angewandte Rechtswissenschaft (ZAR),
Institut für Informationsrecht,
Fasanengarten 5, Geb.50.31,
76131 Karlsruhe,
(07 21) 6 08-33 97, Sekr. (07 21) 6 08-77 59,
Fax (07 21) 6 08-80 23,
E-Mail spiecker@ira.uni-karlsruhe.de

574. *Staff*, Dr. Ilse, Universitätsprofessorin,
Am Forum 4, 65779 Kelkheim,
(0 61 95) 33 08;
Universität Frankfurt, 60054 Frankfurt am Main

575. *Starck*, Dr. Christian, o. Professor,
Schlegelweg 10, 37075 Göttingen,
(05 51) 5 54 54,
E-Mail C.Starck@jura.uni-goettingen.de

576. *Steiger*, Dr. Heinhard, Universitätsprofessor,
Oberhof 16, 35440 Linden,
(06 41) 2 32 52;
Universität Gießen, 35394 Gießen,
(06 41) 9 92 11-50 oder -51,
Fax (06 41) 9 92 11-59

577. *Stein*, Dr. Katrin, Privatdozentin,
Friedrich Klausing Str. 5,
14469 Potsdam,
(03 31) 5 05 73 22, dienstl. (03 31) 6 20 42 77;
Universität Osnabrück, Institut für Kommunalrecht,
Martinistr. 12, 49078 Osnabrück,
(05 41) 9 69-61 69, Fax (05 41) 9 69-61 70,
E-Mail kstein@uos.de

578. *Stein*, Dr. Torsten, Universitätsprofessor,
Ludolf-Krehl-Str. 1 b, 69120 Heidelberg,
(0 62 21) 48 04 38, Fax (0 62 21) 48 04 38;
Universität des Saarlandes, Europa-Institut,
Am Stadtwald, 66041 Saarbrücken,
(06 81) 3 02-45 67 oder -36 95,
Fax (06 81) 3 02-48 79,
E-Mail t.stein@mx.uni-saarland.de

579. *Steinberg*, Dr. Rudolf, Universitätsprofessor,
Wingertstr. 2a, 65719 Hofheim;
Präsident der Goethe-Universität Frankfurt,
Senckenberganlage 31, 60054 Frankfurt am Main,
(0 69) 7 98-2 22 31, Fax (0 69) 7 98-2 87 93,
E-Mail Steinberg@pvw.uni-frankfurt.de

580. *Steinberger*, Dr. Helmut, o. Professor,
Saphirweg 13, 69181 Leimen,
(062) 26 99 06 30;
MPI für ausländisches öffentliches Recht und Völkerrecht,
Im Neuenheimer Feld 535, 69120 Heidelberg,
(0 62 21) 4 82-2 61, Fax (0 62 21) 4 82-2 88;
Juristisches Seminar, Universität Heidelberg,
Friedrich-Ebert-Anlage 6–10, 69117 Heidelberg,
(0 62 21) 54-74 54 oder -74 55,
Fax (0 62 21) 54-77 44
E-Mail hsteinber@mpil.de

581. *Steiner*, Dr. Udo, o. Professor,
Richter des Bundesverfassungsgerichts a.D.,
Am Katzenbühl 5, 93055 Regensburg,
(09 41) 70 09 13, Fax (09 41) 76 06 19,
E-Mail udo.steiner@web.de;
Universität Regensburg, 93040 Regensburg,
(09 41) 9 43-42 84,
E-Mail udo.steiner@jura.uni-regensburg.de

582. *Stelkens*, Dr. Ulrich, Universitätsprofessor,
Webergasse 3a, 67346 Speyer;
Deutsche Hochschule für Verwaltungswissenschaften Speyer,
Freiherr-vom-Stein-Str. 2, 67346 Speyer,
(0 62 32) 6 54-3 65, Fax (0 62 32) 6 54-2 45,
E-Mail stelkens@dhv-speyer.de

583. *Stelzer*, Dr. Manfred, Universitätsprofessor,
Anton-Wildgansgasse 12/4, A-2380 Perchtoldsdorf,
(00 43) 6 64 2 12 56 18;
Universität Wien, Schottenbastei 10–16, A-1010 Wien,
(00 43-1) 42 77-3 54 31 oder -32,
E-Mail Manfred.Stelzer@univie.ac.at

584. *Stender-Vorwachs*, Dr. Jutta, LL. M. (USA, UVA),
apl. Professorin,
Am Ortfelde 99A, 30916 Isernhagen N.B.,
(05 11) 7 24 08 07, Fax (05 11) 7 24 08 54,
E-Mail jutta.stender-vorwachs@gmx.de;
Universität Hannover, Juristische Fakultät,
Königsworter Platz 1, 30167 Hannover,
(05 11) 7 62-82 50 oder -82 49,
Fax (05 11) 7 62-82 52,
E-Mail jutta.stender-vorwachs@jura.uni-hannover.de

585. *Stern*, Dr. Dr. h.c. mult. Klaus, o. Professor,
Am Stockberger Busch 10, 51515 Kürten,
(0 22 68) 61 67;
Institut für Rundfunkrecht an der Universität zu Köln,
Aachener Straße 197–199, 50931 Köln,
(02 21) 9 41 54 65,
E-Mail klaus.stern@uni-koeln.de

586. *Stettner*, Dr. Rupert, Professor,
Alpenstr. 11 a, 85221 Dachau,
(0 81 31) 27 89 96, Fax (0 81 31) 27 89 98;
Institut für Staatswissenschaften,
Universität der Bundeswehr München,
Werner-Heisenberg-Weg 39, 85579 Neubiberg,
(0 89) 60 04-38 64 oder -37 02 oder -20 43, Fax (0 89) 60 04-28 41,
E-Mail Rupert.Stettner@unibw-muenchen.de

587. *Stober*, Dr. Dr. h.c. mult. Rolf, Professor,
Am Blütenhain 33, 48163 Münster,
(0 25 36) 17 34, Fax (0 25 36) 68 38;
Institut für Recht der Wirtschaft, Universität Hamburg,
Max-Brauer-Allee 60, 22765 Hamburg,
(0 40) 4 28 38-46 37, Fax (0 40) 4 28 38-64 58,
E-Mail Stober@mba.uni-hamburg.de

588. *Stock*, Dr. Martin, Professor,
Lina-Oetker-Str. 22, 33615 Bielefeld,
(05 21) 12 19 95;
Fakultät für Rechtswissenschaft, Universität Bielefeld,
Postfach 10 01 31, 33501 Bielefeld,
(05 21) 1 06 43 90, Fax (05 21) 1 06 15 43 90,
E-Mail martin.stock@uni-bielefeld.de

589. *Stoll*, Dr. Peter-Tobias, Professor,
E-Mail ptstoll@web.de;
Institut für Völkerrecht,
Abteilung für Internationales Wirtschaftsrecht,
Universität Göttingen, Platz der Göttinger Sieben 5,
37073 Göttingen,
(05 51) 39 46 61,
E-Mail pt.stoll@jur.uni-goettingen.de

590. *Stolleis*, Dr. Dr. h.c. mult. Michael, Universitätsprofessor,
Waldstr. 15, 61476 Kronberg,
(0 61 73) 6 56 51;
Universität Frankfurt, MPI für europäische Rechtsgeschichte,
Hausener Weg 120, 60489 Frankfurt am Main,
(0 69) 7 89 78-2 22, Fax (0 69) 7 89 78-1 69,
E-Mail Stolleis@mpier.uni-frankfurt.de

591. *Stolzlechner*, Dr. Harald, o. Universitätsprofessor,
Gneiser Straße 57, A-5020 Salzburg, (00 43) 6 62-82 39 35;
Universität Salzburg,
(00 43) 6 62-80 44 36 01,
E-Mail Harald.Stolzlechner@sbg.ac.at

592. *Storr*, Dr. Stefan, Universitätsprofessor,
Klosterwiesgasse 72, A-8010 Graz;
Institut für Österreichisches, Europäisches und Vergleichendes Öffentliches Recht, Politikwissenschaft und Verwaltungslehre,
Karl-Franzens-Universität Graz,
Universitätsstraße 15 C 3, A-8010 Graz,
(00 43) 31 63 80-66 95, Fax (00 43) 31 63 80-94 50,
E-Mail stefan.storr@uni-graz.at

593. *Streinz*, Dr. Rudolf, o. Professor,
Waldsteinring 26, 95448 Bayreuth, (09 21) 9 47 30;
E-Mail streinz@t-online.de;
Ludwig-Maximilians-Universität München,
Lehrstuhl für Öffentliches Recht und Europarecht,
Professor-Huber-Platz 2, 80539 München,
(0 89) 21 80-33 35, Fax (0 89) 21 80-24 40,
E-Mail rudolf.streinz@jura.uni-muenchen.de

594. *Stumpf*, Dr. Dr. Christoph, Privatdozent,
Raupach & Wollert-Elmendorff Rechtsanwaltsgesellschaft mbH
Hanse-Forum, Axel-Springer-Platz 3, 20355 Hamburg,
(0 40) 37 85 38-0, (0 40) 37 85 38-11,
E-Mail cstumpf@raupach.de

595. *Suerbaum*, Dr. Joachim, o. Professor,
In der Uhlenflucht 3, 44795 Bochum, (02 34) 47 26 26,
E-Mail Joachim.Suerbaum@t-online.de;
Universität Würzburg, Domerschulstraße 16, 97070 Würzburg,
(09 31) 31-28 97 oder 31-28 99,
E-Mail Suerbaum@jura.uni-wuerzburg.de

596. *Sydow*, Dr. Gernot, M.A., apl. Prof.,
Schornstr. 13, 65553 Limburg, (0 64 31) 5 70 95 20;
Justitiar des Bistums Limburg, Bischöfliches Ordinariat,
Roßmarkt 4, 65549 Limburg,
(0 64 31) 29 52 08, Fax (0 64 31) 29 55 21,
E-Mail G.Sydow@bistumlimburg.de,
Gernot.Sydow@jura.uni-freiburg.de

597. *Talmon*, D. Phil. (Oxon.) Stefan, LL.M. (Cantab.), Privatdozent,
Juristische Fakultät, Wilhelmstr. 7, 72074 Tübingen,
E-Mail Stefan.Talmon@jura.uni-tuebingen.de;
St Anne's College, Woodstock Road, Oxford OX2 6HS,
(00 44) 18 65 28 45 30,
Fax (00 44) 18 65 27 48 99,
E-Mail Stefan.Talmon@law.oxford.ax.uk

598. *Thieme*, Dr. Werner, Professor,
Berggartenstraße 14, 29223 Celle,
(0 51 41) 3 73 69, Fax (0 51 41) 9 313 73;
Universität Hamburg, 20146 Hamburg,
(0 40) 4 28 38-45 69

599. *Thienel*, Dr. Rudolf, Universitätsdozent,
Vizepräsident des Verwaltungsgerichtshofes,
Judenplatz 11, A-1014 Wien,
(00 43-1) 5 31 11-2 45, Fax (00 43-1) 5 31 11-1 40,
E-Mail rudolf.thienel@vwgh.gv.at

600. *Thürer*, Dr. Dr. h.c. Daniel, LL.M., o. Professor,
Abeggweg 20, CH-8057 Zürich,
(00 41) 13 62 65 47 oder -46, Fax (00 41)13 62 65 46,
E-Mail thuerer@swissonline.ch;
Universität Zürich, Institut für Völkerrecht und
Ausländisches Verfassungsrecht,
Hirschgraben 40, CH-8001 Zürich,
(00 41) 16 34-20 31 oder -2059 oder -2064,
Fax (00 41) 16 34-49 92,
E-Mail thuerer@ivr.unizh.ch

601. *Tietje*, Dr. Christian, Professor,
Hegelstraße 14, 06114 Halle (Saale),
(03 45) 5 48 39 13, Fax (03 45) 54 83 9 14,
fax&voice (0 12 12) 5 12 32 26 56,
E-Mail ctietje@web.de;
Martin-Luther-Universität Halle-Wittenberg,
Juristische Fakultät, Juridicum,
Universitätsplatz 5, 06108 Halle (Saale),
(03 45) 5 52-31 80, Fax (03 45) 5 52-72 01,
E-Mail Tietje@jura.uni-halle.de

602. *Tomuschat*, Dr. Christian, Professor,
Odilostraße 25a, 13467 Berlin,
(0 30) 40 54 14 86, Fax (0 30) 40 54 14 88,
E-Mail Chris.Tomuschat@t-online.de;
Humboldt-Universität zu Berlin, Institut für
Völker- und Europarecht,
Unter den Linden 6, 10099 Berlin,
(0 30) 20 93-33 35 oder -33 05 oder -33 22, Fax (0 30) 20 93-33 65,
E-Mail Christian.Tomuschat@rewi.hu-berlin.de

603. *Trute*, Dr. Hans-Heinrich, Universitätsprofessor,
Wettinplatz 3, 01896 Pulsnitz, (03 59 55) 4 53 01;
Universität Hamburg, Fakultät für Rechtswissenschaft,
Schlüterstraße 28, 20146 Hamburg,
(0 40) 4 28 38-57 21 oder -56 25, Fax (0 40) 4 28 38-27 00,
E-Mail Hans-Heinrich.Trute@jura.uni-hamburg.de

604. *Tsatsos*, Dr. Dimitris Th., o. Professor,
Kockenhof 12, 58093 Hagen, (0 23 34) 95 47 47;
FernUniversität Hagen, 58097 Hagen,
(0 23 31) 9 87-28 76 Fax (0 23 31) 9 87-3 24

605. *Tschentscher*, Dr. Axel, LL.M., Professor,
Lehrstuhl für Staatsrecht,
Rechtsphilosophie und Verfassungsgeschichte,
Universität Bern, Institut für öffentliches Recht,
Schanzeneckstraße 1, CH-3001 Bern,
(00 41) 31-6 31 88 99 (direkt), (00 41) 31-6 31 32 36 (Sekretariat),
Fax (00 41) 31-6 31 38 83,
E-Mail axel.tschentscher@oefre.unibe.ch

606. *Uerpmann-Wittzack*, Dr. Robert, Professor,
Universität Regensburg, Juristische Fakultät,
93040 Regensburg,
(09 41) 9 43-26 60 oder 26 59, Fax (09 41) 9 43-19 73,
E-Mail Robert.Uerpmann@jura.uni-regensburg.de

607. *Uhle*, Dr. Arnd, Professor,
Denglerstraße 54, 53173 Bonn-Bad Godesberg, (02 28) 9 02 58 09;
Forschungsstelle für Deutsches und Europäisches Verfassungsrecht,
Juristische Fakultät der Technischen Universität Dresden,
01062 Dresden,
(03 51) 46 33 73 84, Fax (03 51) 46 33 72 07,
E-Mail uhle@jura.tu-dresden.de

608. *Uhlmann*, Dr. Felix, LL.M., Professor,
Bruderholzallee, CH 4059 Basel;
Rämistrasse 74 / 33, CH 8001 Zürich,
(00 41) 4 46 34 42 24, Fax (00 41) 4 46 34 43 68,
E-Mail felix.uhlmann@rwi.unizh.ch

609. *Unruh*, Dr. Georg-Christoph v., o. Professor,
Steenkamp 2, 24226 Heikendorf,
(04 31) 23 14 59;
Universität Kiel, Lorenz vom Stein-Institut,
24106 Kiel,
(04 31) 8 80 35-22 oder -29

610. *Unruh*, Dr. Peter, apl. Professor,
Hakensoll 8a, 24226 Heikendorf;
Nordelbisches Kirchenamt,
Dänische Str. 21–35, 24103 Kiel,
E-Mail punruh.nka@nordelbien.de

611. *Vallender*, Dr. Klaus A., Professor,
Unterbach 4, CH-9043 Trogen,
(00 41 71) 94 27 69;
Universität St. Gallen,
Bodanstr. 4, CH-9000 St. Gallen,
(00 41 71) 2 24 25 19

612. *Vedder*, Dr. Christoph, Professor,
Sollner Str. 33, 81479 München,
(0 89) 79 10 03 83, Fax (0 89) 79 10 03 84;
Juristische Fakultät, Universität Augsburg,
Postfach, 86135 Augsburg,
(08 21) 5 98-45 70, Fax (08 21) 5 98-45 72,
E-Mail christoph.vedder@jura.uni-augsburg.de

613. *Vesting*, Dr. Thomas, Universitätsprofessor,
Habsburgerstr. 3, 80801 München,
(0 89) 39 21 44;
Fachbereich Rechtswissenschaft,
Johann Wolfgang Goethe-Universität,
Senckenberganlage 31–33, 60054 Frankfurt am Main,
(0 69) 79 82 85 09, Fax (0 69) 79 82 80 73,
E-Mail T.Vesting@jur.uni-frankfurt.de

614. *Vismann*, Dr. Cornelia,
Brückenstraße 43, 60594 Frankfurt am Main,
(0 69) 66 36 84 81;
Max Planck-Institut für europäische Rechtsgeschichte,
Hausener Weg 120, 60489 Frankfurt am Main,
(0 69) 78 97 81 91, Fax (0 69) 78 97 81 69,
E-Mail vismann@mpier.uni-frankfurt.de

615. *Vitzthum*, Dr. Dr. h.c. Wolfgang Graf, o. Professor,
Im Rotbad 19, 72076 Tübingen,
(0 70 71) 6 38 44, Fax (0 70 71) 96 84 89;
Universität Tübingen, Juristische Fakultät,
Wilhelmstr. 7, 72074 Tübingen,
(0 70 71) 2 97 52 66, Fax (0 70 71) 2 97 50 39,
E-Mail wolfgang-graf.vitzthum@uni-tuebingen.de

616. *Volkmann*, Dr. Uwe, Professor,
Am Bonifatiusbrunnen 231, 60439 Frankfurt am Main,
(0 69) 51 86 73;
Johannes-Gutenberg-Universität Mainz,
FB Rechts- und Wirtschaftswissenschaften,
Lehrstuhl für Rechtsphilosophie und Öffentliches Recht,
55099 Mainz,
(0 61 31) 39-2 34 53, Fax (0 61 31) 39-2 30 90,
E-Mail Volkmann@uni-mainz.de

617. *Voßkuhle*, Dr. Andreas, Professor,
Vizepräsident des Bundesverfassungsgerichts,
Schloßbezirk 3, 76131 Karlsruhe,
(07 21) 91 01-3 13;
Albert-Ludwigs-Universität Freiburg, Institut für
Staatswissenschaft und Rechtsphilosophie,
Postfach, 79085 Freiburg i. Br.,
(07 61) 2 03-22 09, Fax (07 61) 2 03-91 93,
E-Mail staatswissenschaft@jura.uni-freiburg.de

618. *Waechter*, Dr. Kay, Professor,
Ceciliengärten 12, 12159 Berlin;
FB Rechtswissenschaft, Universität Hannover,
Königsworther Platz 1, 30167 Hannover,
(05 11) 7 62-82 27,
E-Mail waechter@jura.uni-hannover.de

619. *Wahl*, Dr. Rainer, o. Professor,
Hagenmattenstr. 6, 79117 Freiburg,
(07 61) 6 59 60;
Universität Freiburg, Institut für Öffentliches Recht V,
Postfach, 79085 Freiburg,
(07 61) 2 03 89 61, Fax (07 61) 2 03 22 93,
E-Mail rainer.wahl@jura.uni-freiburg.de

620. *Waldhoff*, Dr. Christian, Professor,
Lennéstraße 47, 53113 Bonn,
(02 28) 2 89 10 64;
Universität Bonn, Lehrstuhl für Öffentliches Recht,
Kirchenrechtliches Institut,
Adenauerallee 24–42, 53113 Bonn,
(02 28) 73-91 25, Fax (02 28) 73-40 49,
E-Mail waldhoff@uni-bonn.de

621. *Waldmann*, Dr. Bernhard, Professor, RA
Alfons-Aebystrasse 29, CH-3186 Düdingen,
(00 41) 2 64 93 57 05;
Universität Freiburg i. Üe.
Route d' Englisberg 7, CH-1763 Granges-Paccot,
(00 41) 2 63 00 81 56,
E-Mail bernhard.waldmann@unifr.ch

622. *Wallerath*, Dr. Maximilian, Universitätsprofessor,
Gudenauer Weg 86, 53127 Bonn,
(02 28) 28 32 02;
Universität Greifswald, Rechts- und
Wirtschaftswissenschaftliche Fakultät,
17487 Greifswald,
(0 38 34) 86 21 44, Fax (0 38 34) 8 68 00 77,
E-Mail Wallerat@uni-greifswald.de

623. *Wallrabenstein*, Dr. Astrid, Professorin,
Prälat-Diehl-Str. 17, 64285 Darmstadt,
(0 61 51) 6 51 09;
Universität Bielefeld, Professur für öffentliches Recht,
Bildungsrecht und Recht der sozialen Sicherung,
Postfach 10 01 31, 33501 Bielefeld,
(05 21) 1 06-44 30 oder -69 57 (Sekr.), Fax (05 21) 1 06-60 48,
E-Mail astrid.wallrabenstein@uni-bielefeld.de

624. *Walter*, Dr. Christian, Professor,
Finkenstr. 5, 48147 Münster,
(02 51) 2 00 75 01;
Westfälische Wilhelms-Universität Münster,
Lehrstuhl für Öffentliches Recht
einschließlich Völker- und Europarecht,
Bispinghof 24/25, 48143 Münster,
(02 51) 83-2 20 21, Fax (02 51) 83-2 20 43,
E-Mail chwalter@uni-muenster.de

625. *Weber*, Dr. Albrecht, Professor,
Weidenweg 20, 49143 Bissendorf,
(0 54 02) 39 07;
Universität Osnabrück, 49069 Osnabrück,
(05 41) 9 69-61 88,
E-Mail aweber@uos.de

626. *Weber*, Dr. Karl, o. Universitätsprofessor,
Noldinstr. 14, A-6020 Innsbruck,
(00 43) 06 64-1 62 57 39;
Universität Innsbruck, Institut für Öffentliches Recht,
Finanzrecht und Politikwissenschaft,
Innrain 80, A-6020 Innsbruck,
(00 43) 5 12-5 07-82 30,
E-Mail karl.weber@uibk.ac.at

627. *Weber-Dürler*, Dr. Beatrice, o. Professorin,
Ackermannstr. 24, CH-8044 Zürich,
(00 41) 4 42 62 04 20;
E-Mail beatrice.weber-duerler@rwi.uzh.ch

628. *Wegener*, Dr. Bernhard W., Professor,
Friedrich-Alexander-Universität, Lehrstuhl für Öffentliches Recht,
Schillerstraße 1, 91054 Erlangen,
(0 91 31) 8 52 92 85, Fax (0 91 31) 8 52 64 39,
E-Mail sekretariat.wegener@jura.uni-erlangen.de

629. *Wehr*, Dr. Matthias, Privatdozent,
Am Schwarzenberg 37, 97078 Würzburg,
(09 31) 2 16 30;
Hochschule für Öffentliche Verwaltung Bremen (HfÖV),
Doventorscontrescarpe 172 C, 28195 Bremen,
E-Mail matthias.wehr@hfoev.bremen.de

630. *Weiß*, Dr. Norman, Privatdozent,
Martin-Luther-Str. 56, 10779 Berlin;
MenschenRechtsZentrum der Universität Potsdam,
August-Bebel-Str. 89, 14482 Potsdam,
(03 31) 9 77 34 50, Fax (03 31) 9 77 34 51,
E-Mail weiss@uni-potsdam.de

631. *Weiß*, Dr. Wolfgang, Universitätsprofessor,
Deutsche Hochschule für Verwaltungswissenschaften Speyer,
Lehrstuhl für Öffentliches Recht, Völker- und Europarecht,
Freiherr-vom-Stein-Str. 2, 67346 Speyer,
(0 62 32) 6 54-3 31, Fax (0 62 32) 6 54-1 23,
E-Mail wweiss@brookes.ac.uk

632. *Welti*, Dr. Felix, Professor,
Marquardplatz 3, 23554 Lübeck,
(04 51) 8 13 27 42, Fax (04 51) 8 13 27 43;
Sozialrecht und Verwaltungsrecht,
Hochschule Neubrandenburg,
Fachbereich Gesundheit und Pflege, Management,
Brodaer Str. 2, 17033 Neubrandenburg,
(03 95) 5 69 34 69,
E-Mail mail@felix-welti.de

633. *Wendt*, Dr. Rudolf, o. Professor,
Schulstr. 45, 66386 St. Ingbert-Hassel,
(0 68 94) 5 32 87, Fax (0 68 94) 5 32 50;
Lehrstuhl für Staats- und Verwaltungsrecht, Wirtschafts-,
Finanz- und Steuerrecht,
Rechts- und Wirtschaftswissenschaftliche Fakultät,
Universität des Saarlandes,
Postfach 15 11 50, 66041 Saarbrücken,
(06 81) 3 02-21 04 oder -31 04, Fax (06 81) 302-47 79,
E-Mail r.wendt@mx.uni-saarland.de

634. *Wernsmann*, Dr. Rainer, Professor,
Johann-Bergler-Straße 8, 94032 Passau;
Universität Passau, Lehrstuhl für Staats- und Verwaltungsrecht,
insb. Finanz- und Steuerrecht,
Innstr. 40, 94032 Passau,
(08 51) 5 09-23 51, Fax (08 51) 5 09-23 52,
E-Mail wernsmann@uni-passau.de

635. *Wiederin*, Dr. Ewald, Universitätsprofessor,
Universität Salzburg,
Institut für Verfassungs- und Verwaltungsrecht,
Kapitelgasse 5–7, A-5020 Salzburg,
(00 43) 6 62 80 44-36 11, Fax (00 43) 6 62 80 44-1 69,
E-Mail ewald.wiederin@sbg.ac.at

636. *Wieland*, Dr. Joachim, LL.M., Universitätsprofessor,
Gregor-Mendel-Straße 13, 53115 Bonn,
(02 28) 6 19 59 98, Fax (02 28) 3 49 48 98;
Lehrstuhl für öffentliches Recht, Finanz- und Steuerrecht,
Deutsche Hochschule für Verwaltungswissenschaften Speyer,
Postfach 1409, 67324 Speyer,
(0 62 32) 65 43 55, Fax (0 62 32) 65 43 06,
E-Mail wieland@dhv-speyer.de

637. *Wielinger*, Dr. Gerhard, Universitätsdozent,
Bergmanngasse 22, A-8010 Graz,
(00 43) 3 16-31 87 14, dienstl. (00 43) 3 16-70 31 24 28

638. *Wieser*, DDr. Bernd, a.o. Universitätsprofessor,
Wittenbauerstr. 76, A-8010 Graz;
Institut für Öffentliches Recht, Politikwissenschaft
und Verwaltungslehre, Karl-Franzens-Universität Graz,
Universitätsstr. 15/C3, A-8010 Graz,
(00 43) 3 16-3 80-33 81 oder -33 83, Fax (00 43) 3 16-3 80-94 50,
E-Mail bernd.wieser@uni-graz.at

639. *Wildhaber*, Dr. Luzius, LL.M., J.S.D.,
Dres. h.c., LL.D. h.c., o. Professor,
Auf der Wacht 21, CH-4104 Oberwil,
(0 041) 61 4 01 25 21,
E-Mail luzius.wildhaber@unibas.ch

640. *Wilke*, Dr. Dieter, Präsident des OVG Berlin a.D.,
Universitätsprofessor a.D.,
apl. Professor an der Freien Universität Berlin,
Schweinfurthstr.10, 14195 Berlin

641. *Will*, Dr. Martin, M.A., LL.M., Privatdozent,
Albert-Schweitzer-Str. 24, 35091 Cölbe;
Institut für Öffentliches Recht, Philipps-Universität Marburg,
Universitätsstr. 6, 35037 Marburg,
(0 64 21) 2 82 37 04, Fax (0 64 21) 2 82 32 09,
E-Mail will@staff.uni-marburg.de

642. *Will*, Dr. Rosemarie, Professorin,
Humboldt-Universität zu Berlin, Juristische Fakultät,
Unter den Linden 6, 10099 Berlin,
(0 30) 20 93 33 00-36 82, Fax (0 30) 20 93 34 53,
E-Mail Rosemarie.Will@rewi.hu-berlin.de

643. *Wilms*, Dr. Heinrich, o. Professor
Maybachplatz 5, 88045 Friedrichshafen, (0 75 41) 38 85 90,
E-Mail prof.wilms@t-online.de;
Lehrstuhl für Öff. Recht, Rechtsphilosophie und Medienrecht,
Am Seemoser Horn 20, 88045 Friedrichshafen,
(0 75 41) 60 09-13 51, Fax (0 75 41) 60 09-12 99,
E-Mail hwilms@zeppelin-university.de

644. *Wimmer*, Dr. Norbert, o. Universitätsprofessor,
Heiliggeiststr. 16, A-6020 Innsbruck,
(00 43) 5 12-58 61 44;
Universität Innsbruck, Institut für Öffentliches Recht und
Politikwissenschaften,
Innrain 80/82, A-6020 Innsbruck,
(00 43) 5 12-82 00 oder -82 01,
E-Mail Veronika.Obojes@uibk.ac.at

645. *Windthorst*, Dr. Kay, Privatdozent,
Prinzregentenstr. 75, 81675 München, (01 62) 9 02 00 76;
Universität Köln,
Institut für Öffentliches Recht und Verwaltungslehre,
Albertus-Magnus-Platz, 50923 Köln, (02 21) 4 70 52 80,
E-Mail kwindt@t-online.de

646. *Winkler*, Dr. DDr. h.c. Günther, a.o. Universitätsprofessor,
Reisnerstr. 22/5/11, A-1030 Wien, (00 43) 17 13 44 15;
Universität Wien,
Schottenbastei 10–16, A-1010 Wien,
(00 43) 14 01 03-31 31

647. *Winkler*, Dr. Roland, a.o. Univ.-Prof.,
Borromäumstraße 10/2, A-5020 Salzburg,
(00 43) 6 62 64 12 60 oder (00 43) 67 69 07 01 71;
Fachbereich Öffentliches Recht,
Universität Salzburg,
Kapitelgasse 5–7, A-5020 Salzburg,
(00 43) 6 62 80 44 36 24, Fax (00 43) 6 62 80 44 36 29,
E-Mail roland.winkler@sbg.ac.at

648. *Winter*, Dr. Gerd, Professor,
FB 6: Rechtswissenschaft, Universität Bremen,
Postfach 33 04 40, 28334 Bremen,
(04 21) 2 18-28 40, Fax (04 21) 2 18-34 94,
E-Mail gwinter@uni-bremen.de

649. *Winterhoff*, Dr. Christian, Privatdozent,
Akazienweg 8, 22587 Hamburg,
(0 40) 85 40 03 76, Fax (0 40) 85 41 48 80,
E-Mail christianwinterhoff@t-online.de;
Graf von Westphalen, Große Bleichen 21, 20354 Hamburg,
(0 40) 3 59 22 -2 63,
Fax (0 40) 3 59 22 -2 93,
E-Mail christian.winterhoff@grafvonwestphalen.com

650. *Winzeler*, Dr. Christoph, LL. M. (Harv.) Privatdozent,
St.-Jakobs-Strasse 96, CH-4052 Basel,
(00 41) 6 12 95 93 93 (Büro),
Fax (00 41) 6 12 72 53 82 (Büro),
E-Mail christoph.winzeler@span.ch;
Universität Fribourg, Institut für Religionsrecht,
Miséricorde, Büro 4119, CH-1700 Fribourg,
(00 41) 2 63 00 80 23, Fax (00 41) 2 63 00 96 66,
E-Mail christoph.winzeler@sba.ch

651. *Wißmann*, Dr. Hinnerk, Professor,
Allgäuer Straße 46, 86199 Augsburg;
Universität Bayreuth,
Lehrstuhl für Öffentliches Recht und Wirtschaftsrecht,
95440 Bayreuth,
(09 21) 55-2876 oder -2875 (Sekr.),
Fax (09 21) 55-58 23,
E-Mail hinnerk.wissmann@uni-bayreuth.de

652. *Wittinger*, Dr. Michaela, Privatdozentin,
Schauinslandstraße 1, 76199 Karlsruhe,
(07 21) 59 16 81, Fax (07 21) 9 59 77 40,
E-Mail MichaelaWittinger@web.de;
Universität des Saarlandes,
c/o Forschungsstelle Internationaler Kulturgüterschutz
Prof. Dr. W. Fiedler,
Postfach 15 11 50, 66041 Saarbrücken,
(06 81) 3 02-32 00

653. *Wittmann*, Dr. Heinz, a.o. Universitätsprofessor,
Steinböckengasse 4/14, A-1140 Wien,
(00 43) 19 14 31 75;
Verlag Medien und Recht GmbH,
Danhausergasse 6, A-1040 Wien,
(00 43) 15 05 27 66, Fax (00 43)15 05 27 66-15

654. *Wittreck*, Dr. Fabian, Professor,
Cheruskerring 51, 48147 Münster,
(02 51) 2 00 62 88,
E-Mail fabian@wittreck.com;
Westfälische Wilhelms-Universität Münster,
Professur für Öffentliches Recht,
Bispinghof 25/25, 48143 Münster,
(02 51) 8 32 11 99, Fax (02 51) 8 32 24 03,
E-Mail fwitt_01@uni-muenster.de

655. *Wolf*, Dr. Joachim, Professor,
Von-Velsen-Straße 17, 44625 Herne,
(0 23 23) 45 96 25;
Juristische Fakultät, Ruhr-Universität Bochum,
Umweltrecht, Verwaltungsrecht und Verwaltungslehre,
Gebäude GC, Universitätsstr. 150, 44789 Bochum,
(02 34) 3 22-52 52, Fax (02 34) 3 21 44 21,
E-Mail LS.Wolf@jura.ruhr-uni-bochum.de

656. *Wolff*, Dr. Heinrich Amadeus, Professor,
Rudolf-Ditzen-Weg 12, 13156 Berlin,
(0 30) 48 09 79 48;
Lehrstuhl für Öffentliches Recht, insbesondere Staatsrecht und Verfassungsgeschichte,
Europa-Universität Viadrina,
Große Scharrnstr. 59, 15230 Frankfurt (Oder),
(03 35) 55 34 22 95, Fax (03 35) 55 34 24 18,
mobil (01 60) 91 14 81 42,
E-Mail Heinrich.Wolff@euv-frankfurt-o.de

657. *Wolfrum*, Dr. Dr. h.c. Rüdiger, o. Professor,
Mühltalstr. 129 b, 69121 Heidelberg,
(0 62 21) 47 52 36;
MPI für ausländisches öffentliches Recht und Völkerrecht,
Im Neuenheimer Feld 535, 69120 Heidelberg,
(0 62 21) 48 22-55 oder -56, Fax (0 62 21) 48 22 88,
E-Mail wolfrum@mpil.de

658. *Wolter*, Dr. Henner, Privatdozent, RA,
Rechtsanwälte Hensche & Wolter,
Knesebeckstr.76, 10 623 Berlin
(0 30) 9 39 33 30, Fax (0 30) 9 393 33 33;
Humboldt-Universität zu Berlin,
Institut für Öffentliches Recht und Rechtsphilosophie,
Unter den Linden 6, 10099 Berlin,
(0 30) 20 93-34 72, Fax (0 30) 20 93-34 52,
E-Mail info@rawolter-berlin.de

659. *Würtenberger*, Dr. Thomas, o. Professor,
Beethovenstr. 9, 79100 Freiburg,
(07 61) 7 86 23;
Universität Freiburg, Postfach, 79085 Freiburg
(07 61) 2 03-22 46 oder -22 49,
E-Mail Thomas.Wuertenberger@jura.uni-freiburg.de

660. *Wyduckel*, Dr. Dieter, Professor,
Juristische Fakultät, TU Dresden,
01062 Dresden,
(03 51) 4 63-73 21, Fax (03 51) 4 63-72 09,
E-Mail wyduckel@jura.tu-dresden.de

661. *Wyss*, Dr. iur. Martin, Professor,
Höheweg 62, CH-3097 Liebefeld,
(00 41) 31 9 72 99 93, Fax (00 41) 31 9 72 99 91,
E-Mail mpwyss@bluewin.ch;
Stellvertretender Chef Fachbereich II für Rechtsetzung,
Bundesamt für Justiz, Bundeshaus West, CH-3003 Bern,
(00 41) 31 3 22 75 75, Fax (00 41) 31 3 22 78 37,
E-Mail martin.wyss@bj.admin.ch

662. *Zacher*, Dr. Dr. h.c. mult. Hans F., o. Professor,
Starnberger Straße 47, 82343 Pöcking,
(0 81 57) 13 84;
MPI für ausländisches und internationales Sozialrecht
Amalienstr. 33, 80799 München,
Postfach 34 01 21, 80098 München,
(0 89) 3 86 02-5 02, Fax (0 89) 3 86 02-5 90

663. *Zeh*, Dr. Wolfgang, Professor, Ministerialdirektor a.D.,
Marktstr. 10, 72359 Dotternhausen,
E-Mail cowo.zeh@gmx.de

664. *Zezschwitz*, Dr. Friedrich v., Universitätsprofessor,
Petersweiher 47, 35394 Gießen, (06 41) 4 51 52;
Universität Gießen, 35390 Gießen, (06 41) 7 02 50 20

665. *Ziegler*, Dr. Andreas R., LL.M., Professor,
Gründenstraße 66, CH-8247 Flurlingen;
Universität Lausanne, Juristische Fakultät,
BFSH 1, CH-1015 Lausanne,
E-Mail AndreasRoland.Ziegler@unil.ch

666. *Ziekow*, Dr. Jan, Universitätsprofessor,
Gartenstraße 3, 67361 Freisbach,
(0 63 44) 59 02, Fax (0 63 44) 59 02;
Deutsche Hochschule für Verwaltungswissenschaften Speyer,
Postfach 14 09, 67324 Speyer,
(0 62 32) 65 40,
E-Mail ziekow@dhv-speyer.de

667. *Zimmer*, Dr. Gerhard, Professor,
Waldschützpfad 9, 12589 Berlin, (0 30) 6 48 95 90;
Universität der Bundeswehr, 22043 Hamburg,
(0 40) 65 41 27 71

668. *Zimmermann*, Dr. Andreas, Professor,
Walther-Schücking-Institut für Internationales Recht,
E-Mail azimmerm@freenet.de;
Universität Kiel,
Olshausener Straße 40, 24098 Kiel,
(04 31) 8 80-21 49 oder 8 80-21 52, Fax (04 31) 8 80-16 19,
E-Mail Azimmermann@internat-recht.uni-kiel.de

669. *Zippelius*, Dr. Dr. h.c. Reinhold, o. Professor,
Niendorfstr. 5, 91054 Erlangen, (0 91 31) 5 57 26;
Universität Erlangen-Nürnberg,
91054 Erlangen,
(0 91 31) 85 28 20

670. *Zuleeg*, Dr. Dr. h.c. Manfred, Professor,
Kaiser-Sigmund-Str. 32, 60320 Frankfurt am Main,
(0 69) 56 43 93;
Institut für Öffentliches Recht,
Völker- und Europarecht, Universität Frankfurt,
Senckenberganlage 31, 60325 Frankfurt am Main,
(0 69) 7 98 2 23 82, Fax (0 69) 7 98 2 87 50,
E-Mail M.Zuleeg@jur.uni-frankfurt.de

# Satzung

(Nach den Beschlüssen vom 21. Oktober 1949, 19. Oktober 1951, 14. Oktober 1954, 10. Oktober 1956, 13. Oktober 1960, 5. Oktober 1962, 1. Oktober 1971, 6. Oktober 1976, 3. Oktober 1979, 6. Oktober 1999, 4. Oktober 2006 und 3. Oktober 2007)

§ 1

Die Vereinigung der Deutschen Staatsrechtslehrer stellt sich die Aufgabe:

1. wissenschaftliche und Gesetzgebungsfragen aus dem Gebiet des Öffentlichen Rechts durch Aussprache in Versammlungen der Mitglieder zu klären;
2. auf die ausreichende Berücksichtigung des Öffentlichen Rechts im Hochschulunterricht und bei staatlichen und akademischen Prüfungen hinzuwirken;
3. in wichtigen Fällen zu Fragen des Öffentlichen Rechts durch Eingaben an Regierungen oder Volksvertretungen oder durch schriftliche Kundgebungen Stellung zu nehmen.

§ 2

(1) [1]Der Verein führt den Namen „Vereinigung der Deutschen Staatsrechtslehrer". [2]Er soll in das Vereinsregister eingetragen werden; nach der Eintragung führt er den Zusatz „e. V.".

(2) Der Verein hat seinen Sitz in Heidelberg.

(3) Das Geschäftsjahr des Vereins ist das Kalenderjahr.

§ 3

(1) Mitglied der Vereinigung kann werden, wer auf dem Gebiet des Staatsrechts und mindestens eines weiteren öffentlich-rechtlichen Fachs

a) seine Befähigung zu Forschung und Lehre durch hervorragende wissenschaftliche Leistung nachgewiesen hat[1] und

---

[1] Mit der oben abgedruckten, am 1. 10. 1971 in Regensburg beschlossenen Fassung des § 3 hat die Mitgliederversammlung den folgenden erläuternden Zusatz angenommen: „Eine hervorragende wissenschaftliche Leistung im Sinne dieser Vorschrift ist eine den bisher üblichen Anforderungen an die Habilitation entsprechende Leistung."

b) an einer deutschen oder deutschsprachigen Universität[2] einschließlich der Deutschen Hochschule für Verwaltungswissenschaften Speyer als Forscher und Lehrer tätig ist oder gewesen ist.

(2) [1]Das Aufnahmeverfahren wird durch schriftlichen Vorschlag von drei Mitgliedern der Vereinigung eingeleitet. [2]Ist der Vorstand einstimmig der Auffassung, dass die Voraussetzungen für den Erwerb der Mitgliedschaft erfüllt sind, so verständigt er in einem Rundschreiben die Mitglieder von seiner Absicht, dem Vorgeschlagenen die Mitgliedschaft anzutragen. [3]Erheben mindestens fünf Mitglieder binnen Monatsfrist gegen die Absicht des Vorstandes Einspruch oder beantragen sie mündliche Erörterung, so beschließt die Mitgliederversammlung über die Aufnahme. [4]Die Mitgliederversammlung beschließt ferner, wenn sich im Vorstand Zweifel erheben, ob die Voraussetzungen der Mitgliedschaft erfüllt sind. [5]Von jeder Neuaufnahme außerhalb einer Mitgliederversammlung sind die Mitglieder zu unterrichten.

## § 4

[1]Abweichend von § 3 kann Mitglied der Vereinigung werden, wer, ohne die Voraussetzungen des § 3 Abs. 1 lit. b) zu erfüllen,

a) eine Professur inne hat, die einer Professur an einer juristischen Fakultät einer deutschen oder deutschsprachigen Universität entspricht,
b) seine Befähigung zu Forschung und Lehre durch hervorragende wissenschaftliche Veröffentlichungen auch in deutscher Sprache zum Öffentlichen Recht Deutschlands, Österreichs oder der Schweiz nachgewiesen und
c) seine Verbundenheit mit der Vereinigung durch mehrmalige Teilnahme als Gast an den Jahrestagungen bekundet hat.

[2]Das Aufnahmeverfahren wird durch schriftlich begründeten Vorschlag von mindestens zehn Mitgliedern der Vereinigung eingeleitet. [3]Für das weitere Verfahren findet § 3 Abs. 2 Sätze 2 bis 5 entsprechende Anwendung.

---

[2] In Berlin hat die Mitgliederversammlung am 3. 10. 1979 die folgende zusätzliche Erläuterung aufgenommen:
„Universität im Sinne dieser Vorschrift ist eine wissenschaftliche Hochschule, die das Habilitationsrecht in den Fächern des Öffentlichen Rechts und die Promotionsbefugnis zum Doctor iuris besitzt und an der Juristen durch einen Lehrkörper herkömmlicher Besetzung ausgebildet werden."

## § 5

(1) [1]Eine Mitgliederversammlung soll regelmäßig einmal in jedem Jahr an einem vom Vorstand zu bestimmenden Ort stattfinden. [2]In dringenden Fällen können außerordentliche Versammlungen einberufen werden. [3]Die Mitgliederversammlung wird vom Vorstand unter Einhaltung einer Frist von vier Wochen schriftlich oder in elektronischer Form unter Angabe der Tagesordnung einberufen. [4]Auf jeder ordentlichen Mitgliederversammlung muss mindestens ein wissenschaftlicher Vortrag mit anschließender Aussprache gehalten werden.

(2) Eine außerordentliche Mitgliederversammlung wird außer in den nach Absatz 1 Satz 2 vorgesehenen Fällen auch dann einberufen, wenn dies von einem Zehntel der Mitglieder beim Vorstand schriftlich unter Angabe des Zwecks und der Gründe beantragt wird.

(3) [1]Verlauf und Beschlüsse der Mitgliederversammlung werden protokolliert. [2]Der Protokollführer wird vom Versammlungsleiter bestimmt. [3]Das Protokoll ist vom Versammlungsleiter und vom Protokollführer zu unterzeichnen. [4]Es wird mit dem nächsten nach der Mitgliederversammlung erfolgenden Rundschreiben den Mitgliedern übermittelt.

(4) Für Satzungsänderungen, die Änderung des Vereinszwecks und für die Auflösung des Vereins gelten die gesetzlichen Mehrheitserfordernisse (§§ 33, 41 BGB).

## § 6[3]

(1) [1]Der Vorstand der Vereinigung besteht aus einem Vorsitzenden und zwei Stellvertretern. [2]Die Vorstandsmitglieder teilen die Geschäfte untereinander nach eigenem Ermessen. [3]Der Vorstand wird von der Mitgliederversammlung auf zwei Jahre gewählt; er bleibt jedoch bis zur Bestellung eines neuen Vorstandes im Amt. [4]Zur Vorbereitung der Jahrestagung ergänzt sich der Vorstand um ein Mitglied, das kein Stimmrecht hat. [5]Auch ist Selbstergänzung zulässig, wenn ein Mitglied des Vorstandes in der Zeit zwischen zwei Mitgliederversammlungen ausscheidet. [6]Auf der nächsten Mitgliederversammlung findet eine Nachwahl für den Rest der Amtszeit des Ausgeschiedenen statt.

(2) [1]Der Verein wird gerichtlich und außergerichtlich durch ein Mitglied des Vorstandes, in der Regel durch den Vorsitzenden, vertreten. [2]Innerhalb seines ihm nach Absatz 1 Satz 2 zugewiesenen Aufgabenbereichs ist das jeweilige Vorstandsmitglied alleinvertretungsberechtigt; insbesondere ist in allen finanziellen Angelegenheiten dasjenige

---

[3] § 6 Abs. 1 in der Fassung des Beschlusses der Mitgliederversammlung in Heidelberg vom 6. 10. 1999; in Kraft getreten am 1. 10. 2001.

Vorstandsmitglied alleinvertretungsberechtigt, dem der Vorstand nach Absatz 1 Satz 2 die Funktion des Schatzmeisters übertragen hat. [3]Das nach Absatz 1 Satz 4 kooptierte Mitglied des Vorstandes ist in allen Angelegenheiten alleinvertretungsberechtigt, die die Vorbereitung und Durchführung der Jahrestagung betreffen. [4]Ist in den Fällen des Satzes 2 oder 3 das vertretungsberechtigte Vorstandsmitglied verhindert, übernimmt der Vorsitzende die Vertretung, im Falle seiner Verhinderung ist eines der gewählten Vorstandsmitglieder alleinvertretungsberechtigt.

§ 7

Zur Vorbereitung ihrer Beratungen kann die Mitgliederversammlung, in eiligen Fällen auch der Vorstand, besondere Ausschüsse bestellen.

§ 8

[1]Über Eingaben in den Fällen des § 1 Ziffer 2 und 3 und über öffentliche Kundgebungen kann nach Vorbereitung durch den Vorstand oder einen Ausschuss im Wege schriftlicher Abstimmung der Mitglieder beschlossen werden. [2]Ein solcher Beschluss bedarf der Zustimmung von zwei Dritteln der Mitgliederzahl; die Namen der Zustimmenden müssen unter das Schriftstück gesetzt werden.

§ 9

[1]Der Mitgliedsbeitrag wird von der Mitgliederversammlung festgesetzt. [2]Der Vorstand kann den Beitrag aus Billigkeitsgründen erlassen.

§ 10

(1) Die Mitgliedschaft endet durch Tod, Austritt aus dem Verein, Streichung von der Mitgliederliste oder Ausschluss aus dem Verein.

(2) [1]Der Austritt erfolgt durch schriftliche Erklärung gegenüber einem Mitglied des Vorstandes. [2]Für die Erklärung ist eine Frist nicht einzuhalten. [3]Der Austritt wird zum Schluss des Kalenderjahres vollzogen.

(3) [1]Ein Mitglied kann durch Beschluss des Vorstandes von der Mitgliederliste gestrichen werden, wenn es trotz zweimaliger schriftlicher Mahnung mit der Beitragszahlung in Rückstand ist. [2]Die Streichung wird erst beschlossen, wenn nach der Absendung der zweiten Mahnung zwei Monate verstrichen sind, in dieser Mahnung die Streichung angedroht wurde und die Beitragsschulden nicht beglichen sind. [3]Die Streichung ist dem Mitglied mitzuteilen.

(4) [1]Ein Mitglied kann durch Beschluss des Vorstandes aus dem Verein ausgeschlossen werden, wenn es in grober Weise gegen die Vereins-

interessen verstoßen hat. [2]Vor der Beschlussfassung ist dem Mitglied unter Einräumung einer angemessenen Frist Gelegenheit zur Stellungnahme zu geben. [3]Der Beschluss über den Ausschluss ist schriftlich zu begründen und dem Mitglied zuzusenden. [4]Gegen den Beschluss des Vorstandes kann das Mitglied innerhalb eines Monats nach Zugang der Entscheidung des Vorstandes die Mitgliederversammlung anrufen. [5]Die Anrufung der Mitgliederversammlung hat bis zu deren abschließender Entscheidung aufschiebende Wirkung.

## § 11

(1) Im Falle der Auflösung des Vereins sind die Mitglieder des Vorstandes gemeinsam vertretungsberechtigte Liquidatoren, falls die Mitgliederversammlung nichts anderes beschließt.

(2) Das nach Beendigung der Liquidation vorhandene Vermögen fällt an die Deutsche Forschungsgemeinschaft, die es unmittelbar und ausschließlich für Zwecke des Fachkollegiums Rechtswissenschaft zu verwenden hat.

www.ingramcontent.com/pod-product-compliance
Lightning Source LLC
LaVergne TN
LVHW092116300926
849161LV00002B/145